NOUVELLE HISTOIRE

DE PARIS

ET DE SES ENVIRONS.

Tome Premier.

PARIS. — IMPRIMERIE DE BOURGOGNE ET MARTINET,
rue Jacob, 30.

NOUVELLE

HISTOIRE DE PARIS

ET DE SES ENVIRONS,

PAR

M. J. DE GAULLE,

Ancien élève de l'École des Chartes et professeur d'histoire,

AVEC DES NOTES ET UNE INTRODUCTION

PAR M. CH. NODIER,

De l'Académie Française.

PARIS,

P. M. POURRAT FRÈRES, ÉDITEURS,

RUE DES PETITS-AUGUSTINS, 5.

M DCCC XXXIX.

INTRODUCTION

BIBLIOGRAPHIQUE

A

L'HISTOIRE DE PARIS

ET DE SES ENVIRONS,

PAR

M. CHARLES NODIER,

De l'Académie Française.

Nota. Cette Introduction peut également être placée en tête de l'Histoire de Paris ou de l'Histoire des Environs.

INTRODUCTION BIBLIOGRAPHIQUE,

PAR M. CH. NODIER,

De l'Académie Française.

Dans le mouvement remarquable qui porte aujourd'hui vers l'étude du passé tant d'esprits fatigués des luttes du présent, se manifestent, entre autres symptômes heureux, un ardent besoin de justice et de vérité, une répugnance égale pour les attaques passionnées et pour les apologies hyperboliques, un désir de voir et de savoir qui ne peut se satisfaire que par l'examen sérieux des faits.

Ce progrès de la raison publique a ouvert une voie nouvelle aux travaux de l'historien, et depuis quelques années il a paru un grand nombre d'ouvrages historiques composés sous l'influence de cette heureuse disposition de l'esprit. Cependant, personne n'a encore entrepris d'exposer avec simplicité et sans préoccupation de système, l'histoire la plus attachante et la plus instructive qui se puisse lire, celle de la ville immense où s'accomplissent depuis tant de siècles les destinées de la France, où vivent ses grands hommes, où se perfectionnent les sciences, les arts, l'industrie, chez le peuple le plus civilisé de la terre.

Ce n'est pas qu'un sujet si vaste et si varié n'ait été traité avec succès sous des aspects variés comme lui ; et c'est l'esquisse rapide des écrits les plus importants de ce genre qui occupera cette courte notice bibliographique, dont nous aurions fait un volume si nous avions jugé à propos de la rendre *stérilement* complète. Nous prions le lecteur de n'y chercher qu'une notice.

Gilles Corrozet, honnête libraire de Paris sous le règne de François Ier, homme d'un esprit studieux et d'une aptitude patiente, qui a laissé quelque souvenir comme polygraphe et comme poëte, est le premier qui ait débrouillé avec un peu de soin les annales confuses de Paris, dans un petit livret fort superficiel, mais fort rare, intitulé : *la Fleur des Antiquités, etc., de la ville de Paris*, 1532, in-16, qui reparut en 1533, sous le format in-8°. Cet essai ne prit une forme sérieuse qu'en 1550, et ne devint un ouvrage vraiment important qu'en 1586, dans les *Antiquités de Paris*, augmentées par Nicolas Bonfons. Nicolas Bonfons, libraire comme Corrozet, fut secondé dans son travail par l'utile émulation de quelques artistes, et entre autres par Jean Rabel, qui publia, en 1588, les *Sépultures des Rois et Reines de France, Princes et Princesses*, etc., qu'on joint au volume de 1586, et qui forment avec lui un *specimen* important de l'histoire de Paris, au point de vue bibliographique. Il est inutile de dire qu'au point de vue historique il a été fort surpassé. C'est le destin de tous les ouvrages de recherches qui se composent de faits.

Au commencement du siècle suivant, *Jacques Dubreul*, religieux de Saint-Germain-des-Prés, fit paraître un ouvrage plus étendu, plus savant, et où l'on trouve, au milieu d'erreurs singulières commises avec une naïve bonne foi, beaucoup de faits intéressants et de recherches pleines d'érudition. C'est le

Théâtre des Antiquités de Paris (Paris, 1612, in-4°, déjà imprimé en 1608). Des pièces justificatives, puisées pour la plupart dans les archives de Saint-Germain-des-Prés, ajoutent encore au mérite de ce livre, qui a beaucoup servi aux historiens postérieurs. L'auteur y joignit un nouveau supplément en 1614; et vingt-cinq ans après, une nouvelle édition en fut donnée par *Claude Malingre*, avec des augmentations considérables (Paris, 1639) (1).

Malingre publia aussi, l'année suivante, les *Annales de la ville de Paris* (Paris, 1640, in-fol.), ouvrage indigeste et mal écrit, dont nous ne parlons que pour mémoire, quoique ce laborieux compilateur soit loin de mériter absolument le mépris où il est tombé.

Henri Sauval, avocat au parlement, fit beaucoup plus que ses devanciers. Il employa vingt ans à rassembler, avec autant de sagacité que de persévérance, tout ce qu'il put découvrir de titres inédits et de notions nouvelles sur les antiquités de Paris; il y ajouta ses observations sur les institutions et sur les mœurs parisiennes de son temps. Son travail, formant neuf volumes ou portefeuilles in-folio, était resté manuscrit et n'avait pas encore été mis en ordre à sa mort, arrivée vers 1670. Ce fut seulement en 1724 qu'on le publia, sous le titre d'*Histoire et Recherches des Antiquités de la ville de Paris* (Paris, 3 vol. in-fol.). Malheureusement ces élucubrations si riches, si patientes, si mal ordonnées, furent imprimées dans l'état de confusion où l'auteur les avait laissées, au premier volume près, dans lequel il avait commencé à établir quelque apparence d'ordre. Le reste est si embrouillé, la disposition

---

(1) Voy. t. II, p 187, et t. III, p. 599.

des matières si défectueuse, les répétitions si fréquentes, les tables si incomplètes, qu'il faut presque autant de patience au lecteur pour consulter avec fruit ces trois gros volumes, qu'il en fallait à Sauval pour les compiler. On n'a pas tiré de cette mine féconde tout ce qu'elle contient de précieux, parce que l'on a été rebuté par la difficulté d'y puiser, plus encore que par l'incorrection et l'emphase du style de l'auteur, qui ne manque d'ailleurs ni d'imagination ni de coloris (1).

L'*Histoire de la ville de Paris*, par *Félibien* et *Lobineau*, parut la même année que les recherches de Sauval (Paris, 1724, 5 vol. in-fol.). C'est le corps d'annales le plus considérable et le plus régulier qui ait été consacré à une seule ville. L'érudition et l'exactitude sont les qualités qui distinguent ce grand ouvrage, où les événements sont racontés avec cette simplicité grave qui fait reconnaître l'école des Bénédictins. Mais ce n'est encore là qu'une source abondante de renseignements, principalement pour l'histoire des établissements religieux. A l'exception d'une excellente dissertation sur l'Hôtel-de-Ville et la Prévôté des marchands de Paris, on y trouve peu de chose touchant les origines de nos institutions civiles, et il faut chercher ailleurs ces détails de mœurs qui donnent tant de prix à l'œuvre de l'historien. Les trois derniers volumes renferment les preuves, et parmi les pièces qui les composent, sont rassemblés un grand nombre de documents du plus grand intérêt.

L'un des plus savants hommes du dernier siècle, l'*abbé Lebeuf*, consacra sa vie entière à l'étude des antiquités parisiennes. Outre plusieurs mémoires qui font partie du Recueil

---

(1) Voy. t. IV, p. 324.

de l'Académie des inscriptions et belles-lettres, on a de lui :
1° *Histoire de la ville et du diocèse de Paris* Paris, 1754, 15 vol. in-12); 2° *Dissertations sur l'histoire ecclésiastique et civile de Paris* (Paris, 1739-43, 3 vol. in-12); 3° *Recueil de divers écrits* (Paris, 1738, 2 vol. in-12). Critique judicieux, esprit indépendant et ferme, Lebeuf a éclairci plusieurs points obscurs de nos origines ecclésiastiques, et rectifié beaucoup d'idées fausses. Ses opinions, qu'il soutenait peut-être un peu vivement, sont constamment appuyées sur l'autorité des cartulaires et des autres documents originaux dont il avait une parfaite intelligence. C'est lui qui a le premier démêlé dans les vieux titres l'histoire de nos villages, et presque tout ce qui a été écrit depuis sur les environs de Paris dans une circonférence de dix à quinze lieues, est puisé dans les écrits de cet infatigable historien.

Dans le même temps que Lebeuf, un autre écrivain non moins docte, *Dom Toussaint Duplessis*, bénédictin, a traité la période la plus ancienne de l'histoire de Paris, dans un ouvrage intitulé : *Nouvelles annales de Paris jusqu'au règne de Hugues Capet* (Paris, 1753, in-4°). C'est un livre utile, et plein de faits et de dates, mais séchement et pesamment écrit. Il contient la meilleure édition connue du curieux poëme d'Abbon sur le siége de Paris par les Normands. M. Taranne a donné récemment une fort bonne traduction de ce poëme avec le texte en regard (1).

Un ouvrage d'un autre genre, et dont le titre n'a rien de spé-

---

(1) *Le siége de Paris par les Normands en* 885 *et* 886, *poëme d'Abbon, avec la traduction en regard*, par N.-R. Taranne. Paris, Imprimerie royale, 1834, in-8. Voy. sur cet ouvrage notre tome I, p. 326 et suiv.

cial à notre sujet, le *Traité de la police* de *Delamare* (Paris, 1722-38, 4 vol. in-fol.), est indispensable à consulter pour bien connaître l'ancienne administration municipale de Paris, ses corporations et les mœurs de sa bourgeoisie.

Les volumineux écrits de *Piganiol de La Force : Description historique de Paris et de ses environs* (Paris, 1765, 10 vol. in-12); *Description historique et géographique de la France* (Paris, 1751-53, 15 vol. in-12); *Description du château et parc de Versailles* (Paris, 1702, et souvent depuis, en 2 vol. in-12); ces ouvrages, disons-nous, meilleurs sans doute que ceux de *Germain Brice* (*Description de ce qu'il y a de plus remarquable dans Paris*, 1684, in-12), et de *Le Maire* (*Paris ancien et nouveau*, 1785, 3 vol. in-12), mais composés à la hâte, sans érudition, sans critique, sans style, ont été long-temps nécessaires, et offrent encore quelque intérêt, surtout par rapport aux détails descriptifs qu'ils contiennent sur les monuments de Paris au xviii° siècle.

De tous les ouvrages publiés sur Paris dans le courant du xviii° siècle, celui qui eut le plus de succès est le livre de *Saint-Foix*, intitulé : *Essais sur Paris* (Paris, 1754, cinq parties in-12). On serait certainement mal fondé à refuser à cet écrivain du talent, de l'observation, de l'esprit, et une élégante facilité de style; mais il joignait à ces qualités incontestables les défauts de son temps, le scepticisme ignorant et railleur de l'école philosophique, une prétention quelquefois malheureuse à l'originalité, et un dédain absolu pour les sources authentiques de l'histoire. Son ouvrage, long-temps prôné, n'est plus aujourd'hui que ce que l'on appelait alors un joli ouvrage. On peut le lire encore pour se distraire, mais on ne s'avisera jamais de le consulter pour s'instruire.

Plus exact et plus modeste, le savant *Jaillot*, dont on ne parle guère, s'est contenté de rechercher et d'établir avec beaucoup de clarté et d'érudition la topographie encore mal connue du vieux Paris, dans ses excellentes *Recherches critiques, historiques et topographiques sur la ville de Paris* (Paris, 1775, 5 vol. in-8°).

Pour compléter l'énumération des principaux travaux publiés avant la révolution de 1789 sur le sujet que nous avons à traiter, il faut citer encore le *Dictionnaire historique de Paris et de ses environs*, par Hurtaut et Magny (1779, 4 vol. in-8°), compilation qui n'a rien de bien recommandable, si ce n'est la commodité de sa forme (1).

Depuis cette époque, Paris et ses environs ont été encore le sujet de bien des écrits, parmi lesquels il n'en est que deux de véritablement remarquables à des titres fort différents, celui de M. de Saint-Victor et celui de M. Dulaure.

Le *Tableau historique et pittoresque de Paris*, par *Saint-Victor* (Paris, 1808-11, 3 vol. gr. in-4°), se recommande par un style grave et pur, et par des vues saines et élevées ; mais on ne saurait guère y louer autre chose. La partie narrative contient, non pas l'histoire de Paris, mais l'histoire de France divisée en dix époques, dont chacune sert de préambule, on ne sait trop pourquoi, à la description de deux quartiers de Paris. La partie descriptive a moins de mérite encore, car elle est empruntée presque littéralement à Jaillot. L'auteur a seulement

---

(1) **Deux autres compilations du même genre**, mais restreintes à ce qui concerne Paris, ont paru depuis quelques années. En voici les titres : *Dictionnaire historique de Paris*, par A. Béraud et P. Dufey. Paris, 182 , 2 vol. in-8. *Dictionnaire historique, anecdotique, descriptif et topographique*, etc. *de Paris*, publié par B. Saint-Edme. Paris, 1827, in-8.

pris la peine d'y joindre, sous forme d'appendice, quelques notions insuffisantes sur les établissements nouveaux.

Le plan des deux principaux ouvrages de Dulaure (*Histoire physique, civile et morale de Paris*. Paris, 1823-24, 10 vol. in-8°. — *Histoire physique, civile et morale des environs de Paris*. Paris, 1825, 7 vol. in-8°), est matériellement beaucoup mieux conçu, nous nous empressons de le reconnaître, quoique son système de division ne soit pas non plus sans inconvénient. Après avoir partagé, aussi par époques, le récit des faits, l'auteur entreprend l'histoire de chaque monument en ce qui concerne seulement l'époque dont il s'occupe, et puis il l'interrompt pour la continuer après le récit des faits généraux de l'époque suivante ; de telle sorte que l'histoire de Notre-Dame de Paris, par exemple, est dispersée en vingt endroits de ses dix volumes. On peut malheureusement critiquer le plan de Dulaure sous un rapport plus essentiel ; c'est qu'il ne se renferme pas dans les faits relatifs à Paris. Il avoue lui-même qu'il a prétendu faire un abrégé de l'histoire de France, et on sait dans quel esprit.

L'*Histoire de Paris* de Dulaure a eu tout le succès d'un ouvrage de parti. Dulaure, préoccupé d'une étrange utopie dont il faut chercher la date dans ces dernières années du xviiie siècle qu'on ose à peine nommer, ne voulait voir dans tout le passé que des fautes et des crimes, et c'était alors un excellent moyen d'être populaire. M. de Gaulle sera plus réservé que moi sur ce triste ouvrage, auquel il m'en coûte de reconnaître un certain mérite d'érudition et une certaine adresse de sophismes ; mais je ne me sens pas la force d'être impartial contre tant de partialité. L'*Histoire de Paris* de Dulaure n'est pas une histoire ; c'est un libelle diffamatoire contre nos vieilles gloires nationales, un attentat sacrilége au culte moral que tous les peuples professent pour les aïeux. Ce système de dénigrement est heureusement passé de mode. Il faut se garder sans doute de la puérile admiration que tant de gens affectent pour le moyen âge ; mais la première condition pour rester populaire aujourd'hui, c'est d'être impartial et vrai.

L'ouvrage de Dulaure sur les environs de Paris est beaucoup au-dessous de son histoire de Paris. On peut lui reprocher les mêmes défauts, exagérés encore, cette fois, par les écarts d'une collaboration maladroite, et de plus un style négligé et des inadvertances sans nombre.

Antérieurement à cette seconde publication de Dulaure, les environs de Paris avaient été l'objet d'autres travaux estimables, mais où l'histoire tient beaucoup moins de place que la description : le *Dictionnaire des environs de Paris*, par Oudiette (Paris, 1812, in-8°, réimprimé avec quelques changements en 1827), statistique utile ; — *Mes Voyages aux environs de Paris*, par J. Delort (Paris, 1821, 2 vol. in-8°), ouvrage où l'auteur s'est proposé le but tout spécial de rassembler des lettres inédites des personnages célèbres qui ont habité les environs de Paris ; ces pièces, accompagnées de *fac simile*, sont fort curieuses et donnent plus de prix à ce livre que les descriptions en vers dont l'auteur a cru devoir l'enrichir ; — la *Description des environs de Paris*, considérés sous les rapports topographique, historique et monumental, par Alexis Donnet, ingénieur géographe (Paris, Treuttel et Würtz, 1824, in-8°), livre qu'il est bon de consulter pour les descriptions monumentales, et qui forme une sorte de complément de la *Description de Paris et de ses Edifices*, publiée par Legrand et Landon en 1817.

Nous ne parlerons pas d'une *Histoire de Paris* en 6 vol. in-8°, ni d'une *Histoire des environs de Paris* en 4 vol. in-8°, ouvrages qui ne sont que des compilations faites d'après Dulaure et dans le même esprit, sans style, sans critique et sans goût.

Quelques articles sont à choisir dans le *Paris pittoresque* (Paris, 1837, 2 vol. gr. in-8), publication qu'on peut attribuer à la même école, et qui manque de plan et d'ensemble, mais dont plusieurs parties sont traitées avec talent.

Il y aurait une affectation presque ridicule à ne pas faire mention d'un ouvrage du même genre auquel j'ai pris part, et dont le mérite consiste d'ailleurs dans de jolis dessins de M. Regnier, habilement traduits par M. Champin, qui sont fort propres à servir d'*illustrations* à une bonne *histoire de Paris*, mais qui ne peuvent pas en tenir lieu tout seuls. Mon travail n'a pas même la prétention d'une méthode, car la disposition typographique du livre se prête indifféremment à toutes les méthodes possibles. C'est tout simplement un recueil de rêveries moroses et de pensées mélancoliques, brodées à ma manière et suivant l'inspiration du moment, sur des dates et sur des faits. Le plan de la composition, c'est mon caprice ; l'esprit général de l'ouvrage, c'est la mélancolie amère, et quelquefois injuste, peut-être, d'un écrivain de mauvaise humeur, irrité par habitude ou par système contre ce que l'on appelle assez méchamment la *civilisation perfectionnée*. Ce n'est certainement pas là qu'un lecteur froidement impartial ira chercher l'histoire. Le libraire-éditeur qui s'était malignement chargé de l'amortissement de ces boutades superficielles a d'ailleurs si bien réussi à les soustraire au jour de la publicité qu'on peut les regarder comme non avenues, et qu'il n'en a été question ici que pour l'acquit de notre responsabilité de bibliographe.

Une histoire de Paris et de ses environs était donc à refaire sous un point de vue plus large, plus élevé, plus conforme aux progrès de la science historique.

Telle est la tâche que l'auteur de la *Nouvelle Histoire de Paris et de ses environs* s'est imposée avec une aptitude déjà éprouvée, et à laquelle je regrette que mon amitié ne puisse pas rendre une entière justice dans les pages préliminaires qu'il m'a permis d'attacher à son livre. Mais si toute louange positive m'est interdite dans le modeste emploi que j'ai accepté, j'ai du moins le droit d'apprécier et de garantir les intentions saines, les vues étendues, la haute indépendance d'esprit et d'opinion qui caractérisent l'auteur. On trouvera partout dans son ouvrage une volonté prononcée d'être impartial et vrai, une répugnance invincible pour les basses et honteuses récriminations qui obscurcissent les faits dans l'intérêt d'un parti, une recherche attentive des sources, un examen approfondi des institutions, une description consciencieuse des monuments.

M. de Gaulle a cherché à donner à son livre le mérite d'une spécialité rigoureuse ; et pour éviter de refaire l'histoire de France à propos de l'histoire de Paris, comme on l'a reproché à ses devanciers, il s'est appliqué exclusivement à rechercher et à développer tous les faits qui peuvent servir à constater l'influence progressive de la grande ville sur les destinées de la France, à faire connaître ses grands hommes, à expliquer l'impulsion qu'elle a donnée aux arts, aux sciences, à l'industrie; à montrer comment elle est devenue le centre de tant de lumières, de prospérité et de grandeur ; comment elle est arrivée à ce degré de puissance tout à la fois matérielle et morale, qui en a fait, quoi qu'il arrive, la reine intellectuelle de la civilisation.

Beaucoup de documents, que Dulaure n'avait consultés que pour y chercher des arguments à l'appui de sa thèse favorite, ont été explorés de nouveau dans un but moins exclusif, et ont fourni de précieux renseignements. Les importantes publications dont l'histoire de France a été l'objet dans ces dernières années ont été aussi mises à profit.

L'histoire de Paris, qui est comprise dans les quatre premiers volumes, se divise en seize époques ou périodes. Comme il était impossible de présenter synoptiquement la narration et la description sous la forme d'un récit continu, l'auteur a placé, à la suite de l'exposé des faits généraux de chaque époque, des notices étendues sur les institutions et les monuments religieux et civils dont la fondation se rattachait à cette époque, sur les agrandissements successifs de la ville, sur l'état des lettres, des sciences, des arts, du commerce et de l'industrie. Les recherches n'ont point été épargnées pour donner à ces notices tout l'intérêt dont elles étaient susceptibles. Les lacunes nombreuses que présente l'ouvrage de Dulaure, particulièrement pour l'histoire de l'art monumental, ont été remplies à l'aide des travaux récents de l'archéologie française.

L'histoire de chaque monument se place à l'époque de sa fondation, et se continue sans interruption jusqu'à nos jours, ce qui évite le morcellement reproché au système de division adopté par Dulaure.

Le dernier volume est consacré à l'*Histoire des environs de Paris ;* on y trouvera les renseignements les plus récents sur chaque localité. L'auteur n'a pas cru devoir étendre arbitrairement jusqu'à quarante lieues, comme l'a fait Dulaure, la description des environs de Paris. Il l'a renfermée dans des limites plus naturelles, c'est-à-dire dans un rayon de vingt lieues, terme extrême et déjà un peu hyperbolique de l'excentricité du promeneur. On sent bien qu'il n'est pas question ici des chemins de fer qui embrasseront un jour de plus grands espaces. Sur un chemin de fer, on ne se promène pas pour voir ; on court pour arriver, et il n'est pas à présumer que ce perfectionnement industriel enrichisse jamais beaucoup l'utile et agréable science des voyages.

Ch. Nodier.

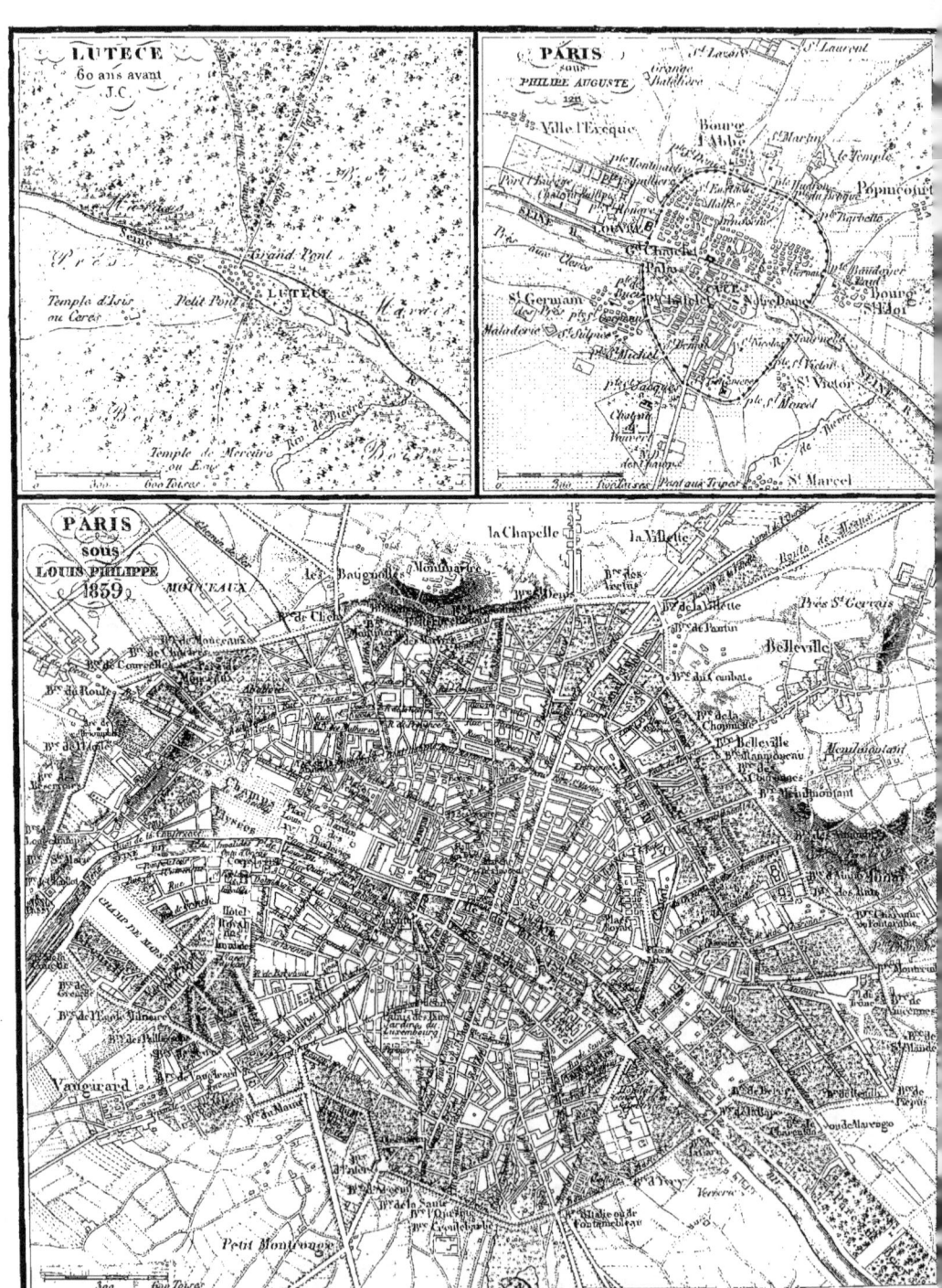

PARIS A DIVERSES ÉPOQUES.

NOUVELLE HISTOIRE DE PARIS
ET DE SES ENVIRONS.

PREMIÈRE ÉPOQUE.

Paris sous la domination romaine.
De l'an 53 avant J.-C., à l'an 494 de J.-C.

CHAPITRE PREMIER.

FAITS GÉNÉRAUX.

Systèmes divers sur l'origine de Lutèce et des Parisiens. — Situation de Lutèce; étendue du territoire des Parisiens. — Leur rôle pendant la guerre des Gaules. — Les *Nautes Parisiens* sous Tibère. — Propagation du christianisme, prédication et martyre de saint Denis; premiers évêques de Paris. — Séjour des empereurs romains à Paris : Constance Chlore, Julien, Valentinien I, Gratien. — Premier concile de Paris. — Saint Marcel. — Saint Martin, apôtre des Gaules. — Invasion des Francs. — Sainte Geneviève.

On n'a aucune donnée historique sur l'époque de la fondation de Paris ni sur l'origine du peuple parisien. Les recherches qu'on a faites pour éclaircir cette question ont été et devaient être vaines. L'absence de tout document antérieur à l'invasion romaine nous condamne sur ce point à la plus complète ignorance.

La critique a, depuis long-temps, fait justice des brillantes fables dont la poétique imagination du moyen âge avait entouré le berceau de notre grande cité. Francio ou Francus, fils d'Hector, fuyant, comme Énée, les rivages troyens, et venant fonder sur les bords de la Seine la ville de Paris en mémoire du beau Pâris, est un personnage qui n'appartient plus qu'à l'histoire, très curieuse et très instructive d'ailleurs, des traditions populaires (1).

(1) L'origine troyenne des Français, généralement admise par nos légendaires et nos chroniqueurs jusqu'à la naissance de la critique historique, c'est-à-dire jusqu'au

HISTOIRE DE PARIS.

Le nom des Parisiens et celui de Lutèce, leur chef-lieu, paraissent pour la première fois dans l'histoire, 53 ans avant J.-C., 700 ans après la fondation de Rome.

A cette date, César, maître déjà de la plus grande partie de la Gaule, avait cependant à vaincre encore des résistances partielles et des révoltes sans cesse renouvelées. Il nous apprend que les Sénones, les Carnutes et les Trévirois ayant refusé de se rendre à une assemblée des peuples Gaulois qu'il avait convoquée dans le but d'obtenir un secours de cavalerie, il transféra cette assemblée à Lutèce (*Lutetia*), ville ou place forte des Parisiens (*Parisii*). « Les Parisiens, ajoute César, étaient limitrophes des Sénones avec lesquels ils avaient autrefois fait alliance, suivant la tradition ; mais ils n'avaient point approuvé la résolution que venaient de prendre les Sénones. » *Confines erant hi Senonibus, civitatemque, patrum memoriâ, conjunxerant, sed ab hoc consilio abfuisse existimabantur* (1).

Ce passage de César doit nous arrêter un instant, non seulement parce que c'est le plus ancien témoignage de l'existence de Paris, mais à cause d'une interprétation arbitraire dont il a été récemment l'objet, interprétation à l'aide de laquelle on a essayé d'établir tout un système sur l'origine des Parisiens.

Si l'on en croit M. Dulaure, la phrase que nous venons de transcrire signifie textuellement « que les Parisiens s'établirent sur les frontières du territoire et se rangèrent sous la loi des Sénones, que les vieillards se rappelaient encore à l'époque de cet établissement. » De là, cet historien n'hésite pas à conclure que la nation des Parisiens paraît s'être

---

xvɪᵉ siècle, est une croyance d'une haute antiquité. Quelques passages de Cicéron, de Tacite et de Lucain attestent que deux peuples de la Gaule, les Éduens et les Arvernes, se vantaient de descendre, aussi bien que les Romains, des fugitifs d'Ilion. Ces deux vers du chant Iᵉʳ de la Pharsale sont surtout explicites :

« Arvernique ausi Latio se fingere fratres
Sanguine ab Iliaco. »

Nous lisons dans Ammien Marcellin que de son temps, au ɪvᵉ siècle, on attribuait cette origine aux Gaulois en général (*Am. Marcel. lib. XV*). Les Francs y prétendirent à leur tour, comme on le voit par des monuments du vɪɪᵉ siècle. Plus tard, Aimoin, Sigebert, Hugues de Saint-Victor, et les grandes chroniques de Saint-Denis développèrent successivement et propagèrent cette fable qui fut pour nos ancêtres, pendant plusieurs siècles, un article de foi. Voy. *Rec. des Histor. de France*, t. II, préf., p. xxɪv. — *Collection des meilleures Dissertations, Notices et Traités particuliers relatifs à l'histoire de France*, par MM. Leber, Salgues et Cohen. Paris, 1826, 16 vol. in-8, t. I, p. 23. — *Chronique rimée de Philippe Mouskes*, publiée par le baron de Reiffenberg. Bruxelles, 1836-1837, 2 vol. in-4, t. I, introduction. — *Le Roman de Brut*, publié par M. Leroux de Lincy. Rouen, 1835-1838, 2 vol. in-8, t. II, analyse, p. 91.

(1) *De Bello gallico*, lib. VI, cap. 3. Voy. Adr. de Valois. *Notitia Galliarum*; Paris, 1675, in-fol.; au mot *Parisii*.

DOMINATION ROMAINE.

formée d'étrangers, peut-être originaires de la Belgique, abondante en petits peuples; que cette nation *échappée au fer de ses ennemis* sera venue occuper un territoire sur les bords de la Seine, où les puissants Sénones lui permirent de s'établir. « *Un demi-siècle*, ajoute-t-il, *s'était à peine écoulé depuis cet établissement lorsque César vint dans les Gaules. Les vieillards de la nation parisienne, dit ce conquérant, en conservaient encore la mémoire, ainsi que celle des conditions qui les liaient aux Sénones* (1). »

Habitués à trouver dans l'histoire de la guerre des Gaules de précieux renseignements sur nos origines, les historiens modernes ont souvent voulu y voir ce qui n'y est point. Le conquérant romain, parlant incidemment et en termes assez vagues, du peuple parisien, ne songeait certainement pas à toutes les choses que M. Dulaure lui fait dire. Les *Parisii* étaient limitrophes des Sénones, *confines*; ces deux peuples avaient fait entre eux une alliance attestée par la tradition, *patrum memoriâ*; malgré cette alliance, les *Parisii* ne s'étaient point associés au refus hostile que les Sénones venaient de faire essuyer à César. Voilà tout ce qui résulte rigoureusement du passage cité. On n'y voit nulle trace de la prétendue migration des Parisiens ni de l'époque de leur *établissement* sur les bords de la Seine, rien enfin qui puisse éclaircir la question à jamais insoluble de l'origine de Paris (2).

A l'époque de l'occupation romaine, la Gaule était divisée en trois grandes provinces, la Belgique, la Celtique et l'Aquitaine, et renfermait un grand nombre de peuples ou d'Etats constitués pour la plupart en républiques. Les *Parisii* faisaient partie de la Celtique. Leur territoire, dont les limites ne peuvent être exactement déterminées, était fort peu étendu. Ils confinaient au nord avec les *Silvanectes*; à l'est avec les *Sénones*; au sud et à l'ouest avec les *Carnutes* (3). Leur chef-lieu, nommé par César *Lutèce* et par Ptolémée *Lucotèce* (4), occupait l'une des trois îles de la Seine qui forment aujourd'hui la Cité.

---

(1) Dulaure, *Hist. de Paris*, 6 édit., t. I, p. 50 et 51.

(2) Le géographe Ptolémée parle d'un peuple de la Grande-Bretagne qui portait aussi le nom de *Parisii*, et qui occupait la partie orientale de ce qu'on nomme le Yorkshire. Leur capitale était *Petuaria*, aujourd'hui Beverley. Le savant Camden, et après lui plusieurs de nos historiens, ont pensé que ces Parisii étaient une colonie des Parisiens de la Gaule. Ils supposent, non sans vraisemblance, que cette colonie s'établit vers l'an 103 avant J.-C., lorsqu'une partie des peuples de la Gaule passèrent, suivant César, dans la Bretagne, en occupèrent à main armée plusieurs provinces, et donnèrent à leurs nouvelles habitations les noms des lieux de leur origine. Voy. D. Toussaint Du Plessis, *Nouvelles annales de Paris*. Paris, 1753, in-4, p. 3.

(3) Peuples de *Senlis*, de *Sens*, de *Chartres*. Les *Meldi* qui se trouvent au nord-est des *Parisii* dans les cartes de la Gaule, dépendaient probablement des Sénones, quoique plusieurs auteurs les aient regardés comme dépendant des Parisii. Voir Adrien de Valois, *Notitia Galliarum*. — *Mémoires de l'Académie des Inscr.*, t. XXXI.

(4) Λουχοτεχια. Ptol., *Geog.*, lib. II.

Ces noms de *Parisii*, de *Lutetia*, latinisés dans leur désinence par César, appartiennent nécessairement à la langue celtique qui nous est inconnue faute de monuments écrits (1). Je n'ajouterai pas une conjecture nouvelle aux innombrables conjectures que tant d'écrivains, depuis Abbon jusqu'au dernier historien de la ville de Paris, ont inutilement faites sur l'étymologie de ces deux noms (2).

Les peuples de la Gaule étaient fort inégaux en puissance. Les principales cités aspirant à la domination, se formaient des partis, et cherchaient à s'attacher les peuplades d'un ordre inférieur. D'un autre côté, pour assurer leur sécurité, les petits Etats s'alliaient à de plus considérables qui les prenaient sous leur protection. Tel fut sans doute le principe de l'alliance des Sénones, peuple du premier rang, avec la petite nation des Parisiens (3).

En convoquant à Lutèce une seconde assemblée des Etats de la Gaule,

(1) Des savants ont essayé de reconstituer la langue des Celtes en décomposant les mots qu'ils supposent en être sortis. Pour juger combien ce procédé mérite peu de confiance, il suffit de consulter les *Mémoires sur la langue celtique*, de Bullet. Paris, 1754-1760, 3 vol. in-fol.

(2) Voy. sur ces étymologies : Abbon, *De Obsid. Paris*, lib. I, v. 9. — *Chron. de Saint Denis*, l. I, ch. 4; Guillaume le Breton. *Philippid.* — Dubreuil, *Antiq. de Paris*, p. 1. — Sauval, *Antiq. de Paris*, t. III, p. 229. — Les Bollandistes, *Acta Sanctorum. Jul.*, t. V, p. 442. — Lebeuf, *Recueil de divers écrits*, etc., t. II, p. 178. — D. Toussaint Du Plessis, *Nouvelles annales de Paris*, p. 2. — Court de Gébelin, *Monde primitif.* — M. Eus. Salverte, *Essai historique et philosophique sur les noms d'hommes, de peuples et de lieux*, t. II, p. 121. — Pour le mot *Lutetia*, ou mieux *Lutecia*, si Lug ou Leug signifie pierre, comme le conjecture D. Du Plessis, on ne peut se refuser à trouver vraisemblable l'opinion de ce savant, qui trouve là l'origine de ce premier nom de Paris, célèbre de tout temps par l'abondance des carrières de pierres de ses environs.

Quant aux étymologistes qui se sont exercés sur le mot *Parisii*, aucun n'a rencontré même la vraisemblance. Le système qui faisait dériver ce nom du culte rendu à Isis a joui d'une grande vogue jusqu'à ce qu'il ait été prouvé qu'Isis n'a point été adorée dans les Gaules avant la conquête de César. Suivant M. Dulaure, les Parisiens durent leur nom à leur établissement sur les frontières des Sénones; « *Il est certain*, dit-il, *que toutes les positions géographiques dont les noms se composent du radical Bar ou Par sont situées sur des frontières.* » Et il cite à l'appui de cette opinion les habitants du Barrois, *Barisienses*, dont le territoire séparait la Lorraine de la Champagne. Mais la signification de ce radical est fort peu sûre. Le peuple que M. Dulaure appelle *Barisienses* ne figure point parmi les nations gauloises dont le nom nous est resté, et il ne paraît pas que le Barrois (*pagus Barrensis*) ait formé un pays particulier au commencement de la conquête romaine. On pourrait citer d'ailleurs vingt bourgs ou villages de France dont le nom commence par la syllabe Bar ou Par, et qui ne sont point situés sur des frontières. D'autres objections, qu'il serait trop long de rapporter, ont été faites contre l'étymologie adoptée par M. Dulaure. Voy. *Dissert. sur les Parisii*, etc., par J. N. Déal; Paris, Didot, 1826, in-8.

(3) Delamare, Félibien et quelques autres auteurs, assurent que l'alliance des Parisiens avec les Sénones existait de temps immémorial, et qu'ainsi les Parisiens durent participer à la fameuse expédition du Sénone Brennus en Italie, 390 ans avant l'ère chrétienne. *Traité de la Police*, t. I, p. 68. — *Hist. de la ville de Paris*, t. I, p. 12.

DOMINATION ROMAINE.

César avait fait marcher ses légions contre les Sénones pour les forcer à l'obéissance. Hors d'état de résister, les Sénones, et, à leur exemple, les Carnutes, se décidèrent à envoyer des députés à Lutèce. Les renforts demandés par l'armée romaine furent fournis, et le conquérant quitta la Gaule celtique pour aller combattre d'autres ennemis.

L'année suivante, pendant que César, dans le midi de la Gaule, soutenait avec désavantage une lutte terrible contre les Arvernes, les provinces centrales se soulevèrent, et les Parisiens ne furent pas des derniers à prendre part à ce mouvement énergique.

J'emprunte aux Commentaires de César le récit de cet épisode d'un intérêt tout spécial pour l'histoire de Paris. « A la nouvelle de la révolte, Labiénus ayant laissé à Agedincum (Sens), pour la garde des bagages, les recrues récemment arrivées d'Italie, se porta avec ses quatre légions sur Lutèce, place des Parisiens, située dans une île de la Seine. On vit alors se réunir, de tous les pays voisins, un grand nombre de troupes gauloises, dont le commandement fut déféré à Camulogène, du pays des Aulerques, homme très âgé, mais digne de cet honneur par son expérience de la guerre. Ce général ayant remarqué que tout autour de Lutèce se trouvait un marais aboutissant à la Seine et protégeant admirablement la place, y établit son camp pour disputer le passage aux Romains (1).

Labiénus crut d'abord pouvoir triompher de cet obstacle en faisant dresser des mantelets et en remplissant le marais de terre et de claies; mais les difficultés de cette entreprise le rebutèrent, et il résolut d'attaquer la place de l'autre côté du fleuve en faisant un long détour. Il remonte vers Melun, s'empare de cette ville qu'il trouve presque sans défense, passe la Seine et revient sur Lutèce en côtoyant la rive septentrionale du fleuve.

Les Gaulois, instruits de cette marche par des fugitifs de Melun, prennent une résolution qui rend vaines toutes les tentatives de Labiénus. Ils se hâtent d'incendier Lutèce et de couper ses ponts, puis ils observent les mouvements de l'armée romaine, placée en face d'eux de l'autre côté de la Seine.

Mais déjà le bruit courait d'un échec essuyé par César devant Gergovie (2); déjà circulait la nouvelle des succès obtenus ailleurs par la Gaule

(1) Labiénus s'était avancé vers Lutèce en suivant la rive gauche ou méridionale de la Seine : M. Dulaure le reconnaît. Le marais qui faisait obstacle aux Romains devait être nécessairement situé de même côté du fleuve. Comment donc admettre, comme le veut cet historien, que ce marais fût formé par les eaux de la Marne qui se réunit fort loin de là à la Seine, par la rive droite ou septentrionale? Je crois avec Lebeuf et D. Du Plessis que ce marais était entretenu par les fréquentes inondations de la Bièvre. Camulogène campait probablement vers le lieu où est aujourd'hui la place Maubert.

(2) Clermont-Ferrand.

soulevée. La prudence conseillait à Labiénus de changer ses dispositions. Il ne songea plus qu'à ramener sans perte ses soldats à Agedincum. Pour y parvenir il employa une habile manœuvre. Cinquante barques chargées de troupes, et commandées par des chevaliers romains, descendirent la Seine pendant la nuit, et s'arrêtèrent à la distance de quatre milles (1). Là, elles avaient ordre d'attendre Labiénus. Il laissa pour la garde du camp les cinq cohortes les moins aguerries, et ordonna à cinq autres cohortes de remonter le long du fleuve avec les bagages en affectant de faire un grand bruit. Bientôt après il marcha lui-même avec trois légions pour rejoindre les cinquante barques qui avaient descendu la Seine. Ce stratagème lui réussit. Les Gaulois, persuadés que les Romains allaient passer sur ces trois points à la fois, divisèrent aussi leur armée en trois corps. Ils en laissèrent un à la garde du camp placé devant Lutèce, en face de celui des Romains; un autre se dirigea vers *Metiosedum* (2) pour observer les cinq cohortes qui avaient remonté la Seine, et le reste de leurs troupes se porta au-devant de Labiénus. Mais déjà ce général avait passé la Seine, et, au point du jour, le troisième corps des troupes gauloises se trouva seul en présence de la meilleure partie de l'armée romaine, entre le village d'Issy et les hauteurs de Meudon. « Dès le premier choc, dit César, la septième légion, placée à l'aile droite, repoussa les ennemis et les mit en fuite; mais à l'aile gauche, quoique les premiers rangs gaulois fussent tombés, percés de nos dards, les autres continuaient d'opposer une vive résistance, et nul ne songeait à fuir. Camulogène était là, soutenant le courage des siens. Le succès était douteux sur ce point, lorsque la septième légion, déjà victorieuse à l'aile droite, vint prendre les ennemis en queue et les charger. Dans cette lutte terrible, on ne vit pas un seul Gaulois abandonner sa place; tous furent enveloppés et tués. Camulogène subit le même sort. En vain les troupes gauloises, placées en face du camp romain, accoururent au secours de leurs frères; ce tardif renfort ne put soutenir le choc de nos soldats victorieux, et, fuyant pêle-mêle, ceux qui ne purent se réfugier dans les bois ou sur les collines furent taillés en pièces par notre cavalerie. Après cette expédition, Labiénus retourna à Agedincum, d'où il partit bientôt pour rejoindre César (3). »

Depuis cette défaite, aussi glorieuse qu'une victoire, on voit les Parisiens continuer d'occuper une place honorable parmi les défen-

---

(1) Au-dessus du pont de Sèvres, suivant Dulaure; vers le moulin de Javelle, suivant Lebeuf.

(2) Lieu situé entre Paris et Corbeil, mais dont on ne peut préciser la position. Lebeuf croit que *Metiosedum*, appelé depuis par abréviation *Josedum*, est le village de Juvisy-sur-Orge. Voy. *Recueil de divers écrits*, t. II, p. 142-178.

(3) *De Bell. gall.*, lib. VII, cap. 62.

seurs de la liberté des Gaules. Malgré les pertes qu'ils avaient dû essuyer, ils furent en état de fournir un contingent de 8,000 hommes (1) à l'armée destinée à secourir la ville d'Alise, et ne cessèrent de combattre que le jour où il fallut que la fière indépendance des Gaulois cédât enfin à la fortune de César.

Deux de nos historiens, Malingre et Delamare, ont avancé que le conquérant de la Gaule se plut à fortifier et à embellir Lutèce, qui fut appelée dès lors *la ville de César*. *Lutetiam Cæsar usque adeò ædificiis adauxit, tamque fortiter mænibus cinxit, ut Julii Cæsaris civitas vocetur.* Ce passage ne se trouve point dans Boëce, que citent ces deux auteurs, mais dans un livre de Jean Scot, écrivain du IXe siècle, qui ne saurait être d'aucune autorité (2). On a spécialement attribué à César la construction du grand et du petit Châtelet, et celle d'un fort sur les bords de la Marne, au lieu où est aujourd'hui Saint-Maur. J'aurai occasion de démontrer ailleurs combien ces suppositions sont peu fondées.

Au commencement de la domination romaine, la condition politique de Lutèce paraît avoir été peu favorable. On sait que les Romains divisaient en quatre classes les nations et les villes dont ils faisaient la conquête. Les *cités alliées*, qui occupaient le premier rang, n'étaient tenues qu'à fournir des troupes aux Romains en cas de guerre; elles conservaient leurs lois et la liberté de se choisir des magistrats. Telles étaient dans les Gaules la cité d'Autun et quelques autres. Le titre de *municipes* était accordé ordinairement aux villes qui s'étaient données volontairement aux Romains et dont l'obéissance leur paraissait assurée. Les habitants des municipes jouissaient des droits de citoyens romains, et, quoique soumis aux lois de la république, ils conservaient,

(1) Cæsar, *De Bell. gall.*, lib. VII, cap. 75. Dans le but de faire ressortir le peu d'importance des *Parisii* relativement aux autres peuples de la Gaule, M. Dulaure réduit le chiffre de leur contingent à 2,000 hommes, et en conclut que leur puissance était à celle des nations du premier rang comme 2 est à 25. Cette évaluation est inexacte. César, en disant que les Pictons (peuples du Poitou), les Turons (peuples de la Touraine), les Helviens (peuples du Vivarais), et les Parisiens fournirent 8,000 hommes, entend évidemment exprimer que le contingent fut de 8,000 hommes *pour chacun*, et c'est ainsi que tous les traducteurs l'ont interprété. Dans l'état des troupes fournies, César procède en commençant par les chiffres les plus élevés, et lorsqu'il rassemble dans le même membre de phrase les noms de plusieurs peuples, c'est par assimilation, pour indiquer que le contingent de chacun de ces peuples a été le même. Autrement il faudrait supposer que des nations séparées entre elles par des distances considérables, les Parisiens et les habitants du Vivarais, par exemple, se seraient réunies pour former un contingent commun, ce qui n'est pas admissible. On a calculé d'ailleurs qu'en adoptant le système d'évaluation de M. Dulaure, le total des contingents se trouverait de beaucoup au-dessous du nombre de 240,000 hommes qui furent présents, selon César, à la revue générale des troupes gauloises.

(2) Voyez Saint-Foix, *Essais sur Paris*, t. I.

comme les alliés, le droit de nommer leurs magistrats. Venaient ensuite des villes sur lesquelles le peuple-roi se réservait un pouvoir tellement absolu, qu'il en transportait ailleurs les habitants, lorsque la raison d'État le demandait, et disposait à son gré de leurs terres et de leurs biens. On les appelait pour cette raison *colonies*. D'autres enfin n'avaient été conquises et n'étaient conservées que par la force des armes : elles appartenaient aux pays réduits en provinces romaines et gouvernés par un préteur. On les nommait *vectigales,* c'est-à-dire soumises au tribut. Nous voyons dans Suétone que toutes les villes de la Gaule celtique furent rangées par César dans cette dernière classe, à l'exception de quelques villes alliées ou qui avaient bien mérité de lui par leur soumission (1). Pline nomme toutes ces cités privilégiées (2): il ne dit rien de Lutèce. Les Parisiens avaient trop vaillamment défendu leur liberté pour mériter les faveurs de César.

L'histoire de la Gaule conquise se confond dans l'histoire de l'empire, et pendant plusieurs siècles les écrivains romains ne fournissent presque aucune notion sur l'état particulier des villes gauloises.

Mais un témoignage plus irrécusable que les récits des historiens vient heureusement suppléer à leur silence, et nous fournit la preuve que, moins d'un siècle après César, Lutèce, grâce à son admirable situation, avait acquis déjà une véritable importance comme l'un des grands centres de la navigation des Gaules (3). Je veux parler du

---

(1) Sueton., *In Julio,* cap. 5.

(2) Plin., *Hist.,* lib. IV, cap. 18.

(3) Strabon, qui parle avec admiration de l'heureuse situation des Gaules traversées par tant de fleuves et de rivières, nous apprend quels chemins prenaient les négociants pour le transport de leurs marchandises. J'en extrairai ce qui peut concerner le commerce de Paris. « On peut, dit-il, remonter le Rhône fort haut avec de grosses cargaisons qu'on transporte en diverses provinces par le moyen d'autres fleuves navigables qui s'y jettent. Les marchandises passent du Rhône sur la Saône et ensuite sur le Doubs: de là elles sont transportées par terre jusqu'à la Seine, qui les porte à l'Océan en traversant le pays des Lexoviens et des Calètes.

Outre ces chemins par eau, il y en avait encore d'autres par terre qui conduisaient à Lutèce. Les deux grandes voies romaines qui partaient de Lyon et de Bordeaux venaient se réunir à Autun; et il y en avait une autre depuis cette dernière ville jusqu'à Lutèce; là, cette dernière voie se partageait encore en deux chemins, dont l'un allait à Orléans, l'autre à Beauvais, à Amiens et à Boulogne. Les Parisiens, par la grande voie de Lutèce à Orléans, avaient encore communication avec de nombreux chemins publics aboutissant à cette dernière ville, où était le port des Carnutes; ainsi les routes par terre et par eau concouraient également à rendre Lutèce un centre important de commerce. « Il n'est pas probable, dit M. Bonamy, que dans ces commencements le commerce des négociants parisiens consistât en autre chose qu'en blé, vin, huile, sel, ou autres denrées nécessaires à la vie. Les marchandises de luxe n'ont été introduites que sous les rois Francs (*).

(*) *Acad. des Inscript.,* t. XV.

monument dont les débris ont été découverts, en 1711, sous le chœur de l'église cathédrale de Notre-Dame.

Ce monument, dont je donne ailleurs une description détaillée, est un autel élevé à Jupiter par les *nautes parisiens*, sous le règne de Tibère, c'est-à-dire entre les années 13 et 37 de J.-C.

Nous devons à ces précieux restes de l'antiquité parisienne, les seules données que nous ayons sur la religion particulière des Parisiens et sur l'état de leurs arts à cette époque reculée.

Les *nautes* parisiens, dans l'existence nous est ainsi révélée, n'étaient point de simples bateliers, mais une puissante corporation de négociants par eau, dans laquelle des savants ont cru trouver l'origine de la *hanse* parisienne, si célèbre au moyen âge, et celle du corps municipal de Paris.

Il y avait dans l'empire romain un grand nombre de ces compagnies de commerçants par eau. Les noms de *nautes*, de *naviculaires*, de *lenunculaires*, et d'autres semblables sous lesquels ils étaient connus, ne donnaient point l'idée d'une profession servile; on entendait par là de véritables négociants, parmi lesquels on comptait des décurions, des servirs-augustaux, des duumvirs, des chevaliers romains, des questeurs, des sénateurs même. Les seuls officiers du palais de l'empereur ne s'associaient point avec ces négociants, et ne prenaient point part à leur commerce : *Præter eos qui intra palatium sacrum versati sunt*, dit la loi. La dignité de chevalier fut concédée par Constantin et par Julien à tous ceux qui exerçaient ce commerce; et Gratien, Valentinien et Théodose la leur confirmèrent. Ils reconnaissaient des chefs ou *patrons*, les protecteurs de leurs compagnies, et qui en étaient en même temps les *curateurs* et les directeurs, pour y maintenir leurs droits avec le bon ordre et la discipline. Ainsi, les *nautes* de nos fleuves du Rhône, de la Saône, de la Durance, de la Loire, avaient leurs *patrons* ou curateurs. Il paraît que ces chefs n'étaient pas perpétuels, et que même, durant leur administration, ils ne dédaignaient pas d'exercer le commerce qu'ils dirigeaient. *Sentius Regulianus*, chevalier romain, *patron* des *nautes* de la Saône, était *naute* lui-même. *M. Fronto*, sevir d'Aix et *patron* des *nautes* de la Durance, était *naviculaire* : ce qui fait voir d'ailleurs que ces noms de *nautes*, de *naviculaires*, et autres semblables, étaient synonymes et ne signifiaient qu'une seule et même profession dans ceux qui les portaient. En effet, les *naviculaires*, ainsi que les *scaphaires*, autre nom plus humble encore en apparence, donné aux commerçants par eau, sont également qualifiés marchands, négociants : *mercatores*, *negociatores*. Ils jouissaient, particulièrement sous le nom de *naviculaires*, d'un grand nombre de priviléges, en vertu desquels ils étaient exempts de toutes charges publiques onéreuses, de tutelles, de contributions, oblations, dons gratuits, et d'une partie des impositions publiques. Ils levaient certains droits sur les marchandises qu'ils voituraient. Ils ne pouvaient être traduits ailleurs que devant leurs propres juges en matière civile. Il était expressément recommandé à tous les juges de les protéger, de maintenir leur commerce dans une grande liberté, de veiller à ce qu'il ne leur fût fait aucun tort, soit en leurs personnes, soit en leurs biens. Ils étaient favorisés de plusieurs autres priviléges semblables, qu'on peut voir dans le code théodosien. On y peut voir aussi qu'ils possédaient en commun des biens-fonds inaliénables, dont les revenus étaient uniquement employés aux dépenses communes, et à maintenir leur commerce et la discipline en vigueur. Chacune des compagnies de ces célèbres négociants formait un corps, dont les membres étaient unis d'intérêts par la jouissance commune de ses biens et de ses priviléges. De là vient qu'à cet égard il était appelé *consortium*; de même qu'on l'appelait quelquefois *ordo*, pour marquer qu'il tenait rang dans l'Etat. Il paraît qu'on n'épargnait pas à ces corps les épithètes les plus magnifiques; car nous trouvons celui de nautes du Rhône et de la Saône, qualifié dans une inscription : *Splendidissimum corpus nautarum*.

Ces détails sur l'état de la navigation des fleuves chez les Romains et sur les priviléges dont jouissaient les négociants par eau, peuvent donner une idée de ce qu'étaient les nautes parisiens qui érigèrent dans Lutèce un autel à Jupiter.

Un de nos savants du dernier siècle, Leroy, dans une curieuse *Dissertation sur l'hôtel-de-ville de Paris* (1), a beaucoup étendu l'intérêt qui s'attache à cette institution, en démontrant qu'il ne faut pas chercher ailleurs l'origine des *marchands de l'eau*, connus dans la suite sous le nom collectif de *hanse*, et qui formèrent plus tard la compagnie des échevins, ou ce qu'on appelait l'*hôtel-de-ville*. Je reviendrai sur cette importante question lorsque j'aurai à développer l'histoire du corps municipal de Paris. Pour me renfermer ici dans ce qui regarde la période romaine, il est certain qu'il y eut à Lutèce, au moins depuis le quatrième siècle, des officiers municipaux connus sous le nom de *défenseurs de la Cité* (2). Ces magistrats populaires dont les fonctions étaient mixtes, tenaient lieu de juges ordinaires et de police, et d'officiers de finance sous l'autorité de l'unique magistrat de la province, c'est-à-dire du président ou proconsul romain. Ils étaient

---

(1) Cette dissertation est imprimée en tête du premier volume de l'*Hist. de la ville de Paris*, par Félibien et Lobineau. Paris, 1725, 5 vol. in-fol.

(2) Il est fait mention pour la première fois de ces officiers dans deux lois de Valentinien I, l'une et l'autre de l'an 365; mais un passage de Justinien autoriserait à croire que cette institution était plus ancienne. Voir Félibien, *Hist. de Paris*, t. I, p. LXXXVI. — T. Duplessis, *Annales de Paris*, p. 8.

toujours élus de droit par le peuple, et cette élection n'était regardée comme valable que lorsqu'elle était consentie par tous les citoyens. Leur administration, qui durait d'abord cinq ans, fut ensuite réduite à deux. Leurs attributions embrassaient la justice sommaire sur toute espèce de contestations entre les habitants, la justice commerciale, les fonctions municipales et le recouvrement des impôts. L'importance de Lutèce étant tout entière dans son commerce par eau, rien n'empêche de croire, avec l'auteur de la Dissertation sur l'hôtel-de-ville, que les défenseurs de la Cité étaient ordinairement élus parmi les *nautes parisiens*, qui devaient compter dans leur corporation les citoyens les plus notables.

D'autres indications historiques nous sont encore fournies par le monument parisien du règne de Tibère. On y remarque (1) le mélange curieux des dieux gaulois et des divinités romaines : Esus avec Jupiter, Vulcain à côté d'un *Cernunnos*, que M. Dulaure croit avoir été la divinité topique de Lutèce (2). Ajoutons que le style des figures, quoique assez grossier, décèle un art inférieur, à la vérité, à celui des Romains, mais qu'on ne trouverait pas chez un peuple absolument barbare; il prouve, à mon avis, un degré de civilisation trop avancé pour qu'il soit possible de le concilier avec l'établissement tout récent des Parisiens sur les bords de la Seine (3).

Il nous faut traverser maintenant plus de deux siècles pour trouver dans l'histoire le moindre fait qui se rattache à Lutèce. Je mentionnerai cependant une conjecture de Montfaucon, suivant laquelle un collége du dieu Sylvain fut institué ou rétabli dans le bois qui porte aujourd'hui le nom de Vincennes, par Hilarius, affranchi de Marc-Aurèle, vers l'an 180 de J.-C. (4). Quelques antiquaires ont placé aussi dans ce long intervalle l'érection d'une partie des monuments romains, sans date précise, découverts sur le sol ou aux environs de Paris (5).

Dès le second siècle, le christianisme avait pénétré dans la Gaule méridionale, et y avait eu ses martyrs (6), mais ce ne fut qu'au milieu du siècle suivant que les lumières de la foi chrétienne se répandirent dans les provinces centrales (7).

(1) Voyez la description et l'histoire particulière des *Monuments de la période romaine*.
(2) *Hist. de Paris*, 6ᵉ édit., t. I, p. 70.
(3) Suivant le système de M. Dulaure, l'établissement des Parisiens se rapportant à l'an 50 environ avant César, ou 100 avant l'ère chrétienne, n'avait pas, sous Tibère, un siècle et demi d'existence.
(4) Montfaucon, *Mém. de l'Acad. des Inscr.*, t. XIII, p. 429. — Du Plessis, *Annales de Paris*, p. 14.
(5) Caylus, *Recueil d'Antiquités*. — Lebeuf, *Dissertations*.
(6) Les premiers martyrs de la Gaule périrent à Lyon l'an 177, sous la persécution de Marc-Aurèle. Saint Irénée, évêque de cette ville, le seul évêque qu'il y eût de son temps dans la Gaule, fut martyrisé l'an 203, sous le règne de Septime Sévère.
(7) Grégoire de Tours fixe à l'an 250, sous le consulat de Decius et Gratus, l'arrivée

Vers l'an 245, saint Denis, après avoir été ordonné évêque, fut envoyé de Rome avec quelques autres missionnaires (1), pour prêcher l'évangile dans la Gaule. Il s'arrêta à Lutèce, où il fut aidé dans ses fonctions apostoliques par le prêtre Rustique et le diacre Eleuthère. Comme il n'existe point d'acte authentique de leur martyre, on ne sait rien des progrès de leur mission. Tout ce qu'on en peut dire, d'après des monuments, dont le plus ancien, la vie de sainte Geneviève, remonte au sixième siècle, c'est qu'ils eurent tous trois la tête tranchée hors la ville, selon la coutume des Romains. On fixe leur martyre à l'année 273, sous la persécution d'Aurélien (2); mais il y a beaucoup d'incertitude sur le lieu où il furent mis à mort. L'opinion la plus répandue veut que ce soit sur la colline de Montmartre, appelée ainsi en leur honneur (*mons martyrum*). Suivant la légende, les persécuteurs ordonnèrent qu'on jetât les trois corps dans la Seine, mais une pieuse femme parvint à les leur enlever : elle les fit enterrer secrètement dans un champ qu'elle possédait à *Catolacum*, et lorsque la persécution fut cessée, elle leur y fit dresser un tombeau près duquel s'éleva dans la suite, par les soins de sainte Geneviève, un oratoire, origine de la célèbre abbaye de saint Denis(3). Le juge qui condamna saint Denis à mort s'appelait *Sisinnius Tescenninus*, et le martyrologe romain lui donna le titre de préfet. On a voulu en conclure que Paris était alors le siège d'une préfecture romaine; mais il faut remarquer qu'il ne s'agit ici que d'un officier romain qui commandait sous l'autorité du gouverneur de la province, les troupes cantonnées à Paris et aux environs.

L'église honore saint Denis comme l'apôtre et le premier évêque de Paris. On croit que plusieurs de ceux qu'il avait instruits dans la foi eurent une mort semblable à la sienne. Saint Yon, saint Lucain, saint Paxent, saint Justin et saint Eugène, qui souffrirent le martyre en divers lieux du diocèse de Paris, passent pour avoir été disciples de saint Denis (4). Mais, pour l'histoire du christianisme à Paris, dans ces premiers temps, toutes les notions se réduisent à des conjectures fort incertaines. On attribue à saint Denis ou à ses disciples la fondation des églises de Chartres, de Senlis, de Meaux et quelques autres qui étaient déjà florissantes dans le IVe siècle (5).

de saint Saturnin et de saint Denis dans la Gaule. Du Plessis a prouvé qu'il y avait là une erreur de chronologie de cinq ou six ans. Voy. *Annales de Paris*, p. 19.

(1) Saint Trophime, d'Arles; saint Gratien, de Tours; saint Paul, de Narbonne; saint Saturnin, de Toulouse; saint Austremoine, d'Auvergne, et saint Martial, de Limoges. Voy. Grégoire de Tours, *Histor. Franc.* lib. II.

(2) Du Plessis, *Annales de Paris*, p. 24.

(3) *Hist. de la ville de Paris*, t. I, p. 15. — Lebeuf, *Hist. du dioc. de Paris*, t. III, p. 174. — Mabillon, *OEuvres posthumes*, t. II, p. 336.

(4) Le Nain de Tillemont, *Hist. ecclés.*, t. IV, p. 451. — Félibien, *Hist. de Paris*, t. I.

(5) On a long-temps confondu saint Denis, premier évêque de Paris, avec saint Denis

DOMINATION ROMAINE.

Les premiers successeurs de saint Denis, dans l'évêché de Paris, sont très peu connus. On ne cite guère d'eux que leurs noms : Mallon, Massus (1), Marc, Aventus et Victorin (2). Ce dernier est qualifié évêque de Paris au concile de Cologne, tenu en 346. Il souscrivit aussi avec trente-trois autres évêques des Gaules au concile de Sardique, assemblé [en]347, pour la défense du symbole de Nicée contre les Ariens (3).

Ce progrès du Christianisme dans la Gaule avait été le résultat d'un des plus grands événements de l'histoire, la conversion de Constantin. « La foi s'est assise sur la pourpre. Désormais ses intérêts ne sont plus ceux d'une secte en dehors des masses populaires; son histoire est maintenant l'histoire de l'État. Bien que la majorité des populations demeure encore long-temps païenne, le pouvoir et la loi deviennent chrétiens (4). »

Constance-Chlore, Constantin-le-Grand et ses fils Constantin-le-Jeune et Constance, séjournèrent long-temps dans la Gaule, et, suivant toute apparence, habitèrent Lutèce. C'est à l'un de ces princes que les historiens les plus judicieux attribuent la construction du palais des Thermes et de quelques autres édifices qui existaient certainement à Paris avant l'arrivée dans la Gaule du césar Julien (5).

Mais ce n'est qu'au temps de Julien que Lutèce est, pour la première fois depuis quatre siècles, le théâtre d'événements importants. Alors, pour la première fois, son nom, obscur jusque là, est cité avec une

l'Aréopagite, martyrisé à Athènes l'an 95 de J.-C. Hilduin, qui écrivit en 814 ses *Areopagitica*, répandit le premier cette erreur sur l'autorité de quelques ouvrages apocryphes; il avança aussi le premier que saint Denis, après son martyre, avait porté sa tête dans ses mains; mais sa légende, inconnue au IXe siècle, contredit les monuments historiques. Sirmond, de Launoy, Morin, Dubois, Denis de Sainte-Marthe, Tillemont et Du Plessis, ont réfuté solidement cette opinion d'Hilduin, qui, supposée fausse dans les nouveaux bréviaires de Paris et de Sens, est aussi rejetée par les plus habiles critiques de France et d'Italie. Elle était passée de Paris à Rome et de Rome dans la Grèce par Méthode, qui écrivit la vie de saint Denis; elle repassa en France avec la traduction de cette vie faite par Anastase. On trouve dans la *Bibliothèque historique de la France* de Lelong et Fontette, la liste des nombreux ouvrages qui ont été publiés pour ou contre l'opinion d'Hilduin.

(1) Massus, qui vivait sous Constance-Chlore, avait rédigé, à ce qu'on croit, les actes de saint Denis dont il était presque le contemporain; mais ces actes sont perdus.

(2) *Gallia Christiana*, t. VII, p. 13 et 14.

(3) Le premier concile général, convoqué par Constantin, fut tenu à Nicée en Bithynie, le 19 juin de l'an 325. Là fut condamnée l'hérésie d'Arius, et proclamée la suprême vérité du monde, l'essence et l'unité de Dieu, sous la forme du *Credo*, symbole que les chrétiens répètent encore après quinze siècles. « De cette seule vérité reconnue, dit M. de Chateaubriand, date une révolution radicale dans la législation européenne, long-temps faussée par le polythéisme qui posait un mensonge pour fondement de l'édifice social. »

(4) Chateaubriand, *Études historiq.*, second discours, 1re partie.

(5) Voyez la Description et l'Histoire particulière des Monuments de la période romaine.

épithète d'éloge et d'amour ; alors apparaissent les premières lueurs de cette renommée qui de nos jours remplit le monde.

On sait que Julien, neveu de Constantin-le-Grand, n'avait échappé qu'avec peine, dans son enfance, au massacre de sa famille, ordonné par les ministres de Constance. Plus tard, devenu nécessaire à cet empereur, il fut nommé César, en 355, et chargé l'année suivante du gouvernement des Gaules et de la Grande-Bretagne. Au moment de son élévation, les Barbares ravageaient toutes les provinces de l'empire. Tandis que les Quades et les Sarmates pillaient la Pannonie, et les généraux de Sapor la Mésopotamie et l'Arménie, les Francs, les Allemands, les Saxons, s'étaient précipités sur les Gaules, et avaient dévasté quarante villes le long du Rhin, et ruiné Cologne.

Julien, élevé en philosophe plutôt qu'en soldat, n'avait nulle expérience de la guerre. Il déploya pourtant une grande activité, un remarquable talent militaire et une haute sagesse de vues pendant les cinq années que dura son gouvernement. Il courut d'une ville à l'autre, d'Autun à Auxerre, d'Auxerre à Troyes, de Troyes à Cologne, de Cologne à Trèves, de Trèves à Lyon : on le voit assiégé dans la ville de Sens ; on le voit passant le Rhin cinq fois, gagnant la bataille de Strasbourg sur les Allemands, faisant prisonnier Chrodomaire le plus puissant de leurs rois, rétablissant les cités, punissant les exacteurs, diminuant les impôts, et enfin, ce qui nous intéresse par les liens du sang, soumettant les Chamaves et les Francs-Saliens. « On commence à vivre avec les Francs dans la future France (1). »

Julien passa à Lutèce au moins les deux hivers de 358 et de 359. Il habitait le palais des Thermes avec son épouse Hélène, fille de l'empereur Constance. Dans cette petite ville qu'il aimait et qu'il appelait sa *chère Lutèce*, il avait rassemblé, autant qu'il avait pu au milieu de ses entreprises militaires, des savants et des philosophes. Oribase le médecin, dont il nous reste quelques travaux, y rédigea son Abrégé de Galien (2) : « C'est, dit M. de Chateaubriand, le premier ouvrage publié dans une ville qui devait enrichir les lettres de tant de chefs-d'œuvre (3). »

(1) *Études histor.*, second discours, 1re partie.

(2) Oribase, célèbre médecin grec du IVe siècle, était né à Pergame. Sa réputation lui avait attiré la confiance et l'amitié de Julien, qu'il suivit dans la Gaule. Oribase eut assez d'influence pour aider Julien à monter sur le trône : le nouvel empereur lui en témoigna sa reconnaissance en le nommant questeur de Constantinople et en l'admettant dans son intimité. Dans l'expédition que Julien entreprit contre Sapor, roi des Perses, Oribase accompagna son maître et fut témoin de sa mort. Il vécut jusque vers le milieu du Ve siècle. Les traités qui nous restent d'Oribase ne dédommagent pas de la perte presque totale d'un ouvrage plus important qu'il avait entrepris sur l'invitation de Julien, et qui renfermait la somme de toutes les connaissances médicales de son temps.

(3) *Études hist.*, second discours, 2e partie.

Voici comment Julien raconte lui-même, dans son *Misopogon*, le séjour qu'il fit à Lutèce :

« Je me trouvais, pendant un hiver, à ma chère Lutèce (c'est ainsi
» qu'on appelle dans les Gaules la ville des Parisiens). Elle occupe une
» île au milieu de la rivière; des ponts de bois la joignent aux deux
» bords. Rarement la rivière croît ou diminue; telle elle est en été, telle
» elle demeure en hiver : on en boit volontiers l'eau très pure et très
» riante à la vue. Comme les Parisiens habitent une île, il leur serait dif-
» ficile de se procurer d'autre eau. La température de l'hiver est peu
» rigoureuse, à cause, disent les gens du pays, de la chaleur de l'Océan
» qui, n'étant éloigné que de neuf cents stades, envoie un air tiède
» jusqu'à Lutèce : l'eau de mer est en effet moins froide que l'eau douce.
» Par cette raison, ou par une autre que j'ignore, les choses sont ainsi.
» L'hiver est donc fort doux aux habitants de cette terre ; le sol porte
» de bonnes vignes ; les Parisiens ont même l'art d'élever des figuiers (1)
» en les enveloppant de paille de blé comme d'un vêtement, et en
» employant les autres moyens dont on se sert pour mettre les arbres à
» l'abri de l'intempérie des saisons.
» Or, il arriva que l'hiver que je passais à Lutèce, fut d'une violence
» inaccoutumée : la rivière charriait des glaçons comme des carreaux
» de marbre : vous connaissez les pierres de Phrygie? Tels étaient,
» par leur blancheur, ces glaçons bruts, larges, se pressant les uns
» les autres, jusqu'à ce que, venant à s'agglomérer, ils formassent
» un pont. Plus dur à moi-même, et plus rustique que jamais, je ne
» voulus point souffrir que l'on échauffât à la manière du pays, avec
» des fourneaux, la chambre où je couchais. »

Il dit ensuite que l'excès du froid le fit enfin consentir à ce qu'on apportât dans sa chambre quelques charbons allumés pour en sécher les murailles humides; mais que la vapeur du charbon lui étant montée à la tête, il fut tellement saisi qu'il faillit étouffer.

Ce fut pendant le séjour de Julien à Paris que fut tenu le premier concile de cette ville, dont on fixe la date à l'année 360 (2), sous l'épiscopat de Victorin, ou plutôt sous celui de Paul son successeur (3). Ce concile, assemblé sans doute par les ordres de Julien qui n'avait pas encore abjuré le Christianisme, se déclara catholique en publiant, dans

(1) M. Dulaure croit avoir lu dans le *Misopogon* de Julien qu'on élevait à Paris des oliviers : c'est une erreur. Il s'agit de figuiers, et l'usage de les envelopper de paille pour les mettre à l'abri des rigueurs de l'hiver s'est perpétué jusqu'à nous.

(2) Je suis, pour cette date, l'opinion des auteurs du *Gallia christiana*. Le père Labbe croit que le premier concile de Paris ne fut tenu qu'en 362.

(3) Suivant les auteurs de l'Histoire littéraire de la France, Paul, évêque de Paris, qui assista à ce concile, doit être le même qu'un évêque Paul, connu dans l'histoire littéraire par un traité qu'il avait composé pour prémunir les pénitents contre le désespoir. *Hist. litt. de la France*, t. I.

une lettre synodale qui nous est restée, son attachement aux doctrines du concile de Nicée, et en rejetant la formule des Ariens reçue dans celui de Rimini. Il faut constater que la lettre synodale du concile de Paris est le plus ancien monument où cette ville soit appelée *Paris*, *Parisea civitas*.

Constance, devenu jaloux des triomphes de Julien, essaya de l'affaiblir en lui demandant la plus grande partie de son armée sous le prétexte de continuer la guerre contre les Perses. Julien pressa ses troupes ou feignit de les presser de partir. Ici nous avons à raconter un événement dramatique que l'illustre auteur des *Études historiques* appelle *la première grande scène militaire dont Paris ait été témoin* (1). Nous en empruntons le récit succinct, mais animé, à M. de Chateaubriand lui-même.

« Assis sur un tribunal élevé aux portes de Lutèce, Julien invite les soldats à obéir aux ordres d'Auguste : les soldats gardent un silence morne et se retirent à leur camp. Julien caresse les officiers, leur témoigne le regret de se séparer de ses compagnons d'armes sans les pouvoir récompenser dignement. A minuit, les légions se soulèvent, sortent en tumulte du banquet donné pour leur départ, environnent le palais, et tirant leurs épées à la lueur des flambeaux, s'écrient : Julien auguste !

» Il avait ordonné de barricader les portes ; elles furent forcées au point du jour. Les soldats se saisissent du césar, le portent à son tribunal, aux cris mille fois répétés de Julien auguste ! Julien priait, conjurait, menaçait ses violents amis, qui, à leur tour, lui déclarèrent qu'il s'agissait de la mort ou de l'empire. Il céda. Une acclamation le salua maître ou compétiteur du monde. Il fut élevé sur un bouclier comme un roi franc, couronné comme un despote asiatique : le collier militaire d'un hastaire lui servit de diadème, car il refusa d'user à cette fin (étant chose de mauvais augure) d'un collier de femme ou d'un ornement de cheval que lui présentaient les soldats. Afin qu'il ne manquât rien d'extraordinaire à l'avénement du restaurateur de l'idolâtrie, Julien écrivit au peuple et au sénat d'Athènes la relation de ce qui s'était passé à Lutèce. Pour trouver un second exemple d'un empereur proclamé à Paris, il faut passer de Julien à Napoléon (2). »

Julien adressa des lettres explicatives à Constance, et lui demanda la confirmation du titre d'Auguste. Constance rejeta les prières de son rival, et lui envoya dire de quitter la pourpre. Julien en appela au peuple et à l'armée. Il les rassembla à Lutèce, et leur demanda s'il devait abdiquer. L'armée renouvela son choix par ses acclamations, et l'en-

---

(1) Les Parisiens rendant inutiles les efforts de Labiénus, Camulogène expirant près de Lutèce pour la liberté de la Gaule, méritaient peut-être un souvenir de notre grand écrivain.

(2) *Études histor.*, second discours, 1re partie.

voyé de Constance eût été mis en pièces sans la protection que lui accorda Julien.

Constance se préparait à réduire Julien par la force ; ce dernier prit des mesures pour assurer ses prétentions à l'empire. Il se rendit en toute hâte en Illyrie, et se disposait à marcher vers Constantinople, lorsque Constance mourut. Proclamé empereur par le sénat, Julien survécut peu à son rival. Il fut blessé à mort, l'année suivante, dans une expédition contre les Perses.

Julien, que son apostasie, ses persécutions contre les chrétiens et les extravagantes fureurs de la fin de sa vie ont justement flétri, avait d'ailleurs presque toutes les qualités qui font les grands princes. Comme ses fautes se rapportent à un temps postérieur à son départ de la Gaule, il laissa dans ce pays un nom révéré. Il s'y était acquis une gloire durable, non seulement en chassant les Barbares, mais en prenant d'habiles mesures pour réparer les désastres qu'ils avaient causés, en repeuplant les villes et les cantons qu'ils avaient ravagés, enfin en proscrivant toute levée d'impôt au-delà du strict nécessaire.

Les écrits de Julien et ceux de l'historien Ammien Marcellin, son secrétaire, sont remplis de notions instructives sur l'état de Paris au quatrième siècle. J'aurai occasion d'en parler en traitant de la topographie et des monuments de Paris pendant la période romaine. Dès à présent j'extrairai du *Misopogon* ce curieux passage où le sévère Julien loue la simplicité rustique des habitants de Lutèce, et se plaît à opposer leur frugalité et leurs habitudes laborieuses, au luxe et à la débauche de la superbe Antioche. « S'ils rendent un culte à Vénus, ils considèrent cette déesse comme présidant au mariage ; s'ils adorent Bacchus, et usent largement de ses dons, ce dieu est pour eux le père d'une joie innocente. On ne voit chez eux ni l'insolence, ni l'obscénité, ni les danses lascives de vos théâtres. »

Jovien, officier expérimenté et chrétien zélé, fut élu par l'armée que la mort de Julien laissait sans chef au milieu des déserts de la Mésopotamie ; mais ce prince mourut peu de mois après son élection. La brièveté de son règne ne lui permit pas de donner à la Gaule d'autres signes de bienveillance que la nomination de divers officiers chargés de veiller à sa défense, et il laissa à son successeur Valentinien I le soin de réaliser le bien qu'il avait projeté.

Aussitôt après son élévation, Valentinien associa son frère Valens à l'empire. Il lui donna l'Orient à gouverner, et se réserva l'Occident comme plus exposé aux invasions des Barbares. Ces deux grandes divisions de l'empire devaient subsister jusqu'à sa destruction.

Valentinien fut bientôt obligé de passer dans les Gaules pour en chasser les Germains qui commençaient à y faire de nouvelles courses. Il arriva à Paris sur la fin du mois d'octobre 365. Il envoya aussitôt

Dagalaïfe contre les barbares, et s'avança lui-même jusqu'à Reims ; mais les ennemis se retirèrent, et il vint passer l'hiver à Paris. Là il reçut l'avis que Procope s'était fait proclamer empereur en Illyrie ; il voulut s'y rendre pour étouffer la sédition, mais les prières des principaux habitants de la Gaule le retinrent dans ce pays menacé par de nouvelles invasions. Nous avons trois lois de Valentinien datées de Paris, l'une pour la distribution des vivres, l'autre pour l'or et les autres métaux, et la troisième pour les officiers des monnaies (1). Il fallait que le séjour de cette ville ne fût pas moins agréable à cet empereur qu'il ne l'avait été à Julien, puisqu'il y était encore l'année suivante. Ce fut là qu'il apprit la défaite de ses troupes, commandées par le comte Cariéton ; mais cet échec fut bientôt réparé par la victoire que Jovin remporta peu de temps après sur les mêmes barbares qui avaient battu l'armée romaine quelques mois auparavant. Valentinien reçut presque en même temps à Paris la tête de Procope, que Valens lui envoya d'Asie, où ce tyran avait été tué au mois de mai de la même année 366.

L'empereur Gratien, que Valentinien, son père, avait associé de son vivant à l'empire, paraît de même avoir chéri le séjour de Paris pendant qu'il était dans les Gaules. Ce fut près de cette ville qu'il livra la dernière bataille contre Maxime qui avait usurpé le titre d'empereur. La victoire demeura à l'usurpateur. Gratien, trahi par les siens, s'enfuit à Lyon, où il fut arrêté et lâchement mis à mort par un des généraux de Maxime. La perte de ce jeune prince, recommandable par de hautes vertus, aurait porté le plus grand préjudice à l'empire, sans le grand Théodose qu'il avait associé au gouvernement, et qui, depuis, vengea la mort de son bienfaiteur. Mais la suite de son histoire n'est pas de notre sujet.

On rapporte au temps des empereurs Gratien et Théodose le pontificat de saint Marcel, le plus illustre des évêques de Paris depuis saint Denis, et l'un des trois grands patrons de la ville. Il prit naissance dans Paris même (2). Instruit de bonne heure dans la religion chrétienne, il passa sa jeunesse dans les exercices de la piété la plus exacte ; son humilité, ses lumières et sa précoce maturité d'esprit déterminèrent l'évêque Prudence, successeur de Paul, à lui donner rang dans le clergé,

---

(1) Dans le texte de ces lois la ville de Paris est nommée *Parisii*.

(2) Suivant une tradition très ancienne, saint Marcel naquit dans une maison de la rue de la Calandre, la cinquième en entrant par la rue de la Juiverie, et où pendait pour enseigne, en 1753, la double image du saint évêque et de sainte Geneviève. Dans la procession solennelle que faisait le chapitre de Notre-Dame le jour de l'Ascension, il s'arrêtait à cette maison ; et l'on voit par le registre des cens de saint Marcel qu'elle était chargée de 12 deniers parisis de rente envers le chapitre. Du Plessis, *Nouv. Annales de Paris*, p. 31. — Jaillot, *Recherches sur la ville de Paris*. Paris, 1775, 5 vol. in-8, Quartier de la Cité, p. 35, t. I.

DOMINATION ROMAINE.

et après la mort de Prudence, nul ne parut plus digne que lui de remplir le siége épiscopal.

On ne sait de saint Marcel que ses vertus. Fortunat (1), qui écrivit sa vie à la prière de saint Germain, évêque de Paris, s'est bien moins étendu sur ses actions que sur ses miracles, suivant le génie de son siècle. Il n'en parle que d'après le souvenir qui s'en était conservé jusqu'à son temps, c'est-à-dire au sixième siècle ; aussi ne faut-il entendre qu'allégoriquement ce qu'il nous dit d'un énorme serpent dont saint Marcel délivra le territoire de Paris. C'est sans doute une allusion aux travaux du pieux évêque pour détruire les restes de l'idolâtrie dans son diocèse. Saint Marcel, mort vers l'an 436, fut inhumé hors de la ville, selon la coutume romaine, et la chapelle ou l'oratoire élevé sur son tombeau est l'origine de l'église et du bourg Saint-Marcel.

Vers l'an 385, Saint Martin, évêque de Tours, l'un des plus grands hommes de l'Eglise d'Occident et l'apôtre de la Gaule (2), vint à Paris, et, suivant Sulpice-Sévère, auteur de sa vie, guérit un lépreux à l'entrée de la ville. C'est à cette pieuse tradition qu'on doit l'érection d'un des monuments les plus remarquables de Paris. Un humble oratoire construit d'abord sur le lieu où s'était opéré le miracle, a fait place, dans le onzième siècle, à la célèbre abbaye de Saint-Martin des Champs (3).

Le règne du faible Honorius, successeur de Théodose en Occident, est marqué par la plus formidable invasion de Barbares que l'empire ait eu à supporter. Les Alains, les Vandales, les Suèves, se répandent dans les Gaules. Les Bourguignons et les Francs les y suivent bientôt, et pour n'en plus sortir. Saint Jérôme fait un affligeant tableau de l'état

---

(1) La plupart des savants, entre autres Tillemont, Du Plessis, les auteurs de l'*Histoire littéraire de la France*, et en dernier lieu M. Lécuy (*Biogr. univ.*, art. FORTUNAT) ont cru que Venance Fortunat, célèbre évêque de Poitiers, devait être distingué de l'auteur de la Vie de saint Marcel, et ont attribué cet ouvrage à un autre Fortunat, évêque lombard, qui vint s'établir en France, dans le voisinage de Chelles, et y mourut vers l'an 569. Mais M. Guérard a trouvé dans un manuscrit de la Bibliothèque du roi, dont il a donné une excellente Notice, la preuve que c'est bien Venance Fortunat qui a écrit la vie de saint Marcel ; cette preuve résulte d'une pièce de vers que le saint évêque de Poitiers adresse à sa mère, en lui envoyant son ouvrage :

> *Hinc tibi nunc absens Marcelli munera misi*
> *Cui dedit excelsum vita beata locum ;*
> *Et si displaceant indigno verba relatu,*
> *Complaceant animo signa superna tuo, etc.*

Voyez *Notices et extraits des manuscrits de la Biblioth. du roi*, t. XII, p. 75.

(2) Saint Martin, né vers 316, mort en 400, est le premier des saints *confesseurs* auquel l'église ait rendu un culte public. On sait qu'il est le fondateur des abbayes de Ligugé et de Marmoutier, les deux plus anciens monastères des Gaules.

(3) Du Plessis, *Nouv. Ann. de Paris*, p. 33 — Jaillot, *Rech. sur Paris*, t. II, Quartier Saint-Martin des Champs, p. 57.

des Gaules livrées en proie à ces terribles conquérants; mais dans les nombreuses et confuses histoires de ces dernières convulsions de l'Empire Romain, on ne trouve rien qui se rapporte spécialement à Paris. Un monument d'un autre genre nous fait connaître du moins l'état politique de cette ville à l'époque où nous sommes parvenus. C'est la *Notice des Gaules*, rédigée sous le règne d'Honorius, c'est-à-dire entre les années 395 et 423.

Les dix-sept provinces dont se composait alors la Gaule (1) étaient divisées en cent quinze cités dont les noms ont été conservés dans cette notice. Elle nous apprend que Paris était une des cités de la Sénonie ou quatrième Lyonnaise, qui avait Sens pour métropole (2).

Nous voyons aussi par la *Notice des dignités de l'Empire* qu'à Paris résidait, vers le temps de Valentinien III, un commandant de la flotte des Andériciens (3) et le préfet des Sarmates cantonnés depuis Paris jusqu'à un lieu dit Chora, situé dans le diocèse d'Auxerre près des limites du diocèse d'Autun (4). Enfin, une inscription sans date précise nous apprend que, sous la domination romaine, les Parisiens avec les Senones, les Éduens, et les peuples de Troyes et de Meaux, étaient soumis à l'administration financière d'un adjoint au procurateur-général, nommé *Aurélius Démétrius*.

Paris resta ville romaine pendant presque tout le cinquième siècle, et lorsque la plus grande partie du nord de la Gaule était déjà au pouvoir des Francs. Ainsi les exploits de Clodion, de Mérovée, de Chil-

---

(1) La Gaule formait alors deux grands gouvernements, qui sont désignés, l'un sous le simple nom de *Galliæ*, les Gaules, et l'autre sous celui de *Septem-Provinciæ*, les Sept-Provinces. Les dix provinces comprises dans le premier étaient les quatre Lyonnaises, les deux Belgiques, les deux Germanies, la Séquanaise et les Alpes grecques. Les sept provinces comprises dans le second étaient les deux Aquitaines, la Novempopulanie, les deux Narbonnaises, la Viennoise et les Alpes maritimes. Chacune de ces deux grandes divisions de la Gaule était gouvernée par un vicaire particulier, et toutes deux se sont perpétuées presque jusqu'à nos jours dans la distinction qu'on a faite de la France en pays coutumier, et en pays de droit écrit. M. Guérard, *Essai sur les divisions territoriales de la Gaule*. Paris, Debure, 1832, in-8, p. 11.

(2) La métropole de Sens comprenait les cités de Chartres, d'Auxerre, de Troyes, d'Orléans, de Paris et de Meaux. Quelques manuscrits de la notice y ajoutent la cité de Nevers. Voyez l'ouvrage de M. Guérard, cité plus haut, où se trouve l'édition la plus complète de la *Notice des Gaules*.

(3) *Prefectus classis Andericianorum, Parisiis*. C'était la flotte chargée de garder la Seine; elle avait vraisemblablement pour bassin, suivant l'abbé Dubos, l'espace que couvre aujourd'hui la nef de Notre-Dame. Mézeray, et après lui M. Dulaure, interprétant arbitrairement le mot *Andericianorum*, ont cru y trouver la preuve que les navigateurs sur la Seine étaient établis à Andresy.

(4) Pasumot, cité par M. Dulaure, assure dans ses *Mémoires géographiques* que Chora, aujourd'hui en ruines, était située sur une terre appelée Ville-Auxerre, près de la rivière de Cure, au nord de Sermicelles, entre Vermanton et Avallon. Dulaure, *Hist. de Paris*, 6° édit., t. I, p. 131.

DOMINATION ROMAINE.

déric, quoique appartenant à l'histoire de France, sont, à parler rigoureusement, étrangers au sujet de ce livre (1). Nous avons pourtant à revendiquer, pour cette période, une touchante histoire, celle de sainte Geneviève, qui détourna de Paris la colère d'Attila, et que la grande ville révère encore comme sa protectrice.

Une tradition populaire fait de Geneviève une simple bergère; d'autres prétendent que ses parents étaient d'une naissance distinguée. Elle naquit à Nanterre vers l'an 423. Son père, nommé Sévère, et sa mère Géronce l'élevaient dans la pratique de la religion chrétienne. Saint Germain, évêque d'Auxerre, et saint Loup, évêque de Troyes, allant dans la Grande-Bretagne pour y combattre l'hérésie de Pélage, passè-

---

(1) On place en 418 la première invasion générale des Francs dans les Gaules, et cette date est celle du commencement de l'histoire de France. Pour la première fois, la rive gauche du Rhin fut envahie d'une manière stable et dans un but d'occupation territoriale, par les tribus Franques les plus voisines de l'embouchure du Rhin. La plus puissante de ces tribus, la tribu des Saliens, domina bientôt toutes les autres, et ce fut dans une famille salienne que la nation réunie des Francs choisit ses rois.

Pharamond, fils de Marcomir, a été long-temps désigné par nos historiens comme le premier roi de France. On place son règne entre les années 420 et 428, mais aucun monument digne de foi ne constate son existence, et Grégoire de Tours ne fait de lui aucune mention.

Le nom de Pharamond ne se rencontre que dans les chroniques de Prosper et dans les *Gestes des rois de France*, dont l'auteur anonyme vivait sous Thierry II. On lit dans ce dernier ouvrage que les Francs, d'après le conseil de Marcomir, ne voulant plus avoir qu'un seul chef, élurent son fils Pharamond pour roi chevelu. Rien de plus suspect, comme on sait, que l'auteur des *Gestes*, auquel l'histoire a conservé le surnom de *Fabulator anonymus*. Quant à la *Chronique de Prosper*, les savants pensent que le passage relatif à Pharamond a été ajouté dans les anciens manuscrits par une main plus moderne. Tritheim cite un ancien chroniqueur (Hunibald), suivant lequel Pharamond aurait été enterré à Framont, lieu dépendant de l'abbaye de Sénones, entre l'Alsace et la Lorraine. Mabillon rapporte une charte de l'an 1261 qui confirme cette tradition. Les historiens qui ont parlé de Pharamond ne disent rien des événements de ce règne presque fabuleux; tout ce qu'on peut conjecturer avec quelque vraisemblance, c'est que Pharamond, dont le nom, suivant la remarque de M. Thierry, est bien germanique, a effectivement régné sur les Francs, mais sans pénétrer dans les Gaules.

Clodion, dit le Chevelu, est le premier roi des Francs qui nous soit connu par des témoignages irrécusables. Un passage de Grégoire de Tours nous apprend que ce roi habitait Dispargum, aujourd'hui Duysborck, entre Bruxelles et Louvain; qu'il battit les Romains, s'empara de Cambrai, et conquit tout le pays jusqu'à la Somme.

De nouveaux succès de Clodion contre les Saxons et contre les Romains le rendirent redoutable dans la Gaule. On prétend même que Paris lui paya de fortes contributions pour se racheter du pillage; mais son armée se laissa surprendre près du *bourg d'Hélène* (Lens en Artois) par les soldats d'Aétius et de Majorien, au milieu du désordre d'une fête, et fut taillée en pièces. Le poëte Sidoine Apollinaire célèbre ainsi la victoire des Romains: « Dans le pays découvert des Atrébates, que Cloïo le Franc avait envahi, et près du bourg d'Hélène, les barbares célébraient un hymen par des chants et des danses, à la manière des Scythes. Deux époux à la blonde chevelure s'unissaient alors. Majorien, averti par le bruit des chants qui résonnait au loin, arrive à la tête de ses légions et se précipite sur les Barbares qui fuient en désordre, entassant sur

rent par le bourg de Nanterre, où saint Germain ayant eu occasion de voir Geneviève, l'exhorta à se consacrer à Dieu. Il n'y avait point alors de monastère de religieuses à Paris, qui était encore au pouvoir des Gallo-Romains. Les filles qui voulaient faire vœu de virginité s'adressaient seulement à l'évêque et en recevaient le voile. Geneviève se présenta en conséquence à l'évêque de Paris, en reçut le voile, et vint habiter Paris après la mort de ses parents. Cependant la ville était menacée par Attila, et les habitants effrayés s'apprêtaient à fuir, lorsque Geneviève, malgré l'imminence du danger, trouva dans sa foi et dans sa fermeté d'âme la hardiesse de rassurer ses concitoyens en leur annonçant qu'il ne leur arriverait rien de fâcheux s'ils restaient dans leurs maisons. On lui

leurs chariots tous les apprêts de leur festin, et laissant entre les mains de l'ennemi des voitures chargées de richesses et la nouvelle épouse elle-même. » Puis, pour rehausser le triomphe de Majorien, le poète fait un portrait redoutable des Francs qu'il a vaincus. « Majorien, lui aussi, a dompté des monstres. Du sommet de la tête au front descend leur blonde chevelure, tandis que la nuque reste à découvert ; dans leurs yeux mêlés de vert et de blanc roule une prunelle couleur d'eau ; leur visage sans barbe n'offre que des touffes arrangées avec le peigne. Des habits étroits tiennent serrés les membres vigoureux de ces guerriers gigantesques ; de courtes tuniques laissent paraître leurs jarrets ; un large baudrier presse leurs flancs aplatis. Lancer au travers des airs la rapide francisque, mesurer de l'œil l'endroit qu'ils sont sûrs de frapper, imprimer à leurs boucliers un mouvement circulaire, c'est un jeu pour eux, aussi bien que de devancer leurs piques par l'agilité de leurs sauts et d'atteindre l'ennemi avant elles. Dès leurs tendres années, ils sont passionnés pour les combats. Si le nombre de leurs ennemis ou le désavantage de la position les fait succomber, la mort seule peut les abattre, jamais la crainte. Ils restent invincibles, et leur courage semble leur survivre. »

Cette victoire d'Aétius fit-elle recouvrer aux Romains tout ce que les Francs leur avaient enlevé dans les Gaules? C'est là l'opinion de la plupart des historiens modernes ; mais si l'on s'en rapporte aux documents les plus anciens, Aétius réussit seulement à arrêter les progrès de Clodion, qui, après s'être emparé de Tournai, de Cambrai, de Bavai, d'Amiens, menaçait toute la Gaule.

Clodion mourut vers l'an 448, après un règne de vingt ans. Son surnom lui vient de ce qu'il introduisit parmi les rois Francs l'usage de porter les cheveux longs. *Ex hoc Franci reges crinitos habere cœperunt*. C'était une coutume suivie depuis long-temps en Germanie, de laisser croître la chevelure des princes depuis leur enfance. Ils la portaient partagée au front et flottant dans toute sa longueur sur leurs épaules. Au peuple, on en coupait une partie autour de la tête, le reste se nouait et retombait sur le front. On sait que chez les Romains, comme chez les Barbares, la chevelure coupée était un signe de servitude. L'usage des cheveux longs, comme marque d'indépendance, se conserva parmi les rois jusqu'à la fin de la première race.

Priscus prétend que Clodion eut deux fils qui se disputèrent l'empire après sa mort. « L'aîné appela, dit-il, les Huns à son aide, et ce fut lui qui ouvrit les Gaules à Attila. Le plus jeune (Mérovée) se plaça sous la protection des Romains. » D'autres anciens chroniqueurs disent que Clodion laissa trois fils en bas âge et les confia à Mérovée, qui était de sa race ; mais que celui-ci usurpa sur ses pupilles l'autorité des Francs. Au milieu de ces incertitudes, nous adopterons l'opinion de la plupart des historiens qui, d'après Frédégaire, ne donnait à Clodion qu'un seul fils, Mérovée.

Sigismer, ce jeune prince franc, de sang royal, que Sidoine Apollinaire vit à Lyon

reprocha de vouloir faire la prophétesse, on l'injuria, on alla même jusqu'à former le dessein de la tuer, et cependant la prophétie s'accomplit, car les Huns passèrent de la Champagne à Orléans et retournèrent de cette ville dans la Champagne sans approcher de Paris. Bientôt après ils furent, comme on le sait, entièrement défaits dans la plaine de Châlons-sur-Marne par les Goths et les Francs réunis. Le salut de Paris fit taire la malveillance dont sainte Geneviève était l'objet, et dès lors cette pieuse vierge fut constamment l'objet de la vénération publique. Rien d'important ne se faisait à Paris qu'on ne la consultât. Elle rendit encore aux Parisiens de signalés services. Leur ville ayant été assiégée (1), ou se trouvant, par quelque autre circonstance, affligée

vers cette époque, appartenait peut-être à la famille de Clodion. Nous ne pouvons nous empêcher de reproduire ici la curieuse description que fait Sidoine du costume de ce prince et des officiers qui l'accompagnaient. « Sigismer était précédé et suivi de plusieurs chevaux superbement harnachés et couverts de pierreries étincelantes; mais ce qui méritait le plus de fixer l'attention, c'était le jeune prince lui-même, marchant à pied au milieu des siens; son vêtement d'écarlate et de soie blanche était enrichi d'or; sa chevelure et son teint avaient l'éclat de sa parure. L'aspect des petits rois (*regulorum*) et des officiers dont il était entouré, inspirait la terreur au sein même de la paix. Ils portaient pour chaussure des peaux de bêtes, garnies de tous leurs poils; *leurs jambes et leurs genoux étaient nus.* Ces guerriers avaient en outre des habits très hauts, serrés, et de diverses couleurs, qui descendaient à peine à leurs jarrets saillants; les manches de ces habits ne couvraient que le haut du bras. Par-dessus ce premier vêtement, se voyait une saye de couleur verte, bordée d'écarlate; puis une rhénone fourrée retenue par une agrafe. Les épées de ces guerriers se suspendaient à un étroit ceinturon, et leurs armes leur servaient autant d'ornement que de défense; ils tenaient dans la main droite des piques à deux crochets ou des haches à lancer; leur bras gauche était caché par un bouclier aux lymbes d'argent et à la bosse dorée. »

Mérovée, fils ou du moins proche parent de Clodion, lui succéda en 448. Le nom de ce prince ne se rattache d'une manière certaine à aucun fait historique; mais on lui attribue, avec vraisemblance, une part glorieuse de la défaite d'Attila.

Nous voyons dans Grégoire de Tours qu'Aétius, après sa victoire, chercha à se débarrasser de ses auxiliaires dont la puissance l'inquiétait. « La guerre étant terminée, Aétius dit à Thorismond (fils de Théodoric) : « Hâtez-vous de retourner promptement dans votre patrie, de peur que votre frère se pressant, ne vous dépouille du royaume de votre père. » Celui-ci, entendant ces paroles, se hâta de partir. Aétius se délivra par une semblable ruse du roi des Francs. Après leur départ, Aétius pilla le camp et emporta un butin considérable.

Après la mort d'Aétius, les Francs étendirent leur domination dans la première Germanie et dans la seconde Belgique. On a dit, d'après un passage très vague de Sidoine Apollinaire, qu'Avitus réussit à arrêter leurs progrès; mais nous ne voyons nulle part qu'il les ait forcés de repasser le Rhin, comme l'ont avancé quelques historiens.

Mérovée mourut, suivant Sigebert, en 458, après un règne de dix ans. On lui attribue généralement la gloire d'avoir donné son nom à la seconde race de nos rois. M. Thierry pense que le nom de Mérovingiens est d'une date antérieure à Mérovée, et appartenait à une ancienne famille extrêmement nombreuse, répandue sur tout le territoire des Francs saliens.

(1) La Vie de sainte Geneviève est le seul monument ancien qui parle de ce siége,

d'une grande disette, Geneviève parvint, dit son biographe, en allant de ville en ville, en remontant la Seine jusqu'à Troyes, à charger onze bateaux de blé qu'elle ramena à Paris, et la ville fut bientôt dans l'abondance. Le légendaire rapporte ensuite une action qui fait honneur à l'humanité de la sainte patronne de Paris, et donne une haute idée de l'influence dont elle jouissait. Des prisonniers avaient été condamnés à mort par le roi Childéric. Geneviève résolut de leur sauver la vie, et voulut se rendre près du roi pour implorer leur grâce. Tel était l'empire de sa vertu, que, pour se soustraire à ses sollicitations, le roi ne trouva pas de meilleur moyen que de faire fermer les portes de Paris, afin qu'elle ne pût pas parvenir jusqu'à lui : mais à l'approche de Geneviève les portes s'ouvrirent miraculeusement. Elle arriva jusqu'au prince, et obtint de lui la grâce des condamnés.

On attribue à sainte Geneviève la fondation d'un oratoire sur les tombeaux de saint Denis et de ses compagnons, au village de *Catolacum*, qui devint ensuite la ville de Saint-Denis. Elle contribua, dit-on, à la conversion de Clovis, et le détermina à construire en l'honneur des saints apôtres Pierre et Paul la basilique qui depuis porta son nom.

Après tant de bonnes actions, Geneviève, pleine de mérites et d'années, mourut à Paris (1), âgée d'environ 88 ans, en 511, selon plusieurs auteurs, ou quelques années auparavant, selon d'autres. Elle fut enterrée dans cette même église de Saint-Pierre et de Saint-Paul. On lui attribue un grand nombre de miracles. Son corps, dans la suite, fut exhumé, et l'on déposa ses reliques dans une riche châsse, ouvrage, dit-on, de saint Éloi (2).

Nous venons de voir, par cet extrait de la vie de sainte Geneviève, Paris soutenir un siége à une époque qui n'est pas déterminée, puis devenir le séjour habituel du roi franc Childéric. Mais ces faits ne sont garantis par aucun autre témoignage historique, et malgré la confiance que leur accordent D. Bouquet, Du Plessis et quelques autres savants, il est difficile de les admettre comme vrais sur la douteuse autorité d'une légende.

Il n'est pas impossible néanmoins que les Francs, dans une de ces courses aventureuses qu'ils firent dans la Gaule centrale sous Mérovée et sous Childéric, aient momentanément occupé Paris; mais on ne peut

fort difficile à concilier avec les événements du règne de Childéric, auquel on l'attribue. Cependant Du Plessis et quelques autres auteurs, se croyant suffisamment fondés par ce témoignage, placent ce siége de Paris par les Francs en l'année 465.

(1) Suivant Dubreuil et Du Plessis, le peuple était persuadé que la maison habitée par sainte Geneviève était située à l'endroit où a été construite depuis la chapelle des Haudriettes, rue de la Mortellerie. Voy. Dubreuil, *Antiquités de Paris*, édit. de 1612, p. 975. — Du Plessis, *Nouvelles annales de Paris*, p. 37.

(2) Voyez, dans la Description des monuments de Paris sous la première race, *Abbaye de Sainte-Geneviève*.

considérer cette ville comme définitivement soumise aux Francs qu'à partir de l'époque où Clovis, après la défaite de Syagrius, se trouva maître des provinces situées entre la Somme et la Loire. Jusque là, cette partie de la Gaule se regardait toujours comme romaine. La révolution qui venait d'anéantir l'empire d'Occident ne différait pas en apparence de toutes les convulsions passagères qui l'avaient tant de fois ébranlé; et soit par la force de l'habitude, soit par confiance en la légitimité du droit, la domination romaine avait continué de subsister dans le souvenir et dans les espérances de ceux qui lui avaient été soumis. « Les plus riches propriétaires, dit M. de Sismondi, ou les personnages revêtus de quelque magistrature, exerçaient encore, au nom de l'empire, même depuis la déposition d'Augustule, une autorité que personne ne songeait à leur disputer (1). »

CHAPITRE II.

TOPOGRAPHIE. DESCRIPTION ET HISTOIRE PARTICULIÈRE
DES MONUMENTS.

En résumant les notions fournies par le peu de monuments qui nous restent de l'époque romaine, je donnerai une idée succincte de la topographie de Paris pendant cette première période, avant d'aborder la description et l'histoire particulière de ces monuments eux-mêmes.

Lutèce occupait, du temps de César, l'île de la Seine que nous nommons *la Cité*; mais cette île était alors encore moins grande qu'aujourd'hui. Elle ne s'étendait en longueur que depuis le terrain de l'archevêché jusqu'à la rue de Harlay. Cet espace était occupé par des maisons disposées irrégulièrement, construites probablement de bois et de terre, couvertes de paille ou de roseaux, et sans cheminées. Telles étaient en général les habitations des Gaulois.

Deux ponts de bois, placés où sont aujourd'hui le Petit-Pont et le Pont-au-Change, réunissaient la ville aux deux bords de la Seine. A l'extérieur, un vaste marais, plus loin des collines couvertes de bois, l'entouraient presque de tout côté.

C'est là tout ce qu'on sait du Paris gaulois. Mais dès le commence-

---

(1) *Hist. des Français*, t. I, p. 165.

ment de la domination romaine, on voit les traces d'un accroissement considérable en importance et en étendue.

Dans la Cité s'élève bientôt, à son extrémité orientale, l'autel que les nautes parisiens dressent à Jupiter, témoignage irrécusable de la prospérité de Lutèce naissante.

Plus tard, et probablement au IVe siècle, époque à laquelle Paris, devenu le siége d'un évêché, fut constitué en municipe, il y avait, selon toute apparence, dans la Cité, sur l'emplacement occupé aujourd'hui par le Palais-de-Justice, un édifice affecté aux autorités qui administraient la ville; mais comme, après tout, ce n'est là qu'une conjecture, je remettrai ce que j'ai à dire de ce palais jusqu'à l'époque où je trouverai pour la première fois, dans les monuments contemporains de la première race, la preuve de son existence (1).

Le même motif me fera placer aussi dans la période mérovingienne la cathédrale primitive de Paris, dédiée à saint Étienne, quoiqu'il soit très probable que cette église a été fondée dès les premiers temps de l'établissement du Christianisme à Paris (2).

Rien n'indique l'époque où Lutèce fut entourée de murs pour la première fois; mais il est certain qu'une enceinte ne tarda pas à s'établir autour de la Cité. Elle existait probablement au quatrième siècle, ou, au plus tard, vers le milieu du cinquième (3).

On ne peut dire si dès l'origine il n'y avait pas à l'extérieur de la ville et à l'extrémité de chaque pont, quelques habitations éparses sur le bord des voies romaines qui conduisaient, au midi à Autun, au nord à Beauvais, à Amiens et à Boulogne. Tout ce qu'on sait, c'est qu'avant l'année 356 de J.-C., un somptueux édifice, le palais des Thermes, le plus magnifique monument du Paris romain, était construit sur la rive gauche de la Seine. Du même côté, un champ de Mars, des arènes, un aqueduc distribuant au palais des Thermes les eaux d'Arcueil et de Rongis, un vaste champ de sépultures, une fabrique de poterie du plus beau travail, et quelques autres antiquités moins considérables, attestent l'existence d'un vaste faubourg méridional, tandis que, du côté opposé, un autre aqueduc, des ruines de riches habitations, de maisons de campagne, de tombeaux, sont un nouveau témoignage de l'importance de Paris et de la civilisation de ses habitants pendant la période romaine; témoignage d'autant plus précieux qu'il supplée très heureusement au dédaigneux silence de l'histoire.

Donnons maintenant la description de ces monuments, et l'histoire des faits particuliers qui se rattachent à chacun d'eux.

---

(1) Voy. *Descript. des monuments de Paris sous la première race.*
(2) Jaillot, *Recherches critiq.*, Quartier de la Cité, p. 121, t. I.
(3) Voy. ci-après, page 29, les *Antiquités découvertes sous l'église Saint-Landri.*

DOMINATION ROMAINE.

Monument des nautes parisiens. Parmi les antiquités découvertes dans l'île de la Cité, les premières par leur date et par leur célébrité, sont les neuf pierres cubiques que l'on trouva, le 16 mars 1711, en creusant sous le chœur de Notre-Dame pour y construire un caveau destiné aux archevêques.

Ces pierres, qui offrent sur leurs surfaces des bas-reliefs et des inscriptions, servaient en partie de base à un mur de trois pieds environ d'épaisseur.

Les caractères des inscriptions sont romains; la forme de chaque pierre est celle que les anciens donnaient à leurs autels consacrés.

La plus grande a trois pieds et quelques pouces de hauteur, la plus petite environ un pied et demi. Sur l'une de ces pierres on lit l'inscription suivante :

>   TIB. CAESARE.
>   AUG. JOVI. OPTUMO.
>   MAXSUMO... (ara) M.
>   NAUTAE. PARISIAC.
>   PUBLICE. POSIERUNT.

En restituant les lettres (ara) qui manquent dans l'espace fruste qui précède la lettre M, on traduit ainsi cette inscription :

Sous Tibère César Auguste, les Nautes parisiens ont publiquement élevé cet autel à Jupiter très bon, très grand.

La face la mieux conservée représente trois soldats barbus, portant des boucliers en forme de losange. L'inscription de ce bas-relief est le mot EVRISES resté jusqu'ici sans explication satisfaisante.

L'un des trois hommes porte un grand cerceau sur son bras droit. On a conjecturé que ce pouvait être une couronne destinée en hommage à la divinité qu'on voulait honorer par le monument; peut-être a-t-on voulu représenter dans ces hommes, ce qui ne serait pas sans exemple, des soldats accompagnant les Nautes à la dédicace de l'autel.

Les figures que l'on remarque dans le bas-relief suivant, sur lequel on lit, quoiqu'il soit un peu mutilé : SENANI VEILO M, ou, suivant M. Dulaure, SENANIV. EI. L. O. M. (1), ne paraissent avoir aucun rapport avec la mythologie ou l'histoire de Jupiter. Il y a trois figures drapées à la romaine : deux sont de face; une troisième, de profil, regarde les premières et semble leur parler. L'attitude des figures paraît indiquer

---

(1) *Senani* signifie peut-être les habitants des bords de la Seine, c'est l'opinion de Baudelot et d'Eccard. M. Dulaure y voit le synonyme de *Senones*, mais cette explication paraît peu vraisemblable. Il en est de même de sa conjecture sur le mot *Evrises*, qui serait, selon lui, la contraction de *Eburovices*, les peuples d'Évreux.

qu'elles font une espèce de procession, et l'on peut croire que ce sont les Nautes eux-mêmes, d'autant plus que l'une des figures tient une rame à la main.

Sur le quatrième et dernier bas-relief, sont deux hommes armés de piques et de boucliers elliptiques. Ces figures et celles du deuxième bas-relief pourraient bien représenter les diverses nations des rives de la Seine.

La seconde pierre offre sur ses quatre faces quatre bas-reliefs. La première représente Jupiter en toge romaine avec ses attributs ordinaires : il tient de la main gauche une lance sur laquelle il s'appuie ; à ses pieds est un aigle éployé ; le bras droit est brisé ; pourtant M. Alexandre Lenoir a cru reconnaître dans ce qui reste encore de cette partie du bas-relief, la peau d'un bélier placée sur le bras de Jupiter. On lit au haut du bas-relief le mot IOVIS.

La figure et le nom du dieu Vulcain ainsi écrit : VOLCANVS, le marteau placé à sa ceinture, les tenailles qu'il porte à la main, expliquent clairement le second bas-relief.

Le troisième représente le Mars gaulois, ESVS. Il est représenté auprès d'un arbre dans une forêt ; il tient de la main droite un instrument tranchant avec lequel il abat les branches de l'arbre ; sa tête est couronnée de lauriers.

On remarque sur le quatrième bas-relief l'inscription suivante : TARVOS TRIGARANVS. Un taureau et trois grues forment la composition du monument ; le taureau est représenté dans un bois d'où s'élèvent des arbres de part et d'autre ; il est revêtu de l'étole sacrée. L'inscription indique que c'est le *Taureau aux trois grues*.

La troisième pierre offre sur un bas-relief le buste d'une divinité dont le front chauve est armé de deux cornes ; les cornes ressemblent assez à des bois de daim ; aux deux extrémités sont deux anneaux ; la figure barbue et drapée à la romaine est nommée par une inscription CERNUNNOS ou CERVUNNOS. On a conjecturé que c'était la divinité gauloise correspondant au dieu Pan ; rien ne le prouve (1).

Le second bas-relief semble représenter Hercule combattant l'hydre de Lerne. L'inscription est si fruste qu'on eût dû s'abstenir de vouloir l'interpréter. Il est inutile de rapporter les singulières conjectures dont elle a été le texte ; les lettres conservées semblent former : SIVIER... OS.

Les deux autres bas-reliefs représentent : l'un Castor, l'autre Pollux, tenant chacun un cheval par la bride.

La quatrième pierre est sans inscription, ce qui rend très difficile l'interprétation de ses bas-reliefs. Le premier représente un homme armé appuyé sur sa lance, on croit que c'est *Mars* ; le second, une femme

---

(1) M. Dulaure regarde *Cernunnos* comme une divinité particulière aux Parisiens.

nue qui n'a qu'un bout de sa robe sur le bras gauche, et qui de l'autre bras semble se voiler ; c'est peut-être *Vénus* qu'on a voulu représenter. On voit dans l'autre bas-relief Bacchus et Mercure. En examinant le monument avec attention, on découvre le caducée et le pétase ailé de ce dieu.

Ce sont là les seules pierres qui offrent de l'intérêt.

Les autres, très frustes, ont peu ou point de bas-reliefs. L'une, la plus grande, en forme de table, paraît avoir appartenu à un autel des sacrifices ; elle est divisée en deux parties par une profonde entaille qui était sans doute destinée à l'écoulement du sang des victimes. Une seconde a la forme d'un piédestal grossier. On a reconnu la figure d'un danseur sur une troisième ; enfin, une quatrième a la forme d'un autel. Celle-ci avait un trou circulaire que les ouvriers trouvèrent encore rempli de charbon et d'encens. Le charbon put brûler encore, et l'encens répandu sur le feu rendit une odeur agréable.

De cette découverte il résulte que sous le règne de Tibère, c'est-à-dire entre les années 14 et 37 de Jésus-Christ, les Nautes parisiens élevèrent à l'extrémité orientale de la Cité un autel à Jupiter.

Ce monument est un de ceux qui ont le plus exercé le savoir des archéologues. J'ai parlé des conséquences qu'on en a tirées pour l'histoire municipale de Paris ; outre la *Dissertation sur l'Hôtel-de-Ville*, que j'ai citée (1), on peut lire à ce sujet un mémoire spécial imprimé dans le tome I de l'Histoire de Paris, de Félibien, et un autre de Caylus et Lebeuf, dans le tome III des Mémoires de l'académie des Inscriptions.

L'autel des Nautes parisiens, qui avait été placé au Musée des Monuments français, se trouve, suivant M. Dusommerard, confondu avec d'autres débris de monuments, dans une salle dépendant de l'école des Beaux-Arts.

ANTIQUITÉS DÉCOUVERTES SOUS L'ÉGLISE SAINT-LANDRI. En fouillant le sol pour établir les fondations d'une maison construite en 1829 sur l'emplacement de l'église Saint-Landri, dans la Cité, on rencontra, à dix pieds de profondeur, une muraille à peu près parallèle au cours de la Seine et faisant très probablement partie d'une ancienne enceinte de la cité. Cette muraille, d'une épaisseur de six pieds, était presque entièrement formée de débris de pierres dont les faces étaient ornées de bas-reliefs. J'emprunte à M. Dulaure la description de ces antiquités intéressantes pour l'histoire de l'ancien Paris. « Le principal fragment, dit-il, consiste dans une longue pierre ornée d'un bas-relief dont voici le sujet : des lièvres, symboles de la poltronnerie, fuient

(1) Page 10.

devant les chiens que des génies ailés excitent ou dirigent contre les fuyards qui vont se précipiter dans un large filet où ils sont pris. » M. Dulaure conjecture que ce bas-relief allégorique servait de frise à la façade d'un de ces édifices romains connus sous le nom de maisons sacrées, *œdes sacræ*. Près du bas-relief on a trouvé deux pierres chargées de figures très frustes parmi lesquelles on reconnaît cependant une figure symbolique qui, au lieu de cuisses, a deux serpents dont avec ses mains elle contient les têtes. « Ce symbole, dit M. Dulaure d'après Caylus, se retrouve sur plusieurs monuments antiques et du moyen-âge. Un autre fragment représente, adossés à un mur, les restes de trois figures de captifs comme on en voit sur les monuments triomphaux. Ces figures en relief sont plus grandes que nature et d'un beau travail. La mieux conservée est remarquable sous le rapport de l'art; on y voit encore l'extrémité des courroies qui lui tiennent les mains attachées derrière le dos (1). »

On a recueilli sur le même point des vases, des lampes, un amas d'ossements d'hommes et d'animaux qui ont été transportés aux catacombes, et enfin douze médailles presque toutes romaines et la plupart frustes, dont la plus ancienne est d'Antonin-le-Pieux, et la plus récente du tyran Maxime, qui régna dans les Gaules depuis l'an 383 jusqu'en 388.

M. Dulaure considère l'ensemble de ces antiquités comme ayant appartenu à un monument triomphal élevé par l'usurpateur Maxime après sa honteuse victoire sur Gratien (2). Lorsque, peu après, Valentinien II, successeur de Gratien, vint dans les Gaules après avoir aboli les actes et les institutions de Maxime, le monument triomphal de l'usurpateur aura sans doute été détruit par ordre du nouvel empereur, et cette démolition aura fourni plus tard des matériaux à la construction de la muraille de la Cité.

Il faut noter au surplus que cette muraille, bien que plus récente que le monument dont elle contenait les débris, était construite à pierres sèches sans ciment, et certainement de l'époque romaine. La partie qui a été mise à jour avait environ quatre-vingt-quatre pieds de longueur.

M. Dusommerard fait ressortir vivement tout l'intérêt qui s'attache à cette découverte. Il remarque qu'en livrant à l'étude ces belles et curieuses sculptures, on arriverait sans doute à en déterminer l'époque et l'expression symbolique, et à reconnaître si elles ont appartenu réellement à un monument de Maxime, étude qui serait d'un grand prix pour la question d'art aussi bien que pour la question d'histoire, le style de ces bas-reliefs paraissant plus élevé que ne le comporte l'époque qui leur est assignée par la conjecture, vraisemblable d'ailleurs,

(1) *Hist. de Paris.* 6e édition, t. I, p. 79.
(2) Voyez ci-dessus, page 8.

de M. Dulaure. Il faut donc déplorer avec M. Dusommerard que ces antiquités aient été, pendant huit ans, abandonnées sur le lieu même de leur découverte et exposées à une imminente destruction. Aujourd'hui elles sont déposées dans une maison rue de la Vieille-Monnaie, 8, chez M. Richard, qui en est le propriétaire. Il serait bien à désirer que la ville de Paris, ou le gouvernement, pût acquérir ces précieux débris dont la place est marquée dans le Musée d'antiquités françaises qu'il est question de fonder.

Une description du monument de Saint-Landri, accompagnée de lithographies, se trouve dans le tome IX des Mémoires de la Société des Antiquaires de France.

CIPPE OU AUTEL VOTIF. En 1784, on découvrit à une assez grande profondeur, dans une fouille qui fut faite en face de la rue de la Barillerie, pour établir les fondations d'une partie des bâtiments du Palais-de-Justice, un cippe ou autel votif quadrangulaire, de cinq pieds dix pouces de hauteur. Il n'a aucune inscription et présente sur ses quatre côtés des figures de trois pieds et demi de hauteur. Sur l'une de ses faces, qui paraît être la face antérieure parce qu'elle est un peu plus large que les autres, on reconnaît facilement Mercure, qui est représenté avec tous ses attributs.

Sur une autre, une figure armée de l'arc et du carquois semble être une image d'Apollon, mais elle tient d'une main un poisson et de l'autre s'appuie sur un gouvernail; enfin elle est légèrement vêtue du *paludamentum*. Cette réunion d'attributs dans le même personnage a fait faire la conjecture assez heureuse que cette figure pouvait être l'emblème de la navigation sur la Seine. Cette même allégorie fait présumer aussi que les navigateurs sur la Seine faisaient usage de voiles.

La troisième figure est celle d'une femme, et cette femme porte un caducée, attribut qui ne paraît pouvoir s'expliquer d'une manière satisfaisante qu'en voyant dans la figure la représentation de Maïa, mère de Mercure.

Enfin une quatrième figure couverte du *paludamentum*, a des ailes au dos, et est coiffée du pétase ailé, symbole spécialement consacré au fils de Maïa. La figure tient un globe de la main droite, pose le pied sur un gradin et semble prête à s'élancer en l'air. Il est probable, comme le remarque M. Dulaure, que le jeune homme est l'emblème du soleil au printemps. Ses ailes indiquent la vélocité de sa course, et le disque la rotondité de l'univers.

Ce cippe est d'une pierre commune, analogue à celle des sculptures de l'autel des nautes parisiens, trouvé en 1711 sous le chœur de Notre-Dame, et paraît être sortie des carrières de Saint-Leu.

M. Grivaud de La Vincelle, qui a donné la description de ce cippe, croit pouvoir en faire remonter la construction à l'époque où fut érigé l'autel des Nautes, c'est-à-dire au règne de Tibère.

Ce monument est conservé à la Bibliothèque royale, et placé au bas de l'escalier qui conduit aux salles de lecture.

PALAIS DES THERMES. Dans la rue de la Harpe, et un peu en-deçà de celle des Mathurins, au fond de l'emplacement d'une vieille maison qui avait autrefois pour enseigne une croix de fer, et qui a été démolie il y a quelques années, on trouve le monument d'architecture le plus ancien de Paris, reste d'un vaste édifice élevé pendant la période romaine et connu sous le nom de *Palais des Thermes.*

On ne sait pas précisément dans quel temps ni par qui ce palais fut bâti. M. Dulaure a pensé qu'on n'en pouvait attribuer la construction qu'à Constance-Chlore. M. Dusommerard (1) a développé cette opinion en l'appuyant de raisonnements qui lui donnent un haut degré de vraisemblance.

Jusqu'à Constance Chlore, en effet, les guerres de l'empire, le peu de durée du séjour des empereurs dans la Gaule, ne permettent pas de supposer que le palais des Thermes fut construit, et l'on a des preuves qu'il existait après le règne de ce prince.

Souverain de la Gaule, Constance-Chlore devait désirer, malgré la simplicité de ses goûts, de consacrer cette dignité nouvelle par la fondation d'une résidence centrale d'où il pût surveiller les Bretons, les Germains, les Francs, et en même temps maintenir les Bagaudes.

Dans les quatorze années pendant lesquelles Constance-Chlore gouverna la Gaule comme césar (de 292 à 304) et comme empereur (de 304 à 306), on compte dix ans de calme parfait et de prospérité. A ces circonstances si favorables pour une entreprise comme celle de la construction du palais de Lutèce, se joignent les considérations tirées de la nature de l'appareil des murs encore existants. On paraît d'accord sur ce point, que le mode de construction employé dans la salle des bains, dits de Julien, et dans ses dépendances, ne remonte pas au-delà du IIIe siècle.

Rien sans doute dans l'histoire ne donne à ces suppositions le caractère de fait incontestable; mais aussi rien ne vient les détruire. Et elles ont d'autant plus de poids qu'on n'a autre chose à leur opposer qu'une opinion purement traditionnelle, qui fait de Julien à la fois le fondateur et l'habitant de ce palais.

Le palais des Thermes existait sous Julien, c'est un fait hors de discussion et que Saint-Foix a voulu seul se donner la singularité de

---

(1) *Les Arts au Moyen-Age,* chap. I.

contester. Ce qui nous en reste prouve son importance, importance telle qu'avec toutes les ressources que l'art du ivᵉ siècle et les habitudes romaines pouvaient créer, trois années durent à peine suffire à son entier achèvement.

Si, pour écarter toute espèce de doute, on consulte Julien lui-même et on le suit pendant tout son séjour dans les Gaules, on le voit partir de Vienne en 356, pour marcher contre les Allemands; arriver au mois de juin devant Autun; passer à Auxerre, à Troyes, à Reims, à Cologne, arrêter les efforts des rebelles, et venir passer l'hiver à Sens. En 357 il marche vers le Haut-Rhin pour refouler les Barbares en Allemagne, et ce n'est que dans l'intervalle de 357 à 358 qu'il vient achever l'hiver à Paris : *hisque perfectis, acturus hyemem revertit Parisios Cæsar* (1).

Après de semblables fatigues dans cette saison avancée, et avec le seul avenir de repos que pouvait lui offrir une trêve de dix mois avec les Barbares (2), Julien dut nécessairement choisir un abri tout préparé au lieu de se créer les embarras d'une si grande construction. Et puisque ce fut pendant cet hiver qu'il éprouva dans le palais de Paris cette suffocation dont il parle dans son *Misopogon*, il faut évidemment renoncer à voir dans Julien le fondateur du palais romain de Lutèce.

Mais s'il faut enlever à Julien la gloire d'avoir construit le palais de Lutèce, *gloire qu'il ne réclame nulle part*, lui si soigneux de parler de ses moindres actions et d'en calculer l'effet, tout en affectant un grand mépris de la renommée à laquelle il sacrifia sa vie, il est probable que c'est à la résidence qu'il y fit que cet édifice dut sa première et sa plus grande illustration.

Il n'est plus maintenant de conjectures à former, c'est l'histoire à la main que l'on peut parler de ce palais si majestueux dans son ensemble, qu'encore au xiiᵉ siècle, 800 ans après sa fondation et en présence du Louvre de Philippe-Auguste, il méritait d'être appelé la demeure des rois, *domus aula regum*.

Nous allons suivre rapidement tous les faits qui se rattachent au palais des Thermes.

Nous avons vu Julien proclamé empereur dans le palais de Lutèce par ses soldats mutinés (3). C'est d'une des fenêtres de ce palais qu'il invoqua Jupiter pour lui demander un présage sur l'empire qui lui était offert. Sans doute ce présage fut favorable, puisqu'après avoir vainement cherché à se soustraire aux vœux de son armée en se retirant dans les *réduits secrets* (4) du palais dont les portes tombaient sous les coups des soldats, il consentit enfin à se laisser décorer du titre d'au-

---

(1) *Amm.*, l. XVII.
(2) *Ibid.*
(3) Voy. page 16.
(4) *Sed cum ad latebras successisset occultas*, etc. *Ammien*, l. 30.

guste. Les soldats ne quittèrent le palais que lorsqu'il eut paru à leurs yeux, revêtu de la pourpre, dans le *consistoire* ou salle réservée aux délibérations (1).

De l'année 360, époque du départ de Julien pour l'Orient, date l'abandon du palais des Thermes par l'hôte illustre qui y laissa de si grands et de si curieux souvenirs (2).

J'ai parlé du séjour de Valentinien à Paris depuis l'année 365.

C'est du palais des Thermes qu'il partit pour aller à la rencontre des Allemands, et c'est là qu'il revint après la victoire de Jovin dans les plaines de Champagne ; c'est là qu'il reçut la tête de l'usurpateur Procope que son frère Valens lui envoyait d'Orient.

Gratien séjourna également dans ce palais, et M. Dusommerard aime à le voir s'y livrer à ses goûts favoris d'équitation, de chasse et de combats contre les bêtes féroces. « On conçoit, dit-il, que ce prince, dominé par cette passion, ait choisi pour ces exercices un champ moins aride que les frontières dévastées du Rhin, et qu'il ait trouvé dans ce palais tout disposé de Lutèce, situé dans une contrée riante et fertile, une carrière pour ses combats contre les ours et les lions, *centum leones*, qui certainement auraient été fort peu à l'aise dans le séjour de l'étroit palais de la Cité. Au contraire la vaste enclave nécessairement murée du palais de la Montagne se prêtait merveilleusement à ces chasses en champ clos, comme aux évolutions et aux exercices d'adresse du prince. »

On peut induire de la chronique de Prosper (3), que Maxime habita quelque temps ce palais. Ni Valentinien II, ni l'usurpateur Arbogaste, n'y purent sans doute séjourner.

Les traces que nous nous efforcions de suivre, continue M. Dusommerard, se perdent ici et pour long-temps, sans qu'il soit possible d'assigner, avec quelque apparence de certitude, d'autres hôtes à cette résidence impériale que des préfets ou des généraux romains.

Probablement le patrice Aétius, long-temps maître de la Gaule où sa valeur, ses talents, son activité firent revivre quelque temps le prestige du nom romain, occupa ce palais central, d'où il pouvait aller au midi sauver Arles et Narbonne assiégées par Théodoric, au nord surprendre Clodion au milieu d'une fête, défaire Attila dans les plaines Catalauniques.

(1) *Non antea discesserunt, quam acciti in consistorium, fulgentem cum augusto habitu conspexissent.*

(2) M. Dusommerard paraît disposé à revendiquer pour les vastes souterrains superposés des Thermes, non moins intacts que la grande salle, « *les scènes d'incantation et d'évocation* par lesquelles ce philosophe payait à l'humanité son tribut de faiblesse. » Vie de Julien, t. III, p. 162, 163, année 360.—Gregor. Naz., orat., III, p. 71.

(3) T. I, p. 625.

DOMINATION ROMAINE.

Si le siège de Paris par les Francs, en 465, n'est pas une fable, on peut supposer avec quelque apparence de raison que Childéric, leur roi, établit son quartier général dans le palais des Thermes.

Bientôt, à ces traditions enveloppées de ténèbres, l'histoire vient substituer des preuves qui montrent ce palais devenu le séjour de notre premier roi chrétien.

Quoi qu'en disent Dubreuil, Sauval, et, après eux, M. Walkenaer, il est certain que Clovis n'a pu habiter à Paris d'autre maison royale. Ce qu'on a dit d'un palais qu'il aurait fait bâtir sur la montagne Sainte-Geneviève, près de l'église de Saint-Pierre et Saint-Paul, est une pure supposition. Il n'est jamais question dans l'histoire que du palais des Thermes ou du palais de la Cité, dont j'aurai occasion de parler ailleurs.

Fortunat nous montre Childebert traversant le jardin du palais pour se rendre à l'église de Saint-Vincent (Saint-Germain-des-Prés) qu'il faisait continuer. Le chemin qu'il suivait devait être dans la direction et peut-être sur l'emplacement des rues Pierre-Sarrasin, du Battoir, etc.

> Hinc iter ejus erat cum limina sancta petebat
> Quæ modo pro meritis incolit ille magis.
> (Fortunat. lib. VI, carmen 8.)

Après la mort de Childebert, on vit sa veuve Ultrogothe et ses deux filles, exilées par Clotaire, reparaître à la cour de Charibert, qui leur céda le palais qu'elles avaient occupé dans leur grandeur (2), et se retira dans celui de la Cité.

Fortunat félicite la reine et ses filles d'habiter cette demeure :

> Possideas felix hæc Ultrogotha per ævum,
> Cum geminis natis tertia mater ovans.
> (Lib. VI, carm. 8.)

Le même poëte voue ensuite cette résidence à l'amour des Parisiens :

> Dilige regnantem celsa Parisius arce,
> Et cole tutorem qui tibi præbet opem,
> Hunc modo læta favens avidis amplectere palmis...
> (Fortunati carm., l. VI. c. 4.)

Voilà des preuves d'une occupation non interrompue pendant un intervalle de 60 ans, c'est-à-dire de 507, date de la prise de possession de Clovis, à 567, époque de la mort de Charibert.

(1) Greg. Turon., l. IV, c. 20.
(2) Fortunat. lib. VI, carmen 4.

Pendant plus de trois siècles, on ne trouve absolument rien dans l'histoire qui concerne le palais des Thermes. On peut croire cependant sans invraisemblance, qu'il a été la demeure de quelques uns des derniers rois de la première race.

Bonamy (1) pense que la célèbre école du palais, fondée par Charlemagne, se tenait à Paris au palais des Thermes; et M. Dusommerard cherche à prouver qu'elle fut établie dès l'arrivée d'Alcuin à Paris, en 780 ou 781.

On sait que Gisèle et Rotrude, filles de Charlemagne, reçurent à Paris des leçons d'Alcuin. Saint-Foix prétend, mais sans preuve, que ces princesses furent recluses dans le palais des Thermes par ordre de leur père.

Ragenaire, Rollon, Sigefride et leurs Normands ravagèrent le palais des Thermes, en parcoururent les immenses sinuosités et s'y installèrent pendant quelque temps.

Au XIIe siècle, ce palais, depuis long-temps abandonné, offrait encore un aspect imposant.

On l'appelait alors le *vieux Palais*.

Hugues de Vezelay dans sa chronique parle de la députation de son monastère qui se présenta à Louis VII, demeurant alors, vers 1155, dans son palais de la Cité, pour obtenir justice de la rébellion des serfs de Vezelay contre la juridiction de l'Abbaye. Traçant la marche des députés de son couvent sortis du palais de la Cité pour se rendre à Saint-Germain-des-Prés, il dit qu'ils s'avancèrent *jusqu'au vieux Palais, usque ad vetus palatium* (2).

Un poëte de la même époque, Jean de Hauteville ou de Hanvill, plus connu sous le nom d'*Archithrenius* (archi-pleureur), a exalté la majesté de cet édifice.

« Sur la montagne, dit-il, s'élève le palais des rois, imposant édifice qui de sa tête audacieuse touche au séjour des dieux et de son pied à l'empire des ombres. « *La façade, les cours et les ailes de l'édifice ombragent dans leur développement tout le pourtour de la montagne.* Cette longue suite de bâtiments présente une infinité de réduits sinueux toujours favorables aux crimes secrets... C'est là que l'épaisseur des ombres, usurpant les fonctions de la nuit, protége incessamment les amours furtifs... (3) »

Philippe-Auguste, en traçant la nouvelle enceinte de Paris, divisait nécessairement l'ancien enclos du vieux palais. En 1218, il donna à

---

(1) *Mém. de l'ac. des Inscr.*, t. XV, p. 659.
(2) Mabillon, *de Re diplom.*, p. 310.
(3) *Joannis Archithrenii opus.* Paris 1517. 4. lib. 4, cap. 8, *de aula in montis vertice constitutâ.*

à Henri, concierge et chambellan, le palais isolé, avec un pressoir qui en dépendait (1).

Le confesseur de la reine Marguerite dit que saint Louis voulant fonder le collége de Sorbonne, acheta les maisons situées devant le *palais des Thermes* (2).

L'enclos attenant, qui appartenait en grande partie à Saint-Germain-des-Prés, fut exploité comme terrain libre. Désigné long-temps sous le nom de *clos de Lias* ou de *Laas* (par corruption du mot *arx*, palais (3)), il se garnit successivement d'habitations.

Le livre de la taille imposée aux habitants de Paris par Philippe-le-Bel, en 1292, document historique d'un grand intérêt, publié récemment par M. Géraud, porte la rubrique suivante pour indiquer la circonscription de l'une des sections de la paroisse de Saint-Benoît (le Bétourné) : *du palais des Termes, tout contreval, jusques à la Grant-Rue*, c'est-à-dire jusqu'à la rue Saint-Jacques. Si l'on suppose que le point de départ soit l'entrée du palais des Thermes, qui s'ouvrait dans la rue de la Harpe, on ne pourra expliquer les mots *tout contreval jusqu'à la Grant-Rue*; car, en descendant *tout contreval* la rue de la Harpe, on n'arrivera pas à la rue Saint-Jacques, qui lui est parallèle. Il fallait donc, observe M. Géraud, que le palais des Thermes eût une entrée dans la rue des Mathurins; alors on explique naturellement la rubrique en l'appliquant à la partie de cette rue comprise entre l'entrée du palais des Thermes, à l'occident, et la rue Saint-Jacques, à l'orient.

Un autre livre d'imposition, publié par M. Buchon (4), celui de la contribution levée en 1313 sur les habitants de Paris, à l'occasion de la chevalerie de son fils aîné, l'un des événements qui motivaient la levée de la *taille aux quatre cas*, porte : « L'encloître Saint-Benoît d'une » part, et d'autre le *palais des Thermes*. »

Le palais des Thermes est encore mentionné par Guillot, poëte contemporain de Philippe-le-Bel, dans *le Dit des rues de Paris* :

Ving en rue de Champ-Petit (5)
Et au-dessus est un petit (6)

---

(1) *Nos consergio parisiensi... donamus in perpetuum palatium de Therminis, quod fuit Simonis de Pissiaco, cum pressorio quod erat in eodem palatio.*

(2) *Histoire de Saint-Louis*, édit. de 1761, p. 345.

(3) On retrouve encore la tradition du clos de l'*Arx*, ou de *Laas*, dans le nom de la paroisse Saint-André-des-*Arcs*, dont le terrain appartenait à Saint-Germain.

(4) Paris, 1827. A la suite de la *Chronique métrique* de Godefroy de Paris. Voici le titre de ce rôle : « Ce livre est la taille des dix mille livres dçus au roy nostre sires, pour la chevalerie le roy de Navarre, son ainsné fils, etc. » Voir aussi Félibien. *Preuves*, t. V, p. 621.

(5) Continuation de la rue du Jardinet, à l'est, détruite aujourd'hui.

(6) Un peu au-dessus.

> La rue du Paon vraiment:
> Je descendis tout belement
> Droit à la rue des Cordeles (1);
> Je m'en allai tout simplement
> D'iluecques *au palais des Thermes.*

Ce qu'en dit le confesseur de la reine Marguerite autorise à croire qu'il s'étendait sur la montagne vers le midi, jusqu'à l'emplacement actuel de la Sorbonne, à moins que le premier bâtiment où l'on établit ce collége ne fût plus rapproché de la rue des Mathurins.

Les passages de Jean de Hauteville, et surtout l'intitulé du chapitre de *aula in montis vertice constituta,* que j'ai cité, semblent indiquer que la partie principale était, au XIVe siècle, au sommet de la montagne.

Au nord, le palais s'étendait sans doute jusqu'au bord de la Seine. Caylus (2) a trouvé dans les caves des maisons situées entre la rivière et la salle actuelle des bains, les piliers et les voûtes d'une maçonnerie entièrement semblable à celle de cette partie de l'édifice romain. Avant la démolition du Petit-Châtelet, situé, comme on le sait, au bas de la rue Saint-Jacques, on voyait des arrachements de murs antiques qui se dirigeaient vers le palais des Thermes. Caylus en induit que les bâtiments du palais descendaient jusqu'à la rive de la Seine.

Le palais nommé pour la première fois *Palais des Thermes* dans un titre de 1138 (3), après avoir appartenu successivement à Jean de Courtenay et à l'évêque de Bayeux, fut acquis, vers 1340, par Pierre de Chalus, abbé de Cluny.

Le fragment d'édifice existant aujourd'hui est presque carré. En face de l'entrée est une grande niche circulaire, accompagnée de deux autres plus petites et quadrangulaires. De chaque côté les murs latéraux présentent un enfoncement dont on ignore l'objet. La salle a quarante pieds de haut, à partir du sol actuel de la rue de La Harpe, quarante-huit pieds de long, et cinquante-six de large. Elle est percée de quatre croisées.

Aux quatre angles on voit encore des débris de chapiteaux faits en forme de poupes de navire, lesquels servaient sans doute de couronnement à des pilastres qui ont été détruits.

Ces murs étaient recouverts d'une couche de stuc qui avait trois, quatre, et même cinq pouces d'épaisseur. On en voit encore quelques débris : le reste paraît avoir cédé plutôt à la main des hommes qu'aux ravages du temps.

---

(1) Des Cordeliers, aujourd'hui rue de l'Ecole-de-Médecine.
(2) *Recueil d'antiquités,* t. II, p. 375.
(3) Ce titre, relatif à l'aumônerie de saint Benoît, rapporté par Félibien dans les preuves de son histoire, t. III, p. 91, porte que l'aumônerie était contiguë au palais des Thermes, *juxta locum qui dicitur Thermæ.*

Sous l'édifice on a découvert un double rang de caves en berceaux, ou plutôt de larges conduits de neuf pieds dans toutes leurs dimensions.

A la révolution, le domaine national fit adjuger à vil prix cette propriété remarquable.

En 1807, un décret impérial l'affecta à la dotation de l'hospice de Charenton, qui le loua à un tonnelier au prix de 2,000 francs.

Mais en 1819, la ville obtint de l'hospice la location de l'édifice dans le but d'y établir un musée destiné aux antiquités gauloises et romaines. M. de Cazes était alors ministre de l'intérieur. Une ordonnance royale, rendue sur son rapport, l'autorisa à consacrer une somme de 150,000 francs, payable en cinq ans, à la restauration du monument. Le préfet de la Seine, M. de Chabrol, fut chargé de surveiller la commission nommée pour diriger les travaux.

M. de Cazes ne demeura pas assez long-temps au ministère pour voir terminer cette restauration. Elle fut interrompue par ordre du ministre qui le remplaça. Mais les travaux avaient pourtant assez duré pour produire un premier résultat très utile à la conservation et au dégagement des Thermes. On avait employé 60,000 francs à acheter et démolir la maison dite de la *Croix de fer*, qui obstruait leurs abords; on les avait recouverts d'une construction sinon élégante, du moins suffisante pour abriter ces belles ruines des injures du temps, et on avait ouvert une entrée sur la rue de la Harpe.

Les choses restèrent en cet état jusqu'en 1836, que la ville de Paris acheta l'édifice des Thermes, dans l'intention de compléter sa restauration et son isolement. Les travaux vont commencer très prochainement. Ils se feront sous la direction de M. Albert Lenoir, qui a publié un projet de *musée national* à établir dans le palais des Thermes et dans l'hôtel de Cluny. Une grille en fer sera prochainement placée dans la rue de la Harpe, en face du monument, et y donnera un accès commode et convenable; mais on ne sait pas encore si l'édifice sera converti en musée.

Un vaste jardin dépendait du palais des Thermes. Aucun des anciens historiens de Paris n'en parle; Dulaure est le premier qui ait recueilli les textes qui montrent clairement son existence, qui indiquent ses limites et son identité avec les jardins d'Ultrugothe et le clos de Lias.

J'ai rappelé précédemment que Gratien se livra dans Lutèce à son goût pour la chasse. Il est probable, comme le fait remarquer M. Dusommerard, que les *cent lions* de l'empereur se trouvaient dans ce jardin.

On a vu d'après les vers de Fortunat, que Childebert traversait ce jardin pour se rendre à l'église de Saint-Vincent (aujourd'hui Saint-Germain-des-Prés), qu'il avait fondée; on peut conjecturer que Childebert avait fondé cette église à l'extrémité du jardin, peut-être même dans son enceinte.

Quant aux limites de cette enceinte, elles sont bien déterminées dans trois directions, mais dans la quatrième, celle du midi, la limite est incertaine ; elle devait partir de l'extrémité méridionale du palais, et, laissant en dehors l'emplacement actuel du Luxembourg, qui était sous les Romains un Champ-de-Mars, s'étendre jusqu'auprès de Saint-Germain-des-Prés. A l'est, le jardin était évidemment borné par le palais, au nord par la Seine (1), et à l'ouest, en tout ou partie, par un canal communiquant à la Seine.

Ce canal, où coulent aujourd'hui les eaux de plusieurs égouts, partait des fossés Saint-Germain-des-Prés et de la rue Saint-Benoît, et s'étendait parallèlement à la rue des Petits-Augustins jusqu'à la Seine. Dans des titres des XIIe et XIIIe siècles, ce canal est mentionné sous le nom de *fossés*, et plus généralement sous celui de *Petite Seine* (2). Dulaure présume qu'il s'étendait au midi jusqu'à la rue du Four.

Ce canal, inutile à la défense de l'abbaye de Saint-Germain, qui ne put se préserver des Normands, est sans doute antérieur au moyen âge, où l'on ne s'occupait guère de si grands travaux sans une nécessité urgente. Il remonte donc à la période romaine. Une découverte faite en septembre 1806, constate son antiquité. En faisant des fouilles sur le bord de la Seine, vis-à-vis les Petits-Augustins, pour l'établissement d'un égout, les ouvriers trouvèrent des fragments de construction antique et une douzaine de médailles portant d'un côté un buste couronné de lauriers, et au revers un bige conduit par une renommée. Au-dessous on lit en caractères grecs : *Philippe* (3). Ce canal ne fut comblé que vers le milieu du XVIe siècle.

Le jardin des Thermes s'est long-temps maintenu dans son intégrité primitive. Fortunat le désigne par ces mots : les *jardins de la reine Ultrogothe*. Dans les XIIe et XIIIe siècles, il est fréquemment mentionné sous le nom de *Clos de Lias* ou *de Laas*, pour *de la As*, du mot *Arx*, nom sous lequel Fortunat désigne, comme on l'a vu, le palais des Thermes. En 1779, l'abbaye de Saint-Germain-des-Prés aliéna diverses parties du clos, à condition que des maisons y seraient construites, et divers titres prouvent que la rue Poupée, les rues de la Huchette, de l'Hirondelle, de Saint-André des Arcs, ont été ouvertes sur le *clos de Lias* ou *de Laas*. Ces trois dernières rues en ont même porté le nom. Enfin, le monastère des Grands-Augustins et ses dépendances, dont l'ensemble

---

(1) Il est prouvé, dit Dulaure, qu'aucun intermédiaire, pas même un chemin, ne séparait le jardin de la rivière. La première route établie sur le bord ne le fut qu'au commencement du XIVe siècle, sous Philippe-le-Bel.

(2) Félibien, t. I, p. 1662 ; Jaillot, t. V, p. 4.

(3) *Mémoires de l'Acad. celtique*, art. de M. Lenoir, t. I, p. 142.

s'étendait depuis la rue des Grands-Augustins jusqu'à la rue Guénégaud, étaient, ainsi que ces rues, établis sur le *clos de Lias* (1).

Ainsi, l'emplacement et les limites du *clos de Lias* sont bien les mêmes que celles qui ont été assignées au jardin du palais des Thermes.

CAMP ROMAIN. D'après deux passages d'Ammien-Marcellin et de Zozime, on peut conjecturer qu'il exista un camp romain près de Paris. Quand Julien fut décoré du titre d'Auguste par les troupes auxiliaires de l'empire, il donna, dit Ammien-Marcellin, un festin aux chefs de son armée qui se retirèrent ensuite dans leur camp ordinaire (2). Les auteurs modernes n'ont pas cherché à détruire le témoignage de l'historien latin, que Zozime confirme de son côté; seulement, on n'a pas été d'accord sur l'emplacement où ce camp a été situé. On a voulu le placer à la porte Baudet, à l'endroit où commence la rue Saint-Antoine, ou devant le Palais-de-Justice dans la Cité. Mais le terrain situé près de la porte Baudet était occupé du temps des Romains par un cimetière, et devant le palais de la Cité se trouvait, comme nous le verrons plus loin, la place destinée au commerce; il faut donc abandonner ces deux hypothèses.

Ammien-Marcellin nous prouve que l'on pouvait communiquer très promptement avec ce camp, et Zozime dit positivement que les troupes campaient près du palais habité par le prince (3). Les positions où l'on a placé cette ancienne construction sont beaucoup trop éloignées; pour s'y rendre il aurait fallu passer la Seine; les découvertes dont nous allons parler déterminent d'ailleurs nettement l'emplacement de ce camp.

De nos jours, cet emplacement est occupé par plusieurs maisons des rues de Vaugirard et d'Enfer, et par le parterre du jardin du Luxembourg. Pendant les années 1801 et 1811, on creusa le sol de ce jardin pour mettre à exécution certains projets d'embellissement. Les fouilles n'ont fait découvrir rien de stable, rien qui puisse faire supposer en ce lieu l'existence d'un cimetière, mais une foule d'objets qu'on peut naturellement trouver dans des campements. Sauval nous raconte que, lorsque les fondements du palais du Luxembourg furent jetés sous la régence de Marie de Médicis, on découvrit une figure en bronze représentant Mercure: « Quant au Mercure de bronze, dit-il, » qu'on rencontra dans les fondations du Palais-d'Orléans, au com- » mencement de la régence de Marie de Médicis, il n'avait pas plus » de cinq à six pouces de haut : à l'ordinaire il était nud, délibéré, » et un pied en l'air, ou pour marcher ou pour voler; mais contre la

---

(1) Félibien, t. III, p. 207.
(2) *In stativa solita recesserunt. Ammian-Marcell.*, lib. XX, cap. 4.
(3) Zozim., lib. 3.

» coutume il n'avait point de bonnet : les ailes lui sortaient de la tête, et
» sur la paulme de la main droite il portait une bourse toute pleine.

» Qui voudra en savoir d'avantage n'a qu'à lire le livre d'épigrammes
» qu'en fit alors Favereau, conseiller de la Cour des Aides, sous le nom
» de *Mercurius redivivus* (1). »

Du côté du jardin, près de l'angle oriental du palais, Caylus a trouvé une petite idole d'Apollon en bronze (2). En 1810, on recueillit plusieurs figurines qui représentaient des divinités, une figure de Mercure en bronze, une tête de Cybèle du même métal, et quelques objets qui durent servir dans les cérémonies religieuses; on y trouva en grande quantité des ustensiles dont on se sert pour les repas ou pour préparer les aliments, des vases ou des fragments de vases, de toutes les formes, de toutes les grandeurs, des plats, des cuillers, des fourchettes, jusqu'à des manches de couteau ; on déterra une foule d'objets propres à la toilette, des ornements d'habits, des miroirs, des cure-oreilles, des aiguilles d'ivoire ou de bronze, des bracelets, des clefs, des dés à coudre, des anneaux, des stylets. On en rapporta aussi un grand nombre d'ustensiles concernant l'habillement des militaires, des agrafes, des boucles de différentes espèces avec leurs ardillons, appelées par les Romains *fibulæ*, des boutons, des crochets, des ornements de ceinturon, des harnais de chevaux et le bout d'un fourreau d'épée.

Dès l'année 1803, quand le jardin du Luxembourg fut planté par Chalgrin, on découvrit, au rapport de M. Alex. Lenoir, une grande quantité de vases avec des sculptures, faites d'une terre ferrugineuse, couleur de cornaline, et plusieurs médailles ; une médaille de Marseille porte une tête de Flore regardant à droite, couronnée de fleurs, avec des pendants d'oreilles et un collier de perles; le revers de cette médaille, qui est en argent, représente un lion ; on y voit l'inscription *massa*. Une autre médaille, grand bronze, frappée à Vienne en Dauphiné, porte les têtes nues et adossées de Jules-César et d'Auguste avec une inscription; sur le revers on remarque une proue de vaisseau. Ces médailles, que des monétaires grecs ont composées et fabriquées, ne doivent pas être confondues avec les médailles gauloises qu'on découvrit dans le même terrain. Ces dernières sont fort mal dessinées, leur exécution est informe. L'une d'elles représente une figure humaine dont on ne peut déterminer le sexe qu'avec peine; elle est accroupie, vue de face, et tient une mèche de cheveux dans chacune de ses mains. Sur le revers on voit un sanglier qui marche à droite ; dans le champ sont deux étoiles et un serpent groupé sur le dos du sanglier. Plusieurs médailles consulaires et une suite d'impériales, depuis Jules-César jusqu'à Honorius,

---

(1) *Antiquités de Paris*, t. II, p. 345.
(2) *Recueil d'antiquités*, t. II.

furent recueillies dans le même endroit. C'est à l'époque d'Honorius que ce camp fut probablement abandonné.

Des fragments de mosaïque qu'on y a trouvés pourraient avoir fait partie de l'estrade ou tribunal élevé au milieu du camp, et sur lequel le général prononçait les sentences et haranguait ses troupes. M. Grivaud, qui a publié une savante description de toutes ces antiquités, regrette la perte de cette mosaïque qui avait été découverte au commencement des fouilles, et qui fut enfouie de nouveau avant qu'on eût pu la décrire (1).

En 1811, le parterre du jardin du Luxembourg fut baissé de deux pieds environ, et l'on en retira d'autres antiquités, surtout une grande quantité de fragments de poteries romaines avec des bas-reliefs qu'on n'a pas publiés. En 1817, au mois de juin, M. Dulaure reconnut encore des fragments de poteries romaines à l'est du palais, lorsqu'on y défricha la terre pour y élever un *rosarium* semblable à celui qu'on voit à l'ouest.

Dans le mois d'octobre 1836, en creusant les fondements de la nouvelle Chambre des Pairs, devant le palais du Luxembourg, M. de Gisors, architecte, a trouvé une série de puisards percés à peu près dans l'axe du palais, une masse énorme de tuiles romaines, des débris de vases antiques, plusieurs statuettes en pierre, dont les draperies et la pose décèlent le style antique, plusieurs débris de bas-reliefs; des fragments de poteries souvent considérables, que l'on a retrouvés, montrent à quel point de perfection la poterie, même commune, des Romains était arrivée.

Enfin tout récemment, dans le mois d'octobre 1838, en creusant dans la partie du jardin du Luxembourg où l'on construit l'orangerie, on a trouvé, à une profondeur d'environ quatre ou cinq pieds, quelques fragments de plâtrages revêtus encore de peintures, et un vase d'argent renfermant un très grand nombre de médailles romaines. Les ouvriers se sont bientôt partagé les médailles et le vase, qu'ils ont, à ce qu'il paraît, fait fondre; et, pour détruire toute trace de leur vol, car il est impossible de qualifier autrement leur action, ils ont jeté les peintures sur un amas de décombres. Malgré toutes les précautions qu'ils ont prises, leur découverte s'est ébruitée; M. Albert Lenoir en ayant été informé, a fait chercher parmi les décombres, et a retrouvé des restes des peintures. En se mettant ensuite à la recherche des monnaies découvertes, M. Lenoir est parvenu à en retrouver environ six cents.

CHAMP DES SÉPULTURES. Ce nom a été donné au terrain situé entre les hauteurs du quartier Saint-Jacques et la rue d'Enfer jusqu'au bas

(1) *Antiquités gauloises et romaines, recueillies dans le jardin du palais du Sénat*. Paris, 1807, in-4.

du plateau de Sainte-Geneviève, parce qu'on y a découvert, à plusieurs reprises, un nombre considérable de tombeaux romains. Au seizième siècle, Corrozet écrivait dans ses *Antiquités de Paris* : « De nostre temps,
» avons trouvé des sépultures au long des vignes, hors la ville Saint-
» Marceau, et n'y a long-temps qu'en une rue vis-à-vis de Saint-
» Victor, en pavant icelle rue, qui ne l'avait onc été, nous fust montré,
» au milieu d'icelle, un sépulcre de pierre, long de cinq pieds ou envi-
» ron, au chef et aux pieds duquel furent trouvées deux médailles
» antiques de bronze (1). »

Dans un jardin planté sur l'ancien cimetière de Saint-Marcel, en janvier 1656, un jardinier déterra soixante-quatre cercueils de pierre. Sur un de ces tombeaux on lisait l'inscription suivante : *Vitalis à Barbara, son épouse très aimable, âgée de vingt-trois ans, cinq mois, et vingt-huit jours.* On y voyait gravé le monogramme du Christ entre l'*alpha* et l'*oméga*. Le tombeau de saint Marcel qui se trouvait sur le même emplacement finit par donner son nom au faubourg. D'ailleurs on voit dans un titre de l'an 1245, qu'un terrain voisin est appelé *terra de loco cinerum*, lieu des cendres; on y brûlait les morts. Ce terrain, situé le long de la petite rivière de Bièvre, fut traversé plus tard par une rue qui fut nommée *de l'Oursine*, de ces mots: *de loco cinerum* (2).

En 1635, des fouilles exécutées au Marché aux Chevaux firent découvrir de grands cercueils en pierre remplis de squelettes d'une dimension énorme et couverts d'inscriptions grecques. Si l'on en croit Sauval, qui rapporte ce dernier fait, en creusant la terre derrière l'église de Saint-Étienne-des-Grés, on exhuma trente cercueils en pierre et en brique, où l'on trouva des médailles d'or et d'argent à l'effigie des empereurs Constantin, Constant et Constance. Lorsqu'on fouilla, en 1620, le terrain où était située l'église de Sainte-Geneviève, on aperçut un cercueil long de six pieds et demi et large de trois. Sur les côtés, Diane était représentée en bas-relief avec son cortége ordinaire. D'après Bergier (3), ce monument remonterait au quatrième siècle.

Dans la rue des Amandiers, vis-à-vis le collége des Grassins, on avait trouvé en 1738 quelques cercueils de pierre. Lebeuf affirme qu'avant cette époque on avait découvert dans la même localité plusieurs tombeaux en plâtre ou en pierre très tendre (4). En 1807, lorsque l'église de Sainte-Geneviève fut détruite, on trouva dans ses fondements quinze cercueils de pierre qu'un bouleversement semblait avoir rassemblés en cet endroit. L'ingénieur qui, à la même époque, ouvrait sur ce terrain

---

(1) *Antiquités de Paris*, par Corrozet, seconde édit., p. 10, verso.
(2) *Histoire du diocèse de Paris*, par Lebeuf, t. II, p. 160. — Tome II, p. 414.
(3) *Histoire des grands chemins de l'empire romain*. Bruxelles, 1736; 2 vol. in-4.
(4) *Dissertations*, t. I, p. 296.

la rue de *Clovis*, découvrit plusieurs autres tombeaux renfermant des médailles ou des monnaies du temps de la monarchie.

L'enclos des *Carmélites*, autrefois appelé de Notre-Dame-des-Champs, situé à l'est de la rue d'Enfer, a dû être l'endroit le plus remarquable du cimetière. Après avoir fouillé jusqu'à quinze pieds, on fut arrêté par une grande voûte sous laquelle était un groupe de figures que Sauval a décrit : « La principale figure représentait un homme à cheval, suivi de
» trois autres figures à pied, parmi lesquelles était un jeune enfant.
» Chacune d'elles avait à la bouche une médaille de grand bronze de
» Faustine ou d'Antonin-le-Pieux. Un des piétons tenait de la main
» gauche une lampe qui avait la forme d'un soulier garni de clous.
» La même figure avait à la main droite une tasse contenant trois dés
» et trois jetons d'ivoire, qui se trouvèrent presque pétrifiés. »

L'enfant avait à la main droite une cuiller d'ivoire dont le manche avait un pied de long; il dirigeait cette cuiller vers un vase qui contenait encore un liquide parfumé; cette liqueur, s'échappant du vase rompu par accident, répandit une odeur délicieuse. Ce groupe, qui semble appartenir au deuxième siècle, n'a été qu'imparfaitement décrit par Sauval.

Cet auteur parle aussi d'un tombeau situé près du même enclos; on y remarquait sur des bas-reliefs un licteur vêtu à la romaine; on trouva à l'intérieur une agrafe, une boule et un cornet de bronze d'une habile exécution, qui portait ces mots gravés : *Vibius Hermes ex voto*. En 1630, lorsque l'on construisait la fontaine du couvent des Carmélites, on exhuma les débris d'un cercueil et un bas-relief de deux pieds de haut, représentant *Mithra* triomphant du taureau équinoxial; cette figure est l'emblème du jour qui, à l'approche du printemps, se dérobe victorieusement aux ténèbres de l'hiver. Ce monument, d'ailleurs fort curieux et très rare en France, du culte de *Mithra*, que les anciens Perses adoraient comme le soleil, doit être postérieur aux Antonins; c'est sous la dynastie de ces empereurs que le culte de *Mithra* passa de l'Italie dans la Gaule. Les Romains l'avaient admis vers la fin de la république, et le représentaient, en général, sous la figure d'un jeune homme coiffé du bonnet phrygien, et armé d'un poignard dont il va percer un taureau abattu devant lui. Sauval s'est trompé en prenant cette sculpture pour *un sacrificateur debout, ayant à ses pieds un taureau prêt à être immolé* (1).

Vers le sud, et toujours dans le même quartier, près de la maison de

---

(1) Le culte de Mithra, Tertullien nous l'apprend, avait de grands points de ressemblance avec le christianisme; Caylus, *Recueil d'antiquités*, t. III, et Dupuis, dans l'Atlas de l'*Origine de tous les cultes*, ont donné des gravures de plusieurs monuments de Mithra; dans la salle des Antiques, au Musée du Louvre, on voit deux de ces monuments.

l'institution de l'Oratoire, sur la route d'Orléans, on déterra, à une profondeur de quatre pieds, un cercueil de pierre dont la longueur était de six pieds et la largeur de plus de deux ; ce cercueil devait avoir été renversé. Un peu au-dessous, on découvrit encore un tombeau en pierre avec une inscription qui nous apprend qu'il fut construit pour *Lucius Gavillius*, fils de *Cneius Perpetus*. Sauval ajoute : « Je pourrais encore
» parler de quantité d'autres caveaux, de coffres, de squelettes et de
» têtes ayant des médailles à la bouche, qui, auparavant et depuis, ont
» été découverts à Notre-Dame-des-Champs (enclos des Carmélites) et
» aux environs ; ce qui donnerait lieu de croire, vu le grand nombre
» qu'on en a trouvé en ce quartier-là, que peut-être les Romains l'a-
» vaient choisi exprès pour leur servir de cimetière et y placer leurs
» tombeaux, parce que c'était le grand chemin de Rome (1). »

Si l'on en croit l'abbé Lebeuf, ce champ des sépultures s'étendait sur tout le plateau de la montagne Sainte-Geneviève et sur une partie de son revers à l'ouest, et au midi jusqu'à *Montsouris*, où s'élève la maison appelée *la Tombe Isoire*. Le nom du *Fief des Tombes*, placé sur le même lieu, et les traditions populaires du diable *Vauvert*, des revenants et des fantômes qui se montraient près de la rue d'Enfer, se rattachent, suivant le même savant, à la destination primitive de ce vaste emplacement.

Fabrique de poteries. Lorsqu'on jeta les fondements du Panthéon, en fouillant le sol, on constata l'existence d'une manufacture considérable de poterie romaine ; on trouva les ruines de plusieurs ateliers qui avaient dû servir pendant longues années. On découvrit un grand nombre de puits sans revêtement, creusés seulement pour en tirer les terres propres à être travaillées : ces puits étaient plus ou moins profonds, selon les veines de la terre ; plusieurs étaient poussés jusqu'au roc, qui dans un endroit descend jusqu'à soixante-quinze pieds de profondeur. Enfin on trouva sur le sable, à deux ou trois pieds au-dessous des glaises percées par les puits, plusieurs âtres, et des fours construits pour la cuisson des vases.

Nous empruntons à Caylus l'appréciation de cette découverte.

« Parmi les fragments de vases qu'on a déterrés, il y en avait peu d'entiers. Les ouvrages de terre ont été communs chez toutes les nations, et cette invention a été le premier produit de l'industrie des hommes ; mais il est rare de trouver chez les anciens peuples du nord des terres aussi bien et aussi délicatement travaillées que les fragments dont il est question.

« Dans cette manufacture on employait deux sortes de terres, l'une d'un blanc gris, revêtue d'une teinte noire fort belle et très égale ; l'in-

---

(1) *Antiquités de Paris*, t. I, p. 20, et t. II, p. 335 et suivantes.

térieur de l'autre est un peu plus rouge que celle de Nîmes, mais l'extérieur de la même couleur présente le plus grand brillant et la plus grande égalité dans son vernis. On remarque le même degré de perfection dans la préparation de ces deux terres.

« Il est constant que les manufactures d'Étrurie, plus parfaites dans plusieurs rapports, plus riches de dessins et de teintes, ont été la source et le modèle de toutes les fabriques de ce genre, établies par les Romains dans les Gaules. Cependant on trouve sur les fragments dont je parle un vernis plus éclatant, j'ignore pourquoi; le vernis noir de cette manufacture a été rarement appliqué sur la terre rouge, mais il faut convenir qu'elle n'a jamais été préparée pour être travaillée de réserve, comme celle des Étrusques; opération délicate et ingénieuse, que vraisemblablement on ignorait dans les Gaules.

« La médaille d'Auguste trouvée dans un de ces puits offre encore une probabilité en faveur de notre dernière hypothèse.

Cette médaille est un petit bronze, qui représente d'un côté la tête d'Auguste couronnée de lauriers, avec cette légende : CAESAR. AVGVSTVS. DIVI. F. PATER. PATRIAE., et de l'autre un autel entre deux colonnes, sur lesquelles sont placées deux victoires, chacune tenant une couronne; et pour montrer qu'il avait été construit en l'honneur de la ville de Rome et d'Auguste, on a gravé au-dessous ces mots: ROM. ET. AVG.

« La légèreté et la finesse du tour me paraissent avoir été le principal mérite de cette manufacture; on ne peut rien voir d'aussi bien exécuté ni d'aussi bien entendu que les moulures des fragments recueillis, soit dans l'arrangement, soit dans l'effet des ornements.

« Quelques morceaux travaillés en relief, et trouvés dans ces fouilles, représentent des figures, des animaux, toujours exécutés sur la terre rouge. Le plus grand nombre est inférieur aux ouvrages de Nîmes, mais les ornements sont de très bon goût (1). » Les mêmes fouilles produisirent encore quelques médailles de bronze et d'argent, une meule de moulin à bras et les anses d'un grand vase de bronze, que Caylus a fait graver.

AQUEDUC D'ARCUEIL. Depuis Ronsard jusqu'à nos jours, cet aqueduc a été visité, décrit et dessiné bien des fois. Tout le monde sait que les arcs qui le soutiennent ont donné le nom d'Arcueil, *Archelium*, au village qui, dans le moyen âge, se forma à ses pieds, et que dès 1426 le chemin qui l'avoisine était appelé *rue des Arcs*. On sait encore que cet aqueduc a été bâti pour porter l'eau de la montagne au palais des Thermes; mais on ignore encore, et l'on ignorera probablement toujours, le nom de celui qui le fit élever.

(1) Caylus, *Recueil d'antiquités*, t. III, p. 402 et suivantes.

Aux assises de briques qui soutiennent les petites pierres cubiques du revêtement extérieur, aux larges couches de mortier qui les séparent les unes des autres, à l'aspect général du monument, il est impossible de méconnaître l'œuvre des Romains. L'emploi alternatif des briques et des pierres a fait croire que l'érection de ce monument devait être reportée à l'époque de la décadence; c'est sous Gallien, dit-on, que ce mode de construction commença à être fréquemment employé. De Gallien à Julien, tout un siècle s'est écoulé (255-355); ce serait pendant ce siècle que l'aqueduc d'Arcueil aurait été bâti, voilà tout ce qu'il est permis de hasarder sur son origine.

Cependant on est allé plus loin : les uns ont décerné cet honneur à Julien lui même, et Ménage s'est avancé jusqu'à donner au village le nom d'*Arcus Juliani;* d'autres ont attribué les arcs à Constance-Chlore son aïeul. Cette dernière supposition est la plus vraisemblable; l'aqueduc d'Arcueil à dû s'élever en même temps que le palais des Thermes, dont il était une dépendance nécessaire.

L'aqueduc d'Arcueil eut le sort de tous les monuments romains. L'invasion des Barbares lui fit sans doute subir quelque dégradation; puis, rendu à sa première destination, il fournit encore pendant quelque temps de l'eau aux Parisiens, jusqu'à ce qu'une dernière catastrophe le mit hors d'état de tout service. Ce qui semblerait le prouver, c'est une réparation maladroite mais ancienne, que M. Duchalais a le premier remarquée. Un peu au-delà de l'archivolte de la seule arcade dont on aperçoive les restes, les chaînes de briques et les assises de moellons s'arrêtent tout-à-coup, pour faire place à un appareil différent, composé seulement de petites pierres brutes superposées les unes aux autres. Ce travail n'est assurément pas romain.

Quand l'aqueduc d'Arcueil eut cessé d'être utile, les habitants des villages voisins s'en servirent sans doute comme d'une carrière; c'est à ce funeste usage que nous devons probablement la disparition des autres arcades qui se prolongeaient jusqu'au versant du coteau.

« L'aqueduc, dit M. Héricart de Thury, dans sa description des Catacombes (1), suivait les pentes de la colline sur la rive gauche de la vallée de Gentilly ou de Bièvre. D'après toutes les parties qui ont été reconnues par MM. Husset et Caly, ingénieurs des mines, il paraîtrait que, dans une grande partie de son cours, cet aqueduc n'était qu'un petit canal à découvert, ou un chenal fait en béton de chaux, de sable, ciment, cailloux et meulières, broyés et pulvérisés. Des ponts avaient été jetés de distance en distance sur cette rigole. La direction de son cours a encore été reconnue en 1811, sur le bord de la voie creuse (chemin qui se dirige du faubourg Saint-Marcel au petit Mont-

---

(1) Pag. 261.

DOMINATION ROMAINE.

rouge, nommée depuis 1818 *rue des Catacombes*), où, en perçant un puits de service qui répond aux Catacombes, on a trouvé l'aqueduc romain à trois mètres de profondeur. »

Ce qui reste maintenant de l'aqueduc a environ quatorze mètres cinquante centimètres de hauteur, sur le double d'étendue; quatre contre-forts encore très apparents le flanquent au nord et au midi, et l'on aperçoit l'archivolte d'une arcade; elle est composée d'un double rang de claveaux formés de petites pierres toutes taillées sur le même modèle.

Une jolie maison de la renaissance cache la partie inférieure de l'aqueduc. Pour faire le moins possible disparate avec ces beaux restes, l'architecte s'est étudié à imiter le petit appareil romain; sur le portail il a sculpté deux Cariatides, qui sont d'assez bon goût, quoi qu'en dise Lebeuf. La figure de gauche représente un personnage à deux faces, dont l'une est celle d'un vieillard plein de majesté, tandis que l'autre, jeune et belle, nous montre une femme dans la force de l'âge; celle de droite est un homme portant de longs cheveux, une barbe épaisse et bifurquée; chaque statue n'est pas terminée par une gaîne, comme le dit Lebeuf. Cet antiquaire voit dans ces représentations Janus et Jupiter terminalis.

Lorsque les eaux de Rungis furent découvertes, Marie de Médicis conçut le projet de faire élever un nouvel aqueduc. Il fut commencé en 1613 et terminé en 1624; peut-être le propriétaire de la maison les fit-il construire vers cette époque : rien dans son architecture ne répugne à cette attribution; s'il en était ainsi, le personnage à deux têtes ferait allusion à l'ancien et au nouvel aqueduc.

Le comte de Caylus, dans le second volume de son Recueil d'antiquités, a donné une vue de l'aqueduc d'Arcueil; mais cette vue est extrêmement inexacte. Outre que la réparation ancienne que nous avons indiquée ne s'y distingue pas, on aperçoit quatre contre-forts du côté du midi, tandis qu'il n'en existe réellement que deux dans ce dessin; l'arcade ne descend pas jusqu'au sol, ce qui se voit ordinairement dans tous les aqueducs, et son archivolte est figurée triple, tandis qu'elle n'a jamais été que double. D'ailleurs, en 1756, époque à laquelle écrivait Caylus, la maison était construite depuis long-temps; il ne devait donc pas dans son dessin la supposer ne pas exister, et cette circonstance devait l'empêcher de bien apprécier la partie inférieure de l'aqueduc.

A quelques pas de l'aqueduc s'élève l'église; peu de personnes en ont parlé; seulement, depuis que Lebeuf l'avait dit, tous ses compilateurs se sont plu à répéter qu'elle était *au-dessus d'une église de campagne*. Elle mérite en effet quelque attention, malgré les baraques dont on a surchargé son côté méridional (1).

(1) M. Duchalais, *Notice sur Arcueil*, 1838. L'église et le village d'Arcueil occupent

Arènes. Les emplacements réservés dans la Gaule, vers la fin de l'empire romain, pour les combats de gladiateurs, les jeux et les spectacles de bêtes féroces, étaient dus en général aux soldats des légions, qui, dans chacun des chefs-lieux, élevaient un de ces *cirques*, appelés aussi *amphithéâtres* et *arènes*. Entre la maison appelée jadis de *la Doctrine chrétienne*, et la rue Saint-Victor, à l'est de la montagne Sainte-Geneviève, existait un de ces terrains qui dans un titre de l'année 1284 est appelé *Clos des Arènes*. On pourrait croire qu'un cirque s'élevait en effet sur cet emplacement, mais aucun vestige de ce monument n'a survécu à sa destruction pour nous prouver son existence; il faut supposer que cette construction, si elle a existé, était établie avec peu de solidité, et consistait simplement en palissades et en terrasses. Grégoire de Tours raconte que le roi Chilpéric fit bâtir en 577 des amphithéâtres à Paris et à Soissons, où il donna des spectacles au peuple (1). Il est probable que Chilpéric se contenta de réparer des cirques romains qui existaient déjà; mais si Paris a eu des *arènes*, on peut affirmer qu'elles ne furent ni solides ni importantes.

Autel de Bacchus. M. Dulaure, frappé de la ressemblance du nom de Bacchus avec celui de saint Bacche ou saint Bach, premier patron de l'église de saint Benoît, veut qu'il y ait eu à l'est et au nord de la montagne Sainte-Geneviève, et précisément sur l'emplacement de cette église, un autel à Bacchus, remplacé plus tard par le culte de saint Bacche. Il fait remarquer que la fête des vendanges et du dieu du vin se célébrait encore il y a peu d'années aux environs de Paris, le 7 octobre, jour même de la fête du saint. Quelque ingénieux que soient ces rapprochements, on ne peut regarder l'existence du culte de Bacchus sur l'emplacement de saint Benoît que comme une conjecture très hasardée (2).

Édifice du quai de la Tournelle. M. Mazois, trésorier de France, en faisant bâtir une maison, l'an 1735, sur le quai de la Tournelle et dans la dépendance du fief du Chardonnet, trouva un mur épais de cinq pieds construit en pierres de taille, d'une grandeur considérable. Au bas de ce mur, à dix pieds de profondeur dans le sol d'aujourd'hui, il trouva plusieurs fragments de marbre fort curieux. On sait combien le terrain de la ville de Paris a été exhaussé, et combien de changements sa surface a éprouvés; cette raison, jointe à d'autres circonstances, a fait croire avec assez de vraisemblance que cet ancien mur était celui d'une cha-

---

une place dans notre Histoire des Environs de Paris. Quant à l'aqueduc, sa destination le rattachait si étroitement à l'histoire de Paris, que je n'ai pu me dispenser de l'y comprendre.

(1) *Suessoniis atque Parisiis circos ædificari præcepit.* Greg. Turon., lib. V, c. 18.
(2) Voy. *Église Saint-Benoît.*

pelle élevée par les négociants de Paris, vis-à-vis de l'autel qu'ils avaient eux-mêmes érigé dans la Cité, et dont on a trouvé les ruines sous le chœur de Notre-Dame. Pendant la période romaine, le petit bras de la Seine n'était pas resserré, comme il l'est aujourd'hui, par les deux ponts de l'Hôtel-Dieu, le Petit-Pont et le pont Saint-Michel, et par les maisons qui rétrécissent son lit. Jusqu'au milieu du XIVe siècle, il était très animé par le commerce; c'est sur ses bords que les marchands avaient leurs habitations, près des ports situés le long de la rue de la Bûcherie, et plus haut vers la porte Saint-Bernard (1).

STATUE DE JULIEN. Cette statue fut déterrée à Paris, on ne sait dans quel endroit ni à quelle époque, et était devenue la propriété d'un marbrier de cette ville. Le gouvernement, grâce aux soins de M. Denon, l'a acquise. Ce savant pense que cette statue n'est point due à un sculpteur romain, mais à un artiste de la Gaule; et M. Visconti, qui l'a fait placer dans le Musée des antiques du Louvre, partage cette opinion. La tête ressemble beaucoup à celle des médailles; elle est ornée d'un diadème couvert de pierreries entrelacées avec des lauriers, et sur le corps est drapé un manteau grec. J'ai dit ailleurs que Julien passa quatre ou cinq hivers à Paris, qu'il introduisit dans son administration d'importants changements. Sa statue, en supposant même qu'elle n'ait pas été trouvée sur le sol de Paris, ne serait donc pas mal placée parmi les monumens anciens de cette ville.

CIMETIÈRE ET MONUMENTS TROUVÉS RUE VIVIENNE. On découvrit, dans l'été de 1751, à trois toises de profondeur, en bâtissant les écuries d'une maison située vers le milieu de la rue Vivienne, huit morceaux de marbre blanc travaillés en bas-reliefs. Ces marbres avaient été jetés pêle-mêle dans quelque fosse, sans doute par le zèle des premiers chrétiens, ou parce qu'on les avait jugés inutiles; on verra cependant qu'ils n'ont pas été aussi maltraités qu'ils auraient pu l'être. On ne peut reculer le temps de leur destruction plus tard que vers l'année 554, époque à laquelle Childebert ordonna qu'on démolît à Paris et dans le royaume ce qui restait de temples, de statues, d'autels et d'autres monuments du paganisme; cet édit de Childebert, dont j'aurai occasion de parler ailleurs, est inscrit à la tête des capitulaires. La plupart de ces fragments ont dû appartenir à des tombeaux; les autres ont pu faire partie de temples, de chapelles, ou bien enfin de quelques palais qui servaient de demeures aux gouverneurs romains.

Parmi les bas-reliefs, l'un représentait un homme couché à demi sur un lit, et un esclave portant un plat; un autre représentait

(1) Voyez *Recueil d'antiquités*, de Caylus, t. III, p. 398.

Bacchus couché près d'Ariane; sur un troisième on voyait une prêtresse rendant des oracles, et un homme qui les écrivait dans un livre; sur un quatrième, un repas auquel assistaient trois convives couchés sur des lits et un esclave chargé d'un plat; sur la table, et dans un autre plat, se trouve une hure de sanglier. Ces bas-reliefs ont appartenu vraisemblablement au même tombeau. On avait trouvé au même endroit une urne cinéraire ornée d'un feston de fleurs et de fruits soutenu par des têtes de béliers qui surmontaient eux-mêmes les angles de l'urne. On y lisait une inscription annonçant que ce monument avait été exécuté d'après les ordres de *Pithusa* pour sa fille *Ampudia Amanda*, morte à dix-sept ans. L'existence d'une autre urne cinéraire nous est révélée par la découverte d'un couvercle de marbre richement sculpté, et qui semble avoir appartenu à un monument sépulcral plus grand que le premier.

« Un quatrième monument de la même espèce, dit M. Dulaure, fut
» découvert, en 1806, dans la même maison rue Vivienne n° 8, appar-
» tenant aujourd'hui à madame *Vialart de Saint-Morys*. En faisant ré-
» parer un four, on déterra une urne cinéraire pareille à celles qui
» viennent d'être décrites. A chaque angle, des têtes de béliers sou-
» tiennent de larges festons de fleurs ou de fruits qui décorent les qua-
» tre faces; quatre aigles éployés occupent la partie inférieure de ces
» angles; sur une des faces, au-dessus du feston, est une inscription an-
» nonçant que Chrestus, affranchi, a fait à ses dépens ériger ce monu-
» ment à son patron *Nonius Junius Epigonus*. Au-dessous de cette in-
» scription on voit, en bas-relief un peu fruste, une biche fuyant un
» aigle qui lui déchire le dos. Ce bas-relief est peut-être l'allégorie
» d'une persécution exercée par le gouvernement des empereurs con-
» tre la famille connue d'*Epigonus*.

» Sur les autres faces, au-dessous du feston, on voit une patène et
« une aiguière ou *præfeniculum* (1). »

En 1628, un jardinier déracinant un arbre à l'entrée de la rue Vivienne, trouva dans le jardin de l'ancienne Bourse de Paris, neuf cuirasses de femmes, comme l'indiquait la forme arrondie du sein. Ceux qui annoncèrent cette découverte ne fournirent aucun détail sur le temps et la nation auxquels ces cuirasses avaient dû appartenir. Montfaucon a fait graver dans ses Antiquités une épée de bronze trouvée sous terre dans une autre maison de la rue Vivienne. A l'extrémité septentrionale de cette rue, quand on travaillait à la fondation de la nouvelle Bourse, on découvrit quelques fragments de poterie romaine et deux poids antiques en verre qui furent recueillis par M. Lenoir.

(1) *Hist. de Paris*, t. I.

Le terrain où tous ces monuments ont été découverts fut traversé autrefois par une voie romaine ; elle partait de Pontoise (*Briva isaræ*), et passant par l'*Estrée* près Saint-Denis (*Strata*), puis à Clichy (*Clipiacum*), elle aboutissait à Paris. On sait que les Romains plaçaient leurs maisons et leurs sépultures près des grands chemins.

Médailles trouvées a la Villette. « On trouva, en 1807, dit
» M. Grivaud, en creusant le bassin du canal de l'Ourcq à la Villette,
» un vase de terre qui contenait environ 2,500 médailles de bronze saucé,
» *nummi tincti*, du second module, et de la plus belle conservation.
» Cette collection ne renfermait que huit têtes différentes : Dioclétien,
» Maximien Hercule, Constance-Chlore, Galère Maximien, Sévère,
» Maximin Daza, Maxence et Constantin-le-Grand.

» Ces médailles furent enfouies au plus tôt vers l'an 310, époque de la
» tentative de Maximien sur la vie de Constantin, qui était alors dans
» la ville d'Arles. Dans ce même temps plusieurs nations barbares du
» Nord s'étaient déjà liguées pour piller les Gaules ; les légions romaines
» furent obligées de faire beaucoup de mouvements et de se porter dans
» les contrées menacées par ces étrangers, sur lesquels Constantin
» remporta plusieurs avantages. On ne peut douter que les époques
» désastreuses de l'histoire n'aient été la cause de l'enfouissement d'une
» grande partie des richesses que recèle encore le sein de la terre (1). »

Tête de Cybèle. Cette tête fut trouvée en 1675, vis-à-vis de l'église Saint-Eustache, dans les fondements d'un ancien mur d'enceinte de Paris. Elle est en bronze et couronnée d'une tour crénelée. Sa hauteur est de vingt et un pouces et quelques lignes, en y comprenant la tour haute de sept pouces. Plusieurs savants, et Montfaucon lui-même, ont cru que cette tête représentait Isis ; mais Caylus, qui en a donné une gravure et une description, démontre que ses attributs ne peuvent s'appliquer qu'à Cybèle. Il pense que ce bronze d'un très beau travail a été apporté de Rome (2). Suivant M. Dulaure, il faisait partie d'un *ædiculum* ou autel consacré à Cybèle au lieu où la découverte a été faite. Ce qui le fait pencher vers cette opinion, c'est le voisinage de l'église Saint-Eustache, les chrétiens élevant ordinairement leurs églises près des lieux où les divinités païennes avaient été adorées. Cette curieuse antiquité avait d'abord appartenu à l'abbé Berrier ; ensuite elle fit partie du cabinet de Girardon, le célèbre sculpteur ; plus tard le duc de Valentinois en fit don à Louis XV.

Antiquités trouvées a Montmartre. Une tête de bronze de gran-

---

(1) *Rec. de monum. ant.*, t. II, p. 255.
(2) *Antiquités*, t. II, p. 379.

deur naturelle représentant le Romain C. Cœlius Caldus, qui fut consul l'an 94 avant J.-C., les débris d'un bâtiment ayant servi à des bains particuliers suivant Lebeuf, et à des fonderies suivant Caylus, deux fragments de bas-reliefs en marbre blanc, un petit buste, enfin un vase de terre d'un travail grossier, telles sont les antiquités qu'on découvrit à Montmartre lorsqu'en 1737 et 1738 des fouilles y furent faites sur le lieu où la tradition plaçait un ancien temple de Mars ou de Mercure (1).

Ces débris, décrits avec soin par Caylus, font présumer qu'il existait à Montmartre, pendant la période romaine, des établissements industriels importants ou d'opulentes maisons de campagne habitées par des citoyens de Lutèce. L'examen des deux fragments de bas-reliefs a suggéré à cet antiquaire la réflexion suivante : « Ces monuments fortifient d'autant plus les preuves de la richesse et de la considération de Paris sous les Romains, que les deux morceaux ne sont ni de la même époque ni de la même main; ce qui indique nécessairement une continuation de travaux et d'embellissements dont il serait assez difficile de se douter si l'on ne s'en rapportait qu'aux historiens (2). »

CIMETIÈRE ANTIQUE DE LA PORTE SEPTENTRIONALE DE PARIS. Un cimetière a dû exister dans le faubourg septentrional de Paris, entre la rue de la Verrerie, la rue du Mouton, la place de Grève, le marché Saint-Jean et l'église Saint-Gervais, et s'étendait probablement au-delà de cet emplacement. On doit croire que ce faubourg, sous l'empire romain, était assez large pour que chaque habitant pût y avoir un jardin; et pour qu'on ait pu y établir un cimetière, il faut supposer qu'à cette époque cette partie de la ville n'était pas encore fermée par des murs. Dans la rue de la Tixeranderie, en face de celle du Mouton, on voit l'emplacement d'un ancien hôtel des comtes d'Anjou. En creusant dans les fondements de cet édifice, on déterra, l'an 1612, plusieurs tombeaux antiques (3). L'un d'eux contenait un squelette et quelques médailles dont la plus récente était de l'empereur Maxence, qu'on proclama dans la Gaule en l'année 350. Ces tombeaux ont été certainement ceux de quelques familles romaines, car l'inscription *diis manibus* qui s'y trouve se rapporte à la religion païenne. L'autre porte pour inscription, *Tatilius, fils de Purtichus*.

Au XIII° siècle, la place du marché Saint-Jean, voisine de la rue de la Tixeranderie et de l'église Saint-Gervais, s'appelait Place du vieux Cimetière, *Platea veteris Cimeterii*. En 1717, quand on éleva des maisons entre l'église de Saint-Gervais et la rue du Monceau, à douze pieds

---

(1) Lebeuf, *Dissertations*, t. I, p. 240, et *Histoire du diocèse de Paris*, t. III, p. 96. — Caylus, *Antiquités*, t. III. — D. Martin, *Religion des Gaulois*.

(2) Voyez pour l'origine du nom de Montmartre, et pour l'histoire de ce village et de son ancienne abbaye, notre *Histoire des environs de Paris*.

(3) *Dissert.*, t. I, p. 21. — Sallengre, *Antiquités*.

au-dessous du sol on trouva plusieurs cercueils de pierre, fort anciens, comme la profondeur des fouilles paraissait l'indiquer.

Comme on établissait une conduite d'eau, en 1818, et qu'on ouvrait une tranchée profonde dans les rues du Monceau et du Martroi, on découvrit, surtout près de l'église Saint-Gervais, un grand nombre de tombeaux de pierre d'une qualité fort tendre et dont les débris remplirent quinze charrettes. Les corps et les os étaient réduits en poudre, ce qui fit supposer que ces monuments remontaient à une haute antiquité, et que le sol contenait des principes dissolvants fort actifs; les parties osseuses de ces corps avaient seules laissé une empreinte dans le fond de chaque tombe. On voyait des traînées d'une poudre semblable à de la cendre ; cette poudre était en plus grande quantité dans les endroits où étaient les os les plus volumineux : c'est à la place de la tête que ces traces étaient le plus abondantes (1).

On trouva en outre, dans un de ces tombeaux, une médaille d'argent de peu de valeur, sur laquelle, bien que sa surface soit oxidée, on peut voir une tête sans barbe avec une couronne en rayons ; autour de la couronne se lisent ces mots : *Antoninus Pius Aug*. Antonin régna, comme on sait, depuis 138 jusqu'en 161 après J. C. Cette découverte nous confirme encore dans cette opinion, que ce cimetière est fort ancien.

AQUEDUC DE CHAILLOT ET BASSINS DU PALAIS-ROYAL. Dans l'année 1763, comme on creusait sur la place Louis XV, on découvrit les tuyaux d'un aqueduc; en les suivant, on déterra, à Chaillot, un reste de maçonnerie antique qui n'était autre chose qu'une partie du même aqueduc dont Caylus nous a laissé une description détaillée (2). D'après les suppositions les plus vraisemblables, cet aqueduc devait partir des hauteurs de Chaillot, à la source d'eaux minérales, et passer par les Champs-Élysées et le jardin des Tuileries pour aboutir vers le milieu de l'emplacement du jardin du Palais-Royal. Il faut supposer qu'il y avait du côté des rues Saint-Denis et Saint-Martin, même pendant la période romaine, des bâtiments considérables, sans cela on ne comprend pas pourquoi ces eaux auraient été amenées de Chaillot. Ecoutons à ce sujet un savant académicien, M. Bonamy :

« En 1781, on exécuta des fouilles dans le jardin du Palais-Royal, vers son extrémité méridionale. A trois pieds de profondeur, on trouva un bassin de construction romaine; sa forme était carrée, il avait vingt pieds

---

(1) Tout le terrain de ce quartier était autrefois une butte factice, où l'on entassait des immondices; on appelait cette voirie *Monceau Saint-Gervais*, à cause de sa situation près de l'église du même nom. La rue ouverte sur cette butte s'appelle encore rue du *Monceau*. On ne doit pas s'étonner de la qualité dissolvante et corrosive du sol en cet endroit.

(2) *Recueil d'antiquités*, t. II, p. 375.

de chaque côté; on y découvrit aussi des médailles d'Auguste, de Dioclétien, de Posthume, de Maxence, de Crispe et de Valentinien Ier. C'est sous ce dernier empereur probablement, c'est-à dire vers la fin du IVe siècle, au plus tard dans l'année 375, que ce bassin fut construit (1). »

D'ailleurs une preuve irrécusable va nous démontrer que l'aqueduc de Chaillot aboutissait au bassin du Palais-Royal. La ligne de conduite constatée par Caylus, depuis Chaillot jusqu'à la place Louis XV, prolongée dans la même direction, passe par le bassin. Ainsi l'aqueduc et le bassin ont dû servir au même usage, et leurs constructions sont contemporaines l'une de l'autre. Ce bassin devait être destiné à des bains; c'était un espèce de *lavacrum*.

On a découvert en outre, dans le même jardin, un bassin ou réservoir antique, dans la partie septentrionale de cet emplacement. Il s'étendait depuis le Café de Foy jusqu'au passage Radziville. Le pavé, fait en moellons, était enfoncé à cinq pieds dans le sol. Mais on ne trouva que des portions de cette seconde construction, et l'on n'a pu en mesurer les dimensions; il devait être plus étendu que celui dont nous avons d'abord parlé (2).

« La destruction de l'aqueduc de Chaillot, dit encore M. Bonamy, doit être attribuée aux Normands qui étaient campés sur le terrain de Saint-Germain-l'Auxerrois, pendant le siége qu'ils vinrent mettre devant Paris pour la quatrième fois. Un séjour de six mois qu'ils y firent leur donna tout le temps de détruire les bâtiments qui étaient dans les environs. Après que le calme fut rétabli dans le royaume, par la cession qu'on fit aux Normands du pays auquel ils ont donné leur nom, il ne paraît pas que nos rois de la troisième race aient pensé à reconstruire les deux aqueducs romains. Quoique le palais des Thermes subsistât encore, au moins en partie, puisque Philippe-Auguste le donna à un de ses chambellans en 1218, ses prédécesseurs aimèrent mieux demeurer dans le palais de la Cité; et lorsque le Louvre fut construit et devint aussi le séjour de nos rois, ce ne fut ni de Rungis ni de Chaillot qu'on y fit venir des eaux de source; on les alla chercher du côté du Pré-Saint-Gervais et des hauteurs de Belleville (3). »

(1) *Mém. de l'Acad. des Inscriptions*, t. XXX, p. 729 et suiv.
(2) *Observations* sur quelques antiquités romaines déterrées dans le jardin du Palais-Royal au mois de novembre 1781, par M. Bourignon, de Saintes.
(3) *Mém. de l'Acad. des Inscript.*, t. XXX.

DEUXIÈME ÉPOQUE.

Paris sous la première race.

494-752.

CHAPITRE PREMIER.

FAITS GÉNÉRAUX.

§ I. CLOVIS I.

494-511.

L'occupation définitive de Paris par les Francs se rapporte à peu près à l'année 494, époque à laquelle Clovis se rendit maître de toutes les provinces situées entre la Somme et la Loire. Dans les premières années qui suivirent cette conquête, Clovis, occupé de ses expéditions contre les Allemands et les Bourguignons, et de l'agrandissement de son nouvel empire (1), ne put avoir de résidence fixe. Mais les monuments contemporains nous apprennent qu'il habitait Paris en 506, au moment où il résolut d'achever la conquête des Gaules en chassant les Visigoths des belles provinces qu'ils possédaient au sud de la Loire.

On sait quelle force donnaient à Clovis sa qualité de chrétien et l'appui des évêques dont l'influence était toute-puissante sur les populations gallo-romaines. Jamais cette protection ne se manifesta plus évidemment qu'à l'occasion de la guerre des Francs contre les Visigoths, sectateurs d'Arius; jamais aussi le zèle de Clovis pour la religion ne parut plus fervent, et peut-être y avait-il dans ce zèle, entretenu par les exhortations du clergé, plus de sincérité que ne l'ont cru les historiens modernes (2).

Ce fut à Paris que Clovis assembla ses leudes, suivant Grégoire de

---

(1) Entre les années 494 et 506 se placent la bataille de Tolbiac, dont le succès détermina Clovis à se faire chrétien; son baptême, la soumission des Armoriques et la guerre contre Gondebaud, roi de Bourgogne.

(2) On connaît un témoignage frappant de l'ardeur naïve de sa foi. Un jour que saint Remi lui racontait la vie de Jésus-Christ et détaillait les tourments ignominieux que les Juifs avaient fait souffrir au fils de Dieu, Clovis s'écria tout-à-coup : « Ah! si j'eusse été là avec mes Francs! » *Rec. des Hist. de France*, t. III, p. 172.

Tours, et leur dit : « Je ne puis souffrir que des Ariens possèdent les plus belles provinces de la Gaule, Dieu nous aidera à les vaincre, et nous réduirons leur pays en notre pouvoir (1). » Les leudes applaudirent, et jurèrent de ne pas se raser la barbe avant d'avoir vaincu les Visigoths.

En même temps, Clovis ne négligea rien de tout ce qui pouvait attirer sur ses armes la bénédiction du ciel. Pour obtenir l'intercession des apôtres saint Pierre et saint Paul, il fit vœu de leur bâtir à son retour une basilique dans la ville de Paris.

Cette guerre se termina, comme on sait, l'an 507, par la victoire de Vouillé et par la soumission de toute l'Aquitaine. Désormais la fondation de la monarchie des Francs fut une œuvre accomplie.

De retour à Paris, où il apporta les calices d'or et autres chefs-d'œuvre d'orfévrerie chrétienne conquis sur les Goths, Clovis déclara cette ville capitale de son royaume (2), et s'empressa d'accomplir son vœu, en commençant à bâtir au sommet du mont Locutitius, et sur l'emplacement du vaste cimetière romain dont nous avons déjà parlé, l'église des apôtres saint Pierre et saint Paul, qui bientôt après reçut le nom de Sainte-Geneviève.

Clovis ne cessa point de résider à Paris jusqu'à sa mort, arrivée en 511. Son corps fut déposé dans la basilique des saints apôtres qui n'était pas encore achevée.

On a dit (3) que ce prince se fit construire un palais sur le mont Locutitius ou Sainte-Geneviève, à côté de l'église de Saint-Pierre et Saint-Paul. Mais cette assertion est dénuée de toute preuve, et ce n'est là, comme le dit dom Germain (4), qu'un palais *bâti en l'air*. Le seul édifice que Clovis ait habité à Paris, est, comme je l'ai dit ailleurs, le palais des Thermes (5); et rien n'empêche qu'on se figure, avec M. Dusommerard, le roi franc « s'occupant d'orner le palais romain des dépouilles des Goths, couvrant ses murs d'étoffes précieuses semblables à celles dont les rues de Reims étaient tapissées le jour de son baptême, ou présidant dans son enceinte aux exercices d'harmonie de ce chanteur célèbre que, sur sa demande, Théodoric lui avait envoyé d'Italie (6). »

Il nous reste quelques monnaies frappées à Paris sous le règne d'un Clovis, entre autres deux tiers de sol d'or dont le revers indique expressément le lieu de la fabrication (7); mais, malgré l'opinion de Le-

---

(1) Greg. Turon., *Hist. Franc.*, lib. II, cap. 37.
(2) *Parisios venit ibique cathedram regni constituit.* Greg. Turon, *ibid.*, l. I.
(3) Dubreuil, Sauval, Du Boulay et Walckenaer.
(4) *De Re Diplom.*
(5) Voy. *Palais des Thermes.*
(6) *Les Arts au Moyen-Age*, chap. 1.
(7) Leblanc, *Traité des Monnaies*, édit. de Paris, 1690, p. 14.

blanc et de Du Plessis, il est fort douteux que ces médailles appartiennent au règne de Clovis I.

§ II. CHILDEBERT I.

511-518.

Après la mort de Clovis, ses quatre fils se partagèrent le royaume. Thierry, l'aîné, fut, pour parler le langage des historiens du temps, roi de Metz, Clodomir roi d'Orléans, Childebert roi de Paris, et Clotaire roi de Soissons (1).

Quoique les États des quatre enfants de Clovis fussent entièrement indépendants les uns des autres, l'usage a prévalu de ne mettre au nombre des rois de France que celui qui résidait à Paris. Le royaume de Childebert comprenait les pays ou comtés de Paris, de Melun, de Chartres et du Perche, la Normandie, la Bretagne. Sa domination s'étendait aussi le long de la mer dans une partie de l'Aquitaine jusqu'aux Pyrénées.

Malgré ce partage, Paris ne perdit point toutes les prérogatives de capitale, et c'est là que se tenaient les assemblées des rois francs pour délibérer sur les affaires communes de la famille ou de l'empire.

La reine Clotilde, veuve de Clovis, s'était retirée à Tours après la mort de ce prince, et venait rarement à Paris ; mais à la mort de Clodomir, tué à la bataille de Véseronce contre les Bourguignons, elle établit de nouveau son séjour à Paris afin de veiller sur l'éducation des trois fils en bas âge qu'avait laissés Clodomir.

Suivant la coutume des Francs, les enfants de Clodomir auraient dû succéder au royaume de leur père ; mais cet héritage tentait l'ambition de Childebert et de Clotaire, leurs oncles. Ils ne reculèrent pas devant un crime pour se l'approprier, et Paris devint pour la première fois le théâtre d'un drame sanglant. Mais laissons Grégoire de Tours raconter lui-même cette horrible histoire :

« Tandis que la reine Clotilde habitait Paris, Childebert voyant que sa mère avait porté toutes ses affections sur les fils de Clodomir, en conçut de l'envie ; et craignant que par la faveur de la reine ils n'eussent part au royaume de leur père, il envoya secrètement vers son frère, le roi Clotaire, et lui fit dire : « Notre mère garde avec elle les fils de no-

---

(1) M. Thierry a fait remarquer combien était peu exacte la désignation de ces royaumes par le nom de la capitale. Une autre division plus réelle et plus durable s'établit. On commença à nommer *Austrasie*, ou France orientale, cette partie des Gaules située vers l'orient, entre le Rhin et la Meuse, et Thierry, qui avait ce pays dans son partage, prit le titre de roi d'Austrasie. Les autres parties de la France, vers l'est, entre la Meuse, la Loire et l'Océan, prirent le nom de *Neustrie*. L'Aquitaine et la Bourgogne conservèrent leur ancienne dénomination.

» tre frère et veut qu'ils aient son royaume. Il faut que tu viennes
» promptement à Paris, et que nous prenions ensemble conseil sur ce
» qu'il faut faire d'eux, savoir s'ils auront les cheveux coupés comme le
» reste du peuple, ou bien si nous les tuerons et partagerons entre nous
» le royaume de notre frère. » Clotaire, très content de cette nouvelle,
se hâta de venir à Paris. Childebert avait déjà répandu dans le peuple que
le but de l'entrevue des deux rois était de mettre les trois enfants en possession de l'héritage de leur père. Ils adressèrent à la reine un messager
chargé de lui dire : « Envoie-nous les enfants pour que nous les éle-
» vions au trône. » Elle, remplie de joie et ne sachant pas leur artifice,
après avoir fait boire et manger les enfants, les envoya en disant : « Je
» croirai n'avoir pas perdu mon fils, si je vous vois régner à sa place. »
Les trois enfants arrivèrent au palais de leur oncle, accompagnés de
leurs gouverneurs et de leurs serviteurs. Ils furent aussitôt saisis et enlevés aux gens de leur suite qu'on enferma séparément.

» Alors Childebert et Clotaire envoyèrent à la reine Arcadius, portant
des ciseaux et une épée. Quand il fut arrivé près de la reine, il lui présenta les ciseaux et l'épée nue, en disant : « Nos seigneurs tes fils, glo-
» rieuse reine, attendent que tu leur donnes conseil sur ce qu'il faut faire
» de ces enfants; veux-tu qu'ils vivent les cheveux coupés, ou veux-tu
» qu'ils soient égorgés?»Consternée à ce message, hors d'elle-même à la
vue de cette épée et de ces ciseaux, Clotilde répondit dans sa douleur, et
sans trop savoir ce qu'elle disait : « Si on ne les élève pas sur le trône,
» j'aime mieux les voir morts que tondus. » Mais Arcadius, s'inquiétant
peu de son désespoir, et ne cherchant pas à pénétrer ce qu'elle penserait
ensuite plus réellement, revint en diligence près des deux rois qui l'avaient envoyé, et leur dit : « Vous pouvez continuer l'œuvre que vous
» avez commencée; vous avez l'aveu de la reine. *Favente reginâ, opus*
» *cœptum perficite.* » Clotaire et Childebert entrèrent dans le lieu où les
enfants étaient gardés. Clotaire prenant l'aîné par le bras, le jeta par
terre et le tua en lui enfonçant son couteau sous l'aisselle. A ses cris, son
frère Gonthaire se prosterna aux pieds de Childebert, et lui saisissant
les genoux, lui dit avec larmes : « Mon père, mon bon père, secours-moi;
» fais que je ne meure pas comme mon frère. » Childebert fut ému; il
dit à Clotaire en pleurant : « Mon cher frère, je t'en prie, accorde-moi
» la vie de cet enfant; je te donnerai tout ce que tu voudras, je te de-
» mande seulement de ne pas le tuer. » Mais Clotaire, après l'avoir accablé d'injures, lui dit : « Repousse-le loin de toi, ou tu vas mourir à
» sa place; c'est toi qui m'as excité à cette affaire, et voilà que tu re-
» prends ta foi! » Childebert, effrayé, repoussa l'enfant et le jeta à Clotaire, qui l'atteignit d'un coup de couteau entre les côtes, et le tua; ensuite
ils mirent à mort les gouverneurs et les domestiques. Après ces meurtres,
Clotaire montant à cheval, sans se troubler aucunement de l'assassinat de

ses neveux, se rendit avec Childebert dans les faubourgs de la ville(1). La reine ayant fait poser sur un brancard les deux petits corps des jeunes princes morts, les conduisit, avec une immense douleur, à l'église Saint-Pierre, où ils furent inhumés. L'un d'eux avait dix ans et l'autre sept. On ne put prendre le troisième, Clodoald, que de braves guerriers étaient parvenus à faire évader. Il demeura caché pendant quelques années, et lorsqu'il fut devenu grand, il se coupa les cheveux de ses propres mains pour marque de son renoncement au monde. Il se mit ensuite sous la conduite de saint Séverin (2), qui vivait retiré dans un monastère près de Paris, et reçut de lui l'habit monastique. Il se bâtit un monastère sur les bords de la Seine, dans un village appelé Nogent, à deux lieues de la ville. Il y assembla une communauté de moines, et ce fut dans ce lieu, appelé depuis Saint-Cloud (3), qu'il finit ses jours vers l'an 560 (4). »

Le christianisme n'avait pu changer subitement le caractère des Francs, mais il l'adoucissait peu à peu. Malgré son ambition et sa cruauté, Childebert a été loué avec justice par les historiens, parce qu'il fut charitable envers les pauvres, et plein de zèle pour la religion.

Vers l'an 551, vingt-sept évêques réunis par Childebert tinrent le deuxième concile de Paris, convoqué au sujet de Saffaracus, évêque de cette ville, convaincu de crimes que l'histoire ne précise pas. Le coupable fut déposé et relégué dans un monastère. Il fut le premier évêque qui déshonora le siége de Paris.

Parmi les évêques qui composèrent le second concile de Paris (5), l'un des plus éminents était saint Lubin, évêque de Chartres; son mérite seul l'avait fait élever à un si haut rang. Le roi Childebert, qui honorait

(1) Ce passage du récit de Grégoire de Tours a fait penser que le massacre des enfants de Clodomir eut lieu dans le palais de la Cité, habité par Childebert, tandis que Clotilde résidait au palais des Thermes. L'opinion contraire a été adoptée par M. Thierry et par M. Dusommerard; ils supposent que Clotilde habitait le palais de la Cité, et Childebert le palais des Thermes. Voir sur cette question fort controversée, Du Plessis, *Nouv. ann. de Paris.* — Bonamy, *Mém. de l'Acad. des inscript.*, t. XV. — M. Dusommerard, *les Arts au Moyen-Age*, chap. 1.

(2) On n'a aucune histoire de saint Séverin dont saint Cloud fut le disciple; tout ce qu'on sait, c'est qu'il vécut en solitaire dans un des bourgs de Paris, tout occupé des exercices de la contemplation. Il mourut sous le règne de Childebert, et, à ce qu'on croit, le 24 novembre, jour où l'église de Paris honore sa mémoire. Quoique plusieurs auteurs aient distingué saint Séverin le solitaire, de saint Séverin titulaire de l'église de ce nom, dont on célèbre la fête le 11 février, il y a toute apparence que c'est le même personnage. Voyez *Église de Saint-Séverin*.

(3) Pour l'histoire du monastère et du village de Saint-Cloud, voyez notre *Histoire des Environs de Paris*.

(4) Greg. Turon, l. V, c. 18.

(5) Il s'y trouva six métropolitains : Sapandus d'Arles, qui présida le concile, Hésychius de Vienne, Nicet de Trèves, Probien de Bourges, Constitutus de Sens, et Léonce de Bordeaux.

sa vertu, l'avait invité quelques années auparavant à venir passer les fêtes de Pâques à Paris pour y officier en la place de l'évêque nouvellement décédé. Le feu ayant pris la nuit aux maisons bâties sur le pont du côté de l'église de Saint-Laurent, les flammes, poussées par un vent violent, gagnèrent bientôt la ville. Au bruit que fit le peuple alarmé, le roi se réveilla, et envoya prier saint Lubin de secourir la ville menacée d'un incendie général. Le saint évêque était logé à la basilique de Saint-Laurent; il accourut après avoir fait sa prière, et l'embrasement cessa tout aussitôt. C'est Fortunat qui rapporte ce fait. Il ne parle de l'église Saint-Laurent que pour désigner de quel côté venait le feu; rien n'oblige donc de la placer, comme l'ont fait quelques auteurs, plus près du pont de Paris qu'elle n'est aujourd'hui, d'autant plus qu'on ne connaît point à Paris d'autre église de Saint-Laurent que la paroisse qui porte ce nom, et qui, sous la première race, était une abbaye (1).

Environ cinq ans après la déposition de Saffaracus, Eusèbe, son successeur, mourut, et saint Germain fut choisi pour évêque de Paris. Le nouveau prélat, un des plus illustres de son siècle, sut se faire aimer de Childebert et gagner sa confiance. Sous l'influence de ses exhortations et de ses exemples, les mœurs du roi s'adoucirent et devinrent plus chrétiennes.

Il est probable que saint Germain eut une grande part à la célèbre ordonnance que Childebert publia vers l'an 554 pour la destruction des restes de l'idolâtrie et des superstitions païennes encore en usage dans le royaume. L'ordonnance porte que ceux qui refuseront de laisser briser les idoles trouvées dans leurs champs ou dans leurs habitations, seront obligés de se présenter à l'audience du roi pour y répondre en personne ; à l'égard de ceux qui profaneront par leurs dissolutions les jours de dimanche, de Pâques, de Noël, et des autres fêtes, ils seront punis, les esclaves de cent coups de fouet, et les personnes libres d'une autre façon, apparemment d'amende pécuniaire (2).

On croit aussi que ce fut par le conseil de saint Germain que Childebert entreprit de rebâtir l'église épiscopale de Paris, trop petite alors pour contenir un clergé nombreux et le peuple d'une ville devenue le siège ordinaire de la royauté, et où la religion chrétienne régnait seule depuis l'extinction de l'idolâtrie. Childebert commença ce nouvel édifice sur les ruines de l'ancien, bâti par les premiers fidèles de Paris à la pointe orientale de l'île, c'est-à-dire à peu près dans le lieu même où est encore aujourd'hui la cathédrale. Quelques auteurs ont prétendu que ce nouveau bâtiment de Childebert avait déjà été commencé par le roi Clovis I. Il est du moins certain que Childebert l'acheva; et Fortunat,

---

(1) Voy. *Église Saint-Laurent*.
(2) Baluz. *Capitul. Reg. Franc.*, t. I. Ce titre ne nous est pas parvenu dans son entier.

dans la description qu'il fait de la nouvelle église de Paris, lui en attribue tout l'honneur, sans faire mention de Clovis. Dans sa pieuse hyperbole, le saint évêque de Poitiers relève la magnificence inouïe de ce temple, qu'il égale à celui de Salomon pour la délicatesse de l'art et la richesse des ornements.

Près de la grande église, comme parle Grégoire de Tours, c'est-à-dire près de la cathédrale, était le tombeau de sainte Crescence, vierge, sur lequel un monétaire de Paris, guéri par l'intercession de la sainte, bâtit une chapelle; mais c'est tout ce que l'on sait de sainte Crescence. Le lieu de sa sépulture et les circonstances de sa vie sont aujourd'hui également ignorés.

Sous le pontificat de saint Germain, se tint le troisième concile de Paris, en 557. Probien, archevêque de Bourges, y présida à la tête de quatorze évêques ou archevêques, parmi lesquels il y en a eu huit honorés comme saints en comptant saint Germain, savoir: saint Prétextat, archevêque de Rouen, saint Léonce de Bordeaux, saint Euphrone de Tours, saint Félix de Nantes, saint Paterne d'Avranches, saint Chaletric de Chartres, et saint Samson, premier évêque de Dol en Bretagne. Ce concile fit dix canons qui tendent principalement à empêcher l'usurpation des biens ecclésiastiques, et à maintenir la liberté de l'élection des évêques.

Mais le règne de Childebert est surtout remarquable dans l'histoire monumentale de Paris, par la fondation de la célèbre abbaye de Sainte-Croix et Saint-Vincent, depuis Saint-Germain-des-Prés, aujourd'hui le plus antique de nos monuments chrétiens. Il en jeta les fondements vers l'an 543 pour y placer un reliquaire de la vraie croix et la tunique de saint Vincent martyr, qu'il avait rapportés de Saragosse au retour d'une expédition qu'il fit en Espagne.

Childebert mourut en 558, et fut inhumé dans cette église de Saint-Vincent, ainsi que la reine Ultrogothe sa femme.

§ III. CLOTAIRE I. CHARIBERT.

558-566.

Clotaire I, que la mort de Childebert, son frère, mettait en possession de toute la France, accourut aussitôt à Paris pour enlever les trésors que son prédécesseur avait amassés. Il ne paraît pas avoir fait un long séjour dans cette ville pendant les trois années qu'il vécut encore. Il fut occupé d'autres desseins qui l'appelèrent ailleurs. Saint Germain, évêque de Paris, le suivit à Tours, au tombeau de saint Martin, où ce prince parut pénétré des sentiments d'une vraie pénitence. Il mourut quelque temps après. Chilpéric, quoique le plus jeune de ses fils, s'empara de tous ses trésors, et se rendit maître de Paris comme du principal siége de la monarchie franque, mais il en fut aussitôt chassé par ses frères Charibert, Gontran et Sigebert, tous trois ligués contre lui. Il fallut en venir à un accommodement qui fut suivi d'un partage. Charibert, comme l'aîné, eut Paris; Gontran, Orléans; Sigebert, Metz, et Chilpéric, Soissons.

Pendant un règne pacifique d'environ six ans, Charibert s'occupa de gouverner son royaume avec sagesse, sans songer à en étendre les limites. Suivant Fortunat, c'était un prince modéré, équitable, connaissant et faisant observer les lois, plein de grâce et d'affabilité, aimant les lettres, et parlant le latin aussi facilement que la langue des Francs; mais, comme on l'a souvent remarqué, Fortunat loue tout le monde. L'évêque de Tours, au contraire, se tait sur les bonnes qualités de Charibert, ne parle que du déréglement de ses mœurs.

« Il prit pour femme Ingoberge, de qui il eut une fille, qui fut ensuite mariée et conduite dans le pays de Kent (1). Ingoberge avait à son service deux jeunes filles dont le roi était très amoureux. L'aînée, nommée Marcovèfe, portait l'habit religieux; l'autre s'appelait Méroflède. Elles étaient filles d'un ouvrier en laine. Ingoberge, jalouse de ce que le roi les aimait, donna secrètement à leur père de l'ouvrage à faire, afin que, lorsque le roi le saurait, il eût les filles en mépris. Pendant que cet homme travaillait, elle fit appeler le roi, qui vint croyant qu'elle voulait lui montrer quelque chose de nouveau, et vit de loin le père des deux jeunes filles qui raccommodait les laines du palais. A cette vue, irrité de colère, mais contre Ingoberge, il la quitta et épousa Méroflède. Il eut aussi pour femme Teutéchilde, fille d'un berger, qui lui donna un fils mort au berceau. Enfin, il prit en mariage Marcovèfe, sœur de Méroflède. Saint Germain, évêque de Paris, les excommunia tous deux, et comme le roi ne voulut pas quitter Marcovèfe, elle mourut frappée du jugement de Dieu (2). » Charibert lui survécut peu de temps. Il mourut à Paris, en 567 (3). Ce prince n'ayant point laissé d'enfants, son royaume fut partagé entre ses frères.

La reine Ultrogothe, veuve de Childebert, et ses filles, que Clotaire avait exilées, furent rappelées à Paris par Charibert, qui leur céda le palais des Thermes, et habita lui-même le palais de la Cité.

(1) Berthe ou Édelberge, qui épousa Étherbert, roi de Kent, et contribua puissamment à la conversion de son mari et des Anglo-Saxons au christianisme. (M. Guizot.)
(2) Grég. de Tours, liv. IV.
(3) Plusieurs historiens ont avancé par erreur que Charibert mourut an château de Blaye; ils ont confondu ce prince avec un autre Charibert, duc d'Aquitaine, frère de Dagobert I, et mort à Blaye en 621.

§ IV. CHILPÉRIC I.

566-584.

Gontran, Sigebert et Chilpéric partagèrent, on ne sait dans quelles proportions, le royaume de Charibert; mais chacun voulait avoir la ville de Paris : ils convinrent de la posséder tous trois par indivis, sous la condition qu'aucun des trois n'y entrerait sans le consentement des deux autres.

On lit dans toutes nos histoires le récit des guerres impies que se firent entre eux les enfants de Clotaire, excités par les influences rivales de Frédégonde, femme de Chilpéric, et de Brunehaut, femme de Sigebert.

Gontran tenta d'abord de réconcilier Sigebert et Chilpéric, et dans ce but il assembla à Paris, en 573, tous les évêques des royaumes francs. Ce concile, que l'on compte pour le quatrième de Paris, fut tenu dans la basilique de Saint-Pierre et Saint-Paul ou de Sainte-Geneviève. Les évêques y proposèrent des moyens d'accommodement; mais Sigebert et Chilpéric ayant refusé de se rendre à leurs avis, la guerre continua.

Les environs de Paris furent livrés à des maux que Grégoire de Tours déplore avec amertume. Les Austrasiens de Sigebert portèrent dans tous les villages le meurtre et l'incendie; et on les vit, dit le pieux historien, porter leurs mains sacriléges jusque sur l'autel et le tombeau de saint Denis qu'ils dépouillèrent de leurs riches ornements. Sigebert entra dans Paris où la reine Brunehaut l'accompagna avec ses enfants. Il partit bientôt pour aller assiéger Chilpéric dans Tournay, mais le poignard de Frédégonde vint l'atteindre au milieu de sa victoire. Chilpéric s'empara des trésors de Brunehaut, qui était restée à Paris, et l'envoya en exil à Rouen.

Au milieu des incidents variés et confus de ces terribles guerres, je tâcherai de démêler et de réunir les faits qui se rattachent spécialement à l'histoire de Paris.

Frédégonde sollicitait Chilpéric de tirer vengeance de Prétextat, évêque de Rouen, qu'elle haïssait. Comme prélat, Prétextat n'était pas justiciable de l'autorité royale. Un concile de quarante-cinq évêques fut assemblé dans l'église de Sainte-Geneviève de Paris. Chilpéric se porta lui-même pour accusateur, et n'eût pas trouvé d'opposants si Grégoire de Tours n'avait conservé une fermeté courageuse au milieu de la défection coupable de ses collègues. Il nous parle dans son histoire d'une entrevue qu'il eut avec Chilpéric à cette occasion, et ce passage me parait mériter d'être cité textuellement : « Deux flatteurs avaient dit au roi qu'il n'avait pas dans cette affaire de plus grand ennemi que moi; aussitôt il m'envoya chercher. Lorsque j'arrivai, Chilpéric était auprès d'une cabane faite de ramée; à sa droite était Bertrand, évêque de Bordeaux, à sa gauche Ragnemode, évêque de Paris. Devant eux se trouvait un banc (1) couvert de pain et de différents mets. En me voyant, le roi m'adressa ces paroles : Ton devoir est de dispenser la justice à tous, et je ne puis l'obtenir de toi; je vois bien que tu justifies pleinement le proverbe : Le corbeau n'arrache point les yeux du corbeau. — O roi, répondis-je, si l'un de nous s'écarte des voies de la justice, il peut être corrigé par toi; mais si toi-même tu manques à tes devoirs, qui te reprendra? Que peuvent nos exhortations, si tu refuses de les entendre?... Celui à qui se manifestent les cœurs connaît ma conscience... Tu as la loi et les canons; consulte-les, et si tu n'observes pas ce qu'ils te commandent, redoute le jugement de Dieu! » Ces courageuses remontrances firent peu d'impression sur le roi, mais Grégoire de Tours n'en persista pas moins, malgré les menaces de Frédégonde, à soutenir l'innocence de l'accusé. Prétextat, sous la promesse trompeuse du pardon, sembla, par un aveu vague, justifier des imputations de larcin et d'attentat à l'autorité royale. Les évêques assemblés à Sainte-Geneviève prononcèrent sa déposition, et il fut exilé dans l'île de Jersey, où il demeura jusqu'à la mort de Chilpéric. Rétabli ensuite dans son siège, il fut assassiné au pied des autels, et sa mort passa pour un nouveau crime de Frédégonde.

Sous le règne de Chilpéric, Paris fut le théâtre d'une autre scène tragique. La femme d'un des principaux leudes fut accusée d'adultère par les parents de son mari; ils menaçaient de la faire mourir, si son père ne la justifiait lui-même. Le père offrit d'attester l'innocence de sa fille sur le tombeau de saint Denis, où il se rendit accompagné de ses amis; les parents de son gendre s'y trouvèrent aussi. Alors il étendit les mains sur l'autel, et jura que sa fille n'était point coupable et qu'on l'avait calomniée. Les accusateurs voulant soutenir ce qu'ils avaient avancé, en vinrent aux voies de fait, et il y eut du sang répandu. L'affaire fut portée devant les juges; mais l'accusée, se sentant coupable, voulut se soustraire au jugement qu'on allait rendre contre elle, et s'étrangla de ses propres mains. Cet évènement est de l'an 579.

L'année suivante, parut dans la ville un homme étrange, vêtu d'une espèce de robe sans manches, avec un linceul par dessus. Il portait une croix d'où pendaient des fioles remplies, à ce qu'il disait, d'une huile sainte. Il publiait partout qu'il venait d'Espagne, et qu'il en avait rapporté les reliques de saint Vincent et de saint Félix. Il arriva à Paris au temps des Rogations. Comme l'évêque Ragnemode, à la tête du

---

(1) *Scamnum*, un banc; de là le mot *banquet*.

clergé et du peuple, allait ce jour-là en procession aux églises, l'imposteur voulut en faire de même. On vit paraître un homme dans un équipage extraordinaire, qui portait une croix, et traînait après lui une troupe de mauvais sujets et de femmes du peuple. L'évêque, surpris de la nouveauté de ce spectacle, lui envoya dire par son archidiacre : « Si vous portez quelques saintes reliques, déposez-les dans l'église ; » passez avec nous ces saints jours, et après la fête de l'Ascension vous » continuerez votre route. » L'imposteur, au lieu d'accepter l'offre de l'évêque, commença à le charger d'injures et de malédictions en présence de son archidiacre. L'évêque voyant que cet homme était un fourbe, le fit enfermer dans une cellule. On le fouilla ensuite, et on trouva sur lui un grand sac plein de racines de diverses herbes, de dents de taupes, d'ossements de souris, d'ongles, de graisse d'ours, que l'évêque fit jeter à la rivière, de peur de quelque maléfice ; et après avoir ôté la croix à cet homme, il lui ordonna de sortir du territoire de Paris. L'imposteur, au lieu d'obéir, refit une croix, et recommença son manége ; ce qui obligea l'archidiacre à le faire arrêter et mettre en prison chargé de chaînes.

Grégoire de Tours, auteur de ce récit, se trouvait alors à Paris, logé à la basilique de Saint-Julien, près de la prison de l'évêché ; l'imposteur s'étant échappé la nuit suivante, se réfugia dans cette église où il s'endormit. L'évêque Grégoire, ne sachant rien de ce qui s'était passé, se rendit au même lieu, à minuit, pour l'office, selon sa coutume. Il fut bien surpris de trouver à sa place ordinaire un homme ivre et endormi, qui exhalait une odeur insupportable. Il fallut le porter dans un coin de l'église, où il resta jusqu'au jour sans se réveiller. Le saint prélat, touché de compassion, intercéda pour ce malheureux auprès de l'évêque de Paris. Cette aventure fut racontée le même jour au dîner des évêques venus à Paris pour le synode de Braine. On alla chercher l'imposteur pour le faire voir à l'assemblée. Amélius, évêque de Tarbes, ne l'eut pas plus tôt envisagé, qu'il reconnut que c'était un de ses serviteurs qui avait pris la fuite. Il lui fit grâce, et le ramena dans son pays.

Les premiers rois francs avaient trouvé les juifs établis dans la ville de Paris. Ils y occupaient une rue entière, qui porte encore le nom de la Juiverie, et qui va du Petit-Pont au pont Notre-Dame ; ils occupaient aussi deux autres rues voisines, qui aboutissent à celle-là du côté du Palais. La plus grande partie du commerce était entre leurs mains ; ils étaient riches et insolents ; pour insulter aux chrétiens, dont la plupart étaient leurs débiteurs, ils affectaient, disent les contemporains, de marquer de la joie les derniers jours de la semaine-sainte, et de se montrer alors vêtus magnifiquement ; au contraire, le temps de Pâques était pour eux un temps de deuil et de tristesse. Le roi

Childebert leur avait défendu, par un édit de 533, de paraître en public pendant le temps de la Passion et de Pâques. Suivant le même édit, ils ne pouvaient avoir aucun chrétien pour esclave ou domestique. Chilpéric voulut les obliger à embrasser la religion chrétienne; il en tint lui-même plusieurs sur les fonts de baptême. Quelques uns se convertirent de bonne foi, et d'autres seulement en apparence. Un juif, nommé Prisque, moins dissimulé que les autrres, se déclara ouvertement pour sa religion. Le roi irrité le fit mettre en prison pour l'obliger à se faire chrétien. A force de présents Prisque obtint du temps, comme pour y penser; mais il différait toujours sa conversion. Un autre juif appelé Phatir, sincèrement converti, mais animé d'un zèle outré, trouvant un jour Prisque dans l'observation judaïque du sabbat, le tua, lui et ceux qui l'accompagnaient, et se réfugia aussitôt avec ses domestiques dans l'église de Saint-Julien. Ils y apprirent bientôt que le roi avait donné ordre de les tirer par force du lieu de leur asile, et de les faire mourir. Alors l'un d'eux se jeta sur ses compagnons et les tua; après quoi, s'étant voulu sauver, il fut arrêté par le peuple qui le massacra. Phatir, qui s'était échappé le premier, obtint de se retirer sur les terres du royaume de Gontran, d'où il était venu à Paris. Mais il ne porta pas loin la peine de son crime; les parents de Prisque le tuèrent à son tour quelques jours après, comme ils en avaient le droit suivant les lois du temps (1).

Quoique Chilpéric ait exercé des actes d'autorité à Paris, cette ville, comme on l'a vu, ne lui appartenait pas exclusivement, et ce fut au mépris de la convention faite avec ses frères qu'il y fit de fréquents séjours. Grégoire de Tours le dit expressément (2).

L'an 583, Chilpéric habitait tranquillement Paris, où il donnait des spectacles au peuple dans le cirque romain qu'il avait fait réparer, lorsqu'un scrupule du serment violé lui survint tout-à-coup. Il sortit brusquement de la ville, et crut sanctifier son usurpation en y rentrant bientôt précédé d'une procession de reliques.

Une inondation de la Seine, arrivée la même année, causa de grands désastres entre la Cité et l'église de Saint-Laurent. Le passage où Grégoire de Tours parle de cet événement (3) a été l'objet de longues discussions entre les savants, à cause de la difficulté d'expliquer comment une inondation de la Seine pouvait s'étendre sur tout l'espace situé entre la rivière et l'emplacement actuel de Saint-Laurent. J'aurai occasion de revenir sur cette difficulté en traitant l'histoire particulière de cette église.

L'année 583 est encore d'une célébrité fâcheuse dans les annales de

(1) Voy. Félibien, *Hist. de Paris*, t. I.
(2) Greg. Turon., lib. VI, cap. 27, lib. VII, cap. 8.
(3) Greg. Turon., *ibid.* ch. 25.

Paris, à cause des dévastations commises dans la ville et aux environs (1) par les troupes que Chilpéric y fit séjourner avant de livrer bataille à son frère Gontran, qui le défit près de Melun, et l'obligea à demander la paix.

Au mois de septembre de l'année suivante (584), Chilpéric, qui avait promis sa fille Rigonthe à Récarède, fils de Léovigilde, roi des Visigoths, reçut de ce prince une ambassade chargée d'amener la jeune princesse à son époux. Usant d'un droit odieux en usage chez les anciens Germains et conservé par les rois francs, il voulut forcer des familles de son domaine à suivre sa fille en Espagne. « De retour à Paris, dit Grégoire de Tours, le roi ordonna qu'on prît un grand nombre de familles dans les maisons qui appartenaient au fisc, et qu'on les mît dans des chariots. Beaucoup pleuraient et ne voulaient point s'en aller; il les fit mettre en prison afin de les contraindre plus facilement à partir avec sa fille Rigonthe. On rapporte que dans l'amertume de cette douleur, et dans la crainte d'être arrachés à leurs parents, plusieurs de ces malheureux s'ôtèrent la vie au moyen d'un lacet. Le fils était séparé de son père, et la mère de sa fille; ils partaient en sanglotant et en prononçant de grandes malédictions. Tant de personnes étaient en larmes dans Paris, que cela pouvait se comparer à la désolation de l'Égypte. Beaucoup de gens des meilleures familles, contraints à partir, firent leur testament, donnèrent leurs biens aux églises, et demandèrent qu'au moment où la fiancée entrerait en Espagne, on ouvrît ces testaments, comme si déjà eux-mêmes eussent été mis en terre (2). »

Au milieu de toutes ces misères, et après les calamités que les guerres continuelles de ce règne avaient dû attirer sur Paris, on est surpris de trouver dans l'historien même qui nous en fait le tableau, le contraste vraiment singulier d'une prospérité commerciale d'autant moins douteuse, qu'elle nous est attestée par un contemporain témoin de la plupart des faits qu'il raconte.

Leudaste, comte de Tours, qui avait encouru la haine de l'implacable Frédégonde, était venu à Paris pour essayer de la fléchir. Un jour que le roi et la reine étaient allés entendre la messe dans la basilique, il vint se jeter à leurs pieds et demander pardon à la reine; mais elle le repoussa et le fit chasser de l'église. Grégoire de Tours nous montre alors Leudaste, qui veut peut-être tenter un dernier effort en offrant des présents à Frédégonde (3), parcourant la place du Commerce (4),

(1) *Magnum dispendium rerum incolis intulit.* Greg. Turon, lib. VI.

(2) Greg. Turon., lib. VI, cap. 45. Je me suis servi de la traduction que M. Thierry a donnée de ce passage, dans sa septième lettre sur l'Histoire de France.

(3) Félibien, *Hist. de Paris*, t. I, p. 40.

(4) Cette place du Commerce était dans la Cité, au lieu même où se trouve aujourd'hui le *Marché-Neuf*. Voy. la topographie de Paris sous la première race.

s'arrêtant devant les boutiques des joailliers et des orfèvres, et marchandant les objets précieux qu'il veut acheter. Comme il était ainsi occupé, il est tout-à-coup saisi par les satellites de Frédégonde, qui veulent l'arrêter. Il se met en défense et blesse l'un des assaillants. La fureur des autres redouble à la vue du sang de leur compagnon, et Leudaste reçoit un coup d'épée sur la tête. Il fuit cependant jusqu'au pont de la ville. Là son pied s'engage entre deux solives mal jointes; il se casse une jambe et tombe entre les mains de ceux qui le poursuivent. On le traîne en prison, où le roi lui envoie des médecins, moins pour le guérir que pour prolonger ses douleurs. Transféré ensuite dans une maison du fisc royal aux environs de Paris, il y périt bientôt dans les supplices que Frédégonde lui fait subir (1).

Thierry, l'unique enfant qui restât à Chilpéric, venait de mourir de la dysenterie. La reine se persuade que des sortiléges, des enchantements ont seuls causé cette mort soudaine. Dans sa fureur elle fait arrêter plusieurs femmes de Paris qu'elle soupçonnait d'être sorcières, et les fait appliquer à la plus dure question. La douleur arrache à ces malheureuses, en présence de la reine, l'aveu qu'elles ont fait périr le jeune Thierry pour prolonger la vie du préfet Mummole. Cet aveu redouble la rage de Frédégonde; elle fait souffrir à ces femmes les plus affreux tourments; les unes sont brûlées vives, les autres expirent sur la roue. Mummole, mis à son tour à la question, n'avoua rien. On lui fit grâce de la vie, mais on le dépouilla de ses biens, et il mourut bientôt après des suites de ses tortures.

La qualité de préfet donnée à Mummole par Grégoire de Tours, a fait supposer qu'il était gouverneur de la ville de Paris; c'est l'opinion du président Fauchet (2); mais il est plus probable, comme le pensent Valois (3) et Montesquieu (4), qu'il était chef des domestiques ou maire du palais de Chilpéric, charge qui était loin d'avoir alors l'importance qu'elle a acquise depuis.

J'ai parlé des violences exercées par Chilpéric sur les Parisiens à l'occasion du mariage de sa fille Rigonthe. Childebert II, roi d'Austrasie, envoya des ambassadeurs à Paris pour lui représenter qu'il n'avait pas le droit de tirer des villages et des maisons qui appartenaient à Childebert, ni argent, ni esclaves, ni chevaux, ni bœufs pour le service de Rigonthe. On ne sait si Chilpéric eut égard à ces représentations, mais il est certain que Rigonthe emporta de France des richesses qui donnent une haute idée de la prospérité du fisc royal, prospérité que des confiscations et des exactions continuelles expliquent d'ailleurs facile-

---

(1) Greg. Turon., lib. VI, cap. 32.
(2) Fauchet, *Antiq. franc.*, liv. IV, chap. 4.
(3) Hadr. Valesii, *Rerum francicar.*, lib. II.
(4) *Esprit des Lois*, liv. XXXI, chap. 3.

ment. Cinquante chariots suffirent à peine pour transporter l'or, l'argent, les joyaux, les bagages de la fille de Chilpéric, et son cortége se composait de plus de quatre mille hommes armés. Comme elle sortait de Paris par la porte méridionale, une des roues de son char se brisa, et elle tomba sur la route. Le peuple vit dans cet accident un présage défavorable. En effet, la princesse n'alla pas plus loin que Toulouse, et Récarède prit une autre femme dès qu'il reçut la nouvelle de la mort de Chilpéric.

Le récit de cette mort appartient encore à notre sujet. « Ce fut sur ces entrefaites, dit Grégoire de Tours, que mourut Chilpéric, *le Néron et l'Hérode de son temps*. Il habitait, depuis l'automne, Chelles, maison royale à quatre lieues de Paris. Un soir qu'il revenait de la chasse et descendait de cheval en s'appuyant sur l'épaule d'un de ses domestiques, un assassin le frappa mortellement de deux coups de poignard, et se sauva à la faveur des ténèbres. Le sang s'échappa à flots par ses blessures, et Chilpéric rendit aussitôt sa méchante âme, *iniquum fudit spiritum*. » Tel est le récit de l'historien contemporain ; voici maintenant celui de l'auteur des *Gestes des rois francs*, qui vivait un siècle et demi après l'événement (sous Thierry IV), et qui a été copié par Aimoin, compilateur du xe siècle. La curieuse traduction qu'en donnent les chroniques de Saint-Denis nous a paru mériter d'être citée textuellement : « Moult estoit belle femme la royne Frédégonde, en conseil sage et cavilleuse (subtile) ; en tricherie ni en malice n'avoit son pareil, fors Brunehaut tant seulement. Elle avait si déceu et si aveuglé le roy Chilpéric... que lui-même la servoit ainsi comme feroit un garson (valet). Un jour, il se prépara pour aller chacier au bois, et commanda que les selles fussent mises. Du palais descendit dans la cour. La royne, qui cuida (crut) qu'il dust partir sans plus remonter, entra en sa garde-robe pour son chef (sa tête) laver. Le roy retourna en la salle ; il entra là où estoit la royne si doucement qu'elle ne s'en aperçut mie, et comme elle estoit penchée en avant, il la férit (frappa), en riant, au-dessous des reins d'un bastoncel que il tenoit. Elle ne se retourna pas pour lui regarder, car elle cuida certainement que ce fust un autre. Lors dist : « Landri ! Landri ! tu fais mal ; comment oses-tu ce faire ? » Ce Landri estoit cuens (comte) du palais, et le premier de la maison du roy ; il le honnissoit de sa femme et la maintenoit en adultère. Quand le roy ouït ceste parole, il tomba en un soupçon de jalousie, et devint ainsi comme tout forcené. Il sortit de la salle, et de çà et de là alloit, angoisseux et destrois de son cueur, comme celui qui ne savoit que il peust faire ni dire ; toutesfois alla au bois pour oublier ou pour soulager la tristesse de son cueur. Frédégonde aperçut bien que ce avoit esté le roy, et qu'il n'avoit point porté de bon cueur la parole qu'elle avoit dite. Lors pensa bien que elle estoit en péril si elle attendoit sa revenue ; pour ce rejeta toute

paour et prit toute hardiesse de femme. Landri manda que il venist à elle parler. Lors lui dit : « Landri, il s'agit de ta teste maintenant ; pense plus à ta sépulture qu'à ton lit, si tu ne t'avises comment tu pourras te sauver. » Lors lui conta comment la parole avoit esté dite. Moult fut Landri esbahi ; il commença à recorder et à réciter ses meffais à lui-mesme en grant douleur de cueur. L'aiguillon de conscience le poignoit aigrement ; il ne voyoit lieu où il pust fuir, ni comment il pust échapper ; il lui sembloit qu'il fust pris et retenu ainsi comme le poisson aux rets. Fortement se mit à gémir et à soupirer... Lors lui dit Frédégonde : « Escoute, Landri....., quand il viendra de chacier tout
» tard, si comme il a coustume de venir par nuit aucune fois, garde
» que tu aies disposé des homicides, et que tu fasses tant vers eux
» par dons que ils veuillent mettre leur vie en péril..... si que il soit
» occis de coutiaux. Quand ce sera fait, nous serons assurés contre
» la mort, et règnerons entre nous et *notre fils* Clotaire. » Landri loua (approuva) moult ce conseil. Il se pourvut de son affaire. Tout tard vint le roy du bois. Ceux qui avec lui estoient allés ne l'attendirent pas, mais allèrent les uns çà et les autres là, comme coutume est de chasseurs. Les meurtriers qui entour lui furent tout prests, le férirent de coutiaux parmi le corps et l'occirent en telle manière. Lors commencèrent ceux-mêmes qui occis l'avoient, à crier : « Hai ! hai ! mort est le roy Chilpé-
» ric. Son neveu Childebert l'a fait occire par ses espions, qui main-
» tenant tournent en fuite. » Tous retournèrent à la place où le roy gisoit mort..... Aucuns montèrent sur leurs chevaux et commencèrent à chacier ceux qu'ils ne véoient (voyaient) pas ; quant ils eurent une grant pièce chacié ceux que pas ne trouvassent légièrement, ils retournèrent arrière. »

Chilpéric ne fut pas plus tôt mort, que tout le monde s'éloigna de Chelles ; son corps était abandonné sans que personne songeât à l'ensevelir. Malulfe, évêque de Senlis, qui était arrivé depuis trois jours et demandait à lui parler, ayant appris sa mort, lui rendit les derniers devoirs, et fit transporter son corps dans un bateau jusqu'à Paris, où il fut enterré dans l'église de Saint-Vincent.

§ V. CLOTAIRE II.

584-628.

Malgré la haine universelle qu'avait encourue Chilpéric, sa mort excita l'indignation des rois de Bourgogne et d'Austrasie, qui résolurent de la venger.

Childebert II, roi d'Austrasie, qui accusait avec raison Frédégonde de la mort de son père Sigebert, fut le premier sous les armes, et marcha sur Paris.

Frédégonde, effrayée, se réfugia avec une partie de ses trésors dans l'église cathédrale de Paris, auprès de l'évêque Ragnemode. Cependant, craignant d'être bientôt abandonnée de tout le monde, si elle demeurait plus long-temps sans une plus puissante protection, elle eut recours au roi Gontran, qu'elle invita à venir à Paris, en lui offrant de se remettre, elle et son fils unique, entre ses mains. Gontran fut touché de sa soumission. Après avoir pleuré la mort du roi Chilpéric, son frère, il se présenta devant Paris à la tête d'une armée puissante. Les habitants sortirent au-devant de lui, et le reçurent avec joie. Ils n'en usèrent pas de même à l'égard du roi Childebert, à qui ils refusèrent peu après d'ouvrir leurs portes. Childebert s'en plaignit à Gontran, qui, pour toute réponse, allégua le traité juré sur les reliques des saints par Sigebert, Chilpéric et lui; traité suivant lequel chacun d'eux s'était soumis à perdre sa part de Paris, s'il y entrait sans le consentement des deux autres. Chilpéric et Sigebert étant entrés dans cette ville sans que Gontran y eût consenti, il disait que ses neveux n'avaient en conséquence plus rien à prétendre sur cette ville. Frédégonde, qui avait besoin de Gontran, parut tout approuver. Ce roi demeura ainsi maître de Paris, mais dans la suite il sembla l'abandonner au roi Clotaire II, avec le reste du royaume de Chilpéric son père.

Pendant le séjour de Gontran à Paris, ce prince répara plusieurs injustices commises sous le règne précédent. Il se montra fort affable, fit de grandes largesses aux églises et aux pauvres, et se concilia l'affection des Parisiens; cependant, se regardant toujours comme au milieu d'un royaume étranger, il ne sortait jamais sans bonne escorte; il ne put même s'empêcher de témoigner un jour ses craintes d'une manière naïve devant tout le peuple assemblé à l'église. « Après que le diacre eut imposé silence au peuple pour écouter la messe, le roi se tournant du côté de l'assemblée, s'écria: Je vous conjure tous de me conserver votre foi. Ne me tuez pas, comme vous avez fait dernièrement de mes frères. Qu'il me soit permis d'élever, au moins pendant trois ans, mes neveux, qui sont devenus mes fils adoptifs... de peur qu'il n'existe bientôt plus un seul homme fort pour vous défendre (1). »

Gontran tint à Paris une assemblée où se rendirent les ambassadeurs de Childebert; ils ne purent obtenir ni la cession d'une portion de cette ville, ni l'abandon de Frédégonde que leur maître demandait, Gontran l'ayant prise sous sa protection comme mère d'un roi dont il avait la tutelle. Tout se passa en inutiles reproches. Gontran traita si mal les ambassadeurs de Childebert, et surtout Gilles, évêque de Reims, chef de l'ambassade, qu'après les avoir chargés d'injures il leur fit jeter du fumier et de la boue à leur départ.

(1) Greg. Turon., lib. VII, cap. 8.

Frédégonde se tenait toujours dans l'église de Paris, comme dans un asile assuré contre ses ennemis; on ne sait par quelle raison Gontran l'obligea d'en sortir, et de se retirer à Roteuil près de Rouen; lui-même, ayant eu avis qu'on voulait l'assassiner lorsqu'il irait à matines, prit le parti de quitter Paris et de retourner à Châlons-sur-Saône. Il revint encore à Paris l'année suivante pour tenir sur les fonts de baptême son neveu Clotaire; mais ne l'y ayant pas trouvé, il déclara que c'était la troisième fois qu'on lui manquait de parole, que l'enfant devait être baptisé d'abord à Noël, puis à Pâques, ensuite à la Saint-Jean; que tous ces retards lui donnaient à penser qu'il n'y avait point d'enfant, ou que c'était le fils de quelque vassal, et qu'il ne se laisserait pas tromper. Frédégonde, avertie de ce qui se passait, se hâta de venir trouver Gontran à Paris, accompagnée de trois évêques et de trois cents laïques tous gens d'honneur et de probité, qui jurèrent que Clotaire était fils de Chilpéric, ce qui fit évanouir à l'instant tous les soupçons de Gontran.

Un vaste incendie éclata peu de temps après dans Paris. Voici comment Grégoire de Tours raconte cet événement; son récit est vivement empreint des idées et des mœurs du temps; il mérite d'ailleurs d'être recueilli comme renseignement sur la topographie de Paris à cette époque. « Il y eut alors à Paris une femme qui cria tout d'un coup aux Parisiens : « Sauvez-vous! la ville est sur le point d'être consumée par le feu. » Mais au lieu de profiter de son avis, on ne faisait que se moquer de ses paroles, parce qu'on les regardait comme le résultat de sortiléges ou de vains rêves; elle ajouta qu'elle avait vu en songe un homme tout éclatant de lumière sortir de la basilique de Saint-Vincent, un flambeau à la main, et brûler les maisons des marchands l'une après l'autre. Mais les visions de cette femme ne firent pas plus d'impression que ses discours; il arriva cependant, trois jours après, qu'un marchand étant entré le soir dans son magasin, laissa la lumière qu'il y avait apportée auprès d'un vase rempli d'huile; cette huile s'enflamma bientôt, et mit le feu à cette maison, qui était la plus proche de la porte méridionale de la ville. La flamme se communiqua bientôt aux autres maisons voisines jusqu'à la prison; comme elle menaçait les prisonniers, saint Germain leur apparut, brisa leurs fers, et leur ouvrit les portes. Ils coururent aussitôt se réfugier à l'église Saint-Vincent, auprès du tombeau de leur saint libérateur. Comme les flammes étaient poussées par le vent, le feu gagnait toujours, et consuma enfin les maisons jusqu'à l'autre porte de la ville, du côté du nord. Là se voyait une chapelle de Saint-Martin, élevée depuis peu en mémoire du miracle que le saint avait fait autrefois en guérissant un lépreux dans le même endroit. Celui qui l'avait bâtie avec des branches entrelacées, s'y réfugia avec sa famille et son mobilier; et quoiqu'on leur criât plusieurs fois de sortir promptement, pour n'être pas dévorés par les flammes qui les menaçaient, ils voulurent demeurer dans cette chapelle sous la protection de Dieu et de saint Martin. Leur foi fut récompensée ; l'incendie s'apaisa, et non seulement la chapelle, mais encore les maisons qui l'environnaient, ne reçurent aucun dommage. Tout le reste de la ville fut brûlé ; il n'y eut que les églises préservées avec un petit nombre de maisons qui en dépendaient. » Grégoire de Tours rapporte ailleurs une circonstance qui fait juger qu'à Paris on ajoutait encore beaucoup de foi à la vertu des talismans : « On disait qu'anciennement la ville avait été consacrée, de sorte qu'elle avait été préservée d'incendies, de serpents et de loirs ; mais dernièrement, en curant l'égout d'un pont, on trouva dans la vase un serpent et un loir d'airain ; on les enleva ; depuis ce temps des serpents et des loirs se montrèrent en grande quantité, et la ville fut exposée aux incendies. »

Le roi Childebert prétendait toujours avoir des droits sur Paris. Après bien des demandes et des refus réciproques, il fut arrêté entre lui et Gontran, dans l'assemblée d'Andelot, sur les confins du royaume de Bourgogne, près de Langres, que la troisième partie de la ville et du territoire de Paris, qui avait appartenu à Sigebert, resterait au roi Gontran avec Châteaudun, Vendôme, le pays d'Étampes et celui de Chartres.

Ragnemode, successeur de saint Germain, venait de mourir. Il paraît que celui qui avait pris sa place n'était pas agréable à Gontran. C'était un marchand Syrien, nommé Eusèbe, qui à force de présents gagna les suffrages, et fut préféré au prêtre Faramode, frère de Ragnemode, proposé en même temps pour occuper le siége épiscopal de Paris. Le nouvel évêque n'eut pas plus tôt pris possession de sa dignité, qu'il chassa toute l'école de son prédécesseur, c'est-à-dire les maîtres de grammaire, d'écriture sainte et de morale, avec les chantres, les lecteurs et les autres officiers de l'évêché, pour mettre en leur place des clercs de sa nation, et remplir d'étrangers comme lui l'église de la capitale du royaume. L'épiscopat d'Eusèbe ne dura pas long-temps. Faramode, qui avait été rejeté pour lui, devint son successeur. C'est tout ce qu'on sait de l'un et de l'autre. Simplice fut évêque de Paris après Faramode. On ne connaît de lui que son nom.

L'unique historien de ces temps obscurs nous manque à partir de l'année 591. C'est à cette date que finit l'histoire des Francs de Grégoire de Tours (1). Nous n'avons plus ensuite, jusqu'au règne de Char-

(1) Grégoire, évêque de Tours, né en Auvergne en 559, mourut en 593. L'Église le révère parmi les saints, les lettres le comptent parmi nos historiens les plus considérables. On l'a justement nommé le père de notre histoire. Le principal de ses ouvrages, son *Histoire des Francs*, divisée en 16 livres, comprend un intervalle de 174 ans, depuis l'époque de l'établissement des Francs dans les Gaules. « C'est, dit M. de Barante,

lemagne, que de sèches annales, ou des chroniques sans autorité. Je vais me hâter d'extraire des monuments très rares de cette époque tout ce qu'ils peuvent offrir d'intéressant pour l'histoire de Paris.

Frédégonde, délivrée des craintes que lui causait la puissance de Childebert, se saisit de Paris sans déclaration de guerre, à la manière des Barbares (1), et en saccageant tout ce qui s'opposait à son entrée dans le pays et dans la ville. Pour mieux assurer sa conquête, elle fit marcher son armée contre Théodebert et Thierry ; après un combat sanglant donné en présence des trois jeunes rois, Clotaire demeura victorieux, et se vit par là affermi dans la possession du royaume de Paris. On a de lui une ordonnance de l'an 595, par laquelle il veut que les gens établis à Paris pour le guet de nuit répondent en leur propre nom des vols qui auraient été faits, s'ils n'arrêtent le voleur. Les gardes des autres quartiers où les voleurs pourraient s'enfuir sont également responsables.

La reine Frédégonde n'eut pas le temps de jouir des fruits de sa victoire. Elle mourut à Paris, l'an 597, à l'âge de cinquante ans, et fut inhumée dans l'église de Saint-Vincent, à côté de Chilpéric son mari. On a conservé l'ancienne tombe qui était autrefois sur le lieu de la sépulture de cette reine. Ce monument est l'une des plus rares antiquités de Paris, et l'unique reste bien authentique que nous possédions des sépultures des rois de la première race (2).

Cette princesse, dont le nom restera à jamais le plus odieux de notre histoire, avait cherché pendant les dernières années de sa vie à faire pardonner ses crimes par une conduite modérée. L'impartiale histoire doit lui tenir compte du courage, de l'activité et de la prudence dont elle fit preuve pendant les quatre années qu'elle gouverna la Neustrie au nom de son fils Clotaire.

Après la mort de Frédégonde, les affaires de Clotaire changèrent de face. Les deux jeunes rois Théodebert et Thierry le défirent près d'un village nommé Dormeille en Gâtinais. Clotaire, mis en fuite, se retira dans Paris ; mais il en fut bientôt chassé par les deux rois vainqueurs, qui le poursuivirent si vivement qu'il se vit contraint de faire la paix, en perdant une grande partie de ses États. Paris demeura ainsi au pouvoir des rois Théodebert et Thierry. Quelques années après,

---

un vrai phénomène que de trouver, à la naissance d'une nation, un historien véridique, impartial et beaucoup plus éclairé qu'on ne l'est communément à de telles époques. Grégoire de Tours est un guide sûr dans la connaissance de l'état des peuples et de l'Église de France jusqu'au temps où il vivait ; mais si l'on veut le considérer comme écrivain, on trouvera dans son langage un triste témoignage du point où les lettres étaient alors déchues. »

(1) *Ritu barbaro*, dit Frédégaire.
(2) Voy. *Abbaye de Saint-Germain-des-Prés*.

les Neustriens vaincus dans la personne de Clotaire, voulurent réparer leurs pertes. Landri, maire du palais de Neustrie, s'avança avec une armée contre Thierry ; mais l'ayant joint près d'Étampes, il fut mis en déroute; Thierry, vainqueur, rentra à son retour dans Paris. A cette nouvelle, Clotaire, qui voulait s'opposer à Théodebert avec un autre corps d'armée, fut obligé de demander la paix pour la seconde fois.

La division et la guerre allumée par Brunehaut entre les deux frères Théodebert et Thierry, vinrent, en causant la ruine de l'un et de l'autre, relever les affaires de Clotaire ; Théodebert périt le premier avec ses deux fils, et Thierry mourut la même année 613. Sigebert, son fils aîné, qui lui succéda, fut pris dans un combat l'année suivante, et mis à mort par Clotaire. Le reste de sa famille fut tué ou mis en fuite. Brunehaut, livrée au vainqueur, subit un traitement encore plus atroce. Alors la Neustrie, l'Austrasie et la Bourgogne furent réunies sous le même roi; Clotaire II se trouva seul maître de la monarchie des Francs, comme l'avait été Clotaire I, son aïeul, et Paris acquit toute l'importance politique d'une capitale.

Cette réunion de deux États, depuis plus de cinquante ans rivaux et ennemis, et le calme qu'elle amena dans la France, permirent aux évêques de se rassembler à Paris pour remédier aux abus que les guerres civiles avaient laissé introduire dans la discipline ecclésiastique. En 615, soixante-dix-neuf évêques de toutes les provinces de la Gaule nouvellement réunies sous la domination de Clotaire tinrent concile dans l'église de Saint-Pierre et Saint-Paul, autrement appelée Sainte-Geneviève. Ce sixième concile de Paris est le plus nombreux que l'on eût encore vu en France. Les évêques y firent quinze canons, dont les principaux ont pour objet de modérer l'autorité que les rois s'attribuaient dans l'élection des évêques; de maintenir la subordination des clercs ; de conserver le temporel de l'église; de fixer les limites de la juridiction civile et de la juridiction ecclésiastique, et d'empêcher les juifs d'exercer des charges qui leur donneraient quelque autorité sur les chrétiens. Clotaire fit publier un édit pour expliquer quelques uns de ces canons, et pour les modifier en ce qui paraissait intéresser ses droits. Outre les règlements ecclésiastiques, on fit aussi dans ce concile des règlements purement civils, qui furent appelés capitulaires, c'est-à-dire statuts faits par chapitres (1).

La plus importante des assemblées tenues par Clotaire, fut celle qu'il convoqua à Bonneuil-sur-Marne, en 615 ou 616. C'est là qu'il dut payer le prix de leur assistance aux grands du royaume qui lui avait donné

---

(1) On sait que cette dénomination de capitulaires fut, à la fin de la première race et au commencement de la seconde, commune aux règlements arrêtés soit dans les conciles, soit dans les assemblées des leudes et des grands convoqués par les rois. Des laïques assistaient aux conciles, et les évêques faisaient aussi partie des assemblées civiles.

la victoire. La *constitution* ou ordonnance émanée de l'assemblée de Bonneuil renferme le détail des concessions que, sous le nom de sages réformes, la royauté fut contrainte de faire à l'aristocratie.

Saint Céran ou saint Céraune gouvernait alors l'église de Paris. Il avait succédé à l'évêque Simplice qui avait occupé ce siége après Faramode. L'église de Paris honore saint Céraune d'un culte public, comme l'un de ses plus saints évêques. Son tombeau se voyait dans l'ancienne église de Sainte-Geneviève.

Clotaire, dans la trente-sixième année de son règne, perdit la reine Bérétrude, qui fut enterrée dans l'église de Saint-Vincent de Paris, aujourd'hui Saint-Germain-des-Prés, où l'on retrouva son tombeau dans le siècle dernier. Après la mort de Bérétrude, Clotaire épousa Sichilde. Il avait alors deux fils, Dagobert et Charibert. Il donna l'Austrasie à l'aîné, et réserva sans doute la Neustrie pour le second. Depuis ce temps, Clotaire résida ordinairement à Paris ou aux environs. Il célébra avec une grande magnificence les noces de Dagobert, son fils, avec Gomatrude, sœur de Sichilde.

Ce fut dans le palais de Clichy qu'il convoqua aussi les évêques et les leudes de Bourgogne et de Neustrie pour régler les affaires des deux royaumes. Cette assemblée fut troublée par le meurtre d'Erménarius, maire du palais, et gouverneur de Charibert. Les uns voulaient venger la mort du gouverneur, les autres prenaient parti pour Égina, seigneur saxon, soupçonné d'être l'auteur de ce crime. Clotaire arrêta tout en donnant l'ordre à Égina et à sa suite de se retirer sur la montagne de Mercure ou Montmartre. Clotaire II mourut l'an 628, dans une maison royale voisine de Paris, probablement à Clichy. Son règne avait été de quarante-cinq ans. Il fut inhumé près de Bérétrude son épouse.

§ VI. DAGOBERT I.

628-638.

La réunion de toute la monarchie des Francs sous son autorité, la révision des anciennes lois, le luxe et la richesse de sa cour, ses fondations pieuses, enfin le mérite de plusieurs hommes dont il s'entoura, ont donné une grande renommée au nom de Dagobert.

Après quelques débats avec son frère Charibert, Dagobert lui abandonna les provinces du midi de la France. Ce prince fit de Toulouse sa capitale ; mais il mourut quelque temps après, ne laissant qu'un fils au berceau qui vécut peu. Selon la coutume trop ordinaire de vouloir chercher une cause extraordinaire à la mort des personnages importants, ou qui peuvent le devenir, on soupçonna Dagobert d'avoir fait empoisonner cet enfant.

Dagobert reprit le royaume donné à son frère, et se trouva, comme l'avait été Clotaire II, seul roi des Francs. Pourtant, quelques années après, il érigea l'Aquitaine en titre de duché héréditaire, sous la condition de foi et hommage, en faveur de ses neveux Boggis et Bertrand, autres fils de son frère Charibert.

L'Austrasie demandait toujours un gouvernement distinct et séparé de celui de la Neustrie. Comme Clotaire son père, qui avait été forcé de le donner pour roi aux Austrasiens, Dagobert, à son tour, fut obligé de leur accorder son fils Sigebert II, à peine sorti de l'enfance. Dagobert montra la même habileté que son père en retenant auprès de lui quelques uns des principaux seigneurs austrasiens, comme pour lui servir de conseillers, mais en réalité comme otages. De ce nombre était Pépin de Landen, quoiqu'il fût maire du palais d'Austrasie.

Vers le même temps Dagobert fonda plusieurs églises et monastères, dont le plus célèbre est, comme on le sait, le fameux monastère de Saint-Denis (1). Il est à remarquer que Dagobert établit à Saint-Denis une foire franche en l'honneur des saints martyrs. Cette foire devint si célèbre, qu'elle attira à Saint-Denis les marchands étrangers de toutes les parties de l'Europe; ce qui facilita et accrut beaucoup le commerce de la capitale du royaume.

Il y avait alors à la cour de Dagobert deux personnages renommés pour leur sainteté. Audoenus, connu sous le nom de saint Ouen, et saint Éloi, tous deux laïques, furent élevés depuis à la dignité épiscopale; l'un eut le siège de Rouen, l'autre celui de Noyon. Saint Ouen gardait le sceau du prince, en qualité de *grand-référendaire* ou chancelier (2). On conservait encore à Saint-Denis, avant la révolution, d'après Félibien, des actes originaux souscrits de sa main en cette qualité.

Saint Éloi, devenu évêque après avoir été orfèvre, continua de s'appliquer à divers ouvrages pour le roi et pour les églises. Il fit, dit-on, un trône d'or massif et des fauteuils également remarquables par la matière et par le travail. Il orna d'or et de pierreries les châsses de saint Germain de Paris, de saint Séverin, de sainte Geneviève, de sainte Colombe et de plusieurs autres saints. Dagobert lui recommanda particulièrement le tombeau de saint Denis, et saint Éloi fit de ce mo-

(1) Voy. *Abbaye de Saint-Denis.*

(2) Tout référendaire ou chancelier n'était point garde du sceau du roi. On sait que le magistrat qui, sous la première race, remplissait les fonctions de grand-chancelier, était le grand-référendaire, *summus referendarius*, qui avait sous lui plusieurs référendaires inférieurs. Il est quelquefois difficile de distinguer le chef de ces référendaires, le grand-référendaire étant appelé souvent comme les autres *referendarius*. Mais en remarquant que le grand-référendaire avait seul le droit de garder le sceau du roi, on sera assuré qu'un référendaire avait la première place dans la chancellerie d'un roi quand on verra que cette attribution lui est donnée. Saint Ouen est souvent qualifié par les historiens de *bajulus* ou *custos annuli regis*.

nument un chef-d'œuvre admiré de tout le monde, au rapport de saint Ouen qui nous en a laissé la description. Saint Éloi fut aussi monétaire; son nom se voit encore sur quelques monnaies d'or frappées à Paris sous Dagobert I et Clovis II.

Saint Ouen rapporte que saint Éloi construisit, ou plutôt répara, dans la Cité l'église de Saint-Martial, et qu'il fit venir de Limoges les reliques du même saint, pour les placer dans cette église, où il rassembla trois cents religieuses; le circuit de cet ancien monastère qui ne subsiste plus, s'appela pendant plus de douze siècles *la ceinture de saint Éloi*.

La translation des reliques de saint Martial dans ce nouveau monastère fut faite avec une grande pompe, et l'on délivra pendant la cérémonie plusieurs prisonniers de la ville. A quelque temps de là, un grand incendie consuma la plupart des maisons de Paris; les flammes menaçaient l'abbaye et l'église de Saint-Martial : mais saint Éloi, dit son biographe, par ses prières ferventes apaisa l'incendie. On fit dans la suite de cette basilique de Saint-Martial, qui était fort spacieuse, deux petites églises, l'une qui retint son nom primitif, l'autre à qui l'on donna celui de Saint-Éloi. Saint Ouen a fait mention d'une autre église de Paris, maintenant inconnue, où des voleurs avaient dérobé des ornements.

Peu de temps après la fondation du monastère de Saint-Martial, saint Éloi bâtit hors de la ville une chapelle, sous le titre de Saint-Paul, dans un cimetière destiné aux religieuses, l'usage n'étant pas encore d'enterrer dans les villes. Cette chapelle se nommait autrefois *Saint-Paul-des-Champs*, avant qu'elle fût enfermée dans la ville, dont elle devint une des principales paroisses (2).

Dagobert étant tombé malade en 638, se fit porter d'Épinay-sur-Seine à Saint-Denis pour implorer la protection du saint martyr auquel il eut toute sa vie une dévotion particulière. Il mourut peu de jours après, et fut enterré dans cette abbaye, que la plupart des rois ses successeurs choisirent pour leur sépulture. On célèbre encore tous les ans à Saint-Denis l'anniversaire du roi Dagobert avec beaucoup de solennité le 19 janvier, jour de sa mort. Dagobert laissa deux fils, Sigebert III et Clovis II, entre lesquels il partagea ses États. Il avait déjà fait reconnaître l'aîné roi d'Austrasie, et réservé au plus jeune, qui n'avait que quatre ans, la Neustrie et la Bourgogne; mais après la mort de Sigebert, arrivée en 674, toute la France fut de nouveau réunie sous l'obéissance du seul Clovis II, au préjudice de Dagobert II, fils de Sigebert, relégué en Irlande.

Le commerce de la France avec l'Orient, qui se faisait alors par la

(1) Voy. *Saint-Paul*.

Méditerranée ou par terre en traversant l'Allemagne et l'Esclavonie, répandait dans le royaume une grande quantité de pierreries de métaux précieux et d'étoffes de soie. On voit que l'or et l'argent étaient en effet très communs, surtout à Paris, sous le règne de Dagobert; mais cette richesse ne fut que passagère. On a cherché à en expliquer la disparition, en remarquant que l'importance des soieries et des autres objets de luxe étant devenue très considérable, épuisa peu à peu le numéraire.

§ VII. CLOVIS II.

638-656.

Pendant la partie de la période mérovingienne qui a fini à Dagobert, il y avait, au milieu même du plus grand désordre, des traces de gouvernement, de police, et comme un dernier reflet de la civilisation romaine; mais sous les rois qui suivirent et qu'on a nommés *fainéants*, il n'y eut qu'anarchie, licence, ignorance profonde, jusqu'à l'extinction de la race de Clovis. L'histoire civile manque pour cette période de plus d'un siècle, et ce qu'on en sait est fourni presque entièrement par l'histoire ecclésiastique et les hagiographes.

Aucun fait important ne se rattache au règne de Clovis II. A la mort de son père Dagobert, Pepin de Landen, délivré de l'espèce de captivité où il était retenu, avait été reprendre les fonctions de maire du palais d'Austrasie; Éga, et après lui Erchinoald, furent maîtres en Neustrie. La reine Nanthilde, dont on loue la sagesse et la fermeté, maintint la bonne harmonie entre les maires de ses deux enfants; mais, à sa mort, la rivalité des deux pays excita de nouvelles guerres entre les rois, ou plutôt entre leurs maires du palais.

Clovis II choisit la ville de Paris, ou ses environs, pour sa demeure ordinaire, à l'exemple de ses deux prédécesseurs.

Grimoald, maire du palais d'Austrasie, successeur de Pepin, avait, à la mort de Sigebert II, placé son propre fils Childebert sur le trône, et fait transporter le jeune Dagobert II dans un monastère d'Irlande. Les leudes austrasiens le supportèrent quelque temps; mais, révoltés de la tyrannie que Grimoald voulait exercer sur eux, ils se saisirent de sa personne, et l'envoyèrent, avec son fils, à Clovis II, qui fit mettre Grimoald à mort, et sans doute fit renfermer le fils dans un monastère. On ne sait ce qu'il devint.

Clovis II se trouva ainsi seul roi des Francs, et Erchinoald, maire des trois royaumes de Neustrie, d'Austrasie et de Bourgogne.

L'église de Paris fut administrée sous Clovis II par Audebert et saint Landri.

Audebert était Anglais de nation, et avait été évêque en Angleterre avant de passer en France. Sous son épiscopat, Blidegisilde, archidiacre de Paris, ayant obtenu de la reine Nanthilde le vieux château *des Fossés*, y fonda sous l'invocation de la sainte Vierge et des apôtres saint Pierre et saint Paul, un monastère qui prit plus tard le nom de *Saint-Maur*, du nom de l'abbé de Glanfeuil en Anjou dont on y porta les reliques.

On rapporte encore au pontificat d'Audebert l'origine de l'abbaye de Saint-Pierre de Lagny, fondée par Erchinoald en faveur de saint Fursy, qui était passé d'Irlande en France où sa sainteté avait paru avec éclat.

Après Audebert, saint Landri tint le siége de Paris. Cet évêque a laissé une renommée de popularité et de bienfaisance qui s'est perpétuée jusqu'à nous, et le conseil municipal de Paris a fait un acte de justice en plaçant sa statue à l'Hôtel-de-Ville parmi celles des hommes qui ont bien mérité de la grande cité.

On ignore l'époque et le lieu de la naissance de saint Landri ; on ne sait rien non plus de sa famille.

Quant aux premières années de sa vie, un ancien bréviaire de Paris raconte que Landri s'était, dès son enfance, voué au service de Dieu dans l'église de Paris. Sa science et ses vertus le firent remarquer au-dessus de tous les autres membres du clergé de la ville, et quand Dieu rappela à lui son ministre Audebert, Landri fut unanimement élevé, pour le remplacer, à une dignité que sa modestie lui faisait redouter, mais où l'appelaient les vœux de tous ses frères : *Ejus in locum tantum renitens, quantum omnium votis desideratus, suffectus est.*

« Aimant Dieu et les hommes, dit l'hagiographe, saint Landri se sacrifia au gouvernement de son église et au bonheur du peuple dont la conduite lui était confiée, ne cherchant jamais sa satisfaction, et ne s'occupant que de glorifier Dieu et de soulager le peuple : *Deo servire et prodesse populo.* »

Une grande disette se fit ressentir sous son épiscopat ; la famine qu'elle occasionna fut si grande, que le roi fut obligé de dépouiller le tombeau de Saint-Denis de l'argent dont son père Dagobert l'avait fait couvrir, pour le distribuer en aumônes. Tout le blé, toutes les provisions que saint Landri tenait en réserve dans sa maison, il les fit donner aux pauvres ; il vendit ensuite sa vaisselle et ses meubles pour acheter encore des provisions de blé. Ces premiers moyens épuisés n'ayant point été suffisants, il vendit les ornements et les vases sacrés dont il s'était plu à enrichir son église.

Paris, avant saint Landri, ne possédait encore que les *matriculæ*, c'est-à-dire les asiles soutenus par les aumônes viagères des riches. Ce fut saint Landri qui le premier fit pour Paris ce que les constitutions des empereurs avaient fait pour l'empire. Il fonda un établissement auquel il affecta un revenu fixé et assuré. Cet établissement fut long-temps appelé l'hôpital de Saint-Christophe ; dans la suite le moyen âge lui donna le beau nom d'*Hôtel-Dieu*.

Malgré ce qu'en ont dit quelques savants, et Valois lui-même, il paraît certain, telle est l'opinion de l'illustre Bignon et des auteurs du *Gallia christiana*, que c'est bien à notre Landri que le moine Marculfe dédia son célèbre Recueil des formules, actes et contrats civils usités de son temps à l'usage des clercs chanceliers ; l'un des monuments les plus curieux et les plus importants de la première race ; véritable répertoire de la jurisprudence du VIIe siècle, où Montesquieu, Moreau, Dubos, MM. Guizot, Pardessus, de Pastoret et les autres auteurs qui se sont occupés des races franques, ont trouvé des matériaux abondants pour leurs savants travaux.

Ce ne peut être à un évêque de Meaux, comme le prétend Valois, que Marculfe dédia son recueil, car ce moine rapporte au commencement qu'il a entrepris son travail par ordre de l'évêque Landri à qui il l'a dédié ; or, il n'y a point d'évêque de Meaux de ce nom, et le seul évêque qui, à l'époque où Marculfe termina son recueil, c'est-à-dire vers l'an 654, se nommât Landri, était l'évêque de Paris. C'est donc incontestablement à lui que revient l'honneur d'avoir fait exécuter un monument historique aujourd'hui si précieux.

C'est ainsi que se complétèrent les travaux de l'épiscopat de saint Landri. Après avoir servi la société française au point de vue chrétien et politique, le saint évêque la servit encore par les voies qu'il ouvrit à la science.

Saint Landri ne paraît pas avoir survécu long-temps à Clovis II, mort en 656.

§ VIII. CLOTAIRE III. = CHILDÉRIC II.

656-673.

Les trois fils de Clovis II étaient au berceau quand leur père mourut. On n'en reconnut pas moins Clotaire III pour roi de Neustrie, et Childéric II pour roi d'Austrasie. Thierry, le troisième, n'eut point de partage. Tout cela se fit du consentement des seigneurs et du peuple, et sous l'influence de Bathilde, veuve du dernier roi. Prise sur les côtes d'Angleterre, Bathilde fut vendue à Erchinoald, maire du palais, puis à Clovis qui l'épousa.

N'ayant pu s'accorder avec Ébroïn, nouveau maire du palais de Neustrie, homme actif, ambitieux, et qui ne pouvait souffrir de partage dans l'autorité, Bathilde se retira dans le monastère de Chelles, où elle vieillit, sinon religieuse, du moins dans des pratiques austères de dévotion qui lui ont mérité le titre de sainte.

En 666, année qui suivit celle de la retraite de sainte Bathilde à Chelles, un fléau, la peste, au rapport de l'auteur de la Vie de saint Éloi (1), dépeupla une partie de la ville de Paris; la contagion gagna l'abbaye de Saint-Martial fondée par saint Eloi, et emporta une grande partie des religieuses.

Témoins de la faiblesse des rois, les grands cherchaient à se rendre indépendants; les Austrasiens surtout refusaient de se soumettre aux rois et aux maires de Neustrie. Ébroïn lutta toute sa vie pour les forcer à l'obéissance, à l'aide du nom de Clotaire. Mais le roi lui manqua bientôt, car il mourut en 670 à l'âge de quatorze ans.

Le siége épiscopal de Paris était rempli depuis quelque temps par Agilbert, qui était né, d'après Bède le Vénérable, à Paris même ou dans le diocèse. Agilbert était passé en Irlande pour s'instruire dans les saintes écritures; de là il était allé en Angleterre, où Cénowalch, roi de Westsex, lui avait donné un évêché (2). Revenu en France et à Paris, il fut élu à la place de l'évêque qui venait de mourir.

Le roi de Westsex essaya plus tard inutilement de le rappeler en Angleterre; Agilbert ne voulut point quitter son diocèse, et envoya au roi son neveu Éleuther, prêtre. Agilbert mourut en 680 à l'abbaye de Jouarre, dont l'abbesse, nommée Téchilde, était sa sœur. On prétend que son corps fut trouvé à Jouarre, le 5 avril 1632, dans la chapelle où il avait été inhumé, celle qu'il avait fait élever lui-même en l'honneur de saint Paul, premier ermite.

Un des principaux ennemis d'Ébroïn, était Léger, évêque d'Autun, que la reine Bathilde avait désiré faire maire du palais de Neustrie quand la préférence avait été donnée à Ébroïn; il y avait donc rivalité entre ces deux hommes. A la mort de Clotaire III, Ébroïn mit sur le trône Thierry III, ce jeune fils de Clovis II resté sans partage à la mort de son père. Ébroïn n'avait pas consulté les grands, aussi Léger n'eut-il pas de peine à les persuader qu'Ébroïn n'avait agi ainsi que pour régner lui-même sous le nom du jeune roi. Pour déjouer ses projets, il leur proposa de reconnaître pour roi de Neustrie et de Bourgogne Childéric II, second fils de Clovis II, qui régnait déjà en Austrasie. Les leudes approuvèrent le conseil de saint Léger; ils proclamèrent Childéric II, et marchèrent contre Ébroïn qui se maintenait toujours en Austrasie. Ébroïn fut vaincu, et renfermé avec le jeune roi dans le monastère de Luxeuil.

Cependant Childéric II rompit bientôt avec les grands. Saint Léger, le principal auteur de la révolution qui l'avait placé sur le trône d'Aus-

---

(1) *Vita S. Eligii*, l. IX.
(2) L'évêché de Dorchester. Agilbert ne fut point évêque en Irlande, comme l'a dit M. Dulaure.

trasie, n'en profita guère. Les grands contre-balançaient le pouvoir de la royauté et résistaient à ses empiétements ; l'office de maire du palais, par les fonctions qui y étaient attachées, se trouvait entre les deux pouvoirs : ministre du roi auprès des leudes, chef et représentant des leudes auprès du roi, le maire du palais avait par cette position une grande influence. Saint Léger ne voulut point favoriser les idées politiques de Childéric II ; il fut enfermé avec Ébroïn.

Un acte de fureur acheva de perdre le roi : un leude nommé Bodilo fut par ses ordres battu de verges ; ce châtiment honteux irrita tous les grands. Childéric fut assassiné dans la forêt de Chelles (673) ; les assassins n'épargnèrent pas même sa femme enceinte et son fils enfant. Les trois corps furent portés à Saint-Germain-des-Prés, où ils ont été trouvés en 1656 (1).

§ IX. THIERRY III. — CLOVIS III.

673-695.

Ébroïn et Léger sortirent de Luxeuil réconciliés en apparence, mais ils se séparèrent bientôt. Léger s'était attaché à Thierry III qu'il rejetait auparavant, et Ébroïn mit sur le trône d'Austrasie un fils supposé de Clotaire III. La guerre civile ne tarda pas à éclater ; les Austrasiens eurent l'avantage : Léger eut les yeux crevés, puis Ébroïn le fit tuer comme complice du meurtre de Childéric II. L'église l'honore du titre de saint et de martyr.

Il semble que la mort de Léger termina les différends. Ébroïn fit disparaître son fantôme de roi, et reconnut Thierry III dont il devint maire du palais.

Les Austrasiens conservaient toujours leurs idées d'indépendance ; ils exigèrent encore un gouvernement séparé, et prirent pour roi le fils de Sigebert, Dagobert, que Grimoald avait relégué en Écosse. Mais quelques années après son retour, en 679, Dagobert fut assassiné dans une sédition excitée par des leudes mécontents. Les Austrasiens ne voulurent plus alors reconnaître de roi, et se donnèrent pour chefs Martin et Pépin, petit-fils d'Arnulfe ou Arnoul, évêque de Metz. Ébroïn marcha contre eux, les défit, et ayant attiré Martin dans une conférence, il le fit assassiner ; lui-même fut tué peu après par un noble franc qu'il avait menacé de la mort. Cet homme remarquable avait, comme Frédégonde, défendu avec succès la France de l'ouest, et retardé vingt années le triomphe des grands Austrasiens. Sa mort leur livra la Neustrie.

En effet, Pepin, qui gouvernait en Austrasie sous le titre de *duc des*

(1) Voy. *Saint-Germain-des-Prés*, pour la description du tombeau de Childéric II.

Francs, ne tarda pas à s'avancer vers la Neustrie. Berthaire, maire du palais, et le roi Thierry, voulurent s'opposer à sa marche. Les deux partis se rencontrèrent à Testry, entre Saint-Quentin et Péronne. Thierry, obligé de prendre la fuite après le combat, vint se réfugier dans Paris. Pépin le suivit, assiégea Paris, le prit, et se rendit maître des trésors et de la personne du roi ; il laissa la vie à Childéric, et joignit le titre de maire du palais de Neustrie à celui de duc d'Austrasie. Childéric mourut peu après, en 691.

A cette année se rapporte un acte bien connu dans la diplomatique, et intéressant pour l'histoire de Paris : c'est la *charte de Vandemir* (1). Dans ce titre, un seigneur de ce nom fait, conjointement avec sa femme, de grandes largesses à la plupart des églises et des monastères de la ville et du diocèse de Paris, à la cathédrale, aux deux abbayes de Saint-Vincent, à Saint-Denis, aux filles de Saint-Christophe, dont l'abbesse est nommée Gaudetrude, et à plusieurs autres églises dont les noms ne se peuvent lire. Ce titre, quoique mutilé, fournit encore des particularités qui ne sont pas à négliger. On y voit qu'alors la cathédrale était sous l'invocation de saint Étienne. Des deux abbayes de Saint-Vincent qui ont part aux libéralités de Vandemir, l'une, dont l'abbé se nommait Landebert, est Saint Germain-l'Auxerrois, qui était desservi alors par une communauté de moines, et la seconde Saint-Germain-des Prés, dont l'abbé se nommait Autharius. Quant à la communauté des filles de Saint-Christophe, c'était la corporation de religieuses qui desservaient l'Hôtel-Dieu.

Pepin plaça le premier des fils de Thierry sur le trône de Neustrie, et exerça la mairie du palais pendant la vie de ce prince, qui mourut de maladie à quinze ans.

Vers ce temps vivait saint Méderic ou Merry, dont il faut dire quelques mots ici : né à Autun, il fut offert dès son enfance, par ses parents, au monastère de Saint-Martin de la même ville, fondé par Brunehaut. Son mérite, sa naissance peut-être, le firent distinguer, et le firent placer dans la suite à la tête du monastère. Sa nouvelle dignité fit mieux connaître sa sainteté et son savoir, dont la renommée se répandit dans le pays.

Distrait par tous ceux qui venaient des environs consulter sa sagesse, il voulut, pour se sanctifier encore davantage, se retirer dans un ermitage ; mais les prières de ses disciples et les exhortations de l'évêque le ramenèrent dans son abbaye.

Quelque temps après, Fradulphe, l'un de ses disciples, lui conseilla de faire un voyage de dévotion à Paris, au tombeau de saint Denis ou de saint Germain. Merry tomba malade en route, et séjourna quelque temps près de Melun, au monastère de Champeaux. Étant arrivé en-

(1) Mabillon, *Diplom.*, l. VI.

core malade à Paris, il se logea dans les faubourgs, au nord de la ville, dans un monastère qui joignait la chapelle de Saint-Pierre. Il y vécut deux ans et neuf mois, supportant avec patience ses infirmités, et mourut enfin le 29 août 700. Il fut enterré dans la chapelle même de Saint-Pierre, sur laquelle a été bâtie plus tard l'église de Saint-Merry.

§ X. CHILDEBERT III. — CHILDÉRIC III.

695-752.

Childebert III succède à douze ans à Clovis III, son frère. Pepin met auprès de lui, pour maire du palais, son fils Grimoald, moins pour gouverner que pour assurer par succession la place à sa famille. Quant à lui, il continue d'exercer de fait son autorité en Neustrie, et de régir l'Austrasie sous Childebert et Dagobert III. L'histoire n'offre rien, pendant ce temps, qui soit particulier à Paris.

Ces rois jeunes, faibles, et comme frappés d'imbécillité, qui se succédèrent sur le trône depuis la mort de Dagobert I, ne résidèrent point dans cette ville. Les palais que leurs prédécesseurs avaient fait élever dans leurs terres étaient leur séjour ordinaire. Quelques actes originaux marquent seulement le lieu des grandes assemblées du mois de mai, où ils paraissaient tous les ans. C'étaient Nogent, Luzarches, aux environs de Paris, et plus loin Compiègne, Valenciennes, etc.

A la mort de Pepin, en 714, la division se mit entre les Neustriens et les Austrasiens, et la guerre recommença. Les seigneurs de Neustrie avaient refusé de se soumettre à Plectrude, veuve de Pepin, qui voulait gouverner au nom de son fils Grimoald; ils attaquèrent les Austrasiens près de Compiègne, et les défirent entièrement. Les Austrasiens, lassés sans doute d'obéir à une femme, et sentant le besoin d'avoir un autre chef, abandonnèrent Plectrude, délivrèrent un bâtard de Pepin, nommé Charles, qu'elle retenait en prison, et le reconnurent pour leur chef. Ce Charles est l'illustre Charles Martel. Sur ces entrefaites Dagobert mourut : les Francs de Neustrie, au lieu de Thierry, fils de Dagobert, encore au berceau, proclamèrent sous le nom de Chilpéric, Daniel, fils de Childéric II, qui avait été renfermé dans un monastère à la mort de son père.

Chilpéric, avec Rainfroid ou Raghenfred, nouveau maire de Neustrie, porta la guerre en Austrasie; il fut défait par Charles-Martel (716), qui l'année suivante remporta une seconde victoire plus décisive que la première à Vincy près de Cambrai. Les Neustriens, mis en déroute, furent poursuivis jusqu'à Paris (1), où Charles-Martel serait bientôt

(1) *Fredeg. Cont.*, c. 106.

entré s'il eût voulu en faire le siége ; mais il aima mieux retourner en Austrasie pour achever de détruire le parti de Plectrude.

Il revint ensuite en Neustrie avec un prince de la famille des Mérovingiens qu'il avait fait roi. Chilpéric et les Neustriens appelèrent à leur aide Eudes, duc des Aquitains, peuple qui depuis la dissolution de l'empire des Francs formait une puissance redoutable. Eudes et Chilpéric s'avancèrent jusqu'en Champagne ; mais ayant été battus près de Soissons, ils regagnèrent Paris, d'où ils enlevèrent tous les trésors et se retirèrent en Aquitaine. Charles-Martel vint à Paris, et y fit proclamer Clotaire ; ce roi étant mort la même année, Charles rappela Chilpéric qui ne survécut que deux ans.

Alors il retira du monastère de Chelles, Thierry, fils de Dagobert III, et le plaça sur le trône pour gouverner en son nom. On sait que ce fut dans les temps qui s'écoulèrent depuis ces événements jusqu'à sa mort, que Charles-Martel remporta si rapidement et si heureusement de grandes victoires sur les Musulmans, les Frisons, les Saxons, les Bavarois, les Allemands. Tant d'exploits font penser qu'il ne put séjourner à Paris. On lit seulement dans la vie de saint Eucher (1) qu'il vint dans cette ville, chargé du butin qu'il avait pris sur les Sarrasins, soit dans sa première expédition de 732, soit plus tard dans la seconde. Sentant sa fin approcher, et ayant partagé la France, qu'il gouvernait seul et en son nom depuis la mort de Thierry IV, il passa dans cette ville en allant faire ses prières et ses offrandes au tombeau de Saint-Denis (2).

Après sa mort, Carloman et Pepin ses fils voulurent remédier aux désordres causés par les guerres passées, et s'attacher les ecclésiastiques que leur père avait opprimés. Ils assemblèrent des conciles, et firent dresser plusieurs règlements pour la réformation des mœurs et l'observance des canons. On défendit aux moines et aux clercs d'aller à la guerre ; la règle de saint Benoît, déjà reçue dans la plupart des monastères, fut prescrite à tous les religieux et religieuses ; la portion des biens ecclésiastiques que Charles-Martel avait donnée aux laïques ne leur fut laissée qu'à titre précaire, et sous un cens annuel. Enfin Pepin et Carloman mirent fin à l'interrègne qui durait depuis la mort de Thierry IV, en mettant sur le trône Childéric III, fils de Chilpéric II ; mais ce ne fut là, surtout de la part de Pepin, qu'un trait d'habileté ou une concession à la jalousie des grands.

Pepin voulait monter sur le trône ; il sut s'y faire placer. Carloman se retira du monde ; Grifon, son dernier frère, qui aurait pu l'inquiéter, reçut de lui le Maine et l'Anjou érigés en duché.

---

(1) *Vita S. Eucherii*, Bolland, febr.
(2) *Fredeg. continuat.* — *Gesta, Reg. Franc.*

L'Église était bien disposée pour Pepin qui réparait les spoliations et les violations de Charles-Martel; l'armée l'aimait aussi pour les exploits de son père et pour la bravoure personnelle qu'il avait lui-même montrée contre les Saxons et les Bretons; le pape voyait en lui son seul appui contre les Lombards qui menaçaient Rome. Tout cela l'enhardit à faire cesser la longue comédie que jouaient les maires du palais depuis la mort de Dagobert, et à prendre pour lui-même le titre de roi qu'il méritait mieux que personne. Il fut proclamé roi par l'armée, et sacré, au nom du pape, à Soissons, par Boniface, archevêque de Mayence. Le dernier roi mérovingien fut par ses ordres enfermé dans le monastère de Sithiu ou de Saint-Bertin, et son fils dans celui de Fontenelle.

On ne voit pas que dans cette dernière période de l'histoire de la première race, de Childebert III à Childéric III, l'église de Paris ait jeté un grand éclat. On ne connaît guère pour ce temps que le nom des évêques; on a pourtant quelques détails sur la vie de saint Hugues, qui succéda à Bernechaire. Saint Hugues était fils de Drogon, comte de Champagne, qui avait épousé la fille de Waraton, maire du palais; il fut élevé auprès d'Auflède, son aïeule maternelle, et embrassa l'état monastique dans l'abbaye de Jumiéges. Charles-Martel le plaça ensuite sur le siége épiscopal de Rouen; saint Hugues fut aussi abbé de Fontenelle et de Jumiéges, et eut en même temps l'administration des églises de Paris et de Bayeux. L'auteur de sa vie a besoin de faire remarquer (1) qu'il ne possédait pas tant de bénéfices par cupidité ni ambition, mais qu'il ne les accepta que pour les sauver des mains des séculiers qui en dissipaient les revenus; il reçut encore des terres du roi qu'il employa à l'usage des églises qui lui avaient été confiées. Rappelé à Jumiéges par l'amour de la retraite, il y mourut le 9 avril 730.

L'histoire civile n'est pas moins stérile durant ce temps que l'histoire ecclésiastique. Il paraît par une sentence de Childebert III, que sous Thierry III la ville de Paris eut pour comte un seigneur nommé Garin, qui usurpa certains droits de la foire de Saint-Denis, transférée alors près de Paris, entre Saint-Laurent et Saint-Martin, pour la sûreté du commerce. Mais comme ce n'est qu'au commencement de la seconde race que l'existence des comtes de Paris est bien constatée, je ne traiterai que dans la troisième période ce point important de notre histoire.

(1) *Sæc.*, 2 *Benedict.*, part. I, p. 497.

CHAPITRE II.

TOPOGRAPHIE, HISTOIRE PARTICULIÈRE ET DESCRIPTION DES MONUMENTS.

Il est impossible de déterminer quels furent les accroissements de Paris sous la première race. Nous voyons seulement dans les auteurs contemporains que de nombreuses églises s'élevèrent, et ces basiliques chrétiennes durent changer complétement l'aspect de la ville de Julien.

Dans la Cité, on voyait pendant cette période la double cathédrale de Saint-Etienne et de Notre-Dame, le palais épiscopal, l'école, l'hospice des pauvres matriculaires, l'abbaye de Saint-Martial, les chapelles de Saint-Jean-Baptiste (depuis Saint-Germain-le-Vieux), de Saint-Denis-du-Pas, de Saint-Jean-le-Rond, de Saint-Denis et Saint-Symphorien-de-la-Chartre, de Saint-Christophe; une prison, une place du Commerce; enfin, à l'extrémité occidentale, un édifice appelé *turris* dans une charte de Childebert, mais qui doit être l'ancien palais de la Cité, destiné sous les Romains aux autorités municipales, et qui servit de demeure, sous la première race, à plusieurs de nos rois.

Au dehors et sur la rive gauche de la Seine, les basiliques de Sainte-Geneviève, de Saint-Vincent ou Saint-Germain-des-Prés, les petites églises de Saint-Julien-le-Pauvre, de Saint-Marcel, de Saint-Bacche (depuis Saint-Benoît), de Saint-Séverin.

Sur la rive droite, Saint-Germain-l'Auxerrois, Saint-Martin-des-Champs, Saint-Laurent, Saint-Paul, Saint-Gervais, la chapelle de Saint-Pierre (depuis Saint-Merry).

On ne sait rien du plan de la ville à cette époque, ni de la direction de ses rues. Tout ce qu'on peut inférer des documents historiques, c'est que la grande route qui conduisait du Petit-Pont au Grand-Pont, placé à peu près où est aujourd'hui le Pont-au-Change, traversait obliquement la Cité en suivant la direction des rues du Marché-Palu, de la Calandre et de la Barillerie.

L'existence de la place du Commerce dont je viens de parler est attestée par deux passages de Grégoire de Tours, que j'ai déjà eu occasion de citer; l'un de ces passages est relatif à l'arrestation de Leudaste, comte de Tours, en 583. Nous avons vu Leudaste chassé de la cathédrale, arriver sur la place, *in plateam*, visiter les maisons des marchands, *domos negotiantium*, puis traverser le pont de la ville. Cette scène se passait donc dans la Cité. Dans l'autre passage que nous avons aussi rapporté, l'historien raconte l'incendie qui éclata en 586 dans une maison située près de la porte méridionale de la Cité, et nous apprend que la flamme, poussée dans la direction du nord, atteignit la prison et les maisons des négociants. On voit encore ici que la place du Commerce, autour de laquelle demeuraient les négociants, ne pouvait être ailleurs que dans la Cité. Quelques historiens se sont donc trompés en supposant qu'elle occupait le lieu où sont aujourd'hui les rues de la Huchette et de la Bûcherie. Il restait à déterminer dans quelle partie de la Cité se trouvait la place du Commerce. Suivant M. Dulaure, elle s'étendait entre l'église métropolitaine et le château ou palais, bornée à l'est par la route qui commençait au Petit-Pont, au nord par cette même route à laquelle la rue de la Calandre a succédé, à l'ouest par le château et les terrains qui en dépendaient, au sud par la rive septentrionale du petit bras de la Seine. D'après cette conjecture assez vraisemblable, le Marché-Neuf serait un reste de la place du Commerce, dont la partie méridionale aurait pris le nom de Marché-Palu, à cause des marais qui couvraient en cet endroit les rives de la Seine.

On a vu qu'une enceinte de la Cité avait été construite très probablement dès le IV⁰ siècle; les vestiges de muraille trouvés près de l'église Saint-Landri en sont un témoignage. Sous la première race, les documents historiques ne permettent plus de douter de l'existence de cette enceinte. C'est d'abord Childebert qui, dans la charte de fondation de l'abbaye de Saint-Germain-des-Prés, de l'an 558, annonce qu'il veut élever une basilique *non loin des murs de la Cité*. Il est question dans le même titre de la *porte* de la Cité, et d'une tour ou château (1). Puis, par un acte de 615, Bertrand, évêque du Mans, donne à l'église de cette ville une maison bâtie par Eusèbe, et que lui avait donnée le roi Clotaire. Cette maison était située *dans les murs* de la Cité de Paris (2).

Mais de ce qu'une enceinte existait certainement autour de la Cité, faut-il en conclure, avec M. Dulaure, qu'aucune autre muraille ne protégeait les faubourgs? A cet égard le doute est au moins permis.

Bonamy (3), Du Plessis (4), Jaillot (5), ont établi savamment l'opinion contraire. Le témoignage le plus ancien dont le dernier de ces écrivains

---

(1) Cœpi construere templum in urbe Parisiacâ, propè muros civitatis.... molendinis inter portam civitatis et turrim positis. Bréquigny, *Diplomata chartæ*, t. I, p. 54.
(2) Intrà muros civitatis Parisiorum, *ibid.*, p. 104.
(3) *Mém. de l'Ac. des Inscr.*, t. XV.
(4) *Nouv. ann. de Paris*, p. 71 et 78.
(5) *Rech. hist. sur la ville de Paris*, passim.

s'appuie, est un passage des gestes de Dagobert, par lequel ce prince donne à l'abbaye de Saint-Denis les revenus d'une porte de Paris placée sur le chemin que remplace aujourd'hui la rue Saint-Martin, et à peu près vis-à-vis la rue Neuve-Saint-Merry. Cette porte était connue encore au XVe siècle sous le nom d'Archet Saint-Merry. Mais il faut convenir que si une enceinte renfermait les faubourgs de Paris sous la première race, elle devait être d'une construction peu solide, puisqu'on ne voit pas qu'elle ait apporté le moindre obstacle aux inondations fréquentes de la Seine, ni la moindre résistance aux attaques des Normands sous la seconde race.

Telles sont les seules indications qu'il m'a été possible de réunir sur la topographie de Paris pendant la période mérovingienne. J'ai cherché en vain des renseignements nouveaux à cet égard dans une curieuse publication récente qui a pour objet de déterminer l'étendue de Paris à différentes époques; toutefois ce travail contient, relativement à la période romaine, quelques données qui paraissent neuves, et qui méritent d'être examinées ici.

L'*Annuaire du Bureau des longitudes* pour 1838 (1) vient de reproduire, d'après les *Recherches statistiques sur la ville de Paris* de M. de Chabrol, un tableau des superficies de Paris à diverses époques, depuis Jules-César jusqu'à nos jours. Ce tableau commence ainsi :

Sous Jules-César, cinquante-six ans avant notre ère, la *première enceinte* de Paris renfermait. . . . . . 15 hectares 28 centiares.

Sous Julien, en 375, la *seconde enceinte* (2). 38 hectares 78 centiares.

L'autorité de M. de Chabrol est grave, et l'adoption de son travail par le Bureau des longitudes y ajoute un nouveau poids. Il est donc bien à regretter que ce savant administrateur, en publiant les résultats de ses recherches, ne nous ait pas fait connaître sur quelles bases il a établi des calculs aussi précis.

En effet, si les chiffres que je viens de citer sont exacts; si avec le secours seul de la statistique on a pu ainsi résoudre nettement une question d'histoire que l'absence de tout document faisait regarder comme insoluble, il faut que la statistique ait une merveilleuse puissance de révélation.

Probablement le chiffre de 15^{hect.} 28^{c.} représente l'étendue de ce que nous nommons aujourd'hui la Cité, sans y comprendre, à l'est, l'ancien *terrain* de l'archevêché qui n'existait pas du temps de César; à l'ouest, les petites îles qui n'ont été jointes à la plus grande que plusieurs siècles après cette époque. Encore faut-il remarquer que nous

---

(1) Paris, Bachelier (1837-1838); in-18, p. 172.
(2) Remarquons que l'existence d'une enceinte autour de Paris, sous Jules César, ou même sous Julien, est loin d'être prouvée.

93
siens
r; de
sans
ne.
César
Cha-
emps
e siè-
rmes
mai-
diffé-
tout
onsi-
étant
lien.
étant
ar les
ppré-
et de
ques.
c, ce
récier

et qui
de la

de la
r l'é-

saint
Mais
de ce
d'une

novam
de dis-
avoue
re avec
étienne
Paris,

n'avons jusqu'à présent aucun moyen de savoir si l'île des Parisiens était, ou non, entièrement couverte d'habitations du temps de César ; de telle sorte qu'on pourrait avoir mesuré la surface de l'ancienne Cité, sans connaître exactement l'étendue de Lutèce à cette première époque.

Admettons cependant que la superficie de Paris sous Jules-César était bien de 15$^{\text{hect.}}$ 28$^{\text{c.}}$; d'après quelles données inconnues M. de Chabrol a-t-il fixé à 38$^{\text{hect.}}$ 78$^{\text{c.}}$, ni plus ni moins, cette superficie au temps de l'empereur Julien ? Là est toute la difficulté. Pendant les quatre siècles qui s'écoulèrent entre ces deux époques, le palais des Thermes s'éleva ; des autels, des champs de sépulture, des fabriques, des maisons de campagne s'établirent, à des distances et sur des points différents, hors de la Cité. Mais ces monuments, dispersés sur presque tout l'espace compris dans le Paris moderne, ne peuvent pas avoir été considérés par M. de Chabrol comme faisant partie de la ville, comme étant renfermés dans ce qu'il appelle la *seconde enceinte* de Paris sous Julien. D'un autre côté, s'il s'agit uniquement de la Cité, son étendue étant nécessairement restée la même depuis César, et l'espace occupé par les habitations n'ayant pas changé dans l'intervalle d'une manière appréciable pour nous, la différence entre les deux évaluations de 15 et de 38$^{\text{hect.}}$ me paraît très difficile à concilier avec les données historiques. L'auteur des *Recherches statistiques sur la ville de Paris* ferait donc, ce me semble, une chose utile en mettant le public à portée d'apprécier les documents sur lesquels sont basées ses évaluations.

I. NOTRE-DAME, ÉGLISE CATHÉDRALE.

Il n'y a aucun point de l'histoire de Paris qui soit plus obscur et qui ait été plus long-temps controversé, que l'origine et l'état primitif de la cathédrale.

Les historiens ne sont d'accord ni sur le nom ni sur la position de la première basilique des Parisiens. Ils sont également partagés sur l'époque de sa fondation.

Dubreuil, Félibien, Dubois et de Launoy sont persuadés que saint Denis lui-même fonda, vers l'an 250, la première église de Paris. Mais leur opinion, qui s'appuie uniquement sur un passage des actes de ce saint, écrits à la fin du VIe siècle (1), n'a pu soutenir l'examen d'une

---

(1) Voici ce passage : *Ecclesiam illis quæ necdum in locis erat et populis illis novam construxit, ac officia servientium clericorum ex more instituit.* S'il était nécessaire de discuter la valeur historique des actes de saint Denis, que l'auteur lui-même avoue n'avoir composés que d'après la tradition, *fidelium relatione*, on pourrait dire avec Lebeuf que le mot église doit s'entendre ici d'une synaxe ou assemblée chrétienne que saint Denis avait formée des païens convertis. Voy. *Histoire du diocèse de Paris*, t. I, p. 2 et 3.

critique sévère, et il suffit aujourd'hui de rappeler que saint Denis, au milieu de la persécution, n'a pu construire une église sous les yeux des officiers romains, dans la ville même où ses prédications lui méritèrent le martyre. Il est donc inutile de suivre ces différents auteurs dans leurs longues discussions pour savoir si cette prétendue église fondée par saint Denis était située à Saint-Denis-du-Pas dans la Cité, ou à Saint-Marcel, ou à Saint-Benoît, ou à Notre-Dame-des-Champs. Au surplus, comme il est certain que les premiers chrétiens, dans les temps de persécution, se réunissaient dans des cryptes ou dans des lieux écartés pour célébrer les mystères de la religion, on peut accorder que saint Denis choisit pour cette célébration l'un des emplacements où furent depuis Saint-Marcel, Saint-Benoît ou Notre-Dame-des-Champs; mais il est impossible d'admettre qu'aucune de ces églises ait été la première cathédrale de Paris.

La paix et la liberté de l'Église ayant été la conséquence de la conversion de Constantin au christianisme, en 313, on peut présumer que les évêques de Paris profitèrent d'une circonstance aussi favorable pour faire construire une église dans la Cité. Le premier concile de Paris fut tenu en 360, et c'est déjà un indice de son existence; mais on en trouve enfin un témoignage certain sous l'épiscopat de Prudence, vers l'an 375. La vie de saint Marcel, écrite par Fortunat, le dit expressément (2).

Cette église était située sur le bord de la Seine, à peu près sur l'emplacement où ont été depuis la chapelle inférieure et la dernière cour de l'archevêché. A cette indication, qui nous est fournie par les monuments contemporains, l'abbé Lebeuf ajoute: « Comme on était alors plus exact qu'on ne l'a été depuis à tourner le *chevet* ou le *fond* des églises vers l'Orient, sans avoir égard à l'alignement des rues, dont le désordre, d'ailleurs, était alors très grand, il est probable que le chevet de cette petite église était dans la direction du lieu où est maintenant Saint-Gervais. Il faut se figurer qu'alors la pointe de l'île se terminait à peu près à l'endroit où était autrefois le Pont-Rouge; car l'espace appelé *le Terrain* ne s'est formé que par succession de temps, des décombres que produisit la démolition des vieilles églises auxquelles a succédé la cathédrale que nous voyons à présent. Comme le pont Notre-Dame n'existait pas encore, il n'y avait pas de rue qui continuât en ligne droite à partir du Petit-Pont; mais elle devait suivre une diagonale pour arriver à la porte du Nord, où était le Grand-Pont, seule issue que l'île eût alors de ce côté. Il est facile après cela de s'imaginer comment devaient être disposées les rues aboutissant à cette grande rue qui conduisait d'un pont à l'autre. Quant aux chapelles et monastères qu'on a

---

(2) Surius. 1 novembr.; edit. Coloniæ, 1580; — Hadr. Valesii *Defens. de Basil. Paris.* Cap. 4, p. 40; et *De Basil. Paris.* Cap. 1, p. 415.

vus s'élever de tout côté au milieu de cet espace, ils ne doivent point embarrasser, parce qu'il n'y eut qu'une seule église dans la Cité jusqu'au règne de Childebert (1). »

Il est difficile de croire que cette première église, élevée au IVe siècle, ait été placée dès l'origine sous l'invocation de Notre-Dame. On sait en effet que le culte de la sainte Vierge n'a été ni promptement répandu ni généralement adopté dans les premiers temps, et qu'on ne trouve aucune trace des fêtes célébrées en son honneur avant le concile d'Ephèse, tenu en 431, où saint Cyrille défendit avec tant de force et de succès la qualité de mère de Dieu que Nestorius avait osé lui disputer. C'est de cette époque que date l'érection des temples sous son invocation.

Plusieurs documents authentiques des années 690 (2), 700 (3), 829 (4), 860 (5) et 861 (6), que je citerai ailleurs plus amplement, nous apprennent que la cathédrale de Paris a d'abord porté le nom de Saint-Etienne, premier martyr. C'est en vain que quelques érudits ont prétendu qu'il était question dans ces titres de Saint-Etienne-des-Grés, de Saint-Etienne-du-Mont ou de l'abbaye de Saint-Germain-des-Prés, dont saint Etienne était autrefois le patron; il a été prouvé que les deux premières églises n'existaient pas encore à cette époque, et quant à la troisième, que non seulement l'église de Saint-Germain-des-Prés n'a jamais été connue sous le nom de Saint-Etienne, mais que ce titre ne lui a même jamais été donné par *adjonction*, tandis qu'on y a joint quelquefois le nom de Saint-Vincent. Un acte de l'an 1331, conservé autrefois dans les archives de l'archevêché, prouve encore que la première église de Paris fut dédiée sous le vocable de Saint-Etienne. C'est une charte par laquelle le chapitre de Notre-Dame, érigeant en dignité la chevecerie de Saint-Etienne-des-Grés, motive cette faveur sur la vénération qu'il a pour saint Etienne et pour son église, *que nos registres*, disent les chanoines, *démontrent très évidemment avoir été la plus ancienne, et le premier siège de l'évêque.*

Toutefois, par l'un des titres qui viennent d'être cités, celui de l'an 861, on voit que l'église cathédrale était alors composée de deux édifices, dont l'un était la basilique de Notre-Dame, et l'autre celle de Saint-Etienne. Cet état de choses existait dès le VIe siècle. Grégoire de Tours, parlant de l'incendie qui réduisit en cendres toutes les maisons de l'île de Paris, vers l'an 586, dit que *les seules églises furent excep-*

---

(1) Lebeuf, *Hist. du diocèse de Paris*, t. I, p. 4 et 5.
(2) Charta Vandemir. Mabillon, *De Re Dipl.*, p. 472.
(3) Charta Ermentrud. *ibid.*, suppl. p. 93.
(4) Lettre d'Inchade, évêque de Paris. *Hist. eccl. de Paris*, t. I, p. 346.
(5) Mabillon, *De Re Diplom.* p. 472.
(6) Diploma Caroli Calvi, *Recueil des historiens de France*, t. VIII, p. 568.

tées. Cette pluralité des églises dans la Cité ne peut s'entendre que des édifices qui formaient depuis peu la cathédrale. Saint-Étienne avait été le premier de ces édifices; ensuite, suivant l'usage où l'on était de bâtir de petites églises autour des grandes basiliques, il est à présumer qu'on en avait élevé une à côté, sous l'invocation de la Vierge. Ce monument s'étant trouvé trop petit par l'augmentation du nombre des fidèles, on l'aura rebâti et agrandi sous le règne de Childebert I, et c'est alors sans doute que la basilique nouvelle sera devenue la cathédrale, par une autre coutume assez fréquente à cette époque, de donner aux églises neuves qui remplaçaient les anciennes, ou ruinées ou trop petites, un *vocable* différent du premier patron.

On croit, comme je l'ai dit (1), que ce fut par le conseil de saint Germain, que Childebert I, fils de Clovis, entreprit de rebâtir, vers l'an 555, l'église cathédrale de Paris, trop petite alors pour contenir un clergé nombreux et le peuple d'une ville que Clovis, devenu chrétien, avait choisie pour sa résidence (2).

Childebert commença le nouvel édifice sur les ruines de l'ancien, bâti par les premiers chrétiens à la pointe orientale de l'île, ou plutôt sur celles de l'autel des nautes parisiens, dont les débris furent employés dans les fondements de la nouvelle cathédrale. On a vu que dès l'an 554, Childebert avait publié un édit par lequel il ordonnait la destruction totale des idoles et des temples érigés aux dieux des Romains.

Fortunat, évêque de Poitiers, poëte contemporain, décrit la magnificence de cette basilique (3). Il parle de trente colonnes de marbre qui soutenaient et embellissaient l'édifice, et de vitraux éclatants qui produisaient un effet admirable sur les murs et sous les voûtes au lever de l'aurore (4).

Il est bien à regretter que le pieux évêque se soit borné à une description purement poétique, et qu'il ne nous fasse rien connaître du système de construction ni des dimensions de l'église bâtie par Childebert.

---

(1) Page 62.
(2) Dubreuil et ses copistes ont fixé, on ne sait pourquoi, l'époque de la construction de cette basilique à l'an 522; et il est singulier que l'auteur de la *Description des curiosités de l'église de Paris* ait commis la même erreur. Saint Germain n'ayant été élevé sur le siége de Paris qu'en 555, ne put solliciter de Childebert la réédification de cette basilique avant cette époque.
(3) Plusieurs auteurs ont cru à tort que cette pièce de vers de Fortunat intitulée *de Basilicâ parisiacâ*, s'appliquait à la nouvelle église de Saint-Vincent, depuis Saint-Germain-des-Prés, fondée aussi par Childebert.
(4) Le verre blanc ne produisant aucun reflet, l'effet décrit par Fortunat ne peut guère s'entendre que des vitraux de couleur dont il paraît qu'on avait déjà introduit l'usage dans les églises. Voir *Descr. hist. de la basilique métrop. de Paris*, par A. P. M. Gilbert, Paris, 1821, in-8. p. 12.

Nous savons seulement, par son témoignage, que ce prince dota la nouvelle cathédrale d'amples revenus (1).

Ce témoignage est d'ailleurs confirmé par un diplôme de Childebert lui-même, daté de la quarante-septième année de son règne, dans lequel, après un préliminaire sur une guérison miraculeuse qu'il avait obtenue par l'intercession de saint Germain, il donne la terre de Chelles en Brie *à l'église mère de Paris, qui est dédiée en l'honneur de sainte Marie.* Il ajouta à cette donation un petit lieu nommé la Celle, situé près de Montereau, et des terres en Provence, pour subvenir à l'entretien du luminaire de la même église (2).

On a vu Frédégonde se retirer avec ses trésors dans l'église de Paris, auprès de l'évêque Ragnemode. C'est dans l'église de Notre-Dame, suivant Aimoin, qu'elle trouva un refuge, et le même chroniqueur, en parlant des violences et des cruautés de cette reine fameuse, s'étonne qu'elle osât commettre tant d'offenses envers Dieu dans la maison de sa sainte mère (3).

La charte de Vandemir, de l'an 690, contient une donation en faveur de l'église de Saint-Etienne, *à laquelle préside l'évêque Sigofroid.* On en a conclu que Saint-Étienne partageait le titre de cathédrale avec l'église fondée par Childebert sous l'invocation de sainte Marie.

Le testament d'Hermentrude, fait vers l'an 700, en faveur de l'église de Paris, prouve qu'à cette époque le service divin avait été transféré de Saint-Étienne à Notre-Dame. Ce titre indique d'abord l'église de la sainte Vierge comme la principale, ensuite celle de Saint-Etienne, et enfin la très sainte église de Paris, comme il se voit par les différents legs de la testatrice : Elle donne à *la basilique de Sainte-Marie* des plats d'argent de douze sols; *à celle de Saint-Étienne*, un anneau d'or incrusté, de quatre sols, et une croix d'or de sept sols; enfin, *à la très sainte église de Paris*, un plat ou bassin d'argent (missorium), de cinquante sols.

Par cette expression, *à la très sainte église de Paris, sacro-sanctæ ecclesiæ civitatis Parisiorum*, il faut entendre, comme le remarque

(1)   Hæc pius egregio rex Childebertus honore
          Dona suo populo non moritura dedit;
       Totus in affectu divini cultus inhærens,
          Ecclesiæ viles amplificavit opes;
       Melchisedech noster, merito rex, atque sacerdos,
          Complevit laïcus religionis opus.

Fortunat, lib. II, carm. II.

(2) Cette charte a été supposée fausse par de Launoy; mais Jaillot en a défendu l'authenticité de façon à ne laisser rien à désirer aux critiques les plus difficiles. Voy. *Rech. sur Paris*, quartier de la Cité, t. I, p. 133.

(3) *Nec verebatur dominum aut ejus genitricem in cujus manebat basilicâ dùm perversa ageret.* Aim. lib. III, cap. 58.

T. I.

Jaillot, le clergé de la cathédrale qui desservait ces deux églises. Ce legs paraît en effet plus convenable pour le chapitre de la cathédrale que pour l'église même. On sait que dans ces premiers temps les chanoines de Notre-Dame vivaient en commun, et il n'est pas invraisemblable qu'on leur ait donné un de ces grands bassins dans lesquels on mettait les viandes : *Missorium, vas in quo epulæ feruntur* (1).

Ce fut dans l'église de Saint-Étienne que se tint le huitième concile de Paris, au mois de juin 829 (2). Comme par une des dispositions de ce concile il était ordonné aux chefs des communautés ecclésiastiques et régulières de pourvoir aux besoins, tant spirituels que temporels, de ceux qui composaient ces communautés, ce statut donna lieu au partage des biens que firent dans ce siècle les évêques avec leurs chanoines, et des abbés avec leurs religieux, afin d'ôter aux uns et aux autres tout prétexte d'abandonner l'office divin. Inchade, évêque de Paris, l'un de ceux qui avaient assisté à ce concile, fut le premier à exécuter ce règlement. Il présenta à l'assemblée des évêques une charte contenant le dénombrement des terres et des revenus qu'il abandonnait à ses frères les chanoines de son église, tant pour leur subsistance que pour le luminaire, l'entretien des bâtiments et l'exercice de l'hospitalité à l'égard des chanoines et des moines étrangers. La dîme de toutes les terres devait être donnée à l'hôpital Saint-Christophe, qui est aujourd'hui l'Hôtel-Dieu, où les chanoines avaient coutume d'aller à certains jours pour laver les pieds aux pauvres, conformément à ce qui est prescrit dans la règle des chanoines publiée par le concile d'Aix-la-Chapelle, en 816. La charte de l'évêque Inchade fut approuvée et souscrite par les quatre archevêques présents au concile de Paris : Ebbon de Reims, Aldric de Sens, Ragnoard de Rouen et Landran de Tours ; après les archevêques signèrent quatre évêques, sans compter Inchade, qui, étant aveugle, n'avait pu y souscrire comme les autres, mais avait fait seulement une croix pour marque de sa signature.

Ce titre est le plus ancien qui fasse mention de chanoines dans l'église de Paris. Il paraît néanmoins par cette pièce qu'ils y étaient établis auparavant, puisque l'évêque Inchade en parle comme d'un corps déjà formé, accoutumé à de certains exercices de charité, et auquel il avait accordé un partage des biens de son église ; ce qui a fait croire à un auteur que c'est plutôt à l'évêque Erchenrade I, qui vivait sous Charlemagne, qu'on doit rapporter l'institution d'un chapitre de chanoines dans l'église de Paris.

« Il ne paraît pas, dit Lebeuf, que l'église de Notre-Dame fondée par Childebert ait subsisté au-delà de trois siècles ; car les Normands y

---

(1) Jaillot, *Recherches historiques sur Paris*, quartier de la Cité, t. I, pag. 132.
(2) Voir le chap. 1 de la troisième époque.

mirent le feu en 857 et n'épargnèrent que celle de Saint-Etienne, qui avait un *dôme* de forme antique, pour la conservation duquel on leur donna une somme d'argent. » On est surpris de voir un critique aussi éclairé que Lebeuf donner une si singulière interprétation du mot *domus*, employé par l'annaliste de Saint-Bertin dans le passage où il est question du rachat de l'église de Saint-Etienne. Cette expression ne signifie autre chose que la maison de Dieu, l'église, et c'est dans ce sens que les Italiens disent pour signifier une cathédrale, et par excellence la cathédrale de Milan, *il duomo*.

Lorsque les Normands vinrent piller Paris pour la seconde fois, en 857, et brûlèrent l'église de Sainte-Geneviève, nous voyons, en effet, par les Annales de Saint-Bertin, que les églises de Saint-Denis, de Saint-Germain-des-Prés et de Saint-Etienne se rachetèrent à prix d'argent (1). La plupart des historiens ont pensé que cette église de Saint-Étienne n'était autre que la cathédrale ; mais il n'est pas prouvé que les Normands aient pénétré dans la Cité, et je crois avec Valois qu'il s'agit de l'église de Saint Étienne-des-Grès (2). En 886, lors du célèbre siège de Paris, la châsse de Saint-Germain fut portée dans la Cité par les religieux de l'abbaye, et mise en sûreté dans la cathédrale de Saint-Etienne.

Au commencement du siècle suivant, la double cathédrale de Paris menaça ruine ; mais on ne voit pas que la vieille église de Saint-Étienne ait été restaurée : la principale sollicitude des évêques se portait sur la basilique de Notre-Dame, devenue le principal siége de l'évêché.

En 907, Anschéric, cinquantième évêque de Paris, exposa au roi Charles-le-Simple l'état de pauvreté et de délabrement dans lequel était réduite l'église cathédrale, et obtint de ce prince le revenu de l'abbaye de Rebais pour la faire réparer (3). Louis VI, dit le Gros, par une charte de 1123, accorda à Bernier, doyen de l'église de Paris, une somme annuelle de dix livres pour être employée à couvrir l'église de Notre-Dame, à condition que les poutres, les bois et autres matériaux seraient fournis par l'évêque. On doit entendre par ce passage qu'il s'agissait de l'église bâtie par Childebert en 555, et réparée par Anschéric, évêque de Paris, en 907, et non pas, comme l'a prétendu Charpentier, que cette somme annuelle de dix livres était destinée à la continuation d'un autre édifice nouvellement construit. Le nécrologe de l'église de Paris, du XIIe siècle, prouve qu'Étienne de Garlande,

---

(1) *Dani Lutetiam Parisiorum agressi basilicam B. Petri et S. Genovefæ incendunt et cœteras omnes, præter domum Sancti-Stephani, et ecclesiam Sancti-Vincentii, præterque ecclesiam Sancti-Dyonisii, pro quibus tantummodo ne incenderentur multa solidorum summa soluta est.* Rec. des hist. de Fr., t. VII, p. 71.

(2) Voyez aussi Jaillot, *Recherches sur Paris*, t. IV, quartier Saint-Benoît, p. 56.

(3) Félibien, *Histoire de la ville de Paris*, t. I, liv. III, p. 112 et 113.

archidiacre de Paris, mort en 1142, avait fait faire beaucoup de réparations à cette église. L'auteur de l'*Éloge de Suger* dit que ce célèbre abbé de Saint-Denis, mort en 1152, avait fait présent à l'église de Notre-Dame d'un vitrage d'une grande beauté (1). On l'appelait, vers l'an 1110, *Nova Ecclesia,* pour la distinguer de Saint-Étienne, que l'on avait surnommé *le Vieux.* C'est ainsi qu'elle est désignée dans un diplôme de Louis-le-Gros de 1114 (2).

C'était dans l'église de Notre-Dame que les rois de France, au commencement de la troisième race, se rendaient ordinairement de leur palais, situé à la pointe occidentale de l'île, pour assister au service divin avec le clergé de la cathédrale. L'évêque de Senlis étant venu à Paris, en 1041, avec quelques uns de ses chanoines, pour obtenir la confirmation d'une charte, il y trouva le roi Henri Ier à la grand'messe. On sait que Louis VII, dit *le Jeune*, qui affectionnait beaucoup l'église de Notre-Dame, s'y rendait souvent dans le siècle suivant.

Une charte de Louis-le-Gros, de l'an 1109, accorde aux serfs de l'église de Paris le droit de témoigner en justice et de soutenir le duel judiciaire. Cette concession, d'une grande importance pour le clergé, avait été vivement sollicitée par l'évêque. Lorsque les clercs et les moines étaient cités en justice pour affirmer quelque chose par serment, ils étaient dans l'usage de se faire remplacer par leurs serfs, parce que tout serment judiciaire leur était défendu par la loi de l'Eglise, et lorsque la partie adverse traitait de parjure les serfs de l'Eglise, il fallait qu'ils soutinssent par le duel la vérité du serment. Mais les hommes libres protestaient ordinairement contre le témoignage de ces gens de condition servile, et refusaient le duel, ce qui favorisait l'usurpation des biens ecclésiastiques. La charte de Louis-le-Gros eut pour effet de remédier à cet inconvénient, en déclarant valable en justice le témoignage des serfs de l'Eglise, et en leur permettant le duel contre toute personne, de quelque condition qu'elle fût. « Il n'est pas juste, dit le pape Pascal II en confirmant cette décision, qu'une famille ecclésiastique soit assujettie aux mêmes lois que celles des séculiers, dont les serviteurs ne sont point admis à rendre témoignage en faveur de leurs maîtres (3). »

Il résulte des détails fournis par les historiens sur les accroissements successifs de la première cathédrale, que la basilique de Notre Dame, fondée par Childebert, était, avant sa destruction, au XIIe siècle, environnée de plusieurs petites églises : 1° à gauche, vers l'orient, on voyait Saint-Etienne, la première cathédrale, qui déjà tombait en ruines; 2° derrière l'abside, Saint-Denis-du-Pas; enfin, à droite du cloître,

---

(1) Lebeuf, *Histoire du diocèse de Paris*, t. I, p. 9. — Félibien, *Histoire de l'Abbaye royale de Saint-Denis*, Preuv. p. 194.

(2) Dubois, *Historia ecclesiæ Parisiensis*, 1690 et 1707, t. I, 559.

(3) Félibien, *Histoire de Paris*, t. I, p. 142.

Saint-Jean-le-Rond, qui servit de baptistère à la cathédrale, lorsqu'on voulut rapprocher de Notre-Dame les fonts baptismaux qui étaient auparavant à Saint-Germain-le-Vieux, alors nommé Saint-Jean-Baptiste. Je donnerai séparément l'histoire de chacune de ces églises.

Maurice de Sully (1), évêque de Paris, issu de parents obscurs, mais d'un génie élevé, conçut le projet, vers l'année 1161, de faire rebâtir sur un nouveau plan, et dans des proportions plus grandes, l'église de Notre-Dame, devenue trop petite alors pour une ville qui s'était considérablement accrue, depuis que les rois de France y avaient établi le siège de la monarchie.

Ce prélat, secondé par les libéralités des fidèles, fit d'abord abattre l'ancienne église bâtie par Childebert Ier, et jeta les fondements de celle que nous voyons aujourd'hui. Plusieurs auteurs ont prétendu que cet édifice avait été commencé par Robert, fils de Hugues-Capet, et continué par ses successeurs, jusqu'à Philippe-Auguste, sous le règne duquel Maurice de Sully eut la gloire de l'achever. Il est démontré que cette opinion est évidemment fausse. Non seulement l'architecture de cette église n'offre aucun caractère qui puisse la faire attribuer aux siècles qui ont précédé cet évêque, mais il existe plusieurs témoignages qui prouvent formellement que ce fut Maurice qui la fit commencer. Robert, moine d'Auxerre, dit, sous l'an 1175, que l'évêque Maurice fit construire cette église *dès les fondements* (2). Les mêmes expressions se trouvent dans le *Miroir historial* (3) de Vincent de Beauvais, et Jean de Saint-Victor (4) ajoute que le pape Alexandre III, réfugié alors en France, posa la première pierre du nouvel édifice en 1163. L'abbé Lebeuf prétend cependant que les anciens fondements furent conservés, et qu'ils servirent pour bâtir le chœur de l'église actuelle, qui est, dit-il, trop étroit pour la hauteur et la largeur de l'édifice. Cette raison ne persuaderait pas absolument, s'il n'était pas d'ailleurs visible que le chœur et la nef ne sont pas sur le même alignement; ce qui porte à croire que l'évêque Maurice, voulant, suivant l'ancien usage, orienter son église, ou obéir à un préjugé pieux (5), se sera pro-

---

(1) L'évêque Maurice prit le surnom de Sully du lieu de sa naissance, petite ville située sur les bords de la Loire, à 8 l. d'Orléans (Loiret).

(2) A fundamentis extruxit ecclesiam cui præerat. Dubois, *Historia ecclesiæ Parisiensis*, t. II, p. 123.

(3) Ad annum, 1177.

(4) Memoriale historiarum Joannis Parisiensis canonici Sancti-Victoris, ab orbe condito ad annum Christi 1320. *Ms. de la bibl. du roi*, coté n. 4725.

(5) Ce biais qui se manifeste d'une manière très sensible, tantôt à droite, mais plus souvent à gauche, dans les temples chrétiens construits au moyen âge, est fait, dit-on, pour représenter l'inclinaison que prit la tête de Jésus-Christ au moment où il expira sur la croix. Voy. *Description historique de l'église royale de Saint-Denis*. Paris, 1815, p. 48.

bablement servi en tout ou en partie des anciens fondements (1), et qu'il aura fait faire un léger coude à la nef pour qu'elle pût se trouver en face de la nouvelle rue que cet évêque avait fait percer en 1163 et 1164. Cette rue avait été ouverte afin de procurer un accès plus facile à l'église de Notre-Dame, à laquelle on ne parvenait de ce côté que par la petite rue *des Sablons*, qui existait au siècle dernier entre les bâtiments de l'Hôtel-Dieu et les maisons de la rue Neuve-Notre-Dame (2).

Quant à la construction de l'église de Notre-Dame, Robert du Mont, auteur contemporain et témoin oculaire, dit sous l'an 1177 (3) : « Il » y a long-temps que Maurice fait travailler à son église et que le che- » vet en est déjà fini, à l'exception de la couverture ; et si cet ouvrage » s'achève, il n'y en aura point deçà les monts qui puisse lui être com- » paré, etc. » On doit entendre par *chevet* le sanctuaire, c'est-à-dire les six piliers qui le composent, élevés jusqu'aux vitraux ou jusqu'à la voûte, et ne pas y comprendre les chapelles du fond, ni celles du pourtour du chœur, qui sont d'une construction postérieure. Un autre auteur (4) rapporte que le grand-autel fut consacré le mercredi d'après la Pentecôte de l'an 1182 par Henri de Château-Marçay, cardinal évêque d'Albano, légat du saint-siége, et par l'évêque Maurice ; preuve certaine que le chœur était achevé à cette époque. La chronique d'Anselin, continuée depuis l'an 1168 jusqu'en 1225, dit, sous 1182, que l'on travaillait dès lors aux ornements extérieurs (5).

Il paraît qu'en 1185 la construction de cette basilique, ou au moins celle du chœur, était assez avancée pour qu'on pût y célébrer l'office divin ; car Héraclius, patriarche de Jérusalem, venu à Paris pour y prêcher la croisade, célébra la messe dans cette église, le 17 janvier de la même année, en présence de Maurice de Sully et de son clergé. Disons plus, c'est que Geoffroy, duc de Bretagne, fils de Henri II, roi d'An-

(1) Cette assertion paraît d'autant plus vraisemblable, que lorsqu'on fit des fouilles dans le sanctuaire, en 1699, pour asseoir les fondements du maître-autel construit par les ordres de Louis XIV, on trouva sous le pavé deux aires, situées à quelque distance l'une de l'autre, ce qui indiqua que l'on avait construit dans cet endroit à trois différentes reprises. Le sol de l'un de ces deux aires était revêtu de petits carreaux octogones en marbre, semblables pour la proportion à ceux de nos appartements. Charpentier, *Description de l'église de Paris*, p. 22.

(2) Maurice de Sully profita de la bonne volonté des comtes de *Tourote* (ancienne maison de Picardie), auxquels appartenaient quelques unes des maisons situées dans l'endroit qui paraissait être sur l'alignement de la nouvelle église, cédant lui-même le premier ce que l'évêché avait en propre dans le même lieu. Telle est l'origine de la rue Neuve-Notre-Dame.

(3) *Appendice des OEuvres de Guibert de Nogent*, publié en 1651, par dom Luc d'Achéry; in-folio, p. 708.

(4) Geoffroy du Vigeois, *Bibliotheca nova*, du père Labbe, t. II, p. 330.

(5) *Description historique et chronologique de l'église de Paris*; discours préliminaire, p. 46 et 47.

gleterre, décédé à Paris en 1186, fut inhumé dans l'église de Notre-Dame, devant le grand-autel, ainsi que la reine Elisabeth de Hainaut, épouse de Philippe-Auguste, morte en 1189 (1).

Cependant, malgré les soins et l'activité que Maurice de Sully mit à la construction de l'église de Notre-Dame, il n'eut pas la gloire de la terminer ; il mourut le 11 septembre 1196, et laissa cent livres (2) pour la couvrir en plomb.

Maurice de Sully ne borna pas là sa munificence ; il fit rétablir le palais épiscopal dont la chapelle existait encore il y a quelques années, et employa en fondations plusieurs biens au profit de son chapitre, comme l'indique le nécrologe de l'église de Paris, où sont également détaillées ses autres libéralités. Il donne à cette église une table d'autel en or pesant vingt marcs ; un calice en or de deux marcs et demi ; un encensoir également en or de quatre marcs ; des tables d'argent, outre deux chapes, trois mitres, et quelques autres ornements ; de plus, deux cents livres destinées à la distribution des matines, dont la moitié serait affectée aux chanoines, et l'autre moitié aux pauvres clercs de l'église (3).

Son successeur, Eudes de Sully, parent de Philippe-Auguste, roi de France, et de Henri II, roi d'Angleterre, continua les travaux sans interruption depuis 1096 jusqu'en 1108, époque de sa mort. Il fut inhumé au milieu du chœur, sous une tombe de cuivre sur laquelle était représentée son effigie. Depuis, Pierre de Nemours et les évêques ses successeurs terminèrent ce grand édifice.

La nef, dont la construction est postérieure à celle du chœur, fut bâtie vers le commencement du XIIIe siècle, ainsi que la façade principale, que l'on présume avoir été achevée sous le règne de Philippe-Auguste, c'est-à-dire au plus tard en 1223 ; le style de l'architecture et de la sculpture, ainsi que l'effigie de ce roi, qui était la dernière des vingt-huit que l'on voyait, avant 1793, dans la galerie dite des *Rois*, indiquent l'époque à laquelle fut achevée cette belle façade.

En 1218 on abattit la vieille église de Saint-Etienne, qui aurait nui à la construction du côté méridional de la nouvelle église. En la démolissant, on y trouva les reliques suivantes, qui avaient été données par Philippe-Auguste, savoir : trois dents de saint Jean-Baptiste, un bras de saint André, des pierres dont saint Etienne avait été lapidé, et une

(1) Ce fut vers le même temps que le corps de Philippe, fils de Louis-le-Gros, mort archidiacre de Paris, en 1161, fut transféré de l'église de Saint-Étienne dans celle de Notre-Dame, et inhumé derrière l'autel principal. Ce prince donna des marques d'une grande humilité en refusant l'évêché de Paris, dont il se démit en faveur du célèbre Pierre Lombard, dit *le Maître des sentences*, qui avait été son précepteur.

(2) Ce qui reviendrait aujourd'hui à la somme de cinq mille francs. Leblanc, *Traité historique des Monnaies*, etc., p. 162 et 163.

(3) Félibien, *Histoire de Paris*, t. I, p. 221.

partie du chef de saint Denis, martyr. Ces objets furent portés, le 4 décembre, dans la nouvelle église de Notre-Dame, où l'on a longtemps célébré l'invention de ces reliques (1).

Ce fut le 12 février de l'an 1257, sous le règne de Louis IX, que Regnault de Corbeil, évêque de Paris, fit commencer le portail méridional par *maistre Jehan de Chelles*, qualifié du titre modeste de *maçon* dans l'inscription en caractères gothiques, parfaitement conservée et gravée autour de l'embasement de ce portail (2).

Le portail septentrional ne fut bâti que cinquante ans après celui du midi, c'est-à-dire, vers l'an 1312 ou 1313. Philippe-le-Bel employa à sa construction une partie du produit de la confiscation des biens des templiers, dont il venait de supprimer l'ordre.

Les bas-côtés de l'église, que l'on appelait *courtines*, ne furent construits qu'à la fin du XIII° siècle. Jean de Paris, archidiacre de Soissons, mort vers l'année 1270, légua cent livres pour élever cette partie de l'édifice (3).

Les chapelles situées autour du chœur datent, pour la plupart, du XIV° siècle. Nous en avons une preuve certaine dans les actes des fondations de plusieurs d'entre elles, et notamment celles de Saint-Ferréol et de Saint-Ferrutien, par Hugues de Besançon, chantre et chanoine de cette église, en 1324.

La *Porte-Rouge*, située du côté du cloître, d'une construction fort élégante, fut bâtie, suivant Grancolas (4), par Jean-sans-Peur, duc de Bourgogne, depuis 1404 jusqu'en 1419 (5). M. Fauris de Saint-Vincent a prétendu que la porte dont il s'agit était un bienfait de Jean, duc de Berri, frère de Charles V, mort en 1416 (6). On sait que le duc de Berri fut l'un des principaux bienfaiteurs de l'église de Notre-Dame; il est certain que les historiens contemporains qui ont rendu un compte exact de ses libéralités envers la métropole, n'auraient pas oublié de parler de la construction de cette porte, si véritablement elle était due à sa munificence. Or, la *Description de l'église de Paris*, qui sert d'autorité à M. Fauris de Saint-Vincent, n'en dit pas un mot.

On voit par le rapprochement des différentes époques de la construction de l'église de Notre-Dame, que cette basilique a été l'ouvrage de

(1) Lebeuf, *Histoire du diocèse de Paris*, t. I, p. 10 et 16.
(2) Voyez l'inscription rapportée dans la description de ce portail.
(3) Lebeuf, *Observations sur l'antiquité de l'édifice de Notre-Dame.— Dissertations sur l'histoire ecclésiastique et civile de Paris*, 1739, t. I, p. 75 et 112. — *Nécrologe du treizième siècle.* Ms. fonds de N.-D., bibl. du roi, n° 3883.
(4) *Histoire abrégée de l'église, de la ville et de l'université de Paris*, 1728, t. I. p. 429.
(5) Courtépée, *Histoire abrégée du duché de Bourgogne*, Dijon, 1777, p. 292.
(6) *Mémoire sur les bas-reliefs de l'église de Notre-Dame de Paris*, etc., Magasin encyclopédique, septembre 1815.

plus de deux siècles; il paraît même qu'il restait encore quelques parties de l'édifice à terminer sous le règne de Charles VII; car ce prince donna, en 1447, le revenu de la régale (1) durant la vacance du siége épiscopal de Denis du Moulin, *pour le bâtiment de l'église* (2). Il ne faut pas s'étonner du long espace de temps qu'on mit à l'achever; les guerres successives, les troubles intérieurs, et plus encore le manque d'argent, furent autant d'obstacles qui causèrent l'interruption des travaux de cette immense construction.

On sait que la dédicace de l'ancienne église Notre-Dame élevée par la munificence de Childebert, avait lieu le 11 octobre. On a toujours retardé, par des raisons inconnues, la cérémonie de la dédicace de l'église actuelle; la simple bénédiction du lieu et des autels fut trouvée d'abord suffisante; aussi n'y célèbre-t-on point d'anniversaire particulier.

Avant de donner la description de cet admirable monument, je continuerai de tracer l'histoire de la cathédrale, en énumérant quelques uns des priviléges dont elle a joui ou des faits particuliers dont elle a été le théâtre depuis le XIIe siècle jusqu'à nos jours.

En 1198, Eudes de Sully, successeur de l'évêque Maurice, fondateur de la nouvelle cathédrale, signala sa piété éclairée par la suppression de la *fête des fous*, qui s'y pratiquait alors comme dans la plupart des églises. Cette burlesque et scandaleuse cérémonie, était, selon l'opinion des savants, un reste des traditions païennes, une imitation des saturnales de Rome dont elle renouvelait la licence. Il est difficile de déterminer précisément l'époque à laquelle s'établit cette pratique bizarre. Tout ce qu'on sait, c'est que dans le dixième siècle, Théophylacte, patriarche de Constantinople, l'introduisit dans son église, d'où elle passa bientôt dans presque toutes celles de l'Europe. Cette fête reçut des modifications dans les divers pays où on la célébrait. A Paris, outre le nom de fête des fous, on lui donnait encore celui de fête des *sous-diacres* ou des *diacres saouls*, par allusion à l'état d'ivresse où se trouvait alors une partie du clergé. Elle commençait le jour de Noël et se prolongeait jusqu'à la fête des Rois. Je m'abstiendrai de décrire les détails révoltants de cette farce impie, dont Millin et M. Dulaure se sont plu à charger le tableau, et sur laquelle on peut d'ailleurs consulter Du Cange (3), Félibien (4), Marlot (5), M. Gilbert (6), et les deux ouvrages spéciaux de

---

(1) Droit que les rois de France avaient de percevoir les fruits de l'évêché vacant, et de nommer pendant ce temps aux bénéfices qui sont à la collation de l'évêque, excepté aux cures.
(2) *Gallia christiana*, t. VII, p. 148 et 149.
(3) *Glossarium* ad scriptores mediæ et infimæ latinitatis, 6 vol. in-fol, v° *Kalendæ*.
(4) *Hist. de Paris*, t. I, p. 224.
(5) *Metrop. Remensis historia*, 1666 et 1679, 2 vol. in-fol.
(6) *Descript. hist. de la basilique métrop. de Paris*, p. 360.

Du Tilliot (1) et de Flægel (2). L'Église en corps, bien loin d'approuver les honteuses orgies de la fête des fous, s'éleva souvent contre elles, et plusieurs conciles les condamnèrent ; mais le dérèglement des mœurs et l'ignorance résistèrent toujours à ces condamnations. Instruit par l'évêque Eudes des désordres qui se commettaient dans l'église de Notre-Dame le premier jour de janvier, le cardinal Pierre de Capoue, qui se trouvait alors à Paris en qualité de légat du pape, défendit, sous peine d'excommunication, de chômer désormais cette prétendue fête, et enjoignit au clergé de fêter la circoncision du Sauveur avec toute la décence convenable. Conformément à cette ordonnance, l'évêque fit deux statuts, datés des années 1198 et 1199, par lesquels il régla l'ordre des cérémonies à observer le jour de la Circoncision et le jour de Saint-Étienne, et ordonna aux chanoines et aux clercs de se tenir dans leurs stalles avec gravité et modestie, assignant une rétribution particulière à ceux qui assisteraient dans ces deux fêtes, à matines et à la messe, à condition qu'ils en seraient privés si ces désordres recommençaient. Mais si Eudes de Sully, aidé de l'autorité du légat, parvint à supprimer de son vivant la fête des fous dans l'église de Paris, il ne put l'abolir pour toujours, car elle subsistait encore en 1444, comme on le voit par la censure de la faculté de théologie de cette ville, adressée à tous les prélats et chapitres du royaume, pour les exhorter à abolir cet usage déshonorant pour la religion. Les conciles tenus à Sens en 1460 et 1485 en parlent encore comme d'un abus qu'il fallait détruire. Les progrès mêmes de la civilisation n'ont pu faire disparaître qu'imparfaitement les traces de la fête des fous, et les joies populaires du carnaval en sont encore un souvenir.

On sait quelle magnificence le clergé déployait au moyen âge pour la décoration des églises. A Notre-Dame de Paris, les jours de fêtes solennelles, les tentures qui entouraient le chœur étaient ordinairement d'une grande richesse. Le fait suivant, rapporté par l'abbé Lebeuf, en fournit un exemple. « La chronique d'Albéric de Trois-Fontaines décrit, sous l'année 1218, la manière dont on décorait cette basilique dans les grandes solennités. Un voleur, dans le dessein d'enlever le bassin d'argent et les chandeliers où brûlaient les cierges devant le grand-autel, s'introduisit, la nuit de l'Assomption, dans le grand comble, puis, aidé de quelques uns de sa bande, il entreprit de les tirer du haut des voûtes où il s'était caché ; les cierges élevés mirent le feu aux tentures d'étoffes dont l'église était ornée, et il en brûla, avant qu'on pût l'éteindre, pour la valeur de neuf cents marcs d'argent ; ce qui reviendrait aujourd'hui, ajoute Lebeuf, à la somme de quarante-cinq mille livres (3). »

(1) *Mémoire pour servir à l'histoire de la fête des fous*, Genève, 1752, in-8.
(2) *Geschichte der Groteskekomichen*, Leipzig, 1788, in-8, p. 159-170.
(3) *Histoire de la ville et du diocèse de Paris*, t. I.

Une ordonnance du chapitre de l'église de Paris, datée du mois de mars 1248, permet aux malades, principalement à ceux qui étaient atteints du mal des ardents, de rester dans l'église de Notre-Dame vers la seconde porte, même pendant la nuit, en attendant leur guérison, et cette entrée de l'église devait être éclairée par dix lampes.

L'église Notre-Dame fut pendant long-temps la retraite des *physiciens* (médecins), qui, pour la plupart, étaient ecclésiastiques; ils s'assemblaient autour des bénitiers et y recevaient les malades, dont la foule, au dehors, encombrait souvent le parvis. Le contraste qu'offraient ces assemblées, souvent tumultueuses, avec le respect dû au saint lieu et aux fonctions du sacerdoce, détermina le chapitre à éloigner les *physiciens* de l'église de Notre Dame. Une ancienne tradition consignée dans les registres de l'archevêché nous apprend qu'ils en furent chassés (1).

Aux XIIIe, XIVe et XVe siècle, on observait à Notre-Dame, le jour de la Pentecôte, pendant l'office divin, l'usage de jeter du haut des voûtes, des pigeons, des oiseaux, des fleurs, des étoupes sous la forme de langue de feu, et des pâtisseries connues sous le nom de *nieules* et d'*oblayes* (oublies). Au moment où l'on chantait l'hymne *Veni creator*, un *coulon blanc*, dit Legrand d'Aussy, était lâché du haut des voûtes, pour figurer la descente du Saint-Esprit sur les apôtres. Le peuple se plaisait infiniment à ces sortes de spectacles, où son imagination était émue par des images vives et frappantes (2).

Après la bataille de Poitiers, où le roi Jean avait été fait prisonnier, le 19 septembre 1356, Paris, divisé par les factions, était en proie aux troubles et à l'anarchie. Pour intéresser le ciel en leur faveur, les bourgeois firent un vœu d'une espèce singulière : ce fut d'offrir tous les ans à l'église de Notre-Dame une bougie de la longueur de l'enceinte de la ville. En conséquence le 14 août 1357, veille de l'Assomption, le corps municipal présenta en cérémonie à l'évêque et au chapitre assemblés cette nouvelle offrande pour la première fois; elle eut lieu tous les ans, jusqu'à l'époque des troubles de la Ligue, où elle fut interrompue pendant vingt-cinq ou trente ans. En 1605, Paris s'étant considérablement agrandi, le vœu était devenu fort difficile à remplir. L'offrande annuelle de la bougie fut alors remplacée par celle d'une lampe d'argent que François Miron, prévôt des marchands, présenta à l'église de Notre Dame au nom de la ville. Telle était l'origine du lampadaire d'argent, composé de sept lampes, que l'on voyait autrefois suspendu devant l'ancienne chapelle de la Vierge; la lampe du milieu, donnée par la ville, avait la forme d'un vaisseau; les six autres étaient dues à la munificence de

---

(1) Girodet, *Recherches historiques et critiques sur l'origine de la chirurgie*, p. 84 et 85.
(2) Legrand d'Aussy, *Histoire de la vie privée des Français*, t. III, p. 163.

Louis XIV; ce lampadaire fut porté à l'hôtel des Monnaies en 1793.

L'affranchissement des serfs du chapitre de l'église de Paris se faisait d'une manière digne de remarque. En 1402, Jean Robinet, natif de Vaudoy, en Brie, ayant obtenu la permission du chapitre d'entrer dans l'état ecclésiastique, il se présenta un soir, pendant vêpres, dans le chœur de l'église Notre-Dame, avec une serviette au cou, et tenant un bassin et des ciseaux. Chaque chanoine lui coupa une petite portion de cheveux en signe de manumission. Cette cérémonie achevée, il fut renvoyé à l'évêque de Meaux, dont il était diocésain, pour être ordonné prêtre (1).

En 1416, Jean, duc de Berri, oncle de Charles VI, étant tombé malade à Paris, donna au chapitre de Notre-Dame son hôtel de Nesle, à condition que tous les ans, le premier jour de mai, les chanoines feraient une procession avec un rameau vert à la main, et que le pavé de l'église serait jonché d'*herbe verte*. Jusqu'au XV⁰ siècle, la coutume était de joncher de fleurs et d'herbes odoriférantes le pavé de l'église aux grandes fêtes d'été, et principalement à celle de l'Assomption de la Vierge. Les prieurs de l'archidiaconé de Josas fournissaient tour à tour ces herbes et ces fleurs; mais dans la suite on n'exigea plus cette redevance, et l'on se contenta de répandre dans l'église de l'herbe tirée des prés de Gentilly.

Jusqu'au commencement du XVIII⁰ siècle, il existait à Notre-Dame un usage singulier, reste de la naïve crédulité de nos pères: aux processions des Rogations, on portait la figure d'un grand dragon d'osier, à la gueule béante, dont le peuple s'amusait beaucoup. Le plus adroit s'exerçait à jeter en passant dans sa gueule des fruits ou des gâteaux. On croit que cette procession du dragon avait lieu en mémoire du serpent monstrueux dont saint Marcel délivra cette ville, si l'on en croit sa légende (2). On cessa, vers 1720, de porter le dragon aux processions des Rogations, mais on conserva l'usage de bénir la rivière, de même que dans les campagnes on bénit les champs et les fruits de la terre.

En 1728, l'église de Notre-Dame fut le théâtre d'un événement funeste qui mérite de trouver place ici à cause de sa singularité. « Le jour de Pâques de cette année, une troupe de voleurs, que l'on présuma depuis être de la bande de Cartouche, profita de la solennité qui rassemblait dans la métropole un grand nombre de fidèles, pour mettre à exécution un complot ourdi avec une hardiesse inouïe. Quelques uns d'entre eux s'étant introduits, dès le matin, dans la charpente de l'église par le moyen des échafauds élevés pour le rétablissement de la

---

(1) Lebeuf, *Dissertations sur l'hist. eccl. et civ. de Paris*, t. I, p. 91 et 92.
(2) Voyez page 19.

voûte de la croisée, les autres se distribuèrent en deux divisions, dont l'une s'éparpilla dans l'église, et l'autre se posta aux alentours des différentes portes. Au premier verset du second psaume des vêpres, moment convenu pour le coup de main, les voleurs ayant fait tomber du haut de l'édifice des moellons, des outils et des échelles, d'autres de leurs complices, confondus dans la foule, se mirent à crier d'une voix effrayante que la voûte tombait, et entraînèrent dans leur fuite combinée la multitude épouvantée. A l'instant les diverses issues de l'église se trouvèrent tellement embarrassées, qu'il y eut plusieurs personnes étouffées dans la presse, d'autres grièvement blessées ; enfin, pendant ce tumulte, les voleurs pillèrent montres, tabatières, boucles d'oreilles, bagues, etc., et disparurent sans que jamais on ait pu rien découvrir, malgré les recherches que fit faire la police. Il y eut dans cette catastrophe plus de quatre cents personnes qui restèrent pendant quelques heures sur des poutres placées dans le parvis ; les unes étaient grièvement blessées, d'autres tellement incommodées qu'il fallut leur donner dans ce lieu même tous les soins nécessaires pour les faire revenir (1). »

Notre-Dame de Paris, élevée dans le siècle de saint Louis, si remarquable par le mouvement général de progrès et d'amélioration qui se manifesta dans les arts et dans les sciences comme dans les institutions, est l'un des plus beaux édifices du moyen âge, l'un des plus illustres de la chrétienté, et demande une description détaillée.

La proximité de Notre-Dame du lit de la rivière a fait croire que l'édifice était entièrement fondé sur pilotis ; mais cette opinion a été reconnue fausse toutes les fois qu'on a eu à creuser plus bas que les fondements. Ce fait fut vérifié notamment dans le mois de mai de l'année 1756, lorsque l'on fit les fouilles pour les fondations du bâtiment du trésor. Alors on descendit à 2 pieds au-dessous des fondations de l'église, qui avaient 24 pieds de profondeur, et on reconnut que les fondations reposaient sur un gravier ferme sans pilotis, qu'elles étaient formées, immédiatement au-dessous du sol de l'église, de quatre assises de pierre de taille dure, faisant retraite les unes sur les autres, et au-dessous, de gros moellons, de mortier, de chaux et de sable formant un corps continu et sans vide, plus dur que la pierre.

Sans avoir des dimensions aussi vastes que les belles cathédrales d'Amiens ou de Reims, Notre-Dame de Paris doit à son ordonnance large et solide, à ses lignes horizontales, une physionomie particulière ; l'impression qu'elle laisse est une impression de force, de grandiose, quand les autres saisissent par leur légèreté. Cette énorme masse, ces lignes horizontales luttant sans cesse contre les verticales, ces trois

---

(1) Piganiol de la Force, *Description historique de Paris*, édit. de 1765 ; t. I, p. 358.

églises superposées, ces trois nefs parallèles qui en feraient sept si l'on faisait disparaître les murs de refend qui circonscrivent les chapelles, tout cela fait de Notre-Dame de Paris un monument unique en son genre.

La sculpture qui décore Notre Dame est peut-être la plus parfaite comme œuvre d'art que le moyen âge ait produite. Reims a 3,000 statues, Chartres 5,000, Paris n'en possède que 1,200 ; mais dans les statues de Reims, dans celles qui sont à Chartres (aux porches et aux portails latéraux surtout), beaucoup sont mauvaises. A Paris, chacune de ces figures est un chef-d'œuvre et mériterait un examen particulier; il est à regretter que Soufflot et Romagnesi aient restauré quelques unes de ces statues dans un goût peu en harmonie avec le reste de l'édifice.

Nous décrirons donc avec soin l'extérieur de Notre-Dame; mais examinons d'abord l'intérieur.

Il renferme la nef à doubles bas côtés, vingt-neuf chapelles (1), le chœur, et, à la hauteur de l'orgue, une galerie qui fait le tour de l'église.

Disposition générale. — Notre-Dame de Paris est bâtie en forme de croix latine. Sa longueur dans œuvre, c'est-à-dire depuis le portail jusqu'au mur de l'abside, est de 390 pieds; sa largeur est de 144 pieds d'une porte à l'autre de la nef transversale ou croisée; la hauteur de la voûte est de 104.

La voûte est soutenue par 120 grosses colonnes dans le style roman. Ces colonnes auraient dû être surmontées d'arcs en plein cintre; mais la construction de l'édifice avançant lentement, l'architecture subissant alors une transformation et passant du romain au gothique, il arriva, suivant l'expression de M. Victor Hugo : « que l'architecte achevait de » dresser les premiers piliers de la nef, quand l'ogive, arrivant de la » croisade, vint se poser en conquérante sur les larges chapiteaux ro- » mans qui ne devaient porter que des pleins cintres; maîtresse dès » lors, l'ogive a construit le reste de l'édifice. »

Ces colonnes sont donc les premières parties construites de l'édifice; la hauteur du fût et du chapiteau ensemble n'est que de 24 pieds. Les colonnes reçoivent les nervures de la voûte des bas-côtés et de la voussure ouverte sur la nef; la plate-forme du chapiteau du côté de la nef sert encore de base à trois minces colonnes en faisceau, qui s'élèvent le long des murs à soixante et quelques pieds, pour rejoindre la retombée des nervures croisées de la grande voûte.

(1) On comptait autrefois quarante-cinq chapelles à Notre-Dame; le nombre en a successivement diminué, soit par la suppression de quelques unes faite dans les croisées pour donner plus de jour à l'église, soit par la réunion de deux chapelles en une seule.

Au-dessus des bas-côtés règne une galerie divisée par 108 colonnes, chacune d'une seule pièce ; elle n'est interrompue que par la croisée. On y monte par trois escaliers, deux qui sont à l'entrée de la nef, et l'autre à la droite du chœur du côté de la chapelle de la sainte Vierge. C'est à ces galeries ou tribunes qu'on attachait pendant la guerre les drapeaux pris sur les ennemis ; on les ôtait pendant la paix. En 1693, après la victoire de Marsaille, le prince de Conti venant à Notre-Dame décorée des drapeaux de Fleurus, Steinkerque, Nerwinde, assister au *Te Deum* d'actions de grâces, dit en prenant Luxembourg par la main et écartant la foule : *Place, messieurs! laissez passer le tapissier de Notre-Dame.*

Vitraux. — L'église est éclairée par 113 vitraux sans y comprendre les trois grandes roses, dont l'une est à la façade principale et les deux autres aux faces latérales. Les vitraux, à l'exception des roses, sont aujourd'hui en verroterie blanche entourée d'un liséré bleu et jaune. Autrefois ils étaient en couleur et dans le goût si en harmonie avec la destination de l'édifice. Suger, suivant l'auteur de sa Vie (1), en avait fait don à l'église de Notre-Dame. Le faux goût du siècle dernier les a fait successivement supprimer à dater de 1741. On voyait encore, il y a une vingtaine d'années, dans la chapelle d'Harcourt, une très belle verrière de la fin du XVIe siècle, représentant le Jugement dernier et les portraits des donateurs. Cet ouvrage a disparu, à ce qu'il paraît, dans une restauration.

La rose qui est du côté de la rivière a été reconstruite en 1726, tant pour la pierre que pour la vitrerie, par Claude Pinel, appareilleur, sous les ordres de Boisfranc, architecte du roi. Les frais de réparation, qui s'élevèrent à la somme de 80,000 fr., furent payés par le cardinal de Noailles, archevêque de Paris, dont les armes, peintes sur verre, furent placées au centre de la rose, en place d'une peinture du Christ.

La vitrerie de la grande rose au-dessus de l'orgue a été réparée en 1731. Elle a quarante-deux pieds de diamètre ; celles des portails de la croisée en ont quarante. Les trois roses sont admirables, tant pour les nervures de pierre qui les soutiennent que pour les vitraux qui les forment.

L'intérieur de l'église a été blanchi plusieurs fois, et notamment en 1718, 1780 et 1804. On a détruit ainsi les peintures à fresque des murs et des piliers, si nécessaires pour donner un peu de vie aux larges nefs de l'église.

Ces peintures étaient appliquées sur un enduit en pâte. On en a découvert plusieurs fois la trace, notamment en 1819 dans la nouvelle

(1) *Recueil des hist. de France*, t. II, p. 106.

chapelle de la Vierge derrière le chœur, que l'on retrouva une peinture représentant l'Apothéose de saint Nicaise.

Des peintures étaient également appliquées sur les bas-reliefs. Tout récemment (1) on vient d'enlever le badigeon qui recouvrait celles des bas-reliefs de l'extérieur du chœur, qui produisent aujourd'hui un bien meilleur effet. Nous en parlerons bientôt.

Nef et croisée. La grande nef était ornée de diverses statues. En y entrant, on voyait sur la droite, au premier pilier, une figure colossale que l'on croyait représenter saint Christophe traversant les eaux en portant Jésus-Christ enfant sur ses épaules; courbé sous son fardeau, le personnage s'appuyait sur un tronc d'arbre noueux. Cette statue avait, d'après les anciennes mesures, vingt-huit pieds de haut, son pied une aune de long, et son pouce un pied de roi (2). En 1772, on voulut, en réparant l'église, enlever cette statue ; mais le chapitre, d'après le désir de l'archevêque Christophe de Beaumont, en vota la conservation, et elle ne disparut qu'en 1785 après la mort de ce prélat.

Au bas de la figure colossale, il y avait un autel où l'on disait des messes tous les ans le jour de la fête du saint. Dans un enfoncement au-dessus de l'autel, on voyait un sujet représentant d'un côté un vieillard attaché à un arbre, et de l'autre ses quatorze enfants armés chacun d'un arc. Prétendant tous avoir droit à la succession entière, comme seul fils légitime à l'exclusion des autres, ils convinrent que celui d'entre eux qui décocherait sa flèche le plus près du cœur du vieillard serait le seul héritier. L'un d'eux eut horreur de cette action barbare, et aima mieux renoncer à son héritage que de percer le cœur de son père quoique mort : à ce trait on le reconnut pour le seul fils légitime.

A côté de la statue de saint Christophe, on voyait celle de son fondateur, Antoine des Essarts, à genoux sur une pierre carrée. Echappé du danger qu'il avait couru à suivre le parti du duc de Bourgogne, avec Pierre des Essarts, son frère, surintendant des finances, décapité aux Halles en 1413, il fit élever la statue colossale de saint Christophe, en reconnaissance de ce que ce saint lui était apparu pendant la nuit et avait brisé les portes de sa prison. On avait placé au-dessous ses armes, de gueules à trois croissants, et sur la plate-bande de la pierre on lisait : « C'est la représentation de noble homme messire Anthoine des Essarts, » chevalier, jadis sieur de Thierre et de Glatigny au Val-de-Galie, con- » seiller grand chambellan du roi nostre sire Charles VI de ce nom ; le- » quel fit faire cette grande imaige en l'honneur et reverence de mon- » sieur saint Christophe, en l'an 1413. Priez Dieu pour son âme. »

On voyait aussi avant 1789, au bout de la nef et à côté du dernier pi-

---

(1) Dans le mois d'octobre 1838.
(2) Curiosités de Notre-Dame, par M. C. P. G. p. 85.

lier à droite de l'entrée du chœur, presque vis-à-vis la chapelle de la Vierge, la statue équestre de Philippe-le-Bel, élevée en ce lieu, par ses ordres, après la victoire de Mons-en-Puelle, et le représentant au moment où il avait été surpris à la seconde attaque des Flamands, c'est-à-dire armé de son casque visière baissée, de son épée et de ses gantelets, mais sans brassards ; le cheval était caparaçonné. Le roi avait accordé une rente annuelle à Notre-Dame pour la fondation d'une fête qui se célébrait tous les ans à l'anniversaire de la bataille. Quelques savants ont cru que cette statue représentait Philippe-de-Valois ; mais la discussion a établi que c'était bien Philippe-le-Bel. Cette figure, curieuse pour l'étude des costumes et de l'art à cette époque, fut détruite, en 1792, à coups de sabre, au milieu des vêpres, par les Marseillais.

Sous la nef traversale ou croisée, on voyait le cénotaphe du cardinal de Noailles et de l'abbé Laporte, supprimé en 1804, lorsqu'on déblaya l'entrée principale du chœur.

En entrant, à gauche, sous la tour septentrionale, on remarque près la porte de l'escalier un grand bas-relief qui fixe souvent l'attention des curieux par son originalité : c'est la pierre du tombeau d'un chanoine nommé Antoine Yver, mort le 24 février 1467. Ce tableau a environ huit pieds de haut sur quatre de large. La partie supérieure représente le Jugement dernier ; Jésus-Christ, environné de ses anges, lance de sa bouche deux glaives ; il a sous ses pieds un globe, et dans la main un livre ouvert sur lequel on lit : *Miserebor cui voluero, et clemens ero in quem mihi placuerit.* Au-dessus de la tête, on lit sur une banderole : *Clamabant alterutrum sanctus, sanctus, sanctus.* La seconde partie du tableau représente un homme qui sort nu d'un tombeau, sur lequel on voit un cadavre rongé de vers ; cet homme a les cheveux courts et joint les mains ; sur sa tête on lit : *Et non intres, Domine, in judicium cum servo tuo*, etc. Cette figure d'homme suppliant est tournée de profil et placée entre saint Étienne, que l'on reconnaît à sa tunique diaconale et aux pierres éparses sur lui, et saint Jean l'Évangéliste, qui tient une coupe remplie de serpents. Au-dessous du cadavre on lit plusieurs versets de psaume. Au bas du tableau est la longue épitaphe *d'Étienne Yver, licencié en droit canonique, chanoine de cette église et de celle de Rouen, conseiller du roi en sa cour de parlement, originaire de Péronne, diocèse de Noyon.* Aux deux angles inférieurs du tableau on voit deux écussons demi-ovales, terminés en pointe, avec un support de laurier entrelacé d'une banderole ; on croit y lire l'*ame vi Dieu*. Le champ de l'écu, sur lequel les émaux ne sont pas spécifiés, est occupé par un chevron brisé accompagné de trois molettes ; sur chaque chevron est posée une coquille. Il paraît qu'avant de mourir Yver avait légué 200 écus pour fonder un obit pour le repos de son âme ; on l'inhuma dans la chapelle de Saint-Nicolas, contre le mur de laquelle le tableau de pierre fut long-temps attaché.

Au milieu de la nef, on remarque une pierre de quatorze pieds et demi de long, et sous laquelle on prétendait qu'avait été inhumé un enfant de chœur qui avait neuf pieds de haut, mort de chagrin de se voir si grand. C'est tout simplement la pierre qui recouvre un caveau de sept à huit pieds dans lequel fut enterré Pierre de Chateaupers, chanoine de cette église, mort en 1504. La tour que l'on voit sur la tombe représente les armes du chanoine.

Dans les compartiments séparant la nef des bas-côtés, s'ouvrant sur le pavé de l'église, trois trappes en bois ferment les entrées de la grande cave pratiquée sous la nef, en 1766 et 1767, pour la sépulture des chanoines, des chapelains, des chantres et des enfants de chœur de l'église. Toutes les divisions sont indiquées par des inscriptions gravées sur pierre. Depuis que l'on a fait défense d'inhumer dans les églises, cette cave ne sert à aucun usage.

On voyait autrefois sous les deux arcades à l'entrée de la nef, deux bénitiers en granit de Remiremont, très élégants, exécutés en 1777, sur les dessins de Soufflot. Ils sont aujourd'hui placés dans la chapelle des Tuileries.

Les bénitiers actuels sont faits en forme de coquilles.

La chaire, d'un style lourd, n'a de remarquable que son escalier pratiqué dans l'intérieur même. Le dossier est décoré d'un bas-relief dont le sujet est la présentation de la sainte Vierge au temple. Cette chaire a été terminée en 1806 par le sieur Marchand, menuisier. L'ancienne chaire de Notre-Dame, que les événements de la révolution ont fait passer dans l'église de Saint-Eustache, avait été exécutée par Fixon, sculpteur, sur les dessins de Soufflot.

Le pavé de la nef et des bas-côtés est composé de grands carreaux en marbre de Bourbonnais; celui des bas-côtés du chœur est en pierre de liais et en marbre noir de Dinan. Ce fut en 1769 qu'on commença le carrelage en marbre de l'église; il fut totalement terminé en 1775. Ce pavé a tellement perdu son éclat, qu'on s'aperçoit difficilement qu'il est en marbre.

En 1769, on revêtit en marbre du Languedoc les bases des piliers de la nef. L'exhaussement successif du sol des rues qui aboutissent à Notre-Dame obligea à rehausser celui du pavé de l'église, et les bases ainsi un peu enterrées ont perdu la proportion que l'architecte du temple avait cru devoir leur donner.

Il existait un orgue à Notre-Dame vers la fin du XIIe siècle; il dut être changé plus tard en 1440. Les orgues de la cathédrale furent réparées aux dépens du chanoine Louis Ruguier, depuis évêque du Puy. Ces orgues furent rétablies en 1730, par Thierry et Lesclope, facteurs d'orgues, qui les augmentèrent de quatorze cents tuyaux. En 1784, le chapitre, qui s'occupait des embellissements de Notre-Dame, fit encore améliorer ce buffet d'orgues par le célèbre Clicquot, facteur d'orgues du roi. Le *positif* a été totalement refait à neuf par cet artiste, et la menuiserie exécutée par Caillon. En 1812 et 1813, M. Dallery, facteur d'orgues de la chapelle de l'empereur, y a fait des réparations assez considérables. Cet instrument, l'un des plus beaux qui existent en Europe, est un *trente-deux-pieds*, avec une bombarde au pied et une à la main.

Le fond de la croisée à droite est décoré de quatre grands pignons découpés très délicatement dans le plein mur et surmontés de petites figures gothiques. Dans les deux niches pratiquées entre ces pignons, on voyait autrefois les statues d'Adam et d'Eve en pierre de liais, ouvrage du XIII siècle. Elles furent ôtées de cet endroit lorsqu'on y plaça des tableaux. La statue d'Adam fut plus tard transportée au musée des monuments français; celle d'Eve, trop mutilée, ne put être restaurée.

Chœur. — Louis XIII, par sa déclaration de Saint-Germain-en-Laye, du 10 février 1638, ayant mis sa personne et son royaume sous la protection de la sainte Vierge, fit vœu en même temps d'élever dans la cathédrale de Paris un autel digne de sa piété. La mort l'empêcha de réaliser son projet, qui ne fut exécuté que vers la fin du règne de Louis XIV.

Les embellissements furent commencés le 29 avril 1669, sur les dessins de Jules-Hardouin Mansard, alors architecte du roi. L'ancien autel était renfermé, suivant l'usage primitif, entre quatre colonnes de cuivre soutenant des pentes et des rideaux que l'on changeait selon la couleur des fêtes. Le pourtour intérieur du sanctuaire était décoré d'une suite de bas-reliefs représentant les traits principaux de l'Ancien et du Nouveau Testament, avec des explications sommaires gravées sur chacun des bas-reliefs. Au fond du sanctuaire, sur une plate-forme soutenue par quatre colonnes en cuivre, placée derrière l'autel, s'élevait, à quinze pieds de hauteur, la châsse de Saint-Marcel, évêque de Paris, exécutée en vermeil, en forme d'église gothique, et ornée de vitraux émaillés (1).

On supprima toutes ces dispositions ainsi que celles du chœur, et l'on fit les fouilles nécessaires pour établir les fondements du maître-autel.

En procédant à ces fouilles, on découvrit les sépultures de plusieurs

(1) Cette châsse avait été exécutée vers 1270, d'après un legs fait par Raimond de Clermont, chanoine de Notre-Dame. Elle fut portée à l'hôtel des Monnaies en 1793, avec l'argenterie de l'église.

princes et princesses du sang, ainsi que celles de quelques évêques et archevêques de Paris (1).

Ces dépouilles mortelles furent recueillies avec respect, et placées, le 6 juin 1699, dans un cercueil de pierre de cinq pieds de longueur sur deux de largeur, et dix-huit pouces de profondeur; on plaça ensuite ce cercueil sous le pavé du sanctuaire, près le grand autel, du côté de l'épître, à l'endroit où le célébrant disait le *De Profundis* à la messe avant le *lavabo*.

La première pierre du maître-autel fut posée avec cérémonie, le lundi 7 décembre 1699, par le cardinal de Noailles, accompagné du chapitre de la métropole.

Au milieu de la plus haute assise des fondements de l'autel, on plaça une pierre carrée, creuse d'un demi-pied en tous sens, dans le vide de laquelle on mit d'abord une couche de charbon broyé, et par-dessus une lame de cuivre doré, avec une inscription par laquelle on voyait que cet autel avait été élevé par Louis XIV, en 1699.

On mit sur cette lame de cuivre du charbon broyé, et par-dessus quatre médailles : la première, exécutée par Besnard, était d'or, pesait un marc un gros, et représentait d'un côté Louis XIII en buste, et de l'autre le même prince adorant le Sauveur sur les genoux de la Vierge. La seconde médaille, pareillement d'or, et du poids d'un marc, avait été faite par Roussel, et représentait d'un côté Louis XIV, et de l'autre l'autel d'après le plan de Mansard. Les deux autres médailles étaient d'argent et représentaient les mêmes sujets.

Les travaux de Mansard n'ayant pas été généralement approuvés, on abattit après la mort de cet architecte, arrivée le 11 mai 1708, tout ce qui avait été fait, et Robert de Cotte, qui avait présidé les travaux sous les ordres de Mansard, fut chargé de la reconstruction de l'autel, et de la décoration intérieure du chœur. Son fils termina ces

(1) Voici leurs noms : Philippe de France, fils de Louis VI dit le Gros, archidiacre de Paris, mort en 1161; Geoffroy, duc de Bretagne, comte de Richemont, fils de Henri II, roi d'Angleterre, décédé en 1186; Isabelle de Hainaut, première femme de Philippe-Auguste, morte le 22 mai 1190; Philippe de France, comte de Boulogne, fils de Louis VIII, mort en 1225; Louis de France, duc de Guyenne, dauphin de Viennois, fils de Charles VI, décédé en 1415; le cœur de Louise de Savoie, mère de François Ier, morte en 1531. Les évêques et archevêques de Paris et autres ecclésiastiques qui avaient eu leur sépulture dans le chœur, étaient Eudes de Sully, mort en 1208; Gautier de Château-Thierry, décédé en 1249; Étienne Tempier, mort en 1279; Étienne de Paris, décédé en 1378; Aymeric de Magnac, cardinal, mort en 1384; Pierre d'Orgemont, mort en 1409; Jacques du Châtelier, décédé en 1438; Denys du Moulin, mort en 1447; Guillaume Chartier, mort en 1472; Louis de Beaumont, mort en 1492; Jean-Simon de Champigny, décédé en 1502; Guillaume Viole, décédé en 1567; Jean-Baptiste Castel, nonce du pape, mort en 1583; Renaud de Beaune, chanoine de Notre-Dame, puis archevêque de Sens, mort en 1606; Pierre de Marca, décédé en 1662; Hardouin de Péréfixe, mort en 1671; François de Harlay, décédé en 1695.

embellissements, le 21 avril 1714, à l'exception du groupe de la Descente de croix, que Coustou l'aîné mit en place en 1723, et de quelques autres ornements qui furent successivement exécutés.

Enfin le chœur de Notre-Dame, après avoir été fermé pendant quinze ans, ne fut rouvert et rendu au culte que pour y chanter, avec la plus grande pompe, le *Te Deum* en actions de grâces de la paix qui venait d'être conclue à Rastadt, entre la France et l'empire d'Allemagne, le 6 mars 1714. Cette cérémonie eut lieu le dimanche 22 avril.

Le chapitre, par reconnaissance envers Louis XIV, fonda une messe pour la conservation de ses jours; cette messe, que l'on célébrait le 23 avril de chaque année, fut convertie, après la mort de ce prince, en un service solennel pour le repos de son âme; il avait lieu autrefois tous les ans le 1er septembre.

Louis XV fit redorer à neuf l'intérieur du sanctuaire, après son retour de Metz, en 1744; il décora aussi l'autel d'un grand bas-relief en bronze doré en or moulu, exécuté par Vassé fils, d'après le modèle de Vassé père.

Tant de richesses et de magnificence ont disparu en un moment; le chœur de cette basilique fut presque entièrement dévasté en 1793; il a été rétabli en partie sous le règne de Napoléon.

Jubés et grilles. — L'entrée du chœur, débarrassée des énormes jubés flanqués de deux chapelles postiches de mauvais style, qui en interceptaient la vue, est maintenant ornée de deux estrades en marbre de griotte d'Italie, et d'une magnifique grille qu'on peut considérer comme un chef-d'œuvre.

Ces deux estrades ou jubés sont élevés de 5 pieds 6 pouces; la grille, qui est de même hauteur, est distribuée en quatre panneaux carrés dont deux dormants, garnis l'un et l'autre de huit fuseaux en bronze, cannelés, précieusement ciselés et dorés en or moulu.

Chaque panneau est encadré de deux pilastres et de deux frises à jour de même largeur; ces panneaux sont rehaussés d'arabesques en bronze doré, avec des étoiles aux angles sur un fond émaillé en bleu. Au-dessous règne une embase de niveau avec le premier socle des jubés en marbre sérancolin, dont la moulure en bronze, ciselée, se perpétue d'un pilier à l'autre, ainsi que la riche frise de la plinthe formant appui.

Chaque embase des quatre travées de la grille est divisée en trois médaillons circulaires, encadrés et environnés d'une ceinture en bronze ciselé, dont le fond lisse à double face, de couleur de lapis-lazuli, est enrichi du monogramme de la Vierge et de celui de Louis.

Les différents panneaux des jubés, d'un poli transparent, sont ornés d'une broderie de fleurs de lys disposées en échiquier.

Les six arcades du sanctuaire sont garnies de grilles d'un excellent goût, et surmontées de la même frise.

L'ensemble de ces grilles est un chef-d'œuvre unique en France ; les fers sont polis comme de l'acier, et les bronzes, ciselés de main de maître, sont dorés en or moulu.

On peut ajouter à nos remarques sur ces grilles, une particularité ignorée de la plupart des amateurs : c'est la précision de leur exécution et de leur placement entre deux points donnés, qui procure la facilité de les enlever à volonté dans des circonstances extraordinaires.

La grille principale, les jubés qui l'accompagnent, ainsi que les grilles des arcades du sanctuaire, ont été terminés au mois de juillet 1809, sur les dessins de MM. Fontaine et Percier, architectes du gouvernement, par MM. Vavin, serrurier; Forestier, fondeur-ciseleur, et Hersent père, marbrier.

Au-devant du chœur est suspendue à la voûte une lampe en cuivre argenté. Cette lampe brûle jour et nuit devant le Saint-Sacrement.

Stalles. — Le premier objet qui frappe les regards en entrant dans le chœur, est la magnifique boiserie des stalles, exécutée en beau chêne de Hollande. Le lambris, au-dessus des stalles, est décoré de bas-reliefs représentant les traits principaux de la vie de la sainte Vierge, dans des cartels, alternativement oblongs et ovales, enrichis d'ornements; les trumeaux qui les séparent sont ornés d'arabesques d'un assez mauvais goût. Parmi ces ornements, on distingue les instruments de la passion de Jésus-Christ ; le tout est surmonté d'une corniche en menuiserie soutenue de consoles et de mutules d'un riche dessin, qui règnent également partout.

Tous les siéges se divisent en hautes et basses stalles ; on en compte vingt-six de chaque côté dans le haut, et vingt dans le bas. Celles de la droite, en entrant dans le chœur, ont été exécutées par Louis Marteau ; et celles de la gauche par Jean Nel, sur les dessins de Jules du Goulon, sculpteur du roi.

En commençant par la droite, on voit Jésus-Christ donnant les clefs à saint Pierre ; la naissance de la Vierge ; la présentation de la Vierge au temple; la Vierge instruite par sainte Anne sa mère ; son mariage avec saint Joseph ; l'Annonciation ; la Visitation de la Vierge ; la naissance de Jésus-Christ ; l'Adoration des mages ; la Circoncision. Du côté gauche : le miracle des noces de Cana ; la sainte Vierge en contemplation auprès de la croix ; une Descente de croix ; la Descente du Saint-Esprit sur les apôtres ; l'Assomption de la Vierge ; la Religion, représentée par une femme à genoux, levant les yeux au ciel et tenant un encensoir à la main ; la Prudence, représentée par une femme tenant un serpent ; la Modestie ou l'Humilité, sous la figure d'une femme tenant un sceptre au bout duquel est un œil; la Douleur, représentée par une femme ayant la tête baissée et un agneau à côté d'elle ; les

Pèlerins d'Emmaüs, dans un petit cartouche sculpté sur le trumeau qui termine la boiserie des stalles.

Tous ces bas-reliefs, d'une exécution et d'un fini admirables, ont été sculptés par du Goulon, Belleau, Taupin et Goupel, d'après les dessins de René Charpentier, sculpteur, élève de Girardon.

Les deux chaires archiépiscopales, placées de chaque côté, aux extrémités de la boiserie des stalles, sont surmontées de baldaquins enrichis de groupes d'anges tenant des attributs religieux et soutenus par des consoles. Le dossier de chacune des chaires, disposé en cul-de-four, est décoré d'un bas-relief; sur le fond de celle placée à droite est représenté le martyre de saint Denis, premier évêque de Paris, et de ses deux compagnons, Rustique prêtre et Éleuthère diacre. Le bas-relief de la chaire de gauche offre la guérison miraculeuse du roi Childebert I, opérée par l'intercession de saint Germain, évêque de Paris, en 557. Ces deux chaires ont été exécutées par du Goulon, d'après les dessins de Vassé.

A l'entrée du chœur, dans les angles des gros piliers, sont deux pilastres en bois décorés d'arabesques.

Tableaux du chœur. — En 1709, pendant la guerre désastreuse de la succession au trône d'Espagne, les finances épuisées ayant nécessité le ralentissement des travaux du chœur, l'abbé de La Porte demanda par écrit à Louis XIV la permission de l'orner, à ses frais, de huit grands tableaux représentant les principaux traits de la vie de la sainte Vierge. L'ayant obtenue, M. de La Porte confia l'exécution de ces tableaux aux peintres les plus célèbres de cette époque.

Ces tableaux, qui, depuis la révolution, ornaient le muséum de Versailles (à l'exception de trois, dont la destination n'a pas été connue), furent restitués à l'église de Notre-Dame en 1802, sous le gouvernement consulaire. Ils ont été restaurés et remis en place avec des cadres nouveaux en 1807. Voici l'indication des sujets de ces tableaux, en commençant par la droite.

L'Annonciation de la Vierge, par Hallé, en 1717; la Visitation de la Vierge, par Jouvenet (1), en 1716; la Naissance de la Vierge, par Philippe de Champagne; l'Adoration des Mages, par de La Fosse, en 1715; la Présentation de Jésus-Christ au temple, par L. Boullogne, en 1715; la Fuite de la sainte Vierge en Égypte, par le même, en 1715; la Présentation de la Vierge au temple, par Philippe de Champagne; l'Assomption de la Vierge, par L. de la Hyre.

L'aigle, posé au milieu du chœur en 1813, a sept pieds trois pouces

---

(1) Jouvenet, devenu paralytique du bras droit, peignit ce tableau de la main gauche. Il s'y est représenté lui-même, ainsi que l'abbé de La Porte; tous deux passent pour ressemblants.

de hauteur; le piédestal, de forme triangulaire, est porté sur des pattes de lion; ses angles supérieurs sont ornés de têtes de chérubins; les trois faces, un peu concaves, sont décorées du chiffre de la sainte Vierge et enrichies d'attributs allégoriques; sur le piédestal est posée une lyre à trois faces, au-dessus de laquelle est une boule surmontée d'un aigle, dont les ailes déployées ont trois pieds six pouces d'envergure. On a adapté à l'aigle deux pupitres pour y placer les livres de chant; ces livres, au nombre de sept, d'un format grand in-folio, sont enrichis de fort belles miniatures, peintes sur peau de vélin par Compardel. L'aigle a été exécuté par Vanier, fondeur-doreur; sa forme est dans le goût de dessin du règne de Louis XV.

Entre le chœur et le sanctuaire sont deux portes latérales, fermées par des grilles d'un assez mauvais style.

On monte au sanctuaire par quatre marches en marbre de Languedoc, bordées de deux balustrades circulaires, dont les appuis, d'un marbre vert d'Égypte très fin, sont soutenus par des balustres en marbre de Flandre.

Candélabres. — Sur les tablettes des deux socles carrés de ces balustrades, sont placés deux candélabres qui ont chacun neuf pieds de hauteur. Sur un socle de marbre vert de Campan, de dix-huit pouces de diamètre, s'élève un fût en marbre vert de mer, dont la base est enrichie d'ornements en bronze doré. La vasque, ou partie supérieure de chaque candélabre, est décorée d'ornements, et surmontée d'une girandole à neuf branches de bronze doré, cannelées et ciselées avec art, et garnies de souches de vingt pouces de hauteur. Autour du socle de chaque candélabre on lit l'inscription suivante : *Exécuté sous les ordres de M. Debret, architecte, par P.-D. Forestier,* 1813. Les événements des guerres de 1813 et de 1814 arrêtèrent les autres travaux projetés pour la décoration du chœur de Notre-Dame.

Maître-autel. — Le maître-autel est élevé sur trois marches demi-circulaires en marbre de Languedoc : il a douze pieds huit pouces de longueur, non compris les piédestaux qui l'accompagnent; sa hauteur est de trois pieds. Cet autel, en marbre blanc, est décoré sur le devant de trois bas-reliefs, enchâssés dans des cadres en marbre cipolin, et séparés par de petits pilastres en marbre blanc, qui supportent une corniche formant appui. Le bas-relief du milieu, qui est en cuivre doré en or moulu, représente Jésus-Christ mis au tombeau : il a été exécuté par Van Clève. Les deux bas-reliefs des côtés représentent chacun deux anges dans l'attitude de la douleur, et tenant divers instruments de la passion : ces deux bas-reliefs en plâtre ont été modelés par Deseine.

Le tabernacle consiste en un gros socle carré, décoré de pilastres, et enrichi d'une fermeture circulaire en bronze doré, représentant l'Agneau pascal; les angles sont ornés de petites têtes de chérubins. Le gradin de l'autel, qui est également en marbre blanc, était autrefois semé de fleurs-de-lis de bronze doré; sur le gradin sont placés six chandeliers en cuivre doré, de la hauteur de quatre pieds huit pouces; la croix placée sur le tabernacle a sept pieds de hauteur (1). Cet autel a été exécuté en 1803 sur les dessins de Legrand, architecte, par Sellier, marbrier. Les ornements en bronze dont il est enrichi sont d'Olivier, fondeur-ciseleur : ils ont été redorés en 1816, ainsi que les bas-reliefs.

Les sept arcades qui forment le rond-point du sanctuaire sont incrustées de marbre blanc veiné, de même que les jambages posés sur des embases en marbre de Languedoc ; ces arcades sont séparées par des pilastres ou pieds-droits en saillie, dont les impostes servent de chapiteaux, et sur ces mêmes pieds-droits s'élèvent d'autres pilastres attiques, terminés par une corniche ou plate-bande. Ces pilastres ont leurs ravalements en marbre de Languedoc. Avant les événements de la révolution de 1789, ces pilastres étaient décorés de trophées religieux en plomb doré, de même que les tympans en marbre de Languedoc, qui étaient aussi ornés de figures en plomb doré, représentant les Vertus avec leurs attributs.

La baie de l'arcade, au fond du sanctuaire, disposée en niche, est occupée par un magnifique groupe de marbre de Carrare, composé de quatre figures, dont les principales ont huit pieds de proportion. La Vierge, assise au milieu, soutient sur ses genoux la tête et une partie du corps du Sauveur, descendu de la croix ; le reste du corps est étendu sur un suaire : elle a les bras élevés et les yeux fixés vers le ciel. La douleur d'une mère et sa parfaite soumission à la volonté de Dieu sont exprimées de la manière la plus vraie et la plus sublime. Un ange, à genoux, soutient la main du Christ, pendant qu'un autre tient la couronne d'épines et regarde les traces meurtrières qu'elle a imprimées sur la tête du Sauveur. Il semble conjurer l'armée céleste de venger le déicide que les hommes viennent de commettre. La tête du Christ est d'une grande beauté par son expression et la dignité du caractère. Derrière ce groupe, sur un fond en cul-de-four incrusté de marbre bleu turquin, paraît une croix surmontée de l'inscription ; un grand linceul, drapé simplement, tombe du haut de cette croix, et vient se perdre derrière les figures.

Le groupe de la Descente de croix est de Coustou ; il a été terminé en 1733. Ce beau monument, qui avait été déposé, en 1793, au Musée de la rue des Petits-Augustins, fut restitué à l'église de Notre-Dame en 1802, et restauré par les soins de Deseine, statuaire (2).

(1) Les chandeliers et la croix, qui proviennent de la cathédrale d'Arras, furent donnés à l'église Notre-Dame en 1802, par le gouvernement consulaire. Ils ont été dorés en 1804; leur achat a coûté quatre mille cinq cents francs, et la dorure sept mille francs.

(2) Le soubassement de ce groupe était incrusté de marbre vert de Campan, orné

Le groupe de la Descente de croix est accompagné de deux statues en marbre, dont l'une, à droite, représente Louis XIII à genoux sur un carreau placé sur un piédestal, en marbre blanc veiné, orné des armes de France en bronze doré. Ce monarque, revêtu de ses habits royaux, est représenté offrant son sceptre et sa couronne, et mettant son royaume sous la protection de la sainte Vierge. Cette statue, en beau marbre blanc, a été exécutée par Coustou en 1715. A gauche, du côté de l'Évangile, est placée celle de Louis XIV, dans la même attitude, revêtu pareillement de ses habits royaux, et accomplissant le vœu du roi son père. Cette statue a été exécutée par A. Coysevox en 1715. Ces deux figures d'Antin, furent déposées au Musée de la rue des Petits-Augustins en 1793, et remises en place en 1815; les piédestaux ont été revêtus en marbre blanc en 1816.

Au bas de chacun des pilastres du sanctuaire sont six anges en bronze d'une belle proportion, placés sur des piédestaux en marbre blanc veiné, décoré d'écussons en cuivre doré en or moulu. Ces figures étaient autrefois posées sur des consoles de même métal, ornées de feuillages, des chiffres et des armes du roi, du dessin de Vassé. Ces anges, de l'invention de Chavanne, sont représentés chacun avec des attributs particuliers. Les deux plus près de l'autel ont été jetés en fonte par Van Clève; l'un tient la couronne d'épines et l'autre le roseau; les deux du milieu, c'est-à-dire celui qui tient l'éponge, est de Hurtrelle; l'autre, tenant les clous, de Poirier; les deux autres, dont l'un porte l'inscription, et le second la lance, sont de Magnier et d'A. Flamand; ces quatre derniers ont été fondus par R. Schabol, de Bruxelles. Ces anges ont été remis en place en 1816.

Le pavé du sanctuaire, exécuté en mosaïque, quoique mutilé, mérite encore l'attention des amateurs. Les armes de France, qui occupent le milieu de ce pavé, sont d'un travail si admirable que ce morceau précieux a été conservé dans les temps les plus orageux de la révolution, par respect pour les arts, comme l'indiquait une inscription qui était gravée à l'entour, et que l'on a fait disparaître en 1814. Tout le reste du pavé du chœur est incrusté de grands compartiments en marbre de diverses couleurs, formant plusieurs encadrements aux carreaux en marbre gris et blanc, disposés en échiquier.

Sous un compartiment en marbre, au bas des marches du sanctuaire, il existe un petit caveau dans lequel avaient été successivement dépo-

---

de fleurs-de-lys de bronze doré; au-dessous on voyait un autel, ou crédence pontificale, de marbre blanc veiné, chargé de consoles, de chérubins, de festons et d'un cartouche au milieu, le tout de bronze doré; on appelait cette crédence l'autel *des Fériés*. Enfin, le haut de la niche était surmonté d'une gloire en plomb doré, d'une grande dimension, au milieu de laquelle des anges soutenaient la *suspension* en argent doré où reposait l'eucharistie.

sées les entrailles de Louis XIII et de Louis XIV, dans un barillet en plomb. En 1793, les révolutionnaires firent disparaître ces précieux restes. Autour du marbre rond qui en ferme l'ouverture, était gravée une inscription latine que l'on a également supprimée.

Un autre caveau, pratiqué sous le pavé au milieu du chœur en 1711, était destiné à la sépulture des archevêques de Paris. On y avait successivement déposé les entrailles du cardinal de Noailles, mort le 4 mai 1729; le corps de C.-G.-G. de Vintimille, mort le 13 mars 1746; les restes de J.-B.-G. de Bellefonds, décédé le 20 juillet 1746; et ceux de Saint-Cyprien, de Saint-Exupéry, doyen de l'église de Paris, mort le 1er février 1758.

Les dépouilles mortelles de ces personnages ont été exhumées de ce caveau en 1793, pour enlever leurs cercueils qui étaient en plomb. Le caveau dont il s'agit a été rendu à sa destination primitive, et l'on y a inhumé le cardinal de Belloy, décédé le 10 juin 1808, et Leclerc de Juigné de Neuchelle, mort le 20 mars 1811. Le corps de ce dernier y fut déposé le 7 mars 1815.

Sur la clôture du chœur, en dehors, au-dessus d'une suite de petites arcades gothiques, sont représentés en relief, d'une manière assez naïve, les Mystères de la vie de Jésus-Christ. Du temps de Corrozet, en 1561, ces figures étaient peintes et rehaussées d'or. Ces couleurs ont disparu lorsqu'on a badigeonné l'intérieur de l'église.

Avant les embellissements faits au chœur sous le règne de Louis XIV, on voyait sur cette clôture, en face de la *Porte-Rouge*, la figure en relief d'un homme à genoux, ayant les mains jointes; au-dessus était gravée une inscription, par laquelle on voyait que Jehan Ravy, maçon de Notre-Dame, et Jehan Le Bouteiller, son neveu, avaient exécuté ces *histoires*, qui furent *parfaites* en 1361.

Le percement des arcades qui environnent le sanctuaire a occasionné la suppression d'une suite de sujets relatifs à la vie de Jésus-Christ, dont l'histoire, actuellement tronquée, commence à la Visitation de la Vierge et finit aux apparitions de Jésus-Christ après sa résurrection. On n'y voit plus le Crucifiement, la Sépulture, la Résurrection, l'Ascension.

A gauche, du côté de la Porte-Rouge, sont : la Visitation; la Vocation des bergers à la crèche; la Naissance de Notre-Seigneur; l'Adoration des mages; Hérode et le Massacre des Innocents; la Fuite en Égypte; la Présentation au temple; Jésus-Christ enfant au milieu des docteurs; le Baptême de Notre-Seigneur; les Noces de Cana; l'Entrée de Jésus-Christ à Jérusalem; la Cène et le Lavement des pieds; Jésus-Christ dans le Jardin des Olives. De l'autre côté du chœur, sont les diverses apparitions de Jésus-Christ après sa résurrection. Jésus-Christ et la Madeleine; les Saintes femmes; Jésus avec ses apôtres;

les deux disciples d'Emmaüs marchant avec Jésus-Christ ; Jésus-Christ à table avec les deux disciples d'Emmaüs, qui le reconnurent à la fraction du pain ; Jésus-Christ apparaissant à ses apôtres ; l'Incrédulité et la Conversion de saint Thomas ; la Pêche miraculeuse ; la Mission des apôtres ; Jésus-Christ à table avec ses apôtres, à qui il donne sa bénédiction avant de monter au ciel. Tels sont les divers sujets de la vie de Jésus-Christ représentés sur la clôture du chœur.

Chapelles. — Toutes les chapelles de Notre-Dame étaient autrefois décorées de lambris en marbre et en menuiserie, enrichis de dorures, et dont les divers panneaux offraient de très belles peintures. Quelques unes de ces chapelles renfermaient des monuments érigés à des personnages distingués par leur rang, par leur piété ou par leurs exploits militaires. Ces chapelles, qui étaient fermées par des grilles en fer exécutées par les premiers artistes, furent dépouillées de leurs ornements en 1793 ; les monuments seuls, échappés à la destruction, après avoir été déposés au Musée de la rue des Petits-Augustins, ont été en partie restitués à la basilique métropolitaine, et quelques uns replacés dans les diverses chapelles où ils avaient été érigés par les familles.

On comptait autrefois quarante-cinq chapelles, distribuées tant au pourtour que dans la croisée de l'église ; mais plusieurs ayant été supprimées et d'autres réunies en une, par suite des travaux d'embellissements exécutés aux dépens des familles auxquelles elles furent concédées par le chapitre, il en résulte que le nombre de ces chapelles a été réduit à vingt-neuf.

On a placé dans chacune des chapelles la plupart des anciens tableaux de cette église qu'on a pu retrouver, soit dans le Muséum de Versailles, soit dans les dépôts particuliers. Ces tableaux ont été restitués en 1802. La place qu'ils occupent aujourd'hui est celle qui leur convient : dans la nef ils obscurcissaient les bas-côtés, et masquaient l'aspect des nervures et des ogives, aspect toujours précieux dans les temples gothiques.

Chapelle de Sainte-Anne. — La chapelle de Sainte-Anne devait ses embellissements à la reine Anne d'Autriche, épouse de Louis XIII, et au corps des marchands orfèvres de Paris, qui y avaient établi leur confrérie sous les noms de Sainte-Anne et de Saint-Marcel. Cette chapelle était décorée de peintures estimées. Le tableau placé au-dessus de l'autel représente l'Assomption de la Vierge, par Philippe de Champagne.

Vis-à-vis est un autre tableau représentant saint Jean de Capistran, religieux franciscain, à la tête d'une troupe de croisés armés de toutes pièces et marchant contre les Turcs, sur lesquels il remporta une victoire complète en 1456, après leur avoir fait lever le siége de Belgrade.

Saint Jean de Capistran se distingua tellement par son éloquence et par ses prédications, qu'il convertit à la foi un grand nombre de Hussites. Il mourut, le 23 octobre 1456, à soixante-onze ans.

Chapelle de Saint-Barthélemy et Saint-Vincent. — La deuxième chapelle, dédiée à saint Barthélemy et à saint Vincent, est occupée par les fonts baptismaux. La cuve, en marbre blanc veiné, est placée sur un piédouche cannelé de même matière. Cette cuve baptismale fut donnée à l'église de Saint-Denis-du-Pas, en 1780, par madame de Goislard; elle a été transférée à Notre-Dame en 1791, époque à laquelle cette basilique fut érigée en paroisse.

La chapelle est décorée de deux tableaux : l'un, donné par F. Regnard et J. Gaillard, représente Saint Jean prêchant au peuple dans le désert; il a été peint en 1694 par Parrocel le père, fameux peintre de batailles, qui a voulu essayer un sujet de l'histoire sainte. Ce tableau a été restauré en 1819. Le second tableau représente Saint Jacques le Majeur, fils de Zébédée, et frère de saint Jean l'Évangéliste. Ayant guéri un paralytique, saint Jacques fut conduit au martyre avec celui qui l'avait accusé. Touché de repentir, l'accusateur confessa qu'il était chrétien, et pria saint Jacques de lui pardonner. L'apôtre s'arrête, lui dit : « La paix soit avec vous, » et l'embrasse. Ce tableau fut peint en 1661 par N. Coypel le père, et donné par J. Picard et F. Le Bret.

Chapelle de Saint-Jacques et Saint-Philippe. — Cette chapelle renferme, 1° le Départ de saint Paul de l'église de Milet pour Jérusalem, peint en 1705 par Galloche, et donné par J.-B. Hannier et A. Lenoir; 2° Jésus-Christ ressuscitant la fille de Jaïre, peint par G. de Vernansal en 1689, et donné par L. Pourré et C.-A. Lagneau.

Chapelle de Saint-Antoine et Saint-Michel, dite de Sainte-Geneviève. — La chapelle de Saint-Antoine et Saint-Michel, dite actuellement de Sainte-Geneviève, a été décorée aux frais de l'abbé Lamartinière, chanoine honoraire de l'église de Paris. Le tableau placé au-dessus de l'autel représente la Descente du Saint-Esprit sur les apôtres : il a été peint par J. Blanchard en 1634, gravé par Regnesson, et donné par A. Crochet et C. Bosnel. En face se voit le Martyre de saint André dans la ville de Patras, peint par C. Lebrun, cinq ans après son retour de Rome; gravé par E. Picart, et donné par N. Boucher et S. Gronard.

Le tableau placé au-dessus de l'autel de la chapelle de *Saint-Thomas de Cantorbéry* représente les Vendeurs chassés du temple par Jésus-Christ. Ce tableau, peint en 1687 par C.-G. Hallé, a été donné par J. Trouvé et J. Vattin. Le tableau placé en face, peint en 1672 par Corneille, et donné par E. Le Bret et Claude de Paris, représente la Vocation de saint Pierre et de saint André.

Les chapelles de *Saint-Augustin* et de *Sainte-Marie-Madeleine* servent de sacristie pour les messes ; l'une de ces deux chapelles a été décorée d'un lambris en menuiserie, exécuté en 1817 par Caillon, menuisier du chapitre. Dans le passage de l'une à l'autre sacristie est incrustée dans le mur une table de marbre blanc, sur laquelle est gravée une inscription relative à un obit.

La chapelle de *la Vierge*, dans l'angle de la croisée méridionale, se ressent des temps de détresse où elle a été décorée ; le lambris d'appartement que l'on a appliqué sur le mur de face ne convient nullement à cette chapelle, qui exige une décoration noble et de bon goût. La statue de la Vierge, exécutée par Vassé, est d'un style trop maniéré.

Les chapelles de *Saint-Pierre* et de *Saint-Paul* ont été annexées à la grande sacristie ; la première sert de revestiaire aux basses-contre et aux musiciens de l'église.

Le tableau de la chapelle de *Saint-Denis et Saint-Georges* représente le Martyre de saint Simon en Perse. Il a été peint par L. Boulogne le père en 1648, et donné par P. Péjart et L. Leblond. Avant les embellissements qui furent faits dans cette chapelle en 1761, il existait deux statues en pierre élevées sur des colonnes ; l'une représentait D. Dumoulin, centième évêque de Paris, et l'autre saint Denis son patron. On voit encore, dans la partie supérieure du vitrage de la chapelle, les armoiries de Denis Dumoulin, qui était originaire de Meaux : cet évêque, mort le 15 septembre 1447, fut inhumé dans le chœur, près de l'autel, du côté de l'Épître, comme bienfaiteur de l'église de Notre-Dame. Autrefois, à la grand'messe, avant le *lavabo*, le célébrant disait un *de profundis* à l'endroit où était la sépulture de ce prélat, dont on supprima la tombe en cuivre, lors des embellissements du chœur, au commencement du XVIIIe siècle.

Le tableau qui est au-dessus de l'autel de la chapelle de *Saint-Géraud*, baron d'Aurillac, représente le Martyre de sainte Catherine, peint en 1752 par J. Vien. Le sujet du tableau placé vis-à-vis est saint Charles Borromée, cardinal et archevêque de Milan, donnant la communion aux pestiférés, peint par C. Vanloo, en 1743.

Dans la chapelle de *Saint-Remy*, archevêque de Reims, dite *des Ursins* parce qu'elle a servi à la sépulture de la famille de ce nom, étaient deux statues à genoux, en pierre de liais, posées sur un soubassement de même matière, élevé de terre de deux pieds, représentant, l'une Jean Juvénal, Juvenel ou Jouvenel des Ursins portant l'épée au côté et vêtu d'une cotte d'armes armoriée devant et derrière ; et l'autre, Michelle de Vitry, sa femme, dont le costume absolument semblable à celui d'une religieuse, indiquait alors une veuve. J. Juvénal mourut à Poitiers le 1er avril 1431. Il avait onze enfants qui lui survécurent, ainsi que Michelle de Vitry son épouse, morte en 1456. En considération du zèle de Juvénal pour le bien public et de sa fidélité envers son roi, le Chapitre de Notre-Dame lui concéda cette chapelle pour lui et sa postérité. Au-dessus du tombeau de J. Juvénal et de son épouse, était un grand tableau gothique, peint sur bois, de onze à douze pieds de longueur sur six de hauteur. Ce tableau représentait la famille des Ursins composée de treize personnages à genoux, rangés à la file dans un temple dont les voûtes étaient ornées de dorures; ils sont désignés chacun par une inscription particulière placée au bas de chaque personnage. Ce tableau, monument précieux de l'état de la peinture dans le XVe siècle, malgré le mauvais goût de dessin qui y règne, est extrêmement intéressant pour la connaissance du costume civil, religieux et militaire de cette époque, dont il offre une suite variée. Ce tableau, qui est aujourd'hui placé au musée historique de Versailles, n'a pas été exécuté par J. Gringonneau, comme le prétend A. Lenoir; plusieurs personnages qui y sont représentés font voir que ce monument est postérieur à l'existence de cet artiste.

La chapelle de *Saint-Pierre et Saint-Étienne* fut concédée par le chapitre de Notre-Dame à L.-A. d'Harcourt-Beuvron, mort le 2 septembre 1750, pour lui servir de sépulture ainsi qu'à sa famille. Cette chapelle est ornée d'un mausolée en marbre blanc, érigé à H.-C. comte d'Harcourt, mort le 5 décembre 1769; sa veuve fit exécuter ce monument, en 1776, par Pigale. La comtesse d'Harcourt mourut le 2 mai 1780 et fut inhumée dans cette chapelle. Le mausolée du comte d'Harcourt a été replacé dans cette chapelle en 1820, par Deseine statuaire, aux dépens de la famille d'Harcourt-Beuvron.

Les trois chapelles anciennes de *Saint-Jacques*, de *Saint-Crépin et Saint-Crépinien*, et de *Saint-Étienne*, n'en font aujourd'hui qu'une seule. On voit encore dans les couronnements des fenêtres, les figures, peintes sur verre, des saints auxquels elles étaient dédiées. La chapelle Saint-Étienne fut fondée en 1311 par E. de Sussy, chanoine de Notre-Dame, appelé le cardinal de Laon. Ce fut dans celles de Saint-Crépin et Saint-Crépinien que les compagnons cordonniers de Paris érigèrent leur confrérie en 1379 sous le titre de *Saint-Crépin-le-Grand* et de *Saint-Crépin-le-Petit*, du consentement du chapitre de cette église, et avec l'approbation du pape Urbain VI. Au mois d'octobre 1429, les maîtres cordonniers obtinrent du chapitre la permission de se réunir aux compagnons du même état pour ne former qu'une seule et même confrérie. Tous les ans, on y célébrait l'office divin, ce qui subsista jusqu'en 1776, époque de la suppression des corps et des communautés; mais en 1816 les maîtres cordonniers de Paris en rétablirent la solennité le 25 octobre, avec la permission du chapitre de la métropole. C'est à cette occasion que l'on tend tous les ans dans la chapelle quatre belles pièces de tapisseries exécutées en 1634 et 1635 aux dépens de la confrérie, et représentant les traits principaux de la vie et du martyre de saint Crépin et de saint

Crépinien, patrons des cordonniers. Ces chapelles sont actuellement décorées de deux tableaux : le premier à droite, adossé au mur de refend, représente la descente de Jésus-Christ dans les limbes. Cette grande composition a été exécutée en 1819 par M. Delorme, d'après les ordres du préfet de la Seine. Le tableau placé à gauche représente le Seigneur guérissant un paralytique, au bord de la piscine de Siloë. Ce tableau, peint en 1678 par Bon Boullogne, fut gravé par J. Langlois, et donné par J. de Villert et L. Pillart.

Dans cette chapelle doivent être placés, dit-on, les tombeaux d'Albert et de Pierre de Gondy. Le mausolée d'Albert de Gondy est composé de quatre colonnes de marbre noir, dont les bases et les chapiteaux sont de marbre blanc, supportant un entablement de marbre noir de sept pieds de longueur, sur lequel est placée la statue, en marbre blanc, de ce seigneur, à genoux devant un prie-dieu décoré des armes de sa famille. Sous cette figure, entre les quatre colonnes, est un sarcophage en marbre noir, surmonté d'une urne et soutenu sur un socle décoré d'attributs de guerre et de marine, et dont les angles sont ornés de consoles en saillies revêtues de têtes de chérubins. Sur chacune des deux faces du sarcophage est gravée une épitaphe en lettres d'or.

Pierre de Gondy, frère du précédent, cardinal et évêque de Paris, mort le 17 février 1616, fut inhumé à Notre-Dame dans la chapelle qui lui avait été concédée pour lui et sa famille. Son tombeau, de la même forme que celui d'Albert de Gondy, est surmonté d'une statue à genoux devant un prie-dieu, représentant ce prélat revêtu de la pourpre romaine. Sur le socle du sarcophage sont sculptés les attributs de sa dignité et plusieurs trophées religieux. Une épitaphe en lettres dorées est gravée dessus.

Chapelle de Saint-Louis, Saint-Rigobert et Saint-Nicaise. — Nouvelle chapelle de la Vierge. — Les deux chapelles de Saint-Louis et de Saint-Rigobert ont été réunies, en vertu d'une conclusion du chapitre, du 10 mai 1602, pour servir de sépulture à Pierre cardinal de Gondy, évêque de Paris et à sa famille. Cette chapelle avait été décorée avec magnificence par les soins de P.-J. Marguerite de Gondy, duchesse de Retz et de Lesdiguières. Dans les panneaux du lambris qui décorait la chapelle, étaient encastrés des trophées de guerre et de marine, ainsi que les armoiries et les épitaphes des seigneurs et des prélats de cette maison, qui furent successivement évêques de Paris durant l'espace de cent ans. Il ne reste de toutes les marques de la munificence de cette princesse que les armoiries de sa famille, peintes sur les vitres de la chapelle. La nécessité d'avoir un lieu particulier dans l'église où l'on pût célébrer l'office divin, que l'on était obligé d'interrompre lors des préparatifs des cérémonies extraordinaires, détermina le chapitre à faire disposer les chapelles de Saint-Louis et de Saint-

Rigobert en une espèce de petit chœur ; on y ajouta celle de Saint-Nicaise (1).

Les deux parties circulaires des stalles du grand chœur, qui avaient été supprimées lors de la démolition des jubés en 1804, furent transportées dans cette chapelle, et placées de chaque côté de l'autel, auquel on donna une proportion plus grande. Ces travaux furent exécutés en 1807, sous la conduite de M. Fontaine, architecte.

L'ancienne chapelle de la Vierge se ressentait des temps de détresse où elle avait été décorée ; il était indispensable d'en ériger une qui répondît à la majesté du temple, dans le lieu le plus convenable et où l'on pourrait placer avantageusement la belle statue de la Vierge du cavalier Bernin. M. Godde, architecte, fut chargé de la direction de ces travaux.

En novembre 1818, on supprima le vitrage de la chapelle centrale du rond-point, et l'on construisit une grande niche en ogive formant trompe à l'extérieur. Cette niche, construite en pierre de taille dans l'étendue du cadre ogive de la croisée, est ornée d'une riche platebande formant encadrement et disposée en échiquier. Au pourtour règne une bordure de trèfles découpés très délicatement sur un fond lisse ; l'intérieur de la niche, disposée en cul-de-four, est peint en bleu d'azur et surmonté du Saint-Esprit. Dans la niche est placée sur un socle carré la statue de la Vierge en marbre blanc, de sept pieds et demi de proportion, vulgairement appelée *la vierge des Carmes.* Ce chef-d'œuvre de sculpture, exécuté à Rome par A. Raggi, dit le Lombard, d'après le modèle du cavalier Bernin, coûta 10,000 francs au cardinal A. Barberini, qui, indépendamment de cette somme, paya les frais du transport de ce monument à Paris ; il en fit présent aux Carmes déchaussés de la rue de Vaugirard. Cette statue fut transportée, en 1793, au dépôt de la rue des Petits-Augustins, et de là au Louvre. En 1802, le chapitre de Notre-Dame la demanda et l'obtint du gouvernement. La Vierge est assise et tient l'enfant Jésus sur ses genoux. Cette chapelle est décorée de deux grands tableaux de forme ogivale, qui occupent la presque totalité des murs de refend. L'un, à droite, représente Jésus ressuscitant le fils de la veuve de Naïm ; l'autre, à gauche, la Vierge au tombeau. Le premier,

---

(1) Ces trois chapelles furent fondées en 1296 par Matifas de Bucy, évêque de Paris, mort le 23 juin 1304 Dans celle de Saint-Nicaise on voyait autrefois son tombeau, qui consistait dans une grande table de marbre noir, élevée de terre d'environ trois pieds, sur laquelle était couchée une statue en marbre blanc, représentant cet évêque. Lorsque l'église constitutionnelle voulut ériger une paroisse à Notre-Dame, en 1791, ce tombeau fut démonté pour faire place à un confessionnal, et l'on déposa la statue de l'évêque dans la cave de la grande sacristie, où elle est encore actuellement. Contre le pilier, à l'entrée de la chapelle de saint Nicaise, se voyait également la statue en pierre de Matifas de Bucy, placée sur une colonne.

T. I.

par Guillemot, a été donné par la ville en 1819 ; le second, de M. Abel de Pujol, en 1817. Derrière le chœur, sont représentés saint Louis, saint Rigobert et saint Nicaise. Le lutrin en bois placé dans cette chapelle mérite une attention particulière pour sa composition élégante et la belle exécution de son travail. Le pupitre est sur un piédestal triangulaire dont les trois faces un peu concaves sont ornées de figures en bas-reliefs des trois apôtres saint Pierre, saint Paul et saint Jean l'évangéliste ; autour de la tige et sur le piédestal, sont représentées les trois vertus théologales, la Foi, l'Espérance et la Charité ; ces figures sont fort belles. Le corps du pupitre est décoré de petits ornements en mosaïque très délicats. Ce lutrin, enrichi de consoles délicatement travaillées et d'arabesques d'un bon style, a été exécuté en 1700 par Julience, sculpteur provençal, pour les Chartreux de Paris ; il fut apporté du dépôt de la rue des Petits-Augustins à l'église Notre-Dame en 1802.

La chapelle de la *Décollation de saint Jean-Baptiste* est actuellement réunie à celles de *Saint-Eutrope* et de *Sainte-Foi*, vulgairement appelées de *Vintimille*, parce qu'elles furent concédées par le chapitre à C.-G.-G. de Vintimille, archevêque de Paris, pour servir de sépulture à sa famille. Cette chapelle renferme un mausolée en marbre blanc, érigé en 1815 à la mémoire du cardinal de Belloy, archevêque de Paris, qui mourut le 10 juin 1808. Ses dépouilles mortelles furent inhumées dans un caveau destiné à la sépulture des archevêques, pratiqué sous le pavé du chœur ; ses entrailles ont été déposées dans le caveau de la chapelle de Vintimille. Le monument dont il est question fut exécuté, d'après les ordres de Napoléon, par Deseine, et placé en 1818 dans la chapelle de la Décollation de saint Jean-Baptiste. Il se compose de quatre figures, dont trois de sept pieds et demi de proportion. Le cardinal de Belloy, assis dans un fauteuil placé sur son sarcophage, est représenté offrant les secours de la charité à une famille indigente. Au bas du sarcophage sont les attributs de l'épiscopat et de la dignité de cardinal. Les corps d'architecture du monument sont revêtus de marbre. Le revêtement du socle sur lequel est placée la figure du cardinal est en brèche d'Alep, et le soubassement du cénotaphe est incrusté de marbre de Flandre. Les travaux de ce mausolée ont été totalement terminés en décembre 1819. Dans la chapelle on remarque le tableau du martyre de saint Hippolyte, peint par M. Heim, donné à l'église métropolitaine, en 1822, par la ville de Paris.

A l'autel est un tableau de G. Vanloo représentant saint Charles Borromée.

Le 30 mai 1818, en travaillant aux fouilles pour la construction du massif en maçonnerie sur lequel est placé le monument du cardinal de Belloy, on découvrit, à quatre pieds environ au-dessous du sol de la chapelle, une fosse en maçonnerie, recouverte d'une forte dalle de pierre, et dans laquelle était encastré un cercueil de plomb, dont le dessus, percé en plusieurs endroits, laissait apercevoir un cadavre qui paraissait être dans un parfait état de dessiccation. Une inscription, gravée sur une plaque de cuivre attachée au cercueil, apprit qu'il contenait les dépouilles mortelles de J. Desmarets, archevêque d'Auch, mort à Paris en 1725. Près de cette sépulture on a trouvé un autre cercueil de plomb, revêtu d'une inscription qui indiquait le nom et les qualités de Joachim Dreux, chanoine et sous-chantre de l'église de Paris, décédé le 16 décembre 1716. Ces deux cerceuils ont été placés dans une fosse creusée à côté de la base du monument du cardinal de Belloy.

Les chapelles de *Saint-Martin*, de *Sainte-Anne* et de *Saint-Michel* ont été réunies en une seule depuis la concession que le chapitre en a faite à L. A. de Noailles, cardinal, archevêque de Paris, pour servir de sépulture à sa famille. Cette chapelle, malgré son état de dévastation, rappelle encore son ancienne magnificence. Les statues de saint Louis et de saint Maurice, ainsi que le bas-relief en bronze doré qui décorait l'autel, ont disparu à la suite des événements de 1789; il ne reste que le lambris en marbre, formant le revêtement de l'intérieur de la chapelle, dont la décoration avait été exécutée sur les dessins de Boffrand, et la sculpture par J. Bousseau et R. Frémin. Le tableau qui décore cette chapelle représente la Décollation de saint Paul, à Rome, peint par Louis de Boulogne, en 1657, gravé par J. Langlois, et donné par C. Crochet et F. Jacob. Les vitraux de cette chapelle sont décorés des armoiries du cardinal de Noailles et du maréchal de ce nom, son neveu, qui avait fait achever ces embellissements.

La chapelle de *Saint-Ferréol et Saint-Ferrutien*, fondée en 1320, par Hugues de Besançon, avait été décorée avec beaucoup de magnificence, en 1654, par Michel Le Masle. Les peintures qui ornaient les lambris de cette chapelle avaient été exécutées par Philippe de Champagne. Les armoiries du cardinal de Richelieu décorent la partie supérieure du vitrage, au bas duquel sont, dans deux panneaux, celles de Michel Le Masle (1). Le célèbre architecte Pierre Lescot eut sa sépulture dans cette chapelle. Ses cendres furent dispersées lors de la profanation des sépultures en 1793. Le tableau de cette chapelle représente Jésus-Christ recevant des offrandes. Vis-à-vis est la Prédication de saint Pierre dans Jérusalem, peinte en 1742, par C. Poerson.

La chapelle de *Saint-Jean-Baptiste* et de la *Madeleine* a été décorée

---

(1) Michel de Masle, chanoine de Notre-Dame et secrétaire des commandements du cardinal de Richelieu, fut l'un des bienfaiteurs de cette église; il donna quatorze belles pièces de tapisserie, représentant les traits principaux de la vie de la Vierge. Ces tapisseries, qui coûtèrent quarante-deux mille livres, furent exécutées d'après les cartons de Philippe de Champagne; elles servaient à orner le chœur les jours de grandes fêtes, avant les embellissements exécutés sous le règne de Louis XIV.

aux frais de l'abbé de la Myre-Mory, ancien vicaire-général du diocèse. Au-dessus du lambris en menuiserie dont elle est revêtue, sont placés deux grands tableaux; l'un représente la Visitation de la Vierge; l'autre, placé en face, Notre Seigneur rendant visite à Marthe. Ce dernier tableau a été peint en 1704 par Claude Simpol, et donné par J. Lucas et J. Mercier. Au-dessus de l'autel est un bas-relief en forme de niche, représentant le Baptême de Jésus-Christ par saint Jean. Dans le lambris, en face de l'autel, est encastrée une grande table de marbre blanc, où on lit l'épitaphe de Christophe de Beaumont, archevêque de Paris, mort le 12 décembre 1781, et inhumé dans cette chapelle, qu'il avait fait décorer à ses dépens. Ses dépouilles mortelles en ont été enlevées en 1793. L'abbé de la Myre-Mory fit rétablir son épitaphe à son ancienne place. Les armoiries de M. de Beaumont sont peintes sur verre dans le couronnement du vitrage de la chapelle.

La chapelle de Saint-Eustache renfermait autrefois un tombeau en marbre noir, érigé au maréchal de Guébriant, mort le 24 novembre 1643, et inhumé dans l'église de Notre-Dame, le 6 juin 1644. Son épouse, Rénée du Bec-Crépin, morte en 1659, fut enterrée à côté de son mari.

La chapelle de *Saint-Jean-l'Évangéliste et Sainte-Agnès* n'est point décorée, et n'offre rien de remarquable.

La chapelle de *Saint-Marcel*, neuvième évêque de Paris, est placée dans l'angle de la croisée du côté du cloître. La niche au-dessus de l'autel est ornée de la statue de ce prélat, modelée en plâtre par Mouchy. Cette chapelle, ainsi que celle placée à l'autre extrémité de la croisée, et qui était sous l'invocation de saint Christophe, avaient été décorées en 1780 sur les dessins de Boulland. L'archevêque C. de Beaumont avait signalé sa munificence par cet embellissement que le vandalisme a fait disparaître. En face de cette chapelle est un tableau représentant saint Paul guérissant, à Lystres, un boiteux. Ce tableau, peint en 1644 par Michel Corneille le père, et gravé par F. de Pailly, fut donné par J. du Closnel et F. Lemaître. Près de l'autel de Saint-Marcel est un tableau de moyenne proportion, qui représente la tenue du concile de Trente, en 1545, et qui a été donné par le cardinal Maury en 1813. De l'autre côté est un tableau de même proportion, représentant Moïse sauvé des eaux.

Le tableau placé au-dessus de l'autel de la chapelle de *Saint-Nicolas* représentant Jésus-Christ crucifié, a été peint par Le Guide. Celui qui est placé vis-à-vis, peint en 1674 par C. Audran, et donné par A. Loir et C. Duhamel, représente la Décollation de Saint-Jean-Baptiste.

La chapelle de *Sainte-Catherine* avait été autrefois concédée par le chapitre à Charles de La Grange-Trianon, qui mourut le 10 juillet 1733, et fut inhumé dans cette chapelle. Cet ecclésiastique, par son testament, fit une donation considérable au chapitre, pour être employée en partie à la décoration de sa chapelle. Vis-à-vis de l'autel était un tombeau de marbre noir veiné, sur lequel s'élevait une pyramide dont la base était ornée d'un médaillon en marbre blanc, représentant l'abbé de La Grange. Ce monument fut détruit en 1793 : le médaillon existe encore ; il se trouve confondu parmi les fragments de marbre qui ont été déposés dans la grande cave, sous la nef. Dans cette chapelle est un grand tableau représentant Jésus-Christ guérissant la femme affligée d'un flux de sang. Ce tableau, peint par Caze en 1706, est un des plus estimés de ce maître ; il a été donné par J. Le Bastier et J. Le Natier.

La chapelle de *Saint-Julien-le-Pauvre et Sainte-Marie-l'Égyptienne* a été ornée et embellie aux dépens de l'abbé Gérard, mort le 7 novembre 1811. Le lambris en menuiserie dont cette chapelle est décorée provient de l'ancienne salle du chapitre, démolie en 1803. Il est orné de petites figures en bas-relief placées dans des niches, et représentant les apôtres et plusieurs autres saints personnages, avec leurs attributs. Ces figures sont séparées par de petits pilastres ou trumeaux enrichis d'arabesques. Le lambris et la sculpture qui le décore ont été exécutés au commencement du XVIe siècle. Le tableau placé au-dessus de l'autel représente l'Assomption de la Vierge. En face est un autre tableau, par Restout, représentant la Conversion de Saint-Paul. Cette chapelle est celle de la *Pénitencerie* ; on y conserve, dans trois bustes, des reliques de sainte Ursule et de ses compagnes, vierges et martyres, à Cologne, l'an 383, et patronnes de l'ancien collège de Sorbonne.

Dans la chapelle de *Saint-Laurent* est le tableau qui représente les miracles de saint Paul à Éphèse ; ce tableau fut peint en 1646 par Louis de Boulogne, et donné par F. de La Haye et G. Langlois.

La chapelle de *Sainte-Geneviève* est ornée d'un grand tableau représentant les fils d'un Juif, prince des prêtres, nommé Scena, qui allaient de ville en ville exorciser les possédés, et qui furent fort maltraités par le démon. Ce tableau a été peint en 1702 par Matthieu Elie.

La chapelle de *Saint-Georges et Saint-Blaise* est ornée d'un tableau représentant saint Paul en prison avec Sylas. Ce tableau, peint en 1666 par N. de La Plate-Montagne, fut donné par M. de Veau et N. Bonnier. Le tableau placé vis-à-vis représente Jésus-Christ guérissant des malades. Il a été peint par Alexandre, en 1692, et donné par J. Lebastier et C. Tripart.

La chapelle de *Saint-Léonard*, qui est la dernière, a été disposée pour le prédicateur ; on y a pratiqué, à cet effet, une chambre à cheminée.

La chapelle de l'*Annonciation de la Vierge* est placée dans l'intérieur de la tour méridionale ; elle sert à l'usage des catéchismes. L'autel est décoré d'un grand tableau, peint par Philippe de Champagne en 1636 ; il représente l'Annonciation de la Vierge. Ce tableau faisait autrefois partie de ceux qui décoraient l'ancienne salle capitulaire, démolie en 1803. Cette chapelle a été érigée dans la tour, en 1807, pour une association religieuse. A l'entrée, est un bénitier de marbre blanc, autour duquel est gravée une inscription grecque, qui signifie : *Lavez vos péchés, indépendamment de votre figure*. Dans l'intérieur de la tour méridionale et dans celle du nord sont deux escaliers en pierre, en forme de tourelle à spirale, construits avec beaucoup d'élégance et de légèreté ; ils servent à monter dans la galerie extérieure, placée à la hauteur des grands vitraux de la nef. On a placé, au mois d'août 1819, dans les arcs ogives des deux faces latérales du chœur, des châssis garnis de toile peinte, pour masquer l'aspect désagréable que présentaient la maçonnerie et le derrière des grands tableaux qui le décorent. Dans l'une des chapelles, au pourtour du chœur, est une statue en marbre blanc représentant saint Denis, premier évêque de Paris. Cette statue, de cinq pieds six pouces de proportion, fut exécutée en 1713 par Coustou l'aîné, pour orner l'une des deux chapelles que le cardinal de Noailles, archevêque de Paris, fit construire à l'entrée du chœur de Notre-Dame.

Grande sacristie et trésor. — Le trésor et la grande sacristie furent pratiqués dans l'espace régnant entre les chapelles de Saint-Pierre, de Saint-Denis et de Saint-Georges, sur le même alignement que les autres chapelles qui bordent le bas côté méridional du chœur. L'ancien bâtiment destiné à cet usage avait servi précédemment de galerie de communication entre le palais archiépiscopal et l'église : c'était par là que les évêques de Paris se rendaient à la cathédrale pour assister aux offices. Cette galerie fut démolie en 1756. Le bâtiment actuel, dont les fondements ont vingt-six pieds de profondeur (1), fut construit aux frais de Louis XV, par Soufflot, et terminé en 1758.

On entre dans la sacristie par une porte de forme carrée, à deux vantaux, décorée d'un chambranle de marbre de Languedoc. Les vantaux sont enrichis d'une belle sculpture représentant les attributs et les symboles des saints mystères, les vases sacrés et les principaux ornements du service divin. Un vestibule, de plain-pied avec les bas côtés du chœur, précède la sacristie : la porte à droite de ce vestibule conduit dans la chapelle de Saint-Pierre ; au-dessous de la fenêtre de cette

---

(1) En travaillant aux fouilles pour la construction du bâtiment de la sacristie, on trouva, à environ quinze pieds de profondeur, des pilotis de bois de chêne, placés sans aucun ordre, et dont quelques uns avaient été enfoncés si avant en terre qu'il fut impossible de les arracher. La découverte de ces pilotis indique l'existence dans le même lieu d'un édifice particulier ; or, cet édifice ne pouvait être que l'ancienne église de Saint-Étienne, qui, à cause de sa proximité de la rivière, avait été bâtie sur pilotis. Telle est du moins l'opinion la plus vraisemblable que l'on puisse émettre sur cette découverte. *Recueil des conclusions capitulaires* ; années 1756 et suivantes.

chapelle est placée une fontaine de marbre, destinée à l'usage de la sacristie ; dans l'angle, à droite, on descend sous deux voûtes souterraines et néanmoins éclairées ; l'une est pratiquée sous la chapelle, et l'autre sous la sacristie. La porte à gauche du vestibule conduit sous une voûte souterraine, pratiquée sous les chapelles de Saint-Géraud et de Saint-Denis, formant un *revestiaire* destiné à l'usage des chanoines.

La grande sacristie, de plain-pied avec le vestibule, est uniquement destinée pour le service du chœur. Les deux murs de face sont décorés d'une boiserie enrichie de sculptures provenant de la partie circulaire des stalles supprimées lors de la démolition des jubés. Au centre de la voûte, de forme sphérique, est sculptée une étoile rayonnante : les pendentifs sont également ornés de sculptures. Dans les parties circulaires, au-dessous des pendentifs, sont placés sur des consoles les bustes de Louis XVI, de Pie VII, de l'ancien archevêque de Paris Leclerc de Juigné, et du cardinal de Belloy.

Le mur du fond de la sacristie est terminé par un escalier à deux rampes, qui communique à une pièce voûtée, de forme sphérique, dont le mur de face est percé d'une porte à plusieurs vantaux, par laquelle l'archevêque venait de ses appartements dans l'église pour assister à l'office divin. De cette pièce on monte à deux autres étages, l'un dans lequel sont les armoires contenant les reliquaires, vases sacrés, ornements, et les autres objets servant au culte ; l'autre sert de magasin.

Les deux faces extérieures du bâtiment qui donnaient sur les cours du palais archiépiscopal, ne sont pas d'une invention très heureuse ni d'un style pur.

Les diverses distributions qui avaient été faites dans le bâtiment de la grande sacristie, par l'Administration des hospices, pendant le cours de la révolution, ont été supprimées en 1802, époque à laquelle il a été rendu à sa destination primitive.

Enfin, depuis cette époque, la sacristie fut successivement enrichie de vases sacrés, de reliquaires, d'ornements et d'objets d'antiquités qui formèrent ce qu'on appela *le trésor*.

Ce dépôt précieux a été pillé lors de la démolition de l'archevêché, dans le mouvement populaire du 13 février 1831. Parmi les curiosités que renfermait le trésor, on remarquait le grand reliquaire de la sainte couronne d'épines ; un soleil en vermeil de trois pieds de hauteur ; un canon de la messe écrit sur vélin, orné de très belles miniatures peintes par Jeaurat, en 1776 ; la crosse d'Eudes de Sully ; un petit Calvaire en corail ; un instrument appelé *paix*, en forme d'archivolte, d'une seule agate, représentant la Transfiguration, ouvrage du XIIIe siècle ; un grand nombre de calices, de croix, de goupillons en différentes matières précieuses ; des ornements en velours cramoisi, en étoffe brochée or et soie, en damas blanc à fleurs d'or; le prie-dieu de Pie VII; les insignes attribués à Charlemagne, que l'on voyait autrefois à Saint-Denis, enfin divers objets et parties de vêtements que l'on croit avoir appartenu à saint Louis.

Extérieur. — Les trois portails qui divisent la façade principale de Notre-Dame, sont désignés de la manière suivante : le portail du milieu, le portail de Sainte-Anne, à droite au midi, et celui de la Sainte-Vierge, à gauche. Une quatrième porte est percée dans l'aile droite de la Croisée vers le midi, une dans l'aile droite; enfin une petite porte, la *Porte-Rouge*, donne entrée sur les latéraux du chœur. En tout six portes toutes chargées de sculptures. Les trois de la façade principale sont plus spécialement consacrées à l'histoire de la Vierge.

Portail du milieu. — Dans le tympan du fond du cadre ogival est représenté le jugement dernier. Ce tableau offre trois divisions distinctes : dans la première, les anges sonnent de la trompette, les tombeaux s'ouvrent, les morts ressuscitent; dans la seconde, les élus sont séparés des réprouvés; enfin dans la troisième est le Sauveur accompagné de trois anges portant les instruments de la passion, près de lui sont la Vierge et saint Jean l'évangéliste. Ces figures portent le nimbe; celui du Christ, orné d'une croix grecque, est doré. Les arceaux de la voussure sont ornés de figures d'anges, de prophètes et de saints; à gauche on distingue Moïse et Aaron avec leurs attributs. Au-dessus du Sauveur, on remarque les réprouvés entraînés en enfer, les uns tirés par les diables avec une chaîne, les autres emportés par des chevaux indomptés, plusieurs sont embrochés avec des barres de fer. Dans le deuxième compartiment à droite est un diable dans lequel le sculpteur a voulu représenter la Luxure. Plusieurs figures de ce sujet sont désignées dans l'Apocalypse. A droite, dans le cinquième compartiment, on remarque celle du grand cavalier qui aura le pouvoir d'autoriser le meurtre sur la terre. De l'autre côté sont les élus et les saints.

La porte principale est de construction moderne. Elle était autrefois carrée et séparée en deux vantaux par un pilier ou trumeau. Le long des jambages de la porte, était représentée la parabole des Vierges sages et des Vierges folles, la Vertu opposée au Vice. Dans la partie du tympan qui a été supprimée, on voyait sortir du tombeau des morts de toutes les conditions. Au-dessus, saint Michel pesait les hommes en mettant d'un côté de sa balance leur âme, de l'autre leurs vertus; Satan posait le doigt sur le plateau de l'âme, et plus bas un petit diable, armé d'un crochet, faisait ses efforts pour tirer la balance à lui. Au haut du portail le Sauveur avait les pieds appuyés sur un globe terrestre. Sur le pilier du milieu on remarquait encore Jésus-Christ portant l'Evangile et donnant sa bénédiction.

En 1771, Soufflot, d'après les ordres du chapitre, pour faciliter l'entrée dans les jours de cérémonie, fit supprimer le trumeau du centre, et fit détruire une grande partie du bas-relief du Jugement dernier pour agrandir la porte en ogive. Non seulement Soufflot a dénaturé l'aspect primitif du portail, ce qui est une grande faute, mais il n'a pas, dans sa reconstruction, suivi le style du monument; il a construit une porte dont le caractère mixte et insignifiant n'appartient à aucun genre. Soufflot a creusé une ogive au milieu du tympan, où le moyen âge n'en mettait jamais; il a arrondi des colonnes là où les gothiques équarrissaient constamment des pieds-droits.

Au reste, le mal qu'a fait Soufflot n'est pas irréparable; et si, comme on l'espère, la cathédrale de Paris est tôt ou tard restaurée, on pourra refaire le Jugement dernier et la parabole des Vierges; car presque tous les monuments religieux, de 1200 à 1300, offrent ces deux sujets. Saint-Germain-l'Auxerrois possède la représentation des Vierges presque intacte, de la même époque qu'était celle de Notre-Dame.

La nouvelle porte, dont la première pierre fut posée le 1er juillet 1771, est composée de deux colonnes et de deux pilastres en arrière-corps supportant une voussure de forme ogivale servant d'amortissement. Les deux vantaux de la porte ont chacun dix-neuf pieds six pouces de hauteur sur six pieds de largeur. L'un à droite représente Jésus-Christ portant sa croix, l'autre la Sainte-Vierge voilée en mère de douleur. Le couronnement de la porte est décoré de deux grands anges soutenant une couronne qui surmonte le chiffre de Marie. La sculpture de la porte est de Fixon, la menuiserie de Guénebault, et la serrurerie, qui est surtout remarquée, de Boureiche. Tous les dessins sont de Soufflot.

A quatre pieds de hauteur, sur le stylobate ou façades latérales qui servaient de soubassement aux grandes statues dont le portail était décoré, sont sculptés vingt-quatre bas-reliefs représentant douze Vertus en opposition avec douze Vices placés immédiatement au-dessous.

Voici l'explication très sommaire de ces curieux bas-reliefs telle que la donne M. Didron, secrétaire du comité historique des arts et monuments, dans un ingénieux travail sur la statuaire au moyen âge (1) :

1° En haut à gauche du spectateur, — la Foi : une grande femme de trente ans, calme, dans un vêtement simple, porte de la main droite un écusson chargé d'une croix; à côté est une rose. — Au-dessous, l'Idolâtrie : un homme chétif, amaigri, se prosterne devant une petite figure en relief sur un médaillon.

2° L'Espérance : une femme plus jeune que la Foi, plus rassurée

---

(1) Voyez: *Revue de Paris*, avril et juillet 1836.

qu'elle, les yeux au ciel ; elle porte sans doute sur un champ de bataille, d'une main ferme, un écusson où flotte au vent un étendard attaché au bout d'une pique. — Au-dessous, un malheureux s'enfonce dans le flanc droit un glaive qui ressort par le flanc gauche : c'est le Suicide personnifiant le Désespoir.

3° La Charité : une jeune femme se dépouille de ses vêtements pour en couvrir un enfant tout nu ; l'écusson qu'elle tient à la main est chargé d'une brebis qui vient d'abandonner sa toison pour en faire des tissus. — Au-dessous, l'Avarice : une femme vieille, décharnée, entassant des poignées d'écus dans un coffre-fort bardé de fer. En été, l'Avarice se cache les mains dans une sorte de manchon, vêtement inutile pourtant dans cette saison ; tandis qu'en hiver, la Charité se dépouille de ses vêtements les plus nécessaires.

4° La Justice : femme plus jeune que la Charité, portant sur son écusson une salamandre qui ne redoute pas les flammes qui l'entourent : la Justice ne craint aucun obstacle. — Au-dessous l'Injustice : un homme encore vigoureux n'a plus la force de soutenir égaux les plateaux d'une balance ; il ne traverserait pas les flammes pour faire à chacun son droit.

5° La Prudence : une femme armée d'un serpent qui s'enroule autour d'un bâton ; elle délibère avec lenteur. — Au-dessous, l'Imprudence ou la Folie : un homme presque nu frappe l'air d'un bâton noueux ; un olifant à la bouche, il sonne ses secrets à tous les échos ; sa tête est renversée et flotte à tout vent.

6° La Modestie, grandeur des sentiments : une femme assise pose tranquillement sur ses genoux un écu chargé d'un aigle au vol abaissé. — Au-dessous, un homme tombant d'un cheval lancé au galop : Orgueil, Témérité.

A droite, de l'autre côté de la grande porte, sont douze médaillons distribués de la manière suivante :

1° Le Courage : un guerrier de face (1), couvert d'une cotte de mailles, casque en tête fleuronné d'une fleur-de-lis, une épée nue à la main droite, à la gauche un écusson chargé d'un lion passant. — Au-dessous, la Lâcheté : un soldat bien armé fuit non devant des ennemis, mais au cri d'une chouette qui glapit, devant un lièvre qui le poursuit. Il a jeté son épée pour fuir plus vite.

2° La Douceur : une femme regardant le Courage et la Force, porte sur son écusson une vache passante, bête plus douce que forte. — Au-dessous, à côté de la Lâcheté, la Cruauté : le soldat tire son épée du fourreau et menace un moine inoffensif.

(1) Il faut peut-être remarquer que les autres vertus ne sont que de profil ou des deux tiers.

3° La Concorde : comme la Douceur dont elle naît, elle porte un animal domestique, un mouton, dans son écusson. — Au-dessous, la Colère : une femme grande, maigre, assise sur un fauteuil, renverse d'un coup de pied dans le ventre un homme, son mari probablement, qui accourait lui faire un présent.

4° La Chasteté : elle porte un lis sur son écusson ; elle reçoit du ciel un phylactère où ses devoirs de femme mariée sont écrits. — Au-dessous, l'Incontinence : un bourgeois furieux bat sa femme ; aux pieds gisent une bouteille de vin, une cruche, une quenouille brisées.

5° La Sobriété : une femme, d'une physionomie intelligente, porte sur son écusson un chameau agenouillé, le plus sobre des animaux. — Au-dessous, l'Intempérance : un homme ivre chancelle, et n'écoute pas les représentations d'un évêque.

6° La Persévérance : une femme dont l'écusson porte, d'après M. Gilbert, un compas et un aplomb sur une base écrite, et d'après M. Didron, une couronne. — Au-dessous, un moine sort pendant la nuit de son couvent, laissant ses vêtements sur la porte.

Aux deux extrémités des médaillons que l'on vient de décrire, sont sculptés sur les faces latérales des contre-forts, deux doubles bas-reliefs qui servent en quelque sorte de prologue à la série des Vices et des Vertus. Les deux sujets donnant un exemple de vertu sont Job sur le fumier, et Abraham prêt à sacrifier son fils. Sous la confiance de Job est un homme grand, armé, qui semble craindre pourtant, parce qu'il entend gronder un ruisseau près de lui, et qu'un corbeau croasse sur sa tête. Sous l'obéissance d'Abraham est l'Impiété bravant le ciel : un guerrier habillé de fer, debout sur les murs crénelés d'une ville, lance un javelot contre la foudre qui tonne. Sur les deux faces latérales étaient de grandes statues en pierre représentant les douze apôtres avec leurs attributs, foulant aux pieds les vices qu'ils ont combattus, les honneurs qu'ils ont anathématisés.

Enfin, au milieu, sur le trumeau, était une statue de Jésus-Christ.

L'entrée du portail était autrefois fermée par une grille haute de cinq pieds, que le chapitre avait fait placer en 1771. Elle fut enlevée en 1793. On a, depuis long-temps, senti la nécessité de la rétablir, et l'on se propose même d'entourer d'une grille le monument entier, qui sera ainsi préservé désormais des souillures et des dégradations.

Au-devant de la porte principale sont scellés en terre huit dés de pierre destinés à recevoir les plateaux du pavillon gothique sous lequel les rois descendaient autrefois à couvert les jours de cérémonies.

Portail Sainte-Anne, à droite du portail du milieu. — Le tympan du cadre ogival, au-dessus de la porte, représente en plusieurs compartiments les premiers traits de l'histoire du Nouveau Testament. Toute cette sculpture ayant été faite à deux reprises, le haut dans les premières années, le bas dans les dernières années du XIIIe siècle, il y a des répétitions, des inversions surtout qui font aller continuellement du premier au deuxième étage. La vieille sculpture est la plus belle. Les sujets représentent : 1° dans la petite niche au-dessus du centre, saint Joseph, ignorant le mystère de la conception, se séparant de Marie qui le retient; 2° Joseph, ramené par un ange, tombe aux pieds de Marie qui le relève; 3° Joseph conduisant la Vierge chez lui; 4° Zacharie, à genoux devant un autel, au-dessus duquel brûle une lampe, reçoit la révélation de l'ange Gabriel; 5° l'Annonciation (ici devraient être les nos 1, 2 et 3); 6° la visitation de la Sainte-Vierge à sa cousine Élisabeth; 7° la naissance de Jésus-Christ (1) : trois petits anges chantent pour endormir le Dieu nouveau-né; 8° derrière le lit de la Vierge on voit saint Joseph et les bergers; 9° Hérode tient conseil avec les bergers sur la naissance du nouveau-né; 10° les mages viennent à Bethléem; 11° les mages parlent à Joseph qui les présente à l'enfant Jésus.

Au-dessus de ces sculptures, au troisième étage du tympan, sous un dais, la Vierge, entourée d'anges et triomphante, tient son fils sur ses genoux. A sa gauche est placé un évêque debout; à sa droite, un roi à genoux, déroulant tous les deux vers la Vierge une espèce de phylactère. D'après plusieurs archéologues, le premier personnage serait l'évêque saint Marcel, le second Salomon déroulant des légendes de la Bible. D'autres, et parmi eux M. Didron, y voient Maurice de Sully et Philippe-Auguste offrant les chartes par lesquelles ils donnent argent, terres et serfs pour élever la basilique. Derrière l'évêque est un homme de trente ans, assis, feuilletant un livre. Serait-ce par hasard l'architecte chargé par Maurice de bâtir la cathédrale, de la peindre, de la sculpter en fouillant les évangiles?

Dans le contour des arceaux de la voussure du portail, le Père éternel est dans sa gloire entouré de prophètes, au-dessus Jésus-Christ environné d'anges et de saints. Les anges tiennent des encensoirs, et les saints, des légendes et des instruments de musique.

Les grandes statues des faces latérales du portail ont été détruites en 1793; elles représentaient saint Pierre et les personnages les plus notables parmi les ancêtres de la Vierge. Elles ont été publiées par Montfaucon.

Portail de la Sainte-Vierge, à gauche du grand portail. — Ce portail présente à peu près la même disposition que le précédent. Au trumeau qui sépare la porte en deux vantaux est adossée une statue de la Vierge. Marie foulait à ses pieds un serpent dont la queue était entortillée à l'arbre de la science du bien et du mal, près duquel étaient Adam et Ève.

---

(1) Il est étrange que l'artiste ait commis la faute de placer la Sainte-Vierge dans un lit richement décoré.

Ces figures étaient tellement mutilées que l'on a fini par les supprimer. En 1818 on refit le piédestal, et l'on y mit une statue de la Vierge en place de l'ancienne, brisée en 1793.

Le fond du cadre ogival offre trois divisions ; dans la première, six figures assises, représentant des prophètes portant des phylactères sur leurs genoux ; dans la seconde, la Vierge est ensevelie par les apôtres ; dans la troisième, elle est couronnée par un ange. Sur les deux faces latérales du portail étaient huit grandes statues représentant Aaron avec sa tiare de grand-prêtre, Moïse armé des tables de la loi, saint Jean-Baptiste portant l'agneau sur son disque, saint Bernard, Philippe-Auguste et deux anges (1). Au-dessus des niches, de chaque côté, sont plusieurs sculptures qui, quoique mutilées, méritent de fixer l'attention. On y remarque à droite le démon tentant un jeune homme, à gauche les symboles des quatre Évangélistes (2). Au fond des niches, de petits bas-reliefs représentent, entre autres sujets, le martyre de saint Étienne, saint Pierre, vêtu en évêque, tenant les clefs du Paradis, le martyre de saint Denis, saint Michel terrassant le dragon.

Mais les bas-reliefs les plus intéressants de ce portail sont ceux qui représentent les douzes signes du zodiaque et les travaux agricoles des douze mois de l'année, sculptés, dans l'ordre suivant, sur les faces des pieds-droits de la porte (3) : le verseau ou janvier, représenté par un jeune homme à cheval sur un poisson ; les poissons ou février, le bélier ou mars, le taureau ou avril, les gémeaux ou mai, le homard ou cancer en juin, le lion en juillet (4), la vierge en août (5), la balance en septembre, le scorpion en octobre, le sagittaire en novembre, et le capricorne en décembre. A côté de chaque signe sont des figures indiquant les travaux propres à chaque mois.

Sur le pilier du centre, auquel est adossée la statue de la Vierge, sont sculptés, sur les deux faces latérales, les âges de l'homme et les saisons.

(1) M. Gilbert voit dans les statues à droite saint Jean-Baptiste, saint Étienne, sainte Geneviève et saint Germain-d'Auxerre ; à gauche, saint Denis entre deux anges, puis une reine. — Ces figures ont été brisées en 1793.

(2) Saint Matthieu porte ici une hache ; on ne peut expliquer cet attribut.

(3) Dupin, Lalande, Pasumot et Fauris de Saint-Vincent se sont occupés de ce zodiaque. Legentil a publié aussi des notices sur ce monument dans les *Mémoires de l'Académie des Sciences*, de 1785 et 1788.

(4) L'interversion de ces deux signes, par la négligence ou l'ignorance du sculpteur, a donné lieu à des raisonnements bien divers.

(5) On ne sait à quelle époque la statue de la Vierge, placée au milieu du portail, détruite sans doute, fut remplacée par une statue représentant un ouvrier en culotte courte et en tablier de cuir. Cet ouvrier mis à la place de la Vierge a complètement fourvoyé Dupin. Il serait facile de rétablir l'ancienne statue de la Vierge d'après celles du zodiaque de Chartres.

Sur le même pilier, à gauche du spectateur, on voit six bas-reliefs représentant les diverses températures de l'année, dans leur progression croissante (1).

Toutes ces figures, noircies et recouvertes d'une poussière épaisse, furent nettoyées en 1818. On vit alors que toutes les sculptures destinées à l'instruction des fidèles étaient, dans l'origine, rehaussées de diverses couleurs dont on aperçoit encore distinctement les traces.

Les vantaux des deux portes latérales sont couverts d'ornements en fer, d'un travail estimé, qui paraissent avoir été exécutés sous François Ier (2).

Galeries. — Au-dessus des trois grands portiques de la façade principale, est la galerie *des Rois*, appelée ainsi parce qu'elle était autrefois décorée de vingt-huit statues de quatorze pieds de proportion placées sur une même ligne, dans des niches, et représentant les rois de France qui avaient été le plus particulièrement bienfaiteurs de la cathédrale, depuis Childebert I jusqu'à Philippe-Auguste, sous le règne duquel la façade et les deux tours furent achevées. Parmi les rois de la première race, on voyait Childebert I, Clotaire I, Charibert, Chilpéric I, Clotaire II, Dagobert I, Clovis II, Clotaire III, Childebert II, Thierry I, Dagobert II, Chilpéric II et Thierry II. Ceux de la seconde race étaient Pepin-le-Bref, monté sur le lion de Ferrières, et tenant son épée à la main ; Charlemagne, Louis-le-Débonnaire, Louis-le-Bègue, Charles-le-Simple, Louis d'Outremer, Lothaire, Louis V, le Fainéant. Les rois de la troisième race étaient Hugues-Capet, Robert, Henri I, Philippe I, Louis VI, Louis VII, et enfin Philippe-Auguste. Ces vingt-huit statues ont été détruites en 1793.

Ces statues, exécutées au commencement du XIIIe siècle, étaient plus précieuses comme décoration que comme de véritables types des rois de France, dont elles ne reproduisaient fidèlement ni les traits ni le costume ; mais leur disparition a laissé, dans les entre-colonnements de la galerie, un vide d'un aspect désagréable, et je partage le vœu déjà formé par plusieurs archéologues pour qu'on s'occupe de rétablir cette série chronologique de nos rois, en se conformant avec soin au style de chaque époque.

Tous les historiens de Paris ont parlé de ces statues ; mais, avant Lebeuf, aucun n'avait remarqué que, sous le règne de saint Louis, les noms de tous les rois de France depuis Clovis étaient écrits sur le portail de Notre-Dame. « J'ignore, ajoute ce savant qui a publié cette

(1) Voir à ce sujet les *Mémoires de l'Institut, Sciences physiques*, t. V, p. 4. Mémoire de Lalande.

(2) Willemin, dans ses *Monuments français inédits*, prétend que ces portes datent de la construction de l'église. C'est aussi le sentiment de presque tous les historiens de Paris qui ont écrit dans les deux derniers siècles.

liste d'après un manuscrit du XIIIe siècle, pourquoi ce catalogue n'a pas été continué; peut-être que les prétentions des rois d'Angleterre au XVe siècle causèrent l'interruption de cette coutume (1). »

M. Didron, secrétaire du comité historique des arts et monuments, se propose, dit-on, de démontrer que les vingt-huit statues de la galerie des Rois représentaient, non pas, comme tout le monde l'a cru jusqu'ici, les rois de France, mais des personnages de l'Ancien Testament. Cette démonstration sera peut-être difficile, s'il ne reste plus d'autres vestiges des statues que les mauvaises gravures qu'on en a faites au siècle dernier. Une autre observation me sera permise. Lebeuf, esprit aussi indépendant que judicieux, et qu'on ne saurait accuser d'adopter aveuglément les traditions populaires, n'a point combattu l'opinion de tous les historiens sur le caractère des statues de la galerie des Rois. Et pourtant, il a, le premier, fait remarquer qu'en général les statues placées aux portails de nos églises ont un sens symbolique, et représentent ordinairement des personnages de l'Ancien Testament; mais son ingénieuse conjecture, dont on peut voir le développement dans les Mémoires de l'Académie des Inscriptions (2), est uniquement fondée sur ce que les jugements ecclésiastiques se prononçaient autrefois sous les portiques des églises; aussi son raisonnement ne s'applique t-il qu'aux statues des *portails*. La question demeure donc entière à l'égard de la galerie des Rois, dont la destination doit être regardée comme tout-à-fait spéciale.

La galerie *de la Vierge*, placée immédiatement au-dessus de celle des Rois, doit son nom à la statue, plus grande que nature, qui décorait la balustrade du milieu. Deux anges portant des chandeliers accompagnaient la Vierge; on voit encore les piédestaux de ces trois statues.

La galerie *des Colonnes*, au-dessus de la grande rose, est considérée, par sa délicatesse et sa hardiesse, comme l'un des plus beaux ouvrages d'architecture qui existent en ce genre. Le chapitre fit réparer cette galerie en 1787 et 1788. L'architecte Parvy n'ayant pas surveillé la restauration comme elle le méritait, l'entrepreneur de maçonnerie fit seul les travaux. Il supprima les colonnes appliquées sur les contre-forts des tours, et laissa la retombée des trèfles en porte à faux, ce qui produit un effet désagréable. On supprima également à tort tous les boudins et les moulures qui entouraient l'arc de la grande rose du portail.

La galerie *des tours* surmonte celle des colonnes et sert de communication entre les deux tours; elle règne autour de chacune d'elles. Sur la plate-forme, entre les deux tours, près de la charpente du comble,

---

(1) *Dissertations sur l'histoire ecclésiastique et civile de Paris*, t. I, p. 99.
(2) Tome XXIII, p. 232.

sont placés deux réservoirs garnis en plomb, contenant chacun quatre-vingts muids d'eau, pour s'en servir en cas d'incendie dans l'église.

Tours. — La façade est terminée par deux grosses tours carrées de 204 pieds de hauteur; leur parfaite symétrie et leur belle ordonnance contribuent beaucoup à l'ornement de toute la façade. On compte 380 degrés depuis le bas des tours jusqu'aux plates-formes. Il existe dans chaque tour un fort bel escalier; celui de gauche est garni d'une rampe en fer. C'est sur la tour méridionale qu'ont été faites les opérations trigonométriques pour l'exécution de la grande carte de France de Cassini, sous Louis XV.

Dans les tours était autrefois une sonnerie considérable et fort estimée, détruite en 1792. On a conservé seulement dans la tour méridionale la grosse cloche appelée le Bourdon, à laquelle Louis XVI et Marie-Antoinette avaient donné leur nom. Cette cloche pèse 32,000 livres; sa basse articule le ton de fa dièze de ravalement; le son en est mélodieux et grave. Le fondeur est parvenu, par la division exacte des diverses épaisseurs, à donner au métal une résonnance qui répète l'accord parfait. Cette cloche est considérée comme le chef-d'œuvre de l'art campanaire. Elle avait été démontée en 1794, dans la crainte qu'on ne s'en servît pour sonner l'alarme; elle ne fut replacée qu'à l'occasion de la cérémonie du concordat, en 1802. Sur le montant on lit ces deux vers léonins :

> Laudo Deum verum, plebem voco, congrego clerum,
> Defunctos ploro, pestem fugo, festa decoro.

Portail latéral du midi ou *portail de Saint-Étienne* (1). — Le tympan du portique est décoré de cinq bas-reliefs d'une jolie sculpture, représentant les traits principaux de la vie de saint Étienne : 1° saint Étienne cherche à instruire les Juifs; 2° il leur répond, un greffier écrit; 3° il comparaît devant le proconsul assis, coiffé du diadème; 4° il est insulté; derrière lui sont deux soldats armés de lances; 5° il est lapidé; 6° il est enseveli par ses disciples. Au-dessus, Jésus Christ tenant d'une main un globe, donne de l'autre sa bénédiction. Un grand nombre de statues représentant saint Denis et ses compagnons, saint Marcel, saint Germain d'Auxerre, et diverses circonstances de la vie de saint Étienne, ont été brisées en 1793.

Au-dessus des niches des murs de face, de chaque côté du portail, à droite, est représenté saint Martin partageant son manteau avec un pauvre; à gauche, Jésus-Christ accompagné de deux anges qui portent dans une espèce de linceul l'âme de saint Étienne.

(1) Inexactement dit de Saint-Marcel, par confusion avec l'autre porte méridionale, la Porte-Rouge, consacrée à saint Marcel.

Ce portail méridional, surmonté d'un pignon découpé à jour de deux grandes roses, et flanqué de deux lanternes servant d'escalier, est purement gothique et de la plus grande élégance.

Portail latéral du nord. — Ce portail se recommande par la même forme, les mêmes mérites d'architecture, et surtout par un bien meilleur état de conservation que l'autre.

Sur le trumeau du milieu, est la sainte Vierge portant l'enfant Jésus. Dans le tympan du cadre ogival, plusieurs rangs de figures d'une moyenne grandeur disposées de la manière suivante : 1° la naissance de Jésus-Christ ; 2° l'adoration des mages ; 3° la présentation au temple ; saint Joseph porte les colombes ; 4° le massacre des Innocents ordonné par Hérode, auquel le diable parle à l'oreille ; les soldats sont vêtus de cottes de maille ; 5° la fuite en Égypte.

Dans le second rang, on a représenté le miracle de Théophile, l'un des miracles les plus populaires aux XIIIe et XIVe siècles. Théophile était un vertueux économe du vidame d'un évêque. A la mort de son maître, il fut choisi par le peuple pour lui succéder ; Théophile refusa. L'évêque qui fut nommé, sollicité par un intrigant, destitua cet honnête serviteur. Cette injustice troubla l'intelligence de Théophile ; le malheureux en perdit la tête. Il voulut avoir de l'argent pour s'en venger ; et dans le but d'en obtenir, il vendit son âme au démon. A peine le marché fut-il conclu, que le remords entra dans l'âme de Théophile. La Vierge, qu'il invoqua, eut seule le pouvoir de le délivrer. Un sujet analogue est figuré dans l'un des bas-reliefs du mur extérieur des chapelles du chœur. Plusieurs autres de ces bas-reliefs représentent des apparitions, des sortiléges et des traditions connues autrefois des Parisiens, et dont il ne reste plus de traces. Les figures de ce portail, originairement peintes, ont été nettoyées en 1818.

Porte Rouge ou *Porte de Saint-Marcel.* — Cette porte, qui conduisait du cloître au sanctuaire, était nommée Porte Rouge parce qu'elle était peinte en rouge, et dorée. Sa construction ne remonte qu'à l'an 1419. Sauf le tympan, consacré presque en entier au couronnement de a sainte Vierge, le portail retrace des événements de la vie de saint Marcel : 1° bas-relief à gauche, un juif possédé est délivré par saint Marcel ; 2° le juif est baptisé ; 3° saint Marcel célébrant la messe voit un homme chargé de chaînes, repentant de sa faute, le confesse, lui pardonne, et aussitôt les chaînes tombent ; 4° saint Marcel instruit les clercs de son église ; 5° saint Marcel prend sous sa protection le corps d'une femme, que le démon, sous la forme d'un dragon, veut lui disputer ; 6° saint Marcel rend la parole à l'évêque Prudence, devenu muet parce qu'il avait voulu faire fouetter un clerc qui avait chanté malgré ses ordres. Dans le fond du cadre, en ogive, sont Jésus-Christ et la

Vierge couronnés par un ange. A droite et à gauche on voit, à genoux, Jean sans-Peur et Marguerite de Bavière sa femme.

De la Porte-Rouge à l'ancien mur de clôture du palais archiépiscopal, on voyait sur le mur sept bas-reliefs relatifs à la sainte Vierge ; dans le septième, divisé en trois, Marie délivrait une possédée.

Arcs-boutants. — Charpente, etc. — Les voûtes de Notre-Dame sont contre-butées à l'extérieur par vingt-huit grands arcs-boutants de quarante pieds chacun, et dix-huit petits de dix-huit pieds, supportant la pousse des voûtes des galeries intérieures. Les piliers des arcs-boutants du chœur sont surmontés de pyramidions gothiques très délicatement travaillés. Il est probable que ces pyramidions ont été ajoutés, après la première construction. Les piliers de la nef, quoique d'une construction postérieure à ceux de l'abside, suivant la tradition, se terminent carrément sans pyramidions.

Trois galeries à l'extérieur forment, à diverses hauteurs, des espèces de ceintures d'entre-lacs, qui unissent ensemble toutes ces formes pyramidales, et servent à circuler autour de l'église.

Comme la plupart des charpentes des anciennes églises, celle de Notre-Dame est construite en *châtaignier*, et appelée vulgairement la *forêt*. La partie centrale au-dessus de la croisée supportait autrefois un clocher couvert en plomb, qui fut abattu en 1793.

La couverture du grand comble est tout en plomb. Lorsqu'on la refit en 1726, on employa dans cette opération 1,236 tables de plomb, de trois pieds de haut sur dix pieds de long, pesant ensemble 420,240 livres.

Le pignon du grand comble, situé entre les deux tours, est surmonté de la statue d'un ange tenant en ses mains une trompette de la forme des anciens cornets. Le pignon méridional est surmonté d'une statue de saint Étienne.

Chapitre métropolitain. — Fortunat est, comme je l'ai dit, le premier auteur qui ait parlé de l'église de Paris dans un poëme adressé *ad clerum parisiacum*, et qu'il a intitulé : *De ecclesiâ parisiacâ*. Cette église et ce clergé formaient la cathédrale au VIe siècle. Après avoir fait tour à tour l'éloge de l'église de Paris et de Saint-Germain qui la gouvernait alors, cet auteur n'oublie pas de signaler avec quelle assiduité et avec quelle ferveur le clergé et le peuple se rendaient à l'église pour assister à l'office divin.

Saint Chrodégand, évêque de Metz, ayant fondé, en 755, l'institution des chanoines réguliers, on a lieu de présumer que le clergé de la cathédrale de Paris n'aura pas tardé à suivre les règlements de ce saint évêque. C'est ce qui a fait penser à l'historien de l'église de Paris (1) que la règle pour les chanoines, dans l'église cathédrale, avait été faite

---

(1) Du Bois, *Hist. eccles. Paris*, t. I, p. 561.

par Erchenrad I, sous le règne de Charlemagne; on n'en trouve cependant de monuments authentiques que sous Louis-le-Débonnaire. Ce prince, dans le concile qu'il avait convoqué à Aix-la-Chapelle, en 816, fit rédiger une règle fixe pour les chanoines (1). Le diacre Amalarius fut chargé de ce soin par les pères du concile. Cette règle prescrivait l'habitation et la vie commune dans les cloîtres fermés, mais elle n'exigeait point la désappropriation, ni certaines abstinences imposées aux moines. L'empereur ordonna que cette règle fût observée dans tous les États soumis à sa domination. Tout porte à croire que c'est à cette époque que l'on doit fixer le commencement de la règle des chanoines de Notre-Dame, dans la forme où elle s'est conservée jusque vers le milieu du XIIe siècle, époque de leur sécularisation.

On a vu que le concile tenu à Paris, le 6 juin 829, dans l'église de Saint-Étienne, ayant ordonné que les chefs des communautés séculières et régulières pourvoiraient aux besoins temporels de ceux qui les composaient, l'évêque Inchade céda aux chanoines, en toute propriété, plusieurs terres et villages qui appartenaient à l'église de Paris, avec leurs dépendances, tant pour leur subsistance que pour le luminaire, l'entretien des bâtiments, et l'hospitalité qu'ils exerçaient envers les chanoines et les moines étrangers. Ces dispositions furent confirmées par le roi Lothaire et le pape Benoît VII, vers l'an 983, à la prière d'Éliziard, évêque de Paris (2). La charte de l'évêque Inchade est le plus ancien titre où il soit fait mention du *chapitre de Notre-Dame*. Il en parle comme d'un corps déjà formé, accoutumé à de certains exercices de charité, et auquel il avait accordé le partage des biens de son église. C'est du partage qui se fit de ces mêmes biens, dans les temps postérieurs, que se sont formées les prébendes canoniales de cette métropole. Ces prébendes furent considérablement augmentées par la réunion du chapitre de Saint-Germain-l'Auxerrois, en 1744.

A l'époque de l'organisation primitive du chapitre de Notre-Dame, les chanoines étaient souvent appelés *les frères de Sainte-Marie*. C'est ainsi qu'ils sont désignés dans une charte de Charles-le-Simple, du 6 septembre 909, par laquelle il assure à l'évêque et aux *frères de Sainte-Marie* le don que leur avait fait Charles-le-Chauve, en 861, du *grand pont et des moulins placés dessous* (3). Les mêmes actes ne parlent que de

(1) On donna le nom de *chanoines* aux clercs qui étaient inscrits dans le *canon* ou la matricule de l'église; c'était une tablette enduite de cire, sur laquelle on traçait avec un poinçon les noms de ceux qui suivaient le canon, c'est-à-dire, le *règlement*. De là est dérivé le nom de *chanoine*. Le premier était appelé *chévecier*, c'est-à-dire le premier inscrit sur la tablette de cire.

(2) Éliziard fit relever les murs du cloître de Notre-Dame, que Théodulphe, l'un de ses prédécesseurs, avait fait construire vers 915, mais qui depuis étaient tombés en ruine. Du Bois, *Hist. eccles. Paris*, t. I, p. 552.

(3) Ce pont existait alors à peu près à l'endroit où est le Pont-au-Change.

cloître et de *règle.* Sous la première et la seconde race des rois de France, on les désigne sous la dénomination de *Fratres et Seniores, vel Primores Sanctæ-Mariæ.* Depuis le concile d'Aix-la-Chapelle, le chapitre est nommé *Congregatio vel conventus fratrum aut canonicorum beatæ Mariæ;* ce n'est qu'en 1073, qu'on lut pour la première fois le mot *capitulum* (1).

Ces termes de *frères* et de *règle* ont fait croire à quelques auteurs que du chapitre de Notre-Dame avait été, dans l'origine, une communauté de *chanoines réguliers de Saint-Augustin*, et Grandcolas (2) a pensé qu'ils suivaient la règle de ce saint docteur. Cette erreur avait sa source dans le culte particulier dont on honorait saint Augustin, le jour de sa fête, dans la cathédrale de Paris. Il est vraisemblable que cet usage s'était introduit à Notre-Dame à l'occasion de la confrérie de Saint-Augustin, qu'on y érigea vers l'an 1180 (3), et dans laquelle on n'admettait que les ecclésiastiques du chœur, connus sous le nom de *bénéficiers*; ce qui a subsisté jusqu'en 1790.

Le règlement du concile d'Aix-la-Chapelle étant une fois en vigueur dans l'Église de Paris, on n'admit plus aucune exception : chanoines, bénéficiers, chantres, enfants de chœur, tous étaient soumis à la discipline la plus sévère ; aucun n'était dispensé d'être présent à l'office de la nuit et du jour, sous peine de perdre la rétribution et la distribution manuelles. C'était sans doute pour entretenir ce pieux usage, qu'il se forma une confrérie célèbre qu'un titre de 1205 appelle *Confraternitas beatæ Mariæ Parisiensis surgentium ad matutinas.* Elle était composée de personnes pieuses de la ville, qui, à l'exemple des chanoines, se levaient la nuit, et venaient assister aux matines qui se chantaient à minuit. La confrérie ne subsistait plus depuis long-temps ; mais l'Église de Paris avait conservé jusqu'à l'époque de 1790 la coutume de chanter matines à minuit, excepté les veilles de certaines fêtes.

Les troubles qui agitèrent Paris en 1358, pendant la captivité du roi Jean, obligèrent les magistrats de défendre à toutes les églises collégiales de la ville de sonner les cloches pendant la nuit, afin de ne pas troubler les sentinelles qui veillaient à la sûreté de la capitale; on excepta seulement la cloche du *couvre-feu*, que l'on sonnait tous les soirs à Notre-Dame, et au son de laquelle les chanoines se réunissaient pour chanter les matines (4). De là vient, dit-on, l'usage de ne plus

(1) Sauval, *Antiquités de Paris*, t. I, p. 286.
(2) *Histoire abrégée de l'Église de Paris*, t. II, p. 441.
(3) Cette confrérie fut approuvée en 1212, par le pape Innocent III. En 1490, elle était composée d'un abbé et de quarante bénéficiers, tous prêtres. Antoine Brunet, chanoine de Saint-Aignan, en était abbé lorsqu'il mourut, en 1574. Dans les registres capitulaires de 1437, on voit que la cuisine et le dortoir de cette confrérie étaient au-dessus des bâtiments de l'ancien chapitre. Grandcolas, *Hist. de l'Église de Paris*, t. II, p. 441.
(4) L'office de la nuit se récitait alors par cœur, sans livres, suivant l'ancien usage.

chanter les matines la nuit dans les églises collégiales, qui, malgré la pacification des troubles, maintinrent ce changement. On voulut également l'introduire à Notre-Dame en 1359; mais il survint un arrêt du conseil d'État et du parlement, qui ordonna au chapitre d'observer l'ancienne coutume de les chanter à minuit. L'Église de Paris avait pris des mesures pour la perpétuer de siècle en siècle, par un règlement capitulaire du 9 août 1638. Ce règlement affectait exclusivement aux *mansichors* (1), vulgairement appelés *machicots* (chantres, clercs de matines et enfants de chœur), les canonicats de Saint-Jean-le-Rond, de Saint-Denis-du-Pas et de Saint-Aignan, dont ils ont joui jusqu'en 1790.

Lorsque les chanoines quittèrent la vie commune pour se séculariser, ils parvinrent en même temps à se soustraire à la juridiction épiscopale sous le pape Alexandre III, qui leur procura cette exemption vers l'an 1165, pendant son séjour à Paris (2). Ils abandonnèrent alors leurs cellules et le petit cloître qui était contigu à l'église de Saint-Denis-du-Pas, pour se loger plus au large (3). Libres possesseurs des revenus qui leur étaient affectés, ils se trouvèrent en état d'acquérir tout le spacieux terrain qui environnait l'église du côté du nord, et s'y firent construire de belles maisons qui étaient comme autant de fiefs. On a des preuves certaines qu'il existait, dans chaque maison canoniale, une chapelle domestique dans laquelle on faisait quelquefois les obsèques des chanoines, et où l'on célébrait leur anniversaire. Il y avait encore, avant la révolution, des vestiges de ces chapelles dans plusieurs maisons du cloître. On lit dans la vie de saint Bernard, qu'étant un jour à Paris, dans la chapelle d'un archidiacre de Notre-Dame, ce saint docteur y obtint par ses prières la grâce de la vocation de plusieurs écoliers, qui embrassèrent sa règle. L'abbé Lebeuf croit que cette chapelle était celle de Saint-Aignan, située dans la maison d'Étienne de Garlande, archidiacre de Paris, qui se réconcilia avec saint Bernard dans l'intervalle des années 1123 et 1142. On sait aussi que saint Dominique institua son ordre dans une maison du cloître, située près de la Seine, derrière le chevet de l'église métropolitaine.

Le chapitre de Notre-Dame n'a pas été moins recommandable par sa science et par ses lumières, que par sa régularité; on le prenait pour modèle, et l'on recevait ses décisions avec respect. Il a donné à l'Église six papes: Grégoire IX, Adrien V, Boniface VIII, Innocent VI, Grégoire XI et Clément VII; trente-deux cardinaux, trente-quatre archevêques, et près de cent soixante évêques. Le pape Alexandre IV demanda,

---

(1) *A manendo in choro.* On les appelait ainsi à cause de leur assiduité au chœur.

(2) Joly, *Traité hist. des écoles épiscopales*, chap. V, p. 209 et 210.

(3) Avant la démolition des bâtiments du chapitre, en 1803, on voyait encore des vestiges de l'ancien cloître *des frères de Sainte-Marie*, dans le charnier qui environnait le cimetière de l'église de Saint-Denis-du-Pas.

comme une faveur, que ses deux neveux fussent élevés dans le cloître de Notre-Dame; Louis VII, et plusieurs autres princes de la race royale, puisèrent dans la savante école du cloître l'esprit de la religion et des sciences (1). Henri, fils de Louis VI dit le Gros, fut chanoine de Notre-Dame, et Philippe, son frère, préféra le simple titre d'archidiacre de l'église de Paris, aux évêchés où sa haute naissance et ses vertus devaient nécessairement l'appeler. Pierre de Clermont, fils de Robert de Bourbon, et petit-fils de saint Louis, fut archidiacre de Paris en 1325.

Parmi les chanoines qui se sont signalés dans les sciences et dans les lettres, on distingue Adam du Petit-Pont, Hugues de Champfleury, Pierre-le-Chantre, Pierre de Poitiers, Pierre *Comestor* ou *le Mangeur*, Michel et Pierre de Corbeil, Gilles de Corbeil, Pierre d'Ailly, l'illustre Jean Gerson, Alain Chartier, Pierre Lescot, Joachim du Bellay, Paul-Émile, Claude Chastelain, Louis Legendre, Claude Joly, Nicolas Petit-Pied, Claude Sarrasin, Étienne Brémont, Charles Chevreuil, Nicolas Bergier, Jean Pey, Jean Mazeas et Joseph Riballier. Parmi les chanoines bienfaiteurs de Notre-Dame, on doit citer Antoine de La Porte et Guillot de Montjoie; le zèle de ce dernier est aussi connu que les bienfaits du précédent. Il ne faut pas oublier dans cette nomenclature l'abbé de La Fage, mort chanoine de Versailles, qui, par ses soins et ses libéralités, a si éminemment contribué aux embellissements de l'intérieur de la basilique.

L'ancien chapitre était composé de huit dignitaires, savoir: le doyen, le chantre, l'archidiacre de Paris, celui de Josas et celui de Brie; le sous-chantre et intendant des censives, le chancelier et le pénitencier. Les canonicats étaient au nombre de cinquante-deux. Il existait en outre six vicaires perpétuels, deux vicaires de Saint-Aignan et un chapelain; huit bénéficiers, chanoines de Saint-Jean-le-Rond, et dix de Saint-Denis-du-Pas. Tous ces bénéficiers ne faisaient qu'un même corps avec l'Église de Paris ainsi que le chapelain de Sainte-Catherine à Notre-Dame, les cent trente chapelains et autres personnes attachées à cette église.

Une discipline exacte, une observance régulière, régnaient dans l'ancien chapitre de Notre-Dame, qui avait soin d'annoncer chaque année, par *le Bref* (2), ses obligations, et l'emploi de ses revenus.

(1) Piganiol dit qu'il existait dans le cloître de Notre-Dame un maison royale, dans laquelle Louis VII reconnut, par un titre de 1155, avoir passé ses premières années. Il y demeura encore, ajouta-t-il, en 1158, avec Constance de Castille, son épouse, après avoir cédé le palais de la Cité à Henri II, roi d'Angleterre. Voy. *Descript. Hist. de Paris*, t. 1, p. 390.

(2) On appelle *Bref* (*Breve*) le petit livre latin ou français, en forme de calendrier liturgique, à l'usage des ecclésiastiques qui récitent le bréviaire; à la fin du bref de l'Église de Paris était l'*obituaire*, ou détail des fondations de cette métropole.

Le chapitre de Notre-Dame était indépendant de la juridiction de l'archevêque. Il avait, ainsi que lui, son officialité, et une justice séculière appelée *la barre du chapitre*. De lui dépendaient les chapitres de Saint-Méry, du Saint-Sépulcre, de Saint-Benoît et de Saint-Étienne des Grés. On appelait ces chapitres les *quatre filles de Notre-Dame*, comme ceux de Saint-Marcel, de Saint-Honoré, de Saint-Opportune et de Saint-Germain-l'Auxerrois étaient nommés *les quatre filles de l'archevêché*.

Le chapitre de Notre-Dame fut supprimé le 22 novembre 1790. D'après une nouvelle circonscription décrétée par l'assemblée nationale le 4 février 1791, cette église fut érigée en paroisse métropolitaine. En vertu de la constitution civile du clergé, l'évêque constitutionnel Gobel en prit possession le 27 mars 1791. Elle fut fermée en 1793, puis érigée en *Temple de la Raison* au mois de novembre de la même année. Devenue un magasin de vin en 1794 (1), l'église de Notre-Dame ne fut rendue au culte que le 15 août 1795. C'était alors le clergé constitutionnel qui la desservait.

La création du chapitre actuel de la métropole date de 1802, époque du rétablissement du culte en France.

Le chapitre se compose de trois vicaires-généraux, qui ont le titre d'archidiacres, et de seize chanoines titulaires, y compris l'archiprêtre de la paroisse, qui est chanoine; douze ont été créés en 1802, et les six autres en 1806. Le nombre des chanoines honoraires n'est pas déterminé.

Il y a aussi dans cette église six vicaires de chœur, un maître de musique, quatre musiciens, deux serpents, huit basses-contre et douze enfants de chœur.

Maîtrise des enfants de chœur. Les maîtrises ont été le berceau de la musique; c'est à ces établissements fondés et dotés par la pieuse libéralité des évêques ou des chapitres, que l'on doit en partie les progrès de l'art musical en France. Un grand nombre d'artistes, qui ont rempli l'Europe de leur nom, sont sortis des maîtrises, et leur talent fût peut-être resté sans culture, s'ils n'avaient trouvé, dans ces institutions locales, l'occasion et les moyens de seconder leurs dispositions naturelles pour cet art. C'est dans le sein de ces écoles musicales que s'est développé le génie des grands maîtres qui ont été appelés à régénérer la musique parmi nous. La France citera toujours avec orgueil les noms de Lalande, d'Haudimont, Flocquet, Lemoine, Giroust, Gossec, Grétry, Lesueur, Méhul, Persuis, etc.

L'origine de cette institution remonte à une époque fort ancienne.

(1) Tout le vin provenant des familles nobles émigrées fut mis en dépôt dans les églises de Notre-Dame et de Saint-Martin-des-Champs.

Vers la fin du VIe siècle, saint Grégoire-le-Grand, pape, auteur du chant qui porte son nom, s'occupait à former de jeunes enfants au chant des psaumes.

Les premières écoles fondées dans l'église de Paris, ainsi que dans toutes celles de France, eurent pour but l'instruction des enfants destinés au service divin, et auxquels on enseignait le chant ecclésiastique. Ces jeunes enfants sont appelés par Fortunat *juvenes*, *pueri*, *infantes*. L'évêque leur faisait enseigner par les clercs de son église non seulement à chanter, mais encore à lire, à écrire; ensuite on leur montrait les éléments de la langue latine. Ce premier établissement est donc regardé comme l'origine de la maîtrise des enfants de chœur de la basilique métropolitaine.

Cette institution, qui par la suite prit le nom de *maîtrise* dans plusieurs églises, et de *psallette* dans quelques autres, fut successivement améliorée à Paris. Elle fixa particulièrement l'attention de Jean Gerson, chancelier de l'église de cette ville, qui, vers 1408, composa un plan d'éducation en faveur des enfants de chœur de la cathédrale. Une donation, faite par Michel de Coulogne, grand-chantre de l'église de Paris, en 1519, indique que ces enfants de chœur n'étaient qu'au nombre de dix. Cette donation consistait en une chape de drap d'or pour le *spé*, ou premier des enfants de chœur.

L'école musicale de Notre-Dame a toujours été distinguée de toutes les autres, tant par l'excellente méthode qu'on y a toujours enseignée, que par le choix des maîtres. Parmi les maîtres de chapelle de la basilique métropolitaine qui ont successivement dirigé l'éducation des enfants de chœur, on doit distinguer Campra, Lalouette, Homet, Goulet, Dugué, et Lesueur, que les arts viennent de perdre. On se rappelle encore avec intérêt la révolution que Lesueur opéra dans la musique religieuse, et les brillantes solennités qui eurent lieu à Notre-Dame en 1786 et 1787. Ce fut à cette époque que Lesueur mit à exécution la réforme musicale qu'il méditait depuis long-temps, et qui consistait à appliquer aux caractères distinctifs des solennités une musique une, imitative et particulière à chaque fête. Il y réussit, et les suffrages qu'il recueillit alors de la part de Lacépède, de Champfort, de Marmontel et de l'abbé Aubert, signalèrent ses premiers succès dans la carrière musicale. Les événements survenus à la suite de 1789 occasionnèrent la suppression des maîtrises.

Le rétablissement du culte, en 1802, amena insensiblement celui des maîtrises dans plusieurs églises cathédrales; celle de Paris donna l'exemple. C'est au zèle et aux sollicitations de l'ancien sous-maître que l'on doit en partie le rétablissement de cette institution, qui était entretenue aux frais du gouvernement sous la surveillance et la conduite de deux chanoines intendants, nommés à cet effet par le chapitre. L'enseignement était le même qui avait lieu autrefois dans les maîtrises; il se partageait entre l'étude de la musique et celle des langues latine et française. M. Desvignes, élève de Lesueur, et maître de chapelle de la métropole, était chargé de l'enseignement de la composition.

Palais archiépiscopal. — Dans l'origine, le palais épiscopal, ou plutôt la maison de l'évêque, était situé près de l'église de Saint-Etienne, première cathédrale, sur une partie de l'emplacement qu'occupe aujourd'hui la première cour de l'archevêché.

Il paraît que, dans le XII° siècle, les évêques avaient déjà cessé de faire des ordinations dans leur cathédrale. La multiplicité des offices, et surtout des fondations, les obligea de faire construire une ou deux chapelles dans leur demeure; l'une était destinée aux ordinations, et l'autre servait aux jugements ecclésiastiques, lorsqu'on cessa de les prononcer sous les portiques des églises cathédrales.

Vers l'an 1161, l'évêque Maurice de Sully fit construire, sur une ligne parallèle à la cathédrale, le palais épiscopal, et une double chapelle qui existait encore dans ces derniers temps, avec une haute tour pour contenir les cloches. Les étages voûtés de cette tour furent dans la suite convertis en prisons ecclésiastiques. Elle a été démolie en 1793. Pierre le chantre, contemporain de l'évêque Maurice, dit dans sa *Somme* manuscrite, que l'on douta s'il était nécessaire de faire une double dédicace, attendu que ces deux chapelles avaient été construites l'une sur l'autre, et que la décision fut que chacune serait bénite particulièrement. Avant que l'on eût changé la destination de la chapelle inférieure, sur le mur du côté du septentrion, au-dessous d'une des fenêtres, on lisait l'inscription suivante, écrite en caractères gothiques :

Hæc basilica consecrata est à domino Mauricio, parisiensi episcopo, in honore beatæ Mariæ, beatorum martyrum Dyonisii, Vincentii, Mauricii, et omnium sanctorum.

Dans la chapelle haute, on lisait une autre inscription qui en indiquait la dédicace sous le nom de Saint-Vincent. Ces deux inscriptions dataient du XV° siècle.

La chapelle inférieure est celle dans laquelle plusieurs évêques fondèrent des chapellenies, savoir : Pierre de Nemours en 1210, Guillaume d'Auvergne en 1243, et Simon Matifas de Bucy vers l'an 1300. Il y en eut d'autres établies par plusieurs personnes pieuses de la ville, parmi lesquelles on distingue Marie la *Teutonique*, qui fonda, en 1243, une chapellenie en faveur de Henri, son fils, pour laquelle elle affecta dix livres parisis de rente. Le nombre des chapelains, porté jusqu'à huit, se trouvait réduit à deux dans le XV° siècle. L'un des articles du règlement dressé par Guillaume d'Auvergne, prescrivait aux desservants de cette chapelle de s'y rendre par une galerie de communication pratiquée entre la cathédrale et le palais épiscopal, dont ils avaient chacun une clef. Au commencement du xvie siècle, le bâtiment de cette galerie fut cédé au chapitre par Etienne de Poncher, évêque de Paris, pour y établir la sacristie et le trésor des reliques.

C'était dans la première cour du palais de l'évêque, au lieu où se trouvait autrefois le siége de l'officialité, que se faisaient, au moyen âge, les monomachies ou duels judiciaires dont j'ai parlé (1).

Sur l'emplacement du palais épiscopal bâti par les ordres de Maurice de Sully, Simon Matifas de Bucy, évêque de Paris, en 1290, fit élever une grande salle voûtée en bardeaux. Elle était flanquée, à chacun de ses quatre angles extérieurs, d'une tourelle en encorbellement, et les deux murs de face étaient surmontés de créneaux. L'intérieur de cette salle recevait le jour, du côté du jardin et du lieu dit *le Port l'Evêque*, par des baies en ogive ; c'était dans cette grande salle que se faisaient les festins royaux, lors des cérémonies extraordinaires qui avaient lieu à Notre-Dame. Tel fut pendant long-temps le modeste manoir des évêques de Paris.

En 1514, Etienne de Poncher fit ériger, en adossement du mur du palais épiscopal, sur la première cour, un bâtiment destiné à loger ses chapelains et ses domestiques.

François de Poncher, neveu et successeur du précédent, fit construire un bâtiment à la suite de la double chapelle, vers la deuxième cour, sur l'emplacement où étaient les écuries du palais épiscopal, et quelques maisonnettes où demeuraient les quatre chanoines de la chapelle basse, et plusieurs chapelains de l'évêque de Paris, que ce prélat dédommagea en leur donnant tous les ans une indemnité prise sur la recette de l'archevêché.

Pierre de Gondy, évêque de Paris en 1568, se trouvant trop petitement logé, annexa à son palais une maison canoniale située près du jardin des chanoines, et l'augmenta d'un corps de logis qui aboutissait à l'église de Saint-Denis-du-Pas. Après lui, Henri de Gondy, son neveu et son successeur, rebâtit et augmenta considérablement le palais épiscopal, dont il prolongea l'étendue jusqu'au jardin du *Terrain*.

En 1697, le cardinal de Noailles, archevêque de Paris, fit abattre les différents bâtiments construits par ses prédécesseurs, depuis le chevet de la chapelle, et les remplaça par le palais dernièrement existant, qu'il fit élever à ses frais. Enfin, M. de Beaumont, qui occupa le siége de Paris depuis 1746 jusqu'en 1781, voulant mettre le palais archiépiscopal en état de recevoir le roi et les seigneurs de la cour, dans les grandes solennités, fit bâtir, sur les dessins de Pierre Des-

---

(1) Voy. ci-dessus, pag. 100, et Lebeuf, *Hist. de la ville et du dioc. de Paris.* t. I, p. 14.

maisons, architecte du roi, le grand escalier à deux rampes, à droite en entrant, dont la construction était admirée par les connaisseurs. On répara le bâtiment de l'extérieur, et l'on rendit plus commode la distribution des appartements, qui furent décorés et meublés avec magnificence. Enfin M. de Juigné, successeur de M. de Beaumont, augmenta ce palais d'un corps de logis construit sur une cour intérieure, du côté du jardin.

Pendant la révolution de 1789, le palais archiépiscopal, après avoir servi pendant quelque temps aux séances de l'Assemblée Constituante, devint l'habitation du chirurgien en chef de l'Hôtel-Dieu, et la chapelle fut convertie en un amphithéâtre de dissection et d'anatomie jusqu'en 1802, époque à laquelle un prélat presque centenaire, M. de Belloy, vint l'habiter.

En 1809, des travaux considérables de restauration et d'embellissement ont été exécutés sous la conduite de M. Poyet, architecte, tant à l'extérieur que dans l'intérieur du palais, qui menaçait ruine de toutes parts.

Dans les années 1817 et 1818, il fallut encore étayer et reprendre en sous-œuvre plusieurs parties du bâtiment qui fléchissaient. On changea alors l'alignement du mur de clôture du jardin, afin de dégager la vue du rond point de l'église, et une nouvelle porte fut construite pour le service du palais et pour faciliter la circulation des voitures. Ces derniers travaux avaient été exécutés sous la conduite de M. Godde, architecte du département.

L'entrée principale du palais archiépiscopal était décorée de deux pavillons isolés, espacés par une grille de fer à deux battants, surmontés de lances dorées. Après avoir traversé une vaste cour située du côté méridional de l'église, on arrivait à la seconde cour, en passant sous une arcade pratiquée entre le bâtiment de la grande sacristie et l'ancienne chapelle épiscopale. Le mur de cette chapelle offrait, du haut en bas, le hideux aspect de plusieurs arrachements de voûtes et de planchers.

Le palais archiépiscopal, formant l'équerre sur la seconde cour, était plus remarquable par sa situation avantageuse que par la décoration extérieure de ses bâtiments, dont la disposition irrégulière n'offrait de toutes parts qu'une architecture mesquine et sans caractère. Ce défaut ne se trouvait racheté que par la beauté et la grandeur des appartements, dont la décoration et l'ameublement étaient d'une élégance et d'une richesse remarquables. La nouvelle chapelle était placée du côté du jardin, au rez-de-chaussée. L'intérieur était totalement revêtu en stuc jaune de Sienne, avec une plinthe en marbre.

Ce palais était accompagné d'un fort beau jardin qui occupait une superficie de deux arpents. Le mur de clôture était surmonté d'une grille dont les lances étaient dorées. Ce jardin, remarquable par sa disposition pittoresque, avait été dessiné et planté par le pépiniériste Gabriel Thouin.

De vastes écuries, disposées en fer à cheval, avaient été construites, en 1818, entre la rue Chanoinesse et la rue du Cloître-Notre Dame. Elles pouvaient contenir cinquante chevaux.

Le secrétariat de l'archevêché était dernièrement placé dans la *chapelle de Saint-Nicolas*, à laquelle se rattachent quelques souvenirs historiques. Comme l'officialité était autrefois placée à l'entrée de cette chapelle, les membres qui la composaient y firent anciennement élever, au-dessus de l'autel, les images de saint Nicolas et de sainte Catherine, qui, pendant plusieurs siècles, furent en grande vénération dans ces sortes de tribunaux. La confrérie était nombreuse : il y eut d'abord jusqu'à cent notaires ou greffiers-jurés de l'officialité de Paris. Ce nombre fut réduit à quatre-vingts par l'évêque Foulques de Chanac, en 1343. Dans le siècle suivant, ils étaient désignés sous le titre de *confraternitas curialium ecclesiæ parisiensis*.

Avant l'année 1793, on voyait, dans le sanctuaire de cette chapelle, une tombe étroite par le bas, autour de laquelle on lisait l'inscription suivante en capitales gothiques :

Cy gist Marie de Meulan, qui gist delez son père et sa mère.

Autour de la tombe voisine, on voyait une autre inscription écrite en caractères semblables :

Indivisa comes jacet hic Avelina Philippo.

La maison de Meulan avait possédé, à Paris, le fief du Monceau-Saint-Gervais.

Dans le chœur de la même chapelle était une belle tombe sur la sépulture de Geoffroy *Cochlearis*, pénitencier de l'église de Paris, qui mourut dans le palais épiscopal, *in hâc domo episcopali*, en 14... Le reste de la date était usé et illisible ; mais on sait que son décès arriva en 1471.

Au mois de mai 1809, les maçons qui travaillaient aux réparations du palais archiépiscopal découvrirent, en creusant sous le pavé de la chapelle, une longue fosse revêtue de maçonnerie, et qui devait avoir contenu un corps, dont on trouva plusieurs ossements épars dans la terre, avec des fragments de vases ou de pots de terre cuite ; l'un de ces vases, mieux conservé que les autres, renfermait des charbons et de la cendre. Si ce corps est celui du pénitencier Cochléaris, dont je viens de parler, il faut en conclure que l'antique usage de mettre dans les sépultures des vases ou des pots de terre avec du feu et de l'encens, était encore en vigueur à Paris dans le XVe siècle. « Ces vases, dit M. l'abbé

» Pouyard, doivent être considérés comme les emblèmes de la foi dans
» laquelle ces hommes étaient morts, ainsi que de leur espérance en la
» vie future. » Indépendamment de ces vases en terre cuite, les maçons
trouvèrent encore l'empreinte en plomb d'un sceau d'une bulle de Grégoire IX, élu pape en 1227, et décédé en 1241. « Ce sceau, dit M. Gilbert, aurait-il fait partie de quelque bulle, ou, comme objet de dévotion, aurait-il été mis dans le cercueil du chanoine Cochléaris? C'est un fait sur lequel on n'a aucun renseignement. »

On sait comment le palais de l'archevêché a été détruit dans la catastrophe du 13 février 1831. Je donne quelques détails sur ce déplorable événement dans l'exposé des faits généraux de l'histoire de Paris. Le calme qui commence à succéder à nos agitations politiques, permettra sans doute au gouvernement d'élever bientôt un autre monument digne de cette haute et pieuse destination.

En attendant, on démolit en ce moment les derniers débris de l'archevêché du côté du portail méridional de Notre-Dame. Une promenade plantée d'arbres occupe l'emplacement des bâtiments et du jardin, et dégage de toutes parts l'admirable aspect de la cathédrale.

LISTE DES ÉVÊQUES ET ARCHEVÊQUES DE PARIS.

L'archevêché de Paris se divisait en trois archidiaconés : Paris, Josas et Brie. Ces archidiaconés se subdivisaient en sept doyennés : Chelles, Corbeil, Champeaux, Châteaufort, Lagny et Montlhéry, sans y comprendre la ville et la banlieue de Paris. L'archevêque jouissait, avant la révolution de 1789, de deux cent mille livres de revenus, et le chapitre de cent quatre-vingt mille, outre les maisons canoniales.

L'évêché de Paris était autrefois suffragant de l'archevêché de Sens. Il ne fut érigé en archevêché qu'en l'année 1622, pour François de Gondy, oncle du cardinal de Retz. Il a été décoré du titre de basilique par le pape Pie VII.

Voici le nom des cent dix évêques et des treize archevêques de Paris.

ÉVÊQUES.

1 Saint Denis, mort vers 272.
2 Mallon.
3 Massus.
4 Marcus.
5 Adventus.
6 Victorin, m. en 347.
7 Paul, évêque en 360.
8 Prudence, en 410.
9 Saint Marcel, m. en 436.
10 Vivien.
11 Félix.
12 Flavien.
13 Ursicien.
14 Apédemius.
15 Héraclius, évêque en 523.
16 Probat.
17 Amélius, évêque en 413.
18 Saffaracus, évêque en 549, déposé.
19 Eusèbe I, en 555.
20 Saint Germain, m. le 28 mai 576.
21 Ragnemode, m. en 591.
22 Eusèbe II.

23 Faramode.
24 Simplice, évêque en 601.
25 Saint Céraune, m. le 27 septembre 615.
26 Leudebert, évêque en 625.
27 Audebert, évêque en 644.
28 Saint Landri, m. en 656.
29 Chrodobert, évêque en 663.
30 Sigobaud, en 664.
31 Importun, en 666.
32 Saint Agilbert, m. en 680.
33 Sigofroid, m. en 693.
34 Turnoalde, évêque en 696.
35 Adulphe.
36 Bernechaire.
37 Saint Hugues, m. le 9 avril 730.
38 Marseïde.
39 Frédole.
40 Ragnecapt.
41 Madalbert.
42 Déodefroid, évêque en 767.
43 Erchenrad I, m. le 15 mars 795.
44 Emenfréde, m. en 810.
45 Inchade, m. le 3 mars 831.
46 Erchenrade II, m. le 9 mai 857.
47 Enée, m. le 26 décembre 871.
48 Ingelvin, en 883.
49 Gozlin, m. au mois de mai 886.
50 Anschéric, m. en juin 911.
51 Théodulphe, le 22 avril 922.
52 Fulrade, en 926.
53 Adelhelme, évêque en 927.
54 Gauthier I, m. le 13 juin 941.
55 Albéric.
56 Constant, en 954.
57 Garin.
58 Raynaud I, en 980.
59 Elisiard, m. le 18 avril 988.
60 Gislebert, m. le 3 février 991.
61 Rainaud II, le 14 septembre 1016.
62 Azelin.
63 Francon, m. le 22 juillet 1030.
64 Imbert de Vergy, m. le 22 novembre 1060.
65 Geoffroi de Boulogne, m. le 1er mai 1095.
66 Guillaume I, de Montfort, le 27 août 1102.
67 Foulques I, m. le 5 avril 1104.
68 Galon, m. le 22 février 1116.
69 Girbert, m. le 2 février 1123.
70 Etienne I, de Senlis, m. en mai 1142.
71 Thibault, m. le 8 janvier 1157.
72 Pierre I, dit Lombard, m. le 20 juillet 1160.
73 Maurice de Sully, m. le 11 septembre 1196.
74 Eudes de Sully, m. le 14 juillet 1208.
75 Pierre II, de Nemours, dit le *Chambellan*, mort le 7 décembre 1219.
76 Guillaume II, de Seignelay, m. le 23 novembre 1223.
77 Barthélemi, m. le 20 octobre 1227.
78 Guillaume III, dit d'Auvergne, m. le 1er avril 1248.
79 Gaultier II, de Château-Thierry, m. le 1er octobre 1249.
80 Regnault III, de Corbeil, m. le 7 juin 1268.
81 Etienne II Tempier, m. le 3 septembre 1279.
82 Renouf d'Hombliéres, m. le 12 novembre 1288.
83 Simon Matifas, dit de *Bucy*, m. le 3 juin 1304.
84 Guillaume de Beaufet, dit d'*Aurillac*, m. le 3 décembre 1320.
85 Etienne III, de Bourret, m. le 25 novembre 1325.
86 Hugues de Besançon, m. le 29 juillet 1332.
87 Guillaume V, de Chanac, m. le 3 mai 1348.
88 Foulques II, de Chanac, m. le 25 juillet 1349.
89 Audoin Aubert, m. le 10 mai 1363.
90 Pierre III, dit de *La Forêt*, m. le 25 juin 1361.
91 Jean de Meulan, m. le 22 novembre 1363.
92 Etienne IV, de Paris, m. le 16 octobre 1373.
93 Aimeric de Maignac, m. le 20 mars 1384.
94 Pierre IV, d'Orgemont, m. le 16 juillet 1409.
95 Gérard de Montaigu, m. le 23 septembre 1420.
96 Jean II, de Courte-Cuisse, m. le 4 mars 1422.
97 Jean III, de la Roche-Taillée, m. le 24 mars 1426.
98 Jean IV, de Nant, m. le 7 octobre 1427.
99 Jacques du Chastelier, m. le 2 novembre 1438.
100 Denis II, du Moulin, m. le 15 septembre 1447.
101 Guillaume VI Chartier, m. le 1er mai 1472.

PREMIERE RACE.

102 Louis de Beaumont, dit *La Forêt*, m. le 5 juillet 1492.
Gérard Gobaille, m. le 2 septembre 1494, avant d'avoir pris possession de son siége.
103 Jean V, Simon de Champigny, m. le 23 décembre 1502.
104 Etienne V, de Poncher, m. le 24 février 1524.
105 François de Poncher, m. le 1er septembre 1532.
106 Jean VI, du Bellay, m. le 17 février 1560.
107 Eustache du Bellay, m. en septembre 1565.
108 Guillaume Viole, mort le 4 mai 1568.
109 Pierre V, de Gondy, cardinal, m. le 1er mars 1616.
110 Henri de Gondy, cardinal, m. le 2 août 1622.

ARCHEVÊQUES.

1 Jean-François de Gondy, mort le 21 mars 1654.
2 Jean-François-Paul de Gondy, cardinal de Retz, m. le 24 août 1679.
3 Pierre VI, de Marca, m. le 29 juin 1662.
4 Hardouin de Péréfixe de Beaumont, précepteur de Louis XIV, m. le 1er janvier 1671.
5 François de Harlay de Champvallon, m. le 6 août 1695.
6 Louis-Antoine de Noailles, cardinal, m. le 4 mai 1729.
7 Charles-Gaspard-Guillaume de Vintimille du Luc, m. le 13 mars 1746.
8 Jacques Bonne-Gigault de Bellefonds, m. le 20 juillet 1746.
9 Christophe de Beaumont du Repaire, m. le 12 décembre 1781.
10 Antoine-Eléonore-Léon Le Clerc de Juigné de Neuchelle, m. le 20 mars 1811.
11 Jean-Baptiste de Belloy, cardinal, m. le 10 juin 1808 (1).
12 Alexandre-Angélique de Talleyrand-Périgord, cardinal, m. le 20 octobre 1821.
13 Hyacinthe-Louis de Quélen.

II. PALAIS DE LA CITÉ.

L'existence d'un palais dans la Cité, dès la première race, n'est point douteuse, comme on le verra bientôt. Il est même vraisemblable que, sous la période romaine, l'île des Parisiens renfermait déjà un édifice qui servit aux officiers romains, puis aux autorités municipales, lorsque Paris eut été érigé en municipe, ce qui n'implique point contradiction avec le séjour de Julien et d'autres empereurs au palais des Thermes. Le palais qu'Ammien-Marcellin appelle la *forteresse des Parisiens* (2) servait de résidence aux magistrats, et devait être, suivant l'usage constant, dans l'intérieur de la ville. C'est le même édifice que Childebert désigne sous le nom de *turris* dans la Charte de fondation de Saint-Germain-des-Prés, citée plus haut (3). Enfin, le célèbre récit de la mort des enfants de Clodomir, par Grégoire de Tours, me paraît lever toute difficulté à cet égard, malgré la diversité des

---

(1) Jean Siffren Maury, cardinal, occupa l'archevêché de Paris, depuis 1808 jusqu'en 1814, sans avoir été reconnu par le Saint-Siége.
(2) Lib. XV, cap. XI, p. 102.
(3) Page 91.

interprétations auxquelles il a donné lieu. Bien que les rois de la première race habitassent ordinairement le palais des Thermes, il y avait cependant une résidence royale dans la Cité. Cela me semble résulter évidemment de ce passage : Childebert et Clotaire arrivés à Paris envoyent demander les petits princes à Clotilde... Clotaire, après les avoir poignardés de sa propre main, monte à cheval pour retourner à Soissons; Childebert se retire dans le faubourg (*in suburbana concessit*) (1). »

La Cité renfermait donc un palais, et cette résidence royale est ici distinguée nettement de la demeure du même genre située sur la rive méridionale du fleuve. Grégoire de Tours nous apprend encore que le roi Caribert demeurait dans la Cité, et qu'un prêtre de Bordeaux vint l'y visiter. « *Presbyter, Parisianæ urbis portas ingressus, regis præsentiam adiit* (2). » Je pourrais citer bien d'autres exemples.

Ce palais fut réparé, agrandi ou rebâti successivement par tous les maires qui s'emparèrent du pouvoir sous les rois de la première race. A son avènement au trône, Hugues Capet quitta le palais des Thermes pour se fixer dans celui dont nous parlons. Son fils Robert le fit rebâtir entièrement (3); et bien que Philippe-Auguste ait fait, depuis cette époque, reconstruire le Louvre, saint Louis, Philippe-le-Hardi et Philippe-le-Bel, ses successeurs, résidèrent au Palais. Cet édifice dut à saint Louis des augmentations et des embellissements considérables; Philippe-le-Bel le reconstruisit encore presque en entier. «Ce roy, dit Du Haillan, fit bâtir dedans l'isle du Palais, au lieu mesme où estoit l'ancien château de la demeure des rois, le palais tel qu'il est aujourd'huy;.... estant conducteur de cette œuvre, messire Enguerrand de Marigny. » Les expressions de Belleforest sont encore plus précises : « Philippe-le-Bel, dit-il, fit construire un autre palais tout à neuf, tel que nous le voyons, et qu'il fut achevé l'an 1313, le vingt-huitième et dernier an du règne de ce bon roi. » Cependant on ne peut ajouter qu'une faible croyance aux paroles de ces deux écrivains, et on doit croire qu'ils ont voulu parler seulement de quelque augmentation considérable exécutée par Philippe-le-Bel dans le palais de la Cité. Ainsi il est certain que la chambre nommée encore aujourd'hui chambre de saint Louis, et la salle appelée depuis la *grand'chambre*, ont été construites par ce prince. On y voyait même quelques unes des anciennes constructions faites par le roi Robert, entre autres la chambre dite depuis de la chancellerie, où, dit-on, saint Louis consomma son mariage. On

---

(1) Greg. Tur., *Hist.*, lib. III, cap. 18. Voy. ci-dessus, pages 59 et 60.
(2) Greg. Tur.; *Hist.*, lib. IV, cap. 26.
(3) Helgald. *vita Rob.* — Duchesne, t. IV, p. 66.

y ajouta d'autres bâtiments sous les règnes de Charles VIII, de Louis XI et de Louis XII.

Quand Charles V abandonna la Cité pour venir habiter l'hôtel Saint-Paul, à l'extrémité orientale de Paris, ce Palais, dont la magnificence est tant vantée par nos historiens, n'était alors qu'une réunion de grosses tours, communiquant entre elles par des galeries; les deux tours qui s'élèvent aujourd'hui parallèlement, au coin du quai de l'Horloge, sont les restes de cette construction; elles donnent une idée de ce style d'architecture. La vue de ce Palais s'étendait jusqu'à Issy, Meudon et Saint-Cloud. Le jardin, qu'on appelait *Jardin du Roi*, couvrait tout l'emplacement occupé maintenant par les cours Neuve et de Lamoignon; il se prolongeait jusqu'au bras de la Seine qui coulait à l'endroit où se trouve la rue de Harlay. Du temps de Charles V, ce jardin était d'une grande simplicité comme tous les jardins royaux, entouré de haies chargées de treilles enlacées en losanges, et disposées aux deux extrémités et au milieu en forme de tourelle ou pavillon; il contenait des prés que l'on fauchait, des vignes dont on récoltait le vin, des légumes qu'on servait sur la table du roi (1).

Les appartements de ce palais étaient immenses et couverts de dorure; mais à cette époque où le luxe ne savait pas encore appeler l'art à son secours, on n'y avait rien fait pour rendre la vie commode ou agréable. Les fenêtres étaient obstruées par des barreaux de fer qui se croisaient et qui donnaient à cette demeure royale l'aspect d'une prison; la lumière ne pouvait y pénétrer à cause des vitraux coloriés qui y mettaient obstacle, chargés comme ils l'étaient d'images de saints, de devises et d'écussons.

Les commodités de la vie étaient si peu de mise dans cette résidence de nos rois, que, même du temps de François Ier, on n'y avait encore pour s'asseoir que des bancs et des escabelles; la reine seule avait le droit d'avoir une chaise de bois, pliante et rembourrée. C'est que nos premiers rois, ceux mêmes de la troisième race jusqu'à Louis XI, ne possédaient comme propriétés que leurs seuls domaines; leur cour ne se composait que de leurs domestiques, et ce n'était qu'avec les revenus, souvent bornés, de ces possessions, qu'ils pouvaient soutenir leur rang. Les impôts dont le peuple était écrasé étaient temporaires, levés seulement dans les grands besoins de l'État et avec le consentement général. Ces rois ne paraissaient avec magnificence que dans les assemblées solennelles de leurs vassaux, ou au milieu de leurs ar-

---

(1) Sauval raconte que, dans ce jardin, saint Louis, vêtu d'une cotte de camelot, d'un surcot de tiretaine sans manches, et d'un manteau de sandal noir par dessus, y rendait la justice, couché sur des tapis, avec Joinville et d'autres qu'il choisissait pour conseillers.

mées ; du reste leur vie était simple et patriarcale, c'était celle d'un seigneur, d'un châtelain ; d'ailleurs dans Paris leur pouvoir, et par suite les moyens d'en soutenir l'éclat, étaient encore bien plus restreints, si l'on songe qu'ils étaient toujours en conflit pour leur autorité avec la juridiction de l'évêque, des monastères, des divers corps, et avec les priviléges de la bourgeoisie.

Charles V avait quitté le Palais pour l'hôtel Saint-Paul ; mais Charles VI y revint, et y séjourna à diverses époques. Quand les querelles entre les ducs d'Orléans et de Bourgogne eurent rempli Paris de désordre et de sang, Charles VI, qu'une maladie cruelle avait réduit à cette extrémité de voir son autorité usurpée impunément par ceux qui étaient nés pour la défendre, abandonna de nouveau l'hôtel Saint-Paul en 1410, parce qu'il ne s'y croyait pas en sûreté, et vint habiter le palais. François 1er y résidait encore en 1531 ; cette année il rendit le pain bénit dans l'église de Saint-Barthélemy, comme premier paroissien.

Charles V n'était encore que dauphin et régent du royaume, et il habitait le Palais, quand Étienne Marcel, prévôt de Paris et chef du parti populaire si connu sous le nom de *la Jacquerie*, pénétra jusque dans la chambre du prince, et y fit égorger sous ses yeux Robert de Clermont, maréchal de Normandie, et Jean de Conflans, maréchal de Champagne. Les corps des deux victimes furent traînés dans la cour, devant la pierre de marbre (1), et devinrent l'objet des outrages les plus infâmes de la part d'une populace furieuse.

L'an 1383, avant la perte de sa raison, Charles VI, vainqueur des Flamands, avait résolu de punir la faction des *Maillotins* qui, pendant son absence, avait commis dans la capitale les plus horribles excès. Il parut en présence du peuple, dans la cour du Palais, avec l'appareil le plus majestueux et le plus propre à inspirer le respect et la crainte. Son trône s'élevait sur un échafaud, et il y monta environné des princes du sang et des premiers seigneurs de sa cour, pour prononcer sur le sort des coupables encore enfermés dans les prisons ; les plus criminels avaient été aussitôt exécutés. Cette apparition solennelle épouvanta tellement les familles des malheureux prisonniers, qu'on vit accourir en foule les hommes têtes nues, les femmes échevelées, criant *merci*. Le chancelier d'Orgemont, dans un long discours, reprocha à cette populace ses révoltes, son insolence, les cruautés et les outrages qu'elle avait commis envers le roi ou envers ses serviteurs. Après cette harangue, le roi, se rendant aux prières de ses oncles qui le suppliaient à genoux, pardonna au reste des coupables, et changea le supplice qu'ils devaient subir en une amende pécuniaire. Cette place était destinée aux solennités ;

(1) Cette pierre énorme se trouvait dans la cour, et on ne doit pas la confondre avec cette autre table de marbre qu'on voyait dans la grand'salle. Toutes deux disparurent dans l'incendie de 1618.

long-temps avant ce dernier événement, en 1314, Philippe-le-Bel y avait paru sur son trône, dans tout l'appareil royal, pour demander un emprunt aux députés des principales villes de son royaume convoqués à cet effet. C'était la seconde assemblée de ce genre où le *tiers-état*, déjà réuni sous le même roi pour la première fois, était appelé à délibérer sur les affaires publiques.

La grande salle du Palais était le lieu réservé en général aux cérémonies extraordinaires ; on y recevait les ambassadeurs des puissances étrangères ; on y donnait les grands repas connus alors sous le nom de *galas*, on y célébrait les noces des enfants de la famille royale. C'est en 1378 que Charles V y reçut l'empereur Charles IV et son fils Venceslas, roi des Romains. Le festin fut servi dans la grand'salle, et les trois monarques dînèrent au milieu d'une foule de seigneurs. A la suite du banquet, on donna aux princes le spectacle d'une pièce de théâtre, espèce de tragédie dont le sujet était la prise de Jérusalem par Godefroy de Bouillon. Plusieurs années après, Charles VI reçut dans le même palais Manuel Paléologue, empereur d'Orient, et l'empereur Sigismond, roi de Hongrie.

En 1483, Marguerite de France, prieure de Poissy, mourut de la peste au Palais. Cette peste fut si maligne que les chirurgiens qui firent l'autopsie du corps en furent atteints aussitôt, et moururent peu de jours après.

En 1400, Jean Ier, duc de Bourbon, épousa, dans le Palais, Marie, seconde fille du duc de Berry. Le festin des noces se fit, comme à l'ordinaire, dans la grand'salle ; mais, contre la coutume, les princes du sang servirent et couvrirent les tables.

Robert de Béthune, troisième du nom, comte de Flandres, y fit hommage, en 1320, à Philippe-le-Long, et y maria Louis de Créci, son petit-fils, à Marguerite de France, fille du roi.

Le dessous de la grand'salle était construit avec une extrême solidité, et la salle elle-même passait pour l'une des plus belles et des plus grandes qu'on pût voir à cette époque. Pavée de marbre blanc et noir, elle était lambrissée et voûtée en bois, soutenue au milieu par des piliers de même matière, tous enrichis d'or et d'azur ; entre ces piliers on voyait les statues de nos rois : ceux qui avaient été malheureux et fainéants avaient les mains basses et pendantes ; les braves et les conquérants avaient tous les mains hautes.

A l'une des extrémités de cette salle était une chapelle construite sous Louis XI, en 1477 ; elle était ornée de deux colonnes sur l'une desquelles on voyait la figure de Charlemagne ; sur l'autre était celle de saint Louis pour qui Louis XI avait une grande dévotion. A l'autre extrémité se dressait la fameuse table de marbre, qui occupait à cet endroit presque toute la largeur de la salle. « Cette table, dit un ancien historien, avait tant de longueur, de largeur et d'épaisseur, qu'on ne vit jamais une tranche de marbre plus épaisse, plus large et plus longue. »

La table de marbre servit à deux usages bien différents. Pendant deux ou trois cents ans, les clercs de la Basoche en firent un théâtre où ils représentaient leurs *farces, moralités et sotties*. C'était aussi sur cette table que se faisaient les festins royaux dont nous avons eu occasion de parler, où l'on n'admettait que les empereurs, les rois, les princes du sang, les pairs de France et leurs femmes, tandis que tous les autres grands seigneurs mangeaient à d'autres tables.

Depuis, la grand'salle fut rebâtie par l'architecte Desbrosses. Nous passerons sous silence tous les détails relatifs à cette construction, ils nous occuperont plus tard.

Un jour que les reliques de saint Sanson, de saint Magloire et de plusieurs autres saints étaient exposées dans la salle du Palais, le maître d'hôtel de Hugues-le-Grand, père de Hugues-Capet, s'approcha pour les toucher avec son bâton, en signe de mépris : aussitôt son esprit se trouble, il devient furieux, cherche querelle à tous ceux qui l'entourent, les frappe à tort et à travers ; enfin on est forcé de le lier comme un possédé, dans la crainte qu'il ne se livre à de plus graves excès (1).

C'est dans ce même palais qu'il avait fait rebâtir, que le roi Robert, lavant ses mains pour dîner le jour de Pâques, vit un pauvre aveugle s'approcher et le supplier de lui jeter de l'eau sur les yeux. Le roi y consentit en riant, et aussitôt l'aveugle recouvra la vue; le roi le fit manger à sa table.

Louis-le-Gros y mourut en 1137, et Louis-le-Jeune en 1180; Jean-sans-Terre, Henri II et Henri III, rois d'Angleterre, y résidèrent ; ce dernier prince fit hommage à saint Louis dans le grand jardin (2).

Du temps de Louis-le-Gros et de Louis-le-Jeune, on appelait cet édifice le *Nouveau-Palais*. Le palais des Thermes, qu'avaient habité quelques empereurs romains et nos premiers rois, portait, comme on l'a vu (3), le nom de *Vieux-Palais*.

En face du Pont-au-Change s'élève une tour carrée, située à l'angle du palais dont elle est une dépendance. C'est là qu'on plaça la première grosse horloge qu'on eût vue à Paris. Elle avait été faite, l'an 1370, par un horloger allemand nommé Henri de Vic, appelé en France par Charles V. Sous Henri III, le cadran fut réparé et orné de figures représentant la Force et la Justice. On y voyait, sur un même écusson, les armes de France et celles de Pologne (4).

(1) Sauval, *Antiquités de Paris*, t. II, p. 5.
(2) *Ibid.*, p. 5.
(3) Page 36.
(4) Pendant la révolution, les armoiries furent brisées, les figures seules furent épargnées.

C'est à la même époque que fut fondue la cloche qu'on voyait au sommet de cette tour, et qu'on appelait le *tocsin du palais;* dans la partie supérieure on aperçoit encore le petit *lanternon* au milieu duquel elle était suspendue.

Nous avons dit que parmi les princes qui contribuèrent à l'agrandissement ou à l'embellissement du Palais, on devait surtout nommer saint Louis. C'est encore à ce prince qu'on attribue la construction des salles basses, situées au-dessous de la grand'salle appelée des *Pas-perdus;* une de ces salles porte encore le nom de *cuisine de saint Louis.*

Nous dirons quelques mots des différentes chapelles renfermées dans le Palais, ou qui en dépendaient.

La chapelle de Saint-Nicolas, si l'on en croit un document manuscrit (1), fut construite en 922 par le roi Robert. Peut-être cet auteur a-t-il été trompé par la ressemblance des noms, quand il a attribué à Robert, frère du roi Eudes, la fondation de cette chapelle qui, selon Helgaud et Nangis (2), remonte au roi Robert-le-Pieux. Ce prince avait commencé à régner en 996, et en faisant rebâtir le Palais, il fit en même temps construire une chapelle sous l'invocation de Saint-Nicolas, vers l'an 1030 (3). Dans le siècle suivant elle fut reconstruite par Louis-le-Gros, comme nous l'apprenons par les lettres de Louis VII, datées de l'an 1160 (4).

Écoutons ce que Sauval nous dit à ce sujet : « Si du Palais je passe à Notre-Dame et au Louvre, sans m'arrêter à un autre palais du roi Robert, placé par le père Dubreuil à Saint-Nicolas-des-Champs, c'est qu'il n'y en a jamais eu là, et que ceux qui ont cru après lui que ce prince avait fondé dans son palais l'église de Saint-Nicolas-des-Champs, n'ont pas entendu le passage qui fait mention de la fondation de Saint-Nicolas, et dont j'ai trouvé le premier l'explication. En effet, le palais dont parle Helgaldus à cet endroit-là, n'est autre que le palais où se tient le parlement. L'église de Saint-Nicolas que Robert y bâtit n'est pas Saint-Nicolas-des-Champs, mais bien la Sainte-Chapelle, qui était dédiée à saint Nicolas quand saint Louis y apporta sur ses épaules la couronne d'épines, et avant qu'il la rendît aussi magnifique que nous la voyons, etc. (5). »

La chapelle de la *Sainte-Vierge* fut bâtie en 1154 par Louis-le-Jeune : peut-être ne fit-il que rétablir celle de *Notre-Dame-de-l'Étoile* (6), fondée par le roi Robert en 1022, et non pas, comme l'a écrit Germain

---

(1) Archives de la Sainte-Chapelle.
(2) Duchesne, t. IV, p. 77.
(3) Jaillot, *Recherches sur Paris*, t. I, p. 7.
(4) Dubois, *Hist. eccl. Par.*, t. I, p. 354.
(5) Sauval, *Antiquités de Paris*, t. II, l. VII, p. 6.
(6) Dubreuil, p. 134.

Brice (1), par Hugues-Capet qui mourut en 996. Cet écrivain nous apprend que cette chapelle était sous le titre de l'*Adoration des mages* (2).

Ces deux chapelles n'existent plus aujourd'hui. Est-ce le temps qui les a détruites? ou bien a-t-on été forcé de les démolir quand on commença les nouvelles constructions du Palais? Nous ne trouvons à ce sujet aucune lumière dans nos historiens. Selon quelques uns (3) la chapelle de Saint-Nicolas est celle qu'on nomma depuis *Saint-Michel*. Dubreuil (4), après avoir partagé cette opinion, se reprend ensuite pour dire (5) qu'il n'a trouvé sur ce qu'il avance aucunes preuves écrites. Selon d'autres auteurs (6), elle fut abattue, et sur son emplacement saint Louis fit construire la Sainte-Chapelle. Cette dernière opinion est peut-être la plus raisonnable, et l'on peut s'en convaincre facilement en parcourant le diplôme de saint Louis relatif à la fondation de la Sainte-Chapelle (7). Il faut avouer qu'en parlant du chapelain de l'ancienne chapelle, il ne la désigne pas sous le titre de *Saint-Nicolas*, mais il le laisse assez à penser, quand il réunit à sa fondation ce que son bisaïeul et son trisaïeul avaient donné à ce chapelain. Or, ce revenu avait été concédé au chapelain de Saint-Nicolas par Louis-le-Gros, et confirmé par Louis-le-Jeune l'an 1160 (8).

La chapelle de *Saint-Michel* dont nous venons de parler s'élevait dans l'enceinte de la cour du palais, en face de la Sainte-Chapelle. Cette petite église fut fondée par un des prédécesseurs de Philippe-Auguste; elle donna son nom au pont situé sur le bras de la Seine qui lui était parallèle, et à la partie de la rue de la Barillerie qui aboutit à ce pont. Cette église fut détruite lorsque l'on commença les nouvelles constructions.

Une autre chapelle plus célèbre, dépendant de l'ancien palais de la Cité, est celle de *Saint-Barthélemy*, devenue paroisse dans la suite. Nous en ferons l'objet d'un article spécial.

Dans cet article nous n'avons considéré le Palais que comme demeure de nos rois; plus tard nous le décrirons, et nous esquisserons son histoire depuis l'époque où il devint, sous le nom de *Palais de justice*, le lieu où se réunirent nos grandes assemblées judiciaires.

---

(1) G. Brice, t. IV, p. 304.
(2) Jaillot, *Rech. sur Paris*, t. I, p. 7.
(3) Corrozet, p. 48.
(4) Dubreuil, p. 123.
(5) *Id.*, p. 133.
(6) Duchesne, t. V, p. 411. — *Gall. Christ.*, t. VII, col. 258.
(7) Félibien, *Hist. de Paris*, t. III, p. 120.
(8) Jaillot, *Rech. sur Paris*, t. I, p. 8.

III. PRISONS.

Deux prisons existaient certainement à Paris pendant la période mérovingienne; mais où étaient-elles situées? Voilà une question qu'il s'agit d'éclaircir.

La première ne pouvait être éloignée de la porte méridionale de Paris (1). « Il arriva, dit Grégoire de Tours, à l'occasion d'un incendie dont j'ai parlé, qu'un marchand étant entré le soir dans son magasin, laissa la lumière qu'il y avait apportée près d'un vase rempli d'huile; cette huile s'enflamma bientôt, et mit le feu à la maison qui était la plus proche de la porte méridionale de la ville; la flamme se communiqua bientôt aux autres maisons voisines jusqu'à la prison (2). »

L'auteur des *Gestes du roi Dagobert* place une autre prison près d'une porte de Paris, située où est aujourd'hui la rue Saint-Martin, près de l'église Saint-Merry. M. Dulaure, qui ne distingue pas cette seconde prison de la première, l'a placée près de la porte septentrionale de Paris (3), sur l'emplacement qu'occupèrent ensuite les églises de Saint-Denis et de Saint-Symphorien, c'est-à-dire sur le quai aux Fleurs. Il a choisi cette position, parce que ces églises, « à cause de leur voisinage de la prison, ont porté le surnom de la *Chartre*. « Une prison a pu exister dans les temps postérieurs près de la rive septentrionale de la Cité, et donner son nom aux deux églises dont parle M. Dulaure, mais ce qu'il y a de certain, c'est que la prison citée par l'auteur des Gestes de Dagobert était hors de la Cité. « Dubreuil (4) et autres, dit Jaillot, ont avancé que la chartre où fut mis saint Denis s'appelait la *prison de Glaucin, carcer Glaucini*, et que le port qui en est proche en retient encore le nom, et s'appelle *Glatigny*. Je n'en ai pas fait mention à l'article de cette rue, parce qu'il y a trop de différence dans les noms, et que d'ailleurs la prison de Glaucin n'était point située en cet endroit (5). » On se rendra facilement à l'opinion de Jaillot, si l'on consulte ce que le moine anonyme de Saint-Denys nous dit des libéralités que Dagobert fit à son abbaye; on verra que cette prison était située, non pas dans l'enceinte de la cité, ainsi que l'a prétendu M. Dulaure, mais en dehors de cette enceinte, vers la porte septentrionale de Paris, près de Saint-Merry.

Ainsi, au lieu d'une seule prison, comme la plupart des historiens

---

(1) Jaillot, *Rech. sur Paris*, t. I, p. 67.
(2) Gregor. Turon., *Hist.*, lib. VIII, cap. 33.
(3) Dulaure, *Hist. de Paris*, t. I, p. 81.
(4) Liv. 1, t. 115.
(5) *Rech. sur Paris*, t. I, p. 74.

l'ont cru jusqu'à présent, il en existait deux : la première, celle dont parle Grégoire de Tours, vers la porte méridionale; la seconde, dont parlent les Gestes de Dagobert, vers la porte opposée. M. Dulaure les a confondues en une seule, et il n'est pas inutile de relever l'erreur qu'il a commise à ce sujet.

IV. ABBAYE DE SAINTE-GENEVIÈVE.

Sur le sommet de la montagne où s'élèvent aujourd'hui Saint-Étienne-du-Mont et le Panthéon, existait, sous les Romains, un cimetière que bordaient les deux voies publiques conduisant de Lutèce, l'une à Orléans, et l'autre à Sens. Ce cimetière, qui servit aux habitants de Paris et sans doute de quelques lieux voisins, pendant qu'ils étaient encore païens, ne fut pas abandonné quand ils se convertirent au christianisme.

On a la preuve que Prudence, évêque de Paris, à la fin du IV⁵ siècle, fut inhumé dans ce cimetière; on peut conjecturer que plusieurs de ses prédécesseurs et de ses successeurs y eurent aussi leur sépulture.

C'est en ce lieu, dans la partie de la montagne qui est près du versant oriental, que Clovis, converti à la foi de l'Évangile, fit élever, selon le vœu qu'il en avait fait, à la prière de Clotilde, une *basilique* en l'honneur de saint Pierre et saint Paul (1). Grégoire de Tours ne dit pas en quelle année fut faite la fondation, et les historiens modernes ne sont pas d'accord sur celle à laquelle il faut la rapporter. Corrozet la place en 499, Dubreuil, Sauval, Delamare, le P. Daniel, Fleuri, en 500; les historiens de Paris en 509; les auteurs du *Gallia Christiana* et Lebeuf un peu avant 511. Il est probable que l'église fut fondée en 508 ou 509, car c'est en l'année 507 que Clovis remporta la victoire sur Alaric, avant laquelle il avait fait son vœu d'élever une église. L'édifice n'était pas terminé en 511 à la mort de Clovis, ce fut Clotilde qui le fit achever.

Le nom de *basilique*, dont se sert Grégoire de Tours en parlant de cette église, qu'il appelle tantôt de Saint-Pierre, tantôt des Saints-Apôtres, a fait penser qu'elle avait d'abord été desservie par une communauté religieuse. Les noms de *monastère*, d'*abbé* et de *pères* donnés à l'église de Sainte-Geneviève et à ceux qui la desservaient, enfin et surtout un passage de la vie de sainte Bathilde, dans lequel on lit que Clotilde fit bâtir la basilique de Saint-Pierre pour y faire observer *la religion de l'ordre monastique: ubi religio monastici ordinis vigeret*, sembleraient établir cette opinion, adoptée par Mabillon, Fleury, Lebeuf, Dubois et autres savants écrivains. Mais Jaillot la rejette par les raisons suivantes: 1° Le

---

(1) Aimoin, lib. I, cap. 10.

nom de basilique, employé sans doute pour désigner des églises monastiques, l'a été pareillement pour désigner celles qui étaient desservies par un clergé séculier. Fortunat parle deux fois de la *basilique* Saint-Gervais où il n'y a jamais eu de moines; pour des temps postérieurs il suffit de rappeler le nom de *basilique de la bienheureuse vierge Marie* si fréquemment donné à la cathédrale. Ce nom de basilique servait peut-être à désigner, comme le pense Baronius, les églises supérieures aux autres par leur grandeur, leur magnificence, ou bien par le nombre des prêtres desservants. 2° Les noms de *monastère*, d'*abbé*, de *frères*, indiquent seulement une communauté de vie et de prières. L'histoire de Paris en fournit beaucoup d'exemples. 3° Enfin, quant au passage cité plus haut, il signifie seulement que le but de Clotilde était de mettre dans l'église des personnes religieuses qui pussent enseigner la religion et la professer. C'est dans ce sens que Dagobert, en parlant des discours de saint Didier, son trésorier, les appelle *monasticæ et sacerdotalis conversatio*. L'opinion de Jaillot, du reste, est confirmée par différents actes historiques (1) qui ne parlent nullement de moines, mais bien de *clercs* ou de *chanoines*, comme desservant l'église fondée par Clovis.

Clovis fut inhumé dans la basilique des Saints-Apôtres comme fondateur, et aussi, observe Lebeuf, parce qu'on n'inhumait pas encore dans la Cité quoiqu'il y eût une église. Sainte Geneviève, qui mourut quelques années après Clovis, y fut également inhumée avec sainte Alde, une de ses compagnes. Le corps de Clotilde, ayant été apporté de Tours à Paris, fut déposé auprès de celui de Clovis, *in sacrario basilicæ*, dit Grégoire de Tours (2), c'est-à-dire dans le sanctuaire, partie de l'édifice qui avait été construite la première.

Clotilde avait fait inhumer déjà dans la même église, dès l'an 524, Théodevalde et Gonthaire ses petits-fils, massacrés par leur oncle. Clotilde, sœur de Childebert, et l'évêque saint Céraune, furent aussi enterrés à Sainte-Geneviève.

Les conciles de Paris, de 573, 577 et 615, ont été tenus dans cette église. Le plus remarquable est celui de l'an 577 sur l'affaire de Prétextat, évêque de Rouen, dont j'ai fait ailleurs le récit, et qui a fourni, comme on sait, le sujet de l'une des plus intéressantes lettres sur l'histoire de France de M. Thierry. Grégoire de Tours (2) parle du lieu appelé *secretarium* (3), qui signifie le trésor ou la sacristie, dans lequel les évêques tinrent quelques séances.

---

(1) Voir Mabillon, *Annal. bened.*, lib. 35, n. 8; — *Gallia christ.*, t. VII, instr. col. 221.

(2) *Hist. Francor.*, lib. IV, cap. 1.

(3) *Ibid.*, lib. V, cap. 19.

Il paraît aussi que l'église jouissait alors du droit d'asile. C'est là que Leudaste, comte de Tours, convaincu d'imposture dans le concile tenu à *Brennacum* (Bergui, d'après Lebeuf), se retira avant qu'on prononçat sa condamnation. La basilique des Saints-Apôtres était une des principales de Paris ; elle est mentionnée la première dans les legs qu'Ermentrude fit à l'église de cette ville en 710 (1).

En 857, les Normands, remontant la Seine, arrivèrent jusqu'à Paris et ravagèrent tout le pays. L'église de Sainte-Geneviève, comme la plupart de celles qui environnaient l'île des Parisiens, fut pillée et brûlée.

C'est à cette époque que divers auteurs ont fixé la réforme de l'abbaye. De La Barre dit que ses moines se sécularisèrent eux-mêmes. Lebeuf et d'autres historiens rapportent simplement que la plupart des moines s'étant dispersés, et la régularité ne s'observant plus parmi ceux qui restaient, on leur substitua des chanoines. Mais on a vu qu'il y avait des chanoines dans cette abbaye dès son origine. La tranquillité ayant été rendue au pays, les chanoines revinrent à leur église qui dut être restaurée. Ils avaient pris, dans leur fuite, les ossements de sainte Geneviève, après avoir enlevé de son tombeau les métaux précieux dont l'avait orné, dit-on, saint Éloi.

On ne trouve rien sur cette église depuis son incendie par les Normands jusqu'au règne de Hugues Capet, dont on a un diplome, sans doute donné à Paris, *ad aram beatorum apostolorum Petri et Pauli*. Le roi Robert confirma, en 997, les priviléges des chanoines de Sainte-Geneviève, et spécialement celui de choisir entre eux leur doyen. Le nécrologe de l'église met Robert au rang de ses bienfaiteurs, comme ayant fait bâtir le cloître, décoré l'autel d'une table d'or et d'argent, et accordé aux chanoines la faculté de disposer librement de leurs prébendes.

Outre le doyen, l'église de Sainte-Geneviève avait encore deux autres dignitaires : le pré-chantre et le chancelier. Sous Louis-le-Gros on y comptait au moins vingt prébendes, dont plusieurs étaient possédées par des ecclésiastiques d'un haut rang.

La considération dont jouissait le chapitre de Sainte-Geneviève était telle, que, pendant plus d'un siècle, les rois furent dans l'usage de connaître par eux-mêmes des causes et des affaires de tous les chanoines. Mais ce qu'il y a de plus remarquable, c'est que, dès lors, ce chapitre, à l'imitation de la cathédrale, avait ses écoles où les lettres florissaient, et que son chancelier y avait les mêmes attributions que celui de Notre-Dame. Il en résulta que, lorsque l'Université se fut étendue jusque sur le territoire de cette église, le chancelier eut naturellement

---

(1) Mabillon, *Diplom., Suppl.*, p. 93.

sur les écoliers la même inspection que l'autre avait sur eux, hors de la terre de Sainte-Geneviève.

Sous le règne de Louis VI, vers l'an 1131, les habitants de Paris furent attaqués d'une maladie que l'on nommait *feu sacré*, et dont beaucoup de personnes mouraient malgré tous les remèdes. Le clergé et le peuple demandèrent que la châsse de la sainte fût solennellement apportée à l'église de Notre-Dame. On raconte que, pendant la procession, tous les malades qu'on nommait *les ardents* furent guéris, à la réserve de trois qui manquèrent de foi. L'épidémie étant passée, la châsse fut rapportée à Sainte-Geneviève, où on la conservait derrière le grand autel.

En 1242, Robert de la Ferté-Milon, abbé de Sainte-Geneviève, fit faire une nouvelle châsse en vermeil, plus riche que la première qui n'était que d'argent. On y employa cent quatre-vingt-treize marcs et demi d'argent et huit marcs et demi d'or. Dans la suite, le cardinal de Larochefoucauld, abbé et réformateur de la même abbaye, et la reine Marie de Médicis, enrichirent cette châsse de perles et de pierres précieuses.

Lorsque, dans de grandes circonstances, on jugeait nécessaire de faire descendre ces reliques, il fallait pour cela un ordre exprès du roi et un arrêt du parlement. La translation se faisait avec des cérémonies magnifiques. Il y avait une confrérie de bourgeois à qui appartenait exclusivement le droit de porter la châsse de sainte Geneviève.

Ce précieux reliquaire disparut pendant les troubles de la révolution. On l'avait porté processionnellement dans le XVIIe et le XVIIIe siècle, en 1625, 1652, 1675, 1694, 1709 et 1725.

En 1148 il y eut un changement notable dans l'administration de l'église de Sainte-Geneviève. Eugène III, qui occupait alors le trône pontifical, et qui avait été forcé de se réfugier en France dès l'année précédente, était depuis quelque temps informé du relâchement qui s'était introduit dans la communauté. Une scène scandaleuse qui se passa sous ses yeux, dans l'église même, le confirma dans cette résolution. « Le pape étant allé à la basilique des Saints-Apôtres pour y célébrer la messe, il arriva qu'après qu'il se fut retiré dans la sacristie, ses officiers voulurent prendre un riche tapis que les chanoines avaient étendu sous les pieds du pontife, prétendant que c'était leur droit d'après un ancien usage. Les domestiques de Sainte-Geneviève voulurent le retenir. Les deux partis en vinrent aux mains dans l'église. Le roi s'étant présenté pour faire cesser ce tumulte, fut méconnu, et frappé même par les domestiques de l'abbaye (1). »

Le pape, ayant quitté la France, ne put suivre le projet qu'il avait arrêté de réformer la communauté. Louis-le-Jeune, obligé de partir pour

---

(1) Félibien, *Hist. de Paris*, I.

la Terre-Sainte, ne put l'exécuter, mais il en confia le soin à Suger, abbé de Saint-Denis, qu'il avait nommé régent du royaume en son absence. Il est probable que le zèle et les essais de Suger pour réformer la discipline du chapitre furent infructueux, puisque le pape se détermina à substituer à ces chanoines huit religieux de l'ordre de Cluny, sous la conduite du prieur d'Abbeville, qu'il désigna pour abbé.

Mais les anciens chanoines ayant réclamé contre une décision qui faisait passer leur église et leurs biens entre les mains des religieux de Saint-Martin-des-Champs, et ayant même montré un esprit assez obstiné, le pape, ne voulant pas les irriter davantage, ne les remplaça pas par des moines, et se contenta d'introduire dans leur maison douze chanoines de Saint-Victor (1).

Quelques auteurs pensent que ce fut vers cette année, et à l'occasion du changement qui survint en cette église, qu'elle prit le nom de Sainte-Geneviève, mais c'est une erreur, comme l'a très bien montré l'exact et judicieux Jaillot : la grande réputation de sainteté qu'acquit bientôt sainte Geneviève après son inhumation dans la basilique des Saint-Apôtres, et, disent les anciens auteurs, les miracles qui s'opéraient sur son tombeau, la firent vénérer comme la patrone de Paris, et firent attribuer, dès l'origine, son nom à la basilique qui renfermait ses reliques. Il est fait mention de cette église sous le nom de Saint-Pierre et Sainte-Geneviève dans les VIIe et VIIIe siècles, et sous le nom seul de Sainte-Geneviève au commencement du IXe, comme on le voit dans Ermold-Nigel, qui vivait sous Charlemagne (2); dans le contrat d'échange qu'Étienne, comte de Paris, et Amaltrude, sa femme, firent en 812 avec l'évêque Inchade et le chapitre Notre-Dame (3); dans le testament d'Anségise, abbé de Saint-Wandrille, mort en 833 (4); dans une lettre de Loup, abbé de Ferrière (5), etc.

Rien ne prouve que la basilique commencée par Clovis et terminée par Clotilde ait subsisté jusqu'au temps des Normands. L'ancienne église était, d'après l'auteur de la vie de sainte Geneviève, ornée d'un triple portique où était peinte l'histoire des patriarches, des prophètes, des martyrs et des confesseurs (6). La sculpture n'a été employée pour ces sortes de représentations que bien plus tard, et lorsqu'en élargissant les églises on en a pareillement élargi et haussé les portiques. Peut-être l'église avait-elle été rebâtie dans le VIIIe siècle, comme celle de l'abbaye de Saint-Denis. Ce qu'il y a de certain, c'est que les mu-

---

(1) *Ann. manusc. de Sainte-Geneviève.*, fol. 275.
(2) *Erm. nig.*, lib. II, vers. 146.
(3) Pastor B, p. 121, et D, p. 110.
(4) *Spicileg.*, t. II, p. 282, et in-4° t. III, p. 243.
(5) C'est la 57e dans le *Rec. des histor. de France*, t. VII, p. 512.
(6) *Vita S. Genov. in fine.*

railles de celle que brûlèrent les Normands subsistaient encore en partie, quoiqu'en très mauvais état, au XII° siècle.

On y voyait encore, d'après Étienne de Tournai, les dégâts causés par le feu, et quelques restes de marqueterie tant au dedans qu'au dehors (1). Celle du dedans était sans doute à la voûte du sanctuaire, ainsi qu'on en voit encore dans quelques églises anciennes.

Après l'éloignement des Normands, les chanoines de Sainte-Geneviève s'étaient contentés de quelques légères reconstructions et n'avaient fait que celles qui étaient indispensables. Étienne de Tournai, élu abbé en 1177, résolut de restaurer entièrement l'église. Les travaux durèrent quinze ans. Ces réparations, dont une partie a subsisté jusqu'au siècle dernier, étaient encore très visibles au-dehors de l'église, au midi, du côté de la nef. Suivant Lebeuf, cette partie extérieure de l'édifice était un débris des constructions qui existaient du temps des Normands; mais c'est là une erreur qu'a relevée M. Lenoir dans l'examen qu'il a fait du monument avant sa destruction ; nous en parlerons plus loin.

La couverture de l'église devait être en plomb, si l'on en croit Étienne de Tournai, mais il ne paraît pas qu'elle ait jamais été exécutée ainsi. Quant aux parties intérieures, les piliers, les voûtes, les petites colonnades, tels qu'ils ont existé jusqu'à la destruction de l'église, avaient tous les caractères de l'architecture du XIII° siècle. Les trois portiques du frontispice étaient aussi du XIII° siècle. Enfin les constructions de la tour qui servait de clocher annonçaient deux époques : la partie inférieure était du XI° siècle; l'autre, bien postérieure, avait été réparée à la fin du XV°, sous le règne de Charles VIII, après avoir été très endommagée par le tonnerre le 6 juin 1483. La foudre fondit les cloches et renversa plusieurs parties de l'édifice.

Vers le haut du pignon de l'église, on vit jusqu'en 1746 un anneau de fer d'une largeur et d'une grosseur prodigieuses ; il se trouvait au-dessous d'une fenêtre, et était soutenu par une pierre qui représentait une tête d'animal : il paraît avoir été placé en cet endroit quand on refit l'église au XIII° siècle. Voici la conjecture que Lebeuf a faite sur cet anneau, dont il serait difficile de déterminer précisément la destination.

Anciennement, et surtout dans le IX° siècle, lorsque les criminels venaient réclamer le droit d'asile dans une église, la formule dont ils se servaient consistait à saisir l'anneau de la grande porte et à y passer leur bras. Henri, moine d'Auxerre, sous Charles-le-Chauve, est l'un des écrivains qui parlent de cet usage (2). Comme on ne peut douter,

(1) *Steph. Tornac.*, epist. XVII.
(2) *Mirac. S. Germ.*, lib. I, cap. 35.

ajoute Lebeuf, que la basilique de Sainte-Geneviève n'ait eu à Paris la préférence sur beaucoup d'autres, je pense que ce gros anneau a été attaché à la grande porte ou au portique, jusqu'à l'époque où les asiles furent supprimés; mais pour en conserver le souvenir, l'on éleva ce même anneau à une hauteur à laquelle personne ne put plus atteindre (1). »

La réforme se soutint parmi les chanoines de Sainte-Geneviève jusqu'aux guerres qui désolèrent les règnes de Charles VI et Charles VII, et jetèrent le désordre jusque dans les monastères La discipline régulière fut dès lors anéantie dans cette abbaye, et ce n'est que sous Louis XIII qu'on pensa à la rétablir. Afin d'y parvenir, le roi, après la mort de B. de Brichanteau, évêque de Laon, qui en était abbé, y nomma, de son autorité, le cardinal de Larochefoucauld, grand-aumônier de France, sous la condition d'y rétablir la réforme.

Le cardinal entreprit immédiatement une sévère réformation de l'abbaye. Il plaça ceux des chanoines qui s'étaient éloignés de la règle de Saint-Augustin dans d'autres communautés, et les remplaça par des religieux de la réforme qu'il venait d'établir dans la maison de Saint-Vincent de Senlis. Les prescriptions du nouvel abbé feront connaître en quoi les religieux violaient leurs règlements. « Il voulut, dit un de ses contemporains (2), que tous mangeassent en communauté, et qu'ils fussent vêtus modestement et en vrais religieux, tant en leurs habits qu'en leurs collets; comme aussi il réforma le chant de l'église, voulant qu'ils fissent le divin service posément, la veue abaissée, et avec humilité et dévotion; de plus, il leur relascha la peine de se lever à minuit pour dire matines, et ordonna qu'ils les diroient à huict heures du soir. »

La réforme de Sainte-Geneviève, achevée en 1625, confirmée par lettres patentes du roi de 1626, et par une bulle d'Urbain VIII de 1634, fut entièrement consolidée cette même année par l'élection du P. Faure comme abbé coadjuteur de cette abbaye, et supérieur-général de la congrégation de Sainte-Geneviève. C'est à cette époque qu'il faut fixer la triennalité des abbés de Sainte-Geneviève, la primatie de cette abbaye chef de l'ordre, et le titre qu'on donnait aux membres de la communauté de *chanoines réguliers de la congrégation de France*.

La congrégation de Sainte-Geneviève était composée de neuf cents maisons en France, et nommait à plus de cinq cents cures; l'abbé était électif, avait le titre de *général*, et jouissait du droit de crosse, de mitre et d'anneau. Le cardinal de Larochefoucauld arrêta dans son règlement que dorénavant les chanoines auraient le droit de choisir leur abbé dans leur communauté.

(1) Lebeuf, *Hist. du dioc. de Paris*, 2, 375.
(2) Malingre, liv. II, p. 159.

L'église de l'abbaye de Sainte-Geneviève devait beaucoup au cardinal de Larochefoucauld. On a vu qu'il fit faire une nouvelle châsse de la sainte; il fit richement reconstruire en même temps le grand autel et huit petits, des chapelles, des oratoires, le jubé, le réfectoire, le dortoir, l'hôtel abbatial, la crypte souterraine où se conservait le corps de sainte Geneviève.

Ce caveau était sans doute à la même place que l'ancienne crypte d'où les chanoines avaient retiré les reliques en fuyant devant les Normands, et où ils les avaient replacées après le danger. C'est dans cette même chapelle souterraine qu'étaient inhumés saint Prudence et saint Céraune, avec plusieurs autres personnages morts en odeur de sainteté. Les corps de ceux-ci y furent laissés, et ce n'est que lorsqu'on eut relevé les ruines de l'ancienne voûte calcinée par le feu des Normands, qu'on tira de terre les sépulcres, et qu'on les rassembla dans la crypte qui fut alors réparée; le cardinal de Larochefoucauld la fit rebâtir entièrement.

On voyait encore dans la chapelle souterraine le tombeau de sainte Geneviève, mais il n'y restait plus rien de ses reliques. Depuis qu'on les en avait retirées, elles étaient demeurées dans la châsse qui avait servi à les transporter, et cette châsse avait été placée dans l'église supérieure.

Le cardinal refit encore le tombeau élevé à Clovis au milieu du chœur, et dont les principaux ornements étaient deux grandes statues de marbre trouvées en terre lorsqu'on fouilla les fondements du cloître.

A la mort du cardinal, en reconnaissance des services éminents qu'il avait rendus à la communauté, on lui éleva, dans une chapelle près du grand autel, un tombeau de marbre noir. On plaça sur ce tombeau la statue de marbre blanc du cardinal, à qui un ange sert de caudataire. « Je suis étonné, dit Sainte-Foix à l'occasion de cette statue, que l'extravagante imagination qui a créé ce page, au lieu de le laisser à moitié nu, ne lui ait pas donné la livrée (1). » Ce morceau de sculpture, d'une exécution assez bonne dans ses détails, mais froide et sèche dans l'ensemble, est l'ouvrage de Philippe Buister.

Parmi les chapelles de l'église, on remarquait surtout celle dite de *Notre-Dame de la Miséricorde*, conservée lors de la reconstruction. Elle était située au côté méridional du cloître, et connue autrefois sous le nom de *Notre-Dame de la Cuisine*, parce qu'elle était effectivement placée près de la cuisine de l'abbaye. Elle avait été construite par le même abbé Étienne à qui l'on devait les réparations de l'église, et portait depuis deux cents ans environ le nom de *Notre-Dame de la Miséricorde*. C'était au pied de l'autel de cette chapelle que le chanoine

---

(1) *Essais hist. sur Paris*, t. I, p. 174.

de Sainte-Geneviève, chancelier de l'Université, donnait le bonnet de maître ès arts.

Il serait long et peu intéressant de donner une notice détaillée de tous les tableaux et sculptures que renfermait Sainte-Geneviève : rappelons seulement quelques uns les plus remarquables. Dans la sacristie était un *Ecce homo* et une Notre-Dame de douleur, en tapisserie. Une salle renommée, la *salle des Papes*, avait une suite de portraits d'un grand nombre de souverains pontifes. Au milieu du chœur était un lutrin d'une composition élégante et ingénieuse, dont le dessin était attribué à Lebrun. Il était à trois faces, et entouré de trois anges touchant une triple lyre, qui servait de point d'appui à l'aigle. Près de la porte par laquelle les religieux allaient au chœur, on voyait deux figures en terre cuite représentant Jésus dans le tombeau, et Jésus ressuscité, attribuées à Germain Pilon. Sur un des piliers de la nef était le buste de Descartes, avec une inscription annonçant que les restes de ce grand homme avaient été portés de Suède dans cette église, en 1667, dix-sept ans après sa mort. Le fameux boucher Goy, l'un des chefs de la faction des cabochiens, sous Charles VI, avait été inhumé dans cette église. Il avait été tué en Beauce par les Armagnacs; son corps fut apporté à Paris et enterré à Sainte-Geneviève, où, selon Juvénal des Ursins, on *lui fit moult honorables obsèques autant que si c'eût été un grand conte ou seigneur, et y fut présent le duc de Bourgogne avec grand foison de peuple*.

La bibliothèque demande plus de détails.

Cette bibliothèque n'existait pas encore lorsque le cardinal de Larochefoucauld fut nommé abbé commendataire de Sainte-Geneviève. Elle devint bientôt l'une des plus considérables et des plus curieuses de Paris. Les PP. Trouteau et Lallemant, qu'on doit en regarder comme les fondateurs, y rassemblèrent en peu d'années 7 à 8,000 volumes. Le savant père Dumolinet (1) l'augmenta considérablement, et y ajouta un cabinet d'antiquités composé principalement des objets les plus rares de celui du fameux Peiresc (2), et des dons du procureur-général de Harlay, de Louis d'Orléans, du comte de Caylus. Enfin le legs de plus de 17,000 volumes que fit à cette maison Letellier, archevêque de Reims, et les acquisitions successives que l'on ne cessait de faire, avaient tellement accru cette belle collection, qu'elle renfermait, au commencement de la ré-

(1) On voit encore le portrait de ce religieux dans l'ancien cabinet des antiques qui a servi de salle de lecture jusqu'à la nouvelle organisation des séances de la bibliothèque Sainte-Geneviève.

(2) Le P. Dumolinet avait rédigé une description de ce cabinet d'antiquités; la mort l'empêcha de la publier; mais elle fut mise au jour par les soins du P. Sanebourse, en 1692, cinq ans après la mort de Dumolinet. Elle forme un volume in-folio, renfermant une grande quantité de gravures.

volution, environ 80,000 volumes et 2,000 manuscrits. Quelle qu'ait été la sollicitude des gouvernements divers qui se sont succédé depuis la révolution, la bibibliothèque Sainte-Geneviève est demeurée bien en arrière du cours des publications de tous genres. Les nouvelles mesures de M. le ministre de l'instruction publique semblent promettre que cette bibliothèque, si heureusement placée pour seconder les études, reprendra bientôt le rang qu'elle occupait, et pourra satisfaire aux besoins de la jeunesse des écoles qui la fréquente surtout. Elle renferme aujourd'hui environ 145,000 volumes imprimés et 2,000 manuscrits (1).

La bibliothèque est très bien disposée dans un beau bâtiment en forme de croix, surmonté d'un dôme. Dans la plus grande dimension, le vaisseau a cinquante-trois toises de longueur. Les côtés de la croix sont inégaux. Au fond de celui qui a le plus de longueur se trouve un plan en relief de Rome; l'autre, plus court, est terminé, pour dissimuler cette irrégularité, par un effet de perspective semblant faire suite à la bibliothèque. Cette perspective a été peinte par *Lajoue*, en 1732.

La coupole a été peinte par J. Restout, élève de Jouvenet. Au centre d'une multitude de livres et d'une bibliothèque possédée par des chanoines réguliers de Saint-Augustin, le peintre n'a pu placer de plus digne sujet que l'apothéose du plus célèbre des pères de l'Eglise, le triomphe des bons livres contre les mauvais. Augustin monte vers les cieux sur une nuée qu'élèvent deux anges. Le saint, entouré d'anges, de chérubins, qui semblent applaudir à ses victoires sur les hérétiques, tient d'une main un livre, et de l'autre l'instrument qu'il employa depuis sa conversion à la défense de la religion. Un nimbe flamboyant, et comme animé par un souffle mystérieux, environne la tête du confesseur, et exprime la vivacité de son zèle et l'ardeur de sa charité. A ses pieds, sur la terre qu'il abandonne, sont pêle-mêle les écrits de Pélage, de Manès, etc., consumés par la foudre partie de la nuée. Restout a bien observé la forme des habits ecclésiastiques des premiers temps de l'église; il a donné à saint Augustin une chasuble antique relevée sur les bras; sa crosse et sa mitre, portées par des anges, rappellent la vénérable simplicité du ve siècle.

Au sujet de cette peinture, on raconte que Louis XV, venant de poser la première pierre de la nouvelle église de Sainte-Geneviève (aujourd'hui le Panthéon), visita l'abbaye, et fut si enchanté de la coupole, qu'en rentrant à Versailles il nomma Restout son premier peintre.

Les armoires qui renferment les livres ont quinze pieds de largeur

(1) On s'étonnerait qu'une abbaye de cette antiquité et de cette importance ne possédât pas des manuscrits plus précieux que ceux qui s'y trouvent aujourd'hui, si l'on ne savait que la plupart furent vendus au commencement du xviie siècle, par l'abbé de Brichanteau. V. Lebeuf, *Hist. du dioc. de Paris*. II, 38.

sur toute la hauteur du vaisseau. Entre les armoires sont des scabellons ou consoles portant le buste de personnages illustres anciens et modernes. Parmi ces derniers, qui paraissent fidèlement exécutés, on remarque ceux de l'archevêque Letellier, de Colbert, de Louvois, de Soufflot, de Petau, de Mabillon, de Jules Hardouin Mansard, d'Arnaud, de Pingré, bibliothécaire de Sainte-Geneviève, du cardinal de Larochefoucauld, de Rameau, de Quinault, de Louis d'Orléans, fils du régent, etc. Plusieurs de ces bustes, qui étaient en marbre, ont été transportés récemment au *Musée historique* de Versailles, et remplacés par des plâtres moulés sur l'original.

Les deux mille manuscrits qui complètent la richesse de ce dépôt sont renfermés dans une pièce particulière voisine du *cabinet d'hiver*. La bibliothèque possède en outre un recueil d'estampes et de dessins autographes fort précieux. On y remarque une série de portraits historiques dessinés au pastel dans le goût de Dumoustier, et quelques uns même de la main de ce maître. Sans parler des grotesques et des *musées* de toute espèce, on y trouve encore une œuvre du célèbre Callot, plus belle et plus complète que celle de la Bibliothèque royale.

Le cabinet des antiques, bâti en 1753, deux ans avant la bibliothèque, et en grande partie avec les produits des libéralités de Louis d'Orléans, était célèbre par le nombre et la rareté des objets qu'il renfermait. On y remarquait, outre un très grand nombre de médailles anciennes, des poids, des monnaies de la Grèce, de l'Italie, de la Judée, de l'Égypte, des talismans anciens et modernes, en pierre et en métaux, et de toute sorte de langues; des instruments de sacrifices, des divinités, des armes, etc.

On y voyait une suite de 400 médailles de cuivre des papes, depuis Martin V jusqu'à Innocent XI; mais la plupart n'avaient été frappées que sur des coins modernes;

Des médailles de rois et de personnages célèbres de la France et des autres États de l'Europe;

Une suite de jetons des rois de France, depuis François Ier jusqu'à Louis XV; les devises de chaque jeton marquaient les plus belles actions de ces princes;

Des pierres gravées, cornalines, lapis, agates, onix, etc., dont une grande partie avait été donnée par le fils du régent, lors de sa retraite à Sainte-Geneviève; des vases étrusques, provenant du cabinet du comte de Caylus;

Plusieurs espèces d'habits et d'armes des pays étrangers, des Persans, des Indiens, des nations de l'Amérique;

Des vases de terre rouge que l'on tira en 1747 des fondements de la nouvelle église de Sainte-Geneviève (depuis le Panthéon), à cinquante pieds de profondeur, et qu'on croit être des ustensiles de ménage dont se servaient les Gallo-Romains.

On y remarquait enfin une suite de saints-ciboires et autres vases sacrés de tous les âges, en or, en argent, en cuivre, en buis, etc.

Dans une salle attenante à celle des antiques, étaient rangés avec beaucoup d'ordre un grand nombre d'objets d'histoire naturelle; il en reste encore quelques uns.

En 1796, Millin, chargé de professer un cours d'antiquités à la bibliothèque de la rue Richelieu, fit transporter les antiques de Sainte-Geneviève dans cet établissement.

Parmi les objets légués par le monastère, on conserve encore une horloge fort compliquée, fabriquée par Otonce Finée, professeur de mathématiques au Collége de France, pour le cardinal de Lorraine; une table couverte d'une espèce de marbre où se voient incrustées les armes du fils du régent. On y voit également une série de portraits dessinés au pastel d'après des sources authentiques, et représentant les rois de France depuis saint Louis jusqu'à Louis XVI. Les salles d'hiver et le vestibule sont aussi décorés de divers portraits originaux, parmi lesquels on remarque ceux de Marie Stuart et de la mystérieuse négresse du couvent de Moret.

La bibliothèque Sainte-Geneviève, qui ne le cède en rien pour l'ordre et la commodité à celle du roi, est à peine moins riche qu'elle en ouvrages didactiques de droit et de médecine qui lui sont particulièrement nécessaires. Elle possède en outre une collection considérable de livres remontant au premier âge de l'imprimerie, et vulgairement appelés incunables, qu'elle doit à l'habile administration de M. Daunou, l'un de ses anciens conservateurs. Enfin, pour tout ce qui concerne l'histoire civile, ecclésiastique et littéraire de la France, elle ne craint pas de rivale parmi nos grandes bibliothèques.

Les hommes les plus savants de la congrégation des chanoines réguliers de France étaient religieux à Sainte-Geneviève. On remarque surtout parmi eux les suivants:

Jean Fronteau, d'Angers, chancelier de l'Université, mort en 1662; Pierre Lallemant, de Reims, chancelier de l'Université, qui a laissé plusieurs écrits théologiques, mort en 1673; René le Bossu, de Paris, auteur d'un traité sur le poëme épique, mort en 1680, à l'âge de quarante-neuf ans; Claude Dumolinet, de Châlons, créateur du musée des antiques de Sainte-Geneviève, et éditeur des *Lettres d'Etienne de Tournay*, qu'il enrichit de notes, mort en 1627; le P. Anselme de Paris, né à Reims, auteur d'écrits théologiques, mort en 1683, différent du père Anselme de Sainte-Marie, auteur du grand ouvrage généalogique, mort en 1694; Claude de Creil, de Paris, habile architecte, qui donna les dessins d'embellissement à faire à Sainte-Geneviève, mort en 1708; le P. Louis de Sanlecque, de Paris, auteur de quelques poésies, mort en 1715; enfin le fils du régent, Louis d'Orléans, qui, fatigué du monde et des grandeurs, se retira en 1730 chez les pères de Sainte-Geneviève. Ce prince fit bâtir pour lui dans l'abbaye une maison particulière où il composa plusieurs ouvrages littéraires et religieux, et d'où il ne sortait que pour aller répandre ses bienfaits parmi le peuple (1).

L'ancien cloître de Sainte-Geneviève, qui tombait en ruines, fut reconstruit en 1744. Louis d'Orléans posa la première pierre du nouvel édifice.

L'église faisait craindre aussi pour la sécurité des fidèles. Sa réédification était jugée indispensable. Les chanoines représentèrent à Louis XV, en 1754, la nécessité d'en bâtir une nouvelle, et l'impossibilité où ils étaient de faire cette dépense. Le roi ordonna qu'à compter du 1er mars 1755, le prix des billets des trois loteries qui se tiraient chaque mois serait augmenté d'un cinquième, et que la moitié du produit de cette augmentation serait employée aux frais de construction de la nouvelle église. Soufflot, architecte du roi, reçut l'ordre d'en faire les dessins; le terrain qu'on lui destina fut bénit le 1er août 1758 (2).

(1) Voici la liste des abbés et doyens de Sainte-Geneviève, aussi complète qu'il m'a été possible de l'établir d'après les monuments contemporains.
Optat, mort en 533.
Fratband....
Herbert ou Egbert, vivait en 846.
Amphiloque, Germoald, Dadon, Magnard, qualifiés dans les historiens et les hagiographes d'*Abbés de Paris*, peuvent avoir occupé cette dignité à Sainte-Geneviève.

Doyens depuis la réédification du monastère, après l'éloignement des Normands.

1. Felix....
2. Ulric, vivait en 1035, 1040.
3. Étienne, Ier du nom, vivait en 1048.
4. Hilgot, vivait en 1085.
5. Sevinus, vivait en 1080.
6. Lisiardus, vivait en 1088.
7. Étienne II, vivait en 1138.

Abbés après la réforme de Suger.

1. Eudes, Ier du nom, mort en 1153.
2. Albert, mort en 1163.
3. Garin, se retira, à ce que l'on croit, à l'abbaye de la Lage en 1172.
4. Hugues, n'était plus abbé en 1177.
5. Étienne Ier, devint évêque de Tournay en 1191.
6. Jean de Toucy, mort en 1222.
7. Galon, mort en 1223.
8. Herbert, mort en 1240.
9. Babert Ier, de la Ferté-Milon, vivait encore en 1244.
10. Thibault, mort en 1266.
11. Eudes II, mort en 1275.
12. Arnoul de Romainville, se démet en 1280.
13. Guillaume Ier, mort en 1283.
14. Guérin d'Andilly, vivait en 1296.
15. Jean II de Vi, mort en 1298.
16. Jean III de Roissy, mort en 1307.
17. Jean IV de Saint-Leu-Taverny, vivait en 1334.
18. Jean V de Borret.

(2) Voy. Panthéon.

L'ancienne église subsista encore long-temps, pendant que les travaux de la nouvelle se commençaient à côté.

Ce n'est qu'en 1807 que la démolition du viel édifice fut résolue. M. Frochot, préfet du département de la Seine, ordonna qu'il serait fait des fouilles dans l'église avant de la livrer à la destruction. M. Lenoir, à qui j'emprunte ces détails, fut nommé membre de la commission chargée de surveiller les fouilles, qui commencèrent le 10 mai. On découvrit vers l'extrémité du chœur, au pied du maître-autel, environ quinze sarcophages placés irrégulièrement les uns sur les autres, comme par l'effet d'un bouleversement de terre. Quatre de ces sarcophages, en forme d'auges, fermés d'un couvercle en dos d'âne, et ornés aux extrémités, suivant l'usage, de plusieurs petites croix sculptées en relief, disséminées au hasard et sans goût, étaient en belle pierre franche, d'un grain très fin, semblable à celle qu'on tirait encore dans le XIIe siècle des carrières de la rue d'Enfer, qui produisaient aussi une pierre de liais superfine; les autres étaient en plâtre ou en pierre tendre dite lambourde. Les squelettes que renfermaient ces tombeaux étaient couverts d'une superficie de phosphate de magnésie en efflorescence, mêlé d'une grande quantité de petits cristaux. Les os, très friables, tombaient en poudre lorsqu'on les touchait. Les squelettes avaient reçu, depuis les côtes jusqu'à la moitié des jambes, une couleur violette très foncée, résultant évidemment de la décomposition des chairs. Ces tombeaux, recouverts en partie par des fondations ou des constructions faites à différentes époques, avaient été ouverts ou spoliés, sans doute par les Normands. M. Lenoir n'est pas éloigné de penser que les quatre principaux tombeaux en pierre dont je viens de parler ne soient véritablement ceux dans lesquels on a dû originairement enfermer les corps du fondateur de l'édifice et de ses enfants. On remarqua, dans les fouilles de Sainte-Geneviève, plusieurs sarcophages qui avaient été fabriqués d'avance et apportés ensuite sur les lieux; ce qui prouve qu'il y avait des fabriques de ces sortes de cercueils en pierre et en plâtre. On trouvait assez communément dans ces tombeaux, des pots de terre ou de grès évasés par le haut.

L'église Sainte-Geneviève, ajoute M. Lenoir, réparée sous les règnes de Charles VIII et de Henri IV, fut bâtie sur une construction beaucoup plus ancienne, que l'on croit être ce que l'on appelle aujourd'hui l'église basse. Il n'y a dans tout cela de véritablement antique que les bases sur lesquelles repose l'édifice; M. Lenoir ne partage point l'opinion de ceux qui voient dans l'église basse de Sainte-Geneviève, telle qu'elle existait, l'antique basilique de Clovis; selon lui, c'était une ancienne construction restaurée d'abord vers le XIe siècle, et reprise ensuite dans des temps plus modernes. Cette chapelle renfermait trois tombeaux fort anciens, révérés des âmes pieuses. L'un, composé d'une espèce de grès de couleur grise, chargé de mica, nommé *pierre de Tours*, passait pour être le sarcophage dans lequel on avait apporté de cette ville le corps de la reine Clotilde, qui y mourut l'an 548. L'autre, formé d'une pierre tendre, dite *lambourde de Nanterre*, parce qu'on la tirait dans les environs de ce village, passait pour être celui de sainte Geneviève, dont le corps paraît n'avoir pas été plus respecté que les autres par les Normands.

Dans la démolition ne fut pas comprise une tour carrée fort élevée, qui se trouve engagée dans les anciens bâtiments de l'abbaye, faisant aujourd'hui partie du collége de Henri IV. Sa partie inférieure est d'un style qui appartient au XIe siècle, celui de sa partie supérieure indique le XIIIe siècle.

Le culte de Sainte-Geneviève a été transféré à Saint-Etienne-du-Mont.

V. SAINT-GERMAIN-LE-VIEUX.

Cette église était située rue du Marché-Neuf, sur l'emplacement des maisons n°s 6 et 8.

De toutes les petites églises dépendantes de Notre-Dame, Saint-Germain-le-Vieux était certainement la plus ancienne.

Il y a bien des traditions sur son origine, et l'on a expliqué de bien des manières le patronage qu'y ont exercé pendant long-temps les moines de Saint-Germain-des-Prés. Son nom de Saint-Germain-*le-Vieux* a fait naître également plusieurs opinions contradictoires.

Tous les historiens conviennent que c'était, dans le principe, une chapelle baptismale dédiée à saint Jean-Baptiste, et qu'elle existait dès le Ve siècle. L'auteur de la Vie de sainte Geneviève vient à l'appui de cette tradition en nous apprenant que la maison où mourut la sainte patronne de Paris était sur le bord de la rivière, et voisine de l'oratoire de Saint-Jean, qu'il prétend même avoir été bâti sur un terrain dont elle avait la propriété. Il ajoute cette particularité, que Sainte-Geneviève avait fait rassembler un certain nombre de femmes dans cet oratoire, comme dans un lieu sûr, pour s'y mettre en prières, lors du faux bruit de l'arrivée d'Attila à Paris (1).

En 886, cette chapelle servit d'asile contre les Normands aux religieux de Saint-Germain-des-Prés, qui y déposèrent le corps de leur patron. L'abbé Lebeuf (2) pense que, dès ce temps-là, cette chapelle leur appartenait. Jaillot (3) contredit cette opinion, et paraît même ne pas

---

(1) Bolland, t. I, p. 148.
(2) Lebeuf, t. II, p. 438.
(3) Jaillot, t. I, p. 78, *quartier de la Cité*.

convenir, ce qui semble certain cependant, que, lorsque les religieux retournèrent à leur monastère, ils laissèrent dans l'oratoire de Saint-Jean un bras de saint Germain. Jaillot pense que cette église ne prit le nom du dernier saint que lorsque le baptistère eut été transporté plus près de la cathédrale, à Saint-Jean-le-Rond; et qu'alors seulement l'évêque et le chapitre de Paris donnèrent le patronage de l'ancienne chapelle à l'abbaye de Saint-Germain-des-Prés.

Le titre de cette église n'offre pas moins de difficulté. Dès le XII° siècle, on trouve des actes qui font mention de l'église de Saint-Germain-le-Vieux, *Sanctus Germanus Vetus;* mais il n'en est aucun qui donne la raison de ce surnom. L'abbé Lebeuf conjecture que l'église dut son surnom à sa situation dans un lieu marécageux sur le bord de la rivière, d'où le marché *Palu* a aussi tiré son nom. On aurait dit *Sanctus-Germanus aquosus*, en français, *Saint-Germain-l'Aivieux*, *l'Evieux*, d'où par une corruption de dénomination, dont on voit tant d'exemples dans l'histoire de Paris et de toutes les anciennes villes, *Saint-Germain-le-Vieux* (1).

J'avoue que la conjecture de Lebeuf me paraît tout aussi probable que celle de Jaillot. Celui-ci explique le surnom de vieux, par le séjour que fit anciennement saint Germain dans cette église, d'après la tradition. Mais Saint-Germain-l'Auxerrois et Saint-Germain-des-Prés existaient avant qu'on eût donné le nom de Saint-Germain à l'église qui nous occupe.

En 1368, l'abbaye de Saint-Germain céda son droit sur la petite église de Saint-Germain-le-Vieux à l'Université de Paris; et depuis ce temps-là le recteur nommait à la cure. La paroisse s'étendait, d'un côté le long de la rue du Marché-Palu jusqu'au milieu du Petit-Pont, de l'autre presque jusqu'à l'extrémité de celle de la Calandre. Elle renfermait en outre quelques maisons des rues Saint-Éloi, aux Fèves, toutes celles du Marché-Neuf et les édifices qui environnaient l'église.

Cette église fut rebâtie en entier et agrandie dans le XVI° siècle. Le portail et le clocher n'étaient que de 1560. Un tableau de Stella ornait le grand autel qui était décoré de quatre colonnes corinthiennes de marbre de Dinan. On voyait dans une chapelle près de la sacristie, un *Lavement de pieds* de Vouet, et dans celle de la Vierge, une *Assomption* de Stella.

Les jours de fêtes, on exposait à Saint-Germain-le-Vieux une ancienne tapisserie du temps de Charles V.

(1) On dit encore Evier ou Aivier pour *aquarium*, et on a dit Eve pour *aqua*. L'abbé Chastelain a rendu en latin Neaufile le vieux par *Nidalfa aquosa*, et il écrivait l'*Evieux*. *Martyr. un.*, p. 1046.

En 1802, cette église fut démolie, et des maisons particulières furent élevées sur son emplacement.

VI. SAINT-GERMAIN-DES-PRÉS.

Tous nos historiens conviennent que l'abbaye de Saint-Vincent, depuis Saint-Germain-des-Prés, fut fondée par Childebert I, fils de Clovis ; mais à quelle époque faut-il fixer cette fondation ? Mabillon la place en 555 ; D. Bouillart et les auteurs du *Gallia Christiana* en 556 ; Félibien, d'une manière vague, *quelques années après la seconde expédition d'Espagne*. Adrien de Valois fait remonter cette date à l'an 543, et, dans le siècle dernier, on s'était conformé à cette opinion, en faisant sculpter le médaillon de Childebert, qu'on voyait dans la rue de ce nom, en face de la grille de la cour de l'abbaye. Si cette date de 543 n'est pas appuyée sur des autorités sans réplique, du moins on va voir que c'est la plus vraisemblable.

Childebert, après sa victoire sur Amalaric, s'empara des trésors du roi vaincu, parmi lesquels les historiens comptent soixante calices, quinze patènes de pur or, et vingt évangéliaires couverts de lames d'or et de pierreries. Nous voyons dans Grégoire de Tours que Childebert, onze ou douze ans après cette expédition, retourna en Espagne avec Clotaire. Soit cupidité pour s'emparer des provinces limitrophes de la France, soit zèle pour détruire l'arianisme, il est certain qu'ils y firent plusieurs conquêtes, et qu'ils mirent le siége devant Saragosse. Suivant quelques auteurs, les assiégés n'étant pas en état de résister, implorèrent le secours du ciel, et portèrent la tunique ou étole (*stola*) de saint Vincent en procession autour des remparts. Childebert craignit d'abord que ce ne fût quelque maléfice, mais ayant appris la vérité, il consentit à lever le siége, à condition que les habitants renonceraient à l'arianisme, et qu'on lui remettrait la tunique de saint Vincent. D'autres historiens disent que Childebert et Clotaire eurent peur, et se retirèrent (1). Le P. Daniel avance *que l'armée française fut battue*. D'autres auteurs ont écrit *qu'elle ne le fut qu'en se retirant*. Le président Hénault dit aussi qu'*après avoir fait de grands progrès en Espagne, Childebert fut battu devant Saragosse dont il faisait le siége*. Telle est encore l'opinion d'Isidore de Séville. Si l'on ajoutait foi à leur témoignage, il serait difficile de comprendre que Childebert ayant été battu, ou assez épouvanté pour lever le siége de Saragosse, les habitants de cette ville lui eussent donné une relique dans laquelle ils mettaient une si grande confiance. Grégoire de Tours, auteur contemporain, aurait-il passé sous silence le don de cette tunique, lui si abondant en récits de ce genre ? Childebert même, dans

---

(1) Illi timentes ab eâ civitate removerunt. *Greg. Tur.*, sup.

En 180?...
élevées su...

Tous n...
depuis Sai...
Clovis ; m...
la place en...
Félibien, d...
dition d'E...
et, dans l...
sant sculp...
ce nom, e...
543 n'est p...
voir que c...
Childebe...
roi vaincu...
quinze pat...
et de pierr...
onze ou do...
Clotaire. S...
France, s...
plusieurs c...
vant quelq...
plorèrent l...
de saint V...
gnit d'abor...
vérité, il...
renoncerai...
saint Vinc...
eurent pe...
française f...
se retiran...
grands pr...
il faisait l...
ajoutait fo...
Childebert...
de Saragos...
dans laque...
auteur co...
nique, lui...

(1) Illi tim...

ANCIENNE ABBAYE St GERMAIN DES PRES.

Publié par Pourrat F. Paris

sa charte de fondation, ne l'aurait-il pas distinguée des autres reliques qu'il apporta d'Espagne? Se serait-elle perdue lors de l'invasion des Normands, ou de l'incendie de l'abbaye de Saint-Germain?

Nous avons dû nécessairement suivre dans cette discussion l'auteur des Recherches sur Paris, parce que l'opinion commune est que Childebert ne fit bâtir la basilique de Saint-Vincent que pour y déposer cette tunique et les autres reliques qu'il avait apportées d'Espagne; ainsi nous avons cru devoir préférer le sentiment d'Adrien de Valois, qui fixe à 543 la fondation de l'abbaye. Il est naturel de penser que Childebert fit commencer cet édifice après son retour d'Espagne, soit pour y mettre des reliques de saint Vincent, qu'il aurait pu avoir à Valence où ce saint diacre fut martyrisé en 304, soit par une dévotion particulière pour ce saint. Si Mabillon et autres ont reculé de douze à treize ans l'époque de cette fondation, comme nous l'avons remarqué ci-dessus, il y a lieu de présumer qu'ils se sont uniquement fondés sur les expressions de la charte de Childebert, où ce prince dit qu'à la sollicitation du très saint Germain, évêque de Paris, il a commencé à faire élever un temple en l'honneur de saint Vincent, de la Sainte-Croix, etc., (1). Or, comme saint Germain ne fut nommé évêque de Paris qu'en 555, ils en ont inféré que la fondation de Childebert ne pouvait être antérieure à cette époque. « Mais, dit Jaillot, ce raisonnement ne paraît pas décisif. Saint Germain, abbé de Saint-Symphorien d'Autun, avait eu plus d'une occasion de venir à Paris et de voir Childebert; et, dès 543, il avait pu l'engager à faire bâtir une église pour y exposer à la vénération des fidèles les reliques qu'il avait apportées d'Espagne; il avait pu, dès lors, lui suggérer le dessein de la faire desservir par des moines tirés du monastère d'Autun. Si Childebert donne à saint Germain, dans sa charte, la qualité d'*évêque de Paris*, c'est qu'alors il y avait environ quatre ans qu'il était revêtu de cette dignité; mais il ne suit pas de là qu'il n'eût donné ce conseil à Childebert que depuis qu'il était évêque. La description que font les historiens de la grandeur et de la magnificence de cette église, ainsi que de l'étendue des lieux destinés aux religieux qui devaient la desservir, permet-elle de penser que trois ou quatre ans aient suffi pour achever cette basilique et le monastère qui en dépendait (2)? »

L'abbaye de Saint-Vincent et Sainte-Croix fut dédiée par saint Germain le jour même de la mort de Childebert, 23 décembre 558. Dès le 6 du même mois, ce prince avait donné sa charte de fondation de l'abbaye Saint-Germain; elle consiste principalement dans la donation du fief d'Issy avec ses appartenances et dépendances, du droit de

---

(1) Exhortatione sanctissimi Germani, Parisiorum urbis pontificis, cœpi construere templum, etc.

(2) Jaillot, *Recherches sur Paris*, quartier Saint-Germain-des-Prés.

pêche sur la rivière, depuis les ponts de Paris jusqu'au ruisseau de Sèvres, d'un chemin de dix-huit pieds de large des deux côtés de la rivière, et d'une chapelle de Saint-Andéol, qu'on suppose avoir été remplacée depuis par l'église Saint-André-des-Arcs.

Saint Germain, qui avait eu tant de part à cette fondation, fit bâtir, au midi de cette église, un oratoire sous l'invocation de *saint Symphorien*, dans lequel il fut enterré, ainsi qu'Éleuthère et Eusébie, ses père et mère. Vers le même temps, on en construisit un autre au nord, sous le nom de *Saint-Pierre*. Le monastère de Saint-Vincent fut d'abord occupé par des religieux qui suivaient la règle de Saint-Basile, telle qu'elle était observée dans celui d'Autun, d'où saint Germain en avait fait venir quelques uns à Paris, qu'il mit sous la conduite de Droctovée qui fut leur premier abbé. L'affection singulière qu'il eut pour cette abbaye ne pouvait être mieux prouvée que par l'exemption de la juridiction épiscopale qu'il lui accorda dans toute l'étendue du territoire d'Issy que Childebert lui avait donné, et par les libéralités qu'il lui fit.

Le nombre et la célébrité des miracles qui s'opéraient au tombeau de saint Germain, et la dévotion des peuples, firent donner son nom au monastère et à l'église, conjointement avec celui de saint Vincent. Dans beaucoup d'actes du VIIe et du VIIIe siècles, on la nomme *la basilique de Saint-Germain*, *la basilique de Saint-Vincent*, ou *la basilique de Saint-Vincent et de Saint-Germain*. Le concours prodigieux des fidèles et le peu d'espace qu'occupait l'oratoire de Saint-Symphorien, où reposait le corps de saint Germain, firent dès lors penser à lui procurer une sépulture plus convenable. Cette translation se fit, le 25 juillet 754, de la chapelle Saint-Symphorien dans la grande église, en présence de Pépin et de ses deux fils, Carloman et Charles. Le tombeau du saint évêque fut placé dans le rond-point du sanctuaire. La nécessité de le soustraire à la rage des Normands l'a fait transporter plus d'une fois. L'abbé Guillaume III fit faire, en 1408, la châsse qu'on voyait dans l'église. Elle fut alors posée sur quatre piliers; mais en 1704 on la plaça au-dessus du grand autel qu'on venait de reconstruire.

Cette abbaye éprouva toute la rage des Normands. J'aurai plus d'une occasion de parler de leurs incursions, et des ravages qui en furent la suite. En 845 et en 858, ils pillèrent ce monastère, et ils y mirent le feu en 861. Il fut réparé huit ans après par les soins de l'abbé Gozlin; mais les Normands, revenus à Paris en 885, le ruinèrent encore, et cette fois de fond en comble. Soit qu'on craignît de nouveaux malheurs, soit que les ressources manquassent, l'église et le monastère ne furent entièrement rebâtis que vers l'an 1000. L'historien de l'abbaye dit que cette restauration, ou plutôt cette reconstruction, fut l'ouvrage de l'abbé Morard, aidé des libéralités du roi Robert; il cite, à ce sujet, le témoignage d'Helgaud, moine de Fleury, qui nous a donné un abrégé de la vie de ce prince. Cette opinion a prévalu, bien que Jaillot pense que les termes dont Helgand s'est servi paraissent ne devoir se rapporter qu'au monastère que Robert fonda à Saint-Germain-en-Laye (1). L'épitaphe qu'on lisait sur la tombe de l'abbé Morard portait que l'église de Saint-Germain avait été brûlée trois fois par les Barbares; qu'il l'avait fait rebâtir de fond en comble; qu'il avait fait élever une tour, dans laquelle il avait mis des cloches, etc. Morard mourut le 1er avril 1014, avant que sa grande œuvre fût achevée. La nouvelle église, terminée probablement dans le xie siècle, comme je le dirai plus loin, ne fut dédiée que le 21 avril 1163, par le pape Alexandre III. Ce souverain pontife déclara lui-même publiquement que cette église n'était soumise à aucun archevêque ou évêque, mais au saint-siège seulement; ce qu'il confirma quelques jours après dans le concile tenu à Tours.

L'abbé Eudes fit bâtir un nouveau cloître en 1227; Simon, son successeur, fit construire, en 1239, le réfectoire et les murs de l'abbaye; Hugues d'Issy, qui le remplaça, fit bâtir la chapelle de la sainte Vierge, séparée de l'église; et l'abbé Gérard, le chapitre et le dortoir qui était au-dessus, en 1273.

Vers l'an 829, Hilduin, archi-chapelain de l'empereur, et abbé de Saint-Germain-des-Prés, pour se conformer à la décision du dernier concile de Paris, fit le partage des biens du monastère pour l'entretien de l'abbé et de la communauté (2). Après avoir fixé le nombre des moines à cent vingt, il leur assigna une certaine quantité de denrées, comme du blé, du vin, de la cire, du miel, de la graisse (dont on se servait alors au lieu de beurre), des volailles et des œufs pour les fêtes de Noël et de Pâques, etc., avec les huit terres d'Antony, de La Celle, de Maroles près Montereau, de Cachant, de Nogent l'Artaud, d'Épinay sur Orge, de Valenton, d'Emant et de la forêt d'Otte, pour les habits, la subsistance des malades, la réception des hôtes et les autres besoins de la communauté. Les empereurs Louis et Lothaire ratifièrent cet acte de partage, le 13 janvier 829, sur la demande d'Hilduin.

Lorsque les Normands revinrent à Paris en 861, et mirent le feu, comme je l'ai dit, à l'abbaye de Saint-Germain-des-Prés, les religieux se réfugièrent, avec le corps de leur patron, dans leur terre d'Emant, au diocèse de Sens; mais ne s'y croyant plus bientôt en sûreté, ils passèrent dans leur domaine de Nogent l'Artaud, sur la Marne, et y

---

(1) Monasterium S.-Germani Parisiacensis cum ecclesiâ S.-Vincentii in sylvâ cognominatâ Lediâ. Pag. 70.

(2) *Sæc. bened.*, 3, art. II, p. 122.

demeurèrent jusqu'à la paix que Charles-le-Chauve fit avec les Normands.

Les pertes éprouvées par l'abbaye de Saint-Germain dans les ravages des Barbares, nécessitaient une nouvelle répartition des biens pour assurer aux religieux la subsistance nécessaire. Le célèbre Gozlin, abbé de Saint-Germain et chancelier de Charles-le-Chauve, fit faire cette seconde distribution d'après laquelle le revenu de certains biens devait être employé pour le vestiaire des moines, celui des autres pour les malades, pour les réparations, pour les dépenses communes. L'empereur confirma l'acte de partage le 20 avril 872.

Pendant le siége de Paris, de 886, l'abbaye de Saint-Germain servit aux Normands de lieu de retraite pour une partie du butin qu'ils enlevaient dans les campagnes d'alentour. Abbon rapporte que les Barbares firent de l'église un étable, et que le grand nombre d'animaux qu'ils égorgeaient en ce lieu causa une telle infection, qu'une grande partie des autres ayant péri furent jetés dans la rivière.

Vers la fin du IXe siècle, les religieux de la Croix Saint-Leuffroy, monastère du diocèse d'Évreux, cherchèrent un asile auprès de Paris contre la fureur des Normands. Ils portaient avec eux les reliques de saint Leuffroy, leur premier abbé, de saint Ouen et de saint Turiaf, évêque breton. Ayant été accueillis par leurs frères de Saint-Germain-des-Prés, ils déposèrent leurs reliques dans ce monastère et s'associèrent, eux et leurs biens, à la communauté; de sorte que l'abbaye de la Croix Saint-Leuffroy fut unie à celle de Saint-Germain. Cette union fut confirmée par Charles-le-Simple en 918. La tranquillité ayant ensuite été rendue au territoire de Madrie, sur l'Eure, où était située l'abbaye de la Croix Saint-Leuffroy, les religieux rentrèrent dans leur monastère, laissant aux moines de Saint-Germain les reliques de saint Leuffroy et de saint Turiaf pour prix de l'hospitalité qu'ils en avaient reçue.

En 1032, le roi Philippe I, entraîné, disent les contemporains, par le mauvais conseil d'Étienne, prévôt de Paris, qu'il avait depuis peu institué, voulut s'emparer de l'or, de l'argent, et des pierres précieuses des reliquaires de Saint-Germain, et principalement de la grande croix d'or, décorée de pierreries, rapportée d'Espagne par Childebert, œuvre d'un prix inestimable, tant pour la matière que pour l'excellence du travail. Le roi vint dans l'abbaye, accompagné du prévôt et de quelques hommes; mais, raconte un historien (1), comme tout se préparait pour l'enlèvement, Étienne fut à l'instant même et pour toujours privé de la vue. Le jeune roi, saisi de frayeur, n'osa exécuter son projet.

---

(1) *Annal. bened.*, l. XIX, n. 47, p. 27.

Ce fut dans l'abbaye de Saint-Germain-des-Prés que l'évêque d'Albano, légat du pape, tint, en 1129, un concile formé des évêques des provinces ecclésiastiques de Sens et de Reims. Le roi Louis-le-Jeune et l'abbé Suger assistèrent à l'assemblée. Les évêques, qui s'étaient réunis pour la réforme de divers monastères du diocèse de Paris tombés dans un grand relâchement, s'occupèrent principalement de l'abbaye d'Argenteuil, dont les religieuses furent retirées et remplacées par des moines de Saint-Denis.

Le fait suivant prouve avec quelle ardeur les abbés et les moines soutenaient leurs priviléges dans les XIIe et XIIIe siècles. « Un jour saint Louis, passant par Villeneuve-Saint-George, s'arrêta pour dîner dans une prévôté de l'abbaye de Saint-Germain, et invita en même temps Gauthier Cornu, archevêque de Sens, à manger avec lui. Dès que le prévôt le sut, il alla trouver le roi, et le supplia très instamment de ne pas permettre au prélat d'entrer dans la prévôté ni d'y prendre son repas, de crainte de donner atteinte au privilége de Saint-Germain-des-Prés. Quelque chose que le roi pût dire ou penser d'une telle précaution, le prévôt ne se contenta pas que l'archevêque protestât qu'il ne prétendait acquérir aucun droit sur l'abbaye ni sur la prévôté par le dîner qu'il allait prendre avec le roi; il exigea de plus que le roi lui-même en fît expédier des lettres qui contiennent le fait que l'on vient de rapporter et la promesse de l'archevêque de Sens (1). »

Lorsque Philippe-Auguste eut achevé la nouvelle enceinte de Paris, il prétendit être seigneur des lieux et des terres qu'elle embrassait, et il voulut enlever aux religieux de Saint-Germain la justice dans la partie de leur territoire comprise dans les nouveaux murs. Il en usa de même à l'égard de l'évêque, dans la ville, pour la seigneurie tant des bourgs vieux et nouveaux de Saint-Germain, que de la *culture vieille et nouvelle*, c'est-à-dire des quartiers de Saint-Germain-l'Auxerrois, de Saint-Honoré, et Saint-Eustache, compris aussi dans ces murs. Ce différend avec l'abbaye de Saint-Germain ne se termina qu'en 1272, par une décision de Philippe-le-Hardi, qui fixa les limites de la justice royale et de la justice des abbés.

Ce fut sans doute aussi la clôture de Philippe-Auguste qui donna lieu à l'évêque de Paris de prétendre la juridiction spirituelle sur la partie du territoire de l'abbaye de Saint-Germain qui avait été mise dans la ville. L'abbé de Saint-Germain eut d'abord recours au pape Innocent III; mais avant qu'on eût reçu sa réponse, qui ne partit qu'au mois de juin 1211, et qui adjugeait à l'abbé la juridiction spirituelle sur tout le territoire de Laas, quoique renfermé dans l'enceinte de la ville, les parties choisirent pour arbitres Geoffroy, évêque de Meaux,

---

(1) Félibien, *Hist. de la ville de Paris*, t. I.

Michel, doyen de Saint-Marcel, et frère Guérin. L'évêque Pierre, Hugues, doyen, et tout le chapitre de Notre-Dame, Guillaume, archiprêtre de Saint-Séverin, Raoul, prêtre ou curé de Saint-Sulpice, l'abbé et les religieux de Saint-Germain promirent tous, sous peine de payer deux cents marcs d'argent, de s'en rapporter à ce que décideraient ces trois juges. La sentence arbitrale, dont les détails sont précieux à recueillir pour la topographie de Paris à cette époque, exempte de toute juridiction épiscopale le territoire contenu depuis *la Tournelle de Philippe-Hamelin*, bâtie sur le bord de la Seine (c'est la tour de Nesle), jusqu'à la borne qui sépare, vers Grenelle, la terre de Saint-Germain d'avec celle de Sainte-Geneviève; depuis cette borne jusqu'à une autre qui sépare les deux mêmes terres près du chemin d'Issy; et depuis cette dernière borne jusqu'à une quatrième posée par les arbitres mêmes contre les murs, vers Saint-Étienne-des-Grès. Elle décida en même temps que ce qui était au-dedans des murs serait à perpétuité de la juridiction de l'évêque.

Jean de Vernon, abbé de Saint-Germain, fit bâtir, en moins de deux ans, deux églises paroissiales, l'une sous le nom de Saint-André-des-Arcs, l'autre sous le titre de Saint-Cosme et Saint-Damien, dont le patronage a depuis appartenu à l'abbaye de Saint-Germain, jusqu'en 1345, qu'elle en fut privée par un arrêt du parlement rendu en faveur de l'Université.

On doit au même abbé la construction de l'église paroissiale de Choisy-le-Roi, et la fondation de celle de la Marche, près de Vaucresson. Jean de Vernon mourut en 1216.

Les anciens registres du parlement attestent un fait étrange, que Félibien ne manque pas de citer comme un exemple de la merveilleuse exactitude de saint Louis à ne point entreprendre sur les droits de justice des abbés de Saint-Germain. « Deux faux monnayeurs, dit-il, pris à Villeneuve-Saint-George, au mois de mai 1256, ayant été pendus dans la justice de Saint-Germain-des-Prés, et puis rependus en celle du roi, le furent une troisième fois dans celle de l'abbaye, après qu'on eut mieux éclairci le droit. » Cette décision fut prise dans le parlement tenu à Melun par saint Louis, en septembre 1257.

Les abbés de Saint-Germain-des Prés avaient des droits fort étendus, et quelques uns de la nature la plus bizarre.

Les maréchaux de France, à cause de l'*estuage* du port de Milly, recevaient de l'abbé et des religieux, le 28 mai, jour de la fête de Saint-Germain, douze pains du couvent, douze setiers de vin, et douze sous parisis. De leur côté, les maréchaux de France étaient tenus de marcher devant l'abbé, un bâton blanc à la main, pendant la procession et la grand'messe de ce jour. Si aucun des maréchaux ne pouvait y assister, ils y envoyaient de leur part un gentilhomme auquel ils donnaient pouvoir par écrit de rendre ce service en leur place, et de recevoir le pain, le vin, et les douze sous accoutumés. Il est prouvé que le 20 mai 1428 les maréchaux de France nommèrent un gentilhomme appelé Jean Clément pour s'acquitter en leur nom de cette fonction; mais depuis ce temps on ne voit pas qu'ils aient continué à rendre ce service, ni en personne, ni par procureur. « Il y a apparence, dit Félibien, que comme ces droits étaient respectifs et également à charge aux moines et aux maréchaux de France, les uns et les autres convinrent tacitement d'y renoncer (1). »

Un autre droit singulier de l'abbé de Saint-Germain-des-Prés était celui qu'il avait sur les habitants de Chaillot, qui étaient tenus de lui donner tous les ans, le jour de l'Ascension, deux grands bouquets et six autres petits, un fromage gras fait du lait des vaches qu'ils menaient paître dans l'île Maquerelle (des Cygnes), en deçà de la rivière de Seine, et un denier parisis pour chaque vache.

Un événement extraordinaire, même pour le temps, se passa à Saint-Germain-des-Prés en l'année 1268. Une dame noble nommée Asceline, fille de Simon, seigneur d'Emant, *se donna à l'abbaye* avec tous ses biens, *et y fit profession de la vie religieuse*. On voit par l'ancien nécrologe du monastère qu'elle y finit ses jours.

En 1278 éclata entre l'abbaye de Saint-Germain et l'Université une querelle violente. Les maîtres et les écoliers de l'Université avaient coutume d'aller prendre leurs divertissements hors de la ville, dans un pré nommé par cette raison le *Pré-aux-Clercs*, peu éloigné de l'enclos de l'abbaye. La communauté souffrait avec peine le voisinage des écoliers, « la plupart hommes faits, mal disciplinés et fort disposés à la querelle et aux batteries. » L'abbé Gérard de Moret fit bâtir quelques murailles sur le chemin qui conduisait au Pré. Les écoliers se plaignirent qu'elles rétrécissaient leur passage, et le vendredi 12 mai 1278, ils arrivèrent en troupes pour les démolir. L'abbé envoya des gardes aux trois portes de la ville qui donnaient dans le bourg, pour empêcher de nouveaux écoliers de venir se joindre aux autres, et fit sonner le tocsin. Les domestiques et les vassaux du monastère se rassemblèrent et fondirent sur les démolisseurs. Les écoliers résistèrent quelque temps; mais ils furent obligés de prendre la fuite, laissant plusieurs des leurs prisonniers de l'abbaye. Le lendemain, l'Université présenta une plainte au cardinal de Sainte-Cécile, légat du pape, dans laquelle elle disait que l'abbé et les moines avaient donné ordre à leurs sujets de fondre en armes sur les écoliers en criant : *Tue! tue!* que par suite plusieurs d'entre eux avaient été mortellement blessés, et d'autres conduits dans les prisons de l'abbaye (2). L'Université déclarait en terminant qu'elle

(1) *Hist. de la ville de Paris*, t. I, p. 367.
(2) Gérard de Dole, écolier, qui mourut des suites de ses blessures, fut enterré à

fermait ses exercices si justice ne lui était point rendue avant quinze jours. Le légat chassa le prévôt de Saint-Germain et condamna le prévôt de l'abbaye à la réclusion pour cinq ans dans un monastère. Le roi, ayant examiné l'affaire dans son conseil particulier, dont Matthieu de Vendôme, abbé de Saint-Denis, était alors le chef, condamna plusieurs vassaux de l'abbaye à l'exil, et les religieux à fonder deux chapellenies de vingt livres parisis de rente, l'une dans l'église de Sainte-Catherine-du-Val-des-Écoliers, et l'autre dans la chapelle de Saint-Martin-des-Orges, près de l'abbaye, dont la présentation fut donnée au recteur de l'Université, la collation étant réservée à l'abbé de Saint-Germain. L'abbé et les religieux furent de plus condamnés à payer deux cents livres pour les réparations de la chapelle de Saint-Martin et pour l'achat de livres et d'ornements, et en outre diverses amendes au recteur et aux parents des écoliers morts.

Ce ne fut pas la dernière querelle entre l'Université et les religieux de Saint-Germain-des-Prés. En 1292, l'abbaye fut menacée d'une nouvelle invasion des écoliers au sujet d'une pièce de terre, dite d'Aubusson, dont l'Université s'était emparée et qu'elle revendiquait. Un accommodement prévint la lutte : il fût convenu que l'Université vendrait la pièce de terre à l'abbaye.

On a vu que le bourg de Saint-Germain ne communiquait avec Paris que par trois portes ; la levée d'une contribution sur tous les habitants de la capitale en 1296 fut une occasion pour les religieux d'établir que leur abbaye et les habitations qui en dépendaient étaient tout-à-fait distinctes de la ville. Il s'agissait du paiement d'une somme de cent mille livres pour rachat d'un droit, perçu par le roi, sur les denrées vendues, paiement auquel les bourgeois voulaient faire contribuer les religieux de Saint-Germain (ainsi que ceux de Saint-Marcel) comme habitants de Paris. Mais le parlement de la Toussaint 1296, déclara que ces lieux n'étaient point faubourgs, et ne dépendaient nullement de la ville.

L'accord de 1292, entre l'Université et l'abbaye Saint-Germain-des-Prés, n'ayant pas été exactement observé par l'Université, les religieux avaient cessé de payer une rente qu'ils lui devaient. En 1345, le recteur s'avisa de demander le paiement des arrérages qui s'élevaient à une somme assez considérable ; l'abbaye refusa. Après de longues discussions, un nouvel accord fut signé entre les parties ; le pape le confirma, et le parlement l'homologua. L'Université abandonnait entièrement la pièce de terre d'Aubusson ; l'abbaye devait y entretenir un chemin à l'usage des écoliers pour se rendre au Pré-aux-Clercs.

Sainte-Catherine-du-Val, et Jourdain Tristan, fils de Pierre le Scelleur, autre victime de la lutte, fut inhumé à Saint-Martin des Orges. Les écoliers entendaient la messe dans cette chapelle, les jours de congé, avant d'aller prendre leurs récréations dans le pré.

La guerre ayant été déclarée aux Anglais en 1369, Richard, abbé de Saint-Germain-des-Prés, d'après les ordres du roi, fit fortifier l'abbaye et creuser de profonds fossés. Il fallut, pour exécuter les travaux, détruire la chapelle de Saint-Martin-des-Orges, située dans le Pré-aux-Clercs, et prendre une partie de cet enclos. Pour dédommager l'Université, l'abbaye lui donna le patronage de la cure de Saint-Germain-le-Vieux, recula les limites du Pré-aux-Clercs sur ses terres vers la Seine, et abandonna au chapelain de Saint-Martin une rente qu'elle possédait sur une maison de la ville.

Charles V, n'étant encore que dauphin, avait donné à la ville de Paris le droit de pêche dans les fossés qui avaient été faits pour la défense de la place. Les religieux de Saint-Germain-des-Prés prétendant avoir, d'après la charte de fondation de l'abbaye, droit de pêche dans la Seine depuis le grand pont jusqu'à Sèvres (1), revendiquaient le même droit dans les fossés de la ville, parce qu'ils étaient remplis par l'eau de la Seine, et avaient été en partie creusés sur leurs terres. La ville refusait en disant que les fossés, ayant été creusés pour l'utilité publique, étaient publics, et que la partie qui se trouvait sur leur fief ne leur appartenait pas, mais était du domaine du roi, comme dépendant des jardins de l'hôtel de Nesle. Le parlement déclara (17 déc. 1375) qu'il ferait droit après avoir examiné toutes choses. On ne voit pas que la discussion ait eu d'autre suite. Il est étonnant, comme le remarque Félibien (2), que la ville n'ait pas fait valoir la donation qui lui avait été faite par le dauphin; peut-être Charles V, devenu roi, ne l'avait-il pas confirmée.

Les partages des revenus faits anciennement entre l'abbé et les religieux de Saint-Germain avaient amplement pourvu aux besoins de ces derniers. Mais quelques abus s'introduisirent peu à peu dans l'administration, et les frères ne reçurent pas toujours ce qui leur était dû. En 1377, le chambrier donna à la congrégation de tels motifs de se plaindre de son ministère, que les religieux se virent forcés de présenter au parlement une requête dans laquelle ils l'accusaient de détournement des revenus à leur préjudice, et réclamaient ce que les anciens statuts leur assuraient pour leur entretien. Le parlement, par son arrêt du 2 juillet 1377, chercha, en donnant un autre règlement, à prévenir de nouvelles plaintes.

L'abbaye de Saint-Germain avait eu de tout temps la justice du Pré-aux-Clercs. Un délit commis en 1402 dans ce lieu vint de nouveau

---

(1) En 1378, le monastère de Saint-Germain, alléguant également que le terrain sur lequel on commençait à construire le pont Saint-Michel (alors le Pont Neuf), lui appartenait, s'opposa à la continuation des travaux. Il y eut un procès, et le pont fut continué. Voy. *Pont Saint-Michel.*

(2) T. II, p. 678.

la faire maintenir dans son droit par le parlement. Le jour de Pâques, 15 avril 1403, un prédicateur prêchant dans le Pré-aux-Clercs (1), avait attiré un grand concours d'auditeurs. Un clerc de Rouen se glissa dans la foule et coupa la manche et la bourse d'un gentilhomme appelé Pierre de Soissons. Le voleur, mis au Châtelet, fut réclamé par l'évêque de Paris comme ecclésiastique; mais l'official de Saint-Germain-des-Prés s'opposa à ce qu'il fût rendu à l'évêque, et demanda qu'il fût jugé par la cour de l'abbé, le délit ayant été commis dans un lieu soumis à sa juridiction. Le parlement ordonna, conformément à sa demande, que le prisonnier serait rendu à l'official.

Le monastère de Saint-Germain-des-Prés ayant éprouvé de grandes pertes pendant les guerres des règnes de Charles VI et de Charles VII, les religieux demandèrent à Louis XI, pour dédommagement, le droit d'établir une foire franche dans le faubourg Saint-Germain. Le roi leur accorda leur demande par ses lettres patentes du mois de mars 1482. Cette foire, connue autrefois sous le nom de *Foire Saint-Germain*, a été remplacée de nos jours par le marché de ce nom (2).

Le cardinal d'Amboise, légat du pape, ayant réformé les couvents des Jacobins et des Cordeliers établis à Paris, voulut renouveler également la discipline des couvents des Bénédictins. Il confia cette mission à deux religieux de Cluny, qui s'occupèrent d'abord de l'abbaye Saint-Germain-des-Prés. Les deux commissaires introduits dans le monastère par des sergents et des gens armés qu'ils avaient pris, sachant bien que les religieux ne les recevraient pas de bon gré, occupèrent immédiatement l'église et le cloître, changèrent les officiers de l'abbaye, renouvelèrent les religieux qui refusaient de les reconnaître, et purent ainsi introduire dans les règlements tous les changements qu'ils crurent nécessaires.

Mais la nouvelle réforme ne put se maintenir que quelques années, et déjà en 1513 il était nécessaire de la renouveler.

Guillaume Briçonnet, plus tard archevêque de Reims et chancelier de France, avait résigné, en 1507, l'abbaye de Saint-Germain-des-Prés à son fils, Guillaume Briçonnet, évêque de Lodève. Celui-ci, témoin des abus de cette communauté, que n'avait pu changer la réforme de 1502, introduisit à Saint-Germain-des-Prés la règle de Chezal Benoît, discipline sévère qui prescrivait, outre l'abstinence de la viande, une solitude exacte et une vie uniquement occupée des exercices de piété. Beaucoup d'anciens religieux ne purent se soumettre à ces ri-

---

(1) Ce n'est pas le premier exemple connu d'une prédication semblable. D. Bouillard cite un titre, où il est dit que le pape Alexandre III avait prêché dans le Pré-aux-Clercs après avoir fait la dédicace de l'église de Saint-Germain-des-Prés. (*Hist. de Saint-Germain-des-Prés*, Paris, 1724, in-fol., p. 165).

(2) Voir *Marché Saint-Germain*.

gueurs, et se retirèrent, soit dans leurs bénéfices, soit dans d'autres maisons religieuses.

En 1512, au sujet d'une procession générale, où devait être portée la châsse de Sainte-Geneviève, une discussion s'éleva entre la communauté de Saint-Germain-des-Prés et celle de Saint-Martin-des-Champs, sur le rang qu'elles devaient occuper, chacune prétendant avoir le droit de marcher la dernière. Le parlement décida, sans préjudice d'aucuns droits (1), qu'elles iraient de front, Saint-Martin ayant la droite en allant de Notre-Dame à Sainte-Geneviève, et Saint-Germain au retour. On voit le même rang observé dans la procession générale de 1535, ordonnée à l'occasion de placards hérétiques contre le Saint-Sacrement (2).

C'est une longue histoire que celle des démêlés que les religieux de Saint-Germain eurent avec l'Université au sujet du Pré-aux-Clercs. En 1547, le 4 juillet, les écoliers, excités par quelque discours du fameux Pierre de la Ramée, principal du collége de Presle, renouvelèrent les anciennes querelles. Ils fondirent sur le grand clos de l'abbaye, y pénétrèrent par plusieurs brèches qu'ils firent à la muraille, arrachèrent les arbres fruitiers et les vignes, maltraitèrent les domestiques et les habitants du bourg qui voulurent s'opposer à leurs dévastations, et revinrent sur le soir brûler devant Sainte-Geneviève des branches d'arbres et des ceps de vigne qu'ils portaient en triomphe. Dubreuil, alors écolier à Paris, et plus tard religieux de Saint-Germain-des-Prés, fut témoin de cette émeute (3). Les dégâts continuèrent le lendemain. Le parlement ordonna, le 9 juillet, qu'il serait fait des informations; mais cette menace n'empêcha pas les écoliers de se livrer à de nouveaux excès contre l'abbaye de Saint-Germain, en janvier 1549 et mai 1550. Les arrêts du parlement n'eurent d'efficacité que pendant quelque temps. Les écoliers inquiets et turbulents commirent, peu d'années après, des excès plus graves que les précédents.

En 1555, leurs attroupements dévastèrent plusieurs maisons construites par les religieux sur le petit Pré-aux-Clercs, terrain revendiqué par l'Université. Le lieutenant-criminel Séguier, chargé d'instruire sur les dégâts commis, se plaignit que les attroupements étaient tolérés par les juges (4). En 1557, la violence des écoliers ne connut plus de bornes; ils démolirent et brûlèrent des maisons du Pré-aux-Clercs, attaquèrent les domestiques et les vassaux de l'abbaye, résistèrent aux archers envoyés pour les repousser, et tuèrent le sergent qui les

---

(1) Félibien, *Preuves*, part. II, p. 527.
(2) Félibien, t. II, p. 997-998.
(3) *Antiquités de Paris*, liv. I. — *Hist. univ.*, t. VI, p. 407. — Et Félibien (t. II, p. 1026) qui donne les détails assez curieux des arrêts du Parlement.
(4) Voir le registre du Parlement, coté 100, 7 mars 1554; — reg. coté 101, 28 février 1554-1555; — 12 juin 1557; — 23 mai 1558. — Félibien, t. II, p. 1052 et suiv.

commandait. Les chefs de l'Université, mandés par le parlement, exposèrent, dans de longs discours latins, qu'ils ne pouvaient être accusés de ces désordres, n'étant plus maîtres des écoliers. Le roi menaça d'envoyer des hommes d'armes pour réduire les mutins, fit défense aux écoliers, régents et *martinets* (élèves externes), de quelque nation qu'ils fussent, de se rendre au Pré-aux-Clercs, ordonna aux écoliers martinets d'entrer dans six jours dans les colléges, aux écoliers natifs de pays étrangers de sortir dans quinze jours du royaume, enfin il mit le Pré-aux-Clercs en sa puissance.

Depuis cette ordonnance du roi, les scènes de tumulte et de violence dont le Pré-aux-Clercs avait été le théâtre ne se renouvelèrent plus. En janvier 1558, des attroupements se formèrent pourtant dans les environs et menaçaient de fondre sur quelques maisons appartenant au monastère; mais ils furent dissipés, et depuis lors les habitants voisins du Pré-aux-Clercs ne furent plus troublés par leurs invasions.

Pendant les guerres de religion, en 1562, les religieuses de Chelles s'étaient retirées dans le monastère de Saint-Germain-des-Prés, où elles vécurent un mois, disent les historiens, dans une retraite édifiante. Croyant n'avoir plus rien à craindre, elles retournèrent ensuite à Chelles. Mais les troubles n'étaient point apaisés, et la même année les religieux de Saint-Germain-des-Prés se virent forcés de se réfugier dans l'intérieur de la ville, et s'établirent dans l'hôtel de Saint-Denis, près des Augustins, que le cardinal de Lorraine leur avait fait préparer.

En 1585, la construction du palais abbatial de Saint-Germain-des-Prés fut commencée par les ordres du cardinal de Bourbon, abbé de la communauté.

Henri IV étant entré dans le faubourg Saint-Germain en 1586, reçut la soumission du capitaine qui commandait à Saint-Germain-des-Prés, après lui avoir fait faire plusieurs sommations. « Le roi, dit Félibien, » monta au haut du gros clocher pour y voir sa ville de Paris, fit ensuite » un tour de cloître sans entrer dans l'église, et se retira sans rien dire. » Les soldats de la garnison qu'il laissa au monastère dévorèrent tout ce ce qu'ils purent trouver, tant ils étaient affamés. Ils se retirèrent la nuit emmenant deux chevaux de l'écurie de l'abbaye. « C'est ainsi, ajoute le moine historien, qu'ils payèrent leurs hôtes de leur bonne chère. »

La réforme de Chezal Benoît, introduite en 1556, comme on l'a vu, à Saint-Germain-des-Prés, fut remplacée en 1630 par celle de la congrégation de Saint-Maur, autorisée en 1621 par Grégoire XV. « Depuis » que la congrégation de Saint-Maur a été introduite dans Saint-Germain-des-Prés, dit Félibien (1), on peut dire sans flatterie et sans » ostentation que cette abbaye a prospéré en régularité, en science, en » bâtiments, en domaines. »

(1) T. II, p. 1185.

En 1641, les murs de clôture de l'abbaye furent construits par dom Benoît Brachet, prieur, qui en même temps fit agrandir le jardin. La vente du fossé au vivier, qui était le long de la rue du Colombier, fournit aux religieux les fonds nécessaires pour ces constructions. Quelques années avant, on avait percé la rue Sainte-Marguerite. En 1644, les religieux de la congrégation de Saint-Maur introduits à Saint-Germain firent réparer l'église : on éleva la croisée ; on la voûta, ainsi que la nef ; on changea alors la forme du chœur pour le mettre *à la romaine*, comme dit Félibien ; l'autel fut placé entre les deux piliers qui touchent à la croisée ; le cloître, le réfectoire, furent réparés, la bibliothèque reconstruite.

Hardouin de Péréfixe croyait avoir, comme archevêque de Paris, toute juridiction spirituelle dans le faubourg et le territoire de Saint-Germain. Après bien des contestations, une transaction signée en 1668 attribua la juridiction à l'archevêque et ses successeurs sur Germain-des-Prés, sauf l'abbaye et son enclos ; le prieur de Saint-Germain fut institué pour toujours vicaire-général-né de l'archevêque dans le faubourg, etc.

En 1693, l'abbaye de Saint-Germain-des-Prés fut confirmée dans toute la juridiction temporelle sur le bourg et l'enclos, juridiction exercée par un bailli, un procureur fiscal, un greffier et deux huissiers. Le bailli de l'abbaye connut des appellations des jugements rendus en matières civiles par les juges des hautes justices dépendantes du temporel de l'abbaye, situées hors de la banlieue de Paris.

L'histoire de l'abbaye de Saint-Germain-des-Prés ne présente plus aucune vicissitude importante jusqu'à la suppression des ordres religieux. Ce fut pendant les temps de calme de la fin du XVIIe et du commencement du XVIIIe siècle, que s'achevèrent paisiblement au sein du monastère de Saint-Germain, ces immenses travaux historiques qui font la gloire de cette maison célèbre.

Il serait trop long de citer tous les hommes remarquables que cette abbaye a produits. Contentons-nous de nommer Dubreuil, Hugues Menard, d'Achery, Mabillon, Michel Germain, Ruinart, Denis de Sainte-Marthe, Montfaucon, Félibien, Bouillard, Martenne, Clément, Bouquet, Lobineau.

Je vais maintenant essayer de décrire spécialement l'état ancien et l'état actuel de l'église de l'abbaye, l'un de nos monuments les plus antiques et les plus riches en souvenirs.

La basilique bâtie par Childebert avait la forme d'une croix. Commencée, comme je l'ai dit, vers l'an 443, elle fut achevée en 557, et dédiée par saint Germain le 23 décembre de la même année, en présence de Childebert et d'un grand nombre d'évêques et de seigneurs venus à Paris pour célébrer la fête de Noël. Si l'on en croit la description, peut-être un peu hyperbolique, d'un ancien écrivain, les voûtes de cette église étaient soutenues par des colonnes de marbre précieux. Les lambris et les murailles étaient ornés de peintures à fond d'or ; le pavé se composait de fragments de marbre rapportés avec un art infini. Enfin tout l'édifice était couvert de lames de cuivre doré qui jetaient un éclat éblouissant. Aussi le peuple l'avait-il surnommé le palais doré de Germain (1). Cette description, faite par le moine Gislemar au XI° siècle, mérite d'ailleurs peu de confiance pour ce qui regarde la basilique de Childebert, ruinée et reconstruite avant le temps où vivait l'auteur.

Nous n'avons donc aucune donnée positive sur le genre de construction de ce premier édifice. Tout ce qu'on sait, c'est que Chilpéric Ier fit bâtir, aux deux côtés de l'église de Saint-Vincent et Sainte-Croix, deux oratoires : l'un au midi, sous l'invocation de saint Symphorien, martyr, où saint Germain, mort en 576, à l'âge de quatre-vingts ans, fut enterré à côté d'Éleuthère, son père, et de sa mère Eusébie ; l'autre au nord, dédiée à saint Pierre, où fut déposé le corps de saint Droctovée, premier abbé de Saint-Vincent.

Quoiqu'elle eût été pillée, comme je l'ai dit, par les Normands, en 845, 857, 858, et brûlée en 861 et 885, l'abbaye de saint-Vincent et Sainte-Croix, connue depuis l'an 754 sous le nom seul de Saint-Germain, n'était pas encore tout-à-fait détruite lorsque l'abbé Morard en entreprit, ainsi qu'on l'a vu, la reconstruction.

La tour de la façade est, de l'avis de presque tous les archéologues, le seul débris qui reste encore de l'église élevée par Childebert. On peut donc la considérer, mais dans sa partie inférieure seulement, comme le plus ancien monument chrétien qui soit à Paris. Il est à regretter que cette tour ait été taillée en carré lisse à une époque récente, ce qui lui fait perdre son caractère d'antiquité.

Lebeuf regardait aussi comme datant de l'époque de la fondation « certaines arcades et voûtes par où l'on va, dit-il, de la tour septentrionale (aujourd'hui démolie), à la chapelle de la Sainte Vierge, hors l'église, après avoir descendu huit marches. Dom Edmond Martène en jugeait ainsi (2). » Suivant M. Godde, architecte, chargé en 1820 de travaux de réparations dont je parlerai plus loin, les piliers de la nef sont également primitifs et datent de Childebert. Mais l'opinion de M. Godde à cet égard est contraire à celle de l'abbé Lebeuf et de tous les autres historiens

Lebeuf, et après lui M. Dulaure, ont parlé d'un puits qu'il faut placer aussi parmi les restes des constructions primitives de l'abbaye. Ce puits, situé au fond du sanctuaire, et dont l'ouverture est fermée depuis bien

---

(1) *Gislem. vita S. Droct.* Rec. des hist. de Fr., III, 456.
(2) Lebeuf, *Hist. de la ville et du dioc. de Paris,* II, 427.

des siècles, s'appelait jadis le puits de Saint-Germain, parce qu'il était situé près du tombeau de ce saint. Son eau passait pour guérir plusieurs maladies; et le moine Abbon, dans son poëme sur le siège de Paris par les Normands, en a célébré les vertus miraculeuses.

On ignore en quelle année fut commencé le nouvel édifice; mais il est probable, suivant la remarque judicieuse de Lebeuf (1), que l'abbé Morard ne l'entreprit que vers l'année 1001, lorsqu'on fut revenu de l'opinion commune que la fin du monde devait arriver en l'an 1000. Cette basilique n'était pas terminée en 1014, époque de la mort de l'abbé Morard. « Avec un peu d'attention, dit-il, on reconnaît aisément que ce qui forme aujourd'hui le chœur, les chapelles et le fond n'est que du milieu ou de la fin du XIe siècle; mais le portail, les piliers de la nef et de ses collatéraux jusqu'aux cintres inclusivement, sont du temps de l'abbé Morard, aussi bien que les quatre piliers qui sont aux côtés du chœur (2). »

Ce second édifice, bâti, comme le premier, en forme de croix, fut donc terminé dans le courant du XIe siècle. La dédicace en fut faite, comme on l'a vu, l'an 1163, par le pape Alexandre III, qui séjournait alors en France. Par une coïncidence remarquable, ce pontife posa, la même année, la première pierre de la cathédrale de Notre-Dame.

L'église avait autrefois trois clochers, un au-dessus du portail, et les deux autres au-dessus de chacun des côtés de la croisée. Ces deux derniers ont été abattus en 1821. La croisée est éclairée aux extrémités par deux grands vitraux qui en occupent toute la largeur. Le chœur est placé dans le rond-point, et entouré de huit chapelles qui furent dédiées par Hubold d'Ostie dans le temps où le pape Alexandre III faisait la dédicace de l'église.

Le portail principal, ouvert dans la tour, était orné de huit statues qui ont été détruites à la révolution, mais dont il existe plusieurs gravures et de nombreuses descriptions. La signification de ces figures a donné lieu à une discussion célèbre entre les savants. Suivant l'opinion vulgaire, elles représentaient la famille de Clovis avec un évêque, saint Germain ou saint Remi; mais Lebeuf a presque prouvé qu'il faut plutôt y voir des personnages de l'Ancien Testament, à l'exception, dit-il, des deux figures les plus éloignées de la porte (3). » On n'est pas plus d'accord sur l'âge de ces statues. Les uns les faisaient remonter jusqu'au VIe siècle; les autres, comme Lebeuf et D. Plancher, ne les croyaient pas plus anciennes que le XIe. Au fond du porche, et au-

---

(1) Lebeuf, *Hist. de la ville et du dioc. de Paris*, t. II, p. 425.
(2) Ibid.
(3) Lebeuf, *Hist. de la ville et du dioc. de Paris*, t. II, p. 431. — *Mém. de l'Ac. des Inscr.*, année 1751. Ces deux figures, les plus éloignées de la porte, étaient celles de Clotaire Ier et de Clodomir, ainsi que l'attestaient des restes d'inscriptions mutilées.

dessus de la porte de l'église, est sculpté un bas-relief d'un style fort ancien, représentant la cène. Ce bas-relief est fort dégradé aujourd'hui.

Le caractère d'architecture de l'intérieur de l'église est tout-à-fait roman, à l'exception de quelques parties construites vers le commencement du XIIe siècle, et qui se rapprochent davantage du style gothique.

Des réparations importantes, des agrandissements nécessaires ont été faits dans l'église au XVIIe siècle; on ouvrit alors les deux bas-côtés, on substitua la voûte au lambris doré qui en tenait lieu; enfin on répara les deux portails; mais il est bien à regretter qu'on n'ait point respecté, dans ces travaux, le caractère des constructions primitives. Ce fut aussi vers la même époque qu'on éleva dans chacune des nefs de la croisée les chapelles qui en occupent tout l'espace.

La châsse de saint Germain était un des ornements les plus remarquables de l'église de Saint-Germain-des-Prés. Elle avait été faite en 1408, par ordre de l'abbé Guillaume III, pour remplacer une autre châsse plus ancienne que le roi Eudes avait, dit-on, donnée en commémoration du siége de Paris, pour y renfermer les reliques de saint Germain, transférées, le 25 juillet 754, de la chapelle de Saint-Symphorien dans le sanctuaire de l'église. La châsse que l'abbé Guillaume avait fait faire était en vermeil, ornée de pierreries et garnie de statuettes de saints. Elle a été portée à la Monnaie en 1793. On avait employé à la construire 26 marcs 2 onces d'or et 250 marcs d'argent (1).

Le grand autel, au-dessus duquel était placée cette châsse, soutenue par deux anges, passait pour un chef-d'œuvre. Il avait été érigé en 1704, d'après les dessins d'Oppenord, architecte du régent. L'autel qui le remplace aujourd'hui est de la plus grande simplicité.

Je ne dois pas oublier de parler d'une statue de forme bizarre, placée à l'extérieur de l'église, près du portail septentrional, et qu'on croyait être celle d'Isis, lorsqu'il était de mode de rattacher toutes les origines parisiennes au culte de cette déesse. « Cette statue, dit Dubreuil, est demeurée là jusqu'en l'an 1514, que messire Guillaume Briçonnet, évêque de Meaux et abbé dudit monastère, la fit oster sur la remonstrance que lui fit le secrétaire frère Jean, surnommé le sage, asseurant qu'il avoit trouvé une femme à genoux devant icelle idole, tenant une touffée de chandelles allumées, et déplorant quelque perte qui lui estoit advenue;

---

(1) La châsse de saint Germain ne se portait hors de l'abbaye que rarement et dans des circonstances solennelles. Nous voyons dans Dubreuil que cette cérémonie était marquée par un usage bizarre. « Les porteurs d'icelle châsse, dit-il, sont ordinairement douze bourgeois natifs du bourg, *tous nuds en chemises expressément à ce faites*, portant en leurs têtes des chapeaux de fleurs, et en leurs mains un chapelet. » (*Antiq. de Paris; Université*, p. 216.)

et interrogée qu'elle faisoit là, respondit que des escoliers, au Pré-aux-Clercs, lui avoient donné ce conseil et dict : *Allez à l'idole de Saint-Germain, et vous trouverez ce qu'avez perdu.* Un trivial rhapsodieux a assuré que ladite idole est encore entière, et que les moines de céans l'ont cachée, mais je puis affirmer qu'elle a esté brisée et mise en pièces, l'ayant appris de quatre de nos religieux qui s'employèrent à la démolition, lesquels estoient encore vivants en 1550 (1). »

Parmi les objets précieux que renfermait le trésor de l'abbaye, on remarquait un tableau du XVe siècle « représentant l'abbé Guillaume et sa mère adorant un Christ détaché de la croix. L'abbaye de Saint-Germain-des-Prés était représentée dans le lointain, au milieu d'une grande prairie, environnée de tours, de hautes murailles et de fossés, comme elle était vers l'an 1418. On y voyait aussi le Louvre, le Petit-Bourbon, abattu depuis pour isoler le Louvre du côté de Saint-Germain-l'Auxerrois, et enfin la butte Montmartre (2). »

La bibliothèque de l'abbaye de Saint-Germain-des-Prés, placée sous la direction d'hommes savants par excellence, et enrichie successivement des libéralités du médecin Noel Vaillant, en 1685; de Michel-Antoine Baudrand, prieur de Rouvre, en 1700; de Jean d'Estrées et d'Eusèbe Renaudot, en 1720; enfin du duc de Coislin en 1732, était une des plus célèbres de France. On sait que les manuscrits de cette bibliothèque, dont on évaluait le nombre à 3,000, forment aujourd'hui un des fonds les plus précieux de la Bibliothèque du Roi.

Nos premiers rois chrétiens avaient choisi cette église pour leur sépulture. Grégoire de Tours nous apprend que Childebert et Chilpéric y furent inhumés, et les historiens qui écrivirent après lui attestent que plusieurs autres princes y furent aussi ensevelis. Mérovée et Clovis, fils de Chilpéric et d'Audovère, ayant été tués, l'un dans un village près de Térouenne, et l'autre à Noisy en Brie, le roi Gontran, leur oncle, fit transporter leurs corps, quelques années après, dans l'église de Saint-Vincent. On a dit qu'en général les rois qui mouraient de mort violente, et qui, par conséquent, n'avaient rien ordonné touchant leur sépulture, étaient ensevelis dans cette église. L'exemple de Chilpéric et de Childebert a été allégué pour prouver cette vérité. De tant de tombeaux de rois et de princes, il n'y en a que six qui se soient conservés jusqu'à notre temps. Ces tombeaux sont ceux de Childebert, d'Ultrogothe sa femme, de Chilpéric, de Frédégonde, de Clotaire II et de Bertrude sa femme.

Il y avait près de chaque tombeau une tablette de pierre, sur la-

---

(1) Dubreuil, *Antiq. de Paris, Université*, p. 192.

(2) Hurtaut et Magny, *Dictionn. hist. de la ville de Paris et de ses environs.* Paris, 1779, t. I, p. 93. C'est d'après ce tableau que D. Bouillard a fait graver la planche 9 de son *Histoire de l'abbaye de Saint-Germain-des-Prés.*, p. 168.

quelle étaient écrits le nom et la dignité de celui dont le corps y était enfermé. Sur le tombeau de Chilpéric on lisait l'inscription suivante en lettres majuscules anciennes, disent les historiens, sans en fixer plus précisément l'époque :

Rex Chilpericus hoc tegitur lapide.

Ces tombeaux étaient de pierre, peu élevés et sans aucun ornement, à l'exception de trois, sur lesquels on voyait la représentation du défunt. Sur le premier était Childebert, qui d'une main tenait le sceptre, de l'autre l'église de Sainte-Croix et de Saint-Vincent, qu'il avait fondée. Sur le second, Chilpéric, tenant le sceptre de la main gauche, et sa barbe de la main droite, pour marquer, suivant quelques uns, qu'il mourut de mort violente. Dubreuil réfute cette conjecture, et assure que c'était *le geste ordinaire de Chilpéric*, ce qu'il prétend prouver par un sceau sur lequel ce roi était représenté dans la même attitude. Ruinart fait observer judicieusement qu'on ne peut pas conclure grand'chose de ces représentations sculptées plusieurs siècles après la mort de ces rois, et, selon toutes les probabilités, dans le temps que l'abbé Morard fit rebâtir cette église, ou lorsque le pape Alexandre III en fit la dédicace.

Il n'en est pas ainsi du tombeau qu'on s'accorde généralement à regarder comme celui de Frédégonde. Ce curieux monument consiste en une longue table de pierre de liais, dont la surface est en mosaïque, composée de plusieurs pierres de rapports ou émaux de différentes couleurs, séparés par des filons de cuivre, et fixés par un mastic. Au milieu est la figure d'une reine dont les vêtements sont amples et magnifiques. Elle a sur la tête une couronne à quatre fleurons, et tient de sa main droite un sceptre terminé par un autre fleuron ayant à peu près la forme d'une double fleur de lis. Le visage, les mains et les pieds, originairement peints, suivant toute apparence, ne présentent plus qu'une place unie.

Le tombeau de Childebert et celui de la reine Ultrogothe, sa femme, étaient dans l'abside du chœur, aux pieds des quatre colonnes qui soutenaient la châsse de Saint-Germain. Les quatre autres tombeaux des rois et des reines étaient sous les arcades des tours latérales de cette église.

En 1653, la disposition du chœur ayant été changée, on changea aussi celle de ces monuments; on plaça le tombeau de Childebert au milieu du chœur; on y enferma aussi les restes de la reine Ultrogothe, mais dans un cercueil différent. On mit une lame de cuivre sur les ossements de Childebert, et sur cette lame une inscription latine. Une autre inscription fut placée sur le tombeau de la reine Ultrogothe.

On mit sur le tombeau la même pierre qui couvrait anciennement celui de Childebert, et sur laquelle ce prince est représenté tenant un sceptre d'une main et de l'autre une église. Dans les faces de côté de ce monument étaient des tables de marbre noir, sur lesquelles on lisait les épitaphes de Childebert et d'Ultrogothe; celle du premier avait été tirée d'Aimoin.

L'épitaphe de la reine Ultrogothe avait été empruntée à la vie de sainte Bathilde.

Lorsqu'en 1653 on changea la disposition du chœur et qu'on fut obligé d'en lever le pavé, on trouva une quantité infinie de pierres de différentes couleurs et taillées différemment; ce qui confirme qu'autrefois le pavé de cette église était en mosaïque, comme le dit Gislemar dans la description que j'ai citée plus haut. « On découvrit aussi plusieurs tombeaux de pierre, dont les uns étaient engagés dans les fondements de l'église, et les autres rangés du côté de l'autel. Quelques uns de ces tombeaux ayant été ouverts par hasard, on y trouva des corps enveloppés dans des suaires d'étoffes précieuses, et des restes de bottines et de baudriers, ce qui marquait que c'étaient des tombeaux de rois ou de princes. On laissa ces monuments comme ils étaient, excepté ceux des rois Childéric II et de la reine Bilihilde, dont les ossements furent transportés dans le sanctuaire et déposés dans des tombeaux, de même que ceux des autres rois. Cette découverte est d'autant plus utile pour l'histoire, que quelques écrivains avaient cru jusqu'alors que Childéric et la reine sa femme avaient été enterrés dans l'église de Saint-Pierre de Rouen. Cette circonstance engagea D. Ruinart à faire une description détaillée de ce monument. Il remarque donc qu'en 1646, on découvrit deux grands cercueils de pierre dans lesquels étaient les corps entiers de Childéric II et de Bilihilde sa femme. Par ce qui restait de leurs habits, on voyait qu'ils étaient dignes du roi et de la reine auxquels ils avaient servi. Comme les ouvriers firent cette découverte en l'absence des moines, on ne douta pas qu'ils n'eussent détourné plusieurs ornements qui auraient répandu beaucoup de lumière sur ces monuments; mais on ne put jamais les obliger à rapporter qu'un diadème tissu d'or. Ces tombeaux ayant été ouverts une seconde fois l'an 1656, on vit que, non seulement les vêtements avaient été presque tous déchirés, mais que même les ossements n'étaient plus en leur place (1). »

On trouva seulement dans le cercueil de Childéric II un petit vase de verre contenant un parfum entièrement desséché, mais qui n'était pas absolument sans odeur, les restes de son épée, sa ceinture, des morceaux d'un bâton, plusieurs pièces d'argent carrées, la figure du serpent Amphisbène, qui était apparemment le symbole de ce prince, etc.

(1) Hurtaut et Magny, *Dictionn. hist. de Paris.*

Quant au cercueil de la reine, on n'y trouva que des os et des vêtements, qui, à l'ouverture, s'en allèrent en poussière. Sur son tombeau était un petit coffre de pierre qui renfermait les cendres d'un enfant, et que l'on crut être celles du jeune Dagobert, fils de cette princesse; on resta cependant encore dans l'incertitude sur ces ossements, jusqu'à ce qu'on les eût tirés du cercueil, et alors on découvrit, sur une pierre de celui du roi, cette inscription gravée en grosses lettres : CHILDR., REX, ce qui fit conclure que c'étaient les cendres de Childéric II et de sa femme. On les plaça avec celles des autres rois et reines. Le 3 avril 1643, on découvrit deux anciens tombeaux de pierre au bas de l'escalier qui conduit du cloître au dortoir. Dans l'un était le corps d'un homme et dans l'autre celui d'une femme, à ce qu'on croit; il n'y avait aucune inscription sur ce dernier ; mais sur le premier on lisait celle-ci, gravée en lettres romaines entrelacées:

Tempore nullo, volo hinc tollantur ozza Hilperici.

De l'autre côté de la même pierre on trouva un petit crucifix de cuivre, et au-dedans du tombeau l'inscription qu'on va lire, peinte au carmin.

Precor ego Hilpericus non auferantur hinc ozza mea.

Parmi les ossements d'Hilpéric, on trouva un autre crucifix de cuivre et une lampe du même métal. Valois a cru que ces deux tombeaux étaient ceux du roi Chilpéric et de la reine Frédégonde sa femme. D. Ruinart prouve solidement que ce savant homme se trompe, et conjecture que cet Hilpéric n'était pas un roi, mais un prince du sang royal.

Les tombeaux de Clotaire II et de Bertrude, sa femme, étaient couverts de simples pierres sans inscriptions, et n'offraient rien de remarquable.

Parmi les autres personnages illustres inhumés à diverses époques dans l'abbaye de Saint-Germain-des-Prés, je citerai :

L'abbé Morard, le restaurateur de l'abbaye, mort le 1er avril 1014.

Thomas de Mauléon, abbé de Saint-Germain en 1247 ; il se distingua par une administration éclairée et paternelle. Il allégea autant qu'il put la servitude des vassaux de son abbaye, affranchit les habitants d'Antoni et de Verrières, ceux de Villeneuve-Saint-George, de Valenton et de Crône, Thiais, Choisi, Grignon et Paray, ainsi que ceux du bourg de Saint-Germain, et obtint plusieurs bulles du pape Innocent IV pour mettre un frein à l'esprit d'indiscipline qui s'était introduit parmi les religieux du monastère. Il mourut en 1255, et fut enterré devant le grand autel de la grande chapelle de la Vierge qu'il avait achevé de bâtir.

Pierre de Montreuil ou de Montereau, fameux architecte du XIIIe siècle. Il employa cinq ans à construire le magnifique réfectoire de l'abbaye; et, d'après les ordres de l'abbé Hugues d'Issy, il bâtit la grande chapelle de la Vierge. L'ancien nécrologe de l'abbaye place sa mort au 17 mars 1266. Il fut enterré dans le chœur de la chapelle qu'il avait construite, sous une tombe où il était représenté avec une règle et un compas à la main. Sa femme Agnès fut aussi inhumée dans le chœur de la même chapelle.

Guillaume III, dit l'évêque, abbé de Saint-Germain, docteur et professeur en théologie dans l'Université de Paris, et auteur d'un commentaire sur la Genèse. Il fut fait commissaire par le clergé de France, pour connaître des causes ecclésiastiques. Guillaume III fit faire la châsse de Saint-Germain, et le retable du grand autel. Il fut désigné pour présider au chapitre général des provinces de Sens et Reims, dont il fut nommé le visiteur. Il mourut en 1418. Sa tombe était couverte d'une plaque de cuivre où il était représenté en habits pontificaux. Son corps fut découvert trois fois, et trouvé sans aucune altération, si l'on en croit le témoignage du contemporain. L'abbé Guillaume a laissé deux cartulaires; le premier contient toutes les chartes des rois de France souscrites en faveur de l'abbaye, le second comprend les bulles et les priviléges des papes. Il avait également rédigé par ordre tous les anciens usages et les cérémonies observées dans l'abbaye de Saint-Germain, avec l'intention de les remettre en vigueur.

Jean Grollier, célèbre protecteur des lettres, mort le 22 octobre 1565. Pour reconnaître son affection et son attachement pour eux, les religieux de Saint-Germain-des-Prés inhumèrent Jean Grollier dans leur église. Sa tombe était dans la chapelle de Saint-Casimir. Né à Lyon, d'une ancienne famille, Jean Grollier eut dès sa jeunesse un vif amour de l'étude. Ami de Budé, lorsqu'il eut été nommé trésorier de l'armée française dans le Milanais, il fit imprimer à Venise, en 1522, par le fameux Alde-Manuce, l'excellent livre *De Asse* que Budé avait composé. Il revint en France où il exerça la charge de trésorier. Il avait conservé sa passion pour les lettres, et recueillait une grande quantité de médailles anciennes et de bons livres. « Il n'épargnait rien pour cela, dit de Thou(1). Il avait même
» tant de livres, qu'après les grandes libéralités qu'il en fit à ses amis, et
» les divers accidents qu'ils éprouvèrent, les plus belles bibliothèques
» qu'on voit à Paris et dans les autres endroits du royaume, ne reçoivent
» leur ornement que des livres de Grollier. »

Marie de Clèves, princesse de Condé, fille de François Ier, duc de Nevers, morte le 30 octobre 1574. Cette princesse, que les poëtes du temps célébrèrent sous le nom de la *belle Marie,* inspira une passion violente

---

(1) Hist., liv. XXXV.

au duc d'Anjou, depuis Henri III. Cette passion, s'il faut en croire certains auteurs, prit naissance d'une façon fort singulière. « Le mariage d'Henri IV avec Marguerite de Valois, et celui du prince de Condé avec Marie de Clèves, furent célébrés le 18 août 1572. Le festin se fit au Louvre. Marie de Clèves, alors âgée de seize ans, après avoir dansé assez long-temps, se trouvant un peu incommodée de la chaleur du bal, passa dans une garde-robe où une des femmes de la reine-mère, voyant sa chemise toute mouillée, lui en fit prendre une autre. Elle sortait de la garde-robe, quand le duc d'Anjou, qui avait aussi beaucoup dansé, y entra pour arranger sa chevelure, et s'essuya la figure avec le premier linge qu'il trouva : c'était la chemise que Marie venait de quitter. En rentrant dans le bal, le duc, par une impulsion secrète, jeta les yeux sur elle, et la regarda, dit-on, avec autant de surprise que s'il ne l'eût jamais vue. Son émotion, son trouble, ses transports et tout l'empressement qu'il lui témoigna, étaient d'autant plus étonnants que depuis six jours que Marie de Clèves était à la cour il avait été très indifférent pour elle. Mais dès que la chemise eut passé sur son front, « il devint insensible, disent les mémoires, à tout ce qui n'avait pas de » rapport à sa passion. Son élection à la couronne de Pologne, loin de » le flatter, lui parut un exil; il se piquait un doigt toutes les fois qu'il » écrivait à cette princesse, et ne lui écrivait que de son sang. Le jour » même qu'il apprit la nouvelle de la mort de Charles IX, il lui dépêcha » un courrier pour l'assurer qu'elle serait bientôt reine de France; » et lorsqu'il fut de retour il lui confirma cette promesse, qu'il espérait bientôt exécuter, parce que Marie de Clèves était devenue catholique et le prince de Condé protestant. Mais la résolution d'Henri III fut fatale à la princesse, car peu de temps après elle succomba, le 30 octobre 1574, à un mal très violent. « Les uns en accusèrent celle-là (Catherine de Médicis), disent les mémoires, les autres celui-ci (le prince de Condé). » Henri III fut dans un grand désespoir; il passa plusieurs jours dans les pleurs et les gémissements, et lorsqu'il fut obligé de se montrer, il parut dans un vêtement de deuil, tout couvert d'enseignes et de petites têtes de mort : il en avait sur les rubans de ses souliers, sur ses aiguillettes, « et il commanda à Souvray de lui faire faire des parements de cette » sorte pour six mille écus. » Il y avait plus de quatre mois que la princesse de Condé était morte, enterrée à Saint-Germain-des-Prés, lorsque ce prince, en entrant dans cette abbaye où le cardinal de Bourbon l'avait convié à un grand souper, se sentit des saisissements de cœur si violents qu'il voulait s'en retourner; ils ne cessèrent qu'après qu'on eut ôté de son tombeau, et transporté ailleurs pour ce jour, le corps de cette princesse (1). »

(1) Saint-Foix, t. I, p. 291; édit. 1778. — L'Étoile, année 1374. *Tract. de sympath.*, p. 317-322. — *Mém. sur les derniers Valois*, p. 159.

PREMIÈRE RACE.

Pierre Danès, mort en 1577. Nommé, en 1520, par François Ier premier professeur pour la langue grecque au Collége de France, il compta Amyot parmi ses élèves les plus distingués. Danès fut un des juges qui condamnèrent Ramus. Il assistait, en sa qualité d'ambassadeur de France, aux séances du concile de Trente. Comme un orateur français s'élevait avec force contre la corruption de l'église d'Italie, Sébastien Vance, évêque d'Orviette, s'écria d'un ton méprisant : « *Gallus cantat.* » —Danès reprit vivement : « *Utinam ad galli cantum Petrus resipisceret.* » Après avoir été précepteur du dauphin, depuis François II, et avoir vu quatre rois, Danès mourut octogénaire. Sa tombe fut placée dans la chapelle de Saint-Casimir, près la grille du chœur.

Catherine de Bourbon, morte le 30 décembre 1595, fille d'Henri de Bourbon, prince de Condé, et de Marie de Clèves, marquise de Lille en Champagne. Cette princesse fut inhumée dans l'église de l'abbaye, dans un caveau près des degrés du grand autel. Un de ses domestiques, qui lui était fort attaché, ôta son épée, et la mit avec le fourreau sur le cercueil : « Voilà, dit-il, l'épée qui m'a été donnée par ma chère » maîtresse; elle ne servira jamais à personne ; et quiconque me voudra » à son service m'en donnera, s'il lui plaît, une autre. » Il ne sortit que lorsqu'il eut vu le caveau fermé et scellé avec du plâtre, de peur que quelqu'un ne retirât son épée. Si l'on en croit Dubreuil (1), Catherine de Bourbon n'avait aucun avantage extérieur, puisqu'elle était sourde, bègue et bossue, mais elle était fort bien partagée du côté des qualités de l'esprit; elle avait beaucoup de religion, et persévéra toute sa vie dans la foi catholique, bien qu'elle eût été nourrie, dès sa jeunesse, des doctrines de l'église protestante.

Guillaume Douglas, mort en 1611. Guillaume Douglas, comte d'Angus et premier prince d'Écosse, fut enterré dans la chapelle de Saint-Christophe, située autour du chœur de Saint-Germain-des-Prés. Après avoir entendu plusieurs sermons et quelques disputes théologiques à la Sorbonne, sous le règne d'Henri III, il abjura la religion protestante et retourna en Écosse. Forcé de fuir sa patrie où sa nouvelle croyance était pour lui un objet de continuelles persécutions, il revint s'établir à Paris où il se fit remarquer par une piété excessive. Il se levait la nuit pour réciter l'office, et, disent les historiens, « observait si exactement les jeûnes et les commandements de l'Église, qu'il aurait mieux aimé mourir plutôt que d'y contrevenir. » Les archevêques d'Embrun et de Tours, l'évêque de Grasse, l'ambassadeur d'Angleterre, les gardes écossaises du roi, une infinité de nobles et une grande foule de peuple assistèrent à ses obsèques. — *Jacques Douglas*, petit-fils du précédent. Il fut tué près de Douai, au service du roi de France, en 1645, et son

(1) *Antiquités de Paris*, liv. II.

corps transporté dans l'église de Saint-Germain-des-Prés, où il fut inhumé à côté de celui de son aïeul vers la fin de l'année 1668. — *Robert Douglas*, mort le 15 juin 1662, avec le grade de capitaine aux gardes. La comtesse de Dumbarton, femme de Georges Douglas, comte de Dumbarton, morte à Saint-Germain-en-Laye, le 25 avril 1691. — *Georges Douglas,* comte de Dumbarton, époux de la précédente; — *lord d'Estrick,* général et commandant en chef des armées de sa majesté britannique en Écosse, premier gentilhomme de la chambre, mort à Saint-Germain-en-Laye, le 20 mars 1692. — *Guillaume-Mathias Douglas,* fils du comte Charles Douglas, mort le 13 mars 1715.

François de Bourbon, prince de Conti, frère du cardinal de Bourbon, mort le 13 août 1614. Il posséda les revenus de l'abbaye sous le nom de Jean Porcheron et de Louis Buisson. Il fut enterré au côté droit du grand autel. Ce prince, connu par sa grande bravoure, se tint toujours aux côtés d'Henri IV à la bataille d'Ivry, et dans toutes les campagnes que fit ce prince pendant les troubles de la Ligue.

Henri de Bourbon, duc de Verneuil, mort le 28 mai 1682. Son corps fut inhumé aux Carmélites de Pontoise, et son cœur transporté à l'abbaye de Saint-Germain, où il fut déposé dans un caveau construit à cet effet au milieu du chœur; on le couvrit d'une tombe de marbre blanc. Fils naturel du roi Henri IV, Henri de Bourbon fut d'abord évêque de Metz, puis abbé de Saint-Germain. Il consentit à l'introduction de la congrégation de Saint-Maur dans son abbaye, céda par une transaction à l'archevêque de Paris la juridiction spirituelle qu'on lui contestait; et le 12 octobre 1669, il se démit de tous ses bénéfices, en faveur de Jean Casimir, roi de Pologne. Le duc de Verneuil, devenu libre, épousa la duchesse de Sully.

Casimir V, roi de Pologne, mort abbé de Saint-Germain-des-Prés, le 16 novembre 1672. Jean Casimir, fils de Sigismond III, après avoir servi quelque temps dans les armées impériales d'Autriche, entra en 1643 dans l'ordre des jésuites; il en sortit trois ans après, et le pape le nomma cardinal. Les Polonais le choisirent pour leur roi en 1648 après la mort de son frère Vladislas. Le pape le releva de ses vœux, et lui permit d'épouser Louise Marie de Gonzague, veuve du roi son frère. A la mort de Christine reine de Suède, Casimir avait élevé des prétentions pour lui succéder; mais Charles-Gustave sut défendre le gouvernement dont il était en possession. Casimir perdit sa fille unique en 1650, sa femme en 1667. Ayant vainement essayé de se donner pour successeur le duc d'Enghien, fils du grand Condé, il abdiqua la couronne en 1668, et se retira en France. Louis XIV lui donna l'abbaye de Saint-Germain-des-Prés et plusieurs autres bénéfices ecclésiastiques, afin qu'il pût soutenir dignement son rang de prince. Casimir ne voulut jamais souffrir qu'on lui donnât le titre de *majesté*. Il mourut à Nevers en novembre 1672. Son corps fut transporté à Cracovie, et son cœur à Saint-Germain-des-Prés.

On a prétendu qu'en 1672, trois mois avant de mourir, Casimir avait épousé Marie Mignot, fille d'une blanchisseuse, et déjà veuve d'un conseiller au parlement de Grenoble et du second maréchal de L'Hôpital. Quelques écrivains ont contesté la vérité de cette anecdote. Les officiers de la maison de Casimir fondèrent en son honneur, dans l'église de Saint-Germain-des-Prés, un anniversaire qui est encore célébré le 16 décembre. Les Polonais présents à Paris ne manquent pas d'assister chaque année à ce service.

Louis-César de Bourbon, comte de Vexin, prince légitimé de France, mort à l'âge de dix ans et demi, le 11 janvier 1683. Ce jeune prince était destiné à devenir abbé de Saint-Germain ; mais des maladies, des infirmités fréquentes abrégèrent ses jours. On l'enterra au milieu du chœur de l'église. Quelques jours après, le roi fonda pour lui un anniversaire et dix basses messes.

Marie de Bourbon, fille de François de Bourbon, prince de Conti, morte, le 8 mars 1608, dans la maison abbatiale de Saint-Germain.

François Thevin, comte de Sorge, mort en 1637.

Dom Hugues Ménard, mort en 1644. Ce savant bénédictin enseigna la rhétorique dans le collége de Cluni, à Paris, et se fixa à l'abbaye Saint-Germain. Il édita le martyrologe bénédictin, et publia une foule d'ouvrages fort importants dans la science. Il possédait une mémoire prodigieuse, et fut uni d'une étroite amitié avec le fameux P. Sirmond, jésuite.

La famille de Castellan. Le mausolée de cette famille renferme les restes de Charles et de François de Castellan, et les cœurs d'Olivier et de Louis de Castellan. Olivier était fils d'un notaire, quelques auteurs disent d'un paysan, du village d'Airagues, près d'Arles. Étant entré dans l'armée, il parvint au grade de lieutenant-général, et allait obtenir le bâton de maréchal de France quand il fut tué au siége de Tarragone en 1644. Charles et Louis furent ses enfants. Louis, brigadier d'infanterie, fut tué à trente-sept ans, en 1669, au siége de Candie ; Charles embrassa l'état ecclésiastique, et devint abbé commendataire de Saint-Èvre de Toul et de la Sauve-Majeure. C'est lui qui demanda le droit de sépulture pour sa famille dans la chapelle Sainte-Marguerite ; il offrit la somme de 2,000 livres pour qu'on reparât la chapelle, et voulut qu'on célébrât tous les ans, après sa mort, une grand'messe, promettant de donner un ornement complet de velours noir pour servir le jour de son anniversaire. Les religieux acceptèrent ces conditions. Louis laissa pour héritier, en 1667, son cousin François de Castellan, ingénieur du roi, qui mourut en 1683. En lui s'éteignit la famille de Castellan.

Ferdinand Égon, *landgrave de Furstemberg*, mort en 1696 (1), abbé de Saint-Germain-des-Prés, neveu du cardinal de ce nom. Le tombeau du landgrave Ferdinand est un ouvrage de Coysevox. Dans le même caveau ont été déposés le comte François de la Marck, colonel du régiment de cavalerie de Furstemberg, mort en 1697; François-Henri, prince de la Tour et Taxis, chanoine de Cologne, mort en 1700; Guillaume Égon, cardinal, landgrave de Furstemberg, prince et évêque de Strasbourg, abbé de Saint-Germain-des-Prés, mort en 1704; la comtesse N... de la Marck, morte peu après sa naissance en 1704; enfin César, cardinal d'Estrées, évêque d'Albano, abbé de Saint-Germain, mort en 1714.

Dom Antoine Durban, prieur de l'abbaye de Saint-Germain-des-Prés, mort le 18 octobre 1597.

Dom Bernard de Montfaucon, né au château de Soulanges en Languedoc, l'un des plus savants hommes qu'ait produits la congrégation de Saint-Maur, mort à Saint-Germain-des-Prés en 1701, auteur de l'Antiquité expliquée, de la Paléographie grecque, des Monuments de la monarchie française.

Henri-Achille de La Rochefoucauld de Marsillac, abbé commendataire de la Chaise-Dieu, mort à Paris dans le faubourg Saint-Germain, en 1698. Françoise et Henriette, ses sœurs, furent inhumées en 1708 et 1721, près de leur frère, dans la chapelle de la Vierge.

L'illustre *Mabillon*, le créateur de la science des diplômes et des chartes, mort le 27 décembre 1707.

Claude Boissard, général de la congrégation de Saint-Maur, mort le 26 mars 1709.

Nicolas-Brevant de Roidemont, gouverneur des pages du roi, mort en 1713.

Dom Simon Bougis, général de la congrégation de Saint-Maur, mort le 1er juillet 1714.

Eusèbe Renaudot, mort le 1er septembre 1720, prieur de Frossay, l'un des quarante de l'Académie française et membre de l'Académie des inscriptions, qui donna à Saint-Germain-des-Prés sa bibliothèque, très riche en livres orientaux.

Dom Charles de l'Hostallerie, général de la congrégation de Saint-Maur, mort le 18 mars 1721.

De toutes ces tombes illustres, les unes, ce sont celles de nos anciens rois, ont été transportées à Saint-Denis; les autres n'ont pu échapper à la destruction de 1793. Il ne reste plus aujourd'hui dans l'église de Saint-Germain-des-Prés que les tombeaux du roi Casimir, des Dou-

---

(1) Germain Brice dit que son épitaphe a été composée par Mabillon; mais le silence de Dom Bouillart à ce sujet peut faire douter de ce qu'avance Germain Brice.

glas et des Castellan, qui avaient été transportés au musée des Petits-Augustins, et qui ont repris leur ancienne place après la suppression de ce musée.

Le tombeau de Casimir V est placé dans la chapelle dédiée à saint François Xavier et à saint Casimir. Ce prince y est représenté avec les doubles attributs de sa dignité royale et de sa dignité de prélat ; il offre à Dieu sa couronne et son sceptre. La statue en marbre blanc est de Gaspard de Marsy. Le bas-relief en bronze placé au-dessous a été fondu par Jean Thibaut, frère convers de l'abbaye, sur les dessins du frère Bourlet. L'épitaphe latine qu'on y lit encore est de D. François Delfau.

Du côté opposé, et dans la croisée méridionale, se trouve le tombeau des Castellan, adossé au mur de long pan de la chapelle Sainte-Marguerite. Sur le cénotaphe repose une colonne funéraire supportant une urne ; de chaque côté deux figures debout représentent la Piété et la Fidélité ; chacune tient un médaillon où sont gravés en bas-reliefs les portraits du défunt. Parmi les ornements accessoires, on remarque les armoiries de la famille des Castellan : *de gueules à la croix d'argent, cantonné de quatre tours d'or*. Les sculptures sont de Girardon ; l'épitaphe est du célèbre Mabillon.

Le tombeau de Guillaume Douglas, comte d'Angus, mort en 1611, est placé dans la chapelle de gauche. Il est représenté couché, revêtu de ses armes, et soutenant d'une main sa tête, dont le caractère est noble et grave. Dans la chapelle de droite, Jacques Douglas, petit-fils du précédent, est représenté dans la même attitude que son aïeul, et couvert aussi de ses armes.

On a placé en 1821 dans les chapelles des bas côtés du chœur les cendres de Descartes, celles de Mabillon, de Montfaucon, et le cœur de Boileau, extrait de la Sainte-Chapelle du Palais. Ces tombeaux consistent en de simples tables de marbre noir scellées dans le mur et décorées d'inscriptions en lettres d'or.

Une chaire de marbre blanc, construite en 1829 par le sculpteur Jacquot, est placée au milieu de la nef. On blâme avec raison les proportions trop grandes de cette chaire, et le mauvais goût du baldaquin dont elle est surmontée.

Dans la sacristie est une statue de marbre donnée dans ces dernières années à l'église de Saint-Germain-des-Prés, et qui était autrefois à l'abbaye de Saint-Denis. Cette statue, dont le style est du moyen âge, paraît représenter la sainte Vierge, et non, comme on l'a cru, la reine Blanche, mère de saint Louis.

Quelques bons tableaux ornent encore cette église, quoique plusieurs de ceux qui s'y trouvaient autrefois aient été placés ailleurs. On y remarque, entre autres, des ouvrages de Sébastien Leclerc, de Nicolas Bertin, de Jacques Cazes, de Vanloo, etc.

L'église de Saint-Germain-des-Prés est aujourd'hui la première succursale de Saint-Sulpice.

VII. ÉGLISE DE SAINT-MARCEL.

L'incertitude où les anciens historiens nous ont laissés sur la véritable origine de cette église, qui était située dans le quartier de ce nom, place de la Collégiale, au bout de la rue des Francs-Bourgeois-Saint-Marcel, a fait naître parmi les modernes une foule de conjectures. Presque tous ont répété, d'après Corrozet et Dubreuil (1), que ce fut, dans l'origine, une chapelle dédiée par saint Denis, sous l'invocation de saint Clément; que depuis, saint Marcel y ayant été inhumé, le fameux paladin Roland, *comte de Blaye et neveu de Charlemagne*, la fit rebâtir et dédier une seconde fois sous le nom de ce dernier saint. Tous ces faits ne semblent appuyés que sur une simple tradition dénuée de preuves, et qui s'est perpétuée, faute de monuments assez authentiques pour la détruire.

Il est certain que saint Marcel, évêque de Paris, fut enterré, vers l'an 436, dans l'emplacement de cette église, sur une éminence nommée *Mons Cetardus;* mais on ne trouve nulle part qu'on y eût dès lors édifié une chapelle et formé un cimetière public. La coutume des Romains, que l'on suivait encore à cette époque, était d'enterrer les morts hors des villes et sur les grands chemins; et l'on trouve effectivement que le lieu de la sépulture de saint Marcel était sur le bord de la route qui conduit en Bourgogne. Tout ce qu'on peut en conclure, sans oser fixer aucune date, c'est que les chrétiens élevèrent sans doute par la suite une chapelle ou un oratoire sur son tombeau; que la dévotion des Parisiens et le concours des fidèles attirés par les miracles qui s'y opéraient, obligèrent bientôt d'y bâtir des maisons, et qu'ainsi se forma peu à peu le bourg, que Grégoire de Tours appelle simplement, et comme par excellence, le bourg de Paris, *vicus parisiensis civitatis* (2).

Il faut également rejeter avec Jaillot l'opinion de Launoy, adoptée par Sauval, que l'église Saint-Marcel a été la première cathédrale. Pour le prouver, il ne suffit point de supposer sans autorités que saint Denis y a célébré les saints mystères, et de rappeler l'*Ecclesia senior* dont parle Grégoire de Tours (3), dénomination par laquelle il semble désigner l'église dont nous parlons. De Launoy convient lui-même que ce mot peut signifier également une *vieille* église et l'église *mère*; et la preuve qu'on veut tirer de l'autre assertion est encore plus faible, ou

---

(1) Corrozet, l. II, fol. 112; — Dubreuil, p. 392. — (2) *De gloria confess.*, cap. 89. (3) *Ibid.* cap. 105.

pour mieux dire tout-à-fait nulle. Une autre opinion qui veut que l'emplacement de Saint-Marcel, fût un cimetière destiné aux évêques et aux clercs, de même qu'il y en avait un pour les moines à Saint-Magloire, et un autre pour le peuple aux Saints-Innocents, n'est pas soutenue par de meilleures raisons, et par conséquent ne peut obtenir aucune autorité. Si les évêques et les clercs ont eu un lieu particulier pour leur sépulture, il est vraisemblable qu'on aurait plutôt choisi la montagne où avait été enterré Prudence, prédécesseur de Marcel (1), qu'un coteau bien plus éloigné, et séparé du faubourg par la rivière de Bièvre.

Il faut donc en revenir à cette première opinion, beaucoup plus vraisemblable, qu'un oratoire aura été bâti sur la sépulture de saint Marcel, et qu'un bourg se sera formé à l'entour.

Ce bourg, en s'accroissant, perdit son nom primitif de *Mons Cetardus*, nom que la rue principale conserva seule. De *Mons Cetardus*, ou *Mont Cétard*, est provenu le nom de *Mouffetard*. Le bourg fut ensuite nommé *Chambois*; il eut sa juridiction particulière, et fut même entouré de fossés; enfin il se trouva, par l'effet de l'accroissement de Paris, compris dans un faubourg de cette ville, faubourg appelé *Saint-Marcel*.

Laissant maintenant toutes les traditions vagues qui fixent la reconstruction de cette antique chapelle, les unes sous Charlemagne, les autres sous Louis-le-Débonnaire, il faut arriver au premier titre qui en parle d'une manière positive; c'est un contrat fait en 811 (2), entre le chapitre de Notre-Dame et Étienne, comte de Paris. En l'an 847, le clergé de Saint-Marcel possédait déjà une terre près d'Essonne.

Une charte de Charles-le-Simple, de l'année 918, qui confirme aux *frères* de Saint-Marcel la restitution ou donation que leur avait faite l'évêque Théodulphe, de plusieurs maisons ou métairies situées autour de leur *monastère*, a fait penser à Piganiol et à dom Félibien que cette église avait d'abord été desservie par des moines. Jaillot combat cette assertion, 1° en rappelant que le terme de monastère, *monasterium*, *cœnobium*, a été souvent employé pour désigner une église collégiale, et même une paroisse; 2° que le nom de frères s'appliquait aux chanoines et aux prêtres qui vivaient en commun, ainsi qu'aux religieux (3); 3° enfin, et cette dernière preuve est péremptoire, qu'on ne trouve aucun acte qui fasse mention des moines de Saint-Marcel, ni de l'époque à laquelle on leur aurait substitué des chanoi-

---

(1) A l'endroit où l'on bâtit, au siècle suivant, l'église de Saint-Pierre et Saint-Paul, nommée depuis Sainte-Geneviève.

(2) *Hist. eccl.*, Paris, t. I, p. 304.

(3) On trouve souvent, dans les actes, les chanoines de Notre-Dame désignés sous le nom de *Frères de Sainte-Marie*, ainsi que je l'ai dit à l'article de la Cathédrale.

nes; que la charte même de Charles-le-Simple, confirmée en 1046 par Henri I, prouve contre cette assertion, puisqu'on y trouve le nom d'Hubert, doyen de Saint-Marcel, etc. Une foule d'autres titres viennent à l'appui de celui-ci, et donnent à l'opinion de ce critique le dernier degré d'évidence.

Quant à la restitution faite à ces chanoines, la charte que nous venons de citer nous apprend qu'Injelvin, évêque de Paris, mort en 883, leur avait donné quinze maisons près de leur église; que les désastres causés par les Normands, lorsqu'ils assiégèrent la ville de Paris, forcèrent Anscheric, un de ses successeurs, à reprendre ces maisons, qu'il donna à l'un de ses vassaux; et qu'après sa mort, Théodulphe jugea à propos non seulement de les rendre, mais encore d'en ajouter une de son propre domaine. Cette propriété de terrains que les évêques de Paris avaient à Saint-Marcel, pourrait faire présumer que ce saint lui-même y avait sa maison de campagne, laquelle aura appartenu depuis à ses successeurs (1). Ce qu'il y a de certain c'est que les évêques de Paris ont souvent demeuré au cloître Saint Marcel. Il existe plusieurs actes qui sont datés de cet endroit; et anciennement on lisait l'inscription : *Domus episcopi*, sur la porte de la maison affectée au doyen de cette collégiale.

Ce fut vraisemblablement sous l'épiscopat de Gozlin, mort en 886, que la crainte des profanations, qui marquaient partout le passage des Normands, fit transporter la châsse de saint Marcel à Notre-Dame. On croit qu'elle y est restée depuis ce temps, soit que l'on appréhendât de nouvelles incursions de la part de ces barbares, soit qu'ils eussent pillé et brûlé l'église d'où elle avait été retirée. Il paraît que cet édifice fut rebâti au XIe siècle, et que depuis on n'a fait que le réparer.

Le caractère des parties les plus anciennes de l'église de Saint-Marcel, celui des chapiteaux, des colonnes de l'église souterraine ou crypte située sous le chœur, convenait parfaitement à cette époque. Ces chapiteaux avaient été transférés au Musée des monuments français. Ils sont aujourd'hui déposés dans une des cours du palais des Beaux-Arts.

Au milieu du chœur de cette église se voyait le tombeau de l'illustre théologien *Pierre Lombard*, surnommé le *Maître des sentences*, mort en 1164.

En 1806, cette église fut démolie, et on recueillit, outre les chapiteaux dont je viens de parler, un bloc de pierre de Saint-Leu, de quatre pieds de long. Il était, avant la démolition, placé à un des angles du clocher. Une de ses faces présente, en demi-relief grossièrement

(1) Ainsi s'expliquerait aussi pourquoi il y fut enterré. Les Romains avaient souvent leur sépulture dans les jardins de leurs maisons de campagne ou sur le grand chemin qui avoisinait ces maisons, et cet usage s'était conservé sous les premiers rois de la race mérovingienne.

sculpté, un taureau couché. Suivant la tradition populaire, cette pierre fut placée en ce lieu comme un monument de la vertu miraculeuse de saint Marcel. Un bœuf échappé, dit-on, des boucheries, parcourait les rues de Paris, et y répandait l'effroi et la mort. Les Parisiens vinrent alors implorer l'assistance de saint Marcel. Aussitôt accourut le saint, revêtu de ses habits pontificaux ; à son approche, l'animal furieux s'apaisa, et vint se coucher aux pieds du saint évêque.

L'abbé Lebeuf a considéré ce taureau comme un objet sacré du paganisme ; M. Lenoir, dans une dissertation qu'il a publiée à ce sujet, y voit le taureau céleste ou l'image du printemps. M. Dulaure présume que ce bas-relief était la partie inférieure d'un de ces monuments du dieu-soleil Mithra, dont plusieurs existent en France. Cette pierre, transférée avec les chapiteaux au Musée des monuments français, a depuis été placée dans les salles des antiques au Louvre.

Le chapitre de Saint-Marcel avait la préséance sur les deux autres, qui comme lui étaient qualifiés du nom de *filles* de l'archevêque. Les canonicats étaient à la nomination de ce prélat ; le chapitre nommait le doyen et les chapelains, et avait en outre le droit de nommer aux cures de Saint-Martin, de Saint-Hilaire, de Saint-Hippolyte, et à celle de Saint-Jacques-du-Haut-Pas, conjointement avec le chapitre de Saint-Benoît.

Sa juridiction s'étendait autrefois sur le bourg Saint-Marcel, le mont Saint-Hilaire et une partie du faubourg Saint-Jacques ; on l'appelait la *Châtellenie Saint-Marcel*. Cette justice fut supprimée et unie au Châtelet en 1674 ; mais en 1725 M. Colonne Dulac obtint que le chapitre aurait la haute justice dans l'étendue du cloître, et la moyenne dans tout ce qui composait sa seigneurie, laquelle s'étendait assez avant dans la plaine d'Ivry. L'audience se tenait dans une maison du cloître.

Le bourg qui s'était formé autour de l'église Saint-Marcel, et qui en avait reçu le nom, était séparé de celui de Saint-Médard par la rivière de Bièvre. Des lettres de Philippe-le-Bel, données en 1287, prouvent qu'à cette époque ce lieu n'était point encore considéré comme faisant partie des faubourgs de Paris. Il s'accrut tellement par la suite qu'il reçut le nom de *ville*, et c'est sous ce titre qu'il est désigné dans les lettres patentes de Charles VI de l'année 1410 (1). Le roi par ces lettres patentes, confirme *l'octroi par lui fait aux manants et habitants d'icelle ville de Saint-Marcel, d'un marché chaque semaine, et de deux foires par an*. Les faubourgs s'étant eux-mêmes considérablement augmentés dans le XVe siècle et les suivants, et ceux qui régnaient de ce côté s'étant prolongés jusqu'au bourg Saint-Marcel, ce bourg commença à

(1) On ne doit cependant pas, dit l'abbé Lebeuf, entendre ce terme dans le sens qu'on lui donne aujourd'hui.

être mis lui-même au nombre des faubourgs de Paris. On le nomme vulgairement Saint-Marceau (1).

VIII. SAINT-GERVAIS.

Cette église, seconde succursale de la paroisse Notre-Dame, est située rues du Monceau et du Pourtour (9ᵉ arrondissement).

Il existait à Paris une église de ce nom dès le vɪᵉ siècle, du temps de Childebert. Fortunat en parle deux fois dans la vie de saint Germain, « qui, dit il, y venait quelquefois faire sa prière ; » et le poëte se sert toujours des termes de *basilica sanctorum Gervasii et Protasii* (2). Il y a toute apparence que l'édifice de ce temps-là était à la même place où l'on voit celui d'aujourd'hui ; peut-être n'était-il qu'aux environs ; car souvent, pour agrandir les églises, on les a rebâties dans les lieux où étaient leurs cimetières. A cette occasion, il est bon de remarquer que dans les fouilles faites au cimetière de Saint-Gervais vers l'an 1717 pour y bâtir des maisons entre l'église et la rue qui conduit à la place Baudoyer, on trouva plusieurs anciens cercueils de pierre à plus de douze pieds de profondeur.

Le testament d'Ermentrude (3), que j'ai plusieurs fois cité, fait mention de la basilique de Saint-Gervais, après la cathédrale, en ces termes : *Basilicæ domini Gervasii annulo aureo, nomen meum in se habentem scriptum, dari præcipio*. Cet acte est de l'an 700, environ. Il faut donc croire que dès le vɪᵉ et le vɪɪᵉ siècle cette église avait quelques clercs qui la desservaient.

Lorsque l'évêque et les chanoines de Paris établirent des stations dans les églises de Paris aux jours des fêtes patronales, sous le règne de Louis-le-Débonnaire vraisemblablement, Saint-Gervais fut compris dans le nombre. De même, lorsque l'évêque commença à être accompagné à l'autel, les jours des grandes fêtes, de prêtres assistants, que l'on appela par la suite cardinaux, usage que l'on croit avoir été introduit vers le temps de la réception des anciens rits romains, l'évêque ayant choisi des prêtres du clergé de Paris hors l'enceinte de la cité, l'un d'eux fut le curé, ou, comme on disait alors, *le prêtre de Saint-Gervais* (4).

L'église de Saint-Gervais se trouvant située hors de la Cité dut être plus souvent exposée que les autres aux ravages des Normands. Il est vrai qu'elle était voisine d'une porte (la porte Baudoyer) de la première enceinte du faubourg du Nord, enceinte dont l'existence sous la pre-

---

(1) Quelques débris marquent encore l'emplacement de l'église de Saint-Marcel. On a fait une maison particulière d'une partie du bâtiment.
(2) Boll. 21 mai.
(3) Mabill., *Trait. de liturg. gallic.*, p. 462 ; et *Suppl. ad diplomatic.*, p. 93.
(4) Voy. le ms. de la Bibliothèque du Roi, nº 5526.

PREMIÈRE RACE.

mière race est très probable (1); mais on n'est pas certain qu'elle fût au dedans de cette clôture plutôt qu'au dehors : Jaillot pense pourtant qu'elle y était renfermée.

Une notice des propriétés que l'abbaye de Saint-Maur-des-Fossés avait à Paris aux IXe et Xe siècles, nous apprend que plusieurs d'entre elles confinaient à celles de l'église de Saint-Gervais.

On ne sait à quelle époque cette église fut érigée en paroisse. Après cette érection, elle jouit du privilége d'avoir une chapelle baptismale située dans l'enceinte de Paris ; on appelait cette chapelle Saint-Jean-Baptiste. Au XIe siècle, l'église devint la propriété des comtes de Meulan, qui en firent don, dans la suite, au prieuré de Saint-Nicaise ; la charte de donation nomme spécialement les églises de Saint-Gervais et de Saint-Jean, situées *in vico qui dicitur Greva*. Les revenus de l'autel de Saint-Gervais étaient possédés par plusieurs personnes, puisque l'archidiacre Guillaume en donna la troisième partie, qui lui appartenait, au chapitre de Notre-Dame. L'érection de l'église de Saint-Jean en paroisse, au XIIIe siècle, réduisit beaucoup le territoire de Saint-Gervais.

Il paraît, par cette charte de 1141, que la *grève* était dès lors le nom d'un quartier de Paris, et que les églises de Saint-Gervais et de Saint-Jean y étaient renfermées.

Le pouillé parisien du XIIIe siècle dit que la cure de Saint-Gervais était à la nomination du prieur de Saint-Nicaise-de-Meulan, quoique ce prieuré fût dès lors dépendant de l'abbaye du Bec par la donation d'un comte de Meulan. Ce pouillé, écrit vers l'an 1450, marque cette nomination comme appartenant à l'abbé du Bec. Dans l'acte d'érection de la cure de Saint-Jean-de-Grève, l'abbé du Bec et le prieur de Meulan sont nommés conjointement. Cet acte (2), de l'an 1212, l'un des premiers où l'on trouve le terme latin *curatus* pour *presbyter*, montre quelles étaient en partie les redevances du curé de Saint-Gervais envers le chapitre de Notre-Dame, tant à la Saint-Gervais, jour auquel ce chapitre allait chanter, dans l'église de Saint-Gervais, tierce, la grand'-messe et sexte, qu'en d'autres jours. Mais on n'y trouve pas celle d'un certain nombre de moutons, qu'il devait donner dès l'an 1230. Les enfants de chœur de la cathédrale avaient l'offrande de ce même jour à Saint-Gervais, et le curé de cette église devait leur donner des cerises (3).

L'église Saint-Gervais qui existait du temps de l'évêque saint Germain fut sans doute détruite dans les ravages des Normands ; elle aura pu être rebâtie depuis, ou réparée, et durer jusqu'au temps du roi Robert ou jusqu'au siècle suivant. L'église qui fut bâtie ensuite et

---
(1) Voy. p. 91. — (2) Il est imprimé dans Dubreuil.
(3) Voyez Lebeuf, *Hist. de la ville et du dioc. de Paris.*

commencée en 1212, selon Jaillot, est celle dont la dédicace fut faite l'an 1420 par Gombaud, évêque d'Agrence *in partibus* (1). L'ensemble des constructions que nous voyons aujourd'hui a toute la délicatesse qui caractérise l'architecture gothique du xve siècle. Aucune partie de ces constructions ne paraît remonter à des temps antérieurs. L'inscription suivante, gravée sur une pierre incrustée dans le mur de la nef gauche, rappelle la date de la dédicace :

« Bonnes gens, plaise vous sçavoir que cette présente église de messeigneurs saint Gervais et saint Protais fut dédiée le dimanche devant la fête de saint Simon saint Jude, l'an 1420, par la main de révérend père en Dieu, maître Gombault, évêque d'Agrence, et sera à toujours la fête de l'annualité de dédicace le dimanche devant ladite fête saint Simon saint Jude, s'il vous plaît y venir y recommander vos maux, et prier pour les bienfaiteurs de cette église, et aussi pour les trépassés. *Pater noster. Ave Maria.* »

L'abbé Lebeuf ne croit pas que l'église actuelle de Saint-Gervais soit celle qui fut dédiée en 1420, sous le règne de Charles VI. Voici ce qu'il dit à ce sujet :

« L'inscription que l'on voit dans l'église d'aujourd'hui est un monu-
» ment conservé de cette ancienne église, de laquelle il ne reste rien
» maintenant. Il suffit de connaître le genre d'architecture usité dans
» les bâtiments de l'église sous le règne de Charles VI, pour assurer que
» l'édifice actuellement existant n'a rien qui soit assez ancien pour
» qu'on puisse dire que la dédicace en a été faite en 1420. On peut
» avancer comme certain que dans les vitrages, dont la plupart sont
» d'une grande beauté, il n'y a point d'ouvrage qui précède le règne de
» Louis XI. »

Sans partager en tout l'opinion de Lebeuf, on ne peut nier que plusieurs parties de l'église, indépendamment du portail, ne paraissent postérieurs au xve siècle.

Les principaux personnages qui étaient inhumés à Saint-Gervais sont : Le Tellier, Boucherat et Voysin, tous trois chanceliers de France ; Matthieu de Longuejoue, garde des sceaux ; Le Tellier, archevêque de Reims ; parmi les savants, littérateurs ou artistes, on remarque Pierre du Ryer, Paul Scarron, Ducange, Antoine de La Fosse, Amelot de la Houssaye, le peintre Philippe de Champagne, et Crébillon.

Le portail de Saint-Gervais est renommé pour sa belle ordonnance ; il est composé de trois ordres, disposés suivant l'usage observé par les anciens architectes, c'est-à-dire, l'ordre ionique sur le dorique, et le corinthien sur l'ionique. Les deux premiers ordres sont de huit colonnes chacun, et le dernier de quatre. Les colonnes de l'ordre do-

---

(1) Et non d'Auxerre, comme l'a dit Piganiol. Voyez Lebeuf, t. I, p. 129.

rique sont engagées d'un tiers dans le vif du batiment, et unies jusqu'à la troisième partie de leur fût; mais le reste est cannelé à côtes. Les colonnes des autres ordres sont isolées, et n'ont d'autres ornements que ceux qui leur sont essentiels. L'ensemble a vingt-six toises de hauteur. Les statues de saint Gervais et de saint Protais sont de Bourdin; et celles des évangélistes, de Guérin.

Le corps de l'église appartient à la dernière époque du style gothique. Les voûtes sont fort élevées: des bas-côtés et des chapelles règnent à l'entour.

On estime, comme œuvre d'art, les chandeliers du maître-autel de Saint-Gervais, qui furent fondus sur les dessins de Soufflot pour l'église de Sainte-Geneviève. Vendus à la révolution à un chaudronnier, ils furent achetés par M. Denise, qui les donna ensuite à l'église Saint-Gervais, sa paroisse. La croix qui les accompagne, fondue d'après les mêmes dessins, a coûté seule 8,000 francs.

Le tableau du maître-autel, dont on ne connait pas l'auteur, représente les noces de Cana; les statues de saint Gervais et de saint Protais sont de Bourdin; et les anges, de Guérin.

Le crucifix qui est sur la porte du chœur, et au pied duquel sont la sainte Vierge et saint Jean, passe pour fort beau. Le christ est de Sarrazin; et les deux autres figures de Buiret, tous deux sculpteurs habiles.

Les vitres du chœur ont été peintes par Jean Cousin, qui y représenta le martyre de saint Laurent, la Samaritaine, le paralytique, etc. Une partie a été détruite en 1778 (1). Aux deux extrémités de la balustrade qui sépare le chœur de la nef, sont deux petits tableaux représentant, l'un saint Louis de Gonzague en prières, l'autre saint Protais et saint Gervais apparaissant à saint Ambroise.

Au pourtour des bas côtés de cette église règnent plusieurs chapelles qui appartenaient autrefois à des particuliers. Les vitres de la chapelle de Saint-Michel, peintes par Pinegrier, et représentant des danses de bergers, sont fort estimées, tant sous le rapport de la composition, que pour la vivacité du coloris. La chapelle de la Vierge, actuellement en réparation, va être décorée de peintures en grisailles.

Dans la chapelle de Saint-Pierre, nef de droite, est un grand tableau de Rouget, représentant un *Ecce Homo*, donné par la ville en 1819. On voit sur les vitres l'histoire de saint Jacques; sur celles qui sont à gauche, est peinte l'histoire du Saint-Sacrement.

Les peintures des vitres de la chapelle des trois Maries sont de Jean Cousin, qui a fait la faute de représenter Clotilde en robe semée de fleurs-de-lis d'or.

(1) Germain Brice, *Descr. de Paris.*

Dans la chapelle de Saint-Denis est le grand tableau du martyre de sainte Julitte et de saint Cyr, son fils, donné par la ville en 1819.

Le retable de la chapelle de la Vierge est une copie réduite du magnifique portail de cette église. Il est de bois, et a été fait par un nommé de Hanci. La voûte de cette chapelle est ornée d'une couronne de pierre en clef pendante, de six pieds de diamètre, et de trois et demi de saillie. Cet ouvrage, d'une hardiesse surprenante, passe pour le chef-d'œuvre des Jacquets, les plus fameux maçons de leur temps. On voit dans cette église un tableau de l'Annonciation, donné par la ville de Paris en 1817.

Sur les vitres de la chapelle de Sainte-Barbe, est représenté une procession, où l'on remarque François Ier, dont la figure est très ressemblante.

Dans la nef de gauche, au-dessus de l'inscription relative à la dédicace, est un tableau trop peu connu d'Albert Durer, peint en 1500, représentant, en neuf compartiments, les principales scènes de la passion de Jésus-Christ. En face, dans la nef de droite et dans la chapelle du Saint-Esprit, est un concert d'anges, par le Pérugin.

Les grisailles des vitres d'une chapelle qui est sous la croisée à main gauche ont été peintes par Perrein, d'après les dessins de Lesueur; elles représentent le martyre de saint Gervais. On voit dans la même chapelle un *Ecce Homo* de Cortot, en plâtre, donné par la ville en 1815; au-dessus est un grand tableau du Samaritain pansant le blessé, donné en 1836.

Dans les vitres de la chapelle dite des trois Pèlerins, on voit l'histoire de la reine de Saba et de Salomon, tableau d'une bonne ordonnance et d'un riche coloris.

On monte dans le clocher par un de ces escaliers tournants nommés autrefois vis de Saint-Giles. On admire la hardiesse bizarre de la construction de cet escalier.

Dans la chapelle de Saint-Eutrope est le mausolée du cardinal Letellier, qui expira, dit l'inscription, « à l'âge de quatre-vingt-trois ans, le 30 octobre 1685, huit jours après qu'il eut scellé la révocation de l'édit de Nantes, content d'avoir vu consommer ce grand ouvrage. »

Le chancelier est représenté à demi-couché; un génie en pleurs est à ses pieds; les figures de la Prudence et de la Justice sont sur l'archivolte; la Religion et la Force sur les bases des pilastres. Mazeline et Hurtelle ont exécuté ce monument sur les dessins de Ph. de Champagne.

En face est une Descente de croix, exécutée en plâtre, de grandeur naturelle, par Cortot, et donnée à Saint-Gervais par la ville de Paris.

Les marchands de vins avaient autrefois fondé dans l'église Saint-

Gervais, l'*O* de l'avent. Quelques jours avant Noël, le prévôt des marchands, les échevins, le procureur du roi, le greffier et les autres officiers assistaient à cette cérémonie. D'abord on leur donnait des confitures et des pains de sucre, et de là les plaisants de l'époque appelèrent cette fondation l'*O* sucré. Elle était encore ainsi nommée dans le dernier siècle, quoiqu'on ne donnât plus ces sucreries, et que l'on se contentât de distribuer seulement quelques bougies.

Tous les vendredis, et en outre le 1er septembre de chaque année, on célébrait dans l'église de Saint-Gervais l'office du Saint-Sacrement, en mémoire d'un miracle arrivé en 1274. Un homme étant entré dans l'église de Saint-Gervais, parvint à dérober le ciboire, et prit la fuite aussitôt; il ne s'arrêta qu'auprès de Saint-Denis; là, ayant ouvert le ciboire, il vit, dit la relation, l'hostie voler en l'air tout autour de lui, sans qu'il pût la prendre. Ce voleur fut saisi, et l'abbé de Saint-Denis lui fit faire son procès. Il y eut alors contestation entre l'abbé et l'évêque de Paris, l'un et l'autre prétendant avoir cette hostie miraculeuse; mais par accommodement elle fut rendue au curé de Saint-Gervais, parce que c'était lui qui l'avait consacrée, à condition que tous les vendredis de l'année, et le 1er septembre, on chanterait dans cette église l'office du Saint-Sacrement.

En face de Saint-Gervais était autrefois un orme qu'on avait soin de renouveler de temps en temps, quoiqu'il offusquât le portail et gênât la voie publique. On l'appelait l'*Orme Saint-Gervais*.

C'était un usage ancien, et qui se conservait encore dans quelques localités, avant la révolution, de planter un orme devant les églises ou les maisons seigneuriales, et dans les carrefours; là les paysans s'assemblaient après l'office pour les affaires ou pour les divertissements. Les juges des seigneurs y rendaient la justice; les vassaux y venaient reconnaître ou payer les redevances. L'orme Saint-Gervais n'a point eu d'autre origine ni d'autre destination. On apprend d'un compte de 1443, que les possesseurs de certaines vignes dépendant de l'hôtel du duc de Guyenne, près la Bastille, devaient *payer la rente à l'orme Saint-Gervais, à Paris, le jour de Saint-Remi et à la Saint-Martin d'hiver* (1). Guillot, dans son *Dict. des rues de Paris*, désigne ainsi l'orme Saint-Gervais :

> Puis la rue du Cimetière
> Saint-Gervais, et l'Ourmeciau.

Le nom de l'Orme Saint-Gervais est encore populaire à Paris, et les enseignes de plusieurs magasins du voisinage en ont consacré le souvenir.

---

(1) Sauval, t 3, p. 341.

IX. SAINT-GERMAIN-L'AUXERROIS.

L'église paroissiale de Saint-Germain-l'Auxerrois est située place du même nom, en face de la colonnade du Louvre.

L'origine de cette église, l'une des plus anciennes de Paris, est restée long-temps inconnue, et le seul point sur lequel les historiens soient d'accord aujourd'hui, c'est que son existence remonte au VIIe siècle. En effet saint Landri, évêque de Paris, mort vers 655 ou 656, y fut inhumé. Quant à l'opinion que cette église a porté d'abord le nom de Saint-Vincent, martyr de Saragosse, l'abbé Lebeuf, et Jaillot après lui, en ont démontré la fausseté. Dubreuil, Malingre et Belleforest (1) ont prétendu que Childebert et Ultrogothe sa femme étaient les fondateurs de ce monument religieux ; mais aucune preuve ne vient à l'appui de leur jugement. L'usage où l'on a été pendant pendant long-temps de fêter saint Vincent comme titulaire, n'est pas un meilleur témoignage que cette inscription gravée autrefois sous le portail de l'église : *C'est Childebert I, roi chrétien, et Ultrogothe sa femme, qui fondèrent cette église.* Les statues de ces deux personnages, non plus que l'inscription, ne sont pas assez anciennes pour faire autorité à cet égard.

Corrozet, Belleforest, La Caille et plusieurs autres, admettant la fondation par Childebert, la font remonter à 542 ; dans la *Gallia christiana* (2) on la place en 581, d'après un manuscrit que les auteurs citent sans l'indiquer ; Adrien de Valois (3) et Sauval la reculent jusqu'au VIIIe ou au IXe siècle. Voici ce que pense à ce sujet l'abbé Lebeuf. « Si l'on ajoute foi à ces conjectures, cette église, située sur l'ancienne route de Paris à Nanterre, n'a dû être d'abord qu'une chapelle construite dans un endroit où saint Germain s'arrêta pour opérer quelque miracle en présence des Parisiens. Cette chapelle augmenta dans la suite pour servir de baptistère aux habitants des campagnes voisines que la Seine séparait de Paris (4). » Jaillot (5) a mis en avant d'autres conjectures en invitant les savants à les vérifier : il pense que la basilique de Saint-Germain n'a été fondée ni par Childebert, ni par Ultrogothe; mais par Chilpéric I, et que ce prince la fit construire sous le nom de saint Germain évêque de Paris, et non sous celui de saint Germain évêque d'Auxerre. Le testament de Bertram ou Bertrand, évêque du Mans, nous prouve que Chilpéric fit ériger une nouvelle église en l'honneur

---

(1) Dubreuil, p. 785 ; — Malingre, p. 521 ; — Belleforest, p. 542.
(2) *Gall. christ.*, t. VII, coll. 252.
(3) *Val. discept. de Basil.*, p. 468 et seq. ; — Sauval, t. I, p. 299 et seq.
(4) *Hist. de la ville et du dioc. de Paris*, t. I, p. 37.
(5) *Rech. crit. sur Paris, quartier du Louvre*, t. I, p. 24.

de saint Germain de Paris ou sous son invocation, et qu'il avait formé le projet d'y transférer le corps de cet évêque (1); cet acte appelle le monument dont nous parlons *basilica nova*. Ainsi voilà une église construite par Chilpéric pour y placer le corps de l'évêque d'Auxerre.

On voyait s'opérer chaque jour sur le tombeau du saint une foule de miracles dont parlent Fortunat et Grégoire de Tours. Chilpéric, si l'on en croit Dubreuil, composa lui-même l'épitaphe de saint Germain (2) qu'Aimoin nous a conservée. Mabillon conclut du testament de Bertram (3) que Chilpéric fit reconstruire l'église de Saint-Vincent; le père Dubois penche pour Childebert et ne parle pas de Chilpéric (4). Dom Bouillart pense que Chilpéric fit simplement rebâtir et agrandir la chapelle de Saint-Symphorien, oratoire dans lequel saint Germain avait été enterré (5). Mais, dit Jaillot, à l'époque de la mort de saint Germain, l'église de Saint-Vincent n'était bâtie que depuis dix-huit ans environ, et par conséquent ne pouvait pas avoir besoin d'être rebâtie. Quant au père Dubois, il ne cherche à établir son opinion sur aucune preuve, et elle ne peut, pas plus que celle de dom Bouillart, se concilier avec le texte du testament de Bertram, puisque ce dernier distingue la basilique de Saint-Vincent, dont l'oratoire de Saint-Symphorien faisait partie, de la *basilique neuve* bâtie par Chilpéric. On voulait procurer au saint évêque une sépulture que la dévotion de Chilpéric commandait de lui donner, et que nécessitait l'affluence du peuple attiré par ses miracles; or cette multitude ne pouvait être contenue dans une chapelle aussi étroite que celle de Saint-Symphorien. Chilpéric, pour parer à cet inconvénient, fit donc bâtir une basilique où le corps de saint Germain devait être tout naturellement transporté; ce qui n'aurait pas eu lieu s'il ne se fût agi que d'agrandir la chapelle dans laquelle il était enterré. Bertram, qui avait prévu cette translation, voulut que la donation suivît le corps de saint Germain : *Si sanctum corpus ejus in basilica nova.... si concesserint ut mihi transferatur villa ipsa ubi semper ejus corpus fuerit, semper ibi deserviat.* L'église construite sous l'invocation de saint Germain évêque de Paris est donc bien distincte de celle de Saint-Vincent et de la chapelle où fut inhumé saint Germain, et cette basilique est donc évidemment celle qu'on nomme de nos jours Saint-Germain-l'Auxerrois.

Tous nos historiens et tous les diplômes parlent de cette église sans lui appliquer aucun surnom; on l'appelle simplement l'église de Saint-Germain. Dans une charte de 690, Vandemir et Ercamberte distinguent l'église de Saint-Germain de celle de Saint-Vincent ou Saint-Germain.

(1) Corvaisier, *Hist. des évêques du Mans*, p. 194. — (2) Dubreuil, p. 335. — (3) *Ann. bened.*, t. I, lib. 6, n. 69. — (4) *Hist. eccl. Par.*, t. I, p. 129. — (5) *Hist. de l'abb. S. Germ.*, p. 9.

Dans la vie de saint Éloi, saint Ouen l'appelle basilique de Saint-Germain confesseur (1); au IX⁰ siècle on la nommait *Saint-Germain-le-Rond*, Rond, parce que sa forme était circulaire; Abbon, moine de Saint-Germain-des-Prés, dans son poëme sur le siége de Paris par les Normands, en 886, raconte comment ils quittèrent Saint-Germain-d'Auxerre, passèrent la Seine, et s'en vinrent piller et brûler l'abbaye de Saint-Germain-des-Prés; il dit :

    « Germani Teretis contemnunt littora sancti,
    » Æquivocique legunt. . . . . . . (2). »

« Ils abandonnent le rivage de Saint-Germain-le-Rond, et occupent » celui qui doit son nom à l'autre Germain. » Dans les bulles de Benoît VII en 983, et d'Alexandre III en 1165, elle est nommée *abbatia Sancti-Germani-Rotundi* (3). L'abbé Lebeuf mentionne le même surnom, en s'étendant seulement sur son origine. « On la nomma » *Sanctus-Germanus-Teres*, dit-il, soit à cause de la forme dont » l'église était construite relativement aux baptistères, qui étaient pres- » que toujours ronds, soit à cause que le cloître de cette église était en- » touré de murailles en forme ronde, comme quelques anciens châ- » teaux (4). »

Il ne faut pas s'étonner que la basilique commencée par Chilpéric n'ait pas été terminée, car ce prince ne survécut que huit ans à saint Germain; Frédégonde, soit par esprit d'opposition, soit par impuissance, ne songea pas à la faire continuer; et d'un autre côté, les religieux de Saint-Germain-des-Prés voulant conserver les restes de ce saint, suscitèrent tous les obstacles qui pouvaient s'opposer à leur translation dans un autre lieu. La faiblesse des derniers rois mérovingiens, les guerres du dehors, les discordes du dedans, l'ambition des maires du palais sans cesse occupés à maintenir une autorité usurpée; toutes ces circonstances firent disparaître les craintes que pouvaient avoir les religieux de Saint-Germain; ils furent entièrement rassurés à l'avénement de Pepin. Le 25 juillet 754, ce prince au milieu de ses fils et des seigneurs de sa cour, suivi d'un grand cortége, opéra, comme je l'ai dit ailleurs, la translation du corps de saint Germain de la chapelle de Saint-Symphorien dans le chœur de l'église de Saint-Vincent, à laquelle on donna depuis le nom de *Saint-Germain* ou de *Saint-Vincent* et *Saint-Germain*. C'est probablement à cette époque que pour distinguer ces deux églises dédiées au même saint, on appela la moins ancienne *Saint-Germain-le-Rond*. Les critiques ajoutent peu de foi à un titre de l'an 870 où l'église de Saint-Germain est ainsi quali-

---

(1) Lib. I, cap. 26. — (2) Lib. I, vers. 173, et lib. II, vers. 35. — (3) *Ann. de Paris*, p. 101. — (4) T. I, p. 39.

fiée : *Quod à priscis temporibus Autissiodorensis dicitur* (1). Ces mots ajoutés à une charte de Charles-le-Chauve ne se trouvent pas dans l'original'; il est fort probable que ce surnom *Autissiodorensis* ne fut donné à l'église de Saint-Germain que sous le roi Robert dans la vie duquel il est souvent employé ; mais dans le siècle dont nous parlons, on ne donnait aucun surnom à l'église, comme le prouve l'échange d'Étienne, comte de Paris, et d'Amaltrude sa femme, en 881.

« Un diplôme du roi Louis VI, de l'an 1110, relatif à la voirie de l'évêque de Paris, nous montre que les seigneuries de cet évêque, outre la censive dans la Cité, sont celles de Saint-Germain, Saint-Éloi, Saint-Marcel, Saint-Cloud et Saint-Martin-de-Champeaux en Brie ; il est évident que dans cette occasion on entend parler de Saint-Germain-l'Auxerrois. En descendant de siècle en siècle, on retrouve dans l'histoire de cette église tous les caractères de cette primauté qui la plaçait au-dessus des églises *extra muros*; elle fut la première émanée de la cathédrale, et cet avantage, joint aux priviléges accordés à l'évêque pour cette espèce de second siége, fut cause que le territoire environnant fut peuplé de bonne heure, et qu'on y a construit, il y a plusieurs siècles, des fours, des halles, des places marchandes ; alors s'élevèrent de nouvelles paroisses ; beaucoup de terres labourées s'appelèrent du nom de *cultures de l'évêque* (2) ».

L'église de Saint-Germain ne fut pas épargnée par les Normands ; mais elle leur était utile pour se défendre, ils la fortifièrent, et l'entourèrent d'un fossé dont on retrouve les traces dans la rue qui en porte le nom. Obligés de quitter Paris, ils la détruisirent avec tous les édifices bâtis sur le même emplacement. Helgaud (3), moine de Fleury, nous apprend que le roi Robert la fit reconstruire. Comme il s'est servi du mot *monasterium*, plusieurs auteurs modernes ont prétendu qu'il y avait eu des religieux à Saint-Germain-l'Auxerrois. L'abbé Lebeuf a le premier réfuté cette opinion. « Cet écrivain, dit-il en parlant de Helgaud, » emploie aussi le même terme lorsqu'il parle de l'église de Saint-» Agnan d'Orléans. C'est une idée sans fondement de croire que ce roi » (Robert) mit des moines à Saint-Germain ; il est évident par une » charte de Galon, évêque de Paris, rapportant celle d'Imbert son » prédécesseur de l'an 1030, qu'elle était desservie par des chanoines » sous le roi Robert (4). » Les auteurs du *Gallia christiana* (5) disent qu'en 581 il existait quatre abbayes aux portes de Paris : Saint-Laurent à l'est, Sainte-Geneviève au sud, Saint-Germain-des-Prés à l'ouest, et Saint-Germain-l'Auxerrois au nord. Au lieu d'un manuscrit qu'ils n'indiquent même pas, ils auraient pu citer la charte de Vandemir, qui lègue *à la*

---

(1) Baluze, t. II, cap. col. 1491. — (2) Lebeuf, *Hist. du dioc. de Paris*, t. I, p. 40. — (3) Duchesne, t. IV, p. 77. — (4) *Hist. du dioc. de Paris*, t. I, p. 40. — (5) Tome VII, p. 252.

basilique de Saint-Germain, dont le vénérable Landebert est abbé, la terre, etc.; et bien que Mabillon ait pensé qu'on ne donnait autrefois le nom de basilique qu'aux églises des moines, et qu'on applique encore aujourd'hui ceux de *monastère* et d'*abbé* à tout lieu habité par des religieux avec un supérieur pour les diriger; on pourrait lui objecter qu'on appelait ainsi indifféremment les églises collégiales et les églises paroissiales; en effet, à cette époque les chanoines et les prêtres qui les desservaient vivaient ensemble et en commun. Le nom de monastère s'est long-temps conservé pour désigner les paroisses, comme nous le prouve l'existence du vieux mot *montier* ou *moutier*; c'est dans ce sens qu'on disait : *mener la mariée au moutier*. L'abbé Lebeuf a résolu la question d'une manière qui ne laisse aucune chance de succès à l'opinion contraire : « Il y aurait de quoi composer un traité, dit-il, pour
» montrer que les termes *monasterium* et *abbatia* ont été employés in-
» différemment pour désigner les églises séculières. Je me contente
» pour le présent de renvoyer à la chronique de Cambray, où la ca-
» thédrale d'Arras est appelée *monasterium Sanctæ-Mariæ-Atreba-*
» *tensis* (1). » Sans doute on rencontre des églises cathédrales ou collégiales qui furent anciennement desservies par des religieux; mais il est certain que le même nom a été appliqué à d'autres églises où il n'y a jamais eu de moines. Ainsi on appelait *monastères*, Sainte-Marguerite dans la Cité, Sainte-Josse, etc., et aucun titre ne prouve que ces églises aient jamais eu des religieux pour les desservir.

On s'est aussi gravement mépris sur la signification du mot *abbé*. Dans sa véritable étymologie *abbé* veut dire *père*, et il a par la suite désigné spécialement les *archimandrites*, ou chefs et supérieurs des communautés religieuses. Dubreuil a raison de dire que l'église de Saint-Germain-l'Auxerrois, bien loin d'avoir été dirigée par un abbé, a été administrée par des chanoines sous la présidence d'un doyen; et si l'on supposait que cette église a été dans l'origine desservie par des religieux, on verrait que, bien qu'elle soit qualifiée de monastère, son état a changé sous le roi Robert; car, comme nous le prouve la charte d'Imbert, évêque de Paris, donnée en 1030, et confirmée en 1108 par Galon, un de ses successeurs, *les chanoines* de Sainte-Geneviève avaient le droit de nommer aux prébendes de l'église de Sainte-Opportune (2). On peut donc croire avec assez de vraisemblance que, dès son origine, l'église de Saint-Germain-l'Auxerrois fut desservie par des chanoines dépendant de la cathédrale, et non par des moines, qui à cette époque n'étaient même pas soumis à la juridiction de l'évêque. Ces chanoines remplissaient tour à tour les fonctions sacerdotales; ils administraient le baptême et les autres

---

(1) *Hist. de la ville et du dioc. de Paris*, t. I, p. 51.
(2) *Hist. eccl. Par.*, t. I, p. 514. — Félibien, *Hist. de Paris*, t. III, p. 17.

sacrements. Lorsque ce quartier de Paris eut augmenté en population, principalement sous Philippe-Auguste, les chanoines nommèrent un vicaire pour remplir sous leurs yeux les fonctions de leur ministère ; c'est ainsi que cette église collégiale fut érigée en cure ; mais on n'est pas d'accord sur l'époque où s'opéra ce changement. La Caille et l'auteur des *Tablettes parisiennes* disent seulement qu'elle était paroisse avant 1400 ; mais cette particularité n'empêche pas de penser que depuis la fondation de l'église les chanoines remplirent les fonctions sacerdotales. S'ils ont voulu parler de l'érection d'une cure proprement dite, indépendante du chapitre, la mention qu'ils font de cette circonstance est bien vague, et l'on peut supposer que la cure est moins ancienne qu'elle ne l'est en effet ; ainsi en 1202 paraît un décret d'Eudes, évêque de Paris (1), qui accorde 10 francs d'indemnité à l'église de Saint-Germain, à cause de l'érection de la chapelle de la Croix de la Reine (la Trinité). Cette indemnité est ainsi répartie : 3 sous au doyen, 2 sous au curé, et 5 sous au chapitre. En 1205 et 1307, on voit d'autres actes (2) où l'on distingue des chanoines, le prêtre, c'est-à-dire le curé de Saint-Germain. En 1206 une sentence arbitrale est rendue entre le doyen et Gautier, curé de Saint-Germain, pour régler les droits curiaux que ce dernier réclamait sur les chapelles de Sainte-Agnès et de la Tour (aujourd'hui Saint-Eustache et Saint-Sauveur) ; en 1224 un règlement fixe entre le chapitre et le curé les droits honorifiques et curiaux à plusieurs fêtes de l'année (3).

On donna le nom de *royale* à cette église, parce qu'elle avait été bâtie et reconstruite par des rois. Quand le Louvre devint le lieu de leur résidence, ce titre fut confirmé par eux ; en 1316 on y baptisa Jean, fils posthume de Louis-le-Hutin ; en 1389, Isabelle de France, fille de Charles VI, et en 1579 Marie-Isabelle de France, fille de Charles IX. Sous le règne de Charles VII une partie de l'église fut rebâtie. Sauval (4) et l'abbé Lebeuf (5) nous ont transmis plusieurs indications curieuses sur l'époque et sur les circonstances où furent reconstruits la nef, le portail, etc.

C'est au roi Robert qu'on doit la construction de la seconde église de Saint-Germain-l'Auxerrois ; il avait élevé le principal portail ; mais comme cette partie du monument tombait en ruines, on la reconstruisit vers la fin du XIIIe siècle ; le vestibule ou portique qui précède le portail ne fut construit que du temps de Charles VII. Cette façade de l'édifice n'a d'ailleurs jamais été terminée ; et il est facile de voir sur l'élévation que toutes les parties supérieures y manquent entièrement.

---

(1) *Cart. S. Germ. Autiss.*, fol. 18 verso. — (2) Félibien, *Hist. de Paris*, t. V, p. 74. — (3) *Arch. de S.-Germ.-l'Aux.* — (4) Tome I, p. 303. — (5) *Hist. du dioc. de Paris*, t. I, p. 44.

Tel qu'il est, cet avant-portique, bâti en 1409, par Jean Gaurel, maçon tailleur de pierre, pour la somme de 960 livres, a toujours été fort admiré. « Il ne le cède en magnificence, dit Sauval, qu'à celui de la Sorbonne; c'est le plus grand de ceux qu'on puisse voir à Paris, et il est plus remarquable que les portiques de Saint-Germain-des-Prés, de Saint-Martin-des-Champs, de Saint-Victor et du Temple (1). » Comme il est certain qu'aujourd'hui l'église de Saint-Germain-l'Auxerrois n'offre plus aucune trace des reconstructions du roi Robert, la partie la plus ancienne de ce monument est le grand portail, qui est, comme je l'ai dit, de la fin du XIIIe siècle, c'est-à-dire du temps de Philippe-le-Bel. On voit encore sous ce portail six statues; les statues à droite en entrant sont celles de saint Marcel, de sainte Geneviève et d'un évêque que plusieurs historiens croient être saint Vincent, d'autres saint Landri; il est certain que la statue de saint Germain se voyait autrefois au pilier ou trumeau qui séparait les deux battants de la porte, mais dans le XVIIe siècle elle fut enlevée de cette place avec le pilier, et enfouie dans le sol pour débarrasser l'entrée. « Elle fut enterrée, dit Sauval, sous la première arcade de la contre-nef droite, pour obéir, dit-on, à une ancienne coutume qui veut que les images des saints, quand on les ôte des églises, soient mises en terre sainte » La statue à droite ne représentait donc pas dans l'origine saint Germain; cette statue ne représentait pas non plus saint Marcel, comme on l'a prétendu, mais bien plutôt saint Landri, évêque de Paris, que l'on avait inhumé dans cette église. On voit aussi sous le portail une figure de sainte Geneviève suivie de celle d'un ange; on connaît le rapport qui existe entre cette sainte et saint Germain d'Auxerre. De l'autre côté on voit un ecclésiastique revêtu d'une simple dalmatique; les deux bouts de son étole pendent par-devant comme chez les prêtres. L'abbé Lebeuf (2) croit que cette statue est celle du saint diacre Vulfran qui fut enterré dans cette église. Puis viennent les statues d'un roi et d'une reine, dans lesquelles on a voulu reconnaître Childebert I et sa femme Ultrogothe. Ce portail et cet avant-portique donnent entrée à une église, non pas ronde, comme avant les Normands, mais construite sur le plan d'un parallélograme : l'église se compose d'un chœur, d'un jubé, d'une nef, de deux ailes croisées, d'un charnier pour la communion, et de deux contre-nefs qui s'étendent autour de l'édifice.

Le chœur est grand, et, autant qu'on peut en juger par sa structure et par les anciens vitraux qui ont été conservés, il paraît être du XIVe siècle, mais les ailes, les chapelles, la croisée avec son double portail, et la nef, sont d'une construction plus moderne. « Le clocher, dit l'abbé Lebeuf (3), auquel nous empruntons ces détails, placé au côté

---

(1) *Descript. de Paris*, t. II, p. 90.—(2) *Hist. de la ville et du dioc. de Paris*, t. I, p. 43.
(3) Tome I, p. 44.

méridional de l'entrée du chœur, est d'une bâtisse que je crois être du XIIe siècle. Sa situation singulière me porte à penser qu'il y en aurait eu un autre semblable du côté septentrional pour faire la symétrie, de même qu'à Saint-Germain-des-Prés, à Saint-Benoît-sur-Loire, à la cathédrale de Châlons-sur-Marne, et ailleurs. » Le clocher, fait en pyramide hexagone, a perdu sa partie supérieure, et toutes les constructions dont parle Lebeuf ont été ou détruites ou entièrement changées. Lorsque Saint-Germain-l'Auxerrois eut été érigé en paroisse, le chœur fut séparé, ouvert de tous les côtés (1), en 1745 on abattit les lambris qui l'environnaient, puis il fut entouré d'une grille en fer poli, ouvrage de serrurerie digne de servir de modèle en ce genre; elle était couverte d'ornements en bronze doré; c'était Dumiez qui l'avait exécutée.

Le chœur reçut alors la forme qu'il a conservée jusqu'à nos jours. La nouvelle décoration fut faite sur les dessins de M. Baccari, architecte; il donna, suivant la mode du temps, une forme plus moderne aux piliers gothiques; dans les masses qu'on voit au-dessus des arcades, il fit retailler des tables enfoncées avec un caisson dans leur milieu; au pourtour du chœur, au-dessous des croisées, est une balustrade d'entre-lacs, ornée de fleurons avec des piédestaux où l'on voyait des têtes de chérubins. Le maître-autel, qui coûta 50,000 francs, est fermé par un balustre carré composé de marbre, de pierre et de cuivre; à ses quatre angles s'élèvent quatre grandes figures d'anges au milieu desquels on aperçoit quelques vases; tous ces ornements sont en bronze doré; sur l'autel est un grand tabernacle enrichi de colonnes de marbre. Derrière l'autel on plaça deux statues, l'une de saint Vincent, due à M. Gois, l'autre de saint Germain, par M. Mouchi. Ces deux figures remplacèrent probablement deux autres statues plus anciennes dont parle Sauval (2) et qu'il regardait comme les meilleures qu'eût jamais faites Boudin. Le retable d'albâtre, œuvre de l'époque gothique, était fort admiré.

La voûte de la chapelle est couronnée par quatre culs-de-lampe; « elle est si plate et tellement surbaissée, dit un historien du siècle dernier, qu'elle semble suspendue en l'air; les ogives, liernes et tiercerets sont menés avec assez de grâce, leur montée est douce et agréable à l'œil;

---

(1) A l'époque où le chapitre était encore à Saint-Germain, le chœur de l'église était fermé de toutes parts à la hauteur des arcades latérales; et les seules ouvertures étaient la porte principale et les portes de côté.

(2) Tome I, p. 304. « Dans celle de l'évêque, dit-il, on remarque un port grave, une vieillesse sainte et vénérable, une grâce non pareille à donner la bénédiction; l'autre, de saint Vincent, est pleine de vertu, sa tête belle, son visage doux, ses cheveux frisés avec négligence. Enfin toutes deux sont bien dessinées, bien plantées, et passeraient pour achevées, si c'était qu'elles sont un peu courtes, ainsi que tous les autres ouvrages de ce célèbre sculpteur. »

huit pendentifs bizarres les tiennent liés ensemble vers le milieu ; la nef est longue et large. Quand on fit les changements dont nous avons parlé, on prit des mesures pour donner du jour à toute l'église, et l'on supprima les rosettes gothiques et une grande partie des meneaux (1) des croisées qu'on remplaça par des vitraux neufs. »

En même temps on avait relevé le pavé de l'église et on l'avait réparé dans toute son étendue ; pour éviter de nouvelles dégradations, on pratiqua sous le sol de l'édifice de vastes caveaux pour les inhumations. Tous ces changements furent approuvés, si on en excepte toutefois la destruction du jubé ordonnée par les marguilliers et le remplacement des vitraux.

Ce jubé était un morceau d'architecture très remarquable ; Pierre Lescot l'avait fait construire sur ses dessins, s'il en faut croire quelques auteurs (2). Sauval (3) nomme Clagny l'architecte qui l'avait conçu et fait exécuter ; Jean Goujon l'avait orné de ses sculptures. Porté sur trois arcades, il était fermé par un mur à hauteur d'appui ; les arcades étaient élevées sur un grand socle ; les arcades latérales contenaient un petit autel renfermé par un balustre ; leurs jambages étaient revêtus chacun de deux colonnes corinthiennes, et leurs ceintres ou reins étaient rehaussés d'anges en bas-reliefs ; tenant à la main les instruments de la passion. Écoutons Sauval, il va nous apprendre quel était de son temps l'aspect de ce riche morceau d'architecture (4).

« Sur l'appui du jubé, dit-il, se voient les quatre évangélistes posés au-dessous des colonnes ; au milieu, Jean Goujon, dans un grand bas-relief, a représenté Nicodème qui ensevelit le Sauveur en présence de la Vierge, de saint Jean et des Marie. L'ordonnance, au reste, aussi bien que la conduite et l'exécution, convient fort bien à un lieu destiné à publier l'Évangile, où se voit toujours un Dieu crucifié. Le grand bas-relief surtout est savant et bien dessiné ; le corps du Sauveur, animé encore de quelques petits restes de chaleur naturelle, y est couché dans un suaire que Nicodème tient et un autre disciple. Là, ce saint vieillard, agenouillé, semble employer tout ce que l'âge lui a laissé de forces et son expérience d'adresse ; de la main gauche il conduit le suaire sur lequel son bon maître est étendu à son séant, et de la droite il soutient ses reins. La Madeleine aux pieds du Sauveur, la tête penchée et fondant en pleurs, fait paraître la douleur dans toutes ses actions. L'horreur d'un tel spectacle rend la Vierge si éperdue, et à proportion saint Jean et les Marie, qu'ils ne peuvent seconder Nicodème que de leurs larmes et de leurs soupirs. Mais principalement l'art et le

---

(1) Ce sont les montants et les traverses de bois, de pierre ou de fer, qui séparent les guichets d'une croisée. — (2) Dulaure, t. III, p. 122. — (3) *Antiq. de Paris*, t. I, p. 304. — (4) *Histoire et antiquités de la ville de Paris*, t. I, liv. V, p. 304.

savoir de Goujon éclatent dans la figure de Jésus-Christ, où il s'est surpassé lui-même : la tête tombe négligemment, son bras droit suit le branle que Nicodème lui donne; le ventre et l'estomac sont confondus l'un dans l'autre; toutes les parties en semblent démises, et il n'y en a pas une où on ne voie un embarras de plis rompus par la pesanteur de la tête et par l'absence de l'air. Enfin ce bas-relief est admirable, et le serait encore bien plus si les marguilliers ne l'avaient point barbouillé de dorure. »

Peintures. Sculptures. — L'église de Saint-Germain-l'Auxerrois est entourée de chapelles où l'on remarque quelques vitraux d'une bonne exécution : nous mentionnerons surtout ceux qui décorent la chapelle de Sainte-Geneviève, et ceux de la croisée gauche où l'incrédulité de Saint-Thomas est rendue avec esprit et talent.

Dans la chapelle de la Vierge on voit une Assomption par Philippe de Champagne; et dans la chapelle de la paroisse, saint Vincent et saint Germain, par le même.

Sur l'autel de la chapelle qui précède la précédente, est un saint Jacques-le-Majeur, de Lebrun.

La chapelle des frères Tailleurs, la première au côté gauche du chœur, est décorée par un tableau représentant les disciples d'Emmaüs : cette peinture, due à Restout, a été gravée en petit par Tardieu.

Le tableau du maître-autel représente les patrons de l'église, peints par Vien. Dans la chapelle des Agonisants, près de la croisée à droite, est un très beau tableau de Jouvenet.

Au-dessus des portes latérales des croisées, on voit Jésus-Christ sur la montagne, et Jésus-Christ guérissant un possédé, par Charles Coypel.

Au-dessus de la chaire est un tableau de Boulogne qui représente une des prédications de Jésus-Christ.

Dans la chapelle où s'assemblaient les marguilliers, on voyait un tableau que Soutman a gravé, et qui avait été transporté en cet endroit d'une des croisées de l'église où il était auparavant. « A la croisée gauche de l'église, dit Sauval, est adossée une copie de la Cène de Léonard de Vinci, mais placée dans un lieu qu'on ne saurait presque voir. Vasari dit que l'original est peint à fresque sur un des bouts du réfectoire des Jacobins de Milan, et qu'il sembla si accompli à François Ier, qu'ayant essayé vainement de transporter en France le mur sur lequel elle était représentée, il fallut se contenter d'en faire faire des copies, et on tient que celle-ci en est une. Ceux qui l'ont vue de près disent qu'on y découvre de ces grands airs de tête, de ces rares expressions, de ces passions différentes, de ces belles attitudes que Vasari admirait dans l'original. Tous les curieux en font grand cas, tant à cause qu'elle part de la main d'un grand artisan dont je ne sais point le nom, que parce que les Jacobins de Milan ont laissé tomber par pièces l'original, et de plus que l'estampe qu'en a gravée Soutman fait grand tort à un si excellent original et à une si bonne copie (1). » Nous ne saurions trop regretter ce morceau; il était d'autant plus précieux, que l'original est aujourd'hui dans un état de dégradation irréparable.

L'église Saint-Germain possédait aussi de magnifiques sculptures exécutées par nos premiers artistes. M. Bacams fit canneler les colonnes du chœur, éleva leurs chapiteaux qu'il augmenta d'une guirlande. Autour du sanctuaire règne une balustrade en mosaïque antique, ornée de piédestaux, dans les arcades, sur lesquels figurent quatre anges en bronze, dus à Germain Pilon. Le contre-table d'albâtre d'Orient, posé sur l'autel du Grand-Conseil, a été fait, dit-on, en Angleterre, du temps de Viclef; on ignore le nom de l'auteur, et l'on ne sait pas comment ce morceau de sculpture a été apporté en cet endroit. Dans ce morceau d'albâtre on voit treize mystères de la vie de Jésus-Christ; ils sont mal dessinés, il est vrai, mais ils sont fouillés avec une grande patience. « Bien que toutes les figures soient disproportionnées, dit une ancienne description, ce défaut est racheté par la finesse du travail et la délicatesse du ciseau; toutes les têtes sont achevées avec soin, surtout celle de Dieu le père qui couronne l'ouvrage, et que l'on met de beaucoup au-dessus des autres. »

Sous la seconde arcade à gauche, au premier pilier, vis-à-vis la chapelle du Saint-Sacrement, était fixée une table de marbre sur laquelle Lebrun avait peint la tête d'une femme mourante; elle représentait mademoiselle Selincart, femme d'Israël Silvestre, maître de dessin de la famille royale, fort connu par ses gravures et par ses dessins à la plume. Ce monument fut déposé au Musée des Petits-Augustins.

On remarque encore le mausolée de Louis de Poncher, garde des sceaux, mort en 1521, et de Roberte Le Gendre, sa femme. Les figures de ces deux personnages sont sculptées en albâtre, couchées sur une tombe de marbre noir, les mains jointes et la tête appuyée sur un coussin. L'homme est revêtu d'un habit de guerre, la femme est habillée à la mode du temps; un lion est couché à leurs pieds. Ce monument, l'un des plus remarquables du même genre qu'on puisse voir à Paris, fut déposé au Musée des Petits-Augustins. Les deux figures sont sculptées avec sentiment, l'exécution est fine, soignée; on admire la souplesse des draperies; elles sont jetées fort adroitement, et rappellent celles des plus grands maîtres du XVIe siècle. On ne connaît pas l'auteur de ce beau morceau dont le style nous rappelle celui de Germain Pilon dans sa meilleure manière. Le soubassement est décoré par des ornements d'une exécution très soignée, et de cinq petites statues qui re-

(1) *Antiquités de Paris*, t. I, p. 305.

présentent la Vierge, les saints, les vertus, comme on le reconnaît facilement à leurs attributs : toutes ces sculptures semblent appartenir au même ciseau.

Perrault a fait le dessin de l'œuvre, Lebrun y a ajouté quelques ornements; le manteau royal qui en fait le couronnement est remarqué de tous les amateurs éclairés.

La chaire est un peu massive, mais l'architecte Mercier sut en faire un morceau très précieux par la richesse du travail et des ornements; les panneaux sont couverts de fleurs-de-lys, enrichis des armes de France, et son dais est surmonté d'une grande et belle couronne impériale, dont les branches sont à jour et se terminent en fleurs-de-lys.

Dans la chapelle des Patrons, derrière l'œuvre, fut inhumé le comte de Caylus, mort en 1765; il s'était rendu célèbre par son amour pour les arts et pour l'antiquité. Les goûts de ce savant antiquaire et les travaux auxquels il s'était livré toute sa vie, lui valurent un monument digne d'éterniser la mémoire : il se composait d'un cénotaphe antique en porphyre, avec quelques ornements dans le style égyptien, qu'on avait trouvé à Rome, et que le comte de Caylus, après en avoir orné son cabinet, légua à sa paroisse pour être placé sur sa sépulture. Vassé avait ajouté à ce monument un médaillon de bronze, autour duquel se roulaient deux branches de cyprès tombantes, et appliquées sur une nappe de marbre noir. Ce cénotaphe, déposé d'abord au Musée des Petits-Augustins, se voit aujourd'hui au Louvre, dans le Musée des Antiques.

L'autel a été dessiné et sculpté par Vassé. Le bas-relief placé sur le devant représente Jésus-Christ au tombeau, visité par les saintes femmes; il est dû à Germain Pilon.

A côté de la chapelle du Saint-Sacrement, est le tombeau d'Étienne d'Aligre, chancelier de France, mort en 1635, et de son fils Étienne d'Aligre, également chancelier de France, mort en 1677. Cette tombe de marbre noir, rendue depuis à la famille, est surmontée de deux figures en marbre blanc, représentant les deux chanceliers; elles ont été sculptées par Laurent Magnier.

Malingre nous donne sur les ornements de l'église de Saint-Germain-l'Auxerrois quelques détails qu'on ne lira pas sans intérêt.

« Cette église depuis quinze ans a esté fort embellie; toute la voûte du chœur, de la nef et des deux croisées, a esté peinte d'azur, semée de fleurs de lys d'or, avec les pilliers, le grand autel orné d'un riche tabernacle d'excellente menuiserie dorée, fermé de balustres de marbre jaspé et pilliers de cuivre, et aux deux costez six grands vases de bronze; et le pavé de tables de marbre carrées, noir et blanc, et faut monter à ceste closture par des degrés; le chœur est embelly de belles chaires de menuiserie, fermé d'une closture de pilliers dorés, au milieu un grand chandelier de cuivre à dix-huit branches (1). »

Cette église possédait autrefois un ossement de saint Germain évêque d'Auxerre, qu'on a trouvé enchâssé dans un bras d'argent et de cuivre donné par un doyen du chapitre, Jean Chaffard, qui mourut en 1451 (2). Avant la réunion des chanoines de l'église métropolitaine, on célébrait la réception de cette relique le 4 mai. Saint-Germain possédait aussi les ossements de saint Landri; ils furent exhumés en 1171 par l'évêque de Paris, Maurice de Sully, et mis dans une châsse qui fut remplacée par une autre en 1403. La châsse de saint Vulfran a occupé tous les savants, et nous essayerons à notre tour d'en parler d'après l'abbé Lebeuf qui le premier en a donné une description. Pour dégager le sanctuaire de l'église, on ôta du fond de la dernière arcade les trois châsses qu'on y avait élevées et on les porta dans la sacristie; depuis, la paroisse fit construire une nouvelle sacristie, et on fut obligé de remuer ces trois châsses qui tombaient en ruines; on en ôta les reliques qu'on enferma dans des caisses neuves en attendant qu'on pût les transférer dans des châsses nouvelles. L'abbé Lebeuf, instruit que dans ces caisses il y avait des parchemins qui indiquaient à quel saint ces restes appartenaient, reconnut que dans la première châsse était renfermée la moitié des ossements du diacre saint Vulfran, comme le prouvait l'écriture de ces derniers parchemins qui remonte aux Xe, XIe, XIIIe, XIVe et XVe siècles. On s'est donc trompé quand on a cru que cette châsse renfermait les reliques de saint Vulfran évêque de Sens. Les plus anciens de ces titres portent: *Sancti Ulfrani levitæ*, qu'ils répètent dix ou douze fois. Sur une bande de huit pouces de long, écrite vers l'an 1350, on trouve cette inscription: *In præsenti cassâ deposita sunt ossa corporis beatissimi Ulfrani levitæ et confessoris*. Une autre bande plus petite est écrite en caractères du XVe siècle: *Ossa corporis beatissimi Ulfrani levitæ*. Dans la boîte cotée 2 qui contenait les cendres de saint Landri et de saint Vulfran avec la poussière trouvée dans leurs tombeaux, on lit sur une grande bande de parchemin dont l'écriture appartient au Xe siècle: *Pulvera sancti confessoris Landerici et Ulfrani levitæ et sanctæ Benedictæ*. Un autre parchemin porte en caractères du XIe siècle: *De pulvere ossium et sepulchrorum et sudariorum sanctorum confessorum Landerici parisiensis episcopi, et sancti Ulfrani levitæ, et sanctæ Benedictæ*.

De toutes ces inscriptions on peut conclure que le corps du diacre saint Vulfran fut autrefois tiré d'un tombeau situé dans l'ancienne église de Saint-Germain, comme celui de saint Landri; on peut croire qu'il y a été inhumé dans le même siècle que saint Landri. Il est probable

---

(1) *Antiquités de la ville de Paris*, liv. III, p. 523.
(2) Voyez l'abbé Lebeuf, *Hist. du diocèse et de la ville de Paris*, t. XLIV.

qu'il servit de diacre à cet évêque, et qu'il distribua par conséquent les aumônes de ce saint homme pendant la famine survenue sous son épiscopat; circonstance qui l'aurait fait regarder par les populations comme un second saint Laurent ou comme un autre saint Vincent. L'abbé Lebeuf, que nous suivons dans cette dissertation, ajoute (1) : « La qualification de lévite, qui est de l'usage primitif, induit à parler ainsi ; de sorte que je ne sais si ce ne serait point ce saint Vulfran diacre ou archidiacre de Paris qui aurait été métamorphosé par le clergé et le peuple de Saint-Germain dans les siècles d'ignorance, en saint Vincent diacre de Saragosse. Les ossements de ce saint Vulfran présumé diacre de Paris, que l'on conserve à Saint-Germain-l'Auxerrois, sont toutes les vertèbres du dos et du cou, toutes les côtes ; les rotules, l'os sacrum, le sternum, les deux os des iles et quantité d'ossements rompus en morceaux, les phalanges en grande partie, quelques dents, etc. ; à l'égard des ossements des bras et des jambes, ils ne s'y trouvent point. »

Avant la réunion du chapitre à Notre-Dame, on honorait aussi dans cette église une sainte Benoîte, le 8 octobre, jour où on la célébrait à Laon ; mais ces reliques n'étaient pas plus celles de sainte Benoîte de Laon, que les reliques de saint Vulfran n'étaient celles de saint Vulfran, évêque de Sens.

Dans une autre caisse, on voyait un parchemin avec ces mots : *Isti cineres sunt de corpore S. Landrici et sepultura ejus, et vestimenta episcopalia, et sepultura ejus; quæ ita separavit Mauritius parisiensis episcopus, et Remigius Decanus, anno ab incarnatione Domini M. C. LXXI. Ossa vera reposita sunt in superiori caussa.* L'écriture est probablement de l'année 1171. Quant à saint Vincent, qui est honoré dans cette église comme un de ses patrons, les anciens titres nous prouvent que son culte était différent de celui de saint Germain, et que, jusqu'en 1303, on avait regardé ce saint comme un confesseur seulement, soit qu'il eût été saint Vincent, confesseur au diocèse de Cambray, mort au VIIe siècle, ou bien saint Vincent, prêtre de Magny, mort dans le même temps, pour lequel le roi Charles-le-Chauve avait une grande dévotion, puisqu'il rebâtit et enrichit son église située dans le Nivernais (2). Mais comme on confondit dans la suite le saint confesseur avec le célèbre martyr de Saragosse, par suite de cette confusion on oublia le confesseur ; il en résulta que la fête du martyr y fut célébrée solennellement pendant plusieurs siècles, et que, à l'époque où le chapitre existait encore, c'était le chantre qui, ce jour-là, officiait. Parmi les reliquaires de la paroisse, on montrait une châsse oblongue, en argent, d'un travail moderne, contenant un fémur pres-

---

(1) Tome I, p. 46.
(2) *Chartæ eccl. niv. script. rer. Franç.*, t. VIII, p. 552. — *Martyrol.* Paris, anni 1727. In addend., p. 14.

que entier, avec cette inscription sur parchemin, en lettres d'or très récentes : *Os tibiæ S. Vincentii, martyris.* On prétend que cette relique vient d'un ambassadeur qui en fit don à l'assemblée de charité de la paroisse. Mais il y a une erreur dans le nom de *tibia* donné à un *fémur*, et on peut soupçonner qu'il y en a une seconde dans le titre de martyr. Un des plus anciens ecclésiastiques de la paroisse disait à l'abbé Lebeuf, que, dans sa jeunesse, cette relique passait pour appartenir à saint Vincent Ferrier : peut-être n'est-elle ni de l'un ni de l'autre, mais bien de saint Vincent de Magny, ou de saint Vulfran, diacre. On a pu croire que l'ambassadeur avait donné la relique, tandis qu'il aurait donné le reliquaire seulement. Comme on regrettait fort à Saint-Germain-l'Auxerrois de ne posséder aucune relique authentique de saint Vincent martyr, la reine Anne d'Autriche, à qui les religieux de l'abbaye de Saint-Vincent-de-Metz en avaient donné un ossement, fit présent de cette relique à l'église Saint-Germain, en 1644. Le 28 janvier 1645, l'archevêque de Paris donna la permission de l'exposer : elle était supportée par une haute image d'argent doré qui représentait le saint dont nous parlons.

Plusieurs titres, et le *Gallia christiana*, nous offrent quelques détails sur les chapelles de Saint-Germain-l'Auxerrois. Les plus anciennes de nos jours ne remontent que jusqu'au XVe siècle. Une chapelle de Saint-Nicolas avait été établie en 1189 par André, chambrier du roi, et Elisabeth, sa femme. En 1204, Marie Hau avait fondé celle de Saint-Jean. Jean Bugé, barbier de Philippe-le-Bel, né sur cette paroisse, y dota une chapelle, avec la permission que ce prince lui donna, à Passy, en septembre 1309. Dans la vieille nef existait une chapelle de Sainte-Madeleine, dès l'an 1317. En 1328, Guillaume des Essarts fondait la chapelle de la Trinité ; en 1340, Jacqueline Tristan, femme de Robert de Meulan, y ajoutait un chapelain. En 1366, Jean et Burcau de la Rivière, tous deux chevaliers, y dotèrent une chapelle, en donnant quelques rentes sur plusieurs maisons de la censive du roi et de saint Eloy, qu'on amortit. En 1497, à l'autel des Cinq-Saints, dans la nef, plusieurs chapellenies étaient déjà établies. Pierre de Cerisay, doyen, fonda, au côté droit du chœur, une chapelle où on l'inhuma en 1507. En 1577, Claude de Hacqueville, maître des comptes, dota l'autel de Saint-Jean-Baptiste pour la célébration de quelques messes. En 1573, on achevait l'autel de l'Annonciation ; Henri-le-Meignien, évêque de Dijon, la bénit au mois de septembre. Il existe des provisions d'une chapelle de S. Étienne et S. Laurent, du 5 août 1583. Guillaume Hector, un des doyens, fit poser au portail septentrional de l'église, sous François Ier, une statue de saint Guillaume d'Aquitaine, son patron, et celle d'un autre pénitent ; il en fit poser une autre dans une chapelle ; Guillaume Margotier, chapelain du chœur, par suite de sa dévotion pour le même saint, avait fondé la grand'messe pour le jour de sa fête, en vertu d'un contrat passé en 1634, époque où on le confondait avec l'ermite de Maseval, qui, comme lui, s'appelait Guillaume.

Nous pourrions tirer de ces derniers faits de nouvelles preuves à l'appui de l'opinion que nous avons émise plus haut sur les mots *monasterium* et *abbatia*, employés indifféremment pour désigner des églises séculières. L'exposition publique des statues de ces saints moines et ermites, quand même elles seraient plus anciennes, ne prouverait pas que l'église de Saint-Germain-l'Auxerrois a été autrefois desservie par des moines. En adoptant ce fait comme irrécusable, il faudrait croire aussi que les Franciscains l'ont desservie, puisqu'on y trouve également l'image de saint François. Les vitrages de la nef, qui sont du xve siècle, ne nous prouvent pas davantage que Saint-Germain-l'Auxerrois ait eu des moines. On y voit des religieux, il est vrai, mais ce sont ceux d'Auxerre, établis par saint Germain, que le peintre a représentés en racontant sur les vitraux la vie de ce saint. De même, s'il y en a sur les vitrages où l'on a représenté la translation du corps de saint Vincent, martyr d'Espagne, c'est que l'histoire parle de la part qu'y avaient prise les moines de Castres.

Si l'on en croit Fauchet, l'*abbé Hugues* fut enterré à Saint-Germain-l'Auxerrois. Cet abbé militaire était prince de naissance et duc de Bourgogne, fils de Conrard aîné et d'Adélaïde, fille de Louis-le-Débonnaire; il était frère utérin de Robert I, roi de France, depuis que sa mère eut épousé en secondes noces Robert-le-Fort, duc et marquis de France (1); cet abbé montra un courage héroïque au siége de Paris, en 886. Il mourut à Orléans, et son corps fut porté à Auxerre, puis enterré à Saint-Germain. Quelques auteurs pensent que ce fut à Saint-Germain-des-Prés.

François Olivier, chancelier de France, fut inhumé dans l'église de Saint-Germain-l'Auxerrois. Il était fils de Jacques, premier président, et père du cardinal Séraphin Olivier. C'était un homme d'une grande éloquence. Ses éminentes qualités lui avaient acquis la confiance de Marguerite d'Angoulême, reine de Navarre; cette princesse voulut l'avoir pour chancelier de son royaume. « Depuis, à sa recommandation, ajoute Sauval, à qui nous empruntons ces détails, François I, son frère, le fit chancelier de France, emploi où il se maintint par son grand courage et par sa haute intégrité, quoique dans un siècle misérable et une cour corrompue, et qu'il eût sur les bras les mignons, mais bien plus, la maîtresse du duc d'Orléans, roi depuis sous le nom de Henri II. Mais lorsque le roi François I mourut, la flatterie l'emporta sur son mérite, si bien qu'il fut obligé de se retirer, et vécut dans sa retraite jusqu'à la mort du roi, et aussitôt François II le rappela (2). » On a dit que le chancelier Olivier

---

(1) *Antiquités de Paris*, t. I, liv. IV, p. 320. — (2) Voyez les *Chroniques manuscrites de l'abbaye de Bèze, et de Sainte-Bénigne de Dijon*; Abbon et le moine de Fleuri.

était protestant dans le cœur ; les remords qu'il éprouva après la conspiration d'Amboise, et les exécutions barbares qui la suivirent hâtèrent sa mort. Il mourut à Amboise, le 26 avril 1560, et ne voulut pas voir à ses derniers moments le cardinal de Lorraine, qu'il regardait comme l'un des principaux auteurs des malheurs de la France. Son petit-fils, *François Olivier, seigneur de Fontenay*, abbé de Saint-Quentin de Beauvais, savant antiquaire, fut enterré dans la même église, en 1636.

Plusieurs autres personnages célèbres furent aussi enterrés à Saint-Germain-l'Auxerrois ; parmi eux on remarque : *Abraham Remi*, professeur d'éloquence au Collège de France, l'un des meilleurs poëtes latins de son temps, mort en 1646. Une maladie de foie et une fièvre lente l'avaient tourmenté toute sa vie (1).—*Nicolas Faret*, l'un des quarante de l'Académie française. Comme il aimait le bon vin et la bonne chère, il fut l'ami de Colletet et de Saint-Amand ; aussi ce dernier, par divertissement, se servait du nom de Faret pour rimer avec cabaret. On vit long-temps son nom écrit en grosses lettres sur les murs de toutes les tavernes de Paris, avec ceux de Flote, de La Miche et de quelques autres ivrognes fameux. Une fièvre maligne l'emporta le 21 novembre 1646, à l'âge de cinquante ans environ (2). —*Pierre Séguin*, médecin de Louis XIII, et Anne Akakia, son épouse. L'étude et les veilles lui avaient affaibli la vue, et il fut aveugle à soixante-quatorze ans. « Les apothicaires, dit Sauval, le regrettent comme leur père nourricier. »—*Charles-Annibal Fabrot*, grand jurisconsulte, auteur de plusieurs ouvrages sur le droit, fort estimés, mort en 1659.—*Guy-Patin*, fameux médecin, professeur au Collège royal, mort en 1672.—*Claude Melan*, graveur célèbre, mort en 1688.—*Guillaume Samson*, savant géographe, mort en 1703.—*François de Kernevoy*, appelé par corruption de *Carnavalet*. C'était un des plus beaux caractères de son siècle, et il fit l'ornement de la cour de Henri II. Son épitaphe se lisait sur une table de marbre placée au côté droit du chœur, sous l'enceinte et contre le mur.—*Anne de Thou*, fille aînée de Christophe de Thou, premier président du Parlement de Paris.—*Louis Revol*, secrétaire d'Etat sous Henri III et Henri IV.—*Claude Fauchet*, premier président de la

(1) Sauval, t. I, p. 327, liv. IV. — Sauval nous a laissé sur Abraham Remi quelques lignes assez curieuses : « Les médecins croient que son étude et ses longues veilles causèrent cette maladie qui le rendait si pâle et si languissant. Vitré m'a dit qu'un peu devant qu'il mourut, comme alors il imprimait des ouvrages, lui ayant apporté le soir une épreuve, aussitôt il se mit à la corriger, et sur ce qu'il lui remontra que rien ne pressait, et qu'il reviendrait le lendemain, la réponse fut : A quelque heure que vous veniez demain, vous me trouverez sur cette table tout de mon long. »

(2) Sauval, t. I, p. 328. « Il avait, dit Sauval, les cheveux châtains, le visage haut en couleur, était gros, replet et de très bonne mine. » — Son *Honnête homme*, le plus remarquable de ses ouvrages, fut si bien reçu qu'il le fit suivre presque aussitôt de l'*Honnête femme* et de l'*Honnête fille*.

Cour des monnaies, mort en 1603, célèbre par ses recherches scientifiques sur plusieurs points obscurs de notre histoire (1).—*Pompone de Bellièvre*, chancelier de France, surnommé le Nestor de son siècle, mort en 1607. Sa famille avait sa chapelle dans l'église Saint-Germain-l'Auxerrois. Son nom de Pompone est un nom romain qu'il avait pris par amour pour l'antiquité, son vrai nom était Pierre (2).—La famille de *Phelipaux-Pontchartrain* avait, depuis 1621, sa sépulture à Saint-Germain-l'Auxerrois.—MM. *d'Aligre*, chanceliers de France; nous avons donné plus haut la description de leur tombeau qu'on a rendu à la famille.—*Malherbe*, le créateur de notre poésie. Malgré son talent et la réputation dont il jouissait de son temps, Malherbe faisait peu de cas des arts, des sciences, et même de la poésie; il disait souvent que le meilleur poëte n'était pas plus nécessaire dans un État qu'un bon joueur de quilles. Querelleur par nature, il se battit trois fois en duel, et à l'âge de soixante-douze ans il voulait faire un appel à celui qui avait tué son fils (3). Pelisson nous apprend que, lorsqu'il avait composé quelque chose, il le lisait aussitôt à sa servante pour savoir si c'était bon ou mauvais. Il mourut à Paris en 1628, à l'âge de soixante-treize ans, peu de jours avant la prise de La Rochelle. A son dernier moment, il reprit sa garde pour un mot qui ne lui semblait pas français; et comme son confesseur lui représentait qu'en l'état où il était, il ne devait pas songer à de pareilles futilités, Malherbe répliqua brusque-

---

(1) « Il était premier président de la Cour des monnaies, charge qu'il n'exerça presque point, tant il était attaché à ses livres. Cependant le mépris de la fortune l'incommoda si fort, qu'il mourut dans un grenier, et même son office fut vendu pour payer ses dettes. » Sauval, t. I, liv. IV, p. 322.

(2) « Le chancelier de Bellièvre était de grande taille et fort vigoureux, avait un grand front, le nez aquilin, le visage long, parlait lentement, mais avec gravité, et eut toujours la vue si bonne, que de sa vie il ne s'est servi de lunettes, quoiqu'il ait vécu soixante-dix-huit ans. Les emplois lui acquirent beaucoup de gloire et son intégrité peu de biens. » (Sauval, t. I, l IV, p. 323.) Son habileté dans les ambassades était vraiment extraordinaire; il réussit toujours, même auprès d'Élisabeth en Angleterre. Henri IV lui ôta les sceaux pour les donner à Nicolas de Silleri, et Pompone, dit-on, en mourut de chagrin.

(3) « Il était de bonne mine, doué d'un esprit vif et prompt, mais sa brusquerie et sa rudesse offensaient tout le monde. Quand il ne se trouvait qu'avec une seule personne, il était tellement avare de ses paroles que son silence même choquait. Autre chose était-il avec ses amis; alors les bons mots ne lui coûtaient rien; il disait quantité de bonnes choses, et tout ce qu'il disait, au rapport de Racan, tirait un grand ornement de son geste et du ton de sa voix. De lui-même il bégayait un peu, mais c'était bien pis quand des gens ne lui plaisaient pas ou qu'ils lui faisaient réciter de ses vers; car Balzac assure qu'il crachait plus de quatre fois en prononçant une simple stance de quatre vers; et de plus il les défigurait tellement par l'empêchement de sa langue et l'obscurité de sa voix, que pour cela on l'appelait l'*anti-mondori*. » (Sauval, t. I, liv. IV, p. 324.) — Il aimait si fort les femmes qu'on l'appelait le *Père Luxure*, et il se vantait d'avoir eu à trois reprises une maladie honteuse.

ment : « Je ne m'en saurais empêcher, et je veux jusqu'à la mort maintenir la pureté de notre langue. »—*André Dacier* et *Anne Lefèvre*, son épouse, hellénistes tous deux ;—*Jacques Stella*, peintre ; plusieurs sculpteurs, dessinateurs et autres artistes célèbres, *Sarrasin, Desjardins, Coysevox, Nicolas Coypel, Jacques Bailly, Jean Varin*, à la fois peintre, sculpteur et fondeur. On compte encore parmi les hommes célèbres inhumés à Saint-Germain-l'Auxerrois : *Jacob*, le meilleur joueur de luth de son temps ; il obtint la charge de joueur de luth de la chambre du roi. On fait grand cas de ses Gaillardes, qui de son temps étaient fort à la mode. On prétend qu'il ne jouait jamais mieux que lorsqu'il avait bien bu, ce qui lui arrivait fréquemment (1).—*Bouilloude*, procureur-général au parlement de Dombes, et procureur du roi au présidial de Lyon. Bouilloude était un des hommes les plus savants de son temps ; il était très versé dans les langues latine, grecque, hébraïque et syriaque. Député vers Henri IV comme premier consul de Lyon, il alla le trouver au siége d'Amiens ; mais il y tomba malade, et se fit apporter à Paris où il mourut. Il fut enterré dans la chapelle de Bellièvre.—*Concino Concini*, maréchal d'Ancre. On sait quelle triste fin la rivalité du duc de Luynes et de ses frères destinaient à Concini et à sa femme Eléonor Galigaï ; celle-ci fut condamnée à être brûlée comme sorcière, et son mari fut assassiné en 1617, sur le pont-levis du Louvre, par Vitry, le capitaine des gardes, qui lui tira un coup de pistolet à bout portant. Concini fut enterré à minuit sous les orgues de Saint-Germain ; son corps avait été déposé dans une fosse très profonde, creusée ainsi à dessein, et qu'on avait recouverte d'une pierre. « Quelques curieux vinrent le lendemain en cet endroit, et tous dirent beaucoup de mal du défunt : alors ils se mirent à marcher et à cracher sur sa tombe, pendant que d'autres grattaient avec leurs ongles sur les jointures. A cette nouvelle, les chanoines arrivèrent et firent sortir le peuple de l'église ; mais ceux-ci ne furent pas plus tôt partis que la foule accourut plus nombreuse, leva la tombe, ôta une partie des pierres que l'on avait jetées sur le corps ; et quand le peuple l'eut découvert, il coupa les cordes des cloches, lia le mort par les pieds, le tira de terre et le mit en pièces après l'avoir traîné par les rues (2). »—*Pierre Bertius*, Flamand ; il passait pour très savant en humanités, en mathématiques, en géographie et en cosmographie. Le roi créa pour lui à Paris une chaire de mathématiques.—*Ni*-

---

(1) « Son jeu était si plein et si harmonieux, son toucher si fort et si beau, qu'il tirait l'âme du luth, comme parlent ceux de cette profession. Il avait la main si bonne et si vite, qu'il ne levait point les doigts en jouant, et semblait les avoir collés sur son luth : adresse fort rare, et qui n'était point connue avant lui. Bien qu'il touchât le grand luth mieux qu'aucun de son temps, c'était encore toute autre chose sur le petit. Enfin on ajoute que personne n'a jamais si bien préludé. » (Sauval, t. I, liv. IV, p. 322.)

(2) Sauval, *ibid.*, p. 324.

colas *Formé*, de Paris; chantre du roi, il devint sous-maître, puis compositeur de la musique de la chapelle, chanoine de la Sainte-Chapelle de Paris, abbé de Notre-Dame-des-Reclus, et obtint les bonnes grâces de Louis XIII. On fit un jour son anagramme, et l'on trouva dans Nicolas Formé *ut, re, mi, fa, sol*. Le roi aimait tellement toutes ses productions, qu'après sa mort, arrivée en 1638, il fit prendre ses œuvres par un exempt des gardes, et il les faisait souvent chanter. Il fit faire exprès une armoire pour les y enfermer; il en avait toujours la clef et en prenait plus de soin que des plus riches meubles de la couronne (1). — *Chandeuille*, neveu de Malherbe. Eléazar de Brecourt Sarcilli, abbé de Chandeuille, était spirituel et de bonne mine; on l'a dépeint dans le roman de Cyrus, sous le nom de Phérécides. Comme son oncle, il aimait les femmes, et faisait de bons vers; galant, enjoué, il était empressé auprès des dames, et d'une conversation fort agréable. Fort estimé à la cour et par tous les gens de lettres, il fut à sa mort généralement regretté: il n'avait alors que vingt-deux ans. Jamais on ne poussa plus loin que lui le talent d'imitation; il contrefaisait les autres d'une manière surprenante. — Jacques Cordier, plus connu sous le nom de *Bocan*, fameux maître de danse. Il eut pour élèves les reines de France, d'Espagne, d'Angleterre, de Pologne et de Danemarck. Il l'emporta sur tous les musiciens de son temps par son talent comme violon. Il composait des airs fort agréables, et depuis seize ans jusqu'à soixante-dix, il conserva cette supériorité. Cependant il ne connaissait pas la musique, il ne savait ni lire, ni écrire, ni noter; aussi tous ses airs ont-ils été perdus (2). Charles I, roi d'Angleterre, l'aimait au point de le faire assez souvent manger à sa table; il le comblait de bienfaits, et Bocan dépensait aussitôt ces libéralités avec ses amis et avec les femmes qu'il aimait éperdûment; mais son bon naturel le portait à faire ressentir aux pauvres le résultat des faveurs royales. Tantôt plongé dans une mélan-

(1) « Tant qu'il fut chantre, il chanta la haute-contre avec une justesse admirable, et lorsqu'il fut compositeur, il inventa les motets à deux chœurs, que chacun estime, et que les maîtres de la musique du roi imitent et copient si souvent. Il alla si loin pour le contre-point et les belles inventions, qu'il a passé tous ceux qui avaient été avant lui. Il se laissait tellement transporter à la juste cadence de ses compositions, que quelquefois il se pâmait en les faisant chanter: un jour entre autres, à Saint-Germain-en-Laye, tombant à la renverse, il se blessa si fort, qu'il le fallut porter à Paris, et parce que le roi l'aimait, la reine lui donna sa litière, afin d'y être conduit plus doucement. Sauval, t. II.

(2) « Quant aux dames à qui il montrait, outre qu'il voulait qu'elles fussent belles, qu'elles lui plussent, il fallait encore que pour la peine d'aller trois fois la semaine chez elles, elles lui donnassent six pistoles par mois. Après tout, quoique goutteux, cagneux, qu'il eût les pieds tortus, les mains crochues, en tenant seulement les écolières par les mains, il conduisait si bien leur corps, qu'il leur faisait danser jusqu'aux danses qu'elles ne savaient pas. » — Sauval, *ibid.*, p. 329.

colie profonde, tantôt emporté par une gaieté folle, il affectait souvent de paraître universel ; son ton était tranchant, il voulait se faire passer pour grand politique. Il aimait à se louer et à médire ; il déployait une magnifique éloquence quand il voulait démontrer que Belleville, son rival, et ses vingt-quatre violons, n'étaient que des vielleurs. Le priait-on de jouer du violon, il regardait dans le visage ceux qui l'en priaient, et s'il ne trouvait parmi eux personne qui lui déplût, il se mettait à jouer et enchantait ses auditeurs, quoique son jeu fût accompagné d'une foule de grimaces. Il mourut regretté de la plupart des princes et princesses de l'Europe, surtout du roi et de la reine d'Angleterre.—*Le Mercier* (Jacques), architecte du roi. Il construisit le grand vestibule du Louvre, la moitié du corps de logis et une partie de l'aile gauche ; c'est sur ses dessins qu'on éleva le Palais-Cardinal, l'église Saint-Roch, celle des Prêtres-de-l'Oratoire et du Val-de-Grâce, le collège du Plessis, la Sorbonne. C'était un esprit lent, pesant, mais judicieux, profond et solide ; il fut un des premiers architectes de son siècle. Il eut moins de vertus que de biens, et à sa mort on fut obligé, pour payer ses dettes, de vendre sa bibliothèque ; la vente se monta à dix mille écus. « Il mourut, dit Sauval, des goutes qui ne lui étaient venues que d'avoir trop veillé et travaillé en sa vie (1). »—*François-Louis Levau*, premier architecte du roi. Ses principaux ouvrages sont le fameux château de Vaux, demeure de Fouquet, celui du Raincy et les pavillons de Flore et de Marsan, aux Tuileries ; il mourut en 1670.—*D'Orbay*, autre architecte, qui a élevé le dôme des Invalides. Dans le siècle dernier, on enterra à Saint-Germain-l'Auxerrois *Santerre*, peintre célèbre, et *Houatte*, directeur de l'Académie de Rome. Sauval parle encore des fous du XIVe et du XVe siècle, auxquels les rois de France, leurs maîtres, accordèrent la sépulture dans cette église (2). Le poëte Jodelle, mort en 1573, demeurait sur cette paroisse, dans la rue du Champ-Fleury (3). Sauval (4) et Malingre (5) nous ont transmis plusieurs épitaphes que nous croyons inutile de rapporter ici, et qu'on voyait à Saint-Germain-l'Auxerrois sur quelques tombeaux.

Parmi les églises séculières, et après la cathédrale, Saint-Germain-l'Auxerrois est la seule paroisse qui ait été une école ; celle-ci fut tellement distinguée qu'elle laissa son nom au quai voisin. Elle existait probablement dès le temps de l'évêque de Paris, saint Germain, et de Ragnemode, son successeur, et devait servir à suppléer à l'insuffisance de celle de la cathédrale, dont le terrain était très resserré ; c'est ce qu'on peut inférer d'un passage de Grégoire de Tours. Elle existait sans aucun

---

(1) *Antiquités de Paris*, t. I, liv. IV, p. 330. — (2) Sauval, *Antiquités de Paris*, t. I, liv. IV, p. 330-331.—(3) Lebeuf, *Histoire du diocèse de Paris*, t. I, p. 52.—(4) *Antiquités de Paris*, t. I, liv. IV, p. 330-331. — (5) *Antiquités de Paris*, p. 520-521.

doute au temps de Charlemagne, sous le règne duquel les études refleurirent. Elle dut recevoir un nouvel éclat du roi Robert, qui reconstruisit l'église et qui favorisa l'instruction des jeunes clercs. Mais le terrain de l'école devint nécessaire pour y déposer les marchandises apportées par la Seine; d'ailleurs l'Université s'était établie sur la montagne Sainte-Geneviève; il ne resta plus que le nom seul de l'école de Saint-Germain-l'Auxerrois. En 1268, on disait : *Platea sita ad scholam Sancti Germani autissiodorensis* (1). Dans les registres du Parlement de l'an 1312, on lit : *Propè scholas Sancti Germani autissiodorensis* (2). Un compte de 1421 parle d'une grange située près de l'école de Saint-Germain-l'Auxerrois (3). En 1618, on disait encore l'école de Saint-Germain.

Saint-Germain est aussi la première église, après celle de Notre-Dame, qui ait eu de bonne heure une nombreuse communauté de clercs. C'est au XIIe siècle que les chanoines l'établirent, principalement pour le carême, pour que l'office y fût mieux célébré dans ce temps consacré par l'église. Cet établissement fut approuvé par Maurice de Sully, évêque de Paris. On trouve dans le même siècle quelques chevaliers nommés de Saint-Germain-l'Auxerrois. Dubreuil cite un acte de l'an 1188 relatif à un *Theobaldus miles de Sancto Germano altissiodorensi*, qui possédait les terres à Paris.

On entrait dans le cloître par quatre rues et par autant de portes. La plus grande et la plus fameuse des maisons du cloître était celle qu'on appelait la maison du Doyen. Elle fut long-temps la demeure de Gabrielle d'Estrées, duchesse de Beaufort, et c'est là qu'Henri IV apaisa, avec elle et Sully, le bruit qu'avait excité la cérémonie du baptême de leurs enfants. Si elle mourut à l'hôtel de Sourdis, qui tient à ce cloître, comme nous l'apprennent le chancelier de Chiverni, l'auteur du *Grand Alexandre*, et quelques autres historiens, ce fut certainement dans la grande salle du Doyen, où tout Paris vint la voir, couchée dans un lit de parade. Sauval tenait ce dernier fait de quelques vieillards venus dans cette maison avec la foule.

C'est encore là qu'en 1346, comme le roi Jean était prisonnier en Angleterre, Marcel, prévôt de Paris, fut mandé avec quelques autres bourgeois pour lever les obstacles qu'ils apportaient au cours de la nouvelle monnaie que le régent avait été obligé de faire battre. Marcel répondit audacieusement aux députés de ce prince qu'il n'en ferait rien; il excita une émeute dans Paris, et toutes les boutiques furent fermées, chacun craignant que les séditieux et la populace ne se jetassent sur les officiers du roi. On sait que Marcel avait embrassé les intérêts de Char-

---

(1) Chartul., *Ep. par. bib. Reg.*, fol. 117 et 125. — (2) *Reg. olim M. Martii.*
(3) *Granchia sancti Germani et granchia episcopi.* Sauval, t. I, liv. IV, p. 306.

les de Navarre, surnommé le mauvais, le plus grand ennemi du roi et du régent.

En 1413, Charles VI fit tenir en ce lieu une nouvelle assemblée au sujet d'un traité de paix avec les princes du sang, qui fut ensuite conclu à l'hôtel royal de Saint-Pol, pour délivrer les ducs de Bar, de Bavière, et beaucoup d'autres grands seigneurs et dames de la cour, que Jean de Bourgogne, avec l'aide du peuple, avait enlevés de vive force.

Une autre maison de ce cloître, près de celle du Doyen, avait un petit corps de logis sur le derrière, avec une entrée dans la rue des Fossés; c'est là que se cacha l'assassin Maurevert pour tuer l'amiral Coligni, à la faveur d'un treillis de fer dont la fenêtre de la première chambre était fermée. Comme il ne fit que blesser l'amiral, il monta aussitôt à cheval et se sauva par le cloître.

Ce fut la cloche de Saint-Germain-l'Auxerrois, qui, le 24 août 1572, vers deux heures du matin, donna le signal de la Saint Barthélemy.

Lorsque Henri IV fut entré dans Paris, les prêtres, gagnés par la bonté du roi, louèrent sa clémence après l'avoir naguère insulté dans leurs sermons. Quelques uns, déterminés ligueurs, ne laissèrent pas de prêcher contre lui; dans ce nombre était le curé de Saint-Germain-l'Auxerrois; bien que le roi lui eût la veille accordé son pardon, il le déclara publiquement excommunié; il fut arrêté, et Henri IV se contenta de le congédier.

Saint-Foix raconte une anecdote que nos lecteurs, en raison de son originalité, ne seront peut-être pas fâchés de trouver ici. Le jour de Pâques 1245, le curé de Saint-Germain-l'Auxerrois monta en chaire pour annoncer que le pape Innocent IV voulait que, dans toutes les églises de la chrétienté, on dénonçât comme excommunié l'empereur Frédéric II. « Je ne sais pas, ajouta-t-il, quelle est la cause de cette excommunication; je sais seulement que le pape et l'empereur se font une rude guerre; j'ignore lequel des deux a raison; mais autant que j'en ai le pouvoir, j'excommunie celui qui a tort et j'absous l'autre (1). » On raconta cette plaisanterie à Frédéric II, qui envoya des présents au curé.

L'église de Saint-Germain-l'Auxerrois fut pendant long-temps la seule paroisse d'une grande partie du nord de Paris. Le terrain soumis à sa juridiction renfermait tous les quartiers et faubourgs de la ville, depuis le grand Châtelet inclusivement, en suivant la grande chaussée de Saint-Denis jusqu'à Saint-Cloud; Chaillot seul en était excepté. L'empire que les prêtres exerçaient sur ce vaste territoire était tout-à-fait féodal. Ils prétendaient avoir le droit de s'opposer à ce qu'on recon-

---

(1) *Essais historiques sur Paris*, t. I, p. 132. — Fleuri, *Hist. eccl.*, an. 1245.

struisit de nouvelles églises quand l'accroissement de la population les rendait nécessaires, et à différentes époques ils réclamèrent avec autorité l'exercice de ce droit. Le doyen de Saint-Germain-l'Auxerrois s'opposa à ce que Saint-Eustache fût érigé en paroisse, et imposa aux prêtres de cette église des conditions extrêmement dures; il imposa les mêmes conditions au curé de Saint-Sauveur; le doyen exigeait le *plat de noces* des nouveaux mariés, et forçait le curé de Saint-Eustache à percevoir ce droit, pour en partager les avantages avec lui. Plusieurs historiens ont traité avec assez de détails l'histoire intérieure de l'église et du chapitre de Saint-Germain-l'Auxerrois, pour qu'il soit inutile de revenir après eux sur le même sujet; d'ailleurs, le large espace que nous avons déjà consacré à la description de cette paroisse, nous empêche de nous étendre davantage; et nous nous contenterons de renvoyer aux sources en donnant toutes les indications désirables (1).

Le 14 février 1831, le curé de Saint-Germain-l'Auxerrois célébra un service funèbre en commémoration de la mort du duc de Berry. Cette cérémonie religieuse servit de prétexte à une foule furieuse pour commettre dans cette église des excès dont nous déplorons aujourd'hui les funestes résultats. On n'apporta aucun obstacle à ces dévastations, la multitude put les accomplir librement. La croix qui surmontait l'édifice fut d'abord renversée; les peintures dues à nos grands maîtres furent dégradées, les sculptures mutilées, le porche si complètement dévasté qu'il est aujourd'hui dans un état de dégradation presque irréparable. La foule entrait, traversait l'église, détruisant tout sur son passage, avec calme, avec sang-froid, sans s'arrêter un seul instant, tels étaient les ordres de l'autorité; mais le désordre s'était régularisé, et chacun en passant jetait sa pierre sur ces chefs-d'œuvre que nous avons décrits, et dont plusieurs ont disparu ou sont restés méconnaissables depuis ces ravages sacriléges. Depuis deux ans, l'église a été rouverte et rendue au culte. Au moment où nous écrivons, on débarrasse les murs qui jusqu'ici avaient été cachés par d'ignobles masures, et l'on essaie de réparer son portail.

(1) Voyez Lebeuf, *Histoire du diocèse de Paris*, pour l'étendue du territoire et la juridiction de Saint-Germain-l'Auxerrois, t. I, p. 37-41 -52-53-54. — *Félibien*. T. V. Doyens (administration). — Droits, prétentions, puissance du chapitre. — T. II. Différends avec l'évêque de Paris.—Établissement d'un chantre.—Droits sur Saint-Honoré — sur l'hôpital de la Trinité. — Patronage de saint Leufroi. — *Sauval*. — T. I et III. Droit de banoir. — Juridiction. — Doyens, chapitre (leurs droits, leurs fonctions, leurs contestations). — Marguilliers, statuts. — Transaction entre Saint-Séverin et l'abbaye de Saint-Germain. — *Malingre*. — Entretien des enfants de chœur, p. 520. — Concordat entre le doyen, les chanoines, les paroissiens et les marguilliers. — Clocher. — Prix des messes.

X. SAINT-JULIEN-LE-PAUVRE.

Petite église, située rue Saint-Julien-le-Pauvre, au fond de la cour de la maison, n. 13 (12ᵉ arrondissement).

La haute antiquité de ce monument le met au nombre de ceux dont l'origine présente le plus d'obscurité; et sur de telles difficultés, les historiens n'offrent guère que des conjectures plus ou moins vraisemblables. Plusieurs auteurs lui donnent pour titulaire saint Julien de Brioude, dont ils prétendent que saint Germain d'Auxerre apporta les reliques à Paris, ce qui ferait remonter la fondation de l'église de Saint-Julien jusqu'au vᵉ siècle. Dubreuil veut même qu'avant cette dédicace, qu'il ne regarde que comme la seconde, cette église ait été consacrée à saint Julien, évêque du Mans, célèbre par sa grande charité envers les pauvres (1); mais un autre critique, l'abbé Chastelain (2), dit qu'il s'agit ici de saint Julien l'hospitalier; et son opinion, ajoute Jaillot, qui a discuté cette question, paraît la plus vraisemblable. Il est certain qu'il y avait anciennement dans les faubourgs, et près des portes des villes, des hospices pour les pauvres et pour les pèlerins, et si l'on en avait élevé un près de la porte méridionale de Paris, il est assez naturel de croire que c'était saint Julien le pauvre et l'hospitalier qu'on avait choisi pour patron. Du reste, quelques titres, à la vérité fort récents, prouvent que c'était en effet une maison hospitalière; et l'on cite un arrêt de 1606 pour la reddition des comptes de plusieurs hôpitaux, entre lesquels on nomme Saint-Julien-le-Pauvre (3).

Grégoire de Tours est le premier auteur qui parle de cette église ou *basilique*. Il nous apprend qu'il logeait, lorsqu'il venait à Paris, dans les bâtiments qui en dépendaient, et qui sans doute étaient affectés au logement des étrangers, des pèlerins, des voyageurs pauvres. Il y a plusieurs exemples d'hospices ou d'hôtelleries construites près d'églises dédiées à saint Julien, dont le nom, comme on le sait, était invoqué par les voyageurs pour obtenir un bon gîte. Plusieurs circonstances du récit de l'historien prouvent que l'église existait avant l'an 580 (4).

Les Normands ruinèrent les bâtiments de la basilique de saint Julien; ses biens furent, dans les désordres de la fin de la première race, usurpés par les seigneurs laïques.

En 1031 ou 1032, on retrouve l'église de Saint-Julien-le-Pauvre au nombre de celles du même quartier dont Henri I fit don à la cathédrale, à condition que Giraud, clerc qui les possédait, jouirait de leurs biens

---

(1) Dubreuil, p. 293. — (2) Mart. Rom., p. 108-109. — (3) *Reg. de la ville*, fol. 519. — (4) Greg. Tur., *Hist. franc.*, lib. VI, cap. 17, et lib. IX, cap. 6.

pendant sa vie. Du Boulay (1) a conclu de cette donation qu'elle fut appelée *fille de Notre-Dame* (*filia basilicæ Parisiensis*). Ce qui a pu causer son erreur, fait observer Jaillot, c'est que dans un acte sans date, qui toutefois ne peut être plus ancien que le XIIe siècle (2), on trouve qu'alors cette église avait passé, on ne sait comment, entre les mains de deux laïques, Étienne de Vitry et Hugues de Munteler, qui la donnèrent à l'abbaye de Notre-Dame-de-Longpont, près Montlhéri ; mais on ne voit à aucune époque que l'église de Notre-Dame de Paris y ait placé des chanoines, comme elle l'avait fait à Saint-Étienne et à Saint-Benoît, ce qui prouve qu'elle ne l'a pas long-temps possédée.

L'église de Saint-Julien-le-Pauvre paraît avoir été rebâtie vers l'époque où elle fut donnée aux religieux de Longpont ; on pense que c'est alors qu'elle fut érigée en prieuré. Au siècle suivant, l'Université choisit ce lieu pour y tenir ses assemblées, qu'elle transféra ensuite aux Mathurins, puis au collège Louis-le-Grand.

En 1655, le prieuré fut réuni à l'Hôtel-Dieu par un traité passé entre les administrateurs de cette maison et les religieux de Longpont. Le roi n'accorda ses lettres patentes qu'en 1697 ; la chapelle fut alors desservie par un chapelain à la nomination de la paroisse Saint-Severin.

A côté de Saint-Julien-le-Pauvre était située la chapelle de Saint-Blaise et de Saint-Louis, qui en dépendait. Les maçons et les charpentiers établirent leur confrérie, en 1476, dans cette petite église. Elle fut rebâtie en 1684 ; cependant, comme elle menaçait ruine, on la démolit vers la fin du siècle dernier, et le service en fut transféré dans la chapelle Saint-Yves.

Outre la confrérie établie dans cette chapelle, l'église de Saint-Julien-le-Pauvre était le lieu de rassemblement de celles de Notre-Dame-des-Vertus, des couvreurs, des marchands papetiers, des fondeurs, et l'on y faisait les catéchismes et retraites des Savoyards, en exécution d'une fondation faite par l'abbé de Pontbriand.

La partie du portail de Saint-Julien-le-Pauvre qui existe encore paraît se rapporter, par les caractères de son architecture, à la fin du XIIIe siècle.

L'église sert aujourd'hui de chapelle à l'Hôtel-Dieu.

XI. ÉGLISE DE SAINT-LAURENT.

L'église de Saint-Laurent, rue du Faubourg-Saint-Martin, n. 123, fut dès son origine un monastère de l'ordre de Saint-Benoît dépendant de Saint-Martin-des-Champs. On ne sait ni par qui ni en quel temps

---

(1) *Hist. univ. Paris*, t. I, p. 402. — (2) *Cartular. Longip.*, fol. 110.

elle a été bâtie, ni même si elle a toujours existé à la place qu'elle occupe aujourd'hui. Grégoire de Tours en parle dans deux passages de son histoire, et prouve ainsi son antiquité: il dit d'abord que du temps de Clotaire, saint Domnole, depuis évêque du Mans, était abbé du monastère de Saint-Laurent, *gregi monasteriali præerat*; et ailleurs, dans un passage déjà cité, que l'inondation de la Seine et de la Marne, en l'année 583, fut si considérable, qu'il arriva de fréquents naufrages entre la ville et l'église de Saint-Laurent, espace que recouvraient les eaux (1). Que ces passages soient de Grégoire de Tours ou qu'ils aient été ajoutés à son histoire dans un temps postérieur, on en pourra toujours conclure que la basilique de Saint-Laurent existait au commencement du VIe siècle; car saint Innocent, évêque du Mans, à qui succéda saint Domnole, mourut en 534.

Mais la circonstance extraordinaire de l'élévation des eaux de la rivière jusqu'à Saint-Laurent a porté des auteurs très respectables, entre autres Adrien le Valois (2) et dom Duplessis (3), à penser que l'église devait être alors plus rapprochée du lit ordinaire de la Seine, et située sur la rive gauche, au midi de l'île de la Cité. Duplessis va même jusqu'à dire que l'église de Saint-Laurent étant abbatiale, ne peut être différente de l'église de Saint-Severin, qui, dans un diplôme de Henri Ier, était désignée avec trois autres dont quelques unes avaient été abbatiales.

A ces objections on peut répondre avec Jaillot, d'abord que le sol des rives de la Seine étant alors bien plus bas qu'il ne l'est aujourd'hui (4), l'emplacement actuel de Saint-Laurent se trouvait à cette

(1) *Hist. fran.*, lib. 6, cap. 9 et 25.
(2) Vales. *De basil. reg.*, cap. 3, p. 21, et *Defens. Notit. gall.*, p. 162-163.
(3) *Nouv. annal. de Paris*, p. 53. — *Mercure de France*, janvier 1749, p. 15.
(4) M. Girard, membre de l'Académie des sciences, connu par ses travaux sur l'état physique de Paris, établit ainsi cette opinion dans un Mémoire sur les inondations de Paris, qui vient de paraître dans le 16e vol. des *Mémoires de l'Académie*.

« Les commentateurs de Grégoire de Tours, dit M. Girard, n'auraient point trouvé de difficulté à expliquer le fait dont il nous a conservé le souvenir, s'ils eussent eu une juste idée de la formation du terrain d'alluvions qui s'étendait depuis les murs de la ville, c'est-à-dire depuis les limites de son ancien faubourg septentrional, jusqu'au pied du coteau où l'église de Saint-Laurent était assise. Nous avons fait voir ailleurs, ajoute M. Girard, et nous indiquerons dans un mémoire spécial que nous aurons l'honneur de présenter à l'Académie, comment, pendant les progrès et l'exhaussement de ces alluvions, une partie de l'espace qu'elles occupaient dut rester inférieure au reste de cet espace, de sorte que les eaux de la Seine remplissaient ce bas-fond et y coulaient avec plus ou moins de vitesse dans les temps de leurs crues. C'était, en un mot, un bras de ce fleuve où les bateaux pouvaient être remisés, qu'ils pouvaient parcourir librement, ou même dans lequel ils pouvaient être entraînés avec violence par une débâcle de glaces; accident probable au mois de février, pendant lequel Grégoire de Tours nous apprend que l'inondation de 583 eut lieu. Il suffit de prendre à la lettre le texte de cet auteur pour expliquer naturellement les naufrages dont il est fait mention.

époque au milieu des marais, et que, comme il n'y avait, dans ces temps reculés, ni fossés qui pussent absorber une partie des eaux, ni quais pour rétrécir le lit de la Seine, une grande crue des eaux de la rivière était bien suffisante pour inonder tout le terrain compris entre la Seine et l'église. Il faut observer ensuite que Grégoire de Tours ne dit point que les eaux arrivassent jusqu'à Saint-Laurent même; l'historien a pu seulement citer cette église comme un des endroits les plus remarquables du faubourg submergé; enfin le mot de *naufrages* dans Grégoire de Tours ne doit pas être pris à la lettre, et n'indique que les dégâts ordinaires qu'entraîne toute inondation au milieu de jardins et d'habitations.

Quant à ce que dit Duplessis de Saint-Severin, c'est une conjecture trop légèrement hasardée pour qu'on doive chercher à la combattre. Nous verrons d'ailleurs, en parlant de Saint-Severin, que Henri Ier ne donne point à cette église le titre d'abbatiale. Et du reste, comme l'ont remarqué les nouveaux éditeurs de Grégoire de Tours (1), pourquoi, à propos d'un débordement qui ne se serait étendu que jusqu'à Saint-Severin ou environ, Grégoire de Tours dirait-il que la Seine et la Marne produisirent une inondation extraordinaire autour de Paris?

On aurait pu s'appuyer encore d'un passage déjà cité de la vie de saint

---

Au surplus cette opinion n'est pas nouvelle et avait déjà été émise à la fin du XVIIe siècle. Dom J.-J. Mabillon (*Diplom.* p. 309) rapporte que, suivant certaines personnes dont cependant il ne cite pas les noms, la partie septentrionale de la vallée de Paris, plus basse que le reste de son territoire, n'était pas seulement sujette à être inondée par les crues extraordinaires de la Seine, mais qu'un bras de ce fleuve y coulait constamment affectant la forme d'un demi-cercle. Sans rien opposer à cette opinion qu'il semble réduire à une simple conjecture, il pense que cet ancien bras se trouve aujourd'hui tracé par le cours du grand égout : ce qui rend probable l'opinion, qu'il expose. Il regrette toutefois de ne point la trouver appuyée du témoignage de quelque ancien historien.

« Il aurait été à désirer sans doute que Grégoire de Tours eût fait connaître la hauteur de l'inondation dont il nous a transmis le souvenir, au-dessus du niveau des eaux de la Seine; mais alors l'utilité de ces observations était au-dessus de la portée de ceux qui auraient pu les recueillir. Quoi qu'il en soit, le récit de Grégoire de Tours est d'une grande importance par la connaissance qu'il donne de la topographie et du relief de la vallée de Paris, et parce que ce récit vient à l'appui de celui de Labiénus, quand il mit le siège devant cette ville par ordre de Jules César. »

Plus loin, p. 32, M. Girard dit : « Les diverses reconnaissances que M. Petit eut occasion de faire dans cette circonstance (la grande inondation de 1658) des lieux inondés, lui prouvèrent que ces lieux formaient un bas-fond qui s'étendait des fossés de l'Arsenal jusqu'à la Savonnerie, dans l'emplacement qu'un bras de la Seine avait occupé autrefois, et dans la partie la plus profonde duquel le grand égout était alors ouvert. Ainsi ces reconnaissances venaient à l'appui des conjectures auxquelles on est conduit par le récit que fait Grégoire de Tours de l'inondation de 583. » (*Mém. de l'Acad. des sciences*, 1838, t. XVI, p. 27.)

(1) *Grégoire de Tours* publié par MM. Guadet et Taranne, pour la Société de l'histoire de France, t. II, p. 540.

Lubin (1), où il est parlé d'un incendie qui, venant du côté de Saint-Laurent, gagna les maisons qui étaient sur le pont, si l'auteur avait désigné celui dont il s'agit. Mais on peut rapporter le passage au grand pont situé au nord aussi bien qu'au petit, et c'est ce qu'ont fait dom Bouquet, Dubois, l'abbé Lebeuf, et Jaillot. Adrien de Valois croit au contraire que l'auteur veut ici parler du petit pont situé au midi, et place l'église de Saint-Laurent au midi de la Cité. Mais indépendamment des considérations rappelées précédemment contre son opinion, on peut citer un texte formel qui prouve l'existence de l'église Saint-Laurent sur la rive droite.

C'est un diplôme de l'an 710 de Childebert III par lequel on voit que le marché ou foire de Saint-Denis avait été transféré depuis quelque temps à Paris dans un lieu situé *entre les églises de Saint-Laurent et de Saint-Martin*. Il est donc évident que l'église Saint-Laurent était sur la rive droite. Aussi Valois, qui n'a pu ignorer l'existence de ce titre, est-il obligé de dire qu'au VIIe siècle il y avait sur la rive gauche une basilique du nom de Saint-Laurent.

Tous ces faits, en montrant que Saint-Laurent était sur la rive droite, n'indiquent pas quelle était sa situation précise, et ne permettent pas de savoir si cette église occupait la même place que le monastère qui lui succéda. On a conjecturé, avec une grande apparence de raison, qu'elle était sur l'emplacement de la maison de Saint-Lazare, qui en est peu éloignée. Un des motifs de cette opinion est que le prieuré de Saint-Lazare était chargé de certaines redevances au profit du chapitre de Notre-Dame, redevances dont l'abbaye de Saint-Laurent était tenue, et auxquelles le prieuré ne se serait pas assujetti si les lieux qu'il occupait n'avaient pas été l'ancien territoire du monastère. Ce qui confirme dans cette opinion, c'est que le chemin qui conduit actuellement en ligne directe de l'ancienne abbaye de Saint-Martin-des-Champs à Saint-Laurent n'existait point à l'époque dont il s'agit. Ce chemin se réunissait à la grande chaussée qui conduit à Saint-Denis, et il est naturel de penser que le fondateur du monastère de Saint-Laurent fit plutôt bâtir ce monastère le long d'un chemin très fréquenté que dans un marais situé vis-à-vis, dont le terrain était souvent impraticable par la nature et la position du sol. Un autre motif est la découverte faite vers l'an 1695, sur l'emplacement de Saint-Lazare, de plusieurs tombeaux en pierre et en plâtre contenant des corps vêtus d'habits noirs, semblables à ceux des moines; tombes qui furent jugées avoir neuf cents ans d'antiquité (2).

---

(1) *Recueil des hist. de Fr.*, t. III, p. 431, et Sœc. 1 bened. *A parte basilicæ B. Laurentii noctu edax ignis exiliens, domos pendulas quæ per pontem constructæ erant, exurere cæpit.* — (2) Dubreuil, p. 866. — De Lamare, *Traité de la police*, t. I, p. 75. — Lebeuf, t. II, p. 474. — Sauval, t. I, p. 363. — Jaillot, t. II, p. 28.

Situé hors de la ville, dépourvu de moyens de défense, le monastère de Saint-Laurent fut exposé aux incursions des Normands : les bâtiments furent détruits, les moines dispersés.

Il est probable que l'abbaye ne fut pas rétablie sur le même emplacement, et qu'on la réédifia de l'autre côté de la route, dans le cimetière.

Il n'est ensuite question de Saint-Laurent dans l'histoire qu'au XII° siècle. Il paraît, par des lettres de Thibaud, évêque de Paris, qu'à cette époque, c'est-à-dire en 1149, l'église de Saint-Laurent appartenait au prieuré de Saint-Martin-des-Champs (1), et l'abbé Lebeuf pense que ce pouvait être un don fait par l'évêque au monastère de Saint-Martin, dont il avait été prieur. Saint-Martin-des-Champs conserva jusqu'à la révolution le droit de nommer à la cure de Saint-Laurent.

On retrouve ensuite l'église de Saint-Laurent élevée au rang de paroisse. Il paraît que l'érection eut lieu sous Philippe-Auguste, et peut-être, comme le croit Dubreuil, lorsque le roi commença, en 1190, une nouvelle enceinte de Paris. Mais beaucoup d'auteurs croient que Saint-Laurent a été église paroissiale bien avant Philippe-Auguste. La distance qui a existé long-temps entre la ville et cette église, et la population considérable qui s'étendait sur son territoire, sont de fortes raisons en faveur de cette opinion. Ce fut cette multitude de citoyens dont le nombre s'augmentait chaque jour qui donna lieu sans doute à l'érection de la cure.

La pièce de vers intitulé *les Moustiers de Paris*, faite vers la fin du XIII° siècle, désigne ainsi l'église de Saint-Laurent :

Et saint Lorens qui est rostis.

Lebeuf a mentionné, selon son habitude, tous les actes qu'il a connus relatifs à Saint-Laurent. Un titre de 1328 apprend que la maison presbytérale de cette paroisse était contiguë au territoire de Saint-Magloire. Par un autre, daté de 1428, un paroissien fait don au curé d'une petite pièce de terre située vers la chaussée du Temple. Une déclaration du XVI° siècle apprend que le prieur de Saint-Lazare devait au curé de Saint-Laurent dix-huit setiers de méteil, douze d'orge et deux muids de vin.

Avant la révolution de 1789, le clergé de Saint-Laurent faisait tous les ans une procession que l'on appelait la *procession du grand pardon*. Le cortège était immense ; la marche durait près de cinq heures, seulement pour faire le tour du faubourg Saint-Denis et du faubourg Saint-Laurent. Ce dernier nom s'appliquait, avant la révolution, à la rue du

---

(1) *Hist. Sancti-Martini*, p. 186.

faubourg Saint-Martin, depuis l'église Saint-Laurent jusqu'à la Villette.

On lit au sujet de la *procession du grand pardon* dans le *Voyage descriptif et historique de l'ancien et nouveau Paris* : « En 1786, un orage surprit la procession; il fallut mettre à couvert le Saint-Sacrement et le curé; un épicier et un marchand de vins se prirent au collet pour obtenir la préférence. On ne sait qui l'obtint (1). »

Le 5 avril 1792, les prêtres de Saint-Laurent, comme toutes les congrégations religieuses et séculières, furent supprimés par un décret de l'assemblée législative. Mais en 1799, l'église fut rendue aux catholiques; l'inscription suivante, scellée dans un mur d'une chapelle de l'église, rappelle ce fait.

« Le 17 fructidor an VIII, cette église a été rendue aux catholiques » par une lettre du préfet de la Seine. Les réparations ont été commen- » cées sous la direction du C. Raymond, architecte, nommé par les » administrateurs du culte, et sous la surveillance du C. maire du cin- » quième arrondissement de Paris, le 6 brumaire an IX (28 octo- » bre 1800, v. s.). La réconciliation solennelle en a été faite par M. l'é- » vêque de Saint-Papoul. »

Disons un mot de l'édifice de Saint-Laurent. L'église qui subsistait au XII° siècle fut entièrement rebâtie au XV°, et dédiée, le 19 juin 1429, par Jacques du Chastelier, évêque de Paris. En 1432, Jeanne la Tesseline, veuve de Regnaud de Gaillonnel, pannetier de Charles VI et habitant de cette paroisse, y fonda, à l'*autel de Notre-Dame*, une chapellenie dont elle laissa après son décès la nomination au curé. L'église Saint-Laurent fut augmentée en 1548 de six chapelles. Elle devait présenter sans doute peu de commodité ou de solidité, car elle fut reconstruite en grande partie en 1595 avec le produit des aumônes des habitants de Paris. Le grand portail que l'on voit aujourd'hui ne fut élevé qu'en 1622. Ce portail, irrégulier, est tourné du côté du couchant, et fait face à la rue de la Fidélité, en entrant par le faubourg Saint-Denis. En 1714, on éleva derrière le chœur, en l'honneur de la Vierge, une chapelle surmontée d'un dôme orné de peintures à fresque, d'un assez bon goût. Dans la chapelle de la Visitation fut inhumée Louise de Marillac, veuve de Le Gras, secrétaire des commandements de Marie de Médicis, morte en 1660. Cette dame se distingua par un zèle très ardent pour le soulagement des pauvres, en faveur desquels elle institua les Filles de la Charité, dont elle fut la première supérieure, et qu'elle mit sous la direction générale de la mission de Saint-Lazare.

L'architecture de Saint-Laurent n'offre rien de bien saillant, mais elle est pourtant assez estimée. On remarque les fonts baptismaux. Le

(1) T. II, p. 208.

sol des rues environnantes, autrefois plus bas que celui de l'église, s'étant exhaussé progressivement, on est obligé aujourd'hui de descendre trois marches pour entrer dans l'église.

L'édifice est à double bas-côtés depuis la porte jusqu'à la croisée. L'intérieur est orné avec assez de goût. Le maître-autel est construit sur les dessins de Lepautre, connu par la beauté de ses ouvrages d'architecture. Le Christ sortant du tombeau, les deux anges qui l'accompagnaient, et les deux autres qui étaient sur le fronton, le crucifix qui surmontait le jubé, et la statue de sainte Appolline dans la chapelle de ce nom, étaient des ouvrages de Jules Guérin, ancien professeur à l'Académie de peinture et de sculpture, mort le 16 février 1678. Parmi les tableaux que renfermait l'église on en distinguait deux : l'un, de Durand, était la *Présentation de Jésus au temple*; l'autre, de Trézel, *Saint Pierre conduit au supplice*. Ces deux tableaux, et la plupart des morceaux d'architecture dont j'ai parlé, disparurent pendant la révolution.

On remarque aujourd'hui à Saint-Laurent les objets suivants donnés par la ville de Paris à cette église : une statue colossale de sainte Appolline, coulée en plâtre en 1825, par Bougron, pour remplacer celle de Guérin; une descente de croix, également en plâtre, et sans nom d'auteur; l'*Apothéose de sainte Geneviève*, peinte par Lancrenon en 1827; enfin le *Martyre de saint Laurent*, tableau de Greuze, placé au-dessus de la chapelle du saint.

Cette chapelle a été érigée devant la porte latérale de l'ouest, qui ouvrait sur l'ancien cimetière de la paroisse, et par laquelle on transportait les morts de l'église dans ce cimetière. Cette porte existe encore extérieurement; elle donne rue de la Fidélité, du côté du faubourg Saint-Martin. C'est sur l'emplacement du cimetière que cette rue a été percée, et que l'on a bâti la maison de bains que l'on y voit aujourd'hui. En novembre 1804 on exhuma du cimetière Saint-Laurent des corps qui furent portés aux catacombes.

L'église Saint-Laurent avait autrefois pour succursale Saint-Josse et Notre-Dame de Bonne-Nouvelle; son unique succursale est aujourd'hui l'église de Saint-Vincent de Paul.

XII. ÉGLISE PAROISSIALE DE SAINT-BENOIT.

Cette église, située rue Saint-Jacques, n. 96, doit son origine à un oratoire ou chapelle élevé en l'honneur de saint Bacche et de saint Serge, martyrs de Syrie. Les savants ont conjecturé que cette chapelle existait au VIe ou au moins au VIIe siècle.

J'ai rappelé précédemment la singulière prétention de M. Dulaure, qui, entraîné par la ressemblance des noms, veut prouver que Bacchus avait un autel sur l'emplacement de cette église. Saint Bacche et saint

Serge sont deux saints martyrisés en Syrie, et leur culte dans les Gaules est fort ancien puisque Grégoire de Tours en parle; il a pu être introduit à Paris par Eusèbe-le-Syrien qui devint évêque de cette ville vers l'an 590. Ce culte se maintint si bien, qu'après le changement de nom et de patronage de l'église qui est le sujet de cet article, il n'en fut pas moins observé, et que jusqu'à la révolution, le jeudi saint, on chantait à Saint-Benoît les antiennes de saint Bacche et de saint Serge.

On ne sait rien de certain toutefois sur l'origine de l'église. Dubreuil, Sauval et plusieurs autres (1) ont prétendu qu'elle avait été bâtie dès le temps de saint Denis, et consacrée à la Sainte-Trinité par cet apôtre des Gaules. Belleforest (2) en avançant le même fait ajoute « que l'église fut depuis dédiée au bon père saint Benoît. » Adrien de Valois (3) soutient au contraire qu'on n'a aucune preuve que cette église existât avant l'an 1000. Ces deux opinions sont également éloignées de la vérité ; et il paraît certain que la chapelle primitive en l'honneur de saint Bacche et de saint Serge fut élevée sous la première race.

Le premier monument qui en fasse mention n'est pourtant que de 1050 environ ; c'est une charte par laquelle le roi Henri I donne au chapitre de Notre-Dame plusieurs églises situées dans le faubourg de Paris, dont quelques unes avaient été décorées du titre d'abbaye, entre autres celles de Saint-Étienne, de Saint-Severin et de Saint-Bacche, « lesquelles, ajoute cet acte, étaient depuis long-temps, *antiquitùs*, au pouvoir de ses prédécesseurs et au sien (4). Cette église de Saint-Bacche est celle qui porte aujourd'hui le nom de Saint-Benoît, et le mot *antiquitùs* prouverait qu'elle existait bien avant l'an 1000. Il paraît par le diplôme de Henri I que la cathédrale à laquelle le roi rendit cette église, avait eu sur elle, dans les siècles précédents, quelques droits de patronage que l'invasion des Normands lui avaient fait perdre.

A la date du diplôme de Henri I ou environ, se rapporte une scène assez bizarre qui se passa à Saint-Benoît, d'après Raoul Tortaire. Cet auteur raconte qu'une femme d'Arvincourt, outrée de voir l'avoué de l'église de ce lieu piller les biens qu'il aurait dû défendre, se rendit dans l'église de Saint-Benoît, et levant les draperies de l'autel, se mit à le frapper en criant : *Benoît, vieux paresseux, es-tu tombé en léthargie? Que fais-tu là? dors-tu? Pourquoi souffres-tu que ceux qui te servent soient outragés?* L'avoué, ajoute Raoul, fut bientôt puni de ses crimes (5).

---

(1) Dubreuil, pag. 257. — Sauval, t. I, p. 410. — *Chronol. hist. des curés de Saint-Benoît*, p. 4.
(2) *Cosmogr.*, p. 226.
(3) *Vales. de Basil. Paris*, p. 480-482.
(4) *Recueil des hist. de France*, t. XI, p. 378. *Nostræ potestati et antecessorum nostrorum antiquitùs mancipatus.*—V. Jaillot, t. IV, p. 109. Quart. *Saint-Benoît.*
(5) *Recueil des Hist. de Fr.*, t. XI, p. 484.

Dès le XIIe siècle, on trouve cette église désignée sous le nom de Saint-Benoît, ainsi que l'aumônerie ou l'hôpital voisin qui y fut réuni vers 1155. Cependant il ne faut pas que cette dénomination porte à croire, avec quelques historiens (1), que l'église ait été autrefois desservie par des religieux de Saint-Benoît. Il n'existe aucune preuve, comme l'observe Jaillot, qu'il y ait jamais eu en cet endroit un monastère de bénédictins; on n'y conservait aucune relique de saint Benoît, la fête du saint n'y était pas même anciennement célébrée; et l'abbé Lebeuf a très bien montré que le nom de Benoît n'était autre que celui de Dieu, *Benedictus Deus*, en vieux français *benoist Diex, saint Benedict, saint Benoist*. Dans les anciens livres d'église, on lit la *benoîte Trinité* pour la Sainte-Trinité, et *dominica benedicta*, l'*office Saint-Benoît*, l'*autel Saint-Benoît*, pour le dimanche de la Trinité, l'autel de la Trinité, etc. Ce n'est qu'au XIIIe siècle que l'on commença à accréditer cette fausse opinion qui fit regarder l'église de Saint-Benoît comme une ancienne abbaye de religieux de son ordre, et lui fit donner pour patron le fameux abbé du mont Cassin.

Louis VIII, par un acte de 1138, donna une obole de cens à l'aumônerie de Saint-Benoît, qui est dit dans l'acte située dans le faubourg de Paris près du lieu dit les *Thermes* (2).

Les historiens de Paris sont peu d'accord sur l'époque où la chapelle de Saint-Benoît, devenue collégiale après la donation de Henri I, réunit à ce titre celui de paroisse, par l'admission d'un chapelain chargé d'administrer les sacrements. Jaillot a prouvé que ce ne pouvait être postérieurement à 1185, année de la mort de Luce III, puisque Étienne de Tournay dans une de ses lettres, parle à ce pape d'un chapelain de Saint-Benoît, *capellanus Sancti-Benedicti*, nom qui à cette époque désigne toujours le curé comme ceux de *presbyter*, *capicerius*, etc.

On ignore pourquoi le chevet de l'église de Saint-Benoît, contre l'usage établi, était autrefois tourné vers l'occident. Cette situation fit donner à l'église le nom de Saint-Benoît *le bétourné*, c'est-à-dire *mal tourné, malè versus*, comme on lit dans les actes latins du XIIIe siècle. L'auteur de la pièce *des Moustiers* de Paris désigne ainsi cette église :

> Saint Bencois li bestornez
> Aidiez à toz mal atornez. (A tous les pauvres malheureux) (3).

Depuis, cette église fut appelée, au contraire, *Saint-Benoît le bien tourné, benè versus*.

---

(1) Brice, t. III, p. 35.—Piganiol, t. V, p. 393. Raoul de Presle émit sans doute le premier cette opinion, au XIVe siècle, dans son commentaire sur saint Augustin, où il dit que saint Denis, après avoir fondé l'église de Saint-Benoît, y plaça des moines.
(2) *In suburbio Parisiensi juxta locum qui dicitur Thermæ*, t. III, p. 91.
(3) Fabliaux de Méon, t. II, p. 388.

L'édifice ayant été en partie reconstruit sous le règne de François I en 1517, plusieurs des historiens de Paris ont prétendu que l'autel fut alors placé à l'orient, et que c'est à cette époque que ce changement de dénomination eut lieu; mais il est probablement plus ancien, car plusieurs actes des XIVe et XVe siècles, cités par l'abbé Lebeuf (1), désignent déjà ce monument avec cette dernière qualification : *Sanctus-Benedictus benè versus* (2).

Dubreuil raconte que le 11 juillet 1364, jour de la translation de Saint-Benoît, les chanoines de la cathédrale se rendirent en procession dans cette église. « Les chanoines de céans les avertirent qu'ils n'eus-
» sent à rien attenter au préjudice de leurs priviléges; qu'il étaient un
» corps collégial de chanoines, exempts de temps immémorial de la
» sujétion et correction de l'église cathédrale de Paris. Que pour re-
» marques (preuves), ils avaient un coffre commun, un sceau commun,
» et un chapitre où ils s'assemblaient toutes les semaines une fois ou
» plusieurs, selon les occurrences des affaires ou pour la correction des
» fautes; qu'ils avaient justice temporelle et spirituelle, officiers pour
» l'exercice d'icelle, et prisons pour coërcer les délinquants. Le tout
» bien autorisé par priviléges des roys de France et confirmé par les
» papes. » Malgré ces remontrances, les chanoines de Notre-Dame entrèrent dans l'église, dirent la messe à la chapelle Saint-Nicolas, entrèrent au chœur réservé aux chanoines de Saint-Benoît, et après avoir chanté une antienne de saint Benoît, ils firent lire un acte tendant à prouver les droits du chapitre de Notre-Dame. Les chanoines de Saint-Benoît voulurent faire dresser acte de ces violences par leur notaire, maître Jean Leclerc. Mais à sa vue, le tumulte fut si grand, qu'il ne « put estre ouy, et se ruant sur luy le jettèrent par terre, le foullèrent » aux pieds et le menèrent prisonnier à Nostre-Dame de Paris (3). »

Un procès s'éleva entre les chapitres de la cathédrale et de Saint-Benoît, et après trente ans de plaidoiries, un arrêt du parlement du 19 février 1395 reconnut les immunités de cette dernière église, condamna le chapitre de la cathédrale à des réparations envers Jean Leclerc, et à une amende pour le roi et le chapitre de Saint-Benoît.

Le chapitre de Saint-Benoît était composé de six chanoines qui devaient être nommés par un pareil nombre de chanoines de Notre-Dame, d'un curé et de douze chapelains choisis par le chapitre. Les chapellenies y étaient assez nombreuses; l'une d'elles, celle des Morts, devait son origine à Jean Voisin et à sa femme, qui, en 1260, convinrent de

---

(1) Jaillot, t. I, p. 216.
(2) Sauval se trompe en disant qu'après le changement de place de l'autel l'église fut appelée *Saint-Benoît le bistourné*, parce qu'il avait été tourné deux fois. On ne lit *bistourné* dans aucun acte ancien. C'est sans doute le mot *bestourné*, que Sauval aura mal lu. — (3) *Antiquités de Paris*, p. 152.

fonder une chapelle de ce nom dans l'église où le premier des deux serait enterré, en la dotant de trente livres.

Saint-Benoît renfermait les cendres ou les monuments sépulcraux de plusieurs hommes célèbres, parmi lesquels on peut citer Dorat, surnommé de son temps le Pindare français, mort en 1588; René Chopin et Jean Domat, jurisconsultes fameux des XVIe et XVIIe siècles; Pierre Brulard, secrétaire des commandements de Marie de Médicis, puis secrétaire d'État; Guillaume Château, habile graveur, maître de Saint-Monceau qui le surpassa; Jean-Baptiste Catelier, de Nîmes, professeur royal en langue grecque, l'un des plus savants hommes de son temps, mort à Paris en 1686; Claude Perrault, médecin, auteur et surtout architecte distingué; Charles Perrault, frère du précédent, auteur des fameux *Contes des Fées*, si chers au jeune âge, mort en 1703; Michel Baron, comédien, mort en 1729, après avoir reçu les sacrements de l'Église; René Pucelle, d'abord militaire, puis abbé de Corbigny, et conseiller au parlement, célèbre par son opposition au parti de la cour après la mort de Louis XIV; enfin Marie-Anne des Essarts, à qui son mari, Frédéric Léonard, le plus riche libraire de son temps, avait fait élever, en 1706, un petit monument par Vancleur, et sur les dessins d'Openor.

La cuvette des fonts baptismaux de cette église était remarquée des connaisseurs; elle était formée d'une pierre blanche très dure, et ornée d'arabesques d'un travail élégant; un socle carré, orné de bas-reliefs très délicats, supportait le bassin. Ce monument, ouvrage du plus beau temps de la sculpture de la renaissance, fut transporté, à la révolution, au Musée des monuments français.

Jean Boucher, l'un des prédicateurs les plus séditieux de la Ligue, était curé de Saint-Benoît. Pierre d'Hardivilliers, l'un de ses successeurs, devint archevêque de Bourges en 1639. Claude Gruet, curé de la même église en 1702, institua dans sa paroisse des petites écoles de charité. Le chapitre de Saint-Benoît compte parmi ses membres Jean de Rocoles et Jean Grancolas, auteurs de plusieurs ouvrages.

Le vaste cloître de Saint-Benoît recevait, au moyen âge, dans ses granges, après la moisson et les vendanges, les redevances en grains et en vins dues aux chanoines; le chapitre de Notre-Dame avait aussi une grange dans ce bâtiment pour déposer celles qu'il percevait dans les environs; enfin dans le même lieu on tenait un marché public au temps de la récolte. Saint Louis permit aux chanoines de Notre-Dame de percevoir dans le marché un droit sur le pain et sur le vin (1).

Le cimetière de Saint-Benoît était autrefois derrière l'église, au lieu où est aujourd'hui la place Cambrai. Transféré, en 1615, derrière le

---

(1) Lebeuf, t. I, p. 215.

collége Royal, il ne fut supprimé qu'à la révolution avec tous les cimetières intérieurs.

L'église de Saint-Benoît, fermée en 1813, servit de dépôt de farines. On a établi plus tard dans ce bâtiment le théâtre du Panthéon.

XIII. SAINT-MARTIAL. SAINT-ÉLOI. LES BARNABITES.

L'église Saint-Martial était située rue Saint-Éloi, près du cul-de-sac Saint-Martial. Avant d'entamer l'histoire et la description de ce monument, aujourd'hui détruit, il ne sera peut-être pas inutile de rapporter ici quelques particularités sur son fondateur. Voici des détails biographiques assez curieux que nous a transmis Malingre, au sujet de saint Eloi, dont l'histoire se rattache d'une manière toute particulière à celle de Paris (1) :

« Saint Eloi nasquit au village de Cataillac, à trois lieuës de Limoges. » Son père s'appeloit Euchere, et sa mère Theorigie, laquelle estant » enceinte de luy vit plusieurs fois un aigle voler sur son lict ; ce qui » fut observé comme un prognostique certain de sublime sçavoir et » de la piété singulière de cet enfant : lequel fut nommé Eloy, comme » esleu de Dieu, pour servir de modelle à tous ceux qui veulent chres- » tiennement vivre dans le monde, et se rendre parfaits dans leur » condition : car il fut très fidelle marchand, très sage ministre d'estat, » et très vertueux prélat ; sainct dans une boutique, sainct dans la » cour royalle, et sainct dans l'Eglise. »

Il fit son apprentissage chez un orfévre de Limoges, nommé Abdon, puis il vint à Paris, et fut reçu « dans la maison du *trésorier général* » *de France*, où le roy Clotaire, deuxiesme de ce nom, l'ayant veu il » le prit en affection ; et sçachant qu'il estoit orfévre et très expert en » son art, il luy commanda de faire un chef-d'œuvre, et luy fit déli- » vrer par poids l'or et l'argent nécessaire. Cette matière se multiplia » divinement entre ses mains, de sorte qu'au lieu d'un ouvrage il en » fit deux, chascun de mesme poids qu'on luy avoit livré pour en faire » un seulement. »

Ce miracle et plusieurs autres que Dieu opéra par ses prières, le mirent en tel crédit, que Clotaire et Dagobert, son successeur, firent de ce saint homme leur confident et leur ministre. « Nous avons pour » marque de sa piété, ajoute Malingre, les châsses de sainct Denys » et de ses compagnons, de saint Lucian, et de plusieurs autres mar- » tyrs, diverses croix, calices et vases sacrés, qu'il a fait et élabouré » de ses propres mains. »

Dagobert, pour le récompenser de sa fidélité, lui avait fait don

---
(1) Malingre, p. 130.

d'une maison assez étendue, située vis-à-vis du Palais; saint Eloi conçut le projet d'y établir un hôpital; mais, pour des motifs que nous ignorons, il aima mieux y construire un monastère pour les femmes, et il le bâtit en effet sous l'invocation de saint Martial, évêque de Limoges (1). Si l'on en croit l'abbé Lebeuf, l'église de Saint-Martial existait déjà, elle était même assez ancienne à cette époque : « Le » texte de la vie de saint Eloy, écrite par saint Ouen, évêque » de Rouen, son contemporain, donne à entendre que saint Eloy » ne fit que réparer et renouveler une église du titre de Saint-Mar- » tial, évêque de Limoges, d'où l'on conclut qu'elle a existé avant » lui, et qu'elle était déjà ancienne de son temps; mais on ignore » par qui elle pouvait avoir été construite (2). » Mais Lebeuf ne donne aucune preuve à l'appui de ce qu'il avance. Saint Ouen, il est vrai, ami et biographe de saint Eloi, dit qu'il construisit, ou plutôt qu'il renouvela l'église de Saint-Martial, *ædificavit, immò renovavit* (3).

Mais le culte de ce saint ne s'était pas encore propagé en dehors de l'Aquitaine; il faut donc supposer que saint Eloi, né à Limoges, qu'il habita d'abord, apporta avec lui quelques unes des reliques de saint Martial, et les plaça dans l'oratoire qu'il avait élevé dans sa maison, et que, lorsqu'il construisit son monastère, il fit bâtir une église sous son nom. La chapelle qu'il avait construite, il la renouvela, l'agrandit, et la convertit en église. Voici ce que dit saint Ouen au sujet de cette fondation : « Il bâtit, ou plutôt il répara une église en » l'honneur de saint Martial, évêque de Limoges, et confesseur, et » l'ayant bien revêtue, il la fit couvrir de plomb (4). » Cette église, comme celle de Saint-Paul, fut restaurée à plusieurs reprises, mais ni l'une ni l'autre, au temps de Sauval, à qui nous empruntons ce détail, n'étaient plus couvertes de plomb (5).

Cette explication du passage de saint Ouen paraîtra sans doute la seule admissible, surtout quand on aura réfléchi qu'avant lui il n'est pas question du monastère de Saint-Éloi dans notre histoire. Grégoire de Tours, qui mourut 36 ou 38 ans avant sa fondation, en aurait parlé, si, comme le dit l'abbé Lebeuf, elle eût été *ancienne*; Adrien Baillet (6), qui adopte l'opinion de ce dernier auteur au sujet d'une église de Saint-Martial déjà existante, réparée par saint Éloi, et dans laquelle furent placées les reliques venues de Limoges, ne fait mention ni de l'*élévation* du corps de saint Martial, ni de sa translation; enfin le nom même de ce saint évêque ne se trouve pas dans les martyrologes antérieurs au IXe siècle.

---

(1) Jaillot, *Rech. sur Paris*, t. I, p. 18.—(2) *Hist. du dioc. de Paris*, t. II, p. 494. —(3) S. Audoënus, *in vitâ sancti Eligii*. — (4) *Vie de saint Eloi*, trad. de Sauval.— (5) Sauval, IV, p. 276.—(6) Baillet, au 1er décembre.

Le monastère dont nous parlons fut bâti, suivant l'opinion de Le Cointe (1), vers l'an 632; selon les auteurs du *Gallia christiana* (2), en 633; et suivant Corrozet (3), en 635. Ce lieu devint si célèbre que sa réputation y attira une foule de pieuses filles, et de Paris et des provinces; on en fait monter le nombre à trois cents.

Saint Éloi leur donna la règle de saint Colomban de Luxeuil, si nous en croyons Jonas de Bobbio (4), dont Baillet adopte l'opinion; selon d'autres auteurs (5), ce fut la règle de saint Césaire d'Arles, faite pour des filles, et qu'on pratiquait alors à Sainte-Croix de Poitiers et en d'autres lieux. « Mais, dit Lebeuf, ne peut-on point dire que les reli-
» gieux qui desservaient le monastère de Saint-Martial de Paris ob-
» servèrent la règle de saint Colomban, et les religieuses celle de saint
» Césaire ? »

Saint Éloi plaça à la tête de sa nouvelle communauté la vierge Aurée (sainte Aure). Mais le nombre de ces saintes femmes força bientôt le fondateur de l'établissement à agrandir les bâtiments du monastère, et il eut recours alors à la bienveillance que le roi lui avait toujours témoignée; il voulut en obtenir une partie du terrain qui lui était nécessaire, et sa demande lui fut aussitôt accordée. Saint Ouen raconte que ce terrain ayant dépassé d'un pied l'étendue demandée, saint Éloi courut se jeter aux pieds de Dagobert, comme pour se faire pardonner un grand crime; Dagobert, surpris d'une probité si rare et d'une telle fidélité, récompensa son serviteur en lui donnant le double de ce qu'il lui avait déjà accordé.

L'abbé Lebeuf, en parlant de cette concession, dit : « Au reste,
» il fallait que la maison de saint Éloi fût grande, puisque ce monas-
» tère contenait trois cents religieuses. » Et plus loin : « On peut juger
» en passant combien la cité de Paris était peu peuplée alors, si
» l'orfèvre du roi avait à lui tant de terrain (6). » Lebeuf a eu tort de s'avancer ainsi; l'enceinte du monastère était circonscrite par les rues appelées aujourd'hui *de la Barillerie, de la Calandre, aux Fèves* et *de la Vieille Draperie*, et tous les titres donnent à cet emplacement le nom de *Ceinture de Saint-Éloi* ; mais la maison de saint Éloi n'était pas aussi vaste qu'on le donne à penser, puisqu'au rapport de l'abbé Lebeuf lui-même (7), elle était entourée de tous côtés par des édifices ou par des terres du fisc (8).

C'est à l'usage où l'on était d'abord de bâtir des chapelles et des oratoires, près des monastères et des basiliques, qu'il faut vraisem-

---

(1) *Ann. eccles.*, t. II, p. 856. — (2) *Gall. christ.*, t. VII, col. 281. — (3) Corroset, fol. 35, recto. — (4) *In vitâ sancti Eustachii*, cap. 17. — Baillet, *ibid.* et au 4 octobre.
—(5) *Gall. chr. ib.*— Lebeuf, t. II, p. 495.—(6)*Hist. du dioc. de Paris*, t. II, p. 494-495.
—(7) *Ibidem.* — P. 494. « Il est clair que c'était sur le terrain du fisc..... » — (8) Voyez Jaillot que nous suivons pour toute cette dissertation, t. I, p. 20 et 21.

blablement reporter l'origine des églises de Saint-Pierre-des-Arcis et de Sainte-Croix, dont nous parlerons plus tard, et des autres églises qui dépendaient de celle de Saint-Éloi.

Ce monastère s'appela d'abord *Saint-Martial*, et on joignit ensuite à ce nom celui de *Saint-Éloi*. En 871, c'est sous ce dernier nom seulement qu'il était connu (1). A la prière d'Ingelvin, évêque de Paris, Charles-le-Chauve donna à l'église cathédrale tout droit de juridiction sur cette abbaye. Ce diplôme, en date du 4 des ides de mai, indiction 4, l'an 6 du règne de Charles (il faut lire 31), fut confirmé par Louis-le-Bègue en 878 (2); Cette abbaye porta aussi le nom de *Sainte-Aure*, qui en avait été la première abbesse; on l'appelait alors *de Saint-Éloi et de Sainte-Aure* (3); le corps de cette sainte y avait été rapporté du cimetière de Saint-Paul quelques années après sa mort, qui arriva en 666. Mais quant aux noms de *Saint-Martial et Saint-Éloi*, ou à ceux de *Saint-Martial et Sainte-Valère*, que lui ont donnés Malingre (4) et Sauval (5), je ne les ai trouvés mentionnés nulle part.

Un extrême relâchement se fit sentir dans les mœurs de ce monastère, et le scandale devint si grand que Galon, évêque de Paris, fut forcé d'avoir recours à des mesures sévères, et usa de toute son autorité pour remédier à un aussi grand mal. On dispersa les religieuses dans plusieurs monastères éloignés. Si l'on en croit Corrozet, Dubreuil et Bellefrest (6), elles furent transférées dans les abbayes de Montmartre et de Saint-Antoine-des-Champs; mais ces monastères n'existant pas alors, il faut regarder cette opinion comme entièrement inadmissible.

A cette occasion nous ferons remarquer que plusieurs couvents de femmes, par la même raison d'incontinence, furent donnés à des moines ou à des chanoines (7); nous citerons celui d'Argenteuil, fondé par Adelaïs, mère du roi Robert (8). Cent ans après sa fondation, c'est-à-dire en l'an 1129 environ, suivant Guillaume de Nangis, les religieuses furent chassées de ce monastère, qui fut rendu à Suger, abbé de Saint-Denis, pour y établir des moines. L'année précédente, 1128, « la lubricité des nonnains de Saint-Jean-de-Laon les fit chasser : » témoin Sigibert en sa chronique (9). » C'est ainsi qu'Ives, évêque de Chartres, instruit de la dépravation des religieuses de Farmoutier, écrivait à Gauthier, évêque de Meaux, « que s'il ne peut les induire à » résipiscence et à vivre chastement, il les translate en autres maisons » réformées, et en leur lieu mette de bons religieux. »

---

(1) *Hist. eccl. Par.*, t. I, p. 498. — Pastoral B, p. 54; et D, p. 101. — (2) *Baluzii capitular.*, t. II, col. 1493. — Past. B, p. 77; et D, p. 92. — (3) *Trésor des chartes* (Champagne). — (4) Malingre, liv. I, p. 131. — (5) Sauval, t. I, p. 384. — (6) Corrozet, fol. 35. — Dubreuil, p. 99. — Bellefrest, p. 213. — (7) Malingre, p. 132. — (8) Helgaldus, *Vita Roberti*. — (9) Malingre, p. 132.

C'est alors que l'abbaye de Saint-Éloi fut donnée par Galon, évêque de Paris, à Thibaud, abbé de Saint-Pierre-des-Fossés, sous la condition, qu'il y placerait un prieur et douze religieux de son ordre, soumis toutefois à la juridiction de l'évêque. Ce changement s'accomplit en 1107; Philippe I le confirma la même année (1).

Plusieurs écrivains (2) ont cru que le monastère de Sainte-Aure était double, ce qui veut dire que, outre la communauté de religieuses, il en existait une d'hommes qui avait pour abbé Quintilien, qualifié de bienheureux par les anciens monuments. Cette communauté d'hommes se chargeait d'éclairer les âmes et les consciences des saintes femmes, de leur administrer les sacrements et de surveiller leurs intérêts.

Nous voyons à la vérité, dans la vie de saint Eloi, écrite par saint Ouen (3), que l'abbé Quintilien fut inhumé à Saint-Paul, qui était à cette époque la chapelle du cimetière des religieuses de Sainte-Aure; mais cet historien ne nous a pas appris de quel monastère Quintilien était abbé, et il ne nous donne pas à entendre qu'il y en eût un à Saint-Paul pour les hommes. L'opinion des auteurs que j'ai cités ne s'appuyant sur aucun document, nous la regarderons comme une simple conjecture qui ne s'appuie que sur l'usage adopté dans ce temps. Au surplus, Quintilien pouvait bien être le directeur ou le chapelain de cette communauté, sans qu'il existât pour cela une classe d'hommes qui exerçassent les mêmes fonctions.

J'ai dit ailleurs, et peut-être ne sera-t-il pas inutile de le rappeler ici, que les mots *abbé*, *abbaye* et *monastère* n'ont pas toujours eu la signification que nous y attachons de nos jours; voilà pourquoi le titre d'abbé signifie peut-être ici l'administrateur ou le chapelain de l'oratoire Saint-Paul. S'il y avait eu des religieux sous sa direction, saint Ouen, comme l'a remarqué Jaillot, n'en aurait-il pas parlé? Se serait-il renfermé dans un absolu silence au sujet de ce double établissement de Saint-Éloi (4)?

On ne sait rien sur les abbesses de ce monastère, et nous n'en connaissons que deux depuis Sainte-Aure : Asceline, dont l'obit est fixé au 9 février dans le nécrologe de cette maison composé au XIIIe siècle; et Hadvise, qui, dit-on, vivait l'an 1102 (5). Quant aux religieux ou prêtres desservants, ils étaient tenus d'assister aux processions de Notre-Dame, aux Rogations et à l'Ascension, et aux inhumations des chanoines, depuis que l'abbaye fut sous la dépendance de la cathédrale. Le cha-

(1) *Cart. S. Eligii.—Hist. eccl. Paris*, t. I, p. 766. — *Recherches sur Paris*, t. I, p. 22. — (2) Mabillon, *Ann. Bened.*, t. I, pag. 771. — *Gall. chr.*, t. VII, pag. 282.— Lebeuf, t. II, p. 495.—Félib. t. I, p. 51.—(3) *Vita sancti Eligii*, lib. I, cap. 18. — (4) Voyez pour cette dissertation Jaillot, *Recherches sur Paris*, t. I, p. 23. —(5) *Hist. eccles. Paris*, t. I, p. 688.

pitre de Notre-Dame était tenu lui-même de venir à Saint-Ouen en procession à la fête de ce saint, et de même à l'église Saint-Paul. C'est dans cette circonstance que l'on faisait aux chanoines la *past*; c'était une distribution d'une certaine quantité de chair de porc ou de mouton, de vin et de blé, qu'on trouve spécifiée dans une charte de l'année 1107 (1). Ce que nous venons de dire à l'égard des processions, des religieux ou prêtres desservants, nommés en latin *conventus monasterii*, pourrait s'appliquer aussi aux religieuses de chœur du monastère. Au moyen âge il n'était pas rare de voir les religieuses quitter leur cloître pour venir en procession dans la cathédrale de la ville qu'elles habitaient.

Nous n'abandonnerons pas l'examen des différentes opinions qui ont fait de la communauté de Saint-Éloi un monastère double, sans citer celle d'un historien moderne, M. Michelet. Il pense que le monastère de Saint-Martial, fondé à Paris au centre de la Cité, fut à la fois un couvent d'hommes et un couvent de femmes, ou plutôt il paraît accepter ce fait comme constant, sans en discuter la réalité. « L'histoire de ce couvent, ajoute-t-il, serait très curieuse à suivre, car la lutte s'engagea souvent entre les religieux de Saint-Martial et l'église de Notre-Dame. Au XIIe siècle, à l'époque où *l'école du Parvis* résistait à l'école de Sainte-Geneviève, Notre-Dame finit par l'emporter, et l'abbaye dont nous parlons fut détruite. Après un temps assez long, et par suite du mélange des deux sexes, des mœurs déréglées s'étaient introduites dans le couvent, et ce dernier motif explique, suivant M. Michelet, l'animosité de la cathédrale contre l'abbaye, et la ruine de cette dernière.

Au commencement du Xe siècle, si l'on en croit quelques écrivains, l'église de l'abbaye de Saint-Éloi souffrit un démembrement; une partie en fut séparée et prit le nom de Saint-Martial, ancien nom du monastère. Entre cette église et celle de Saint-Éloi où les dames officiaient, il s'était formé un passage public; c'est à cette circonstance autant qu'aux guerres des Normands, qui finirent à peu près à cette époque, qu'on peut attribuer le relâchement des mœurs dans cette communauté (2).

On peut penser généralement que ce fut peu de temps après l'arrivée des moines de Saint-Maur à Saint-Éloi, que la partie de l'église qu'on appelait Saint-Martial fut érigée en paroisse. L'évêque Maurice de Sully, il est vrai, ne lui donne en 1195 que le nom de chapelle; mais

---

(1) Lebeuf, t. II, pag. 496. Voici en quoi consistaient ces repas à fournir aux chanoines: Six cochons gras, deux muids et demi de vin à la mesure du cloître, et trois setiers de froment pour le premier repas. Huit moutons, deux muids et demi de vin pour le second; pour ce dernier repas, le couvent de Saint-Éloi devait payer de plus six écus et une obole.—*Histoire de Paris*, par Félibien, t. III, p. 140.

(2) Lebeuf, t. II, p. 497.

on doit dire qu'à cette époque *capella* signifiait quelquefois *parochia*, et qu'un curé était appelé souvent *capellanus*; quelquefois aussi on lui donnait seulement le titre de *presbyter* ou *sacerdos*. Cette remarque peut s'appliquer à Saint-Martial, comme nous le montrent des lettres de Philippe-Auguste de l'an 1191, dans lesquelles le curé et le vicaire de l'église sont ainsi désignés: *Ivo Sancti-Martialis sacerdos, et Ivo capellanus ejus* (1).

L'évêque Galon avait concédé l'abbaye de Saint-Éloi en 1107 aux moines de Saint-Pierre; mais cette concession finit en 1125. A cette époque, Thibaud, abbé de Saint-Pierre-des-Fossés, remit le monastère entre les mains d'Étienne de Senlis, évêque de Paris, donnant pour prétexte que sa conscience ne lui permettait pas d'en conserver plus long-temps la direction. Étienne resta pendant neuf ans à la tête du monastère; c'est pendant cette période que les chapelles de Saint-Pierre-des-Arcis, de Sainte-Croix, de Saint-Pierre-aux-Bœufs, et de Saint-Paul, furent, comme Saint-Martial, démembrées du monastère et érigées en paroisses (2). Ce dernier fait doit son origine à la détermination que prit le chapitre de Notre-Dame de ne plus faire servir la cathédrale de paroisse à toute la Cité; changement qui s'opéra vraisemblablement sous le règne de Louis-le-Gros (3).

La grande église, qui tombait en partie en ruines, fut séparée en deux par une rue encore existante et qui a gardé son nom de *Saint-Éloi*. Avec le chœur on forma l'église de Saint-Martial, et avec la nef on en construisit une autre; c'est sur une partie de cette dernière que fut bâtie l'église des *Barnabites*.

En 1134, Étienne transmit l'abbaye Saint-Éloi à Aiscelin, abbé de Saint-Pierre-des-Fossés, sous la condition qu'il y établirait un prieur et douze religieux, et qu'il rendrait à l'évêque et au chapitre de Notre-Dame les mêmes devoirs que leur avaient rendus autrefois les religieuses. Les religieux de Saint-Pierre portèrent dans le nouveau prieuré leurs usages et leur calendrier, où ils insérèrent les saints particuliers de l'ancienne abbaye et ses dépendances. Ils s'y maintinrent jusqu'en 1530, époque à laquelle l'abbaye de Saint-Pierre, appelée depuis *Saint-Maur-des-Fossés*, fut réunie, avec ses dépendances, à l'évêché de Paris. Depuis ce temps l'office fut célébré par cinq ou six prêtres séculiers, payés par l'évêque de Paris; enfin l'an 1629, sous l'épiscopat de Jean-François de Gondi, premier archevêque de Paris, cette église, qui tombait en ruines, fut donnée aux Barnabites, qui s'étaient chargés de la reconstruire. Ils se mirent à l'œuvre vers l'an 1640, après avoir renvoyé la confrérie des maréchaux, dont Saint-Éloi était le patron.

(1) *Tab. S. Eligii*, Moulins, n. 1. — (2) Jaillot, *Recherches sur Paris*, t. I, p. 24. — (3) Lebeuf, t. II, p. 49.

Les clercs réguliers de la congrégation de Saint-Paul, appelés *Barnabites*, tirent leur origine d'Antoine-Marie-Zacharie de Crémone, Barthélemy Ferrari et Jacques-Antoine Morigia de Milan. Ces trois personnages s'assemblèrent en 1530 pour réorganiser l'ordre des clercs réguliers, le premier de l'Eglise. D'après Malingre (1) cet établissement remonte au règne de Louis XII, alors duc de Milan, et de la reine Jeanne. Mais Louis XII ne fit la conquête du Milanais qu'en 1499; à cette époque il était marié à Anne de Bretagne, et la reine Jeanne s'était retirée à Bourges une année auparavant; Antoine-Marie-Zacharie ne vivait pas encore.

Cette congrégation avait été approuvée par le Saint-Père en 1533. Clément VII astreignit les clercs à faire les trois vœux ordinaires; ils devaient se consacrer aux missions et remplir toutes les autres fonctions du ministère sacré. Leur première chapelle à Milan avait été placée sous l'invocation de saint Paul, dont ils avaient pris le nom; mais ils obtinrent, en 1544, l'église de Saint-Barnabé, et on les appela dès lors Barnabites. Voilà l'origine la plus vraisemblable de ce nom que Malingre a dénaturé, comme il a fait pour l'origine de l'ordre lui-même (2).

Les prédications de ces clercs amenèrent de nombreuses conversions; ils s'étaient dévoués avec un grand zèle à combattre l'hérésie, aussi la province du Béarn les avait demandés, et Henri IV accorda leur établissement par des lettres patentes de 1608. Les espérances qu'on fondait sur eux ne furent pas trompées, et leur succès leur valut bientôt une maison à Montargis; elle leur fut donnée grâce au crédit de Deshyes, gouverneur de cette ville. Henri de Gondi, cardinal de Retz, dernier évêque de Paris, avait permis qu'ils s'établissent dans Paris; Louis XIII, par des lettres patentes du mois de mars 1622, les autorisait à fonder de nouveaux couvents dans toutes les villes de France. Ce ne fut qu'en 1629 que, par suite de diverses circonstances, ils purent profiter de cette permission. Ils commencèrent par se loger rue d'Enfer, puis au Marais; enfin, le 9 juin 1631, ils furent mis par l'archevêque de Paris en possession du prieuré de Saint-Éloi, changement qui fut confirmé par des lettres patentes du 11 décembre 1633. Quand on donna à ces religieux le prieuré de Saint-Éloi, il ne faut pas croire que tout le terrain compris dans ce qu'on appelait *la Ceinture* leur fut aussi concédé; on leur accorda seulement une église qui tombait en ruines, et quelques anciens bâtiments, ainsi que le préau qui servit ensuite de cloître; ils firent reconstruire successivement l'église et la maison qu'ils occupèrent. L'an 1672, on avait érigé à Passy une paroisse qui fut réunie à la communauté des Barnabites.

(1) *Antiquités de Paris*, liv. I, p. 136. — (2) Jaillot, *Recherches sur Paris*, t. I, p. 25.

Dans la rue de la Barillerie existaient autrefois trois ruelles, appelées dans les titres anciens ruelles *des Étuves-Saint-Michel*, *de Saint-Éloi* et *de la Seraine* ou *Sirène*; la première de ces ruelles passait à côté de la chapelle de Saint-Michel ; elle fut par la suite enlevée à la circulation et couverte; la seconde passait devant l'église Saint-Éloi. Les rues de la Calandre, de la Vieille-Draperie, de Gervais-Laurent, de Sainte-Croix, de la Savaterie, furent ouvertes dans l'étendue du monastère de Saint-Éloi. La dernière se trouvait devant l'église de Saint-Barthélemi.

Sous les Mérovingiens, presque toutes les abbayes possédaient, outre l'église principale, des oratoires situés dans différentes localités de leur enclos. Aussi on peut croire que les églises de *Sainte-Croix de la Cité* et de *Saint-Pierre-des-Arcis* doivent leur origine à saint Éloi lui-même, ou à quelque abbesse du monastère qu'il avait fondé (1).

Quand, après l'incendie arrivé à Paris en 1034, on répara les maisons et l'on donna aux rues un premier alignement, ces deux oratoires furent reconstruits près de l'ancienne clôture. Les religieuses, qui dès lors ne possédaient plus un enclos aussi vaste qu'auparavant, permirent de construire sur leurs terrains des bâtiments dont les habitants furent comptés parmi ceux qui devaient suivre les trois nouvelles paroisses (2).

Dans l'ancienne église il y avait anciennement une chapelle fondée en 1339 (3) par Guillaume de Vanves et Sanceline sa femme, en l'honneur de saint Jacques et de saint Maur; Guillaume Cerveau, élu des aides, lui fit plusieurs donations en 1417 (4). Plus tard, et par les soins du prieur Martin Fumée, on y construisit trois autres autels dont Étienne, évêque de Seez, fit la bénédiction le 24 juin 1489 ; il y plaça en même temps des reliques renfermées jusque là dans des châsses du couvent. L'an 1409 (5) Hugues Molin, doyen de la collégiale de Linas, fit une fondation à l'autel de Sainte-Anne (6) qui s'élevait derrière le grand-autel ; c'est dans cet endroit qu'il avait demandé d'être enterré.

On conservait dans cette église un grand nombre de reliques dont les plus remarquables étaient celles de sainte Aure et celles de saint Éloi. La première châsse de l'abbesse sainte Aure fut de bois et de verre; en 1421, frère Guillaume de Corbigny, prieur de Saint-Éloi, en fit faire une autre d'argent où l'on transporta les reliques de la sainte abbesse. Le 3 du mois d'avril, le dimanche des Rameaux, cette châsse fut portée processionnellement à Saint-Paul ; les évêques de Thérouanne et de

---

(1) Voyez Lebeuf, *Hist. du diocèse de Paris*, t. II, p. 498.

(2) « Il est probable, dit Lebeuf, que cette érection avait été faite vers le temps auquel les religieuses furent chassées du monastère, circonstance qui donnait plus de liberté d'agir. Aussi ces trois églises sont-elles nommées dans une bulle du pape Innonocent II, de l'an 1136, comme appartenant au monastère de Saint-Éloi. »

(3) *Invent*. F. 186. — (4) *Tab. S. Elig.* — (5) *Invent*. F. 187. — (6) *Tab. S. Elig.*

Beauvais, les abbés de Vezelay et de Saint-Crépin de Soissons, avec une foule de prélats et de nobles et une grande multitude de peuple; assistèrent à la cérémonie. Elle se convertit bientôt en usage, et chaque année, le même jour, on porta en procession à Saint-Paul la châsse de sainte Aure. C'est à Saint-Paul que, comme on le sait, la sainte avait d'abord été inhumée. Isabeau de Bavière, femme de Charles VI, donna quarante marcs d'argent pour faire ou pour aider à faire cette châsse de sainte Aure (1).

Piganiol a prétendu qu'on montrait dans la sacristie le psautier de sainte Aure, mais cet écrivain est dans l'erreur : le livre auquel on donnait ce titre était un évangéliaire, dont l'écriture remontait seulement au règne de Charles-le-Simple, et où se trouvait une liste des stations de l'église de Rome. Ce qu'on voyait de plus ancien, après cet évangéliaire, dans la bibliothèque de Saint-Éloi, consistait en un certain nombre de livres d'office d'une écriture des XIIIe et XIVe siècles.

Des constructions du moyen âge, il n'était resté que la tour qui servait de clocher. Cette tour était fort basse; elle avait été construite vers l'année 1200, à une époque où l'on ne voyait dans le voisinage que des maisons à un ou deux étages au plus. Près de ce monastère s'élevait encore, en 1447, dans la rue de la Savaterie, une masure qui, si l'on en croit des bruits populaires, était le reste du *four de madame sainte Aure*, et dont il est question dans la vie de cette sainte femme.

Comme l'église de Saint-Éloi était voisine du palais, les avocats, au siècle dernier, la choisirent pour y entendre la messe quand ils avaient terminé leurs plaidoiries. D'après la permission accordée, le 23 avril 1721 par le cardinal de Noailles, on y célébra en leur faveur une messe basse à midi (2).

Le monastère de Saint-Éloi a joui d'une telle célébrité, que nous

---

(1) « Outre laquelle, dit Malingre en parlant de cette châsse, il y a son chef
» d'argent doré, une crosse d'ivoire, et un livre des Évangiles, que l'on tenait avoir
» servi à ladite sainte, comme aussi un bras et une petite tête d'argent, dans laquelle
» sont renfermés des ossements de saint Éloi; de plus, un autre reliquaire rempli des
» pincettes du même saint, par l'attouchement desquelles les femmes en leur travail
» reçoivent du soulagement. Il y a encore une caisse de bois, couverte honnêtement,
» en laquelle se trouve une chemise doublée d'un cilice, que l'on dit avoir servi à
» sainte Aure; une couverture de lit piquée et tachée de sang, que l'on croit être de
» saint Éloi, qui était sujet à saigner du nez; un soulier du même saint. Et pour
» faire voir que ces choses ne doivent point être négligées, il n'y a pas long-temps
» qu'une certaine personne, cogneue de tout le voisinage, esmeue de curiosité, ou
» autrement, trouva le moyen de dérober ledit soulier, et l'emporta chez soi; mais
» devenant comme enragée, elle fut contrainte de le remettre ès mains du sacristain,
» auquel elle confessa le fait cy dessus. Bref dans la mesme caisse l'on voit plusieurs
» reliques, dont quelques billets sont d'écorce d'arbre, et dessus escrits en lettres in-
» cogneües. » *Antiquités de Paris*, p. 133. — (2) *Reg. archiep.*

sommes presque dans l'obligation de donner ici un catalogue des prieurs qui l'ont gouverné; nous l'emprunterons à l'abbé Lebeuf, mais avec moins de développements (1).

Rainaud, premier prieur, contemporain de Thibaud, abbé des Fossés. Il obtient de Louis VI, en 1114, un privilége pour les maisons construites sur le terrain dont se composait l'ancien enclos du monastère.

Samson, second prieur, gouvernait la communauté en 1140. — *Haymon* (1170). — *Isembard* (1187). — *H.* (1210). — *Ansel* (entre 1210 et 1214).

Gaucher (prieur vers la même époque, peut-être en 1227). — *Geoffroy* (1243). — *J.* (prieur en 1259). — *Hervé* (mort le 29 novembre). — *Adam* (mort vers la fin du XIIIe siècle, le 25 juin). — *Adam de Fontaines* (on a de lui des baux de 1307 et 1318, mort le 7 juillet...... — *Jean de Boolay* (1323), mort le 1er février...... — *Pierre Grecle* 1353. Dans un bail du 17 avril 1354, il s'intitule chapelain du Saint-Siége de Rome. — *Pierre Berseure*, ou Bresseure, ou Bersuyre, prieur en 1354, un des célèbres écrivains du règne du roi Jean; il est auteur d'un *Reductorium morale*, œuvre immense qui a été imprimée; mort en 1362 (2).

Pierre Philippeau, fut prieur dès le 20 septembre 1362. Il avait fait écrire de nouveau le cartulaire de la maison. — *Guillaume de Corbigny*. « Guillaume, dit Lebeuf, détacha en 1420 une rente de sa mense,
» et l'attribua au couvent pour engager les religieux à dire le *De*
» *Profundis* après les grâces du souper; pour avoir de quoi les chauf-
» fer durant le carême, et pour augmenter leur pitance le jour de
» Saint-Germain de Paris, à cause qu'il avait été nourri dans le fau-
» bourg du nom de ce saint. »

Michel de La Houssière. Des actes, depuis 1441 jusqu'en 1448, lui donnent le titre de prieur.

Jean Le Munier (mort en 1458). — Il fut fait administrateur perpétuel du prieuré de Saint-Éloi. Dès lors le chemin fut ouvert aux administrateurs perpétuels, ou prieurs commendataires, et l'on vit plusieurs prélats le devenir successivement dans ce prieuré; on cite les noms de *Jean Le Denoys* (mort en 1462). — *Jean Balue*, évêque d'Evreux, prieur en 1466. — *Jacques de Caulers* (prieur en 1480).

(1) Lebeuf remarque que le catalogue de ces prieurs, inséré dans le *Gallia christiana*, n'est pour ainsi dire qu'*ébauché*.

(2) Si l'on en croit Sauval (t. I, p. 509 et 510) ce savant personnage, connu dans la science sous le nom latin de *Petrus Berchorius*, fut enfermé à Saint-Victor dans une tour où l'on emprisonnait ceux qui méritaient une correction. « Cette tradition, dit
» l'abbé Lebeuf, aurait pu venir de ce qu'on aurait mal pris sa retraite en sa maison,
» rue des Murs, près la porte Saint-Victor. » — *Hist. de la ville et du diocèse de Paris*, t. II, p. 503.

Martin Fumée, religieux, gouverna seul en 1488. *Jean de Fontenay*, professeur en théologie, mort le 21 juin 1505. Il obtint de Rome des lettres d'excommunication, pour obliger de déclarer les acquisitions faites sur la censive ; mais le parlement le força de s'en désister.

Imbert de la Platière, d'abord prieur commendataire, puis évêque de Nevers. Il est qualifié évêque dans un acte du 10 juillet 1508.

François de Clèves, prieur en 1514, mourut en 1535. Après lui le prieuré devint la propriété des évêques et archevêques de Paris.

L'église de Saint-Martial étant entièrement ruinée, Louis XV avait accordé, en 1715, une loterie pour la faire rebâtir. « La mauvaise ges» tion des deniers, qui arriva, dit Lebeuf, quand on voulut rebâtir » Saint-Martial, en conséquence de cette loterie, a été cause que l'on » l'a abattu, et que les paroissiens ont été attribués à l'église Saint-» Pierre des Arcis (1). »

Le 12 juin 1418, les agents de la faction des Bourguignons ameutèrent les Parisiens contre les Armagnacs ; déjà le comte d'Armagnac, connétable de France, le chancelier de Marle, son fils, l'évêque de Coutances, avaient été égorgés dans la prison de la conciergerie du Palais, lorsque les meurtriers quittèrent ce dernier lieu pour courir à la prison de Saint-Éloi où tous les détenus furent massacrés à coups de hache. Un seul échappa, c'était Philippe de Vilette, abbé de Saint-Denis ; revêtu de ses ornements sacerdotaux, et agenouillé devant l'autel de la prison, il tenait l'Eucharistie entre ses mains ; c'est à ce stratagème qu'il dut la vie (2).

Quand Charles V voulut établir les religieux de Saint-Antoine à Paris, le curé de Saint-Paul, en sa qualité de chef paroissien, et le prieur de Saint-Éloi, comme seigneur du terrain occupé par ces religieux, s'opposèrent, selon l'usage, à leur établissement : on fut obligé de négocier, d'accorder des rentes, et après plusieurs concessions, on put s'entendre à l'amiable avec le curé et le prieur.

Quelque temps après sa mort, arrivée le 4 octobre 666, sainte Aure fut canonisée, et on bâtit en Italie une église en son honneur, près l'embouchure du Tibre (3). Cinq ans après environ, son corps fut transporté, *par révélation divine* (4), de Saint-Paul en l'église de Saint-Éloi, où il reposa depuis ; à cette translation assistèrent Rodolurt, évêque de Paris, et un autre évêque, venu tout exprès de la Syrie, patrie de la sainte, pour accompagner une dame aveugle qui avait appris, au moyen de la révélation, qu'elle guérirait par l'attouchement des reliques de sainte Aure. Mais cette dame ne put conti-

---

(1) *Hist. de la ville et du dioc. de Paris*, t. II, p. 498. — (2) Cet abbé est appelé par l'auteur du *Journal de Paris*, très faux papelard. — Voyez Dulaure, t. III, p. 225. — (3) Voyez Baronius, t. VIII, *Ann.* — (4) Malingre, p. 131.

nuer son voyage jusqu'à Paris à cause d'une infirmité, et le prélat qui l'accompagnait poursuivit son chemin. Après la translation, il emporta le bras de sainte Aure, qui laissa échapper du sang quand on le sépara du corps; la dame, grâce à ces saintes reliques, put recouvrer la vue.

Dans l'année 900 environ, la Seine par ses débordements, et le feu par ses ravages, détruisirent presque toute la Cité; une partie de l'église du monastère de Sainte-Aure fut brûlée, et cet incendie donna lieu à un miracle fort étrange : une dame, nommée Aldegonde, se confiant en Dieu dont elle croyait s'être attiré la protection par les mérites de sainte Aure, persuadée qu'elle échapperait ainsi à tous les dangers, se retira dans l'église près de la châsse de la sainte, qui n'était encore que de bois et de verre. Les débris du toit consumé volaient de toutes parts, la voûte qui s'élevait au-dessus de la châsse tomba à terre, et ni la châsse ni la dame ne furent atteintes. Aussitôt survint une pluie, due, comme on doit le penser, à l'intercession de la sainte; elle éteignit ou arrêta cet incendie terrible qui menaçait d'embraser toute la ville.

Malingre rapporte encore sur saint Martial une tradition qui ne sera peut-être pas déplacée ici : comme on portait en procession les reliques du saint, les portes de la prison s'ouvrirent miraculeusement et laissèrent sortir sept prisonniers, qui suivirent la procession, et allèrent rendre grâce de leur délivrance à Dieu et à saint Martial dans l'église même (1).

Une autre fois un incendie éclata dans une maison voisine et se propagea bientôt dans les bâtiments environnants; comme le vent, très violent et très impétueux en ce moment, emportait à travers les airs des charbons ardents, au grand péril de toute la ville et notamment de l'église de Saint-Martial, saint Éloi se mit en prière, s'adressa avec ferveur à saint Martial, et aussitôt le feu, se détournant d'un autre côté, épargna l'église (2).

Ce monastère, qui comprenait autrefois dans son enclos environ la douzième partie de la Cité, subit à divers reprises plusieurs diminutions. Pendant le long et terrible siége de Paris par les Normands, dans les années 886 et 887, sous le règne de Charles-le-Gros, on en coupa une partie du côté du Marché-Neuf pour établir des retranchements; d'ailleurs il y avait très peu d'espace entre le mur du monastère et le bord de la Seine (3).

Les Barnabites avaient reconstruit l'église de Saint-Éloi, ils en avaient fait un bâtiment neuf; le sol, auparavant plus bas que la rue, avait été mis de niveau avec cette dernière. Le portail, élevé en 1704,

(1) *Vie de saint Éloi*, liv. I, ch. 19. — (2) Malingre, p. 133. — (3) *Idem.*, p. 135.

sur les dessins de Carrault, était décoré de pilastres doriques et ioniques, et construit dans la forme pyramidale alors en usage. Pendant la révolution on avait établi dans l'intérieur un atelier de fondeur.

XIV. ÉGLISE PAROISSIALE DE SAINT-PAUL.

Cette église, aujourd'hui démolie, était située rue Saint-Paul. En parlant du monastère de Saint-Martial que saint Éloi fit bâtir dans la Cité, vers l'an 633, j'ai dit qu'il destina un lieu hors de la ville pour servir de sépulture aux religieuses, et que, suivant l'usage, constamment observé dans les premiers siècles, il y fit construire une chapelle. Sauval et quelques modernes ont placé l'époque de l'érection de cette chapelle en l'année 650. La communauté des foulons et tondeurs de draps, qui prétendait avoir fait bâtir l'église de Saint-Paul à ses frais, sous le règne de Clovis II, adoptait aussi cette date, comme on le voit par les statuts de cette confrérie (1). Mais il faut remarquer avec Jaillot qu'on n'a pu laisser écouler un si long espace de temps entre la construction d'un monastère composé de trois cents religieuses, et la destination du cimetière qui devait leur être affecté; que d'ailleurs dès l'année 640, saint Éloi, nommé à l'évêché de Noyon, avait quitté Paris. C'est donc vraisemblablement entre les années 633 et 640 qu'il faut placer la fondation de la chapelle de Saint-Paul, origine de l'église paroissiale de ce nom.

Tous nos historiens conviennent que cette chapelle cimétériale était sous l'invocation de saint Paul apôtre, et ils se sont fondés sur l'autorité du texte de la vie de saint Éloi, écrite par saint Ouen, son ami. L'abbé Lebeuf a pensé au contraire qu'elle était sous le nom de saint Paul premier ermite; mais son opinion, contraire à la tradition et aux monuments historiques, n'a point prévalu. Ce qu'il y a de certain, c'est que cette chapelle ou église a été simplement appelée de Saint-Paul, ou de Saint-Paul-des-Champs, parce qu'elle était située hors de la ville. Sainte Aure et l'abbé Quintilien y furent inhumés; le corps de cette sainte fut transféré dans son monastère; à l'égard de celui de l'abbé Quintilien, il resta dans cette église. Un procès-verbal du 6 octobre 1490, rapporté par Dubreuil, prouve que son tombeau avait été ouvert en 1295, 1350 et 1377. On y trouva une lame de plomb avec ces mots : *Quintiniani abbatis*, ce qui a fait conjecturer à quelques savants, on l'a vu plus haut, que le monastère de saint Éloi était double,

---

(1) « Il y a, dit l'abbé Lebeuf, sous le clocher de Saint-Paul, du côté de la rue, un vitrail où les foulons et tondeurs de draps étaient représentés travaillant de leur métier, et ils sont encore dans l'usage de faire en particulier, et avec dictinction, dans cette église la fête de saint Paul, le 1er juillet. » L'abbé Lebeuf ajoute que cette vitre, qui lui paraissait être du xviie siècle, avait été faite pour perpétuer le souvenir des frais payés par les foulons pour la reconstruction ou la réparation de l'église au xiiie siècle.

comme un grand nombre d'abbayes des premiers siècles de l'Eglise, et que Quintilien était abbé de celui des hommes.

Quoique Charles-le-Chauve eût donné, en 871, l'abbaye de Saint-Éloi à l'église de Paris, il ne paraît pas que, jusqu'au XIIe siècle, il y ait eu aucun changement à l'église de Saint-Paul ; en 1107, elle eut le même sort que le monastère de Saint-Éloi et ses dépendances qui furent donnés à l'abbaye de Saint-Pierre-des-Fossés. Thibaut l'ayant remise à l'évêque de Paris en 1125, il est vraisemblable, comme je l'ai observé, que ce fut vers ce temps que l'église Saint-Paul fut érigée en paroisse, ainsi que les autres chapelles dépendantes de Saint-Éloi. Le titre de *ecclesia* donné à ces chapelles par une bulle du pape Innocent II, de 1136, et la qualification de *presbyter* attribuée vers le même temps à celui qui faisait l'office de Saint-Paul, attestent qu'au moins à cette date de 1136 Saint-Paul était déjà paroisse.

Cette église fut rebâtie au XIIIe siècle ; mais depuis la nouvelle enceinte que fit faire Philippe-Auguste, les environs ayant été couverts de maisons, et le nombre des habitants s'étant considérablement augmenté, surtout lorsque Charles V eut fait bâtir son hôtel de Saint-Paul, cette église fut reconstruite, augmentée et décorée par les libéralités de ce prince et de ses successeurs dont elle devint la paroisse. La nouvelle église de Saint-Paul, dédiée l'an 1431 par Jacques du Chatellier, évêque de Paris, était d'une architecture lourde et massive. On y fit des augmentations en 1542 et 1547, et plusieurs réparations, soit pour l'utilité, soit pour l'ornement, en 1661. Cependant l'église resta toujours surbaissée et mal éclairée.

Les trois portiques de Saint-Paul étaient d'une architecture antérieure à Charles VI, mais pas plus anciens que le XIVe siècle. Les tours indiquaient par leur construction une époque plus reculée.

Le maître-autel, construit sur les dessins de Jules Hardouin Mansard, était à la fois élégant et riche. L'arche que l'on portait à la procession de la Fête-Dieu était remarquable par sa forme et sa richesse.

Un des principaux ornements de cette église était une magnifique tenture en soie, argent et or, représentant l'histoire de saint Paul. Cette tenture était un don d'Anne de Villesavin, veuve de Léon Bouthillier, secrétaire d'Etat.

Sauval vante la galerie de pierre qui entourait l'église en dedans œuvre : « C'est, dit-il, le seul monument gothique de Paris où cela se rencontre. »

Le jubé et l'œuvre étaient aussi remarquables, s'il faut en croire le même auteur. « Le retable du maître-autel, dit-il, est travaillé avec une délicatesse et une mignardise incroyable. » Mais ce qu'il décrit avec le plus de soins, ce sont les vitraux des charniers, peints au XVIIe et au XVIIIe siècle, par Robert Pinegrier, Porcher et Desangives.

Les vitraux du corps de l'église, beaucoup plus anciens, ont attiré l'attention de l'abbé Lebeuf; et ce qu'il en dit est assez remarquable pour que je le cite textuellement.

« Dans la nef, à l'un des vitrages du côté méridional de l'église, presque vis-à-vis le pilier de la chaire du prédicateur, sont quatre pans ou panneaux. Au premier est représenté Moïse, tenant de la main droite un glaive élevé, et de la gauche les tables de la loi ; au second est un jeune homme vêtu de bleu, à cheveux blonds, tenant de la main droite un sabre, et de la gauche une tête coupée : on a sans doute voulu représenter David. Dans le haut de ces deux panneaux, règne cette inscription : *Nous avons défendu la loi*. Au troisième panneau est figuré un homme de moyen âge, vêtu d'un habit court, sur le devant duquel est pendante une grande croix potencée, comme celle du royaume de Jérusalem ou du duché de Calabre, laquelle croix est attachée à un collier en forme de chaîne. Le guerrier, qui paraît être un croisé, tient une épée de la main gauche, et de la droite le nom de J. S. élevé et en lettres d'or gothiques. Au-dessus de sa tête est écrit : *Et moi la foi*. Au quatrième panneau on voit une femme dont la coiffure est en bleu, les habits en vert ; elle a la main droite appuyée sur un tapis orné d'une fleur de lys, et de cette main elle tient une épée ; de sa main gauche, posée sur sa poitrine, elle tient quelque chose qu'il n'est pas facile de distinguer. Au-dessus de sa tête est écrit : *Et moi le roi*. J'ai pensé que ce devait être la Pucelle d'Orléans ; et un savant historiographe de la ville d'Orléans, M. Daniel Polluche, à qui je l'ai fait voir, m'a confirmé dans ce sentiment. C'est peut-être le seul endroit public où soit représentée dans Paris Jeanne d'Arc, qui rendit de si grands services au roi Charles VII contre les Anglais. Il y a apparence que ces vitrages ne furent faits que depuis l'an 1436, époque à laquelle Paris fut repris sur Henri VI (1). »

Parmi les personnages inhumés dans l'église de Saint-Paul, on remarquait les suivants :

I. Guillaume de Vienne, père du célèbre Jean de Vienne, amiral de France, tué à la bataille de Nicopolis en 1396. Guillaume de Vienne ne revendiquait pour lui-même d'autre gloire que celle d'avoir donné le jour à ce héros. Il fit modestement mettre sur sa tombe : *Ci-gît le père de Jean de Vienne* (2).

II. Nicolle Gilles, auteur, long-temps estimé, des *Annales et chroniques de France*, mort le 10 juillet 1503.

III. Bourdin, secrétaire des finances sous Charles VIII et Louis XII, décédé le 6 août 1524.

---

(1) *Hist. du diocèse de Paris*, t. II, p. 523.
(2) Voyez Saint-Foix, *Essais sur Paris*, t. I, p. 246.

IV. Le célèbre François Rabelais, médecin, chanoine de Saint-Maur-des-Fossés et curé de Meudon, auteur de *Pentagruel* et de *Gargantua*, satire ingénieuse des événements et des principaux personnages de son temps; mort le 9 avril 1553.

V. Robert Cenalis ou Ceneau, évêque d'Avranches, savant théologien et controversiste, mort le 27 avril 1560.

VI. Les trois plus fameux favoris de Henri III : Jacques de Levi, seigneur de Quélus; François Maugiron, et Paul de Caussade, comte de Saint-Mégrin. Quélus et Maugiron avaient été tués dans un duel qui eut lieu, le 27 avril 1578, à l'entrée de la rue des Tournelles, et dont je parlerai ailleurs (1); Saint-Mégrin avait été assassiné par le duc de Mayenne, dans la rue Saint-Honoré, le 21 juillet de la même année 1578. Leurs tombeaux étaient de marbre noir, surmontés de leurs statues très ressemblantes, et chargés d'ornements et d'épitaphes qui n'avaient rien de fort chrétien. On en peut juger par l'inscription suivante placée sur la tombe de Maugiron, et que Saint-Foix a rapportée :

> La déesse Cyprine avait conçu des cieux,
> En ce siècle dernier, un enfant dont la vue
> De flammes et d'éclairs était si bien pourvue,
> Qu'Amour, son fils aîné, en devint envieux.
> Chagrin contre son frère et jaloux de ses yeux,
> Le gauche lui creva (2); mais sa main fut déçue;
> Car l'autre, qui était d'une lumière aiguë,
> Blessait plus que devant les hommes et les dieux.
> Il vint, en soupirant, s'en complaindre à sa mère;
> Sa mère s'en moqua; lui, tout plein de colère,
> La Parque supplia de lui donner confort.
> La Parque, comme Amour, en devint amoureuse;
> Ainsi Maugiron gît sous cette tombe ombreuse,
> Et vaincu par l'Amour, et vaincu par la mort.

Quand on apprit à Paris la nouvelle de la mort des Guises, assassinés à Blois, le 27 décembre 1588, par l'ordre de Henri III, le peuple, que les prédications des moines avaient rendu furieux, courut à Saint-Paul, et détruisit les tombeaux que ce prince avait fait élever à ses trois favoris. On entendait dire dans la foule « qu'il n'appartenait pas à ces méchants, morts en reniant Dieu, et mignons du tyran, d'avoir si beaux monuments à l'église. »

Peu de temps après la révolution, l'église Saint-Paul a été démolie, et l'église Saint-Louis, autrefois maison professe des jésuites, a été érigée en paroisse sous le vocable Saint-Louis et Saint-Paul.

VII. Jean Nicot, seigneur de Villemain, secrétaire du roi, ambas-

---

(1) Voyez le règne de Henri III.
(2) A l'âge de seize ans, Maugiron avait perdu un œil au siège d'Issoire.

VUE DE L'HÔTEL-DIEU
DEPUIS LE PONT ST-MICHEL.

275

sait que
à Cathe-
si grand
sous le

elief re-
au-des-
d, né à
ombeau
penserai

le, né à

Iansard,
e ; né à
vox, fut
Musée

s pleine

nembre
11 jan-
ouis au

de la
ailles,
evox,
ent de
ement

Sainte
u sa-
e saint

fort
uivant

nsard,
9.

sadeur en Portugal sous François II, mort le 5 mai 1600. On sait que ce fut Jean Nicot qui apporta le premier en France, et présenta à Catherine de Médicis, le *pétun*, plante d'Amérique, devenue d'un si grand usage en Europe, d'abord sous le nom de *nicotiane*, ensuite sous le nom de *tabac*.

VIII. Pierre Biard, sculpteur et marbrier, auteur du bas-relief représentant Henri IV, qu'on voyait avant la révolution de 1789 au-dessus de la grande porte de l'Hôtel-de-Ville de Paris. Pierre Biard, né à Paris en 1559, mourut le 17 septembre 1609. On lisait sur son tombeau un fort mauvais sonnet que Sauval a donné (1), et que je me dispenserai de reproduire.

IX. François Mansard, architecte, inventeur de la *mansarde*, né à Paris en 1598, mort en 1666.

X. Jules Hardouin, élève et neveu par sa mère de François Mansard, dont il voulut porter le nom, et qu'il surpassa comme architecte; né à Paris en 1645, mort en 1708. Son tombeau, sculpté par Coysevox, fut transféré pendant la révolution de l'église Saint-Paul dans le Musée des Petits-Augustins (2).

XI. Adrien Baillet, savant estimé, auteur d'une Vie des saints pleine d'érudition; mort en 1706.

XII. Pierre-Sylvain Régis, fameux philosophe cartésien, membre de l'Académie des sciences, né en Agenois l'an 1632, mort le 11 janvier 1707. Le buste qu'on voyait sur son tombeau a été placé depuis au Musée des Petits-Augustins.

On voyait encore dans l'église de Saint-Paul, près de l'autel de la chapelle de la Communion, le tombeau en marbre d'un duc de Noailles, par Flamen, et près de la porte du chœur un médaillon de Coysevox, représentant François d'Argouges, premier président au parlement de Bretagne, mort en 1691. Ce dernier monument avait été également transféré au Musée des Petits-Augustins.

Les principaux tableaux qui ornaient cette église étaient une Sainte Famille de Lebrun; une Ascension de Jouvenet; l'Institution du sacrement de l'eucharistie, par J.-B. Corneille, et le Ravissement de saint Paul, par Hallé.

XV. HOTEL-DIEU.

La date précise de la fondation de l'Hôtel-Dieu est restée fort obscure; elle remonte au VIIe siècle. La plupart des historiens, suivant en cela la tradition, en font honneur à saint Landri (3).

---

(1) *Antiquités de Paris*, t. I, p. 442.

(2) Il faut remarquer que l'abbé Lebeuf, qui parle du tombeau de François Mansard, ne dit pas que Jules Hardouin Mansard ait été inhumé à Saint-Paul.

(3) V. Félibien, t. I. — De Mautour, *Mém. de l'Acad. des inscript.*, t. III, p. 299.

On n'a point de renseignements contemporains pour décider la question ; mais si l'on est privé de documents authentiques, on a la force d'une tradition constante conservée par la partie du peuple la plus instruite, le clergé, dont l'intérêt n'était point engagé dans la question. Il y a plus : cette tradition est appuyée, en remontant au moins au XIIIe siècle, de textes écrits qui attribuent tous à saint Landri la pieuse fondation, qui rappellent tous d'une manière formelle son généreux dévouement pour le peuple de Paris durant la famine de 651, et l'établissement d'un hôpital (1). Dans le récit du biographe de Landri, il est question de deux faits bien distincts, bien séparés, et non point seulement, comme affecte de le dire M. Dulaure, d'une distribution aux pauvres, d'où il aurait été induit que saint Landri avait fondé l'Hôtel-Dieu.

Du reste, cet établissement charitable, ce *Xenodochium*, n'eût-il été autre chose que la *matricule*, et l'évêque n'eût-il fait, comme le prétend M. Dulaure, que reconstruire ou agrandir la matricule de la cathédrale de Paris, saint Landri n'en devrait pas moins être considéré, surtout à cause du revenu fixe et assuré dont il le dota, *censi quo potuit dotavit*, comme le véritable fondateur de l'Hôtel-Dieu.

A cette époque, il existait sur l'emplacement occupé plus tard par l'Hôtel-Dieu, un monastère de filles appartenant à Erchinoald, maire du palais, qui en fit don à l'église. Ce fut avec les murs de ce couvent, auquel on joignit plus tard la chapelle de Saint-Christophe, appartenant au chapitre de Notre-Dame, que l'on construisit cet hôpital.

Le premier titre où il est question de l'Hôtel-Dieu n'est toutefois qu'un acte de 829, par lequel l'évêque Inchade assigne à cette maison les dîmes des biens dont il avait gratifié son chapitre. On voit par le même acte de donation qu'à certains temps les chanoines *y venaient laver les pieds des pauvres*.

Les chanoines possédaient en outre, à ce dernier titre, la moitié de cet établissement (2) ; l'autre leur fut cédée, en 1002, par Renaud, évêque de Paris ; et vers la fin du même siècle, l'évêque Guillaume leur fit don de l'église de Saint-Christophe. Depuis cette époque, on voit l'Hôtel-Dieu entièrement sous l'administration du chapitre, gouverné par des chanoines-proviseurs choisis dans son sein, et la chapelle Saint-Christophe desservie par des prêtres de la cathédrale.

L'Hôtel-Dieu n'était pas seulement destiné à recevoir les pauvres malades, mais encore les voyageurs pèlerins, les gens sans asile. Dans la suite, cependant, il fut presque exclusivement consacré aux malades ; et en 1168, le chapitre de Notre-Dame, pour augmenter le nombre des

---

(1) *Non dubitavit in eorum solatium distrahere, post domesticam supellectilem, etiam sacra vasa, et ecclesiastica decora. Egenis vero ægrotantibus ut prospiceret pius pastor Xenodochium prope episcopium primus instituit.* — Bolland.

(2) *Nécrol. de N.-D.*, 27 août, 12 septembre.

lits, ordonna que chaque économe, en mourant ou en quittant sa prébende, donnerait un lit à l'hôpital (1). Il semble que Lebeuf ait cru que ce n'est qu'à partir de cette époque que les malades furent soignés à l'Hôtel-Dieu (2).

La condition que mit Adam, clerc du roi, en 1198, à la donation qu'il fit à l'Hôtel de deux maisons, en prescrivant qu'au jour de son anniversaire on fournît aux pauvres malades tous les mets qu'ils pourraient désirer, *pourvu qu'on en puisse trouver*, montre qu'à cette époque voyageurs et malades étaient encore reçus à l'Hôtel-Dieu.

Le service de l'établissement, devenu insuffisant par suite de l'accroissement de la population, dut être augmenté, et en même temps régularisé : c'est ce que fit, en 1217, le doyen Etienne, conjointement avec le chapitre, par un statut qui chargea quatre prêtres et quatre clercs des soins spirituels; trente frères et vingt-cinq sœurs également laïques eurent soin des malades. On exigea d'eux pourtant la chasteté, et ils furent soumis à une loi disciplinaire sous la surveillance du chapitre et du *maître de la Maison-Dieu*, titre que prenait un des membres plus spécialement chargé de la direction de la maison.

En 1221, dit Guillaume le Breton (3) en parlant de l'Hôtel-Dieu, la foudre tomba sur les bâtiments de l'*aumônerie*, située devant l'église de Notre-Dame de Paris, et les endommagea. Philippe-Auguste donna à cet hôpital « les pailles de sa chambre et de sa maison de Paris, cha- » que fois qu'il partait de cette ville pour aller coucher ailleurs (4). »

Saint Louis, à son retour de la Palestine, agrandit beaucoup les bâtiments de la *maison de Dieu*, qui dès cette époque, et d'après son vœu, prit le nom d'hôtel Notre-Dame ou de la bienheureuse Vierge Marie, comme il l'appelle lui-même, nom qu'il quitta ensuite pour celui d'*Hôtel-Dieu*. Saint Louis l'exempta encore des droits d'entrée, de toutes impositions, lui conserva ce privilège assez singulier qui donnait aux seigneurs et à certains de leurs officiers la faculté de prendre les denrées qui leur plaisaient et d'en fixer eux-mêmes la valeur, et le prit enfin sous sa protection spéciale.

(1) L'an 1413, les tours de lit commençant à n'être plus de simple toile comme auparavant, et étant formés d'ailleurs d'un bien plus grand nombre de pièces, les chanoines ordonnèrent que leurs héritiers, en donnant cent livres, somme alors très considérable, seraient quittes, s'ils voulaient, de cette charité. Cette disposition nouvelle a duré jusqu'en 1592, que les directeurs séculiers de cet hôpital se plaignirent au parlement, et prétendirent que le ciel, les rideaux, la courte-pointe et autres accompagnements des lits des chanoines, qu'ils fussent de soie, d'argent ou d'or, devaient leur appartenir. Sur les conclusions des gens du roi, la cour leur accorda leur demande. L'an 1654, elle condamna les héritiers de M. de Gondi, archevêque de Paris, à délivrer aux administrateurs de l'Hôtel-Dieu son lit et tout ce qui en dépendait.
(2) *Hist. du dioc. de Paris*, t. I, p. 26 et suiv.—(3) *Recueil des hist.*, t. XVII, p. 775.
(4) Félibien, t. III, p. 249.

Dès lors l'Hôtel-Dieu fut dans les attributions et sous la surveillance des gouverneurs ; il fut considéré comme domaine royal ; sa gestion devint assurée et ses ressources à l'abri de toute vicissitude. Aussi saint Louis mérite-t-il d'être considéré comme le plus puissant protecteur de l'Hôtel-Dieu et comme son second fondateur. Les rois ses successeurs imitèrent bientôt son exemple, et l'Hôtel-Dieu ne cessa plus d'être l'objet de leur sollicitude.

Charles-le-Bel, en 1324, fit don de cent charretées de bois, à prendre annuellement dans les forêts royales, pour l'usage de cet établissement, et ordonna que tous ses actes fussent expédiés gratuitement ; de plus il interdit à tous officiers de sa maison le droit de prise sur l'Hôtel-Dieu, droit qui soumettait tous les habitants de Paris, leurs charrettes, leurs chevaux, leurs grains pour le service de la cour ; le tout à la seule condition que le maître, les frères et les sœurs, aux quatre fêtes annuelles, conduiraient les reliques de la Sainte-Chapelle en quelque lieu que le roi pût être, avec quatre chevaux et deux valets de sa maison, et à ses frais. Philippe de Valois donna les pâturages dans les propriétés royales et une somme considérable à la dame prieure, pour l'ensevelissement des morts. Le dauphin Charles exempta l'Hôtel-Dieu des subsides pour la délivrance du roi Jean. Enfin divers dons et dispenses furent successivement accordés par Charles V et Charles VI. Ce dernier permit de mettre les panonceaux et bâtons des armes royales de France sur les maisons du domaine de l'Hôtel-Dieu. Louis XII, Henri III, Henri IV confirmèrent ces anciens droits et en accordèrent de nouveaux.

L'Hôtel-Dieu avait acquis, par les bienfaits des rois, du clergé et des particuliers, une grande importance ; il exigeait une administration active, une surveillance soutenue auxquelles les chanoines ne pouvaient plus suffire. Des abus s'étaient glissés dans l'administration, des scandales étaient, dit-on, résultés de la réunion des frères et sœurs laïques. Toutes ces circonstances amenèrent la réformation qui eut lieu en 1505. Le cardinal d'Amboise, des présidents, des conseillers, le doyen, le chapitre, enfin le prévôt des marchands et les échevins arrêtèrent les nouveaux statuts ; ils donnaient l'administration à une réunion d'ecclésiastiques et de laïques.

Le soin des affaires temporelles fut confié à huit bourgeois notables, non compris le receveur. Les affaires spirituelles furent laissées à huit chanoines réguliers de Saint-Augustin, parmi lesquels le règlement établissait l'observance et le costume de l'abbaye de Saint-Victor, sous la conduite du doyen et du chapitre de Notre-Dame, qui fit exercer son autorité par quatre de ses membres, réélus tous les ans, et qu'on nommait les *visiteurs* de l'Hôtel-Dieu.

Les religieux de Saint-Augustin furent remplacés par vingt-quatre ecclésiastiques dont le premier s'appela *maître* ; deux d'entre eux devaient savoir les langues étrangères. On ne reçut plus dès lors dans l'Hôtel-Dieu que les malades atteints de maladies aiguës, plusieurs hôpitaux spéciaux ayant été établis pour les maladies chroniques et les maladies contagieuses. On y comptait 1,200 lits dans deux salles; le nombre des malades était habituellement de 3,000, mais quelquefois du double. Ce ne fut que long-temps après qu'on put remédier aux inconvénients qui résultaient de la réunion de plusieurs malades dans un même lit. Leur service immédiat était fait par cent religieuses de Saint-Augustin, indépendamment des médecins, chirurgiens et autres officiers de santé de divers grades (1).

Plus tard l'organisation de l'Hôtel-Dieu fut changée, le nombre des administrateurs laïques fut porté à douze, le premier président du parlement, le premier président de la chambre des comptes et le premier président de la cour des aides en firent partie; l'archevêque de Paris était également de droit administrateur de l'Hôtel-Dieu. La réforme devint encore plus parfaite en 1630, par les soins de Geneviève Bouquet, dite *du saint nom de Jésus,* prieure de l'ordre de Saint-Augustin. Cette sainte fille voulut que les sœurs de l'hôpital fissent des vœux de religion et d'hospitalité, et pour que ces vœux ne fussent pas légèrement prononcés, elle établit un noviciat régulier. Enfin les religieuses, dont le nombre fut porté à cent trente, durent se soumettre à la vie commune, et quitter leur nom de famille pour adopter celui d'une sainte.

Avant saint Louis, les bâtiments de l'Hôtel-Dieu ne consistaient que dans trois ou quatre corps de logis avec l'ancienne chapelle de Saint-Christophe (2). Depuis, les bâtiments se multiplièrent entre la rivière et la rue des Sablons, et vinrent aboutir au Petit-Pont, où était une autre chapelle sous le nom de Sainte-Agnès. En 1463, l'Hôtel-Dieu acquit plusieurs places autour de cette dernière chapelle, et les administrateurs y firent construire une entrée nouvelle. Par un arrêt de 1511, ils purent fermer la rue des Sablons, après avoir acheté sept maisons appartenant à l'abbaye de Sainte-Geneviève.

En 1531, les administrateurs achetèrent une maison située sur le Petit-Pont, joignant le nouveau portail; et sur son emplacement le cardinal Antoine Dupont, légat en France, fit construire la salle dite du *Légat,* celle qui n'existe plus depuis long-temps. L'hôtel fit aussi l'acquisition de la maison dite le *Chantier,* près de l'archevêché, et de plusieurs bâtiments sur la rive méridionale dans la rue de la Bûcherie.

En 1606, Henri IV fit rebâtir la salle de Saint-Thomas et construire

(1) L'état journalier de la maison portait le nombre des personnes employées aux divers services à plus de 500.
(2) Cette chapelle, différente de l'église du même nom, située à l'autre extrémité du Parvis, fut rebâtie vers 1380 par les soins d'Oudard le Manceaux, bourgeois de Paris. Elle a été démolie pendant la révolution.

les piliers du pont où devaient aboutir les nouvelles propriétés. La même année, la salle Saint-Charles, qui donna son nom à ce pont, fut achevé par les libéralités de Pompone de Bellièvre. En 1634, on termina le second pont qui sert de communication d'une rive à l'autre, le *pont au Double*, ainsi nommé parce que dans l'origine les gens de pied payaient un double tournois pour y passer. Ce péage, fixé par des lettres patentes de Louis XIII, se perçut jusqu'à la révolution; les deniers ayant alors perdu leur cours, on payait un liard pour le droit de péage; le passage est aujourd'hui gratuit. Le pont Saint-Charles sert encore de nos jours tout entier à l'Hôtel-Dieu, mais le pont au Double est depuis longtemps livré au public, et, dans ces dernières années, les bâtiments construits sur ce pont ont été totalement démolis.

Les bâtiments de l'Hôtel-Dieu s'agrandissaient toujours. Pour subvenir à ces dépenses, les administrateurs obtinrent, en 1714, un droit sur les entrées des théâtres. Lors de la démolition du Petit-Châtelet, en 1782, on étendit encore l'Hôtel-Dieu sur une partie de son emplacement, et l'on construisit l'aile que l'on voit à l'extrémité méridionale et à gauche du Petit-Pont.

En 1737 et en 1772, deux incendies causèrent les plus terribles désastres à l'Hôtel-Dieu; dans le dernier surtout un grand nombre de malades périrent. On reconstruisit ensuite l'hospice tel à peu près qu'il est aujourd'hui.

Vers cette époque, l'encombrement était devenu tel à l'Hôtel-Dieu, que jusqu'à huit malades, dont deux ou trois souvent avaient cessé de vivre, gisaient dans le même lit. L'hospice ressemblait à un vaste tombeau, et était une cause permanente d'infection pour la Cité. En 1784, le savant chirurgien Tenon proposa de remédier à de pareils dangers. Déjà de son temps les inconvénients avaient diminué; les hôpitaux Necker et Cochin avaient ouvert de nouveaux débouchés, mais il y avait encore plus de malades que de lits. Sur la proposition de Tenon, l'Académie des sciences, la Faculté de médecine, et une commission de l'Académie de chirurgie furent chargées de faire des rapports à ce sujet. Louis XVI rendit d'abord provisoirement une ordonnance qui défendait de mettre plus d'un malade dans chaque lit. Les commissions discutaient leurs projets; les unes voulaient la démolition de l'hôtel, d'autres sa division en quatre succursales, sa translation sur une autre place, quand la révolution éclata.

Le nouvel état des choses n'apporta d'abord de changement que dans les noms, l'Hôtel-Dieu s'appela le *Grand hospice de l'Humanité*; les patronages de saint Roch et de saint Lazare furent remplacés par ceux de Brutus et de Mutius-Scévola. Mais la construction de nouveaux hôpitaux, l'hôpital Beaujon en 1794, et celui du faubourg Saint-Antoine en 1801, permit ensuite de lui rendre, par quelques démolitions, de nombreuses ouvertures, et d'y établir des systèmes d'assainissement qui ont réduit ses tables de mortalité au chiffre des hôpitaux les mieux situés. La moyenne des décès de l'Hôtel-Dieu est d'un sur neuf malades.

Aujourd'hui l'Hôtel-Dieu, par ces démolitions, par la construction récente d'une façade vers l'orient, du côté de l'ancien archevêché, a reçu une apparence assez régulière. De nouvelles et importantes améliorations doivent compléter prochainement l'isolement de tout l'ensemble des constructions. Elles se composent de deux principaux corps de bâtiment, l'un dans l'île de la Cité, l'autre sur la rive méridionale de la Seine, communiquant entre eux par le pont Saint-Charles. Le Petit-Pont est entièrement indépendant de l'édifice, qui avait autrefois son entrée principale de ce côté. Celle du parvis Notre-Dame était autrefois un portail d'un gothique très élégant. L'entrée actuelle sur le parvis a été construite, en 1804, par Clavereau. L'architecte lui a donné un caractère mixte qui tient des temples et des monuments consacrés à la bienfaisance et à l'utilité publique. Trois colonnes doriques sans cannelures supportent une frise et un fronton sans sculptures; deux croisées latérales en forme d'arcade ressemblent un peu aux niches des portails d'église.

Dans le péristyle, à gauche, est la statue de saint Vincent de Paul, à droite celle de M. de Monthyon. Un grand vestibule sur lequel ouvrent les bureaux, les salles de garde, les amphithéâtres, deux grandes salles de chirurgie et le grand escalier, est orné des portraits des médecins et chirurgiens les plus célèbres de cet hôpital : Thibault, Méry, Dessault, Pelletan, Moreau, Boudon, Bichat, Dupuytren. En face est le pont Saint-Charles, partie couvert en corridor, partie à jour. Après le pont se trouve une petite salle de pas perdus, où sont placées les statues de marbre de saint Landri, de saint Louis et de Henri IV, sur des socles couverts d'inscriptions. Sur le piédestal de la statue de saint Louis est l'ordonnance par laquelle le roi prend l'Hôtel-Dieu sous sa protection. Diverses tables d'inscriptions rappellent, l'une les dates et les motifs des diverses ordonnances royales relatives aux dotations de cet hospice, depuis celle de Philippe-Auguste jusqu'à celles de Louis XVI ; d'autres conservent le souvenir des bienfaits que cet hôpital a reçus de divers personnages, tels que Mazarin, Antoine de Laporte, M. de Monthyon, etc. Une dernière donne en entier l'ode célèbre que Gilbert composa, comme l'on sait, à l'Hôtel-Dieu :

> Au banquet de la vie, infortuné convive,
> J'apparus un jour et je meurs,
> Je meurs, et sur ma tombe où lentement j'arrive
> Nul ne viendra verser des pleurs!

Au-dessus, on lit : *Gilbert*. — *8 jours avant sa mort*. — *22 ans*.

Vingt-trois salles, dont onze pour les hommes, douze pour les femmes, occupent les trois étages de l'Hôtel-Dieu; elles contiennent onze cent cinquante lits complets pour mille malades, avec un égal nombre de vêtements et d'objets mobiliers.

L'administration, composée de quinze membres, non compris le préfet de la Seine et le préfet de police, est la même pour tous les hôpitaux de Paris; elle se divise en autant de commissions spéciales pour chacun d'eux. Le personnel de l'Hôtel-Dieu comprend un directeur, un économe, un certain nombre de commis de bureaux, trois aumôniers, quinze sœurs pour le service général, trois novices, quatorze garçons et quatorze filles de service, dix-sept sœurs de salle, soixante infirmiers, trente infirmières, neuf médecins, trois chirurgiens, un pharmacien, trente-deux élèves, un certain nombre d'employés subalternes et ouvriers, étrangers au service de l'intérieur.

Les dames hospitalières de Saint-Augustin desservent aujourd'hui l'Hôtel-Dieu.

XVI. SAINT-CHRISTOPHE.

Dans la rue Saint-Christophe, et à l'angle que cette rue forme avec les bâtiments qui sont sur le parvis Notre-Dame, en face de la cathédrale, était autrefois une petite église sous l'invocation de ce saint.

Cette église existait déjà au VIIe siècle. Quelques auteurs (1) ont avancé qu'elle était la chapelle des comtes de Paris, et pour soutenir cette assertion, ils ont produit plusieurs actes; mais ces titres ont été fort mal interprétés par eux, et Jaillot a montré toutes les erreurs de leurs discussions.

La charte de Vandemir, de 690, apprend qu'à cette époque l'église de Saint-Christophe était la chapelle d'un monastère de filles, dont l'abbesse se nommait Landetrude. Le monastère de Saint-Christophe pouvait avoir été placé près de la principale église, afin que les religieuses eussent soin de l'entretien, de l'ornement et de la lingerie, suivant l'usage établi dans plusieurs cathédrales (2).

Ces soins ayant été plus tard confiés à d'autres personnes, le monastère fut destiné par l'évêque de Paris pour servir d'hôpital aux pauvres. Lebeuf croit (3) que ce changement eut lieu aussitôt après le concile d'Aix-la-Chapelle de 817. Il est certain qu'en 829 les chanoines de la cathédrale étaient déjà dans l'usage d'aller laver les pieds des pauvres dans ce lieu, appelé *Memoria Sancti-Christophori* (4).

La petite église, qui continua toujours d'exister, était alors desservie

---

(1) Favin, *Hist. de Nav.*, liv. III.—Dubreuil, p. 85.—Sauval, t. I, p. 89. — (2) Jaillot, t. I, p. 39. Quartier de la Cité.—(3) T. I, p. 23.—(4) *Hist. eccles. de Paris*, t. I. *Ibid.*

alternativement, de semaine en semaine, par deux prêtres que nommaient les chanoines de Notre-Dame. Le chapitre était propriétaire de la moitié de l'hospice de Saint-Christophe, l'évêque de Paris possédait l'autre ; mais sous le roi Robert, l'évêque Renaud donna l'établissement en entier à six chanoines, et peu après l'évêque Guillaume leur donn l'église elle-même.

Il paraît que l'on bâtit alors une nouvelle chapelle, qui reçut aussi le nom de Saint-Christophe ; cette église fut érigée en paroisse au XII° siècle.

L'église fut rebâtie, de 1494 à 1510, dans un style gothique assez délicat.

Sauval rapporte qu'en 1502 il existait près de Saint-Christophe « un pilier et carcan où fut attaché Guillaume Dubois, valet boucher, » le jour de Pasques, pour blasphèmes de Dieu par lui faits et commis, » et icelui gardé durant qu'on disoit la grand'messe, depuis huit heures » jusqu'à onze (1). »

Saint-Christophe fut détruit en 1747 lorsqu'on agrandit le parvis Notre-Dame, et que l'on reconstruisit la chapelle des Enfants-Trouvés.

XVII. ÉGLISE DE SAINT-DENIS-DU-PAS.

Cette église était située au chevet de la cathédrale. Depuis la démolition de Saint-Jean-le-Rond, elle était devenue la paroisse du cloître Notre Dame sous le nom de *Saint-Denis* et *Saint-Jean-Baptiste*.

Nous ne rappellerons pas ici les longues discussions qui ont agité les savants au sujet de l'origine de cette église et de l'époque à laquelle il faut placer sa fondation. Les uns la font exister avant la monarchie, et la proclament la plus ancienne église de Paris ; d'autres pensent qu'elle n'existait pas avant le IX° siècle ou même avant le XII°. Cependant toutes les probabilités se réunissent pour rapporter à la première race l'origine de cette église.

Jaillot disserte longuement sur la question de savoir si Saint-Denis-du-Pas est ou n'est pas la première église de Paris, bâtie par des chrétiens ; si saint Denis y a souffert ou non le martyre (2). On peut voir dans les *Recherches sur Paris* ce que pensent sur ce point Dubreuil (3), Valois et de Launoi. Sauval, qui a adopté sans examen l'opinion de ce dernier, en enchérissant encore sur celle de Dubreuil, dit positivement : « Saint-Denis-du-Pas est ainsi dit *à passione*. Le » maître-autel est élevé justement sur le lieu même où saint Denis » a été rôti sur le gril (4). »

---

(1) *Comptes ordinaires de la prévôté de Paris.* — Sauval, *Antiq. de Paris*, t. III, pag. 533. — Lebeuf, t. I, p. 29. — (2) *Rech. sur Paris*, t. I, p. 150 et suivantes. — (3) Liv. I, p. 80. — (4) *Antiq. de Paris*, t. I, p. 260 et 430.

« C'a esté en ce lieu, dit Malingre, que le glorieux sainct Denys,
» vieillard vénérable, a esté mis sur le gril et a souffert plusieurs autres
» tourments mentionnés en sa vie ; comme aussi il se chante en sa
» prose : *Casastam, lectum ferreum, et œstum vincit igneum.* En mé-
» moire de toutes lesquelles passions et tourments, ayant depuis esté
» basty une autre église plus grande et plus ample par le roy Childe-
» bert, comme nous avons dict cy-dessus, ceste première église a esté
» surnommée de Sainct-Denis-du-Pas, « *ab ejus passione, non à pastu*
» *aut passu, ut quidem putarunt* (1). »

Nous ne pensons pas, comme Malingre et comme Sauval, que ce surnom du Pas vienne des mots *à passione*, puisque rien ne prouve que saint Denis ait souffert le martyre en cet endroit ; mais s'il est difficile d'admettre que l'emplacement de Saint-Denis-du-Pas ait été celui où ce saint fut supplicié et enterré, nous ne devrions pas conclure de là qu'il n'ait pas existé fort anciennement une chapelle ou un oratoire dans la Cité sous l'invocation de saint Denis. Comme on était dans l'usage d'ériger ces oratoires près des grandes basiliques, on aura pu fort bien lui en élever un près de la cathédrale, peut-être même sur l'emplacement occupé ensuite par la petite église dont nous parlons (2). Le surnom du Pas me paraît venir de la situation de cette église. Elle n'était séparée de la cathédrale que par un chemin étroit appelé *pas*, et d'ailleurs elle était située sur un petit bras de la rivière qu'on traversait en ce lieu pour passer dans l'île Saint-Louis (alors île Notre-Dame). Sans chercher l'étymologie de ce surnom dans *la passion* de saint Denis (3), ni dans la *past* des chanoines, sous le prétexte que les frères de Sainte-Marie, qui vivaient en commun, avaient là leur réfectoire, ni dans le *pas* ou degré qu'il fallait monter pour entrer dans cette église, comme l'ont pensé Valois et Félibien (4), nous croyons que ce surnom vient de la situation de l'église près du passage de la rivière. En effet, on appelait *pas* tout détroit situé entre deux terres, et dans le vieux français, pas et passage sont synonymes (5).

Saint Denis était autrefois représenté derrière le grand autel où se prosternaient les fidèles par dévotion, « et le jour de la fête de

---

(1) *Antiq. de Paris*, F. 47. — (2) Jaillot, t. I, p. 352. — (3) Page 152.
(4) *Val. Discept.* pag. 105, *et deffens.*, pag. 291. — *Hist. de Saint-Denis*, discours préliminaire.
(5) Jaillot, t. I, p. 152 et 153. « Il a pu donc se faire, dit Lebeuf, que la première
» église ou chapelle de Saint-Denis ait été surnommée du Pas à cause de son peu de
» distance de la basilique de Notre-Dame ou de celle de Saint-Étienne, et qu'on n'ait
» commencé à lui donner ce surnom que depuis qu'il y eut une autre église de Saint-
» Denis bâtie dans la Cité, proche la prison de Paris. On voit par les auteurs de ces
» temps-là, cités dans Ducange, que les passages resserrés s'appelaient vulgairement
» *passus.* » T. I, p. 29.

» sainct Denys, dit Malingre, on y met une croix ou quelque autre re-
» liquaire à baiser (1). »

Cette église, qui était fort petite, ne contenait en tout que trois autels, occupés, à tous les jours de fête, par les prêtres de Notre-Dame, qui tenaient à honneur d'y célébrer l'office divin. Il y avait anciennement à gauche un gros clocher en forme de tour qui renfermait quatre cloches; le chapitre de Notre-Dame le fit abattre, parce que le son de ces cloches troublait ceux qui officiaient dans la cathédrale (2).

Avant les changements qui, en 1735, durent embellir Saint-Denis-du-Pas, voici les deux sépultures les plus remarquables qu'elle pouvait renfermer. Une tombe située dans la nef était surmontée d'une figure revêtue d'habits sacerdotaux, autour de laquelle on lisait cette inscription en grands caractères gothiques : *Hic jacet Odo Clementis decanus sancti Martini Turonensis et archidiaconus parisiensis.* Une autre tombe de cuivre, très épaisse, portait une inscription latine en l'honneur de Nicolas, natif de Baye, du diocèse de Châlons, chanoine de Soissons et curé de Montigny-Lancoux, au diocèse de Sens, puis greffier du parlement et chanoine prêtre de Paris (3). Les registres du parlement mentionnent, à la date du 28 juillet 1475, que le chapitre de Paris fut condamné à souffrir qu'on érigeât dans cette église une tombe au conseiller Aymé Gombert qui y avait été inhumé.

Au XVIIe siècle, Saint-Denis-du-Pas servit à différentes cérémonies. Le dimanche 8 janvier 1606, Henri de Gondi, évêque de Paris, y donna le pallium à André Frémiot, archevêque de Bourges (4). Le 8 mai 1610, le cardinal Pierre de Gondi y maria Henri de Gondi, duc de Retz, à Jeanne des Peaux. L'évêque de Paris dont nous avons parlé y sacra plusieurs évêques : le 15 novembre 1615, Guillaume, évêque de Riez; le 16 août 1616, Henri Clausse, évêque d'Aire; le 25 juin 1617, Louis Bertier, évêque d'Héliopolis (5).

Depuis le commencement de la troisième race, l'église de Saint-Denis-du-Pas, faute de fondations suffisantes pour y entretenir des ecclésiastiques, était demeurée déserte jusqu'au règne de Louis VII, dit le Jeune; et jusqu'à l'épiscopat de Thibault on n'y disait point de messe, « si ce n'estoit quelqu'un de la grande église qui y
» allast par dévotion, dit Malingre (6). » Simon de Passy ou Pecy, ou pour mieux dire de Poissy, *de Pissiaco* (7), chanoine de Paris, fit réparer cette église en 1148, long-temps avant que la grande église de Paris fût achevée, et lui donna trente livres de rente pour la fondation

---

(1) Malingre, *Ibid.*— (2) Lebeuf, t. I, p. 29 et 30. — (3) Malingre, *Antiq. de Paris*, p. 47. — (4) Voyez la lettre LXXXIX que lui adresse Nicolas de Clemengis.—(5) Lebeuf, t. I, p. 29 et 30. — *Reg. cg. Par.* — (6) *Antiq. de Paris*, p. 47. — (7) *Nécr. de Notre-Dame*, au 10 des kal. de janvier. — Past. A., p. 755.

d'une prébende. Osmond, son frère, aussi chanoine de Paris en 1164, sous le règne du même roi Louis VII, et sous le pontificat de Maurice, évêque de Paris, fonda une seconde prébende (1).

Simon et Osmond s'étaient réservé le droit de nommer à ces bénéfices pendant leur vie, et après leur mort c'était le chapitre qui devait nommer les bénéficiers. Ainsi ces prébendes devenaient des annexes de Notre-Dame. En 1178 (2), Simon de Saint-Denis, chanoine de Paris, en ajouta deux autres, et quelque temps après il y en eut une cinquième.

Ces cinq prêtres devaient dire quelques messes dans la semaine en l'honneur des fondateurs; ils avaient le droit de prendre place aux hautes chaises du chœur de l'église de Paris, et officiaient à l'autel; ils étaient partout égaux et établis *ad instar unius magnorum canonicorum presbyterorum Parisiensis ecclesiæ*; seulement ils n'assistaient pas aux délibérations du chapitre, et ils ne recevaient pas, comme les chanoines de la grande église, une certaine quantité de grains (3). Mais le revenu de ces prébendes était considérable pour l'époque; aussi, par sa délibération du mois de juillet 1282 (4), le chapitre ordonna qu'elles seraient toutes divisées en deux parts, après la mort de ceux qui en avaient alors la jouissance. Quelque temps auparavant, il avait déjà partagé de cette manière la prébende qui était restée vacante par la mort de Gilbert de Châteaufort. C'est ainsi que se formèrent les dix prébendes de Saint-Denis, dont cinq étaient sacerdotales, trois diaconales, et deux sous-diaconales : « et sont demeurées
» en cette façon jusques à présent, dit Malingre. Le corps du chapitre
» de Paris confère ces bénéfices. Cette petite compagnie, ainsi que la
» lune prend la clarté du soleil et la donne aux estres inférieurs,
» imite ses supérieurs de si près, qu'elle sert de miroir et d'exemple à
» tous les corps et sociétés qui servent et dépendent de la grande église.
» Cent dix chanoines se lèvent et sortent du chœur de la grande
» église de Notre-Dame après l'invitatoire de matines achevé, et s'en
» vont dire leurs matines en ladite chapelle de Saint-Denis (5). » Ces dix bénéficiers portaient le titre de chanoines de Saint-Denis-du-Pas (6).

Lorsqu'en 1748 l'église de Saint-Jean-le-Rond fut abattue, le service qui s'y faisait fut transféré à Saint-Denis-du-Pas, qui devint, comme je l'ai dit, la paroisse du cloître. Elle était desservie par deux chanoines qui y exerçaient les fonctions de curé. Pendant la révolution, Saint-Denis-du-Pas, ainsi que le palais archiépiscopal, fut destiné

---

(1) *Hist. eccl. Paris*, t. II, p. 114.—(2) *Hist. eccl. Paris, Ibid.*— *Gall. christ.* t. VII, col. 255.— (3) Malingre, p. 47.— (4) *Hist. eccles. Paris*, t. II, p. 516.— (5) Malingre, *Antiq. de Paris*. F. 47. — (6) Lebeuf, t. I, p. 31.

à devenir une succursale de l'Hôtel-Dieu, et elle fut convertie en une salle de malades. Elle a été démolie depuis.

XVIII. SAINT-JEAN-LE ROND.

J'ai dit que les fonts baptismaux de l'église de Paris étaient jadis à Saint-Germain-le-Vieux, qui avait alors le nom de Saint-Jean-Baptiste, et qu'ils furent depuis transportés plus près de la cathédrale, dans une chapelle bâtie pour cet usage. Cette chapelle, que l'on abattit en même temps que les anciennes églises de Notre-Dame et de Saint-Etienne, fut ensuite rebâtie et placée au bas de la tour septentrionale de la nouvelle basilique. Comme on construisait autrefois assez communément en forme de rotonde les oratoires dépendants des églises dans lesquels étaient placées les cuves pour l'administration du baptême par immersion, le baptistère de Notre-Dame de Paris, comme ceux des cathédrales de Sens et d'Auxerre, reçut le nom de Saint-Jean-le-Rond.

Le style d'architecture de Saint-Jean-le-Rond de Paris ne paraissait être que du XIIIe siècle, suivant Lebeuf; le portail était beaucoup plus nouveau. Ce baptistère, que desservaient deux prêtres, fut pendant long-temps le seul qu'il y eût dans la capitale; mais lorsque le nombre des habitants eut fait multiplier le nombre des églises, et que chacune eut obtenu le droit d'avoir son baptistère particulier, ces deux prêtres furent chargés de visiter les malades, d'inhumer les morts, et de célébrer pendant une année la messe pour les chanoines décédés. Ils jouissaient à cet effet du revenu annuel de la prébende de chaque chanoine défunt. Ces dispositions changèrent depuis. L'annuel fut transporté aux chanoines de Saint-Victor, et l'on indemnisa les deux prêtres par le don d'une prébende dans l'église de Notre-Dame, sous la dépendance du chapitre. Dans la suite le nombre de ces desservants fut augmenté (1).

Lebeuf remarque qu'autrefois dans cette église, et peut-être même à l'entrée de la cathédrale, se terminaient juridiquement certaines affaires ecclésiastiques, reste de coutume qui rappelle ce qui se pratiquait plus anciennement aux portiques des grandes églises. Le cartulaire de Saint-Magloire renferme un ancien acte qui finit par ces mots : *Fait dans l'église de Paris, auprès des cuves* (2). On lit aussi dans les *Recherches sur la chirurgie* (3) que les médecins s'assemblaient autrefois *à la cuve de Notre-Dame.*

On démolit Saint-Jean-le-Rond en 1748; alors les fonts baptismaux, les fondations et le service divin furent transférés à Saint-Denis-du-Pas,

(1) Lebeuf, *Hist. du dioc. de Paris*, t. I.
(2) *Acta sunt hæc in ecclesia Parisiensi, apud cupas*. Cartul. S. Maglor, fol. 178.
(3) *Ad cupam nostræ Dominæ. Recherches sur la chirur.*, p. 84.

qui depuis cette époque s'appela *Saint-Denis et Saint-Jean-Baptiste.*

Dans les derniers siècles avant sa destruction, l'église de Saint-Jean-le-Rond servit de paroisse aux laïques qui habitaient le cloître Notre-Dame. Le savant Ménage, Henri Boileau, avocat-général, et le théologien Jean-Baptiste Duhamel, y furent inhumés.

XIX. SAINT-DENIS-DE-LA-CHARTRE.

Cette église était située rue de la Lanterne, au coin septentrional de la rue du Haut-Moulin, en face de la rue de la Pelleterie, remplacée aujourd'hui par le quai aux Fleurs.

Les traditions populaires, si difficiles à détruire, sont souvent appuyées sur les fondements les plus légers. Le nom de cette église a fait naître l'idée que saint Denis et ses compagnons avaient été renfermés dans une prison ou chartre, qu'elle a remplacée, et qu'ils y avaient été martyrisés; on y montrait même les instruments de leurs tortures; mais cette opinion n'est appuyée sur aucun titre, et les monuments les plus anciens la détruisent; Grégoire de Tours, faisant le récit de l'incendie qui, en 586, consuma une grande partie de Paris, indique clairement que la prison de cette ville était alors près de la porte méridionale, c'est-à-dire loin de l'emplacement occupé depuis par Saint-Denis-de-la-Chartre (1).

J'ai montré précédemment (2) qu'il existait une autre prison au nord de la ville, mais hors de l'île de la Cité. Soit que l'une de ces prisons eût été détruite, soit que son ancienneté l'eût mise hors d'état de servir, il paraît que, peu de temps après, on en éleva une troisième dans l'enceinte de la Cité, sur la rive du nord. En effet, l'auteur de la Vie de saint Éloi, qui écrivait au VIIe siècle, dit qu'il y avait alors une prison du côté du septentrion, dans un endroit un peu écarté, situation qui convient assez à celle de Saint-Denis-de-la-Chartre (3).

En adoptant cette tradition, tout s'explique facilement. L'église Saint-Denis aura été appelée Saint-Denis-de-la-Chartre, à cause de son voisinage de la prison; et ce qui le prouve, comme l'observe l'abbé Lebeuf (4), c'est que la petite chapelle Saint-Symphorien, située près de là, est appelée Saint-Symphorien-de-la-Chartre dans les titres les plus anciens. Ce n'est pas là d'ailleurs le seul exemple de cette dénomination employée dans de semblables circonstances.

(1) Dubreuil, p. 114. — Jaillot, t. I, quartier de la Cité, p. 67. — (2) P. 167. — (3) Peut-être la prison de la rive méridionale fut-elle brûlée dans l'incendie de 586. Cela est d'autant plus probable que l'on voit dans Grégoire de Tours que les prisonniers s'échappèrent et traversèrent le Petit-Pont. — (4) *Sanctus Symphorianus de carcere. Chartre* vient, comme on sait, du latin *carcer*, qui signifie prison.

PREMIÈRE RACE.

Malgré l'obscurité qui environne l'origine de cette église, il n'est guère possible de douter de son existence sous la première race.

Il paraît certain que l'église de Saint-Denis-de-la-Chartre est celle qui est désignée par Abbon, dans les vers de son poëme sur le siége de Paris, où il dit que les Normands, campés à Saint Germain-des-Prés, voyaient, de la rive opposée, les troupeaux paître sur le rivage de Saint-Denis. Ce rivage appartenait à l'église de Saint-Denis de la Chartre; aussi, lors de la construction de la tour du Louvre, en 1204, Philippe-Auguste donna une indemnité à cette église pour construire sur ses terres (1).

M. Dulaure (2) dit que cette église de Saint-Denis est celle qui se racheta, en 856, du pillage des Normands. Deux chartes du roi Robert prouvent qu'elle existait vers l'an 1015, près de l'édifice qu'on appelait prison de Paris, *carcer parisiacus*, et qu'elle était dès lors nommée église de Saint-Denis de la prison de Paris (3). Des chanoines séculiers en étaient alors les desservants; et ils jouirent paisiblement et de l'église et des biens qui y étaient attachés, jusqu'en 1192. Alors l'administration de Saint-Denis-de-la-Chartre tomba entre des mains laïques, espèce d'usurpation dont on voit beaucoup d'exemples dans l'histoire de ces temps. Des chevaliers administraient les biens ecclésiastiques et nommaient ceux-ci aux prébendes. Henri, troisième fils de Louis-le-Gros, fut un de ces administrateurs de Saint-Denis, substitués aux gens d'église; il percevait les revenus, en 1133, sous le titre d'abbé. Mais cette même année, l'église de Saint-Denis fut rendue à un administrateur ecclésiastique.

Le roi Louis-le-Gros et la reine Adélaïde, voulant fonder un monastère de religieuses de l'ordre de Saint-Benoît, acquirent le territoire de Montmartre des moines de Saint-Martin-des-Champs, qui reçurent en indemnité l'église de Saint-Denis-de-la-Chartre.

Cette église porta dès lors le titre de prieuré, et fut dans la dépendance de Saint-Martin. Les priviléges qui lui furent alors accordés ont été depuis confirmés par Charles V et Charles VI. En 1704, le prieuré de Saint-Denis fut uni à la communauté de Saint-François-de-Sales, établie vers ce temps-là pour la retraite des prêtres pauvres et infirmes; l'église conserva sa destination primitive.

On voyait par l'épitaphe d'un des prieurs de Saint-Denis-de-la-Chartre, que cette église avait été rebâtie vers le milieu du XIVe siècle. Suivant un usage assez fréquent dans les constructions de ce temps, l'église était double, et dans un des côtés de la nef était une paroisse

---

(1) *Nostra Dyonisii tondebant littora sancti*, etc. (Abbon, lib. II, v. 175.) — (2) T. I, p. 204. — (3) *Ecclesia S. Dionysii de parisiaco carcere. Hist. S. Martini à Campis*, p. 313 et suivantes.

sous le titre de *Saint-Gilles et Saint-Leu*, dont la cure fut transférée, en 1618, dans l'église de Saint-Symphorien. L'édifice fut plusieurs fois réparé. En 1665, Anne d'Autriche fit refaire l'autel. Au-dessus de la porte on remarquait un bas-relief représentant des figures chargées de ventres très proéminents, qui paraissaient dater du règne de Louis XI, temps où il était de mode de porter des ventres postiches.

Saint-Denis-de-la-Chartre avait, comme toutes les anciennes églises, une crypte ou église souterraine, et l'on voit (1) qu'en 1564 existait dans cette églis une confrérie de drapiers-chaussiers, dite de *Notre-Dame des Voûtes*, à cause des voûtes souterraines de la crypte.

Sur les vitrages de l'église, on voyait autrefois le portrait de Jean de la Grange, cardinal d'Amiens, qui avait été prieur de Saint-Denis-de-la-Chartre. Ce prélat y était représenté avec ses armoiries. Cette peinture fut probablement détruite lors des réparations de 1665, faites par les libéralités d'Anne d'Autriche.

L'enceinte des maisons qui environnaient cette église et qu'on appelait *le bas de Saint-Denis*, était un lieu privilégié, dépendant du prieuré, et dans lequel, avant la révolution, les ouvriers qui n'étaient point maîtres pouvaient travailler avec sûreté et franchise.

Sur l'emplacement de cette église, démolie en 1810, on a élevé les maisons qui longent le quai aux Fleurs.

XX. SAINT-SYMPHORIEN-DE-LA-CHARTRE, DEPUIS CHAPELLE SAINT-LUC.

Bien que cette petite église n'ait été connue sous ce nom qu'au XIIIe siècle, je crois devoir la placer sous la première race, parce qu'elle doit son origine à une chapelle de Sainte-Catherine, qui existait dès les temps les plus reculés, et dont quelques parties avaient pu servir à la construction de l'église Saint-Symphorien. Cette église, située rue du Haut-Moulin, n. 11, derrière le prieuré de Saint-Denis-de-la-Chartre, dont elle n'était séparée que par une rue étroite, est celle dont j'ai parlé en donnant l'explication du surnom *de carcere*, qui était commun à ces deux édifices. L'histoire d'ailleurs en est fort courte. Comme l'ancienne chapelle de Sainte-Catherine, par négligence ou par l'effet du temps, tombait en ruines, Matthieu de Montmorency, comte de Beaumont, qui n'avait pas accompli le vœu qu'il avait fait d'aller à Jérusalem, voulant expier cette faute, abandonna à l'évêque de Paris le droit qu'il avait sur elle, et le prélat, de son côté, s'engagea à la faire rebâtir. L'accord est de 1206, l'évêque était Eudes de Sully. Éléonore, comtesse de Vermandois, et quelques autres personnages, y ajoutèrent bientôt plusieurs dotations, qui per-

---

(1) *Tabular. S. Eligii, in via Vannerie.* Lebeuf, t. I, p. 340.

mirent d'établir dans l'église quatre chapelains desservants ; quelques années après l'église quitta le nom de Saint-Denis, qu'on lui avait donné d'abord, pour prendre celui de Saint-Symphorien. Ces chapelains obtinrent le titre de chanoines en 1422. Depuis, on transféra dans cette église la paroisse de Saint-Gilles et Saint-Leu ; mais cette union ne subsista que jusqu'en 1698 : cette année, le chapitre, les paroissiens passèrent à l'église de la Madelaine. Peu de temps après, la chapelle de Saint-Symphorien fut cédée à la communauté des peintres, sculpteurs et graveurs, qui la rétablirent, la décorèrent, et lui firent donner le nom de Saint-Luc, leur patron, nom qu'elle porta jusqu'à sa destruction.

CHAPELLE DE SAINT-SYMPHORIEN.

Cette chapelle, qui fut détruite dans le XVIIe siècle, était située rue des Cholets, vis-à-vis du collége de ce nom. Son origine, sur laquelle on n'a aucun renseignement, devait être fort ancienne, car il en est fait mention dans le testament d'Hermentrude (1). On la trouve citée depuis dans la charte de Philippe-Auguste de 1185. On voit dans le cartulaire de Sainte-Geneviève, qu'un nommé Anselme Sylvaticus fit une donation, en 1220, à cette abbaye, à condition que le revenu formerait la prébende d'un chanoine, qui serait obligé d'officier chaque jour dans la chapelle de Saint-Symphorien, et que le 20 avril de la même année il fut permis d'y mettre des cloches. Sauval dit qu'elle subsistait encore de son temps ; il devait ajouter aussi qu'il l'avait vu détruire, car il n'est mort qu'en 1670, et il y avait alors huit ans que la chapelle, tombant en ruines, avait été vendue au collége de Montaigu, par contrat du 9 septembre 1662. Les éditeurs de Sauval ont confondu cette chapelle avec celle des peintres de l'Académie de Saint-Luc, qui était aussi autrefois sous l'invocation de saint Symphorien.

La chapelle de Saint-Symphorien avait été bâtie au milieu d'un clos de vignes qui s'étendait jusqu'à Notre-Dame-des-Champs (les Carmélites). Ce vignoble appartenait au roi et à différents seigneurs. D'anciens titres apprennent que le roi avait, entre l'église Saint-Étienne et le collége de Lisieux, un pressoir où l'on portait le vin qui se recueillait au clos des *Mureaux*. Ce clos, situé au faubourg Saint-Jacques, était nommé, au XIIIe siècle, *Murelli*, dans le suivant *de Murellis, alias de Cuvron*.

XXI. ABBAYE OU PRIEURÉ ROYAL DE SAINT-MARTIN-DES-CHAMPS.

On sait quelle fut, dès les premiers temps de la monarchie, la célébrité du culte de saint Martin, regardé comme le patron de la France.

---

(1) J'ai eu plusieurs fois occasion de parler de ce testament, qui est de l'an 700.

Les rois faisaient porter sa chape à la tête des armées, et c'était sur cette sainte relique que se prononçaient les serments solennels. Pendant le séjour que ce saint personnage fit à Paris vers l'an 385, il guérit, suivant la tradition, un lépreux hors de la porte de la ville, et un oratoire, d'abord construit avec des branches d'arbre, fut établi pour perpétuer la mémoire de ce miracle. Cet oratoire, dont Grégoire de Tours fait mention, comme nous l'avons dit, en parlant de l'incendie arrivé à Paris l'an 586, a été la première origine du monastère de Saint-Martin-des-Champs.

L'emplacement du premier oratoire de Saint-Martin a été l'objet d'une grande discussion entre les savants. Jaillot résume très bien leurs opinions diverses, d'où il résulte qu'on n'a aucune donnée suffisante pour fixer la position de cet oratoire, mais que, suivant toute probabilité, il était situé à peu près au lieu où a été depuis élevé le monastère.

Ce qu'il y a de certain, c'est que, dans une charte de l'année 629, Dagobert accorde une foire à l'abbaye de Saint-Denis, et en fixe le champ sur le chemin qui conduit de la Cité dans un lieu nommé *le Pont* ou *le Pas Saint-Martin*. Childebert III, dans un diplôme de l'an 710, parle de cette foire de Saint-Denis, établie entre *les basiliques de Saint-Laurent et de Saint-Martin* (1).

Cette église ou basilique, qui avait succédé à la chapelle primitive de Saint-Martin, ayant été ruinée par les Normands au IXe siècle, ainsi que l'attestent les monuments contemporains, Henri Ier la fit rebâtir dans le même lieu ou à peu près. Le roi, dans le diplôme qu'il donna en 1060 au sujet de cette reconstruction, dit que faisant rebâtir l'église dévastée par la rage tyrannique des Normands, et depuis long-temps déserte, il lui donne une plus grande étendue qu'auparavant. Henri plaça à Saint-Martin des chanoines réguliers, suivant la règle, dans la chapelle, qu'il gratifia de divers biens, et de la terre ou *culture* que lui avaient cédée Ansoald et Milon Warin, située près de l'église.

Il ne nous reste, sur l'origine de cette seconde église de Saint-Martin, que le diplôme d'Henri Ier, daté de l'an 1060 (2).

Henri Ier fut donc le second fondateur de cette église ; ses libéralités en sa faveur furent confirmées et même augmentées par Philippe Ier, son fils, lorsqu'il en fit faire la dédicace, ainsi qu'il le déclare par sa charte de 1067. Il est dit dans ce titre que dès lors on nommait le monastère *Saint-Martin-des-Champs*, ce qui indique sa situation hors de la ville, comme le prouvaient aussi ces mots, *ante urbis portam*, du diplôme de 1060. Les maisons des vassaux du monastère formèrent peu à peu un village autour de l'église et de la demeure des chanoines.

(1) Bréquigny. *Diplomata, chartæ*, p. 131 et 389.
(2) *Recueil des histor. de France*, t. XII, p. 605.

Henri Ier avait choisi des chanoines réguliers pour desservir l'église de Saint-Martin. Philippe Ier leur substitua, en 1079, les religieux de Cluny. Sa charte, par laquelle il donne l'église à Hugues, abbé de Cluny, n'énonce point les motifs de ce changement. Dubreuil, qui avait avancé sans fondement que les chanoines mis à Saint-Martin, par Henri Ier, étaient de l'ordre de Saint-Augustin (ordre qui n'était pas encore établi en France), paraît encore plus répréhensible à Jaillot, pour avoir dit que « saint Hugues en expulsa les chanoines réguliers de l'ordre de » Saint-Augustin mal vivants, et y introduisit des religieux de son » ordre. » Philippe Ier n'expose point ses motifs, il n'en laisse pas même soupçonner de désavantageux aux chanoines, qui souscrivirent, au nombre de treize, cet acte de cession. Il faut pourtant dire que les chroniques de Saint-Denis leur reprochaient de vivre déshonnêtement et de faire mal le service (1).

La donation de Saint-Martin-des-Champs à l'ordre de Cluny fit perdre à l'église son premier titre d'abbaye : ce ne fut plus qu'un prieuré, qui devint le second de cet ordre. L'acte de 1079 fut ratifié en 1097 par une bulle du pape Urbain II. Louis-le-Gros, en 1111, et Louis-le-Jeune, en 1137, confirmèrent aussi les priviléges et les possessions des religieux de Saint-Martin. Les biens et les droits de cet ancien monastère sont tous détaillés dans cette dernière charte, qu'on appelle, par cette raison, *la grande charte de Saint-Martin*.

Il paraît que saint Louis, lorsqu'il venait honorer les reliques (2) de l'église de Saint-Martin, était dans l'habitude d'offrir des pièces d'or, et qu'il était défendu de toucher à ces offrandes à moins d'autorisation ; car on voit qu'en 1475 il fallut la permission du parlement pour les employer aux besoins du monastère.

En 1426, Philippe de Morvilliers, président du parlement, et sa femme, fondèrent à Saint-Martin une chapelle dédiée à saint Nicolas, à certaines conditions, dont l'une mérite d'être remarquée. Elle porte : « *Item* chacun an, la veille de Saint-Martin d'hiver, lesdits religieux, » par leur maire et un religieux, doivent donner au premier président » du parlement deux bonnets à oreilles, l'un double, l'autre sengle » (simple), en disant certaines paroles ; et au premier huissier du par- » lement, un gand et un escriptoire, en disant certaines paroles. »

On voit, dans les registres du parlement (3), qu'en 1306 le prieuré de Saint-Martin fut confirmé dans la possession du droit d'aubaine et des successions des enfants naturels morts à Paris sur son territoire. En 1768, des lettres patentes le rétablirent dans le droit de haute justice

(1) *Rec. des hist. de Fr.*, t. XII, p. 155.
(2) Parmi les reliques conservées à Saint-Martin était un calice antique de cuivre rouge doré, qu'on disait avoir appartenu à saint Crodegand, évêque de Séez au VIIIe siècle.
(3) *Reg. Parlam.* 18 jul.

qu'il exerçait sur les habitants de la paroisse de Saint-Nicolas-des-Champs, et de moyenne et basse justice pour la conservation des rentes de la censive directe du monastère dans Paris et ses faubourgs.

Le prieuré de Saint-Martin-des-Champs avait un champ clos pour vider les duels judiciaires, qu'une législation encore imparfaite autorisait; et c'est là que, le 29 décembre 1336, par autorisation du parlement, eut lieu le fameux combat entre Jacques Legris, écuyer, accusé d'outrages envers la dame de Carrouges, et Jean de Carrouges, chevalier, mari de la dame. Legris fut vaincu et pendu. Quelques années après le véritable coupable fut découvert.

Cette maison a eu d'abord des prieurs réguliers, et au commencement du XVIIe siècle des prieurs commendataires. Quelques uns des prieurs de Saint-Martin sont devenus abbés de Cluny, évêques et cardinaux; plusieurs religieux se sont fait remarquer par leur érudition. Jean Castel, moine de Saint-Martin, fut choisi pour être chroniqueur de France sous Louis XI. La Chronique, mal à propos qualifiée de scandaleuse, est presque en entier son ouvrage. Martin Marrier, autre religieux, auteur de plusieurs ouvrages, publia en 1673 l'Histoire de Saint-Martin-des-Champs (1).

Dubreuil, Piganiol et d'autres auteurs disent que le monastère et les dépendances de Saint-Martin occupaient un terrain d'environ quatorze arpents, entouré de murs, fortifié par des tourelles, et que ces constructions furent faites sous Hugues IV, prieur de ce monastère. Mais il n'y a eu à Saint-Martin que trois prieurs du nom de Hugues, et l'histoire et le nécrologe de cette maison attribuent les travaux de cette enceinte à Hugues Ier, qui fut prieur de 1130 à 1142. Sans doute ces murs furent reconstruits ou réparés depuis; car Duchesne rapporte un arrêt de 1273, rendu à l'occasion d'une contestation pour la construction de l'enceinte à laquelle on travaillait alors.

Marrier a donné dans son Histoire la description des sépultures qui se trouvaient dans l'église de Saint-Martin. On y remarquait les trente-deux tombes de la famille des Arrodes (2), riches bourgeois de Paris des XIIIe et XIVe siècles; celle de Philippe de Morvilliers, mort en 1480, premier président du parlement, représenté sur sa tombe en-

(1) Voir les *Mém. de l'Acad. des inscript.* sur les chroniques Martiniennes.
(2) Nicolas Arrode, le premier connu, et qui avait fait construire vers 1200 la chapelle de Saint-Michel pour servir de sépulture à sa famille, était très considéré de son temps. On le voit figurer, en 1248, dans un jugement arbitral rendu sur un différent survenu entre le chapitre de Paris et saint Louis ou ses officiers. La sentence rendue à cette occasion, l'un des premiers exemples de l'emploi de l'idiome vulgaire dans une question judiciaire, a été publiée dans l'*Annuaire de la Société de l'Histoire de France,* pour 1838. La faveur dont jouissait la famille Arrode s'accrut sous les règnes suivants; plusieurs de ses membres devinrent panneticrs du roi, d'autres furent seigneurs de Chaillot.

touré de ses vingt enfants; enfin celle de Guillaume Postel, célèbre visionnaire, mort en 1581 (1).

L'église de Saint-Martin-des-Champs était revêtue d'un lambris de menuiserie décoré d'architecture. Mansard avait fait les dessins des décors du grand autel, où se voyait une belle Nativité peinte par Vignon. Des tableaux de Jouvenet, Cazes, Lemoine, Oudry, Sylvestre, Restout, Louis et Carle Vanloo, décoraient la nef, le chœur et le réfectoire.

Au commencement du XVIII° siècle, on fit de grandes réparations à Saint-Martin. Le cloître, qu'on avait commencé en 1702, fut achevé en 1720. Le grand dortoir qui régnait le long du jardin fut fini en 1742. Dès 1712, on commença les maisons qui donnent sur la rue Saint-Martin ; on détruisit la prison (2) et l'auditoire, et l'on perça une porte parallèle à celle du monastère, qui donnait entrée dans une cour dont les bâtiments furent reconstruits en 1720. On rebâtit la prison et une fontaine publique au coin de la rue Vertbois, et l'on décora l'église, à laquelle on ajouta plus tard quelques bâtiments qui formèrent un péristyle.

(1) Domestique d'abord au collège Sainte-Barbe, Postel s'étant procuré des livres apprit l'hébreu sans le secours d'aucun maître, ainsi que le grec qu'il n'étudiait que dans des moments dérobés. Il obtint la faveur de suivre les leçons, et bientôt son instruction et son bon caractère le firent remarquer. Un grand seigneur voulut l'emmener en Portugal, lui promettant une chaire de 400 ducats de traitement; mais Postel refusa disant qu'il était encore dans l'âge d'apprendre et non d'enseigner. Ses persévérantes études le rendirent un des hommes les plus érudits de son temps, et après avoir visité la Grèce, l'Asie-Mineure, la Syrie, etc., il apprit les langues de tous ces pays ; il fut à son retour nommé, en 1539, par François Ier, professeur de mathématiques et de langues orientales au Collége de France. Postel semblait devoir jouir désormais d'un sort tranquille, mais une lecture trop approfondie des ouvrages des rabbins et sa vive imagination lui causèrent de cuisants chagrins et dérangèrent sa raison. Il crut qu'il était appelé à ranger tout l'univers sous la loi chrétienne et sous l'autorité des rois de France, comme descendant en ligne directe des fils de Noé. Échappé de la prison où il avait été enfermé dans un voyage à Rome, il se réfugia à Venise où il devint le directeur d'une béate qu'il a rendue célèbre sous le nom de *la Mère Jeanne*, et dont les visions achevèrent de lui brouiller la cervelle. Il distingua dans la raison humaine deux parties, l'une supérieure (*animus*), l'autre inférieure (*anima*). L'inquisition ayant examiné ses opinions, le disculpa de tout soupçon d'hérésie et le déclara fou. Postel devint l'objet de continuelles railleries. Il voyagea de nouveau en Orient pour s'instruire et en rapporter des manuscrits. Revenu à Paris, il reprit ses leçons vers 1552 et eut un concours prodigieux d'auditeurs. L'année suivante il eut une vision dont il s'empressa d'instruire le public. Le scandale que causa sa publication l'engagea à quitter la France. Revenu pourtant à Paris, après des aventures non moins singulières que celles des premières années de sa vie, il rétracta tout ce qu'il avait dit ou écrit, dans un ouvrage resté manuscrit et conservé à la Bibliothèque du Roi. (L'abbé Sallier en a inséré l'analyse dans le tome XV des *Mém. de l'Acad. des inscript.*). Peu après, en 1564, Postel se retira à Saint-Martin-des-Champs.

(5) A l'angle de la rue du Vertbois existe encore une tour de cette ancienne prison.

En 1765, on construisit un marché public sur une partie du territoire de Saint-Martin d'une étendue d'environ cinq cents toises, et l'on y transféra le marché établi auparavant dans la rue devant l'église, et qui gênait beaucoup la circulation.

Le monastère de Saint-Martin-des-Champs fut supprimé en 1790 comme toutes les maisons religieuses, et l'autorité civile s'empara de ses bâtiments, qui sont aujourd'hui occupés par les bureaux de la mairie du sixième arrondissement, et par le Conservatoire des arts et métiers.

Il est depuis peu de temps question d'établir dans une partie des bâtiments de l'ancien monastère, et probablement dans le réfectoire, qui offre des parties d'architecture très remarquables, un Musée d'antiquités parisiennes.

XXII. ÉGLISE PAROISSIALE DE SAINT-MERRY.

Cette église, située rue Saint-Martin, entre les n. 2 et 4 (7e arrondissement), doit son origine à une petite chapelle dédiée à saint Pierre. On ignore le nom du fondateur de cette chapelle, et le temps de sa construction. Le défaut de monuments historiques à cet égard a provoqué beaucoup de conjectures de la part des auteurs. Sauval a donné surtout de longs détails; mais Jaillot, qui l'a réfuté, ne trouve dans tout ce que dit son devancier qu'absurdités, anachronismes et contradictions (1).

La vie de saint Merry, ou Médéric (2), prouve que la chapelle de Saint-Pierre existait au moins au VIIe siècle. On y lit que saint Merry, venu à Paris avec son disciple Frodulfe ou Frou, qu'il avait amené d'Autun, logea dans une cellule près de l'oratoire de Saint-Pierre; que saint Merry, après avoir vécu près de trois ans dans sa cellule, y mourut, et que son corps fut inhumé dans la chapelle de Saint-Pierre. On place la mort du saint vers l'an 700. L'église de Saint-Merry avait encore au XIVe siècle une crypte souterraine en souvenir du lieu de la sépulture de saint Merry.

Frodulphe était mort en Bourgogne, où il était retourné après l'année 700. Une partie de son corps fut apportée à Paris pour être réunie à la sépulture de son maître, dans la chapelle de Saint-Pierre, qui, devenue célèbre par les miracles opérés sur le tombeau de saint Médéric, reçut bientôt le nom de Saint-Merry, comme l'indique un diplôme de Louis-le-Débonnaire, daté de 820 (3), où elle est désignée sous cette dénomination.

---

(1) Sauval, t. I, p. 361.—Jaillot, t. II, p. 40. Quart. S. Martin des Ch.
(2) Bollandistes. 29 août.—Voir le *Speculum historiale* de Vincent de Beauvais, liv. XXIV, ch. 9.—(3) Baluze, *Append. ad capitul.* p. 1418.

Un prêtre du nom de Théodebert, qui desservait cette chapelle, ayant remarqué que le corps du saint était déposé dans la terre contre un mur dans un lieu peu convenable, il obtint de l'évêque la permission d'opérer la translation du saint dans un lieu mieux choisi de la chapelle; et l'évêque ne pouvant assister lui-même, y envoya ses archidiacres.

Jaillot a réfuté l'opinion d'Adrien de Valois et de Félibien (1), qui croient que la chapelle de Saint-Pierre était une petite abbaye ou prieuré. Cet auteur montre avec raison qu'il ne suffit pas d'alléguer le nom de *cellule* donné à cette chapelle dans les actes de la vie de saint Merry pour prouver que ce fut un prieuré, et que s'il y eût eu des religieux en ce lieu lors de la translation des reliques du saint, l'évêque chargé d'abord de la cérémonie eût parlé d'eux, et Théodebert n'eût point demandé cette translation en son nom seul.

La solennité qui fut donnée à cette cérémonie attira sur la chapelle l'attention des seigneurs riches d'alors. Le comte Adalard et plusieurs autres nobles pensèrent ne pouvoir mieux prouver leur piété qu'en sacrifiant une partie de leurs richesses à relever l'éclat du tombeau d'un homme aussi saint. Ils lui firent des donations qui furent approuvées, en 884, par Eudes, fils de Robert-le-Fort, et comte de Paris, et par Carloman (2).

Ces donations permirent d'augmenter le nombre des desservants de la chapelle. Dans le même temps sans doute, selon Lebeuf, l'ancien édifice fut rebâti. La nouvelle église élevée en l'honneur de saint Merry et de saint Pierre fut fondée par Odon ou Eudes, fauconnier, suivant l'inscription que l'on trouva dans son tombeau, sous le règne de François 1er, lorsqu'on démolit l'église pour la reconstruire. *Ci gît Eudes, fauconnier, homme de bonne mémoire, fondateur de cette église* (3). La richesse et les fonctions militaires de cet Eudes sont attestées par les bottes de cuir doré que l'on trouva fixées à ses jambes; mais rien ne prouve que ce guerrier soit, comme le dit Lebeuf, le fameux Eudes qui défendit Paris contre les Normands.

On ne sait à quelle époque l'église de Saint-Merry fut érigée en collégiale, c'est-à-dire dotée d'un chapitre de chanoines. M. Dulaure dit que ce fut vers la fin du Xe siècle, mais cela n'est nullement probable, car l'évêque de Paris donnant en 1007 cette église au chapitre de la cathédrale, ne dit pas qu'il y eût alors des chanoines, ce qui montre assez qu'il n'y en avait point. L'union de Saint-Merry à Notre-Dame n'aurait pu se faire en effet sans leur consentement.

---

(1) Valois, *de Basil. Paris.*, p. 480. — Félib. t. I, p. 117. — Jaillot, t. II, p. 42-43.
(2) *Gall. christ.*, t. VII, Instr. pag. 18.
(3) *Hic jacet vir bonæ memoriæ Odo Falconarius, fundator hujus ecclesiæ.*

Cet acte rendit Saint-Merry l'une des quatre paroisses filles de Notre-Dame, qui étaient Saint-Etienne-des-Grés, Saint-Benoît, le Saint-Sépulcre et Saint-Merry. Il est certain que l'église était collégiale au XIIIe siècle.

Au commencement de ce siècle l'édifice avait été en partie rebâti. En 1219, l'organisation du chapitre fut modifiée, parce qu'il arriva qu'un jour, le chanoine de semaine étant absent, un paroissien mourut sans avoir reçu les sacrements. Les chanoines nommèrent alors le plus ancien d'entre eux pour exercer toute l'année les fonctions curiales, en rendant une certaine somme aux autres, qui étaient déchargés du soin des âmes (1); mais, au commencement du XIVe siècle, un seul curé ne suffisant plus pour l'administration des sacrements, à cause de l'augmentation du nombre des paroissiens, un coadjuteur lui fut donné; les deux curés reçurent alors le nom de *Chefciers*. Cette division des fonctions curiales n'était pas sans inconvénients; elle subsista pourtant jusqu'en 1683, époque où les deux pasteurs Rollin et Blamignon opérèrent la réunion des deux cures. Leur convention fut confirmée par une bulle d'Innocent XI, du 25 février 1683.

Le chanoine institué curé perpétuel par ses confrères reçut le nom de *presbiter* ou *canonicus plebanus*, chanoine pléban, qui préside au peuple, qui a soin du peuple; ce qui montre bien, comme on l'a remarqué, que le soin du curé devait être l'éducation et la conduite du peuple.

Les corps de métiers jouissaient de plusieurs privilèges dans toutes les églises, et particulièrement à Saint-Merry, où les corroyeurs avaient seuls, de temps immémorial, le droit de porter les châsses de saint Merry, de saint Frodulphe et de saint Léger.

L'église de Saint-Merry jouissait des droits de justice et d'asile. En 1273, Philippe-le-Hardi racheta le droit de haute justice au chapitre qui le contestait aux officiers royaux, et lui laissa le droit de basse justice, outre certaines rentes et privilèges. Le droit d'asile était tellement sacré, qu'à la fin du XIVe siècle, en 1377, trois huissiers du Châtelet, ayant enfreint l'autorité de l'église en arrêtant sur son territoire un homme qu'ils conduisirent au Châtelet, le parlement ordonna que les huissiers reconduiraient cet homme à Saint-Merry, s'il était encore en leur pouvoir, et s'ils ne l'avaient plus, qu'ils réintégreraient cette église dans son droit d'asile en prononçant une formule expresse, en présence des députés du chapitre de Notre-Dame et de ceux de Saint-Merry (2).

---

(1) *Gr. past.* lib. XX, c. 97. — *Reg. du chap. de N.-D.*, ms. de la Bibliothèq. roy. côté B, 5185.

(2) *Regist. parlam.* 2 sept. 1377.

En 1323, Jourdain de l'Isle, mari d'une nièce du pape Jean XXII, défendant son droit seigneurial, avait frappé et expulsé de sa terre un seigneur du roi qui exploitait dans son domaine. Charles-le-Bel, instruit de cet événement, fit arrêter Jourdain de l'Isle, le fit traîner sur une claie, et ordonna qu'on le pendît ensuite. Ce seigneur était cependant, disent les contemporains, un homme pieux et juste sur lequel on trouva, au moment de son exécution, des reliques et des versets sacrés. Aussi saint Thomas, curé de Saint-Merry, sans être arrêté par la condamnation portée contre celui qu'il croyait innocent, fut, accompagné de son chapitre, *avec un grand luminaire*, chercher le corps de Jourdain à la potence, l'enterra dans son église, et écrivit une lettre sur cet événement au pape Jean XXII, à qui il avait voulu ainsi prouver son attachement.

L'abbé Lebeuf a remarqué que deux personnages célèbres à des titres bien différents avaient fréquenté, sous le règne de Charles V, l'église de Saint-Merry. Le premier est Raoul de Presle, mort en 1382. Ce célèbre traducteur de la Cité de Dieu, l'un des plus savants hommes de son temps, habitait tout près de l'église (1). L'autre personne est Guillemette, née à la Rochelle, sainte femme qui recevait, disait-on, des révélations du ciel et dont la réputation s'étendit bientôt jusqu'à Paris. Charles V, au rapport de Christine de Pisan (2), en ayant entendu parler, la fit mander et lui parla long-temps; puis après s'être recommandé à ses prières, il la confia à Gilles Mallet, un de ses officiers, pour qu'il en eût soin, en lui ordonnant de lui faire construire un oratoire en bois à Saint-Merry, sa paroisse. Guillemette s'y rendait souvent et y « demeurait long temps en ravissement et en contempla- » tion, jusque-là même, dit-on, qu'on la voyait quelquefois soulevée » en l'air plus de deux pieds. » Christine de Pisan rapporte que les plus grands seigneurs de la cour allaient toujours la prier d'intercéder pour eux, ayant grande foi en ses prières.

Raoul de Presle et Guillemette furent inhumés à Saint-Merry; le chancelier Ganay, mort en 1512; Simon Marion, avocat général, mort en 1605; Jean Chapelain, auteur du poëme de la *Pucelle*, dont

(1) Dans un des ouvrages de Raoul de Presle, conservé manuscrit à la Bibliothèque royale, il est écrit, en caractères du temps de Charles VI, que la maison de Raoul était dans la rue Neuve-Saint-Merry assez près du coin, vers le carrefour du Temple. Voir les *Mém. de l'Acad. des inscript.* t. XIII, p. 622, où la note relative à Raoul est rapportée. Lebeuf (t. I, p. 264) a remarqué qu'on avait substitué les mots de *satis prope conventum* aux mots *satis prope conum* qui sont dans le manuscrit.« J'ai lu dans un Mémorial de la chambre des comptes, dit Lebeuf, que le roi avait accordé à Raoul de Presle la permission de faire une saillie pour aller d'une sienne maison en l'autre en la même rue Saint-Merry, une ruelle entre deux. »

(2) Voir les *Dissert. sur l'hist. de Paris*, 1743, t. III, p. 259.

Boileau s'est tant moqué ; le ministre de Pomponne, mort en 1699, et autres personnages, ont eu aussi leur sépulture à Saint-Merry (1).

Sauval a rapporté (2) un des derniers exemples de pénitence publique qui aient été donnés à Paris. Il dit que deux personnes firent amende honorable, le 18 juillet 1535, devant la porte de l'église Saint-Merry, pour avoir mangé de la chair le vendredi.

On lit dans les registres du parlement, qu'à l'occasion de quelques irrévérences faites à une image de la sainte Vierge peinte sur le mur d'une maison près de Saint-Merry, le parlement ordonna, le 25 mai 1530, « que le clergé de la Sainte-Chapelle se rendrait processionnel-
» lement à cette image, qui serait repeinte, et qu'on y chanterait les
» louanges de la mère de Dieu. »

L'accroissement continuel des paroissiens de Saint-Merry avait plusieurs fois amené des changements dans l'organisation du service du clergé de la paroisse. Sous François Ier il devint nécessaire de reconstruire l'église sur de plus grandes dimensions. Commencée en 1520 ou 1530, la nouvelle église ne fut terminée qu'en 1612.

Quoiqu'à l'époque où l'on entreprit cette construction le genre grec commençât à prévaloir en France, on ne l'admit pas pour la nouvelle église, et le style gothique, si bien en harmonie avec la destination des temples chrétiens, lui fut préféré.

L'église de Saint-Merry ne manque ni d'élégance ni de grandeur. Elle se développe sur cinq nefs en ogives qui s'arrêtent à la croisée. La grande nef du milieu se termine au-delà de la croisée par l'hémicycle du chœur, formé de treize ogives. La tour carrée qui s'élève à gauche du portail, construite dans le style de la renaissance, est peut-être un peu lourde ; les ornements encore inachevés qui la décorent n'ont pas la légèreté gracieuse de la petite tourelle gothique de droite ; des clochetons, des gorges feuillées qui courent le long du portail à trois portes, forment la façade du monument. Ce portail, d'un très bon style du XVe siècle, était couronné par un grand clocheton qui a été abattu, et portait douze statues et deux cordons ogivaux de saints et d'anges, détruits pendant la révolution.

Il ne paraît pas qu'aucun tambour ait rempli ni l'une ni l'autre des ogives des trois portes qui sont ornées de feuillures fort riches. La nef ogivale est formée de grosses colonnes à fûts multiples, mais à angle à vive arête, et à colonnettes concaves et inégales sans aucune trace de chapiteaux ; dans le fût, dont l'aspect est un peu pesant, viennent se perdre les nervures des voûtes, toutes anguleuses, à vive arête, et

---

(1) Germain Brice dans sa *Descript. de Paris*, t. II, p. 20, a donné les épitaphes de tous ces hommes célèbres.

(2) T. III, p. 612.

ordinairement concaves comme les colonnes, au lieu d'être cylindriques comme les colonnettes et nervures du style catholique du XIe au XIVe siècle. Les clefs, où viennent se rejoindre les nervures des voûtes, sont larges, plates, ornées de feuillages ou d'armoiries sculptées, et un pendentif qui descend au centre de la croisée. Tous ces caractères sont ceux du style catholique de la fin du XVe et du XVIe siècle. On n'y retrouve plus ni la puissance noble et posée du XIe et du XIIe siècle ni la grâce naïve et élégante du XIIIe et du XIVe siècle, ni la richesse d'ornements et la hardiesse de sculpture du XVe siècle ; néanmoins ce style, qui fait déjà pressentir la renaissance par ses ornements, conserve encore la forme générale chrétienne (1).

« Devant l'église il y avait autrefois, dit Sauval, une espèce de » parvis ou vestibule, qui ressentait fort la primitive église ; surtout » ces deux lions qui en gardaient les deux côtés de l'entrée étaient une » auguste et terrible marque de ce saint lieu, et donnaient une cer- » taine terreur et respect aux passants (2). »

Les fenêtres en ogives qui percent la nef principale, et qui sont coupées de meneaux entrelacés en lignes ondulées, comme cela se rencontre fréquemment dans les constructions de la même époque que Saint-Merry, étaient entièrement ornées de vitraux du XVIe siècle, exécutés par Pinaigrier et Parray. D'autres vitraux représentant l'histoire de Suzanne, étaient de Jean Nogase (3) ; mais vers le milieu du siècle dernier le chapitre en fit remplacer une grande partie par des vitres blanches. Parmi les fragments qui restent, on remarque une vitrière mutilée, dans la chapelle de Saint-Vincent de Paul, à gauche du chœur, représentant un ensevelissement de Jésus-Christ, dont les têtes sont d'une belle expression.

Vers la même époque (4) les frères Slodtz ont décoré le chœur et construit la chaire. Les travaux ne manquent pas de goût ; mais il est à regretter que pour revêtir de stuc les colonnes, il ait fallu briser leurs moulures.

En 1742, le chapitre fit percer le mur de la nef et élever la chapelle de la communion qui communique avec l'église par deux ogives converties en plein cintre. Sur les quatre faces de la croisée, on éleva quatre autels : à saint Pierre, à la sainte Vierge, à saint Charles et à saint Merry, surmontés de frontons grecs reposant sur des colonnes de marbre.

A l'entrée du chœur de Saint-Merry sont deux tableaux de Carle

---

(1) Voy. *Paris pittoresque*, t. I, p. 473.
(2) T. I, p. 438.
(3) Sauval, t. I, p. 438.
(4) Et non au XVIIe siècle, comme le dit M. Dulaure.

Vanloo, représentant l'un la Vierge et l'enfant Jésus, l'autre saint Charles Borromée, archevêque de Milan.

On sait que l'église de Saint-Merry et le quartier environnant ont été le principal théâtre des troubles qui éclatèrent au mois de juin 1832 (1). La façade de l'église, dégradée par les projectiles, a été, depuis, heureusement restaurée jusque dans ses parties les plus délicates.

XXIII. ÉGLISE DE SAINT-SÉVERIN.

L'église de Saint-Séverin, seconde succursale de la paroisse Saint-Sulpice, est située rue Saint-Séverin, entre les n. 3 et 5, 11ᵉ arrondissement. L'origine de cette église est très obscure, et l'incertitude s'accroît à mesure que l'on consulte les historiens qui ont essayé d'éclaircir la question. Selon quelques écrivains, Saint-Séverin occupe la place d'une chapelle élevée sous l'invocation de *saint Clément, pape;* Sauval a partagé ce sentiment; il dit dans ses *Antiquités de Paris :* « L'église de » Saint-Severin, archiprêtre, a été bâtie sur un ancien terrain au » milieu d'un bois où était une petite chapelle dédiée à saint Clément, » dans laquelle saint Séverin, le moine solitaire, s'était retiré en 511, » sous le règne de Childebert, roi de France. C'est en ce lieu-là, selon » Corrozet, en ses *Antiquités de Paris,* qu'il donna l'habit religieux à » saint Cloud (2). » Piganiol (3) et plusieurs autres adoptent la même opinion.

D'autres historiens prétendent que cette chapelle porta, dès son origine, le nom de saint Séverin d'Agaune : « Le roi Clovis Iᵉʳ, dit Malin- » gre (4), en l'an vingt-cinquième de son règne, estant fort tourmenté » de fiebvre, et les médecins n'en pouvant remédier, par le conseil de » l'un d'iceux, nommé Tranquillinus, fit venir en France saint Severin, » abbé d'un monastère dit anciennement Agaunum, et maintenant » Saint-Maurice en Savoye, où il faisait plusieurs miracles; lequel en » s'en venant passa par Nevers, et y guarit l'évesque qui estait » sourd, muet et malade au liet; et à la porte de Paris il guarit un » lépreux en luy moüillant la face de sa salive et le baisant. Puis se » transporta vers le roy desia fort atténué ; et après avoir prié Dieu en » une église pour luy restituer sa santé, devestit sa chasuble et l'esten- » dit dessus le roy : lequel à l'instant se trouva allégé, et peu après » revint en convalescence (5). »

Cette ancienne tradition était consignée, il est vrai, dans le *propre* dont la paroisse se servait, et elle a été accueillie comme très vraisem-

---

(1) Voir le récit des faits généraux. — (2) Sauval, t. p. 414. — (3) T. VI, p. 243. — (4) Malingre, p. 168. Note sur Saint-Séverin. — (5) Voyez Jaillot, *Recherch. sur Paris,* t. V, p. 126.

Van
Char
 O
été
1832
puis,

L'é
Sulpi
ment
à me
quest
chap
parta
» Sai
» mil
» dan
» sou
» Cor
» sair
opini
 D'a
gine,
» gre
» de f
» l'un
» abb
» Sai
» s'en
» sou
» lépr
» trar
» une
» dit
» revi
 Cet
dont

(1)
(4) Ma
t. V, p. 126.

blable par Dubois et par Félibien (1). Mais l'abbé Lebeuf a été d'un avis différent ; il a fait de cette église un baptistère, une chapelle de saint Jean-Baptiste, dépendante du monastère ou basilique de Saint-Julien le Pauvre : « Je suis dans l'opinion, dit-il, qu'à mesure qu'il se forma à
» Paris un petit faubourg au bout du pont méridional, cette basilique
» est du nombre de celles où l'évêque envoya quelques clercs pour la
» commodité des habitants de ce canton, lorsqu'ils ne pouvaient pas se
» rendre à l'église matrice, et qu'il en fut de cette basilique de Saint-
» Julien, comme de celle de Saint-Gervais située au côté opposé de la
» cité, lesquelles eurent chacune leur oratoire de Saint-Jean-Baptiste
» lorsqu'on commença à cesser de porter tous les enfants pour être
» baptisés à la cathédrale. » Enfin, Duplessis pense que c'est sur l'emplacement occupé par l'église de Saint-Séverin que s'élevait autrefois le *monastère de Saint-Laurent*, et non loin de là une *chapelle de Saint-Martin* (2). Nous avons déjà eu occasion de réfuter cette opinion, et nous ne nous y arrêterons plus.

Au temps de Childebert, il existait à Paris un solitaire du nom de *Séverin*, qui avait fixé sa retraite près de la porte méridionale. On l'honora dès son vivant pour sa sainteté, et saint Cloud, enthousiasmé de ses vertus, servit sous sa discipline et voulut recevoir de ses mains l'habit monastique. L'admiration que ses mérites leur avaient inspirée engagea vraisemblablement les Parisiens à élever sous son invocation un oratoire à l'endroit même qu'il avait choisi pour sa résidence, ou à donner son nom à celui qui peut-être y existait déjà ; du reste il est peu probable que cet oratoire existât dès lors sous le nom de *Saint-Clément, pape*, puisque le culte de ce saint ne fut public en France que long-temps après. Voilà le motif qui aura sans doute engagé Baillet à ne faire de ce dernier que le *second patron* de l'église. Cette opinion, autant que nous pouvons le supposer, n'a d'autre fondement que le rapprochement du culte de saint Clément et de saint Séverin dont l'église célébrait la fête le même jour (9 des calendes de décembre — 23 novembre).

L'opinion de ceux qui pensent que saint Séverin d'Agaune est le titulaire de l'église dont nous parlons, n'est fondée sur aucune preuve. Avouons du reste que l'abbé d'Agaune est plus connu par ses miracles que le solitaire de Paris ; il fut appelé, comme nous l'avons dit, à Paris pour guérir Clovis. « Toutefois, ajoute Malingre,
» soit que Clovis eust peur que la fièvre le reprist, ou non, il ne
» voulut si tost licencier sainct Severin, ains le retint assez long-
» temps (malgré luy) à Paris, à la très grande utilité de plusieurs

(1) *Hist. eccl. Paris*, t. I, p. 72. — *Hist. de Paris*, t. I, p. 24.
(2) *Nouv. Ann. de Paris*, p. 54.

» malades et impotents, tant courtisans et favoris du roy, qu'autres
» des champs et de la ville, qui eurent recours à ses prières. Mais
» à la fin estant importuné journellement de le laisser aller, il luy
» permit à son départ de disposer de telle somme de deniers (de son
» thrésor) qu'il luy plairait, et de délivrer autant de prisonniers qu'il
» trouverait bon, de quelconque crime dont ils peussent estre coupa-
» bles. Le congé obtenu, il se retira à Chasteau-Landon, pour Nanton, et
» en latin *Castrum Nantonense*, petite ville en Gastinois, distante vingt
» lieues de Paris : où il y avait un petit oratoire ou chapelle de char-
» penterie, que possédaient deux prestres Paschase ou Pasquier, et
» Versicin : ausquels il dit qu'il estoit venu pour habiter ceans le reste
» de sa vie, et estre enterré de par eux quand Dieu l'appellerait ; leur
» recommandant son prestre Fauste qui l'avait servy l'espace de trente
» ans, et son disciple frère Vital. L'année de son décedz n'est point
» mentionnée en la vie composée par ledit Fauste, ains seulement le
» jour, qui fut l'onzième de février (1). » Il est difficile de supposer,
comme le remarque Jaillot, que saint Séverin ait habité pendant quelques mois seulement une cellule sur les bords de la Seine, ou qu'il
y ait construit un monastère qu'il aurait quitté avant sa construction
achevée.

Il est donc bien plus probable que l'église de Saint-Séverin aura été
primitivement dédiée, non à l'abbé d'Agaune, mais au Solitaire, et une
charte du roi Henri I, où cette église est appelée Saint-Severin-le-
Solitaire, rend cette opinion encore plus vraisemblable.

Lorsque l'usage de ne baptiser qu'à la cathédrale eut disparu, chaque basilique, chaque monastère eut son baptistère, et tous ces baptistères furent sous l'invocation de saint Jean-Baptiste ; mais rien dans
les faits ne justifie l'opinion de l'abbé Lebeuf quand il prétend que cet
usage s'applique à l'église de Saint-Séverin. Il n'existe aucun acte
d'où l'on puisse inférer qu'elle ait été une dépendance de Saint-Julien-
le-Pauvre, ni qu'elle en ait été simplement le baptistère ; on ne retrouve
dans l'histoire aucun document qui prouve cette supériorité prétendue de Saint-Julien-le-Pauvre et cette dépendance de Saint-Séverin.
On pourrait alléguer au contraire que d'après la charte d'Henri Ier il
n'existe aucune différence entre ces deux églises ; ce diplôme les place
toutes deux sur la même ligne.

Nous jugerons de même ce qu'a dit à ce sujet D. Duplessis (2) ; il
oublie que saint Séverin n'est qu'un reclus, un solitaire, et il en fait
l'abbé d'un monastère où Clodoalde, fils de Clodomir, roi d'Orléans,
prit l'habit monastique sous le nom de *saint Cloud*. Il est vrai que ce
prince, après avoir échappé au massacre de ses frères que Clotaire poi-

(1) Liv. II, p. 169. — (2) *Nouv. Ann.*, p. 49.

PREMIERE RACE.

gnarda, arrivé à un âge où il comprenait le danger qu'il avait évité et celui qu'il pouvait courir encore, se coupa lui-même les cheveux et embrassa la discipline de saint Séverin ; mais résulte-t-il de là que ce dernier se fût mis à la tête d'un monastère ? Ce saint personnage, qui ne pouvait vivre que dans la solitude, aurait-il fixé sa demeure dans un couvent ? Ce solitaire qui, toujours plongé dans la contemplation, fuyait la présence des hommes, se serait-il décidé à diriger une communauté ? « Le disciple, dit Jaillot (1), aurait-il quitté son
» maître et ses frères, pour aller habiter un désert au fond de la
» Provence ? Saint Cloud, sorti de sa retraite et revenu à Paris, ne se
» serait-il pas remis sous l'obéissance de son supérieur ? L'histoire ne nous
» apprend rien qui puisse confirmer l'idée d'un monastère existant
» alors sous la conduite de saint Séverin ; mais, après la mort de ce
» saint, il a pu s'en former un sous son nom ; et, au lieu même où sa
» cellule était située, on aura bâti sur son tombeau une chapelle que
» la dévotion des fidèles aura fait augmenter dans la suite, et qui
» vraisemblablement éprouva, comme beaucoup d'autres, la rage des
» Normands au ixe siècle. »

A cette époque on leva le corps du saint pour le transporter à la cathédrale qui a gardé ses reliques. Il est probable que l'église où on les conservait aura été incendiée ; que les prêtres qui la desservaient se seront dispersés et l'auront abandonnée faute de moyens pour la reconstruire. Cependant il a dû en exister quelques restes au milieu du xie siècle, car elle est énoncée dans la charte de Henri Ier par laquelle ce prince en fait don à la cathédrale. Il faut croire qu'elle a été rebâtie après la mort du prêtre Giraud qui en avait joui pendant sa vie, et que le quartier s'étant accru en population, l'église fut érigée en cure, et le titre d'*archiprêtre* conféré à celui qui dut administrer la paroisse. Ce titre attribuait à celui qui le possédait une sorte de prééminence sur tous les curés du district.

Le document le plus ancien où l'on ait fait mention de la cure de Saint-Séverin est une sentence arbitrale, rendue, en 1210, entre l'évêque et le chapitre de l'église de Paris, et Guillaume, archiprêtre de Saint-Séverin, d'une part ; l'abbé et les religieux de Saint-Germain, et Raoul, curé de Saint-Sulpice, de l'autre, pour fixer la juridiction spirituelle de l'abbaye de Saint-Germain et l'étendue de la paroisse Saint-Séverin. Jaillot reproche à l'abbé Lebeuf d'avoir mal interprété cette pièce (2) ; nous n'entrerons dans aucun détail à propos de cette discussion ; les contestations élevées sur ce point furent terminées, après plus d'un siècle, par arrêt du Parlement du 1er août 1769.

L'église Saint-Séverin a été reconstruite et agrandie à différentes

---

(1) Jaillot, *Recherch. sur Paris*, t. V, p. 131. — (2) Lebeuf, t. I, 159, et 177-178.

époques. Pour aider aux travaux de construction, le pape Clément VI accorda, en 1347, des indulgences (1). Dans l'année 1489 elle fut augmentée, et le 12 mai de la même année on posa la première pierre de l'aile droite et des chapelles situées derrière le sanctuaire. C'est dans cette pensée que la fabrique avait fait l'achat de l'hôtel des abbés et des religieux des Eschallis, ordre de Cîteaux, diocèse de Sens. Sauval (2) a confondu les religieux de Châlis ou Chalis (*Caroli locus*) avec ceux des Eschallis, *Eschaleium*, *Scarleiœ*. Dans le cartulaire de l'évêché (3) on trouve que la fabrique de l'église de Paris, qui devait vingt-cinq livres de rente à l'Hôtel-Dieu, lui céda, au mois de décembre 1243, une maison qu'elle possédait près de Saint-Séverin. L'Hôtel-Dieu la donna par échange à l'évêque de Paris, au mois de juillet 1246, donation qui fut ratifiée par le chapitre; l'évêque la céda de nouveau, dans le même mois, aux religieux des Eschallis : *Abbati et conventui de Eschallis* (4).

L'église de Saint-Séverin, qui se cache aujourd'hui au milieu des maisons de la rue de La Harpe et de la rue Saint-Jacques, ne se révèle guère aux yeux de l'observateur que par la tour dont la flèche et les huit clochetons chargés de dentelures dominent tout ce qui l'environne. C'est du haut de cette tour que la cloche sonnait autrefois le couvre-feu pour le quartier de l'Université.

Le style d'architecture de Saint-Séverin est loin d'être uniforme. Il n'appartient pas, comme celui de la Sainte-Chapelle, à une seule et même époque; il contient tous les types du moyen âge, le roman et le gothique; l'ogive y apparaît dans toutes ses variétés. A la façade de l'ouest, elle se montre encore revêtue des formes sévères du XIIe siècle, dans une fenêtre bouchée maintenant, que l'œil de l'antiquaire seul ira chercher. Puis le porche du nord, la tour du clocher, les trois premières travées de la grande nef, et certaines parties du grand portail, nous montrent l'art gothique déjà viril, c'est-à-dire arrivé à l'époque où il joignait à l'élégance et à la pureté des lignes, la noblesse et la solidité des formes.

Le XVe siècle, qui sacrifia l'ensemble au fini des détails, nous montre dans les basses nefs le gothique parvenu à son dernier degré de décadence. Au chevet de l'église on le retrouve encore, couvert d'ornements

---

(1) Ces travaux ne devaient commencer qu'à la fin du XIVe siècle; en 1414 ils étaient en activité. Au temps de l'abbé Lebeuf, on pouvait lire sur le second pilier du premier bas côté méridional, une inscription en petits caractères gothiques gravés sur une plaque de cuivre rouge : « Les exécuteurs de feu Antoine de Compaigne, enlumineur » de pincel, et de Oudette, sa femme, ont fait faire ce pilier du résidu des biens des » dits défunts, l'an MCCCCXIIII. Priez Dieu pour l'ame d'eulx. Amen. » — Lebeuf; t. I, p. 162. — (2) Tom. II, p. 269. — (3) *Cartul. episc.* fol. 243, cart. 396. — (4) *Ibid.*, fol. 244, cart. 413.

bizarres, de mauvais goût, qui le déparent encore au lieu de l'enrichir. La renaissance introduit quelquefois parmi cet art dégénéré ses gracieuses découpures; enfin le XVIIe siècle succède à tous ces caractères qui ont successivement représenté les diverses périodes du moyen âge.

Le portail de l'église est simple d'architecture, et presque sans ornements. Sur la pierre on lit deux inscriptions gravées en caractères gothiques ou *scolastiques*; l'une se compose de ces deux vers :

<blockquote>
Bones gens qui par cy passez
Priez Dieu pour les trespassez.
</blockquote>

Elle a rapport sans doute au cimetière, où l'on entrait autrefois par une porte située non loin du portail. L'autre inscription porte les charges des fossoyeurs de l'église; tels sont ses premiers mots : « Veci l'orde- » nence des fossoyeurs, etc. » Le milieu de cette inscription est très fruste; une portion en a été coupée pour aligner la baie du portail comme elle existe maintenant.

Les lions de pierre sculptés de chaque côté du portail et scellés dans la muraille, ont dû prendre la place d'autres lions en pierre qui jadis soutenaient, en guise de piliers, le siége où le doyen, official ou archiprêtre, venait s'asseoir pour rendre la justice. Plusieurs sentences portent la formule : « *Datum inter leones*, donnée entre les lions. » Aux messes de dédicace on lit une préface dont un passage rappelle l'usage de rendre la justice à la porte des églises (1).

La porte de Saint-Séverin, comme celles de plusieurs églises de France, était autrefois couverte de fers à cheval; les uns étaient neufs, les autres usés. On a voulu expliquer ce fait de cette manière : cet ornement bizarre, a-t-on dit, était une offrande faite à saint Martin; c'était un signe visible de son puissant patronage. On sait que saint Martin est partout représenté à cheval, en costume de voyageur; aussi les pèlerins et les fidèles qui partaient pour de lointains voyages l'invoquaient-ils souvent en réclamant son intercession. Il était d'usage que, lorsqu'un homme se préparait à faire un long voyage, il allât prier d'abord devant l'image de saint Martin et suspendît en son honneur un fer à cheval neuf à la porte du temple où on l'honorait. Au retour, on revenait remercier le saint patron, et on attachait de nouveau au portail de l'église un fer à cheval usé, ce qui indiquait que le voyage s'était heureusement terminé (2).

(1) *Inveniat apud te, Domine, locum veniæ quicumque satisfaciens huc confugerit; hinc pietas absoluta sedeat, hinc iniquitas emendata discedat!*
Qu'il trouve chez toi, Seigneur, un lieu de grâce, celui qui s'y réfugiera en pénitent; que de ce lieu l'innocence revienne absoute, que l'iniquité s'en éloigne amendée!

(2) Quelques voyageurs, plus religieux encore, faisaient marquer leur cheval avec la clef de la chapelle du saint, qu'un prêtre avait fait chauffer lui-même; cette marque s'imprimait sur une partie très visible du corps du cheval.

A l'angle de la rue, on aperçoit une statue dans une niche de pierre. Malgré les mutilations dont elle a été l'objet, on a cru y reconnaître saint Séverin, l'abbé d'Agaune, l'un des patrons de l'église.

L'intérieur de Saint-Séverin a été souvent réparé; il est digne de fixer l'attention et la curiosité de l'antiquaire. Régulier dans son ensemble et dans sa distribution, il est surtout remarquable par la belle ordonnance de l'abside qu'éclaire un double rang de croisées. Les chapiteaux des colonnes, les nervures des voûtes, à leurs points de jonction et d'arrêt, sont surchargés de culs-de-lampe et de sculptures de toute espèce. Ces ornements, remarquables par leur grâce ou leur originalité, se composent d'une foule de sujets dont on n'imitera jamais l'entrain et la vivacité. Le fini et la légèreté de leur exécution recommandent les colonnes de la galerie inférieure du chœur, qui par leur caractère paraissent appartenir au XVe siècle. Aux bas côtés de la nef, d'autres colonnes, au lieu de chapiteaux, sont surmontées de figures de religieux couchés et réunis par la tête; ils tiennent des banderoles (1). D'autres figures comiques ou grotesques sont sculptées sur les arêtes des nervures dans les voûtes; on en remarque une surtout, située près de la voûte, à gauche, sur un pilier de l'ogive qui de ce côté sépare le sanctuaire du chœur.

L'abside est décoré par des vitraux d'un magnifique travail, les plus beaux peut-être, sinon les plus anciens, qu'on puisse voir dans les églises de Paris. On y voit des prophètes, des apôtres, des sibylles. Le fameux Jacob Bunel de Blois, qui porta le titre de peintre du roi sous Henri IV, est l'auteur de ces admirables morceaux de peinture sur verre. Une partie de ces vitraux a dû être brisée et remplacée par d'autres pièces dont l'exécution est également belle; ces derniers vitraux sont d'une date beaucoup plus ancienne; cette différence est visible pour le connaisseur.

Le chœur subit d'importants changements en 1684; le maître-autel, dont on voit les restes maintenant, a remplacé celui qui existait alors. Il est composé de huit colonnes de marbre d'ordre composite, qui soutiennent une demi-coupole; il est de plus couvert d'ornements en bronze doré. Ce morceau d'architecture fait disparate, il est vrai, avec le reste de l'édifice; son style romain s'allie assez mal avec les autres parties de l'église qui rappellent l'architecture chrétienne; mais il n'est pas sans mérite. Il a coûté 24,400 livres, et a été exécuté par le fameux sculpteur Baptiste Tubi, d'après les dessins de Charles Lebrun, premier peintre de Louis XIV. Les sommes avancées pour cette construction provinrent des libéralités d'Anne-Marie-Louise d'Orléans,

(1) Ces figures ont été sculptées probablement pour faire allusion au titulaire de l'église.

duchesse de Montpensier, connue sous le nom de *Mademoiselle*.

Saint-Séverin est l'une des premières églises de Paris où l'on ait entendu des orgues. Un nécrologe manuscrit nous offre le passage suivant : « L'an 1358, le lundi après l'Ascension, maistre Regnault de Douy, » eschollier en théologie à Paris et gouverneur des grandes escholles » de la parouesse de Saint-Séverin, donna à l'église unes bonnes orgues » et bien ordenées. »

Ces premières orgues étaient petites, on les remplaça par d'autres dans l'année 1512 ; celles-ci étaient adossées à la tour de l'église. En 1747 on mit, à la place de ces dernières, le magnifique buffet que nous voyons aujourd'hui, et que nous devons à Dupré fils.

Dans l'année 1415, l'église Saint-Séverin renfermait une cage de fer appelée le *treillier qui est emmy la nef*. Cette cage, voisine des fonts baptismaux, était scellée dans un pilier dans la partie la mieux éclairée de l'église ; elle se composait d'un treillis dont les barreaux avaient assez d'intervalle entre eux pour qu'on pût y introduire la main et se servir d'un bréviaire manuscrit enfermé à l'intérieur. Ce livre avait été acheté au prix de 112 sous parisis (62 francs environ de notre monnaie). Dans presque toutes les églises l'usage avait prévalu d'exposer dans une partie éclairée de l'édifice un bréviaire public que les pauvres prêtres pouvaient lire sans être forcés d'en acheter un. On sait combien les livres étaient chers avant la découverte de l'imprimerie.

Si l'on en croit Sauval, qui avait lu ce détail dans un compte de fabrique de Saint-Séverin, rendu en 1419, cette église avait conservé une ancienne coutume qu'il ne sera pas sans intérêt de rapporter ici : quand les pauvres femmes, après leurs couches, allaient à Saint-Séverin pour remercier Dieu de leur heureuse délivrance, on les préservait du froid en couvrant leurs épaules d'un manteau fourré fourni par la paroisse.

Le jour de la Pentecôte, on était dans l'usage, à Saint-Séverin aussi bien qu'à Notre-Dame, de lâcher, à un passage indiqué de la messe, à travers les voûtes, un pigeon blanc qui représentait la descente du Saint-Esprit sur les apôtres.

Comme dans presque toutes les paroisses de Paris, au moyen âge, on voyait près de Saint-Séverin, une cellule, un réduit où s'enfermait jusqu'à sa mort une pénitente qui voulait expier par de dures austérités les erreurs d'une vie coupable. Ces infortunées, qui se succédaient ainsi de génération en génération, se nourrissaient des aliments les plus grossiers, n'étaient vêtues que d'une espèce de cilice ou de sac, d'où elles tiraient leur nom de *sachettes*. Dans un obituaire de l'abbaye de Saint-Victor, rédigé sous le règne de Charles V, nous voyons mentionné le nom d'une de ces pénitentes qu'on doit regarder comme une dame de haut lignage. Son obit, daté du 11 avril, est ainsi conçu :

Obitus dominæ Floriæ, *reclusæ de Sancto-Severino*, obit de dame Flore, recluse de Saint-Séverin.

L'église Saint-Séverin renfermait les sépultures de plusieurs savants distingués, parmi lesquels on peut citer :

Étienne Pasquier, l'auteur des *Recherches de la France*, avocat-général de la chambre des comptes, mort en 1615.

Scévole et Louis de Sainte-Marthe, frères jumeaux, tous deux historiographes de France, morts, le premier en 1650, le second en 1656.

Gilles Personne, sieur de Roberval, géomètre et professeur royal en mathématiques, de l'Académie royale des sciences, mort en 1675.

Louis Moréri, qui composa l'utile Dictionnaire historique qui porte son nom; mort en 1680.

Eustache le Noble, écrivain qui a beaucoup produit, et que ses aventures ont rendu plus célèbre que ses écrits, mort en 1711.

Louis-Ellies Dupin, docteur en Sorbonne, auteur de différents ouvrages, mort en 1719.

Pierre Grassin, conseiller du roi, qui fonda le collége des Grassins.

La chapelle des Brisson renfermait plusieurs membres de cette famille, tels que : Yves Brisson, examinateur, de par le roi, au Châtelet de Paris, et procureur au parlement, mort en 1529.

La même chapelle contenait aussi la sépulture de la famille Gilbert-des-Voisins.

Dans le cimetière fut inhumé le marquis de Ségur, gouverneur du pays de Foix, etc., mort en 1737.

Une inscription singulière, à la date de 1660, se lisait anciennement sous la porte du passage qui communiquait à la rue de la Parcheminerie, près du cimetière Saint-Séverin; la voici :

> Passant, penses-tu pas passer par ce passage,
> Où pensant j'ai passé,
> Si tu n'y penses pas, passant, tu n'es pas sage,
> Car en n'y pensant pas tu te verras passé.

Les deux vers suivants étaient gravés sur la porte même du cimetière; ils avaient été composés par le fameux imprimeur Vitré, qui était alors marguillier de Saint-Séverin :

> « Tous ces morts ont vécu : toi, qui vis, tu mourras!
> » L'instant fatal approche; et tu n'y penses pas! »

En 1545, était mort à Paris un jeune seigneur étranger venu dans cette ville pour y étudier; l'immense réputation dont l'Université de Paris jouissait depuis long-temps, l'avait attiré dans la capitale. Sa tombe, plus haute que les autres, s'élevait au milieu du cimetière. Ce tombeau était surmonté d'une statue au sujet de laquelle plusieurs écrivains ont, comme à l'envi, reproduit la même erreur ; Sauval réfute ainsi les opinions émises à propos de ce monument : « A côté de l'église, dans » le cimetière, est un tombeau élevé sur lequel est la figure, à demi-» couchée, d'un jeune seigneur de la Frise orientale, qui mourut étant » écolier de l'Université ; il se nommait Embda. Cette figure, qui avait » le bras cassé, a donné lieu à une histoire populaire et fabuleuse, que » c'était le tombeau d'un jeune homme enterré tout vivant en l'ab-» sence de son gouverneur, qui, à son retour, fit déterrer son maître, » que l'on trouva *avoir mangé son bras*, ce qui est faux en ce qu'il a été » cassé par accident. Ce tombeau a été construit par sa mère, qui fut » extraordinairement touchée de sa mort, parce qu'il était fils unique » et présomptif héritier de la principauté de Frise (1). »

Chacun sait que ce fut dans le cimetière de Saint-Séverin que fut faite la première opération de la pierre sur le corps d'un franc-archer de Meudon, condamné à mort pour vol sacrilége (2). Jean de Troyes (3) nous en a laissé une curieuse relation.

La cure de Saint-Séverin fut très anciennement érigée en archiprêtré par l'évêque de Paris. Les archiprêtres de Saint-Séverin firent quelquefois abus de leur autorité temporelle. Pendant la ligue, sous le règne de Henri III, Jean Prévôt, curé de Saint-Séverin, J. Boucher, curé de Saint-Benoît, et Mathieu de Launay, chanoine de Soissons, tinrent de fréquentes assemblées au collége de Fortet, sur la montagne Sainte-Geneviève, près de Saint-Étienne-du-Mont ; c'est à cause de ces réunions que ce collége fut appelé *le berceau de la ligue*. Dans leurs églises, leurs déclamations atteignaient souvent le dernier degré de l'emportement ou de la folie ; ils s'efforçaient de soulever leurs paroissiens contre l'autorité du roi. Un auteur contemporain, L'Estoile, nous a laissé sur ces scènes déplorables de curieuses révélations (4).

Enfin les déclamations séditieuses des curés de Saint-Germain l'Auxerrois, de Saint-Séverin et de Saint-Benoît devinrent tellement violentes,

---

(1) *Antiquités de Paris*, t. II, l. 4, p. 415.
(2) « Il fut recousu, et par l'ordonnance du roi, très bien pansé, et tellement qu'en » quinze jours il fut guéri ; il eut rémission de ses crimes sans dépens, et il lui fut » même donné de l'argent. »
(3) Voyez son histoire de Louis XI, connue sous le nom de *chronique scandaleuse*.
(4) Les ligueurs cherchaient par tous les moyens possibles à soulever contre le roi l'opinion publique :« Lors les ligueurs, dit Nicolas Poulain, commencèrent à pratiquer » le plus de peuple qu'ils purent, sous le prétexte de la religion, et les prédicateurs se » chargèrent en leurs sermons de parler fort et ferme contre le roi, le dénigrer envers » le peuple plus qu'ils n'avaient jamais fait ; et ce, pour provoquer le roi à en prendre » quelques uns, afin d'avoir sujet de s'élever contre lui : ce qui advint enfin par la sé - » ditieuse prédication d'un des leurs à Saint-Séverin, auquel ils firent vomir tant de » vilaines injures contre le roi, que Sa Majesté fut contrainte de l'envoyer quérir pour » parler à lui. » — *Procès-verbal* de Nicolas Poulain. — *Journal de Henri III*, t. II, p. 250-251. Voyez les *Faits généraux*.

que le roi ordonna, le 2 septembre 1587, à Rapin, lieutenant du prévôt de l'hôtel, d'arrêter les trois prédicateurs. Mais Bussi-Leclerc avait appris la nouvelle ; avec sa compagnie, il se posta dans la maison d'un ligueur nommé Nicolas Hatte, notaire de sa profession, près de Saint-Séverin ; il avait dessein d'empêcher l'arrestation du curé. Quand il fut averti de ces projets, le roi dépêcha chez Nicolas Hatte le lieutenant-civil Séguier ; mais celui-ci fut repoussé : il revint avec des sergents et des commissaires sans pouvoir faire exécuter les ordres du roi. Aussitôt le peuple s'ameute ; on entend dans la rue Saint-Jacques les cris : *Aux armes! mes amis; qui est bon catholique, il est heure qu'il se montre : les huguenots veulent tuer les prédicateurs et les catholiques.* (*Journal de Henri*, par L'Estoile.— 2 septembre 1587.)

Le curé Prévôt s'était concerté avec les ligueurs pour exposer dans le cimetière de Saint-Séverin un tableau représentant les persécutions dont les catholiques étaient alors l'objet en Angleterre ; cette mesure devait exciter le zèle et par suite la fureur des fidèles de la paroisse, tous catholiques fervents. L'Estoile nous apprend comment cet événement se termina :

« Le jeudi 9 juillet 1587, fut ôté du cimetière de Saint-Séverin un
» tableau que les politiques appeloient le tableau de madame de Mont-
» pensier, parce que de son invention, comme l'on disoit, il y avoit été
» mis par Jean Prévôt, curé de Saint-Séverin, le jour de la Saint-Jean
» précédent, de l'avis de ceux de la ligue, et principalement de quel-
» ques pédants de la Sorbonne, mangeurs des pauvres novices de la
» théologie. En ce tableau étoient représentées, au vif, plusieurs étran-
» ges inhumanités exercées par la reine d'Angleterre contre les bons
» catholiques, et ce pour animer le peuple à la guerre contre les hu-
» guenots. De fait, alloit ce sot peuple de Paris voir tous les jours le ta-
» bleau, et en le voyant crioit qu'il falloit exterminer tous ces méchans
» politiques et hérétiques ; de quoy le roy adverti manda à ceux du
» parlement de le faire oster, mais secrettement, ce qui fut exécuté de
» nuit par Auroux, conseiller du parlement, et pour lors marguillier
» de Saint-Séverin. »

Les curés de Saint-Séverin étaient fort attachés, à ce qu'il paraît, à ce qu'ils regardaient comme leurs droits et leurs prérogatives. Chaque établissement de religieux à Paris donnait naissance, comme on le sait, à des contestations, surtout de la part des seigneurs ecclésiastiques. Le curé de Saint-Séverin s'opposa pendant fort long-temps à ce que les Chartreux eussent une église, un cimetière et des cloches ; à ce qu'ils fissent sonner des cloches à volonté, célébrassent l'office divin, et reçussent l'offrande à la messe. Tous ces usages lui paraissaient autant d'attentats aux droits dont il jouissait comme curé. Ces querelles furent terminées dans l'année 1261 ; la promesse d'une rente de dix

PREMIÈRE RACE.

sous parisis faite par les Chartreux au curé, suffit pour apaiser ce dernier.

Saint Mamert ou Mammès avait une chapelle à Saint-Séverin, et il avait donné son nom à une célèbre confrérie dont l'origine remonte à un Joachim de Chanteprime, chanoine d'Auxerre, décédé archiprêtre de Saint-Séverin en 1413, qui avait obtenu probablement de sa cathédrale quelque relique de saint Mamert, abbé dont on y conservait le corps. La confrérie cessa en 1617, quand on eut bâti la chapelle du Saint-Sacrement, ce qui occasionna la démolition de la chapelle de saint Mamert.

Il y avait encore dans cette paroisse les confréries du Saint-Sacrement, de la Trinité et du Saint-Esprit, de Saint-Roch et de Saint-Sébastien. La plus célèbre fut celle de la Conception de la Vierge, érigée en 1311 (1). Ces confréries avaient leurs administrateurs, leurs chapelains, et un revenu considérable.

Jacques de Vitry, qui écrivait au XIIIe siècle, nous a transmis un fait assez remarquable au sujet de l'église de Saint-Séverin. Pierre, chantre de Paris, pour faire connaître les talents prodigieux de son élève Foulques, le fit prêcher devant lui et devant plusieurs personnes fort savantes, dans l'église de Saint-Séverin. Dieu bénit tellement ses discours que, bien qu'ils fussent écrits dans un style fort simple, tous les savants de Paris venaient à l'envi pour entendre le prêtre Foulques, qui prêchait, disait-il, comme un second saint Paul. Ceci se passait environ vers l'an 1180. Foulques mourut en 1201; il était alors curé de Neuilly-sur-Marne.

Le nom de Foulques de Neuilly est devenu illustre par la prédication de la croisade de 1198. A sa voix, un grand nombre de seigneurs prirent la croix sous les ordres du comte de Champagne. On voyait encore à Neuilly, il y a quelques années, le tombeau de Foulques. Lebeuf en a donné la description dans son *Histoire du diocèse de Paris* (2).

Parmi les curiosités de l'église Saint-Séverin, on remarque les tableaux suivants :

Une copie de la Cène, par Philippe de Champagne, qui orne le maître-autel.

Un Saint Joseph et une Sainte Geneviève, par le même; cette peinture décore une chapelle.

La chapelle des Brissons renferme un Saint Pierre délivré de la prison, par *Bosse*.

L'Archange saint Michel, par *Monnet*, décore la chapelle du même nom.

---

(1) Sauval, t. I, p. 414. — (2) Voy. *l'Histoire des environs de Paris.*

La chapelle des fonts contient le Baptême de Notre-Seigneur, sans nom d'auteur.

Parmi les sculptures les plus intéressantes de cette église, on remarque le buste en marbre d'Étienne Pasquier; une Vierge en bois placée à mi-corps dans une chaire de prédicateur au sixième pilier, du côté de la rue. Sur cet emplacement, on voyait jadis une chapelle de la Vierge.

TROISIÈME ÉPOQUE.

Paris sous la deuxième race.

752-987.

CHAPITRE PREMIER.

FAITS GÉNÉRAUX.

§ I. PEPIN. CHARLEMAGNE. LOUIS-LE-DÉBONNAIRE.

752-840.

Avec la seconde race commence, pour l'histoire de Paris, une période qu'il faut bien appeler de décadence, quoiqu'elle ait été illustrée par l'un des plus glorieux événements de ses annales. L'ancienne capitale de la Neustrie, négligée par les rois et les empereurs de race austrasienne, abandonnée par eux aux insultes des Barbares, ne devra son salut qu'à ses héroïques efforts, et quoique sa longue résistance ait peut-être sauvé l'empire franc, plusieurs siècles s'écouleront encore pendant lesquels elle semble oubliée au milieu des désordres de la féodalité naissante, jusqu'à ce qu'elle donne à la France sa troisième dynastie royale, et devienne enfin le centre de l'autorité souveraine.

Nous allons esquisser rapidement les principaux faits de cette période, dont les invasions normandes et le siége de Paris sont les points les plus saillants et les plus dignes d'intérêt.

On sait quelle importance avaient alors, aux yeux des grands comme aux yeux du peuple, les cérémonies religieuses.

Quelques jours avant le sacre de Pepin, Paris vit une grande solennité dont le récit occupe une large place dans les chroniques du temps : la translation du corps de saint Germain. Les reliques de l'ancien évêque de Paris furent transportées de la chapelle Saint-Symphorien, contiguë au monastère Saint-Vincent, dans l'église elle-même. Pepin, qui assista à la cérémonie avec ses deux fils Carloman et Charles, plus tard Charlemagne, voulut par honneur porter lui-même sa part du pieux fardeau. Plusieurs seigneurs l'aidèrent à descendre le corps dans la fosse. Pepin, à l'occasion de cette solennité, donna la terre de Palaiseau au monastère de Saint-Germain-des-Prés (1). Le tombeau de saint Germain attira depuis lors un concours prodigieux de pèlerins, et devint bientôt l'un des plus célèbres de France. Tassillon, duc de Bavière, après avoir juré fidélité à Pepin en 757, dans l'assemblée de Compiègne, fut conduit aux tombeaux de saint Denis, de saint Germain de Paris et de saint Martin de Tours, pour y renouveler son serment.

Plusieurs annalistes remarquent que Pepin passa une grande partie de l'hiver de 763 à Gentilly sur la Bièvre, près Paris (2); il célébra au même lieu la fête de Pâques de l'an 767. Il est probable par conséquent qu'étant aussi rapproché de Paris, il vint quelquefois dans cette ville. Ce prince mourut le 24 septembre 768, après avoir divisé ses États entre ses deux fils, Charles et Carloman. Il voulut, par modestie, être enterré sous le vestibule de l'église de Saint-Denis.

Charles avait obtenu la Neustrie, et par conséquent la ville de Paris, dans le partage du royaume de Pepin. La mort de son frère en 771 le rendit peu après maître de toute la monarchie des Francs. Les guerres qu'il eut ensuite à soutenir au nord pour arrêter l'invasion des Bavarois, des Saxons, au midi pour repousser celle des Sarrasins, empêchèrent Charlemagne de faire de longs séjours à Paris. Il célébra pourtant quelquefois dans cette ville les fêtes de Noël et de Pâques (3). Aix-la-Chapelle fut, comme on le sait, sa résidence la plus ordinaire et le siége de son nouvel empire.

Une discussion s'étant engagée entre Fulrad, abbé de Saint-Denis, et Erchenrad, évêque de Paris, au sujet d'un monastère nommé Plaisir (*pacitium*) que chacun d'eux réclamait, il fut ordonné l'an 775, que pour terminer le différend on aurait recours au jugement de Dieu par le roi. Deux hommes, en présence du roi et de ses grands, étendirent les bras en croix pendant qu'un prêtre récitait des psaumes. Le champion de l'église de Paris ayant le premier baissé les bras par lassitude, le monastère de Saint-Denis fut déclaré propriétaire du prieuré de Plaisir. La charte de Charlemagne donnée à l'occasion de ce jugement (4) nomme Gérard, comte de Paris, parmi les seigneurs qui assistaient à l'épreuve.

Fulrad dont il vient d'être question est l'un des plus célèbres abbés de Saint-Denis. Issu d'une famille qui possédait de grands biens en Allemagne, il occupa dans l'État les plus hauts emplois, et s'acquitta avec honneur de négociations importantes. On croit qu'il contribua beaucoup

---

(1) *Sæc. Bened.*, p. 95. — Félibien, t. I, p. 66. — (2) *Ibid.* — (3) *Ibid.*, p. 68.
(4) *Diplomat.*, p. 499. — *Capitul.*, t. I, c. 102. Suivant la plupart des historiens, Pepin mourut à Saint-Denis; Eginhard dit cependant en termes exprès : *Apud Parisius.......diem obiit*. Mais, suivant la remarque de Lebeuf et de Jaillot, on trouve souvent cette expression : *apud Parisios* employée dans les monuments de ce siècle pour désigner un lieu quelconque des environs de Paris.

à la révolution qui plaça Pepin sur le trône. C'est lui du moins qui, avec Burchard, évêque de Wurtzbourg, alla trouver le pape Zacharie pour le consulter de la part de la nation, et qui en reçut cette réponse fameuse : « qu'il lui semblait meilleur de considérer comme roi celui » qui avait en main l'autorité souveraine. » Pepin décora Fulrad du titre d'archichapelain, ce qui le mit à la tête de tout le clergé de la chapelle royale. Astolphe, roi des Lombards, ayant livré vingt places pour prix de sa soumission, ce fut Fulrad qui alla de la part du roi des Francs en déposer les clefs sur le tombeau de saint Pierre, et en offrir au pape la possession sous sa suzeraineté. Fulrad revint en France, comblé des faveurs du pape et gratifié de plusieurs privilèges pour l'abbaye de Saint-Denis (1), et pour un grand nombre de monastères qu'il avait fondés dans les Vosges. Fulrad mourut en 777, léguant tous ses biens à l'abbaye de Saint-Denis. Alcuin fit son épitaphe.

Alcuin fut l'un des hommes qui secondèrent le mieux Charlemagne dans le projet qu'avait conçu ce prince de rétablir la culture des lettres en France. Charlemagne, ayant entendu parler de son grand savoir, le fit venir de l'Angleterre sa patrie, lui donna plusieurs abbayes pour se l'attacher, et se mit, dit-on, à étudier avec lui la rhétorique, la dialectique et l'astronomie. Charlemagne établit dans son palais une école dont il confia la direction à Alcuin. J'ai rapporté précédemment (2) l'opinion de Bonamy qui pense que cette école se tint à Paris au palais des Thermes. Il est probable, en effet, que si Charlemagne a passé par Paris et y a séjourné quelque temps, c'est le palais des Thermes qu'il a dû habiter, et c'est en ce lieu qu'enseigna Alcuin. Mais son école ne fut que temporairement à Paris, et seulement pendant le séjour de l'empereur. Les écoles du palais, en effet, n'étaient établies nulle part d'une manière permanente ; elles étaient, si on peut le dire, ambulatoires, et se tenaient là où se trouvaient l'empereur et sa suite, à Quiercy, à Thionville, à Worms, et le plus souvent à Aix-la-Chapelle. C'est en ces différents lieux que Charlemagne et ses officiers venaient entendre les leçons du savant.

On voit donc que les auteurs qui donnent Alcuin pour premier maître à l'école publique de Paris, confondent cette institution avec l'école du palais.

Le premier, à ce qu'il paraît, qui ait enseigné publiquement à Paris est un moine de Saint-Germain-d'Auxerre, nommé Remy (3) ; il donnait des leçons de dialectique et de musique, comme on l'apprend dans la vie d'Adon, son disciple, qui vivait sous le règne de Charles-le-Chauve.

(1) On cite, parmi les privilèges accordés par le pape à Saint-Denis, la faculté d'avoir un évêque, c'est-à-dire, sans doute, un religieux élevé à l'épiscopat, chargé de remplir, dans l'intérieur de la maison et pour l'utilité du monastère, les fonctions réservées aux évêques. — (2) P. 36. — (3) *Vie de saint Adon*, disciple de Remi.

L'exemple de ce Remy, d'Alcuin, celui de Jean Scot et de plusieurs autres religieux, montre que les moines, ainsi que les clercs séculiers, étaient admis à professer dans le palais et dans les autres écoles. Les monastères de Saint-Denis et de Saint-Germain-des-Prés furent sous la seconde race les lieux les plus célèbres où la jeunesse put aller acquérir de l'instruction. Hilduin, Huicmar, Usuard, Abbon, Aimoin, furent élèves de ces écoles illustres.

Lors de son passage à Paris en l'année 800, Charlemagne était accompagné de sa fille Théodrade, qui parut en cette occasion, disent les historiens (1), avec une magnificence toute royale. Cette princesse se retira peu de temps après dans un cloître.

De Paris, Charlemagne se rendit à Aix-la-Chapelle, et de là à Rome, où le pape Léon III le couronna empereur d'Occident. Cette imposante cérémonie eut lieu, comme on sait, le jour de Noël de l'an 800. Pendant que Charlemagne était en prières devant le tombeau des saints apôtres, Léon s'approche, accompagné de seigneurs romains, lui met le manteau de pourpre sur les épaules, sur la tête une couronne d'or enrichie de diamants, et le proclame césar et auguste. Tout le peuple applaudit, et Charlemagne, tout en cédant à l'empressement général, affecta une grande surprise des honneurs dont on l'entourait. Ainsi fut rétabli, après un intervalle de 324 ans, cet empire d'Occident, dont l'ombre et le nom subsistent encore aujourd'hui.

Charlemagne, à son retour d'Italie, où il venait d'être couronné empereur, organisa d'une manière plus régulière l'institution déjà ancienne des *missi dominici* ou commissaires qu'il était d'usage d'envoyer dans les provinces pour surveiller l'administration des évêques, des abbés, des comtes. Étienne, comte de Paris, qui avait succédé à Gérard, reçut cette mission avec Fardulphe, abbé de Saint-Denis. Paris, Melun, Provins, Estampes, Chartres, Poissy, étaient de leur département ou *missie* (2).

En 803, Charlemagne adressa au même comte quelques capitulaires ajoutés à la loi salique, pour qu'il les publiât à Paris. Étienne est mis au nombre des bienfaiteurs de l'église de cette ville à laquelle il donna sa terre de Sucy en Brie (3).

Clotaire II avait porté son attention sur le guet de la ville de Paris (4); Charlemagne s'occupa également de cette partie de la police par un capitulaire de l'an 813 (5), qui ordonne au comte de la ville de punir d'une amende de quatre sous ceux des hommes chargés du guet qui manqueraient à leur devoir.

---

(1) Voyez Duchesne, t. II, p. 41. — Félibien, t. I, p. 72. — (2) *Coint. adann.*, 802, n. 48. — (3) *Hist. eccles. Paris.*, t. II, p. 305. — (4) Voyez ci-dessus, p. 76. — (5) *Capit. Baluze*, t. II, p. 514. — De La Mare, *Traité de la police*, t. I, p. 236.

DEUXIEME RACE.

Charlemagne, sentant sa fin approcher, avait fait dresser, en 811, son testament, qu'il fit souscrire par quatre évêques et onze comtes présents à la cour. Irminon, abbé de Saint-Germain-des-Prés, et Etienne, comte de Paris, furent au nombre des témoins de cet acte(1).

L'empereur survécut peu à ces dispositions; il mourut à Aix-la-Chapelle, le 28 janvier 814, âgé de soixante-douze ans.

Plusieurs églises ont autrefois honoré Charlemagne d'un culte public; dans quelques unes on célébrait seulement un service pour le repos de son âme. Quoique son office fût retranché du bréviaire de Paris au XVII° siècle, on continua de dire la messe solennelle pour lui en plusieurs églises particulières de la ville. L'Université qui le regardait comme son fondateur, célébrait tous les ans sa fête, depuis 1480, d'après un édit de Louis XI. Comme cette fête fut négligée dans la suite, un statut de l'Université la rétablit expressément en 1661 (2). Le Palais et le Châtelet vaquaient tous les ans, avant la révolution, le jour de la mort de Charlemagne.

Louis-le-Débonnaire, fils et successeur de Charlemagne, ne fit pas plus de séjour à Paris que son père. Cependant il visita, en 814, l'année même de son avénement à la couronne, les églises de cette ville (3). Plus tard, en 834, ce prince, victime pour la seconde fois de l'ingratitude et de l'ambition de ses fils, fut conduit prisonnier à Paris par Lothaire, fait que M. Dulaure ne cite point, comme s'il eût craint de prouver en le rapportant que les rois de la seconde race ont habité Paris (4).

Louis-le-Débonnaire se montra en plusieurs occasions favorable pour les églises et les monastères de Paris et de son diocèse (5). Sur la proposition de Begon, comte de Paris, il prit sous sa protection le monastère de Saint-Pierre-des-Fossés.

En 820, il confirma l'évêque de Paris dans la juridiction qu'il exerçait sur la terre de Sainte-Marie dans l'île, sur le grand chemin qui, du côté de Saint-Germain, conduit de Saint-Merry au lieu dit de Tudela, et sur la rue Saint-Germain-l'Auxerrois, avec défense à tous autres officiers qu'à ceux de l'évêque de lever ni cens ni droits dans l'étendue de sa juridiction. C'est de là, à ce que l'on prétend, dit Félibien (6), qu'est venu l'exercice de la justice, qui d'abord se rendait par le juge que nommait l'évêque, et dont les jugements se rapportaient ensuite à la cour du comte de Paris pour y être confirmés ou réformés. Les vassaux et les serfs de l'évêché étaient soumis à cette justice. Il

---

(1) *Annal. coint.*, n. 3. — (2) *Hist. univ. Paris.*, t. II, p. 347. — (3) *Recueil des historiens de France*, t. V, p. 665. — (4) Patrem suum usque ad Parisios sub memorata custodia deduxit, *Annales de Saint-Bertin*, ann. 834. — Lotharius, patre assumpto, iter arripuit et Parisiorum urbem petiit, etc. Duchesne, t. II, p. 311. — (5) Félibien, t. I, p. 74. — (6) *Ibid.*, p. 75.

paraît qu'à cette époque la plupart des titres concernant l'église de Paris avaient été détruits ou perdus, puisque la charte de Louis-le-Débonnaire apprend que Charlemagne avait accordé à l'évêque Erchenrad un nouveau diplôme qui devait tenir lieu de tous les titres antérieurs. Mais rien ne peut nous dédommager de la perte de tant d'anciennes chartes, qui nous auraient instruits en détail d'événements importants de cette époque dont nous avons à peine connaissance.

Quelques années après, Louis-le-Débonnaire, de l'avis du pape Eugène II, convoqua une assemblée d'évêques à Paris pour examiner la fameuse question du culte des images, qui divisait l'Église depuis plus d'un siècle. Les évêques, blâmant les excès des partis extrêmes, publièrent, au moyen des passages des Écritures et des saints pères, qu'on ne devait ni briser ni adorer les images, mais qu'il fallait les conserver dans les églises « pour l'instruction des fidèles, surtout pour les ignorants, » conformément à la doctrine du pape saint Grégoire. Le décret du concile, rédigé, à ce que l'on croit, par Agobard, archevêque de Lyon, fut envoyé à l'empereur, qui le fit porter au pape par deux évêques chargés de faire adopter le sentiment du concile au sujet des images. On ignore les suites de cette négociation; mais on sait que l'église de France rejeta sous le nom d'adoration le culte des images jusqu'à la fin du IXe siècle. A cette époque, elle en adopta le culte, comme les autres églises, en le restreignant dans de certaines limites.

Il est à remarquer que dans le concile de Paris, les évêques supposent que saint Denis a été envoyé dans les Gaules par le pape saint Clément. Ils ne disent pas toutefois que ce fut saint Denis-l'Aréopagite.

En 829, un concile auquel assistèrent vingt-cinq évêques des provinces de Reims, de Sens, de Tours et de Rouen, se réunit à Paris. Aux détails que j'ai donnés précédemment (1) sur cette assemblée, j'ajouterai que les évêques insistèrent sur la tenue des conciles et l'établissement d'écoles publiques au moins en trois lieux de l'empire.

La même année, Hilduin, abbé de Saint-Germain-des-Prés et de Saint-Denis, fit le partage des biens de ces monastères entre lui et les religieux (2). Dom Gervaise, qui a donné dans le dernier siècle l'histoire de Suger, prend occasion de ces partages d'Hilduin pour taxer les religieux des abbayes de Saint-Germain et de Saint-Denis de dissipation et de prodigalité. Si cet auteur eût su que le muid du temps d'Hilduin ne faisait que la quatre-vingt-seizième partie du muid de son temps, comme l'a prouvé dom Bouillard (3), il aurait, dit Jaillot, modéré les traits de sa satire; mais ce n'est pas la seule faute que cet auteur ait faite à cette occasion. Il change plus loin en *bœufs* quelques centaines d'*œufs*, des-

---

(1) Voyez p. 98-147. — (2) Voyez ci-devant, p. 187. — (3) *Hist. de Saint-Germain-des-Prés*, p. 25.

tinés par Hilduin pour les réjouissances des fêtes de Noël et de Pâques.

En 830, les enfants de Louis-le-Débonnaire, jaloux de ce que Judith, seconde femme de leur père, voulait élever à leur détriment son fils Charles, plus tard Charles-le-Chauve, se révoltèrent contre l'empereur, et le firent déposer; mais rétabli sur le trône, peu de mois après, dans l'assemblée de Nimègue, Louis pardonna à ses enfants. Il punit cependant quelques uns des grands qui s'étaient déclarés contre lui. L'abbé Hilduin lui-même, pour être venu à l'assemblée avec des gens armés malgré la défense de l'empereur, fut dépouillé de sa dignité d'archichapelain, et exilé en Saxe. Hincmar obtint son rappel en 831.

L'accord entre les membres de la famille impériale ne fut pas de longue durée. Les enfants de Louis le-Débonnaire, irrités de voir leur père entièrement dominé par sa nouvelle femme, parvinrent encore une fois à le faire déposer dans le plaid de Compiègne du mois de novembre 833. Le lieu de l'assemblée était trop près de Paris pour que les débats qui durent s'y élever n'aient occasionné aucun mouvement dans les partis différents de cette ville. L'empereur, après être demeuré huit mois prisonnier de son fils Lothaire, recouvra encore la liberté et l'empire. Lothaire le laissa libre dans l'abbaye de Saint-Denis avec son fils Charles, qui annula tout ce qui s'était fait à Compiègne, et se retira en Bourgogne. En 835 Louis tint à Thionville une grande assemblée. Erchenrad, évêque de Paris, qui fut toujours fidèle à l'empereur, assista au plaid de Thionville.

Louis-le-Débonnaire, qui avait recouvré la liberté dans l'abbaye de Saint-Denis, voulant témoigner sa reconnaissance au saint patron, chargea l'abbé du monastère d'écrire ses actes. C'est alors qu'Hilduin composa son fameux livre des Aréopagitiques dont j'ai déjà parlé (1).

Deux ans après, en 838, l'empereur, pour prévenir les troubles que pourrait occasionner sa mort dans l'empire, fit un dernier partage de ses États entre ses enfants. Paris et la Neustrie, ou France occidentale, échurent à Charles, qui reçut en outre l'Aquitaine à la mort de son frère Pepin. Gérard, comte de Paris, l'abbé Hilduin et les autres principaux seigneurs de Neustrie, se rendirent auprès du roi Charles et lui firent serment de fidélité. Louis-le-Débonnaire ne survécut que dix-huit mois au partage qu'il avait fait. Il mourut le 20 juin 840.

§ II. CHARLES-LE-CHAUVE. — LOUIS-LE-BÈGUE.

Après la mort de Louis-le-Débonnaire, Paris, jusque là peu fréquenté par les Carlovingiens, devint comme le centre des guerres civiles et étrangères qui troublèrent la France jusqu'à l'établissement des Normands en 912. Lothaire, en apprenant la mort de son père,

(1) P. 12, note.

s'avança jusque vers Paris afin de s'emparer du royaume de Charles-le-Chauve. Gérard et Hilduin, quoique liés à Charles par le serment qu'ils lui avaient fait, se rangèrent du parti de Lothaire. Gérard, ayant reçu l'ordre de défendre les passages de la Seine, fit abattre tous les ponts jetés sur cette rivière ; mais Charles-le-Chauve, à la nouvelle de ces événements, remonte la Seine de Rouen à Paris avec trente-huit barques chargées de troupes, repousse le comte Gérard, et va librement faire ses prières au tombeau de saint Denis, puis dans l'église de Saint-Germain-des-Prés. Charles demeura ensuite à Paris ou dans les environs. Louis-le-Germanique, son frère, qui redoutait aussi l'ambition de Lothaire, s'étant bientôt joint à Charles, ils attaquent ensemble Lothaire, et le défont à Fontenai, près d'Auxerre, en 841. Les premiers bruits de la bataille qui parvinrent à Paris laissèrent croire que Charles-le-Chauve avait été tué ; aussi Gérard refusa-t-il de se soumettre à Adalard, envoyé par le roi ; mais Charles s'étant lui-même avancé vers Paris, il vint lui faire sa soumission, qui fut acceptée.

Cette grande bataille de Fontenai avait été si sanglante, d'après les historiens, qu'elle semblait avoir épuisé les forces de l'empire. Elle fut pourtant si peu décisive que les vainqueurs ne purent poursuivre Lothaire ; ce fut lui, au contraire, qui, à la campagne suivante, serra de près Charles-le-Chauve. Charles et Louis, toujours en péril, formèrent une nouvelle alliance à Strasbourg (842), et pour y intéresser les peuples, le roi des Allemands jura en langue romane ou française, celui des Français en langue germanique.

Les évêques ayant tous été d'avis que la paix régnât entre les trois frères, les rois firent venir les députés de Lothaire et firent un nouveau partage de l'empire. Charles eut pour sa part toute la France occidentale jusqu'aux Pyrénées ; il rendit depuis l'Aquitaine à Bernard, son neveu.

L'année 845 est marquée, dans les annales de Paris, par la première attaque que cette ville ait eu à subir de la part des Normands. J'y reviendrai avec plus de détail lorsque je traiterai spécialement des invasions normandes.

Des conciles se tinrent à Paris dans les années 845, 846 et 848. Dans celui de 845, Hincmar, moine de Saint-Denis, déjà célèbre par ses connaissances et son esprit élevé, fut promu au siége de Reims, vacant depuis dix ans par la déposition de l'archevêque Ebbon. En 846 la sentence de déposition fut confirmée, et en même temps l'élection d'Hincmar. Le concile de 848 adressa une lettre synodale à Noménoé, qui se qualifiait de roi des Bretons, pour se plaindre de sa désobéissance à l'égard du pape et du roi Charles. La lettre fut, dit-on, rédigée par Loup de Ferrières, qui était secrétaire du concile (1).

---

(1) *Lup. epist.*, 84. — Mabill., *Annal. Bened.* l. 33, n. 80.

Erchenrad étant mort en 857, Énée fut nommé pour lui succéder sur le siége de Paris. Le nouvel évêque paraît avoir suivi les exemples de modération que lui laissait son prédécesseur. Il obtint, en 867, de Charles-le-Chauve la restitution de l'île située à l'orient de la cathédrale, appelée dans la suite de Notre-Dame ou l'île Saint-Louis. L'église de Paris possédait cette île en 820; elle jouissait du cinquième de ses revenus en 867; mais les comtes de Paris en avaient usurpé la propriété : Charles-le-Chauve la retira de leurs mains et la restitua à l'église de Paris. On voit par une charte du même roi que l'église de Paris possédait dans le Poitou une terre nommée *Vintriacum*, située près de la rivière du Clain. Charles-le-Chauve confirma cette propriété à l'église l'an 868 (1).

La même année, Charles fit transférer le corps de saint Maur, de l'abbaye de Glanfeuil en Anjou, dans celle de Saint-Pierre-des-Fossés, près de Paris, au bord de la Marne.

Charles-le-Chauve était incapable de gouverner. On voit pourtant qu'il essayait de suivre les exemples de son aïeul Charlemagne pour entretenir la force et la prospérité de son royaume. Une lettre du pape Nicolas Ier témoigne des soins et des encouragements qu'il donnait à l'étude des beaux-arts dans ses États, et surtout à Paris, comme l'avaient fait ses prédécesseurs (2); mais sa faiblesse ne pouvait suffire aux besoins du royaume dans ces temps difficiles. Le vrai roi, le vrai pape de la France, était le fameux Hincmar. C'est lui qui, à la tête du clergé de France, semble avoir empêché Louis-le-Germanique, en 859, de s'établir dans la Neustrie et dans l'Aquitaine, où les grands l'appelèrent contre Charles-le-Chauve. Mais le gouvernement ecclésiastique lui-même ne put défendre la France. Charles se sépara de l'Église, et n'en fut que plus faible. Il put disposer de quelques évêchés, opposer le pape à Hincmar; il put accumuler de vains titres, se faire couronner roi de Lorraine, et partager avec les Allemands le royaume de son neveu Lothaire II; il n'en fut pas plus fort.

Charles-le-Chauve séjournait fréquemment à Saint-Denis qu'il faisait fortifier contre les Normands. Les rois avaient sans doute alors un palais à Saint-Denis puisqu'il est question de cette résidence dans les historiens (3). La reine Hirmintrude y mourut l'an 869.

Quelques généalogistes donnent pour fille à Charles-le-Chauve une Alpaïs, femme de Conrad, établi comte de Paris en 869 (4). Conrad était, dit-on, de sang royal. Avant lui, Bégon, comte de Paris, avait

(1) Baluze, *Append. ad capitul.*
(2) Plurimam nos lætificat quod in imperio, et in regno vestro, et *specialiter Parisiis*, bonarum artium predecessorum nostrorum cura stabiliter repullulent.
(3) Voyez Félibien, t. I, p. 96.
(4) Delamare, *Traité de la police*, t. I, p. 99.

épousé une autre princesse nommée aussi Alpaïs, fille de Louis-le-Débonnaire (1).

L'évêque Énée dont j'ai déjà parlé mourut en 870. Demeuré étranger aux occupations du gouvernement civil, ce prélat prit une part active aux affaires ecclésiastiques. Il fut chargé de réfuter, au nom de la province ecclésiastique de Sens, les doctrines du schisme grec de Photrix; ce qu'il fit dans un ouvrage qui nous est resté.

Ingelvin, son successeur, demanda à Charles-le-Chauve, la jouissance de l'abbaye de Saint-Éloi, située dans le fief de l'église de Paris. Le roi l'accorda (871), pour que Dieu lui donnât des enfants de sa femme Richilde, et à condition que l'église de Paris prierait pour lui et les membres de sa famille à l'anniversaire de leur naissance pendant leur vie, et ensuite à l'anniversaire de leur mort (2). Il assura un repas extraordinaire aux chanoines de la cathédrale et aux religieuses de Saint-Éloi, pour les anniversaires de la naissance de ses enfants.

On rapporte à la fin du règne de Charles-le-Chauve l'institution de la célèbre foire du Landit. Elle fut, dit-on, établie dans le but d'y exposer les reliques que l'empereur avaient données à l'abbaye (3).

Charles-le-Chauve ayant appris la mort de l'empereur Louis-le-Germanique arrivée le 31 août 875, se rend immédiatement en Italie, prévient à Rome les fils de son neveu, les gagne de vitesse, et dérobe pour ainsi dire le titre d'empereur qu'il vient faire confirmer à Paris par les évêques et les seigneurs; il retourna ensuite en Italie. Mais, devenu empereur, sa faiblesse fut au comble; un de ses neveux s'approchant de l'Italie, le pauvre empereur prit la fuite; la fièvre l'arrêta dans un village des Alpes, et il y mourut le 6 octobre 877.

Après la mort d'Hirmintrude, Charles-le-Chauve avait épousé, comme concubine, Richilde, sœur de Boson, *in concubinam accepit*, dit l'annaliste de Saint-Bertin. En 870 il l'épousa solennellement, *in conjugem sumpsit*. Il ne paraît pas qu'il faille entendre, avec plusieurs auteurs, ces mots, *in concubinam accepit*, comme signifiant que « Charles prit Richilde pour maîtresse, » mais bien qu'il l'épousa légitimement, sans lui donner cependant le rang et le titre d'impératrice que lui valut seulement le second mariage, *conjugium*. Le concubinat semble avoir en effet conservé sous les Francs le caractère légal et religieux qu'il avait sous les Romains. C'était un mariage légitime, mais moins honorable que le *connubium*, *conjugium*, ou *justæ nuptiæ*. Il suffit de citer pour le prouver, ce que Frédégaire dit de Gontran: *Gunthramnus fuit rex bonus timens Deum; accepit primùm concubinam, nomine Venerandam*, etc. (4).

(1) Flodoard, l. II, c. 13; l. IV, c. 16. — (2) Baluze, capitul., p. 1492. — (3) Voy. l'*Histoire des environs de Paris*, art. *Saint-Denis*. — (4) Voy. sur ces deux sortes de mariages chez les Francs, une dissertation de M. L. de Maslatrie, insérée dans les *Mémoires de la Société des antiquaires de France*, t. XIV.

Le fils de Charles-le-Chauve, Louis-le-Bègue, ne put même conserver l'ombre de puissance qu'avait eue son père. L'Italie, la Lorraine, la Bretagne, la Gascogne, refusèrent de le reconnaître. Dans le nord même de la France il fut obligé d'avouer aux prélats et aux grands qu'il ne tenait la couronne que de l'élection.

Aucun fait de quelque importance ne se rattache, sous le règne de Louis-le-Bègue, à l'histoire de Paris. On voit seulement qu'en 878 il autorisa l'évêque de Paris à séparer du monastère de Saint-Éloi la terre de Gentilli avec son église, pour en employer les revenus à l'entretien du luminaire de la cathédrale.

Louis-le-Bègue vécut peu, ses fils, Louis III et Carloman, encore moins. Sous Louis III, un annaliste dit ces paroles qui font mesurer jusqu'où la France était descendue : « Le roi bâtit un château de » bois ; mais il servit plutôt à fortifier les païens (les Normands) qu'à » défendre les chrétiens, car ledit roi ne put trouver personne à qui en » remettre la garde. »

Louis III eut pourtant un succès, en 881, contre les Normands de l'Escaut. Il existe encore en langue germanique un chant qui fut composé à cette occasion.

Sous ce prince on vit Gozlin, abbé de Saint-Germain-des-Prés, chargé de la défense du royaume, conjointement avec quelques autres seigneurs. Conrad, comte de Paris, meurt vers 881. Son successeur est le célèbre Eudes, qui se couvrit de gloire dans le mémorable siége de 886, et mérita dans la suite la royauté.

Une imposante cérémonie religieuse attira à Paris, au mois d'août 884, un grand concours de peuple et de clercs : c'était l'élévation du corps de saint Merry dans l'église à laquelle ce saint avait déjà donné son nom (1).

Les revers que les Normands avaient éprouvés sur l'Escaut les rendit plus terribles ; mais l'humiliation des descendants de Charlemagne ne fut complète qu'à l'extinction de la branche franque en la personne de Carloman, et à l'avénement de Charles-le-Gros ou de la branche allemande en 885.

§ III. CHARLES-LE-GROS. — COUP D'ŒIL SUR LES INVASIONS NORMANDES. — SIÉGE DE PARIS. — EUDES.

885-898.

Charles-le-Gros réunit tout l'empire de Charlemagne ; il fut empereur, roi de Germanie, d'Italie, de France. Magnifique dérision, dit

---

(1) Voyez ci-dessus, p. 29.

M. Michelet. Sous lui les Normands ne se contentent plus de ravager l'empire, ils commencent à vouloir s'emparer des places fortes; ils assiègent Paris avec un prodigieux acharnement.

Avant de retracer l'histoire de ce siége fameux, l'un des plus grands événements de nos annales, il me paraît à propos de rassembler les principaux faits qui concernent les invasions des Normands depuis le commencement du neuvième siècle.

Coup d'œil sur les invasions Normandes avant le siége de Paris (1). Ce fut au moment de la plus grande puissance de Charlemagne, l'année même de son couronnement comme empereur d'Occident (800), que les peuples du Nord connus sous le nom de Normands parurent pour la première fois sur les côtes de France. On peut voir dans le moine de Saint-Gall quelles tristes prévisions leur audace inspira dès lors à ce grand prince, qui semblait pressentir la faiblesse de ses successeurs.

Les Normands, resserrés originairement dans la presqu'île du Jutland, avaient d'abord attaqué sans succès les peuplades voisines établies entre l'Elbe et l'Eyder; d'ailleurs la Germanie, encore peu peuplée et sans villes, ne leur offrait pas l'espoir d'un riche butin. Ce fut donc par mer, et sur les côtes des pays méridionaux, que déborda le surplus de leur population, accrue de tous les fugitifs de la Saxe échappés aux tyrannies de Charlemagne.

Ils ne faisaient d'abord que de courtes apparitions, à de longs intervalles, et s'avançaient peu dans le pays. Une de leurs courses les plus audacieuses, en 820, les porta du rivage de Flandre, d'où ils furent repoussés, à l'embouchure de la Seine, et de là à l'embouchure de la Loire où ils ravagèrent l'île de Bouin. Ils tentèrent bientôt après de nouvelles expéditions par d'autres fleuves, la Somme, la Vilaine, la Charente, la Garonne et le Rhône; mais ces expéditions ne furent qu'accidentelles ou temporaires.

Après quelques années de tranquillité, on vit les Normands reparaître à la suite des révoltes des fils de Louis-le-Débonnaire.

En 834, ils se jetèrent sur la Frise avec fureur, ravagèrent Dorestad, ville de commerce, située à la séparation du Rhin et du Leck (aujourd'hui Wyck-Duerstede), et renouvelèrent leurs attaques pendant trois années consécutives. Louis, redevenu maître, prit des me-

---

(1) Pour les détails qui vont suivre, j'ai beaucoup profité de l'excellent travail que M. Taranne a placé, sous le titre d'*Introduction*, en tête de sa traduction du poëme d'Abbon sur le siége de Paris. Ce résumé, composé uniquement d'après les chroniques contemporaines, fait connaître plus de faits, et les présente d'une manière bien plus exacte que nos histoires générales Voyez le *Siége de Paris par les Normands en 885 et 886*, poëme d'Abbon, avec la traduction en regard, etc., par N. R. Taranne. Paris, Imprimerie royale, 1834, in-8, p. 1-49.

sures pour leur résister. En 837, on informa sur la conduite des comtes chargés de la défense du pays ; il fut reconnu que les désastres étaient causés en partie par l'impossibilité de prévoir les points de débarquement et d'y opposer les forces suffisantes, en partie par la désobéissance des chefs (1). Faut-il s'en étonner ? Lothaire lui-même s'entendait avec les Normands pour susciter de nouveaux embarras à son père (2); et d'ailleurs les Saxons, transplantés dans le pays par Charlemagne (3), se joignaient probablement à leurs anciens compatriotes et les aidaient à ravager les terres de leurs vainqueurs ; de là peut-être aussi cette haine furieuse des Normands, et de tous ceux qui faisaient cause commune avec eux, contre le christianisme et les ministres d'un culte qu'on leur avait imposés par le glaive (4).

L'empereur néanmoins prit des mesures pour mettre un terme à ces déprédations ; mais sa mort livra l'empire à des guerres civiles qui laissèrent le champ libre aux Normands, et l'extinction de 100,000 Français à Fontenai assura pour long-temps l'impunité à leur audace. Lothaire renouvela son alliance avec Hériold, un des chefs de ces pirates, qui l'avait servi contre son père, et, en 841, lui céda l'île de Walcheren en Zélande, avec la liberté de piller les peuples voisins, sujets de ses frères (5).

Dès ce moment, il ne passa pas une année qui ne fût marquée par leurs ravages. Cette même année 841, ils entrèrent pour la première fois dans la Seine, brûlèrent Rouen et les monastères de Jumiéges et de Fontenelle, puis regagnèrent leurs vaisseaux.

En 843, appelés par Noménoë, duc des Bretons, qui voulait se rendre indépendant, les Normands remontèrent la Loire jusqu'à Nantes, qu'ils ravagèrent horriblement ; ils y massacrèrent une infinité d'habitants, clercs et laïques, et l'évêque lui-même dans son église, au milieu de ses fonctions. C'est alors qu'ils se cantonnèrent à l'embouchure de la Loire, dans les îles de Bouin et de Noirmoutiers, d'où ils ravagèrent l'Aquitaine durant dix ans (6).

En 845, une troupe de pirates sous la conduite de Ragenaire, venant directement du Danemarck, entra dans la Seine avec cent vingt vaisseaux, qui arrivèrent à Paris le 28 mars, veille de Pâques. Les habitants avaient pris la fuite, dit un historien (7), et la ville n'était plus qu'un désert. Les religieux de Sainte-Geneviève se retirèrent avec le corps de leur patrone à Athies, de là à Draveil ; ceux de Saint-Germain s'enfuirent à Combes-la-Ville en Brie avec le corps du saint évêque (8).

(1) *Annal. Bertin.* — (2) *Annal. Bertin.*, ann. 841. — (3) *Chroniq. S.-Denis*, t. V; p. 252. — (4) Montesquieu, *Esprit des lois*, XXXI-X. — (5) *Annal. Bertin.*, ann. 841; Nithard, l. IV, ch. 2. — (6) *Annal. Bertin.* — (7) *Mirac. S.-German. Recueil des hist.*; t. VII, p. 348. — (8) *Mirac. Sanctœ-Genovef.* Bollandistes. januar., t. I, p. 149.

Cependant, le jour de Pâques même, les Normands se jetèrent avec fureur dans l'abbaye Saint-Germain-des-Prés, et enlevèrent tout ce qu'ils purent emporter. Une maladie qui se déclara parmi eux arrêta leurs ravages en faisant périr un grand nombre des leurs.

Charles-le-Chauve était à Saint-Denis; Ragénaire lui fit faire des propositions de paix, et Charles, ne pouvant l'éloigner par la force, lui donna 7,000 livres d'argent pour prix de son départ. L'historien des miracles de Saint-Germain ajoute que lorsqu'il fut de retour du Danemarck, il présenta au roi Horic la serrure de l'une des portes de la ville, et une poutre de l'église de Saint-Germain-des-Prés. Toutefois les rois de Danemarck ne voulaient pas paraître approuver ces expéditions, dont probablement ils n'étaient pas fâchés, et qu'ils n'auraient pu empêcher. Horic apprenant que la plupart de ceux qui avaient pillé le monastère de Saint-Germain avaient péri misérablement, fit couper la tête à ceux qui revinrent de l'expédition.

En disant que lors de l'approche des Normands la ville de Paris n'était plus qu'un désert, on remarquera que l'historien a sans doute exagéré son récit. Au surplus, *la ville* ne doit signifier ici, selon toutes les apparences, que la nouvelle ville, située sur la rive gauche de la rivière, ce que l'on appela plus tard le *quartier de l'Université*. Les habitants de cette partie de Paris se retirèrent soit dans les lieux voisins, soit dans l'intérieur de la Cité, qui, très vraisemblablement à cause de ses fortifications, ne reçut aucune atteinte de la part des Barbares. Malgré tout ce que dut faire Ragenaire pour faire valoir la hardiesse et le succès de son entreprise, observe Duplessis, il ne put se vanter d'avoir emporté une poutre de l'église cathédrale; et la serrure de la porte qu'il présenta à Horic, s'il faut en croire le chroniqueur, ne dut être que la serrure d'une des portes de l'enceinte méridionale (1).

Louis de Germanie savait mieux que Charles défendre son autorité et ses États. Horic lui demanda la paix et l'obtint. Déjà, en 836, ce même Horic s'était excusé auprès de Louis-le-Débonnaire des ravages des pirates, jurant qu'il n'y avait aucune part; et en 838, faisant valoir sa fidélité à rester neutre, il lui avait demandé en récompense la pos-

---

(1) Duplessis, *Nouvelles annales de Paris*, p. 142. — M. Taranne, dans son édition du *Poëme d'Abbon* (p. 5-242), combat ici l'opinion de Duplessis en faisant remarquer que les historiens qui nous ont transmis le récit des ravages des Normands ne font point de distinction entre la ville et la cité, et que, dans cette circonstance particulièrement, l'écrivain qui nous donne le plus de détails, Aimoin, celui-là même à qui Abbon avait dédié son poëme, dans son livre des *Miracles de Saint-Germain* (Recueil des histor., t. VII, p. 348-349), s'exprime ainsi : « *Vacuam penitùs ipsam urbem, quondam populosam, et omnia in circuitu illius monasteria à suis habitatoribus deserta repererunt. — Ipsam civitatem, ut præmisimus, vacuaque suburbana absque habitatoribus repererunt.* » Il est clair, ajoute M. Taranne, qu'ici *civitas* et *urbs* sont synonymes; mais *urbem penitùs ipsam* ne peut signifier que le cœur de la ville, l'île de la Cité.

session de la Frise et du pays des Obodrites ; mais il avait trop compté sur la faiblesse de l'empereur : sa demande fut rejetée.

Malgré cette prétendue paix de 845, les ravages continuèrent toujours en Frise et en Aquitaine. Saintes, Bordeaux, Périgueux, furent successivement attaqués, envahis et brûlés par ces barbares. Les Aquitains au désespoir ne savaient quel protecteur implorer. Mécontents de Pepin, ils appelèrent Charles-le-Chauve ; mécontents de Charles, ils s'adressèrent à Louis-le-Germanique : ils rappelèrent Pepin ; mais aucun prince alors ne pouvait les défendre ; presque toute la noblesse avait péri à Fontenai (1).

On ne trouvait rien de mieux, pour arrêter ces ravages, que d'abandonner aux vainqueurs les contrées envahies. Lothaire avait cédé, en 841, l'île de Walcheren à Heriold ; en 850, il céda à Roric, son neveu, Dorestad et une partie de la Frise. Charles le-Chauve abandonna à Godefred ou Godefroy, son fils, quelques terres près de la Seine ; mais pour le moment ces concessions ne remédièrent à rien. Ces Normands n'étaient ni assez forts pour résister aux autres invasions, ni assez près de la civilisation pour s'attacher facilement à une vie paisible. Dès que l'occasion se présentait, ils se joignaient aux pirates qui ne cessaient d'affluer sur ces rivages, ou se constituaient d'eux-mêmes agresseurs, quand les pays ravagés qu'on leur donnait pour demeure ne suffisaient plus à leur cupidité.

L'an 851 fut signalé par de nouveaux ravages. La Frise, l'île des Bataves, furent pillées ; le monastère de Saint-Bavon, à Gand, incendié, et les barbares poussèrent leurs ravages jusqu'auprès d'Arras.

En même temps, la troupe qui avait dix ans ravagé l'Aquitaine rentra dans la Seine, sous la conduite d'Oscheri ; brûla le monastère de Fontenelle, s'avança par terre jusqu'à Beauvais, et malgré un échec reçu à Warder dans les environs, regagna ses vaisseaux. Ces Normands quittèrent la Seine en juin 852, deux cent quatre-vingt-dix-sept jours après y être entrés, et de là retournèrent à Bordeaux chargés de butin. Ils avaient commis sur les bords de la Seine des ravages tels, que de mémoire d'homme jamais ces contrées n'en virent de semblables (2).

Outre Rouen, Paris et Beauvais, ils prirent, pillèrent et brûlèrent Meaux, Melun, Chartres, Évreux, Bayeux et toutes les villes qu'ils rencontraient. Aucun lieu, aucun monastère ne restait intact : tous les habitants s'enfuyaient désespérés. Il se trouvait à peine une voix, dit un chroniqueur, pour s'écrier : « Restez, résistez, défendez votre patrie et vos enfants. » On ne l'écoutait pas (3). Aimoin avait dit avec plus de

---

(1) *Andræ presbyt. chronicon. Recueil des Hist. de Fr.*, t. VII, p. 204. *Fragm. hist.*, Ibid, p. 224. — (2) *Chronicon. Fontanell. Recueil*, t. VII, p. 43. — (3) *Ermentar. abb. Heriensis*. Ibid, p. 343.

détails, lors de la prise de Paris en 845 : « Sortis de leurs vaisseaux, ils se répandaient au loin dans les campagnes, massacraient une grande multitude des deux sexes, brûlaient les villages, les monastères, les églises, et exerçaient contre le peuple de Dieu tous les excès d'une fureur sans bornes (1). »

C'était au christianisme surtout qu'ils avaient déclaré une guerre d'extermination; aussi plusieurs habitants de l'Aquitaine n'avaient trouvé d'autres moyens que de se faire païens comme eux (2). Ces chrétiens apostats (3) se joignaient aux barbares, quelques uns même devinrent leurs chefs. Ils devaient en effet se signaler par une plus grande fureur encore contre la religion qu'ils avaient quittée : tel fut le fameux Hastings, natif des environs de Troyes, qui, cette même année 851, commença à se faire connaître parmi les chefs les plus déterminés des Normands (4).

A la fin de 852, les Normands de Godefroy, devenu parjure, remontèrent la Seine et se retranchèrent à *Givaldi-Fossa* (Géfosse ou Jeufosse, au-dessous de Bonnières). Charles-le-Chauve voulut les y attaquer; mais telle était la terreur qu'inspiraient les Normands, tel était l'affaiblissement des sentiments généreux chez les Francs d'alors, que ses soldats refusèrent de combattre. Le roi fut forcé de composer avec Godefroy et de lui faire de nouvelles concessions. Celui-ci resta tranquille pour le moment; mais une partie de son armée, qui apparemment ne voulait pas de la paix, quitta la Seine pour rentrer dans la Loire; et joints probablement avec ceux qui, depuis long-temps, y avaient des cantonnements, ils exercèrent de nouveaux ravages. Nantes, le monastère de Saint-Florent, Angers, Tours, l'abbaye Saint-Martin, Luçon, Blois, furent pillés et brûlés. Agius, évêque d'Orléans, et Burchard, évêque de Chartres, ayant réuni contre eux une flotte et une armée, sauvèrent Orléans (854).

Cette année, s'il faut en croire l'annaliste de Fulde, tous les Normands, cantonnés dans les différentes parties de l'empire franc, quittèrent leur pays pour aller prendre part à une guerre civile en Danemarck entre Horic et Gudurm, un de ses rivaux, qui, chassé par lui du royaume, avait jusque là exercé le métier de pirate. Tous les princes de la famille royale y périrent, à l'exception d'un enfant. Cet événement, s'il est vrai, ne procura pas cependant un long repos aux chrétiens de la Gaule. Dès 855, les Normands de la Loire envahirent encore Bordeaux;

(1) *Recueil des hist. de Fr.*, t. VII, p. 348.
(2) *Agii Vabrensis Epist.* Ibid, p. 66 note.
(3) En 869, Hugues l'Abbé et Gozfrid prirent parmi des prisonniers normands un chrétien apostat, qu'ils firent décapiter. *Annal. Bertin.* Voy. aussi l'année 881.
(4) Glaber-Rad, l. V. — *Chronic. S.-Michael. in periculo maris. Recueil*, t. VII, p. 272.

ils attaquèrent Poitiers par terre, mais ils furent repoussés. Maîtres de Nantes, ils furent chassés par d'autres Normands alliés d'Erispoë, et pour se venger entrèrent dans la Vilaine, où ils exercèrent leurs ravages accoutumés. Les Normands vainqueurs de Nantes, conduits par Sidroc, entrèrent dans la Seine, remontèrent jusqu'à Pitres, au confluent de l'Andelle, et joints par une nouvelle flotte que commandait Bernon, ils firent une excursion jusque dans le Perche; mais ils furent battus par le roi Charles-le-Chauve.

En 856, les Normands de la Loire prirent et pillèrent Orléans; d'autres entrèrent dans la Seine, ravagèrent les monastères situés sur les deux rives, et se fortifièrent à Géfosse pour y passer l'hiver. Le 28 décembre, ils envahirent Paris et y mirent le feu.

En 857, ils revinrent encore à Paris (1) et brûlèrent la basilique de Saint-Pierre et de Sainte-Geneviève et toutes les autres églises, excepté celles de Saint-Étienne, de Saint-Denis, de Saint-Vincent et Saint-Germain, qui se rachetèrent seulement de l'incendie par de grosses sommes d'argent. Ce n'est point ici le lieu de renouveler les discussions auxquelles se sont livrés les historiens de Paris du dernier siècle, pour rechercher quelles sont ces églises de Saint-Étienne et de Saint-Denis dont il est question. On peut voir dans les articles spéciaux consacrés aux monuments, qu'il s'agit de Saint-Étienne-des-Grés, et des abbayes de Saint-Denis et de Saint-Germain-des-Prés.

Cette seconde invasion des Normands, marquée par plus de ruines que celle de 845, inspira des plaintes amères à Paschase Radbert, abbé de Corbie, auteur contemporain : « Qui eût jamais pu croire, s'écrie-t-il,

---

(1) Ces deux invasions des Normands dans Paris, de décembre 856 et de 857, ont été confondues par les historiens, peut-être avec raison. Les *Annales de Saint-Bertin*, qui seules les distinguent, peuvent s'expliquer de manière à justifier l'opinion commune. Elles commencent l'article de l'année 857 par ces mots : « *Piratæ Danorum*, v *kalendas januarias, Luticiam Parisiorum invadunt, atque incendio tradunt.* » Et plus bas, sans indiquer une nouvelle expédition, elles décrivent le fait avec les circonstances que nous avons exposées : « *Dani Sequanæ insistentes cuncta liberè vastant, Luteciamque Parisiorum adgressi basilicam beati Patri et Sanctæ-Genovefæ incendunt, et ceteras omnes præter domum Sancti-Stephani et ecclesiam Sancti-Vincentii atque Germani, præterque ecclesiam Sancti-Dionysii. Pro quibus, tantummodò ne incenderentur, multa solidorum summa soluta est.* » Alors la première ligne de l'article serait le sommaire d'un fait important dont l'auteur donne les détails un peu plus tard. Ce qui appuie cette conjecture, c'est que certainement à l'année suivante 858, l'annaliste annonce de quoi il va parler : « *Quando Carolus intravit in insulam Sequanæ dictans oscellum*, etc. » Et plus bas, même année, il reprend tous les détails de cette expédition : il a pu procéder de même pour l'année 857. Nous ajouterons une observation, continue M. Taranne : en n'admettant qu'une prise de Paris à cette époque, il faut la mettre en 856; car bien que l'auteur la place en 857, comme elle est du 28 décembre, et qu'il commence l'année à Noël, elle appartient à la fin de l'année précédente; seulement elle a dû se prolonger dans le mois de janvier 857.

» que les pirates ramassés de différentes nations seraient venus humi-
» lier un royaume si glorieux, si puissant, si populeux ? Aucun roi
» n'aurait espéré, aucun habitant de la terre n'aurait cru que jamais
» un ennemi pût entrer dans notre Paris (1). » Ainsi, dans l'opinion
générale, Paris, quoique délaissé par les rois carlovingiens, était toujours la capitale du royaume des Francs.

Pendant ce temps, la Frise, abandonnée par Roric et Godefroy qui étaient allés en Danemarck faire valoir leurs prétentions à la royauté, était attaquée et pillée par d'autres pirates ; et les Normands de la Loire, auxquels s'était joint Pepin d'Aquitaine, dévastèrent Poitiers et d'autres lieux aux environs.

Tandis que Bernon venait à Verberie, en 818, jurer fidélité à Charles, d'autres continuant les hostilités prirent dans une de leurs courses Louis, abbé de Saint-Denis, et Gozlin, son frère, abbé de Saint-Germain-des-Prés, le même qui fut depuis évêque de Paris, et exigèrent d'eux une forte rançon. Pour y suffire, Charles épuisa en vain les trésors de plusieurs églises : le roi, les évêques, abbés, comtes, hommes puissants fournirent leur contingent pour la compléter. On peut juger de l'importance de cette rançon par ce qui suit : le monastère de Saint-Denis donna pour sa part 685 livres d'or et 3,250 livres d'argent, sans y comprendre un certain nombre de ses vassaux qui furent livrés aux Normands, avec leurs femmes et leurs enfants (2).

Les Normands s'étant retranchés dans l'île d'Oissel, formée au sud de Rouen par les détours de la Seine, Charles vint les assiéger ; mais menacé par son frère Louis qui venait usurper ses États, il se retira en hâte, et les Normands s'emparèrent de ses vaisseaux. Selon la chronique de Fontenelle, c'est Bernon lui-même qui était établi dans cette île ; son serment de fidélité n'est pas un motif d'en douter : pour ces hommes, le parjure n'était qu'une ruse de guerre. Une fois établis à Oissel, les Normands pouvaient venir à Paris quand bon leur semblait. Ils commencèrent par attaquer et brûler Noyon, tuèrent l'évêque Ymon, et emmenèrent une multitude de captifs.

En 859, les ravages se multiplièrent sur tous les points. L'Escaut et la Somme reçurent de nouvelles flottes de Normands ; d'autres pirates tournèrent l'Espagne et entrèrent dans le Rhône : la Frise et le Brabant, Saint-Valeri et Amiens, l'île de la Camargue, sont envahis, pillés et brûlés en même temps. Les peuples d'entre Seine-et-Loire, désespérés des vexations continuelles d'un ennemi impitoyable qui les pressait des deux côtés, s'insurgèrent contre les Normands de la Seine ; mais les seigneurs du pays, faisant cause commune avec leurs nou-

---

(1) *Recueil des hist. de France*, t. VII, p. 72, note.
(2) *Annal. Bertin. Recueil*, t. VII, p. 73.

veaux hôtes, se réunirent à eux et détruisirent facilement cette multitude aveugle.

En 860, Charles négocie avec les Normands de la Somme pour combattre les Normands de la Seine. Ils exigeaient 3,000 livres d'argent (1). Charles leva cette somme sur les églises, les négociants et les manoirs même des pauvres; mais n'ayant pu la compléter, il leur donna des otages. Ceux-ci, dans l'intervalle, allèrent attaquer les Anglo-Saxons, qui les repoussèrent. Les Normands du Rhône remontaient en même temps jusqu'à Valence, puis retournaient dans la Camargue, et de là allaient infester l'Italie, ravager Pise et d'autres villes.

Dans le mois de janvier de l'année 861, selon les *Annales de Saint-Bertin*, le jour de Pâques selon Aimoin, historien des *Miracles de Saint-Germain*, les Normands de la Seine revinrent pour la troisième fois sur Paris (2) qu'ils brûlèrent. Ils entrèrent dans l'abbaye de Saint-Germain-des-Prés, pendant que les moines, au nombre de vingt à peu près, qui ne s'étaient pas retirés à Emant avec les autres, chantaient matines. Les religieux parvinrent cependant à se cacher dans les bâtiments ou les souterrains de l'abbaye, et un seul fut tué. Les Normands égorgèrent plusieurs serviteurs de l'abbaye, pillèrent le monastère et mirent le feu au cellier. Ils poursuivirent les négociants de la ville qui s'enfuyaient, en remontant la Seine, chargés de ce qu'ils avaient pu prendre avec eux, et les firent prisonniers (3); puis ils retournèrent à Oissel. Les faubourgs de la ville, et celui du midi surtout, durent souffrir de cette nouvelle invasion. Après la retraite des Normands, Charles-le-Chauve rendit un capitulaire pour que les ravages fussent réparés (4).

Les Normands de la Somme vinrent les y attaquer, moyennant un tribut de 5,000 livres payé par le roi. Les Normands de la Seine, réduits à l'extrémité, capitulèrent, et donnèrent aux assiégeants 6,000 livres, moitié or, moitié argent. Tous réunis ils songeaient à se remettre en mer ; mais arrêtés par la tempête, ils se cantonnèrent par peuplades dans les ports de la Seine. Wéland, avec les Normands de la Somme, remonta jusqu'à Melun : les Normands de la Seine s'arrêtèrent à Saint-Maur-des-Fossés.

Tandis que Charles-le-Chauve attendait, à Senlis, la réunion de son ar-

---

(1) On voit par ces distinctions, livres d'or, livres d'argent, qu'il s'agit toujours de poids. La livre numéraire d'argent n'était pas encore distraite de la livre poids même métal. (M. Taranne.)

(2) La quatrième, si l'on compte deux invasions : l'une à la fin de 856, et l'autre en 857 ; mais il est probable que c'est la même. Voir précédemment.

(3) *Annal. Bertin. Recueil*, t. VII, p. 76. — M. Taranne, toujours dans l'opinion que les Normands pénétrèrent jusque dans la Cité même, remarque que les négociants se seraient retirés dans cette partie de la ville, si elle eût été à l'abri des insultes.

(4) *Capitul. Carol. calvi. Recueil des hist.*, t. VII, p. 702.

mée pour garder les rives de l'Oise, de la Seine et de la Marne et arrêter les ravages des Normands, il apprend qu'une partie de ceux qui étaient à Saint-Maur-des-Fossés se dirigeaient vers Meaux avec de petites barques. Il y court, fait rétablir et garder le pont de Trille-Bardon (*Bardulfi-Trajectum*), au-dessous de Meaux, pour fermer le retour aux Normands, et dispose les troupes sur les deux rives de la Marne (862). Les Normands n'en brûlèrent pas moins la ville de Meaux. A leur retour, se voyant enfermés, ils demandèrent un accommodement, proposant de rendre les prisonniers qu'ils avaient faits depuis leur entrée dans la Marne, et de s'en retourner par mer avec les autres Normands de la Somme, ou, si ces derniers s'y refusaient, d'aider Charles à leur faire la guerre. Ayant livré des otages, ils retournent à Saint-Maur, où étaient leurs compagnons. Vingt jours après, Wéland, chef de l'autre bande, vint prêter serment de fidélité à Charles avec les siens. Ensuite toute la flotte réunie descendit jusqu'à Jumiéges, où on résolut de réparer les vaisseaux et d'attendre l'équinoxe de printemps. Les vaisseaux remis en état, les Normands se divisent : la plupart, joints à d'autres pirates qui avaient ravagé l'Espagne, vont se réunir à Salomon, duc de Bretagne ; mais Robert-le-Fort leur enleva douze vaisseaux sur la Loire ; puis, moyennant 6,000 livres d'argent, il engagea, pour combattre avec lui contre Salomon, les Normands de la Seine, avant que Salomon eût pu les attirer dans son parti. Wéland, au lieu de conduire ses peuples à de nouvelles conquêtes, se rendit auprès de Charles avec sa femme et ses fils, et embrassa le christianisme.

Charles, pour empêcher de nouvelles incursions, fit élever à Pîtres des constructions imposantes ; établit des postes militaires sur les rives de l'Oise, de la Seine et de la Marne, et ordonna de construire sur la Seine un grand pont (1) pour la défense de Paris. Ce pont n'était pas encore construit en 866, puisque cette année les Normands remontèrent la Seine jusqu'à Melun.

Dans les années 863, 864, 865, la fureur des Normands sur la Seine semble se ralentir ; mais ceux de la Loire poursuivent leurs ravages. Ils envahissent Poitiers qui se rachète du pillage, brûlent l'église de Saint-Hilaire, et saccagent les environs d'Angoulême. De là, pénétrant en Auvergne, ils brûlent Clermont, tuent le comte Étienne, et rega-

(1) Le diplôme où Charles ordonne la construction d'un grand pont a été donné par Baluze dans le tome II de ses *Capitulaires*. La date en est incertaine : il est de 861 si l'on s'en rapporte à l'année du règne de Charles, de 870 si l'on s'en tient à l'indiction ; Baluze est pour la seconde. Dom Bouquet, qui a reproduit ce diplôme, tome VIII, p. 568, est pour la première. M. Taranne se range de son avis. Cette mesure s'accorde avec toutes les autres précautions que prit Charles à cette époque pour s'opposer aux Normands. J'aurai occasion de parler plus loin de ce pont, de rechercher où il était placé, et de voir quel rôle il joua dans le siége de 885.

gnent leurs vaisseaux impunément. En 865 ils brûlèrent le monastère de Fleury, et la ville d'Orléans qu'ils avaient déjà pillée en 856, tandis qu'un autre parti soudoyé par Pepin assiégeait Toulouse. En même temps d'autres barbares venus du Nord remontaient le Rhin, et ravageaient continuellement Dorestad, la Frise, le Brabant et la Flandre. En 865 les Normands rentrèrent dans la Seine, et envoyèrent jusqu'à Paris deux cents des leurs pour chercher du vin ; ensuite ils ravagèrent pendant quinze jours les environs de Saint-Denis, et rentrèrent dans leur camp situé près de ce monastère.

Ces longs désastres, ces revers humiliants n'étaient pas suffisamment contre-balancés par quelques succès passagers. Robert-le-Fort, un des plus infatigables guerriers de cette époque, chargé de défendre les marches ou frontières de Neustrie, c'est-à-dire le Maine et l'Anjou, contre ces barbares, sortit victorieux de plusieurs combats ; mais le petit nombre des Normands tombés sous ses coups (1) prouve qu'il était encore plus difficile de les surprendre que de les vaincre, et que, réduits à des armées peu nombreuses, les ducs et les comtes ne pouvaient se mesurer qu'avec de faibles détachements ennemis. Il périt enfin lui-même, en 866, dans un combat contre Hastings ; et les peuples qui n'espéraient plus que dans sa force, crurent avoir perdu un nouveau Machabée (2).

Il n'avait pas encore succombé cependant, quand Charles-le-Chauve, effrayé par le pillage de Melun, conclut avec les Normands de la Seine une paix des plus honteuses, mais qui, du moins, procura quelques années de calme à cette partie du royaume. Il leur donna 4,000 livres d'argent ; leur remit leurs prisonniers qui s'étaient échappés à la nouvelle du traité croyant qu'il les rendait libres ; on leur en paya le prix, ainsi que celui des Normands qui avaient pu être tués pendant la discussion des articles. Les Normands abandonnèrent la Seine, et plusieurs passèrent en Italie. En 867 et 868, les Normands de la Loire, plus intraitables, brûlèrent Bourges, et rançonnèrent Orléans, mais ils furent battus par les habitants de Poitiers.

Charles avait engagé les habitants du Mans et de Tours à se fortifier pour protéger le reste de la population contre les Normands : ceux-ci, à cette nouvelle (869), prirent les devants, et exigèrent de ces peuples beaucoup d'argent, de blé et de vin, pour prix de la paix qu'ils vou-

---

(1) Il ne put empêcher le saccagement d'aucune grande ville de l'Aquitaine, Poitiers, Clermont, Orléans même, qui était peut-être de son gouvernement. En 862, il prend douze vaisseaux aux Normands sur la Loire. — 864, il attaque et disperse deux corps de Normands, *cuneos*. — 865, il tue 500 Normands qui avaient brûlé Poitiers.— En 866, la troupe qu'il combattait lorsqu'il fut tué était de 400 hommes.

(2) *Annales Fuldenses*, ann. 867.

laient bien leur accorder. L'observèrent-ils? On le croirait volontiers, car pendant quelques années l'histoire se tait sur leurs déprédations. D'ailleurs, à force de malheurs, les peuples avaient repris courage et s'étaient aguerris; on résistait plus souvent aux Normands : quelquefois même on les attaquait. En 873, Charles entreprit de les chasser d'Angers. Réuni à Salomon, duc de Bretagne, il leur enleva cette ville en octobre, leur accorda une île de la Loire pour y faire leur commerce jusqu'en février. A cette époque, ceux qui ne voudraient pas être baptisés devaient sortir du royaume. Un chroniqueur (1) prétend qu'ils ne remplirent pas leur promesse, ne quittèrent pas le pays, et firent plus de dégâts qu'auparavant. Sans doute ils ne sortirent pas tous de France, mais les ravages s'apaisèrent. Ainsi le royaume paraissait jouir enfin de quelque repos par le départ des Normands de la Seine et l'affaiblissement de ceux de la Loire; la Frise même semble respirer quelque temps. Les Frisons occidentaux battirent les Normands en 876, et leur enlevèrent les trésors que ceux-ci avaient amassés dans leurs pillages.

A partir de cette époque, qui peut être considérée comme le terme de la première période d'invasion des Normands, les incursions de ces barbares, jusque là irrégulières et portant sur plusieurs points à la fois, se concentrent sur trois points principaux: la Frise, la Seine et la Loire. La Frise, attaquée la première dès 810, ne fut jamais débarrassée de ces hôtes désastreux; ceux qui s'y établissaient étaient chassés par de nouveaux venus, ou se joignaient à eux pour piller les provinces plus reculées. La Seine, envahie pour la première fois en 841, fut délivrée en 866. Les établissements sur la Loire, commencés en 843, subsistaient encore en 876, mais sans doute bien moins redoutables. Les Normands cantonnés sur ces deux fleuves n'étant point renouvelés comme ceux de la Frise, s'étaient affaiblis, et Charles-le-Chauve en les combattant selon ses moyens, tantôt avec de l'or, tantôt par les armes, leur avait inspiré peut-être plus de respect qu'on ne le suppose.

Mais l'ambition de Charles, les troubles qui suivirent sa mort, réveillèrent la fureur des Normands établis en France, tandis qu'une nouvelle irruption de barbares vint replonger la France orientale dans un abîme de maux dont elle ne sortit qu'après plus de trente ans. C'est la seconde période de ravages. Ceux-ci eurent au moins pour résultat l'établissement d'une puissance qui fut une des merveilles du moyen âge.

En 876, comme Charles-le-Chauve se rendait à Aix-la-Chapelle pour s'emparer du royaume de Louis-le-Germanique, les Normands entrent dans la Seine avec une flotte de cent barques. A leur tête était le fameux Rollon, qui devait fixer leurs destinées. Il s'établit à Rouen.

L'année suivante, Charles, battu par son neveu, ne trouva d'autre

---

(1) *Chronic. monasterii S. Sergii Andegavensis. Recueil des hist.*, t. VII, p. 53.

moyen pour conjurer ce nouvel orage que de promettre aux Normands 5,000 livres d'argent, à condition qu'ils sortiraient du royaume. En conséquence, dans l'assemblée du mois de mai, tenue à Compiègne, il fut décidé qu'une taxe serait établie sur toutes les propriétés civiles et ecclésiastiques de France et de Bourgogne, pour éloigner les Normands de la Seine, et sur celles de la Neustrie pour les Normands de la Loire (1). Le 14 mai, dans un plaid à Quersi, l'empereur ordonna de mettre Paris en état de défense, et de réparer les châteaux sur les rives de la Seine et de la Loire, entre autres celui de Saint-Denis (2). Ce fut la dernière disposition qu'il prit pour la défense du royaume; au lieu de veiller lui-même à son exécution, il entreprit une expédition lointaine dans laquelle il mourut.

Son faible successeur, Louis-le-Bègue, n'eut ni le temps ni la force de travailler à la délivrance de son peuple. Ses deux fils, Louis III et Carloman, à peine établis sur le trône, se portèrent, en 879, à la rencontre des Normands de la Loire qui s'avançaient par terre, et les battirent près de Vienne. Un nouvel essaim de pirates, venus d'outre-mer, sous la conduite du roi Gurmond, ravagea la Belgique, le nord de la France, et parvint jusqu'à Beauvais en 881. Louis III les rencontra à Saucour-en-Vimeux comme ils se retiraient, et leur tua 8 ou 9,000 hommes. Cette sanglante victoire sur des ennemis crus long-temps invincibles causa une joie universelle, et fut célébrée, comme je l'ai dit, dans un chant teutonique rimé que nous avons encore.

Mais Louis III survécut peu à son triomphe, et la mort de Louis de Saxe, arrivée peu auparavant, compléta les malheurs de l'empire. Tandis que Sigefroy (3) et Godefroy dévastaient les pays traversés par le Rhin, la Meuse et l'Escaut, Hastings ravageait les contrées maritimes de la France, et d'autres Normands pénétraient dans la Somme, l'Oise, l'Aisne, la Marne.

Charles-le-Gros après la honteuse expédition d'Ascloha, boulevart des Normands sur la Meuse, où les Normands avaient violé la foi jurée de la manière la plus barbare, eut la lâche faiblesse de composer avec eux. Il servit de parrain à Godefroy qui voulut se faire chrétien; lui accorda en mariage Gisla, fille de Lothaire; lui donna plusieurs comtés sur le Rhin, et lui paya un tribut, ainsi qu'à Gurmond et à Sigefroy; enfin il ordonna de mettre à mort ou d'aveugler quiconque avait tué quelque normand attaquant le camp des chrétiens à Ascloha.

Les Normands satisfaits renvoyèrent leur butin dans leur pays, et se retirèrent pour quelque temps à Ascloha, attendant une autre occasion de recommencer leurs ravages. Elle ne pouvait tarder à se pré-

---

(1) *Capitul. Carol. calvi. Recueil*, t. VII, p. 697. —(2) *Recueil*, t. VII, p. 703.
(3) C'est le même Sigefroy qui figura dans le siége de Paris en 885 et 886.

senter : d'ailleurs la guerre n'avait pas cessé sur un autre point. Le royaume était dévasté jusqu'à l'Oise. Hugues-l'Abbé et Carloman obtinrent un succès sur les Normands dans la forêt de Vicogne ; mais ce léger avantage n'arrêta pas les barbares. En 884, les grands envoyèrent Sigefroy, devenu fidèle du roi, aux Normands, qui, après de longs pourparlers, consentirent à se retirer moyennant 12,000 livres d'argent. Les Normands ayant repassé la Somme brûlèrent leur camp, et se retirèrent à Boulogne ; mais sur ces entrefaites Carloman étant mort, ils reprirent les armes.

Profitant sans doute de cette circonstance, Godefroy demanda trois villes sur le Rhin, Coblentz, Audernach, Sentzich ; mais Charles-le-Gros le fit tuer en trahison par deux de ses comtes. Hugues, fils de Lothaire II, accusé de complicité avec lui, eut les yeux crevés par ordre de l'empereur. Alors, ne respirant que la vengeance, les Normands se réunissent à Rouen le 25 juillet, et s'y préparent à pénétrer au cœur du royaume.

Siège de Paris. — L'irruption des Normands sur Paris de l'an 885 fut une ligue générale des barbares établis dans la Gaule, pour ruiner dans sa ville principale un royaume objet de leur haine et de leur convoitise. Mais Paris, que trois fois ils avaient pillé sans peine, leur opposa alors une résistance aussi imprévue que vigoureuse. Pendant une année entière, il arrêta une armée plus nombreuse que dans la plupart des expéditions précédentes. Et pourtant, quelle qu'ait pu être l'étendue de Paris sous les rois de la première race, cette ville était, à l'époque où nous sommes, bien déchue de sa grandeur. Ce n'était plus cette cité romaine fière de posséder sur sa colline méridionale un palais impérial, un camp, un cirque et de riches églises, ni cette ville franke projetant au nord un vaste faubourg. Cette capitale de la Neustrie, envahie, saccagée trois fois en moins de quarante ans, avait vu sa population dispersée, ses murs détruits en partie, et ses accroissements au nord et au sud réduits à de simples faubourgs. Comme au temps des vieux Gaulois, Paris n'était plus après les ravages des Normands qu'une île au milieu de la Seine (1). Ses ponts avaient été détruits par le fleuve ou par les barbares ; ses fortifications ruinées n'offraient plus de barrière aux incursions de ses ennemis. Paris reçut pourtant alors quelques moyens de défense. Après l'expédition de 861, Charles-le-Chauve avait ordonné, comme je l'ai dit, la construction d'un grand pont, *miræ firmitatis*, dit Abbon (2), pour défendre la ville. Ce pont devait être muni de forts à ses extrémités. Malgré les ordres du roi, les travaux ne furent pas vigou-

---

(1) Aimoin, liv. XV.
(2) Abbon, *Chronic. Recueil des hist.*, t. VII, p. 55.

reusement poussés; la tour du nord n'était pas achevée lorsque les Normands se présentèrent.

Mais l'énergie et le courage des chefs fut la meilleure défense de Paris. A la tête de ces hommes braves qui sauvèrent la ville il faut placer l'évêque Gozlin, dont le rang et la naissance lui donnaient, à ce qu'il paraît, le plus d'autorité parmi ses concitoyens. C'est lui qui fait fortifier Paris; c'est à lui que s'adresse Sigefroy; c'est lui qui envoie presser les secours du comte Henri; c'est avec lui que traite le roi barbare quand il marchande son départ; enfin sa mort est un signal de joie pour les Normands, de désespoir pour les Parisiens. Prêtre guerrier, comme tant d'autres, à cette époque, il usa de ce privilége toléré par le malheur des temps pour défendre son pays. On peut lui reprocher, il est vrai, l'opposition acharnée qu'il manifesta contre l'avénement de Louis III et Carloman, jeunes princes dignes d'un meilleur sort; mais Louis de Germanie, auquel il s'adressait, était, comme eux, de la famille de Charlemagne, et la succession au trône n'était pas fixée irrévocablement dans chaque branche par droit de primogéniture; d'ailleurs la naissance des deux princes semblait entachée d'illégitimité; enfin une grande jeunesse devait effrayer un homme vieilli dans les affaires et dans les armes, qui voyait le royaume en proie à tous les maux de l'invasion et de l'anarchie, s'il n'était défendu par une main ferme et expérimentée. Du reste, s'il a failli en cette occasion, le dernier acte de sa vie, la défense de Paris, l'a absous aux yeux de la postérité, et lui a mérité les éloges de certains écrivains qui blâment tout ordinairement dans un prêtre (1).

A côté d'Eudes, se place son neveu, cet abbé martial, Ebles, à qui il avait résigné, en 884, l'abbaye de Saint-Germain-des-Prés, et qui fut en outre abbé de Saint-Denis, de Saint-Hilaire de Poitiers, et chancelier du royaume sous le roi Eudes. Abbon nous le représente comme triplement célèbre par sa valeur guerrière, sa force de corps incomparable, et sa supériorité dans les études des écoles. Il était propre à tout, dit le poëte; seulement on pouvait lui reprocher trop d'ambition et d'amour pour les plaisirs. Il fut le seul appui des Parisiens après la mort de Gozlin et pendant l'absence du comte, qui était allé stimuler l'indolence de l'empereur. Dans la guerre du roi Eudes contre l'Aquitaine, révoltée en faveur de Charles-le-Simple, en 892, il prit parti pour ce dernier, et fut tué d'un coup de pierre au siége de Brillac en Poitou.

Mais de tous les défenseurs de la ville, le plus célèbre, celui dont le nom est resté le plus populaire, comme emportant avec soi l'idée de sauveur de Paris et de la France entière, est ce même Eudes, qui dut à sa conduite la couronne au préjudice des descendants de Charlemagne. On sait qu'il

---

(1) Voltaire, *Essai sur les mœurs*, ch. 25.

était fils du fameux Robert-le-Fort, tué, en 866, en combattant contre les Normands, et vanté par des historiens qui ne pouvaient encore prévoir l'élévation de sa race (1). Eudes, probablement très jeune à la mort de son père, ne paraît dans l'histoire que lors du siége de Paris. Il était, comme je l'ai dit, comte de cette ville, successeur de Conrad, mort vers l'an 881. Hugues-l'Abbé, qui, après la mort de Robert, avait obtenu le pays appelé plus tard duché de France, parce que les fils de ce dernier étaient trop jeunes, étant mort en 886 à Orléans, son duché fut conféré à Eudes par l'empereur. C'est ce même duché que ses frères et ses neveux possédèrent après lui, Paris et Orléans en furent les principales villes; mais il était auparavant compris entre la Seine et la Loire, pays alors appelé *Neustrie*, par opposition à la *France* proprement dite, qui était au nord de la Seine; aussi le poëte, en parlant de l'avénement d'Eudes à la couronne, remarque que la France s'en réjouit, quoiqu'il fût Neustrien (2).

Eudes fut bien secondé dans la défense de Paris par les seigneurs qui combattaient sous ses ordres. Sans compter son frère Robert, le poëte en a nommé plusieurs que nous ne connaîtrions pas sans lui : Frédéric, Régnier, Utton, Ériland, Segebert et Segevert, les douze guerriers de la tour méridionale, et le vaillant Gerbold, qui, avec cinq compagnons, soutint quelque temps l'attaque d'une armée entière. Qui ne se sentirait fier de trouver un de ces noms parmi ses ancêtres? Quel descendant d'un de ces guerriers ne se croirait obligé, par l'exemple du chef de sa race, à tout sacrifier pour sa patrie?

Les Normands qui se présentèrent devant Paris étaient au nombre de 30 ou 40,000 hommes, conduits par quatre rois de leur nation; ils amenaient avec eux sept cents grandes barques et un nombre si considérable de petits bateaux, que la rivière en était couverte, dit Abbon, dans un espace de plus de deux lieues au-dessous de la ville.

L'armée des Normands était commandée par Sigefred ou Sigefroy, un de leurs quatre rois. Il s'adresse à Gozlin, évêque de Paris, et lui demande passage pour lui et ses troupes, assurant qu'il ne veut que remonter le fleuve, et promettant que ni le prélat ni le comte Eudes n'en recevront aucun dommage. Gozlin répond que le comte et lui tiennent la ville pour l'empereur, que de sa conservation dépend le salut de tout le royaume, et qu'ils la défendront jusqu'à la mort. Sur ce refus, Sigefroy se retire avec d'horribles menaces, et de part et d'autre on se prépare au combat.

Le lendemain, 27 novembre 885, au point du jour, les Normands commencèrent par attaquer la tour qui défendait, du côté de Saint-

---

(1) Les *Annales de Fulde*, entre autres, qui se terminent en 882, le comparent à Machabée. — (2) Abbon, liv. II, vers. 447.

Germain-l'Auxerrois, l'extrémité du pont, construit, en 861, par Charles-le-Chauve. Cette tour n'était que de charpente et assez peu exhaussée, car on n'avait pas encore eu le temps de l'achever; mais elle était posée sur un ouvrage de maçonnerie fort solide. Les Normands battent sans relâche, à coups de pierres et de flèches, cet édifice qui ne paraissait pas devoir résister long-temps : l'évêque Gozlin, qui s'y était enfermé avec son neveu Ebles, le comte Eudes, le comte Robert, frère d'Eudes, et d'autres combattants choisis parmi les plus intrépides, résistent avec un héroïque courage. On se bat aussi au pied de la tour corps à corps : Gozlin y est blessé légèrement d'un javelot ; un de ses soldats, jeune homme nommé Frédéric, est tué à ses côtés. Cependant les Normands ne purent s'emparer de la tour et se retirèrent avec perte. Pendant la nuit les Parisiens réparèrent le dommage et continuèrent les travaux de la tour, qui se trouva le lendemain beaucoup plus élevée.

« Les Normands la saluent de nouveau avec le soleil, dit le poëte » (28 novembre), et envoient aux fidèles de terribles combats. » Tous leurs efforts étaient dirigés contre la tour, qu'ils cherchaient à saper. Les assiégés faisaient pleuvoir sur eux de la poix, de la cire fondue, de l'huile bouillante, et les précipitaient dans le fleuve ; en même temps les nôtres leur criaient : » Allez rafraîchir vos brûlures dans la Seine ; ses eaux répareront votre chevelure et la rendront plus lisse. » Ceux qui étaient rebutés par les obstacles, retournaient au camp, où ils étaient insultés par leurs femmes : « D'où viens-tu ? te sauves-tu d'un four ? » C'était ainsi qu'elles appelaient par dérision la tour à cause de son peu de hauteur. « Je le vois, fils du diable, vous ne pourrez jamais » en triompher. Quoi ! ne t'ai-je point donné du pain, du vin et de la » chair de sanglier ? et tu reviens sitôt à ton gîte ! » Cependant un renfort de troupes toutes fraîches arrive au pied de la tour : l'assaut recommence ; les Normands font une brèche dans le mur, mettent même le feu à la porte ; mais Eudes et Ebles les repoussent, leur tuent 300 hommes, et font rétablir pendant la nuit la tour dans son premier état.

Le 29 novembre, Sigefroy et ses Normands, fatigués, se retirèrent dans leur camp, près de Saint-Germain-l'Auxerrois. Pendant qu'ils se préparent à un nouvel assaut, ils dévastent la rive droite de la Seine, mettant tout à feu et à sang, n'épargnant ni l'âge ni le sexe, profanant tous les lieux saints. Si l'église de Saint-Germain-l'Auxerrois échappa à la destruction, c'est qu'elle était renfermée dans leur camp, et qu'ils s'y étaient fortifiés comme dans une citadelle.

Le 28 janvier 886, les barbares firent approcher des murs de la ville une tour en bois à trois étages qu'ils avaient construite dans leur camp. Elle était montée sur seize roues, avait un bélier à chaque étage, et portait soixante hommes. Ils achevaient le dernier étage en présence des assiégés, quand une baliste, lancée avec adresse du haut de la tour de la ville, vint frapper les deux inventeurs de la machine, et empêcher ainsi les Normands de s'en servir.

Mais cet échec ne les rebuta pas, et le lendemain ils revinrent à la charge, partagés en deux corps, l'un destiné à battre la tour, à couvert sous des peaux de bœufs fraîchement tués pour se garantir des matières bouillantes que pouvaient leur jeter les assiégeants, l'autre chargé d'attaquer le pont par la rivière et de le détruire. L'assaut, plus terrible que les précédents, commença par une grêle de pierres, de flèches et de balles de plomb, qui volèrent jusque dans la ville. Les habitants se mettent en mouvement; le son des cloches appelle tous les citoyens sur les remparts; excités par les comtes Eudes et Robert, l'évêque Gozlin et l'abbé Ebles, ils défendent bravement la tour et le pont. Les Normands, furieux de tant de résistance, s'approchent le jour suivant des murs de la ville, égorgent les prisonniers qu'ils avaient faits, et jettent leurs cadavres dans les fossés pour les combler. « Pendant tout le jour, tel fut leur travail, tel fut leur combat. A cette vue, le saint prélat (Gozlin) ne peut retenir ses larmes, et il invoque à haute voix la mère du Dieu sauveur. A l'instant un trait, volant du haut de la tour, apporte à un ennemi le sort que lui souhaitait Gozlin (1). »

Le 31, les Normands attaquent la tour par trois côtés, et ont recours à un nouveau moyen pour détruire le pont. Ils remplissent trois barques de broussailles et de feuillages, y mettent le feu, et les dirigent avec des cordes sous les arches pour les incendier (2). Mais les travées du pont étaient supportées sur un massif de maçonnerie contre lequel les barques vinrent heurter. « Aussitôt le peuple de Dieu, dit Abbon (1); » descend auprès de ces feux ennemis, les plonge dans les eaux, s'em- » pare des barques en vainqueur, et trouve sa joie dans ce qui tout à » l'heure faisait sa douleur et ses larmes. »

Le 1er février, Sigefroy se retira dans le camp avec les machines qui avaient servi à l'attaque de la tour et du pont, mais abandonnant sur la place deux espèces de béliers nommés carcamuses, *carcamusas*. Les Normands se répandirent alors dans les campagnes, et y renouvelèrent leurs ravages. Plusieurs de ceux qui étaient demeurés au camp passèrent alors la rivière pour aller piller l'abbaye de Saint-Germain-des-Prés; mais, surpris par les guerriers qui gardaient la tour méridionale, ils périrent presque tous.

Cependant un événement malheureux pour les Parisiens ramena sous leurs murs les barbares, qui espéraient en profiter. Dans la nuit du 6 au 7 février, la moitié du pont qui communiquait de la ville à la rive gau-

---

(1) Abbon, liv. I, vers. 320.
(2) *Ibid*, vers. 375.

che, vers le midi, fut renversée par un débordement subit des eaux de la Seine. Douze guerriers se trouvaient alors seuls renfermés dans la tour. Les Normands, voyant de la rive droite la ruine du pont, traversent la Seine, investissent la tour, l'attaquent de toutes parts. « Les citoyens » voudraient, mais en vain, courir à la tour ; ils voudraient por- » ter le secours de leurs armes à ses défenseurs qui, haletants, au » nombre de douze, combattent vaillamment sans avoir craint jamais » les formidables épées des Danois. Il est difficile de raconter leurs com- » bats ; mais voici leurs noms : Ermenfred, Ervée, Ériland, Odoacre, » Ervic, Arnold, Solie, Gozbert, Uvid, Ardrade, Eimard et Gozsuin. » Les Normands, ne pouvant s'emparer de la tour, approchent de ses portes une charrette chargée de matières sèches et y mettent le feu. « Les guerriers, craignant pour leurs faucons que la flamme du bûcher » ne les suffoque, coupent leurs liens, et les laissent partir en liberté ; » puis ils se défendent long-temps ; ils cherchent à éteindre l'incendie ; mais ne pouvant y réussir, ils se retirent sur la partie du pont qui tenait encore à la tour. Ils résistèrent encore dans cette position jusqu'au soir. Abbon lui-même va nous raconter la généreuse mort de ces douze guerriers. « Javelots, pierres, flèches rapides, tout est mis en œuvre contre ces héros par le peuple ennemi de Dieu ; mais comme les efforts des Normands ne pouvaient triompher : « Guerriers, s'écrient-ils avec » perfidie, venez vous remettre à notre foi ; vous n'avez rien à crain- » dre. » O douleur ! ils se confient à ces paroles mensongères, espérant pouvoir se racheter par une riche rançon. Hélas ! désarmés, ils subissent le glaive d'une nation sanguinaire, et tandis que leur sang coule, leurs âmes s'élevant vers le ciel vont y recevoir la palme du martyre qu'ils ont si glorieusement achetée. » Bientôt, après tous les autres, Ervée se montre à ces païens. A sa beauté, à son port majestueux, ils le croient un roi, et l'espérance d'une si riche proie a suspendu leurs coups ; mais lui, jetant les yeux sur ce qui l'entoure, et voyant ses chers compagnons massacrés, tel qu'un lion à la vue du sang, il entre en fureur, s'efforce d'échapper aux mains qui le retiennent, se roule, se débat contre ses liens, et cherche des armes pour venger la mort de ses frères et la blessure faite à sa patrie ; mais ne pouvant y parvenir, sa voix, qui du moins est restée libre, retentit comme un tonnerre aux oreilles de ces furieux : « Voici ma tête, frappez ; pour aucune somme d'argent je ne marchanderai ma vie. Quand mes frères meurent, pourquoi me laisser vivre ? Hommes avides, n'attendez rien de moi. » On le mit à mort ; mais ce ne fut que le lendemain. Les barbares égorgèrent les autres. Un seul, qu'Abbon ne nomme pas, put leur échapper.

La chute du pont, l'embrasement de la tour, la perte des douze guerriers qui la défendaient, ne firent que redoubler le courage des assiégés.

Cependant les Normands, maîtres de la rive méridionale par la chute de la tour qui la protégeait, se mirent à parcourir tout le pays, et y firent un butin immense, en s'étendant, dit-on, jusqu'à la Loire. L'abbé Ebles crut pouvoir alors attaquer leur camp, qui était toujours à Saint-Germain-l'Auxerrois. Comme il fit cette attaque avec fort peu de monde, il fut obligé de revenir sur ses pas; mais ce ne fut qu'après avoir mis le feu au camp de l'ennemi. Les Normands, de retour de leur expédition, emmenèrent avec eux un nombre prodigieux de bestiaux; ils en remplirent, ainsi que je l'ai dit ailleurs (1), l'église de l'abbaye de Saint-Germain, et toute la prairie voisine en fut couverte aussi loin que la vue pouvait s'étendre. Il y avait là de quoi nourrir l'armée pendant plusieurs mois; mais la contagion fit périr une très grande quantité de ces animaux, et il fallut les jeter dans la Seine.

Enfin, Henri, duc de Saxe, parti au mois de février, à la prière de l'évêque Gozlin, arriva, à l'entrée du printemps (2), au secours des Parisiens avec un approvisionnement de vivres; il voulut attaquer aussitôt le camp des Normands, et n'obtint qu'un faible succès. Il revint bientôt dans ses États.

Peu de jours après, Sigefroy, qui commençait à négocier son départ, eut une conférence avec Eudes. « Tandis que le roi Sigefroy et Eudes s'entretenaient ensemble assez loin de la tour, les barbares, accourant en grand nombre, s'efforcent d'entraîner Eudes dans leurs rangs; mais lui, frappant le fossé de la citadelle, le franchit d'un bond rapide, toujours armé de son bouclier et de sa javeline; puis se retourne, s'arrête, et, selon sa coutume, combat en héros (3). » Les Francs vinrent à son secours, et rentrèrent dans la citadelle.

Sigefroy cependant se lassait d'assiéger Paris; il traita en particulier avec l'évêque Gozlin, et moyennant soixante livres d'argent, il essaya de détourner l'armée de son entreprise; mais il ne fut pas écouté, et tout se prépara pour un nouvel assaut.

Depuis le départ du duc de Saxe, les Normands, quittant le rivage de Saint-Germain-l'Auxerrois, transportèrent leur camp à Saint-Germain-des-Prés pour attaquer la ville avec toutes leurs forces du côté du midi. Ils commencèrent par occuper les îles qui la bordaient au levant et au couchant; de là, pénétrant jusque dans *les îles* (4) de la Cité, ils en firent le tour le long des murs pour essayer de les escalader, ou voir s'ils ne pourraient forcer les portes; mais les assiégés coururent sur les remparts, firent une sortie, et repoussèrent les Normands qui perdirent deux de leurs chefs, appelés *rois* par Abbon, et un grand nombre d'autres guerriers. Sigefroy prit occasion de cette déroute pour

(1) P. 188.— (2) *Annal. Met.* — (3) Abbon, liv. II, vers. 15.— (4) Abbon, liv. II, vers. 54.

se retirer avec ceux des Normands qui voulurent le suivre. Mais le reste de l'armée persista à continuer le siége avec plus de vigueur que jamais.

« Qui pourrait prêter volontiers l'oreille au récit qui va suivre ? Que la terre gémisse, ainsi que la mer et le ciel, dans toute l'étendue d'un pôle à l'autre! Gozlin, ce prélat du Seigneur, ce héros si humain, s'en va dans le séjour des astres, astre brillant lui-même, habiter avec le Seigneur. Au milieu de nous, il fut notre rempart; il fut pour nous un bouclier, une hache à deux tranchants, un arc et une flèche terrible. Hélas! des sources de larmes s'échappent de tous les yeux, et la douleur, jointe à l'effroi, a brisé les cœurs (1). » C'est ainsi que le poëte déplore la perte de l'un des hommes qui furent le plus utiles à Paris dans sa défense, par son éclatante bravoure, par sa fermeté, par son habileté dans le commandement.

La mort de Gozlin plongea les assiégés dans la désolation, et sembla augmenter leurs maux. La famine, les maladies et les malheurs inséparables d'un siége, causaient de grands ravages parmi eux, et la ville était infectée de la corruption qu'exhalaient les corps morts. Le comte Eudes « ce roi futur (2) » partit alors pour aller demander un prompt secours à Charles-le-Gros.

Pendant son absence, le comte Ebles, qui commandait les assiégés, obtint quelques succès sur les Normands, et réussit à protéger les troupeaux que les Parisiens faisaient paître sur la rive droite de la Seine, appelée alors la rive de Saint-Denis.

Enfin le comte Eudes, après avoir réussi dans sa négociation, parut sur les hauteurs de Montmartre (avril 886), escorté par un corps de troupes que commandait Adalelme. Eudes entre dans la ville malgré les ennemis, qui « pour lui défendre l'entrée de la tour avaient passé la Seine et gardaient toute la rive aux environs (3). » L'escorte se retira pour rejoindre l'armée de Saxe qui approchait. Les Normands voulurent lui couper la retraite; mais Adalelme les attaquant à son tour les repoussa, et les força à repasser la Seine.

Le duc Henri arriva bientôt; il se proposait d'attaquer les Normands dans leur camp; mais il fut surpris dans un piége que ceux-ci lui tendirent. Son cheval, racontent les *Annales de Metz* (4), s'abattit sous lui dans une fosse couverte à dessein de branchages et de gazon; les Normands, postés en embuscade, arrivèrent et le percèrent de coups. Ses soldats ayant perdu leur chef reprirent le chemin de la Saxe. Sinrich, le seul qui restât des quatre rois normands ligués pour assiéger Paris, voulant passer la Seine pour secourir ses compagnons (5), avec

---

(1) Abbon, liv. II, vers. 68. — (2) Abbon, liv. II, vers. 163. — (3) Abbon, liv. II, vers. 203. — (4) *Recueil des hist.*, t. VIII, p. 66. — (5) Abbon, liv. II, vers. 219.

cinquante hommes, fit naufrage au milieu du fleuve, et se noya. Mais les Normands n'en furent pas moins déterminés à forcer la ville.

Au plus fort de la chaleur, au mois d'août, la rivière étant presque à sec, ils assiègent avec fureur la ville de tous côtés. Les assiégés étaient exténués : ils invoquent la Vierge, sainte Geneviève et saint Germain, et vont défendre les remparts. Le danger était grand, surtout à la pointe orientale de l'île qu'attaquaient les Normands avec le plus de violence ; on y porte la châsse de sainte Geneviève, et un guerrier nommé Gerbold excitant ses compagnons, les ennemis sont repoussés. Mais ailleurs, les Normands étaient déjà entrés dans la ville et faisaient d'horribles massacres. On porte alors le corps de saint Germain au plus fort de la mêlée ; à cette vue les assiégés reprennent courage, attaquent bravement les Normands, les repoussent, et les chassent des remparts et de la grande tour. « Percés d'une grêle de traits, les Normands tombent à terre comme la pluie du ciel, et sont emportés dans leurs vaisseaux (1). L'assaut avait commencé vers le milieu du jour, il était alors huit heures du soir. Les barbares avant de se retirer allumèrent un grand feu au bas de la porte de la tour ; mais ils ne purent l'endommager.

Charles-le-Gros se décide pourtant à venir au secours de Paris. Vers la fin de septembre il envoie six cents hommes, Francs d'origine, sous la conduite de deux frères, nommés Thierry et Abdramne, pour reconnaître le terrain où il doit camper. Attaqués à leur retour par les Normands, les Francs en tuent 3,000. Enfin l'empereur arrive lui-même (octobre) ; « il se présente accompagné de cent peuples différents d'armes et de langage, et il dresse ses tentes au pied du mont de Mars (Montmartre), et vis-à-vis de la citadelle (2). » Mais lâche et sans vigueur, il ne vient que pour donner un nouvel évêque à l'église de Paris et faire un honteux traité avec l'ennemi. Il promet aux barbares 700 livres d'argent, payables dans le mois de mars de l'année suivante ; et en attendant le paiement, il permet qu'ils aillent ravager la Bourgogne rebelle à ses lois. Cependant comme on ne voulut pas leur permettre de passer avec leurs bateaux sous les ponts de ville, ils entreprirent de les tirer de l'eau et de les transporter, pendant l'espace de deux milles, jusqu'au-dessus de la ville, ce qu'ils effectuèrent, non sans beaucoup de peine et de difficultés. Alors seulement on put considérer le siége comme fini ; il avait duré un an, du 25 novembre 885, date de l'année des Normands au pied des murs de Paris, au mois de novembre 886, époque de leur départ pour la Bourgogne.

Ils étaient encore assez nombreux ; et Sens obligé de se racheter du pillage, Meaux forcé et brûlé malgré sa vive résistance, montrent bien qu'ils auraient pu encore ensevelir Paris sous ses ruines.

---

(1) Abbon, liv. II, vers. 290. — (2) Abbon, liv. II, vers. 330.

Au mois de mars 887, ils revinrent à Paris pour recevoir le somme qui leur avait été promise. Ils laissèrent leurs barques au-dessus des ponts, et s'établirent dans le pré de Saint-Germain, où précédemment ils avaient placé leur camp. La trahison leur était familière. Quand on leur eut donné les sept cents livres d'argent qu'on leur avait promises, au lieu de reprendre le chemin de la mer, ils remontèrent la Seine pour faire de nouvelles courses dans l'intérieur du pays.

On annonça cette nouvelle perfidie des Normands à l'évêque Anscheric et à Ebles pendant qu'ils étaient à table, à midi, « car ils prenaient leurs repas à l'heure où l'aiguille du cadran regarde et coupe par le milieu le globe lumineux de Titan (1) ; » ils se lèvent, appellent aux armes les citoyens, parcourent les rives, et garnissent les remparts de sentinelles. Ebles va lui-même attaquer les barbares. Il saisit un arc, dit Abbon, et perça d'une flèche celui qui dirigeait la première barque. Les Normands, étonnés de ce coup qui les privait de leur chef, demandèrent la paix, promirent de respecter le cours de la Marne et de n'occuper que celui de la Seine, et donnèrent des otages pour sûreté de leur parole. On se fia à eux, et on les reçut dans la ville. « L'alliance entre les deux peuples rendit tout commun, les rues, les maisons, le pain, la boisson, le lit (2). » Au bout de quelques jours, les Normands reprirent le chemin de la Bourgogne, et répondant par une atroce trahison à l'hospitalité des Parisiens, ils entraînèrent avec eux une vingtaine de chrétiens qu'ils égorgèrent ou firent expirer sous le fouet. Ensuite, comme ils n'espéraient plus faire un grand butin du côté de Sens, ils entrèrent dans la Marne, malgré leur serment, pour se répandre dans la Brie et la Champagne. Les Parisiens, exaspérés contre les Normands, massacrèrent, malgré l'évêque, tous ceux qui étaient demeurés à Paris. Anschéric, fidèle observateur du traité, sauva la vie à plusieurs qui, sans doute, allèrent rejoindre leurs compatriotes ; mais cinq cents furent tués par les Francs dans la ville.

L'avènement au trône du comte Eudes, le plus célèbre des défenseurs de Paris, est d'autant plus mémorable pour les annales de cette ville, que ce prince fut le premier roi de race française élu librement par des Français. Son élévation fut saluée, dit Abbon, par des acclamations universelles. « La France (Austrasienne) s'en réjouit, quoiqu'il fût Neustrien, parce qu'elle ne trouvait parmi ses enfants personne qui lui fût comparable ; et la Neustrie, parce qu'il faisait sa gloire (3). »

Le règne d'Eudes ne fut qu'une lutte continuelle contre les mêmes ennemis.

(1) Abbon, liv. II, vers. 399. — (2) Abbon, liv. II, vers. 418. — (3) Liv. II, vers. 447.

Les Normands cependant remontèrent la Marne, rentrèrent dans la Seine et ravagèrent tout sur ses bords jusqu'au Loing. Puis ils revinrent de nouveau assiéger Paris (889), mais sans succès ; de là ils remontèrent encore la Marne, incendièrent Troyes et portèrent la dévastation jusqu'à Toul et Verdun (1). C'est vraisemblablement pendant cette excursion que dix-neuf mille d'entre eux furent rencontrés par Eudes près de Montfaucon en Argonne (près de l'Aisne, disent les annales de Saint-Waast), et détruits entièrement (2). D'autres alors descendirent la Seine, se présentèrent une troisième fois devant Paris, et, ne pouvant prendre la ville ni forcer le passage du fleuve, tirèrent à bras leurs barques sur le rivage jusqu'au-dessus de la ville, et se rendirent par l'Océan dans le Cotentin où ils s'emparèrent de Saint-Lô. Abbon ne parle pas de ce troisième siége.

§ IV.—CHARLES-LE-SIMPLE.—RAOUL.— LOUIS D'OUTREMER.—LOTHAIRE. — LOUIS V. — DES COMTES ET VICOMTES DE PARIS.

A la mort d'Eudes, en 898, Charles-le-Simple, reconnu roi par une grande partie de ceux qui avaient travaillé à l'exclure, régna d'abord vingt-deux ans sans opposition. C'est dans cet espace de temps, en 912, qu'il abandonna au chef normand Rollon la province de Neustrie, appelée depuis Normandie.

Quelques années auparavant, la terreur qu'inspiraient les Normands amena dans les environs de Paris, comme en un lieu de sûreté, les religieux, et peut-être même les habitants de Graville, village entre Honfleur et le Havre, qui déposèrent le corps de sainte Honorine dans un château du Pincerais, construit au confluent de l'Oise et de la Seine, et qui prit le nom de Conflans-Sainte-Honorine. Vers la même époque et pour les mêmes causes, les religieux de la Croix-Saint-Leuffroy se réfugièrent à Saint-Germain-des-Prés, comme je l'ai dit précédemment (3).

Charles-le-Simple, en contractant une alliance étroite avec Othon, roi de Germanie, avait vivement mécontenté les seigneurs qui ressentaient une grande aversion pour l'influence teutonique. Le représentant de cette opinion nationale, et l'homme le plus puissant entre la Seine et la Loire, était le comte de Paris, Robert, frère du roi Eudes.

Le rappel d'Haganon, homme de basse extraction, devenu favori de Charles-le-Simple, fut une occasion de révolte pour les seigneurs qui le haïssaient et qui l'avaient fait écarter d'abord. Le comte de Paris, profitant des circonstances, se met à la tête des seigneurs mécontents,

— (1) *Annal. Metens.*— (2) Abbon, liv. II, vers. 491.— (3) P. 188.

grossit son parti d'un corps d'armée que Raoul, son gendre, lui avait amené de la Bourgogne, et se fait sacrer roi à Reims, en 922, par l'archevêque Hervé.

Après son avénement au trône, Robert possédait, outre le comté de Paris, que l'on appelait aussi duché de France, plusieurs monastères, et notamment ceux de Saint-Martin de Tours, de Saint-Denis et de Saint-Germain-des-Prés. On n'avait vu jusque là que des abbés tirés du rang des moines, et dont le devoir et le vœu principal était celui de célibat ; mais dans les malheurs et les désordres du Xe siècle, les seigneurs laïques s'emparèrent des riches abbayes. Robert, comte de Paris, fut le premier *abbé marié* de Saint-Germain-des-Prés, « si tant est, dit Félibien, qu'il mérite le nom d'abbé ; car sous ces sortes d'abbés c'était le doyen qui avait soin du spirituel, pendant que les abbés jouissaient du temporel, c'est-à-dire des biens. Ceux d'entre eux qui étaient les plus raisonnables, continue l'historien, n'osaient se qualifier abbés ; ils se disaient seulement protecteurs et défenseurs des monastères (1). »

Cependant Charles-le-Simple, étant parvenu à rassembler une armée, revint en France pour combattre Robert. Les deux partis se rencontrèrent près de Soissons ; Robert fut tué, mais Charles fut obligé de prendre la fuite.

Hugues-le-Grand (2), fils de Robert, qui lui succéda au comté de Paris, ne put se faire reconnaître roi de France par les seigneurs, qui, peut-être, craignant sa trop grande puissance, lui préférèrent son beau-frère Raoul, duc de Bourgogne, qui fut sacré à Saint-Médard de Soissons le 13 juillet 923.

Mais l'année suivante, Charles-le-Simple ayant été fait prisonnier par Herbert, comte de Vermandois, Raoul se trouva seul roi de France. Cependant son règne n'en fut pas moins inquiété : les Normands cherchaient sans cesse à étendre le territoire qui leur avait été concédé, et semblaient toujours prêts à faire une invasion sur les terres voisines. Herbert, menaçant de rendre la liberté à Charles-le-Simple, exigeait chaque jour de Raoul qu'il lui abandonnât quelque ville ou quelque abbaye ; enfin les prétentions de Hugues-le-Grand, mécontent de n'avoir point succédé à toute l'autorité de son père, donnaient aussi des craintes à Raoul.

La mort de Charles-le-Simple, en 929, ne l'affermit pas davantage sur le trône. La guerre qu'il eut à soutenir contre l'empereur de Ger-

---

(1) *Hist. de la ville de Paris*, t. I, p. 112.

(2) On sait que Hugues fut surnommé *le Grand* à cause de l'étendue de ses domaines. Il reçut en outre le surnom de *Blanc* à cause de la blancheur de son teint, et d'*abbé*, parce qu'à l'exemple de son père il posséda plusieurs abbayes ; il portait encore le nom ou surnom de *Capet*, qui fut attribué, à ce qu'il paraît, à toute sa famille, mais qui demeura particulièrement à son fils aîné, et par lui à sa postérité.

manie à l'occasion de la Lorraine, augmentait les difficultés de sa position. A peine arrangé à ce sujet, Raoul mourut sans laisser d'enfants le 15 janvier 936.

Hugues-le-Grand ne croyant pas sans doute que les seigneurs consentissent à le reconnaître pour roi, se joignit à eux pour rappeler et proclamer Louis, fils de Charles-le-Simple, que sa mère Ogive avait emmené en Angleterre en 922, et que cette circonstance a fait surnommer d'*Outremer*.

La puissance du comte de Paris s'accrut encore sous le nouveau règne, et quoiqu'il ne prît pas le titre de roi, Hugues-le-Grand joua contre Louis-d'Outremer le même rôle qu'Eudes, Robert et Raoul avaient joué contre Charles-le-Simple. Louis, comme ses prédécesseurs, recherchait toujours l'assistance des empereurs de Germanie; il comptait également sur le duc de Normandie. Le premier soin de Hugues-le-Grand fut d'enlever à son parti ce dernier appui; il y réussit, et grâce à l'intervention normande, il parvint à neutraliser les effets de l'influence germanique.

Le père et l'oncle de Hugues-le-Grand, Robert et Eudes, avaient avant lui possédé le comté de Paris; mais on ne peut dire néanmoins que ce comté fût déjà héréditaire.

Flodoard nous a conservé dans sa Chronique le souvenir d'un orage terrible qui éclata, en 944, sur Paris, et particulièrement sur Montmartre. Tous les revers de la montagne furent ravagés; l'église, ainsi qu'une maison fort ancienne qui en dépendait, fut abattue. Après l'ouragan, une épidémie se manifesta à Paris et dans les environs. Un feu secret saisissait celui qui était atteint de ce mal, dit l'historien, et ne cessait point qu'il ne l'eût consumé tout entier. Le comte de Paris, Hugues-le-Grand, fit nourrir en cette occasion, à ses dépens, une grande quantité de pauvres malades qui venaient à la cathédrale implorer le secours de la Vierge.

Le défaut d'histoires, pour ces temps de désordres et de calamités, laisse ici dans une grande obscurité l'histoire ecclésiastique de Paris; à peine si l'on connaît le nom des évêques pour cette époque.

Cependant Louis-d'Outremer, voulant profiter de la jeunesse de Richard, duc de Normandie, envahit ses États. Il semblait prêt de soumettre tout le pays, quand Ingrold, chef danois, venant au secours des Normands, sa fortune changea aussitôt de face. Vaincu en bataille rangée, Louis-d'Outremer fut pris avec seize de ses comtes, et enfermé en la tour de Rouen, d'où il ne sortit que pour être livré au comte de Paris et aux autres chefs du parti national, qui l'emprisonnèrent à Laon. En vain les puissances teutoniques se coalisèrent, le roi de Germanie et le comte de Flandre à leur tête, Hugues put seul faire rendre la liberté au roi. Depuis, Louis et Hugues vécurent en s'épiant mutuellement ; Hugues toujours au moment de se proclamer roi de France en se délivrant de son rival, mais retenu par la crainte des grands, qui, redoutant sa puissance, se seraient opposés à son dessein.

Sur ces entrefaites Louis mourut à Reims d'une chute de cheval, le 10 septembre 954.

Son fils Lothaire lui succéda sans opposition apparente. Sacré à Reims, il vint à Paris, où Hugues, qui venait de recevoir de lui les duchés de Bourgogne et d'Aquitaine, lui fit, dit Flodoard, une réception magnifique.

Deux ans après, le comte Hugues mourut, laissant trois fils, dont l'aîné, qui portait le même nom que lui, hérita du comté de Paris ou duché de France. Son père, avant de mourir, l'avait recommandé à Richard, duc de Normandie, comme au défenseur naturel de sa famille et de son parti. Le parti, dit M. Thierry, sembla sommeiller jusqu'en 980.

Ce sommeil, comme l'a fait observer M. Michelet, ne fut autre chose que la minorité du roi Lothaire, et du comte de Paris, Hugues-Capet, sous la tutelle de leurs mères Hedwige et Gerberge, toutes deux sœurs d'Othon, roi de Germanie.

Après la mort d'Othon-le-Grand, Lothaire entra à l'improviste sur les terres de l'Empire, et séjourna en vainqueur dans le palais d'Aix-la-Chapelle ; mais cette expédition aventureuse ne servit qu'à amener les Germains au nombre de 60,000, Allemands, Lorrains, Flamands et Saxons, jusque sur les hauteurs de Montmartre, où cette grande armée chanta en chœur un verset du *Te Deum*. L'empereur Othon, qui la conduisait, fut plus heureux dans l'invasion que dans la retraite, et regagna avec peine sa frontière ; mais Lothaire eut bientôt recours à lui, et lui céda, pour obtenir son appui, toutes ses conquêtes en Lorraine. Ce traité lui aliénait la France. En 983, profitant de la mort d'Othon II et de la minorité de son fils, il rompit subitement la paix qu'il avait conclue avec l'empire, et envahit de nouveau la Lorraine, agression qui devait lui rendre un peu de popularité. Ainsi, jusqu'à la fin de son règne, aucune rébellion déclarée ne s'éleva contre lui. Lothaire mourut à Reims en 986. Son fils Louis V, qu'il avait fait proclamer roi, lui succéda, et après un règne d'un an, mourut lui-même à Compiègne en 987.

Depuis long-temps le pouvoir allait s'affaiblissant chaque jour dans les mains des descendants de Charlemagne ; l'autorité, qui se retirait d'eux, pour ainsi dire, passait aux mains de Hugues-Capet, qui n'eut pas de peine à se faire reconnaître roi de France.

Les difficultés de tout genre que présentait une quatrième restauration des Carlovingiens effrayèrent les princes d'Allemagne, qui ne firent marcher aucune armée au secours du prétendant Charles, père de l'avant-dernier roi. Réduit à la faible assistance de ses partisans de l'intérieur, Charles ne réussit qu'à s'emparer de la ville de Laon, où il se maintint, jusqu'au moment où il fut livré par l'un des siens. Hugues-Capet le fit emprisonner dans la tour d'Orléans, où il mourut. Ses deux fils, Louis et Charles, nés en prison et bannis de France après la mort de leur père, trouvèrent un asile en Allemagne, où se conservait à leur égard l'ancienne sympathie d'origine et de parenté.

Sous le règne de Lothaire, le corps de saint Magloire fut apporté à Paris, et déposé par les soins du comte Hugues dans l'église de Saint-Barthélemy, qui, rebâtie à cette occasion, prit le nom du saint évêque de Bretagne (1). La fondation de Saint-Magloire ne fut pas la seule marque d'intérêt que Hugues-Capet donna à l'Église comme comte de Paris : son principal titre à la reconnaissance du clergé fut de faire cesser les déplorables abus qui soumettaient alors les monastères aux seigneurs laïques. Reconnaissant combien une pareille administration devait nuire à la discipline et à l'ordre clérical, il rendit à des abbés réguliers, choisis par les religieux et parmi eux, les abbayes de Saint-Germain-des-Prés et de Saint-Denis, que ses pères lui avaient transmises en héritage.

Des comtes et des vicomtes de Paris. — Je ne terminerai pas le récit des faits généraux de cette période sans résumer en quelques lignes l'histoire des comtes de Paris, si importante sous la seconde race.

On a inutilement essayé de faire remonter l'origine des comtes de Paris jusqu'à l'époque de la domination romaine. L'histoire ne nous a transmis aucun renseignement précis sur les officiers chargés de l'administration de la justice à Paris sous les Romains et sous la première race. Nous voyons, à la vérité, dans les actes du martyre de saint Denis, que la condamnation de ce saint fut prononcée à Paris, l'an 275, par Fescenninus Sisinnius, qualifié de préfet de la ville, *præfectus urbis*; mais j'ai dit précédemment (2) que ce titre ne peut s'appliquer qu'au chef des troupes romaines cantonnées à Paris et aux environs. Le même titre de préfet de la ville est donné par Grégoire de Tours à Mummole, qui vivait sous Chilpéric I. On a vu (3) que ce Mummole était en réalité comte des domestiques ou maire du palais de Chilpéric. Peut-être avait-il en même temps l'administration de la ville.

Quoi qu'il en soit, sous la seconde race, le titre de comte, qui s'appliquait généralement aux chefs, aux gens de la maison du roi, acquit une haute importance; et soit que l'office de *præfectus* ait disparu, soit

(1) Voyez *Saint-Barthélemy* et *Saint-Magloire*. — (2) p. 12. — (3) p. 70.

qu'on en ait changé le nom, le souverain juge de la capitale fut appelé comte de Paris.

Les comtes de Paris, comme tous les comtes magistrats des principales villes du royaume, étaient nommés par le roi; Marculfe nous a conservé la formule de leurs provisions. Ils étaient obligés de connaître les lois et de tenir leurs audiences régulièrement et à jours marqués. C'était à eux aussi qu'appartenait l'administration politique de leur province, le commandement des troupes, la conduite de l'arrière-ban et la connaissance de tous les délits qui s'y commettaient. Enfin le roi s'en remettait à eux du soin de la perception de ses revenus dans l'étendue de leur juridiction.

Le comte d'une province était un grand dignitaire du royaume; le comte de Paris surtout jouissait de grandes prérogatives et d'amples revenus. Il avait la propriété des revenus de plusieurs lieux de sa juridiction, et les deux tiers des droits qui se levaient dans la ville étaient pour lui (1).

L'étendue de la juridiction du comte, le comté, répondait au *pagus* des Gallo-Romains (2), et se subdivisait en plusieurs juridictions inférieures.

Dans quelques unes des villes de la province, se trouvait un magistrat immédiatement subordonné à celui de la capitale, et portant également le nom de comte. Ainsi le comte de Paris avait sous ses ordres les comtes de Corbeil, de Montlhéry, d'Étampes et de Dammartin (3). Après ces comtes subalternes, venaient les centeniers, qui rendaient la justice dans ce qu'on a appelé depuis les châtellenies, et enfin les cinquanteniers ou dizainiers, juges du dernier degré qui résidaient dans les villages.

Le premier comte de Paris dont l'existence soit bien constatée est, comme je l'ai dit (4), *Garin*, qui vivait au commencement du VIIIe siècle, et que l'on ne connaît que parce qu'il usurpa certains droits sur la foire de Saint-Denis, que la crainte des Normands avait fait transporter près de Paris, entre les églises de Saint-Laurent et de Saint-Martin. Après Garin, le premier dont le nom nous soit parvenu est *Gairefroi*, qui fut comte de Paris pendant l'interrègne qui suivit la mort de Thierry IV (737), puis *Gérard*, qui, le 28 juillet 775, assista à la sentence rendue après l'épreuve du *jugement de Dieu par la croix*, contre l'évêque de Paris, en faveur de l'abbaye de Saint-Denis (5). D'après le *Gallia Christiana*, Gé-

---

(1) Le troisième tiers appartenait à l'évêque par donation royale. Il paraît que ce fut la première donation faite à l'évêché de Paris. (Delamare, t. I, p. 99.) — (2) Brussel, p. 702. — (3) De là vient cette distinction qui se trouve si souvent dans les anciennes ordonnances entre les comtes du premier ordre et ceux du second : *Inter comites majores vel primi ordinis et inter comites minores vel secundi ordinis.* (Delamare, *id.*) — (4) P. 89. — (5) Voy. p. 316.

rard serait encore cité comme comte de Paris dans un acte de l'an 779 (1).

A Gérard succéda *Etienne*, qui fut honoré par Charlemagne, avec Fardulf, abbé de Saint-Denis, du titre de *missus dominicus*. Un édit de l'empereur, qui contient plusieurs ordonnances pour le maintien de la sûreté publique et pour l'administration de la justice, est adressé à Étienne sous ce titre de comte, avec ordre de le publier dans la ville de Paris, à son audience, en présence de tous les juges ou conseillers, et de veiller à son exécution (803). Le comte Étienne est mis aussi au nombre des bienfaiteurs de l'église de Paris, à laquelle il donna sa terre de Sucy en Brie (*Sulciacus*), avec plusieurs autres biens également situés dans le territoire de Paris. Dans la même donation, datée de l'an 811, le comte et sa femme Amaltrude désignent, pour participer à leurs libéralités, les monastères de Saint-Denis, Saint-Germain, Sainte-Geneviève, Saint-Marcel, Saint-Germain-le-Neuf, Saint-Cloud, de Chelles et des Fossés. Cette énumération peut donner une idée de la richesse des comtes de Paris.

Après Étienne vint *Begon*, qui se distingua comme lui par son zèle en faveur de l'église (816), puis Gérard qui, déjà comte de Paris en 837, prit parti pour Lothaire, malgré le serment de fidélité qu'il avait fait à Charles-le-Chauve, et fut mis en fuite par ce prince, dans une rencontre qu'il eut avec lui un peu avant la bataille de Fontenay.

En 879, le comte de Paris était *Conrad*, qui guerroya avec l'abbé Gozlin contre les fils de Louis-le-Bègue. Conrad fut remplacé par le célèbre comte *Eudes*, élu roi en 888. Vint ensuite son frère le comte *Robert*, et enfin *Hugues-le-Grand*, auquel *Hugues Capet*, son fils, succéda dans toutes ses dignités en 956. Le dernier comte de Paris aurait été, suivant Delamare et Félibien, un certain comte Odon, mort sans enfant en 1032. Mais Brussel soutient l'impossibilité de ce fait, qui du reste est dénué de preuves, et démontre nettement que le comté de Paris cessa d'exister à l'avènement de Hugues Capet, qui l'annexa à la couronne (2).

Le comte de Paris avait un lieutenant appelé *vicomte*, chargé spécialement de garder et gouverner la ville, et de commander les gens de guerre (3). Les seuls vicomtes de Paris dont les noms soient parvenus jusqu'à nous, sont *Grimoard*, qui occupait cette dignité sous Charles-le-Simple, en 900; *Theudon*, qui était vicomte de Paris en 926 et en 937; puis *Burchard*, 981 (4); *Adalelme*, neveu du roi Hugues Capet, et enfin le dernier que l'on connaisse, *Foulques* ou *Falco*, qui vivait en 1027.

(1) *Gall. Christ.*, t. VII, p. 423. — (2) *Traité des fiefs*, p. 709. — (3) Voyez les savants détails donnés par Brussel sur le vicomte de Paris et sa juridiction. — (4) Selon Duplessis, qui, par contre, révoque en doute l'existence du vicomte Adalelme (p. 213 et 214).

CHAPITRE II.

TOPOGRAPHIE. HISTOIRE PARTICULIÈRE ET DESCRIPTION DES MONUMENTS.

—

Sans doute Paris ne fut point le centre du vaste empire de Charlemagne; mais, quoi qu'en ait dit M. Dulaure, la ville de Julien et de Clovis ne cessa jamais d'être la capitale de la France. C'est sous ce titre qu'elle est désignée, comme on l'a vu (1), par un historien du règne de Charles-le-Chauve; et malgré les dédains de la dynastie austrasienne, malgré la ruine de ses faubourgs, Paris, au moment du grand siége des Normands, était regardé comme la ville la plus importante et le principal rempart de l'empire. Abbon dit formellement que de la conservation de Paris dépendait le salut de toute la France (2).

La topographie de Paris dut peu changer, sous la seconde race, avant les désastres qui ruinèrent ses deux faubourgs du nord et du midi. Ces ravages furent l'œuvre des Normands. Les barbares renversèrent la faible enceinte qui protégeait Paris sur les deux rives, détruisirent les habitations qu'elles renfermaient jusqu'à la rivière, mais ne purent, comme on le verra, pénétrer dans la Cité, défendue par la seconde enceinte munie de tours. Ils ravagèrent le palais des Thermes, et démolirent l'aqueduc de Chaillot (3).

Les ponts, construits en bois comme les maisons, étaient fortifiés par des tours également en bois, élevées à leurs extrémités, et entourées de fossés (4).

Le besoin de bien établir l'importante histoire du siége de Paris par les Normands, a soulevé plusieurs discussions parmi les savants qui ont voulu déterminer le nombre et la position des ponts de la ville à cette époque. Le pont dont Charles-le-Chauve ordonna la construction, en 861, a surtout fait naître des difficultés. Voici les expressions de la charte de ce prince :

« Placuit nobis extrà prædictam urbem... suprà terram monasterii
» sancti Germani suburbio commorantis, quod à priscis temporibus Au-
» tisiodorensis dicitur, subjectum etiam matri ecclesiæ sanctæ Mariæ
» commemoratæ urbis, opportunum majorem facere pontem... dignum

---

(1) Page 332.—(2) *Excidium per eam regnum non quòd patiatur... Sed quòd salvetur per eam*..... (Abb., l. I, v. 52).—(3) Voir ci-dessus, p. 36, 56. — (4) Abbon, *Siége de Paris par les Normands*, liv. I, v. 303, 311, 371, 372.

» judicavimus... ipsum pontem Æneæ prædicti episcopi successorumque
» suorum potestati subjicere... cum viâ quæ per terram sancti Germani
» ad eumdem pontem vadit, etc. »

Les commentaires auxquels ce passage a donné lieu ont été fort bien discutés par M. Taranne (1) : « Que ce diplôme, dit-il, ait été fabriqué après coup par l'église de Notre-Dame de Paris, pour s'attribuer la possession d'un pont avec des moulins, peu importe; mais il me semble qu'on ne peut contester le fait qui est pour nous l'objet principal : l'existence d'un pont, bâti par ordre de Charles-le-Chauve, dans un certain endroit qu'il s'agit de déterminer.

» Plusieurs auteurs ne distinguent pas ce pont de Charles-le-Chauve du pont au Change, qui fut aussi de temps immémorial appelé le Grand-Pont. Et en effet, la position d'un fort à son extrémité septentrionale, qui fut depuis le Grand-Châtelet; ce nom de Porte de Paris appliqué à cet endroit, la direction de la grande rue Saint-Denis, qui aboutit à ce pont, militent en faveur de cette opinion. Mais Bonamy (*Mém. de l'Acad. des Insc.*, t. XVII), et Duplessis (*Annal. de Paris*), pensent que ce pont devait être situé plus bas, vers l'endroit où était situé le For-l'Évêque. En effet, d'après les expressions mêmes du diplôme, il ne peut avoir été situé qu'à l'extrémité occidentale de Paris, puisqu'il était hors de la ville pour la protéger, et empêcher les Normands de remonter la Seine. Or, on sait qu'à cette époque l'île de la Cité se terminait vers la rue de Harlay, vis-à-vis du For-l'Évêque. Nous voyons encore par ce diplôme que ce pont était sur le territoire de Saint-Germain-l'Auxerrois, ce qui le suppose dans le voisinage. Il est vrai que le bourg auquel cette église donna son nom s'étendit jusqu'au Grand-Châtelet, et que telle est encore la limite de cette paroisse; mais à cette époque, il ne pouvait être si étendu à l'est, autrement Abbon aurait nommé ce côté de la rivière terre de Saint-Germain-le-Rond, tandis qu'il l'appelle *rivage de Saint-Denis*. Ce pont était donné à l'évêque de Paris; et au point où nous supposons qu'il aboutissait, était la justice de l'évêque, c'est-à-dire le For-l'Évêque. »

M. Taranne cite encore, d'après Bonamy, plusieurs autres particularités qui confirment cette opinion, et conclut en faisant observer qu'à l'endroit où aboutissait la rue Saint-Denis, vers le milieu de la Cité, il y avait sans doute une porte et un pont, qui, dans son système, avaient disparu avant Charles-le-Chauve.

« Bonamy et Duplessis, continue-t-il, prétendent que ce grand pont de Charles-le-Chauve fut construit indépendamment de l'ancien, depuis nommé le pont au Change; et qu'il est appelé *major*, parce qu'il se continuait de l'autre côté de l'île, à peu près comme le Pont-Neuf ac-

---

(1) Traduc. du poëme d'Abbon, page 253.

tuel. Mais Félibien et Dulaure pensent qu'il remplaça l'ancien grand pont de bois, détruit apparemment par les Normands, et qu'il est appelé *major pons*, par opposition avec l'ancien petit pont sur le bras méridional de la Seine. Je suis de leur avis en ce sens qu'il fut bâti lorsque l'ancien n'existait plus; mais plus bas. Au moment du siége, il n'y avait au nord que ce grand pont capable d'opposer une résistance solide aux assiégeants. Les autres étaient peut-être des ponts volants, des ponts de bateaux, mais ils n'aboutissaient pas à la rive opposée; car ils auraient dû être fortifiés par des tours; et, dans tout le siége, il n'est parlé que de deux tours hors de la Cité, l'une au bord du grand pont, l'autre au sud du petit. Quant au petit pont, rien ne prouve qu'il fut la continuation, ni qu'il fut ailleurs que le Petit-Pont actuel. Mais, dira-t-on, si le pont de Charles-le-Chauve était ainsi hors de Paris, comment communiquait-on de la Cité à la partie de la ville située au nord de la Seine? Nous répondrons, d'après le texte d'Abbon, que Paris à cette époque était réduit à la Cité ; que ce qu'on appelait alors les faubourgs, n'étaient autre chose que cette ancienne ville septentrionale de la première race, naissant à la rive droite de la Seine. C'était autrefois une partie de la ville, car elle avait été entourée de murs; mais ces murs avaient été détruits ou abandonnés, car les Normands étaient maîtres de ce faubourg. Ainsi, il n'y avait ni au nord, ni au midi, d'autre pont ni d'autre tour, ni d'autres fortifications d'aucune espèce, capables d'arrêter les Normands. »

Je n'ai pas craint de m'étendre sur ce passage important, ni de citer longuement le savant traducteur d'Abbon, à cause du jour que cette discussion répand sur le sujet qui nous occupe, la topographie de Paris sous la seconde race.

Dans l'intérieur de la Cité existait probablement toujours la place du Commerce, ainsi que la grande route qui allait du Petit-Pont au Grand-Pont. Dans la partie orientale, se trouvait, comme on l'a vu, le palais de la Cité, qui servait d'habitation aux comtes de Paris; et à l'occident, à côté de la cathédrale, la maison de l'évêque. A ce sujet, M. Dulaure dit (1) que le comte dominait dans toute la partie orientale, et l'évêque dans la partie occidentale. Il veut sans doute parler de la juridiction temporelle de l'évêque. J'avoue qu'il m'a été impossible de rien trouver de certain sur les limites de cette juridiction, et je regrette que M. Dulaure ne nous ait pas fait connaître les autorités dont il s'appuie pour établir ce fait intéressant.

Monuments. — Aucun édifice important ne fut élevé à Paris pendant cette période de destruction.

(1) T. I, p. 337.

Aux édifices construits dans la Cité sous la première race (1), il faut joindre cependant les églises de Saint-Barthélemy, de Saint-Landri et de Saint-Pierre-des-Arcis.

Sur la rive droite, s'élèvent les églises ou chapelles de Saint-Leufroy, de Saint-Magloire, de Sainte-Opportune et de Saint-Merry.

Sur la rive gauche, les seules églises de Notre-Dame-des-Champs et de Saint-Etienne-des-Grés.

La plupart de ces basiliques furent construites après la retraite des Normands, quand la tranquillité fut rendue aux environs de Paris, et en l'honneur des saints dont les reliques avaient été déposées dans la Cité pour les dérober aux ravages des barbares.

Autour de Paris, au nord et au sud, hors des restes de la première enceinte, on voyait les églises et les bourgs de Saint-Germain-des-Prés, de Saint-Marcel, de Sainte-Geneviève, de Saint-Germain-l'Auxerrois, de Saint-Martin-des-Champs, de Saint-Laurent.

I. SAINT-LANDRI.

Plusieurs titres authentiques prouvent que cette église existait sous ce nom au XIIe siècle; cependant on a été jusqu'à nier qu'il y ait eu un évêque de Paris du nom de Landri. L'abbé Lebeuf a prouvé combien cette assertion était erronée.

Cet auteur, ainsi que Jaillot (2), se sont livrés, à ce sujet, à des recherches dont les résultats prouvent que l'église de Saint-Landri était dans l'origine une chapelle dédiée à saint Nicolas. Lors des ravages des Normands sous la seconde race, les prêtres de Saint-Germain-l'Auxerrois (alors Saint-Germain-le-Rond), qui conservaient le corps de saint Landri, l'un des patrons de leur église, voulant mettre leurs reliques, et les châsses précieuses qui les renfermaient, à l'abri des Barbares, les transportèrent dans la chapelle de Saint-Nicolas, qui était comme un lieu de refuge à cause de sa situation dans l'île de la Cité. Les Normands s'étant retirés, les prêtres de Saint-Germain laissèrent une partie de leurs reliques à la chapelle de Saint-Nicolas, qui, dès lors, prit le nom de Saint-Landri.

Jaillot cite le plus ancien monument qui fasse mention de cette église; c'est une charte de Maurice de Sully pour l'abbaye d'Hérivaux, souscrite par Jean, prêtre de Saint-Landri (3), en 1160. Des lettres de 1171 du même Maurice de Sully (4), confirment la vente que *le prêtre*

---

(1) Voir p. 90. — (2) Lebeuf, t. I, p. 72. — Jaillot, t. I, p. 61. Quartier de la Cité. — (3) *Gallia christ.*, t. VII, instr. col. 271. — *Hist. eccles.*, Paris, t. II, p. 149. — (4) *Archiv. de Saint-Germain-des-Prés*, cartul. de Guillaume III, fol. 36. — Voyez Jaillot.

DEUXIEME RACE.

et les paroissiens de Saint-Landri avaient faite d'une vigne en *Laas* moyennant 20 livres, qui devaient être employées à la réparation de la maison presbytérale.

Il y eut quelques discussions entre l'église cathédrale et celle de Saint-Germain-l'Auxerrois, au sujet du droit de nomination à la cure de Saint-Landri. L'église de Saint-Germain fut confirmée dans le droit de patronage, parce que Saint-Landri occupait un terrain qui faisait partie de sa censive.

L'église de Saint-Landri n'ayant plus, en 1408, les reliques de son patron, qui lui avaient été autrefois données, Pierre d'Orgemont lui accorda une partie de celles que l'on conservait à Saint-Germain-l'Auxerrois, lorsque cet évêque transféra ces reliques dans une nouvelle châsse.

Saint-Landri fut rebâti vers la fin du XVe siècle. Les autels furent bénits le 29 septembre 1477; la dédicace ne fut faite qu'en 1660. Le bâtiment de cette église, peu étendu en longueur, et accompagné d'une aile de chaque côté, était d'une forme carrée à l'extérieur.

On voyait dans cette église les statues de Jean *Dauvet*, premier président du parlement, mort en 1471, et celle de sa femme; un tombeau au nom et aux armes de *Boucherat*, élevé par les soins du chancelier lui-même, mais qui ne reçut point son corps (1); la sépulture de Jacques *Leroy*, archevêque de Bourges; l'épitaphe du magistrat *Broussel*, surnommé *le Patriarche de la Fronde* et *le Père du peuple*; enfin le tombeau de *Girardon* et de sa femme Catherine Duchemin, exécuté sur les dessins de Girardon, lors de la mort de sa femme, par deux de ses élèves, Lorrain et Nourrisson. Ce monument se compose d'un sarcophage de marbre vert surmonté d'une croix, au pied de laquelle on voit une Vierge debout levant les yeux au ciel, avec l'expression de la résignation; plus bas est étendu le corps du Christ: des anges sont en adoration autour de la croix (2). Ce tombeau, déposé pendant la révolution au Musée des monuments français, fut transporté, en 1817, dans l'église de Sainte-Marguerite. On trouve dans cette sculpture les défauts et quelques unes des beautés qu'offrent les nombreux ouvrages de Girardon.

Les fonts baptismaux de Saint-Landri, ouvrage de Lapierre, marbrier, passaient pour les plus beaux de Paris. Ils avaient été donnés à l'église, en 1705, par le curé, M. Garçon. Ils étaient formés d'un bloc de porphyre, taillé en cuvette d'une grande dimension; les charnières et les ornements étaient de bronze doré.

---

(1) Boucherat fut inhumé, à sa mort, en 1686, dans l'église de Saint-Gervais.
(2) M. Dulaure se trompe, t. I, p. 329, en considérant cette descente de croix comme un monument différent du tombeau de Girardon.

L'église de Saint-Landri fut supprimée pendant la révolution; le bâtiment, devenu propriété particulière, fut entièrement démoli en 1829. Les fouilles que l'on exécuta dans les fondations amenèrent la découverte de plusieurs antiquités que j'ai précédemment décrites (1).

II. ÉGLISE ROYALE ET PARROISSIALE DE SAINT-BARTHÉLEMY.

Cette église était située rue de la Barillerie, presque au coin du quai aux Fleurs, en face du Palais de Justice.

Elle existait certainement sous la seconde race, peut-être même dès la première (2). Le plus ancien monument qui en fasse mention est une chronique du temps du roi Robert, qui nous apprend qu'elle avait été bâtie à une époque déjà fort reculée, *antiquitùs*.

Le comte Eudes, élevé à la dignité de roi, fit construire ou réparer cette chapelle vers l'an 890, et y plaça des chanoines. En 965, Salvator, évêque d'Aleth, en Bretagne, craignant les effets de la guerre que faisait Richard, duc de Normandie, à Thibaud, comte de Chartres, se réfugia à Paris avec une grande quantité de reliques, parmi lesquelles on comptait les corps de dix-huit saints (3). Salvator présenta ces reliques à Hugues Capet, comte de Paris, qui les fit déposer solennellement dans la chapelle de Saint-Barthélemy.

Cette église, étant alors la chapelle du palais des comtes de Paris, devint chapelle royale à l'avénement de Hugues-Capet. Elle conserva ce titre après la construction de la Sainte Chapelle du palais par saint Louis; et l'on voit encore que du temps de Malingre, « à cause, dit l'historien, que cette église avoit été autrefois la chapelle du roy, le roy en étoit le premier paroissien. Et en ceste qualité, ajoute Malingre, en l'an 1531, le manteau du pain bénist fut présenté au roy François Ier, qui estoit logé au palais, lequel commanda qu'au dimanche ensuivant on présentast pour luy à l'église un pain bénist (4). »

Salvator, en se retirant dans son diocèse, laissa à Hugues-Capet pour prix de l'hospitalité qu'il en avait reçue, le corps entier de saint Magloire. Hugues-Capet agrandit à cette occasion la chapelle de Saint-Barthélemy et la changea en abbaye, en remplaçant les chanoines par des moines de l'ordre de Saint-Benoît. L'église fut dédiée sous le titre de *Saint-Barthélemy et de Saint-Magloire;* mais le nom de ce dernier saint, beaucoup plus célèbre que l'autre, ayant bientôt prévalu parmi le peuple, elle ne fut appelée que l'église de Saint-Magloire.

---

(1) P. 29.
(2) Jaillot et Lebeuf croient qu'elle fut construite sous la première race.
(3) *Annal. benedict.*, t. III, p. 719. Voir l'énumération de ces reliques dans Lebeuf, t. I, p. 277.
(4) Malingre, p. 69.

L'usage où était le clergé de la cathédrale de venir faire une station dans cette église le jour de la saint Barthélemy, remonte presque à l'époque de sa fondation. Les chanoines de Notre-Dame, dit un document du XIIIe siècle(1), avaient le droit de chanter tierce dans le cloître, de faire ensuite la procession des châsses par les *grottes et les voûtes*; après la procession, les religieux de Saint-Magloire entonnaient la messe et la continuaient; mais ils s'arrêtaient à l'alleluia, dont le chant appartenait au chapitre de la cathédrale, qui, après avoir chanté sexte dans le cloître, s'en retournait à Notre-Dame. L'abbé Lebeuf regrette avec raison que les grottes souterraines dont il est ici question fussent fermées déjà de son temps; on aurait pu juger par leur construction si elles n'étaient pas un reste de l'ancienne chapelle royale, qui serait devenue une crypte par l'exhaussement du sol de la Cité.

C'est à la porte de cette église que le roi Robert, excommunié, venait chaque jour faire ses prières, n'osant entrer dans l'intérieur. Un matin, dit Pierre de Damien, que le roi était venu, selon sa coutume, faire ses oraisons devant le portail de Saint-Barthélemy, Abbon, abbé de Fleuri, suivi de deux femmes du palais portant un grand plat de vermeil couvert d'un linge, l'aborde, lui annonce que Berthe vient d'accoucher, et découvrant le plat: *Voyez*, lui dit-il, *les effets de votre désobéissance aux décrets de l'Église, et le sceau de l'anathème sur ce fruit de vos amours*. Robert regarde, et voit un monstre qui avait le cou et la tête d'un canard. Tel fut en effet le bruit que répandirent les ennemis de Robert quand sa femme Berthe accoucha d'un enfant mort (2).

En 1138 les religieux de Saint-Barthélemy, se trouvant trop resserrés dans cette église, se transportèrent dans leur oratoire de Saint-George nouvellement reconstruit, et qui fut alors consacré sous le nom de Saint-Magloire (3).

L'église de Saint-Barthélemy reprit alors son ancien nom. En 1140 elle fut érigée en paroisse, et demeura sous le patronage de Saint-Magloire jusqu'en 1564, époque où cette abbaye fut supprimée et réunie à l'évêché de Paris.

Tout l'enclos du Palais, excepté les dépendances de la Sainte-Chapelle, était de la circonscription de cette paroisse, qui s'étendait depuis la rue de la Barillerie jusqu'au Pont-Neuf (4).

(1) Ancien processionnel; manuscrit cité par Lebeuf, t. I, p. 279. — (2) Duchesne, t. IV, p. 85. — Saint-Foix, t. I, p. 49. — (3) Voyez Saint-Magloire. — (4) Un arrêt de 1621, qui maintient l'étendue de la paroisse de Saint-Barthélemy, donne entre autres motifs que cette église avait été autrefois la chapelle des rois lorsqu'ils demeuraient dans le Palais; que territoire sur lequel fut bâtie la Sainte-Chapelle était sa propriété; que le curé de Saint-Barthélemy avait le droit de faire prêcher dans la grande salle du Palais les dimanches de carême, le vendredi-saint et le jour de Pâques; enfin que les offrandes de la messe, célébrée dans la grande salle le lendemain de la rentrée du parlement, lui appartenaient. V. Hurtaux et Magny, *Dict. de Paris*, t. I, p. 536.

L'église de Saint-Barthélemy, reconstruite au xv⁰ ou au xvi⁰ siècle (1), fut réparée et décorée en 1730 et 1736. La nouvelle ornementation, surchargée de ces enjolivements que prodiguait le faux goût du temps, fut exécutée par les frères Slodtz. Parmi les tableaux de cette église étaient le Mariage de sainte Catherine, de Loir, et des Scènes de la vie de sainte Geneviève, de saint Guillaume et de saint Charles Borromée, dont Hérault avait fait les paysages et Antoine Coypel les figures. Aux côtés du portail étaient placées deux statues de Barthélemy de Mélo, représentant saint Barthélemy et sainte Catherine.

Les sépultures principales de Saint-Barthélemy étaient celles de Louis *Servin*, avocat-général au parlement, mort, en 1626, aux pieds de Louis XIII tenant son lit de justice, au moment même où il lisait au roi des remontrances sur quelques édits bursaux; et celle de Claude *Clersellier*, grand cartésien, mort en 1684, dont le tombeau avait été exécuté par Barthélemy de Mélo sur les dessins de Lebrun.

En 1772, le roi ordonna la reconstruction entière de l'église de Saint-Barthélemy. On n'avait encore élevé que le portail en 1787, lorsque quelques pierres se détachèrent de la voûte de l'ancienne église qui existait encore. A peine eut-on retiré les objets les plus précieux que la voûte entière s'écroula avec fracas. Les travaux de reconstruction furent repris sous la direction de M. Cherpitel; mais les événements de la révolution les arrêtèrent bientôt. Le portail était terminé, les piliers de la nef s'élevaient déjà.

Sur le terrain de l'église, démolie peu de temps après, on établit une salle de spectacle, connue sous le nom de Théâtre de la Cité. Elle a depuis été changée en une vaste maison où se tinrent la réunion des veillées, des loges de francs-maçons, le Prado, et qu'occupent en partie des particuliers et d'obscures galeries publiques.

III. SAINT-MAGLOIRE.

Cette église, qui n'était d'abord qu'un oratoire dédié à saint George, avait été bâtie au milieu du cimetière que la communauté de Saint-Barthélemy de la Cité avait sur la rive droite de la Seine, et sur la chaussée qui conduisait de Paris à Saint-Denis (2). Elle occupait l'angle de la rue Saint-Denis et de la rue Saint-Magloire.

La chapelle existait dès le x⁰ siècle. Peu après l'an 965, Salvator, évêque d'Aleth, qui s'était réfugié à Paris portant les reliques de saint Magloire, fut inhumé dans le cimetière avec Junan, premier abbé de Saint-Magloire.

---

(1) Lebeuf pensait qu'aucune partie des bâtiments de l'église, qui furent réparés de son temps, n'était antérieure au xvi⁰ siècle. *Hist. du dioc. de Paris*, t. I, p. 281.

(2) Lebeuf, t. I, p. 288.

Vers l'an 1117, les libéralités d'un vassal du roi, nommé Henri de Lorraine (1), que Dubreuil a pris mal à propos pour un prince de la maison de Lorraine, mirent les religieux de Saint-Barthélemy à même de faire reconstruire l'église de Saint-George. Se trouvant ensuite gênés dans leur demeure de la Cité, ils firent construire un monastère à côté de l'église, et s'y transportèrent en 1138.

À cette époque, en même temps que l'église de Saint-Barthélemy reprit son ancien nom, celle de Saint-George prit pour toujours celui de Saint-Magloire, qu'on lui avait quelquefois donné auparavant, sans doute parce qu'elle avait reçu une partie des reliques du saint.

En 1564, une bulle de Pie IV supprima l'abbaye de Saint-Magloire, et la réunit à l'évêché de Paris. La communauté des religieux bénédictins y demeura pourtant jusqu'en 1580 (3), époque où Catherine de Médicis la fit transférer par le pape à l'hôpital de Saint-Jacques-du-Haut-Pas, et mit à sa place les Filles-Pénitentes, qui occupaient alors l'hôtel de Soissons qu'elle voulait faire rebâtir pour l'habiter, n'osant plus demeurer aux Tuileries, situées dans la paroisse Saint-Germain-l'Auxerrois, depuis qu'un astrologue lui avait dit qu'elle mourrait en un lieu qui porterait le nom de Saint-Germain.

Parmi les chapellenies ou confréries fondées en l'église de Saint-Magloire, on remarquait celle que les fripiers de Paris avaient érigée en l'honneur de saint Sébastien et de saint Roch, pour se préserver des maladies qui affectent ordinairement les personnes de leur profession.

En 1525 et 1549, on découvrit dans les jardins voisins de l'église de Saint-Magloire plusieurs ossements, des chaînes de fer et des restes de potences, ce qui fit croire que ce lieu avait été autrefois la place des exécutions de la justice patibulaire de Paris; mais il est plus probable, comme le pense Jaillot, que c'était l'emplacement de l'ancien gibet de Saint-Magloire. La prison de cette abbaye était voisine. Chaque fief un peu important dans les premiers temps de la féodalité avait sa prison, et le seigneur, laïque ou ecclésiastique, pouvait seul punir les coupables dont le crime avait été commis sur sa censive. Dans le cas d'exécution, leurs corps n'étaient point portés au gibet public, qui n'appartenait qu'au roi, mais à celui du seigneur qui les avait fait punir.

André *Blondel*, contrôleur des finances sous Henri II, étant mort en 1558, sa veuve lui fit élever à Saint-Magloire un petit mausolée de

---

(1) *Gallia christiana*, t. VII, col. 309.

(2) Dubreuil et plusieurs autres historiens de Paris disent jusqu'en 1572; mais cela est peu vraisemblable, puisque la bulle de Grégoire XIII, qui ordonne que les moines de Saint-Magloire soient transférés à Saint-Jacques-du-Haut-Pas, est datée du 1er mars 1580, et qu'il n'est pas probable que les religieux aient quitté leur monastère de la rue Saint-Denis avant que le pape le leur eût permis. Voy. Hurtaux et Magny, *Dict. de Paris*, t. III, p. 461.

bronze, qui passe pour un des meilleurs ouvrages de Paul Ponce. Le bas-relief représente Blondel vêtu en guerrier, couché dans l'attitude du sommeil, soutenant d'une main sa tête légèrement inclinée, et de l'autre tenant des pavots. Ce monument, dans lequel on loue la vérité de l'attitude et le moelleux des draperies, fut transporté à la révolution dans le bâtiment des Petits-Augustins, et fut ensuite déposé au Louvre lors de la dispersion de ce Musée.

Blondel devait sa fortune à Diane de Poitiers, maîtresse de Henri II. Sauval, qui avait vu le testament de cette femme célèbre fait en 1564, dit qu'elle y ordonne, pour le cas où elle mourrait à Paris, qu'avant de la transférer à Anet, où elle voulait être enterrée, on la portât à l'église de Saint-Magloire ou des *Filles-Repenties*, et qu'on y célébrât pour elle un service des morts. Diane, à la fin de ses jours, eut-elle regret de ses fautes ? Il est permis de le croire d'après cette disposition de son testament.

Les religieuses de Saint-Magloire demeurèrent dans leur couvent jusqu'en 1790, époque de la suppression de toutes les communautés religieuses. Quelques années après, l'église et une partie du monastère furent démolis. Sur leur emplacement on éleva des maisons, et ce qui resta des bâtiments fut occupé par des particuliers.

IV. SAINT-ÉTIENNE-DES-GRÉS.

Cette église, aujourd'hui détruite, était située rue Saint-Jacques, en face du couvent des Jacobins, et rue Saint-Etienne-des-Grés, sur l'emplacement de la maison portant le n° 11.

J'ai dit précédemment (1) que différents documents des VII° et VIII° siècles, comme la charte de Vandemir et le testament d'Hermentrude, désignaient l'église de Saint-Étienne, qui faisait partie du double édifice de la cathédrale de Paris, et non celle de Saint-Étienne-des-Grés.

Le premier monument authentique que l'on puisse considérer comme se rapportant à cette église, est un passage des Annales de saint Bertin (2), où l'historien, en parlant des ravages occasionnés par les Normands en 857, dit que l'église de Saint-Étienne fut rachetée de l'incendie. Le récit de l'annaliste ne peut s'appliquer à la cathédrale, puisque, d'après une autre chronique de l'époque (3), l'église de Saint-Étienne dont il est ici question était située hors de l'enceinte de la Cité, *extra munitionem*.

Par un acte de l'an 995, l'évêque de Paris donne aux religieux de Marmoutier quelques terres de l'église de Saint-Étienne, « église située

---

(1) Voy. p. 95, 97 et 99. — (2) *Recueil des hist. de France*, t. VII, p. 224. — (3) *Fragment historique* cité par M. Taranne. — Abbon, p. 244.

non loin de la ville, près de Sainte-Geneviève (1). » Ce titre, s'il ne désigne pas une chapelle de Saint-Étienne différente de l'église qui nous occupe, que Jaillot suppose avoir existé peut-être sur le territoire de la cathédrale, prouve l'existence à cette époque de Saint-Etienne-des-Grés et en même temps son état de dépendance de la cathédrale, état qui, du reste, est prouvé pour des temps postérieurs, par l'usage où étaient les chanoines de Notre-Dame de Paris, dès le XIe siècle, de venir faire des stations en cette église en différents temps de l'année. Saint-Étienne-des-Grés était l'une des *quatre filles* de Notre-Dame, et son desservant, à cause de ce titre, avait le droit de prendre rang parmi les prêtres cardinaux qui assistaient l'évêque dans les offices à Noël, à Pâques et à l'Assomption.

Tous les historiens s'accordent à considérer l'église de Saint-Étienne-des-Grés comme désignée dans la donation que Henri Ier fit à l'évêque Imbert de plusieurs églises délaissées. Au commencement du XIe siècle, les malheurs des temps et les guerres que se faisaient entre eux les seigneurs avaient fait abandonner plusieurs églises, dont les biens avaient été usurpés. Un clerc, nommé Girauld, jouissait de ceux de *Saint-Etienne*, de Saint-Julien, de Saint-Séverin et de Saint-Bacche (Saint-Benoît). Henri Ier en donna la propriété à l'évêque de Paris, laissant l'usufruit à Girauld jusqu'à sa mort. La charte du roi n'est point datée (2); mais elle doit être placée entre les années 1030 et 1060, première et dernière de l'épiscopat d'Imbert.

Vers ce temps, à ce qu'il paraît, Saint-Etienne reçut un chapitre de chanoines, et devint par conséquent collégiale.

Ce n'est qu'au XIIIe siècle que le nom de cette église se voit avec l'addition *des Grés* (3). Les conjectures n'ont pas manqué sur l'origine de ce surnom. La plus bizarre est celle de Corrozet. Cet auteur, ainsi que Dubreuil et Malingre, qui l'ont suivi (4), dit que la dénomination de *Saint-Etienne des-Grecs*, car c'est ainsi qu'il écrit, vient de ce que saint Denis-l'Aréopagite et ses disciples, Grecs comme lui, fondèrent en ce lieu, vers le Ier ou le IIe siècle de notre ère, un oratoire de Saint-Etienne, remplacé plus tard par cette église. Il est probable que le surnom de Saint-Etienne-des-Grés vient des degrés qu'il fallait monter pour entrer dans cette église par le portail de la rue Saint-Jacques (5).

(1) *Gallia christ.*, t. VII, col. 24, cart. 26. — Jaillot, t. IV, p. 58. — S. Benoît.
(2) *Gallia christ.*, t. VII, instr. col. 31.
(3) Le premier acte de date certaine qu'ait trouvé Lebeuf est de 1219. *Hist. du dioc. de Paris*, t. I, p. 225.
(4) Corrozet, fol. 10 v°. — Dubreuil, p. 255. — Malingre, p. 150.
(5) L'abbé Lebeuf propose d'autres conjectures, que Jaillot reproduit comme très plausibles. Ce savant académicien pense que le surnom *des Grés* peut venir des grés ou bornes posés dans la rue des Grés, pour marquer les limites des seigneuries du

Dans les titres latins, cette église est appelée *Sanctus Stephanus de gressis*, *de grassibus*, *de gradibus*.

Au XIVe siècle, l'église de Saint-Etienne était encore entourée de vignes, qui se nommaient le *clos de Saint-Etienne*. Non loin de là, du côté du collége de Lisieux, était le *pressoir du roi*, où l'on portait les raisins du *Clos-le-Roi* et du *Clos-Mureaux*, situés au faubourg Saint-Jacques.

Les historiens de la vie de saint François de Sales racontent que le jeune François, étudiant à l'Université de Paris, en 1578 et pendant les années suivantes, venait souvent prier dans la chapelle de la Vierge de Saint-Etienne-des-Grés. Vivant au milieu d'une jeunesse dissipée, obligé d'apprendre l'équitation, les armes, la danse et tous les arts d'agrément qui convenaient à sa condition élevée, il venait se recueillir dans cette chapelle, et demander particulièrement, dit-on, à la sainte Vierge, le don de continence.

La tour et une partie de la chapelle de la Vierge paraissaient être du commencement du XIIIe siècle; le portail était du XIVe, le reste de l'église était postérieur (1).

Vers l'an 1640, on découvrit au chevet de Saint-Etienne-des-Grés des tombeaux construits en briques et en petite pierre, renfermant des cendres; au-dessous de ces sépultures, on trouva un vase renfermant des médailles d'or et d'argent de Constantin, de Constant et de Constance (2).

Autour d'un bénitier de marbre de cette église, placé au pied d'un des piliers de l'orgue, on voyait une inscription grecque *recurrente*, c'est-à-dire qui pouvait être lue également de gauche à droite et de droite à gauche, dont le sens était : *Lave tes péchés et non pas seulement ta figure* (3). Cette inscription, gravée en 1626, avait été sans doute copiée sur les bénitiers de la croisée de Notre-Dame, où elle était

---

roi et de l'abbaye de Sainte-Geneviève, ou d'une famille *de Grez*, en latin *de Gressibus*, *de Gressu*, connue au XIIIe siècle. — Lebeuf, t. I, p. 226. — Jaillot, t. IV, *S. Benoît*, p. 50. Raoul de Presles, en plaisantant sans doute sur le nom de la rue Saint-Etienne-des-Grés, qui empruntait sa dénomination de l'église, dit que son nom est *rue de Saint-Etienne-des-Gueux*, et que si on l'appelle autrement ce n'est que par corruption. Sauval, t. I, p. 133.

(1) Lebeuf, t. I, p. 228.
(2) Lebeuf, *ibid.* — Sauval, t. II, p. 336.
(3) Voici les termes mêmes de cette inscription :

ΝΙΨΩΝ ΑΝΟΜΗΜΑΤΑ ΜΗ ΜΟΝΑΝ ΟΨΙΝ
1626.

Traduction latine : *Lava   peccata   non solam faciem.*

Comme on le voit, l'inscription grecque présente les mêmes mots, qu'on commence à la lire par le commencement ou par la fin.

également gravée depuis long-temps. On prétend que cette inscription était autrefois sur le bénitier de l'église de Sainte-Sophie de Constantinople.

L'église Saint-Etienne-des-Grés fut démolie au commencement de la révolution.

V. CHAPELLE SAINT-LEUFROY.

Cette chapelle était située vers le milieu de la place du Châtelet dans l'ancienne rue Saint-Leufroy, qui passait sous cet édifice et aboutissait au Pont-au-Change.

Nous avons vu (1) qu'en 898, les religieux de la Croix-Saint-Leufroy, au diocèse d'Évreux, se réfugièrent à Paris pour se mettre à l'abri des incursions des Normands, déposèrent leurs reliques dans l'abbaye Saint-Germain-des-Prés; et que, revenant ensuite dans leur abbaye, ils gratifièrent leurs frères du corps de saint Leufroy. Cependant Mabillon (2) croit que les reliques apportées par les religieux de la Croix-Saint-Leufroy furent placées dans la chapelle qui fait le sujet de cet article. « Il serait difficile, dit Duplessis (3), d'expliquer autrement que Mabillon l'origine de cette chapelle, ou au moins du nom de Saint-Leufroy qu'elle a porté jusqu'à sa destruction (4). Il est probable également que ce fut là que se retirèrent les religieux fugitifs ; qu'ils ne se transportèrent à Saint-Germain-des-Prés que plusieurs années après, lorsque Charles-le-Simple confirma l'union des deux abbayes. »

On voit donc qu'il faut faire remonter l'origine de la chapelle Saint-Leufroy aux temps de la seconde race. Cependant elle n'est mentionnée pour la première fois qu'au XIIe siècle, dans un acte de 1113 (5). Il paraît par ce titre que la chapelle Saint-Leufroy était sous le patronage du chapitre de Saint-Germain-l'Auxerrois.

La paroisse de Saint-Jacques-la-Boucherie, alléguant que le fonds de terre sur lequel cette chapelle était bâtie lui appartenait, s'y attribuait

---

(1) Pag. 188.
(2) *Acta Sanctorum*, *O. S. Bened.*, sec. 3, part. 1, p. 594.
(3) *Annales de Paris*, p. 193.
(4) Lebeuf (t. I, p. 69) croit que quelque grand seigneur, ou prince, ou riche bourgeois, ayant de la dévotion pour saint Leufroy, obtint des reliques de ce saint, et bâtit cette église. Le voisinage du Grand-Châtelet, ajoute-t-il, porterait à croire qu'elle aurait été construite par quelque comte ou vicomte de Paris. — Jaillot combat l'opinion de Lebeuf, et pense que les religieux de la Croix-Saint-Leufroy en se réfugiant à Paris durent s'adresser au roi, ou au comte, ou aux officiers municipaux pour avoir un asile, et que ceux-ci purent leur donner l'ancien *parloir aux Bourgeois*, ou le bâtiment qui la précède, et la chapelle qui en dépendait, pour y déposer leurs reliques.
(5) Voir la charte de l'évêque Galon, *Gallia christ.*, t. VII, col. 254.

certaines fonctions ou prérogatives. « Quand il faut enterrer quelqu'un
» à Saint-Leufroy, dit à ce sujet Dubreuil, c'est le curé de Saint-
» Jacques-de-la-Boucherie qui le fait et en prend les droits, prétendant
» le fonds de terre lui appartenir et non à messieurs de Saint Germain-
» l'Auxerrois, lesquels, s'ils conduisent un corps jusques à la porte
» de l'église, ils s'en retournent incontinent, *acsi essent in terrâ*
» *alienâ* (1). »

On voit par d'anciens documents (2) que cette église avait le titre de paroisse dès l'an 1191.

Léglise de Saint-Leufroy, longue de douze toises, large de cinq, fut démolie en 1684 pour l'agrandissement des prisons du Grand-Châtelet. Le service et les revenus qui y étaient attribués furent transférés en partie à Saint-Germain-l'Auxerrois, en partie à Saint-Jacques-la-Boucherie.

Les auteurs du *Gallia christiana* (3) ont rappelé que l'on conservait dans cette église une pierre taillée en forme de mitre, qui avait autrefois servi d'étalon pour les mesures de Paris. De là était venu l'usage de renvoyer à la *mitre de la chapelle Saint-Leufroy* quand il survenait des contestations sur les poids et mesures. Cette pierre, dont la forme paraissait très ancienne, avait pu être apportée à Saint-Leufroy, d'après Lebeuf, du premier Parloir au bourgeois qui était contigu à cette église.

Du reste elle ne devait plus servir à la comparaison des mesures quand on démolit Saint-Leufroy ; car long-temps avant 1684, les poids et les mesures avaient été déposés en d'autres lieux.

La cour de Saint-Leufroy longeait une partie de l'église de ce nom.

VI. SAINT-PIERRE-DES-ARCIS.

Église paroissiale située autrefois dans la Cité, rue de la Vieille-Draperie.

Les monastères importants avaient ordinairement, outre l'église principale, plusieurs oratoires dispersés en différents lieux de leur enclos. L'église de Saint-Pierre-des-Arcis est l'une de celles qui se trouvaient autrefois renfermées dans l'enceinte du prieuré de Saint-Eloi (4).

On conjecture qu'elle fut fondée, en 926, par Theudon, vicomte de Paris, à la place d'une chapelle ruinée consacrée sous le même nom de Saint-Pierre.

---

(1) Pag. 525.
(2) Voir Jaillot, t. I, quartier Saint-Jacques-la-Boucherie, p. 60.
(3) Tom. VII, col. 253.
(4) Les églises ou chapelles de Sainte-Croix de la Cité, de Saint-Bon et de Saint-Paul, dépendaient également du monastère de Saint-Éloi.

DEUXIEME RACE.

Détruit dans l'incendie de 1034, l'édifice de Saint-Pierre-des-Arcis fut rebâti (1) près de l'ancienne clôture de Saint-Éloi. Les religieuses de ce monastère, dont l'enclos était fort diminué, permirent vers cette époque que l'on élevât des maisons sur leur terrain. Ces maisons formèrent ensuite les paroisses des petites églises dépendantes de Saint-Eloi lorsqu'elles reçurent un curé.

Celle de Saint-Pierre-des-Arcis était déjà une paroisse en 1129; il en est question à l'occasion de la maladie des ardents, qui se manifestait alors à Paris (2).

Quant à son surnom des Arcis, on n'en connaît ni l'origine ni la signification. L'église était appelée en latin *ecclesia S.-Petri de Arcesiis*, *de Assisiis*, *Arsiciis*, *de Arsis*. Une bulle d'Innocent II, de 1136, la nomme *ecclesia S.-Petri de Arsionibus* (3). L'abbé Lebeuf et Jaillot pensent qu'elle reçut une dénomination particulière pour la distinguer des autres églises de Saint-Pierre, et que *Arcis* peut venir du mot latin *arcisterium*, *asceterium*, monastère, mot qui désignait également le prieuré de Saint-Éloi et ses dépendances. M. Dulaure propose en ces termes une autre conjecture : « Outre l'église de Saint-Pierre-des-Arcis » située dans l'île de la Cité, on trouve une rue de Saint-Pierre-des-» Arcis située près de cette église ; une rue des Arcis située hors de la » Cité, dans la direction de la rue Saint-Martin. Ce nom dériverait-il » d'*archista*, archistes, qui signifie *archer* ou fabricant d'arcs, ou d'*ar-» sitium*, qui veut dire une arcade ou un édifice dont le plan a la forme » d'un arc? (4) »

L'église de Saint-Pierre-des-Arcis fut rebâtie en 1424. En 1702 on la répara et on l'augmenta, et on éleva également à cette époque un nouveau portail sur les dessins de Lanchenu, architecte de Paris.

Sur le grand autel était un tableau de Vanloo, représentant Saint Pierre guérissant les malades. Aux deux côtés se voyaient deux sujets à cadres cintrés : un Lavement des pieds, du même peintre, et la Cène, de La Fosse.

Guillaume de Mai, capitaine de six vingts hommes d'armes, mort en 1480, avait été inhumé dans cette église. Il était représenté sur son

---

(1) Lebeuf, l. I, p. 498.
(2) Jaillot, t. I, quartier de la Cité, p. 47. — Sauval (t. I, p. 384) dit qu'elle fut érigée en paroisse en 1107. Il ne cite pas d'autorité.
(3) Lebeuf, p. 509.
(4) *Histoire de Paris*, I, 340. Launoy et Sauval disent qu'il faut appeler cette église *Saint-Pierre-des-Assis*, et que ce nom vient de celui d'*Assyriens*, parce que sous la première race il y avait à Paris des marchands *syriens*. Il est difficile de se contenter de pareilles conjectures. — Il est à remarquer que la pièce de vers intitulée *les Moutiers de Paris*, composée comme on le sait au XIIIe siècle, ne mentionne pas l'église Saint-Pierre-aux-Arcs.

T. I. 24

tombeau avec le costume que portaient au xv⁰ siècle les officiers de son grade. Ce curieux monument, rare dans son espèce, fut déposé au Musée des Petits-Augustins.

On remarquait dans la circonscription des droits curiaux de Saint-Pierre-des-Arcis, que cette paroisse s'attribuait juridiction sur tous les habitants qui avaient l'entrée de leurs maisons dans la cour de Saint-Éloi, quoique leurs boutiques fussent dans la rue de la Barillerie.

J'aurai l'occasion de rappeler plus tard que le curé de Saint-Pierre-des-Arcis fut arrêté, en 1594, comme soupçonné d'avoir des relations avec Jean Chastel, assassin d'Henri IV.

Cette église a été démolie en 1800; sur son emplacement, on a ouvert une rue qui communique au quai aux Fleurs.

IV. ÉGLISE ROYALE ET COLLÉGIALE DE SAINTE-OPPORTUNE.

Les discussions sur l'origine des églises n'ont jamais été plus longues et plus compliquées qu'à l'égard de celle de Sainte-Opportune, église aujourd'hui démolie, et qui se trouvait sur la place appelée de son nom Sainte-Opportune (4ᵉ arrondissement).

Ce qui paraît certain, c'est que la chapelle de Sainte-Opportune, comme celles de Saint-Leufroy et de Saint-Magloire, fut fondée ou reconstruite après que la tranquillité fut rétablie dans les pays ravagés par les Normands.

Hildebrand ou Hildebert, évêque de Séez, pour soustraire aux ravages des Normands ses riches reliquaires, et notamment la châsse qui renfermait le corps de sainte Opportune, fille du comte d'Hiêmes, abbesse d'Almenêche, se réfugia avec son clergé d'abord à Moussy-le-Neuf, et ensuite à Paris, dans la Cité. Lorsqu'il voulut retourner dans son diocèse, il laissa une partie des reliques de sainte Opportune à l'évêque de Paris, qui les fit déposer dans une chapelle du faubourg septentrional de la ville (1) nommée *Notre-Dame-des-Bois*, parce qu'elle était située à l'entrée de la forêt qui couvrait alors tous les environs jusqu'à Montmartre. Cette chapelle, dotée par les rois et enrichie d'une partie des reliques de sainte Opportune, fut rebâtie avec plus de développement, devint paroissiale vers la fin du xiiᵉ siècle, et reçut même un chapitre ou collège de chanoines.

Sous Louis-le-Gros, il arriva en cette église deux miracles, *qui ne sont à obmettre*, dit Dubreuil qui les rapporte.

« Le premier est d'un pellerin qui estoit venu faire ses dévo-

---

(1) Quelques auteurs disent que Hildebrand, après avoir placé les reliques dans la chapelle *Notre-Dame-des-Bois*, fit agrandir cette église et la gouverna lui-même.

» tions en l'église de Saincte-Opportune, et s'en retournant fut occis
» par l'aspect d'un serpent, *nam, teste Plinio, visu et afflatu necat,*
» *quin etiam alios serpentes sibilo fugat,* qu'il trouva en son chemin.
» Mais étant rapporté en ladite église, il ressuscita par les mérites
» et intercession de saincte Opportune. Pour ce miracle, advenu
» en 1154, ledit roi (Louis-le-Jeune) donna à icelle église des prés
» et marais qui sont entre Montmartre et Paris. Le second miracle
» advenu en même temps est d'Adelard, homme noble, aveugle par
» l'espace de trente ans, qui le jour de la feste Saincte-Opportune,
» en son église reçeut la veue. En mémoire de quoy le mesme roy
» donna encore des prés et champeaux, c'est-à-dire des terres
» proches de la ville, à ladite église. » Dans ces terres cultivables,
appelées *cultures*, se trouvaient ou furent construites des granges
pour enfermer les moissons. La plus remarquable se nommait au
xiiie siècle dans les documents latins, *Granchia Batilliaca, Granchia Bataillie, Granchia Bail-taillée* (1), et au xive siècle, dans les
chartes françaises, la Grange au Gastelier : ce fut plus tard la *Grange
Batelière.*

Ces donations permirent au clergé de Sainte-Opportune de faire quelques réparations à leur église. Il paraît que vers l'an 1154 le chœur
fut rebâti. Mais si ce fait, rapporté par l'historien de la vie de sainte
Opportune (2), est vrai, ce chœur fut ensuite démoli ; car l'édifice
de l'église de Sainte-Opportune qui existait à la fin du xviiie siècle
ne datait que du xiiie ou xive (3). La tour, encore plus nouvelle,
était curieuse par les ornements dont elle était couverte, tels que
fleurs-de-lis, festons, cornes d'abondance, trophées, décorations, qui
indiquaient qu'elle avait été bâtie par la munificence des rois. Aussi
l'église était-elle qualifiée d'église royale, et à ce titre elle jouissait du
droit de *committimus* (4), et de toutes les autres prérogatives d'églises
de fondation royale.

J'aurai occasion de parler dans la suite, surtout en m'occupant de
l'église des Innocents, des *recluses*, c'est-à-dire de ces femmes qui,
dans un but d'expiation ou de sanctification, se condamnaient à passer
le reste de leurs jours dans une étroite cellule, construite ordinairement
près des églises. Un des exemples de ces pénitences bizarres que j'ai
à signaler est relatif à Sainte-Opportune. L'abbé Lebeuf rapporte (5)

---

(1) Nicolas Gosset, *Vie de sainte Opportune*, 1655.

(2) Lebeuf, t. I, p. 66.

(3) Sauval, t. I, p. 75.

(4) Le droit de *committimus* était un privilége que le roi donnait aux officiers de sa maison et à certaines communautés de plaider en première instance, dans certains cas, aux requêtes du palais et de l'hôtel.

(5) Lebeuf, p. 68. — *Reg. Epise. Paris. Julio,* 1473.

avoir lu dans un registre de l'évêché qu'en 1473, une femme appelée Philippe du Rochier, était recluse près de cette église.

En 1311, Guillaume d'Aurillac, évêque de Paris, établit à Sainte-Opportune deux marguilliers laïques, auxquels il donna l'administration de la fabrique.

L'église possédait plusieurs reliques renommées, et entre autres une côte de sainte Opportune, que l'on appliquait sur le cou des malades. En 1374, elle obtint de l'abbé de Cluny, propriétaire de la terre de Moussy-le-Neuf, un bras de la même sainte, qui fut apporté dans l'église *avec grands luminaires et grande suite de peuple*. Charles V suivi de sa cour accompagna le cortége de l'hôtel Saint-Paul à l'église.

Lorsqu'en 1569 on exécuta Philippe Gatine pour cause de calvinisme, il fut ordonné qu'on prendrait sur ses biens une somme destinée à faire à perpétuité le service du Saint-Sacrement, le jeudi de chaque semaine, en l'église de Sainte-Opportune, sa paroisse. Cette cérémonie paraît s'être pratiquée jusqu'à la révolution.

On voyait à Sainte Opportune une *Présentation au temple*, de Jouvenet; une *Mère de pitié*, de Champagne; les tombeaux de François Conan, maître des requêtes, savant jurisconsulte, et de Jeanne Hennequin, sa femme, dont les descendants ont eu des alliances avec les maisons d'O, de Rieux, de Grammont. Dans la chapelle dite de *Notre-Dame-des-Bois*, se trouvait la sépulture de la famille Perrot. Le plus ancien tombeau était celui de Mille Perrot, mort en 1515.

On remarquait encore dans cette église un candélabre à dix branches, d'un fort beau travail, que lui avait donné Charles-Quint lors de son séjour à Paris, pendant lequel il visita l'église de Sainte-Opportune.

Quelques chanoines de Sainte-Opportune se sont distingués dans les lettres. François Macé, René Richard et Jean Mallemans ont laissé plusieurs ouvrages historiques ou littéraires.

Cette église fut démolie en 1797. Une maison particulière qui porte le n° 10 s'élève sur une partie de son emplacement.

V. NOTRE-DAME-DES-CHAMPS OU DES VIGNES.

L'église de Notre-Dame dont il est question dans le testament d'Ermentrude, de l'an 700, n'étant pas celle de Notre-Dame-des-Champs, mais bien l'église cathédrale, comme j'ai eu occasion de le dire plusieurs fois (1), et d'un autre côté plusieurs titres du XI° siècle (2) paraissant

---

(1) Voir ci-dessus *Notre-Dame* et *Saint-Étienne-des-Grés*.
(2) Dans des lettres de Henri I°r de l'an 1033, la situation de dix arpents de vigne

indiquer que l'église qui fait le sujet de cet article existait depuis longtemps, je crois qu'il convient de placer l'époque de sa fondation au temps de la seconde race.

Elle existait dans le champ des sépultures (1) qui s'étendait entre les hauteurs du quartier Saint-Jacques et la rue d'Enfer.

Il est possible que cette église occupât la place d'un ancien oratoire de Saint-Michel ; car on sait que les chapelles ou les églises dédiées à ce saint étaient presque toujours situées sur des hauteurs (2), et qu'on découvrit dans l'église, vers le commencement du XVIIe siècle, une statue de saint Michel paraissant fort ancienne.

Cette statue, placée, en 1605, sur le pignon de l'église, exerça beaucoup la science des antiquaires, qui la prirent tour à tour pour Cérès, Isis, Mercure, et en conclurent qu'on avait autrefois élevé en ce lieu un temple à ces divinités ; mais plus tard il fut reconnu que les prétendus épis de blé qui couronnaient la tête étaient des pointes de fer placées pour empêcher les oiseaux de s'en approcher et pour la garantir de leurs ordures ; qu'enfin la figure représentait saint Michel tenant en ses mains une balance, dont les bassins contenaient des têtes d'enfants, symboles des âmes (3).

Dans les désordres de la fin de la seconde race, l'église de Notre-Dame-des-Champs fut usurpée par des seigneurs laïques ; car on voit qu'en 1084, Adam Payen et Gui Lombard, *qui la tenaient de leurs ancêtres* (4), la donnèrent au monastère de Marmoutier, près de Tours, propriétaire de quelques terres dans le voisinage de Saint-Étienne-des-Grés. L'abbé envoya un certain nombre de ses religieux pour demeurer à Notre-Dame-des-Champs, qui devenait un prieuré dépendant de son abbaye.

Au commencement du XIVe siècle, la fondation du collége de Marmoutier diminua considérablement le nombre de ces religieux, dont

---

appartenant à l'abbaye de Saint-Magloire est ainsi désignée : *Inter basilicas S.-Genovefæ, S.-Stephani, et S.-Mariæ cujus ecclesia sita est in campis.* Lebeuf, t. I, p. 232.

(1) Voir p. 43.

(2) Les exemples les plus remarquables de ces églises sont en France le mont Saint-Michel, le monastère de Saint-Michel de *Acu.*, etc.

(3) Comme il se trouvait non loin de Notre-Dame-des-Champs un moulin que l'on nommait le moulin de la *Tombe-Isoire*, Lebeuf a cru que *le Tombisoire* était un nom collectif, et signifiait un assemblage de tombes, t. I, p. 230. — Jaillot n'a trouvé aucun titre qui puisse faire penser qu'on ait jamais employé le mot de *Tombisoire* pour désigner un cimetière ; et sans s'arrêter à réfuter la fable d'un géant Isore, que l'on supposait enterré en ce lieu, il cite plusieurs actes dans lesquels on lit : *apud tumbam Ysore*, et dit qu'Ysore était le nom d'une famille encore connue au XVIe siècle, et qui occupait une grande maison aboutissant à la place Maubert. Voy. Grand Pastoral, p. 147. — *Cens. de Sainte-Geneviève* de 1540, fol. 15. — Jaillot, t. IV, p. 152, quart. Saint-Benoît.

(4) *Cartul. B. Mariæ de Campis*, fol. 34.

la congrégation occupa pourtant le prieuré de Notre-Dame-des-Champs jusqu'au commencement du XVII° siècle.

A cette époque, la réforme que sainte Thérèse avait introduite dans l'ordre des Carmélites faisait l'édification des ordres religieux et des personnes pieuses. Vers 1580, mademoiselle Avrillot, femme d'un maître des requêtes nommé Acarie, eut le désir de faire venir des religieuses carmélites à Paris. Les troubles du règne de Henri II suspendirent quelque temps l'exécution de ce projet, qui ne fut repris que par Catherine d'Orléans Longueville.

Cette pieuse princesse obtint du cardinal de Joyeuse, abbé de Marmoutier, l'église et le vaste enclos de Notre-Dame-des-Champs; et malgré la résistance de quelques religieux occupant le prieuré, elle fit disposer les bâtiments pour y établir un couvent de carmélites dont elle se reconnut la fondatrice, et qu'elle dota de 2,400 livres de rente. Le pape Clément VIII approuva, en 1603, la formation en France d'un ordre entier de carmélites, dont le couvent de Paris devait être le chef-lieu.

Le cardinal de Bérulle, alors seulement aumônier du roi, obtint du général des carmes d'Espagne six religieuses, qui prirent possession de Notre-Dame-des-Champs le 17 octobre 1604 (1).

L'Estoile décrit ainsi, comme témoin oculaire, la marche solennelle des religieuses depuis Montmartre, où les avaient conduites M. de Bérulle, jusqu'à Notre-Dame-des-Champs :

« Le mercredi 24 août (1605), jour de la Saint-Barthélemy, fut faite à
» Paris une solennelle procession des sœurs carmélites, qui, ce jour-là,
» prenoient possession de leur maison. Le peuple y accourut en grande
» foule comme pour gagner les pardons. Elles marchoient en moult bel
» et bon ordre, étant conduites par le docteur Duval, qui leur servoit
» de bedeau, ayant le bâton à la main, et qui avoit du tout la ressem-
» blance d'un loup-garou; mais comme le malheur voulut, ce beau et
» saint mystère fut troublé et interrompu par deux violons qui com-
» mencèrent à sonner une bergamasque, ce qui écarta ces pauvres
» oyes, et les fit retirer à grands pas toutes effarouchées avec le loup-
» garou, leur conducteur, dans leur église, où étant parvenues comme
» en lieu de franchise et de sûreté, commencèrent à chanter le *Te Deum*
» *laudamus.* »

Quoique les carmélites eussent été établies à Notre-Dame-des-Champs, on ne leur donna pas cependant les revenus de la maison. Le titre de prieuré subsista jusqu'en 1671; à cette époque il fut

---

(1) Cet ordre se répandit aussi rapidement en France qu'il s'était répandu en Espagne, et à la fin du XVIII° siècle on en comptait soixante-deux monastères dans le royaume. Les religieuses furent appelées d'abord *Carmélines* ou *Thérésiennes*, et plus tard *Carmélites*.

réuni, avec les biens qui en dépendaient, au séminaire d'Orléans.

En 1676, le couvent des Carmélites reçut une religieuse d'un nom illustre, victime de la tendresse de son cœur. C'est là que se retira Louise-Françoise de La Beaume Le Blanc, duchesse de La Vallière, instruite un peu tard pour sa gloire, par l'inconstance de Louis XIV, des vicissitudes de la vie mondaine et des dangers de la cour; c'est là qu'elle se livra pendant trente-six ans, sous le nom de *sœur Louise de la Miséricorde*, à toutes les austérités de la pénitence; c'est là que cette vie d'amour devint une vie d'abnégation de soi-même, de dévotion et de charité. La douce La Vallière y mourut en 1710 (1). Avant de s'éloigner tout-à-fait de la cour, elle disait à madame Scarron, depuis madame de Maintenon, qui avait cherché à la détourner de s'ensevelir dans un cloître : « Quand j'aurai de la peine aux Carmélites, je me souviendrai de ce que ces gens-là m'ont fait souffrir, » en parlant de madame de Montespan et du roi. Bien des années après, madame de Montespan, n'étant plus elle-même à la cour, se réfugia aux Carmélites, où la bonne madame de La Vallière devint pour elle une espèce de directeur.

L'église du couvent, très riche en monuments des arts, était l'une de celles que les curieux visitaient avec le plus d'empressement.

La clôture qui séparait la nef du chœur était formée par quatre grandes colonnes de marbre, chargées de flammes de bronze doré. Le grand autel, magnifiquement décoré par la libéralité de Marie de Médicis, s'élevait au-dessus de douze marches de marbre entourées d'une balustrade de même matière, et dont les balustres étaient dorés. Sur l'attique de l'autel était un grand bas-relief de bronze, représentant l'Annonciation, par Anselme Flamen. Le tabernacle, en forme d'arche d'alliance, qui surmontait l'autel, était tout en argent et chargé de bas-reliefs. Une ou deux fois l'an, on exposait sur cet autel un soleil ou ostensoir en or enrichi de pierreries.

Plusieurs tableaux des grands maîtres décoraient cette église : on y voyait entre autres une Résurrection et une Entrée triomphante à Jérusalem, de La Hire; Jésus-Christ dans le désert, de Lebrun; le Miracle des cinq pains, de Stella; une Assomption, de Philippe de Champagne; la Vie de saint Joseph, de Jean-Baptiste de Champagne, neveu du précédent; la Salutation angélique, du Guide, et la Madeleine pénitente, de Lebrun, où l'on a voulu voir long-temps le portrait de madame de La Vallière (2). La plupart de ces tableaux sont aujourd'hui dans la galerie du Musée du Louvre.

(1) M. Nodier, *Promenades historiques*.
(2) Ce tableau, qui n'a pas le moindre rapport de ressemblance avec les portraits authentiques de mademoiselle de La Vallière, a été l'objet d'éloges exagérés, et est bien loin d'être un des meilleurs ouvrages de Lebrun. Comme l'ont dit quelques auteurs,

Sur les lambris de l'église avaient été représentés plusieurs traits de la vie de sainte Geneviève, par Verdier. Les voûtes étaient décorées d'une grande quantité de peintures à fresque de Philippe de Champagne. On y remarquait surtout l'effet merveilleux d'un Christ sur la croix qui paraissait être sur un plan perpendiculaire, quoiqu'il fût horizontal (1).

Parmi les personnages remarquables inhumés aux Carmélites étaient la duchesse de Montausier, morte en 1671 ; le duc de Montausier, mort en 1690 ; Hecquet, d'abord médecin à Port-Royal-des-Champs, puis doyen de la Faculté de médecine de Paris, et médecin du couvent des Carmélites, où il mourut, en 1737, dans les pratiques de la religion et de l'abstinence de vin et de viande qu'il s'était imposée, et qu'il observa pendant dix ans (2) ; Varillas, historiographe peu estimé, mais dont on se rappelle avec plaisir une belle action. Réduit à la minime pension d'ancien employé de la Bibliothèque royale, qui suffisait à peine à son entretien, il refusa les offres que lui faisait la Hollande, en 1669, pour qu'il écrivît l'histoire des Provinces-Unies, ne voulant pas, disait-il, prêter le secours de sa plume aux ennemis de la France. On lui reproche pourtant un travers d'esprit : s'il faut en croire quelques auteurs, il déshérita son neveu parce qu'il ne savait pas l'orthographe. Le cœur de Turenne et celui d'Anne-Marie Martinozzi, princesse de Conti, furent déposés dans l'église des Carmélites.

Dans la chapelle de la Madeleine, était le tombeau du cardinal de Bérulle ; les bas-reliefs du piédestal étaient de Lestocard ; la statue, qui représentait le cardinal à genoux, les mains croisées sur sa poitrine, était de Jacques Sarrazin.

Le couvent des Carmélites fut supprimé en 1790 comme toutes les congrégations religieuses ; l'église, qui était en partie du XIIe siècle et en partie du XIIIe (3), fut démolie peu après, et les autres bâtiments furent vendus (4).

l'expression manque de vérité ; l'attitude est maniérée et théâtrale : il y a de l'exagération dans la couleur. Il est aujourd'hui au Musée.

(1) Cet effet singulier de perspective avait été, dit-on, indiqué au peintre par un mathématicien très habile nommé Desargues.

(2) Rollin a fait une longue épitaphe de Hecquet rapporté dans Hurtaux, *Dict. de Paris*, t. II, p. 51. — « Il fut inhumé aux Carmélites, dit son contemporain Vigneul Marville, sans que pas un de nos faiseurs d'éloges ait jeté une seule goutte d'eau bénite sur sa fosse, ni honoré sa mémoire de deux ou trois vers ; heureux ou malheureux, de n'avoir pas eu cent écus à laisser à nos poëtes pour lui faire une méchante épitaphe. »

(3) Sauval, t. I, p. 233.

(4) On assurait par tradition dans le couvent des Carmélites, qu'il y avait, outre la crypte sur laquelle était bâtie l'église, une autre crypte souterraine, ce qui marquerait, dit Lebeuf, des restes de sépulcres romains. J'ai parlé des antiquités trouvées à diverses époques dans l'enclos des Carmélites. Voy. p. 45.

A la restauration, une partie des bâtiments existant encore, quelques carmélites s'y réunirent et firent construire une chapelle, où l'on a placé le tombeau du cardinal de Bérulle, qui avait été déposé au Musée des Petits-Augustins.

QUATRIÈME ÉPOQUE.

Paris depuis Hugues-Capet jusqu'à Philippe-Auguste.

987-1180.

CHAPITRE PREMIER.

HUGUES-CAPET.

987-996.

I. Faits généraux.

« L'avènement de la troisième race, dit un historien moderne, est dans notre histoire nationale d'une bien autre importance que celui de la seconde ; c'est, à proprement parler, la fin du règne des Francs et la substitution d'une royauté nationale au gouvernement fondé par la conquête. Dès lors, notre histoire devient simple ; c'est toujours le même peuple, qu'on suit ou qu'on reconnaît malgré les changements qui surviennent dans les mœurs et la civilisation. L'identité nationale est le fondement sur lequel repose depuis tant de siècles l'unité de dynastie (1). » Ajoutons que cette identité et la concentration de pouvoir qui en fut le résultat, sont l'origine de la puissance de Paris et de son action constante sur les destinées de la France.

Hugues-Capet fut proclamé roi de France dans une assemblée tenue à Noyon, et sacré par Adalberon, archevêque de Reims, le 3 juillet 987.

L'événement le plus important de ce règne, la lutte de Hugues avec Charles, duc de la Basse-Lorraine, dernier représentant de la dynastie de Charlemagne, ne se rattache pas au sujet tout spécial de ce livre.

Les réformes religieuses que Hugues entreprit à la sollicitation du clergé intéressent plus directement l'histoire de Paris. C'est, en effet, dans son domaine propre, c'est-à-dire dans le diocèse de Paris, que ce

---

(1) M. Michelet, *Précis de l'histoire de France*. Paris, 1833, in-8, p. 58.

prince s'occupa d'introduire la réforme monastique, et particulièrement dans les abbayes de Saint-Maur-des-Fossés, de Lagny et de Saint-Denis. Un roi qui avait renoncé pour lui-même aux immenses biens ecclésiastiques qu'il tenait de ses pères, pouvait, sans trop de rigueur, exiger qu'on suivît son exemple. Aussi ces changemens, si importans pour l'amélioration des mœurs, s'opérèrent-ils sans beaucoup d'obstacles ; ils n'étaient d'ailleurs accompagnés d'aucune violence, d'aucune spoliation. Le riche et voluptueux Mainard, obligé de quitter le monastère de Saint-Maur dont il était abbé, reçut, comme indemnité, les revenus de l'abbaye de Glanfeuil, et en jouit jusqu'à sa mort (1).

Cependant un concile très orageux, sur lequel nous n'avons que des renseignemens assez confus, se tint à Saint-Denis sous Hugues-Capet. Voici ce que dit Félibien au sujet de cette assemblée : « Plusieurs évê-
» ques se réunirent en concile à Saint-Denis ; mais comme ils ne par-
» lèrent que d'ôter les dîmes aux moines et aux laïques pour les donner
» aux évêques, ils virent leur proposition hautement combattue, sur-
» tout par Abbon, abbé de Fleury-sur-Loire, soutenu par les moines et
» les serfs de l'abbaye de Saint-Denis. La querelle s'échauffa de telle
» sorte qu'elle se tourna en sédition, et le concile devint une cohue.
» Les évêques, maltraités, furent contraints de prendre la fuite. Le vé-
» nérable Séguin, archevêque de Sens, poursuivi par la populace mu-
» tinée, eut peine à se sauver, blessé et couvert de boue ; Abbon, sur
» qui l'on rejeta la cause du désordre, se justifia par une apologie qu'il
» adressa aux rois Hugues et Robert, ce qui n'empêcha pas que les
» moines de Saint-Denis n'encourussent la disgrâce des évêques inté-
» ressés dans l'affaire ; mais il paraît que la cour se déclara en leur fa-
» veur (2). »

Sous Hugues-Capet, la France s'étendait entre la mer de Gascogne, la Manche, le Rhin, la Suisse, les Alpes et la Méditerranée ; mais il s'en fallait de beaucoup que l'autorité royale fût la même dans toutes les parties de ce vaste espace. Au nord, les comtes de Flandre avaient à peu près sous leur domination ce qui a composé depuis les Pays-Bas et la Hollande ; les comtes de Vermandois étaient les maîtres de la Picardie et de la Champagne. Au levant, en Alsace et le long du Rhin, étaient les ducs de Bourgogne et de Lorraine ; au midi, les ducs de Gascogne et d'Aquitaine dominaient dans l'Auvergne, la Guyenne, le Poitou, la Saintonge ; et au couchant enfin les ducs de Bretagne et de Normandie, tous s'avançant plus ou moins dans l'intérieur vers le centre ; de sorte qu'il ne restait proprement à Hugues-Capet, en pleine

---

(1) Félibien, t. I, p. 102. Voyez dans l'*Histoire des environs de Paris* l'article *Saint-Maur*.

(2) *Histoire de la ville de Paris*, t. I, p. 103.

et entière souveraineté, que le duché de France dont Paris était la capitale, l'Orléanais, des domaines assez étendus en Champagne et en Picardie, et quelques forteresses dans d'autres provinces, où les rois tâchaient toujours de prendre des positions, et d'où les grands vassaux les repoussaient sans cesse.

« L'hérédité mâle, constituée dans la famille royale, devint à la fois, dit un de nos grands écrivains, le germe destructeur de la féodalité et le principe générateur de la monarchie absolue. L'aristocratie subsista dans l'empire d'Allemagne et se détruisit dans le royaume de France, parce que la dignité impériale demeura élective, et que la couronne française devint héréditaire.

» Les assemblées nationales cessèrent sous les premiers rois de la troisième race, de même qu'elles avaient été interrompues sous les derniers rois de la seconde : Hugues-Capet était un très petit seigneur. « Le royaume, dit Montesquieu, se trouva sans domaine, comme est » aujourd'hui l'Empire ; on donna la couronne à un des plus puissants » vassaux. » Hugues, quand il en aurait eu l'envie, n'aurait pu réunir des états, les autres grands vassaux ne s'y seraient pas rendus ; souverains comme le duc de France, ils ne lui auraient pas obéi. La liberté politique qui se montrait dans ces assemblées ne se trouva plus ; elle se plaça ailleurs dans une autre forme.

» La France était une république aristocratique et fédérative, reconnaissant un chef impuissant. Cette aristocratie était sans peuple : tout était esclave ou serf. Le servage n'avait point encore englouti la servitude ; le bourgeois n'était point encore né ; l'ouvrier et le marchand appartenaient encore à des maîtres dans les ateliers des abbayes et des seigneuries ; la moyenne propriété n'avait point encore reparu ; de sorte que cette monarchie (aristocratie de droit et de nom) était de fait une véritable démocratie, car tous les membres de cette société étaient égaux ou le croyaient être. On ne rencontrait point au-dessous de l'aristocratie cette classe distincte et plébéienne qui, par l'infériorité relative du rang, fixe la nature du pouvoir qui la domine. Voilà pourquoi les chroniques de ces temps ne parlent jamais du peuple : on s'enquiert de ce peuple ; on est tenté de croire que les historiens l'ont caché ; qu'en fouillant les chartes on le déterrera ; qu'on découvrira une nation française inconnue, laquelle agissait, administrait, gagnait les batailles, et dont on a enseveli jusqu'à la mémoire. Après bien des recherches on ne trouve rien, parce qu'il n'y a rien, et que cette aristocratie sans peuple est à cette époque la véritable nation française (1). »

Hugues-Capet résidait à Paris lorsqu'il était comte de Paris. Il continua d'y résider lorsqu'il fut roi, et habita, comme la plupart de ses

---

(1) *Études historiques. Analyse de l'histoire de France.*

prédécesseurs, le palais de la Cité. Il mourut le 23 octobre 997, et fut inhumé à l'abbaye de Saint-Denis, qui ne cessa plus, depuis lors, d'être le lieu ordinaire de la sépulture des rois de France.

II. Monuments. — Institutions.

Au X° siècle, c'était, comme on sait, une croyance universelle dans la chrétienté que le monde devait finir avec l'an mille de l'Incarnation. Je n'oserais dire avec un ingénieux historien que le moyen âge « aspirait à l'ordre et l'attendait dans la mort; » mais il est certain que, surtout dans les dernières années de ce siècle, l'attente d'une fin prochaine frappant de terreur tous les esprits, arrêtait toute pensée d'avenir. Aussi remarque-t-on qu'aucun monument ne fut fondé à Paris sous le règne de Hugues-Capet.

CHAPITRE DEUXIÈME.

ROBERT-LE-PIEUX.

996-1031.

I. Faits généraux.

Robert, qui fut associé au trône en 988 et succéda à son père en 996, offre le singulier contraste d'un roi reconnu saint par les légendaires, et d'un saint excommunié.

Son règne, quoique long, paraît, sans doute par le défaut de mémoires contemporains, un des plus stériles en événements remarquables, et ne fournit presque rien de particulier à l'histoire de Paris.

Henri, duc de Bourgogne, oncle de Robert, ne laissant point d'enfant à sa mort, voulut disposer de son duché en faveur d'un enfant qu'avait eu sa femme d'un premier mariage. Les seigneurs bourguignons sentant les avantages d'avoir un souverain qui résidât dans le pays, et ne voulant pas relever directement de la couronne, secondèrent ses intentions; mais Robert, naturel héritier d'Henri selon la loi féodale, soutint ses droits les armes à la main; et après six années de guerre dans lesquelles il fut assisté de Richard, duc de Normandie, il se vit paisible possesseur de la Bourgogne, qu'il donna en apanage à son second fils Henri, lequel étant devenu roi en 1031, céda le duché à son frère Robert.

Ce fut la seule guerre que le fils de Hugues-Capet eut à soutenir, car on ne doit point appeler ainsi les petites expéditions contre le comte de Champagne, fils de Berthe, sa première femme, pour empêcher ses envahissements, ni les mesures qu'il prit pour contenir les entreprises de Bouchard de Montmorency contre l'abbé de Saint-Denis. Afin de mettre un terme aux petites guerres que se faisaient le seigneur et l'abbé, Robert fit démolir un fort construit sur la Seine que possédait Bouchard, et qui était une source perpétuelle de discorde entre les deux voisins. La longue paix dont jouit la France sous son règne était d'autant plus nécessaire que le royaume éprouva une famine dont la durée fut de quatre ans. Des pluies continuelles faisaient pourrir les épis avant leur maturité. Ce désastre, qui s'étendit sur presque toute l'Europe, coûta à la France un tiers de sa population, car la peste suivit de près la famine, et deux fois se fit sentir: la première en 1010, la seconde de l'an 1030 à l'an 1033.

Une entrevue que Robert eut en 1023 avec Henri de Germanie paraissait assurer de nouveau le maintien de la paix européenne. Malheureusement l'empereur mourut peu après, et les Italiens, pour se séparer de l'Empire, offrirent le royaume d'Italie au roi de France, pour lui ou pour son fils Hugues qu'il avait associé au trône. Robert, comprenant que les Italiens ne cherchaient qu'à susciter une guerre en Europe pour se rendre indépendants, refusa leurs offres.

Ce roi ne fut pas toujours heureux dans sa vie privée. Il avait épousé Berthe, sa parente à un degré prohibé par l'Église; le pape lui ordonna de se séparer d'elle, et, sur son refus, excommunia les deux époux et mit le royaume en interdit. On vit alors, s'il faut en croire quelques chroniqueurs, un étrange spectacle: tout le monde fuyait la présence du roi; il ne lui restait plus, pour le servir, que deux domestiques, qui faisaient passer par le feu tout ce qu'il avait touché. Le roi, ainsi délaissé, venait, dit-on, faire ses prières sur le seuil de la porte de Saint-Barthélemy, église voisine de son palais dans la Cité (1).

Obligé enfin de répudier Berthe, Robert épousa Constance, fille du comte de Toulouse, « la plus belle et la plus méchante femme de France, » selon quelques historiens. Fière, capricieuse, opiniâtre, Constance ne laissa pas de repos à son mari, dont la débonnaireté donna plus tard naissance, dit-on, au mot *c'est un vrai Robert*, qu'on disait d'un mari complaisant.

Ce prince était fort exact à tous les exercices de piété. Il assistait régulièrement aux offices divins, et chantait au lutrin. On lui attribue plusieurs hymnes et motets qu'on chante encore. On doit reprocher à sa dévotion des faiblesses et des excès qui tenaient sans doute aux pré-

---

(1) Voy. ci-dessus, p. 361.

jugés du temps. Pour ne point exposer les plaideurs à un faux serment, il faisait retirer les reliques des châsses sur lesquelles ils devaient jurer; mais sa piété, qui l'inspirait mieux quelquefois, lui suggéra, dans une circonstance, un heureux expédient pour sauver la vie à des coupables. Quelques malheureux qui avaient attenté à ses jours allaient être condamnés à mort : Robert les fait confesser, leur fait donner la communion, et dit ensuite qu'il ne peut condamner ceux que son maître a admis à sa table, et il les admet à la sienne. Mais comment accorder ce bel acte de charité avec l'affreuse condescendance, commandée par un faux zèle, d'assister, accompagné de la reine et des grands, au supplice d'une troupe de manichéens condamnés au feu?

A l'exemple de Hugues-Capet, Robert fit sacrer roi, de son vivant, son fils aîné Hugues, malgré l'opposition de sa mère qui ne l'aimait pas. Constance n'avait pas attendu ce moment pour se montrer telle qu'elle était. Elle eut l'audace de faire massacrer devant son mari Hugues de Beaumont, qu'il avait élevé à la dignité de comte du palais sans la consulter.

Voulant se servir de Hugues, reconnu roi, comme d'un rival contre Robert, elle l'excite à la révolte ; mais Robert va trouver son fils et le ramène aisément. Malheureusement Hugues mourut. Constance voulut faire sacrer Robert, son fils cadet, pour gouverner sous son nom; mais Robert, et sans doute les grands avec lui, refusèrent, et Henri, l'aîné, fut reconnu roi en 1026.

Robert mourut à Melun au mois de juillet 1031, dans la soixantième année de son âge. Son corps fut porté à Paris, et de là à Saint-Denis. La piété de ce prince, ses fondations religieuses, l'ont fait qualifier de saint par quelques historiens du moyen âge.

II. Monuments. — Institutions.

Ce prince fit élever la seconde église de Saint-Germain-l'Auxerrois (1), et rebâtir le palais qu'habitaient les rois dans la Cité en y ajoutant la chapelle Saint-Nicolas (2). Il avait, comme les rois ses prédécesseurs, plusieurs autres palais hors de Paris. L'un des plus importants était celui de Saint-Denis, où il tenait souvent les assemblées publiques, et qu'il donna ensuite à l'abbaye. Robert assembla, en 1008, dans son palais de Chelles, un concile, qui accorda quelques priviléges au monastère royal de Saint-Denis. L'un des religieux de cette abbaye, qui a écrit la vie de ce roi, dit que Robert fonda ou reconstruisit

(1) Voy. ci-dessus, p. 227.
(2) Voy. ci-dessus, p. 160, 165.

quatorze monastères et sept églises. Outre l'église de Saint-Germain-l'Auxerrois et la chapelle de Saint-Nicolas, le prieuré de Saint-Germain en-Laye est le seul de ces établissements qui fût situé dans le diocèse de Paris (1).

Ce fut avec les libéralités de Robert que l'abbé Morard entreprit la reconstruction de Saint-Germain-des-Prés (2). Mais, comme le remarque Lebeuf, ce ne fut qu'après l'an 1000, lorsque la terreur qu'inspirait cette époque fatale eut été dissipée.

CHAPITRE TROISIÈME.

HENRI I.

1031-1060.

I. Faits généraux.

Le fils aîné de Robert, Henri I, ne fut pas plus tôt monté sur le trône de son père, que la reine Constance, qui avait tenté de l'en écarter en 1026, se présenta les armes à la main pour l'en chasser de vive force. Elle était soutenue par un parti formidable. Henri, contraint de chercher son salut dans la fuite, abandonna Paris, et s'alla réfugier chez le duc de Normandie, dont il implora le secours. C'était Robert-le-Diable, qui était alors duc de Normandie. Il accueillit le roi de France, et fit si chaudement la guerre aux révoltés qu'il les obligea à demander la paix, ce qui leur fut accordé, mais à condition que la reine Constance serait exilée de la cour. L'année suivante, au mois de juillet 1032, Constance mourut à Melun.

Vers cette époque, la France fut désolée par la famine, et la famine engendra une contagion qui dura trois années entières. La capitale surtout, dont les environs avaient été ravagés pendant la guerre suscitée par Constance, eut cruellement à souffrir. On vida les trésors des églises, disent les chroniques, et l'on vendit jusqu'aux vases sacrés; ce qui pourtant ne fut qu'un faible soulagement pour la misère publique. Pour surcroît de maux, la ville de Paris fut en partie consumée par un grand incendie, en 1034. C'est le sixième depuis Jules César (3).

---

(1) Voy. l'article *Saint-Germain-en-Laye* dans *l'Histoire des environs de Paris.*
(2) Voy. ci-dessus, p. 199.
(3) Félibien.

Sous le règne de Henri Ier, vivait Humbert ou Imbert, évêque de Paris, assez connu, et dont il nous est resté plusieurs actes.

Par ordre du roi Henri, fut convoquée à Paris, le 6 octobre 1050, pour juger l'hérésie de Bérenger et de ses sectaires, une assemblée solennelle, composée d'une foule de seigneurs laïques et ecclésiastiques. On y lut une lettre de Bérenger, qui, selon l'expression de Félibien, contenait tout le poison de son hérésie touchant l'eucharistie; tellement que l'assemblée en frémit d'horreur, et condamna Bérenger et ses complices, enveloppant dans l'anathème le livre de Jean Scot, source de ces erreurs. L'assemblée conclut en déclarant que si les hérésiarques ne se rétractaient, « toute l'armée de France, ayant en tête son clergé en habits ecclésiastiques, marcherait contre eux pour les saisir en quelques lieux qu'ils fussent, et les forcer à confesser la foi catholique ou à mourir. » Les hérésiarques se rétractèrent.

Trois ans après, en 1053, un nouveau concile, composé des personnages les plus distingués de l'Église et de la cour, se réunit pour une affaire plus importante encore, et intéressant plus particulièrement le peuple et le clergé de Paris.

Le bruit s'était répandu que le corps du premier évêque de Paris, saint Denis, avait été trouvé dans l'église de Saint-Emmeran à Ratisbonne; il y avait été transporté, disait-on, sous le règne de l'empereur Arnoul, par un certain Gisalberg, qui l'avait furtivement enlevé de l'abbaye de Saint-Denis, au temps de l'abbé Eble, en 892. Le pape Léon IX, qui se trouvait alors en Bavière, l'avait visité, et venait de reconnaître publiquement l'authenticité de cette sainte relique par une bulle du 7 octobre 1052.

A ces nouvelles, tout à Paris fut en émoi. Le roi de France, de l'avis de ses conseillers, jugea que le plus sûr moyen de démentir ces bruits étranges était de faire solennellement l'ouverture de la véritable châsse du saint précieusement conservée dans l'abbaye de Saint-Denis, et de l'exposer aux yeux de tout le monde. Il ordonna, à cet effet, une cérémonie, qui eut lieu le 9 juin 1053. En présence d'Eudes, frère du roi, et de toute la noblesse, on tira d'un caveau profond, situé derrière le grand autel, les coffres d'argent où le roi Dagobert avait fait déposer les corps de saint Denis et de ses deux compagnons, avec les reliques de la passion de J.-C., le tout renfermé dans une espèce d'armoire enrichie extérieurement d'or et de pierreries. Dans l'un des coffres, on trouva les ossements de saint Denis enveloppés dans un voile tellement rongé de vétusté, qu'il tombait en poussière entre les mains de ceux qui le tenaient. Tous les assistants virent ainsi les reliques du martyr. On les enveloppa de nouveau dans un voile précieux envoyé exprès par le roi. Elles furent portées en procession et replacées sur le grand autel, où, pendant quinze jours, elles demeurèrent exposées à la dévotion du peuple ; et pendant tout ce temps, l'église ne cessa de retentir jour et nuit de chants en actions de grâces (1).

Nous avons une charte d'Henri I*er*, par laquelle il donne à l'évêque de Paris, Imbert, et aux chanoines de la cathédrale, quatre églises, situées dans les faubourgs de la ville, Saint-Étienne, Saint-Julien, Saint-Séverin et Saint-Bacche, devenues ruinées et désertes à la suite des troubles de l'État (2).

On trouve encore le nom d'Imbert parmi ceux des vingt-quatre évêques qui assistèrent au sacre du jeune Philippe I*er*, que le roi Henri son père fit couronner à Reims, de son vivant, le jour de la Pentecôte, 23 mai 1059.

Henri I*er* mourut le 4 avril 1060.

II. Monuments. — Institutions.

Le roi Henri I*er* est, comme je l'ai dit, le restaurateur de l'abbaye de Saint-Martin-des-Champs ; mais, sous ce long règne, aucune fondation nouvelle ne fut faite à Paris, à l'exception de la petite église dont je vais parler.

Sainte-Marine. — Cette petite église, dont il reste encore quelques débris, était située dans la Cité, impasse Sainte-Marine, n° 6 (9*e* arrondissement).

C'est à Sainte-Marine qu'on célébrait les mariages forcés, par ordonnance de l'official de Paris. « Si quelques personnes ont forfait à leur honneur, raconte Malingre, et que la chose soit avérée, on conduit à l'église de Sainte-Marine l'homme et la femme qui ont forfait (amenés par un sergent s'ils ne veulent venir de bonne volonté) ; là le curé les unit, leur mettant au doigt un anneau de paille (3), et leur enjoignant de vivre en paix et en amitié pour sauver leur famille du déshonneur et leurs âmes de l'enfer. » Singularité particulière à cette église, et dont l'origine paraît puisée dans la curieuse légende de sa patrone.

Une jeune vierge, appelée Marine, poussée par les conseils de son père et par les inspirations du ciel, résolut d'embrasser la vie monastique ; elle prit un habit d'homme et entra dans un couvent, où elle se fit nommer frère Marin. L'office ordinaire de frère Marin était d'aller à la provision à la ville avec un chariot traîné par des bœufs ; il lui arrivait quelquefois de s'attarder et d'être surpris par la nuit, et alors il restait dans la maison d'un seigneur du nom de Pandoche, la fille

---

(1) Duch., t. IV, p. 157. — Rigord, *Vie de Philippe-Auguste.*
(2) Dubois, *Histoire de Paris*, t. I, p. 644.
(3) Était-ce, demande Sainte-Foix, pour indiquer au mari la fragilité de la vertu de sa future : ce n'était pas poli ni charitable.

duquel devint grosse, dit la légende, ayant eu affaire à certain soldat. Pressée par ses parents d'avouer l'auteur du crime, elle accusa frère Marin, qui se laissa chasser du couvent pour conserver son secret, garda l'enfant qu'on lui remit, le nourrit comme s'il eût été le sien, et demeura agenouillé à la porte du couvent vivant de prières et du pain de l'aumône; tellement que les moines, touchés de son humilité, lui permirent de rentrer au monastère. Peu après la jeune chrétienne mourut, et ce fut seulement alors qu'on connut la vérité. Elle fut inhumée pompeusement, et sa tombe produisit des miracles. Celle même qui avait été si cruellement calomniatrice, et qui était devenue, par une juste punition, possédée du diable, étant venue sur le sépulcre et ayant confessé sa faute, fut guérie sept jours après par les mérites de sainte Marine.

Ceci se passait en Orient. Suivant quelques auteurs, sainte Marine ne fut connue en Occident qu'au commencement du XIIIe siècle, lorsque son corps eut été transporté à Venise. Cependant Jaillot nous apprend que l'église Sainte-Marine de Paris est citée, pour la première fois, dans une charte d'Henri Ier, qui remonte environ à l'an 1036.

Le seul personnage important qu'on cite pour y avoir été inhumé, est *François Miron*, lieutenant civil et prévôt des marchands, à qui la ville de Paris doit une partie de ses embellissements, et entre autres la façade de l'Hôtel-de-Ville, qu'il fit construire en partie de ses propres deniers. Il mourut le 4 juin 1609.

Sainte-Marine était la plus petite paroisse de Paris; elle ne contenait qu'une douzaine de feux. Les murs extérieurs du bâtiment subsistent encore en partie. Sous l'empire, on avait établi dans l'ancienne église une raffinerie de sucre. Elle est occupée aujourd'hui par un teinturier.

CHAPITRE QUATRIÈME.

PHILIPPE I.

1060.-1108.

I. Faits généraux.

Philippe Ier succéda à son père Henri, en 1060, à l'âge de huit ans, sous la régence et la tutelle de Baudouin, comte de Flandre, qui, après une administration habile et heureuse, mourut en 1067.

Le roi, qui n'avait alors que quinze ans, se laissa aller aux habitudes violentes de quelques seigneurs qui étaient à sa cour. On a vu (1) que le prévôt Étienne l'entraîna un jour jusqu'à pénétrer dans l'église de Saint-Germain-des-Prés pour la piller. Des lettres du pape Grégoire VII apprennent qu'il arrêta même quelquefois des marchands se rendant aux foires dans l'intérieur du royaume, et qu'il les rançonna.

L'âge, les remontrances du pape et des évêques, changèrent ces vicieuses dispositions de Philippe, mais ne l'empêchèrent point cependant de violer, dans une circonstance importante, les lois de l'Église et de la morale. Épris de Bertrade, femme de Foulques-le-Réchin, comte d'Anjou, il répudia Berthe, enleva Bertrade au comte d'Anjou, et l'épousa en 1093. Cette action le fit excommunier par le pape Urbain II. Il fut absous, en 1096, après avoir quitté Bertrade ; mais il la rappela du consentement du vieux comte d'Anjou, qui ne pouvait tenir à une femme infidèle, et fut excommunié une seconde fois. On croit néanmoins qu'il obtint dans la suite une dispense pour épouser Bertrade.

Philippe Ier mourut à Melun le 29 juillet 1108, portant l'habit de moine bénédictin, qu'il avait pris comme témoignage de repentir et de pénitence. Son corps fut transporté à Saint-Benoît-sur-Loire, comme il l'avait ordonné ; car, dit Orderic Vital, il déclara se reconnaître trop grand pécheur pour vouloir faire mettre son corps dans l'église du glorieux martyr Denis (2).

Comme son père, ce prince resta spectateur indifférent des grands évenements qui bouleversèrent l'Europe sous son règne. Il ne participa point aux expéditions normandes de Naples et d'Angleterre, ni aux croisades dans la Terre-Sainte, ni à la lutte des papes et des empereurs.

II. Monuments. — Institutions.

Sous le règne de Philippe Ier, les religieux de Marmoutier s'établirent dans l'église de Notre-Dame-des-Champs, qui devint plus tard un couvent de Carmélites (3).

On a vu aussi que ce prince confirma la fondation de l'abbaye de Saint-Martin-des-Champs, qu'il fit plusieurs donations à ce nouvel établissement, et qu'il le donna, en 1079, au célèbre monastère de Cluny (4). En 1093 il réforma l'abbaye de Saint-Magloire, dont les religieux étaient tombés dans un grand déréglement (5). En 1107, de concert avec l'évêque Galon, il réduisit le monastère de Saint-Éloi en prieuré sous la dépendance de l'abbé de Saint-Maur-des-Fossés, qui reçut ordre de le réformer (6).

---

(1) Voy. ci-dessus, p. 188. — (2) Lib. XI. — (3) Voy. ci-dessus, p. 372. — (4) Voy. ci-dessus, p. 292. — (5) Voy. Félib., t. I, p. 135. — (6) Voy. p. 262.

PHILIPPE I.

Il me reste à parler d'une institution importante dont l'histoire fait mention pour la première fois sous le règne de ce prince.

Prévôté de Paris. — L'opinion de la plupart des auteurs est que les prévôts ont succédé aux anciens comtes et vicomtes ; mais Brussel, dans son savant traité *de l'Usage des fiefs* (1), a montré, avec des détails dans lesquels nous ne pouvons entrer, les différences qui existaient sous divers rapports entre la vicomté et la prévôté de Paris : toutefois on peut considérer les prévôts comme remplissant en général les fonctions des vicomtes.

Le premier prévôt de Paris connu dans l'histoire est Étienne, qui vivait sous le règne de Philippe Ier.

Le prévôt, outre ses fonctions militaires et son rang à l'armée, avait, alors que le parlement n'était pas sédentaire, une très grande autorité dans l'administration de la justice qu'il exerçait seul dans Paris. Le siège de son tribunal était et demeura toujours au Châtelet (2).

Voici la liste des prévôts de Paris, depuis le règne de Philippe Ier jusqu'à la révolution.

Étienne, le premier prévôt de Paris connu, vivait en 1132 (3).
Anselme de Garlande, en 1192.
Hugues de Meulant, 1196.
Thomas, 1200.
Robert de Meulant, 1202.
Philippe Hamelin, } 1217.
Nicolas Arrode, }
Les deux mêmes, 1219.
Jean Desvignes, 1227.
Thilloy, 1229.
* Guernes de Verberie, }
* Gaultier le Maître, } 1245 (4).
* Hervi Dyerres, }
* Eudes le Roux, } 1256.
Pierre Gontier, 1260.
Etienne Boileau, 1261.
Renaud Barbou, 1270.
* Macé de Morées, 1277.
Eudes le Roux, } 1277.
Hervi Dyerres, }
* Guy Dumex, 1277.

* Gilles de Compiègne, 1283.
Oudart de la Neuville, 1285.
Pierre Sayneau, 1287.
Jean de Montigny, 1289.
* Jean de Marle, 1291.
Guillaume de Hangest, 1291.
Jean de S.-Léonard, 1296.
Robert Mauger, 1297.
Guillaume Thiboust, 1298.
Pierre le Jumeau, 1302.
Guillaume de Hangest, 1303.
Pierre de Dicy, 1304.
Firmin Coquerel, 1308.
Jean Ploiebant ou Ploiebranche, 1310.
Henri Tapperel, 1316.
Gilles Hacquin, 1320.
Jean Robert, 1321.
Jean Loncle, 1322.
Hugues de Crusy, 1325.
Jean Milon, 1330.
Pierre Belagent, 1334.
Guillaume Gormont, 1339.

(1) T. II, p. 703.
(2) Voyez *Châtelet*, pour les détails de la juridiction du prévôt de Paris.
(3) Voy. p. 188.
(4) Les noms marqués d'un astérisque ne sont pas compris par Brussel dans la liste qu'il donne des prévôts-baillis de Paris ; t. I, p. 486.

Alexandre de Crevecœur, 1348.
Guillaume Staize, 1353.
Jean le Bacle de Meudon, 1358.
Jean Bernier, 1361.
Hugues Aubriot, 1367.
Audouin Chauveron, 1381.
Jean de Folleville, 1388.
Guillaume de Tignonville, 1401.
Pierre des Essarts, 1408.
Bruneau de S.-Clair, 1410.
Pierre des Essarts, *rétabli*, 1411.
Robert de la Heuse, 1412.
Tannegui du Châtel, 1413.
Robert de la Heuse, *rétabli, et gouverneur de Paris*, 1413.
André Marchant, 1413.
Tannegui du Châtel, *rétabli, et gouverneur de Paris*, 1414.
André Marchant, *rétabli*, 1414.
Tannegui du Châtel, *encore rétabli*, 1414.
Guy de Bar, 1418.
Jacques Lamban, 1418.
Guy de Bar, *rétabli*, 1418.
Gilles de Clamecy, 1418.
Jean Dumesnil, 1420.
Jean de la Baulme, *et gouverneur de Paris*, 1420.
Pierre de Marigny, 1421.
Pierre Leverrat, 1421.
Simon de Champluisant, 1421.
Jean Doule, 1421.
Simon de Champluisant, *rétabli*, 1422.
Simon Morhier, *et gouverneur de Paris*, 1422
Gilles de Clamecy, *rétabli*, 1432.
Philippe de Ternant, *et gouverneur de Paris*, 1436.
Boulainvilliers, 1436.
Ambroise de Loré, 1436.
Jean d'Estouteville, 1446.
Robert d'Estouteville, *frère du précédent*, 1446.
Jacques de Villiers, *et gouverneur de Paris*, 1461.
Robert d'Estouteville, *rétabli*, 1465.
Jacques d'Estouteville, *fils de Robert*, 1479.
Jacques de Coligny, 1509.
Gabriel d'Alègre, 1512.
Jean de la Barre, *prévôt et gouverneur de Paris, et avant bailli de Paris*, en 1522. *Cette dernière charge a été créée par édit de février 1522, et réunie à celle de prévôt de Paris, par autre édit du mois de mai 1526.*
Jean d'Estouteville, 1533.
Antoine Duprat, 1540.
Antoine Duprat, *fils du précédent*, 1553.
Charles de Neuville, *reçu au parlement séant à Paris*, 1592.
Jacques d'Aumont, *reçu au parlement séant à Tours*, 1593.
Louis Séguier, 1611.
Pierre Séguier, *neveu du précédent*, 1653.
Armand de Camboust, *duc de Coislin, pair de France, pourvu et non reçu*, 1670.
Charles-Denis de Bullion, 1685.
Gabriel-Jérôme de Bullion *fils*, 1723.
Alexandre de Ségur, 1755.
Anne-Gabriel-Henri-Bernard de Boulainvilliers, 1766.

CHAPITRE CINQUIÈME.

LOUIS VI, LE GROS.

1108.-1137.

I. Faits généraux.

Louis VI, fils de Philippe Ier et de Berthe, associé au trône en 1100, succéda à son père dans des circonstances difficiles. L'Europe, divisée en mille petites souverainetés à peu près indépendantes, était sans lien fédératif; les mœurs se perdaient de plus en plus, les passions seules se faisaient entendre, et les papes, en essayant de ramener à eux tout pouvoir, bien qu'ils rendissent pour le moment des services à la cause des peuples, n'en étaient pas moins contraires aux intérêts des États en diminuant l'autorité de la royauté.

Louis VI avait un esprit ardent, les idées élevées ; il comprenait toute l'importance que lui donnaient sur les seigneurs féodaux ses voisins la possession de Paris et le titre de roi de France ; mais il n'était pas assez puissant pour exécuter tous ses projets.

Il avait des domaines peu considérables, séparés les uns des autres par des fiefs de seigneurs indépendants et jaloux de sa suprématie. A peine associé au trône, il avait eu à les maintenir pendant l'excommunication de son père; devenu roi, il fut encore plus inquiété par eux. Les comtes de Champagne le harcelaient sans cesse. Il fut quelque temps, dit un historien contemporain (1), tellement pressé par ces seigneurs, qu'il ne pouvait point sortir de Melun, ni, quand il résidait à Paris, se rendre de cette ville à Corbeil, parce qu'il était menacé de ce côté par les troupes du comte Eudes. S'il voulait aller de Paris à Étampes, il en était empêché par les forteresses de Montlhéri, de Châteaufort et de la Ferté-Baudouin. S'il voulait se rendre d'Étampes à Orléans, il trouvait un obstacle dans les troupes du château du Puiset.

Mais par son infatigable activité, qui lui valut le surnom de *batailleur* et d'*éveillé*, il surmonta tous ces obstacles; il attaqua et soumit successivement Gui de Rochefort, qui possédait Chevreuse et plusieurs châteaux d'où il faisait des courses dans le Parisis; Hugues de Crécy, qui fut réduit dans le château de la Ferté-Baudouin; Eudes, comte de Corbeil, fils de Bouchard de Montmorency; enfin le seigneur de Saint-

---

(1) *Recueil des histor.*, t. XII, p. 64.

Briçon-sur-Loire, qui exerçait toutes sortes de ravages aux environs de son château. Enfin, après une longue guerre contre le duc de Normandie, roi d'Angleterre, il fit la paix avec lui sans qu'aucun des adversaires eût obtenu des avantages décisifs.

L'histoire des démêlés de Louis VI avec les barons dont les domaines s'étendaient autour de Paris, a trop d'intérêt, et se trouve trop intimement liée au sujet de ce livre, pour que je n'essaye pas de l'exposer ici avec quelque détail.

Louis-le-Gros eut constamment les armes à la main pendant la première partie de son règne, et ce fut presque toujours contre les barons qui relevaient du duché de France, savoir : son frère Philippe de Mantes, le seigneur du Puiset, Thomas de Marle, fils d'Enguerrand de Coucy, et Aymon de Bourbon.

Philippe de Mantes, fils aîné de Bertrade et frère du roi, avait, en 1104, épousé l'héritière de Montlhéry; et Louis, à qui ce château donnait de l'inquiétude, se l'était fait céder par son frère, en échange contre le comté de Mantes. Les anciens historiens ne nous expliquent point comment, malgré cet échange, Philippe possédait en même temps, en 1109, Mantes et Montlhéry; il en profitait, comme avait fait son beau-père, pour détrousser les marchands qui se rendaient d'Orléans à Paris, et troubler la paix de tous les entours de la capitale. En même temps il tenait ses deux forteresses à la disposition d'une faction redoutable dans le royaume; celle que sa mère Bertrade dirigeait par ses intrigues, et dans laquelle étaient entrés Amaury IV, de Montfort, frère de Bertrade, et Foulques V, comte d'Anjou, fils de cette même princesse. La maison de Montfort, feudataire en même temps des rois d'Angleterre et de France, pouvait introduire les Normands jusqu'aux portes de Paris, et Bertrade se flattait de trouver, au milieu des troubles qu'elle excitait, l'occasion de porter Philippe sur le trône de France, et d'en exclure Louis, comme dans la maison de son autre mari elle avait assuré la succession d'Anjou à Foulques, son fils, au préjudice de son frère aîné (1).

Le roi somma Philippe de paraître devant la cour de ses pairs, pour répondre aux plaintes portées contre lui sur le pillage des pauvres, l'oppression des églises, et la ruine de tout le comté de Mantes. Philippe s'y refusa avec orgueil, déclarant qu'il ne connaissait pas d'autres juges que les armes de ses chevaliers. Quand Louis vint mettre le siége devant Mantes, en 1109, Philippe n'osa pas s'enfermer dans cette place. La première enceinte du château fut prise d'assaut par Louis, qui donnait aux combattants l'exemple de l'audace. La tour principale, après avoir soutenu un assez long siége, capitula lorsqu'elle fut réduite à

(1) Voy. Sismondi. *Hist. des Français*, t. V.

l'extrémité. Louis se préparait à attaquer ensuite Montlhéry. Pour le détourner de ce siège, Bertrade lui proposa de donner en dot ce château à une fille d'Amaury de Montfort, qui épousait Hugues de Crécy, fils du comte de Rochefort; mais Louis ne voulut point consentir à cette nouvelle inféodation. Il se rendit maître d'abord du château de Châtres, qui faisait partie du fief de Montlhéry, et bientôt après, d'accord avec les habitants, qui redemandaient un chef de la famille de leurs anciens seigneurs, il introduisit dans Montlhéry Milon de Braie, frère de ce Guy Truxel, dont cinq ans auparavant son frère avait épousé la fille. Philippe, dépouillé de ses deux seigneuries, se retira dès lors chez Amaury de Montfort, son oncle, qui lui donna le commandement d'Evreux; sa mère Bertrade, quoiqu'elle n'eût encore rien perdu de sa beauté, prit le voile après avoir vu échouer ses projets, au couvent de Fontevrault, où elle ne tarda pas à mourir.

Les hostilités entre Louis VI et les autres barons du voisinage de Paris paraissent avoir eu en partie pour cause la faveur que le roi accordait aux seigneurs de Garlande. Ceux-ci étaient trois frères, propriétaires du château de Garlande-en-Brie, bons chevaliers et adroits courtisans : ils obtinrent de Louis toutes les grâces que ce prince pouvait accorder. Le frère aîné, Ansel de Garlande, qui était gendre de Guy-le-Rouge, comte de Rochefort, et beau-frère d'Amaury de Montfort, fut nommé, en 1108, sénéchal de France. Cette charge avait été auparavant remplie par le comte de Rochefort. La famille de Montmorency était intimement unie avec les Rochefort. Elle avait déjà été offensée par le renvoi de Lucienne; elle le fut davantage par la destitution du comte Guy. Elle était alliée à tous les seigneurs de fiefs ou de châteaux des environs de Paris, et elle fit bientôt sentir au roi qu'on ne la blessait pas impunément. Les Montmorency sommèrent tous leurs parents, tous leurs amis, de se réunir à eux pour déclarer la guerre à Louis-le-Gros. Le comte Eudes de Corbeil s'y refusa seul, quoique sa mère eût épousé en secondes noces le comte de Rochefort. Les Montmorency, en 1108, le firent arrêter et enfermer à la Ferté-Baudoin. Louis voulut délivrer ce sujet fidèle, persécuté à cause de lui; avec sa petite armée il marcha sur la Ferté-Baudoin. Son sénéchal, Ansel de Garlande, qui conduisait l'avant-garde du roi, composée de quarante chevaliers, trouvant la porte de la Ferté ouverte, s'y précipita : il se flattait d'enlever ainsi cette forteresse par un coup de main; mais à peine avait-il franchi les ponts-levis, qu'ils se levèrent derrière lui, et en même temps il fut assailli dans les cours étroites et les passages tortueux du château, par des ennemis placés au-dessus de lui, qu'il ne voyait point, et contre lesquels il ne pouvait se défendre; il fut renversé de son cheval, accablé par le nombre, et porté enfin dans le même cachot où languissait déjà le comte de Corbeil qu'il avait voulu délivrer.

Heureusement pour Garlande, ni le comte de Rochefort ni son fils Hugues de Crécy n'étaient alors dans le château, car ils auraient immédiatement fait mourir leurs prisonniers. Le second fit des efforts inouïs pour y rentrer, tantôt à force ouverte, tantôt déguisé en jongleur ou en courtisane ; mais Guillaume de Garlande, qui remplaçait son frère à l'armée du roi, ne mit pas moins de vigilance et de bravoure à le repousser ; il le reconnut sous tous ses déguisements, et il se trouva toujours sur son chemin pour le combattre. Les stratagèmes et les rencontres de ces deux chevaliers auraient eu toute la gaieté d'un jeu, car leurs ruses et leurs efforts pour se surprendre étaient mêlés de plaisanteries ; mais le but de l'un, s'il pouvait entrer à la Ferté, était de verser le sang de son ennemi ; le but de l'autre était de sauver son frère. Enfin la constance du roi l'emporta, le château de la Ferté fut pris, et ses défenseurs furent traités par Louis-le-Gros avec beaucoup de sévérité.

A la prise de la Ferté-Baudoin, Eudes de Corbeil fut remis en liberté aussi bien qu'Ansel de Garlande ; le premier avait un neveu dont il était le tuteur, et qui plus tard fut son héritier ; on le désignait par le nom de Hugues-le-Beau ou le jeune, seigneur du Puiset. L'époque de sa majorité étant arrivée, le comte de Corbeil lui remit le château du Puiset, situé entre Chartres et Orléans. Le nouveau seigneur partagea, non la modération de son tuteur, mais les ressentiments du reste de sa famille, en sorte qu'il commença presque aussitôt à exercer le brigandage sur les sujets du roi, sur ceux de la comtesse de Blois dont il était vassal, et sur les paysans du couvent de Saint-Denis, dont les fermes s'étendaient dans son voisinage.

Alix ou Adélaïde, sœur de Henri, roi d'Angleterre, et veuve d'Etienne, comte de Chartres et de Blois, mort à la Terre-Sainte, était tutrice de son fils, Thibaut IV, qui entrait à peine dans l'adolescence ; elle eut recours au roi, pour se plaindre des brigandages du seigneur du Puiset, qui dévalisait les voyageurs jusqu'aux portes de Chartres. Louis VI assigna les parties à Melun, pour juger entre elles. « Beaucoup » d'archevêques, d'évêques, de clercs et de moines, dit Suger, qui était » lui-même présent à la cour que le roi tenait à Melun, s'y rassemblè- » rent avec clameur ; ils se jetèrent à ses pieds malgré lui, ils le sup- » plièrent de contenir Hugues, ce brigand rapace, qui dévorait leurs » terres comme un loup ravissant. Ils lui disaient d'enlever de la gorge » du dragon ces prébendes que la munificence des rois avait accordées » aux serviteurs de Dieu dans la Beauce, province fertile en blé, et de » se souvenir que les terres des prêtres, même pendant la tyrannie de » Pharaon, avaient été seules soustraites aux exactions. » Le seigneur du Puiset ne parut point à Melun pour répondre à ces accusations, et Louis conduisit, en 1111, ses gendarmes à l'attaque du château de ce jeune baron, devant lequel il donna rendez-vous à Thibaud VI, comte de Chartres et de Blois, qui fit dans cette expédition ses premières armes. Hugues se défendit avec vaillance; toutefois les soldats du roi et ceux du comte forcèrent tout à la fois, et par deux côtés différents, leur entrée dans le château. Le seigneur, qui s'était réfugié dans la tour maîtresse, fut bientôt obligé de se rendre. Louis, en même temps qu'il le fit conduire dans les prisons de Château-Landon, donna l'ordre de raser le château du Puiset, qui lui paraissait ne pouvoir servir que de repaire pour le brigandage. Le comte Thibaud demandait au contraire que ce château lui fût livré pour fortifier sa frontière. Les droits du roi et du comte sur cet arrière-fief furent vainement discutés, et lorsqu'ils se séparèrent, leurs prétentions opposées les avaient déjà rendus ennemis l'un de l'autre.

Sur ces entrefaites en 1112, Eudes, comte de Corbeil, mourut sans laisser d'enfant; Louis VI d'une part, Thibaud, comte de Blois, de l'autre, réclamèrent son héritage; mais les barons de l'évêché de Paris, assemblés au château de Moussi, déclarèrent que le comté de Corbeil devait passer à Hugues du Puiset, neveu du dernier comte, et alors prisonnier du roi. Louis VI en se soumettant à cette sentence, entra aussitôt en traité avec le seigneur du Puiset, et lui rendit sa liberté avec tous les fiefs qu'il lui avait enlevés dans la guerre, mais sous condition que Hugues ne relèverait pas les fortifications du Puiset, et qu'il céderait à la couronne tous ses droits sur l'héritage de Corbeil.

Hugues du Puiset, pour recouvrer sa liberté, avait promis tout ce que le roi lui avait demandé, mais il ne se crut pas tenu d'observer long-temps des conditions qui lui avaient été imposées par la force. Pendant que Louis-le-Gros était appelé en Flandre, en 1112, pour donner l'investiture de ce comté à Baudoin VII, Hugues contracta une alliance secrète avec le comte Thibaud; il releva en toute hâte les fortifications du Puiset; il éloigna par une tromperie l'abbé Suger, moine de Saint-Denis et principal historien de cette époque, qui avait été chargé, pour son couvent, de pourvoir à la sûreté de la maison de Toury; il surprit les riches paysans du voisinage, qui, se fiant aux franchises royales, s'étaient rendus au marché, et les mit à rançon; il attaqua Toury, tandis que le comte Thibaud, de concert avec lui, faisait travailler aux fortifications du Puiset. Toutefois la constance des serviteurs du couvent de Saint-Denis, qui défendirent Toury plus long-temps qu'il n'avait compté, et la diligence de Louis, qui dès le lendemain arriva à leur aide, tandis qu'ils le croyaient encore en Flandre, déjouèrent ses projets. Hugues et Thibaud s'enfermèrent dans les enceintes à moitié ruinées du Puiset, et y attendirent l'attaque de Louis.

Déjà le roi avait mis en déroute le premier corps qui lui avait été opposé, lorsque le sire de Beaugency, sortant de derrière une église où il avait caché sa troupe, profita du désordre des vainqueurs pour renverser à son tour leurs escadrons. Cinq cents Normands qui dans ce moment arrivèrent à l'aide du comte de Blois, achevèrent de disperser l'armée royale. Louis, qui s'était cru un moment assuré du succès, fut forcé de s'enfermer dans Toury, tandis que ses soldats s'enfuyaient dans toutes les directions. Milon de Montlhéri, Hugues de Crécy et son frère Gui, comte de Rochefort, avaient joint l'armée des ennemis du roi, et ils se flattaient déjà de le faire prisonnier; mais Louis ne perdit point courage, il rappela à lui ses chevaliers, il les attendit sous l'étendard royal, et bientôt il se trouva en état, avec leur aide, de défendre efficacement Toury, et même de recommencer le siége du Puiset, dont il occupa les avenues par des redoutes. Son cousin Raoul de Vermandois, et Dreux de Mouchy, qui étaient venus à propos à son assistance, secondèrent ses efforts; il remporta l'avantage dans un second combat où le comte Thibaud fut blessé; alors il donna à celui-ci la permission de se retirer à Chartres, sous condition néanmoins que le Puiset lui serait livré, et qu'il serait détruit de fond en comble.

Le domaine de Louis-le-Gros se bornait en quelque sorte aux cinq villes de Paris, Orléans, Etampes, Melun et Compiègne. C'était de là qu'il tirait toutes ses ressources et le peu d'argent dont il disposait. Tout l'espace intermédiaire entre ces villes était occupé par des barons qui, fortifiés dans leurs châteaux, étaient presque habituellement en état de révolte contre lui. Louis avait donc un vif intérêt à favoriser des cités auxquelles il devait toute sa puissance et ses seuls moyens de lutter contre une noblesse turbulente. Le commerce et les fabriques faisaient les habitants de ces villes, et Louis protégea ce commerce de tout son pouvoir. La première origine de ces guerres contre les barons fut presque toujours la justice qu'il voulait faire rendre aux marchands que les gentilshommes avaient volés sur les grands chemins. Il leur accorda aussi par les lettres-patentes plusieurs priviléges et bonnes coutumes. Etampes obtint dès 1123 des exemptions de taille et des garanties pour ses marchands. Orléans reçut de Louis VII, à son avénement, une charte non moins avantageuse, qui probablement ne faisait que confirmer des priviléges déjà accordés par son père. Les bourgeois de Paris furent favorisés dans la poursuite de leurs débiteurs par une ordonnance de 1134 qui mettait la justice plus à leur portée.

Girbert, d'abord archidiacre de Paris, occupait le siége épiscopal depuis l'an 1116. Pendant son épiscopat, qu'aucun événement important n'a signalé, il fit confirmer par Louis VI les anciens priviléges de la cathédrale, de l'évêque et des chanoines en ce qui concernait *leurs familles*, c'est-à-dire leurs serfs et leurs domestiques. Etienne de Senlis, fils du comte de Senlis, lui succéda en 1124. L'affection qu'il portait à l'abbaye de Saint-Victor, déjà célèbre, et l'étroite amitié qu'il avait pour Thomas son prieur, suscitèrent à Etienne plusieurs querelles avec les chanoines de la cathédrale qui craignaient que l'évêque, à cause de leur relâchement, ne les remplaçât par des chanoines réguliers, comme ceux de Saint-Victor. Etienne et les chanoines signèrent un accord en 1127; mais la même année l'évêque eut une discussion avec Louis VI. Se plaignant de la nomination faite par le roi à quelques bénéfices, il alla jusqu'à prononcer une excommunication contre lui; mais malgré les plaintes de Bernard, abbé de Clairvaux, qui s'était réuni au prélat, le pape Honoré II déclara l'excommunication abusive et leva l'interdit. Si l'on en excepte cette circonstance, Louis VI fut toujours parfaitement d'accord avec l'autorité ecclésiastique.

Bientôt réconcilié avec Etienne, Louis-le-Gros assista au concile de Saint-Germain-des-Prés (1), où il se trouvait, ainsi que Suger, pour la réformation du monastère d'Argenteuil.

La même année, 1129, Paris et le reste de la France furent affligés de la maladie du *feu des ardents*. Ce mal, quoique déjà connu par les ravages qu'il avait causés en 945 et 1041, était devenu d'autant plus terrible qu'il paraissait sans remède. Cette affreuse maladie, à ce qu'il paraît, devait son origine à un déréglement de mœurs. « Dieu, dit Corrozet (2), » espandit son ire sur les coupables, les affligeant d'une ardeur extra- » vagante et feu nuisible (qu'on appelle feu sacré) qui leur rongeoit » misérablement les membres avec lesquels ils avoient failly et lesquels » ils avoient employés au service du diable. » Le mal devint contagieux et épidémique, et l'évêque, voyant que tout l'art des médecins était impuissant, eut recours à la protection divine. Il ordonna des jeûnes, des prières publiques; et comme la maladie continuait, il fit une procession solennelle en l'honneur de sainte Geneviève. On alla chercher la châsse de la sainte à l'église de sainte Geneviève, et on la porta avec la plus grande pompe à Notre-Dame, au milieu d'un nombreux concours de peuple. Pendant le trajet, les malades en foule s'empressèrent de la toucher, et l'on assure qu'ils furent au même instant guéris. Depuis ce jour, disent les chroniques, la maladie cessa. Le pape Innocent II qui vint en France l'année suivante pour éviter la persécution de l'antipape Anaclet, ayant été informé du fait et de toutes ses circonstances, en consacra la mémoire par une fête qui se célébrait autrefois le 26 novembre; plus tard on construisit près de Notre-Dame une église du titre de Sainte-Geneviève-des-Ardents, en mémoire de cet événement merveilleux (3).

(1) Voy. p. 189.
(2) Fol. 73.
(3) Voir plus loin § *Sainte-Geneviève-des-Ardents*.

« Innocent II passa toute l'année 1131 en France. Il célébra les fêtes de Pâques à Saint-Denis avec beaucoup de magnificence. Le dimanche matin il partit du prieuré de Saint-Denis de l'Estrée, suivi de ses cardinaux qui formaient une cavalcade. Les barons et les châtelains de l'abbaye marchaient à pied et servaient d'écuyers en menant le cheval du pape par la bride. Les juifs de Paris qui étaient accourus à ce spectacle, ainsi que beaucoup d'autres personnes, présentèrent au pape à son passage le livre de la loi en rouleau couvert d'un voile; le pape leur dit : Plaise à Dieu d'ôter le voile de vos cœurs. Il arriva ainsi à la grande église qui était richement décorée. Après avoir célébré la messe il descendit avec toute sa suite dans les cloîtres où l'on avait dressé les tables du festin. L'assemblée mangea d'abord l'agneau pascal, couchée sur des tapis à la manière des anciens; ensuite l'on s'assit pour continuer le repas à l'ordinaire. En sortant de Saint-Denis le pape vint à Paris. Toute la ville se porta à sa rencontre pour honorer son entrée. Le roi Louis et Philippe son fils le reçurent avec la plus grande distinction, et à sa sortie de Paris, tous les habitants le reconduisirent avec tous les honneurs dus à sa dignité (1). »

Le successeur que Louis-le-Gros s'était donné en faisant couronner Philippe en 1129, ne devait pas lui survivre. Deux ans plus tard, comme ce jeune prince, pour se divertir, courait à cheval, après un écuyer, dans les rues d'un faubourg de Paris, un pourceau, s'échappant de chez un boucher, se jeta entre les jambes de son cheval; l'animal effrayé se cabra et renversa son cavalier contre une borne. Philippe, horriblement blessé, fut transporté dans la maison la plus voisine où il expira la nuit suivante, le 13 octobre 1131. Non seulement les courtisans, mais tous les habitants de Paris, tous les Français, partagèrent les douleurs que cet horrible accident causa au roi et à la reine. La race capétienne n'avait encore produit aucun prince aussi digne que Louis-le-Gros de l'amour et de l'estime de ses sujets; et son fils, autant qu'on pouvait le juger à l'âge de seize ans, paraissait devoir marcher sur les traces d'un tel père. Philippe étant mort, le roi, d'après les avis des grands, fit ceindre la couronne à son autre fils Louis.

La fatigue du siége de Saint-Briçon, que Louis-le-Gros entreprit en 1135, malgré son grand âge et son extrême embonpoint, renouvela une maladie dont il avait été souvent affligé, et le laissa souffrant jusqu'à sa mort arrivée le 1er août 1137. Louis-le-Gros avait alors cinquante-sept ans.

C'est au commencement de son règne que se placent, comme on le sait, les premières révolutions communales. L'occasion, en général, de la création des communes fut la défense des populations contre l'op-

(1) Félibien, t. I.

Publié par Pourrat F.ᵉˢ à Paris

pression et les brigandages des seigneurs féodaux ; et en particulier la défense de l'Ile-de-France contre la Normandie. Cette révolution s'accomplit partout sous mille formes. Elle n'a été remarquée que par quelques villes de l'Oise et de la Somme qui, placées dans des circonstances favorables, partagées entre deux seigneurs laïques et ecclésiastiques, s'adressèrent au roi pour faire garantir solennellement des concessions souvent violées, et maintinrent une liberté précaire au prix de plusieurs siècles de guerres civiles. C'est à ces villes qu'on a plus particulièrement donné le nom de *Communes*. Les premières furent Noyon, Beauvais et Laon. Paris, dit M. de Chateaubriand, ne fut jamais une commune, parce qu'il était franc par la seule présence du roi (1).

II. Monuments. — Institutions.

Le règne de Louis-le-Gros est une époque riche en institutions nouvelles. Il fut signalé à Paris par un grand nombre d'établissements dont je vais donner l'histoire et la description. Il faut aussi placer sous ce règne la fondation de la célèbre abbaye de Montmartre, qui fera l'objet d'un article spécial dans l'Histoire des environs de Paris.

Abbaye de Saint-Victor. — Son école. — L'abbaye de Saint-Victor, située rue de ce nom, occupait avec ses dépendances presque tout l'espace compris entre le quai Saint-Bernard, la rue Saint-Victor, la rue des Fossés-Saint-Bernard, et la rue de Seine, à laquelle on vient de donner tout récemment le nom de rue Cuvier.

Sur ce vaste emplacement, existait dès le xie siècle, et peut-être auparavant, une petite chapelle consacrée à Saint-Victor (2), dont dépendait, à ce qu'on croit, un petit monastère ou communauté religieuse (3). En 1108, Guillaume de Champeaux, maître de l'école épiscopale de Paris, se retira dans cette église avec quelques uns de ses disciples, et y jeta les fondements de l'école célèbre qui depuis produisit tant d'hommes remarquables.

Fils d'un laboureur de Champeaux en Brie, Guillaume prit le nom du lieu de sa naissance, suivant l'usage des temps où il vivait. Il devint, par son mérite, archidiacre et chef de l'école de l'évêché de Paris, et sa science lui valut bientôt une grande réputation. Il enseigna long-temps avec le plus brillant succès la rhétorique, la dialectique et la théologie. Enfin il trouva un rival dans un disciple ingrat et orgueilleux, dans Abailard, qui le harcela d'arguments et de difficultés, cherchant

(1) *Étud. histor. Annal. de l'hist. de France.*
(2) Dans l'épitaphe de Louis-le-Gros, cette chapelle est appelée *Vetus cella*. Dubreuil, p. 405.
(3) Lebeuf, t. I, p. 540.

moins à s'éclairer qu'à triompher dans la dispute. L'éclat de la réputation du maître fut terni; l'affluence de ses auditeurs devint moins considérable; vaincu et honteux de sa défaite, il vint chercher l'obscurité dans l'église de Saint-Victor, où il prit l'habit de chanoine régulier. L'entrée de Guillaume à Saint-Victor fut l'époque de la gloire de cette maison.

C'est vers ce temps-là que l'abbaye (1) de Saint-Victor, fut fondée par Louis-le-Gros; car on possède une charte de ce prince, datée de 1113, par laquelle il déclare qu'il a voulu doter des chanoines réguliers dans l'église du bienheureux Victor (2). Il leur donna cette année et les années suivantes des prébendes et des terres, et leur accorda même l'église de Saint-Guénault de Corbeil avec toutes ses dépendances. Matthieu de Montmorency, connétable de France, Étienne de Senlis, évêque de Paris, les chanoines de Sainte-Geneviève-du-Mont, l'abbé de Montlhéry contribuèrent par leurs libéralités à l'établissement de la nouvelle abbaye. Le chapitre de la cathédrale de Paris lui donna, en 1122, une ferme avec le labour de cent vingt arpents de terres; un territoire de Chevilly et d'Orly (3). Le roi fit encore d'autres libéralités au monastère, et lui accorda le privilége de choisir un abbé sans recourir à son autorité, disposition qui fut confirmée par le pape Pascal II. Le premier abbé de Saint-Victor ne fut point Guillaume de Champeaux qui refusa cet honneur, ce fut Gilduin ou Hilduin, un de ses disciples, confesseur de Louis-le-Gros (4).

Guillaume se lassant d'une vie oisive, céda aux sollicitations d'Hildebert, évêque du Mans, et reprit ses fonctions de maître public à Saint-Victor. Abailard accourut pour le poursuivre encore. Il l'attaqua sur la fameuse question des universaux, le força de s'avouer vaincu et de se rétracter. Quoi qu'il en soit, l'école de Saint-Victor devint sous Guillaume de Champeaux célèbre dans toute l'Europe. Le maître passa bientôt pour un des premiers philosophes de son siècle. Toujours poursuivi dans sa réputation et dans son repos par Abailard, il ne put se défendre de forts ressentiments, et les deux maîtres cherchèrent souvent à se décrier et à se nuire. Enfin Guillaume se retira, il accepta l'évêché de Châlons-sur-Marne, et fit succéder aux talents du professeur le zèle d'un apôtre (5).

(1) L'usage est consacré d'appeler Saint-Victor une *abbaye*. Ce n'était pourtant, depuis l'établissement de Louis-le-Gros, qu'une maison de chanoines; mais comme ces chanoines vivaient en communauté et étaient soumis à une règle, on les appelait également *religieux*, et on donnait le titre d'*abbaye* à leur maison.
(2) In ecclesia beati Victoris... canonicos regulariter viventes ordinari volui.
(3) Dubreuil, p. 433, 434.
(4) Dubreuil, p. 434.
(5) Il prit l'habit de Citeaux en 1119, et mourut dans un cloître en 1121.

L'abbaye de Saint-Victor devint très célèbre dès sa fondation. Sa règle était renommée pour sa rigueur, et cette sévérité n'empêcha pas les études de devenir très florissantes dans son école. La faveur dont elle jouissait attirant les écoliers sur la rive gauche de la Seine, fut une des causes qui firent établir en ce lieu, sur la montagne voisine de Saint-Victor, le siége de l'Université de Paris (1). L'abbaye conserva même toujours dans la suite ses relations avec les étudiants, car on voit que ceux-ci étaient dans l'usage de se confesser aux chanoines de Saint-Victor, et que le pénitencier de l'Université était toujours choisi parmi ces religieux. (2).

Dans la congrégation de Saint-Victor se formèrent des hommes dont le nom est peu connu parce qu'ils n'ambitionnèrent pas la gloire des lettres, mais qui, animés d'une profonde piété, et d'une grande ferveur pour leur règle, voulurent la propager en France. Ils parvinrent bientôt à la faire adopter par plusieurs maisons religieuses dont la réunion forma la *Congrégation de Saint-Victor*. Déjà au xiiie siècle cette congrégation comptait quarante monastères ou corporations suivant sa règle (3) : Sainte-Geneviève de Paris était l'une des plus importantes.

La vie retirée et pénitente des chanoines de Saint-Victor (4), le mérite supérieur de plusieurs d'entre eux, tels que Hugues de Champeaux, Hugues de Saint-Victor, surnommé le nouveau saint Augustin, de Richard de Saint-Victor et de plusieurs autres, établit une union parfaite entre Saint-Victor et Clairvaux. Saint Bernard entretint ces relations paternelles par ses lettres et même par ses visites, car lorsque le saint abbé venait à Paris, il demeurait à Saint-Victor comme dans sa maison même. Ce fut dans un de ces voyages, et à ce que l'on croit dans celui qu'il fit en 1147 (5), qu'il laissa à Saint-Victor sa *coule* ou *cucule* pour marque de son amitié. Les religieux lui remirent un autre vêtement semblable plus commode pour l'hiver et les voyages. Saint Thomas de Cantorbéry eut aussi beaucoup d'affection pour la maison de Saint-Victor qu'il habita lorsqu'il vint à Paris; l'on conserva toujours avec grande vénération dans l'abbaye le calice de cet archevêque.

Mais ce qui a jeté le plus grand éclat sur l'abbaye de Saint-Victor, c'est le grand nombre de religieux savants qu'elle a produits. Je vais donner quelques détails sur les plus célèbres.

Dès le premier siècle de la fondation de l'abbaye, Hugues, Richard

---

(1) Lebeuf, t. II, p. 549.
(2) Dubreuil, p. 443.
(3) C'est ce que l'on voit par le testament de Louis VIII, daté de l'an 1225.
(4) C'est par suite de cet esprit de retraite et de solitude que les religieux de Saint-Victor sont restés jusqu'à la fin dans l'usage de ne faire aucune procession hors de leur enclos. Le même motif les éloigna d'avoir des cures dans l'intérieur de Paris pour éviter les occasions de dissipation. Lebeuf, t. II, p. 553.

et Adam, simples religieux, morts en 1140, 1173 et 1192, s'illustrèrent par leurs écrits théologiques. Adam avait voyagé jusque dans la Grèce, où il composa plusieurs de ses poésies sacrées.

Odon, prieur, Achard, second abbé, devenu évêque d'Avranches en 1162, Ervise, quatrième abbé, Guarin, cinquième, Absalon, huitième, Jean-le-Teutonique, neuvième, et Guillaume de Saint-Lô, vingt-deuxième abbé, Pierre Leduc, mort en 1400, ont laissé plusieurs sermons.

Parmi les autres écrivains, on remarque Jonas, chanoine, Jean, connu par son *Mémorial historique*, Gauthier, premier prieur, qui écrivit contre Abailard, Garnier, sous-prieur, qui a laissé un ouvrage sur l'histoire naturelle, Menendus et Robert de Flamesbure, pénitenciers; Godefroy, auteur d'un ouvrage intitulé *Microcosmus et Anatomia corporis Christi* (1), Simon de *Capra aurea*, poëte du XIIe siècle, à qui on attribue la plupart des épitaphes en distiques latins de l'abbaye; Jean de Montholon, chanoine de Saint-Victor, auteur d'un *Bréviaire du droit*, imprimé en 1520; Nicolas Grenier, qui publia plusieurs écrits contre les calvinistes; Nicolas Coulomp, prieur, mort en 1626; Jacques de Toulouse, prieur perpétuel, qui a laissé une histoire latine manuscrite de l'abbaye de Saint-Victor, augmentée et traduite par le chanoine Gourdan, auteur lui-même d'un grand nombre de *proses*; enfin le fameux Santeuil, le plus illustre de ceux qui ont cultivé en France la poésie latine, qui, par amour pour l'étude, prit à l'âge de vingt ans l'habit de chanoine régulier de l'abbaye de Saint-Victor.

L'abbaye de Saint-Victor est de toutes les maisons religieuses de Paris, celle qui a été le plus étroitement liée à la cathédrale. Elle observait beaucoup de coutumes de la métropole, et elle en a pratiqué jusqu'à la révolution les rites et les usages religieux (2). Le chapitre de Notre-Dame y faisait plusieurs stations en différents temps de l'année, et entre autres au jour de Saint-Victor; la maison envoyait aussi un de ses chanoines pour célébrer, à certaines époques, la messe au grand-autel de la métropole, et elle avait un haut vicaire qui résidait à la cathédrale en son nom, et qui dès le XIIe siècle y remplissait l'office de prêtre-cardinal pour l'abbé auprès de l'évêque; les abbés de Saint-Victor, après leur élection, venaient recevoir la bénédiction épiscopale à Notre-Dame. Enfin, ce qui n'est pas moins remarquable, les évêques de Paris avaient, au XIIIe siècle, à Saint-Victor, un appartement où ils se retiraient souvent pour y demeurer plusieurs jours. On a la preuve de ce fait curieux dans les actes d'hommage que les évêques ont reçus en ce lieu, et dans d'autres titres datés ainsi : *Fait à Saint-*

---

(1) Voy. Lebeuf, *Dissert. sur l'hist. de Paris*, t. II, p. 251.
(2) Lebeuf, t. II, p. 552.

Victor, dans la cour de l'évêque, ou : *Fait dans la maison de l'évêque, à Saint-Victor* (1).

Cette affection des évêques de Paris pour l'abbaye de Saint-Victor, dont les motifs ne nous sont pas bien connus, explique comment plusieurs d'entre eux ont mieux aimé être inhumés dans l'église de cette communauté que dans la cathédrale. Ceux des évêques de Paris qui eurent leur sépulture à Saint-Victor sont : Etienne de Senlis, mort en 1142; Maurice de Sully, mort en 1196 ; Guillaume d'Auvergne, en 1248; Renaud de Corbeil, en 1268, Guillaume de Beaufet, mort en 1319 ; Guillaume de Chanac, en 1348 (2).

D'autres prélats furent également inhumés à Saint-Victor, où ils étaient venus se retirer et où ils finirent leurs jours : Burchard, évêque de Meaux, en 1134; Etienne de Lachapelle, archevêque de Bourges, en 1174; Arnoul, évêque de Lisieux, vers 1177 (3), et Geoffroy de Tressy, évêque de Meaux, en 1214. Jean, évêque de Paneade, en Palestine, étant venu à Paris vers l'an 1167, et étant mort dans cette ville, fut enterré à Saint-Victor.

L'église de Saint-Victor, réparée en 1443, par les soins de Jean La Masse, trentième abbé, et par les libéralités de Charles VII, fut presque entièrement rebâtie sous le règne de François Ier. Le portail, le clocher, la crypte souterraine furent conservés. Le 18 décembre 1517, Michel Boudet, évêque de Langres, posa la première pierre de la nef, et Jean Bordier, abbé de Saint-Victor, la première du chœur. Le même abbé fit construire un nouveau réfectoire et hausser le grand cloître, dont la construction datait du XIIIe siècle. Le bâtiment de l'église était si avancé en 1538, que Jacques, évêque de Calcédoine, y vint bénir quatre autels au mois de juillet. En 1760, le portail, d'une construction hardie des XIIe et XIIIe siècles, fermé dans le haut par trois pendentifs de pierre, menaçant ruine, fut détruit et élevé sur de nouveaux dessins. C'est en cet état que l'église de Saint-Victor est arrivée presque jusqu'à nos jours.

Sur le grand-autel se voyait une *Adoration des Mages*, de Vignon, ouvrage estimé, et dans le chœur ou les chapelles plusieurs tableaux de Restout, des fresques de Guaspre et de Robin, et plusieurs vitraux assez beaux, parmi lesquels on remarquait ceux de la chapelle Saint-Clair, où Pinaigrier avait reproduit les aventures de l'Enfant prodigue.

---

(1) *Apud S.-Victorem in aulâ episcopi*, ou *In domo episcopi ad Sanctum-Victorem*. Lebeuf, t. II, p. 550. Cartulaire de l'évêché de Paris, aux années 1249, 1275, 1276, 1279, fol. 108, 125, 140, 144.

(2) La statue en marbre de Guillaume de Chanac, qui était couchée sur son tombeau, fut déposée au Musée des Petits-Augustins.

(3) Cet évêque s'était fait construire un appartement particulier dans l'abbaye. Lebeuf, t. II, p. 543.

La grille du chœur, exécutée par Durand, sur un dessin très élégant, et toute brillante de dorure, était d'un très bel effet.

Outre les sépultures des prélats dont j'ai précédemment parlé, cette église renfermait les tombes d'Obizon, médecin de Louis-le-Gros, mort religieux à Saint-Victor; de Pierre-le-Mangeur, *Petrus comestor* (1), théologien autrefois fameux, mort en 1185; d'Odon, prieur de Saint-Victor, puis abbé de Sainte-Geneviève, au XIIe siècle; d'Hugues de Saint-Victor, dont il a été question; du fameux Santeuil, chanoine de Saint-Victor (2), et de Pierre Lizet, premier président du parlement de Paris, qui, après une disgrâce, obtint, en considération de sa pauvreté, l'abbaye de Saint-Victor, où il reçut la prêtrise en 1553. Il mourut l'année suivante. Le père Maimbourg, auteur de plusieurs ouvrages historiques auxquels il dut une réputation qui ne s'est pas soutenue, et Henri du Bouchet, qui légua sa bibliothèque à la maison de Saint-Victor, avaient été aussi inhumés dans la même église. Dans le cloître, les religieux avaient fait placer l'épitaphe de Louis-le-Gros, fondateur de l'abbaye (3).

La bibliothèque de l'abbaye de Saint-Victor n'était d'abord composée, comme celle des autres maisons religieuses au XIIe siècle, que de manuscrits des pères de l'Église et des auteurs scolastiques. L'abbé Jean de La Masse l'augmenta beaucoup vers 1448, ainsi que Nicaise de Lorme, l'un de ses successeurs; en 1496, ce dernier fit construire un bâtiment où il la plaça. La bibliothèque acquit en 1470, sous l'abbé Jean Nicolaï, un gros volume imprimé des épîtres de saint Jérôme, que lui vendirent Pierre Scofer et Conrad Heutif, imprimeurs, pour douze écus d'or. L'imprimerie, comme l'on sait, était découverte depuis peu d'années, les livres étaient encore fort chers. Le prix des *Epîtres de saint Jérôme* parut si peu élevé, que les religieux s'obligèrent à célébrer chaque année l'anniversaire de Scofer, de Heutif et

---

(1) Sur sa tombe, on lisait une épitaphe latine commençant ainsi : *Petrus eram quem petra tegit*. Je m'appelais Pierre; une pierre me couvre. Hurtaut, t. I, p. 114.

(2) Il y avait sur la tombe de Santeuil deux épitaphes latines, l'une en prose, et l'autre en vers. Cette dernière était de Rollin; nous la reproduisons ici :

EPITAPHIUM.

Quem superi præconem, habuit quem sancta poetam
Religio, latet hoc marmore SANTOLIUS.
Ille etiam heroas, fontesque, et flumina, et hortos
Dixerat : ut cineres quid juvat iste labor?
Fama hominum, merces sit versibus æqua profanis :
Mercedem poscunt carmina sacra Deum.
Obiit anno Domini M. DC. XCVII.
Nonis augusti. Ætatis LXVI. Professionis XLIV.

(3) Sauval, t. I, p. 409.

même de Jean Faust, l'un des inventeurs de l'imprimerie. C'est ce que l'on apprend du nécrologe de Saint-Victor (1).

Jusqu'au XVIIe siècle pourtant, la bibliothèque ne contint point, à ce qu'il paraît, de livres remarquables ni d'une grande valeur littéraire. Rabelais a plaisanté beaucoup à ce sujet dans son *Pantagruel*, et a donné une liste plus bouffonne que véridique du titre des ouvrages qui la composaient d'après lui (2). Scaliger a néanmoins dit que le facétieux curé de Meudon s'en était moqué avec quelque raison.

Mais les libéralités de Henri du Bouchet, conseiller au parlement, et du savant Cousin, président à la cour des monnaies, qui, en 1652 et 1707, lui léguèrent leurs bibliothèques, donnèrent une grande importance à cet établissement. Du Bouchet, par une disposition de son testament, doubla le prix de son bienfait : il laissa à Saint-Victor un revenu annuel pour l'entretien des livres, à condition que la bibliothèque serait publique, comme il s'exprime lui-même : « Que l'un des re- » ligieux se trouverait aux jours marqués à la bibliothèque, pour avoir » soin de bailler et de remettre les livres après que les étudiants en au- » raient fait (3). » M. Dutrallage, dont la vie entière avait été employée à former un recueil de dessins, de cartes et de mémoires géographiques, légua sa belle collection à Saint-Victor.

La partie la plus précieuse de la bibliothèque était les dix-huit ou vingt mille manuscrits qu'elle renfermait. On remarquait dans ce nombre une belle Bible du IXe siècle, un Tite-Live du XIIe, beaucoup de manuscrits orientaux, et entre autre un *Coran*, dont un ambassadeur turc reconnut l'authenticité dans le siècle dernier, en le baisant, et en écrivant un certificat sur le premier feuillet. Peyresc dit avoir vu à Saint-Victor un recueil manuscrit, renfermant tous les détails du procès de Jeanne d'Arc, exécuté par ordre de l'abbé de Saint-Victor qui vivait du temps de cette fille héroïque (4).

Le cloître de l'abbaye de Saint-Victor, qui datait des XIIe et XIIIe siècle, était fort spacieux. Il était ouvert à l'intérieur de petites arcades supportées par des groupes de colonnettes d'un aspect agréable. On remarquait dans le réfectoire les sculptures de la chaire du lecteur. Les jardins du monastère étaient immenses et s'étendaient sur la rive gau-

(1) Lebeuf, t. II, p. 552.
(2) *Pantagruel*, liv. II, ch. 7.
(3) Cet article du testament de du Bouchet, ainsi que celui du legs de la bibliothèque, était gravé sur une table de marbre près de la porte d'entrée ; à côté était le buste et l'épitaphe de ce bienfaiteur de Saint-Victor. Le président Cousin mit aussi au don de ses livres la condition qu'ils seraient accessibles à tout le monde ; mais de plus, il voulut que le jour de la messe de son anniversaire on prononçât un discours *sur l'utilité des bibliothèques publiques*. Hurtaut et Magny, t. I, p. 119.
(4) L'abbaye de Saint-Victor possédait un grand nombre de reliques. Dubreuil et Lebeuf en ont longuement parlé.

che, entre la rue de Seine-Saint-Victor et la rue des Fossés-Saint-Bernard. Au coin de la rue de Seine et de la rue Saint-Victor, s'élevait et s'élève encore la *Tour Alexandre*. « Grosse tour antique, dit Sauval (1), que les bons enfants de famille ne regardent jamais que de mauvais œil, pour y avoir mené une vie plus régulière et plus disciplinée qu'ils n'eussent voulu. » C'était là en effet que l'on renfermait autrefois les enfants de famille débauchés. Elle prit son nom, dit-on, du nom de baptême de celui qui y fut le premier renfermé.

L'abbaye de Saint-Victor fut supprimée en 1790, comme toutes les communautés religieuses de la France.

Sous Louis XIV on avait construit, à l'angle du quai et de la rue des Fossés-Saint-Bernard, une halle aux vins; en 1813, quand on voulut agrandir cet établissement, on détruisit (2) les bâtiments de Saint-Victor, et sur une partie de leur emplacement et de l'enclos des religieux s'étendit le nouvel entrepôt des boissons.

Saint-Jacques-la-Boucherie. — Aujourd'hui la tour Saint-Jacques est un monument sacré dans l'affection des Parisiens; c'est l'une des plus poétiques, des plus populaires, des plus belles ruines de notre vieux Paris. La tour Saint-Jacques, avec ses délicieuses sculptures, son étonnante couronne d'animaux fantastiques, ses magnifiques proportions, émeut l'orgueil des habitants voisins, la curiosité de l'étranger, l'enthousiasme de l'artiste, l'admiration du peuple. Et en effet, je ne sache pas de plus admirable spectacle que ce débris superbe debout encore au milieu de la grande capitale, et de moitié plus grand que tout ce qui l'entoure.

Cependant Saint-Jacques fut d'abord une pauvre église. Elle avait appartenu à l'évêque de Paris, et, dès 1119, elle était passée dans le

---

(1) T. I, p. 409.
(2) Cette destruction a provoqué les justes regrets de l'auteur des *Promenades historiques dans Paris*. « Où est la célèbre abbaye de Saint-Victor? se demande M. Nodier;
» qu'est devenue cette charmante église dont les contre-nefs étaient si élégantes, dont
» les vitraux étaient si brillants, dont les roses étaient si capricieuses, dont le chœur
» surpassait tous les ouvrages du même genre en science et en délicatesse? Qu'est de-
» venu ce beau portail formé de trois pendentifs de pierre suspendus dans les airs,
» que nos vieux auteurs appellent le chef-d'œuvre de l'architecture la plus gothique
» et la plus hardie? Qu'a-t-on fait de ces pierres monumentales du sanctuaire qui
» couvraient la dépouille mortelle de Maurice de Sully, d'Étienne de Senlis, de Guil-
» laume d'Auvergne, et de tant d'autres évêques de Paris? Et cette salle basse soute-
» nue par des piliers antiques dont les voûtes avaient résonné aux accents d'Abai-
» lard? Et ces jardins immenses, couronnés de magnifiques ombrages, sous lesquels
» Santeuil évoquait le génie fantasque et sublime qui lui inspira ses vers, qu'en a-t-on
» fait? Demandez à l'industrie...... on en a fait l'entrepôt des vins, qu'il fallait faire
» sans doute, mais qu'on aurait pu faire ailleurs! »

domaine du couvent de Saint-Martin-des-Champs, qui avait, entre autres droits, celui d'y prendre la moitié du produit des offrandes.

Il a été impossible aux plus savants historiens de Paris, à l'abbé Lebeuf même et à Jaillot, de rien découvrir de positif sur l'origine de Saint-Jacques-la-Boucherie. La plupart d'entre eux néanmoins ont adopté la tradition suivant laquelle l'emplacement de cette église aurait été primitivement occupé par une chapelle consacrée à sainte Anne ou sainte Agnès, dont l'origine remonterait au Xe et même au VIIIe siècle ; toutes assertions peu solides. L'abbé Villain, qui était curé de Saint-Jacques-la-Boucherie, et qui en a écrit l'histoire en 1758, va bien plus loin encore ; il fait remonter son origine à l'époque de la domination romaine. « Lorsqu'il se fut formé un faubourg un peu considérable du côté septentrional de Paris, dit-il, à la tête du pont appelé autrefois le Grand-Pont, et remplacé maintenant par le Pont-au-Change, vraisemblablement on bâtit au moins une petite chapelle, ou petite église, pour l'usage des habitants du faubourg ; elle leur était nécessaire pour leur faciliter les secours spirituels, principalement pendant la nuit ; car alors la Cité était environnée de murs avec des portes, qui pendant la nuit se fermaient. Les bouchers peuvent bien, dans le commencement, avoir été les habitants de ce faubourg, et avoir été unis, dans l'usage de cette église, aux pelletiers et aux tanneurs, qui paraissent avoir habité au bas des murs de la Cité, en face des bouchers. En effet, M. Lebeuf conjecture que la rue de la Pelleterie, située dans la Cité, au long de la rivière, n'a été attribuée à l'église Saint-Jacques qu'en vertu d'une loi de police romaine qui excluait des villes les artisans dont la profession était infecte et sale. Les tanneurs unis aux bouchers, deux corps exclus des villes, auront occasionné le bâtiment d'une petite église pour leur usage. » Ce sont des conjectures qui ne s'appuient sur rien, quoiqu'elles ne manquent pas, comme on voit, d'une certaine vraisemblance.

Toujours est-il certain que Saint-Jacques-la-Boucherie était la paroisse des bouchers de Paris. Elle dut son surnom tant au voisinage de la grande boucherie qu'au grand nombre de bouchers qui occupaient les maisons environnantes ; et elle le reçut à cause de cela seulement, et de bonne heure, quoi qu'en dise l'abbé Lebeuf, qui prétend que ce fut au XIVe siècle, pour la distinguer de Saint-Jacques-du-Haut-Pas et de Saint-Jacques-de-l'Hôpital ; elle le portait déjà près de soixante-dix ans avant l'origine de ces deux dernières églises (1).

C'est au XIVe et au XVe siècle surtout que Saint-Jacques-la-Boucherie devint puissante et riche. Le territoire de la paroisse renfermait à peu près tout l'espace compris entre la Seine, les rues Saint-Denis et Saint-

(1) Jaillot, t. I, p. 48.

Martin, et la rue Aubry-le-Boucher, l'un des quartiers les plus populeux de la ville, le quartier du commerce et de l'argent. Là se pressait cette riche et puissante foule de gros marchands, qui tenaient en fief, comme de petits seigneurs, leurs étaux de bouchers. C'étaient eux qui avaient fait la révolution de 1413 ; qui, d'un roi de France, avaient fait le petit roi de Bourges ; qui avaient failli brouiller à jamais les destinées de la France entière en livrant aux Anglais la bonne ville de Paris. Puis auprès des bouchers, entre les étaux et l'enceinte de Philippe-Auguste, étaient logés les Lombards, les banquiers de l'époque.

Aussi Saint-Jacques-la-Boucherie était une église célèbre et dotée de grands biens. Son curé était, dès le XIIe siècle, un des treize *prêtres-cardinaux* (1) de l'église cathédrale de Paris. Elle possédait le précieux privilége du droit d'asile, dont elle fit usage plus d'une fois. En 1405, on construisit une chambre pour ceux qui venaient s'y *mettre en franchise*. En 1357, Perrin Macé, assassin de Jehan Baillet, trésorier de France, s'était réfugié dans cette église ; mais Charles V, alors dauphin et régent du royaume, le fit arracher de cet asile et conduire au gibet. Irrité de cette violation flagrante des priviléges ecclésiastiques, l'évêque de Paris, Jehan de Meulan, fit détacher du gibet le corps du supplicié, et le fit inhumer avec pompe, en sa présence, dans l'église même de Saint-Jacques. Un événement analogue arriva en 1406 : un autre criminel, qui s'était également réfugié à Saint-Jacques, en fut de même arraché et conduit en prison. Aussitôt l'évêque d'Orgemont fit cesser partout le service divin ; force fut au parlement de le prier de lever l'interdit, ce qu'il ne voulut accorder qu'après la condamnation expresse de la violation de ses droits et de la profanation du lieu saint. Louis XII retira ce dangereux privilége à Saint-Jacques-la-Boucherie comme à plusieurs autres églises.

Saint-Jacques-la-Boucherie est surtout devenu célèbre depuis la singulière illustration que s'est faite, au milieu du XVe siècle, un de ses marguilliers et de ses plus généreux bienfaiteurs, *Nicolas Flamel*. Les amis du merveilleux ont long-temps placé Flamel au nombre des heureux adeptes des sciences occultes et des inventeurs de la pierre philosophale, fables populaires dont la froide raison et le temps ont, à l'heure qu'il est, fait justice.

Nicolas Flamel était d'abord un simple scribe, habitant une humble échoppe de la rue des Écrivains, et vivant dans l'obscurité ; mais c'était un homme doux, poli, instruit, bien avisé, et fort habile dans son art. Sa profession était très lucrative, et comme, de plus, il était bon économe et grand ami de l'argent, il vit rapidement prospérer sa fortune.

---

(1) Les prêtres-cardinaux étaient ceux qui assistaient à la grand'messe de la cathédrale, dans les jours de grande fête où l'évêque officiait.

Jeune encore, il avait épousé une femme déjà vieille ; mais Pernelle, par ce mariage, lui avait apporté des biens considérables. Il s'était insinué dans les bonnes grâces du curé de sa paroisse ; il était libraire juré de l'Université ; il passait pour entretenir avec les juifs certaines liaisons un peu suspectes, et avec tout cela il logeait chez lui plusieurs fils de nobles familles qu'on lui envoyait en pension. Il avait fait d'excellents marchés en achetant, pendant les troubles causés par la guerre avec les Anglais, plusieurs maisons, qu'ensuite il revendit à très haut prix. Il n'en fallait pas tant pour enrichir un bourgeois habile en affaires et peu dépensier. On s'étonna, on se demanda si c'était que l'écrivain avait trouvé le secret de fabriquer l'or. Flamel était homme à répondre qu'il avait découvert la pierre philosophale. C'était une nouvelle branche d'industrie ; et en effet, exploitant cette idée, il se mit à vendre des livres d'alchimie.

La science merveilleuse de Nicolas Flamel, sa pierre philosophale, sans doute c'était tout simplement l'habileté avec laquelle il avait dirigé ses différents commerces. Et en effet, l'abbé Villain, qui a écrit un volume sur sa vie, a littéralement prouvé que sa fortune, quoique très considérable, n'avait rien d'extraordinaire.

Vers le commencement du XVe siècle, au moment où Flamel excitait la curiosité publique, l'illustre Jean Gerson écrivit son *Traité des superstitions profanes*. Flamel, justement effrayé de cette attaque, se réfugia dans une ardente dévotion : c'est-à-dire qu'il distribua quantité de dons aux églises et aux confréries religieuses. Il donna tout ce qu'on voulut afin de faire célébrer processions et messes pour que son âme obtînt le repos au ciel, et son corps une place dans sa chère église de Saint-Jacques. Il ne resta presque rien à ses héritiers.

Saint-Jacques eut plusieurs autres riches bienfaiteurs dont on a conservé les noms : Hugues Rector, avocat, et Michel Flamingehem, qui y fondèrent deux chapelles. En 1347, la noble veuve de Jehan de Dammartin en fonda une autre à laquelle elle attacha 25 livres tournois de rente, et elle obtint du pape Clément VI une bulle qui lui donnait pour elle et ses héritiers le droit d'en nommer le chapelain. Une autre chapelle, celle de Saint-Fiacre, où se donnait la communion, fut fondée, en 1406, par Jean Turquant, lieutenant du prévôt de Paris. Une inscription, qui se voyait sur un des piliers du chœur, attestait qu'entre autres bienfaits, Jacqueline la Bourgeoise avait donné 22 francs pour la construction de ce pilier, en 1380.

Il paraît par ce fait qu'on travaillait encore à la construction de l'église à cette époque ; il est probable cependant que c'était une simple reconstruction dont il s'agissait en 1380. La continuelle progression de prospérité de Saint-Jacques-la-Boucherie est cause que depuis la fin du XIIIe siècle jusqu'au milieu du XVIIe, cette église reçut sans cesse des agrandissements successifs. Lebeuf dit que la partie la plus ancienne de l'édifice lui paraît être de la fin du XIVe siècle ; mais il est difficile d'avoir foi entière en la science archéologique du savant historien. C'est en 1399 que Nicolas Flamel avait fait bâtir le petit portail, du côté de la rue Marivaux, où il s'était fait sculpter avec sa femme Pernelle, à genoux tous deux aux pieds de la Vierge. En 1607, on en était encore à achever les fenêtres de certaines chapelles si obscures, qu'il fallait de la lumière pour y lire en plein jour. En 1672, le besoin d'élargir la rue des Arcis pour faciliter les communications de ce quartier populeux, décida l'autorité municipale à demander la démolition d'une partie des chapelles du chevet.

La tour ne fut construite que sous François Ier. Thoynes, curé de Sannois, avait acquis deux hôtels voisins du porche de l'église, et les avait légués, en 1505, l'un à la fabrique, l'autre à la confrérie de Saint-Fiacre des bonnetiers. L'église n'avait pas de tour, et l'on en désirait une ; mais elle ne pouvait être élevée que sur l'emplacement des donations du curé Thoynes. Les marguilliers eurent recours à la protection des juges du Châtelet. Une sentence rendue le 26 février 1508 obligea les confrères bonnetiers à la cession de leur propriété. Aussitôt les travaux commencèrent pour l'érection de la tour. En 1510, l'ouvrage était monté jusqu'au premier plancher. L'abbé Villain nous a conservé de minutieux détails sur cette construction. La pierre que l'on employait, dit-il, coûtait 20 sous le chariot, et le moellon 20 deniers. On paya 251 livres 5 sous, cent soixante-neuf toises d'ouvrage prises depuis les fondations, à raison de 24 sous parisis la toise, pour le salaire des ouvriers. En 1521 et 1522, époque vers laquelle la tour fut terminée, quatre-vingt-dix pieds de pierre de liais furent achetés, pour les gargouilles, au prix de 3 sous 4 deniers le pied. Raoult, *tailleur d'images*, c'est ainsi que l'on nommait les sculpteurs, exécuta le saint Jacques placé sur la calotte de l'escalier, avec les animaux qui sont aux angles, et qui forment les symboles évangéliques. Depuis le rez-de-chaussée jusqu'au sommet de la statue de saint Jacques, cette tour avait cent soixante-treize pieds de hauteur. Du haut de la tour de Saint-Jacques-la-Boucherie, on voit, dit Sauval, « la distribution et le cours de toutes les rues comme les veines dans le corps humain. »

Cette église renfermait plusieurs ouvrages d'art remarquables. Suivant Sauval, c'était là que se trouvait, dans la chapelle Saint-Denis, les plus belles vitres en grisaille de tout Paris. Elles étaient presque toutes du célèbre Pinaigrier.

Au-dessus d'une belle grille de fer qui environnait le chœur, et sur la porte principale, était un Christ en bois, ouvrage de Jacques Sarrazin, qui excellait en ce genre.

On admirait encore à Saint-Jacques un bas-relief en albâtre représentant la Mort de la Vierge, et sur l'autel de la chapelle de Saint-Charles un tableau très estimé de Quentin Varin : Saint Charles distribuant ses aumônes à une troupe de pauvres assemblés sous le porche d'une église.

On a conservé le souvenir de quelques usages singuliers qui se pratiquaient dans cette église, surtout aux xv⁰ et xvi⁰ siècles. Ainsi le jour de Noël, on offrait à la curiosité publique le spectacle de la *Gésine Notre-Dame*, c'est-à-dire de l'enfantement de la vierge Marie. L'enfant Jésus y paraissait coiffé de deux bonnets fourrés d'étoffe d'or, et vêtu d'une robe pareillement fourrée et brodée en or. Aux fêtes de saint Nicolas et de la Pentecôte, on faisait par un trou de la voûte descendre dans la nef un pigeon blanc et d'autres petits oiseaux, et l'on y jetait des étoupes enflammées pour figurer la descente du Saint-Esprit. Dans les solennités, l'édifice était décoré de deux tapisseries, représentant l'une le *Dieu d'amour et de vieillesse*, l'autre les scènes du *Roman de la Rose*.

Le prieuré de Saint-Martin-des-Champs avait le droit de nommer le curé de Saint-Jacques-la-Boucherie, ainsi que ceux des paroisses de Saint-Nicolas-des-Champs, de Saint-Laurent, de Saint-Josse, de Saint-Denis-de-la-Chartre et de Chaillot. En reconnaissance de cette prérogative, les curés de toutes ces paroisses étaient obligés, aux trois jours des Rogations, d'aller trouver messieurs de Saint-Martin en leur église, et de les accompagner en procession pour venir dire la messe, le lundi à Saint-Jacques-la-Boucherie, le mardi à Saint-Jean-en-Grève, et le mercredi au Temple. Au retour de ces processions (où l'usage était que chacun portât une baguette blanche à la main), les moines de Saint-Martin avaient seuls le droit de chanter, et les curés qui les accompagnaient étaient obligés de les reconduire jusque sur le chemin de leur prieuré.

Pendant la révolution, Saint-Jacques-la-Boucherie fut démoli pour l'assainissement du quartier. Ses fameuses douze cloches, si fort au goût du bon Sauval qu'il en trouvait *la sonnerie fort harmonieuse et le carillon fort musical*, furent transportées à la Monnaie. Le bas-relief de la Vierge et les vitraux furent déposés par les soins de M. Alexandre Lenoir au Musée des monuments français. La statue de saint Jacques fut impitoyablement abattue.

La tour seule fut respectée. Elle devint une propriété particulière, et autour d'elle, sur l'emplacement de l'église, s'éleva un marché de friperie qui subsiste encore, quoiqu'il ait été consumé par le feu en 1824. L'année dernière, en 1838, elle a été achetée par la ville de Paris, et dans le vaste projet dont l'exécution doit commencer prochainement, elle occupera le milieu de la rue joignant le Louvre à la place de la Bastille.

Depuis une époque fort ancienne, de nombreuses confréries s'étaient établies dans l'église de Saint-Jacques-la-Boucherie. Une confrérie de Sainte-Anne s'y trouvait instituée dès le XIVe siècle; peut-être est-ce le fait sur lequel on s'est appuyé pour croire que cette église avait été placée d'abord sous l'invocation de sainte Anne. Suivant l'abbé Lebeuf, la confrérie de Saint-Jacques-de-Roncevaux aurait été plus ancienne encore; il la fait remonter à l'année 1227. Saint Christophe était le second patron de cette confrérie, qui cessa d'exister en 1692.

Les bouchers de la grande boucherie de Paris exposèrent au roi Charles VI qu'ils désiraient créer une confrérie en l'honneur de la Nativité de Jésus, et y enrôler toutes personnes, s'il plaisait à sa majesté. Le roi leur accorda ce qu'ils demandaient, par une lettre datée du 30 septembre de la même année. Les bouchers fondèrent donc leur confrérie dont ils célébrèrent la fête le dimanche après la Noël, probablement par allusion au bœuf de l'étable de Bethléem.

Il y avait encore à Saint-Jacques la confrérie de Saint-Léonard, pour les pèlerins; la confrérie de Saint-Leu-Saint-Gilles, pour les lormiers-éperonniers; la confrérie de Saint-Jean-l'Évangéliste, pour les peintres et les selliers; la confrérie de Saint-Sébastien-Saint-Roch; la confrérie de Saint-Michel, pour les chapeliers et aumussiers; de Saint-Georges, pour les armuriers et heaumiers; de Saint-Fiacre, pour les bonnetiers.

Il n'y en avait plus que trois au moment de la révolution. La confrérie *des Clercs, fondée en l'église Saint-Jacques-la-Boucherie aux prêtres et clercs des églises, et aux bonnes gens qui en sont.* Catherine de Beauvais, femme de Jean Fortier, conseiller du duc de Bourgogne, était *bâtonnière* de cette confrérie, en 1430. Plus tard, les confrères avaient pris pour patron saint Nicolas, dont ils conservaient une relique. A la fête de ce saint, ils représentaient chaque année un *jeu* ou *mystère*; la confrérie du Saint-Sacrement, à laquelle appartenait, en 1697, le cardinal de Noailles, et qui possédait, entre autres reliques, un morceau du bois de la vraie croix renfermé dans une croix en vermeil; enfin la confrérie de Saint-Charles Borromée, fondée, en 1617, pour soulager les pauvres malades et honteux. Lecamus, évêque de Belley, lui avait fait présent d'une étole qui avait servi au saint, et d'un morceau d'éponge teint de son sang, recueilli lorsqu'on en fit l'autopsie. Saint François de Sales, Anne d'Autriche, Marie-Thérèse d'Autriche, Charlotte-Marguerite de Montmorency, princesse de Condé, Henriette d'Angleterre, et un grand nombre de cardinaux, d'évêques et d'hommes distingués par leur naissance et leur fortune, appartenaient à cette association.

Parmi les sépultures de Saint-Jacques-la-Boucherie, on remarquait les suivantes:

Dans la chapelle fondée par Mahaut de Dammartin, on voyait une tombe sur laquelle un seigneur et une dame étaient gravés, avec ces épitaphes :

« Cy gist Marguerite, femme de Simon de Dammartin, qui trespassa le cinquième jour du mois de juin, 1394. Priez Dieu pour l'âme d'icelle. »
— « Cy gist Simon de Dammartin, valet de chambre du roy nostre sire, changeur et bourgeois de Paris, qui trespassa le cinquième jour du mois de juillet, l'an de grâce 1399. »

Plus loin, sur une lame de cuivre, dans la même chapelle, étaient gravés ces mots :

« Simon de Dammartin, varlet de chambre du roy nostre sire, changeur et bourgeois de Paris, et Marguerite, sa femme, mus de grande dévotion à la louange et gloire de Dieu, et à l'honneur et révérence de la benoiste vierge Marie, firent édifier ceste chapelle : en laquelle ils fondèrent une messe perpétuelle chaque jour, célébrée de *requiem*, pour leurs âmes, à heure de grande messe, laquelle feront célébrer les marguilliers de céans ; et seront tenus de quérir perpétuellement vestements, livres, calices, et toutes autres choses appartenant à cette messe. *Item*, lesdits Simon et Marguerite ordonnèrent chanter en ceste chapelle un salut de Nostre-Dame..... »

Sur un tombeau de marbre enfoncé dans le mur, étaient couchées les figures de N. Boulart et Jeanne du Puis, sa femme, avec cette inscription :

« Cy gist noble homme et sage Nicolas Boulart, jadis escuyer de la cuisine du roy nostre sire, qui trespassa l'an 1399, le lundi 28e jour de juillet. Priez pour luy. »

C'était aussi le lieu de la sépulture de Nicolas Flamel.

Enfin, derrière le chœur, se trouvait le tombeau de Jean Fernel, célèbre médecin et mathématicien du XVIe siècle. Né, en 1497, à Clermont en Beauvoisis, et mort, le 26 avril 1558, après la carrière scientifique la plus honorable et la plus brillante. Il était premier médecin du roi Henri II, et Catherine de Médicis, dit-on, prisait ses services au point de lui donner 10,000 écus à chacune de ses couches.

Chapelle Saint-Agnan. — Cette chapelle, peu connue, parce qu'elle était entourée de bâtiments qui la couvraient (1), était située dans les dépendances du cloître Notre-Dame, rue Chanoinesse, sur l'emplacement occupé aujourd'hui par la maison n° 22. On y entrait par la rue de la Colombe.

Le célèbre Etienne de Garlande, archidiacre de Paris, doyen de Sainte-Croix et Saint-Agnan d'Orléans, et chancelier de France, fit bâtir cette

---

(1) Lebeuf, *Hist. de la ville et du dioc. de Paris*, t. I, p. 33.

chapelle vers l'an 1118 (1), près de sa demeure, et dans le voisinage de deux maisons du cloître qui lui appartenaient (2). Pour la dotation de cette chapelle, qui devait être desservie par deux chanoines de Notre-Dame, il donna deux clos de vignes situés au bas de la montagne Sainte-Geneviève, un autre à Vitry, et la maison qu'il occupait dans le cloître. Quelques années après, Etienne donna en outre à ces chanoines sa terre de Garlande, ne s'y réservant que dix-huit deniers de cens. En 1297, les deux prébendes canoniales de Saint-Agnan furent divisées en quatre, pour deux chanoines et deux vicaires perpétuels, ce qui subsista jusqu'au siècle dernier. La chapelle de Saint-Agnan n'était ouverte au public que le 17 novembre, jour de la fête du saint.

L'architecture de la chapelle Saint-Agnan paraissait, selon Lebeuf, plus ancienne que celle de Notre-Dame. « Elle est, dit-il, solidement bâtie toute en pierre; les arcades sont en demi-cercle sans pointe. Le pavé paraît avoir été exhaussé, les bases des piliers étant cachées en terre. On voit au vitrage du fond, qui est unique dans cette chapelle, la figure du saint patron avec son nom en capitales gothiques (3). »

Lebeuf et Jaillot reprochent à Dubreuil d'avoir dit sans preuves que près de la chapelle de Saint-Agnan était autrefois un cimetière. Une découverte assez récente est venue pourtant confirmer son assertion. Dans l'année 1799, en plaçant les fondations d'une maison voisine, on découvrit plusieurs petits pots de terre cuite, semblables à ceux qu'on trouve dans quelques tombeaux du moyen âge.

A l'histoire de cette modeste chapelle, se rattache, si l'on en croit Lebeuf, un trait curieux de la vie de saint Bernard. « On lit dans une des vies de ce saint personnage, qu'un jour étant allé dans les écoles de Paris qui étaient alors au cloître, après y avoir prêché pour tâcher d'attirer quelques écoliers à la vie religieuse, il en sortit sans en avoir converti aucun. Un archidiacre l'ayant emmené dans sa maison, il se retira aussitôt dans la chapelle qui s'y trouvait (4), et là se répandit en pleurs et en gémissements. » L'archidiacre, curieux d'en savoir la raison, questionna Rainaud, abbé de Foigny, qui accompagnait saint Bernard, et apprit que le sujet de sa douleur était la crainte d'avoir offensé Dieu, car il attribuait à la colère de Dieu le peu de fruit qu'il avait retiré de son sermon. « Je ne vois rien, ajoute Lebeuf, dans ce qui concerne cet archidiacre de Paris, qui ne puisse convenir à Etienne de Garlande, qui était rentré dans les bonnes grâces de saint Bernard, entre l'an 1123 et

---

(1) V. Jaillot, *Cité*, t. V, p. 43.

(2) L'une de ces maisons est appelée dans le titre de fondation *domus ad duas aulas*; l'autre *domus ad turrim*.

(3) *Hist. de la ville et du dioc. de Paris*, t. I, p. 34.

(4) Voir ce que j'ai dit sur les maisons des chanoines de Notre-Dame et leurs chapelles particulières, p. 149.

l'an 1142 qu'il décéda; et par conséquent ce serait dans la chapelle de Saint-Agnan, telle qu'elle subsiste encore aujourd'hui, que saint Bernard aurait fait ce qui vient d'être raconté (1). »

La chapelle de Saint-Agnan fut démolie vers l'an 1795. Sur son emplacement on a construit une maison particulière.

Sainte-Geneviève-des-Ardents. — Au milieu du XIIe siècle, Paris était, comme toute la France, la proie d'une foule de cruelles maladies contagieuses qui dévoraient quantité de personnes. Vers 1130, le *mal des ardents* devint si redoutable aux Parisiens, que toute la ville fut réduite à invoquer solennellement les secours du ciel. La châsse de Sainte-Geneviève fut descendue de l'autel où elle reposait depuis plusieurs siècles, et portée en procession à la cathédrale. La nef et le parvis de Notre-Dame étaient remplis de malades, et tous ceux qui s'approchèrent des reliques de la bonne patronne de Paris furent guéris instantanément, à l'exception de trois incrédules, ce qui ne fit que rehausser la gloire de cette sainte. Le pape Innocent II, qui se trouvait à Paris en 1131, ayant fait vérifier ce miracle, ordonna qu'en commémoration on célébrerait une fête annuelle qui aurait lieu le 26 novembre, sous le titre d'*Excellence de la bienheureuse vierge Geneviève*; nom que la dévotion des fidèles sans doute a fait changer en celui que cette fête porta depuis : elle fut appelée la fête du miracle des Ardents. A partir de ce moment, la petite église située précisément en face de la cathédrale qui avait été nommée depuis long-temps *Notre-Dame-la-Petite*, et ensuite *Sainte-Geneviève-la-Petite*, devint l'église de *Sainte-Geneviève-des-Ardents*. D'autres attribuent au pape Innocent II la fondation première de l'église qu'il appela tout d'abord Sainte-Geneviève-des-Ardents.

Tel est le récit d'un grand nombre d'historiens sur l'origine de la dénomination de cette église. Le savant abbé Lebeuf affirme, en s'appuyant d'arguments très solides, que ce récit tient beaucoup de la fable; que cette procession des reliques de sainte Geneviève eut lieu en effet, et qu'on lui attribua une foule de miracles, mais que Sainte-Geneviève-la-Petite conserva son nom fort tard; que la première fois qu'elle le quitta pour celui de Sainte-Geneviève-des-Ardents, ce paraît être dans un acte de l'an 1518, et il croit fermement que ce fut un pieux artifice introduit vers le commencement du XVIe siècle par Geoffroy Boussart, alors curé de cette église.

Quoi qu'il en soit, l'origine de l'église elle-même est encore plus obscure. On sait seulement que c'était d'abord une chapelle appartenant à l'abbaye de Sainte-Geneviève, dont les religieux la cédèrent en 1202

---

(1) Lebeuf, t. I, p. 35.

à Eudes de Sully, évêque de Paris, et ce fut probablement alors qu'on l'érigea en paroisse.

Ce fut alors aussi que l'édifice reçut de notables embellissements, de telle sorte qu'elle devint une église remarquable. Le portail fut magnifiquement reconstruit en 1402. On y voyait au milieu la statue de sainte Geneviève; à l'un des côtés était saint Jean-Baptiste et à l'autre saint Jacques-le-Majeur. Au-dessous, une inscription en caractères gothiques indiquait la date de cette reconstruction, et un peu plus loin on voyait dans une niche la statue d'un homme agenouillé, aux cheveux courts, au chaperon baissé sur les yeux; c'était, disait-on, l'image de Nicolas Flamel.

En 1747, Sainte-Geneviève-des-Ardents fut abattue, et sur son emplacement on éleva un bâtiment destiné alors à agrandir l'hôpital des Enfants-trouvés, et aujourd'hui le siége de la direction des hôpitaux de Paris.

L'abbé Lebeuf rapporte que lorsqu'on creusait les fondations de ce bâtiment, il aperçut, vers le côté occidental, à une profondeur de douze ou quinze pieds, quantité de fragments de tuiles antiques et un trou de chaux amortie, « ce qui marque, ajoute-t-il, combien le sol de cette cité a été exhaussé depuis quinze cents ans (1). »

La seule sépulture remarquable qui fût à Sainte-Geneviève-des-Ardents, était celle du pieux évêque de Toulon, Jacques Danes, célèbre par sa piété et sa vertu. Il était né à Paris en 1601 et il mourut en 1662. Lors de la démolition de l'église où il était inhumé, on transporta son corps à Sainte-Madeleine.

Sainte-Croix-en-la-Cité. — Cette petite église était située rue de la Vieille-Draperie, au coin oriental de la rue Sainte-Croix. On ignore l'époque de sa fondation; tout ce qu'on sait, c'est qu'elle fut bâtie sur un terrain dépendant de Saint-Éloi. Jaillot conjecture qu'une ancienne chapelle de Sainte-Croix a pu servir d'infirmerie aux religieuses de Saint-Éloi dès le VII° siècle, et qu'à l'époque où ce monastère fut donné à l'évêque de Paris, la chapelle en aura été détachée et rebâtie hors de la *ceinture de Saint-Éloi*. Quelques historiens ont dit sans preuve que Sainte-Croix fut érigée en paroisse en l'année 1107, sans doute parce qu'à cette époque la vraie croix fut apportée à Paris. Jaillot recule cette érection jusqu'aux années 1225 à 1234.

Si l'on en croit Malingre, c'était autrefois une petite chapelle sous l'invocation de saint Hildebert, évêque de Meaux; on y amenait de toutes parts les frénétiques pour obtenir leur guérison par l'intercession de ce

---

(1) Ce fait est à rapprocher des découvertes analogues dont nous avons parlé plus haut.

saint. « Comme cette chapelle était dans le quartier de Paris le plus fréquenté, ce concours de frénétiques incommodait infiniment ceux qui ne l'étaient pas (1), » et l'on fut obligé de transporter dans l'église de Saint-Laurent les reliques de saint Hildebert. Cette tradition ne saurait être facilement admise, comme le remarque Lebeuf, puisqu'il est certain que le culte de saint Hildebert n'a pas été reçu à Paris avant la fin du XIIe siècle, et que, d'un autre côté, l'église Sainte-Croix est désignée sous ce nom, dès l'an 1136, dans une bulle d'Innocent II contenant le dénombrement des biens de l'abbaye de Saint-Maur, substituée aux droits de l'ancien prieuré de Saint-Éloi (2).

L'église de Sainte-Croix étant devenue trop petite pour la population, les marguilliers achetèrent, en 1450, la maison de Hugues Guillemaux, marchand de vin, sur l'emplacement de laquelle ils firent bâtir le chœur, et ensuite une partie de la nef, qui ne fut achevée qu'en 1529.

La cure de Sainte-Croix était à la collation de l'archevêque de Paris comme prieur de Saint-Éloi.

La confrérie des *Cinq plaies de Notre-Dame de Pitié* était établie dans cette église depuis l'an 1498.

Jean Boileau, issu d'une très ancienne famille de Paris, probablement celle du célèbre prévôt Étienne Boileau, était curé de Sainte-Croix en 1455.

Pierre Danet, abbé de Saint-Nicolas de Verdun, mort en 1709, avait été aussi curé de Sainte-Croix. Il est connu dans les lettres par ses deux grands Dictionnaires français-latin et latin-français, in 4°, qui ont été fort en usage dans les écoles pendant la première moitié du XVIIIe siècle.

L'église de Sainte-Croix fut démolie en 1797. La maison rue de la Vieille-Draperie, 6, a été bâtie sur son emplacement.

Saint-Lazare.—Rue du faubourg Saint-Denis, 117.—Le plus ancien titre qui fasse mention de cet établissement, est de 1110 (3). A cette date nous voyons qu'il existait entre Paris et Saint-Denis un hôpital de pauvres lépreux placé sous l'invocation de Saint-Lazare ou Saint-Ladre, et ce fut en leur faveur que le roi Louis-le-Gros établit la foire Saint-Lazare. On croit même qu'Adélaïde, femme de ce prince, fut une des principales bienfaitrices de l'hôpital Saint-Lazare. En 1124, Guillaume de Garlande, sénéchal, fit aussi à cette maison un don sur son clos de Garlande, situé à Paris.

L'hôpital de Saint-Lazare n'était d'abord composé que d'une assem-

---

(1) *Dict. histor. de Paris*, t. IV, p. 586.
(2) *Hist. de la ville et du dioc. de Paris*, t. II, p. 506.
(3) Félibien, t. I, p. 192.—Jaillot, t. II, p. 51, quartier Saint-Denis.

blage de chétives cabanes. Odon de Deuil, moine de Saint-Denis, dit (1) qu'en 1147, le mercredi 11 juin, Louis VII venant prendre l'étendard à Saint-Denis avant de partir pour la croisade, entra dans cette léproserie, et visita les lépreux dans leurs cellules (*officinas*), accompagné seulement de deux personnes. Le roi fit quelques libéralités à cet établissement, et l'on voit dans la charte qu'il donna à cette occasion, que les malades de Saint-Lazare avaient le droit de faire choisir dans la caves du roi, à Paris, dix muids de vin par an, et qu'ensuite on leur donna tous les jours, en échange de ce droit, la pièce de bœuf royale, avec six pains et quelques bouteilles de vin (2).

La foire qui avait été donnée à cet hôpital lors de sa fondation, et qu'on appelait *la foire Saint-Lazare* (3), durait huit jours. Elle commençait le lendemain de la fête de la Toussaint, et se tenait sur le chemin qui conduit de Paris à Saint-Denis, entre le village de la Chapelle et Paris. Louis VII ajouta encore à cette foire huit autres jours; mais Philippe-Auguste l'acheta en 1185, pour accroître son fisc, et la transféra au lieu dit *les Champeaux*, où s'établirent ensuite les halles ou le marché des Innocents. Philippe-Auguste donna en échange à Saint-Lazare la *foire Saint-Laurent*. On a conjecturé que l'abbaye de Saint-Laurent ayant été ruinée, et différentes circonstances n'ayant pas permis de la reconstruire, l'évêque de Paris y établit, ou permit qu'on y établît une léproserie. Comme dans le moyen âge tous les établissements avaient un caractère religieux, et que, du reste, la léproserie avait une église particulière (4); saint Lazare ou saint Ladre, patron de cette chapelle, donna son nom à la léproserie ou maladrerie.

Plusieurs historiens (5) ont pensé que ce fut alors un prieuré de l'ordre de Saint-Augustin, mais d'autres ont remarqué (6) que, bien que les frères et sœurs desservant l'hôpital Saint-Lazare, reçussent le titre de *religiosi*, cela ne signifie pas qu'ils fussent religieux réguliers, ce nom ne désignant en effet souvent qu'une société de personnes pieuses engagées dans l'état ecclésiastique, ou vivant en communauté, quoique séculiers. Cette observation est d'autant plus fondée, que bien que Saint-Lazare porte, dans certains actes, le titre de *couvent*, et son chef celui de *prieur*, les noms de *maison* et de *maître* étaient employés le

---

(1) *De profectione Ludovici VII in Orientem. Recueil des hist.*, t. XII, p. 93.—Jaillot attribue par erreur (t. II, p. 51, quartier Saint-Denis) à Louis VI ce qu'Odon de Dueil dit de Louis VII, son fils.

(2) Voy. Félibien, t. I, p. 192.

(3) *Nundinæ S.-Lazari Pariensis*. Dubreuil, p. 868.

(4) Cette église paraît avoir été élevée sur l'emplacement de l'ancien édifice de Saint-Laurent. Voy. ci-dessus, p. 250.

(5) Lebeuf, t. II, p. 484.

(6) Jaillot, t. II, p. 53.

plus généralement (1). Le parlement était si convaincu que Saint-Lazare n'était point une communauté religieuse, que dans deux différents arrêts, le maître de Saint-Lazare n'est qualifié (quoique cette maison fût administrée par des chanoines de Saint-Victor), que de *prétendu prieur du soi disant prieuré* de Saint-Lazare. Dans les communautés régulières, c'était le chapitre qui nommait les chefs et les officiers, qui ordonnait les visites, veillait sur l'administration temporelle et spirituelle, et tenait la comptabilité; à Saint-Lazare, au contraire, c'était l'évêque seul qui avait le droit de nommer le prieur, c'est-à-dire le chef de la maison, et de le destituer, de visiter la léproserie, de faire des règlements, de les changer, de réformer les abus, de se faire rendre les comptes, etc., etc. (2).

On lit dans le *Gallia christiana* (3), qu'en 1150 Louis VII ayant ramené avec lui de la Terre Sainte douze chevaliers hospitaliers de Saint-Lazare, il leur donna un palais qu'il avait hors de la ville et la chapelle qui en dépendait, laquelle, à partir de cette époque, prit le nom de Saint-Lazare. Mais la maison de Saint-Lazare existait depuis quarante ans, lors du retour de Louis-le-Jeune; et si ce prince la donna aux chevaliers hospitaliers, ce n'est pas d'eux qu'elle prit son nom, puisqu'elle le portait auparavant.

Cette léproserie avait, comme on l'a dit, dès les premiers temps une chapelle. On donna à l'une et à l'autre le nom de *Saint-Lazare*, vulgairement appelé *Saint-Ladre*, car la plus grande partie des établissements de ce genre étaient sous l'invocation de ce saint, et on les a confondus avec les hôpitaux, en les appelant *maladeries*, qui est le nom de ces derniers, au lieu de *maladreries*, qui ne convient qu'aux lieux où l'on traitait des lépreux.

Louis VII fait mention dans plusieurs chartes de la maison de Saint-Lazare, et notamment dans celle de 1164, relative à la fondation de la communauté religieuse de Grammont, au bois de Vincennes, dits les Bons-Hommes de Vincennes, auxquels, d'après la charte, le *couvent* et le *prieur* de Saint-Lazare concédèrent le droit et l'usage qu'ils avaient dans ce bois (4.

L'abbé Lebeuf (5) cite les statuts que Foulques de Chanac, évêque de Paris, fit en 1348, pour la maison de Saint-Lazare. Il est dit dans l'article premier que le prieur sera un frère *donné*, et cependant prêtre; qu'il sera curé des frères et des sœurs, et administrateur des biens. Nouvelle preuve qu'il n'y avait pas à Saint-Lazare un monastère

---

(1) Voir dans Jaillot un grand nombre d'actes portant ces derniers noms.
(2) Jaillot, t. II, p. 54-56.
(3) T. VII, col. 1045.
(4) Félibien, t. I, p. 190. — Jaillot, t. I, p. 54.
(5) Lebeuf, t. II, p. 482. — Jaillot, t. II, p. 56.

proprement dit ; car s'il en avait eu, les religieux n'auraient pas choisi pour mettre à leur tête un frère *donné*. — On sait que les donnés, *donati*, *condonati*, étaient différents de ceux que depuis on a nommés *oblati*, *ablati*. Les uns et les autres pouvaient, dans l'origine, être confondus. Par les premiers on entendait les personnes qui se dévouaient à des monastères auxquels ils donnaient tous leurs biens, ou du moins une grande partie de ce qu'ils possédaient, pour être vêtus, logés et nourris. C'étaient des personnes libres qui prenaient ce parti par un motif de dévotion ou simplement pour vivre dans la retraite. Cette classe de personnes se composait d'ecclésiastiques et de séculiers. Les *oblati* étaient de la condition la plus humble ; ils s'agrégeaient à un monastère pour y rendre les services grossiers qui sont indispensables, et étaient astreints comme les autres à l'obéissance envers l'abbé ou supérieur ; mais il y avait une différence marquée dans leur dévouement et dans leurs fonctions : les premiers ne se donnaient aux monastères que pour s'y sanctifier et y mener une vie douce et paisible ; un contrat solennel déposé sur l'autel formait leur engagement. Les derniers, au contraire, semblaient contracter une nouvelle servitude ; ils se passaient autour du cou la corde des cloches, et se mettaient sur la tête quelques deniers qu'ils déposaient ensuite sur l'autel en signe d'esclavage. Les donnés de la première classe étaient des ecclésiastiques et même des prêtres ; il n'est donc pas étonnant que dans les statuts de Foulques il soit dit que le prieur de Saint-Lazare serait pris parmi les donnés. De là Lebeuf conclut qu'il n'y avait point au xive siècle de religieux à Saint-Lazare.

Cependant, en 1515, l'évêque de Paris ayant reconnu la nécessité d'une réforme dans la maison de Saint-Lazare, y introduisit les chanoines réguliers de Saint-Victor. Mais il paraît que l'administrateur de ces chanoines ne fut pas sans reproche, et qu'ils cherchèrent à s'approprier les biens des pauvres de la maison de Saint-Lazare, qu'ils voulaient faire considérer comme un prieuré. Un arrêt du parlement du 9 février 1566 remédia à cet abus, en ordonnant que le tiers du revenu de Saint-Lazare serait employé à la *nourriture et entretenement* des pauvres lépreux, un autre tiers à la subsistance des religieux, et le tiers restant au paiement des dettes du prétendu prieuré.

Les guerres de religion et les malheurs de la Ligue mirent obstacle à l'exécution de cet arrêt du parlement. Les désordres continuèrent dans la gestion de Saint-Lazare. La subordination y était inconnue, et le temporel mal administré. En 1632, Adrien Lebon, alors principal chef de cet établissement, voyant son autorité méconnue, se détermina à offrir sa maison à l'illustre Vincent de Paul, instituteur et supérieur des Prêtres de la Mission.

Celui-ci, vaincu par ses instances réitérées, consentit à l'accepter.

L'accord fut passé le 7 janvier 1632, et les Prêtres de la Mission s'installèrent à Saint-Lazare en vertu d'un décret d'union donné par l'archevêque de Paris, le 31 décembre de la même année.

Le cardinal de Gondi, en plaçant à Saint Lazare les Prêtres de la Mission, exigea qu'il y eût au moins douze prêtres pour célébrer l'office et les fondations; il les chargea de recevoir les lépreux de la ville et des faubourgs.

Le premier et le principal emploi de la congrégation de Saint-Lazare était de travailler à l'instruction des habitants des campagnes et des petites villes où il n'y avait ni évêché, ni présidial, par l'exercice des missions, sous l'autorité des évêques et avec l'agrément des curés. Le deuxième était de préparer les jeunes ecclésiastiques aux ordinations, par des retraites spirituelles, auxquelles étaient aussi admises les personnes laïques de toutes les conditions. Ces retraites duraient huit jours.

Un bourgeois de Paris qui n'a pas voulu être connu, employa une très grande somme d'argent à fonder à Saint-Lazare quatre cents retraites pour quatre cents curés et prêtres desservants du diocèse de Paris.

A l'extrémité de l'enclos Saint-Lazare, le plus vaste qu'il y eût dans Paris, puisqu'il s'étendait au nord jusqu'à la barrière, et à l'ouest jusqu'au faubourg Poissonnière, était une grande maison, appelée *séminaire Saint-Charles*. C'était une dépendance de celui des prêtres de la mission ; elle était destinée pour les prêtres convalescents et pour les retraites des ecclésiastiques. Ce séminaire occupait une partie d'un enclos, planté d'arbres, qui n'existe plus aujourd'hui.

Il y avait également, dans le même enclos, un bâtiment appelé *le logis du roi*. C'était là que les rois et les reines se rendaient pour recevoir le serment de fidélité de leurs sujets, et faire leur entrée solennelle dans Paris.

« Une coutume sublime voulait que les dernières dépouilles des rois et des reines fussent quelque temps déposées à Saint-Lazare avant d'être portées à Saint-Denis, et qu'elles y reçussent l'absolution de l'eau bénite de tous les prélats du royaume, représentés par l'archevêque de Paris. Jamais la déférence du monarque à l'égalité chrétienne que l'Évangile a proclamée ne s'est manifestée par un symbole plus touchant (1). »

Saint Vincent de Paul, en entrant dans la maison de Saint-Lazare, y avait trouvé un assez grand nombre de personnes que leurs parents ou leurs tuteurs y tenaient enfermées par suite de leur conduite déréglée. Les exhortations de cet homme vertueux ne furent pas perdues pour la majeure partie d'entre elles.

(1) M. Nodier, *Promenades historiques*.

Tous les ans le parlement envoyait des commissaires à la maison Saint-Lazare, afin de connaître ce qui s'y passait, et savoir si tout y était dans les règles. Plus tard le lieutenant-général de police fut seul chargé de cette surveillance.

En 1719 et 1720, les Prêtres de la Mission firent élever sur la grande route qui va à Saint-Denis une longue suite de maisons, et au mois de juin 1724, ils firent mettre à tous les coins des rues de Paris une affiche conçue en ces termes : « S'il se trouvait plusieurs gens de bien, ecclé-
» siastiques ou séculiers, qui désirent de vivre en paix à l'écart du
» grand monde, les prêtres de la maison de Saint-Lazare seraient assez
» disposés à leur procurer à bon compte, près de leur église, un loge-
» ment sain et commode, une grande cour et un beau jardin, une mai-
» son de campagne et toutes les autres choses nécessaires à la vie, tant
» en santé qu'en maladie. »

Ces maisons ne tardèrent pas être occupées, et par des ecclésiatiques et par des familles d'artisans, qui tous se trouvaient commodément logés. Le prix des loyers, quoique modique, produisait des sommes considérables à la mission, vu la grande quantité de logements. Depuis cette époque jusqu'à la révolution, l'administration de Saint-Lazare éprouva peu de changements.

Le 14 juillet 1789, une troupe de malfaiteurs porta le pillage et la dévastation dans cet asile digne du respect de tous, et mit le feu à une de ses granges ; les progrès de ces dévastations furent arrêtés par la milice parisienne, instituée le même jour.

En 1793, Saint-Lazare fut converti en maison de détention ; on y renfermait jusqu'à douze cents personnes, et les Parisiens de toutes les classes en étaient les gardiens. « De ce pieux refuge du malheur, dit M. Nodier (1), la liberté révolutionnaire ne trouva rien de mieux à faire qu'une prison. Le fameux peintre Robert, sauvé de la mort par une erreur de nom, en sortit miraculeusement après le 9 thermidor comme il était sorti des catacombes, quand un hasard inespéré lui rendit le fil qui l'avait conduit. »

Un écrivain du temps, Nougaret, nous apprend ce qu'était alors la prison de Saint-Lazare :

« Les détenus n'ont pas eu beaucoup à se plaindre ici du régime de la prison ni des agents qui y étaient employés, jusqu'à l'arrivée du farouche Verner, élève de Guyard, envoyé par Robespierre pour tourmenter ces malheureuses victimes. Depuis cette époque les prisonniers ont souffert horriblement. Une nourriture aussi malsaine que dégoûtante, du pain abominable, du vin falsifié et empoisonné, causaient une foule de maladies dangereuses ; ceux qui échappaient à la mort n'échappaient

(1) *Promenades historiques dans Paris.*

pas à la faim qui était ordinairement très aiguisée. Ajoutez à cela les terreurs que Verner jetait dans l'âme des détenus, et vous aurez une idée de leur triste position.

» Une chose assez comique, c'était les écrous. Ici on lisait : Vévian, perruquier, prévenu d'imbécillité et de peu de civisme. (Ce malheureux est resté un an au secret.)

« Dans les derniers temps, Hermeau, président des commissions populaires, venait faire un travail sur les listes qui lui étaient présentées. C'était Verner qui était directeur-général des interrogatoires qu'on faisait subir aux prisonniers. On leur demandait : As-tu voté pour Raffet ou pour Henrion? as-tu dit du mal de Robespierre ou du tribunal révolutionnaire? Combien as-tu dénoncé de modérés, de nobles ou de prêtres dans la section? Voilà quel était le cercle ordinaire de demandes qui, au surplus, ne se faisaient que pour la forme ; car une fois les listes arrêtées, ceux qui y étaient signalés avec la croix fatale étaient bien sûrs d'être égorgés. Un des prisonniers qui ont excité le plus d'intérêt est l'auteur des Mois, Roucher. Il passait le temps à former la jeunesse d'un de ses enfants nommé Émile, et cette occupation charmait les ennuis de sa captivité. Le jour qu'il reçut son acte d'accusation, il prévit bien le triste sort qui l'attendait ; il renvoya son fils, à qui il donna son portrait pour le remettre à son épouse. Cet envoi était accompagné du quatrain suivant, adressé à sa femme et à ses enfants :

> Ne vous étonnez pas, objets charmants et doux,
> Si quelque air de tristesse obscurcit mon visage ;
> Lorsqu'un savant crayon dessinait cette image,
> On dressait l'échafaud, et je pensais à vous.

» Je passe à la relation des faits qui se sont passés à Saint-Lazare dans le courant de messidor et de thermidor de l'an II de la république. Depuis long-temps les prisonniers de Saint-Lazare essuyaient les privations des choses les plus nécessaires à la vie; on avait eu la barbarie de refuser du lait à des femmes enceintes ; on ne permettait qu'un seul repas, qui consistait dans quatre onces de viande, deux portions de légumes des plus modiques dont la malpropreté était dégoûtante. Il n'y avait que le pain de supportable. Toutes les lettres étaient interdites ; on confisquait l'argent que nos parents, nos amis nous envoyaient ; on était enfin comme mort à la société, et absolument séparé du monde.

» On pouvait jeter les yeux dans la rue du Paradis par une grande fenêtre, au bout d'un corridor; c'est là qu'on pouvait jouir du bonheur de voir ses parents, ses amis, en tremblant pour leur sûreté, étant à chaque instant exposés à être enlevés par les rondes que les administrateurs de police faisaient faire constamment autour de ces lieux. La mauvaise nourriture, la barbarie du concierge, la solitude morne à laquelle on était livré, tout concourait à fatiguer l'esprit, à abattre l'âme, à entretenir les douleurs. Les vieillards furent les premiers à se ressentir de ce cruel régime. Les administrateurs de police refusèrent avec opiniâtreté de laisser entrer du bouillon, des médicaments; ce n'est qu'après les sollicitations les plus pressantes qu'on put obtenir de faire entrer un peu de tisane et du tabac en poudre (1). »

Roucher ne fut pas le seul poëte enfermé à Saint-Lazare pendant la révolution. André Chénier n'en sortit que pour aller à la Conciergerie, d'où il alla à l'échafaud. C'est à Saint-Lazare qu'il composa ses derniers vers. « La muse, dit M. Nodier, aurait dû sanctifier ce séjour. On y loge maintenant les filles de mauvaise vie. »

Il ne reste plus rien aujourd'hui de l'ancienne léproserie de Saint-Ladre. Vers la fin du XVIIe siècle, ses bâtiments menaçant ruine de tous côtés, les Prêtres des Missions songèrent à les remplacer. Edme Jolli, troisième général de la congrégation, en ordonna la démolition, et fit élever entre les années 1681 et 1684 les vastes et solides constructions qui existent aujourd'hui.

L'église fut le seul bâtiment auquel on ne toucha pas. Elle était petite, et n'avait rien de remarquable. On ne sait à quelle époque remontait sa construction. On pense qu'elle avait été réparée au commencement du XVIIe siècle.

Le chœur de cette église contenait, entre autres épitaphes, celles du saint personnage qui avait jeté tant d'éclat sur cette maison, de saint Vincent de Paul, mort à Saint-Lazare, le 27 septembre 1660, à l'âge de quatre-vingt-quatre ans. Ce héros de l'humanité ayant été béatifié à Rome en 1729 par Benoît XIII, et canonisé en 1737 par Clément XII, son corps fut exhumé en présence de l'archevêque de Paris, et mis dans une châsse d'argent que l'on plaça sur l'autel de la chapelle qui portait son nom.

Dix tableaux représentant les traits les plus remarquables de la vie de saint Vincent de Paul avaient été placés dans l'église de Saint-Lazare. Ces tableaux avaient été peints par de Troy, Baptiste Feret, frère André et Galloche. Ils ont été détruits, ainsi que la bibliothèque du couvent, lors du pillage du 14 juillet 1789.

Depuis la révolution, l'église de Saint-Lazare a servi de succursale à la paroisse de Saint-Laurent. Elle a été démolie vers 1823, pour l'agrandissement des bâtiments de la prison.

La maison Saint-Lazare est destinée maintenant à renfermer les femmes prévenues et accusées de délit et de crimes; celles qui sont condamnées à un emprisonnement de moins d'une année; celles encore

---

(1) *Les prisons de Paris*, t. II, p. 131; t. III, p. 124.

qui sont détenues pour dettes envers l'État, et enfin, les filles publiques privées de leur liberté, soit par suite de jugements, soit par l'effet de dispositions administratives. Les condamnées à la détention, à la réclusion, ou à un emprisonnement de plus d'un an, obtiennent très rarement la permission de rester à Saint-Lazare; on les envoie dans la maison centrale de Clermont (Oise).

On calcule de la manière suivante le terme d'emprisonnement pour dettes envers l'État.

Jusqu'à 15 fr.:	15 jours;
Jusqu'à 50,	1 mois;
Jusqu'à 100,	2 mois;
Pour 100 et au-dessus,	6 mois.

Encore, pour obtenir leur liberté, sont-elles obligées de fournir un certificat d'indigence émané du commissaire de police de leur quartier.

Il est telles dispositions administratives qui prolongent à une année le terme de captivité à laquelle la police, prononçant arbitrairement et souverainement, soumet certaines filles publiques. — Les femmes en prévention peuvent garder leurs enfants, quel qu'en soit le nombre, pourvu que ces enfants ne soient pas âgés de plus de neuf ans. Lorsqu'elles sont condamnées à une peine qui dépasse le temps fixé pour demeurer dans cette maison, les enfants leur sont enlevés au moment du transfèrement, et conduits aux Enfants-Trouvés.

La population annuelle repose sur un nombre de huit à neuf cents; elle était en février 1836 de huit cent soixante-treize. Cette population se divisait de la sorte :

Prévenues, accusées, condamnées,	356
Filles publiques.	517

Les premières donnent à l'infirmerie de quatre-vingts à cent malades, les autres deux cents environ. Le nombre de ces dernières augmentera nécessairement de toutes les filles de Paris qu'on était dans l'habitude d'envoyer à l'hospice du Nord, qui ne doit plus recevoir désormais que des hommes. — Les filles publiques et les condamnées sont astreintes à des ouvrages de couture, de cartonnage, de tulle, et à quelques autres auxquels des femmes peuvent être soumises sans inconvénient. — Un tiers du produit de ces travaux, nommé *denier de poche*, est remis aux travailleuses ; le second tiers est mis en réserve pour leur être donné lors de leur sortie, et le dernier tiers sert à indemniser l'entrepreneur. — Ces prisonnières sont départies dans deux corps de bâtiments construits parallèlement au corps donnant sur la rue du Faubourg-Saint-Denis, et dans les vastes constructions de droite et de gauche, sud et ouest, où viennent aboutir ces trois bâtiments que trois cours séparent intérieurement, indépendamment du chemin de ronde qui sert à isoler toute la maison. De ces trois grands bâtiments, celui de droite et la seconde moitié de celui de gauche portent pour dates de construction, 1681, 1682, 1683, 1684. La première moitié du bâtiment de gauche, où étaient autrefois l'église, la chapelle et l'infirmerie des filles publiques, a été construite de 1823 à 1828.

Tous ces bâtiments ont quatre étages, sont parfaitement aérés, et pourraient renfermer douze cents personnes.

Église paroissiale de Saint-Nicolas-des-Champs. — Cette église, située dans la rue Saint-Martin, entre les n°s 200 et 202 (6e arrondissement), n'était originairement qu'une chapelle bâtie près du monastère de Saint-Martin-des-Champs, sous le titre de Saint-Nicolas, pour les serviteurs de cette abbaye, et pour les habitants qui étaient venus successivement s'établir sur son territoire. Il ne paraît pas qu'elle ait été construite avant l'an 1108, mais il est certain qu'elle existait en 1119 (1). Une bulle du pape Calixte II, de cette année, confirme à cette chapelle, qui était en même temps un prieuré de Saint-Martin, tous les biens qu'elle possédait (2). Elle fut érigée en paroisse vers l'an 1176, et probablement peu de temps après que la construction du monastère de Saint-Martin eut été terminée. Le nombre de ses paroissiens s'étant considérablement augmenté, la cour de l'église, qui jusque là avait servi de cimetière, devint insuffisante; alors l'abbé de Saint-Martin donna à Saint-Nicolas un lieu entouré de murs, que bénit l'évêque de Paris, et qui fut le nouveau cimetière.

L'église fut reconstruite en 1420, et considérablement agrandie en 1525 et 1575. Le grand portail et le bas de la tour paraissent dater de la première époque; après la septième arcade, on remarque un style d'architecture tout différent et beaucoup plus moderne; la croisée, le chœur, le sanctuaire, leurs collatéraux et leurs chapelles, sont de la construction de 1575. Le portail méridional, dont les sculptures sont très belles, est du même temps. Les colonnes de la partie la plus ancienne de l'église sont dans le style gothique; comme elles n'ont pas de chapiteau, les nervures des voûtes sortent du fût même des colonnes.

La dévotion à saint Nicolas avait introduit autrefois des usages assez bizarres. Entre toutes les chapelles qui lui étaient dédiées à Paris, l'église de Saint-Nicolas-des-Champs était celle où se chômait de prédilection sa fête. Depuis une époque immémoriale, les paroissiens de

---

(1) Jaillot, t. II, p. 52. Quartier Saint-Martin-des-Champs,
(2) *Hist. de Saint-Martin*, par Mavrier, p. 157.

Saint-Nicolas-des-Champs avaient coutume, au jour de leur patron, de représenter des *mystères*, où les bourgeois du quartier figuraient Jésus-Christ, les apôtres, Adam, Eve, Abraham, Isaac. On voit, en outre, dans les registres du parlement, que les enfants de chœur de Notre-Dame étaient dans l'habitude de se rendre en mascarade à Saint-Nicolas-des-Champs le jour de la fête du saint, « disant par
» le chemin des facéties (1), c'est-à-dire des mystères. En 1525, le
» jour de Saint-Nicolas, les chapelains, les chantres et les enfants de
» chœur de Notre-Dame, déguisés, allèrent par tout Paris, menant
» une femme à cheval tirée par des gens faits comme des diables,
» et toute environnée d'hommes en habit de docteurs, avec des écri-
» teaux, par devant et par derrière, où était écrit *luthérien*. François Ier
» s'en étant plaint, le doyen et quelques chanoines, par son ordre, fu-
» rent au parlement, à qui le président Gaillard commanda de suppri-
» mer ces sortes de mascarades. Que néanmoins s'ils vouloient envoyer
» leurs chapelains et les autres à Saint-Nicolas-des-Champs, le jour de
» la feste qui approchoit, à eux permis, mais qu'il falloit que ce fût
» avec la bienséance ordinaire et sans se déguiser, à peine d'en répon-
» dre. » Le doyen répondit pour défendre les gens de Notre-Dame,
« que véritablement, le jour de Saint-Nicolas, leurs chapelains et autres
» choristes avoient accoutumé d'aller dire un salut à cette paroisse, et
» que s'il y arrivoit quelque désordre, c'étoit toujours par des gens
» inconnus qui se mêloient parmi eux. » Il fut convenu qu'à l'avenir les chapelains et les enfants de chœur iraient seulement chanter un salut à Saint-Nicolas.

Mais c'étaient surtout les écoliers, et principalement les plus jeunes d'entre eux, qui fêtaient avec le plus d'assiduité ce patron débonnaire. Des historiens rapportent qu'en 1275, le jour de Saint-Nicolas, ils se promenèrent par les rues, dansant, chantant, couverts de masques et de travestissements bigarrés, disant et commettant toutes sortes de bouffonneries. La fête dura tout le jour et toute la nuit. On conçoit facilement que de telles bacchanales, quelque autorité que leur prêtât l'assentiment des mœurs, engendrèrent d'intolérables scandales, et trouvèrent un obstacle croissant dans les améliorations de l'administration publique et de la police de la ville.

En 1554, des personnes restées inconnues pénétrèrent la nuit dans l'église de Saint-Nicolas, mirent en pièces une image de la Vierge, et donnèrent des coups de poignard à une Notre-Dame-de-Pitié qui s'y trouvait aussi (2). Cette violation fut attribuée aux nouveaux religionnaires ; elle fit un grand scandale, et donna lieu à la cérémonie que l'on

---

(1) Lebeuf, t. I, p. 329.
(2) Félibien, t. II, p. 1045, et t. IV, p. 766.

trouve relatée dans le curieux arrêt suivant, extrait des registres du parlement de Paris : « Du jeudy 13 septembre (1554), le jour entre six et sept heures du matin, la court, en robbes rouges et chaperons à bourlet, s'est assemblée au palais, est *allée sur mules* par la rue de la Calendre à l'église de Nostre-Dame, de là en procession jusques au cimetière de Saint-Nicolas-des-Champs, où l'évesque de Paris a remis une imaige de Nostre-Dame au dedans du cimetière, à l'endroict duquel des incongnus, desvoyés de la foy, avoient rompu et despecé aultre imaige de la glorieuse vierge Marie, mère de Dieu, estant par le dehors et sur la rue dudict cimetière. Ce faict, a ladicte court conduict ladicte procession à Saint-Martin-des-Champs, et assisté à la messe solennelle qu'a dicte ledict évesque, pendant laquelle sermon a été fait au peuple dudict cimetière, et la messe achevée, chascun s'est retiré. »

J'ai rappelé les principales dates des restaurations et des agrandissements qui ont entièrement changé la forme et l'aspect de Saint-Nicolas à diverses époques depuis sa fondation. Aujourd'hui cette église, dont la plus grande partie se trouve masquée par des maisons particulières, présente deux frontispices d'un style si différent, que sans les inscriptions qu'on y lit, il serait difficile de croire que toutes deux servent d'entrée au même édifice. Le portail le plus ancien se développe sur la rue Saint-Martin ; mais on entre encore dans cette aile de l'église par une porte bâtarde pratiquée en retour d'équerre sur le flanc du monument. L'autre frontispice, vers le midi, est celui de la rue Aumaire ; il fut construit, en 1576, sous Henri III, ainsi qu'on l'apprend par une table de marbre placée au-dessus de la voûte, en même temps que le chœur et la croisée, comme je l'ai dit. L'architecture en est gracieuse et régulière.

Intérieurement et extérieurement, cette église a eu beaucoup à souffrir des injures du temps et des révolutions Il faut aussi convenir que toutes les restaurations sont loin d'avoir été faites avec habileté. L'église a de doubles bas-côtés ; mais leurs colonnes et leurs voûtes ont éprouvé plusieurs mutilations qui les défigurent.

On voit dans les chapelles, parmi les tableaux donnés par la ville de Paris, plusieurs peintures d'autant plus remarquables que l'on est fort étonné de les y rencontrer. On doit signaler entre autres une espèce de triptyque peint sur bois, et représentant un Crucifiement. Le tableau du milieu, d'une manière flamande, paraît contemporain du portail de Henri III. Les deux volets qui l'accompagnent semblent avoir été ajoutés dans le siècle suivant, et rappellent beaucoup le genre de Jordaens. Le tableau du maître-autel, l'*Assomption de la Vierge*, est de Simon Vouet, maître fort en vogue sous Louis XIII. L'architecte Boulan a décoré la chapelle de la Communion. Deux anges sculptés par Sarrazin décoraient autrefois le sanctuaire.

C'est dans cette église que fut enterré, en 1676, *Henri de Valois*, célèbre historiographe, ainsi que son frère Adrien, mort en 1682. La fameuse *mademoiselle de Scudéry*, morte en 1701, à l'âge de quatre-vingt-quatorze ans ; *Guillaume Budé*, philologue distingué, l'un des plus savants hommes de son temps, mort en 1540, y furent également inhumés. Budé ordonna par son testament « qu'on le portât en terre, de nuit et sans semonce, à une torche ou deux seulement. » Cette prescription somptuaire le fit soupçonner de calvinisme. Mellin de Saint-Gelais composa pour le défunt l'épitaphe suivante :

Qui est le corps que si grant monde suit?
— Las! c'est Budé au cercueil estendu.
Que ne font donc les cloches plus grand bruit?
— Son bruit sans cloche est assez répandu.
Que n'a-t-on plus en torches despendu,
Suivant la mode acoutumée et saincte?
— Affin qu'il soit par l'obscur entendu
Que des Français la lumière est esteincte.

Pierre Gassendi, qui renouvela le système d'Épicure et attaqua le cartésianisme, au XVIIe siècle ; l'infortuné *Théophile Viaud*, l'un de ces écrivains que Boileau a immolés dans ses satires, et qui fut brûlé en effigie à cause de la publication du Parnasse des vers satiriques, ont été aussi enterrés à Saint-Nicolas-des-Champs.

Saint-Pierre-aux-Bœufs. — Lorsque l'abbaye de Saint-Éloi eut été donnée, en 1107, à l'abbé de Saint-Maur-les-Fossés, sa suppression donna lieu à l'érection de plusieurs paroisses sur son territoire ; de ce nombre fut la petite église de Saint-Pierre-aux-Bœufs. Elle était située dans la rue du même nom, qui a changé de dénomination tout récemment, ou plutôt qui vient d'être remplacée par une autre rue plus large et plus régulière, la rue d'Arcole.

L'époque précise de la construction de Saint-Pierre-aux-Bœufs n'est pas connue ; mais il faut certainement la placer entre les années 1107 et 1136. A cette dernière date, elle est nommée pour la première fois dans une bulle d'Innocent II.

Suivant l'opinion la plus répandue, cette église a été autrefois la paroisse des bouchers de la Cité ou le lieu de leur confrérie. C'est ainsi qu'on explique et le surnom qu'elle portait et les deux têtes de bœuf qui étaient autrefois sculptés sur son portail (1). D'autres ont pensé qu'on y marquait les bœufs avec une clef ardente pour les préserver de certaines maladies (2). On a aussi attribué l'origine de ce surnom à un

---
(1) Jaillot, quartier de la Cité, t. I, p. 157.
(2) Brice, *Descript. de la ville de Paris*, t. IV, p. 272.

miracle. « Sous le règne de Louis XII, dit Saint-Foix, un écolier nommé Hémon de la Fosse, natif d'Abbeville, à force de lire et d'admirer les auteurs grecs et latins, devint assez fou pour se persuader qu'il n'était pas possible que la religion d'aussi grands génies qu'Homère, Cicéron et Virgile, ne fût pas la vraie. Le 25 août 1503, étant entré dans la Sainte-Chapelle, il arracha l'hostie des mains au moment de l'élévation, en disant « : Quoi ! toujours cette folie ! » Il fut arrêté et mis en prison. On retarda son supplice de plusieurs jours, dans l'espérance qu'il abjurerait ses extravagantes erreurs et qu'il reconnaîtrait son crime ; mais toutes les représentations et les exhortations qu'on lui fit furent inutiles. Il persista toujours à soutenir que Jupiter était le souverain dieu de l'univers, et qu'il n'y avait point d'autre paradis que les Champs-Élysées. Il fut brûlé vif, après qu'on lui eut percé la langue et coupé le poing. J'ai ouï conter qu'à la procession solennelle qu'on fit en réparation de l'action sacrilége de cet écolier, deux bœufs que l'on conduisait à la boucherie de l'Hôtel-Dieu, et qui se trouvèrent à la porte de la petite paroisse de Saint-Pierre, s'agenouillèrent devant le Saint-Sacrement ; et que les deux figures de bœuf, en pierre et en relief, qu'on voyait sur le portail de cette paroisse, et qui viennent d'être enlevées, sont un monument de ce miracle (1). » Pour démontrer la fausseté de cette tradition, il suffit de remarquer, comme l'a fait Saint-Foix lui-même, que le surnom de Saint-Pierre-aux-Bœufs est donné à cette église dans tous les titres, plusieurs siècles avant la procession de 1503.

Le savant Lebeuf, que Jaillot prétend être « personnellement intéressé à donner à ce surnom une origine moins commune, » assure, contre la vérité, qu'il n'y avait ni bouchers ni étaux dans la Cité (2) ; et il considère les deux têtes de bœuf comme les armes parlantes d'une famille ancienne surnommée *aux Bœufs* (3), qui aurait fondé l'église ; mais sa conjecture ne s'appuie sur aucun fait précis. M. Dulaure s'est contenté de la reproduire.

L'église de Saint-Pierre-aux-Bœufs, quoique petite, était très haute originairement, si l'on en croit Lebeuf. « L'édifice de cette église, dit-il, a été fort élevé lors de sa bâtisse, qui ressent le XIII° siècle. Il n'y avait dans la longueur que trois arcades ; mais elles étaient surmontées

---

(1) *Essais histor. sur Paris*, église Saint-Pierre-aux-Bœufs, t. I.

(2) Il est certain que les bouchers avaient très anciennement des étaux au parvis Notre-Dame. Le fameux Caboche, au XIV° siècle, était un des étalagistes du parvis. Voy. Delamare, *Traité de la police*, t. II, liv. V, titre XX.

(3) Lebeuf ajoute : « Un célèbre prédicateur cordelier, confesseur de la reine Isabeau de Bavière, en 1418, se nommait Pierre-aux-Bœufs. On conserve chez les Célestins de Paris un volume manuscrit de ses sermons prêchés devant le roi Charles VI. » *Hist. de la ville et du dioc. de Paris*, t. II, p. 513.

de hautes galeries dont on voit encore les restes, principalement au-dessus de la porte par le dedans (1). »

L'église de Saint-Pierre-aux-Bœufs, supprimée en 1790, n'a été démolie qu'en 1837, lorsqu'on fit l'alignement de la rue d'Arcole. Le portail, remarquable par l'élégance de son architecture, n'a point été détruit. Les pierres en ont été numérotées et enlevées avec précaution. Peut-être ce curieux spécimen de l'art gothique au XIIIe siècle sera-t-il placé prochainement dans une des cours de l'École des Beaux-Arts.

La maison rue d'Arcole, n° 15, qui a remplacé Saint-Pierre-aux-Bœufs, porte sur sa façade cette inscription : *Sur cet emplacement était autrefois l'église de Saint-Pierre-aux-Bœufs dont on ignore l'origine, mais qui existait déjà en 1136. Démolie en 1837.*

Chapelle de Saint-Bont. — Cette chapelle, qui occupait autrefois, dans la rue de son nom (7e arrondissement), l'emplacement de la maison n° 8, est mentionnée pour la première fois dans une bulle déjà citée de l'an 1136. Elle appartenait alors à l'abbaye de Saint-Maur-des-Fossés, et avait dépendu auparavant de l'abbaye de Saint-Éloi (2).

Lebeuf croit qu'elle fut d'abord sous l'invocation de Sainte-Colombe, et que cette chapelle de Sainte-Colombe est celle dont parle saint Ouen dans la vie de saint Éloi. « Saint Ouen, dit Lebeuf, ayant orné le tombeau de sainte Colombe de Sens, a pu porter des reliques de la sainte quand il vint à Paris, ainsi que celles d'un saint *Baldus*, mort à Sens lors des ravages des Normands. Ces reliques furent mises ensuite dans l'abbaye Saint-Pierre-des-Fossés, dont les religieux ne rapportèrent ensuite que les reliques de saint *Baldus* à la chapelle de Sainte-Colombe, qui changea de nom lorsqu'elle fut rebâtie comme dépendance de Saint-Éloi. Ce saint est le même que celui de Sens, dont le prieuré célébrait la fête sans faire aucune mention de saint Bonit ou Bonet, évêque de Clermont, et c'est dans les titres civils que les notaires, au lieu d'appeler cette chapelle *Sanctus-Baldus*, voyant que dans la langue vulgaire on disait *Saint-Bont*, ont rendu ce nom en latin par *Bonitus*; ce qui fut cause que dans les derniers temps, on oublia le saint *Baldus* de Sens pour honorer saint Bonet de Clermont (3). »

Il est difficile d'admettre toutes ces conjectures de Lebeuf; et je me contenterai de faire remarquer que le nom latin *Baldus* n'aurait certainement pas été traduit en français par *S.-Bont*, mais par *Baud* ou *Bauld*.

Cette chapelle n'a jamais été paroisse. Quelques familles juives demeuraient au moyen âge dans une rue voisine, dans la rue même de

---

(1) Lebeuf, t. II, p. 514.
(2) Voy. p. 264.
(3) T. II, p. 515, et *Dissertat. sur l'hist. de Paris*, t. III, p. 44.

Saint-Bont, d'après quelques uns, dans celle de la Tacherie, d'après d'autres (1) ; et cette rue est appelée dans un titre de 1261 la *Juiverie de Saint-Bont*, *Judearia S.-Boniti*, et en 1284 la *Vieille-Juiverie*, *Vetus-Judearia*.

Saint-Bont avait une des plus anciennes tours de Paris, dont la construction pouvait remonter au XIe siècle. Le reste de l'édifice était d'une architecture grossière, et n'offrait rien de remarquable. Le sol des environs s'étant progressivement exhaussé, il fallait descendre quelques marches pour entrer dans l'église. Cette chapelle fut supprimée en 1792, et servit alors de corps de garde ; elle fut plus tard démolie, et sur son emplacement on construisit une maison particulière.

Église de Saint-Martin, près Saint-Marcel. — Petite église située autrefois à l'angle septentrional de la rue des Francs-Bourgeois, au cloître Saint-Marcel, et sur laquelle on ne connaît rien de remarquable.

Elle dépendait de l'église de Saint-Marcel, et elle se trouve citée pour la première fois dans le continuateur de la chronique de Sigebert de Gemblours, qui en parle sous l'an 1129, en lui attribuant la guérison miraculeuse d'un malade, et l'appelle *Ecclesiola S.-Martini*, petite église de Saint-Martin.

Érigée en paroisse au commencement du XIIIe siècle, elle fut probablement reconstruite en partie, du moins en 1544, puis considérablement agrandie en 1678.

En 1656, un jardinier de la paroisse trouva dans un jardin, sur le terrain de l'ancien cimetière de Saint-Marcel, tout près de Saint-Martin, soixante-quatre cercueils de pierre, appartenant sans doute à des chrétiens des premiers temps ; tous les squelettes avaient les mains pendantes le long des côtés, et les pieds tournés vers l'orient. De toutes ces sépultures, une seule portait une inscription qui nous a été conservée par l'abbé Lebeuf et que j'ai reproduite (3).

L'église de Saint-Martin fut démolie vers l'an 1808.

Écoles de Paris. — On peut dire que sous le règne de Philippe Ier l'anarchie était complète ; le désordre semblait porté au comble ; jamais le lien social n'avait paru si près d'être brisé ; cependant jamais la France n'avait fait des progrès si réels que pendant les quarante-huit années de la durée de ce règne. Philippe laissa en mourant à Louis VI un peuple tout autre que celui qu'il avait reçu de son père. Les villes étaient plus nombreuses, plus peuplées, plus industrieuses, plus libres ; la che-

---

(1) Jaillot, t. III, p. 9, quartier de la Grève.
(2) Voy. ci-dessus, p. 44.

valerie dans les châteaux avait inspiré des vertus nouvelles; la langue s'était formée.

Les progrès de l'esprit se manifestaient en même temps par le zèle qui se réveillait pour les études, et par la gloire et le crédit que la science procurait à ceux qui la cultivaient. Le clergé, seul capable de diriger les travaux intellectuels, élevait aux plus hautes dignités ceux qui se distinguaient dans les lettres. Aussi toute éducation savante avait-elle principalement pour objet la théologie ou la philosophie scolastique.

Ecole épiscopale ou *Ecole du Parvis.* — Paris fut, de tout le pays au nord de la Loire, le lieu où se manifesta et se perpétua avec le plus d'efficacité ce mouvement de progrès. Dès le IXe siècle, comme on l'apprend par le grand pastoral de Paris, il existait dans cette ville, près de la cathédrale et peut-être dans la maison de l'évêque, une école où l'on enseignait publiquement. On manque de renseignements sur cette école jusqu'au XIe siècle; on sait qu'à cette époque, Robert d'Arbrissel, le célèbre fondateur de l'abbaye de Fontevrault, Marbodus, plus tard évêque de Rennes, et Yves, qui devint évêque de Chartres, ont professé à l'école épiscopale de Paris.

Ce n'est toutefois que sur la fin du règne de Philippe Ier, et sous celui de Louis VI, que l'on connaît avec quelque détail les professeurs et les objets de leur enseignement. Parmi les maîtres de l'école épiscopale qui se faisaient alors distinguer, étaient Adam-de-Petit-Pont, qui enseignait la grammaire, la rhétorique et la dialectique; Pierre-le-Mangeur (1); Michel de Corbeil et Pierre-le-Chantre, qui enseignaient la théologie ascétique; Jean, auteur de la fameuse secte des Nominaux, et Roscelin, chanoine de Compiègne, qui fut le premier maître d'Abailard.

Mais le plus célèbre des maîtres de l'école de la cathédrale, celui qui par son enseignement lui donna la plus grande célébrité et l'éleva au-dessus des écoles de Reims, d'Orléans, de Chartres, ses rivales, c'est Guillaume de Champeaux (2). Formé sous Anselme de Laon, Guillaume, venu à Paris, y enseigna la rhétorique, la dialectique et la théologie. Ses succès lui valurent le premier archidiaconé de Paris. Cette dignité ne l'empêcha point de continuer ses leçons, et le nombre de ses élèves grandit de jour en jour. Parmi eux était le jeune Pierre Abailard, qui devait reconnaître si mal les soins qu'il recevait de son maître. Fatigué, aigri de ses luttes avec cet écolier ingrat, Guillaume se retira à Saint-Victor où il fut engagé à reprendre son enseignement (3).

Ecoles des Monastères. — Indépendamment de l'école épiscopale,

(1) Voir ci-dessus, p. 404. — (2) Voir art. *Saint-Victor*. — (3) Voir art. *Saint-Victor et son école*.

Paris avait encore celle du monastère de Sainte-Geneviève et celle de Saint-Germain-l'Auxerrois, qui donna son nom au *quai de l'École*. J'ai parlé de ces écoles aux articles de chacun de ces établissements (1). Saint-Germain-des-Prés avait aussi la sienne, qui fut fondée vers l'an 790, par l'abbé Trobat Ier. Elle produisit entre autres écrivains, Usuard, auteur du martyrologe qui porte son nom; Aimoin, chancelier du monastère et directeur de l'école, différent d'Aimoin l'historien ; et Abbon, son disciple, auteur du poëme sur le siége de Paris par les Normands.

Bientôt les écoles ne suffirent plus, le chapitre de la cathédrale fonda celle de Saint-Julien-le-Pauvre ; Guillaume de Champeaux celle de Saint-Victor ; le nombre des étudiants augmentant toujours, on établit les écoles des Quatre-Nations, le collége des Bons-Enfants, celui de Saint-Nicolas-du-Louvre et le collége de Sainte-Catherine-du-Val-des-Écoliers. Il fut enfin permis, en 1244, d'enseigner les sciences partout où l'on voudrait (2).

École d'Abailard. — Au moment où, plus puissante que jamais, l'Église était la seule source de toute science, il arriva qu'un simple laïque, un jeune homme inconnu, le fils d'un petit châtelain de la Bretagne, monta en chaire, et se mit à enseigner au milieu de Paris. C'était une chose qu'on devait à peine croire à cette époque, et ce fut un événement de haute portée que ce premier envahissement de la pensée, du libre arbitre sur les doctrines de soumission aveugle imposées par la foi catholique. Aussi cette école nouvelle fut celle d'où sortirent Guy du Châtel, depuis cardinal et pape sous le nom de Calixte II; Pierre Lombard, évêque de Paris; Godefroy, évêque d'Auxerre; Bérenger, évêque de Poitiers; saint Bernard; enfin les docteurs les plus célèbres de leur temps. Cette école était celle d'Abailard, école trop illustre pour n'avoir pas une place distincte dans l'histoire de Paris. Pierre Abailard était né en 1079, à Palais, petit bourg situé à quelques lieues de Nantes, et dont son père était seigneur. Son goût l'entraîna vers l'étude dès l'âge le plus tendre, et pour s'y livrer avec moins de distraction, il abandonna à ses frères son droit d'aînesse et ses biens. Il était doué d'une facilité prodigieuse qu'il appliqua surtout à approfondir la philosophie scolastique. Quoique la Bretagne possédât alors des savants distingués parmi ses professeurs, Abailard eut bientôt épuisé toute leur science. Il vint chercher des maîtres plus illustres à Paris, dont l'Université attirait des écoliers de toutes les parties de l'Europe. A la tête des plus fameux docteurs de l'Université de Paris était, comme on l'a vu, Guillaume de Champeaux, archidiacre de Paris, le plus redoutable dialecticien de son temps. Abailard suivit assidûment ses leçons, et bientôt il en avait tiré si bon

(1) Voy. p. 170, 242. — (2) Sauval, t. I, p. 17.

profit que souvent le maître se trouvait embarrassé par les interpellations de l'écolier, dans ces assauts de science et de subtilités qu'on appelait thèses publiques. A l'amitié qui les avait unis d'abord, la haine succéda vite, lorsque Guillaume de Champeaux s'aperçut que son jeune auditeur, non moins orgueilleux qu'habile, ne disputait avec lui que pour l'embarrasser, et ne l'embarrassait jamais que pour l'humilier. Ses autres élèves prirent son parti ; et autant pour éviter l'orage qui se formait autour de lui, que pour se fortifier encore et le mieux braver par la suite, Abailard, qui n'avait encore que vingt-deux ans, quitta brusquement Paris, et se retira à Melun, puis à Corbeil. Le bruit de ses succès le suivit partout, et une foule d'étudiants abandonnèrent Paris pour l'entendre et l'admirer. L'envie et la persécution le suivirent aussi ; et tant par les chagrins qui l'assiégeaient déjà que par suite de l'excessive assiduité de ses études, il tomba malade, et fut obligé de retourner dans son pays natal.

Au bout de deux ans, Abailard était de retour à Paris, réconcilié avec son ancien maître, et tout-puissant. C'est alors qu'il ouvrit, sur la montagne Sainte-Geneviève, son école de rhétorique. Ce fut l'éclat extraordinaire de cette école qui fit bientôt déserter toutes les autres, produisit des élèves si renommés, et eut tant d'influence sur la philosophie du moyen âge. Ses leçons furent souvent suivies par trois mille écoliers à la fois ; et comme aucune salle n'était assez grande pour les contenir, il professait presque toujours en plein air. Il fonda ainsi la réputation des écoles de Paris, et dans un temps où le savoir scolastique était la route certaine vers les dignités du clergé, le moyen le plus assuré pour les hommes d'une naissance obscure de parvenir au pouvoir et à la richesse, on vit se manifester pour les études une ardeur dont les siècles précédents n'avaient point donné d'exemple. La réputation d'Abailard attira une si grande foule d'étudiants aux écoles de Paris, que leur nombre, dit-on, surpassa quelquefois celui des citoyens (1).

L'école d'Abailard à Paris fut ouverte jusqu'en 1120, époque à laquelle le triste dénouement de ses amours avec Héloïse l'obligea à s'aller renfermer dans l'abbaye de Saint-Denis. Abailard n'était pas seulement un docteur scolastique ; il était homme du monde, poëte et musicien. Héloïse, nièce d'un chanoine de la cathédrale de Paris, occupait l'attention de toute la ville par ses grâces, son mérite et son savoir. Abailard la vit et en devint éperdument amoureux. Il s'introduisit dans la maison du chanoine Fulbert, sous le prétexte de donner des leçons à sa nièce, et bientôt le bruit de leur liaison devint public (2). Fulbert, le dernier qui l'apprit, en fut instruit par les chan-

---

(1) *Hist. litt. de France*, t. IX, p. 78. — (2) On montre encore dans la Cité une maison qu'on dit avoir été celle de Fulbert. Voy. *rue des Chantres*.

sons qu'Abailard avait composées en l'honneur de sa maîtresse, et qu'on répétait dans les rues. Pour la soustraire aux mauvais traitements de l'oncle furieux, Abailard s'enfuit avec Héloïse en Bretagne, où elle lui donna un fils qui ne vécut point. Peu après il l'épousa, et, toujours pour la tenir éloignée de Fulbert, il la conduisit au couvent d'Argenteuil. Fulbert, se figurant qu'il avait dessein de l'abandonner, résolut d'en tirer une atroce vengeance ; il le fit surprendre par ses gens pendant la nuit, et lui fit subir une horrible mutilation. L'assassin fut dépouillé de ses biens et exilé ; mais Abailard dut aller cacher son désespoir et sa honte au monastère de Saint-Denis, dont le supérieur était alors l'abbé Suger.

Héloïse prit le voile à Argenteuil, et son malheureux amant prononça ses vœux le lendemain. Mais ses écoliers le vinrent chercher jusque dans son monastère, et le pressèrent de reprendre ses leçons, qu'il reprit en effet à Provins, puis au Paraclet, près de Nogent-sur-Seine, où il fonda un monastère. Malgré les fréquentes et douloureuses interruptions que lui suscitèrent ses ennemis, qui l'accusaient d'hérésie et d'impiété, son école fut ouverte jusqu'en 1126, époque à laquelle il fut nommé supérieur de l'abbaye de Saint-Gildas en Bretagne.

Abailard termina sa vie au prieuré de Saint-Marcel, près Châlons-sur-Saône, en 1142. Héloïse mourut, vingt-deux ans plus tard, abbesse du Paraclet, le 17 mai 1164, à l'âge de soixante-trois ans.

Grand-Châtelet. — Je parlerai plus bas de la juridiction et des attributions du Châtelet ; occupons nous d'abord du monument en lui-même.

Le Châtelet était situé au bout du Pont-au-Change, sur le terrain où est aujourd'hui la place qui porte son nom. Lorsqu'on reconstruisit les ponts par lesquels on entrait dans Paris, on éleva des châteaux de bois ou des tours à leurs extrémités pour en défendre l'entrée, et les mettre à l'abri des incursions si souvent renouvelées des Normands. Il est vraisemblable qu'il y avait fort anciennement deux de ces espèces de forteresses, l'une à la tête du pont, l'autre à l'entrée de la Cité, et qu'elles avaient assez de circonférence pour contenir les machines de guerre et les soldats appelés à leur défense.

L'opinion qui attribue la construction du Grand et du Petit-Châtelet à César est dénuée de toute preuve. Corrozet (1) dit qu'il fut fondé par Julien, ou quelques uns des princes qui lui succédèrent. Malingre (2), le commissaire Delamare (3), dans son *Traité de la police*, et d'autres historiens de Paris, en font honneur à César. « Le nom de *chambre de César*, dit Delamare, qui a demeuré à l'une des chambres du Châtelet,

(1) Fol. 4, verso. — (2) P. 659. — (3) T. I, p. 71.

et l'inscription *tributum Cæsaris*, gravée sous une arcade, et qui subsistoit encore à la fin du XVIe siècle, ne laissent aucun lieu de douter que cette forteresse ait été bâtie, ou par les ordres de ce prince, ou sous le règne de quelqu'un des premiers Césars. » Voici ce que dit Jaillot (1) à ce sujet : « On n'a peut-être eu en vue en donnant ce nom à une chambre, et en le gravant sur la porte d'un bureau, que d'indiquer le droit du prince à qui le tribut étoit dû, et le lieu où il se percevoit, suivant le précepte de l'Évangile : *Rendez à César ce qui appartient à César*. Ce tribut des Parisiens pouvoit et devoit être perçu, à l'entrée de la ville et de la Cité, sur les marchandises qui arrivoient par eau en cet endroit, d'où plusieurs auteurs l'ont nommé mal à propos l'*Apport de Paris*; le parloir aux bourgeois ou la juridiction de la ville y étoit situé, et ces deux circonstances suffirent pour autoriser la dénomination de *chambre de César* et l'inscription *tributum Cæsaris*. » Quoi qu'il en soit, on ne trouve rien de certain sur l'existence de cet édifice avant le XIIe siècle. Il est possible qu'il eût remplacé quelque monument moins considérable des deux premières dynasties. Jaillot, qui a fait, comme on sait, de grandes recherches sur les antiquités de Paris, n'a pu découvrir la véritable époque de l'établissement de la juridiction qui y tenait ses séances, ni celle où elle y fut placée.

L'existence du Châtelet est bien constatée pour le règne de Louis VII. Une charte de ce prince, qui donne la place *des Pêcheurs* à l'abbaye de Montmartre, porte que cette place était située entre la maison des bouchers et le *Châtelet du roi* (2). Ces derniers mots, qui ne se trouvent dans aucun acte postérieur, font croire qu'ils signifiaient le château bâti par le roi. On a aussi l'assurance que sous Louis VII cette forteresse servait de demeure au prévôt de Paris, ce qui autoriserait à supposer qu'elle avait été construite sous le règne précédent, soit en bois, comme beaucoup de châteaux de cette époque, soit en pierre.

Saint Louis, qui se proposait de réformer les abus existants dans la prévôté de Paris devenue vénale, voulant réparer et agrandir le Châtelet siége du prévôt, fit de grandes acquisitions en 1242, 1257, 1258, 1260 et 1265 (3).

Les bâtiments du Grand-Châtelet tombant en ruine en 1460, Charles VII transféra la juridiction au Louvre. Malgré les dons considérables que fit Charles VIII, en 1485, pour subvenir à la dépense des réparations du Châtelet (4), elles ne furent terminées qu'en 1507; alors Louis XII ordonna aux officiers du Châtelet d'aller y reprendre leurs séances. De nouvelles réparations obligèrent encore dans la suite d'en faire sortir le tribunal, qui, cette fois, fut établi aux Grands-Augustins.

(1) T. I, p. 15. — (2) *Inter domum carnificium et regis Castellucium*. — (3) *Trésor des chartes*. (4) *Livre rouge neuf*, fol. 105.

Dès 1672, Louis XIV avait déclaré que son intention était de faire construire un nouveau Châtelet plus spacieux que l'ancien. L'exécution de ce projet ne commença qu'en 1684 : on acheta trois maisons, on démolit l'église Saint-Leufroy (1), on conserva quelques tours anciennes, on reconstruisit les salles, et l'on en augmenta le nombre ; enfin le Châtelet fut mis dans l'état où on le voyait encore à l'époque de la révolution ; il n'était resté que quelques tours de l'ancien édifice, sous lequel était le passage étroit, obscur et humide qu'on était obligé de franchir en allant du Pont-au-Change à la rue Saint-Denis.

Comme la plupart des édifices publics, le Châtelet avait sa chapelle ; elle avait été fondée, au commencement du XIVe siècle, par Philippe-le-Long, sous le titre de la sainte Vierge, de saint Louis et de saint Didier, martyr.

Le parlement allait tenir séance au Châtelet quatre fois dans l'année : le mardi de la semaine-sainte, le vendredi avant la Pentecôte, la veille de saint Simon et saint Jude, et deux jours avant la Noël. A l'exemple de cette illustre compagnie, le Châtelet avait sa basoche, composée de tous les clercs de la cour. Elle avait un prévôt et quatre trésoriers, formant un tribunal pour juger leurs différends ; un ancien conseil, composé des procureurs et des commissaires, jadis officiers des clercs, prononçait sur les appels. Cette basoche se qualifie dans une de ses ordonnances, rendue le 22 août 1759, la *basoche régnante en titre et triomphe d'honneur*. Le jour de saint Nicolas elle donnait un dîner et des fêtes, et représentait des mystères et des pastorales. La communauté des clercs de notaires au Châtelet, en 1483, à l'entrée de la reine, joua un mystère dont les frais s'élevèrent à 16 livres.

Les clercs de la chambre des comptes, ceux du parlement, célébraient autrefois des fêtes ou cavalcades en parcourant les rues de Paris à cheval et vêtus de longues robes. Les clercs du parlement étaient dans le même usage, et l'ont conservé seuls jusqu'à la révolution. Cette marche triomphale se nommait la *montre*. Elle était ouverte par une musique guerrière composée de timbales, de trompettes, de hautbois ; puis venaient des clercs portant les attributs de la justice militaire, comme le casque, la cuirasse, les gantelets, le bâton de commandement et la main de justice ; enfin quatre-vingts huissiers ou sergents à cheval, cent quatre-vingts sergents à verge, précédés de leurs trompettes et timbales, et portant leurs signes d'honneur. Ceux qui figuraient dans cette partie de la cavalcade portaient tous des habits courts et de diverses couleurs.

A la fin de la marche se trouvaient des personnages importants. Après cent vingt huissiers-priseurs, vingt-huit audienciers couverts de leurs

---

(1) Voy. p. 368.

robes du palais, douze commissaires au Châtelet en robe de soie noire, un des avocats du roi, un des lieutenants particuliers, et enfin le lieutenant civil, venaient tous en robe rouge. Des greffiers du Châtelet et quelques huissiers fermaient la marche. La cavalcade se portait successivement chez le chancelier, le premier président, le procureur général et le prévôt de Paris.

Tous les lieux de justice avaient autrefois leurs prisons. Celles du Grand-Châtelet, malsaines et mal construites, révoltaient à la fois la vue et l'odorat. Les prévenus de délits ou de crimes quelconques les expiaient, pour ainsi dire, en partie, par les souffrances et les angoisses qu'ils enduraient pendant leur emprisonnement préventif. Ces prisons se divisaient, suivant Sauval, en huit parties ou prisons particulières, dont voici les noms : le *Berceau*, le *Paradis*, la *Grièche*, la *Gourdaine*, le *Puits*, les *Chaînes*, la *Boucherie*, les *Oubliettes*. On voit par une ordonnance de Henri VI, roi d'Angleterre, qui se qualifiait aussi de roi de France, donnée au mois de mai 1425, qu'il y avait alors quinze prisons au Châtelet ; dix d'entre elles étaient moins horribles que les cinq autres, puisque les lits y étaient payés plus cher : on les nommait les *Chaînes*, *Beauvoir*, la *Motte*, la *Salle*, les *Boucheries*, *Beaumont*, les *Grièches*, *Beauvais*, *Barbarie*, *Gloriette*. Les prisonniers payaient, par nuit, 4 deniers pour un lit, et 2 deniers pour la place. Dans la *Fosse*, le *Puits*, la *Gourdaine*, le *Berceuil* ou *Berceau*, les *Oubliettes* et *entre deux huis* (portes), les prisonniers ne payaient que 1 denier par nuit. A l'entrée, pendant le séjour et à la sortie, ils devaient acquitter un droit de *geôlage*. Les prix d'entrée et de sortie étaient réglés ainsi qu'il suit : un comte et une comtesse, 10 livres ; un chevalier banneret et une dame bannerette, 1 livre ; un simple chevalier ou une simple dame, 5 sous ; un écuyer ou simple demoiselle noble, 12 deniers ; un juif ou une juive, 11 sous ; toutes autres personnes, 8 deniers. Dans les comptes de la prévôté de Paris, on lit cet article : *Poulie de cuivre servant à la prison de la fosse du Châtelet*. Il paraît que les prisonniers étaient descendus dans le cachot dit la Fosse par une ouverture pratiquée à la voûte du souterrain, comme on descend un seau dans un puits. Peut-être que cette fosse était celle qu'on nommait *chausse d'Hypocras*, où les prisonniers avaient les pieds dans l'eau, et ne pouvaient se tenir ni debout ni couchés. Sa forme devait être celle d'un cône renversé. Ordinairement, les prisonniers y mouraient après quinze jours de détention. Un autre cachot avait reçu le nom de *Fin d'aise*; il était rempli d'ordures et de reptiles. Au reste, la plupart des noms de ces prisons, et notamment celle qu'on nommait les *Oubliettes*, en donnent une affreuse idée. Conformément à la déclaration royale du 23 août 1780, tous les cachots construits sous terre furent détruits.

Au mois de juin 1418, et dans les journées de septembre 1792, la faction soudoyée par le duc de Bourgogne et les assassins aux gages de la commune, massacrèrent les prisonniers de cette maison; mais en 1792, le nombre en fut moins grand que dans les autres prisons, parce que la plupart de ceux qui s'y trouvaient y étaient détenus pour crimes capitaux et étrangers à la révolution.

Lors des premiers événements de la révolution, les clercs du Châtelet formèrent un corps de troupes qui se prononça vivement pour les idées de réforme et d'indépendance. Il fut dissous le 7 septembre 1790, par l'assemblée constituante.

La juridiction du Châtelet elle-même fut supprimée en 1792, et ses bâtiments n'étant point utilisés, non plus que ses prisons, ils furent démolis en 1802.

Juridiction. — Dans l'impossibilité de suivre l'histoire de la juridiction du Châtelet dans tous ses changements, je ne parlerai que de son dernier état avant la révolution.

La justice se rendait au Châtelet au nom du prévôt de Paris, et quand la prévôté était vacante, les actes s'intitulaient au nom du procureur-général du parlement, garde-né de la prévôté, et qui en remplissait les fonctions à la mort du titulaire jusqu'à la nomination de son successeur.

Le prévôt de Paris était le chef du Châtelet et représentait le roi dans cette cour de justice. Il y avait aussi toujours pour ce motif dans la salle d'audience un dais toujours dressé. — Le prévôt était chef de la noblesse, commandait l'arrière-ban, et n'était point dépendant des gouverneurs, tandis que les baillis et les sénéchaux leur étaient soumis. Il avait douze gardes de toute ancienneté qui, selon un arrêt de 1566, devaient avoir « mousquetons et hallebardes en le suivant à l'audience et par la ville. » Ces gardes remplissaient les fonctions d'huissiers dans Paris et tout le royaume.

Dans les lits de justice tenus par le roi, le prévôt de Paris prenait place au-dessous du grand-chambellan; il jouissait du droit d'assister aux états-généraux comme premier juge ordinaire et politique de la capitale. — Il avait le sceau du Châtelet; seul il connaissait du privilége des bourgeois de Paris pour arrêter leurs débiteurs forains, privilége accordé par Louis-le-Gros en 1134.

Le prévôt de Paris était le conservateur des droits de l'Université, et c'est pour cette cause que Philippe-Auguste avait ordonné, en 1200, qu'il prêtât personnellement serment entre les mains du directeur de l'Université. Les prévôts de Paris n'ont prêté ce serment que jusqu'au commencement du XVIIe siècle.

En 1551, le roi Henri II avait établi au Châtelet un présidial composé de vingt-quatre conseillers. Louis XIV ayant supprimé, en 1674, pres-

CHATELET ET PETIT PONT 1754.

que toutes les justices particulières présidées par divers seigneurs à pairs, et les ayant incorporées à la justice du Châtelet, créa un second présidial au Châtelet. Mais l'expérience ayant fait connaître les inconvénients qui résultaient de ces deux tribunaux, un édit de septembre 1684 cassa le nouveau Châtelet et le réunit à l'ancien.

Le costume du prévôt de Paris était semblable à celui des ducs et pairs ; il portait un bâton de commandement, couvert d'une étoffe d'argent ou de velours blanc.

La justice se rendait au Parlement par un lieutenant-général civil, un lieutenant-général de police, un lieutenant criminel, deux lieutenants particuliers, cinquante-quatre conseillers, quatre avocats du roi, un procureur du roi, huit substituts, un greffier en chef, un premier huissier audiencier, plusieurs autres huissiers audienciers, un juge auditeur pour juger les affaires de cinquante livres et au-dessous, quarante-huit commissaires, cent treize notaires, deux cent cinquante-trois procureurs, trois cent quatre-vingts huissiers à cheval, deux cent quarante huissiers à verge, et cent vingt huissiers-priseurs.

La charge de *lieutenant-général de police* fut créée au mois de mars 1667. Auparavant, Colbert, pour veiller à la sûreté de la ville, avait fait établir un conseil de police qui se tenait une fois la semaine chez le chancelier. Les commissaires de quartiers y venaient rendre compte de tout ce qui se passait dans leur circonscription. Mais on reconnut la nécessité de donner un chef à la police, et comme les fonctions du lieutenant civil étaient déjà fort étendues, le roi détacha la police de sa charge, et créa un office de lieutenant-général de police.

L'habit de cérémonie des lieutenants civil, criminel et particulier, du lieutenant de police, des avocats et procureurs du roi, était la robe d'écarlate, et celui des conseillers la robe noire.

Le chevalier du guet faisait partie du corps du Châtelet ; il avait séance et voix délibérative dans cette cour, « pour le fait de ses captures. » Du temps de Sauval (1), les archers du guet étaient habillés de bleu avec des bandoulières semées d'étoiles d'argent et de fleurs-de-lis d'or, bordées d'un galon or et argent. Les sergents avaient des justaucorps galonnés d'argent et des ceinturons de même, sans bandoulières.

Le Châtelet assistait à toutes les cérémonies publiques où se trouvaient les cours de justice.

Petit-Châtelet. — Il était situé à l'extrémité méridionale du Petit-Pont, et servait anciennement de porte à la ville.

Cet édifice devait être au moins aussi ancien que le Grand-Châtelet.

(1) Voy. Sauval, t. II, p. 407.

En effet, lorsque Paris, presque entièrement renfermé dans l'enceinte de la Cité, n'avait encoore que deux portes, une au nord, l'autre au midi, il aurait été à peu près inutile de fortifier la porte septentrionale, si l'entrée de la ville au sud avait dû rester libre. Il est donc probable que le Petit-Châtelet défendait, de temps immémorial, l'entrée du Petit-Pont, comme le Grand-Châtelet protégeait les abords du Grand-Pont, nommé depuis le Pont-au-Change. Toujours est-il certain que le Châtelet existait en 1292, et qu'il fut renversé en 1296 par l'inondation qui entraîna les deux ponts de pierre de Paris. Ce fait est attesté par un vieux registre de Saint-Germain cité par M. Géraud, dans son ouvrage sur la taille de Paris, en 1292.

Peut-être le Petit-Châtelet était-il encore à cette époque, comme beaucoup de forteresses, construit seulement en bois. Charles V le fit construire en pierre, en 1369, Hugues Aubriot étant prévôt de Paris. Les prisons que l'on y avait pratiquées ne servirent qu'en 1398. Cette année-là, Charles VI, par lettres patentes du 24 décembre, ordonna qu'elles serviraient comme supplémentaires à celles du Grand-Châtelet, insuffisantes et trop pleines. On les avait fait examiner à cet effet et elles avaient été convenablement aérées, à l'exception de trois cachots ou *chartres basses*, où les prisonniers, privés d'air, ne pouvaient vivre long-temps. En 1402, le même roi destina cette forteresse à la demeure du prévôt de Paris; mais il paraît que la geôle y fut conservée, puisque les Bourguignons, lors du massacre de 1418, la forcèrent pour égorger les prisonniers qui s'y trouvaient. Cette forteresse, d'un style assez grossier, obscurcissait et attristait le voisinage; le passage réservé au public n'offrait qu'une voie étroite et dangereuse. On la démolit en 1782. Son emplacement, donné à l'Hôtel-Dieu, a été bientôt couvert de constructions dépendant de cet établissement.

C'était au passage du Petit-Châtelet que se percevaient, du temps de saint Louis, les péages et droits d'entrée. Le livre des métiers et marchandises du prévôt Boileau, récemment publié par M. Depping (1), porte qu'un marchand qui fera entrer un singe pour le vendre paiera 4 deniers; que si le singe appartient à un jongleur, cet homme, en le faisant jouer et danser devant le péager, sera quitte du péage, tant dudit singe que de tout ce qu'il aura apporté pour son usage; de là vient le proverbe essentiellement parisien, dit M. Nodier (2), *payer en monnaie de singe*. Les jongleurs étaient aussi quittes du péage en chantant un couplet de chanson devant les péagers. « Et comme les charlatans, » ajoute M. Nodier, n'ont jamais manqué à Paris, il en résultait pour » ces honnêtes employés un spectacle perpétuel. »

M. Dulaure suppose que Louis VI, en construisant le Grand et le Pe-

(1) Pag. 287. — (2) *Promenades histor.*

tit-Châtelet, entoura les faubourgs de Paris d'une enceinte fortifiée; mais l'histoire est muette sur ce point, et d'ailleurs il est difficile d'admettre qu'un intervalle de cinquante à soixante ans ait pu suffire pour ruiner des constructions de ce genre, et rendre nécessaire la troisième enceinte élevée par Philippe-Auguste (1).

On doit encore à Louis-le-Gros la fondation de l'abbaye de Montmartre et celle du château de *Karoli-Venna* (sur la Seine), près de Ruel, suivant Lebeuf (2)), qu'il fit bâtir, en 1122, pour mettre le Parisis à couvert des attaques de ses ennemis. J'en parlerai avec plus de détail dans l'*Histoire des environs de Paris*.

CHAPITRE SIXIÈME.

LOUIS VII, LE JEUNE.

1137-1180.

I. Faits généraux.

Au moment où Louis VII hérita de son père, le domaine de la couronne venait de recevoir des accroissements considérables. La valeur et l'activité de Louis-le-Gros avaient enfin déterminé tous les petits seigneurs du Parisis, qui lui avaient si long-temps fait la guerre, à reconnaître son autorité. Sous les premiers Capétiens, le roi était de tous les seigneurs de la France le plus mal obéi dans ses domaines. Sous Louis-le-Gros, le comté de Paris parvint à une consistance aussi compacte, à une subordination aussi régulière, qu'aucun autre des grands comtés; et dès que son jeune fils fut sorti l'espèce de dépendance où ses aïeux étaient restés à l'égard des moindres châtelains, les grands vassaux de France commencèrent à tourner les yeux vers lui: ceux mêmes qui l'emportaient de beaucoup en richesse et en puissance, n'hésitèrent plus à reconnaître de fait la légalité de son titre de suzerain.

Le jeune Louis était au milieu des fêtes que l'Aquitaine lui donnait à l'occasion de son mariage, lorsqu'il reçut à Poitiers la nouvelle de la mort de son père, arrivée le 1er août 1137. Ses conseillers jugèrent que son absence en ce moment critique pouvait n'être pas sans danger, et ils le déterminèrent à partir immédiatement pour Paris, sans même

(1) Voy. la topographie de Paris à la fin de la quatrième époque, et le règne de Philippe-Auguste.
(2) *Hist. de la ville et du dioc. de Paris*, t. VII, p. 143 et 212.

emmener sa nouvelle épouse, jusqu'à ce qu'il se fût assuré que la tranquillité y était maintenue. Il laissa donc Eléonore à la garde de Geoffroi, évêque de Chartres, et accourut en toute diligence. Il ne paraît pas cependant que ses frères ou les grands vassaux aient songé à troubler l'ordre de la succession, ni que la ville de Paris se soit soulevée.

Il est resté peu de choses sur les premières années de l'administration de Louis VII; stérilité qu'on doit attribuer en partie au manque de mémoires contemporains, en partie à la grande jeunesse du roi encore peu occupé, sans doute, des affaires publiques. On sait seulement qu'il les passa à Paris, où, à l'exemple des rois ses prédécesseurs, il avait sa résidence habituelle (1), et qu'il fit pendant cette période des donations considérables à diverses églises de la capitale.

Les petits seigneurs des environs de Paris n'étaient pas encore si complétement subjugués, que Louis VII ne dût jamais éprouver leur résistance. Dès la première année de son règne, Gaucher, sire de Montjay, issu d'une branche cadette de la maison de Montmorency, crut pouvoir impunément piller les sujets du roi dans le voisinage de son château. Louis se hâta de rassembler quelques troupes avec lesquelles il vint, en 1138, mettre le siége devant Montjay; il prit ce château, en détruisit les fortifications, et fit conduire Gaucher dans les prisons de Paris; il ne laissa du manoir de Montjay qu'une seule tour où il établit une garnison.

Vers l'année 1142, Louis VII qui, malgré son extrême piété, n'abandonnait pas volontiers les droits si péniblement acquis de sa couronne pour le profit du Saint-Siége, se brouilla avec le pape, qui avait élu, sans son consentement, un archevêque de Bourges. Le souverain pontife, Innocent II, lança sur le royaume les foudres de l'excommunication; Thibaud, comte de Champagne, prit parti pour lui. Une guerre désastreuse s'alluma, pendant laquelle les églises restèrent en interdit. Le roi pilla la maison de l'évêque de Paris et s'empara de ses richesses; puis il ravagea la Champagne, et brûla le château et le bourg de Vitry, où périrent treize cents personnes qui s'étaient réfugiées dans l'église. Ces troubles durèrent près d'une année, et ne furent arrêtés que par la mort d'Innocent II.

Ce sanglant épisode fut pour toujours un remords sur la conscience de Louis-le-Jeune. Quoique prompt à prendre les armes, il tenait beaucoup de son aïeul, le bon roi Robert, et il professait un respect aveugle pour les ecclésiastiques. Il est probable qu'en cette occasion ce furent surtout les conseils de l'abbé Suger, son habile et fidèle ministre, qui dirigèrent sa conduite et protégèrent le trône contre les envahissements du Saint-Siége. Aussi c'était à Suger que s'adressaient les plaintes amères

---

(1) *Recueil des historiens de France*, t. XII, p. 124.

du clergé et les reproches de saint Bernard qui lui écrivait : « Que le
» comte Thibaud ait tort, je le veux bien; mais pourquoi s'en prendre
» à l'église? Quel mécontentement ont donné au roi les églises de
» Reims, de Châlons et de Paris? Qu'il se fasse justice du comte; mais
» de quel droit pille-t-il les biens du clergé? Sont-ce là les conseils que
» vous lui donnez? »

Loin de là, Louis VII était le plus humble, le plus religieux observateur des priviléges ecclésiastiques. C'est lui qui, dans toutes ces cérémonies, disait au moindre clerc en lui cédant le pas : « Par les saints de Bethléem,
» je ne marcherai point; c'est à vous de passer devant. »

L'anecdote suivante, tirée d'un écrivain contemporain, Etienne de Tournay, témoigne hautement de ce respect de Louis-le-Jeune pour les droits des églises.

« Un jour que le roi Louis revenait à Paris, il fut surpris par la nuit, et coucha dans un village des chanoines de Notre-Dame, appelé Créteil (*Christolium*). Les habitants fournirent la dépense de son séjour. Le lendemain, étant à Paris, Louis VII, suivant son usage, se rendit à l'église de Notre-Dame pour assister aux offices. A son arrivée, il vit avec surprise que les portes de cette église lui étaient fermées : il demanda la cause de cet affront, ajoutant que si quelqu'un avait offensé le chapitre, il voulait le dédommager.

« Vraiment, sire, lui répondirent les chanoines, c'est vous-même qui,
» contre les coutumes et libertés sacrées de cette sainte église, avez soupé
» hier à Créteil, non à vos dépens, mais à ceux des habitants de ce village :
» voilà pourquoi l'église a suspendu les offices, et vous a fermé sa porte.
» Plutôt que de souffrir la moindre atteinte aux droits de leur église,
» tous les chanoines sont prêts, s'il est nécessaire, à endurer toutes
» sortes de tourments. »

A ces mots, le roi, frappé de terreur, gémit, soupira, versa des larmes, et s'excusa en disant aussi humblement qu'il lui fut possible : « Je ne
» l'ai point fait exprès; la nuit m'a surpris en chemin, il était trop tard
» pour que je pusse continuer ma route et aller jusqu'à Paris; les habi-
» tants de Créteil se sont empressés de fournir à mes dépenses; je ne les y
» ai point forcés, mais je n'ai pas voulu repousser leur accueil obligeant;
» qu'on fasse venir l'évêque Thibaut et le doyen Clément, tout le cha-
» pitre, et même le chanoine prévôt de ce village; si je suis déclaré cou-
» pable, je ferai satisfaction. Je m'en rapporte à leur décision sur mon
» innocence. »

Le roi restait devant la porte de Notre-Dame en attendant le résultat de ses demandes, et récitait dévotement ses prières. L'évêque faisait des démarches auprès des chanoines, sollicitait en faveur du roi, et offrait d'être garant de ses promesses. Les chanoines intraitables ne se confièrent ni aux paroles du roi, ni à celles de leur évêque; ils ne cédèrent que lorsque ce prélat leur eut remis deux chandeliers d'argent pour gage de la parole de ce prince. Alors seulement ils lui ouvrirent les portes de leur église.

Louis VII, après avoir restitué les frais de son souper à Créteil, vint déposer solennellement sur l'autel de Notre-Dame, comme un monument éternel du respect dû aux biens de l'Église, une baguette sur laquelle était inscrit le récit succinct du délit et de sa réparation. Étienne de Tournay ajoute que l'on conservait cette baguette dans les archives du chapitre (1).

Vers 1145, le pape Eugène III fit prêcher par toute l'Europe une nouvelle croisade ; le roi de France, son épouse Eléonore et son frère Robert, comte de Dreux, furent des premiers à prendre la croix.

Au moment où tout se disposait pour le départ, Eugène III vient se réfugier en France, chassé par le peuple de Rome qui venait de ressusciter la république. Il fut reçu à Paris avec des honneurs extraordinaires. Comme il approchait de la ville, le roi et l'évêque, accompagnés de la cour et suivis de tout le peuple, allèrent au-devant lui, et l'amenèrent en grande pompe à la cathédrale.

Quelques jours après, sa présence fut cause d'un événement qui mérite d'être rapporté comme peinture de mœurs (2). Le pape voulut aller célébrer la messe à Sainte-Geneviève, dont il honorait grandement la patronne, et qu'il affectionnait comme une église particulièrement soumise et dévouée au Saint-Siége. Les chanoines qui la desservaient firent étendre devant l'autel, pour lui faire honneur, un drap de soie sur lequel il se prosterna pour dire sa prière. On sait qu'à cette époque la rareté de la soie rendait cette étoffe extrêmement précieuse ; aussi dès qu'il se fut retiré dans la sacristie pour revêtir les habits pontificaux, les officiers de sa suite se mirent en devoir d'enlever le tapis, alléguant que, suivant la coutume, il leur appartenait. Mais il était difficile que les serviteurs des chanoines se soumissent paisiblement à cet usage apostolique ; ils s'y opposèrent avec violence. Alors chacun tirant de son côté, le tapis ne tarda pas à être mis en pièces, aux grandes clameurs des deux partis, et le scandale n'ayant plus de bornes, des clameurs on en vint aux coups, et le chœur de Sainte-Geneviève devint le théâtre d'une rixe furieuse. Le roi se trouvait dans l'église. Voyant le désordre augmenter, il voulut interposer son autorité, mais bien en vain ; car, au milieu du tumulte et de l'agitation de la foule, lui-même ne fut point épargné. Enfin les officiers du pape eurent le dessous, et ils furent forcés de s'aller réfugier auprès de leur maître, réduits tous au plus

---

(1) *Annal. Bened.*, t. VI.—Lebeuf, *Hist. de la ville et du dioc. de Paris*, t. XII, p. 24. —Dulaure, *Hist. de Paris*, 6ᵉ édit., t. II, p. 42.

(2) Félibien, t. I, p. 175.

triste état.—Eugène III demanda justice d'une telle insulte à Louis VII, qui, déjà prévenu contre les moines de Sainte-Geneviève, dont la vie passait pour fort déréglée, commit à l'abbé Suger le soin de les punir en transférant leurs canonicats à des moines de Cluny.

Le roi, après avoir célébré la fête de Pâques à Saint-Denis avec le pape, tint cette même année 1154 un concile à Paris contre les doctrines de Gilbert de la Porée, évêque de Poitiers, qui disait, entre autres choses, que l'essence divine n'était pas Dieu, et que la nature divine ne s'était point incarnée, mais seulement la personne du Fils. Saint Bernard se rendit à cette assemblée, et attaqua Gilbert avec véhémence; le pape remit la décision à un prochain concile, où l'évêque revint sur ses opinions.

Mais la grande affaire de Louis VII était le départ pour la croisade. Il s'y prépara en assistant à des prières publiques, en visitant les monastères et les hôpitaux de Paris, et finit ses stations à Saint-Denis.

Après avoir prié quelque temps au tombeau des martyrs, il entendit la messe, prit l'oriflamme sur l'autel, et reçut des mains du pape, avec la bénédiction pontificale, le bourdon et la pannetière. Il dîna ensuite au réfectoire à la table des religieux, embrassa tous les frères, et partit pour prendre la même voie que Conrad, par l'Allemagne et la Hongrie.

On connaît le peu de succès de cette croisade. Suger, abbé de Saint-Denis (1), gouverna le royaume pendant l'absence du roi qui fut de retour en 1148. A son arrivée il répudia la reine Éléonore, soupçonnée d'avoir pris de l'amour pour un jeune Turc nommé Saladin; n'ayant d'elle que deux filles, il lui rendit la Guyenne, qu'elle porta, six semaines après, en dot à Henri II, duc de Normandie. Celui-ci, arrivé peu après au trône d'Angleterre, devint un redoutable rival pour Louis VII. Il avait trop d'intérêts à démêler avec ce prince pour que la guerre

(1) La régence de Suger jeta un nouvel éclat sur sa réputation. Deux évêques, venus exprès d'Angleterre pour être témoins des grandes choses que l'on disait de lui, avouèrent à leur retour qu'ils n'avaient pu voir sans admiration un homme soutenir seul le poids de tant d'affaires importantes, maintenir la tranquillité des églises, réformer l'ordre ecclésiastique, veiller à la sûreté du royaume, à l'exécution des lois. Il n'eut pas moins de zèle pour son abbaye, qui ne fut jamais dans un état plus florissant. Aussi, quand il eut réformé son monastère et corrigé le faste de sa première vie, qu'on lui avait reproché, saint Bernard rendit de lui le témoignage au pape Eugène, qu'il vivait au palais en sage courtisan et dans son cloître en saint religieux.

Lorsque le roi, à son départ, lui laissa l'administration, n'ayant point de maison à Paris, il en acheta une tenant à l'église Saint-Merry et à la porte de la ville, comme il nous l'apprend lui-même (*De administrat. Suger.*). Suger ajoute que, par ses soins, cette porte de Paris, qui ne produisait au roi que 12 livres par an, rapporta depuis jusqu'à 50 livres. On voyait, comme je l'ai dit ailleurs, des vestiges de cette porte sous le règne de Charles V; c'est ce que l'on nommait alors l'*archet Saint-Merry*. Ceci est une preuve, entre autres, que Paris s'était déjà beaucoup accru vers le nord avant que Philippe-Auguste entreprit de construire une enceinte plus étendue.

n'éclatât pas souvent entre eux; mais, malgré son habileté et sa puissance, Henri ne remporta aucun avantage décisif, et plusieurs fois il fut obligé de s'humilier et de se reconnaître vassal du roi de France.

En 1158, il voulut avoir une conférence avec Louis VII; il repassa d'Angleterre en Normandie au mois d'août, et vint rencontrer le roi entre Gisors et Neufmarché. Pour écarter toute occasion de discorde future, il lui proposa d'unir leurs deux familles par un mariage. Il fut convenu que Henri Plantagenet, fils aîné du roi d'Angleterre, âgé de trois ans, épouserait Marguerite, fille de Constance de Castille, seconde femme de Louis VII, âgée d'environ six mois. Henri promit à son fils la ville de Lincoln avec trois cents fiefs de chevaliers, et celle d'Avranches avec deux cents. Louis VII donna pour dot à sa fille le Vexin français. Il en confia la garde aux Templiers, en attendant que les deux enfants fussent en âge de se marier.

Pour donner plus de solennité encore à cette réconciliation, et en même temps pour témoigner à Louis une plus entière confiance, Henri II vint à Paris, au mois de septembre 1158, avec une suite peu nombreuse. On s'empressa de lui rendre des honneurs infinis, le roi lui abandonna son palais pour habitation, tandis que lui-même, avec la reine Constance, alla demeurer au cloître de la cathédrale. Dès le lendemain, la jeune Marguerite, qui devait épouser Henri, fut remise à la garde du roi d'Angleterre; et Louis, pour lui faire plus d'honneur, l'accompagna jusqu'à Mantes.

La reine Constance mourut le 4 octobre 1160, en mettant au monde une fille nommée Alix, qui fut mariée au comte de Ponthieu. Louis VII, après vingt-quatre ans de mariage avec deux femmes, n'avait encore que quatre filles et point de fils. Peut-être était-il impatient d'assurer mieux sa succession, et c'est apparemment dans ce but qu'il se maria, moins de quinze jours après la mort de Constance, avec Alix, fille de Thibaud-le-Grand et sœur des comtes de Blois, de Champagne et de Sancerre. Il la fit sacrer dans l'église Notre-Dame de Paris, par Hugues, archevêque de Sens, qui couronna en même temps le roi.

Le siége épiscopal de Paris était alors vacant. Pierre Lombard, le célèbre *maître des Sentences*, qui l'avait occupé jusqu'à cette année 1160, était mort dans le mois de juillet. Il avait succédé à Thibaud.

Louis VII avait accordé, en 1155, à ce dernier évêque, pour lui et tous ses successeurs, et au chapitre de Paris, l'exemption du droit de gîte (1); ce droit donnait au roi et à ses officiers la faculté de demeurer, et de prendre le fourrage nécessaire à leurs chevaux, dans les terres du domaine de l'évêché et du chapitre. Il est dit dans le titre de cette exemption que le roi Louis avait été élevé dans le Cloître Notre-Dame,

---

(1) Félibien. *Preuves*, partie III, p. 596.

et c'est à cette circonstance, sans doute, qu'il faut attribuer l'affection particulière que ce prince eut toujours pour l'église Notre-Dame (1).

L'évêque Thibaud avait obtenu du roi, dès l'an 1147, avant son voyage d'outre-mer, l'abolition d'un usage digne des temps les plus barbares; c'était la coutume où étaient les officiers du fisc, à la mort de l'évêque, d'enlever tout ce qu'ils trouvaient dans sa maison et dans ses châteaux hors de la ville. Le roi déclara qu'il voulait que tous les lieux dépendants de l'évêché de Paris fussent, à la mort du titulaire, remis sous la garde du chapitre et réservés au futur évêque. A la mort de Thibaud, le roi jouissant de la régale, donna aux religieuses de Notre-Dame d'Hières un droit dont le principal revenu était les offrandes faites à la cathédrale pendant la vacance, à la charge principale pour les religieuses d'entretenir le luminaire de l'église. L'évêque Thibaud fut, comme il l'avait demandé, inhumé à Saint-Martin-des-Champs. Philippe de France, frère du roi Louis VII, et archidiacre de Paris, fut élu évêque, et, par modestie, céda sa place au fameux *Pierre Lombard*, surnommé *le maître des sentences*, qui fut ainsi le successeur de Thibaud, en 1157.

Philippe de France était, comme je viens de le dire, archidiacre de Paris; l'autre frère du roi, Henri était abbé de Saint-Denis-de-la-Chartre et chanoine de Notre-Dame. Cette famille de clercs assise sur le trône est un symbole fidèle et caractéristique de l'époque. Pourtant il ne faudrait pas croire qu'abbés ou archidiacres, toute cette cléricature princière s'adonnât sincèrement au rigorisme de la vie chrétienne. Ils subissaient l'influence des idées de leur temps; mais les austérités du christianisme n'étaient guère de nature à toucher leur cœur. Ils revêtaient les habits sacerdotaux, ils suivaient les rites de l'Église, ils récitaient ponctuellement leurs oraisons; mais ils tenaient, comme dit douloureusement Félibien, une conduite plus séculière qu'ecclésiastique. Il est à soupçonner que dans les dignités de l'Église, ce qui les touchait surtout, c'étaient les gros bénéfices qu'elles rapportaient. L'abbé de Saint-Denis-de-la-Chartre, donc, pendant la première partie de sa carrière, ne fut rien moins qu'un pieux abbé; sa vie était celle d'un jeune seigneur prodigue et libertin. Un jour, pourtant, il se rendit à l'abbaye de Clairvaux pour conférer d'affaires avec saint Bernard. Celui-ci saisit cette occasion de parler au prince de la vanité des plaisirs mondains, et Henri, dit la chronique, fut si touché des discours et des bons exemples du saint, qu'il se convertit instantanément, et résolut de se consacrer à Dieu dans l'abbaye de Clairvaux. Néanmoins il n'y resta pas long-temps; il fut élu évêque de Beauvais vers la fin de l'an 1149, et mourut archevêque de Reims en 1175.

Pour son frère, l'archidiacre Philippe, il se maria : il prit pour épouse

---

(1) Voy. ci-dessus, p. 100.

une fille du comte de Champagne, Thibaud-le-Grand; puis il la quitta sur les ordres de l'Église, qui cassa le mariage comme conclu entre proches parents. Alors Philippe retourna à la vie ecclésiastique, et mourut peu après avoir cédé à Pierre Lombard ses droits à l'évêché de Paris. On rapporte qu'en 1699, lorsqu'on commença les travaux de la décoration du chœur à Notre-Dame, on trouva son tombeau derrière le grand autel. On n'y vit qu'un massif de maçonnerie recouvert d'une pierre, sur laquelle était gravée une épitaphe (1).

En 1163, le pape Alexandre III, chassé de Rome par un compétiteur plus puissant, se réfugia en France et vint passer le carême de cette année à Paris, où il reçut un accueil magnifique. Le roi alla au-devant de lui à une distance de deux lieues. Du plus loin qu'il l'aperçut, il descendit de cheval; puis il courut lui tenir l'étrier et lui baiser les pieds. Le saint-père l'embrassa; ils marchèrent quelque temps ensemble, et ils entrèrent dans la ville, où le clergé se présenta pour les recevoir, et les conduisit à l'église cathédrale.

Le 21 août de la même année, Alexandre III se transporta à l'église de Saint-Germain-des-Prés pour en faire la dédicace solennelle, sur la demande de l'abbé Hugues de Monceaux. En cette circonstance, il se passa un fait assez curieux, quoiqu'il ne soit pas rare à cette époque. Au moment de la cérémonie, les religieux de Saint-Germain-des-Prés apercevant parmi eux Maurice de Sully, évêque de Paris, portèrent aussitôt leurs plaintes au pape de cette manifestation contre leurs priviléges, et protestèrent que l'évêque de Paris n'ayant aucune juridiction sur leur église, ils ne souffriraient pas que la cérémonie commençât en sa présence. Le pape fut obligé de prier Maurice de Sully de se retirer.

Louis VII signala à Paris l'année 1165 par l'abolition d'une coutume vexatoire dont les habitants se plaignaient avec raison. Quand le roi venait dans la ville, les officiers de sa maison y avaient ce qu'on a appelé depuis le *droit de prise*, c'est-à-dire le droit d'entrer chez les habitants, et d'y enlever, en prétextant le service et les besoins du roi, tous les meubles qu'ils jugeaient à propos d'emporter. Louis VII, pour son règne et celui de ses successeurs, libéra les Parisiens de cette onéreuse corvée.

C'est en 1169 que le roi aliéna le *poids-le-roi*, qui avait été jusque là propriété de la couronne. Le poids-le-roi, dont nous parlerons amplement au chapitre du commerce et de l'industrie au XIIIe siècle (2), était la balance légale et publique placée à Paris, et dont chacun avait la faculté de se servir en payant un certain droit. C'était une propriété

---

(1) Félibien, t. I, p. 187. Hic jacet Philippus, filius Ludovici Crassi regis Francorum, archidiaconus ecclesiæ Parisiensis; qui obiit anno M. C. LXI.

(2) Voyez le règne de saint Louis.

fort riche et constituant un fief en franc-alleu, relevant directement du roi (1); Louis-le-Jeune l'aliéna en faveur d'un personnage inconnu.

L'un des derniers actes du règne de Louis-le-Jeune fut la grande assemblée de la noblesse qu'il convoqua à Paris pour l'engager à prêter assistance au fils du roi d'Angleterre, Henri, révolté contre son père; ce fut le premier germe des guerres funestes de l'Angleterre avec la France. (1173.)

Quelques années après, en 1179, il réunit les prélats et les grands du royaume dans le palais épiscopal de Maurice de Sully, pour faire approuver l'association au trône de son fils, âgé seulement alors de quatorze ans. Le jeune Philippe fut sacré à Reims la même année. L'année suivante il épousa Isabelle, fille de Baudouin, comte de Hainaut, et quelques mois après, Louis VII mourut à Paris, le 18 septembre 1180.

II. Monuments. — Institutions.

Hanse parisienne. — J'ai parlé précédemment (2) du corps des *nautes parisiens*, existant dès le règne de Tibère et jouissant déjà d'assez nombreux priviléges. On a vu que de cette corporation était sorti plus tard le *corps des marchands de l'eau*, connu dans la suite sous le nom de *hanse*.

En 1170, le roi Louis-le-Jeune confirma les priviléges de la hanse de Paris, et cette charte de confirmation est le plus important de tous les documents qui nous soient parvenus relativement à l'existence de cette antique corporation.

Au moyen âge, les grandes villes assises sur les rivières navigables essayèrent, et réussirent pour la plupart, à s'emparer de la navigation du fleuve qui les traversait, et par suite du commerce qui se faisait à l'aide de son cours. A Paris, les marchands avaient formé une association qui prit le nom de *marchands de l'eau de Paris*, c'est-à-dire faisant le commerce par le moyen de l'eau qui traverse cette ville. Plus tard on les nomma simplement les *marchands de l'eau*, et leur corporation fut désignée sous le nom de la *marchandise de l'eau* ou de la *marchandise* (*mercandisia seu mercatoria*). Souvent on rencontre des ordonnances faites au nom du roi et de la *marchandise*, il faut prendre garde qu'alors il est question du corps des marchands.

La première fois, depuis la chute de l'empire romain, qu'il est parlé du corps des marchands, c'est dans une charte de Louis VI, le Gros; par cet acte de 1121, le roi cède aux marchands le droit qu'il avait de lever 60 sous sur chaque bateau de vins qu'on chargeait à Paris pendant la vendange. Puis en 1141, Louis VII, par une charte de cette an-

(1) Félibien, t. I, p. 198. — (2) Page 9.

née, vend aux bourgeois de la Grève et du Monceau (1) une place sur la rive de la Seine appelée la Grève, pour demeurer à perpétuité vide de tout édifice.

La charte donnée par Louis-le-Jeune, en 1170, pour confirmer les priviléges de la hanse parisienne, dit expressément que ces priviléges sont anciens; puis elle en donne le détail : Tout bateau chargé de denrées ou de marchandises qui remontait la Seine devait s'arrêter au pont de Mantes; il ne pouvait avancer ni être déchargé si celui qui l'avait expédié n'était pas bourgeois hansé de Paris, c'est-à-dire si, outre le droit de bourgeoisie, il n'avait pas l'avantage d'être de la hanse ou du corps des marchands de l'eau. S'il était bourgeois d'un autre lieu, et établi, par conséquent, ailleurs qu'à Paris, il fallait qu'à son arrivée aux limites du ressort de la marchandise de l'eau, il déclarât son intention de vendre les denrées ou marchandises qu'il apportait, et alors le prévôt des marchands et les échevins lui désignaient un marchand de Paris pour être son *compagnon*. C'est à ce compagnon imposé par le prévôt que le marchand du dehors était obligé de déclarer le prix réel de la cargaison, et à ce prix, le compagnon parisien avait le droit d'en prendre la moitié; ou s'il aimait mieux laisser vendre le tout, il partageait le bénéfice avec le propriétaire. Il avait ainsi la moitié des avantages de l'entreprise sans courir le moindre risque (2).

Si le marchand de la basse Seine osait passer outre, au pont de Mantes, pour s'approcher de Paris, ou si seulement un marchand étranger à la marchandise de l'eau de Paris faisait embarquer au-dessous de Paris des denrées pour les faire transporter vers l'embouchure du fleuve sans hanse et sans compagnie française, il était censé avoir enfreint les droits et priviléges des marchands de l'eau de Paris; on saisissait la cargaison de son bateau, et le prévôt des marchands, séant avec les échevins au parloir des bourgeois au Châtelet, ne manquait jamais de la déclarer *forfaite*, c'est-à-dire confisquée au profit du roi et de la marchandise de l'eau. On a conservé plusieurs arrêts de cette nature. L'un, de 1268, est assez curieux pour être cité : « En l'an de l'incarnacion Nostre Seigneur mil cc lxviij, la vigile de Paques flories, orent li marcheant hansé de l'iaue de Paris, sentence contre Jehan Marcel de Compiègne, d'une navée de bûche (3) qui vint d'Oyse en Seyne contre le pont de Paris et de Maante, sanz compaignon hansé bourjois de Paris, de-

---

(1) Le Monceau Saint-Gervais.

(2) M. Depping, *Règlements sur les arts et métiers de Paris*. Paris, Crapelet, 1837, in-4°, p. xxiv. J'ai puisé la plupart des détails qui concernent la hanse dans l'excellente introduction que M. Depping a placée au commencement de cet ouvrage.

(3) On trouve dans le premier volume des *Olim* que la confiscation avait porté sur deux bateaux chargés de bois.

vant lou roy de France, par droit jugement de l'usage et de la chartre au diz marcheanz (1). »

On conçoit que de pareils abus aient existé lorsque la Normandie n'appartenait pas à la France ; alors la guerre était continuelle entre les rois d'Angleterre et de France. Les deux pays avaient des intérêts divers; mais lorsque la Normandie fut réunie à la couronne, le privilége de la hanse continua d'exister.

On voit tout ce que cette obligation imposée aux marchands du dehors de faire participer ceux de Paris aux profits de leurs expéditions dans la Seine, avait d'avantageux pour les Parisiens. Elle les mettait à même de retenir les denrées et marchandises qui leur convenaient, et leur donnait des gains, sans nécessiter aucune avance de fonds. Voulant compléter son système de monopole, la hanse jugea nécessaire d'y soumettre aussi la navigation de la haute Seine, surtout le commerce des vins de Bourgogne, d'autant plus important que la Bourgogne était presque la seule province de France qui exportât alors au loin le produit de ses vignobles. On exigea, en conséquence, que quiconque amènerait du vin en bateau à Paris, ne le débarquât point s'il n'était bourgeois établi dans la ville ; il pouvait vendre sa denrée en bateau à qui il voulait, mais les acquéreurs bourgeois de Paris pouvaient seuls la débarquer en Grève. Un étranger était libre d'acheter du vin dans le port, mais il fallait que son achat fait, il fît passer le vin du bateau dans une voiture pour le conduire hors de la banlieue de Paris. Il n'y avait donc que les bourgeois de Paris qui pussent acheter du vin pour en faire le commerce à Paris et aux environs (2).

Ce dernier privilége de la hanse parisienne lui fut concédé par Philippe-Auguste, en 1192.

« On aurait tort de regarder l'exemple de la hanse comme isolé, et sa rigueur comme la seule entrave à la navigation de la Seine : ce que faisait la bourgeoisie parisienne en grand, chaque petit seigneur dont le château fort dominait le cours de la Seine, le faisait en détail. Avant de pouvoir arriver de la Bourgogne jusqu'à Harfleur, une cargaison était mise à contribution par une dizaine de seigneurs et de communes bourgeoises, tous empressés de prélever un tribut sur les denrées et marchandises, ou de leur refuser le passage (3). A peu de distance de Paris, le seigneur de Maisons commençait cette série de contributions auxquelles le bateau, en descendant la Seine, était assujetti, et la ville de Rouen n'était pas la moins exigeante. » Elle aussi avait sa hanse, avide comme celle de Paris, et non moins opposée à la liberté des transactions.

(1) M. Depping, p. 449. — (2) M. Depping, p. xxvi.
(3) Le cartulaire de l'ancienne abbaye de Saint-Père, à Chartres, contient plusieurs chartes par lesquelles cette abbaye avait obtenu l'exemption de droits payables à Vernon, à la Roche-Guyon, etc., pour ses bateaux de vin.

« Maîtresse de la grande navigation de la Seine, s'interposant entre la Bourgogne et la Normandie, la hanse de Paris était plus puissante que toutes les autres villes situées sur le fleuve, et que tous les seigneurs ayant donjon sur ses bords. Elle empêchait les Normands d'envoyer directement le sel et la marée dans la haute Seine, et les Bourguignons d'expédier sans intermédiaire leurs vins et leurs bois dans la basse Seine et à la mer. Il lui était facile de s'arranger avec les seigneurs des châteaux forts sur la rivière ; car ceux-ci ne pouvaient avoir d'autre désir que de tirer un peu plus d'argent du passage des bateaux. En promettant au seigneur de Poissy, qui possédait Maisons-sur-Seine, 12 deniers par tonneau de vin, et deux setiers de cette boisson à prendre sur le premier tonneau, ils contentèrent ce seigneur, et s'assurèrent la liberté du passage devant son castel féodal (1). Mais il n'était pas si facile d'apaiser la bourgeoisie marchande des villes sur la Seine, qui, trouvant ses intérêts lésés par les prétentions des Parisiens, se plaignit vivement des entraves mises à la navigation par la hanse parisienne, et essaya de temps en temps de secouer le joug onéreux imposé par cette compagnie au commerce fluvial. La Bourgogne d'une part, et la Normandie de l'autre, réclamèrent contre le prétendu privilége de la hanse ; mais ce fut en vain.

» La ville d'Auxerre voulut user de représailles en empêchant les marchands parisiens de mettre à terre, dans cette ville, les cargaisons de sel qu'envoyait la Normandie (2). » Mais la hanse parisienne en appela au roi, et *Tornodorus*, comte d'Auxerre, fut obligé de céder devant l'intervention royale. Par une charte de 1200, il reconnaît avoir fait injure au roi et aux bourgeois en empêchant ces derniers de décharger leur sel à Auxerre ; mais après avoir reconnu cet abus de pouvoir (*postquam verò cognovi excessum meum*), il accorde aux bourgeois de Paris le droit de décharger leur sel à Auxerre.

Philippe donna, la même année, à la hanse une charte, par laquelle il ratifiait le privilége que le comte d'Auxerre venait de lui accorder. Il paraît que les Bourguignons persistèrent à protester contre le monopole dont Paris s'était emparé (3) ; car en 1204, Philippe-Auguste intervint de nouveau et régla le différend par un traité qui accorda quelques avantages aux Bourguignons, et qu'il rendit obligatoire aux deux parties. Il est dit dans cette charte, qu'il est permis aux marchands bourguignons de commercer sans le concours d'un compagnon parisien au-

---

(1) Voir dans l'*Hist. de Paris* par Félibien, t. I, une charte de Philippe-Auguste, de 1187, homologuant l'accord fai entre les marchands de l'eau et Gathon de Poissy, au sujet du péage de Maisons-sur-Seine. — (2) M. Depping. — (3) Noverint universi quod cùm inter mercatores nostros de Parisiis, et alios mercatores de terrâ nostrâ, et Burgundiones, super mercaturam aquæ esset contentio, prædicti mercatores ex utrâque parte concorditer conveniant in hunc modum.... (Charte de Philippe-Auguste.)

dessus de Villeneuve-Saint-Georges et au-dessous du Pec sur la Seine, et au-dessus de Gournay sur la Marne ; d'acheter des denrées à Argenteuil et à Cormeilles pour les expédier sur la basse Seine. « Mais, dit M. Depping, la navigation sur la rivière, entre Villeneuve-Saint-Georges et le Pec, leur resta interdite ; c'était les exclure, comme par le passé, du commerce direct avec la Normandie. » On ne sait si les Bourguignons se tinrent pour satisfaits : nulle pièce relative à de nouvelles discussions n'est parvenue jusqu'à nous.

» Rouen, plus récalcitrante, ne se soumit pas aussi facilement que la comté d'Auxerre aux prétentions de la hanse. Pendant que la Normandie avait encore ses ducs, le roi de France n'y pouvait rien ordonner, et lorsqu'elle se soumit à Philippe-Auguste, elle eut soin de stipuler des avantages commerciaux qui pouvaient, jusqu'à un certain point, contre-balancer les prétentions de la hanse parisienne, et qui empêchaient celle-ci de communiquer directement avec la mer. Aussi Rouen donnait aux marchands de l'eau beaucoup plus d'embarras que toute la Bourgogne. Ils avaient senti la nécessité de faire une concession aux Rouennais ; en conséquence il leur avait accordé la faculté d'envoyer jusqu'au Pec, au-dessous de Saint-Germain-en-Laye, des bateaux vides pour les y charger, sans avoir besoin de compagnie française ; mais cette faible concession ne pouvait satisfaire les Rouennais, qui voulaient importer librement par la Seine les denrées maritimes, et tirer de l'intérieur de la France celles dont ils avaient besoin. Ils demandèrent avec instance à envoyer leurs cargaisons au-delà du pont de Mantes. En 1258, le roi (saint Louis) soumit l'affaire à son parlement ; mais il fut décidé que les Rouennais ne pouvaient enfreindre le privilége de la hanse de Paris (*societatis mercatorum parisiensium*). »

Cependant ils ne se découragèrent point, et encore plus d'un siècle après, en 1388, on les voit renouveler leurs instances auprès du roi régnant alors, qui était Charles VI. Cette fois l'affaire fut plaidée avec chaleur de part et d'autre.

Les Rouennais demandaient l'abolition d'un privilége nuisible à l'intérêt général ; les Parisiens alléguaient la position particulière de Paris, capitale du royaume, ayant besoin d'approvisionnements considérables ; ils disaient que si le commerce était libre sur la Seine, les meilleures denrées passeraient devant Paris sans y rester, et pourraient être transportées jusque chez les ennemis du royaume. Le roi donna gain de cause à la hanse parisienne, et confirma ses priviléges.

En 1415, lorsque Charles VI rétablit la prévôté des marchands, qu'il avait supprimée après la révolte des Maillotins (1), en 1382, il donna une nouvelle confirmation de priviléges à la hanse qui n'avait pas cessé

---

(1) Voyez le règne de Charles VI, *faits généraux*.

d'exister; c'est du moins ce qui paraît résulter de la charte octroyée par Charles VI en 1388 à la hanse, qui n'existait plus alors que comme corps [de marchands, et qui avait perdu momentanément ses attributions administratives.

Nous venons d'exposer comment s'était formée la corporation des marchands, et comment peu à peu leur monopole s'était établi et développé, soutenu par les rois de France, intéressés à le maintenir, car, dit M. Depping, « ils avaient la moitié des amendes infligées aux contrevenants, et plus la bourgeoisie était riche et puissante, mieux elle était à même de payer la taille et les autres impôts perçus au nom du roi. »

J'ai dit aussi que le monopole de la hanse était maintenu avec une rigueur excessive. Tout individu qui embarquait ou débarquait des marchandises dans le ressort de la hanse, sans compagnon hansé, était pris, jugé et condamné. Rarement la protection d'un homme puissant obtenait-elle au coupable la remise de sa peine. On conçoit que par le fait d'un monopole aussi complet, une contrebande active se soit organisée. « Quelquefois les contrebandiers trouvaient dans le corps même des marchands de l'eau des hommes assez complaisants pour être les compagnons légaux des spéculateurs étrangers, et qui, dans le fait, se contentaient de prêter leur nom, sans prendre aucune part à la spéculation. Lorsque cette fraude était découverte, le prévôt de Paris mettait *hors de la marchandise de l'iaue de Paris à touz jors*, les coupables, *por ce qu'ils avoient fet fausse avoerie*. Ils tombaient dans la classe du commun peuple, et ne participaient plus à aucun des honneurs et avantages affectés à la marchandise. »

On trouve plusieurs réhabilitations prononcées solennellement au Parloir-aux-Bourgeois, en vertu desquelles les hansés bannis rentraient dans la société.

La hanse usait du privilége avec violence, et tendait sans cesse à le dépasser. « En 1298, elle fit saisir du vin que l'abbé de Saint-Germain avait envoyé et fait débarquer à Paris pour le faire déposer dans l'hôtel qu'il possédait dans la capitale. L'abbé en appela au roi. Le parlement de Philippe-le-Bel décida que l'abbé avait été dans son droit, et ordonna la main-levée de la saisie : cependant la hanse fut assez puissante pour empêcher l'exécution de l'arrêt. Elle força de même l'évêque de Paris de relâcher un bateau chargé de figues et d'autres denrées qu'un marchand espagnol avait amené par la Seine, que la hanse déclarait confisqué, et dont l'évêque, en sa qualité de seigneur de Saint-Cloud, avait voulu s'emparer. »

Le parlement fut obligé d'ordonner une autre fois la main-levée d'une saisie que la hanse avait faite sur les bateaux des vignerons d'au-dessous de Paris; elle prétendait qu'elle avait le droit de les empêcher d'embarquer les vins de leur cru pour les expédier en Normandie.

La hanse avait obtenu plusieurs priviléges d'une autre nature; elle avait, en 1220, acheté les *criages de Paris* (1), ou les criées des marchandises à vendre dans cette ville, avec le droit d'établir et de révoquer à volonté les jurés crieurs. Par la même charte le roi lui accorde aussi le droit de basse justice et des lots et ventes, en se réservant les amendes pour fausse monnaie, et la justice en matière criminelle, qui était la source de revenus considérables. « Enfin c'étaient les magistrats de la marchandise de l'eau qui nommaient les mesureurs de grain et de sel, les courtiers, les jaugeurs, en un mot tous les préposés subalternes au commerce des vivres et du combustible. »

Le commerce n'avait alors que les rivières qui pussent lui servir de routes naturelles. Les chemins, outre leur imperfection, étaient rendus impraticables par les périls et les obstacles de tout genre qu'y rencontraient les voyageurs. Le morcellement du territoire et l'innombrable quantité d'impôts qu'il fallait payer à tous les propriétaires sur les terres desquels il fallait passer, étaient les principales entraves. Ajoutez à cela la tyrannie et la cupidité des seigneurs ayant donjon. L'un exigeait un impôt, parce que les moutons en passant remuaient la poussière des chemins; l'autre mettait une planche sur deux ais, et forçait le voyageur à traverser *le pont*, en l'obligeant à un péage; un autre faisait piller le marchand par ses gens, et obligeait le pauvre diable à payer la moitié de la valeur de son bagage ou à en laisser la moitié, le quart, suivant les besoins du voleur, pour racheter le reste.

On comprend alors pourquoi le commerce fluvial fut la branche importante du commerce parisien, et il n'est pas étonnant que le corps des marchands de l'eau fût regardé comme la communauté marchande tout entière. On dut arriver insensiblement à considérer les chefs de la marchandise de l'eau comme les prévôts de tout commerce parisien, comme les chefs mêmes de la bourgeoisie, qui ne se composait en effet que de marchands et d'artisans. Dans les chartes de la fin du XIIe siècle et du commencement du XIIIe, les rois ne paraissent considérer encore les chefs de la marchandise de l'eau que comme ceux d'une association particulière; mais dans les chartes de la fin du XIIIe siècle, ceux-ci sont qualifiés de *prévôts et échevins jurés des marchands de l'eau*, et un peu plus tard on les voit à la tête de tout le commerce, de toute l'industrie de Paris; enfin ils deviennent les chefs de la commune, qui, comme on voit, a commencé à Paris par une corporation de marchands, et s'est élevée, par le commerce de rivière, à la considération, à la consistance municipale (2). »

---

(1) Voyez pour les criages de Paris, au règne de saint Louis, l'article *Industrie et commerce de Paris*. —(2) Voir, au règne de saint Louis, l'article *Prévôté des marchands*.

T. I.

Je ne terminerai pas ce que j'avais à dire sur la hanse parisienne, sans indiquer l'endroit principal où se faisait son commerce. C'était d'abord au port de la Grève, qu'elle avait acheté, en 1141, comme on l'a vu plus haut. Ce port était marqué par une rangée de pieux ou *palées*. Le commerce se développant, on établit un nouveau port vis-à-vis l'école Saint-Germain (aujourd'hui le quai de l'École), pour la construction duquel Philippe-Auguste accorda, en 1213, à la hanse, le droit de lever un impôt sur les denrées importées par eau. Un autre port, celui de Saint-Landri, pourvoyait la Cité : enfin il y en avait encore un auprès du Petit-Pont, sur la rive gauche : mais le principal commerce se faisait à Paris sur la rive droite de la Seine.

Le lieu où se tenaient le plus anciennement les réunions de la hanse de Paris était, suivant la plupart des historiens, *la Vallée de Misère* (sur le bord de la Seine, à l'ouest de la place du Châtelet) : le bâtiment portait le nom de *Maison de la marchandise*. Dubreuil pense que les marchands tinrent plus tard leurs assemblées entre le grand Châtelet et la chapelle Saint-Leufroi ; on appelait dès lors *parlouer aux bourgeois* (locutorium civium), l'ancienne maison de la marchandise. Enfin on la transféra sous le même nom de Parlouer aux Bourgeois, près de l'enclos des Jacobins, entre la place Saint-Michel et la rue Saint-Jacques, apparemment vers le lieu où la rue Saint-Hyacinthe aboutit à la place Saint-Michel (1).

Le Temple, couvent des religieuses de l'Adoration perpétuelle du Saint-Sacrement, rue du Temple, n° 80. — L'ordre du Temple était fondé à Jérusalem depuis dix ans, et ne se composait encore que de six religieux et leur grand-maître, lorsqu'ils quittèrent la Palestine pour venir faire des prosélytes en Europe. En 1128, ils se présentèrent au concile de Troyes, où ils furent accueillis avec une bienveillance extrême, et reçurent du pape Honoré II un acte solennel confirmant la fondation de l'ordre. L'histoire des Templiers nous occupera longuement au règne de Philippe-le-Bel ; c'est seulement de l'édifice qui leur emprunta son nom, et qui fut le centre de leurs établissements, qu'il est ici question.

Les chevaliers du Temple firent rapidement d'immenses progrès, et ne tardèrent pas à établir, à Paris, le siége de la puissance qu'ils exercèrent jusqu'au commencement du XIV° siècle, époque de leur suppression.

Il existait certainement à Paris une maison des Templiers vers les premières années du règne de Louis-le-Jeune ; car, avant l'année 1147, ils tinrent dans cette ville une assemblée où ils se trouvèrent au nombre de cent trente. Il n'est pas sûr que cette assemblée fut tenue dans le

---

(1) Voy. *Hôtel-de-Ville.*

lieu appelé depuis le Temple; ils auraient pu s'assembler dans une autre maison; ils en possédaient une plus ancienne près de Saint-Gervais. Il est certain cependant qu'ils étaient établis dans l'emplacement actuel du Temple à une époque antérieure à 1182. En effet, les Templiers établirent dans leur enclos une boucherie qui devait être pour eux la source d'un gros revenu. C'était une atteinte aux droits et surtout aux revenus des bouchers de Paris, qui réclamèrent contre cette innovation et s'y opposèrent de toutes leurs forces. Après bien des débats, il fut convenu, en 1182, que les Templiers garderaient leur boucherie, mais qu'elle n'aurait que deux étaux larges chacun de douze pieds. Le roi, pour dédommager les bouchers de la ville, leur accorda la faculté d'acheter et de vendre du poisson d'eau douce.

Cette maison du Temple, ou plutôt ce palais était au XIIIe siècle d'une étendue si considérable qu'il renfermait tout l'espace compris depuis l'entrée du faubourg du Temple jusqu'auprès de la rue de la Verrerie, et occupait une partie du Marais qu'on nommait *la Culture du Temple*.

C'était au Temple que Philippe-Auguste, Philippe-le-Hardi et Philippe-le-Bel déposaient leurs trésors. En 1190, Philippe-Auguste ordonna par le testament qu'il fit avant de partir pour la croisade, que tous ses revenus seraient apportés à Paris, à trois époques de l'année, reçus par six bourgeois de Paris et par son vice-maréchal, et déposés au Temple.

Les bâtiments du Temple étaient plus magnifiques que ceux des habitations royales, puisque le roi d'Angleterre Henri III le choisit pour sa demeure pendant le séjour qu'il fit à Paris en 1254, de préférence à celle que saint Louis lui avait offerte dans son palais de la Cité.

Après la déchéance de l'ordre en 1313, le Temple passa entre les mains des chevaliers de Saint-Jean de Jérusalem, qui, par un arrêt du parlement rendu la même année, héritèrent de tous les biens immeubles des Templiers.

Le Temple devint ainsi le séjour des grands-prieurs de l'ordre de Malte. Quatre siècles après la catastrophe des chevaliers du Temple, le grand-prieur de Vendôme y appelait autour de lui un brillant essaim de poëtes, voltairiens débauchés, qui renouvelaient sans crainte une partie des orgies imputées aux Templiers, et ne les expiaient que par la goutte et la satiété. Chapelle, Chaulieu, La Fare et Voltaire y improvisèrent des vers gracieux et faciles qui violaient quelquefois les lois de la grammaire et du rhythme, mais plus souvent encore celles de la morale.

Le Temple a été le dernier lieu d'asile qui ait existé à Paris, asile peu assuré, du reste, pour les criminels et les prévenus politiques; mais fort commode pour les débiteurs. Ce droit a subsisté jusqu'à la révolution. C'était pour le grand-prieur la source d'un revenu très considérable, car tous les bâtiments de l'enclos se louaient infiniment plus cher qu'aucune maison de la ville. Les gardes du commerce et les huissiers de tout genre étaient continuellement aux aguets devant la porte : le dimanche était le seul jour où les réfugiés pussent sortir sans crainte de l'enceinte où, du reste, dit Saint-Foix (1), l'on trouvait fort bonne compagnie.

Ce fut dans le donjon du Temple que l'infortuné Louis XVI et sa famille furent conduits le 14 août 1792, à une heure du matin, trois jours après que l'assemblée nationale eut prononcé la déchéance du roi. Les lamentables détails de leur séjour dans cette prison sont l'un des plus effrayants épisodes de la révolution.

C'étaient les gens de Santerre qui étaient devenus les geôliers du roi; le fidèle Hue était le seul serviteur qu'on eût permis de leur adjoindre pour le service des prisonniers. Malgré l'amertume de ses maux et les souffrances que ses gardiens s'étudiaient à multiplier autour d'elle, la malheureuse famille pouvait au moins s'entr'aider dans ses peines. Mais on ne lui laissa pas long-temps cette consolation ; le roi fut transféré dans une autre tour, et il fallut aux prisonniers bien des prières et bien des larmes pour qu'on leur permît de se réunir aux heures des repas et de la promenade. Pendant qu'ils gémissaient au Temple, l'orage grondait au dehors ; c'est là qu'une troupe vint un jour portant au bout d'une pique la tête de la princesse de Lamballe, et pénétra dans les jardins du Temple en criant à la reine : « C'est la tête de la Lamballe que nous voulions te faire voir. »

Au moment où Louis XVI vit commencer son procès (11 décembre 1792), il fut entièrement séparé des siens, et ne les revit qu'au 20 janvier ; il fallut un décret de la Convention pour qu'il lui fût permis de faire à sa femme, à sa sœur et à ses enfants un éternel adieu. Le 21 janvier, Louis XVI sortit du Temple pour aller à la mort.

Quelques efforts désespérés furent tentés pour enlever les prisonniers du Temple. Mais les obstacles furent plus grands que le dévoucment ; il n'était possible de songer à sauver que la reine ; elle refusa d'abandonner sa famille. Bientôt un nouveau décret lui enleva son fils, et le 1er août 1793, fut ordonné le renvoi de Marie-Antoinette devant le tribunal révolutionnaire. La reine fut aussitôt transférée à la Conciergerie, et le 16 octobre elle fut conduite à l'échafaud.

Une année après, le 9 mai 1794, la sœur du roi, madame Elisabeth, fut arrachée des bras de sa jeune nièce, traînée du Temple à la Conciergerie, et le lendemain jugée, condamnée et exécutée.

Ainsi, de la famille royale il ne restait plus au donjon du Temple que deux jeunes enfants depuis long-temps séparés l'un de l'autre. Louis XVII avait été étroitement renfermé depuis les tentatives avortées qu'on avait

---

(1) *Essais historiques*, t. V, p. 37.

essayées pour le sauver, et le 3 juillet 1793, il avait été enlevé à sa mère pour être livré à l'ignoble cordonnier Simon, que la commune qualifia d'instituteur, et à sa femme qui vint s'établir avec lui dans la prison. Depuis ce moment la vie du pauvre enfant ne fut plus qu'une longue torture. Au mois de janvier Simon retourna siéger à la commune, et le prisonnier fut renfermé dans un cachot plus noir encore et plus infect. Toute communication lui était interdite avec qui que ce fût; il ne voyait pas même la main qui lui passait quelques grossiers aliments par une espèce de tour pratiqué dans l'épaisseur de la muraille; il resta là près d'un an sans changer de linge, sans voir le jour et sans respirer l'air pur. Enfin il succomba à ce lent supplice, et mourut au Temple, le 8 juin 1795, âgé de dix ans et quelques semaines.

Sa sœur, la duchesse d'Angoulême, put seule échapper de cette prison funeste, après avoir été pendant trois ans témoin de l'agonie de toute sa famille. Au mois de décembre 1795, elle quitta le Temple, échangée contre quatre commissaires de la Convention prisonniers des Prussiens.

Les tours du Temple ont été habitées encore par d'autres personnages qui ont joui, à divers titres, d'une assez grande célébrité. Ce fut l'Assemblée législative, dont Brissot était membre, qui y fit renfermer la famille royale. La Convention y a fait emprisonner les députés appelés Brissotins, et ceux-ci la faction de la Montagne; enfin, ce fut le lieu où ont été depuis successivement incarcérés les conspirateurs du 9 thermidor an II, ceux de la journée de prairial an III, ceux de la plaine de Grenelle, de l'École-Militaire et du 18 fructidor.

Sir William Sidney Smith, amiral anglais, fait prisonnier le 20 avril 1796, fut amené à Paris et enfermé au Temple, d'où ses amis l'enlevèrent le 10 mai 1798. Le Directoire voulait le punir de ses expéditions incendiaires contre nos ports.

Toussaint-Louverture, le chef de l'insurrection de Saint-Domingue, entra au Temple le 7 août 1800. Il y demeura peu de temps, et fut envoyé au fort de Joux, où il mourut en 1803.

Le général Pichegru, mis au Temple le 4 septembre 1797, fut, le lendemain, condamné à la déportation. Il partit immédiatement pour la Guyane. Arrêté à Paris le 20 février 1804, et conduit une seconde fois au Temple, il s'y étrangla avec sa cravate le 6 avril suivant.

Wright, capitaine de la marine anglaise, accusé de s'être employé, en 1803 et 1804, à débarquer les anciens Vendéens sur les côtes de France, arrêté et emprisonné au Temple à la même époque que Pichegru, se coupa la gorge avec un rasoir dans sa prison, le 27 octobre 1805.

Moreau, Lajollais, Cadoudal, le marquis de Rivière, les frères Polignac et presque toutes les personnes compromises dans le procès de

Georges, Pichegru et Moreau, ont habité le Temple pendant l'instruction de cette affaire.

Le Temple avait aussi reçu, en 1806 ou 1807, le général Malet, qui paya de sa tête, en 1812, sa conspiration contre l'empereur.

A l'époque où Hurtaut et Magny écrivirent leur Dictionnaire de Paris (1779), le Temple occupait encore un vaste terrain entouré de hautes murailles à créneaux, fortifiées d'espace en espace par des tours. En quelques endroits cependant les tours et les créneaux avaient disparu. Cette enceinte, toute remplie de petites maisons de marchands dont quelques unes avaient leur jardin, était en outre occupée par le donjon du Temple, l'église et l'hôtel du grand prieuré.

Du célèbre donjon du Temple qui servit de prison à la famille de Louis XVI, il ne reste aujourd'hui que le souvenir. Bâti en 1212 par un trésorier des Templiers, nommé Hubert, le donjon se composait d'une tour carrée, flanquée de quatre tours rondes, présentant du côté septentrionale un avant-corps moins élevé défendu par deux tourelles. Il avait cent cinquante pieds de hauteur, non compris le comble, fort élevé lui-même, et il passait pour un des édifices les plus solides du royaume ; ses murs avaient neuf pieds d'épaisseur. La tour carrée renfermait quatre étages, composés chacun d'une grande pièce de trente pieds carrés, et de trois petites pièces pratiquées dans les tours rondes. En 1789, ce monument contenait les archives de l'ordre de Malte ; il a été démoli vers 1810 ou 1811. L'emplacement quadrangulaire qu'il occupait est entouré, depuis 1816, d'un treillage et d'arbustes; chacune de ses faces a quarante pieds d'étendue. Au milieu, à l'endroit où s'élevait la grande tour, on a planté un saule pleureur.

L'église, qui a été détruite à la même époque, avait été, dit-on, bâtie sur le modèle de Saint-Jean de Jérusalem. Elle était desservie par les chapelains de l'ordre, et servait de lieu de sépulture aux commandeurs et aux chevaliers de Malte qui mouraient à Paris. On y voyait, entre autres tombeaux, celui du grand-prieur Amador de La Porte, ambassadeur de son ordre en France, et lieutenant du roi en Aunis ; celui de Philippe de Villiers de l'Ile-Adam, si célèbre au XVIe siècle par sa mémorable défense de Rhodes contre les Turcs ; enfin ceux de François de Lorraine, grand-prieur, de François de Faucon, chevalier, et de Bertrand et Pierre de Cluys, grands-prieurs.

Ces deux derniers tombeaux étaient placés sous une voûte, dans la chapelle de Saint-Pantaléon, et surmontés de statues agenouillées. La même chapelle possédait un tableau remarquable par son ancienneté, et représentant les différents miracles de saint Pantaléon.

Les épitaphes de François de Faucon et des de Cluys nous ont paru mériter d'être rapportées à cause des détails qu'elles contiennent. Elles se trouvent dans le dictionnaire de Hurtaut et Magny, où sont aussi conservées tout entières celles d'Amador de La Porte, de Villers de l'Ile-Adam et de François de Lorraine, qui sont moins intéressantes, quoique beaucoup plus longues.

« Ici est le monument de nobles et religieuses personnes, frères Bertrand de Cluys, jadis prieur de l'Aquitaine, et depuis grand-prieur de France, et de R. F. Pierre de Cluys, son neveu, aussi grand-prieur de France, lequel a fait construire cette chapelle de fond en comble, dédiée en l'honneur de saint Pantaléon, en commémoration de la victoire obtenue par la grâce divine contre le Grand-Turc, l'an 1480, le jour dudit saint. La chapelle fut faite l'an 1519, bénite l'an 1532, et depuis réparée l'an 1547. »

Dans la chapelle de Jésus, une table de marbre noir portait cette inscription :

« Ci-gît F. François de Faucon, chevalier de l'ordre de Saint-Jean de Jérusalem, commandeur de Villedieu en Dreugesin, lequel, pendant vingt années de résidence à Malte, a servi sa religion avec honneur en plusieurs occasions contre les infidèles, même étant capitaine de galère, et aussi capitaine de la capitane de son ordre ; et revenu en France, se trouva en la bataille gagnée par M. l'amiral de Montmorency sur les Rochelois, commandant une roberge ; depuis, étant général des vaisseaux de Normandie, est décédé à Paris en avril 1626, âgé de quarante-deux ans, au grand regret de messires Alexandre et Charles de Faucon, successivement premiers présidents de Normandie et de messire Claude de Faucon, sieur de Messy, ses frères, qui lui ont fait faire cette épitaphe. »

François de Faucon, connu dans le monde sous le nom de *chevalier de Ris*, était fils de Claude de Faucon, reçu conseiller au parlement de Paris, le 11 janvier 1567, puis président des enquêtes en 1579, et enfin premier président du parlement de Rennes.

Quant au palais du grand-prieuré, il avait été bâti vers la fin du XVIe siècle par le grand-prieur Jacques de Souvré, sur les dessins de l'architecte Delisle. Sa façade, alors un peu en saillie sur la rue du Temple, était d'assez médiocre composition ; mais elle donnait entrée dans une grande et belle cour décorée d'un péristyle qui fut détruit lorsqu'en 1720 et 1721 le chevalier d'Orléans, grand-prieur de France, fit restaurer cette partie qui tombait en ruines. Une nouvelle réparation de l'édifice eut lieu en 1812, lorsqu'on le destina à recevoir le ministère des cultes. A cette époque on a refait presque en entier la façade sur la rue du Temple, qui se trouve aujourd'hui décorée de huit colonnes ioniques accouplées, au-dessus desquelles sont placées des sculptures en pierre représentant la Prudence, l'Abondance, l'Espérance et la Justice. Enfin des constructions nouvelles ont changé une partie de l'intérieur.

A son retour en 1815, Louis XVIII a donné à la sœur du duc d'Enghien, madame Louise de Bourbon-Condé, ancienne abbesse de Remiremont, le palais du Temple et ses dépendances pour y fonder la communauté des *Dames de l'Adoration perpétuelle du Saint-Sacrement*.

La chapelle de cette communauté a été achevée en 1823. La façade présente un portique formé de deux colonnes d'ordre ionique, qui supportent un fronton triangulaire. On a mis sur la plinthe l'inscription suivante : *Venite adoremus* (venez, adorons le Seigneur). L'ordre ionique règne dans l'intérieur de ce petit, mais charmant édifice. L'autel est décoré d'une sainte famille, d'un saint Louis et d'une sainte Clotilde par Lafond. Sur les côtés on a placé l'Annonciation, l'Adoration du Sacré Cœur, et le portrait de mademoiselle de Condé à l'âge de quinze ans. Par une singularité assez remarquable, l'orgue est placé au-dessus du maître-autel. La chapelle des Dames de la bénédiction de l'Adoration perpétuelle du Saint-Sacrement est ouverte seulement les dimanches et fêtes.

On a placé une fontaine de chaque côté de la porte du palais.

Commanderie de Saint-Jean de Latran, place Cambrai, n° 2. — Les Hospitaliers de Saint-Jean de Jérusalem doivent, comme les frères de la milice du Temple, leur origine aux croisades. Ces deux ordres différaient cependant par le but de leur institution. Les premiers, plus connus sous le nom de Templiers, étaient moins religieux que soldats ; ils veillaient à la sûreté des chemins, et protégeaient contre les entreprises des infidèles les pèlerins qui allaient visiter les saints lieux. Les Hospitaliers de Saint-Jean de Jérusalem, depuis nommés chevaliers de Rhodes, et enfin chevaliers de Malte, se rapprochaient davantage de l'état religieux par l'objet de leur corporation ; ils se contentaient, comme leur premier nom l'indique, de loger et défrayer les pèlerins. L'établissement des Hospitaliers était antérieur à celui de l'ordre du Temple.

Si l'on s'en rapporte à la liste des grands-prieurs publiée par les auteurs du *Gallia christiana* (1), la maison des Hospitaliers existait à Paris depuis 1130 ; mais le premier acte authentique dans lequel il en soit fait mention remonte jusqu'à l'an 1171 (2). Elle fut établie dans le clos de vignes appelé Clos-Bruneau.

L'auteur de la pièce de vers intitulée les *Moustiers de Paris* (3), désigne ainsi cette église :

Et Saint-Jean à l'Ospital

en rappelant le but principal de son établissement.

---

(1) *Gall. Christ.*, t. VII, col. 1063. — (2) Lebeuf, t. I, p. 236. — Jaillot, t. IV, p. 175, quartier Saint-Benoît. — (3) *Méon. Fabliaux*, t. II, p. 288.

Les Hospitaliers ayant adopté saint Jean pour patron, il était naturel que leur chapelle principale ou commanderie portât le nom de ce saint. Mais on ne sait pas pour quelle cause elle prit le nom de Saint-Jean de Latran vers la fin du XVIe siècle; jusque là elle avait été nommée Saint-Jean de Jérusalem, et l'hôpital de Jérusalem. « Ne faudrait-il pas
» voir dans ce changement de titre, dit M. Géraud (1), un témoignage
» de reconnaissance pour le dix-neuvième concile de Latran tenu en
» 1517, qui, en se séparant, vota une imposition de décimes pour les
» frais de la guerre que le grand-maître des Hospitaliers Villiers, de l'Ile-
» Adam, soutenait alors contre les Turcs? »

La commanderie de Saint-Jean de Latran occupait un très grand espace qui s'étendait de la place Cambrai jusqu'à la rue des Noyers, et communiquait à la rue Saint-Jean de Beauvais. Ce clos renfermait le grand hôtel où demeurait le commandeur, construit sous le magistère de Jacques de Souvré; plusieurs maisons mal bâties, autour d'une vaste cour, où logeaient toutes sortes d'artisans qui y jouissaient du droit de franchise, de même que les habitants de l'enclos du Temple; une immense tour carrée à quatre étages remplis de lits pour les pèlerins et les malades qui demandaient l'hospitalité; enfin l'église qui était desservie par un chapelain de l'ordre de Malte, et servait de paroisse à tous ceux qui habitaient l'enceinte de la commanderie.

Le commandeur jouissait dans l'enclos de la justice haute, moyenne et basse. — Il avait, outre son hôtel, deux maisons de plaisance, l'une rue de l'Oursine, faubourg Saint-Marcel, dite l'Hôtel Jaune, par corruption de l'Hôtel-Zone, et l'autre située sur le grand chemin de Bourg-la-Reine, dans le hameau de Montsouris, et hors de la barrière Saint-Jacques, appelée la maison de la Tombe-Isoire. — Cette commanderie rapportait 12,000 fr. de rente au titulaire.

On voyait dans le chœur de l'église le tombeau de Jacques de Souvré, commandeur de Saint-Jean de Latran et grand-prieur de France, mort en 1670. Ce mausolée, en marbre noir, ouvrage de François Auguier, ne renfermait que les entrailles de Souvré, qui était représenté à demi-couché, et soutenu par un enfant en pleurs. Le casque, la cuirasse et le reste de l'armure étaient déposés à ses pieds. Les figures manquaient, dit-on, de vigueur, les formes n'avaient point de caractère, les draperies étaient lourdes; cependant ce tombeau fut, à la révolution, déposé dans le précieux Musée des Petits-Augustins.

Jacques de Béthun, dernier archevêque de Glascow, ligueur opiniâtre à qui Henri IV pardonna pourtant, ambassadeur d'Écosse en France pendant quarante-deux ans, l'un des fondateurs du collège des Écossais, avait sa sépulture dans le chœur.

(1) *Paris sous Philippe-le-Bel*, p. 429.

T. I.

Quelque temps après la mort de Crébillon, les comédiens français lui firent faire un service pompeux dans l'église Saint-Jean-de-Latran. On y vit réuni tout ce qu'il y avait de plus distingué par le rang et la naissance; tous les membres des académies, les gens de lettres et les artistes y avaient été invités par les comédiens. Mademoiselle Clairon menait, dit-on, le deuil. La foule fut si grande qu'à peine l'église put la contenir. L'attitude des assistants fut constamment respectueuse, et digne de l'objet de cette cérémonie. On assure cependant qu'elle scandalisa le clergé, et qu'à la sollicitation de l'archevêque de Paris, Christophe de Beaumont, l'ordre de Malte punit le curé de Saint-Jean-de-Latran d'une suspension de trois mois et d'une amende de 200 francs. Il faut remarquer aussi que ce fut pour Voltaire une occasion de plaisanteries amères, et un prétexte d'ajouter encore aux critiques virulentes qu'il avait déjà publiées sur les ouvrages de Crébillon.

A la suppression de l'ordre de Malte, en 1792, la commanderie de Saint-Jean-de-Latran fut vendue à des particuliers. L'ensemble des bâtiments et des cours qui en dépendaient, forme ce qu'on appelle encore aujourd'hui l'*enclos de Saint-Jean-de-Latran*.

La tour, ancien asile des pèlerins, subsiste encore. Sa construction est du XIII siècle. Cette tour porte aujourd'hui le nom de *tour Bichat*. C'est là que ce célèbre anatomiste se livrait à ses travaux, et qu'il puisa, dit-on, le germe de la maladie dont il mourut le 22 juillet 1802. L'église, dont le chœur et la nef étaient de la même époque, n'a été démolie qu'en partie en 1824. Ses ruines pittoresques se voient au fond d'un jardin dont l'entrée est rue Saint-Jean-de-Beauvais, n° 18.

Église de Saint-Médard, rue Mouffetard, entre les n°s 161 et 163, 12e arrondissement. — La rue Mouffetard est traversée par un pont (1) sur la rivière de Bièvre ou des Gobelins, entre la rue Censier et celle du Fer-à-Moulin. Ce pont servait autrefois de limite à la juridiction de l'abbaye de Sainte-Geneviève. Au bout du pont s'étaient formés deux bourgs : l'un, compris dans les dépendances de l'abbaye, s'appelait le *bourg Saint-Maart*, *Saint-Mard*, ou *Saint-Médard*; l'autre était le bourg de Saint-Marcel.

Les historiens des deux premières races ne disent pas un mot de l'église de Saint-Médard; c'est donc simplement par conjecture que Jail-

---

(1) Ce pont était appelé *pons S.-Medardi* au XII siècle. Il est marqué dans un état des biens de l'abbaye de Sainte-Geneviève, fait à cette époque, comme la limite de sa justice, laquelle, d'un côté, s'étendait jusqu'à l'église Saint-Étienne-des-Grés, située sur le grand chemin d'Orléans.... On trouve aussi que l'abbaye de Sainte-Geneviève avait, dans le XII siècle, à Saint-Médard, un pressoir pour les vignes; et que l'imposition de la taille des habitants de ce bourg pour la guerre de Philippe-le-Hardi contre le comte de Foix, en 1372, s'éleva au total à la somme de 30 sous. Lebeuf, t. II, p. 413.

lot (1) a émis l'opinion qu'il avait pu exister une chapelle de Saint-Médard avant le IXe siècle. Il semble plus naturel de penser qu'anciennement les paroissiens de Saint-Médard n'étant pas assez nombreux pour avoir besoin d'une église à part, assistaient aux offices dans l'église abbatiale. Lorsque le temps eut effacé les traces que les ravages des Normands avaient laissées sur le sol de Paris, le bourg de Saint-Médard put prendre assez d'accroissement pour qu'on jugeât nécessaire d'y établir une succursale. Les chanoines de Sainte-Geneviève qui s'étaient enfuis, pendant l'invasion, dans le Soissonnais, et y avaient mis en sûreté les reliques de leur sainte patronne, avaient pu en rapporter quelques reliques de saint Médard, qu'ils placèrent dans la nouvelle église en la dédiant sous le nom de ce saint.

Deux bulles d'Alexandre III, datées de 1163 et de 1168, sont les premiers actes authentiques dans lesquels il soit fait mention de l'église de Saint-Médard (2). Par la transaction passée entre l'évêque de Paris et l'abbé de Sainte-Geneviève, l'église de Saint-Médard, avec quelques autres des environs de Paris, fut déclarée exempte du droit de procuration dû à l'évêque, et la cure de cette paroisse demeura toujours à la nomination de l'abbé. A cette époque, le bourg de Saint-Médard n'avait qu'un petit nombre de maisons ; mais il renfermait les clos cultivés du *Chardonnet*, du *Breuil*, du *Mont-Cétard*, des *Mors-Fossés*, des *Treilles*, de *Copeau*, de *Gratard*, des *Saussayes*, de la *Cendrée* ou *locus Cinerum*, de *Challo*, ou *Challoel*, etc. (3).

On ne sait à quelle époque Saint-Médard fut érigé en paroisse.

Auprès de cette église existait, aux XIVe et XVe siècles, comme dans plusieurs autres de Paris, un *réclusoir*, c'est-à-dire une cellule où vivait une femme recluse volontairement pour le reste de ses jours. Le nécrologe de Sainte-Geneviève, écrit sous Charles VI, marque au 1er mars l'anniversaire d'*Hermesende, recluse de Saint-Médard*.

En 1561, l'église de Saint-Médard fut envahie, au moment de l'office, par une réunion de réformés, qui, assistant au prêche dans une localité voisine, nommée la *Maison du patriarche*, avaient essayé vainement de faire cesser le son des cloches de Saint-Médard qui les incommodait. Le saint lieu fut profané, les catholiques furent maltraités, et cette scène scandaleuse coûta la vie à quelques uns d'entre eux. Il est vrai qu'ils prirent le lendemain une cruelle revanche ; mais on jugea probablement que ce n'était pas assez pour réparer le scandale qui avait eu lieu dans la maison de Dieu. On ne se contenta même pas du supplice des principaux coupables ; les grosses amendes qu'on exigea de ceux à qui l'on fit grâce de la vie servirent à l'agrandissement de l'église de Saint-Médard.

(1) T. IV, *Quart. de la place Maubert*, p. 103. — Voy. M. Géraud, *Paris sous Philippe-le-Bel*, p. 439. — (2) Lebeuf, t. II, p. 410. — (3) Jaillot, t. IV, p. 102. *Quart. de place Maubert*.

Dès le commencement du XVIIIᵉ siècle, il n'existait déjà plus rien dans l'église de Saint-Médard de ses constructions primitives. Ce qu'il y avait de plus ancien dans le bâtiment ne remontait pas à plus de deux cent cinquante ans. Après les désordres et les profanations des huguenots, en 1561, on employa l'argent des amendes imposées aux séditieux à la construction du chœur et du rond-point. On y fit plus tard d'autres réparations, et le grand autel fut reconstruit en 1655. Enfin, quelques années avant la révolution, on reconstruisit de nouveau et cet autel et la chapelle de la Vierge qui termine le rond-point, sur les dessins de M. Petit-Radel, architecte. Par ces restaurations diverses, l'église de Saint-Médard se trouve construite dans des styles d'architecture différents. Le maître-autel est disposé à la romaine. Dans la grande chapelle formée de quatre arcades soutenant une voûte, on voit une imitation des jours célestes de la chapelle de la Vierge de Saint-Sulpice et de celle du Calvaire à Saint-Roch.

Dans la chapelle Saint-Charles, des grisailles imitant le relief représentent saint Borromée et plusieurs figures de Vertus. Dans la première chapelle à droite se trouve un très ancien tableau peint sur bois, dont le fond était autrefois doré, représentant une Descente de croix. Le fond de la croisée, vers le midi, offre une perspective assez heureuse de l'un des bas-côtés qui manque à cette église. La chapelle de la Vierge renferme deux tableaux principaux : l'un est le mariage de la Vierge par Caminade, donné à Saint-Médard, par la ville de Paris, en 1824, l'autre est de M. L. Dupré ; il représente saint Médard couronnant la rosière, sa sœur, au milieu de toute sa famille. C'est un don fait par la ville, en 1837.

Deux personnages célèbres à des titres différents avaient été inhumés à Saint-Médard : *Patru*, avocat au parlement, né à Paris, en 1604, dont le style châtié et correct le fit surnommer le *Quintilien français*. Patru manquait pourtant de véritable goût littéraire, et, incapable d'apprécier la beauté des sentiments et des pensées, il lui préférait un certain mécanisme de style qui pouvait passer pour de l'éloquence. On ne s'étonne point qu'il ait voulu détourner La Fontaine d'ajouter l'apologue au domaine de la poésie française, et qu'il ait conseillé à Boileau de renoncer à l'*Art poétique*. On ne lit plus depuis long-temps ses écrits froids, faibles et décolorés, dont on vanta l'élégance, lorsque le matériel de la langue était la tâche principale des écrivains (1). Ni-

---

(1) Après la mort de Patru, Boileau fit l'épigramme suivante, qui fait autant d'honneur à Patru qu'au poëte :

> Je l'assistai dans l'indigence :
> Il ne me rendit jamais rien.
> Mais, quoiqu'il me dût tout son bien,
> Sans peine il souffrit ma présence.
> O la rare reconnaissance !

cole, célèbre moraliste, l'un des plus illustres écrivains de Port-Royal, et l'un des défenseurs les plus ardents du jansénisme. Sur la fin de ses jours, il entra dans deux querelles fameuses : celle des études monastiques et celle du quiétisme ; il défendit les sentiments de Massillon dans la première, et ceux de Bossuet dans la seconde. Il mourut en 1695.

Dans le cimetière de l'église de Saint-Médard, était la tombe du diacre *Pâris*. Fils d'un conseiller au parlement de Paris, Pâris entra d'abord dans les ordres et reçut le diaconat ; mais s'étant joint aux appelants de la bulle *Unigenitus* qui condamnait les jansénistes, et ayant refusé de se soumettre à ses prescriptions, malgré l'accommodement signé par l'archevêque de Paris, il se vit fermer pour toujours la carrière sacerdotale. Il se voua dès lors à la retraite, et après avoir visité plusieurs monastères pour s'édifier auprès des religieux, il revint à Paris, et se renferma dans une petite maison dont on montre encore l'entrée au faubourg Saint-Marceau. Il n'en sortait que pour aller répandre en aumônes ce qu'il lui restait du revenu d'une pension que lui faisait son frère. Il avait eu le projet de se défaire de sa bibliothèque pour en distribuer le prix aux pauvres ; mais comme elle pouvait être utile aux ecclésiastiques qu'il recueillait, il préféra, pour augmenter le fonds de ses aumônes, s'imposer un travail manuel. Il acheta un métier à bas, et tandis qu'une règle commune réunissait dans sa maison plusieurs solitaires qu'il entretenait, il ne voulait vivre, lui, que du produit de son propre métier. En châtiant sa chair il prétendait souffrir pour le *corps de J.-C.* (l'Église), qu'il regardait comme outragé par la bulle *Unigenitus*. Les jeûnes, les macérations et les veilles achevèrent de ruiner sa santé. Il mourut à peine âgé de trente-sept ans, le 1er mai 1727. A cette époque l'effervescence des esprits au sujet de la bulle était extrême. Bientôt, dans le cimetière Saint-Médard, où le diacre Pâris fut inhumé, on vit affluer de la ville et des environs une multitude qui baisait jusqu'à la poussière du lieu de sa sépulture, et en emportait comme un préservatif ou un moyen de salut. Une si religieuse vénération promettait des miracles, que la foi ou la confiance devait réaliser. Le cardinal de Noailles, archevêque de Paris, autorisa l'érection d'un tombeau en marbre au diacre Pâris à Saint-Médard ; et tout en disant, dans la lettre pastorale qu'il publia à ce sujet, que le plus grand miracle du bienheureux diacre fut d'avoir conservé une vertu si pure dans un siècle si corrompu, il s'occupa de faire constater par le ministère des curés les prodiges qu'on annonçait s'opérer sur sa tombe. L'enthousiasme alla toujours croissant. A des crises salutaires qu'on attestait être survenues chez quelques uns des nombreux malades que la confiance amenait au tombeau de Pâris, succédèrent les convulsions, les transports, l'exaltation prophétique de l'imagination en délire. Le magistrat Montgeron, témoin d'une de ces scènes, composa un gros livre, où il décrivit et figura ce qu'il dit avoir vu et entendu. Suivirent un second et un troisième volumes, qui ajoutèrent le fanatisme à l'exagération; mais ce fut en vain. Le gouvernement fit clore le cimetière; l'enthousiasme, plus factice que réel, se dissipa promptement.

Un plaisant écrivit ce distique sur la porte du cimetière :

> De par le roi, défense à Dieu
> De faire miracle en ce lieu.

Et sans l'épigramme, dit M. Nodier, on ne se souviendrait plus des miracles.

L'église de Saint-Médard n'a plus depuis long-temps le titre de paroisse. Elle est la troisième succursale de la paroisse Saint-Étienne-du-Mont.

Église paroissiale de Saint-Hippolyte. — Elle était située rue Saint-Hippolyte, n° 8, 12e arrondissement. C'était d'abord une chapelle; on ignore en quel temps elle fut bâtie, et l'époque de son érection en paroisse n'est pas connue. Tout ce qu'on sait, c'est qu'elle dépendait du chapitre de Saint-Marcel, et c'est ainsi qu'elle est présentée dans une bulle d'Adrien IV, du 26 juin 1158, où elle est nommée pour la première fois.

Lebeuf attribue le nom de Saint-Hippolyte, que porte cette église, à la dévotion particulière que le roi Robert avait pour ce saint, dont le corps est déposé à Saint-Denis.

Le même critique pense que Saint-Hippolyte devint paroisse dès le XIIe siècle. Selon lui, elle fut érigée pour le peuple à l'époque où l'on rebâtit Saint-Marcel, et lorsque le village qui entourait cette église devint si considérable qu'il mérita le nom de bourg et fut séparé de celui de Saint-Médard (1). Jaillot croit cette opinion mal fondée, et voici son raisonnement. C'était un usage, comme nous l'avons déjà remarqué, de construire des oratoires dans le voisinage des grandes basiliques à la juridiction desquelles elles étaient soumises, et les chapelles de Saint-Martin et de Saint-Hippolyte peuvent devoir leur origine à cette dévotion des fidèles; mais il n'en est pas moins vrai que le service se faisait constamment dans la grande église, et c'était seulement lorsqu'elle devenait trop petite pour le grand nombre des paroissiens, ou que ceux-ci, par l'agrandissement de la ville et des faubourgs, s'en trouvaient trop éloignés, qu'on érigeait en succursales, ou même en paroisses, les chapelles bâties sur son territoire. Ainsi, ajoute Jaillot, sans discuter

(1) *Hist. de la ville et du dioc. de Paris*, t. I, p. 203.

l'époque de l'établissement de la paroisse Saint-Hippolyte, il est certain que telle n'est point son origine. Le peuple était dans l'obligation d'aller à Saint-Marcel, son église-mère ; rien ne pouvait l'en dispenser, la proximité des deux églises, séparées par un intervalle de quatre-vingt-dix toises au plus, le prouve assez. La bulle même de 1158 ne donne à Saint-Hippolyte que le titre de chapelle. On ne peut donc, selon Jaillot, reculer jusque là son érection en paroisse ; mais on a des preuves qu'elle jouissait de ce titre en 1220. Le curé de Saint-Hippolyte nommait alternativement avec le chapitre de Saint-Benoît à la cure de Saint-Jacques-du-Haut-Pas.

Cette petite église paraissait avoir été rebâtie en entier dans le XVIe siècle. Le sanctuaire même était plus nouveau, et d'une construction très peu régulière. Le clocher, placé du côté méridional, n'avait pas, du temps de Lebeuf, plus de cent ans. Entre le chœur et le sanctuaire, on voyait des tombes taillées à la manière du XIIe et du XIIIe siècle (1).

Sur le maître-autel, dont le dessin avait été donné par Lebrun, on voyait une Apothéose de saint Hippolyte, par ce peintre célèbre, et dans la chapelle de la Communion un autre tableau par le même. Deux petits tableaux de Lesueur, présents des paroissiens, et des ouvrages estimés de Boissot, Challe, Clément et Briard, ornaient aussi cette église. La menuiserie des piliers de la nef était vantée par les connaisseurs, et la chaire, dessinée et exécutée par Challe, sculpteur, frère du peintre, passait pour fort belle.

L'église de Saint-Hippolyte a été démolie pendant la révolution. Sur son emplacement a été construite la maison rue Saint-Hippolyte, n° 8.

Hôpital de Saint-Gervais, ou Hospitalières de Sainte-Anastase. — Cet hôpital, un des plus anciens de Paris, fut fondé, en 1171, par un maçon nommé Garin, et Harcher, son fils, prêtre, qui, *émus de pitié*, dit Malingre, consacrèrent leur propre maison, située au parvis Saint-Gervais, à donner l'hospitalité aux pauvres passants. Robert, comte de Dreux, frère de Louis VII, favorisa cette pieuse fondation en faisant l'abandon du cens qui lui était dû sur la maison de Garcin, et le pape Alexandre III la confirma par une bulle sans date qu'on croit être de 1179. Une autre bulle de Nicolas IV, du 10 septembre 1190, place l'hôpital Saint-Gervais sous la protection du Saint-Siége. L'administration en avait été donnée, dans l'origine, à un maître ou procureur et à des frères, et cet état de choses dura jusque vers le milieu du XIVe siècle. Foulques de Chanac, évêque de Paris (de 1342 à 1349), substitua aux frères quatre religieuses avec un maître et un proviseur ; mais en 1608, le cardinal de Gondi, évêque de Paris, supprima les maître et

(1) Lebeuf, *ibid.*, p. 204.

procureur, « *pour le mauvais gouvernement et consommation de biens qu'ils faisaient*, » et se réserva le droit de commettre quelqu'un pour recevoir le vœu des religieuses, et les comptes qu'elles devaient rendre de leur gestion. Les religieuses étaient dès lors au nombre de quatorze, de l'ordre de Saint-Augustin.

Le nombre des sœurs de l'hôpital Saint-Gervais s'étant augmenté en peu d'années au point que la maison ne pouvait plus les contenir, elles achetèrent, en 1655, moyennant 135,000 livres, l'hôtel d'O, situé dans la vieille rue du Temple, et dont les dépendances s'étendaient jusqu'aux rues des Francs-Bourgeois et des Rosiers Louis XIV, en permettant aux Hospitalières de transférer leur établissement dans ce nouveau local, les autorisa à disposer des bâtiments de l'ancien hôpital Saint-Gervais, mais à la charge d'en conserver la chapelle et d'y faire dire la messe tous les dimanches et fêtes de l'année.

Cette chapelle, située, comme l'ancien hôpital Saint-Gervais, à l'angle des rues du Pourtour-Saint-Gervais et de la Tixérandrie, avait été consacrée et dédiée, en 1412, par Guillaume, évêque d'Évreux, sous l'invocation de Sainte-Anastase; elle a été détruite en 1758, et remplacée par des maisons particulières.

La translation de l'hôpital Saint-Gervais ne lui fit pas perdre son ancienne dénomination, et les religieuses qui le desservaient continuèrent d'être désignées sous le nom de *Filles de Saint-Gervais*. Elles exerçaient l'hospitalité envers les hommes seulement, et pendant trois nuits de suite, comme les religieuses de l'hôpital Sainte-Catherine l'exerçaient envers les femmes et les filles. Leur couvent a été supprimé en 1790. Les bâtiments de l'ancien hôtel d'O ont subsisté jusqu'en 1818, époque à laquelle on a construit sur leur emplacement le marché des Blancs-Manteaux.

Collége de Duce ou *de Danemarck*.—Un intérêt particulier s'attache à ce petit collége : c'est, à ce qu'on croit, le premier qui ait été établi à Paris.

Sa fondation fut amenée par les rapports qui s'établirent entre les chanoines de Sainte-Geneviève et le Danemarck, lorsque Guillaume, sous-prieur de cette abbaye, et trois de ses confrères, allèrent, au XIIe siècle, établir dans l'île d'Eschil la réforme de leur ordre. Il paraît que plusieurs Danois étaient venus étudier à Paris avant le départ de Guillaume, et il est à peu près certain (1), d'après quelques lettres d'Étienne de Tournai, abbé de Sainte-Geneviève (2), que vers 1147 il exis-

(1) Félibien, t. I, p. 179. — Duboulay, *Hist. univers. Paris.*, t. II, p. 385.

(2) Étienne de Tournai eut toujours une grande affection pour les écoliers danois qui venaient étudier à Paris. Deux de ses lettres (la 78e et la 80e) sont adressées à Absalon, évêque de Landen en Danemarck, dont le neveu, Pierre, fut accueilli par

tait à Paris un collége où ils demeuraient et étudiaient ensemble. Telle est l'origine probable du collége de Dace.

On lit dans un titre de 1384, qu'*en 1275, un docteur du pays de Dace* (le Danemarck) *donna une maison près de celle des Carmes pour les écoliers du royaume de Dace* (1). Dans un livre d'imposition de 1380, figurent *les écoliers de Dampnemark, autrement dits de Suesse, pour leur maison qu'ils tiennent de Sainte-Geneviève, suivant l'accord fait avec l'Université tenant à l'hôtel du Chatel-Rouge* (2).

Le collége de Dace ou des Danois était situé d'abord dans un hôtel de la rue de la Montagne-Sainte-Geneviève ; en 1380, il fut établi dans un autre bâtiment de la même rue. Le premier tombant en ruine, Jean Basse, Danois, seul boursier se trouvant alors dans le collége (3), le vendit aux Carmes, qui agrandissaient alors leur couvent.

En 1430, les écoliers du collége de Dace cédèrent leur maison à ceux du collége de Laon dont ils étaient voisins, et en reçurent une autre située près du Petit-Pont, dans la rue Galande. On voit dans l'acte d'échange passé sous le scel de la prévôté de Paris, le 30 août, « que le collége de Dace étoit vuide, vacque, et comme inhabitable ; » qu'en l'an 1429, l'abbé et le couvent de Sainte-Geneviève, faute de » paiement de certaine rente due sur ladite maison de Dace, la firent » mettre en criées et subhastations au Châtelet ; que les écoliers du » collége de Laon y formèrent opposition pour la conservation des » sommes qui leur étoient dues, et que, pour en éviter la perte, ils » payèrent à l'abbaye de Sainte-Geneviève tout ce qui lui étoit dû, et » par ce moyen, devinrent *seigneurs et propriétaires dudit collége* » *de Dace;* que cependant, pour le bien de la paix, ils délaissent à » toujours, perpétuellement et héréditablement, auxdits écoliers de » Dace, une maison assise à Paris contre le Petit-Pont, en la rue de » Gallande, et cent sols une fois payés, pour les réparations d'icelle (5). »

Saint-Hilaire, église paroissiale située rue du Mont-Saint-Hilaire, n° 2. C'est sous le règne de Louis-le-Jeune, que l'histoire fait mention pour la première fois de la chapelle de *Saint-Hilaire-du-Mont*. Elle est expressément désignée dans une bulle du pape Adrien IV, de l'an

---

l'abbé Étienne, devint sous son patronage chanoine régulier de Sainte-Geneviève, et retourna ensuite dans son pays, où il fut élevé au siège épiscopal de Roschild, et fait chancelier du royaume. Plusieurs autres lettres d'Étienne sont adressées à Canut, roi de Danemark : dans l'une on voit que Valdemar, frère du roi, était mort à Sainte-Geneviève après avoir pris l'habit de chanoine régulier dans cette abbaye. Une autre, adressée à Bela, roi de Hongrie, apprend qu'un jeune seigneur hongrois, mort à Paris où il étudiait, fut inhumé à Sainte-Geneviève. *Epistol.* 34, 153.

(1) Félibien, t. IV, p. 535.—(2) Jaillot, t. IV, p. 62, *Quart. de la place Maubert.*— (3) Jaillot, p. 63. *Ibid.*

1158, adressée au chapitre de Saint-Marcel. On ignore l'origine de cette chapelle et l'époque précise où l'augmentation de la population la fit ériger en paroisse. Comme l'absence des témoignages historiques laissait le champ libre aux conjectures, un savant critique a pensé que Clovis, se croyant redevable à l'intercession de Saint-Hilaire, évêque de Poitiers, de sa victoire sur Alaric, aura voulu faire construire à Paris un oratoire sous l'invocation de ce saint évêque. Mais le silence de tous les documents contemporains rend cette conjecture peu vraisemblable. Il en est de même d'une autre opinion de Lebeuf, qui attribue la fondation de l'oratoire Saint-Hilaire à Saint-Marcel, évêque de Paris.

Ce qu'il y a de certain, c'est que la chapelle ou l'oratoire de Saint-Hilaire, mentionné pour la première fois en 1158, était érigé en paroisse vers l'an 1200. Dans le pouillé de l'église de Paris, écrit à cette époque, Saint-Hilaire est au nombre des cures dont la nomination appartient au chapitre de Saint-Marcel.

Il y avait dans cette paroisse une chapellenie instituée, en 1373, par Haumon Lagadon, bedeau de l'Université.

« En 1513, dit Saint-Foix, cette église fut profanée et ensanglantée par deux peintres qui s'y querellèrent et s'y battirent à l'occasion d'un tableau qui représentait Adam et Eve dans le paradis terrestre : « L'enfant, disait l'un, quand il est sorti du corps de sa mère, y reste encore attaché par un assemblage de vaisseaux que l'on coupe et que l'on noue le plus près du ventre qu'il est possible ; et c'est ce qui fait ce trou qu'on appelle le nombril : or, Adam et Eve n'ayant point eu de mère, il faut être aussi sot que vous l'êtes pour les avoir représentés avec un nombril (1). »

Le caractère d'architecture de cette église serait difficile à déterminer d'après les indications confuses des historiens. Suivant Sauval et Jaillot, elle fut rebâtie en 1300, reconstruite et augmentée vers 1470. D'un autre côté, voici ce qu'en dit Lebeuf. « Il n'y a guère que le petit portail sous le clocher qui puisse approcher du XIIIe siècle ; l'aile méridionale peut être du XIVe ou du XVe. Le reste est postérieur et a été tellement retouché, que ce qu'il y pouvait rester d'ancien est entièrement couvert (2). »

Des réparations importantes et de nouveaux agrandissements furent faits à l'église de Saint-Hilaire, au commencement du XVIIIe siècle, par les soins et les libéralités de Jollain, qui en était curé (3).

« Une sépulture à remarquer dans l'église de Saint-Hilaire, dit Lebeuf, est celle d'un jeune pensionnaire du collège d'Harcourt, appelé Louis-Hercule-Raymond Pelet, fils de Raymond Joseph, vicomte de

---

(1) Saint-Foix, t. I, p. 147. — (2) *Hist. de la ville et du dioc. de Paris*, t. I, p. 206. —(3) Sauval, t. I, p. 411. — Jaillot, *Saint-Benoît*, t. IV, p. 105.

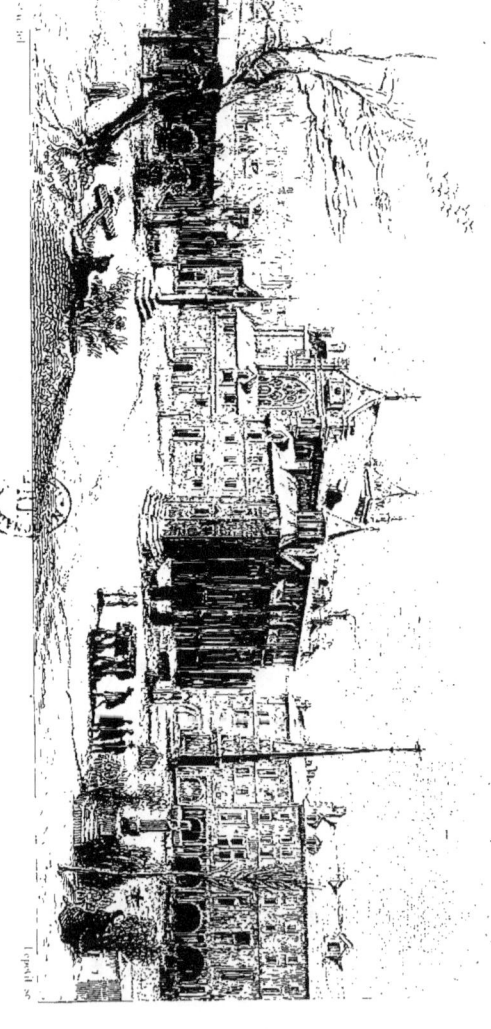

Narbonne-Pelet, et de Marie Rosset de Fleury. Sur sa tombe de marbre blanc, placée dans l'aile septentrionale du chœur, est une épitaphe latine, par laquelle on voit qu'il est mort en 1747, à l'âge de dix ans. Cette inscription est terminée par ces mots remarquables : *Sancte puer ora pro nobis* (1). »

Dans cette église avait été aussi inhumé Patrice Maginn, docteur en droit, premier aumônier de la reine d'Angleterre, mort en 1683.

Deux tableaux assez remarquables, représentant saint Jean et saint Joseph, ornaient la chapelle de la Vierge. Ils avaient été peints par Simon Belle. On estimait l'architecture et les ornements du maître-autel.

L'église de Saint-Hilaire a été démolie en 1795.

Eglise des Saints-Innocents, rue Saint-Denis, au coin de la rue aux Fers. Dubreuil, et après lui Malingre, ont prétendu que l'église des Saints-Innocents avait été fondée par Philippe-Auguste, avec le produit des biens confisqués sur les juifs, en 1182, et pour y placer le corps de saint Richard, enfant que les juifs avaient fait crucifier, dit-on, à Pontoise. Mais des diplômes des années 1159 et 1178 mentionnent expressément cette église. Il faut donc en placer la fondation au plus tard sous le règne de Louis-le-Jeune, qui avait, disent les chroniqueurs, une dévotion particulière pour les saints Innocents, ou, comme il les appelait, pour les *saints de Bethléem*.

Si Philippe-Auguste ne fut pas le fondateur de cette église, il est certain du moins qu'il la fit rebâtir ou agrandir, et qu'il employa effectivement à cette pieuse destination une partie des biens dont il avait dépouillé les juifs. Le témoignage des contemporains ne laisse aucun doute à cet égard.

Peu d'années après cette reconstruction, on inhuma dans l'église des Innocents le corps de saint Richard. « Au lieu où il fut enterré, dit Dubreuil, il y a une grande tombe élevée de terre d'environ trois pieds, et là se sont faits plusieurs miracles, comme l'atteste Rigordus. » Les reliques de saint Richard étaient en telle vénération au moyen âge, que les Anglais, lorsqu'ils furent maîtres de Paris sous Charles VII, firent exhumer le corps et le transportèrent dans leur île, ne laissant que la tête du saint, laquelle fut conservée jusqu'en 1786, époque de la destruction de l'église.

Dans l'église reconstruite par Philippe-Auguste, existait une chapelle dédiée à saint Michel le peseur d'âmes ; on sait qu'il était d'usage de mettre les cimetières sous la protection spéciale de cet archange. Peut-être un oratoire de Saint-Michel avait-il été l'origine première de l'église des Innocents.

(1) Jaillot, t. I, p. 207.

Quoique achevée, suivant toute apparence, dès la fin du XIIe siècle, cette église ne fut dédiée qu'en 1445, par Denis Dumoulin, évêque de Paris. Il est probable qu'elle avait été plusieurs fois réparée dans cet intervalle, car on remarquait des différences de style dans les diverses parties de son architecture.

Le service divin fut interdit dans l'église des Innocents en l'année 1437, à la suite d'une rixe qui y avait eu lieu, et que l'évêque de Paris, Jacques du Chastelier, regarda comme une profanation. Pendant vingt-deux jours ce prélat fit suspendre toutes cérémonies religieuses, et les portes de l'église et du cimetière furent fermées, jusqu'à ce que l'église eût été réconciliée, suivant l'usage du temps.

L'histoire nous apprend que Louis XI aimait singulièrement l'église des Innocents, et que, par un diplôme authentique rapporté par Dubreuil, il fit don à la fabrique de certains droits de voirie et de location, dont le produit devait servir à l'entretien de six enfants de chœur. L'excédant de cette somme, qui se trouva dépasser le nécessaire, fut employé à fonder et à entretenir une musique qui s'y fit entendre jusqu'à la destruction de l'église. Un auteur fait remarquer que cette musique, en dépit d'un proverbe qui, pour désigner un concert discordant, disait : *une musique des Innocents*, ne cessa jamais d'être très bonne.

Mais ce n'étaient pas là les seules traces que l'on trouvât dans cette église de la dévotieuse libéralité de Louis XI. C'est encore lui qui fit élever à Alix la Burgotte, recluse des Innocents, un tombeau de marbre noir supporté par quatre lions de cuivre, qu'on y voyait encore il y a soixante ans, et sur lequel elle était représentée couchée, tenant un livre et portant une ceinture semblable à celle des cordelières (1).

---

(1) L'inscription suivante se lisait autrefois sur ce tombeau :

> En ce lieu gist sœur Alix la Burgotte,
> A son vivant recluse très dévotte,
> Rendue à Dieu femme de bonne vie
> En cet hostel voulut estre asservie,
> Où a régné humblement et long-temps
> Et demeuré bien quarante et six ans,
> En servant Dieu augmentée en renom.
> Le roy Louis, onsiesme de ce nom,
> Considérant sa très grand parfecture,
> A fait lever icy sa sépulture.
> Elle trespassa céans en son séjour,
> Le dimanche vingt-neuviesme jour,
> Mois de juin, mil quatre cent soixante et six.
> Le doux Iesus la mette en paradis.
>   Amen !

Alix la Burgotte nous amène naturellement à parler des recluses et du réclusoir des Innocents, qui était le plus célèbre de tous ceux de Paris. C'était une espèce de cellule de pierre, étroite et ne recevant le jour et l'air que par deux sortes de meurtrières grillées, dont l'une ouvrait sur la voie publique et servait à la recluse à recevoir ses aliments, et l'autre, donnant dans l'église même, lui permettait de prendre part aux cérémonies religieuses (1). Déjà j'ai parlé ailleurs de la coutume que l'on avait au moyen âge de construire auprès des lieux de retraite ou de prière des cellules où quelque pécheresse contrite venait se condamner à une pénitence et une macération sans fin. Le réclusoir des Innocents m'offre une occasion toute simple de revenir sur cet usage remarquable.

Avant Alix, une nommée Jeanne la Vodrière avait été enfermée dans la cellule du cimetière, le 11 octobre 1422. Il paraît qu'à cette occasion l'on déploya un appareil imposant, et que l'on fit sermon en public comme à la profession d'une religieuse.

En 1485, Renée de Vendomois, damoiselle, femme du seigneur de Saint-Berthenan ou Berthemin, ayant fait assassiner son mari, et s'étant rendue coupable d'adultère, fut condamnée par le prévôt de Paris à être brûlée vive dans cette ville sur la place du marché aux Pourceaux. Mais le roi lui ayant fait grâce de la vie, sa peine fut commuée en une prison perpétuelle; et, par une circonstance assez remarquable, elle fut condamnée à subir le châtiment que d'ordinaire les recluses s'imposaient d'elles-mêmes en expiation d'une vie déréglée. La sentence de son jugement, inséré aux registres du parlement, porte qu'elle est condamnée « *à demourer perpétuellement recluse et enmurée au cymetiere des Saints-Innocents à Paris, en une petite maison qui lui sera faicte à ses dépens et des premiers deniers venans de ses biens, joignant l'église, ainsi que anciennement elle estoit,* » ce qui donnerait à penser que le réclusoir était détruit à l'époque de cette condamnation. C'est peut-être de cette Renée de Vendomois qu'il s'agit dans le passage suivant, tiré d'un autre arrêt rendu par la même cour, en 1487, contre le duc de Bourbonnais. Il y est dit au chapitre des amendes : « A la recluse des Saints-Innocents, vingt-cinq livres. »

Après celle-ci, on trouve encore une recluse sous le nom de Jeanne la Panoncelle. En 1496, l'official de Paris ayant enjoint aux marguilliers des Innocents de lui construire une logette, et ces derniers s'y étant refusés, ils furent frappés d'excommunication jusqu'à ce qu'ils se soumissent à cette l'injonction. On en peut conclure qu'au XVe siècle il y avait encore simultanément plusieurs recluses dans cette église. Or, un passage extrait d'un testament laissé par une bourgeoise de Paris morte

---

(1) Voy. *Saint-Séverin*.

en 1247, nous prouve qu'il y en avait quatre à cette époque ; car ce testament contient un legs de 20 livres en faveur de quatre recluses des Innocents : « *Quatuor inclusis Innocentium XX solidos.* »

Une chronique du XVe siècle, connue sous le nom de « *Journal d'un bourgeois de Paris sous les règnes de Charles VI et de Charles VII*, » nous apprend qu'en 1429 l'église des Innocents ou plutôt le cimetière où elle se trouvait fut le théâtre où frère Richard, célèbre prédicateur de son temps, opéra sur le peuple de Paris ses merveilles oratoires. Laisons parler l'auteur contemporain :

« En avril mil quatre cens vingt-neuf, vint à Paris un cordelier nommé Frère Richard, homme de très grande prudence et dévotion, qu'on disoit estre venu depuis peu de Ierusalem, le quel prescha aux Innocens par huict iours consécutifs ; commençoit enuiron cinq heures du matin jusques entre dix et onze, et y avoit tousiours cinq ou six mille personnes. Estoit monté quand il preschoit sur un haut escharfaut, qui estoit près de toise et demie de haut. Il feit aussi un sermon à Boulongne-la-Petite (1), au revenir duquel furent les gens de Paris tellement tournés en dévotion, qu'en moins de trois ou quatre heures on eut veu plus de cent feux en quoy ardoient (2) tables et tabliers (3), cartes, billes, billards, boules et semblables choses ; et les femmes les atours de leurs testes, comme bourreaux, truffe, pièce de cuir ou de baleine qu'elles mettoient en bas de leurs chaperons pour estre plus roides, ou au rebras d'avant. Les damoiselles laissèrent leurs cornes (4) et leurs queues et grant foison de leurs pompes. La grant chronique en l'an quatorze cens et dix-sept dit que les dames et damoiselles de la cour menoient grands et excessifs états et cornes merveilleusement hautes et larges, et avoient de chacun costé au lieu de bourlets, ce sembloit deux grands oreillers si larges, que quand elles vouloient passer l'huis d'une chambre il falloit qu'elles se tournassent de costé et baissassent, ou elles n'eussent pu passer. Fit aussi ardre frère Richard plusieurs *madagoires* (5) ; ce sont mandragores. Aujourd'huy le vulgaire les appelle *mandegloires*,

---

(1) Notre-Dame-de-Boulogne, près Paris.—(2) Brûlaient.—(3) Tables et jeux de tables, espèces de jeux de pions. Ceux qui vendent ces jeux s'appellent encore *tabletiers*.

(4) Les bourreaux, les truffes ou truffeaux, et les pièces de cuir ou de baleine, servaient à soutenir et à composer la coiffure que l'on nommait corne, cornet ou bourrelet ; c'était en effet une espèce de bourrelet, la plupart du temps dessiné en cœur, ou formant une sorte de turban dont les lignes onduleuses et les étoffes précieuses, enrichies de paillettes, de broderies ou de pierreries, composaient un ajustement des plus gracieux et des plus magnifiques.

(5) Les mandragores, madagoires, mandegloires ou mains-de-gloire, étaient de ces racines d'arbres dont les nœuds, par un jeu de la nature, imitent grossièrement des figures d'hommes, d'animaux, etc. Les gens du peuple considéraient ces racines comme des talismans contre la pauvreté, et mouraient quelquefois de misère, fermement convaincus que le besoin ne viendrait jamais les assaillir tant qu'ils les conserveraient précieusement.

que maintes sottes gens gardoient en lieux de repos, et avoient si grande foi en cette ordure, qu'ils croyoient que tant comme ils l'avoient (mais qu'il fust bien nettement en beaux drapeaux de soie ou de lin enveloppé), jamais jour de leur vie ne seroient pauvres. Il dit au départir que l'an ensuivant on verroit les plus grandes merveilles qu'on eust oncques veues, et que son maistre frère Vincent le tesmoignoit selon l'Apocalypse et l'escriture de sainct Paul, et aussi le tesmoignoit frère Bernard, un des bons prescheurs du monde, qui en celuy temps estoit en prédication de là les Alpes en Italie, où il avoit plus converty de peuple à dévotion que tous les prescheurs qui, depuis deux cens ans, y avoient presché. Le dimanche devant son partement fut dit parmy Paris qu'il deuoit prescher au lieu où sainct Denys avoit esté decolé (à Montmartre); si y ala plus de six mille personnes de Paris, et partit la plus grande partie le samedy au soir à grands tourbes pour avoir meilleure place le lendemain, et couchèrent aux champs; mais son fait fut empesché : comment ce fut à tant m'en tais, dont les bonnes gens furent moult troublez. Plus ne prescha pour celle saison à Paris, et luy convint partir. Peu après il se remit avec les Armignacs, cheuauchant avec eux, et faisoit tourner les villes et citez par son langage ; de quoy ceux de Paris aduertis, le maudissoient de Dieu et de ses saincts, et recommencèrent en despit de luy tous les ieux qu'il auoit deffendu, et laissèrent un mériau (1) d'estain où estoit empraint le nom de Iesus, et prindrent la croix Saint-Andry. »

Je ne terminerai pas cet article sans rapporter une anecdote assez singulière, mentionnée par Piganiol de la Force dans sa *Description de Paris*, t. II, p. 296, et qui se rattache à l'histoire de l'église des Innocents. Sous le règne de Henri II, fils et successeur de François Ier, le curé des Innocents, qui se nommait Jean Benoît, atteint d'une maladie des plus graves et se voyant réduit à toute extrémité, résigna son bénéfice, seul bien qu'il possédât au monde, à son vicaire Semelé. Mais il arriva que, contrairement à sa propre attente, le moribond franchit cette crise désespérée et recouvra la santé. Ramené par la main de la Providence dans ce monde temporel qu'il s'était vu si près de quitter, Jean Benoît réclama de son donataire son bénéfice, seule ressource à l'aide de laquelle il pût satisfaire aux besoins de cette vie. Mais Semelé se refusa obstinément à restituer le don, qui, disait-il, lui avait été bien et dûment conféré. Jean Benoît assigna son adver-

---

(1) Une médaille d'étain. Pour bien entendre la dernière moitié de ce passage, il faut se rappeler qu'à cette époque la France était divisée entre le parti d'Armagnac ou de Charles VII, et le parti de Bourgogne ou des Anglais. Les premiers portaient pour se distinguer une croix blanche sur la poitrine; les seconds la croix rouge ou croix de Saint-André. Or, en 1429, Paris était au pouvoir des Anglais, et ses habitants, ainsi que l'auteur de cette chronique, étaient du parti de Bourgogne.

saire au Châtelet, qui renvoya l'affaire au parlement de Paris. Cette cour considéra la question qui lui était soumise comme étant trop grave et trop ardue pour prononcer définitivement, et en référa au roi. Henri II assembla une haute cour composée des procureurs-généraux, des présidents de parlement et des plus grands jurisconsultes du royaume, qui fut saisie de la contestation, et condamna le vicaire à rester en prison jusqu'à ce qu'il eût restitué le bénéfice. Semelé rendit le bénéfice, et se punit lui-même en s'exilant volontairement.

Parmi les curiosités de l'église des Innocents, on doit citer le portail, décoré de sculptures par les ordres et aux frais de Jean, duc de Berry, fils du roi Jean, si renommé dans son temps pour sa piété, sa munificence, et le goût éclairé qu'il portait aux lettres et aux arts.

« Au portail de l'église, qui est à main droite, dit Dubreuil, l'on void des figures en bosse de trois chevaliers passans par dedans un bois, et trois mors à l'opposite, aussi dans un bois ; lesquels fit faire et ériger monseigneur Iean, duc de Berry, en l'année 1408, pour l'ornement de ce lieu, auquel il voulut estre enterré après sa mort, ainsi que les vers suyvants le témoisgnent, gravés le long de la corniche qui soustient lesdites figures (1).

» Aux quatre coins dudit portail sont peintes les armes de la maison des ducs de Berry. Plus, sous une chacune desdites figures, est attachée dans le mur une grande pierre remplie de nombre de vers françois, comme si lesdites figures parloient ensemble et respondoient l'un à l'autre (2). »

On remarquait, sur le maître-autel, un tableau de Michel Corneille représentant le Massacre des saints Innocents.

Les personnages les plus importants inhumés dans cette église étaient Simon, évêque de Chartres, mort en 1297 ; Jean Sanguin, seigneur de Béthencourt, maire de la chambre des comptes du roi, mort en 1425 ; Guillaume Sanguin, échanson de Charles VI, mort en 1441 ; et plusieurs membres de la famille Potier, depuis Nicolas Potier, seigneur de Groslay, qui mourut en 1501, jusqu'à Bernard Potier de Blanc-Mesnil, mort en 1610.

---

(1) Suit une épitaphe en détestables vers, dont je me contenterai de citer les suivants :

> En l'an mil quatre cens et huit,
> Iean, duc de Berry, très puissant,
> En toutes vertus bien instruit
> Et prince en France florissant.
> Fit tailler cy sa sépulture
> Des trois vifs aussi des trois morts,
> Et de ses deniers la facture
> En paya par justes accords.

(1) *Antiquités de Paris*, t. III, p. 834.

L'église des Saints-Innocents fut démolie en 1786, lors de la suppression du cimetière et des charniers (1).

Topographie. — On a pu voir par le grand nombre de monuments élevés à Paris depuis le règne de Hugues-Capet jusqu'à la fin de celui de Louis-le-Jeune, combien la ville dut s'accroître en étendue et en population, à mesure que son importance politique augmentait. On trouve, au reste, dans les historiens du temps, peu de renseignements sur l'état topographique de Paris à cette époque. Ces renseignements abondent, au contraire, pour la période suivante, et, à partir du règne important de Philippe-Auguste, j'aurai, sous ce rapport, peu de lacunes à constater.

Je dirai peu de chose ici de la seconde enceinte de Paris, qui existait très probablement, comme on l'a vu, dès la seconde race, et dont M. Dulaure place, contre toute vraisemblance (2), la construction sous le règne de Louis-le-Gros. Sur la rive droite de la Seine, l'ancienne porte connue sous le nom d'Archet Saint-Merry (3), la porte Baudoyer, une vieille tour de la rue des Deux-Portes-Saint-Jean, dont Sauval a le premier fait connaître l'existence; peut-être encore d'anciennes fortifications remplacées par la rue des Fossés-Saint-Germain-l'Auxerrois et l'impasse de la *Petite-Bastille*; sur la rive gauche, une tour située dans la rue Saint-Victor, au bas de la rue de Versailles; tels sont les seuls indices à l'aide desquels on puisse déterminer approximativement les limites de cette enceinte, dont les traces avaient presque disparu lorsque Philippe-Auguste entoura Paris de nouvelles murailles.

Clos, courtilles et cultures. — Aux abords de Paris, la campagne a été, de tout temps, cultivée avec beaucoup de soin. Aussi, dès les temps les plus anciens, les propriétaires, pour se protéger contre les ravages des ennemis et des maraudeurs de la ville, plus encore que pour fixer les limites de leurs terres, les munirent de hautes clôtures en maçonnerie. Telle est l'origine des nombreux *clos* qui environnaient Paris et remplissaient ses faubourgs. La montagne Sainte-Geneviève surtout, qui, du côté de la ville, présentait un vaste flanc incliné au soleil du midi, n'était qu'un grand vignoble; c'est sans doute ce coteau qui produisait le vin dont l'empereur Julien faisait si grand cas. Ce n'est qu'au XIIe siècle que des maisons ont commencé à s'élever sur cette campagne, qui disparut tout-à-fait, au temps de saint Louis, sous les fondations universitaires.

Voici quels étaient les clos les plus importants et les plus connus sur la rive gauche.

(1) Voy. *Cimetière des Innocens.* — (2) Voy. p. 443. — (3) Voy. p. 92.

Dans l'*Université*, les principaux étaient :

La terre de Laas, aussi nommée Lias et Liaas, était un vaste vignoble s'étendant depuis la porte de Nesle, celle de Saint-Germain et les murs de l'Université, jusqu'à la rue de la Huchette. Elle appartenait aux religieux de Sainte-Geneviève et de Saint-Germain-des-Prés. Ces derniers prétendaient la tenir d'une donation de Childebert, fils de Clovis, leur fondateur (1). Suivant une charte de Childebert, que Sauval soupçonne de fausseté, la terre de Lias aurait appartenu jadis, avec l'oratoire de Saint-Andéol, à Flavius et à Ceraunius, de qui Childebert l'aurait achetée. En 1179, selon Dubreuil, Hugues, abbé de Saint-Germain, en aliéna une partie pour la fondation de son anniversaire, à condition qu'on y bâtirait des maisons.

Cette condition, imposée aux acquéreurs d'élever des constructions sur l'emplacement des clos, se trouve spécifiée dans presque toutes les aliénations de ce genre, ce qui se conçoit aisément; en transférant la propriété, on conservait certains droits de suzeraineté d'un revenu assez considérable, surtout quand il s'appliquait à des maisons. Cela explique la rapidité avec laquelle les clos disparurent, vers la fin du xiii° siècle.

Le clos Mauvoisin et le clos de Garlande. Ils n'étaient séparés l'un de l'autre que par la rue qui a conservé le nom de rue Galande. Ils appartenaient tous deux aux seigneurs de Garlande. Amauri, vicomte et seigneur de Narbonne, auquel en était passée la propriété, les vendit, en 1263, moyennant 700 livres, à l'abbaye de Sainte-Geneviève. Il se trouvait à cette époque avoir subi depuis long-temps une foule d'aliénations partielles, et contenait un grand nombre de maisons. Les Juifs y avaient un cimetière placé entre la rue Galande et la rue du Plâtre. Marguerite de Marli, épouse du vicomte de Narbonne, avait donné, vers 1231, à l'abbaye de Port-Royal une rente de 10 livres tournois à prendre sur le clos de Garlande, pour faire fonder une chapelle après sa mort. Enfin, en 1248, saint Louis déclara que la justice de ce clos appartiendrait au chapitre de Notre-Dame, et que ceux qui l'habitaient seraient francs envers lui de toutes sortes de tailles, excepté de celle du pain et du vin. Les clos Mauvoisin et de Garlande étaient compris entre les rues du Fouarre, des Rats, des Anglais, du Plâtre, des Trois-Portes et Saint-Julien-le-Pauvre.

Le clos l'Evêque, qui subsistait encore en 1230, était situé près du précédent et tenait aux terres de Saint-Jean-de-Latran.

Le clos Bruneau faisait suite au clos Garlande et dépendait du chapitre de Saint-Marcel. Il avait pour limites la rue Saint-Jean-de-Beauvais qui en a long-temps porté le nom, la rue des Noyers, la rue des Carmes et la rue du mont Saint-Hilaire.

---

(1) Sauval, t. II, p. 357.

Au temps de Philippe-Auguste, la juridiction du clos Bruneau fut l'occasion d'un grave sujet de contestation entre l'évêque de Paris et le roi. Il fallut, en 1220, pour terminer ce différend, une sentence arbitrale qui ne put être rendue qu'après deux ans de débats, par l'archevêque de Reims, Louis de France, fils aîné du roi, l'évêque de Senlis, le chambellan du roi, le connétable de Montmorency d'une part, et de l'autre les comtes de Bretagne, de Dreux, de Blois, de Grantpré, de Namur, le maréchal de Tournel et autres grands du royaume. La juridiction fut attribuée en partie au roi et en partie à l'évêque, et déterminée dans un traité fort long et fort compliqué dont je parlerai ailleurs avec détail (1).

Il y avait un autre *clos Bruneau*, situé près de la rue de Tournon, sur l'emplacement occupé aujourd'hui par la rue de Condé.

Le clos Saint-Symphorien, compris entre les rues des Cholets, de Reims, des Sept-Voies et Saint-Etienne-des-Grés, occupait le haut de la montagne Sainte-Geneviève. Il contenait des maisons dès l'an 1209; l'évêque d'Arras y logeait en 1260.

Le clos du Chardonnet (terre couverte de chardons) appartenait à l'évêque et aux abbayes de Sainte-Geneviève, de Saint-Victor et de Tiron. En 1257, les Bons-Enfants, nouvellement fondés près la porte Saint-Victor, obtinrent la permission de bâtir une chapelle dans ce clos. C'est aussi dans ce clos que fut construite l'église qui porta le nom de Saint-Nicolas-du-Chardonnet.

Le clos des Arènes, dit aussi *clos de Saint-Victor*, situé entre les rues Copeau, des Fossés-Saint-Victor et de Saint-Victor, tenait au clos du Chardonnet. On croit que l'origine de son premier nom se rattache aux arènes ou cirques que Chilpéric fit construire à Paris. Ce clos relevait de l'abbé de Sainte-Geneviève et de l'évêque, quoique la Sorbonne y possédât quelques vignes, qui furent amorties en 1284. — Près de là étaient le *vignoble* ou *clos Mouffetard* dit aussi *Montcétard*, sur lequel fut percée la grande rue de ce nom au faubourg Saint-Marceau; et un *clos de Sainte-Geneviève*, qui existait encore en 1474 (2), près les murs de l'Université, quoique bien diminué par les maisons qu'on avait bâties sur diverses portions aliénées par les religieux.

Le clos le Roi, dans lequel Philippe IV donna, en 1300, six arpents de vigne à Guillaume d'Evreux, grènetier de Paris, et où les religieux de Saint-Jacques-du-Haut-Pas achetèrent aussi six arpents de vignes pour construire l'hôpital attenant à leur église. Sauval possédait un titre établissant qu'en 1538 le chapelain des chapelles de Saint-Michel et de Saint-Louis, de la basse chapelle du Palais, était obligé de fournir tous les ans treize petits muids et demi de vin vermeil, de mère goutte,

---

(1) Voy. Sauval, t. II, p. 360. — (2) Sauval, t. II, p. 363.

pour la célébration des messes de la Sainte-Chapelle, et qu'à cet effet une partie du clos le Roi était annexée à son bénéfice. Henri II permit à ce chapelain de donner à rente à des particuliers quelques arpents du reste du clos, à condition d'y construire des maisons pour accroître son revenu.

Le clos de la Sorbonne, et peut-être aussi les *clos Drapelet* et *Entechelier*, tenaient au clos du Roi.

Le clos des Poteries ou des *Métairies*, près du faubourg Saint-Marceau, existait encore en 1407 (1). Les rues des Postes et des Vignes furent percées sur son emplacement. La première devait son nom à celui du clos des *Poteries* ou des *Pots*.

Le clos aux Bourgeois descendait de la rue d'Enfer vers le faubourg Saint-Germain. Sur une partie du Luxembourg était un fief appartenant à Sainte-Geneviève et à la grande confrérie des Bourgeois de Paris, dont le parloir était situé sur ce vignoble même, derrière les Jacobins. Le parloir aux Bourgeois fut séparé de l'enclos, en 1356, par les fossés que l'on creusa lors de la captivité du roi Jean. Ce clos s'appelait, en 1343, le *clos Vignerai* selon Sauval, *Vigneron* selon Félibien (2), le *clos Saint-Sulpice* en 1431 (3). En 1536, il tenait à un champ qui servait de marché aux chevaux pendant la foire Saint-Germain. L'Hôtel-Dieu y avait un moulin à vent et un pressoir nommé quelquefois le pressoir de l'Hôtel-Dieu et quelquefois le pressoir Gibart. Sauval pense que le nom de *clos Saint-Sulpice* pourrait lui venir de ce que le vin des vignes du territoire de Saint-Sulpice devait être pressuré au pressoir de l'Hôtel-Dieu.

Le clos des Jacobins s'étendait au-delà de l'enceinte de Philippe-Auguste vers le faubourg Saint-Jacques, au nord du clos des Bourgeois, dont il n'était séparé que par la rue d'Enfer. Il était limité par les fossés de la ville, la rue d'Enfer et la rue Saint-Jacques. En 1546, François Ier permit aux Jacobins de le donner à rentes à la condition d'y construire des maisons.

Le clos des Francs-Mureaux était un des plus célèbres de Paris. Il était situé au faubourg Saint-Jacques, près de Notre-Dame-des-Champs, borné au nord par le clos le Roi et au sud par la rue de la Bourbe. On l'appelait anciennement *de Cuvron* (4); en 1256, il portait le nom de *Murelli*, les Mureaux, et on y joignit l'épithète de Francs, parce que ses habitants étaient exempts ou francs des tailles, subventions, impôts et subsides qu'exigeaient les rois. On croit que c'est Louis-le-Gros qui leur avait accordé ces franchises ; elles leur furent confirmées en 1158 par Louis-le-Jeune. Peu à peu le clos se garnit d'habitations. En 1300,

---

(1) Sauval, *ibid.*, p. 365. — (2) Sauval, *ibid.* — Félibien, t. I, p. 171. — (3) Nous ne voyons pas sur quelle autorité M. Dulaure a fait du *clos des Bourgeois*, *Vignerai* ou *Saint-Sulpice*, trois clos différents. — (4) Jaillot, t. IV, p. 61, quartier Saint-Benoît.

Philippe-le-Bel en possédait plusieurs qui lui devaient onze muids et demi de vin. Les habitants des Francs-Mureaux étaient obligés, pour vendanger, de demander la permission au chapitre de la Sainte-Chapelle et de venir chercher au Palais des tonneaux pour y mettre les treize muids et demi de vin vermeil qui étaient dus à cette église sur le clos le Roi. Les raisins du clos des Francs-Mureaux se portaient au pressoir que le roi avait près de l'église Saint Etienne-des-Grés (1).

Enfin, le *clos des Cordeliers*, s'étendant bien avant dans le faubourg Saint-Germain, fut séparé du couvent des Cordeliers qu'il joignait, en 1356, lorsque l'on fit les fossés de la ville. Charles V, pour dédommager le monastère, lui donna plusieurs jardins, et fit construire dans la maison plusieurs logements et de grandes écoles. Les religieux furent si contents qu'ils promirent de dire, chaque année, à perpétuité, une messe pour Charles V, la reine et leurs enfants.

Outre les clos dont je viens de parler, l'Université renfermait encore les clos suivants :

Le clos Saint-Etienne-des-Grés, derrière l'église et le long de la rue de ce nom, dans lequel le roi possédait, en 1295, des vignes qu'il louait quatre livres parisis par an.

Le clos des Vignes ou *Courtille*, borné par les rues des Saint-Pères, Saint-Benoît et de l'Égout. Il appartenait à l'abbaye de Saint-Germain-des-Prés. La rue Taranne et celle de l'Égout s'appelaient au xive siècle *rues de la Courtille*, parce qu'elles conduisaient à ce clos (2).

Le clos Copieuse, que l'on sait avoir été compris au xvie siècle entre les rues Taranne, du Four et de l'Égout, et qui fut plus tard nommé l'*Hermitage*, paraît, d'après ses limites, n'être qu'une partie du *clos des Vignes* ou *Courtille*.

Le clos Tiron, longé par les rues des Fossés-Saint-Victor et des Boulangers, appartenait à l'abbaye de Tiron au diocèse de Chartres.

Le clos Copeau ou *Coupeaux*, borné par la Bièvre, d'après Sauval (3), n'était peut-être qu'une partie du clos suivant. Il a laissé son nom à la rue Copeau.

La terre d'Alez s'étendait, suivant la plupart des historiens de Paris, le long de la Seine, entre le clos du Chardonnet et la rivière de Bièvre. Toutefois rien n'est plus incertain que ses limites. Jaillot croit que la *terre d'Alez* est l'ancien nom du clos du Chardonnet, suivant une charte de Louis-le-Gros. Il ajoute qu'on a prétendu sans fondement que le nom d'Alez vient d'Alix ou Adélaïde de Savoie, femme de ce prince (4). Ce nom paraît signifier *terre de limite*.

Il y avait aussi les clos de *Saint-Germain-des-Prés*, de *Sainte-Ge-*

---

(1) Voy. ci-dessus, p. 366. — (2) Jaillot, t. V, p. 44, 80, quartier Saint-Germain. — (3) T. II, p. 369. — (4) Jaillot, t. IV, p. 162, quartier de la place Maubert.

neviève, de *Saint-Victor*, dans lesquels se trouvaient les abbayes de ce nom.

Enfin les *clos Saint-Marcel* et *Saint-Médard*. Dans le faubourg de ce dernier nom se trouvaient les clos *Du Breuil*, des *Morfossés*, des *Treilles*, de *Gratard*, des *Saussayes*, de la *Cendrée* ou *Censier* (*locus cinerum*) (1).

Sur la rive droite de la Seine, où le terrain était moins favorable à la culture de la vigne, il se trouvait peu de clos. Les vastes marais, qui couvraient autrefois de ce côté les environs immédiats de la ville, furent défrichés au XIIe siècle et convertis en grands terrains cultivés, appelés *cultures* ou *coultures*. On y établit aussi, sous le nom de *courtilles*, des jardins ou vergers, environnés de haies, qui servaient à la promenade et à la récréation des habitants.

La courtille Barbette, appelée aussi à la fin du XIVe siècle la *courtille Jacqueline-d'Epernon*, tenait son nom de la famille Barbette, célèbre sous Philippe-le-Bel. Les chanoines de Sainte-Opportune en étaient seigneurs, mais la famille Barbette en jouissait et y possédait une maison de plaisance, détruite par le peuple en 1306, lors des désordres occasionnés par l'altération des monnaies. En 1407, Isabeau de Bavière y avait une habitation où elle venait se récréer et jouir des plaisirs de la campagne. — C'est dans la courtille Barbette que se cachèrent pendant dix jours les meurtriers du duc d'Orléans, frère de Charles VI, attendant l'occasion d'exécuter leur atroce projet. — La courtille tenait à la porte Barbette, lieu où fut consommé le crime; et aux cultures Sainte-Catherine, du Temple et Saint-Gervais, dont je parlerai tout à l'heure.

La courtille Saint-Martin servait de jardin et de lieu de récréation aux religieux de l'abbaye de ce nom (2), qui y firent arriver l'eau de la fontaine des bains voisins de leur maison. Ils jouirent de cette eau jusqu'en 1373 que Charles de France, fils aîné du roi Jean, la leur demanda pour son hôtel de Saint-Paul.

On sait seulement de la *courtille du Boucelain* qu'en 1343 Jean-des-Fossés et Bazille, sa femme, y demeuraient comme courtilliers ou jardiniers.

La courtille du Temple, la seule qui ait retenu ce nom jusqu'à nos jours, occupe, comme on sait, la grande rue qui conduit à Belleville, en dehors du faubourg du Temple. Elle s'appelait au XIIe siècle le clos

---

(1) Pour compléter la nomenclature des clos de la partie méridionale de Paris, je dois faire mention du *clos Payen*, nom qu'on donnait à une époque très ancienne, et qu'on donne encore aujourd'hui, aux vastes terrains situés le long de la rivière de Bièvre, entre la manufacture des Gobelins, la rue du Champ-de-l'Alouette et le boulevard des Gobelins.

(2) Sauval, t. I, p. 68.

de Mulevart ; c'est sous ce nom qu'elle fut donnée, à titre d'échange, au chapitre de Saint-Merry, en 1175.

Outre ces courtilles, Sauval croit qu'il en existait d'autres autour de Paris, qui sont mentionnées dans divers cartulaires. « Dans le XIIIe siècle, ajoute-t-il, depuis Chaillot et le Roule jusqu'à la Bastille, le chapitre de Sainte-Opportune aliéna quantité de marais pour y faire des courtilles ; autrefois les bourgeois et les jardiniers en avaient beaucoup d'autres tant dans les marais que dans les coultures. »

Le vaste territoire de *Champeaux*, en latin *campelli*, *petits champs*, s'étendait entre la rue Saint-Denis et le Palais-Royal, jusqu'à la culture l'Evêque. Il fut successivement occupé par l'église et le cimetière des Innocents, les halles, l'église Saint-Eustache, les rues Croix-des-Petits-Champs et Neuve-des-Petits-Champs. Le territoire de Champeaux était dans la censive de plusieurs seigneurs : le roi, l'évêque de Paris, le chapitre de Sainte-Opportune, le prieuré de Saint-Martin-des-Champs, celui de Saint-Denis-de-la-Chartre, l'évêque de Térouanne en possédaient chacun une partie ; le chapitre de Notre-Dame y avait aussi quelques champs au XIIe siècle. Louis-le-Gros établit un marché en ce lieu et accorda à l'évêque de Paris le tiers de tous les droits qui s'y percevraient pour lui (1).

Marais Sainte-Opportune. Au nord des Champeaux, s'étendaient jusqu'au pied de la montagne de Montmartre de grands marais qui s'arrêtaient vers l'orient au pont *Pétrin* et à la porte Saint-Antoine, et vers le couchant au bas de la montagne de Chaillot ; c'est ce que l'on voit dans un acte de 1154 par lequel les chanoines propriétaires de ces marais ou au moins de la plus grande partie en concédèrent différentes parties à des particuliers pour les défricher, à raison de douze deniers par arpent. Le défrichement s'effectua sans doute, et des titres de 1227 et 1236 apprennent que les bords du marais étaient exploités en prés et en vigne (2). — Le ruisseau de Ménilmontant traversait ces marais.

La culture l'Évêque et la *culture de Lès-les-Aveugles* ou des *Quinze-Vingts* ne formaient qu'une seule culture sous des noms différents. L'évêque de Paris était seigneur et propriétaire de la première partie ; la seconde relevait de lui, mais appartenait aux Quinze-Vingts. Dans la *culture l'Évêque* se trouvait la maison de plaisance de l'évêque de Paris, nommée la *Ville-l'Évêque*, qui devint plus tard un village. Un abreuvoir et un port sur la Seine dépendaient de la ferme où l'évêque avait des granges pour renfermer les récoltes et les dîmes qui lui revenaient. On voiturait au *Port-l'Évêque* (3), sur la rivière, les denrées

(1) Telle est l'origine de la *tierce-semaine* dont il est parlé dans un grand nombre d'actes, et celle de la juridiction du For-le-Roi et du For-l'Évêque. Jaillot, t. II, *Quartier des Halles*, p. 23. — (2) Voy. Félibien, t. I, p. 275 ; t. III, p. 34. — (3) Situé entre le Cours et la porte de la Conférence, selon Sauval.

que l'on voulait transporter à l'évêché ou aux marchés de Paris.

La culture Saint-Éloi s'étendait entre la Seine, l'église Saint-Paul et l'emplacement de l'Arsenal. Cette culture appartenait au prieuré de Saint-Éloi, dont le cimetière s'y trouvait renfermé. Dans le XIIe siècle, les comtes d'Etampes, les archevêques de Reims, les abbés de Saint-Maur y avaient des maisons spacieuses; Charles V les acheta toutes pour faire élever son hôtel Saint-Paul. La culture Saint-Éloi fut peu à peu vendue à des particuliers dans les XIIIe et XIVe siècles.

Le clos Margot, au nord de la culture Saint-Éloi, appartenait aux Célestins en 1481 (1). La rue Saint-Claude au Marais a été ouverte sur ce terrain.

La culture Sainte-Catherine, au nord de la culture Saint-Éloi, autour du prieuré de Sainte-Catherine, était limitée par les rues Jean-Beausire, Pavée, des Trois-Pavillons, des Francs-Bourgeois, l'hôtel des Tournelles (place Royale) et la rue Saint-Antoine qui la séparait de la culture Saint-Éloi. Elle était presque entièrement en marais qui successivement ont été changés en jardins et occupés par des maisons. Sous Charles V et Charles VI, cette culture servait de place pour jouer les mystères ou spectacles religieux (2). Comme en 1544 elle ne rapportait que soixante livres de rente, les religieux la vendirent à des particuliers, à condition qu'ils y bâtiraient des maisons. — Au nombre des acquéreurs, fut Jacques de Ligneris, seigneur de Crosnes, président au parlement, l'un des trois ambassadeurs de François I au concile de Trente, qui fit construire sur la partie de la culture dont il fit l'acquisition, un bel hôtel qui, ayant été vendu par son fils, en 1556, à Françoise de La Baume, dame de Carnavalet, prit le nom d'*hôtel de Carnavalet*, nom célèbre dans l'histoire de madame de Sévigné.

La culture Saint-Gervais était voisine de la précédente et s'étendait entre les rues Saint-Gervais, Culture-Saint-Gervais et du Temple. Elle fut, comme les autres cultures, progressivement envahie par les maisons que l'on y construisit. Sauval avait vu des titres de 1637 où elle est appelée les *marais Saint-Gervais*; mais elle reparaît, en 1656, avec le nom de *coultures Saint-Gervais*. Vers ce temps, la culture, réduite à une grande place de mille toises carrées que longe la rue de la *Culture-Saint-Gervais*, fut vendue par les religieuses de Saint-Gervais à Aubert de Fontenay, intéressé aux gabelles, qui y fit construire une magnifique maison, appelée en dérision par le peuple l'*Hôtel-Salé*.

La culture du Temple était contiguë à celle de Saint-Gervais, et comprenait presque tout le domaine que les Templiers avaient autrefois à Paris, c'est-à-dire ce grand espace couvert de rues et de maisons qui s'étend au-delà de la rue du Temple, jusqu'aux extrémités du marais.

(1) Jaillot, t. III, p. 12, quartier du Temple. — (2) Félibien, t. I, p. 273.

Après la suppression des Templiers, cet enclos releva du grand-prieur de France. Lorsque Philippe-Auguste fit élever la troisième enceinte de Paris, la culture du Temple fut divisée en deux, et lorsque Charles V agrandit cette enceinte, elle le fut en trois; mais il n'est question néanmoins à cette époque que de deux cultures du Temple, la partie la plus rapprochée du centre de la ville étant alors couverte de maisons (1). En 1308, 1309 et 1345, les jardiniers maraîchers, demeurant dans ces cultures, furent retranchés, sur leurs réclamations, des rôles de la taille levée par le roi, comme n'étant pas habitants de Paris. En 1603, Henri IV, désirant, dit Sauval, repeupler la ville et l'embellir, acquit une partie de la culture du Temple, et y fit établir la *place de France*, appelée depuis *Place-Royale*. La culture du Temple, comme la plupart de celles de la partie septentrionale de Paris, était généralement composée de terrains marécageux, et s'appelait souvent aussi le *marais du Temple*; mais seule elle a laissé son nom au quartier de Paris qui se trouve sur son emplacement. C'est le *Marais* d'aujourd'hui.

La culture Saint-Martin s'étendait depuis les remparts, aujourd'hui les boulevarts, jusqu'aux rues Grenier-Saint-Lazare et Michel-le-Comte, entre celles du Temple et de Saint-Martin. Henri Ier avait donné cette culture aux chanoines de Saint-Martin, lors de la fondation de ce monastère au XIe siècle. Peu après, le prieur Hugues prit pour l'enclos de son prieuré quatorze arpents de cette culture qu'il environna de murailles et de tours. En 1220, les religieux de Saint-Martin y donnèrent une place aux prêtres de Saint-Nicolas-des-Champs pour y établir leur cimetière. C'est dans la culture Saint-Martin, mais hors de la clôture, que furent lues publiquement, en 1408, les lettres de neutralité de Grégoire et de Benoît, prétendants à la Papauté. Dans le même lieu était le champ clos où se livraient les combats judiciaires ordonnés par le roi et le parlement (2). En 1418, les chefs des Bourguignons, parti opposé au roi, firent jeter les corps du connnétable d'Armagnac, du chancelier de Marle et de Rainconnet-de-la-Guerre, dans cette culture, où les royalistes les firent mettre en terre. Voici, dit Sauval (3), les propres termes d'une chronique de ce temps : « Leurs » corps furent, par l'ordonnance d'aucuns du conseil du roi, sé- » questrés et mis en terre prophane ès champs de la coulture Saint- » Martin, dedans Parisi comme on disoit. »

La culture Grenier-Saint-Ladre était située entre la culture Saint-Martin et la culture du Temple : Elle consistait en dix-huit arpents, et fut donnée, en 1234, à Notre-Dame par les exécuteurs du testament de Maurice Mansme d'Évreux. — La rue *Grenier-Saint-Lazare* ou

---

(1) Sauval, t. I, p. 71. — (2) Voy. ci-dessus, p. 294. — (3) T. I, p. 74.

Garnier-Saint-Lazare, comme on disait autrefois, devait son nom à une famille de ce nom connue au xiie siècle (1).

La culture Montmartre, dont on ne connaît point la position, était probablement sur l'emplacement de la rue de ce nom.

La culture Saint-Magloire était entre l'abbaye Saint-Magloire et les bords des cultures de Saint-Martin et des Filles-Dieu.

La culture ou enclos Saint-Merry dépendait de l'église de ce nom.

La culture Saint-Lazare ou Saint-Ladre, appartenant au prieuré de ce nom, était au nord de la culture Saint-Magloire. On y construisit des maisons qui devinrent dans peu de temps un village sous le nom de la *Villette* ou de la *Ville-Saint-Ladre* (2) ; l'accroissement rapide de ses habitants la fit soumettre bientôt aux perceptions de denrées imposées par le roi sur les villages et les faubourgs.

La culture des Filles-Dieu, à l'ouest du lieu où est aujourd'hui la porte Saint-Denis, était possédée par les Filles-Dieu, à ce qu'il paraît, dès l'an 1226. Les immondices qu'on portait dans un champ de cette culture formèrent une butte sur laquelle fut élevée une église sous l'invocation de saint Rémy et de sainte Barbe, remplacée plus tard par l'église Notre-Dame-de-Bonnes-Nouvelles.

Le clos Jargeau ou Georgeau, situé au bas de la butte Saint-Roch, a laissé son nom à la rue du *Clos-Georgeau* qui communique de la rue Sainte-Anne à la rue Traversière.

Le clos des Masures ou clos Gauthier, dit aussi le *Petit-Chemin-Herbu*, sur lequel fut ouverte, au xvie siècle, la rue Saint-Pierre-Montmartre.

Le clos aux Halliers ou du Hallier, dit aussi les *Masures-Saint-Magloire* ou le *Champ-aux-Femmes*, était sur l'emplacement de la rue du Faubourg-Poissonnière et en partie de la rue Bergère.

Tels étaient les clos, cultures ou courtilles des divers quartiers de Paris.

Pré-aux Clercs. — La topographie de Paris, pendant la quatrième période, serait incomplète, si je ne parlais ici du Pré-aux-Clercs, si célèbre au moyen-âge, et dont il est question pour la première fois au xiie siècle.

Le Pré-aux-Clercs était situé sur le territoire de l'abbaye Saint-Germain-des-Prés, et s'étendait le long de la Seine, depuis l'endroit où débouche aujourd'hui la rue Mazarine ou à peu près, jusqu'au-delà des Invalides ; il fut successivement diminué par les constructions que l'on y fit, surtout du côté de l'Orient. C'est probablement ce pré que veut désigner Abbon, lorsqu'il dit, dans le premier livre de son poëme, que

---

(1) Jaillot, t. II, p. 22, quartier Saint-Martin.
(2) *Villa et Villeta Sancti-Lazari.* Sauval, t. I, p. 74.

les Normands tentèrent de s'emparer de la plaine située auprès de la belle église de Saint-Germain.

En parlant de cette abbaye, je suis entré dans le détail des principales querelles dont le Pré-aux-Clercs fut l'occasion et le théâtre entre l'Université et les religieux. On a vu qu'elles n'avaient été terminées que lorsque le roi mit le Pré-aux-Clercs en sa puissance, et le fit clore de murs. Les années 1278, 1292, 1345, 1402, 1547 et 1558, furent surtout signalées, comme on l'a vu, par les plus violents démêlés (1).

Mais les discussions entre l'abbaye et l'Université remontaient à une époque plus ancienne que la première de ces dates.

Dès l'an 1163, les écoliers, appelés, comme on sait, au moyen-âge, *clercs*, avaient choisi le pré voisin de l'abbaye de Saint-Germain-des-Prés pour le théâtre de leurs amusements, et on lui avait, en conséquence, donné le nom de *Pré-aux-Clercs* qu'il a toujours porté depuis.

Les clercs, turbulents et querelleurs comme le sont toujours les écoliers, inquiétaient les religieux de l'abbaye; l'Université les soutint sans examiner s'ils avaient ou non raison, et le pape Alexandre III étant arrivé à Paris sur ces entrefaites, elle porta ses plaintes devant lui. Les écoliers, prétendant avoir été maltraités par les religieux de Saint-Germain, demandaient une réparation. L'affaire fut évoquée au concile de Tours, qui se tint pendant le mois de mai de l'an 1163. Les écoliers parurent sans doute mal fondés dans leurs plaintes; car, sans se prononcer directement sur le sujet de la contestation, le concile leur imposa silence. Cette décision, au lieu de terminer une querelle qui ne faisait que de naître, servit à développer, entre l'abbaye et l'Université, un germe de discorde qui ne tarda pas à porter ses fruits : l'état d'hostilité entre les deux rivales devint permanent, et eut souvent, comme on l'a vu, les plus fâcheux résultats. Presque toujours l'abbaye fut maintenue en possession de la justice du Pré-aux-Clercs; mais les rixes sanglantes, qui furent occasionnées par les voies de fait auxquelles se livraient les écoliers contre les gens de l'abbaye, occasionnaient quelquefois à celle-ci de grands dommages.

En 1192, malgré le jugement solennel du plus nombreux concile qui se fût jamais tenu en France, et présidé par le pape, les écoliers, regardant comme un droit de propriété la faculté d'aller se récréer dans le pré de l'abbaye, y commirent quelques désordres. Les habitants du bourg de Saint-Germain voulurent les chasser du pré (2); les écoliers se mirent en défense, et l'un d'eux fut tué. Quoiqu'on n'eût aucune preuve que l'abbé et les religieux eussent eu part à ce démêlé, ce fut cependant contre eux seuls que l'Université porta plainte. L'abbé Robert voulut

---

(1) Voy. ci-dessus, p. 191, 192, 193, 195, 196.
(2) Bouillard, p. 107. — Félibien, p. 221.

défendre la communauté devant le légat du pape ; mais, comme l'Université avait déjà envoyé des députés se plaindre à Rome, Robert pria le fameux Etienne, évêque de Tournai (1), d'écrire au cardinal Octavien, évêque d'Ostie, pour démontrer au pape le bon droit de l'abbaye. Etienne écrivit, et l'affaire n'eut pas de suite. Pourtant, avec le temps, l'usage dans lequel étaient les écoliers d'aller se promener dans ce pré devint pour eux un droit dont on n'aurait pu les priver, car un règlement de 1215 porte cette décision : « Quant au pré Saint-Germain, autrement dit le Pré-aux-Clercs, il est dit qu'il restera aux écoliers dans l'état qu'il leur a été adjugé. »

Ce fut dans un champ clos destiné aux combats judiciaires et contigu au Pré-aux-Clercs, sous les murs de l'abbaye de Saint-Germain-des-Prés, que Charles-le-Mauvais, roi de Navarre, harangua le peuple de Paris, le 1er décembre 1357 (2).

Un large canal de quatorze toises, qui communiquait des fossés de l'abbaye Saint-Germain avec la Seine, divisait le Pré-aux-Clercs en deux parties fort inégales. L'une, vers l'orient, comprise entre la clôture de l'abbaye et la ville, s'appelait le *Petit-Pré-aux-Clercs* ; l'autre, s'étendant le long de la Seine vers le couchant, le *Grand-Pré-aux-Clercs*. Le canal de division se nommait la *Petite Seine* ; il occupait à peu près l'emplacement de la rue des Petits-Augustins.

Comme ce bras de la rivière était fort poissonneux, des écoliers venaient souvent y pêcher, malgré la convention de 1292, qui, en réglant les discussions au sujet de la *pièce d'Aubusson* (3), reconnaissait à l'abbaye le droit de pêche dans la petite Seine. Les religieux supportèrent long-temps cette infraction aux accords arrêtés ; mais enfin, voyant que les écoliers empiétaient chaque jour davantage sur leurs droits, ils envoyèrent des gens pour les repousser, et, comme de coutume, une lutte s'engagea entre les deux partis. L'Université dénonça au pape les violences exercées contre les écoliers ; l'abbé de Saint-Germain s'adressa au roi, et se plaignit « des excès des écoliers, d'effractions de murs, d'enlèvement de biens (4). » En 1318, année dans laquelle tous ces événements se passèrent, on signa un accord provisoire qui fut rendu définitif par celui de 1345.

En 1368, le Petit-Pré-aux-Clercs, qui comprenait deux arpents et demi, fut donné à l'Université à titre d'indemnité ou d'échange du terrain que les religieux de Saint-Germain avaient été obligés de prendre sur le Grand-Pré pour faire creuser des fossés autour des murs de l'abbaye. Le Petit-Pré se couvrit de maisons au XVIe siècle.

Une scène remarquable se passa le 19 mars 1558 dans le Pré-aux-

---

(1) Steph. Torn. *Epistol.* 185. — (2) Voy. le règne de Charles V, *Faits généraux.* — (3) Voy. p. 192. — (4) Félibien, t. I, p. 539. *Preuves*, part. II, p. 522.

Clercs. Des protestants eurent la hardiesse de chanter des psaumes de David traduits en vers français. Les promeneurs se mêlèrent à leurs chants, et cette scène attira un grand nombre de curieux. Le roi de Navarre et la reine sa femme s'y rendirent, et y chantèrent, dit-on, les premiers. Ce fut dans le Grand-Pré-aux-Clercs que l'armée de Henri IV campa en 1589, quand le bon roi assiégea sa bonne ville pour la délivrer des mutins. « Le mercredi, premier jour de novembre, à la
» faveur d'un brouillard qui se leva comme par miracle, dit L'Estoile,
» après la prière faite dans le Pré-aux-Clercs, le roi surprit les fau-
» bourgs Saint-Jacques et Saint-Germain.... Et sur les sept heures du
» matin, il se fit faire au faubourg Saint-Jacques, dans la salle du
» Petit-Bourbon (à présent le Val-de-Grâce) un lit de paille fraîche sur
» laquelle il reposa environ trois heures. »

Le Pré-aux-Clercs devint sous Henri IV et demeura pour long-temps le rendez-vous des belles, des *Raffinés* et des duellistes. Après avoir été le camp de Henri, il devint le champ de bataille de Cyrano de Bergerac (1).

Sous les règnes de Henri IV et de Louis XIII, on perça sur le Petit-Pré-aux-Clercs la rue des Petits-Augustins, d'abord appelée elle-même la *Petite-Seine*, comme le canal comblé, vers 1540, qu'elle remplaçait (2). L'hôtel et les jardins de la reine Marguerite, situés où sont aujourd'hui la rue et le palais des Beaux-Arts, occupèrent une grande partie de ce pré. Le 7 septembre 1629, l'Université demanda au parlement l'autorisation de vendre à cens et à rentes certaines places du Grand-Pré-aux Clercs. Les ventes se firent ; des maisons s'élevèrent sur les emplacements, et bientôt on perça les rues Saint-Dominique, de Bourbon, de Verneuil, etc.

Il est difficile de ne pas rappeler à cette occasion ces vers de Corneille, souvent cités :

> Quelque Amphion nouveau, sans l'aide des maçons,
> En superbes palais a changé ces buissons.
> Paris voit tous les jours de ces métamorphoses,
> Dans tout le Pré-aux-Clercs tu verras mêmes choses ;
> Et l'univers entier ne peut rien voir d'égal
> Aux superbes dehors du palais Cardinal.
> *Le Menteur*, act. III, sc. v.

Le reste des constructions de ce quartier s'acheva sous le règne de Louis XIV.

---

(1) On sait que Bergerac fut la terreur des braves de son temps. Cent hommes s'étant attroupés un jour sur le fossé de la porte de Nesle pour insulter un de ses amis, il dispersa lui seul toute cette troupe après en avoir tué deux et blessé sept.

(2) La rue du Colombier s'appelait au XVIe siècle *rue du Pré-aux-Clercs*, et la rue de Seine *chemin du Pré-aux-Clercs*.

CINQUIÈME ÉPOQUE.

Paris depuis Philippe-Auguste jusqu'à Philippe-le-Bel.

1180-1285.

CHAPITRE PREMIER.

PHILIPPE-AUGUSTE.

1180-1223.

I. Faits généraux.

Philippe II, né le 22 août 1165, n'était âgé que de quatorze ans et deux mois, lorsqu'aux fêtes de la Toussaint de l'an 1179 il fut associé au trône, et que la paralysie de son père rejeta sur lui tout le poids du gouvernement. Il paraît qu'on lui donna le surnom d'Auguste, par allusion au mois où il vint au monde, malgré l'assertion de son panégyriste Rigord, qui veut qu'on regarde ce surnom comme une expression de la reconnaissance du peuple pour le roi qui le plus *augmenta* l'étendue, la richesse et la gloire du pays (1).

Il n'en reste pas moins constant que le règne de Philippe-Auguste est l'un des plus beaux de nos annales, et surtout l'un des plus féconds en utiles résultats. Pour la première fois, depuis l'avènement de la troisième race, nous voyons à cette époque l'autorité royale occupée de ses devoirs politiques au moins autant que de ses devoirs religieux, cessant de s'employer à la glorification de l'Église plus qu'à la prospérité de l'Etat; pour la première fois nous voyons la nationalité se traduire par l'apparition des historiens, et le roi formant de vastes projets et faisant de grandes choses.

C'est principalement à Paris que se manifesta l'activité de Philippe-Auguste. Sous son règne important, Paris, sa ville de prédilection, devient irrévocablement la capitale du Nord; les événements s'y succèdent, les institutions s'y multiplient; la population y déborde.

Philippe, en prenant les rênes du gouvernement, sortait de la tu-

---

(1) Rigord fait ridiculement dériver l'épithète *Auguste* du mot latin *augere*, augmenter.

telle des prêtres qui l'avaient élevé ; sa ferveur religieuse était encore entière et pure. Aussi n'eut-on pas de peine à obtenir d'abord de son autorité un acte attestant son zèle pour la religion et en même temps éminemment avantageux pour le trésor de la couronne : c'était l'expulsion des juifs. La condition des juifs pourtant était déjà bien cruelle. Ils étaient serfs et tributaires ; ils faisaient partie des propriétés du roi et des seigneurs de la cour. Ils devaient rester dans les lieux qu'on leur avait désignés pour demeures, et ne pouvaient les quitter sans la permission de leurs maîtres. Ils entraient dans le commerce ; on les vendait, on les échangeait, on les hypothéquait. C'étaient les conditions auxquelles on leur avait permis de rentrer en France après la proscription que le roi Philippe I avait autrefois prononcée contre eux (1). Ceux de Paris avaient été repoussés hors de la ville et relégués aux Champeaux, où on les avait logés dans de petites maisons hautes et étroites, bâties dans des rues tortueuses, obscures et closes par des portes sur toutes leurs issues (2). « Cette grande entreprise, dit Rigord, Philippe-Auguste la méditoit depuis long-temps en secret, mais il avait toujours redouté de l'accomplir, à cause de l'extrême soumission qu'il montroit envers le roi son père. « En effet, continue le chroniqueur (3) dont le récit détaillé mérite d'être rapporté sans interruption, en effet, il avait souvent entendu dire aux jeunes seigneurs qu'on élevait avec lui dans le palais, et ces paroles n'étaient jamais sorties de sa mémoire, que les juifs de Paris descendaient secrètement chaque année, le jour de Pâques, dans des retraites souterraines, où, pendant cette sainte semaine consacrée par notre deuil, ils célébraient un sacrifice impie et immolaient un chrétien pour outrager la religion du Christ. Depuis long-temps, ajoutait-on, ils persévéraient dans cet exécrable usage inspiré par le démon, et, sous le règne de Louis VII, on avait souvent saisi les coupables pour les livrer au feu. Saint Richard, dont le corps repose dans l'église de Saint-Innocent-des-Champeaux à Paris, fut ainsi égorgé et crucifié par les juifs. Le roi très chrétien, Philippe, s'étant donc informé avec soin de ces crimes, pleinement convaincu de leur réalité et de l'existence de beaucoup d'autres infamies commises par les juifs sous le règne de ses ancêtres, fut enflammé d'un saint zèle. Sur son ordre, l'année même où il reçut à Reims le saint gouvernail du royaume de France, le 16 des calendes de mars (16 février 1180), un samedi, les juifs furent saisis dans leurs synagogues par toute la France, et dépouillés de leur or, de leur argent et de leurs vêtements, comme ils avaient eux-mêmes dépouillé les Égyptiens à leur sortie d'Égypte.

(1) *Traité de la police*, t. I, p. 280. — (2) C'étaient les rues de la Poterie, de la Triperie, de la Chausseterie, de Jean-de-Beausse et de la Cordonnerie. — (3) *Rigordus de gestis Ph.*

» Il y avoit alors un grand nombre de juifs qui demeuraient en France. Depuis bien des années, la libéralité des Français et la longue paix du royaume les y avaient attirés en foule de toutes les parties du monde. Ils avaient entendu vanter la valeur de nos rois contre leurs ennemis, et leur douceur envers leurs sujets. Donc, sur la foi de la renommée, quelques uns d'entre les juifs qui, par leur âge et leur science des lois de Moïse, méritaient de porter le titre de *docteurs*, vinrent à Paris. Après un assez long séjour, ils se trouvaient tellement enrichis qu'ils s'étaient approprié près de la moitié de la ville, et qu'au mépris des volontés de Dieu et de la règle ecclésiastique, ils avaient dans leurs maisons un grand nombre de serviteurs et de servantes nés dans la foi chrétienne, mais qui s'écartaient ouvertement des lois de Jésus-Christ, pour judaïser avec les juifs; et comme le Seigneur avait dit, par la bouche de Moïse, dans le Deutéronome : « Tu ne prêteras pas à usure à ton frère, mais à l'étranger, » les juifs, comprenant méchamment tous les chrétiens sous le nom d'étrangers, leur prêtaient de l'argent à usure. Bientôt dans les bourgs, dans les faubourgs et dans les villes, chevaliers, paysans, bourgeois, tous furent tellement accablés de dettes qu'ils se virent souvent, les uns expropriés de leurs biens, les autres gardés sur parole dans les maisons des juifs de Paris, et détenus comme en prison.

» Pour comble de profanation, toutes les fois que des vases ecclésiastiques consacrés à Dieu, comme des calices ou des croix d'or et d'argent, portant l'image de Notre-Seigneur crucifié, avaient été déposés entre leurs mains par les églises, à titre de caution, dans des moments d'une nécessité pressante, ces impies les traitaient avec si peu de respect, qu'ils donnaient à leurs enfants pour tremper des gâteaux dans le vin, et pour boire avec eux, ces précieux vases destinés à recevoir le corps et le sang de Jésus.

» Philippe, roi très chrétien, étant informé de tout cela, fut ému de pitié; il consulta un ermite nommé Bernard, saint homme et bon religieux, qui vivait dans le bois de Vincennes. Ce fut d'après son conseil que le roi libéra tous les chrétiens de son royaume des dettes qu'ils avaient contractées envers les juifs, à l'exception d'un cinquième qu'il se réserva.

» Comme les juifs craignaient alors que les officiers du roi ne vinssent fouiller leurs maisons, un d'entre eux, qui demeurait à Paris, et qui avait reçu en nantissement quelques meubles d'église, tels qu'une croix d'or enrichie de pierreries, un livre d'évangile orné avec un art infini des pierres les plus précieuses, quelques coupes d'argent, cacha tout cela dans un sac, et le jeta, le sacrilége, au fond d'une fosse. Bientôt une révélation l'apprit aux chrétiens, qui trouvèrent ces précieux meubles gisants en cet endroit; aussi, après avoir payé au roi, leur seigneur, le cinquième de la dette, ils allèrent, pleins de joie, reporter en pompe ces ornements sacrés à l'église qui les avoit engagés.

» Et ce fut ainsi que, grâce à l'édit du roi, tous les chrétiens du royaume de France se trouvèrent à jamais libres des dettes qu'ils avoient contractées envers les juifs. »

Les malheureux Israélites eussent été fort heureux si la persécution se fût arrêtée là. Privés de tout recours contre leurs nombreux débiteurs, et jetés en prison par les ordres de Philippe, ils se flattaient encore que ce n'était là qu'un de ces orages passagers comme ils en éprouvaient souvent, et que le jeune roi les rétablirait bientôt dans leurs priviléges pour partager ensuite les profits de leur commerce. Mais, loin de là, la sévérité des mesures prises contre eux s'accrut rapidement. Leurs synagogues furent toutes saisies, et, malgré l'opposition des grands (1), changées en églises. Enfin, au mois d'avril 1181, un nouvel édit confisqua tous leurs immeubles au profit du roi, leur enjoignit de faire vendre leurs meubles avant la fête de Saint-Jean suivante, et leur ordonna de sortir, après cela, pour jamais du royaume. Effrayés, quelques uns se convertirent pour échapper à cette proscription ; mais le plus grand nombre aimèrent mieux abandonner leurs richesses. Dans leur désolation, ils s'adressèrent aux comtes, aux barons, aux évêques, aux abbés, à tous tous ceux qu'ils croyaient en crédit, et les engagèrent, par de grosses sommes d'argent, à intercéder en leur faveur. « Mais, dit le chroniqueur, le Dieu de bonté et de miséricorde avoit, du haut du ciel, versé les trésors de sa grâce dans l'âme du roi : il eût été plus facile d'attendrir les rochers et de transformer le fer en plomb, que de changer la volonté du roi. » Alors, forcés tous ensemble de vendre toutes leurs marchandises, ils éprouvèrent des pertes immenses, sans cesse aggravées par les vexations des hommes de pouvoir et par la malveillance des peuples. Ensuite ils sortirent de toutes les terres de la couronne avec leurs femmes et leurs enfants, au mois de juillet 1182. Les grands vassaux, chose à remarquer, ne s'empressèrent nullement d'adopter chez eux l'ordonnance du roi ; à Toulouse, par exemple, les juifs demeurèrent en possession de tous leurs priviléges.

Les années suivantes du règne de Philippe-Auguste furent signalées par les soins qu'il donna à la ville de Paris et les institutions utiles qu'il y fonda. Il commença par utiliser les dépouilles des juifs, lesquelles, du reste, lui furent d'un puissant secours pour l'accomplissement de ses vastes projets. Moyennant 73 livres de rente, il donna aux marchands drapiers et pelletiers de Paris quarante-deux maisons des proscrits. Les chevaliers du Temple obtinrent l'établissement d'une bouche-

---

(1) Rigord.

rie dans leur domaine pour la commodité de la partie de la ville qu'ils habitaient, mais au grand détriment des marchands de la grande boucherie de Paris ; le roi dédommagea ceux-ci, la même année 1182, en leur accordant le droit d'établir une poissonnerie. En même temps Philippe-Auguste fit augmenter et reconstruire les grandes halles de la ville, et les fit entourer d'un mur pour la sûreté des marchandises. Il fit également clore de hautes murailles le cimetière des Innocents et le bois de Vincennes, et traça une nouvelle enceinte autour de Paris. Enfin il jeta les fondements du château du Louvre, et, le premier, ordonna le pavage des rues de la ville.

L'an 1181, Louis-le-Jeune étant mort, le jour des calendes de juin (1er juin), le nouveau roi se fit couronner une seconde fois dans l'église de Saint-Denis (1).

Le 16 janvier 1185, Héraclius, patriarche de Jérusalem, Roger de Moulins, prieur des Hospitaliers, et Arnauld de Tourrouge, grand-maître de l'ordre du Temple, arrivèrent à Paris où ils étaient envoyés par le roi de Jérusalem, Baudouin IV, pour implorer le secours des Français contre les infidèles qui menaçaient la Cité-Sainte. A leur arrivée, le vénérable Maurice, évêque de Paris, à la tête d'une procession solennelle composée du clergé et de tout le peuple de la ville, alla recevoir le patriarche, *comme un ange du Seigneur*, dit la Chronique. A cette nouvelle, Philippe-Auguste accourut à Paris et se rendit en toute hâte auprès des envoyés. Il les accueillit avec le plus grand honneur, leur donna le baiser de paix, et fit donner l'ordre à tous les prévôts et baillis de son royaume de payer leur dépense sur ses propres revenus partout où ils se présenteraient. Informé du but de leur voyage, il convoqua à Paris un concile général de tous les princes ecclésiastiques et séculiers de la France, et, après avoir délibéré avec eux, il ordonna la prédication d'une croisade contre les ennemis de la croix. La nécessité de sa présence le retint dans ses états. Il se con-

---

(1) Rigord, à ce sujet, rapporte une anecdote dont les détails sont aussi bizarres que les idées du narrateur :

« Au milieu de la solennité, dit-il, tandis que le roi et son épouse fléchissoient le genou au pied de l'autel, et courboient humblement la tête pour recevoir la bénédiction nuptiale du vénérable Guy, archevêque de Sens, il arriva un accident mémorable et que nous croyons utile de raconter. Le peuple des villages, des bourgs, des faubourgs et des villes voisines étoit venu en foule et plein de joie pour assister à une cérémonie si solennelle, pour contempler l'auguste couple décoré du diadème royal. Comme l'empressement de tant de curieux causoit du trouble et du bruit, un chevalier de la maison du roi tenoit à la main une baguette qu'il lançoit au hasard, frappant çà et là dans la foule pour apaiser le tumulte ; mais une fois, ayant mal mesuré son coup, il brisa en même temps trois lampes suspendues devant le maître-autel, et l'huile qu'elles contenoient se répandit sur le front des époux, signe de l'abondance des dons que l'Esprit-Saint versoit sur eux du haut du ciel. »

tenta d'envoyer à Jérusalem l'élite de ses chevaliers, avec un grand nombre d'hommes de pied bien armés, et paya, sur les biens de la couronne, une partie des frais de l'expédition.

Philippe-Auguste venait d'accorder la main de Marguerite, sa sœur, aux ambassadeurs de Hongrie qui étaient venus la demander pour leur roi Bela. Le départ de la princesse fut retardé par la mort de Geoffroy, comte de Bretagne, fils du roi d'Angleterre, qui mourut à Paris, le 19 août, emporté par une maladie. Philippe, qui avait pour lui une vive affection, avait en vain appelé tous les médecins de Paris, en leur ordonnant d'employer, pour le sauver, toutes les ressources de leur art. Le jeune comte fut enseveli en grande pompe par l'évêque de Paris, devant le grand-autel de la cathédrale.

Le lundi 5 septembre 1187, Élisabeth, femme de Philippe-Auguste, mit au monde, à Paris, un fils qui fut Louis VIII. Ce fut, pour les Parisiens, l'occasion d'une fête splendide que le roi leur donna. Les réjouissances durèrent sept jours entiers; pendant la nuit, toute la ville était illuminée de flambeaux; toute la semaine enfin, l'allégresse populaire ne cessa de se manifester par des danses et des chants.

La naissance d'un héritier de la couronne permettait à Philippe-Auguste d'entreprendre le voyage de la Terre-Sainte qu'il avait médité plus d'une fois. Aussi, dès le mois de janvier de l'année suivante, il prit la croix des mains de Guillaume, archevêque de Tyr, avec le roi d'Angleterre; Hugues III, duc de Bourgogne; Richard, comte de Poitiers, fils aîné du roi d'Angleterre; Philippe, comte de Flandres; Thibaut, comte de Blois; plusieurs autres grands-seigneurs et quelques évêques. Vers le milieu du carême de l'an 1188, il convoqua à Paris une assemblée générale où furent appelés tous les prélats et tous les barons du royaume. Un nombre infini de gens de toute classe y furent revêtus du signe de la croix, et il fut ordonné que tous ceux qui ne se croiseraient pas seraient tenus de donner le dixième au moins de leurs revenus et de leurs biens mobiliers. Cet impôt, destiné à subvenir aux frais de la guerre qu'on allait faire au sultan Saladin, reçut le nom de *dîme saladine*. Il excita de violents murmures parmi le clergé, qui, en dépit de ses usages, fut obligé d'y contribuer pour sa part; les religieux appartenant aux ordres de Cîteaux, des Chartreux et de Fontevraud, et les Lépreux, furent les seuls exemptés.

Malgré ces grands préparatifs, le roi resta encore à Paris près de deux années qu'il employa à régler les affaires de son royaume. En 1190, au moment de son départ, il publia son testament, qui renferme des détails fort curieux relativement à la capitale.

« Nous ordonnons, en premier lieu, dit-il, que nos baillis choisiront pour chaque prévôté, quatre hommes sages, loyaux et de bonne réputation. Les affaires des villes ne pourront se traiter sans leur conseil ou au moins sans le conseil de deux d'entre eux. Pour Paris, nous voulons qu'il y en ait six ; ce sont tous gens preux et loyaux, et leurs noms (1) sont : T., A., E., R., B., N. — ... Nous voulons, en outre, que notre très chère mère, la reine Adèle, et notre très cher et très fidèle oncle, Guillaume, archevêque de Reims et légat du Saint-Siége apostolique, fixent, tous les quatre mois, un jour à Paris où ils entendront les réclamations des sujets de notre royaume, et y feront droit pour l'honneur de Dieu et l'intérêt du trône. — Ordonnons encore que, ce jour-là, viendront devant eux des baillis de chacune de nos villes, pour exposer en leur présence les affaires de l'État. — La reine et l'archevêque nous rendront compte aussi, trois fois par an, de l'état du royaume. — .... Voulons encore que tous nos revenus, services et rentes soient apportés à Paris à trois époques : 1° A la Saint-Remi ; 2° à la Purification de la Sainte-Vierge ; 3° à l'Ascension, et qu'ils soient remis à nos bourgeois désignés et à P..., maréchal. Si l'un d'eux venait à mourir, Guillaume de Garlande nommerait quelqu'un pour le remplacer. — Adam, notre clerc, assistera aux recettes de notre avoir et les enregistrera. Chacun d'eux aura la clef de tous les coffres où l'on déposera nos revenus, dans le Temple. Les Templiers en garderont une aussi. On nous enverra de cet avoir ce que nous en demanderons dans nos lettres. — Si nous venions à mourir dans notre pèlerinage, nous voulons que la reine, l'archevêque, l'évêque de Paris, les abbés de Saint-Victor et de Vaux-Sernay, et le frère G..., fassent deux parts de notre trésor. Ils en distribueront la moitié à leur gré pour la réparation des églises détruites pendant nos guerres, pour le soulagement de ceux qui ont été appauvris par nos tailles et de tous les nécessiteux, pour le salut de notre âme, de celles du roi Louis, notre père, et de nos prédécesseurs. Quant à l'autre moitié, nous ordonnons aux gardiens de nos trésors et à tous les habitants de Paris de la conserver pour les besoins de notre fils, jusqu'à ce qu'il soit en âge de gouverner l'État. — Mais si nous mourions tous deux, mon fils et moi, nous voulons que nos trésors soient remis entre les mains des sept personnes nommées plus haut, afin qu'elles les distribuent à leur gré pour le repos de notre âme et de celle de notre enfant. Aussitôt qu'on sera certain de notre mort, nous voulons que notre avoir, en quelque lieu qu'il se trouve, soit sur-le-champ porté à la maison de l'évêque de Paris, et qu'il y soit gardé pour en faire l'usage que nous venons d'indiquer (2). »

C'est un fait remarquable que cette confiance extraordinaire du roi en la ville et les bourgeois de Paris. Philippe-Auguste continuait l'œuvre de Louis-le Gros contre la féodalité.

L'an 1190, le jour de la Saint-Jean-Baptiste, le roi, suivi d'un nom-

(1) Indiqués seulement par les initiales. — (2) Rigord.

breux cortége, se rendit à l'église de Saint-Denis pour y prendre l'oriflamme sur le tombeau du martyr. Il reçut dévotement les insignes du pèlerin des mains de l'archevêque Guillaume, son oncle, qui lui remit deux étendards de soie et deux grandes bannières brodées d'or, et lui donna sa bénédiction. Un mois après, Philippe était à Messine et s'embarquait pour la Terre-Sainte avec Richard-Cœur-de-Lion.

On sait que le résultat de cette croisade ne fut pas brillant, surtout pour le roi de France, qui, en peu de temps, fut de retour à Paris.

Son absence faillit être signalée par un événement funeste pour sa maison. Son jeune héritier, Louis, fut sur le point de succomber à une violente maladie.

« C'était une très grave maladie, raconte Rigord, que les médecins nomment dyssenterie. Comme tout le monde désespérait de la vie du prince, on eut recours, d'un commun accord, au seul remède qui pût être efficace. Le saint monastère du bienheureux Denis, s'étant mis dévotement en jeûnes et en prières, prit le clou et la couronne du Seigneur avec le bras du saint vieillard Siméon, et marcha nu-pieds, fondant en larmes, avec tout le peuple et le clergé qui l'accompagnaient en procession. Ils allèrent ainsi jusqu'à l'église de Saint-Lazare, près Paris, où l'on s'arrêta pour bénir le peuple. Bientôt tous les couvents de Paris, le vénérable évêque Maurice avec ses chanoines et son clergé, une multitude infinie d'écoliers et d'habitants accoururent, pieds nus, les larmes aux yeux, et portant les corps et les reliques des saints. Tout le monde se réunit; et la procession, dont les chants étaient entrecoupés de soupirs et de sanglots, arriva jusqu'au palais du roi, où Louis était malade. On fit un sermon au peuple, qui se mit ensuite à prier le Seigneur pour son jeune prince, en versant des larmes abondantes. On fit toucher à l'enfant royal le clou, la couronne d'épines et le bras de saint Siméon, qu'on lui appliqua en croix sur tout le ventre, et le même jour, il fut sauvé du danger : alors les diverses processions se rendirent à l'église de Notre-Dame; là, elles chantèrent les louanges du Seigneur et reconduisirent les religieux de Saint-Denis jusqu'aux portes de la ville; puis elles se bénirent réciproquement, et chacun rentra chez soi. »

Le bon chroniqueur ajoute, en terminant ce récit, que les chanoines de Notre-Dame et les habitants de Paris s'en revinrent pleins de joie pour avoir vu, de leur temps, les reliques de Saint-Denis portées en leur ville; car jusque là on ne les avait jamais sorties de la ville de Saint-Denis, quelle que fut l'imminence du péril.

Rigord était étonné de *la multitude infinie* d'écoliers qu'il vit assister à cette cérémonie. A cette époque, en effet, l'Université, déjà fort célèbre, comptait un nombre d'étudiants très considérable, et c'est vers la fin du XIIe siècle que commencèrent ses querelles avec les religieux de Saint-Germain-des-Prés, ses voisins. En 1192, le Pré-aux-Clercs, source de leurs discussions, fut le sujet et le théâtre d'une rixe violente entre les moines et les étudiants ; plusieurs de ceux-ci furent grièvement blessés : l'Université se plaignit hautement, et l'affaire ne fut assoupie que lorsqu'on eut sévèrement puni plusieurs habitants du bourg de Saint-Germain, premiers auteurs du tumulte. J'ai déjà eu occasion de parler de cette querelle (1).

« A la même époque, il s'éleva dans Paris, dit Félibien, une grande division entre les écoliers et les bourgeois. En voici l'origine : Un gentilhomme allemand, nommé Henri de Jac, l'un des trois compétiteurs qui venaient d'être élus à l'évêché de Liége, après la mort du dernier évêque Albert de Cuick, mort au mois de février 1200, étudiait alors à Paris. Un de ses serviteurs alla au cabaret pour acheter du vin et y fut maltraité. Les écoliers allemands, accourus sur l'heure, frappèrent l'hôte de la maison si rudement qu'ils le laissèrent à demi-mort. Cet excès causa parmi la populace une grande clameur, et la ville fut émue. A ce bruit, Thomas, prévôt de Paris, armé, et avec lui une foule de peuple aussi en armes, coururent attaquer le logis des écoliers allemands ; et dans ce combat, le gentilhomme allemand et quelques uns de ses gens furent tués. Les maîtres des écoles de Paris en allèrent aussitôt porter leurs plaintes au roi Philippe-Auguste, qui fit mettre en prison le prévôt et tous les complices que l'on put arrêter. Le roi, irrité, fit d'abord abattre leurs maisons et arracher leurs vignes et leurs arbres fruitiers. Il n'en demeura pas là : craignant que les maîtres et les écoliers ne désertassent Paris, il fit une ordonnance qui porte que, pour le crime énorme commis contre des clercs et des laïques tués à Paris au nombre de cinq, il en sera fait telle justice, savoir : que le prévôt Thomas, dont les écoliers se sont plaints, demeurera, parce qu'il nie le fait, toute sa vie en prison, s'il n'aime mieux se justifier par l'épreuve de l'eau, en sorte que, s'il succombe dans l'épreuve, il sera condamné à mort, et s'il s'en sauve, banni seulement de Paris, sans pouvoir être jamais bailli dans aucune des terres du roi ; qu'il en sera de même des complices ; mais que les fugitifs étaient déjà tenus pour condamnés. De plus, que, pour la sûreté des écoliers, le roi ferait désormais jurer tous les bourgeois de Paris, que s'ils voient à l'avenir un laïque faire injure à un écolier, ils en rendront témoignage et ne se détourneront point pour ne pas le voir. Que si un écolier est frappé, surtout à coups de pierre, d'épée ou de bâton, ceux qui en seront témoins se saisiront du coupable et le livreront entre les mains des officiers du roi, pour en informer et faire justice. L'ordonnance porte encore que ni prévôt, ni autre officier de la justice du roi, n'arrêteront aucun écolier pour

(1) Voy. *Pré-aux-Clercs.*

crime, ou qu'ils le rendront à la justice ecclésiastique, en prenant toutefois connoissance, si le cas est grave, de ce que deviendra l'écolier. Qu'à l'égard du chef des écoles de Paris qu'on a depuis appelé *recteur*, il ne pourra, pour aucun crime, être arrêté que par le juge ecclésiastique. L'ordonnance poursuit ainsi : « Quant aux serviteurs laïques des » écoliers qui ne nous doivent ni bourgeoisie, ni résidence, qui ne » vivent point du trafic de marchandise, et dont les écoliers ne se ser- » vent point pour faire injure à personne, notre justice ne mettra » point la main sur eux, si le crime n'est évident. » Le roi ajoute : « Nous voulons que les chanoines de l'église de Paris et leurs domes- » tiques soient compris dans ce même privilége, sans déroger en rien » à la liberté qui leur a été accordée par les rois nos prédécesseurs. Et » afin que l'ordonnance soit mieux gardée, le prévôt et le peuple de » Paris jureront de l'observer littéralement en présence des écoliers ; et » à l'avenir, tout prévôt entrant en charge le jurera de même publique- » ment dans une des églises de Paris, le premier ou second dimanche » après son installation. » Telle est l'ordonnance de Philippe-Auguste en faveur de l'Université de Paris, donnée à Bestisy, l'an 1200. C'est la plus ancienne qui se trouve pour exempter les écoliers, comme clercs, de la justice séculière. Saint Louis la confirma depuis, et commit à l'official de Paris toutes les causes, même criminelles, des écoliers de l'Université. Un auteur anglais, contemporain de Philippe-Auguste, dit que les écoliers supplièrent le roi de modérer la sentence contre le prévôt de Paris, et demandèrent seulement que lui et ses complices fussent châtiés publiquement dans leurs écoles, à la manière des écoliers, et puis renvoyés en paix et rétablis dans leurs biens, mais que le roi rejeta leur requête ; enfin, que le prévôt voulut se sauver quelque temps après de la prison, et que la corde dont il se servit pour s'évader, se rompit, et qu'il tomba de si haut qu'il expira sur-le-champ (1). »

Revenu de la Terre-Sainte, le roi de France parut avoir oublié l'ardente piété de sa jeunesse. Depuis long-temps, il prêtait l'oreille aux prières des Juifs qui sollicitaient la permission de rentrer dans le royaume et joignaient à leurs supplications des offres magnifiques. Philippe-Auguste accepta, malgré les réclamations du clergé ; toujours guerroyant contre les Flamands et les Anglais, il était pressé par le besoin d'argent. Les Juifs donc, moyennant l'abandon d'une partie de leurs richesses, obtinrent, en 1198, la liberté de s'établir de nouveau dans les domaines de la couronne. Ils accoururent aussitôt à Paris et s'y trouvèrent bientôt en aussi grand nombre qu'auparavant. Ils s'y logèrent avec d'autant plus de facilité que la nouvelle enceinte, dont l'élé-

(1) *Histoire de la ville de Paris*, t. 1, p. 229.

vation avait été ordonnée par le roi lors de son départ pour la Palestine, avait de beaucoup agrandi le territoire de la ville. Ils habitèrent principalement les rues de La Harpe, Saint-Bont, des Lombards, Quincampoix, des Billettes; quelques uns, derrière le Petit-Saint-Antoine et dans une impasse de la rue de la Tixeranderie ; d'autres, dans l'impasse de Saint-Faron et sur la montagne Sainte-Geneviève. Les plus pauvres d'entre eux seulement retournèrent loger à l'ancienne Juiverie des Champeaux. Ils possédaient, sur la Seine, un moulin attenant à la rue de la Tannerie et ne servant qu'à eux seuls. Ils avaient un cimetière rue de La Harpe, un autre rue Garlande, et deux synagogues situées, l'une rue de la Tacherie, l'autre dans une tour de la seconde ancienne enceinte de la ville. C'est probablement à propos des Juifs que cette tour et la rue voisine ont reçu du peuple le nom de tour et rue du *Pet-au-Diable.*

L'Église, vers le même temps, eut encore à se plaindre du roi de France. Il avait répudié son épouse Isemburge, la sœur du roi de Danemarck, et avait pris une autre femme à sa place. Mais aussitôt le légat du pape lança l'interdit sur le royaume. Philippe irrité chassa de leurs siéges ceux des évêques qui se soumirent à la sentence apostolique, bannit leurs chanoines et leurs clercs ; expulsa jusqu'aux curés des paroisses et s'empara de leurs biens. L'évêque de Paris, le pieux Eudes de Sully, qui s'était signalé, les années précédentes, par ses efforts pour l'abolition de la scandaleuse fête des Fous (1), s'était des premiers soumis à l'interdit; il ne fut pas épargné. Des soldats, envoyés à l'évêché par le roi, maltraitèrent le prélat et son clergé, au point qu'Eudes fut obligé de se sauver de la ville seul et à pied. La malheureuse Isemburge fut emprisonnée au château d'Étampes. Cette dissension dura huit mois ; c'était de la part de Philippe une opiniâtre résistance ; mais comme l'interdit sévissait toujours, il fut obligé de céder. Il éloigna sa nouvelle épouse et parut se résigner à rappeler la sœur du roi de Danemarck. Un concile fut convoqué à Soissons, où, pendant quinze jours, on traita de la rupture et de la confirmation du mariage de la reine. Après de nombreux débats entre les jurisconsultes, le roi, ennuyé de ces longueurs, laissa là cardinaux et archevêques, et partit un matin avec Isemburge, sans avoir seulement salué le concile (2); il se contenta de lui faire savoir par ses envoyés qu'il emmenait son épouse, parce qu'elle était à lui, et qu'il ne voulait plus désormais s'en séparer (1201).

La même année, Paris vit encore quelques événements remarquables. Au moment où la vieille inimitié du roi de France allait éclater contre le successeur de son puissant rival Richard-Cœur-de-Lion,

---

(1) Voy. p. 105. — (2) Rigord.

l'habile Philippe, qui sans doute ne se croyait pas assez bien préparé à la guerre, engagea le roi Jean d'Angleterre à venir de bonne amitié lui rendre visite. Jean arriva le 31 mai à Paris, où il fut reçu avec magnificence. Philippe-Auguste lui fit donner une place d'honneur dans l'église de Saint-Denis, lui céda son propre palais, festoya splendidement toute sa suite, et, suivant l'usage, combla ses hôtes de riches présents, or, argent, vêtements de luxe, joyaux, orfèvrerie, destriers d'Espagne, d'une foule enfin d'objets précieux de tout genre. Les deux rois se quittèrent en parfaite intelligence, ce qui n'empêcha pas la guerre de s'allumer quelques mois après.

Pendant ce temps-là, un concile assemblé à Paris, sous l'autorité du légat du pape, Octavien, évêque d'Ostie, cita devant lui un malheureux chevalier auquel on imputait d'avoir renouvelé l'hérésie des manichéens, qu'on stigmatisait alors du nom de *boulgres*. L'accusé, appelé Évrault, était intendant du comté de Nevers, et il paraît que la voix publique lui reprochait un crime beaucoup plus positif, celui d'exacteur. Mais, sur le jugement du concile, il n'en fut pas moins condamné pour hérésie, et, comme tel, brûlé publiquement à Nevers, au grand contentement du peuple, dit la chronique.

Plusieurs années après, un autre concile fit de Paris le théâtre d'une nouvelle exécution plus cruelle encore. Un savant clerc, Amaury de Bene, professeur de philosophie et de théologie de l'Université de Paris, avait émis quelques opinions hétérodoxes sur la religion chrétienne, et, condamné par l'Université, il était mort de chagrin d'avoir été forcé de se rétracter. Mais sa doctrine avait gagné de nombreux disciples, qui, entre autres impiétés, dit Félibien, enseignaient que le culte des saints est une idolâtrie ; que Jésus-Christ ne se trouve pas plus dans l'eucharistie que dans tout autre pain ; que la Divinité avait parlé par la bouche d'Ovide et par celle de saint Augustin ; que les péchés cessent de l'être quand ils sont commis par charité, et que Rome était une Babylone. Bientôt, d'après les instructions des autorités ecclésiastiques, un certain Raoul de Nemours et un prêtre qu'on lui adjoignit parcoururent les diocèses de Paris, de Langres, de Troyes et de Sens, et y passèrent trois mois à rechercher les gens de la nouvelle secte. Raoul feignait de partager leurs opinions, et se faisait initier à tous les mystères de leur doctrine. Un grand nombre de malheureux hérésiarques furent ainsi découverts. On en saisit quatorze qu'on amena à Paris dans les prisons de l'Évêché. C'étaient Guillaume de Poitiers, sous-diacre, qui avait étudié trois ans la théologie et avait enseigné les arts à Paris ; un orfèvre, nommé Guillaume, qui passait pour leur chef ; Etienne, curé du Vieux-Corbeil ; Etienne, curé de la Celle ; Dudon, clerc du docteur Amaury, livré à l'étude de la théologie depuis dix ans ; Guérin, prêtre, professeur ès-arts à Paris, et autres gens de mérite et d'étude.

Ils parurent devant un concile composé de docteurs en théologie et de quelques évêques voisins, furent convaincus d'hérésie, condamnés, dégradés publiquement, et livrés aux exécuteurs de la justice royale. Le roi était alors absent ; mais dès qu'il fut de retour, les coupables furent menés hors la porte de Paris, aux Champeaux, sur l'emplacement actuel des halles. Là, dix d'entre eux furent livrés aux flammes, le 20 décembre 1210, en présence d'une foule de peuple ; les quatre autres furent condamnés à un emprisonnement perpétuel. Le concile ne s'arrêta pas là : il condamna la mémoire d'Amaury, dont le corps fut, par son ordre, enlevé du cimetière de Saint-Martin-des-Champs, et ses os jetés au fumier. Mais, par une courtoisie aussi rare que singulière, il pardonna aux femmes que l'hérésie avait séduites.

Vers cette époque, 1211, s'achevèrent à Paris plusieurs églises nouvelles, Saint-André-des-Arcs, Saint-Côme, Saint-Jean-en-Grève ; l'enceinte de la ville fut terminée la même année. En même temps Philippe-Auguste fortifia un grand nombre d'autres places du royaume. « Et, admirable justice de ce prince ! s'écrie l'historien Guillaume-le-Breton, quoique par le droit écrit il eût pu, pour l'avantage public du royaume, faire construire des murs et des fossés avec le bien des autres, préférant l'équité à son droit, il paya de ses propres deniers les dépenses que ces constructions coûtèrent à ses sujets. »

Un grave accident était arrivé en 1206. Au mois de décembre, la Seine débordée avait envahi ses rivages à tel point que, dans la campagne, plusieurs villages étaient submergés, et Paris courait le risque d'éprouver le même sort. L'eau inondait les rues de façon qu'on ne pouvait pas circuler autrement qu'en bateau ; les maisons, ébranlées jusqu'aux fondements, menaçaient ruine, et le Petit-Pont lui-même était en danger, quoique ses arches fussent de pierre. Dans la consternation générale, on eut recours aux prières publiques. Toutes les églises de la ville, avec leurs châsses, s'assemblèrent à Sainte-Geneviève, et formèrent une procession générale qui se rendit à la cathédrale. Malgré le péril qu'on courait à passer sur le Petit-Pont, dont on voyait déjà plusieurs pierres se détacher, le peuple et le clergé le traversèrent deux fois sans hésiter, confiants en la présence des reliques de sainte Geneviève. Mais à peine la châsse de la sainte fut-elle dans son église que trois arches du pont s'écroulèrent, entraînant avec elles les maisons qu'elles soutenaient (1). On se rappelait avoir vu dix ans auparavant une inondation plus terrible encore ; les deux ponts de la ville furent emportés, et plusieurs personnes périrent dans les eaux. En ce temps-là aussi, on eut recours aux processions. Le roi lui-même prit part aux cérémonies publiques, et les progrès du fléau ne cessèrent

(1) Félibien, t. I, p. 242.

que lorsque l'évêque eut adressé aux flots cette formule de bénédiction : « Que N.-S., par les signes de sa sainte passion, veuille ramener ces eaux dans leur lit ordinaire. » Quelques jours après la rivière s'était retirée. C'est de Félibien que sont tirés ces détails.

En 1212, un concile se rassembla à Paris sur l'ordre du pape Innocent III, pour la prédication d'une croisade contre les Albigeois. Ce concile s'occupa aussi de la réforme du clergé, et publia diverses constitutions dont quelques détails sont assez curieux. Ainsi, il défend aux prêtres de se charger d'un si grand nombre de messes qu'ils soient obligés d'en faire dire une partie en seconde main. Il défend aux moines de quitter leurs cloîtres pour aller aux écoles publiques, et de s'instruire autre part que dans l'intérieur de leurs monastères. Il défend aussi aux religieuses de sortir pour aller voir leurs parents, à moins qu'elles ne soient bien accompagnées. Il interdit aux prélats le jeu et la chasse. Enfin il ordonne l'abolition de la fête des Fous.

Peu après, au mois de juillet 1214, eut lieu la célèbre bataille de Bouvines, ce brillant fait d'armes national par lequel les hommes des communes de France triomphèrent de la noblesse allemande qui s'était d'avance partagé le pays. Après cette victoire, la popularité de Philippe-Auguste fut immense ; jamais le peuple n'avait pris une part si vive aux succès de ses rois. Un grand nombre de seigneurs étaient tombés entre les mains du vainqueur. On comptait parmi eux cinq comtes : Ferrand de Flandre, Renaud de Boulogne, Guillaume de Salisbury, Othon de Tecklembourg, et Conrad de Dortmund, avec vingt-cinq chevaliers bannerets et une multitude d'autres d'un rang inférieur. Une grande partie de ces puissants captifs furent abandonnés aux communes pour que chacune d'elles pût s'enrichir du produit de leurs rançons, et s'enorgueillir de la part glorieuse qu'elle avait prise au combat. Partout, dans les villages comme dans les villes, le passage de Philippe était un triomphe.

L'enthousiasme des Parisiens surtout était extraordinaire. Il transportait Guillaume-le-Breton, qui l'a traduit dans son style enthousiaste : « Qui pourroit s'imaginer, qui pourroit conter, qui pourroit tracer avec la plume, sur le parchemin ou sur des tablettes, les joyeux applaudissements, les hymnes de victoire, les danses continuelles du peuple, le doux chant des clercs, les sons harmonieux des instruments guerriers, les solennels ornements des églises, au dedans et au dehors, les rues, les maisons, les chemins, tous tendus de courtines et de tapisseries de soie, couverts de fleurs, d'herbes et de branches d'arbre verdoyantes, tous les habitants de toute condition, de tout sexe et de tout âge, accourant de toutes parts voir un si beau triomphe ; les paysans et les moissonneurs interrompant leurs travaux, suspendant à leur cou leurs faulx, leurs hoyaux et leurs trubles (car c'étoit alors le temps de la moisson), et se précipitant en foule vers les routes pour voir dans les fers ce Ferrand, dont peu auparavant ils redoutoient si fort les armes. Les paysans, les vieilles femmes et les enfants ne craignirent point de se moquer de lui. Ils en trouvoient l'occasion dans l'équivoque de son nom, qui pouvoit s'entendre aussi bien d'un homme que d'un cheval (1); d'autant mieux que, par un admirable hasard, les deux chevaux qui le traînoient dans une litière étoient de ceux auxquels leur couleur a fait donner le même nom. C'est pourquoi l'on disoit que maintenant il étoit *ferré*; qu'il ne pouvoit plus regimber, lui qui auparavant, gonflé d'orgueil, ruoit et levoit le talon contre son maître. Toute la route se passa ainsi jusqu'à ce qu'on fût arrivé à Paris. Les habitants de Paris, le clergé, le peuple, et par-dessus tout la multitude des écoliers, allèrent au-devant du roi en chantant des hymnes et des cantiques, et témoignèrent par leurs actions quelle joie animoit leurs esprits. Il ne leur suffit pas de se livrer ainsi à l'allégresse durant ce jour, ils prolongèrent leurs plaisirs pendant la nuit, et même pendant sept nuits consécutives, au milieu des flambeaux; en sorte que la nuit paroissoit aussi brillante que le jour. Les écoliers surtout ne cessoient de faire de somptueux festins, dansant et chantant sans cesse. »

Paris eut pour sa part un grand nombre de captifs qui furent enfermés au Grand et au Petit-Châtelet, outre le comte Ferrand qui fut mis à la tour du Louvre, où il resta jusqu'au temps de saint Louis.

Il ne se passa rien de remarquable à Paris pendant les années suivantes, si ce n'est le privilége de la foire du Lendit, confirmé par le roi à l'abbaye de Saint-Denis, et deux actes assez importants qui furent publiés en 1222. L'un est une ordonnance contre les juifs, auxquels on interdit de prendre en gage les ornements d'église et les meubles de première nécessité, comme les lits et les charrues, ce qui encore était une grande bienveillance de la part du roi : depuis long-temps le pape Innocent III le sollicitait d'interdire le commerce aux juifs ou de libérer de nouveau leurs débiteurs; l'autre est un traité conclu à Melun entre le roi et l'évêque de Paris, après de longues discussions, pour déterminer les limites de leurs droits respectifs.

« Le prévôt de l'évêque, est-il dit dans cet acte, et ses autres officiers et domestiques, jouiront de ses franchises, et tant qu'ils seront à son service, ils ne devront aucune taille au roi. L'évêque pourra avoir à Paris, dans le parvis Notre-Dame, un drapier, un cordonnier, un maréchal, un orfévre, un boucher, un charpentier, un tonnelier, un boulanger, un clausier, un pelletier, un tanneur, un maçon, un bar-

---

(1) On appelait *ferrants* ou *auferrants* les chevaux de prix, de la race et de la couleur des chevaux arabes. On les désignait en latin sous le nom de *farios equos*, probablement de *faros*, qui signifie cheval dans la langue arabe.

bier et un sellier, qui jouiront des mêmes franchises que ses domestiques (*ministeriales sui*). Cependant l'évêque sera tenu de notifier leur nomination au roi ou au prévôt de Paris. Il sera tenu également, quand il prendra des domestiques à son service, de déclarer qu'il les prend de bonne foi et non dans l'intention de nuire au roi.

» Le roi consent à supprimer les *mereaux* (1) et à ordonner que les biens des églises soient voiturés sans autre condition que le serment des voituriers, qui devront jurer que les choses qu'ils conduisent appartiennent à des ecclésiastiques.

» Au roi appartient, dans la culture l'Evêque et dans le clos Bruneau (2), le rapt et le meurtre, c'est-à-dire le droit de justice et de produit des amendes encourues par les ravisseurs et les meurtriers. Dans les mêmes lieux, le roi jouit aussi du droit d'en contraindre les habitants à marcher à la guerre et à faire le guet dans la ville de Paris. Il possède aussi le droit de lever sur eux une contribution, 1° lorsque ses fils sont armés chevaliers; 2° pour le mariage de ses filles; 3° pour sa rançon, lorsqu'il est fait prisonnier. En toute autre occasion, il ne peut lever aucune *taille* sur lesdits habitants sans le consentement de l'évêque.

» Nous avons encore, continue le roi, le droit de justice sur les marchands des mêmes lieux pour ce qui concerne leur marchandise. Nous y avons le droit de la criée du vin. Quant aux mesures du blé, le prévôt de Paris fixera l'impôt; l'évêque paiera le tiers des frais de leur fabrication et pourra s'en servir pour sa banlieue. Nous avons aussi au vieux bourg de Saint-Germain, pour la taille du pain et du vin, soixante sous payables tous les trois ans, comme nous avons toujours eu jusqu'à présent. — Au bourg de Saint-Germain, dans la culture l'Évêque et au clos Bruneau, l'évêque a l'*homicide* et toute autre justice, ainsi que les biens des condamnés trouvés sur la terre de l'Évêque, comme c'est l'usage à Paris, excepté le rapt et le meurtre qui nous appartiennent (3). L'évêque ne pourra faire exécuter les coupables que dans ses terres situées hors de la banlieue de Paris, excepté à Saint-Cloud.— Pour ce qui est des halles des Champeaux, elles nous resteront à perpétuité, ainsi que le fief de La Ferté de Aalès, et le monceau Saint-Gervais que l'évêque et le chapitre de Paris nous cèdent. —L'évêque, pour recevoir les rentes de sa banlieue, aura ses boîtes dans nos Grand et Petit-Châtelet, où nos rentes sont reçues.

» Pour dédommager l'évêque et le chapitre des pertes qu'ils ont éprouvées par l'établissement de l'enceinte du *château du Louvre* et de ses dépendances, de l'enceinte du château du Petit-Pont et de

---

(1) Prestation en monnaie due pour les voitures chargées de denrées.— (2) Voy. ces articles. — (3) L'homicide était l'accident, le meurtre était l'assassinat prémédité.

ses dépendances, et par la cession des halles et du fief de La Ferté de Aalès, nous leur assignons vingt livres à prendre chaque année sur notre prévôté; sans préjudice des vingt-cinq livres dont l'évêque jouissait auparavant, et des cent sous de rente dont nous avons fait don au chapitre de Paris pour la célébration annuelle de notre anniversaire.

» Nous avons toute la voirie et la justice dans la terre de l'Évêque, depuis la maison que Henri, archevêque de Reims, fit construire près du Louvre, jusqu'au *petit pont de Charelle*, c'est-à-dire à partir de la voie royale de dix-huit pieds. Nous l'avons également dans la voie publique, depuis l'église de Saint-Honoré, sur tout l'espace où s'étend la terre de l'Evêque, jusqu'au *pont du Roule*. Dans toutes les autres parties de la terre de l'Évêque, hors de ces limites et en deçà du Marais, l'évêque aura la voirie et toute la justice, excepté le rapt et le meurtre.

» Enfin, si l'évêque fait construire un village ou un bourg nouveau dans sa terre, il y aura toute justice, excepté le rapt et le meurtre, que nous nous réservons toujours, et les autres priviléges dont nous jouissons dans la culture l'Evêque (1). »

Guillaume-le-Breton, l'historien de Philippe-Auguste, nous fournit encore quelques faits de détail qui se rattachent à l'histoire de Paris pendant les dernières années du règne de ce prince. « En 1221, dit-il, le septier de froment fut vendu à Paris seize sous parisis, et il y eut rareté des productions de la terre dans tout le royaume, depuis la mer d'Angleterre jusqu'à la Loire. Dans le temps de la foire de Saint-Ouen près Saint-Denis, il s'éleva des orages si fréquents et si terribles que, dans l'espace de huit jours, dans les territoires de Paris et de Beauvais, quarante hommes furent tués par la foudre, et quelque temps après la fête de Saint-Jean, un charretier et son cheval furent foudroyés à la sortie de Saint-Ouen. Dans le château de Pierrefonds, pendant qu'un prêtre était occupé à célébrer le saint mystère, cinq hommes furent tués dans l'église par le tonnerre; le prêtre et vingt-quatre autres personnes furent blessés. Le calice fut mis en pièces, mais l'hostie resta intacte. Le vendredi suivant, avant la fête de Saint-Pierre-aux-Liens, une maison de charité située devant Notre-Dame-de-Paris, et une autre située devant l'église de Saint-Etienne-du-Mont, furent endommagées par la foudre, qui tomba dans deux autres endroits à Paris et tua un charpentier (2). »

Vers la fin de l'année 1222, le roi tomba malade, saisi d'une fièvre quarte qui le tourmentait depuis quelque temps et finit par le consumer. Philippe n'en continua pas moins les fréquents voyages qu'il faisait pour inspecter les travaux qu'il avait ordonnés. Il aimait l'archi-

---

(1) *Recueil des historiens de France*, t. XVIII, p. 739.
(2) Guillaume-le-Breton, *Vie de Philippe-Auguste*, coll. Guizot, t. XI, p. 344.

tecture et les monuments ; presque tous ses prédécesseurs avaient bâti des églises, mais il fut le premier à orner la France de bâtiments civils. Les communes s'étaient depuis long-temps entourées de murs pour leur propre défense, les seigneurs avaient apporté tous leurs soins à fortifier leurs habitations, tandis que, au contraire, les villes, les bourgs, les villages appartenant à la couronne, avaient été scandaleusement négligés (1). Philippe entreprit de les entourer tous de murailles ; il le fit toutefois avec un respect pour les droits des particuliers auquel on n'était pas habitué, et dont nous avons vu s'étonner Guillaume-le-Breton, son historien. Il acheta toujours les maisons qu'il fallait abattre et les terres qu'il fallait employer au service public. Il réussit, dans les quarante-trois années de son règne, à terminer toutes ces constructions et à donner ainsi à l'État et à ses sujets des sûretés inconnues avant lui. Ces immenses travaux n'épuisèrent cependant point ses trésors. Il avait mis de l'ordre dans ses finances, et les revenus royaux s'étaient augmentés avec la prospérité de la France qui avait vu se développer prodigieusement sous son règne la population, l'industrie, l'agriculture et la science.

Philippe, sentant sa fin prochaine, fit son testament au mois de septembre 1222. Il nomma, pour en être exécuteurs, Garin, évêque de Senlis, Barthélemy de Roy, chambellan de France, et le frère Haymar, trésorier du Temple. Il légua au roi de Jérusalem, aux Hospitaliers et aux Templiers, à chacun 50 mille marcs d'argent, à condition qu'ils entretiendraient pendant trois ans chacun cent chevaliers de plus au service de la guerre contre les infidèles. Il leur laissa, en outre, 7 mille marcs d'argent pour contribuer aux frais de la prochaine expédition. Il légua vingt mille livres à Amaury de Montfort pour l'extirpation de l'hérésie des Albigeois. Il fit encore plusieurs legs considérables pour le repos de son âme aux pauvres, aux orphelins, aux veuves, aux lépreux, à l'Hôtel-Dieu de Paris, à l'abbaye Saint-Denis et à l'abbaye qu'il avait ordonné de construire près du pont de Charenton (2). Il légua à son épouse Isemburge dix mille livres parisis, en ajoutant cette singulière observation : « Quoique nous puissions lui donner davantage ; mais nous nous sommes imposé ce taux, afin de pouvoir pleinement rendre ce que nous avons injustement reçu. » Il ne laissa également que dix mille livres à son fils naturel Philippe. La somme qu'il destinait à son fils aîné demeura en blanc dans le testament, probablement parce qu'elle devait comprendre tout ce qui resterait après le paiement des legs.

(1) Sismondi, t. VI, p. 523.
(2) Cette abbaye, qui devait entretenir vingt prêtres de l'ordre de Saint-Victor, ne fut point construite, du moins au lieu indiqué. Voy. Lebeuf, *Hist. du dioc. de Paris*, part. V, p. 9. M. de Sismondi s'est trompé en supposant qu'il s'agit ici de l'abbaye même de Saint-Victor, dont la fondation est due à Louis-le-Gros.

Un concile venait d'être convoqué à Sens pour s'occuper de l'extermination des Albigeois. Il était composé de six archevêques, de vingt évêques et d'un grand nombre d'abbés. Philippe avait promis de le joindre et voulait le faire; mais, craignant que sa santé, toujours plus faible, ne rendît son voyage dangereux, il demanda que ce concile fût transféré à Paris, et lui-même se mit en chemin pour rentrer dans sa capitale. C'était trop tard; il fut obligé de s'arrêter à Mantes, et il y mourut, le 14 juillet 1223, dans la cinquante-huitième année de son âge. Son corps fut aussitôt transporté à Paris. Le convoi s'étant arrêté à quelque distance de la ville, on érigea à cet endroit une croix soutenue sur quatre colonnes qu'on appela la *Croix-Philippe* (1), auprès de laquelle fut bientôt fondée une église. Les prélats rassemblés pour le concile ajoutèrent à la pompe de ses obsèques; le cardinal Conrad, légat du saint-siége, et Guillaume, archevêque de Reims, ne voulant ni l'un ni l'autre céder le premier rang, y officièrent ensemble à deux autels différents.

Après cette cérémonie, les restes de Philippe-Auguste furent déposés dans les caveaux de Saint-Denis, à côté des rois ses ancêtres.

II. Monuments. — Institutions.

Saint-Étienne-du-Mont, église paroissiale, située rue de la Montagne-Sainte-Geneviève, rue de Clovis et carré Sainte-Geneviève, douzième arrondissement. — Jusque vers l'année 1190, pendant laquelle Philippe-Auguste ordonna de construire la nouvelle enceinte de Paris, les environs de l'église de Sainte-Geneviève restèrent couverts de vignobles, et la crypte, ou église inférieure de Sainte-Geneviève, suffit aux besoins religieux de la *paroisse du Mont*. Mais, après la construction de la nouvelle clôture, les Parisiens se portèrent en foule sur ces terrains incultes, et ainsi mis à l'abri des attaques extérieures, ils construisirent un grand nombre de maisons. La population de cette paroisse augmenta si rapidement qu'on se vit dans la nécessité de faire bâtir une nouvelle église paroissiale. L'abbé de Sainte-Geneviève et les chanoines abandonnèrent à cet effet un terrain contigu à leur église sur lequel on construisit une chapelle pour servir de paroisse. On ne sait pas précisément l'époque de la fondation de cette chapelle ni pourquoi elle fut dédiée sous le nom de Saint-Étienne; Jaillot pense qu'elle fut commencée du temps de Galon, abbé de Sainte-Geneviève, mort en 1223. Un passage de Guillaume-le-Breton, que nous avons cité plus haut (page 510), nous en fournit la preuve. Cet auteur dit que *la foudre tomba en 1221 sur une maison de charité, située devant l'église de Saint-Étienne-du-Mont.*

---

(1) Spicil. III, 351.

Lebeuf, pour expliquer l'origine du vocable sous lequel on la désigne, pense que peut-être l'évêque de Paris donna pour sa dédicace quelques fragments des reliques de Saint-Étienne, que l'on avait trouvées dans la vieille basilique de Saint-Étienne, lorsqu'on la démolit en 1218.

Saint-Étienne dépendait entièrement de l'église de Sainte-Geneviève; on ne pouvait y entrer que par une porte percée dans le mur même de Sainte-Geneviève, et les fonts baptismaux sont restés pendant quatre cents ans dans cette dernière église.

Saint-Étienne-du-Mont a subsisté ainsi jusqu'en 1491. A cette époque, l'augmentation considérable des habitants de la paroisse força les marguilliers à agrandir leur chapelle. Ils demandèrent, à cet effet, à l'abbé de Sainte-Geneviève quelques toises de terrain; ils sollicitèrent aussi la permission d'élever leurs clochers, d'avoir quatre cloches et une porte particulière. L'abbé accorda, du consentement des chanoines, une portion de l'infirmerie qui se trouvait au chevet de cette église; mais il ne voulut jamais consentir à ce que Saint-Étienne eût une porte particulière. Cependant, au lieu de se contenter d'agrandir l'édifice, on le rebâtit entièrement; c'est au moins ce qui paraît résulter de l'architecture de ce monument. On entreprit sa reconstruction pendant le règne de François Ier, vers l'an 1517, et, sauf les additions et le portail, l'église est tout entière de cette époque, où le style gothique se mélangeait avec l'architecture italienne ou de la renaissance. On commença par construire les parties orientales; en 1588, on construisit les chapelles et l'aile méridionales. Dès l'an 1541, on avait tellement avancé l'ouvrage, que l'évêque de Mégare y vint, comme délégué de l'évêque de Paris, faire la bénédiction des autels. On apercevait jadis cette date sur le vitrail d'une des chapelles du nord. Pour hâter l'avancement de la nouvelle église, l'évêque de Paris accorda aux marguilliers le droit d'appliquer au paiement des travaux le prix des indulgences du beurre et du lait pendant le carême. Cette permission fut réitérée en 1552 et 1563. Ces dates indiquent suffisamment que la construction de Saint-Étienne continua pendant les règnes de Henri II et Charles IX ; c'est alors que l'on dut construire la partie occidentale de l'édifice. L'architecte, gêné par le portail de Sainte Geneviève, a été obligé de donner à la nef un axe différent de celui du chœur, ce qui fait paraître l'église tortue, dit Lebeuf.

En 1606, on bâtit la chapelle de la Communion et les charniers. En 1610, Marguerite de Valois, femme de Henri IV, posa la première pierre du portail; qui ne fut fini qu'en 1617. « Depuis quinze ans, dit Malingre qui écrivait en 1640, la tour de cette église a été rehaussée, au » haut de laquelle est une lanterne où est la cloche de l'horloge fort » grosse. Cette tour est garnie d'une assez bonne sonnerie, qui ne se » peut sonner en branle, à cause de la faiblesse de la tour et de la char-

» penterie (1). » Enfin, les travaux paraissent avoir été complétement achevés l'an 1626. En effet, François de Gondi, premier archevêque de Paris, fit la dédicace de la nouvelle église, le dimanche 15 février de cette année, et les fonts baptismaux, qui jusqu'alors étaient restés à Sainte-Geneviève, furent transportés à Saint-Étienne-du-Mont.

Le clergé de cette église fut presque toujours en contestation, soit avec les évêques, soit avec le gouvernement. Les premières querelles eurent d'abord un motif d'intérêt. On se disputa une partie des revenus et des produits de la paroisse, et ce ne fut guère qu'à la fin du XVIIe siècle que la haute protection accordée par la reine à Saint-Étienne-du-Mont vint terminer les différends. Ce fut à Saint-Étienne-du-Mont qu'en 1503, le 22 novembre, un jeune homme, poussé par un zèle fanatique, se précipita sur le prêtre célébrant la messe, et arracha l'hostie de ses mains. Il fut condamné à avoir le poing coupé, à être pendu, étranglé, et son corps brûlé à la place Maubert. Cinq jours après, il se fit, par l'ordre du clergé et de la cour, une procession générale, qui s'est continuée jusqu'aux événements de 1789, et à laquelle le roi Charles IX, la reine-mère et toute la cour assistèrent, portant à la main un cierge de cire blanche.

Le curé de Saint-Étienne-du-Mont s'étant plaint que le nommé Michau, un de ses paroissiens, l'avait fait attendre pour la bénédiction du lit nuptial, Pierre de Gondi, évêque de Paris, ordonna qu'à l'avenir cette cérémonie se ferait pendant le jour, ou du moins avant le souper. Autrefois les nouveaux mariés ne pouvaient pas aller se mettre au lit avant qu'il fût bénit. C'était un droit de plus pour le clergé, à qui l'on devait aussi ce qu'on appelait les *plats de noces*, c'est-à-dire leur dîner en argent ou en espèces.

En 1750, les jésuites ayant gagné Christophe de Beaumont, archevêque de Paris, décidèrent ce prélat à ordonner la stricte exécution des billets de confession. Les curés soumis à ses ordres s'y conformèrent, et ne voulurent point administrer les sacrements à ceux qui ne présentaient point le billet exigé. Bouettin, curé de Saint-Étienne-du-Mont, fidèle à l'ordre de son archevêque, refusa les sacrements au sieur Coffin, conseiller au Châtelet, parce qu'il n'avait point de billet de confession. Un arrêt récent du parlement n'empêcha point Meuriset, curé de la même paroisse, de refuser les secours de la religion à des malades qui n'avaient point de billet. Il fut condamné, malgré M. de Beaumont, au bannissement. Mais la crainte d'un pareil châtiment n'épouvanta point les prêtres de cette église, et le parlement se vit forcé de condamner à la même peine pour les mêmes délits le curé Ansel. Un autre vicaire de la même paroisse, nommé Coulet, ayant refusé le viatique au

(1) *Antiquités de Paris*, p. 168.

sieur de La Crosse, fut condamné par cette même cour à une forte amende. L'archevêque le récompensa aussitôt en lui donnant une cure considérable. Cette querelle et ces dissensions se terminèrent par l'exil des jésuites, qui seuls avaient provoqué ces scandaleux refus (1).

Dans cette église avaient été inhumés : *Blaise de Vigenère*, traducteur des *Commentaires de César* et de beaucoup d'ouvrages de divers genres, mort en 1596. — *Nicolas Thognet*, habile chirurgien, mort en 1642. — *Jean Perrau*, professeur au collége royal, mort en 1645. — *Pierre Perrault*, avocat au parlement, père du célèbre architecte; ce dernier avait fait élever à son père un monument représentant un génie en pleurs éteignant un flambeau; ce monument était dû à Girardon. — *Eustache Lesueur*, l'un des plus grands peintres de l'école française, mort en 1655. — *Jean-Baptiste Morin*, médecin et professeur royal de mathématiques, mort en 1656. — *Antoine Le Maître* et *Isaac Le Maître de Sacy*, son frère, membres de la société de Port-Royal, morts, le premier en 1658, le second en 1684. — *Blaise Pascal*, mort en 1662. — *Jean Racine*, mort en 1699 (2). — *Pierre Barbay*, professeur en philosophie dans l'Université de Paris, mort en 1664. — *François Pinsson*, avocat au parlement, auteur de plusieurs ouvrages, mort en 1691. — *Jean Gallois*, de l'Académie française, professeur de grec au collége royal, mort en 1707. — *Jean Miron*, docteur en théologie de la Faculté de Paris. — *Pierre Petit*, poëte latin estimé, mort en 1687. — *Joseph Pitton de Tournefort*, célèbre botaniste, mort en 1708. — *Simon Piètre*, médecin célèbre, qui, par son testament, avait défendu qu'on l'enterrât dans l'église, de peur de nuire à la santé des vivants, fut inhumé dans le cimetière de Saint-Étienne.

J'ai dit plus haut que l'église de Saint-Étienne-du-Mont, bâtie (sauf le portail) dans la première moitié du XVIe siècle, était un de ces curieux échantillons du mélange des deux styles gothique et de la renaissance. Les voûtes ogivales de la nef et des bas-côtés sont d'une grande hardiesse; mais ce qui frappe surtout lorsqu'on entre à Saint-Étienne, c'est son magnifique jubé : la voûte très surbaissée de ce jubé a été construite en 1600, à une époque où l'arc aigu avait tout-à-fait disparu. On remarque aussi les beaux escaliers tournant en spirale autour du fût de deux colonnes, et qui mènent aux galeries supérieures et au sommet du jubé. Le crucifix qui décore le jubé est attribué à

---

(1) *Paris pittoresque*, t. I.

(2) En 1808, on a retrouvé dans les ruines de l'abbaye de Port-Royal (où Racine resta inhumé jusqu'à la destruction de cette maison) la pierre sur laquelle était gravée l'épitaphe de Racine composée par Boileau. Cette pierre, restaurée par les soins de M. le comte de Chabrol, préfet de la Seine, a été fixée aux murs de l'église de Saint-Étienne, où elle fait le pendant de l'épitaphe de Pascal. — M. Géraud, *Paris sous Philippe-le-Bel*, p. 437.

Jean Goujon, et par d'autres, avec plus de raison, à *Biart* père. On voyait autrefois sur le mur du chœur trois bas-reliefs de *Germain Pilon*; le plus remarquable était celui où l'artiste avait représenté Jésus-Christ au jardin des Olives. Pilon avait aussi orné le pourtour du chœur des figures des douze apôtres, et sculpté un Christ porté au tombeau par Nicodème et Joseph suivis des trois Maries; ce groupe était placé sous la voûte qui menait de Saint-Étienne à Sainte-Geneviève. La chaire, sculptée par Claude Lestocard, d'Arras, sur les dessins de Laurent de La Hire, est un des morceaux les plus remarquables de ce genre.

Saint-Étienne présente une suite de vitraux fort précieux. Les plus beaux sont dus à *Nicolas Pinaigrier*, verrier du XVIe siècle. Ils représentent le Jugement dernier et la Fin du monde, et ont été faits d'après les cartons de Jean Cousin. Dès les premières années de la réapparition de la peinture sur verre en France, on a donné à Saint-Étienne des vitraux peints sur glace, et on les a placés dans la chapelle de la Vierge.

Laurent de la Hire avait fait les cartons des magnifiques tapisseries qui, long-temps, ont fait l'admiration des connaisseurs : elles représentaient la Vie de saint Étienne. Enfin, parmi les tableaux qui décorent cette église, nous citerons un tableau de de Troy, un autre de Largillière, et un Saint Étienne prêchant l'Évangile, dû au pinceau de M. Abel de Pujol. Autrefois il y avait un tableau de Lesueur, représentant la Résurrection de Tabithe. Lorsque le culte de Sainte-Geneviève fut transféré dans l'église de Saint-Étienne-du-Mont, comme je l'ai dit plus haut (1), la châsse où reposèrent pendant tant de siècles les restes de la patronne de Paris a été transportée à Saint-Étienne, où elle attire chaque année un grand concours de fidèles.

Couvent des Mathurins, ou *des religieux de la Sainte-Trinité de la Rédemption des Captifs*, rue des Mathurins, n° 10, 11e arrondissement. — Cet ordre fut institué par Jean de Matha et par Félix de Valois, ainsi nommé du lieu de sa naissance. La pieuse simplicité d'un ancien historien a voulu, dit Jaillot, répandre sur l'origine de cette fondation quelque chose de miraculeux, l'appuyer sur des visions, sur des révélations dont nous croyons inutile de parler. Il est plus vraisemblable qu'il dut son établissement à la pitié qu'inspira aux deux fondateurs l'infortune des chrétiens que le mauvais succès des croisades avait rendus esclaves des Sarrasins. Jean de Matha conçut le premier le projet de consacrer sa vie à chercher les moyens de racheter les pauvres captifs; et Félix de Valois, à qui il le communiqua, s'associa avec joie à une aussi charitable entreprise. Une bulle du pape Innocent III autorisa, en 1198, le nouvel in-

---

(1) Voy. p. 182.

stitut ; une seconde le confirma en 1199, et, dix ans après, ce même pontife donna à Jean de Matha la maison et l'église de Saint-Thomas sur le Mont-Celius. Cet ordre, qui ne tarda pas à s'introduire en France, s'y étendit par la protection de Philippe-Auguste et par les libéralités de plusieurs personnages d'une haute distinction. Gaucher III de Châtillon donna d'abord à ces religieux un terrain propre à bâtir un monastère ; mais le nombre de ceux qui se présentaient pour embrasser la règle nouvelle devenant trop considérable pour qu'il leur fût possible de se loger dans un local aussi resserré, Gaucher ajouta au don qu'il leur avait déjà fait celui du lieu même où les deux fondateurs avaient concerté ensemble pour la première fois le dessein de racheter les captifs. Ce lieu, nommé *Cerfroid*, est situé entre Gandelu et la Ferté-Milon, sur les confins du Valois.

Les religieux de la Trinité suivaient une règle très austère. Il leur était défendu de voyager à cheval, et la seule monture qui leur fût permise leur avait fait donner le nom de *frères aux ânes*. Ce sobriquet leur resta même après que le pape Honoré III en 1217, et Clément IV en 1267, les eurent autorisés à se servir de mules et de chevaux.

L'humilité de ces religieux est attestée par l'inscription suivante, qu'on voyait gravée sur une table de bronze fixée dans le mur du cloître de leur couvent :

> Ci gist léal Mathurin,
> Sans reprouche bon serviteur,
> Qui céans garda pain et vin,
> Et fust des portes gouverneur.
> Paniers ou hottes, par bonneur,
> Au marchié volentier portoit ;
> Fort diligent et bon sonneur :
> Dieu pardon à l'âme lui soit.

On ignore l'époque précise de l'établissement des trinitaires dans le couvent qui fait le sujet de cet article ; mais on voit par un acte de l'an 1209 qu'ils le possédaient déjà à cette époque. C'était dans l'origine un hôpital ou aumônerie, placé sous l'invocation de Saint-Benoît. Un acte capitulaire du chapitre général des trinitaires, tenu à Cerfroid, en 1230, semble prouver qu'ils devaient cette demeure à la libéralité de l'évêque et du chapitre de Paris. La chapelle de cette aumônerie était sous le titre de Saint-Mathurin, dont elle possédait quelques reliques. C'est de là que les religieux de la Sainte-Trinité en prirent le nom, qu'ils communiquèrent ensuite à la rue dans laquelle ils demeuraient, et à toutes les maisons de leur ordre établies en France.

Les bâtiments de cette maison furent augmentés peu à peu par les libéralités de saint Louis et de Jeanne, fille du comte de Vendôme, ainsi que par les acquisitions successives que firent les religieux. Le cloître, construit, en 1219, par les soins d'un de leurs *ministres* (1), fut rebâti, vers la fin du XVe siècle, par Robert Gaguin, qui était aussi ministre ou général de l'ordre. Il fut encore reconstruit vers la fin du XVIIIe siècle. Ce même général avait aussi fait rebâtir, agrandir et décorer l'église, dont l'ancien portail, élevé en 1406, était tourné du côté de la rue Saint-Jacques. Il fut détruit, en 1610, pour élargir la rue, et en 1613, on acheva les bâtiments qui, jusqu'alors, étaient restés imparfaits. On n'y entrait alors que par une petite porte, qui a subsisté jusqu'aux derniers temps dans la rue des Mathurins. Enfin on construisit, en 1729, un nouveau portail et une cour fermée par une grille.

L'Université tenait ses assemblées dans une salle de cette maison depuis le XIIIe siècle. Mais elle les transféra, en 1764, au collège de Louis-le-Grand, dont la possession venait de lui être accordée.

Parmi les tableaux qui ornaient le couvent des Mathurins, on remarquait la Vie de saint Jean de Matha et du B. Félix de Valois, divisée en dix-neuf sujets peints sur des panneaux de menuiserie placés au-dessus des stalles du chœur, par Théodore Van Tulden, élève de Rubens.

Sur le couronnement du tabernacle, lequel était richement décoré de pilastres et de ciselures de bronze doré, on voyait la statue d'un ange tenant les chaînes de deux captifs agenouillés sur les angles de l'entablement. Près de la grille qui séparait la nef du chœur étaient deux figures d'anges, par Guillon.

La bibliothèque des Mathurins était composée de cinq à six mille volumes, parmi lesquels il se trouvait quelques manuscrits précieux.

Plusieurs personnages remarquables avaient été inhumés dans l'église des Mathurins : *Robert Gaguin*, historien du XVe siècle, vingtième général de l'ordre, mort en 1501 : sa tête, conservée dans un vase de faïence, était déposée à la bibliothèque du couvent de Douai. — *Jean de Sacrobosco*, célèbre mathématicien. — *François Balduni*, savant jurisconsulte.

Mais un tombeau qui rappelait un événement extraordinaire du règne de Charles VI attirait surtout les regards. Sur la droite du cloître des Mathurins, à côté d'une petite statue de la Vierge, on trouvait une tombe plate sur laquelle étaient représentés des hommes enveloppés dans des suaires. Une épitaphe latine, gravée autour de la tombe, indiquait que ce monument était consacré à Léger du Moussel, de Normandie, et Olivier Bourgeois, de Bretagne, écoliers de l'Université de Paris. Sur une table de bronze, fixée dans la muraille, une autre inscription française, beaucoup plus ample, offrait ce qui suit : « Ci-dessous gisent Léger du Moussel et Olivier Bourgeois, jadis clercs écoliers, étudiants en l'Université de Paris, exécutés à la

(1) C'est ainsi que l'on nommait le général des Mathurins.

justice du roi, notre sire, par le prévôt de Paris, l'an 1407, le vingt-sixième jour d'octobre, pour certains cas à eux imposés; lesquels, à la poursuite de l'Université, furent restitués et amenés au parvis Notre-Dame et rendus à l'évêque de Paris, comme clercs, et au recteur et député de l'Université, comme suppôts d'icelle, à très grande solennité, et de là en ce lieu-ci furent amenés, pour être mis en sépulture, l'an 1408, le seizième jour de mai, et furent lesdits prévôt et son lieutenant démis de leurs offices, à ladite poursuite, comme plus à plein appert par lettres-patentes et instruments pour ce cas. Priez Dieu qu'il leur pardonne leurs péchés. Amen. »

Ces deux écoliers étaient coupables de meurtres et de vols sur le grand chemin. Le prévôt de Paris, Guillaume de Tignonville, les fit arrêter. L'Université les réclama, prétendant que cette affaire devait être portée devant la justice ecclésiastique. Le prévôt, sans s'embarrasser de ces oppositions, fit pendre les deux criminels. L'Université cessa aussitôt tous ses exercices; et pendant plus de quatre mois, il n'y eut dans Paris ni leçons ni sermons, pas même le jour de Pâques. Comme le conseil du roi ne se laissait point ébranler, elle protesta qu'elle abandonnerait le royaume et irait s'établir dans les pays étrangers où l'on respecterait ses priviléges. Cette menace fit impression. Le prévôt fut condamné à détacher du gibet les deux écoliers. Après les avoir baisés sur la bouche, il les fit mettre sur un chariot couvert de drap noir, et marcha à la suite, accompagné de ses sergents et archers, des curés de Paris et des religieux. Ils furent ainsi conduits, comme le dit l'inscription, au parvis Notre-Dame, de là aux Mathurins, où le recteur les reçut de ses mains et les fit inhumer honorablement. Le prévôt de Paris fut destitué de sa charge; mais ayant été nommé par le roi premier président de la chambre des comptes, moyennant le pardon qu'il vint demander à l'Université, il obtint qu'elle ne s'opposerait point à son installation (1).

L'église des Mathurins a été démolie après la suppression de l'ordre, en 1790. Les bâtiments du couvent sont devenus une propriété particulière.

Saint-André-des Arcs, église paroissiale. — Avant la construction de l'église Saint-André-des-Arcs, il existait, suivant plusieurs historiens, sur l'emplacement qu'elle occupa depuis, une chapelle dédiée à saint Andéol; mais les meilleurs critiques (2) ont démontré que le nom de saint *Andéol*, que l'on prononçait aussi *Andeu*, était le même que celui de saint *André* ou saint *Andrieu*, comme on disait au moyen-âge. Les

(1) Voy. le règne de Charles VI. — (2) Lebeuf, t. II, p. 456. —Voir aussi Jaillot, t. V, p. 9, qui réfute l'opinion de ceux qui font remonter l'origine de la chapelle de Saint-Andéol au vi^e siècle.

noms de saint Andéol ou de saint André désignaient la même église, celle de Saint-André-des-Arcs.

Voici dans quelles circonstances elle fut élevée. On a vu précédemment (1) que la construction de l'enceinte de Paris sous Philippe-Auguste fut l'occasion de grands débats entre plusieurs seigneurs ecclésiastiques. Une certaine étendue des terres de Saint-Germain-des-Prés avait été renfermée dans la nouvelle enceinte. L'évêque de Paris réclamait la juridiction sur tout le territoire qu'elle comprenait. L'archiprêtre de Saint Séverin prétendait en même temps faire entrer tout ce territoire dans sa paroisse. L'abbé de Saint-Germain-des-Prés et le curé de Saint-Sulpice s'opposèrent et en appelèrent au pape; malheureusement pour eux ils n'attendirent point sa décision, et remirent le jugement de cette affaire à des arbitres. Ceux-ci, par une sentence du mois de janvier 1210, accordèrent à l'évêque la juridiction dans la ville, à l'abbé la continuation du droit de justice sur la paroisse de Saint-Séverin et la faculté de construire, dans l'espace de trois ans, une ou deux églises paroissiales et d'en nommer les curés (2). L'église de Saint-André-des-Arcs fut une de ces églises.

La construction commença immédiatement dans une partie du territoire qui avait appartenu jusque là à l'abbaye de Saint-Germain-des-Prés, et peut-être sur l'emplacement de quelque ancienne chapelle. L'édifice était terminé en 1212.

L'histoire de Saint-André-des-Arcs offre peu de faits importants.

On apprend de Sauval (3) qu'il existait au XVe siècle, dans cette église une confrérie de Saint-Jean-l'Évangéliste, érigée et fondée par les libraires, qui dans ce temps ne vendaient que des manuscrits, par les écrivains, les enlumineurs, les relieurs et les parcheminiers, « relevant de l'Université, comme suppôts. » Cette confrérie fut confirmée en 1467 par Louis XI.

Un trait, peu important au reste, du règne de ce roi, se rapporte à Saint-André-des-Arcs. Jean Cœur, archevêque de Bourges, fils du fameux Jacques Cœur, avait refusé un archidiaconat à Louis XI qui le lui demandait pour un de ses favoris; le roi irrité défendit au prélat de retourner à son diocèse. Comme on était en carême, l'archevêque commença une suite de sermons dans l'église de Saint-André-des-Arcs. Son éloquence attirait dans l'église un concours prodigieux d'auditeurs. Louis XI, soit qu'il voulût priver Jean Cœur de l'honneur de réunir un

---

(1) P. 189. — (2) L'évêque fut tenu de payer à l'abbé 40 sous de rente pendant trois années; quant au curé de Saint-Sulpice, pour le dédommager de la perte des dîmes, que lui causait le changement des limites de plusieurs paroisses qui eurent lieu en cette circonstance, il eut droit à une rente viagère de 40 sous que devait lui payer l'abbé de Saint-Germain-des-Prés, si cet abbé ne préférait lui faire donner chaque jour un pain blanc et une pinte de vin, comme on les distribuait à ses religieux. — (3) T. I, p. 428.

si nombreux auditoire, soit plutôt qu'il craignît quelques allusions de ses prédications, lui enjoignit l'ordre de retourner aussitôt à Bourges (1).

Jaillot a donné, dans ses *Recherches sur Paris*, de curieux détails sur l'origine de la dénomination de l'église Saint-André-des-Arcs (2).

Cet habile critique prétend que l'église n'eut point d'abord de surnom. Le premier acte connu dans lequel elle en porte un, est de l'an 1220. L'église y est nommée *Saint-Andreas in Laajo*; dans d'autres titres de 1254 et de 1260, on lit *Saint-Andreas-de-Assiciis* et *de Arciciis*, *de Assibus* en 1261, *de Arsiciis* en 1274, et *Saint-Andreas* sans aucun surnom dans une transaction passée en 1272, entre Philippe-le-Hardi et l'abbaye de Saint-Germain. Un titre de 1284 l'offre pour la première fois avec le surnom *de Arcubus*; et Jaillot pense que ce mot *de Arcubus* ou *Arcs* ne peut venir que du nom altéré du clos de Laas, qui, comme on l'a vu (3), devait cette dénomination au palais romain, *arx*, dont il dépendait. — Jaillot réfute ensuite les conjectures de Félibien et de Lebeuf, qui veulent que le vrai nom de l'église soit *Saint-André-des-Ars*, en donnant à ce dernier mot la signification de *brûlés*, *arsi*, qu'ils veulent expliquer par l'incendie du faubourg méridional lors des invasions des Normands. A l'égard des autres interprétations hasardées sur cette étymologie, lesquelles supposent que le surnom des *Arts* a été donné à cette église parce qu'elle était située à l'entrée du territoire de l'Université où l'on enseignait les *arts*; des *Arcs*, parce qu'on fabriquait autrefois des armes de cette espèce dans son voisinage, ou qu'il y avait à peu de distance des arcades et un jardin dans lequel on s'exerçait à tirer de l'arc, elles ne méritent guère d'être sérieusement réfutées. Pour autoriser cette dernière dénomination, quelques auteurs ont établi dans ce quartier une manufacture d'armes. Près de Saint-André, on faisait, disent-ils, des *arcs*, dans la rue de la *Vieille-Bouclerie*, on forgeait des boucliers; les flèches se faisaient dans la rue des *Sajettes*. Mais on verra plus tard que la rue de la Vieille-Bouclerie avait anciennement un autre nom, et que la rue du Cimetière-Saint-André n'a jamais été nommée rue des *Sajettes* ou *Sagettes*, mais des *Sachettes*, nom d'une communauté de pauvres filles qui s'y étaient établies (4).

Il résulte de la discussion de Jaillot un fait que je crois fondé et que j'adopte, c'est que l'église Saint-André-des-Arcs doit son surnom au clos de Laas, dans lequel elle était située. On devrait donc écrire *Saint-André-des-As* ou *des Ars*, comme transformation du mot *arx*, et non point comme traduction du mot *arsi*. Toutefois, j'ai cru devoir ne pas m'écarter de l'usage adopté quant au nom de l'église de Saint-André, et écrire comme on l'a fait jusqu'ici Saint-André-des-Arcs.

(1) *Gallia christ.*, t. II, col. 89. — Lebeuf, t. II, p. 462. — (2) T. V, p. 10. — (3) Voir p. 37. — (4) Saint-Foix, *Essais historiques sur Paris*, t. I, p. 42.

Parmi les curés de Saint-André-des-Arcs, on remarque Thomas de Courcelles, « aussi aimable par sa vertu qu'admirable par son savoir, » dit Æneas Sylvius qui le connut au concile de Bâle, en 1438, comme recteur de l'Université de Paris (1) ; Jean Hue, notable docteur, selon la chronique de Louis XI ; Ambroise de Cambrai ; Christophe Aubry, grand ligueur, qui s'expatria en 1595 ; Claude Léger, dont les vertus et la bienfaisance ont mérité les éloges de M. Dulaure lui-même.

L'église de Saint-André, telle qu'elle était à la fin du XVIIIe siècle, offrait dans son ensemble des styles d'architecture de différentes époques. Le fond du sanctuaire était de la première construction, 1210 ; le reste était bien postérieur. Le portail avait été reconstruit, ainsi que beaucoup d'autres parties, en 1660, sur les dessins d'un architecte nommé Gamard. La tour, encore d'un caractère gothique prononcé, paraissait de la fin du XVe siècle. On y voyait, dit Lebeuf, des traces de coups de mousquet qu'elle avait essuyés au temps des troubles de Paris (2) ; les niches et les statues, qui ornaient l'extérieur le long de la rue du Cimetière, étaient du XVIe siècle.

L'intérieur offrait plusieurs tableaux de Hallé, de Sanson et de Restout. — Sur l'un des vitraux, on voyait une allégorie souvent reproduite dans les églises : c'était Jésus-Christ foulé comme des raisins par un pressoir, avec cette sentence d'Isaïe en caractères gothiques du XVIe siècle : *Quare rubrum est indumentum tuum? Torcular calcavi solus.* « Dans une chapelle près des cloches, aux vitres, dit Sauval (3), est représenté un Adam et une Eve, avec *Rorate cœli desuper* : c'est, dit-on, un hiéroglyphe, » c'est le symbole du mariage chrétien. — Dans une chapelle on voyait un médaillon en marbre représentant saint André, donné en *ex voto*, par Armand Arouet, frère de Voltaire. — La plus riche chapelle de l'église était celle qui avait été fondée par Jacques Coytier, médecin de Louis XI, et qu'embellirent après lui ses héritiers (4). On sait que Coytier employa souvent l'heureuse influence qu'il exerçait sur Louis XI pour le détourner de projets sanguinaires, en l'effrayant par ses prédictions terribles.

Aux deux côtés du sanctuaire, étaient deux monuments commémoratifs : l'un, d'Anne-Marie Martinozzi, princesse de Conti, morte en 1672 ; l'autre, de François-Louis de Bourbon, prince de Conti, son fils (5), dé-

---

(1) Ce fut lui qui prononça l'oraison funèbre de Charles VII, en 1461. — (2) Lebeuf, t. II, p. 458. — (3) T. I, p. 428. — (4) Jacques Coytier ayant fait bâtir une maison dans la rue Saint-André-des-Arcs, et étant devenu par là paroissien de cette église, les marguilliers lui donnèrent, en 1491, une place pour construire une chapelle. Elle était achevée en 1505, et Coytier la dota de 100 livres de rente, somme très forte pour l'époque, afin qu'on y dît tous les jours une messe pour laquelle on ne donnait que trois sous au chapelain. — (5) Et non son mari, comme le dit M. Dulaure, t. II, p. 111.

cédé en 1709. Élevé sous les yeux du grand Condé, le prince de Conti se passionna facilement pour la gloire, et donna des preuves de sa bravoure et de sa science militaire en Hongrie contre les Turcs, à Steinkerque et à Nerwinde contre les ennemis de Louis XIV. « Conti, dit Voltaire, ressemblait au grand Condé par l'esprit et par le courage, et il fut toujours animé du désir de plaire, qualité qui manqua au grand Condé. » Saint-Simon, qui semble n'avoir écrit ses Mémoires que pour dire du mal de tout le monde, loue le prince sans restriction, peut-être parce qu'il ne put jamais obtenir la bienveillance de Louis XIV. Son mausolée, ouvrage de Coustou l'aîné, offrait la déesse Pallas tenant le portrait du prince qu'elle semblait regretter : allégorie dont on a remarqué l'inconvenance pour une église chrétienne. Ce monument fut transporté au musée des Petits-Augustins. Le tombeau d'Anne-Marie Martinozzi, détruit pendant la révolution, avait été construit sur les dessins de Girardon; il représentait la princesse entourée des attributs de la Foi, de l'Espérance et de la Charité.

La famille de Thou, plus illustre par le mérite personnel de chacun de ses membres que par son origine peu ancienne, possédait dans l'église Saint-André-des-Arcs une chapelle et un caveau sépulcral. La chapelle renfermait les monuments élevés à la mémoire de Christophe de Thou, premier président du parlement, mort en 1582, et de Jacques-Auguste de Thou, l'historien, fils du précédent et père de l'infortunée victime du cardinal de Richelieu. « La vie de Christophe de Thou, dit Pasquier, fut belle et honorable, et la fin comme la vie. » Cependant le président aimait le luxe et la magnificence, et l'on a remarqué que c'est le premier habitant de Paris qui ait eu un carrosse. Son tombeau offrait au-dessous de son buste entouré de vertus et de génies, les armoiries de la famille de Thou qui étaient d'argent, un chevron de sable accompagné de trois mouches à miel de même. Les armoiries, les génies et les vertus furent brisés pendant la révolution, le buste fut déposé aux Petits-Augustins où M. Lenoir eut l'heureuse idée de le placer au milieu d'une décoration faite avec les débris conservés de la chapelle que sa famille avait dans l'église de Saint-André-des-Arcs. L'austère vertu de l'historien est connue de tout le monde; son ouvrage est la source la plus sûre pour la connaissance des événements du XVIe siècle. Bayle le proclame un chef-d'œuvre, et Bossuet invoque continuellement l'autorité du *grand auteur*, du *fidèle historien* (1). Son monument funéraire, exécuté par Auguier, le représente, revêtu

---

Le caveau sépulcral de la famille de Conti était près du mausolée de la princesse; c'est là que furent déposés auprès des restes de François-Louis, ceux de Louis-Armand, son frère aîné, mari de mademoiselle de Blois, mort en 1685. Le cœur de leur mère, Anne-Marie Martinozzi, fut porté aux Carmélites de la rue d'Enfer.

(1) *Hist. des variat.* et *Défense de la même hist.*, ch. 38 et 39.

d'un manteau d'hermine, à genoux devant un prie-Dieu. Les statues de ses deux femmes étaient placées en avant du tombeau.

Dans la chapelle de Saint-Antoine étaient les tombeaux de Pierre Séguier, président au parlement, mort en 1530, et de Pierre Séguier, son petit-fils, maître des requêtes, mort en 1638.

Plusieurs personnes distinguées dans les lettres et dans les arts avaient été inhumées dans cette église sans qu'aucun ornement distinguât leur tombe. Tels étaient : *André Duchesne*, mort en 1640, un des hommes à qui la science historique a le plus d'obligations; *Pierre d'Hozier*, généalogiste fameux, mort en 1660 ; *Nanteuil*, habile graveur, mort en 1670 ; *Lenain de Tillemont*, savant historien, mort en 1637 ; *Houdard de Lamothe*, de l'Académie française, fils d'un chapelier de Paris, mort en 1171 ; *Joly de Fleury*, procureur-général du parlement; le bon abbé *Le Batteux*, littérateur aimable et instruit, mort en 1780; son tombeau, déposé aux Petits-Augustins, portait cette simple inscription : *Amicus amico*. Celui de *Claude Léger*, curé de Saint-André-des-Arcs, dont j'ai parlé déjà, représentait ce bienfaisant pasteur descendant avec calme au tombeau, appuyé sur la religion. Il a été brisé dans les troubles de la révolution. Une des plus anciennes épitaphes de cette église, remarquable par l'énergie de l'expression, était celle de *Mathieu Chartier*, conseiller au parlement, surnommé le *Père des Pauvres*.

Le cimetière de l'église Saint-André-des-Arcs, qui n'était point contigu à l'église, se trouvait sur l'emplacement que traverse la rue du *Cimetière-Saint-André*. On y remarquait les tombes du fameux jurisconsulte *Dumoulin*, mort en 1566, et de *Henri d'Aguesseau*, père du chancelier.

L'église de Saint-André-des-Arcs et celle de Saint-Sulpice étaient les seules qui fussent isolées dans Paris. La première était entourée par trois rues et un passage public. Elle fut néanmoins démolie en 1790.

Abbaye Saint-Antoine-des-Champs, aujourd'hui *hôpital Saint-Antoine*, rue du Faubourg de ce nom, nos 206 et 208, 8e arrondissement. — Vers 1198, un simple curé de Neuilly-sur-Marne, nommé Foulques, vint à Paris, dont il étonna tous les habitants par l'éloquence de ses prédications apostoliques. Il n'y avait pas jusqu'aux docteurs et gens de science qui n'admirassent la puissance de sa parole. Il prêchait avec grande véhémence pour ramener les pécheurs égarés, principalement les usuriers et les femmes de mauvaise vie, et faisait une multitude de conversions. Les filles perdues surtout profitaient de ses pieuses instructions ; un grand nombre d'entre elles abjurèrent la débauche et se coupèrent les cheveux en signe de pénitence. Foulques de Neuilly en maria une partie, et pourvut à la sûreté de celles qui préférèrent se séparer entièrement de la vie mondaine. Telle fut l'origine de la célèbre abbaye royale de Saint-Antoine, dont les premières religieuses furent ces pécheresses repenties. Cependant on est peu d'accord sur la date précise de sa fondation. Dubreuil la fixe en 1181 ; Lacaille en 1182 ; Lemaire en 1190 ; Germ. Brice en 1193, Rigord, Nangis et Corrozet en 1198 ; Albéric en 1199. Il est certain, par le témoignage de tous les contemporains, que ce fut en 1198 qu'eurent lieu les fameuses prédications qui produisirent les premières religieuses de cette abbaye, et en même temps, il existe un contrat de vente faite à la maison de Saint-Antoine en 1191 (1). Il est probable, comme le pense Jaillot, qu'il existait au même endroit, avant Foulques, une chapelle de Saint-Antoine, qui lui parut convenable pour recevoir les femmes qu'il convertit, et qu'en effet ce fut là qu'il les plaça.

Peu de temps après sa fondation, l'abbaye de Saint-Antoine fut donnée à l'ordre de Cîteaux. Régulièrement organisée en 1204, elle avait déjà reçu à cette époque la règle de cet ordre, et obtenu sa part de toutes les immunités dont il jouissait. En quelques années les religieuses de Saint-Antoine s'étaient acquis une si brillante réputation de sainteté, que le curé de Saint-Paul et l'évêque de Paris, en 1215, touchés de leurs mérites, renoncèrent bénévolement aux droits qu'ils pouvaient revendiquer sur le temporel de l'abbaye. Aussi devinrent-elles fort riches en très peu de temps. En 1227, elle possédait entre autres biens deux maisons dans la ville, un enclos de quatorze arpents attenant à l'abbaye, onze arpents de vigne, et cent soixante-quatorze arpents de terre entre Paris et Vincennes.

La première chapelle de ce monastère fut bâtie, sous l'invocation de Saint-Pierre, par Robert de Mauvoisin, qui la choisit pour lieu de sa sépulture. L'édification de la grande église était réservée à la pieuse magnificence de saint Louis. Sa dédicace fut célébrée le 2 juin 1233.

Au mois d'août 1239, lorsque la couronne d'épines du Christ, vendue à saint Louis par l'empereur de Constantinople, arriva à Paris, le cortége royal qui l'accompagnait fit une station à l'abbaye Saint-Antoine. Là, on dressa au milieu des champs un échafaud sur lequel plusieurs prélats, vêtus de leurs habits pontificaux, exposèrent cette sainte couronne aux yeux avides des Parisiens ; et tous les chapitres de la ville, ceux même de Saint-Denis, reçurent du roi l'ordre de venir processionnellement avec leurs reliques à l'abbaye de Saint-Antoine, pour rendre hommage à la couronne du Seigneur, et l'escorter dignement jusque dans la Cité.

La première abbesse de Saint-Antoine-des-Champs portait le nom de Théophanie, et la seconde celui d'Agnès. Plus tard ce monastère fut

(1) *Gall. christ.*, t. VII, p. 899.

gouverné par des personnes du rang le plus distingué, des princesses même du sang royal. Aussi l'abbesse était-elle au dernier siècle une puissance ecclésiastique ; elle était dame du faubourg Saint-Antoine, qui absorbait alors dans ses vastes limites nombre de petits villages : la Râpée, Reuilly, Picpus, la Croix-Faubin, Popincourt, etc.

Un large fossé régnait autour de l'enclos du couvent. A l'angle formé par ce fossé avec la rue de Reuilly, le roi Louis XI avait tenu, en 1465, une conférence, et conclu une trêve avec ses grands vassaux armés contre lui pour la guerre du bien public. Ceux-ci ayant ensuite rompu la trêve, le roi fit, quelques années plus tard, élever à la même place une croix en pierre, parmi les ruines de laquelle on trouva, en 1562, cette inscription, qui fut transportée à l'Hôtel-de-Ville :

L'an M. CCCC. LXV, fust ici tenu le landict des trahisons, et fust par unes treves qui furent données : maudit soit-il qui en fu t cause.

Ce monument ne fut élevé qu'en 1479, comme l'atteste un compte du domaine de cette année où on lit : *A Jean Chevrin, maçon, pour avoir assis, par ordonnance du roi, une croix et épitaphe près la grange du roi, au lieu où l'on appelle le fossé des Trahisons, derrière Saint-Antoine-des-Champs* (1).

Le journal de Henri IV rapporte que le 14 mai 1589, le chevalier d'Aumale fit une sortie contre les soldats du roi qui assiégeaient Paris, et les força d'abandonner l'abbaye de Saint-Antoine où ils s'étaient embusqués ; mais, dans le feu de l'action, il arriva que les soldats qui portaient si vigoureusement les armes pour la religion apostolique mirent l'abbaye au pillage, et emportèrent toutes les richesses de l'église.

L'église en effet était splendidement décorée ; elle fut reconstruite, en 1770, sur les dessins de l'architecte Lenoir, surnommé *le Romain*. On y voyait les tombeaux de Jeanne et Bonne de France, filles du roi Charles V, mortes la première à l'abbaye Saint-Antoine le 21 octobre 1360, et l'autre au palais le 7 novembre de la même année.

On voyait aussi, selon Malingre (p. 639), au-dessus de l'une des portes de l'abbaye, un tableau sur lequel était écrit : « L'an 1257, par la permission de MM. les prévost des marchands et eschevins de la ville de Paris, fut envoyé un nommé Pierre de Monsiaux, maistre des œuvres (*maçon*) de la ville, pour abattre l'église de céans, disant pour eux avoir affaire de pierres pour ladite ville. Mais sitost que ledit Monsiaux eut frappé le premier coup de marteau sur l'un des piliers du portail de ladite église, ledit Monsiaux fut embrazé du feu Saint-Antoine. » Devant ce tableau un os était suspendu, et passait pour être un os du maçon sacrilége.

L'abbaye de Saint Antoine-des-Champs fut supprimée en 1790 ; et,

---

(1) Jaillot, t. III, p. 43.

par un décret de la Convention nationale du 17 janvier 1795, ses bâtiments furent convertis en hôpital (1).

Couvent des Jacobins, rue des Grés. — Ce fut, comme on sait, au milieu des croisades entreprises contre les Albigeois, que l'ordre des Dominicains, appelé depuis Jacobins, prit naissance. Tandis que la puissance temporelle poursuivait les hérétiques par les armes, saint Dominique essayait de les ramener par l'onction de ses paroles. Le succès qu'obtinrent ses prédications lui fit naître la pensée de s'associer quelques personnes animées du même zèle, et d'en former un ordre religieux destiné à la propagation de la foi. Les membres du nouvel institut devaient s'attacher spécialement à prêcher aux peuples les vérités de l'Évangile, et à les convaincre autant par l'exemple que par la persuasion ; cet ordre fut approuvé, en 1216, par Honoré III, sous le titre de *Frères prêcheurs*. Dès l'année suivante, saint Dominique envoya quelques uns de ses disciples à Paris : ils y arrivèrent le 12 septembre 1217, se logèrent dans une maison près Notre-Dame, entre l'Hôtel-Dieu et la rue l'Évêque, et y demeurèrent jusqu'à l'année suivante. Alors ils obtinrent de la libéralité de Jean Barastre, doyen de Saint-Quentin, une maison près des murs et une chapelle du titre de Saint-Jacques, laquelle avait été attachée à un hôpital institué pour les pèlerins, et qu'on appelait l'*hôpital Saint-Quentin*. C'est de cette chapelle que la rue Saint-Jacques a pris son nom, et que les Dominicains ont été appelés *Jacobins*, non seulement à Paris, mais dans toute l'étendue du royaume.

Ce premier établissement des Frères prêcheurs dans la capitale n'a point été raconté de la même manière par tous nos historiens. Plusieurs y ont mêlé une foule de petites circonstances dont la fausseté est évidente, et qui, du reste, sont trop peu importantes pour mériter d'être discutées. Nous les passerons donc sous silence, et nous continuerons, dans ce récit, de nous attacher, comme nous l'avons toujours fait jusqu'à présent, aux autorités les plus graves et aux opinions les plus vraisemblables.

Quoique les Jacobins eussent été mis en possession, dès l'année 1218, de la chapelle et de l'hôpital du doyen de Saint-Quentin, il paraît qu'ils n'avaient point encore acquis le droit d'y célébrer l'office, du moins publiquement ; car on trouve que vers ce temps-là un de leurs religieux étant décédé, fut enterré à Notre-Dame-des-Champs ; mais en 1221, ils jouissaient déjà de la permission d'avoir une église et un cimetière qui leur avaient été accordés dès l'année précédente par le chapitre de Notre Dame. Ce fut aussi cette même année que l'Univer-

(1) Voy. *Hôpital Saint-Antoine.*

sité renonça en leur faveur au droit qu'elle pouvait avoir sur la chapelle de Saint-Jacques, sous la condition toutefois de certaines prières qu'ils seraient tenus de dire, de services qu'ils feraient célébrer, et stipulant en outre que si quelque membre de cette compagnie choisissait sa sépulture chez les Jacobins, il serait inhumé dans le chapitre, si c'était un théologien ; dans le cloître, s'il était membre d'une autre faculté.

Saint Louis, à qui la plupart des religieux sont redevables de leur établissement à Paris, combla ceux-ci de ses bienfaits : il fit achever l'église qu'ils avaient commencée, et pour leur donner les moyens de bâtir leur dortoir et leurs écoles, il leur abandonna une partie de l'amende à laquelle avait été condamné Enguerrand sire de Coucy, coupable d'avoir fait pendre trois écoliers qui chassaient dans ses terres. Il leur donna en outre deux maisons dans la rue de l'Hirondelle ; enfin, pour témoigner à ces religieux l'affection particulière qu'il leur portait, il choisit parmi eux son confesseur, Geoffroi de Beaulieu. De là l'erreur de Sauval qui avance quelque part que les Jacobins doivent leur fondation à ce monarque. Diverses donations qu'il suppose leur avoir été faites à cette même époque paraissent également suspectes, et l'on ne voit point qu'avant 1281 leur territoire ait reçu aucun accroissement. Dans cette année, ils firent l'acquisition de quelques maisons sises près de leur couvent, acquisition pour laquelle ils obtinrent des officiers municipaux un acte d'amortissement, et que confirma aussitôt Philippe-le-Hardi.

Grâce à la faveur royale, les Dominicains avaient obtenu de grands priviléges, et se montraient, à l'excès peut-être, jaloux de les conserver et de les étendre. Leurs querelles avec l'Université, dont l'origine remonte à l'an 1252, tiennent une grande place dans l'histoire de Paris au moyen-âge. J'aurai occasion d'en parler ailleurs avec plus de détail.

Le cimetière, l'infirmerie et l'un des dortoirs de cette maison étaient situés au-delà de l'enceinte de Philippe-Auguste. Louis X, quelques uns disent Philippe-le-Long, voulant accroître le terrain qu'ils possédaient déjà, leur donna toute la partie du mur qui régnait le long de leur couvent et les deux tours qui se trouvaient dans cet espace, concession qui leur procura la facilité d'étendre de ce côté leurs bâtiments ; mais lorsqu'en 1358 on eut pris la résolution de creuser un fossé autour de l'enceinte méridionale, ce fut une nécessité d'abattre ces nouvelles constructions. Alors, pour indemniser les Jacobins de cette perte, Charles V acheta des religieux de Bourg-Moyen, près de Blois, la maison et les jardins qu'ils possédaient à Paris, et les donna aux Jacobins, francs et quittes de toutes redevances. Il paraît que cette maison occupait une grande partie du terrain dont se composa depuis le jardin du couvent. Quant aux jardins des religieux de Bourg-Moyen, ils sont aujourd'hui couverts par les maisons qui forment les rues Saint-Dominique et Saint-Thomas-d'Enfer.

En 1502, le célèbre cardinal d'Amboise, archevêque de Rouen et légat du pape, animé d'un zèle fervent pour le bon ordre des maisons religieuses, résolut d'introduire la réforme dans le couvent des Jacobins qui renfermait alors quatre cents moines, ou plutôt quatre cents étudiants qui avaient, d'après les récits contemporains, très grand besoin, mais très peu d'envie de subir cette réforme. Voici comment Félibien raconte les graves désordres auxquels cette affaire donna lieu : « Le cardinal envoya aux Jacobins les évêques d'Autun et de Castellamare qui leur firent lecture des lettres du pape pour la réformation de leur monastère, avec ordre d'obéir sous peine d'excommunication. Les Jacobins refusèrent de se soumettre, et le cardinal renvoya les deux évêques le lendemain, avec une bonne escorte de gens armés, pour chasser les religieux en cas de résistance, comme rebelles au roi en résistant au Saint-Siége. Ceux-ci persistèrent dans leur refus, se mirent en défense contre les gens du roi, et se barricadèrent avec plusieurs écoliers venus à leur secours, portant des armes sous leurs longues robes. Mais ils ne furent pas les plus forts; les gens d'armes les forcèrent, et les ayant tirés de leur cloître, les chassèrent honteusement de la ville. Les Jacobins trouvèrent toutefois le moyen de rentrer bientôt dans leur couvent, à l'aide de plus de douze cents écoliers dont les excès causèrent un grand scandale dans tout Paris. Enfin, ils furent de nouveau chassés de la ville et contraints d'errer dans les provinces. En la place de ces religieux mal réglés, le cardinal d'Amboise introduisit, le 25 février 1505, les Jacobins de la nouvelle réforme de Hollande, et mit à la tête du couvent Jean Clérée, qui devint bientôt après général de tout l'ordre et confesseur du roi Louis XII (1).

Les Jacobins obtinrent encore de Louis XII l'ancien parloir aux Bourgeois, et une ruelle qui régnait le long du mur de la ville. On voit dans les registres municipaux que « le 5 août suivant, la ville s'opposa à
» cette concession, attendu, dit l'acte, que c'est son propre héritage
» et qu'il y a une tour hors des murailles qui pourrait nuire à la ville si
» lesdits frères en étaient possesseurs, étant deux cents religieux de
» toutes nations. » Il ne paraît pas que cette réclamation ait empêché l'effet de la libéralité du roi.

Le cloître des Jacobins fut reconstruit, en 1558, des libéralités d'un riche bourgeois nommé Hennequin. En l'an 1565, ils firent rebâtir leurs écoles qui tombaient en ruines, au moyen des aumônes que leur procura un jubilé que le pape Pie IV leur avait accordé à cette intention.

(1) *Hist. de la ville de Paris*, t. I, p. 90.

Les bâtiments des Jacobins, presque tous d'un style fort simple et la plupart sans régularité, n'avaient rien qui méritât d'être remarqué. L'église, construite au XVIᵉ siècle, avait cela de particulier qu'elle était partagée en deux dans toute sa longueur, comme celle que l'ordre possédait à Toulouse.

On voyait sur le maître-autel un beau tableau donné aux religieux par le cardinal Mazarin, et représentant la *Naissance de la Vierge*. Il était attribué par les uns à Sébastien del Piombo, par les autres à Valentin. La décoration de l'autel était également due aux libéralités de Mazarin. Au-desssus de la chaire était un *Saint-Thomas*, prêchant, par Elisabeth Chéron.

De toutes les maisons religieuses de Paris, le couvent des Jacobins était celle qui renfermait le plus de tombes illustres. Dans cette église avaient été inhumés : *Charles de France*, comte de Valois, chef de la branche de ce nom ; *Charles de Valois*, comte d'Alençon, second fils de Charles de France ; *Agnès de France*, septième fille de Jean de France, duc de Normandie ; *Louis de France*, comte d'Évreux ; *Robert de France*, comte de Clermont, sixième fils de saint Louis et chef de la branche de Bourbon ; son fils *Louis Iᵉʳ duc de Bourbon* ; *Marguerite de Bourbon*, fille de Robert et première femme de Jean de Flandre, comte de Namur ; *Pierre, duc de Bourbon* et comte de la Marche, fils de Louis 1ᵉʳ ; *Louis III*, fils puîné de Louis II, duc de Bourbon ; *Béatrix de Bourbon*, fille de Louis Iᵉʳ et de Marie de Hainaut ; *Anne de Bourbon*, fille de Jean Iᵉʳ, comte de la Marche, de Vendôme et de Castres ; *Philippe d'Artois*, fils aîné de Robert, comte d'Artois, et Blanche sa femme, fille du duc de Bretagne ; *Gaston* Iᵉʳ, comte de Foix ; *Clémence de Hongrie*, seconde femme de Louis X, roi de France. Cette église possédait aussi le cœur de *Philippe-le-Hardi*, roi de France ; celui de *Pierre, comte d'Alençon*, cinquième fils de saint Louis ; celui du roi *Charles-le-Bel* ; celui de *Philippe III*, dit le *Sage*, roi de Navarre, fils de Louis de France, comte d'Evreux ; celui de *Charles d'Anjou*, roi de Naples et de Sicile, frère de saint Louis ; les entrailles des rois *Philippe-le-Long* et *Philippe VI de Valois*.

Devant le maître-autel était la tombe de *Humbert II de la Tour-du-Pin*, dauphin de Viennois, mort à Clermont en Auvergne, en odeur de sainteté, l'an 1355. Son corps, transporté à Paris, fut placé dans le couvent des Jacobins, à côté de celui de sa tante Clémence, reine de France (1).

Dans les chapelles et dans plusieurs autres parties de l'église avaient

(1) On sait que Humbert II ayant abdiqué, l'an 1340, sa souveraineté en faveur des fils aînés des rois de France, c'est depuis lors que ces princes ont porté le titre de *dauphins*. Après son abdication, Humbert prit l'habit monastique, et devint patriarche d'Alexandrie et administrateur perpétuel de l'archevêché de Reims.

été inhumés plusieurs autres personnages remarquables : *Nicolas Coiffeteau* et *Noël Alexandre*, tous les deux de l'ordre des Frères-Prêcheurs, célèbres par leur érudition. — *Pierre de la Palue*, aussi religieux de Saint-Dominique, et patriarche de Jérusalem. — *Jean Passerat*, professeur d'éloquence au collége royal. — *George Critton*, Écossais, docteur en droit civil et canonique, et professeur royal en langues grecque et latine. — *Nicolas de Paris*, substitut du procureur-général du parlement. — *Claude Dormy*, évêque de Boulogne-sur-Mer, auparavant moine de Cluny, et prieur de Saint-Martin-des-Champs : il était représenté à genoux sur la porte d'une chapelle. Près de cette chapelle, *Pierre de Rostrenen*, chambellan du roi Charles VII : sa figure en albâtre était couchée sur sa tombe. — Enfin le célèbre *Jean de Meung*, dit Clopinel, continuateur du *Roman de la Rose*, avait été aussi inhumé dans le couvent des Jacobins.

L'église des Jacobins, qui, depuis long-temps, menaçait ruine, avait été abandonnée par ces religieux quelques années avant la révolution, et l'office divin se célébrait dans la salle des exercices, connue sous le nom d'*Écoles de Saint-Thomas*. Ces écoles, situées à côté de l'église, avaient été commencées aux dépens du P. Jean Binet, docteur en théologie, et religieux de cet ordre, mort en 1550. On y remarquait une chaire revêtue de marbre, dans laquelle était, dit-on, renfermée celle qui avait servi à saint Thomas d'Aquin. La salle principale était ornée de plusieurs représentations des plus grands personnages de l'ordre, parmi lesquels on distinguait les portraits de saint Dominique ; de Pierre de Tarentaise, pape sous le nom d'Innocent V ; et de Hugues de Saint-Cher, cardinal du titre de Sainte-Sabine.

La bibliothèque, composée de quinze à seize mille volumes, contenait plusieurs manuscrits théologiques légués par saint Louis à ses religieux.

Les dépendances du couvent des Jacobins occupaient tout l'espace compris entre la rue des Cordiers, la rue Saint-Jacques et la rue Saint-Hyacinthe. Le passage des Jacobins, aujourd'hui rue des Grés, avait été ouvert sur ce terrain, et séparait le couvent des Jacobins du collége de Cluny.

Après la suppression des ordres monastiques, les bâtiments des Jacobins restèrent long-temps sans destination. L'église existe encore entière vers le milieu de la rue des Grés ; elle avait été rendue au culte sous la restauration : elle renferme aujourd'hui une école gratuite d'enseignement mutuel fondée par la ville de Paris. Des fragments de sculpture, qui ont appartenu à l'ancien couvent des Jacobins, se remarquent encore sur les murailles des vieilles maisons qui forment l'entrée de la rue des Grés, du côté de la rue Saint-Jacques.

Église de Saint-Honoré, rue Saint-Honoré, entre les n°s 178 et 186.

En 1204, Renold Chereins et sa femme Sibylle donnèrent neuf arpents de terre qu'ils possédaient près des murs de Paris, sur le chemin qui conduit à Clichy, pour l'entretien d'un prêtre destiné à desservir une chapelle qu'ils avaient le dessein d'y bâtir. La même année ils y joignirent un arpent, et quelque temps après trois autres, sur lesquels ils firent construire la chapelle. On y établit des chanoines dont la nomination appartenait alternativement à l'évêque et au chapitre de Saint-Germain. Telle est l'origine de Saint-Honoré.

Cette église, située près du marché aux Pourceaux, en porta d'abord le nom, comme on le voit dans la pièce intitulée *les Moustiers de Paris*. La nomination des chanoines de Saint-Honoré donna lieu à de longues discussions entre l'évêque de Paris et le chapitre de Saint-Germain-l'Auxerrois. Pour les faire cesser, on convint, en 1566, que cinq prébendes du côté droit seraient à la collation de l'évêque, et cinq du côté gauche à la collation du chapitre ; que le chantre de Saint-Honoré, élu par les chanoines de cette église, présenterait pour la sixième à droite, et que la dernière serait conférée alternativement par l'évêque et le chapitre de Saint-Germain. De nouvelles difficultés s'élevèrent encore sur l'interprétation de cette convention, et ne furent terminées que par un arrêt du parlement du 28 mars 1669.

Les chanoines qui desservaient cette église avaient des revenus considérables. Ces revenus, montant à 72,000 livres, provenaient de plusieurs maisons bâties autour de leur cloître, surtout du côté de la rue Saint-Honoré. Ce sont ces richesses qui faisaient dire à Lebeuf que cette église était trop petite pour y faire la célébration de l'office divin avec la majesté convenable à la plus riche collégiale de Paris. En 1570, on avait ajouté aux anciennes constructions quelques nouveaux bâtiments; mais l'église resta toujours trop petite.

L'église Saint-Honoré ne fut comprise dans l'enceinte de Paris que sous Charles VI. Sous Philippe-le-Bel elle était encore entourée de champs et de vignes, comme on le voit par un document de l'an 1310.

Parmi les choses remarquables que possédait l'église Saint-Honoré, G. Brice parle d'un tableau de Philippe de Champagne représentant J.-C. dans le temple au milieu des docteurs. Ce tableau, peint en 1648, décorait le maître-autel.

Dans la chapelle de la Vierge, se trouvait aussi le mausolée du cardinal Dubois, chanoine de Saint-Honoré, mort en 1723. Ce tombeau fut sculpté par Coustou le jeune en 1725. L'épitaphe du cardinal fut composée par Couture, recteur de l'Université. L'auteur, après avoir énuméré les titres fastueux du défunt, archevêque et duc de Cambrai, prince du Saint-Empire, premier ministre, etc., compare ces titres à la couleur fugitive de l'arc-en-ciel, et à la fumée, et finit en invitant le passant à souhaiter des biens moins périssables au défunt (1).

Cette église a été démolie en 1792; et sur son emplacement et celui de ses dépendances, on a ouvert la rue Montesquieu et les passages qui sont désignés aujourd'hui sous le nom de cloître Saint-Honoré.

Église de Saint-Jean-en-Grève, située rue du Martroi, derrière l'Hôtel-de-Ville.— Cette église fut primitivement la chapelle baptismale de Saint-Gervais. L'an 1212, on érigea cette chapelle en église paroissiale. Cette mesure fut nécessitée par l'accroissement considérable de la population de la paroisse de Saint-Gervais. Pierre de Nemours, évêque de Paris, partagea en deux cette paroisse, du consentement de l'abbé du Bec et du prieur de Meulan, patrons de l'église de Saint-Gervais (2), lesquels se réservèrent le droit de présenter à la nouvelle cure de Saint-Jean. L'évêque de Paris voulut aussi que le curé de Saint-Jean supportât une partie des redevances auxquelles le curé de Saint-Gervais était tenu envers le chapitre de Notre-Dame.

Le nouveau curé fut placé parmi les prêtres-cardinaux qui devaient accompagner l'évêque célébrant la messe aux grandes fêtes.

En 1255, on augmenta l'église et on bâtit la maison curiale. Mais, en 1326, on fut obligé de rebâtir entièrement l'église de Saint-Jean pour recevoir l'immense concours des fidèles qui venaient adorer une sainte hostie qu'en 1290 les profanations d'un juif avaient rendue féconde en miracles.

La plus grande illustration de l'église Saint-Jean-en-Grève est le célèbre Jean Gerson, auteur de l'*Imitation de J.-C.* Il était curé de cette paroisse, et l'on sait qu'après l'assassinat du duc d'Orléans en 1407, il monta en chaire pour faire l'oraison funèbre de ce prince, et s'élever hautement contre cet attentat.

Il y avait dans cette église plusieurs chapelles très anciennes. La première avait été fondée, en 1262, sous l'invocation de Saint-Léonard. Une autre, dédiée à Sainte-Marguerite, remontait à l'an 1305.

Le 13 août 1648, Saint-Jean fut le théâtre d'un sacrilége. On enleva le saint-ciboire du tabernacle, et l'on jeta les hosties dans un coin de l'église. L'auteur de ce sacrilége fut découvert. Il fut condamné à faire amende honorable pieds nus et en chemise, à avoir le poing coupé devant le portail de Saint-Jean, et ensuite à être étranglé et brûlé en place de Grève. Puis le clergé ordonna une réparation publique en l'honneur du Saint-Sacrement, et l'on fit une procession à laquelle le clergé et la cour assistèrent.

(1) Quid autem hi tituli nisi arcus coloratus et vapor ad modium parens? Viator solidiora et stabiliora bona mortuo precare. — (2) Ce droit de patronage de l'abbaye du Bec et du prieuré de Saint-Nicaise de Meulan avait été donné à ces monastères par les comtes de Meulan, seigneurs du fief du Monceau-Saint-Gervais.

Le grand portail de l'église était complétement masqué par l'Hôtel-de-Ville. La nef et le chœur, suivant Lebeuf, dataient de 1326 ; mais les tours n'avaient été bâties qu'au xv⁰ siècle. On y avait placé au xiv⁰ siècle des verrières. Piganiol de la Force rapporte que l'un des vitraux représentait la légende de l'hostie miraculeuse. Ce vitrail était placé, suivant lui, près du maître-autel du côté de l'épître, mais il n'y assigne pas de date.

Sauval parle avec beaucoup d'éloges de la voûte surbaissée qui portait l'orgue. Il cite le nom de l'architecte qui la construisit de son temps ; il s'appelait Pasquier de l'Isle. M. Dulaure a attribué par erreur la construction primitive de l'église à cet architecte. Sauval vante aussi l'excellence de l'orgue de Saint-Jean, qu'il déclare être le meilleur de Paris et peut-être du monde, tant pour le nombre de ses jeux que pour la netteté de ses tuyaux.

Parmi les personnages inhumés dans cette église, on distinguait : *Alain Veau*, mort en 1575, célèbre financier sous les rois François I⁰ʳ, Henri II, François II et Charles IX, et auquel sa fidélité dans le maniement des finances mérita le titre de trésorier sans reproche. — *Jacques Guillemeau*, chirurgien distingué, élève d'Ambroise Paré. — *Antoine Loisel*, jurisconsulte, mort en 1617, qui doit sa réputation à l'excellent ouvrage des *Institutes coutumières*. — *Simon Vouet*, peintre, mort en 1648, chef de l'école de peinture française sous Louis XIII. — *Michel Baudrand*, géographe, mort en 1700, auteur d'un Dictionnaire géographique-latin justement estimé.

L'église de Saint-Jean existait encore au commencement de la révolution ; elle fut comprise dans le nombre des églises démolies à cette époque. On conserva néanmoins quelques uns de ses bâtiments où l'on a établi la bibliothèque de la Ville et construit la salle Saint-Jean. Tous ces bâtiments ont été démolis en 1838 pour l'agrandissement de l'Hôtel-de-Ville.

Saint-Thomas-du-Louvre, église paroissiale située dans la rue qui lui a emprunté son nom. — Cette église, ainsi que celle de Saint-Nicolas-du-Louvre, serait beaucoup plus ancienne que nos historiens ne l'ont dit si l'on pouvait ajouter foi entière à l'acte qu'elle conserve dans ses archives, et dans lequel le prévôt de Paris rapporte, en 1340, une charte de donation faite en 1020 par une dame Sibylle de Quesnoi aux *maîtres et écoliers de Saint-Thomas et Saint-Nicolas-du-Louvre*. Mais, comme le fait très judicieusement observer Jaillot, cette pièce mérite peu de confiance. La donatrice, dit-il, s'y attribue des noms et des qualités qu'on ne rencontre pas au commencement du xi⁰ siècle. Elle n'enseigne aucun des motifs de sa libéralité, et n'impose aux donataires aucune condition. En 1020, les écoles, fort peu multipliées, ne se voyaient encore que dans les monastères et dans les grandes basiliques. Enfin il paraît, par une foule d'autres actes, que l'église dont il s'agit était sous l'invocation non pas de saint Thomas apôtre, mais de saint Thomas martyr. Or Thomas Becket, martyr, archevêque de Cantorbéry, ne fut martyrisé qu'en 1170 et canonisé en 1173. Jaillot néanmoins n'exprime que des doutes, probablement par égard pour le chapitre de Saint-Thomas ; mais ce dernier argument suffit pour constater la fausseté de cet acte de 1020.

Le meurtre de l'archevêque de Cantorbéry avait excité l'indignation de toute l'Europe chrétienne, et lorsqu'il fut canonisé, saint Thomas fut l'un des martyrs les plus honorés par la ferveur des fidèles, en France surtout, où la jalousie nationale qui animait les esprits contre le roi des Anglais augmentait d'autant l'amour qu'on portait au saint archevêque : plusieurs églises s'élevèrent en même temps, vers la fin du xiie siècle, sous son invocation. Robert, comte de Dreux, quatrième fils du roi Louis-le-Gros, et frère de Louis VII, fut le fondateur de Saint-Thomas-du-Louvre, qu'il érigea en collégiale en y fondant quatre canonicats. La date de cette fondation est incertaine ; cependant on peut conjecturer qu'elle eut lieu dans les premières années du règne de Philippe-Auguste, après le retour de voyage que Louis-le-Jeune fit, en 1179, à Cantorbéry, pour solliciter sur le tombeau du martyr la guérison de son fils, et avant l'an 1188, qui fut celle de la mort de Robert de Dreux. Robert II, fils de ce dernier, confirma, par une charte de 1188, cette fondation qui fut également reconnue par l'autorité du Saint-Siége, en 1187 et 1189, et par une charte de Philippe-Auguste, en 1192. Ces divers titres apprennent qu'à cette époque les principaux revenus de cette église consistaient dans les dîmes de Torcy, de Cailly et de Brie-comte-Robert, une rente de cent sols parisis, une vigne et un arpent de terre situé près de ses murs ; que l'église était sous l'invocation de saint Thomas de Cantorbéry ; que Robert de Dreux avait donné des maisons et des biens pour loger et nourrir les prêtres chargés de la desservir, et qu'il avait établi au même lieu un hôpital et un collége pour de pauvres étudiants. Cet hôpital est devenu depuis l'église collégiale de Saint-Nicolas-du-Louvre. Jean duc de Bretagne, comte de Montfort et de Richemont, donna, le 2 février 1428, au chapitre de Saint-Thomas, son hôtel de la Petite-Bretagne, situé derrière l'église, dans la rue Matignon, et alors en ruines.

L'église de Saint-Thomas-du-Louvre était encore telle, en 1733, qu'elle avait été construite par son fondateur. Aussi, comme elle menaçait de s'écrouler, le roi, sur les instances du cardinal de Fleury et les vives représentations des chanoines, leur accorda une somme de cent cinquante mille livres qui devait leur être payée en neuf années, pour les aider à la reconstruire. Les constructions s'avançaient, lorsque le 15 octobre 1739, le clocher tomba avec fracas, écrasa la voûte, un des côtés du chœur et la salle capitulaire placée au-dessus : des onze chanoines, six furent ensevelis sous les ruines (1). Ce tragique évenement donna lieu à l'érection d'un nouveau chapitre.

Dans l'origine, les chanoines de Saint-Thomas et ceux de l'église voisine de Saint-Nicolas, ne formaient qu'un même chapitre. Un décret du 10 mars 1740 les réunit une seconde fois, et la nouvelle église reçut le nom de *Saint-Louis-du-Louvre*. En 1749, un troisième chapitre fut encore joint aux deux premiers : celui de Saint-Maur-des-Fossés.

La reconstruction de Saint-Thomas, devenue alors Saint-Louis-du-Louvre, s'avança rapidement et fut terminée en quelques années. Les plans en furent dessinés par un orfévre, Thomas Germain, artiste célèbre pour son habileté dans l'ornementation.

En 1742, le chapitre offrit au cardinal de Fleury une chapelle qui fut destinée à servir de caveau sépulcral à sa famille, et dans laquelle le sculpteur J.-B. Lemoine exécuta pour le cardinal un superbe mausolée (2).

En 1744, la veille du jour de saint Louis, la nouvelle église, entièrement terminée, fut solennellement dédiée à saint Louis, roi de France.

Par reconnaissance pour Thomas Germain, le chapitre lui céda la chapelle de Saint-Thomas de Cantorbéry.

On voyait dans l'église de Saint-Louis plusieurs bons tableaux de Louis Galoche, de Pierre et de Restout, et on y remarquait aussi deux groupes en marbre, l'un de J.-B. Lemoine, l'autre de René Fremin.

Après avoir servi pendant la révolution au culte protestant, cette église a été démolie. Il n'en reste plus qu'une partie de l'abside qui se trouve adossée à une maison contiguë, et qu'on aperçoit encore entre la galerie du Musée royal et de la rue du Carrousel.

Saint-Nicolas-du-Louvre. — En fondant l'église de Saint-Thomas, Pierre de Dreux, comme nous venons de le voir, y avait en même temps établi un hôpital et un collége. En 1209, le pape Innocent III y fit entrer aussi quelques pauvres écoliers qu'il plaça sous la protection spéciale du Saint-Siége moyennant une redevance annuelle. Un débat ne tarda pas à s'élever entre le proviseur et les écoliers d'une part, et les chanoines de l'autre, à l'occasion des donations des comtes de Dreux. Jusque là ces biens avaient été communs entre eux, et la seule église de Saint-Thomas servait aux uns et aux autres. En 1212, un partage eut lieu entre les chanoines et l'hôpital, et l'on convint que la rue Saint-Thomas servirait de limites. Le proviseur et les écoliers voulurent encore avoir une église particulière. Le pape, en 1217, leur donna

(1) Voy. dans Hurtaux et Magny les détails de cette catastrophe.
(2) Ce mausolée a été transporté au Musée des Petits-Augustins.

LE LOUVRE
(Côté de la Colonnade)

Publié par Pourrat F. Paris

des lettres où il les appelle le *recteur et les frères de l'hôpital de Saint-Thomas-du-Louvre*, et par lesquelles il leur accorde le droit d'avoir une chapelle et un cimetière. Cette chapelle fut placée sous l'invocation de saint Nicolas; elle était située tout près de Saint-Louis, entre cette église et le Louvre. C'est probablement son voisinage qui a fait donner en cet endroit à la Seine le nom de port Saint-Nicolas.

La maison, fondée par Robert de Dreux, fut donc appelée *hôpital des Pauvres Ecoliers de Saint-Nicolas-du-Louvre*. A la fin du XIII° siècle, elle était composée d'un maître ou proviseur, d'un chapelain et de quinze boursiers. On y ajouta un second chapelain, puis en 1350, trois nouveaux boursiers, et elle subsista dans cet état jusqu'au 25 janvier 1541. A cette époque, Jean du Bellay, évêque de Paris, supprima proviseur et boursiers, et érigea ce collége en un chapitre composé d'un prévôt et de quinze chanoines, qui, en 1740, furent réunis à ceux de Saint-Louis-du-Louvre.

L'église de Saint-Nicolas, totalement abandonnée dès lors, fut détruite avant la révolution.

Le Louvre. — Les historiens sont obligés de faire honneur à Philippe-Auguste de la fondation du Louvre, faute de trouver des documents pour appuyer les indices qu'on a recueillis sur l'antique origine de ce monument célèbre.

Le château du Louvre aurait existé dès le temps de Dagobert Ier, s'il fallait en croire une charte de ce roi (du 26 mai 633), rapportée dans l'*Histoire de l'Université,* par Duboullay. Mais l'authenticité de cette pièce est fort contestée par les savants. D'autres ont, avec encore moins de raison, attribué la construction du Louvre à Childebert Ier; enfin Duchesne (1) avance, mais sans citer aucune autorité, que le roi Louis-le-Gros fit entourer ce château de murailles, et qu'il y recevait l'hommage et le serment de fidélité des grands-vassaux de la couronne. On peut croire que le Louvre existait avant les agrandissements que Philippe-Auguste lui fit subir. Les expressions mêmes de Rigord, qui dit seulement que ce prince fit élever la *Tour-Neuve* du Louvre, le donnent à penser; mais nous croyons que M. Géraud est allé trop loin en disant que cette expression de Rigord implique évidemment l'existence de constructions antérieures. Au surplus, on sait quelle importance eut alors ce château qui servait de prison d'État, et où étaient déposés le trésor, et, à ce qu'on croit, les archives royales. Si Philippe-Auguste en eût été le fondateur, ses panégyristes, Rigord, Jean de Saint-Victor et Guillaume-le-Breton, n'eussent pas manqué de le dire. Cependant,

---

(1) Dans sa géographie manuscrite de Paris, citée par Sauval. *Antiquités de Paris*, t. II, p. 8.

comme les historiens antérieurs ne parlent point de ce château, je ne pense pas qu'il soit beaucoup plus ancien que Philippe-Auguste, si la fondation n'est pas due à ce prince.

L'étymologie du nom du Louvre a, bien plus encore que la date de sa fondation, fatigué l'imagination de nos annalistes. Je m'en tiendrai, quant à moi, à confesser mon ignorance à ce sujet : c'est le parti le plus sage, et le lecteur en pourra juger en voyant les divagations auxquelles se sont laissés aller ceux qui ont essayé de deviner la signification étymologique du mot *Louvre*.

D'abord Louvre s'écrit quelquefois en français *Louvres*, *Loures* et *Loure*, et se dit en latin *Lupera*, *Luppera*, *Luppara* et plus ordinairement *Lupara*.

L'analogie de ces mots, des mots latins surtout, avec le mot loup, *lupus*, a fait penser à quelques-uns que le Louvre (originairement entouré de bois) était une maison royale servant de rendez-vous de chasse. C'est sans doute cette idée, jointe à l'autorité de la charte suspecte dont nous parlions tout à l'heure, qui fait dire à Saint-Foix, avec une confiance singulière : « Dagobert mettait au Louvre ses chiens, ses che- » vaux de chasse et ses *piqueurs*. Les rois fainéants y allaient souvent; » mais ce n'était qu'après leur dîner, pour digérer en se promenant en » coche dans la forêt qui couvrait tout ce côté de la rivière : ils reve- » naient le soir en bateau et en pêchant souper à Paris et coucher avec » leurs femmes. »

Du Haillan hasarde timidement que Louvre pourrait bien avoir, dans le principe, signifié *l'ouvre*, l'œuvre; c'est-à-dire, en vieux français, l'ouvrage. Le château de Philippe-Auguste aurait été l'ouvrage par excellence, le dernier effort de l'art, le chef-d'œuvre de l'époque. Sauval plaisante un peu Du Haillan sur cette bizarre hypothèse, et propose la sienne qui n'est ni moins bizarre, ni plus vraisemblable. Il affirme avoir trouvé, dans un *vieux Glossaire* latin-saxon, que le mot latin *castellum* se traduisait dans la langue saxonne, *assez familière autrefois en France*, par le mot *lovear* (*loüer*). Lovear, dit-il, se prononçait en saxon à peu près comme Louvre se prononce en français, et il conclut en regardant comme très probable que le Louvre signifie le château par excellence. D'autres enfin ont pensé que Louvre dérive de *robur*, chêne, rouvre, à cause de sa situation au milieu d'une forêt. J'aime presque autant que tout cela l'opinion des érudits qui ont fait venir le mot Louvre, Lupara, du nom de l'île de *Lipari*, parce que « elle ren- » ferme un volcan, comme le château de Philippe-Auguste renfermait » les vassaux rebelles, et que c'est par le feu et les flammes que les » poëtes et les peintres expriment la colère des dieux et des rois. »

Je décrirai tout à l'heure les changements que le Louvre a éprouvés depuis son origine jusqu'à nos jours, je dirai comment la Tour neuve de Philippe-Auguste est devenue l'un des plus magnifiques palais de l'Europe. Jetons d'abord un coup d'œil sur les événements dont il a été le théâtre.

Le premier fait qui se rattache à l'histoire du Louvre, c'est l'emprisonnement du comte Ferrand de Flandre, après la bataille de Bouvines. Ferrand fut enfermé dans la Tour neuve, après avoir été traîné sur un chariot à quatre chevaux, chargé de chaînes, et hué par la multitude qui chantait en insultant à l'infortune du prisonnier :

> Quatre ferranz bien ferrés
> Tiennent Ferrant bien enferré (1).

Ferrand resta enfermé dans le Louvre jusqu'en 1227.

Il paraît, d'après le testament de Louis VIII (1225), que ce prince y avait déposé ses trésors.

L'histoire n'a pas conservé la mémoire d'autres événements dont le Louvre ait été le théâtre jusqu'au règne de Philippe-le-Bel. « Les registres du parlement et du trésor des chartes, dit Sauval, nous instruisent de trois choses assez considérables qui se passèrent au Louvre pendant ce règne. La première arriva en 1295. Le comte de Flandre, Gui, y demanda pardon au roi de sa désobéissance et de sa rébellion, avec promesse de réduire la ville de Gand à rentrer dans son devoir, et pour garant de sa parole, lui donna Guillaume de Flandre, son fils, Gui, comte de Saint-Pol, et Jean, seigneur d'Harcourt. La seconde se passa en 1296, en présence du roi, et dans la chambre même où étaient plusieurs prélats, tant cardinaux qu'archevêques et évêques, outre cela, quantité de ducs, comtes et autres grands seigneurs. Pierre Flotte, conseiller de Philippe-le-Bel, lut les lettres de Gui, comte de Flandre, où il requérait tous les procureurs qu'il avait nommés et envoyés exprès pour traiter de la paix.

» La troisième est qu'en 1310, ce prince étant veuf alors, fonda une chapellenie dans la chapelle du Louvre, pour l'âme de Jeanne de Navarre, sa femme, et celles de ses prédécesseurs, si bien que sur la prévôté de Paris il assigna vingt-deux livres parisis de revenu, tant pour l'entretien que pour la nourriture du chapelain qui en avait la direction, et voulut de plus que lorsque lui et ses successeurs seraient logés au château, on lui fournît la moitié du pain, du vin, de la chandelle et autres nécessités qu'on livrait aux autres chapelains; avec cette restriction qu'il n'aurait que le quart de tout ceci, quand les enfants seulement y seraient.

En 1316, à la mort de Louis X, le Hutin, Philippe de France, comte de Poitiers, Charles de France, son frère, comte de Valois, et Eudes IV, duc de Bourgogne, résolurent de se faire déclarer régents de France

---

(1) Voy. p. 508.

et de Navarre, pendant la grossesse de Clémence de Hongrie, seconde femme de Louis-le-Hutin. Pour cela Charles vint à Paris le premier, se saisit du Palais, et leva le plus de soldats qu'il put. Philippe, de son côté, se mit en chemin ; Louis de France, comte d'Évreux, le connétable de Châtillon, et quantité de grands seigneurs allèrent au-devant de lui, et peu de jours après le conduisirent au Louvre, où il manda les bourgeois ; le connétable ensuite étant sorti à leur tête, se saisit du palais malgré la résistance de Charles. Peu de temps après les princes se réconcilièrent, et Philippe fut déclaré régent.

» Trois mois après (novembre), la reine accoucha dans le château du Louvre d'un fils qu'on nomma Jean, et qui mourut au bout de huit jours. »

Sous Philippe de Valois, plusieurs assemblées de la noblesse furent tenues au Louvre pour les affaires de l'État. C'est au Louvre, devant le tribunal des pairs de France, que fut cité Robert d'Artois, accusé d'avoir falsifié plusieurs chartes pour s'emparer du comté d'Artois. Le coupable se garda bien de comparaître ; il se laissa assigner par trois fois, et la troisième fois, en 1331, il se contenta d'envoyer de sa part à l'assemblée un abbé et quelques gentilshommes.

En 1355, le roi Jean reçut au Louvre Charles II, roi de Navarre, qui lui demanda pardon d'avoir fait alliance avec l'Angleterre, et d'avoir assassiné Charles d'Espagne, connétable de France, et jura au roi de lui garder la même fidélité qu'un fils doit à son père, un vassal à son seigneur ; ce qu'il fit au milieu d'une assemblée solennelle, en présence de Jeanne de France, sa femme ; de Jeanne d'Évreux, sa tante, veuve de Charles-le-Bel ; de Blanche de Navarre, sa sœur, veuve de Philippe de Valois ; de son beau-père le dauphin Charles, duc de Normandie et de tous les grands feudataires de la couronne.

En 1356, le dauphin Charles assembla son conseil au Louvre et prit la détermination de dissoudre les États-Généraux alors assemblés à Paris.

En 1358, pendant la captivité du roi Jean en Angleterre, les bourgeois de Paris soutinrent les députés des communes aux États-Généraux qui imposaient de dures conditions au régent et aux ordres de la noblesse et du clergé. Dans la lutte qui eut lieu, les Parisiens assiégèrent et prirent le Louvre, en chassèrent le gouverneur (1), emportèrent les munitions à l'Hôtel-de-Ville, et bouchèrent la porte de cette forteresse. Depuis, le mouvement révolutionnaire ayant été comprimé, le dauphin revint à Paris et établit sa résidence au Louvre.

En 1359, il y donna en fief à Jean, comte de Poitou, le comté et le bailliage de Mâcon ; et en 1361, le roi Jean, après la paix de Brétigny,

(1) Ce gouverneur, nommé Pierre Gaillard, fut décapité plus tard par les ordres du dauphin pour avoir mal défendu le Louvre en cette occasion.

prononça, dans une des salles du Louvre, la réunion à la couronne de la Bourgogne, de la Normandie, de la Champagne et du comté de Toulouse.

En 1368, lorsque Léonor de Clarence, deuxième fils d'Édouard III, roi d'Angleterre, traversa la France pour aller épouser Iolande, fille de Galéas, duc de Milan, Charles V le logea au Louvre.

En 1373, Jean de France, duc de Berri, fit hommage au roi, en la tour du Louvre, du comté de Poitiers; plusieurs barons de cette province promirent aussi au roi de le servir contre le roi d'Angleterre.

La même année, le roi assembla plus de 120 personnes au Louvre, princes, prélats, conseillers au parlement, pour procéder à l'élection, au scrutin, d'un chancelier de France. Le choix tomba sur Pierre d'Orgemont.

En 1377, l'empereur d'Allemagne, Charles IV, pendant son séjour à Paris, logea aussi dans la tour du Louvre. Pendant le temps que l'empereur y demeura, Charles V convoqua une assemblée des princes et des notables du royaume. L'empereur, convaincu des justes raisons de la France pour déclarer la guerre à l'Angleterre, fit alliance avec Charles V.

C'était au Louvre que les rois recevaient les ambassadeurs étrangers. Charles V y reçut, en 1378, le cardinal de Limoges, légat *a latere*, et en présence d'une nombreuse assemblée composée de prélats, barons et docteurs de l'Université, on traita de l'élection frauduleuse d'Urbain VI.

L'insurrection communale étouffée en 1358 éclata de nouveau en 1382. Pendant que Charles VI allait réprimer la révolte des villes flamandes et tuer 40,000 bourgeois et leur chef Philippe Artevelle à la bataille de Rosebecq, les bourgeois de Paris se révoltèrent aussi. Ils conçurent le projet d'abattre la tour du Louvre et la Bastille. Les Maillotins allaient se mettre à l'œuvre, lorsqu'un marchand, nommé Le Flamand, leur conseilla d'attendre par prudence les nouvelles des affaires de Flandre. Bientôt, en effet, le roi revint triomphant; il entra dans Paris comme dans une ville conquise, et obligea les bourgeois à venir déposer leurs armes à la Bastille et au Louvre.

Pendant les années suivantes, le Louvre servit de demeure à plusieurs illustres personnages. En 1389, la reine Isabelle de Bavière y mit au monde une fille qui reçut aussi le nom d'Isabelle, et devint plus tard l'épouse de Richard II, roi d'Angleterre, et de Charles Ier, duc d'Orléans. En 1399, Andronic, et en 1400 Manuel Paléologue, tous deux empereurs de Constantinople, furent logés au Louvre, ainsi que l'empereur Sigismond en 1415, et en 1422 le roi et la reine d'Angleterre. En 1388, Guillaume, évêque d'Évreux, s'était publiquement rétracté au Louvre, devant le roi, la noblesse et l'Université, de quelques opinions hétérodoxes.

Durant la maladie de Charles VI, la grande salle du Louvre fut le théâtre de deux solennités mémorables. « La première eut lieu, dit Sauval, le 5 septembre 1408, lorsque le roi, par la bouche de Jean Juvenal des Ursins, son avocat, fit savoir qu'il se reposait du gouvernement de son royaume, pendant son absence ou sa maladie, sur Isabelle de Bavière, sa femme, et sur Louis de France, duc de Guyenne, son fils aîné. Comme c'était une nouveauté, de très grande importance, aussi voulut-on qu'elle fût examinée par les personnes les plus considérables, tant de la noblesse que du clergé et du tiers-état. Les registres du conseil de parlement portent que la reine et le duc de Guyenne y assistèrent avec Juvenal des Ursins. Y assistèrent aussi les ducs de Berry, de Bretagne et de Bourbon, les comtes de Saint-Paul, de Mortaing, d'Alençon, de Clermont, de Dammartin, de Tancarville, la duchesse de Guyenne, la comtesse de Charollais, le connétable de France, le chancelier, les présidents du parlement, le grand-maître d'hôtel, les archevêques de Bourges, de Toulouse et de Sens, les évêques de Senlis, de Beauvais, d'Amiens, d'Évreux, de Lodève, d'Alby, de Thérouanne, de Séez, de Maillezais, le prévôt de Paris, le prévôt des marchands, enfin une foule d'abbés, de conseillers d'État et une centaine au moins de bourgeois.

Un an après, le 11 septembre 1409, une solennité nouvelle avait lieu dans la grande salle du Louvre. Elle n'était pas remarquable par une aussi extraordinaire affluence, mais elle était non moins grave et plus touchante. Au pied du trône royal, une femme en pleurs et suppliante, environnée d'une famille en deuil, implorait justice pour le meurtre de son époux. C'était Valentine de Milan, femme de Louis de France, duc d'Orléans et frère du roi. L'abbé de Chéry prit la parole pour Valentine et ses enfants ; il réclama hautement vengeance du crime commis par le duc de Bourgogne et de l'audace de l'avocat Jean Petit dont l'insolence avait osé justifier cet assassinat.

Charles VII passa la première partie de son règne loin de Paris, et lorsqu'il y revint, il habita la demeure favorite de son père, l'hôtel Saint-Paul. Louis XI et Charles VIII firent de même, en sorte qu'il ne paraît pas s'être passé rien de remarquable au Louvre sous ces différents princes. On sait seulement que pendant la domination des Anglais et des Bourguignons à Paris, le Louvre servait de prison. Dans la sanglante émeute de 1418, où les Bourguignons massacrèrent tous les malheureux détenus dans les prisons de Paris, ils épargnèrent ceux du Louvre, par respect, dit le *Journal des bourgeois de Paris*, pour la demeure du roi.

Les officiers de la prévôté de Paris craignant de rester plus long-temps au Châtelet, qui, disaient-ils, menaçait ruine, obtinrent de Louis XII la permission de transporter au Louvre leur tribunal et leurs prisons. Ce monument, en même temps, servait d'arsenal, de citadelle ; en accordant aux officiers du Châtelet la permission de s'y loger, on leur fit défense expresse d'allumer du feu dans aucune cheminée à cause de la poudre, du soufre, du charbon et des munitions de guerre de tout genre que l'on gardait dans les caves et dans les salles basses : un corps de logis tout entier était affecté à ce dépôt. En 1506, les réparations du Châtelet étant achevées, les gens de la prévôté reçurent, par lettres-patentes, l'ordre de quitter le Louvre.

Sous le règne de François Ier le Louvre servit de résidence à Charles-Quint, lorsque ce prince traversa Paris pour se rendre en Flandre. Ce palais avait été si mal entretenu jusqu'alors, et surtout sous Louis XII, que l'on fut obligé d'y faire de nombreuses réparations pour recevoir dignement l'hôte impérial. « On dora, dit Sauval, toutes les girouettes des tours ; les armes de France en plusieurs endroits furent peintes et arborées. On attacha contre le mur, tant des escaliers que des salles et des antichambres, des chandeliers de laiton. La plupart des croisées furent agrandies et les vitres peintes. On augmenta le nombre des appartements. On fit des lices : il y eut des joutes et des tournois. En un mot on n'oublia ni n'épargna rien, afin d'y mieux recevoir l'empereur et le régaler magnifiquement. Et de fait on rendit ce château si logeable, que Charles-Quint, le roi, la reine, le dauphin, la dauphine, le roi et la reine de Navarre, les enfants de France, le cardinal de Tournon, le connétable, et même la duchesse d'Étampes, maîtresse de François Ier, y eurent chacun des appartements proportionnés à leur qualité. Aussi, continue Sauval, y fit-on tant de dépense, qu'un registre entier des *œuvres ou édifices royaux* (1) en est tout plein et ne contient autre chose. Ce fut au Louvre que l'empereur entendit les harangues des cours souveraines, et que le prévôt des marchands lui présenta un Hercule d'argent de six pieds de haut, tenant deux grosses colonnes qu'il s'efforçait d'enfoncer dans la terre bien avant. »

En 1545, le Louvre fut le théâtre d'un tournoi célèbre, dont j'emprunterai encore le récit à Sauval. « Le jeune Savonière, autrement dit le sieur de la Perrine, ayant tenu quelques propos scandaleux contre Vanlai, jusqu'à l'accuser d'un crime infâme, dont les historiens contemporains ne nous ont pas voulu faire savoir le nom, Vanlai l'obligea par force de signer un écrit où il se rétractoit de tout ce qu'il avoit publié contre lui. Savonière aussitôt se vint plaindre à François Ier du procédé de celui-ci, lui en demanda justice ; et comme l'autre n'étoit pas trop bien venu à la cour, non seulement il obtint la permission de lui faire un appel, mais même le roi lui dit qu'il vouloit être spectateur de leur

(1) Ce registre est aujourd'hui perdu.

combat, et qu'il prît un de ses hérauts d'armes pour envoyer à son ennemi : ce qui fut exécuté avec toutes les formes observées en telle occasion. Le héraut porta à Vanlai le cartel de la Perrine, et lui en fit savoir le jour et le camp. Le devant du Louvre étoit le camp, le premier jour de l'an celui du duel ; et quoi qu'en ce temps-là l'année commençât à Pâques, une si sainte journée ne laissa pas d'être choisie pour cette action sanguinaire. Ce jour-là donc, tout l'espace qui règne depuis les fossés du Louvre jusqu'à la rivière se trouva couvert d'échafauds, de tentes, de barrières, et d'une grande foule de spectateurs. François I*er*, Louise de Savoie sa mère, plusieurs princes et princesses y étoient avec quantité de seigneurs et dames de la cour. Savonière se présenta et attendit vainement son adversaire ; car il ne parut point à cause du roi et de la reine régente qui le haïssoient. Quelques uns tiennent pourtant qu'il y vint, mais déguisé. Quoi qu'il en soit, Savonière sortit glorieux du camp, et l'on n'oublia aucune des cérémonies accoutumées pour lui donner tout l'honneur de la victoire (1). »

Sous Henri II, le Louvre, que ce prince faisait rebâtir, était toujours embarrassé de pierres et de maçons, et ne fut pas habité.

Charles IX abandonna le palais des Tournelles, qui avait vu mourir son père, et vint loger au Louvre. C'est au Louvre qu'en l'année 1567, dans une assemblée qu'on y tenait, le connétable de Montmorency présenta une monnaie que Louis de Bourbon, prince de Condé, avait fait frapper. Cette monnaie avait pour empreinte le portrait du prince de Condé, et portait pour légende : *Louis XIII roi de France*. « L'ambition du prince, qui se révéloit par des actes aussi clairs, irrita, dit Sauval, toute la compagnie. » En 1572, le 18 août, on célébra au Louvre, dans la salle des Caryatides, les fêtes du mariage de Marguerite de Valois, sœur du roi, avec Henri de Navarre. Triste prélude des scènes que nous allons rappeler !

Quelques jours plus tard, le 22 août, Coligny, en sortant du Louvre où il avait assisté au conseil du roi, fut atteint d'un coup d'arquebuse que lui tira l'un des satellites du duc de Guise. Ce crime, avant-coureur du massacre des protestants, aurait dû les engager à fuir de Paris ; mais retenus par les assurances que Charles IX leur donna de sa bonne foi et de son ardent désir de venger la blessure de l'amiral, ils restèrent. Le surlendemain 24 août, jour de la Saint-Barthélemy, le roi décida en son château du Louvre que le massacre aurait lieu, et la première victime fut Coligny que le duc de Guise alla tuer. Lorsque le matin fut venu, le roi, si l'on en croit Brantôme, se rendit à l'un des balcons du Louvre, et là « prit une grande arquebuse de chasse qu'il avait et en tira tout plein de coups à eux, mais en vain, car l'arquebuse ne tiroit si

(1) *Antiquités de Paris*, t. II.

loin. Incessamment criait : *Tuez, tuez!* et n'en voulut sauver aucun, sinon son premier chirurgien maître Ambroise Paré (1). »

Dans la même journée, Charles IX fit aussi venir au Louvre Henri de Navarre et le prince de Condé, et leur cria : *La messe ou la mort.* Ces jeunes princes abjurèrent, comme on sait, pour sauver leur vie.

On amena aussi un certain nombre de protestants sous les fenêtres du Louvre, où le roi, tenant une liste de ceux qu'il avait voués à la mort, prenait plaisir à les voir égorger. Le château fut bientôt entouré de cadavres, et la cour du Louvre ruisselait de sang. Parmi les incidents de cet odieux massacre, nous devons encore rappeler une tradition qui veut que Jean Goujon ait été tué d'un coup d'arquebuse, tandis que, placé sur un échafaudage, il travaillait aux décorations du Louvre.

En 1581, Catherine de Médicis fit venir d'Italie bon nombre d'artistes et fit jouer au Louvre le premier drame lyrique qui ait été représenté en France (le premier joué en Italie le fut en 1555), à l'occasion du mariage de la belle-sœur de Henri III, Marguerite de Lorraine. *Ronsard* et *Baïf* firent les paroles, *Beaulieu* et *Salmon* les airs. *Baltazarini*, violoniste piémontais, fut l'ordonnateur de cette fête, qui coûta 1,200,000 écus. Ce ballet servit de modèle à tout ce qui se fit dans les siècles suivants (2).

En 1591, le duc de Mayenne fit pendre dans la salle des Cariatides quatre fougueux ligueurs, appelés Louchard, Ameline, Aimonnot et Henroux, pour venger la mort des présidents Tardif et Brisson à l'assassinat desquels ils avaient contribué. En 1592, la Ligue y tint les Etats le 11 janvier.

En février 1610, le duc de Guise et Bassompierre obtinrent du roi la permission de rompre trois lances *à camp ouvert*, au Louvre. Le duc avait pour seconds le prince de Joinville, son frère, et de Termes ; Saint-Luc et le comte de Saux étaient ceux de son adversaire. Le duc était monté sur un petit cheval, et Bassompierre sur un coursier de la plus grande taille, ayant pris d'ailleurs le haut du pavé, et le duc s'étant posté au bas du ruisseau. Celui-ci se trouvait infiniment plus haut que l'autre ; il rompit le premier éclat de sa lance sur le casque de Bassompierre, mais il rompit le second près du bas-ventre, de manière qu'il s'arrêta *dans le grand os qui joint la cuisse aux reins.* Bassompierre

---

(1) T. VII, p. 204. Des historiens plus sérieux ont démontré l'invraisemblance et même l'impossibilité de ce fait, qui trouve aujourd'hui peu de crédit. Quoi qu'il en soit, la fenêtre d'où l'on a prétendu que Charles IX tirait sur le peuple est placée au-dessous du grand balcon qui termine au midi la galerie d'Apollon. Pendant le régime républicain, on y avait placé un écriteau qui rappelait le fait que nous venons d'exposer. Le premier consul se hâta de le faire enlever.

(2) *L'art considéré comme le symbole de l'état social,* par L. Dussieux, p. 37.

rompit sa lance dans *la salade du duc*; et quoiqu'il se crût blessé mortellement, il acheva sa carrière. Le grand écuyer et le capitaine des gardes du corps de service l'aidèrent à monter dans l'appartement de M. de Vendôme. Un gentilhomme de M. le Prince arracha le tronçon de la lance avec beaucoup d'adresse ; on le désarma, et on lui mit le premier appareil.

Le roi, le connétable et les premiers de la cour étaient présents; la plupart pleuraient; Henri IV était douloureusement affecté. On regardait comme certaine la mort de Bassompierre; lui seul ne crut pas être en danger; il se fit transporter chez lui; le peuple le suivait et témoignait ses regrets.

« Arrivé à mon logis, dit Bassompierre, je perdis la vue, ce qui me fit penser que j'étais bien mal ; l'on me fit saigner et confesser quasi en même temps ; cependant je ne croyois pas mourir et ne faisois que rire. Le roi, dès que je fus blessé, fit cesser les tournois et ne permit qu'aucun autre courût depuis, cette course de *camp ouvert* ayant été la seule qui ait été faite cent ans auparavant en France, et n'a été recommencée depuis. » Henri IV pleurait auprès de Bassompierre ; il se reprochait sûrement d'avoir autorisé ce tournoi qui, sans aucun but utile, pouvait le priver d'un courtisan qu'il chérissait (1).

En 1610, le 14 mai, Henri IV, assassiné par Ravaillac, rendit le dernier soupir dans la tribune des Cariatides.

En 1617, le 27 avril, sur un des poteaux du pont-levis du Louvre, Concini fut tué à coups de pistolet par Vitry, capitaine des gardes du roi; et là, dit Sauval, sur ce poteau, se voient des balles de plomb qu'on tira sur lui.

En 1658, la cour permit à Molière d'établir son théâtre dans la salle des Cariatides, et la tribune fut en partie cachée par les constructions et les charpentes que l'on ne craignit pas d'y appliquer. A la première représentation, Molière joua le rôle de Nicomède.

En 1661, le feu prit à la galerie des Peintres ; déjà il se communiquait à la grande galerie, lorsque de prompts secours en arrêtèrent les progrès. « Le roi et la reine, dit Félibien, eurent en cette occasion recours au saint-sacrement qu'ils firent apporter de Saint-Germain-l'Auxerrois; et après l'avoir reçu avec beaucoup de piété à la porte du Louvre, ils le reconduisirent jusqu'à la même église (2). » On voit, dans le *Traité des Superstitions* de l'abbé Thiers (3), que cette coutume de porter le saint-sacrement fut condamnée par plusieurs conciles, et spécialement par le synode de Paris de l'an 1674.

Le Louvre fut ensuite abandonné par Louis XIV, qui établit sa ré-

---

(1) Saint-Foix. *Essais hist. sur Paris.* — (2) *Hist. de la ville de Paris*, t. II, p. 1473. — (3) T. II, p. 360.

sidence à Versailles. Nul événement de grande importance ne s'y est passé depuis cette époque. Il servit de demeure aux artistes, aux savants, aux gens de cour, qui tenaient à honneur d'avoir un logement au Louvre. On y établit le Garde-Meuble de la couronne, l'Imprimerie-Royale, le Cabinet des livres, des antiques et des tableaux du roi. L'Académie française, les Académies des sciences, des inscriptions celles de peinture, de sculpture, d'architecture, et plus tard l'Institut, y ont tenu leurs séances, ainsi que le conseil d'Etat. On y a depuis établi une suite de musées qui font de ce monument un véritable palais des arts, et qui méritent une description spéciale.

En juillet 1830, le Louvre fut le théâtre d'un combat acharné, à la suite duquel l'insurrection resta maîtresse de ce palais.

On a vu que le Louvre existait assez probablement avant Philippe-Auguste, mais aucun renseignement ne nous est parvenu sur son état primitif (1). Suivant l'opinion commune, Louis-le-Gros et Louis le-Jeune ajoutèrent quelques murs et des fortifications à l'ancien manoir qui portait, dès le commencement de la troisième race, le nom de Louvre.

En 1204, Philippe-Auguste, s'il n'éleva pas le Louvre, y fit des constructions si importantes, qu'il est regardé généralement comme le fondateur de ce château. Il entoura la cour de bâtiments qui cependant n'avaient que deux étages, le rez-de-chaussée et le premier, et y éleva une énorme tour dont les restes de celle de Coucy peuvent donner une idée; elle servit de trésor et de prison d'Etat, et les grands fiefs de la couronne en relevaient. Un passage curieux de l'ancien *Roman de la Rose*, où Guillaume de Lorris, mort en 1265, décrit le palais de la Jalousie, semble être la description de cette tour et du Louvre de cette époque; et elle est d'accord avec ce que l'on trouve épars dans les anciens auteurs.

Suivant les indications recueillies par Sauval, la grosse tour du Louvre avait 144 pieds de circonférence et 96 pieds de hauteur. Ses murs étaient épais de 13 pieds près du sol, et de 12 dans la partie supérieure. Chacun de ses étages, dont on ignore le nombre, était éclairé par huit croisées, hautes de quatre pieds, larges de quatre, et garnies de barreaux épais. L'intérieur contenait une chapelle, un *retrait* et plusieurs chambres. On y avait pratiqué un escalier tournant; la porte d'entrée était de fer.

Nous avons déjà dit que ce donjon servit de prison à un grand nombre de personnages historiques. Le dernier qui y fut enfermé est Jean II, duc d'Alençon, sous Louis XI, en 1474. Depuis lors, dit Sau-

(1) Pour les détails qui vont suivre, j'ai beaucoup profité de l'excellente notice que M. le comte de Clarac a publiée en 1830 sur ce monument.

val, nos rois se sont presque toujours servi de la Bastille, du château de Vincennes, de la tour de Bourges et du château d'Angers.

En 1527, François 1ᵉʳ fit démolir ce donjon, parce qu'il embarrassait la cour du Louvre et obscurcissait tous les appartements. On mit quatre mois à l'abattre. « Depuis la démolition de cette grosse masse (1), le lieu où elle avait été bâtie, quoiqu'on l'eût comblé et aplani plus de cent ans après, a toujours été un peu plus creux et enfoncé que le reste de la cour, et nos vieillards assurent qu'il n'y a pas trente ans (2) que cet enfoncement a cessé; et qu'enfin en leur jeunesse, cet endroit-là était toujours si bas qu'il servait d'égout aux eaux du château, qui venaient s'y rendre, de sorte qu'il y avait toujours là comme une petite marre qui ne tarissait point. Le peuple, ingénieux à se tromper, conte quantité de fables de cette tour, et non content de la faire passer pour la prison la plus obscure et la plus affreuse qui ait jamais été au monde, il veut encore que dans ses fondements il y eût de profonds abîmes, où nos rois se défaisaient sans bruit de ceux dont la punition publique aurait donné lieu à des séditions, ou servi à les rendre odieux : cet enfoncement même, qui paraissait toujours, leur faisait imaginer qu'à cet endroit là, sous terre, il y avait une infinité de tours et de retours embarrassés les uns dans les autres, qu'on n'avait point comblés et qu'on ne comblerait jamais. »

Saint Louis travailla aussi au Louvre, y ajouta un étage, et y construisit une très grande salle que l'on appela de son nom. Elle devait être située au-dessus de celle qu'on désigne aujourd'hui sous le nom de salle des Cariatides.

Le Louvre resta, à ce qu'il paraît, dans l'état où l'avaient mis Philippe-Auguste et saint Louis, jusqu'à Charles V. Ce bon et sage prince aimait et protégeait les arts. Il agrandit le Louvre, qu'il renferma dans Paris, à l'époque où il étendit l'enceinte de la ville; il élargit les fossés, mit plus de régularité dans la distribution des fenêtres, fit de nouvelles chapelles et éleva un grand nombre de tours et de tourelles. Ces tours avaient chacune un nom. Les principales étaient celles *de l'Horloge*, *du Fer-à-Cheval*, *de l'Artillerie*, *de Windal*, *du Bois*, *de l'Armoirie*, *de la Fauconnerie*, *de la Taillerie*, *de la Grande-Chapelle*, *de la Petite-Chapelle*, *la Tour où se met le roi quand on joute*, *la tour de la Tournelle* où s'assemblait la grand'chambre du conseil, *la tour de l'Écluse* sur le bord du fossé, *les tours de l'Etang*, *des Porteaux*, *de l'Orgueil*, *le Chastel-de-Bois*, différent de *la tour de Bois*, et que Charles VI fit abattre en 1420, lorsque les Anglais menacèrent Paris, parce qu'il privait les habitants d'arriver à *la tour du Coin* qui faisait partie de l'enceinte de la ville; enfin, dans *la tour de la Librairie*

---

(1) Sauval, *Antiquités de Paris*, t. II, p. 19. — (2) Sauval écrivait avant 1654.

était placée une bibliothèque de 959 volumes que Charles V avait formée, et dont je parlerai ailleurs avec plus de détail. Charles V rendit les appartements plus commodes, les orna, principalement ceux de la reine Jeanne de Bourbon, de peintures, de sculptures, de tapisseries, de parquets de bois rares, et de vitraux exécutés sur les dessins de Jean de Saint-Romain.

Les bâtiments du Louvre sous Charles V, de forme à peu près carrée, avaient dans leur ensemble 118 mètres dans la plus grande dimension, et 113 mètres environ dans la plus petite. Ils étaient entourés de fossés alimentés par les eaux de la Seine. Leur enceinte renfermait une cour principale de 67 mètres de longueur et de 63 mètres de largeur, au milieu de laquelle s'élevait la grosse tour bâtie par Philippe-Auguste. On franchissait les fossés qui l'entouraient sur un pont à l'entrée duquel était la statue de Charles V, ouvrage de Jean de Saint-Romain. Le principal corps de logis et la principale entrée étaient parallèles à la rivière. Quatre portes fortifiées appelées *Porteaux* donnaient entrée au château.

Charles V avait placé au Louvre une partie de ses trésors et des objets curieux qu'il se plaisait à recueillir ; il y établit de magnifiques jardins, en augmenta de beaucoup les constructions, et y déploya une magnificence d'ameublement qu'admiraient les princes étrangers : grâce à lui le Louvre devint un véritable palais. Raimond du Temple fut l'architecte qu'employa ce prince. Parmi les autres artistes, on cite comme sculpteurs, outre Jean de Saint-Romain, dont je viens de parler, Jean de Launay, Jean de Chelles, Gui de Dammartin, Jean de Liége, Jacques de Chartres, et comme peintre François d'Orléans. Charles VI habitait ordinairement le Louvre avec sa femme, Isabeau de Bavière ; mais il n'y fit que peu de changements. Sous Charles VII, Guillaume Jasse et Philippe de Foncières ornèrent de leurs ouvrages de sculpture ce château, dont s'occupèrent très peu Louis XI, Charles VIII et Louis XII. On sait en effet que ces rois résidèrent ordinairement sur les bords de la Loire.

Mais François Ier, avec son goût éclairé et son amour pour les beaux-arts, ne pouvait négliger le Louvre. Après l'avoir restauré pour y recevoir Charles-Quint, il forma le projet de le reconstruire en entier sur un nouveau plan, pour faire disparaître l'irrégularité des anciennes constructions gothiques. Ce prince confia d'abord l'exécution de son projet à *Serlio*, architecte italien ; mais les plans présentés par Pierre Lescot, abbé de Clagny, furent adoptés. Cet habile architecte s'associa pour cette grande entreprise les talents de Jean Goujon et de Paul-Ponce Trebatti, sculpteurs du plus rare mérite. En 1527, la grosse tour fut démolie. Lescot abattit une grande partie de l'ancien Louvre ; il respecta cependant en plus d'un endroit les fondations, lorsqu'elles entraient dans son plan ; et de grandes portions de murailles du temps de Philippe-Auguste et de Charles V *qui existent encore aujourd'hui* (1), et que, selon Sauval, il trouva trop solides et trop bonnes pour ne pas s'en servir comme base de ses nouvelles constructions. L'architecture et la sculpture de cette seconde époque du Louvre, changeant d'aspect, prirent avec de la régularité une élégante et piquante variété, et profitèrent des heureux changements que leur avaient fait subir en Italie, à la renaissance des arts, de grands génies qui les ramenèrent vers le goût des Grecs et des Romains. François Ier et Henri II favorisèrent cette impulsion avec autant de zèle en France, qu'à Rome et en Italie Jules II, Léon X et les Médicis. Lescot remplaça les ogives, les piliers et les colonnettes gothiques par des voûtes à plein cintre, ou surbaissées, et par des colonnes et de riches entablements qui se rapprochaient de l'ordonnance de l'architecture grecque et romaine, tout en y conservant encore quelques traces de celle qu'il abandonnait. Le Louvre devait avoir alors le quart de la grandeur qu'on lui voit aujourd'hui, et former un carré, aux angles duquel étaient des pavillons dont la saillie et la hauteur dépassaient peu celles du reste de l'édifice. Sous François Ier et sous Henri II, on n'exécuta que la moitié de ce plan à l'ouest et au midi. Parmi les artistes habiles que François Ier avait attirés par ses largesses, ou qui s'étaient formés à Fontainebleau et ailleurs, dans les écoles de Serlio, de Léonard de Vinci, du Rosso, du Primatice, de Philibert de Lorme et de Jean Goujon, on cite Jean Bullant, du Cerceau, habiles architectes; Nicolo del' Abbate, Luc Romain, Louis du Breul, Ponce Jaquio, Laurent Maillard, Barthélemi Prieur, et une foule d'autres peintres et d'autres sculpteurs qui, sous la fin du règne de François Ier et sous celui de Henri II, déployèrent pour la décoration du Louvre les talents dont ils avaient déjà donné de brillantes preuves à Fontainebleau, à Chambord, à Folembray, à Saint-Germain-en-Laye, et dans plusieurs autres châteaux élevés ou agrandis, par François Ier, ainsi qu'à Anet et à Écouen, bâtis par Diane de Poitiers et par le connétable Anne de Montmorency, avec toute l'élégance dont est susceptible l'architecture animée par la sculpture et la peinture.

Lescot mena les travaux avec rapidité : dès 1548, sous le règne de Henri II, *le vieux Louvre* était terminé. Sous Charles IX, Cambiche éleva le premier étage du bâtiment que l'on appelle le pavillon de l'Infante, et qui s'étend depuis le vieux Louvre jusqu'à la Seine. Sous Charles IX, on eut l'idée de réunir par une galerie ce pavillon au château des Tuileries ; on en commença dès lors l'exécution, et on la

---

(1) Cette opinion de Sauval, adoptée par M. de Clarac, est purement conjecturale, et il serait difficile de trouver aujourd'hui dans les plus anciennes parties du Louvre, aucune trace de constructions antérieures au XVIe siècle.

poussa jusqu'au pavillon situé en face du pont des Saints-Pères ou du Carrousel.

La partie inférieure du pavillon de l'Infante est due à Serlio, et elle fut continuée par du Cerceau, Jean Bullant, du Pérac et d'autres architectes, dont chacun, à ce qu'il paraît, crut de son honneur de ne pas s'assujettir aux plans de celui auquel il succédait; et cette manie a fait à jamais du Louvre, malgré ses beautés, un monument rempli de disparates. Sous Henri III on travailla peu à ce château. Mais Henri IV s'en occupa beaucoup, et en fit reprendre les travaux en 1596; et il voulut qu'on ne s'y servît, de même qu'aux Tuileries, à Saint-Germain-en-Laye et à Fontainebleau, que de marbres de France. Il y employa, outre du Cerceau, les architectes Clément Métezeau, Plain et Fournier. On doit à ces deux derniers artistes le second étage du bâtiment de l'Infante, où est la galerie d'Apollon, que Dubreuil, Bunel et Porbus enrichirent de leurs peintures, et Barthélemi de ses sculptures. Sous Henri IV, on éleva aussi le Salon carré. Ce prince fit encore ajouter, du côté de la rivière, par du Cerceau, un pavillon et une aile au château des Tuileries, et en 1600 il le chargea de continuer les travaux de la grande galerie du Louvre. En 1604, on sait qu'ils étaient assez avancés pour que Henri IV voulût y loger des artisans de toutes les nations et y établir des fabriques de soieries. Sous ce règne la galerie fut achevée, et le pavillon de Flore et la partie de la galerie commencée par Charles IX furent réunies. On y distingue une frise marine sculptée par François et Pierre Lheureux. C'est dans cette galerie que logèrent les artistes célèbres; mais la faveur ayant fait obtenir des logements à des hommes sans talent, le proverbe suivant naquit : « Tous les bons maîtres ne logent pas à la galerie du Louvre. »

Henri IV et Marie de Médicis firent décorer leurs appartements du Louvre avec une magnificence toute royale, et dont on trouve de brillants témoignages dans les belles chambres de Henri II et de Henri IV, qu'on a rétablies au Louvre, en 1829, avec les boiseries que l'on en avait conservées.

Après la mort de Henri IV, les travaux du Louvre languirent pendant quelques années; vers 1624, le cardinal de Richelieu leur rendit de l'activité, et en chargea Jacques Lemercier, architecte de mérite, qui construisait alors pour le cardinal le palais qui porta son nom, et qui est aujourd'hui le Palais-Royal. Lemercier éleva la partie supérieure du pavillon de l'Horloge, et Sarrazin sculpta les belles cariatides qui supportent le fronton. Sous la conduite de cet habile artiste, Guérin, Vanopstal, Bistelle et Leclair ont sculpté les nombreux ornements de ce pavillon. Les plans de Lescot furent en partie changés, et le château devait être quatre fois plus grand qu'il ne l'était dans les projets de ce grand artiste, qui avait proportionné la hauteur de son édifice avec la grandeur qu'il donnait à la cour. La principale entrée devint celle du côté des Tuileries, qui furent renfermées dans les murs de la ville, portés au-delà de l'extrémité occidentale du jardin actuel de ce palais. Lemercier n'éleva que jusqu'au premier étage les parties qu'il ajoutait à l'ancien Louvre, et qui restèrent plusieurs années dans cet état. La reine Anne d'Autriche, pendant la minorité de Louis XIV, s'occupa moins de continuer ce palais que d'agrandir et de décorer les appartements avec une magnificence qui éclipsait, du moins par la richesse des dorures et des marbres, celle de Catherine et de Marie de Médicis. Cette princesse avait cependant, sous le règne de Louis XIII, terminé ce qui restait à faire de la grande galerie du Louvre. Nicolas Poussin, premier peintre du roi, fut chargé de l'orner de ses ouvrages; des désagréments qui lui furent suscités par l'école de Vouet lui firent abandonner cette belle entreprise, et ont privé la postérité des chefs-d'œuvre dont l'eût embelli son savant pinceau.

L'ensemble du Louvre était en cet état, lorsqu'en 1660 Louis XIV se décida à terminer ce palais, commencé depuis cinq ou six siècles, et si souvent abandonné, repris et délaissé. Pour ne pas être gêné dans l'exécution de ses projets par le manque d'ouvriers, Louis XIV publia, en 1660, une ordonnance « défendant à toutes personnes de faire tra- » vailler à aucun nouveau bastiment sans la permission expresse scellée » du grand sceau, sous peine de 10,000 livres d'amende applicable à » l'hospital général, et contre les ouvriers, de prison pour la première » fois, et des galères pour la seconde (1). » On s'en tint au plan de Lemercier, quant à la grandeur du palais; mais Levau et d'Orbay, son neveu, chargés de ces travaux, ne se réglèrent ni sur l'architecture de Lemercier ni sur celle de Lescot, dans la façade qu'ils élevèrent du côté de la Seine, et qu'il ne faut pas confondre avec celle qui existe aujourd'hui. Cette dernière a remplacé celle de Levau, et a été bâtie beaucoup plus près de la rivière. Ils commencèrent aussi la façade qui regarde la rue du Coq, et firent des projets pour la façade vers Saint Germain-l'Auxerrois. On en avait déjà commencé l'exécution, et une partie de cette façade s'élevait de près de dix pieds hors de terre, lorsqu'en 1664 Colbert fut nommé ministre et surintendant des bâtiments du roi. La façade de Levau, qui offrait cependant de bonnes choses, lui parut mesquine et peu digne du palais d'un roi de France. On mit au concours le projet d'une autre façade, et le programme était de conserver ce qui restait de l'ancien Louvre. On envoya ces plans à Rome pour avoir l'avis du Poussin et celui des architectes romains; on demanda même des plans à ces derniers. Cependant Claude Perrault, médecin, qui par goût s'occupait d'architecture, proposa aussi ses projets : le roi et Colbert les

---

(1) Félibien, t. II, p. 1473.

trouvèrent très beaux ; le public admis à les juger confirma ce jugement. Mais le cardinal Barberini fit retentir le nom du cavalier Bernin, regardé en Italie comme un architecte et un sculpteur du plus grand génie. Colbert voulut le faire venir en France. D'après ses conseils, Louis XIV lui écrivit une lettre très flatteuse, et, en 1665, il fut prié, par l'ambassadeur de France à Rome, de vouloir bien se rendre à Paris. Le pape Alexandre VII, malgré les immenses travaux qu'il lui avait confiés, le permit. Il fut reçu dans toutes les villes qui se trouvèrent sur son passage par les officiers et de la part du roi, et à son arrivée par le roi lui-même, avec toutes sortes d'honneurs. « Le roi lui donna 6,000 livres de pension sa vie durant, et une gratification de 50,000 écus, son portrait garni de diamants de la valeur de 10,000 livres, sans compter les frais de son voyage, de son séjour à Paris, qui fut de six mois entiers, et de son retour à Rome, à 100 francs par jour (1). » Son fils, Mathias son élève, eurent chacun 6,000 livres, et ses domestiques des sommes assez considérables. Il fit ses plans et les soumit. Ils offraient de grandes beautés et de vastes conceptions au milieu de grands défauts, dont l'un des plus marquants était de sacrifier presque tout ce qu'avaient élevé Lescot et Lemercier ; cependant on les approuva. Ce qu'avait déjà construit Levau de la façade vers Saint-Germain-l'Auxerrois céda la place aux travaux de Bernin, qui les poursuivit avec ardeur malgré son grand âge. Mais plusieurs œuvres qu'il fit alors, notamment un buste de Louis XIV, qui parut fort médiocre, ne parurent pas répondre à l'immense réputation qu'on avait faite à Bernin, et amenèrent une prompte réaction. Les critiques les plus exagérées remplacèrent les éloges dont on venait de le combler. Bientôt le Bernin, dégoûté par les désagréments que lui causèrent les cabales des partisans de Perrault, abandonna son entreprise, et partit comblé de témoignages de considération de la part du roi, et d'autant d'argent et de pensions que s'il l'eût terminée avec succès. Colbert lui fit remettre 3,000 louis en or, un brevet de 12,000 livres de pension pour lui et de 1,200 livres pour son fils.

Le Louvre fut alors entièrement livré à Perrault, qui, après avoir fait disparaître ce que le Bernin avait élevé à grands frais, commença, le 17 octobre 1665, à bâtir d'après ses plans.

En 1666, Perrault commença la colonnade du Louvre. « Cette façade
» consiste en trois avant-corps, unis entre eux par deux péristyles sur
» 87 toises et demie. Elle a 87 toises de longueur ; sa principale porte
» est dans l'avant-corps du milieu. Les péristyles sont composés de co-
» lonnes accouplées, d'ordre corinthien, et placées au premier étage.
» L'intérieur des péristyles et les massifs sont décorés de feuillages et
» d'entre-lacs exécutés avec une grande délicatesse. La cymaise du

---

(1) *Description de Paris*, par Brice, t. I, p. 41.

» fronton est formée de deux pièces seulement qui ont chacune 54
» pieds de longueur sur 18 pouces d'épaisseur. On regarda alors comme
» un prodige l'élévation de ces masses énormes à une si grande hau-
» teur (1). » La machine qui fut employée à cette opération fut inventée
par un habile charpentier, nommé Ponce Cliquin ; Claude Perrault en
donna le dessin dans son édition de *Vitruve*.

Perrault fit aussi bâtir la façade qui regarde la Seine et celle qui est
en face de la rue du Coq, et que Levau avait commencée. En 1670,
ces grands travaux étaient presque entièrement achevés ; Lebrun,
premier peintre du roi, avait été mis à la tête de tous ceux qui regardaient la peinture et la sculpture ; et c'était d'après ses idées et même
ses dessins qu'on les exécutait. Mais ces vastes entreprises se ralenti-
rent, même du vivant de Colbert et de Perrault. Dès l'année 1679, il
n'en est plus question dans les comptes que Mansard rendait au roi.
Quelques années après la mort de Colbert et de Perrault, le Louvre fut
menacé de ne plus offrir bientôt que de pompeuses ruines. Livré comme
habitation à des particuliers, il fut encombré de maisons de tous côtés,
dans son enceinte et dans son pourtour, et l'on ne respecta ni sa colonnade ni ses plus riches ornements. C'en était fait de ce palais, si,
en 1754, M. de Marigny, surintendant des bâtiments, le duc de Gèvres
et M. d'Argenson, ministre du département de Paris, n'eussent plaidé
en sa faveur auprès de Louis XV. La restauration et la continuation
du Louvre furent confiées à Gabriel, architecte de talent ; il y travailla
avec zèle pendant plusieurs années, et avança quelques parties qu'avait
commencées Perrault. Il construisit particulièrement la droite de la façade intérieure du côté du nord, d'après les dessins de Perrault. Mais
la fatalité qui s'était attachée à ce palais, fit encore abandonner les travaux qui, repris depuis 1757, pendant près de cinquante ans, par Soufflot, Brébion, Girault, Hubert, Raimond, architectes distingués, ne
furent conduits qu'avec peu d'activité. On finit même par ne plus entretenir ce palais qui se dégradait de toutes parts. C'était, pour ainsi
dire, une proie que se partageait une foule d'artistes et d'autres personnes qui y logeaient à leur fantaisie, et qui auraient fini par être ensevelis sous les débris, si, en 1805, Napoléon n'avait mis un terme à
ces désordres en décrétant que le Louvre serait déblayé, réparé et
continué.

Depuis cette époque, les travaux de ce palais, confiés aux habiles
mains de MM. Percier et Fontaine, se sont poursuivis constamment et
avec régularité. Le Louvre est sorti plus brillant de ses décombres ;
peu à peu toutes les différentes parties de cet immense édifice ont été
restaurées et terminées, et d'autres faites en entier. La façade intérieure

(1) *Paris pittoresque*, t. II, p. 252.

du côté du midi, commencée par Lemercier, d'après les dessins de Lescot, fut rebâtie d'après ceux de Perrault, et les deux autres, celles du nord et de l'orient, furent terminées, couvertes d'une toiture et surmontées d'une balustrade. Cartellier, Chaudet, Espercieux, Lemot, Moitte et Roland déployèrent dans l'ornementation toutes les richesses de la sculpture.

Dès l'an 1793, la Convention avait décrété la fondation du Musée de peinture, et en 1796, le Directoire fit placer dans le Louvre les monuments antiques apportés d'Italie, et qui furent réunis à ceux qu'avaient déjà recueillis en grand nombre François I*er*, Henri IV et Louis XIV. Telle a été l'origine du *Musée Royal*, auquel on a ajouté depuis quelques années plusieurs grandes collections. J'en donnerai une description détaillée à l'époque de leur fondation.

La grande halle. — Louis-le-Gros établit le premier dans la ville de Paris un grand marché destiné à la vente de plusieurs marchandises d'espèces différentes. Il acheta au prieuré de Saint-Denis-de-la-Chartre le lieu appelé *les Champeaux*, sur lequel il fit construire une halle où il établit les merciers et les changeurs.

En 1137, Saint-Denis-de-la-Chartre obtint que Louis-le-Jeune lui paierait pour cette acquisition une redevance annuelle de cinq deniers.

Il paraît aussi, par une charte de 1141, qu'il y avait eu avant lui un marché sur la place de Grève (1).

Quoi qu'il en soit, la fondation faite par Louis VI d'une halle aux Champeaux fut l'origine des grandes halles de Paris. La date en est inconnue; mais on sait l'époque à laquelle Philippe-Auguste la fit rebâtir entièrement; ce furent les agrandissements ordonnés par ce prince qui donnèrent à cette halle l'importance qu'elle a conservée depuis.

En 1183, dit Rigord, le roi Philippe-Auguste, à la demande d'un grand nombre de ses sujets, et particulièrement d'après les conseils d'un de ses officiers qui paraissait servir avec la plus grande fidélité les intérêts de la couronne, traita avec les Lépreux qui demeuraient hors des murs de Paris, et leur acheta, pour lui et pour ses successeurs, un marché qu'il fit transférer dans la ville, à la place nommée les Champeaux. Voulant concilier la beauté de cet établissement et la commodité des courtiers, il chargea le même serviteur, qui était fort habile dans ce genre d'entreprises, de faire construire deux grandes maisons vulgairement appelées des *halles*, pour que les marchands pussent venir par les mauvais temps y vendre leurs marchandises sans craindre

(1) Par cette charte, que j'ai déjà citée, Louis donne pour 70 livres à ses bourgeois de la Grève et du Monceau une place vague située près de la Seine et appelée Grève, où fut jadis l'ancien marché.

la pluie, et les mettre en sûreté pendant la nuit contre les surprises et les vols. Pour plus grande précaution, il fit aussi élever un mur tout autour de ces halles, et l'on y pratiqua le nombre de portes nécessaires qu'on tenait toujours fermées la nuit. Entre le mur extérieur et les halles, on construisit un étal couvert pour que les marchands ne se vissent pas obligés d'interrompre leurs marchés par les temps pluvieux, et pour que leur trafic ne souffrît aucun dommage.

Quoique Rigord n'en parle point, on peut croire que l'argent confisqué sur les juifs aida beaucoup le roi pour les dépenses de cet établissement. L'accord passé, en 1222 (1), entre le roi et l'évêque de Paris Guillaume, attribua au premier l'entière propriété des halles moyennant une redevance pécuniaire.

Sous saint Louis, il y avait aux halles trois marchés : deux de ces marchés étaient affectés aux marchands de draps; le troisième, qui était placé entre les deux autres, servait aux merciers et aux corroyeurs, qui payaient pour cela un loyer de 75 livres. En 1263, le roi la leur aliéna pour le prix de 13 deniers parisis de rente et de 12 deniers d'investiture. Les acquéreurs convinrent en même temps qu'ils seraient tenus de toutes les réparations, et que le roi et ses successeurs auraient la faculté d'établir où bon leur semblerait une nouvelle halle pour les corroyeurs et les merciers.

Saint Louis traita plus favorablement les marchands de friperies; il leur reconnut gratuitement le droit de s'établir aux halles, près du cimetière des Innocents. Cette concession, où respire un véritable esprit de charité envers une classe de pauvres gens, donna lieu, en 1302, à une ordonnance explicative de la part du prévôt de Paris, qui confirma la libéralité de saint Louis, et régla la manière dont seraient établies aux halles les vendeuses de lingerie, de friperie, de petits souliers et d'autres menues marchandises (2).

Cette ordonnance de 1302 fut rendue à l'occasion d'un débat entre ces petits marchands et les cordonniers et peaussiers, pour lesquels Philippe-le-Hardi avait fait construire aux halles un nouvel établissement. Dans la suite, Louis XI, Charles VIII, Louis XII, François Ier et

(1) Voy. la charte citée plus haut, p. 508.
(2) « Come jadiz il eust une place vuide à Paris tenant aux murs du cymetière des Innocents, et en ycelle place povres fames lingères vendeurs de petits sollers, et povres pitéables personnes vendeurs de menuls ferperies, avons desclairci et desclaircissons que lesdites persones vendront leurs denrées d'ores en avant souz la halle en la fourme qui s'ensuit : c'est assavoir que il i aura iij estauz de petis sollers de la quantité des estauz des lingères et povres pitéables personnes par devers Champiaus et non plus, et seront les estauz des baseniers et des autres petis sollers par derrière, ateignant du devant dit mur, et les estauz des lingères et povres pitéables personnes au devant des estauz des baseniers et des vendeurs de petis sollers... » (*Le livre des métiers* d'Et. Boileau publié par M. Depping, p. 411.)

Henri II confirmèrent la concession de saint Louis et la sentence du prévôt.

Dès la fin du XIIIe siècle, la halle de Paris prit un développement si rapide et si vaste qu'on fut obligé, comme dit Sauval, d'employer le mot au pluriel, et de dire les halles.

Et en effet, dans un compte de cette époque intitulé *Produit du hallage de Paris* (1), on voit qu'elle contenait une halle aux tisserands, deux étaulx aux foulons, une halle du lin et des chanvres, une halle des toiles, une halle au blé, une halle des merciers, une halle des chaudronniers, des étaulx aux gantiers, aux pelletiers, aux fripiers, aux chaussetiers, aux drapiers, aux tapissiers, aux cordonniers, aux tanneurs. Non seulement la grande halle de Paris servait ainsi à la vente des marchandises de tout genre, mais encore elle était fréquentée par les habitants de la banlieue, et même des marchands venus de fort loin y possédaient des établissements fixes. La pièce que nous venons de citer mentionne les halles de Saint-Denis, de Lagny, de Pontoise, de Chaumont, de Corbie, d'Aumale, d'Amiens, de Douai, d'Avesnes et de Beauvais, de Bruxelles même, de Malines et de Louvain, et indique le chiffre exact du produit du loyer des halles de Paris, qui se montait à 908 livres 10 sous 4 deniers parisis chaque année, somme très considérable pour le XIIIe siècle.

A diverses époques, les prévôts de Paris obligèrent les marchands de la ville à venir aux halles. On connaît trois ordonnances : la première sans date, la seconde de 1368, et la dernière de 1371, suivant lesquelles les marchands étaient tenus de venir vendre aux halles le mercredi, le vendredi et le samedi, sous peine de 40 sous d'amende, et de plus de ne rien vendre ni étaler ailleurs sous peine de payer 10 livres parisis. En 1410, un drapier fut condamné à 20 sous parisis d'amende pour avoir manqué de venir à la halle un samedi ; et quelques années après deux ballots de toiles, qui avaient été vendues hors de la halle, furent confisqués, et l'acheteur fut obligé de payer une amende de 40 sous parisis. « Il est vrai, dit Félibien qui cite les pièces (2), que cette rigueur n'a pas toujours été strictement observée. » Sauval pense qu'elle a cessé depuis l'ordonnance par laquelle le parlement commanda, en 1455, aux marchands du palais d'aller aux halles les jours de marché (3).

Sous François Ier et Henri II, la grande halle occupait déjà un espace immense sillonné par une douzaine de rues, et presque entièrement entouré d'une galerie couverte dont une partie subsiste encore, avec le nom qu'elle portait autrefois, les *Piliers des halles*.

---

(1) Dans les *Ordonn. des prévôts de Paris sur le commerce et les métiers*, de 1270 à 1300, publiées par M. Depping à la suite du *Livre des métiers* d'Ét. Boileau, p. 433. — (2) Félibien, *Hist. de Paris*, t. I, p. 205. — (3) Sauval, t. I, p. 651.

Ce quartier a toujours été l'un des mieux peuplés et des plus riches de la ville, malgré la physionomie de misère que l'affluence du menu peuple apporte toujours dans les marchés publics. Aujourd'hui la police se fait aux halles avec beaucoup de soin et beaucoup de sévérité. L'approvisionnement a lieu toutes les nuits à certaines heures, sans que jamais les voitures qui apportent les denrées puissent jamais dans la ville gêner la circulation. Dans chaque halle, des fontaines sont établies, et soir et matin chaque établissement particulier est lavé et nettoyé, précautions sans lesquelles l'encombrement des débris et les miasmes qu'ils exhalent seraient pour la ville un danger certain.

Tous les bâtiments de la grande halle sont vastes, spacieux, bien aérés, construits avec élégance, entretenus avec un soin minutieux; autrefois il n'était rien de tout cela, mais la halle était l'un des quartiers les plus pittoresques de la ville. Sans parler de l'aspect original de ses rues tortueuses, de ses sombres piliers, de ses vieilles maisons du moyen âge aux pignons pointus, aux devantures peintes et sculptées, la halle garda fort tard sa physionomie toute spéciale; elle possédait encore au temps de Sauval plusieurs curiosités justement prisées par les amateurs. Sauval cite entre autres choses qu'on y admirait de son temps : « un bas-relief que Pierre et François Lheureux ont fait aux piliers des halles, sous l'appui de la croisée d'une maison, où ils ont représenté des petits enfants dansant au son de la flûte; un autre bas-relief que Martin le Favre a sculpté dans la rue de la Poterie, où il a figuré cinq ou six hommes vigoureux déployant leurs forces à ébranler une large colonne, et qui semblent tirés du Jugement dernier de Michel-Ange; un escalier de charpente construit dans une petite maison de la rue de la Grande-Friperie, et de telle sorte que les deux personnes qui sont logées dans cette maison et qui se servent de ce seul escalier, le montent et le descendent sans jamais pouvoir se rencontrer, se voir ni se parler; enfin, sur une maison du marché aux Poirées, se trouve une petite sculpture en pierre représentant une truie qui file, fameuse par les folies auxquelles les garçons de boutique des environs, les apprentis, les servantes et les porte-faix des halles se livrent devant elle le jour de la mi-carême, sans doute par un reste du paganisme (1). »

Les halles, immense rendez-vous, autrefois, de tous les gens des dernières classes du peuple, devaient avoir une formidable attitude politique. Elles furent souvent en effet un dangereux foyer de la turbulence populaire, surtout aux périodes d'anarchie du XV⁰ et du XVI⁰ siècle.

En tout temps elles étaient fréquentées par les écoliers débauchés

---

(1) Sauval, t. I, p. 653, et t. III, p. 57. Cette sculpture se voit encore aujourd'hui; mais les folies de la mi-carême ont disparu.

qui pillaient tout ce qui leur tombait sous la main. Ces étudiants malandrins ne sortaient jamais sans armes, et faisaient de ces quartiers un vaste champ de bataille; quelquefois ils se réunissaient aux jeunes gens de la noblesse et profitaient de la nuit pour rançonner les marchands. C'était là que les voleurs de profession établissaient le centre de leurs opérations. En vain se plaignait-on aux officiers chargés de maintenir l'ordre dans la ville; le prévôt et ses archers étaient habitués à n'avoir pas le dessus dans les fréquentes mêlées qui ensanglantaient la halle, et d'ordinaire leur intervention n'était que d'une faible utilité. En tout temps aussi, les dames de la halle étaient renommées pour la liberté de leurs discours aux chalands indociles; leur jargon injurieux faisait naître journellement des querelles sérieuses. Les tripots, les tavernes, les maisons de débauche hantés sans cesse par une foule de bretteurs de mauvaise vie, les cris, les disputes et les batailles continuelles, faisaient de la halle le lieu le plus dangereux de Paris. Pour détruire, en partie du moins, ces abus scandaleux souvent provoqués par les marchands eux-mêmes, une ordonnance du 22 août 1738 défendit à tous particuliers, hommes ou femmes, vendant et étalant dans les halles et marchés, d'injurier ni de maltraiter les personnes qui viendraient acheter leurs marchandises, ni de causer aucun scandale, sous peine de 100 livres d'amende et de la prison (1).

Sous la Fronde, les habitants des halles jouirent d'un grand crédit et exercèrent l'influence d'un parti puissant. Ils avaient à leur tête un petit-fils de Henri IV, le fameux duc de Beaufort, à qui cette popularité et un grossier jargon avaient valu le surnom de *Roi des Halles*. Cet honneur, tout étrange qu'il fût, avait paru dangereux à la cour, et l'on avait résolu l'assassinat du duc, lorsqu'une révolte soudaine ayant été calmée grâce à lui, on comprit de quelle utilité pouvait être le *Roi des Halles*, et cette circonstance lui sauva la vie. L'attachement qu'il s'était concilié parmi le peuple était si vif que, pour se battre en duel, car il était grand ferrailleur, il était obligé d'aller hors de Paris; ses antagonistes craignaient, en cas de victoire, d'être assommés par les dames de la halle. Saint-Foix cite un trait encore plus extraordinaire de l'amour de ces dames pour le duc de Beaufort (2).

Vers la même époque, le peuple des halles se livra à quelques mouvements séditieux dans lesquels il n'eut pas toujours le dessous. Au commencement de la régence d'Anne d'Autriche, le gouvernement voulut établir l'impôt qu'on appelait le toisé. On devait mesurer chaque maison et faire payer à son propriétaire une certaine somme par toise.

(1) On a fait plus d'un livre sur l'éloquence ordurière des femmes de la halle. Voy. entre autres *la Ville de Paris en vers burlesques*, par Berthaud, où se trouve un chapitre intitulé: *les Compliments des harengères de la halle*.
(2) Voy. la continuation de Saint-Foix, t. II, p. 101.

Mais dès qu'on voulut commencer l'exécution du toisé, il se fit une rumeur parmi le peuple, aux halles surtout. Quelques meneurs battirent la caisse, arborèrent pour drapeau un mouchoir attaché à l'extrémité d'un bâton, et parcoururent la ville en prêchant la révolte. La cour, qui était alors à Ruel, accourut aussitôt, car il ne fallut rien moins que la présence du jeune roi pour calmer cette effervescence.

Peu de temps après, arriva aux halles une autre émeute qui du moins avait un côté plaisant. Le curé de Saint-Eustache, nommé Merlin, étant mort, l'archevêque de Paris lui donna un successeur qui se mit en devoir d'en prendre possession. Mais le neveu du curé Merlin s'y opposa hautement, et prétendit que la cure lui appartenait en vertu d'une résignation que son oncle avait faite en sa faveur. Cette raison n'était pas des meilleures, puisque la nomination aux cures n'appartient qu'à l'archevêque ; mais le neveu Merlin se trouvait puissamment fortifié par la bienveillance des paroissiens, et principalement du menu peuple, qui, transportant sur le neveu la grande affection qu'il avait eue pour l'oncle, résolut de n'avoir point d'autre curé que lui. Il s'assembla en tumulte pour le protéger, mit en fuite quelques soldats qu'on avait envoyés pour dissiper la foule, s'empara de l'église et se mit à sonner le tocsin. Ce désordre dura trois jours pendant lesquels les séditieux délibérèrent s'ils iraient piller la maison de M. le chancelier, parce qu'il était de la paroisse et qu'il ne prenait pas le parti de Merlin. Les dames de la halle choisirent parmi elles une députation qui se présenta chez la reine, devant laquelle celle qui portait la parole résuma ses arguments en s'écriant « que le dernier Merlin avait désiré que son neveu lui succédât, que les Merlins avaient toujours été curés de Saint-Eustache *de père en fils* (1), et que les paroissiens n'en souffriraient pas d'autre. » — Le tumulte se propageait, l'affaire devenait sérieuse ; les bourgeois commençaient à se barricader dans les halles. Il n'y avait plus d'autre moyen de les apaiser que de leur donner le curé qu'ils demandaient. D'après les ordres de la cour, Merlin succéda à son oncle, et le calme fut rétabli.

Les dames de la halle se firent souvent remarquer dans les grands événements de la révolution. En 1792, on les vit dans les journées des 5 et 6 octobre marcher sur Versailles à la tête du peuple, et forcer le roi à venir avec sa famille faire sa résidence à Paris. Rarement elles se montrèrent humaines, souvent même elles provoquèrent les massacres et demandèrent à hauts cris les têtes des membres les plus modérés et les plus probes de la Convention. Dans la nuit du 10 mars, les anarchistes qui voulaient égorger en masse une partie de la convention, voulurent tenter un nouvel effort pour le 10 avril suivant. Les orateurs

---

(1) *Mémoires de mademoiselle de Montpensier.*

les plus influents des Cordeliers et des Jacobins soulevèrent les clubs. A la tête des sections, on distinguait celle de la halle au Blé composée en partie des femmes de la halle qui vinrent demander à l'assemblée la proscription des Girondins. L'orateur de cette députation, Rousselin, parut à la barre, et apostrophant la Convention, s'écria : « Si vous n'avez pas le courage de sauver la patrie, nous la sauverons nous mêmes! »

En 1814, les dames de la halle firent preuve d'une très grande générosité envers les blessés. Elles firent des quêtes en leur faveur et leur prodiguèrent tous leurs soins.

Autrefois, elles jouissaient de priviléges que le temps a fait disparaître; mais elles ont conservé quelques vieux usages dont elles sont fort jalouses. A chaque avénement au trône, aux mariages des rois, à tous les grands événements du même genre, elles viennent offrir des bouquets en signe de joie et de dévouement; elles se sont fait remarquer récemment, en 1838, à la naissance du comte de Paris.

Nous avons peu de détails sur les divers marchés dont se composaient les halles. Les lingères et les fripières occupaient, comme nous l'avons vu, le long des murs du cimetière des Innocents, depuis le marché aux Poirées jusqu'à la *Place-aux-Chats* (1) à laquelle étaient attenantes la halle à la Graisse et la halle des Chaudronniers. — La halle de Beauvais, en partie consacrée à une boucherie, qui passait, après la dispersion des bouchers du quartier Saint-Jacques-la-Boucherie, pour la meilleure et la plus grande de la ville, était située entre la rue de la Poterie et la partie de la rue Saint-Honoré appelée alors rue de la Chaussetterie. — La halle au Blé, placée à l'extrémité des halles, était entourée par les rues de la Cordonnerie, de la Tonnellerie et de la Fromagerie; en 1762, elle fut transportée à l'hôtel de Soissons (2). Les cordonniers touchaient à la halle de Beauvais et se trouvaient séparés par la rue de la Cordonnerie de la halle au Blé. Les drapiers occupaient les piliers des halles. Le marché à la Marée (3) était placé près de la rue de la Cossonnerie. Les gantiers et les merciers occupaient les anciens établis des Champeaux. Le dépôt des grains s'est tenu aux grandes halles jusqu'en 1413.

Les halles contenaient encore un grand nombre d'étaux que se partageaient toutes sortes de marchands, plusieurs places et deux jeux de paume.

---

(1) La Place-aux-Chats, nommée auparavant Place-aux-Pourceaux, était située au bout de la rue des Bourdonnais, sur l'emplacement actuel de la rue de la Limace.

(2) Voy. plus loin au règne de Louis XIV.

(3) Une partie des droits du fief d'Hallebrick, famille éteinte depuis long-temps, devait être payée par les marchands de cette halle au Blé. Elle fut cédée, en 1530, à l'Hôtel-Dieu par Marguerite de Neuville, veuve de Pierre Frayer, à qui ce fief était échu par héritage. La halle au Blé de la rue de la Cossonnerie avait d'abord été construite sur l'emplacement de la Cour-des-Miracles.

T. I.

Marché Palu. — Le marché Palu, dit Jaillot, est le premier qu'il y ait eu à Paris. Il était situé dans la Cité, vers l'emplacement actuel du Marché-Neuf, entre le Petit-Pont et le pont Saint-Michel; il était bordé par la rue qui en a conservé le nom de rue du Marché-Palu.

Halle de la Madeleine. — Philippe-Auguste, en construisant les grandes halles des Champeaux, laissa subsister le marché qui se trouvait dans les rues de la Juiverie et au Fèvre devant l'église de la Madeleine. Il était destiné à la vente du blé, et l'on peut présumer qu'il exista de tout temps. En 1216, Philippe en fit don à son échanson Arcuarius, en récompense de ses bons services, et s'y réserva seulement le droit de justice et une redevance annuelle de douze deniers de cens.

On connaît une ordonnance de 1315 par laquelle le roi Louis-le-Hutin régla que les sacs de grains, au marché de la Madeleine, ne seraient déliés, sous peine de confiscation, qu'entre prime et tierce (six et et neuf heures du matin) sonnées à Notre-Dame, et il établit douze mesureurs jurés pour y veiller à la vente.

L'année suivante, 1316, la halle de la Madeleine appartenait à un chanoine de la cathédrale nommé Philippe Convers, qui racheta de Philippe-le-Long les douze deniers de cens, moyennant cent cinq livres tournois; elle passa ensuite au chapitre de Notre-Dame. A l'époque des règnes désastreux de Charles VI et de Charles VII, elle fut fermée pendant près de vingt ans. Rendue au commerce en 1436, elle reprit tant d'activité et reçut cette année-là une si grande quantité de blé, qu'on y donnait pour vingt sous ce qui deux ou trois ans auparavant en aurait coûté quarante-huit ou cinquante.

Vers 1720, le marché au blé de la Madeleine a été réuni aux grandes halles.

La ville de Paris conserva encore, outre les grandes halles, plusieurs autres petits marchés situés dans différents quartiers.

Le marché de la Porte-de-Paris qui a été supprimé lors de la démolition de cette porte et du Grand-Châtelet qui en était voisin.

Le marché de la Porte-Baudets qui a été transféré au cimetière Saint-Jean, après que Charles VI eut donné à cette paroisse, en 1393, l'emplacement de l'hôtel de Craon, dans la rue de la Verrerie, pour lui servir de nouveau cimetière.

Le marché du Petit-Pont qui fut transféré à la place Maubert par arrêt du parlement du 10 décembre 1547. Ces deux derniers existent encore au même endroit.

Le Pilori des Halles. — Sauval avait vu, dit-il dans ses *Antiquités de Paris* (1), un contrat de l'an 1295 témoignant qu'il y avait aux halles

(1) T. II, p. 589.

un endroit désigné ainsi : *Puteus dictus Lori*, le Puits de Lori ou Puits-Lori. Telle serait, selon lui, l'étymologie du mot *pilori*.

Mais quand même Sauval ne se serait pas trompé, et que l'existence de ce Puits-Lori, précisément dans le voisinage du gibet des halles, fût avérée, il n'en serait pas moins certain que son hypothèse hasardée doit perdre toute créance, lorsqu'on songe à l'application si fréquente, si habituelle par toute la France, du nom de pilori aux lieux patibulaires. Le pilori, suivant le Glossaire de Ducange (1), est un endroit destiné aux exécutions judiciaires. C'est ordinairement un *pilier* ou poteau garni de chaînes et de carcans, insignes de la haute justice, et surmonté des armes du seigneur auquel il appartient.

Quelquefois on construisait le pilori pour chaque exécution, et on l'enlevait ensuite ; mais plus souvent, dans les villes surtout, le pilori était un solide édifice, assis à la place la plus populeuse, au marché, pour effrayer par la terreur de l'exemple et pour contenir par son aspect les esprits exposés aux mauvaises tentations.

Au moyen âge, la grande ville de Paris était semée de monuments patibulaires de tout genre, sans parler de ceux de la banlieue, parmi lesquels se trouvait le fameux gibet de Montfaucon. L'abbé de Saint-Germain, l'abbé de Sainte-Geneviève, le prieur du Temple, avaient chacun leur pilori ; celui du roi était aux halles ; c'était le plus célèbre.

Le Pilori des halles se trouvait sur la place où est aujourd'hui le marché à la Marée, entre les rues de la Tonnellerie, de la Fromagerie et des Potiers-d'Étain (2). Rarement il servait aux exécutions capitales ; il était plutôt réservé à la simple peine du carcan. Il se composait d'une tour octogone surmontée d'une construction en bois, très mobile et tournant sur un pivot. Cette machine était percée de trous circulaires, juste assez larges pour que le condamné pût y passer la tête et les mains ; il restait dans cette position pendant un temps plus ou moins long, et par intervalles on tournait le pivot. De cette façon, la multitude entière pouvait jouir de sa vue, et elle avait la permission de lui jeter au visage les plus sales projectiles, pourvu qu'ils ne fussent point de nature à le blesser.

Cependant le Pilori des halles fut le théâtre de plus d'une sanglante exécution. Ce fut là que le duc de Nemours, Jacques d'Armagnac, fut décapité par ordre de Louis XI. Le 4 août 1477, Jacques d'Armagnac fut conduit de la Bastille aux halles. Il était monté sur un cheval caparaçonné de noir, et lui-même était vêtu d'habits mi-partie blancs et rouges. Les greniers de la halle au Poisson avaient été tendus de noir aussi et parfumés de vinaigre et de genièvre, pour neutraliser l'odeur

---

(1) Ducange, *Glossarium mediæ et infimæ latinitatis. verbo Pilorium*.
(2) M. Géraud, *Paris sous Philippe-le-Bel*, p. 211.

de la marée. Le condamné monta dans une chambre qu'on avait préparée là pour lui, et pendant qu'il se confessait, on servit une abondante collation aux gens de son escorte. Puis il fut conduit à l'échafaud par une galerie de charpente qu'on avait construite exprès de la halle au Pilori où il eut la tête tranchée.

En 1515, un seigneur, également condamné à la peine capitale, fut exécuté au Pilori des halles. Mais la maladresse du bourreau le fit tellement souffrir, que la populace, témoin du supplice et révoltée de ce spectacle, voulait mettre l'exécuteur en pièces. Ne pouvant forcer la porte du pilori, construite dans la prévoyance d'attaques de ce genre, il l'incendia, et le bourreau qui s'était réfugié dans le souterrain de l'édifice périt étouffé.

Il est question de cet événement dans les *Comptes de la prévoté de Paris* (1), où une certaine somme est assignée à maître Pierre Cousteau pour les frais de l'exécution.

Les corps des suppliciés exécutés en place de Grève étaient mis en dépôt au Pilori des halles, avant d'être transportés aux fourches de Montfaucon.

Auprès du Pilori des halles, comme auprès de tous les lieux patibulaires, s'élevait une croix en pierre au pied de laquelle les débiteurs insolvables venaient faire publiquement leur cession de biens et recevoir le bonnet vert des mains du bourreau. L'usage s'est conservé fort long-temps de faire les cessions de biens au pied de cette croix ; seulement, au XVIIe siècle, il n'y avait plus que les pauvres gens qui s'y rendaient en personne. Le bourreau avait affermé sa charge pour ces sortes d'affaires à un porte-faix de la halle auquel les insolvables de bonne condition envoyaient demander un acte écrit de leur cession, dont souvent même ils préféraient se passer.

Long-temps avant Sauval, le Pilori des halles n'était plus employé aux exécutions ; il ne servait qu'à l'exécuteur des hautes-œuvres qui tirait un bon revenu des boutiques dont il était environné.

Le Pilori des halles et la croix des insolvables ont disparu en 1789.

Boucheries de Paris. — L'une des plus importantes et des plus anciennes corporations de Paris était celle des bouchers. Les bouchers, au moyen âge, se vantaient de leur antique origine, et en effet ils avaient conservé quelque chose de l'organisation donnée sous les empereurs romains aux corporations de bouchers dans les villes (2). Chez les Romains, les familles une fois vouées à l'état de boucher y demeuraient forcément affectées et ne pouvaient plus le quitter.

---

(1) Publiés par extraits dans Sauval, t. III, p. 599.
(2) Voy. *Le livre des métiers d'Étienne Boileau*, publié par M. Depping.

Leur qualité se transmettait de père en fils, et ils formaient ainsi une classe entièrement distincte. Voilà à peu près ce qu'était la boucherie de Paris à l'époque où les actes publics constatent son existence comme corporation : elle était alors exclusivement entre les mains d'un certain nombre de familles qui transmettaient leurs étaux pour héritage à leurs descendants.

Les premiers étaux des bouchers de Paris se trouvèrent dans la Cité, au parvis Notre-Dame. Mais lorsque Paris se fut étendu au-delà de l'île, il s'établit une seconde boucherie sur la rive septentrionale de la Seine, près du Grand-Châtelet. C'est ce qu'on appela depuis la Grande-Boucherie ou la boucherie de la Porte-de-Paris, et c'est d'elle que le quartier Saint-Jacques-la-Boucherie a pris son nom. Cette fondation eut lieu à une époque fort ancienne; on sait qu'elle reçut de notables accroissements en l'année 1096. Elle contenait vingt-cinq étaux en 1182, lorsque Philippe-Auguste permit l'érection des boucheries du Temple, et en retour accorda aux bouchers de la Porte-de-Paris la permission de vendre du poisson.

Quelques années après, en 1210, un différend s'éleva entre ces bouchers et les religieux de Montmartre qui possédaient plusieurs étaux. L'intervention du roi fut nécessaire pour terminer le débat.

Vers la fin du XIVe siècle, la Grande-Boucherie se composait de trente-un étaux et d'une grande maison nommée le *Four-du-Métier*. Le prévôt de Paris, Hugues Aubriot, pour embellir la ville, força les propriétaires de la Grande-Boucherie d'abattre cette maison pour percer la rue du Pont-au-Change qui conduisait de ce pont à la rue Saint-Jacques-la-Boucherie.

Quelque temps après, en 1381, les Maillotins, à la tête desquels était le boucher Caboche, ayant excité une violente sédition, Charles VI leur enleva une partie de leurs priviléges. Il les leur rendit plus tard; il leur accorda même, en indemnité de la démolition du *Four-du-Métier*, la permission de bâtir sur la nouvelle rue des étaux de Boucherie couverts d'auvents de cinq pieds de large.

En 1416, les bouchers de la Grande-Boucherie s'étant de nouveau mis à la tête d'une révolte du peuple de Paris, subirent une seconde fois les rigueurs de l'autorité royale. Des lettres-patentes de Charles VI ordonnèrent que leur corporation serait abolie, que leurs priviléges seraient révoqués, que tous les bouchers de Paris ne composeraient plus qu'une seule communauté régie comme les autres communautés des arts et métiers, et que quatre nouvelles boucheries seraient élevées à la halle de Beauvais, devant Saint-Leufroi, près le Petit-Châtelet et le long des murs du cimetière Saint-Gervais. Les deux premières devaient contenir seize étaux chacune, et les deux autres quatre. Les propriétaires de la Grande-Boucherie furent obligés de se soumettre à cette expropriation forcée, mais en 1418, ils obtinrent une ordonnance qui leur permit de rebâtir leurs étaux et de reconstituer leur communauté privilégiée. Cependant ils ne purent obtenir la démolition des boucheries nouvelles; celle de Saint-Leufroi fut seule abattue.

Enfin, le 27 août 1461 ; Louis XI ordonna la suppression de la Grande-Boucherie pour l'embellissement du quartier, et en dédommagement, il accorda aux propriétaires un nouvel établissement au cimetière Saint-Jean.

Collège des Bons-Enfants, autrefois situé dans la rue de ce nom, près l'église Saint-Honoré. — Le nom de *Bons-Enfants* était une épithète qu'on appliquait autrefois à tous les jeunes gens qui se livraient à l'étude, comme celui de *Mauvais-Garçons* se donnait aux jeunes débauchés qui vivaient dans le désordre. Aussi dut-on bientôt, pour distinguer ces colléges de Bons-Enfants, les désigner par les noms de leurs fondateurs ; et celui des Bons-Enfants-Saint-Honoré n'est pas, comme on le verra plus bas, le seul qui ait conservé ce nom. Mais c'est le plus ancien ; c'est même l'un des premiers qui furent établis à Paris.

En 1208, lorsqu'on achevait l'église Saint-Honoré fondée par Renold Chereins, un bourgeois de Paris nommé Étienne Belot, et Ada, sa femme, projetèrent de créer un collège au même endroit. Renold Chereins donna l'emplacement, et au mois de février 1208, Étienne Belot fit bâtir la maison où l'on donna place à treize étudiants pauvres confiés à un chanoine de Saint-Honoré pour lequel fut fondée une prébende. Cette maison reçut d'abord le nom d'Hôpital-des-Pauvres-Écoliers ; en effet, le collège ne leur donnait que l'instruction, et pour vivre ils étaient obligés de demander l'aumône, comme l'atteste le *Dit des Crieries de Paris :*

> Les bons enfants orrez crier :
> Du pain ! nes veuil pas oublier.

Cependant le collège des Bons-Enfants acquit peu à peu une aisance suffisante, grâce aux libéralités de plusieurs personnes, entre autres de Jacques Cœur, l'argentier de Charles VII. On lit dans Geoffroy de Beaulieu que saint Louis avait coutume aux grandes fêtes d'appeler plusieurs écoliers de la communauté des Bons-Enfants de Paris pour chanter dans sa chapelle, et qu'il leur faisait de grandes largesses. En 1432, il ne comptait plus que quatre écoliers, et à cette époque il fut réuni au chapitre de Saint-Honoré par l'évêque de Paris. Cette union fut annullée au bout de deux ans ; mais l'église Saint-Honoré l'obtint de nouveau en 1602, la fit confirmer la même année par le pape Clément VIII, et en 1605 par le parlement.

Parmi les dépendances du collége se trouvait une chapelle, dont on attribue l'érection à Jacques Cœur. Elle était placée d'abord sous l'invocation de la Vierge; mais une confrérie qui s'y établit, le 29 octobre 1486, ayant choisi saint Clair pour patron, la chapelle prit le même nom.

C'est sur l'emplacement du collège des Bons-Enfants qu'a été ouverte la rue Montesquieu.

Collége des Bons-Enfants, depuis *séminaire de la Mission*, ou de *Saint-Firmin*, rue Saint-Victor, n° 68. — Ce collége était aussi regardé comme l'un des plus anciens de Paris; mais le défaut de monuments ne permet pas d'assigner à son origine une époque antérieure au commencement du XIII° siècle. Ce qu'il y a de certain c'est qu'il existait avant 1247, puisqu'on trouve dans un testament de cette année que la dame Geneviève fit un legs de 10 sous au collége des Bons-Enfants. Dubois et Duboulay (1) rapportent une bulle d'Innocent IV, donnée à Lyon le 8 des calendes de décembre, l'an 6 de son pontificat (24 novembre 1248), par laquelle le souverain pontife, à la réquisition de Gautier (de Château-Thierry), administrateur de la maison des Bons-Enfants, leur permet d'avoir une chapelle, et engage l'évêque à la leur accorder. Gautier, qui n'était alors que chancelier de Notre-Dame, fut élu évêque de Paris l'année suivante, mourut quelques mois après, et la permission ne fut donnée qu'en 1257 par Renaud de Corbeil, son successeur. Quelques années après, Mathieu de Vendôme, abbé de Saint-Denis, y fonda une chapellenie au nom et comme exécuteur du testament de Gui Renard, médecin du roi (2), et assigna au chapelain une rente de 15 livres. Une reconnaissance que les Bons-Enfants devaient à l'évêque, et dont ils passèrent acte au mois de juillet 1314, prouve qu'il y avait alors neuf boursiers dans leur collège. Dans le siècle suivant, un principal de ce collége, nommé Pluyette, y fonda deux bourses par son testament du 4 septembre 1478.

Cette maison était presque abandonnée, lorsque la principalité et la chapellenie en furent données au célèbre Vincent de Paul, le 1ᵉʳ mars 1624. C'est là qu'il jeta les premiers fondements de la congrégation de la Mission, à laquelle le collége fut réuni par lettres-patentes du 15 septembre suivant. Dès lors la maison de la Mission fut regardée comme un véritable séminaire, où l'on formait de jeunes ecclésiastiques destinés à aller porter la parole de Dieu dans les campagnes. Jean-François de Gondi, premier archevêque de Paris, qui avait autorisé l'établissement des Prêtres de la Mission, obligea, par son mandement du 21 fé-

---

(1) *Hist. eccles. Paris.* t. II, p. 414. *Hist. univ.*, t. III, p. 217.
(2) *Grand cartul. de l'évêché*, fol. 330, art. 527 et 528.

vrier 1631, les jeunes élèves de son diocèse qui aspiraient aux ordres, à faire au collége des Bons-Enfants une retraite de dix jours.

Cependant cette transformation du collége des Bons-Enfants en séminaire ne fut consacrée dans les formes légales que fort long-temps après, en 1707, par un décret d'érection du cardinal de Noailles, confirmé au mois de janvier 1714.

Le collége des Bons-Enfants n'avait pas été excepté dans les lettres-patentes du 21 novembre 1763, qui ordonnaient la réunion au collége de l'Université de tous les colléges sans exercice. Mais le roi, par de nouvelles lettres du 22 avril 1773, ordonna que la principalité, la chapellenie et les terrains et bâtiments de cette maison, demeureraient attachés à la congrégation de la Mission, réunissant les autres biens et les bourses du collége à celui de Louis-le-Grand, conformément aux lettres du 21 novembre 1763 et à l'arrêt du parlement du 8 mai 1769.

La chapelle était sous l'invocation de Saint-Firmin; et c'était le vrai nom de ce séminaire, quoiqu'on l'appelât plus ordinairement le séminaire des *Bons-Enfants*.

La bibliothèque, composée d'environ quinze mille volumes, avait été en partie formée par Julien Barbé, supérieur de cette maison, mort en 1711. Le célèbre réformateur Jean Calvin a habité ce séminaire.

Le séminaire de la Mission fut supprimé en 1790; les bâtiments servirent de prison aux ecclésiastiques pendant la terreur, et furent l'un des principaux théâtres des massacres de septembre.

Un écrivain du temps, Nougaret, a fait de ces horribles scènes un récit qui mérite d'être conservé, et que lui-même avait tiré de l'*Histoire de la Révolution de France*, par deux amis de la liberté, tome VIII.

« Au séminaire de Saint-Firmin, dit-il, les bourreaux, las de massacrer leurs victimes, se précipitèrent dans l'intérieur de la maison, qui bientôt ne fut plus qu'une vaste boucherie. Le sang ruisselait à grands flots sur les lits, dans les chambres, dans les escaliers... Ici des hommes vivants étaient jetés pêle-mêle avec des hommes morts et mourants par les fenêtres, et tombaient sur des piques, des baïonnettes, des faulx ou des hallebardes. Des prêtres furent massacrés sur l'autel qui leur servait d'asile, au moment où, à genoux, les mains placées sur la poitrine, les yeux dirigés vers le ciel, ils recevaient la bénédiction du plus ancien d'entre eux et demandaient au *Dieu de la nature* de pardonner à leurs assassins. — Un laïque fut enveloppé dans la proscription... Il se nommait Jacques-Antoine-Joseph de Villette; il était chevalier de Saint-Louis. Il y avait vingt ans qu'il s'était retiré dans cette maison, qu'il y vivait dans la retraite et dans les exercices de piété. Il semblait qu'entièrement étranger au monde et aux mouvements de la révolution, il n'aurait pas dû être du nombre des proscrits.

» Dans le nombre des quatre-vingt-onze prêtres égorgés à Saint-Firmin, un des plus remarquables est Joseph-Marie Gros, curé de Saint-Nicolas-du-Chardonnet, député à l'Assemblée constituante, pasteur qui avait pour ses paroissiens la tendresse d'un père pour ses enfants. Parmi ses bourreaux il reconnut un de ses paroissiens et lui dit : « Mon ami, je te connais. — Eh ! oui, lui répondit l'anthropophage, et moi aussi, je vous reconnais : je sais que dans plusieurs occasions vous m'avez rendu service. — Comme tu m'en paies ! répliqua le bon curé. — Je ne saurais qu'y faire, reprit le bourreau : ce n'est point ma faute ; la *nation* le veut ainsi, et la *nation* me paie. » — Ayant achevé ces mots, le cannibale fit signe à ses camarades : tous ensemble saisirent ce vénérable prêtre et le jetèrent par la fenêtre ; sa cervelle se répandit sur le pavé ; ses membres palpitèrent pendant plusieurs minutes. Depuis sa mort on a ouvert son testament ; on a trouvé qu'il léguait tous ses biens aux pauvres de sa paroisse. »

Quelques uns de ces prêtres furent jetés par-dessus la rampe de l'escalier du troisième étage sur les dalles du rez-de-chaussée. On montre encore là petite porte qui donne de là sur la rue Saint-Victor, par laquelle on fit passer leurs cadavres pour les emporter (1).

Malgré la furie des égorgeurs, quelques prêtres échappèrent au massacre, entre autres l'abbé Laurent, mort curé de Saint-Leu, et l'abbé Boullanger, maintenant à la maison Saint-Vincent-de-Paul de la rue de Sèvres : ce dernier fut sauvé par M. Brion, boucher, propriétaire de la maison bâtie sur l'emplacement de l'église, qui le couvrit d'un tablier et le fit passer pour un de ses garçons.

La veille du massacre, l'abbé Haüy, à qui l'on doit l'institution des Jeunes-Aveugles, était encore dans ce séminaire, lorsque plusieurs de ses amis, au nombre desquels était M. Geoffroy Saint-Hilaire, obtinrent sa mise en liberté ; et il voulait attendre au lendemain (2) !

L'institution des Jeunes-Aveugles a été établie en 1815, dans les bâtiments du séminaire de Saint-Firmin (3).

Saint-Côme et Saint-Damien, église paroissiale, rue de l'Ecole-de-Médecine, n° 1, au coin de la rue de La Harpe. — Cette église fut bâtie vers l'année 1212, aux dépens de l'abbé et des religieux de

---

(1) La pièce suivante, copiée sur l'original, est trop curieuse pour que je ne la reproduise pas ici, quoiqu'elle ait déjà été publiée : « Commune de Paris... Monsieur le trésorier de la commune payera à M. Gilbert Petit 48 livres pour prix du temps qu'ils ont mis, lui et trois de ses camarades, *à l'expédition des prêtres de Saint-Firmin pendant deux jours*. A la maison commune, ce 4 septembre 1793, l'an IV° de la liberté et 1er de l'égalité, suivant la réquisition qui nous est faite par la section des Sans-Culottes, *qui les a mis en ouvrage*. Signé Nicout, Jérôme, Lamark, commissaires de la commune. (Suit la légalisation des signatures.) Au dos est écrit : Reçu la somme de 48 livres +; et au-dessous : Gilbert Petit a fait sa croix. — (2) Voy. *Paris pittoresque*, t. II, p. 67. — (3) Voy. *Institution des Jeunes-Aveugles*.

Saint-Germain-des-Prés, qui en eurent le patronage jusqu'en 1345. Ils en furent privés à cette époque par un arrêt du parlement, rendu en faveur de l'Université, à l'occasion d'une querelle qui s'était élevée entre les domestiques de cette abbaye et les écoliers de l'Université. Depuis cet arrêt, l'Université a toujours nommé à la cure de Saint-Côme.

Cette église était petite et proportionnée au peu d'étendue de la paroisse. Le grand autel était décoré de colonnes corinthiennes, et au-dessus était placé un tableau de Houasse, représentant la Résurrection du Christ.

Quoique cette église, bâtie dans un carrefour, fût resserrée de tous côtés, on y avait établi un cimetière et un charnier, et un lieu où plusieurs chirurgiens visitaient, tous les premiers lundis de chaque mois, les pauvres malades de tout âge qui s'y présentaient. C'est en 1255 que fut érigée, selon Sauval, la confrérie de Saint-Côme et de Saint-Damien, patron des chirurgiens. En 1555, Nicolas Langlois, l'un des prévôts des chirurgiens, affecta à cet utile établissement une rente de cinquante livres. Un mémorial en lettres gothiques, rappelant cette pieuse fondation, était placé sous les charniers, et en 1561 on bâtit un local pour le pansement des pauvres.

Ces chirurgiens, dit l'abbé Lebeuf (1), paraissent avoir succédé à l'office charitable qu'exerçaient autrefois à l'entrée de la cathédrale de Paris les chanoines médecins, ou *mires*, comme l'on disait alors.

Parmi les personnages célèbres qui furent enterrés dans cette église, on peut citer : *Nicolas de Bèze*, conseiller au parlement de Paris, mort en 1543; son épitaphe fut composée par son neveu, Théodore de Bèze, l'un des plus ardents disciples de Calvin. — *Claude Despence*, théologien distingué, mort en 1571. — *Omer Talon*, avocat au parlement, auteur de mémoires fort curieux, mort en 1652. — *Pierre* et *Jacques Dupuy*, gardes de la bibliothèque du roi, le premier mort en 1651, le second en 1656. — Le marquis de *Bezons*, maréchal de France, mort en 1732. — *De Chauvigny*, évêque de Troyes, l'un des membres du conseil de régence pendant la minorité de Louis XV, mort en 1731. — *De la Peyronnie*, chirurgien, créateur de l'académie de chirurgie, mort en 1747. Son tombeau était orné de son portrait, porté par un génie; ce morceau de sculpture avait été exécuté par Vinache. Il y avait aussi une épitaphe assez curieuse; nous la citons d'après Saint-Foix :

> Dans ce petit endroit à part,
> Gît un très singulier cornard ;
> Car il l'étoit sans avoir femme :
> Passants, priez Dieu pour son âme.

(1) T. II, p. 467.

» Le malheureux que l'on avait ainsi bafoué était un pauvre diable que les gens du maréchal de Beaumanoir lui avait amené pendant qu'il chassait dans une forêt du Maine, en 1599. Ils l'avaient rencontré endormi dans un buisson, et trouvant sa figure fort singulière, ils l'avaient conduit au maréchal. En effet, il avait au haut du front deux cornes faites et placées comme celles d'un bélier; il était fort chauve, et avait au bas du menton une barbe rousse et par flocons, comme on peint celle des satyres. Le maréchal le présenta à Henri IV, qui le donna, dit Pierre l'Estoile, à un de ses valets pour en tirer profit. L'infortuné Trouillac, promené de foire en foire, en conçut tant de chagrin, qu'il mourut au bout de trois mois (1). »

L'église Saint-Côme, supprimée en 1790, a servi long-temps d'atelier à un menuisier. Elle n'a été démolie qu'en 1835.

Hôpital de la Trinité, situé rue Grenetat, entre les n°s 38 et 40. — Les historiens ne sont pas d'accord sur l'origine de cet hôpital, d'abord connu sous le nom de maison hospitalière de la Croix de la Reine. La plupart en fixent l'époque en 1202. En effet, avant cette année, nous ne trouvons aucun titre qui fasse mention de l'hôpital de la Trinité. Cependant on peut avancer avec raison qu'il existait auparavant, puisque Eudes de Sully, évêque de Paris, dit dans ses lettres que, de son consentement et par son ordre, on avait construit une chapelle dans la maison hospitalière de la Croix de la Reine; d'où il résulte que cet hôpital et la chapelle existaient avant la contestation qu'elle occasionna, laquelle fut terminée en 1202. On voit dans ces lettres que cet hôpital avait été fondé par Guillaume Escuacol, à l'usage des pauvres de cet endroit : qu'il s'appelait l'hôpital de la Croix de la Reine, à cause d'une croix ainsi nommée, placée au coin des rues Grenetat et Saint-Denis. Pour ne pas préjudicier aux droits de l'église de Saint-Germain, ou pour l'indemniser, l'on convint qu'il lui serait payé dix sous chaque année, et qu'il n'y aurait pas de cloches à la chapelle. Ce dernier article ne fut pas long-temps exécuté. Les frères de l'hôpital prétendaient avoir des cloches : le chapitre de Saint-Germain s'y opposait. Eudes de Sully fut encore pris pour arbitre, et par une sentence de 1207, il permit aux frères d'avoir des cloches en payant au chapitre de Saint-Germain dix autres sols. On voit dans cet acte que cette maison prit alors le nom de la Sainte-Trinité, qui était apparemment le vocable de la chapelle. Les frères de la Trinité sont désignés alors sous le nom de *frères âniers* ou *frères de la Trinité aux ânes*, à cause de leur usage de ne voyager que sur des ânes, leurs statuts leur défendant de monter à cheval. Il paraît que, jusqu'à cette époque, cet hôpital était vérita-

---

(1) *Essais hist. sur Paris*, T. I.

blement un lieu d'asile pour les pauvres, et qu'il était administré par un chapelain; mais, soit que les fondateurs ne fussent pas satisfaits de la forme d'administration, ou que leurs affaires particulières ne leur permissent pas d'y donner tous leurs soins, ils jugèrent plus convenable de n'y recevoir que des pèlerins, et d'en confier la conduite aux religieux de Prémontré; ils offrirent en conséquence à Thomas, abbé d'Hermières, la direction de cette maison. Les lettres de Pierre de Nemours, évêque de Paris, de 1210, nous apprennent que Jehan Palée et Guillaume Escuacol, son frère utérin, étaient fondateurs de cet hôpital, qu'ils l'ont donné aux religieux d'Hermières, à condition qu'il y en aurait au moins trois d'entre eux chargés d'y exercer l'hospitalité à l'égard des pèlerins qui ne font seulement que passer; qu'ils célébreraient la messe et l'office divin. On lit dans les annales de cet ordre, que l'abbé Thomas souscrivit à ces conditions et y envoya un maître et quatre de ses chanoines.

Les religieux d'Hermières restèrent en possession de cette maison jusqu'en 1545. A cette époque, le nombre prodigieux de pauvres et d'enfants obligea les magistrats de pourvoir à leur logement et à leur subsistance. Ces religieux avaient bientôt changé le but de l'établissement; ils avaient laissé de côté une pauvreté fatigante, et leur luxe était devenu scandaleux. Un poëte du XIII° siècle, Rutebeuf, dit en parlant d'eux:

> Cil de la Trinité,
> Ont grant fraternité,
> Bien se sont acquité;
> D'asnes ont fait roncin;
> Papelart et beguin
> Ont le siècle honi.

Ils s'étaient approprié les revenus de l'hôpital; ils avaient loué vers la fin du XIV° siècle deux salles aux confrères de la Passion pour y représenter leurs mystères. L'hospitalité ne fut plus exercée à l'hôpital de la Trinité. Le 14 janvier 1536, le parlement rendit l'hôpital de la Trinité à sa véritable destination, et décida que les deux salles occupées par les confrères seraient employées à l'hébergement de ceux qui étaient infectés de maladies vénériennes et contagieuses; mais il paraît que cet arrêt ne fut point exécuté: car le 3 mars, un autre arrêt décida que les malades qui devaient y être placés seraient soignés à l'hôpital Saint-Eustache. En 1545, le parlement ordonna que les enfants mâles des pauvres, étant au-dessus de l'âge de sept ans, seraient ségrégés d'avec leurs pères et mères, et mis à un lieu à part, pour y être nourris, logés et enseignés en la religion chrétienne. Le parlement choisit l'hôpital de la Trinité, parce qu'après une enquête, on ne trouva pas de lieu plus commode pour loger ces enfants.

Les religieux Prémontrés continuèrent de faire leur demeure à la Trinité et d'y célébrer le service divin; mais, en 1562, ils se retirèrent, et laissèrent l'administration à ceux que le parlement avait désignés.

« Aujourd'hui, dit Hurtaut (en 1779), il est fondé pour cent garçons
» et trente-six filles nés à Paris, orphelins de père ou de mère, mais va-
» lides. On donne en entrant 400 livres pour les garçons et 50 pour les
» filles, qu'on leur rend en sortant. On leur apprend à lire et à écrire.
» Ils sont tous destinés à apprendre des métiers. L'enclos de la maison
» est privilégié. Les artistes qui s'y établissent gagnent leur maîtrise en
» instruisant dans leur art un de ces enfants, qui acquiert la qualité
» de fils de maître. Les maîtres sont tenus de leur nourriture et de don-
» ner quelque finance à l'hôpital (comme, par exemple, 700 livres
» pour l'horlogerie), et plus ou moins, suivant la qualité de leur pro-
» fession. Il y a d'ailleurs des personnes préposées pour veiller aux pro-
» grès que font ces enfants. Le frère et la sœur ne peuvent être reçus
» que successivement. Les administrateurs sont les mêmes que ceux
» des Petites-Maisons. »

L'église avait été rebâtie et agrandie en 1598, et le portail reconstruit, en 1671, sur les dessins de Dorbay. En 1817, elle a été démolie. Quant aux bâtiments de l'hôpital, ils furent détruits au commencement de la révolution, et à leur place se trouvent aujourd'hui l'enclos et le passage de la Trinité.

Nous avons dit plus haut que les confrères de la Passion avaient leur théâtre dans les salles de l'hôpital de la Trinité jusqu'en 1536. Nous reviendrons plus tard sur l'origine du théâtre des confrères de la Passion, et nous parlerons alors avec détail de ce qui se passa *à la Trinité*.

Collége de Notre-Dame des Dix-Huit, situé où est aujourd'hui le jardin de la Sorbonne. — « En 1171, Josse de Londres, chanoine de l'église de Paris, de retour de Jérusalem, étant allé à l'Hôtel-Dieu, y vit une chambre dans laquelle, de toute ancienneté, logeaient de pauvres écoliers. Il l'acheta 52 livres du procureur dudit Hôtel-Dieu, de l'avis, conseil et permission de Barbe-d'Or, doyen de Notre-Dame. Il la laissa audit Hôtel-Dieu, à la charge qu'il fournirait des lits à ces pauvres écoliers, auxquels il assigna 12 écus par mois, provenant des deniers qui se recevraient de la confrérie, et à la charge que lesdits clercs porteraient, chacun à leur tour, la croix et l'eau bénite devant les corps morts dudit Hôtel-Dieu, et qu'ils réciteraient chaque nuit les psaumes pénitentiaux et les oraisons pour les morts (1). »

En 1301, Gaucher de Chastillon, connétable de France, leur donna le droit de prendre 20 livres, chaque année, sur le trésor du roi ; mais

---

(1) Jaillot, *Recherches sur Paris*, t. V, p. 144.

ils ne furent pas exactement payés, car, en 1384, Charles VI ordonna qu'on leur payât une somme de 200 livres pour arrérages de la rente qu'on leur devait.

Il paraît par quelques actes qu'ils furent logés dans une maison vis-à-vis de l'Hôtel-Dieu, dans la rue appelée d'abord rue des Dix-Huit, et plus tard de Venise; ensuite on les transféra rue des Poirées. Le chapitre de Notre-Dame avait l'inspection sur ce collége, auquel il avait donné son nom.

Lorsque le cardinal de Richelieu fit rebâtir et augmenter la Sorbonne, on fut obligé, vers 1627, de démolir le collége des Dix-Huit, qui s'opposait à cet agrandissement. Le projet qu'il avait formé de le rétablir ailleurs ne fut pas exécuté.

Collége de Constantinople, ou *Collége Grec*, situé cul-de-sac d'Amboise, près la place Maubert. — Duboulay (1) prétend que peu après la prise de Constantinople, en 1204, on s'occupa des moyens de réunir les églises grecque et latine, et qu'un de ceux qui parurent les plus efficaces pour obtenir ce résultat, ce fut d'envoyer des professeurs à Constantinople, et d'en faire venir des jeunes gens qu'on ferait étudier à Paris : il ajoute qu'en conséquence on fonda, en 1206, un collége, qu'on nomma collége Grec ou de Constantinople. Cette opinion est plausible, mais elle est destituée de preuves. On n'en trouvera pas davantage pour appuyer celle de Sauval, qui dit que sous Urbain V (1362), le cardinal Capoci fonda à la rue d'Amboise un collége, que quelques uns nomment le collége de Constantinople, d'autres de Sainte-Sophonie, d'autres de Sainte-Sophie, etc. Il est certain que le collége de Constantinople existait en 1362; mais il n'y avait plus qu'un boursier, lorsque Jean de la Marche le loua au prix de 10 livres par an. L'Université approuva la même année cette convention, et il fut décidé que le prix serait employé aux réparations devenues urgentes. Dès lors ce collége changea de nom. Il adopta celui de son nouveau fondateur, et devint beaucoup plus considérable (2).

Le *For-l'Évêque* était situé rue Saint-Germain-l'Auxerrois, sur l'emplacement occupé aujourd'hui par la maison n° 65. Quelques auteurs écrivent le Fort-l'Évêque, comme si c'eût été une forteresse; d'autres le Four-l'Évêque, comme si le four banal de l'évêché eût été situé dans cette rue. Ces deux étymologies ne sont pas justes : le For-l'Évêque était le lieu où l'évêque faisait exercer la justice, *Forum Episcopi*. Adrien de Valois n'a pas adopté cette opinion : « Les historiens mo-

---

(1) *Hist. univ. Paris*, t. III, p. 10, et t. IV, p. 364.
(2) Voy. *Collége de la Marche*.

dernes, dit-il, ignorant l'antiquité, appellent For-l'Évêque ce que l'on devrait appeler Four-l'Évêque. » « Quelque décisive que soit l'autorité de ce savant, j'avoue, dit Jaillot (1), que j'aurais bien de la peine à y déférer. Je conviens que dans une infinité de titres de l'évêché on lit le Four-l'Évêque; on voit même, dans les archives de ce lieu, des lettres de 1238, au sujet d'une redevance de 5 sols sur une maison située *versus furnum episcopi*. Les grands et petits cartulaires contiennent un pareil acte de 1256, où cet endroit est appelé *Domus furni episcopi*; mais je crois que cette expression doit s'entendre de la juridiction, c'est-à-dire du lieu où elle s'exerçait, et non d'un four banal qui était situé près de là. Cela est si vrai que dans les registres du parlement de 1308 et 1310, le juge de l'évêque est appelé *præpositus furni episcopi*, et qu'ensuite on le nomme *bailli du Four-l'Evêque*. Nous appelons encore trivialement *four*, une prison ou un endroit où l'on met en chartre privée ceux qu'on a enrôlés par surprise ou par force. »

A l'autorité de Jaillot vient se joindre celle de Lebeuf. Le For-l'Évêque, dit-il, n'était ni un four ni un fort, mais un lieu à plaider. Le rôle des charges du prévôt de l'évêque, écrit vers 1400, porte cet article : « *Item*, le prévôt dudit évêque doit demeurer en son chastel du Four-l'Évêque, ou ailleurs au-dedans de sa terre, et aussi il y doit demeurer les clercs de sa baillie et tous les sergents. »

La censive des évêques de Paris a toujours été fort étendue; il était nécessaire qu'ils eussent un officier préposé pour percevoir leurs droits, et un juge pour décider les différends que cette perception pouvait occasionner, ou pour prononcer les peines encourues pour crimes commis dans l'étendue de cette seigneurie.

C'est au plus tard en 1222 que fut fondé le For-l'Évêque. A cette date, en effet, on trouve un accord fait entre Philippe-Auguste et Guillaume de Seignelay, évêque de Paris, au sujet de la justice et des droits qu'ils pouvaient respectivement exercer; et il est certain que, depuis cette époque, on ne voit pas que la justice séculière de l'évêque ait été exercée ailleurs qu'au For-l'Évêque.

En 1652, ce monument fut rebâti par les soins de François de Gondi, premier archevêque de Paris; on ne laissa subsister que la porte qui regardait la rue Saint-Germain-l'Auxerrois. Cette porte, selon Lebeuf et Jaillot, avait tous les caractères de l'architecture du XIIIe siècle. « On y voyait (2) au-dessus, en relief, un évêque et un roi en face, agenouillés devant une Notre Dame, symbole du traité fait entre Philippe-Auguste et l'évêque de Paris. Les armes de France sont à fleurs-de-lys sans nombre, traversées d'une crosse droite; à l'autre coin sont, en relief,

---

(1) *Recherches sur Paris*, t. I, p. 22.
(2) Lebeuf, *Hist. du dioc. de la ville de Paris*, t. I, p. 61.

un juge en robe et en capuchon, des assesseurs et un greffier vêtu comme un homme d'église. »

Louis XIV, par son édit de 1674, ayant réuni au Châtelet toutes les justices particulières, transféra celle de l'archevêché, et l'unit à celle de la Temporalité, située dans la cour du palais archiépiscopal, qui lui avait été accordée pour connaître de toutes les affaires séculières concernant le duché de Saint-Cloud et ses dépendances.

Depuis cette époque, le For-l'Évêque servit de prison aux personnes détenues pour dettes, et aux comédiens tombés dans la disgrâce de l'autorité et du public; en 1780, on le démolit. Peu de temps auparavant, Necker avait fait rendre une ordonnance à Louis XVI, par laquelle cette prison était supprimée à cause de son insalubrité. La prison établie au For-l'Évêque fut transférée à l'Hôtel-de-la-Force, rue Saint-Antoine.

Parmi les personnages les plus célèbres qui ont été enfermés au For-l'Évêque, on cite mademoiselle Clairon. En 1765, lors de la vingtième représentation du Siége de Calais, par Dubelloi, mademoiselle Clairon refusa de jouer le rôle qu'elle devait remplir, parce qu'elle apprit qu'un assez mauvais acteur, nommé Dubois, coupable de n'avoir pas voulu payer une dette légitime, devait jouer avec elle. Son refus entraîna celui de plusieurs de ses camarades : on annonça au public que les acteurs refusaient de jouer. Un tumulte effroyable s'ensuivit; et au milieu des cris de *Calais! Calais!* on distingua bientôt ceux de *Frétillon à l'hôpital! Clairon au For-l'Évêque!* Un exempt de police vint en effet le lendemain, 16 avril 1765, l'inviter à se rendre dans cette prison. Madame de Souvigny, femme de l'intendant de Paris, la conduisit dans sa voiture, et assise sur ses genoux. Tout Paris alla ensuite voir l'actrice dans sa prison. Quatre autres comédiens, parmi lesquels se trouvaient Molé et Le Kain, furent aussi enfermés au For-l'Évêque, d'après la décision d'un grand nombre de gentilshommes qui s'étaient assemblés en comité chez le lieutenant de police. On sait que mademoiselle Clairon protesta contre cette violence et l'étrange position des comédiens, placés hors du droit commun. Elle se soumit aux ordres de l'exempt, tout en lui faisant remarquer que son honneur restait intact, et que le roi lui-même n'y pouvait rien. « Vous avez raison, lui dit l'exempt : où il n'y a rien, le roi perd ses droits. » Cette aventure fit beaucoup de bruit, occupa long-temps les oisifs de Paris. Mais mademoiselle Clairon, humiliée, ne reparut plus au théâtre dont elle avait été la gloire pendant vingt-deux ans.

Eglise de la Madeleine, située rue de la Juiverie, n° 5, dans la Cité. Dubreul, Sauval, Piganiol, Lemaire, Brice, croient que cette église, construite en 1140, était une chapelle placée sous l'invocation de saint

Nicolas, dans laquelle les bateliers et les marchands de poissons avaient établi leur confrérie. Elle fut érigée en paroisse en 1491, lorsque Louis de Beaumont, évêque de Paris, y eut fait déposer les reliques de sainte Marie-Madeleine, et lui eut donné le nom de cette sainte, et le titre d'église archipresbytérale. D'un autre côté, l'abbé Lebeuf, qui doit inspirer une plus grande confiance que ces auteurs, combat ces assertions; il fait remarquer que Pierre, chantre de l'église de Paris, qui écrivait en 1190, en parle comme d'une ancienne synagogue. (*Ecclesia beatæ Mariæ-Magdalenæ ubi fuit synagoga judæorum.*) On a dit que les juifs furent chassés du royaume par Philippe-Auguste en 1182, et que leurs synagogues furent données, en 1183, à Maurice de Sully, évêque de Paris, pour en faire des églises. La preuve de l'existence de l'église de la Madeleine se trouve encore dans le testament de Christophe Mayron, testament inséré dans les lettres d'Eudes de Sully, évêque de Paris en l'année 1205, et par lequel il est spécifié que la somme de cinq sols sera donnée à l'église de la bienheureuse Madeleine. La grande confrérie vint se fixer dans l'église de la Madeleine, après avoir habité plusieurs autres lieux. Il est fort difficile de préciser la date de l'érection en église archipresbytérale de l'église de la Madeleine; il paraît certain qu'elle jouissait, en 1232, de ce titre honorifique. A différentes époques, on y réunit les paroisses de Saint-Gilles et Saint-Leu, de Saint-Christophe et de Sainte-Geneviève-des-Ardents. Quoique l'opinion où l'on est, qu'elle a succédé à une chapelle de Saint-Nicolas, ne soit appuyée d'aucune preuve, cependant ce saint est un des patrons que l'on y révère, soit, comme le prétend l'abbé Lebeuf, parce que la confrérie des marchands de l'eau de Paris s'y était établie en 1246, soit, comme le croit Jaillot, parce qu'une relique de saint Nicolas, donnée à cette église, a fourni l'occasion d'y introduire son culte d'une façon spéciale, et de joindre le nom de ce saint à celui de sainte Madeleine. Elle fut détruite au commencement de la révolution, en 1789, et sur son emplacement, on a établi un passage qui a pris son nom.

» La confrérie des marchands de l'eau de Paris, dit Hurtaut, nommée aussi la grande confrérie de Notre-Dame aux seigneurs, prêtres, bourgeois, bourgeoises de Paris, fut comme la mère de toutes les autres confréries : car elle est si ancienne qu'on ne sait quand elle a commencé. Lemaire dit que, dès l'an 1168, elle avait été érigée en l'église de la Madeleine. Sauval prétend qu'on la tint pendant quelque temps à Saint-Étienne-des-Grés, puis dans l'église basse de Sainte-Geneviève (c'est-à-dire Sainte-Geneviève-des-Ardents), après à Saint-Jacques-du-Haut-Pas, ensuite dans la chapelle de Cluny, et enfin dans l'église de la Madeleine. Elle ne fut d'abord composée que de 72 confrères, dont 36 étaient gens d'église et 36 laïques. La reine Blanche de Castille, mère de saint Louis, s'y étant fait inscrire en 1224, les femmes y ont été admises depuis ce temps-là, et le nombre des confrères ne fut plus limité. Le roi et la reine sont toujours de cette confrérie. Aucun prêtre ni aucun séculier ne peut y être admis, s'il n'est élu par quelques confrères, nommés par ladite confrérie pour examiner si celui qui se présente a les qualités requises. Ces quatre confrères sont appelés *misseurs*, et sont pris deux parmi les ecclésiastiques, et deux parmi les laïques. Il y a six officiers de cette confrérie, savoir : l'abbé, le doyen, le prévôt, le greffier, le receveur et le clerc. L'abbé est toujours l'archevêque de Paris; et le doyen, le premier président du parlement, ou un des premiers magistrats des compagnies supérieures de cette ville; mais l'un et l'autre sont élus par les confrères assemblés et après qu'ils ont entendu la messe solennelle du Saint-Esprit. La principale fête de cette confrérie est l'Assomption de la Vierge ; le lundi qui est dans l'octave de cette fête, les confrères assistent à une procession solennelle : ils s'assemblent pour cet effet dans cette église, d'où ils vont processionnellement dans une autre. Plusieurs de nos rois et plusieurs particuliers ont fait de si grands biens à cette confrérie qu'elle jouit de vingt ou vingt-cinq mille livres de rente. Parmi les biens qu'elle possède dans Paris, on compte une partie du clos aux Bourgeois, ainsi nommé, parce qu'il était tout auprès du parloir aux Bourgeois, derrière le grand couvent des Jacobins. On l'appelait aussi le clos Vigneray, en 1343; le clos Saint-Sulpice, en 1431, et depuis l'hôtel de Bourges. On ne sait par qui la moitié du clos aux Bourgeois a été donnée aux religieux de Sainte-Geneviève, mais quant à la moitié de la grande confrérie, on croit qu'elle la tient de la libéralité de saint Louis. Cette moitié consistait en un terrain de quatorze ou quinze arpents, sur lequel on a bâti les maisons qui sont devant la porte Saint-Michel, et une partie de la rue d'Enfer, et de l'enclos ou parc du palais du Luxembourg, dont Jean Gaston de France, duc d'Orléans, a reconnu qu'une extrémité relevait de la grande confrérie, à cause de son fief du clos aux Bourgeois. Comme cette confrérie n'est composée que de seigneurs qui demeurent ordinairement à Paris, ou de bourgeois qui y demeurent toujours, les uns et les autres ont joui pendant long-temps du droit de *committimus* au petit sceau. Ce droit a été suspendu depuis 1726 ou 1727 (1). »

Hôpital de Sainte-Catherine, situé rue Saint-Denis, n° 53 et 55.—La foule des pèlerins qui étaient attirés par la célébrité des miracles de sainte Opportune, fut cause que l'on bâtit vis-à-vis son église un hospice pour les recevoir.

(1) Hurtaut, *Dict. hist. de la ville de Paris et de ses environs*, t. III, p. 456. — Pour plus de détails, voyez, dans le *Mercure de France* du mois d'août 1728, page 1886, un mémoire sur cette confrérie.

L'époque exacte de cette fondation est inconnue. Les premiers actes qui fassent mention de cet hôpital sont de 1188. Ce sont deux lettres de Maurice de Sully qui se trouvent dans Dubreuil (1).

En 1222, le pape Honoré III plaça cet hôpital sous la protection spéciale du Saint-Siége.

Cette maison se nomma d'abord hôpital des pauvres de Sainte-Opportune; ensuite elle prit le nom de Sainte-Catherine.

D'abord administré par des religieux et des sœurs, cet hôpital, à partir du XVIe siècle, fut confié à l'administration des religieuses de l'ordre de Saint-Augustin, sous l'autorité d'un supérieur ecclésiastique nommé par l'évêque.

Leurs principales fonctions étaient de loger et de nourrir les femmes ou filles qui cherchent à entrer en condition ; elles leur donnaient l'hospitalité pendant trois jours seulement. Le nombre ordinaire s'élevait quelquefois jusqu'à quatre-vingt-dix. On recevait aussi les personnes qui venaient de province pour des procès ou des affaires particulières, et qui n'avaient pas assez d'argent pour se procurer un asile. Enfin, les religieuses de Sainte-Catherine se chargeaient de faire enterrer au cimetière des Saints-Innocents les personnes noyées ou mortes dans les rues de Paris et dans les prisons.

Cette utile confrérie fut d'abord composée de neuf religieuses, mais la sage administration de leurs revenus les ayant mises à portée d'augmenter leurs bâtiments, leur nombre s'éleva, au XVIIIe siècle, à trente religieuses ou novices.

La porte de cet hôpital était décorée d'une statue de Sainte-Catherine qui fut sculptée, en 1704, par Thomas Renaudin.

Dans les premières années de la révolution, l'hôpital de Sainte-Catherine fut démoli, et des maisons particulières ont été élevées sur son emplacement.

Église de Saint-Père, située sur l'emplacement de la chapelle de l'hôpital de la Charité. — Les grands monastères renfermaient ordinairement plusieurs églises éloignées les unes des autres, dont les plus petites n'étaient qualifiées que du titre d'oratoires. L'église de Saint-Père était en effet un des oratoires de l'abbaye Saint-Germain. J'ai dit (2) que l'église de Saint-Père fut fondée par saint Germain lui-même. Il est probable, suivant Lebeuf, qu'elle fut placée sous l'invocation de Saint-Pierre, parce que les cryptes de la grande église de Saint-Germain, démolies ou bouchées, étaient primitivement sous le même vocable (3).

(1) Livre III, p. 954. — (2) Voy. p. 186. — (3) Lebeuf, *Hist. de la ville de Paris*, t. J, p. 445.

Elle fut d'abord construite au nord de l'abbaye; mais plus tard, et probablement vers le commencement du XIII° siècle, on la rebâtit à l'endroit que nous avons indiqué plus haut.

Cette église a servi, dans les premiers temps, de paroisse au faubourg Saint-Germain. Mais se trouvant par la suite trop petite pour contenir, dit Félibien, *les serfs et autres habitants* du bourg de Saint-Germain qui s'accroissait continuellement, on construisit alors la chapelle de Saint-Sulpice; mais le curé de cette dernière église resta soumis envers celui de Saint-Père à certaines obligations, dont il ne s'affranchit qu'en 1658 (1).

La chapelle de Saint-Pierre qu'on a appelée Saint-Père, comme on fait encore à Chartres, à Auxerre et en beaucoup d'autres lieux, a donné son nom à la rue que l'on nomme aujourd'hui par corruption la rue des Saints-Pères.

En 1606, les frères de la Charité firent l'acquisition de cette église pour le service de l'hôpital qu'ils venaient de fonder. En 1613 on la rebâtit en entier, et on la dédia, en 1621, sous l'invocation de Saint-Jean-Baptiste (2).

Saint-Sulpice, située entre la Place Saint-Sulpice, la rue Palatine, la rue des Aveugles et la rue Garencière. — J'ai déjà dit à propos de la chapelle de Saint-Père, que cette église étant devenue trop petite pour le service de la paroisse dont la population s'était accrue considérablement, on construisit une chapelle sous le vocable de Saint-Sulpice. L'époque de cette fondation a donné lieu à de nombreuses discussions entre les savants (3). Jaillot résume ainsi, avec son exactitude ordinaire, tout ce qu'on sait à ce sujet: « Je ne crois pas m'écarter de la vérité, dit-il, en ne faisant remonter l'origine de la paroisse Saint-Sulpice qu'au XII° siècle. L'histoire et les monuments n'en font pas mention avant cette époque. Le premier curé dont j'ai vu le nom est Raoul (*Radulphus presbyter Sancti-Sulpicii*). Il était en contestation avec l'archiprêtre, curé de Saint-Séverin, qui voulait comprendre dans sa paroisse toute la partie de celle de Saint-Sulpice qui venait d'être renfermée dans la ville par la nouvelle enceinte ordonnée par Philippe-Auguste. Cette contestation fut terminée par une sentence arbitrale au mois de janvier 1210. »

On ne peut pas conclure de ce fait que Raoul ait été le premier curé de Saint-Sulpice; mais le titre cité par Jaillot prouve qu'à la date de 1210, cette église existait comme paroisse. C'est le premier document historique qui en fasse mention.

---

(1) Félibien, *Hist. de Paris*, t. I, p. 255. — (2) Voy. *Hôpital de la Charité*. — (3) Pour les détails de ces discussions, voir le t. I, p. 444, de l'*Hist. de Paris* de Lebeuf, et le t. V, p. 49, des *Recherches sur Paris* de Jaillot.

Sous François Ier, cette église était devenue trop petite pour suffire aux nombreux habitants de la paroisse ; on y ajouta une nef. En 1614, on construisit trois chapelles de chaque côté de cette nef. Enfin, au commencement du règne de Louis XIV, la population du faubourg Saint-Germain prit un tel accroissement que ces agrandissements devinrent insuffisants. On prit le parti de la rebâtir en entier. Le 20 février 1646, la reine Anne d'Autriche, régente du royaume, posa la première pierre de la nouvelle église, et les bâtiments commencèrent à s'élever sur les dessins de Christophe Gamart, remplacé depuis par Louis Levau. La mort de ce dernier, arrivée en 1670, fit confier la conduite des travaux à Daniel Gittard. Cet architecte acheva la chapelle de la Vierge, et construisit le chœur, les bas-côtés, les croisées et le portail de gauche ; mais le défaut d'argent força la fabrique, en 1678, à suspendre les travaux.

La fabrique avait contracté pour plus de 500,000 livres de dettes. « Le curé et les marguilliers, dit Félibien, présentèrent, en 1683, une requête au roi et à son conseil pour demander des secours, et la permission d'assembler les paroissiens pour aviser aux moyens de payer les dettes contractées et d'achever le bâtiment de leur église. Par arrêt du 12 février, il fut ordonné qu'en présence du sieur Le Camus, lieutenant-civil, les paroissiens seraient convoqués pour aviser aux moyens les plus expédients, tant pour acquitter les dettes que pour continuer le bâtiment commencé, pour, sur le procès-verbal qui en serait dressé, être statué par le conseil, ainsi qu'il appartiendrait. Le lieutenant civil indiqua l'assemblée dans la chapelle de la Communion, au 22 de mars. L'assemblée fut tenue, et cependant l'affaire traîna jusqu'en 1688, que, par un arrêt du conseil du 4 mai, le roi commit les sieurs Bignon, de La Reynie, conseillers d'État, et le sieur de La Briffe, maître des requêtes, pour arrêter, en présence des marguilliers et de quatre des principaux créanciers de Saint-Sulpice, un état des dettes et des effets de la fabrique. Ils trouvèrent que les dettes montaient à plus de 672,000 livres, et que les effets de la fabrique ne montaient qu'à 143,000 livres. Sur le référé et l'avis des commissaires, le conseil rendit un nouvel avis, le 4 janvier 1689, par lequel, pour l'acquit du surplus des dettes, après la vente des effets de la fabrique, les manses abbatiale et conventuelle de Saint-Germain-des-Prés furent condamnées à payer le sixième du principal; la manse abbatiale les deux tiers, et la conventuelle un tiers, et les cinq autres sixièmes devaient être imposés sur les propriétaires des maisons et héritages du faubourg Saint-Germain, à proportion des taxes faites pour les boues et les lanternes. Ce même arrêt permit aux habitants, à l'économe de la manse abbatiale et aux religieux de l'abbaye, de faire la recherche des sommes dues à la fabrique, et des effets recélés, et de voir les comptes des marguilliers. Par autre arrêt du

14 décembre suivant, il fut en conséquence ordonné aux marguilliers de Saint-Sulpice de communiquer les comptes de la fabrique aux syndics des habitants et des communautés séculières et régulières du faubourg. L'examen des comptes et les recherches qu'on fit donnèrent lieu aux habitants de publier un mémoire qui ne faisait point honneur aux marguilliers. Ce mémoire, accompagné d'une requête, fut renvoyé, par arrêt du conseil du 17 août 1691, à l'examen des sieurs Bignon, de La Reynie et Du Harlay, conseillers d'État; mais cette instance parut si odieuse qu'elle fut assoupie par autorité. Depuis toutes ces contestations, les travaux de l'église étaient suspendus et l'ont été long-temps dans la suite. Ils n'ont été repris qu'en 1718 par M. Languet de Gergy, curé de cette paroisse. »

Cet homme respectable déploya dans cette entreprise un zèle et une activité qui tiennent du prodige. Une somme de 300 francs était alors tout ce qu'il possédait; elle fut employée à acheter quelques pierres, qu'il annonça publiquement devoir être employées à la continuation de son église. Ses prières, ses exhortations firent le reste : elles émurent ses nombreux et riches paroissiens ; la piété sincère de quelques uns, peut-être la vanité de plusieurs, surtout l'exemple si puissant sur les hommes, lui ouvrirent toutes les bourses. Aux sommes considérables qu'il avait ainsi recueillies, le roi voulut bien ajouter, en 1721, le bénéfice d'une loterie, qui assura l'exécution de ce grand projet. Le bâtiment fut continué d'abord par Oppenord. Cet architecte, directeur-général des bâtiments du duc d'Orléans, est l'un des auteurs de la corruption des arts; c'est surtout à lui que l'on doit ces ornements capricieux dont l'emploi caractérise les ouvrages exécutés sous le règne de Louis XV. Le point où les travaux étaient parvenus ne lui permit pas sans doute d'en surcharger davantage la nouvelle église, sans quoi toutes les formes en eussent été enveloppées. Sous l'empire, à l'époque où les arts reprirent leur sévérité, on démolit des encorbellements en carton employés à soutenir des tribunes établies dans les croisées.

Le portail de la croisée de droite fut commencé en 1719 ; en 1722 on commença à bâtir la nef, qui ne fut entièrement achevée qu'en 1736. Il ne restait plus à faire que le grand portail, dont on avait jeté les fondements dès l'année 1733 sur les dessins du célèbre Servandoni. Ce magnifique portail, dont l'ordonnance sévère contrastait avec le style contourné des architectes de l'époque, devait être surmonté d'un fronton et flanqué de deux tours. Servandoni ne fut pas heureux dans le dessin de ces tours. Un architecte nommé Maclaurin, chargé d'y faire les changements nécessaires, ne tint pas ce qu'il avait fait espérer; on peut en juger par celle de ces deux tours qu'il fit élever; elle est placée à la droite du portail. Il était réservé à Chalgrin de mettre ces constructions en harmonie avec le portail : cet habile artiste a élevé la tour septentrionale. Dès 1777, il avait commencé les travaux ; la révolution seule les interrompit.

Le fronton dont nous avons parlé tout à l'heure fut frappé de la foudre en 1770. Comme il paraissait menacer ruine on le démolit peu de temps après, et on le remplaça par une balustrade. « On ne doit pas le regretter, dit Saint-Victor ; il est résulté de sa suppression plus de tranquillité, un ensemble plus régulier dans la façade. » Quoique inachevé, le portail de Saint-Sulpice est majestueux, et il faut espérer que l'on s'occupera de le terminer. En 1745, le digne pasteur dont l'activité infatigable venait d'élever un si vaste monument, crut devoir profiter de l'occasion brillante que lui offrait l'assemblée du clergé pour en rendre la dédicace plus solennelle. La cérémonie s'en fit le 30 juin, et l'église fut dédiée sous l'invocation de la Sainte Vierge, de Saint-Pierre et de Saint-Sulpice.

L'église de Saint-Sulpice renferme des peintures dues au talent d'artistes célèbres. Dans la première chapelle, à côté de la grande sacristie, une Nativité et un Concert d'anges, par Lafosse; dans la troisième, une Sainte Geneviève, par Hallé. Dans la chapelle des Mariages, deux Anges, peints sur le plafond par le même ; Jésus-Christ bénissant les petits enfants, par le même; une Nativité, par Carle Vanloo; une Présentation au Temple, par Pierre ; une Fuite en Égypte, par le même ; Jésus-Christ au milieu des docteurs, par Froutier. Dans la sacristie des messes, une Apparition, par Hallé ; une Vierge à genoux, par Monier. Dans la chapelle de la Vierge, des peintures entre les pilastres, par Carle Vanloo. (Ces peintures ont été rendues à l'église.) Dans la coupole, l'Assomption de la Vierge, par François Lemoine. Dans la première chapelle à droite, en entrant par le grand portail, le Baptême de Notre-Seigneur et une Cène ; dans la seconde, Saint Jérôme ; dans la troisième chapelle, Jésus-Christ chassant les marchands du Temple, et l'esquisse du plafond de la chapelle de la Vierge. Dans la quatrième chapelle à gauche, derrière le chœur, Saint François et Saint Nicolas, par Pierre. (Le premier de ces deux tableaux a été replacé dans une des chapelles.)

Parmi les diverses productions de la sculpture employées à décorer l'église de Saint-Sulpice, nous citerons les statues de Saint Jean et de Saint Joseph ; elles remplissent les deux niches du portail de la croisée méridionale, et elles sont dues au ciseau de Dumont. Ce sculpteur fit aussi les statues de Saint Pierre et de Saint Paul qui décorent le portail septentrional. A l'entrée du chœur, deux Anges, de bronze doré, grands comme nature, par Bouchardon. (Ces deux figures ont été rendues à l'église.) Sur des culs-de-lampe adaptés aux pilastres de l'intérieur du chœur, les statues en pierre de Tonnerre, et plus grandes que nature, de Jésus-Christ, de la Vierge et des douze Apôtres, par le même. Dans la chapelle de la Vierge, une statue en marbre de sept pieds de proportion, représentant cette mère du Sauveur, par Pigale. Dans la même chapelle, des statues et une Gloire, par Mouchy. Dans la chapelle du Saint-Viatique, sur le maître-autel, un bas-relief représentant la Mort de saint Joseph, par le même. Dans quatre niches pratiquées autour de cette chapelle, quatre statues représentant la Religion, l'Espérance, l'Humilité et la Résignation, par le même. Dans la chapelle du Baptistaire, sur le maître-autel, un bas-relief représentant le Baptême de Notre-Seigneur, par Boizot. Dans les quatre niches, quatre statues représentant la Force, la Grâce, l'Innocence et la Sagesse, par le même. Au milieu, une cuve de cinq pieds de diamètre en marbre bleu turquin et ornée de bronze, servant de baptistère, par le même. Dans la chapelle de Saint-Jean-Baptiste, sur l'autel, la statue de ce saint, par le même. (Elle subsiste.) Dans la chapelle du Sacré-Cœur, une Vierge en marbre, par Michel-Ange. Dans la croisée de l'église, deux urnes antiques en granit apportées d'Égypte et servant de bénitiers. Au bas de l'église, deux belles coquilles, servant aussi de bénitiers, et données à François Ier par la république de Venise. (Elles servent encore au même usage.) Dans la sacristie, un très beau lavoir, incrusté de marbre blanc et orné de bas-reliefs. Dans les niches extérieures des deux portails de la croisée, les statues de Saint Jean, de Saint Joseph, de Saint Pierre et de Saint Jean, par François Dumont. La tribune intérieure sur laquelle pose le buffet d'orgue, soutenue par un péristyle de colonnes isolées, d'ordre composite, a été élevée sur les dessins de Servandoni. Ce buffet d'orgue, exécuté par Chiquot et renfermé dans une menuiserie dont les dessins ont été donnés par Chalgrin, passe pour le plus complet de l'Europe. Les sculptures dont il est orné sont de Duret. (Toute cette décoration est demeurée intacte.) La chaire à prêcher, très riche, mais d'une forme bizarre, a été élevée sur les dessins de Wailly.

« L'an 1648, pendant la nuit du 27 au 28 juillet, deux voleurs entrés par une fenêtre de Saint-Sulpice, forcèrent le tabernacle de la chapelle de la Vierge, enlevèrent le saint-ciboire, et jetèrent les hosties sacrées dans le coin d'un confessionnal de cette église. Le bruit de ce sacrilège s'étant aussitôt répandu dans Paris, alarma toutes les personnes de piété. On crut qu'il fallait réparer par quelque action d'éclat une si grande injure faite au Saint-Sacrement. Henri de Bourbon ou de Verneuil, abbé de Saint-Germain-des-Prés, ordonna une suite d'actions de piété, des messes, des prédications et des processions qui finirent par celle qui se fit le jeudi 6 août avec la plus grande solennité. Toutes les boutiques du faubourg furent fermées ce jour-là, et les rues par où devait passer la procession tendues de tapisseries comme à la Fête-Dieu. Les prêtres de la paroisse, précédés de leur croix, allèrent querir les religieux de l'abbaye Saint-Germain, et toutes choses furent en état de commencer la procession générale sur les dix heures du matin. A la tête de la procession marchaient les Jacobins du faubourg, au nombre d'environ cinquante. Après eux, en plus grand nombre, étaient les Petits-Augustins. Ensuite venaient cent ecclésiastiques en surplis, tant prêtres de la communauté que clercs du séminaire; et enfin, les religieux de l'abbaye (1). » Le nonce du pape porta le Saint-Sacrement. La reine Anne d'Autriche, malgré la longueur du chemin et la chaleur de la saison, accompagna la procession et assista à toutes les cérémonies jusqu'à huit heures du soir. « La princesse de Condé, les duchesses d'Enghien et de Longueville et plusieurs dames de la cour accompagnèrent la reine dans toutes les dévotions de cette journée. »

Un grand nombre de personnages célèbres à divers titres avaient été inhumés dans cette église : *Claude Dupuy*, conseiller au parlement, et l'un des plus savants hommes de son temps, mort en 1594. — *Pierre Bourdelot*, célèbre médecin, mort en 1685. — *Barthélemi d'Herbelot*, savant orientaliste, né à Paris le 14 décembre 1625, mort le 8 décembre 1695. Il s'adonna fort jeune à la littérature orientale, et acquit successivement la connaissance de l'arabe, du persan, de l'hébreu et des dialectes qui s'y rattachent. Pour perfectionner ses études il parcourut l'Italie, et à son retour à Paris il reçut une pension de la munificence du surintendant Fouquet. Après la disgrâce de ce ministre, il obtint la charge de secrétaire-interprète du roi pour les langues orientales. Au bout de quelques années il fit un second voyage en Italie, et recueillit partout sur son passage les témoignages de l'estime que lui portaient les personnes les plus distinguées par le rang et le mérite. Ferdinand II, grand-duc de Toscane, le fit venir à Florence et le combla des présents les plus flatteurs. Cependant d'Herbelot revint en France, où le rappelaient les vives instances de Colbert. A la mort de Pierre Dauvergne, d'Herbelot fut nommé pour remplir la chaire de syriaque au collège de France. D'Herbelot avait consacré le travail de toute sa vie à un gigantesque ouvrage qui ne parut que deux ans après sa mort, publié par les soins d'un autre célèbre orientaliste, A. Galland, sous le titre de : *Bibliothèque orientale*, ou *Dictionnaire universel contenant tout ce qui regarde la connaissance des peuples de l'Orient*; 1697, in-folio. — *François Blondel*, seigneur des Croisettes, maréchal des camps et armées du roi, et architecte de talent, mort en 1686. — *Michel de Marolles*, né à Génillé en Touraine, le 22 juillet 1600. Dès 1609, son père obtint pour lui l'abbaye de Baugerais, et en 1626 celle de Villeloin. Michel de Marolles, traducteur infatigable, publia une quantité d'ouvrages qui n'ont jamais été estimés. On a de lui des tra-

(1) Félibien, *Hist. de la ville de Paris*, t. I, p. 1398.

ductions du Nouveau-Testament, du Bréviaire romain, de Plaute, de Térence, de Lucrèce, de Catulle, de Tibulle, de Properce, de Virgile, d'Horace, d'Ovide, de Sénèque le tragique, de Lucain, de Juvénal, de Perse, de Martial, de Stace, des historiens Aurelius Victor, Ammien Marcellin, Grégoire de Tours, Frédégaire, des auteurs de l'histoire d'Auguste, et d'une foule d'autres enfin dont il est difficile de faire l'énumération complète. Il a publié aussi des mémoires qui sont intéressants par les détails qu'ils renferment sur les savants avec lesquels il était en relation. Il poussait la manie de faire imprimer jusqu'à publier des listes et des catalogues de ses amis et connaissances. Il commença, en 1644, à former une collection de gravures qui devint si précieuse, qu'en 1667 Colbert l'acheta pour la bibliothèque du roi où elle se trouve encore aujourd'hui, et compose deux cent vingt-quatre volumes du cabinet des estampes. Il mourut en 1681. Son portrait, qui était sculpté en marbre sur son tombeau, fut transporté aux Petits-Augustins. — *Gaetano-Julio Zumbo*, Sicilien, habile sculpteur en cire, mort en 1701. — *Marie-Catherine Le Jumel de Barneville*, comtesse d'*Aulnoy*, auteur de contes de fées très agréables, et de plusieurs autres ouvrages, morte en 1705. — *Roger de Piles*, peintre et auteur d'ouvrages sur la peinture, mort en 1709. — *Elisabeth-Sophie Chéron*, célèbre par ses talents pour la peinture et la poésie, morte en 1711. — *Jean Jouvenet*, peintre illustre, né à Rouen en 1647. Venu à Paris pour se livrer à son art, il se distingua dès son début par d'éclatants succès. Lebrun, que son titre de premier peintre du roi et la faveur de Louis XIV plaçaient à cette époque à la tête des arts, encouragea le jeune artiste, et le fit entrer sous ses auspices, en 1675, à l'Académie de peinture, fondée seulement depuis quelques années (1615), et à laquelle les grands maîtres du temps se faisaient une gloire d'appartenir. Dès lors et jusqu'à la fin de sa longue carrière, Jouvenet produisit continuellement, et la plupart de ses ouvrages ont rang parmi les chefs-d'œuvre de l'école française. Il fut chargé de l'exécution d'un partie des peintures de l'hôtel des Invalides et de la chapelle de Versailles. En 1707, il fut élu l'un des quatre recteurs perpétuels de l'Académie de peinture. Frappé, en 1713, d'une paralysie qui ne lui laissait l'usage que de sa main gauche, il n'en continua pas moins ses travaux, et mourut à Paris le 5 avril 1717. — *Etienne Baluze*, l'une des gloires de l'érudition française, mort en 1718. — *Louis d'Oger*, marquis de Cavoie, grand-maréchal-des-logis de la maison du roi, mort en 1710, et *Louise-Philippe de Coetlogon*, son épouse, morte en 1739. — *Allain-Emmanuel de Coetlogon*, maréchal et vice-amiral de France, etc., mort en 1730. — *Vincent Languet*, comte de Gergi, frère du curé de cette paroisse, auquel on doit l'achèvement de l'église, mort en 1734. — *Philippe de Courcillon*, marquis de Dangeau, mort en 1720. — *Philippe Egon*, marquis de Courcillon, son fils, mort en 1719. — *Jean-Victor de Bezenval*, colonel des gardes suisses, mort en 1737. Sur son tombeau était un médaillon de bronze offrant son portrait, par *Meysonnier*. (Ce médaillon a été détruit.) — *Jean-Baptiste Languet de Gergi*, curé de Saint-Sulpice. Son mausolée, placé dans la cinquième chapelle à droite du portail, était de la main de *Michel-Ange Holdtz*. — La comtesse de *Lauragais*; son tombeau avait été exécuté par Bouchardon.

L'église Saint-Sulpice est un des lieux où l'on a établi une méridienne pour mesurer les diverses hauteurs du soleil, et fixer d'une manière certaine l'époque des équinoxes et du dimanche de Pâques. Elle fut tracée d'abord par Henri de Sulli, fameux mécanicien anglais, qui mourut en 1728, et magnifiquement exécutée, en 1743, par Lemercier, astronome, membre de l'Académie. L'une des extrémités de la méridienne de Saint-Sulpice est placée près de la porte latérale de droite. Une plaque de cuivre carrée portant une inscription indique l'époque de sa construction. De là elle traverse toute la croisée en passant obliquement devant le maître-autel, et va se terminer au pied d'un obélisque en marbre blanc de vingt-cinq pieds de hauteur sur lequel elle se trouve projetée. La fenêtre de la croisée située vis-à-vis est entièrement close ; on y a ménagé seulement une ouverture d'un petit diamètre, placée à la hauteur de soixante-quinze pieds au-dessus du pavé, et à travers laquelle passe, à midi, un rayon de soleil qui vient tomber sur la méridienne. Au solstice d'hiver, l'ovale lumineux se porte sur la ligne verticale de l'obélisque.

L'église souterraine de Saint-Sulpice, remarquable par son étendue, contenait encore un très grand nombre de sépultures. On y voit d'anciens piliers de l'église primitive, qui prouvent combien le sol de Paris s'est exhaussé depuis quelques siècles.

Cimetière des Innocents. — Le cimetière situé au territoire des Champeaux, près de l'église des Innocents dont il prit le nom, était probablement un lieu de sépulture dès la plus haute antiquité. On sait que les premiers chrétiens n'ensevelissaient point leurs morts dans les villes ; à l'exemple des Romains, ils plaçaient les tombeaux au milieu des champs ou sur le bord des grandes routes. Les rois, les princes, les grands de l'Église avaient seuls le privilège d'être inhumés dans la crypte des basiliques.

Le cimetière des Innocents était d'abord réservé à la sépulture des paroissiens de Saint-Germain-l'Auxerrois ; mais bientôt il devint commun, d'abord aux paroisses qui furent démembrées de cette église, puis à quelques autres situées dans le voisinage et à plusieurs hôpitaux. Ensuite, lorsque les Champeaux eurent été renfermés dans la ville et qu'on eut établi les halles à peu de distance de ce lieu consacré, le cimetière fut perpétuellement traversé par la population commerçante. Les animaux séjournaient dans les parties les moins fréquentées et déterraient les cadavres; des voleurs s'y réfugiaient souvent, et pillaient ceux qui venaient à passer pendant la nuit dans cet endroit isolé; enfin, dès que le jour avait cessé, le cimetière devenait le théâtre de la débauche et de la prostitution des dernières classes du peuple.

En 1186, Philippe-Auguste fit cesser ces désordres en ordonnant l'élévation d'un mur qui entoura le cimetière des Innocents, et dont les portes ne devaient s'ouvrir que pour les cérémonies funèbres.

Rigord, l'historien de Philippe, rapporte ainsi cet événement avec son emphase ordinaire : « Un jour, pendant son séjour à Paris, le roi Philippe entendit parler des réparations qu'exigeait le cimetière des Champeaux, près de l'église de Saint-Innocent. Ce cimetière était jadis une grande place ouverte à tous les passants; les marchands y débitaient leurs marchandises, et les citoyens de Paris avaient coutume d'y ensevelir leurs morts. Mais comme l'écoulement des eaux du ciel qui venaient s'y réunir, et la fange dont il était rempli, ne permettaient pas d'y ensevelir les corps avec décence, le roi très chrétien, toujours attentif aux occasions de faire de bonnes œuvres, considérant que c'était une entreprise honorable et nécessaire en même temps, fit entourer de toutes parts le cimetière d'un mur de pierre; il y fit aussi pratiquer un nombre suffisant de portes, avec ordre de les fermer la nuit, pour mettre cet endroit à l'abri de toute insulte; car il voulait, par cette décision que lui avait inspirée sa piété, donner à ses descendants craignant Dieu l'exemple de faire garder avec honneur un cimetière qui renfermait les restes de tant de milliers d'hommes. »

Bientôt la population de Paris ayant rapidement pris une immense progression, surtout dans le quartier des halles, on fut obligé de donner plus d'étendue au cimetière des Innocents; cet accroissement fut fait par les soins et la libéralité de Pierre de Nemours, évêque de Paris, de 1208 à 1219.

Plus tard on éleva autour du mur de clôture une longue galerie voûtée qu'on appela *Charnier des Innocents*, et dans laquelle on inhuma les personnes à qui leur fortune permettait d'obtenir pour leur tombe une place séparée. Les arcades de cette galerie avaient été construites à diverses époques, et surtout vers la fin du XIVe siècle, par plusieurs notables bourgeois de Paris dont elles portaient le chiffre et les armes.

Cependant il ne paraît pas que ce lieu de sépulture fut religieusement respecté. Cette humide et sombre galerie du Charnier servait de passage, et quoiqu'elle fût pavée de tombeaux et tapissée d'inscriptions funèbres, elle était bordée d'étroites boutiques de modes, de lingerie, de mercerie et de bureaux d'écrivains publics. En 1365, Raimond Dutemple, qui dirigeait alors les travaux du Louvre, avait épuisé pour ses constructions les carrières des environs de Paris. Il fut obligé, pour terminer un escalier, d'entrer en marché avec l'église des Saints-Innocents pour faire l'acquisition d'un certain nombre de pierres tumulaires. Il acheta six tombes qu'il paya 14 sols parisis la pièce.

L'une des portes du cimetière des Innocents était située au coin de la rue aux Fers, la seconde au coin de la rue de la Féronnerie, et la troisième à la Place-aux-Chats.

La première arcade du côté de la rue Saint-Denis était due aux libéralités de Nicolas Flamel, et c'est là qu'était placé le monument que cet homme si bizarrement célèbre avait fait élever pour sa femme Pernelle (1), et qui a si vivement exercé l'imagination des visionnaires de l'alchimie. Les figures allégoriques dont il était orné ont servi de texte à leurs interprétations mystiques aussi long-temps qu'elles ont duré.

Au XVe siècle, pendant les guerres avec les Anglais, le cimetière des Innocents fut le théâtre de cérémonies publiques fort singulières. En 1424, après la bataille de Verneuil, les Anglais, maîtres de Paris, choisirent cet endroit pour y représenter un spectacle étrange. Une foule immense de peuple, de tout âge, de tout sexe et de toute condition, s'y rassemblèrent pour célébrer une réjouissance publique, qui se termina par des danses où la mort jouait le rôle de coryphée. En 1450, après l'expulsion des Anglais, les Parisiens solennisèrent au même lieu, par une fête d'une autre genre, le retour de Charles VII. « Après la bataille de Formigny, dit Sauval, le mercredi 15 avril 1450, les bourgeois de Paris firent assembler douze cents petits garçons dans le cimetière des Saints-Innocents, d'où ils allèrent en procession à l'église Notre-Dame, portant chacun un cierge allumé, pour rendre grâce à Dieu (2). »

Le cimetière des Innocents renfermait quelques monuments remarquables : c'étaient la *Croix Gastine*, élevée sur l'emplacement de la maison de Philippe de Gastine, pendu en 1571, pour avoir tenu secrètement chez lui des conciliabules de calvinistes, et décoré d'un bas-relief de Jean Goujon ; le *Calvaire*, monument gothique, représentant l'Apparition du Christ aux saintes femmes ; le *Prêchoir*, bâtiment carré dont le nom indique suffisamment l'usage ; la *Chapelle de Villeroy*, petit édifice gothique acheté par la famille de Villeroy pour lui servir de sépulture ; la *Chapelle Pomereux*, qui servait de sépulture à la famille dont elle portait le nom. Sous la galerie des charniers qui longeait la rue de la Féronnerie, se trouvait la fameuse peinture de la *Danse macabre*, et non loin de là le chiffre de Nicolas Flamel environné de figures et de symboles, parmi lesquels était peint un homme noir, qui, bien plus encore que le tombeau de Pernelle, a

---

(1) Sur Flamel voyez plus haut, p. 408 et 413. — (2) Sauval, l. IV, p. 359.

suscité les dissertations des nombreux adeptes de la science occulte.

« Dans la même galerie, on remarque une petite armoire fermée où se trouve un chef-d'œuvre de sculpture : c'est un squelette humain d'environ trois pieds de haut, dont le bras droit est couvert par un pan de draperie ; le bras gauche a été cassé : il n'en reste que la main, qui tient un rouleau déployé sur lequel sont des lettres gothiques très difficiles à déchiffrer. On ne connaît pas d'une manière certaine la matière de ce squelette ; les uns disent que c'est de l'albâtre, et les autres de l'ivoire : on l'attribue à Germain Pilon. On ne le laisse voir que depuis le jour de la Toussaint jusqu'au lendemain à midi (1). »

Enfin, au milieu du cimetière, s'élevait la *Tour Notre-Dame-des-Bois*. C'était une tour octogone, d'apparence fort ancienne, et qui a très vivement excité la curiosité des antiquaires. Sauval et Piganiol de la Force l'ont prise pour un monument romain ; sans être aussi précis, les autres historiens de Paris l'ont tous regardée comme remontant à une haute antiquité. « Quelques uns, dit Hurtaut, croient qu'elle servait de guérite et qu'on y faisait le guet pendant la nuit, lorsque les environs n'étaient que des forêts où les voleurs et les ennemis auraient pu s'embusquer. D'autres pensent que c'était un phare où l'on allumait des feux pour éclairer les bateaux qui allaient sur la rivière ; d'autres enfin ont imaginé avec plus de vraisemblance que cette tour, si elle existait avant l'établissement du christianisme dans les Gaules, a pu servir de fanal pour les marchands qui venaient à Paris par ce côté-là, et que dans la suite elle a rendu le même service à ceux qui se rendaient à l'église durant la nuit. » Les plus raisonnables, selon moi, ont pensé que la tour Notre-Dame-des-Bois était un simple obélisque, comme il s'en trouvait quelquefois dans les cimetières. Vers le milieu du dernier siècle, elle avait 40 pieds de hauteur en comprenant le globe qui la surmontait, et qui lui même soutenait une croix. Elle renfermait à l'intérieur un escalier qui conduisait à une salle pratiquée au sommet de l'édifice et éclairée par huit fenêtres, dont chacune occupait l'une des faces de l'octogone.

Monuments d'art et monuments d'antiquité, tout a disparu dans le bouleversement du cimetière des Innocents, arrivé à la fin du XVIIIe siècle.

Le cimetière des Innocents, consacré depuis un temps immémorial à la sépulture d'une partie des habitants de Paris, était à cette époque le seul réceptacle de la dépouille mortelle des habitants de vingt-deux paroisses. Le voisinage, infecté par les exhalaisons méphitiques, était devenu d'une insalubrité dangereuse. Depuis fort long-temps les habitants de ce quartier élevaient des plaintes continuelles pour obtenir la trans-

---

(1) Hurtaut et Magny, *Dict. de Paris*, 1779, t. II, p. 346.

lation du cimetière. En 1724, 1737, 1746 et 1755, ils présentèrent à ce sujet de pressantes suppliques au gouvernement. Le parlement fit faire plusieurs enquêtes par des gens de l'art, et enfin, en 1780, le lieutenant de police chargea spécialement d'en donner leur avis les physiciens Cadet de Vaux et Fontane, qui signalèrent hautement les dangers de conserver ce cimetière au centre de la capitale. Cadet de Vaux, inspecteur-général de la salubrité de la ville, publia même, en 1785, un mémoire à cette occasion. Enfin, le conseil d'État ordonna, par un arrêt du 9 novembre 1785, que le cimetière des Innocents serait converti en un marché public. Au commencement de l'année suivante, l'archevêque de Paris donna son consentement pour cette suppression.

Il fut décidé que le cimetière serait détruit, le terrain creusé à la profondeur de cinq pieds, et les ossements transportés dans les carrières souterraines de la plaine de Montrouge. La maison de la *Tombe-Isoire*, située à peu de distance de la barrière d'Enfer, fut achetée et disposée pour servir d'entrée à ces catacombes parisiennes.

Le nouveau cimetière souterrain fut solennellement bénit par le clergé de la ville, qui, le 7 avril 1786, vint le consacrer avec toute la pompe sacerdotale.

Cependant on n'avait pas attendu la sanction de l'église pour commencer les travaux. Dès l'année 1785, avant cette bénédiction, avant même la publication du consentement de l'archevêque, on avait commencé le transport des ossements du cimetière des Innocents. La première translation eut lieu pendant le mois de décembre 1785 et les quatre mois suivants; la seconde se fit en décembre 1786 et mars 1787; la troisième commença au mois d'août de la même année et se prolongea jusqu'en janvier 1788. Ce fut un triste spectacle pour la ville de Paris, qui se vit ainsi pendant trois ans sillonnée par le continuel passage de convois infects qui répandirent une foule de maladies dans toutes les rues qu'ils traversèrent.

Pendant les années 1808, 1809 et 1811, diverses constructions qu'on fit au marché des Innocents amenèrent encore des découvertes de débris tumulaires qui allèrent augmenter la funèbre collection des catacombes, ou furent transportés aux cimetières de Montmartre et du Père-Lachaise.

Le cimetière des Innocents renfermait les tombeaux d'un grand nombre de personnages remarquables, parmi lesquels on cite les suivants :

Jean de Montigny, dit le Boulanger, chevalier seigneur de Jacqueville en Gastinois, d'Isles et de Montigny en Brie, et premier président au parlement de Paris. Le nom de Boulanger lui fut donné, dit-on, à cause de sa belle conduite dans une famine pendant laquelle il fit entrer une grande quantité de blé dans le royaume. Il fut député par le parlement pour aller au château de Beauté conférer avec le duc de Guyenne, révolté contre le roi Louis XI son frère, et l'engager à conclure la paix. Jean le Boulanger présida les juges qui condamnèrent le connétable de Saint-Pol. Il mourut le 24 janvier 1481, et fut enterré au charnier des Innocents auprès de sa femme Philippe de Cothereau.

Côme Guymier, chanoine de Saint-Thomas-du-Louvre, puis doyen de Saint-Julien-de-Laon, licencié en droit, conseiller et président aux enquêtes du parlement de Paris, magistrat plein de lumières et d'intégrité, connu par un savant commentaire latin sur la *Pragmatique Sanction*, imprimé en 1486. Côme Guymier mourut le 3 juillet 1503.

Nicolas Lefèvre, savant critique, né à Paris le 2 juin 1544; il fut précepteur de Henri de Bourbon, prince de Condé; puis de Louis de France, dauphin de Viennois, qui fut plus tard le roi Louis XIII. « Il vécut dans la retraite, dit Hurtaut, avec la politesse d'un homme de cour; et à la cour avec la candeur et la simplicité d'un solitaire » Nicolas Lefèvre mourut le 3 novembre 1612.

François Eudes de Mézerai, l'un de nos plus célèbres historiens, né à Rye près Argentan, en 1610. Après avoir fait de brillantes études à l'Université de Caen, il vint à Paris, où l'appui du cardinal de Richelieu fit sa fortune. Il devint historiographe de France et secrétaire de l'Académie française, et néanmoins se rendit aussi recommandable par l'indépendance de son caractère que par l'influence de ses écrits. Il mourut à Paris, le 10 juillet 1683, en laissant tous ses biens au cabaretier Lefaucheur dont la parole joviale et familière avait gagné son affection au point qu'il préférait sa société à celle des académiciens (1).

Nous ne saurions mieux terminer cet article qu'en consacrant quelques lignes à la *danse Macabre*, dont nous avons dit un mot plus haut.

Les danses Macabres ou danses des morts étaient une série de tableaux représentant la mort qui s'attaque indifféremment à toutes les classes de la société, et qui entraîne avec elle dans son branle terrible tous les âges et toutes les conditions. C'était un cadre singulièrement heureux pour recevoir les leçons ironiques jetées par le prolétaire au favori de la fortune, et ce devait être une sensible consolation pour les

(1) On lisait encore au cimetière des Innocents une épitaphe assez singulière gravée sur une plaque de cuivre :

Cy gist Yolande Bailli
qui trespassa l'an 1514, le 88e an de
son âge, le 42e de son veuvage,
laquelle a vu ou pu voir devant
son trépas, deux cent quatre vingts
quinze enfants issus d'elle.

pauvres gens que d'exposer ainsi aux regards des grands de la terre l'avertissement de leur commune destinée.

Aussi la peinture du moyen-âge reproduisit-elle cette conception avec une complaisance prodigue. Une foule d'édifices gothiques eurent leur danse Macabre. Le temps a détruit la plus grande partie de ces tableaux étranges, mais les documents historiques témoignent suffisamment de leur nombre et de leur importance.

On a dit que ce ne fut point la peinture qui la première conçut la pensée d'une danse bizarre dans laquelle la mort se faisait successivement le partner de tout être humain ; elle n'aurait fait en cela que reproduire des mascarades qui, dans le XIVᵉ siècle, avaient lieu au temps du carnaval. Du moins pour la danse Macabre du cimetière des Innocents de Paris, cette opinion a quelque chose de fort spécieux si on la rapproche de la fête singulière que les Anglais y célébrèrent en 1424. Selon d'autres, la peinture de la danse Macabre était une traduction reproduisant par des images les poëmes d'un troubadour nommé *Macabrus*, dont le nom serait ainsi resté à ses inventions fantastiques. Quoi qu'il en soit, il est probable ensuite que l'immense mortalité produite par les maladies contagieuses qui désolèrent le XIVᵉ siècle et le commencement du XVᵉ, développa cette idée du poëte, qui fut accueillie par le peuple dont elle flattait si bien les instincts d'égalité absolue.

La plus ancienne danse des morts que l'on connaisse est celle de Minden en Westphalie, exécutée vers 1380. Celle du cimetière des Innocents, sculptée sous le charnier, n'est pas de beaucoup postérieure. Elle a disparu sans qu'il en soit resté de traces, lors de la suppression du cimetière.

Ces compositions, qui, dans le principe, n'avaient été destinées qu'à la décoration des lieux funèbres, ne tardèrent pas à prendre une telle extension qu'on les retrouva bientôt dans les marchés, dans les lieux publics les plus fréquentés, et jusque dans les palais des rois. La miniature les reproduisit sur les marges des heures et des missels, et dans le XVIᵉ siècle, elles devinrent l'ornement nécessaire des gardes d'épées et des fourreaux de poignard. Quant aux fresques et aux sculptures, si l'on en rencontre encore, elles sont bien rares (1).

Pavé de Paris. — « Le roi Philippe, pendant un séjour qu'il fit à Paris, se promenait dans sa cour royale, songeant aux affaires de l'État dont il était sans cesse occupé. Il se mit par hasard à une fenêtre de son palais, d'où il se plaisait souvent à regarder par passe-temps le fleuve de la Seine ; tout-à-coup des voitures traînées par des chevaux, au milieu de la ville, firent sortir, des boues qu'elles avaient soulevées

---

(1) M. G. Peignot a publié un ouvrage en 2 vol. in-8º sur la danse macabre.

sur leur passage, une odeur fétide vraiment insupportable. Le roi, qui se promenait dans sa cour, ne put la soutenir lui-même, et dès lors il médita une entreprise dont l'exécution devait être laborieuse autant qu'elle était nécessaire, et dont les difficultés et les frais avaient toujours effrayé ses prédécesseurs. Ayant donc convoqué les bourgeois et le prévôt de la ville, il ordonna, en vertu de son autorité royale, que tous les quartiers et les rues de Paris fussent pavés de pierres dures et solides (1); car le roi très chrétien aspirait à faire perdre à Paris son ancien nom. Cette ville avait été d'abord nommée Lutèce ou boueuse, à cause des boues pestilentielles dont elle était remplie; mais les habitants, choqués de ce nom qui leur rappelait une boue fétide, préférèrent l'appeler Paris, du nom de *Pâris* Alexandre, fils de Priam, roi de Troie (2). »

Mézerai affirme, sans dire sur quelle autorité il s'appuie, qu'un financier très honnête homme, nommé Gérard de Poissy, touché des intentions généreuses du roi, voulut contribuer pour sa part aux frais de cet embellissement. Il donna donc onze mille marcs d'argent pour paver les rues de la ville. On sait que dans ce temps cette somme était énorme.

Suivant M. Dulaure, Philippe-Auguste ne fit paver que ce qu'on nommait la Croisée, deux rues qui se croisaient au centre de la ville, dont l'une se dirigeait du midi au nord, et l'autre de l'est à l'ouest. J'ignore où M. Dulaure a puisé ce renseignement; mais son assertion, que rien ne justifie, est en contradiction formelle avec le témoignage de Rigord dont je viens de citer le texte.

Le même historien dit encore que le pavé de Philippe Auguste était composé de grosses dalles ou carreaux de grès, dont les dimensions en longueur et en largeur étaient de trois pieds et demi, sur six pouces environ d'épaisseur. C'est encore là une simple conjecture; aucun auteur contemporain n'indique les dimensions de ce pavé; Guillaume-le-Breton dit seulement qu'il était composé de pierres carrées, *quadratis lapidibus*. Bergier, dans son livre des *Grands chemins de l'empire*, émet l'opinion que le pavé de Philippe-Auguste était fait de petits cailloux étroits, durs, pointus et semblables au pavé qui existait de son temps dans les rues de la Planche-Mibray, de la Juiverie et de la Lanterne; Sauval repousse cette assertion : « J'ai appris de quelques vieillards, dit-il, que ce pavé était un essai ou un modèle, fait durant la Ligue par un homme qui se vantait d'avoir trouvé de quoi épargner les grands frais que demande l'entretien du pavé de Paris; et ce pavé dure encore sous le nom de *pavé de la Ligue* (3). »

(1) « *De grès gros et fort,* » disent les chroniques de Saint-Denis. *Gestes de Philippe-Auguste,* liv. I, chap. XVI. — (2) Rigord. *Vie de Philippe-Auguste.* — (3) *Antiquités de la ville de Paris,* t. I, p. 185.

On négligea de paver les nombreux quartiers dont s'augmenta successivement la capitale depuis le règne de Philippe-Auguste. En 1754, il restait encore à sept ou huit pieds sous terre des carreaux de ce pavé au bas de la rue Saint-Jacques; ce ne fut que sous Louis XIV que l'on acheva de paver Paris, et que l'on entretint régulièrement ce service public.

Aqueducs et fontaines. — De tout temps la ville de Paris fut alimentée par de nombreuses fontaines qui distribuaient dans tous les quartiers les eaux de la Seine et celle venant des environs, d'Arcueil, de Belleville, de Ménilmontant.

Un grand nombre de ces conduites d'eau sont d'une origine si ancienne que l'on ignore l'époque de leur établissement. Telles étaient les fontaines des Innocents, du Ponceau, de l'Arbre-Sec, de la Trinité, de Saint-Julien, des Cinq-Diamants, de la Barre-du-Bec, de la Reine, rue Saint-Denis, de la porte Baudet, de Marle, rue Salle-au-Comte, derrière Saint-Leu-Saint-Gilles; de Maubué, et de Sainte-Avoye.

Il en est quelques unes qu'on peut attribuer au règne de Philippe-Auguste.

C'est probablement sous le règne de ce prince, en effet, que fut construit l'*aqueduc de Saint-Gervais*, qui reçoit au village de Saint-Gervais les eaux provenues des hauteurs de Ménilmontant et de Romainville. En 1183, Philippe acheta, comme nous l'avons vu (1), à la léproserie de Saint-Lazare une foire qui fut transférée à Paris, à la halle des Champeaux. Depuis lors, l'hôpital de Saint-Lazare, qui jouissait déjà de biens assez considérables, devint très riche. Il est assez probable, comme le fait justement observer M. Dulaure (2), que ce fut vers le même temps qu'il fit construire l'aqueduc de Saint-Gervais, destiné à lui amener les eaux dont l'abondance était indispensable pour un établissement de ce genre. Toujours est-il certain que cet aqueduc existait long-temps avant l'an 1265; car on connaît une charte de cette année, dans laquelle le roi accorde aux religieuses des Filles-Dieu le droit de faire conduire jusqu'à leur couvent, dans le faubourg Saint-Denis, les eaux de la fontaine Saint-Lazare.

L'aqueduc de Saint-Gervais, aux siècles suivants, alimentait en outre *la fontaine des Innocents*, située à l'angle du cimetière de ce nom et de la rue Saint-Denis, *la fontaine des Halles*, celles *du Ponceau, de la Reine, de Sainte-Catherine* et *des Filles-Pénitentes*.

L'*Aqueduc de Belleville*, qui date, selon toutes les probabilités, de la même époque que l'aqueduc de Saint-Gervais, c'est-à-dire du règne de Philippe-Auguste, fournissait de l'eau à la fontaine dépendante du

---

(1) Voy. l'art. *Halles.* — (2) *Hist. de Paris*, t. II, p. 138.

monastère de Saint-Martin-des-Champs, dont l'existence peut se rapporter certainement à l'année 1244 au plus tard.

Au XVIe siècle, la partie septentrionale de Paris renfermait près de vingt fontaines publiques alimentées par les aqueducs de Belleville et de Saint-Gervais. Mais la concession imprudentes que le gouvernement avait continuellement faite aux grandes familles et aux communautés religieuses de la capitale, d'user gratuitement de ces aqueducs, laissait ces nombreuses fontaines inutiles, car elles étaient souvent à sec. En 1587, puis en 1594, on commença à réduire la facilité de ces concessions ; en 1598 elles furent tout-à-fait interdites ; il fallut payer pour les obtenir.

Depuis long-temps négligés, les aqueducs du Pré-Saint-Gervais et de Belleville ne fournissaient presque plus d'eau. Henri IV ordonna leur réparation, pour laquelle il alloua les produits d'un surcroît d'impôts qui fut établi sur l'entrée des vins à Paris. Les travaux furent promptement achevés, et en 1602, les anciens aqueducs de Saint-Lazare et de Saint-Martin-des-Champs étaient revenus à l'état le plus prospère.

Couvent des Cordeliers ou frères Mineurs, appelé aussi grand couvent de l'*Observance de Saint-François*, situé rue de l'École-de-Médecine, au coin occidental de celle de l'Observance. — L'ordre des Cordeliers fut institué en 1208 par saint François d'Assise, et approuvé l'année suivante. Cet ordre fit des progrès si rapides, qu'au premier chapitre tenu en 1219, on comptait déjà plus de 5,000 députés. Ils avaient d'abord pris le nom de *Prédicateurs de la pénitence*, mais leur instituteur voulut par humilité qu'ils s'appelassent *frères Mineurs*. Le peuple leur donna le nom de Cordeliers à cause de la corde dont ils se servaient pour ceinture. Les annales des frères Mineurs racontent que saint François, après avoir fait approuver sa règle par le pape Innocent III, forma le dessein de passer en France ; mais qu'en ayant été détourné par le cardinal Hugolin, il se contenta d'y envoyer quelques uns de ses disciples, qui furent reçus avec faveur à Paris, vers l'année 1216 ou 1217, et s'y établirent, mais d'abord à titre provisoire.

« Dans les lettres de l'évêque de Paris, touchant l'établissement des Cordeliers en cette ville, datées du mois de mai 1230, il est dit que l'abbé et les religieux de Saint-Germain ne firent que prêter, et non pas donner aux frères de l'ordre des Mineurs le lieu et les maisons qu'ils habitèrent comme hôtes dans la paroisse de Saint-Côme et Saint-Damien, proche de la porte Gibart, joignant les murs du roi, à condition qu'ils n'auraient ni cloches, ni cimetière, ni autel consacré, et que l'abbaye conserverait sa justice temporelle sur ces lieux, sauf les droits curiaux de Saint-Côme. A quoi on ajouta que si les frères Mineurs allaient s'établir en quelque autre lieu dans la suite, la place qui leur avait été accordée, avec tous les bâtiments que l'on y avait élevés, demeurerait en propriété à l'abbaye, sans aucune réserve. Nous connaissons par là que l'esprit de saint François et de ses premiers disciples était de n'avoir rien du tout en propre, soit en commun, soit en particulier, pas même les maisons où ils demeuraient. C'est pourquoi ils ne les recevaient qu'à titre de prêt, et supposaient que la propriété en appartenait toujours à leurs fondateurs ; car la subtilité des esprits ne s'était pas encore exercée sur ce point, comme elle le fit dans le siècle suivant, où plusieurs docteurs voulurent rendre, soit le pape, soit l'église romaine, propriétaire des couvents des religieux mendiants, sans que les uns ou les autres en fussent plus riches ni plus pauvres dans la réalité (1). »

« Dix ans après l'établissement des Cordeliers à Paris, l'abbé et les religieux de Saint-Germain leur permirent d'avoir une église avec cloches et cimetière ; et dans la suite les frères Mineurs accrurent considérablement le lieu de leur habitation. Nous trouvons qu'en 1234, la communauté de Saint-Germain-des-Prés leur donna un grand logis, a la recommandation de saint Louis qui céda en récompense à l'abbaye cent sous parisis de rente qu'elle faisait au roi depuis un traité passé en 1209 avec Philippe-Auguste, pour trois jours de pêche tous les ans que nos rois s'étaient réservés dans l'étendue de la rivière de Seine donnée autrefois à l'abbaye par le roi Childebert Ier, son fondateur. Le pape Grégoire IX ordonna depuis à Simon, abbé de Saint-Germain, et à ses religieux, de permettre qu'il fût acheté, à l'usage des frères Mineurs, quelques portions de terre situées au dedans ou hors des murs, selon que le règlerait Adam, évêque de Senlis, d'autant que les propriétaires voulaient bien les vendre, et qu'il se trouvait des particuliers mus de charité qui voulaient les acheter pour en faire présent à ces religieux. On acheta effectivement deux pièces de terre, partie dans le domaine et partie dans la censive de l'abbaye. L'abbé et ses religieux consentirent à l'aliénation de ces deux pièces de terre en faveur des Cordeliers, sauf les droits, la propriété et la seigneurie temporelle et spirituelle de l'abbaye ; à condition que les Cordeliers n'auraient ni entrée ni sortie au mur contigu de leur couvent, le long du chemin qui conduisait à la porte de la ville au bourg de Saint-Germain ; permis cependant à eux, dans la nécessité de faire quelque ouvrage ou réparation sur les lieux, de rompre le mur, pourvu qu'ils le fissent incontinent rétablir à leurs frais. Ils promirent en même temps de ne pas s'étendre davantage sur le fonds de l'abbaye, et renoncèrent dès lors à toutes les permissions que le Saint-Siège pourrait leur en

(1) Jaillot prouve assez clairement que ce prétendu prêt n'était qu'une cession véritable que l'on avait déguisée sous ce titre, pour ne pas violer en apparence le vœu de pauvreté absolue si rigoureusement ordonné par saint François à ses religieux.

accorder dans la suite. Les lettres qu'ils donnèrent à ce sujet à l'abbé et aux religieux de Saint-Germain sont de l'an 1240 (1). »

La même année, l'abbé de Saint-Germain se relâcha des conditions sévères qu'il avait d'abord imposées aux Cordeliers; il leur accorda le droit d'avoir une église, un cimetière et des cloches. Saint Louis se chargea de faire bâtir leur église, et consacra à cette dépense, comme aux frais d'accroissement du couvent des Jacobins, l'amende à laquelle Enguerrand de Coucy avait été condamné envers lui (2).

L'église des Cordeliers ne fut dédiée que le 6 juin 1262, sous le titre de Sainte-Madeleine. Depuis, ces religieux firent encore, sur les terres de l'abbé de Saint-Germain, diverses acquisitions que celui-ci voulut bien leur amortir; et en 1298, Philippe-le-Hardi leur donna la rue qui régnait le long des murs, depuis la porte d'Enfer jusqu'à celle de Saint-Germain. Mais dans le siècle suivant, la nécessité où l'on se trouva de fortifier la ville lors de la captivité du roi Jean, ayant rendu indispensables la démolition des maisons qu'ils avaient bâties sur ce terrain et la destruction d'une partie de leurs vignes pour creuser les fossés de la ville, Charles V crut devoir les en dédommager en leur donnant la propriété de deux maisons situées rue de la Harpe, qu'il avait achetées des religieux de Molesme. Il fit même de ses propres deniers construire pour eux de grandes écoles et plusieurs autres bâtiments. Les Cordeliers reçurent à différentes époques des marques non moins grandes de la générosité de plusieurs personnages illustres. Ce fut Anne de Bretagne qui fit rebâtir leur réfectoire dont la salle immense avait cent soixante-douze pieds de long sur quarante-trois de large.

De toutes les communautés religieuses de Paris, celle des Cordeliers a été, de tout temps, la plus turbulente et la plus déréglée. Les ordres mendiants en général ont toujours été en démêlés avec leurs voisins, avec les autorités civiles, avec l'église, avec les bourgeois; mais, renchérissant sur tous les autres, les Cordeliers étaient en outre perpétuellement en guerre avec eux-mêmes.

Nous les verrons se mêler aux autres ordres religieux de la capitale, attaquer l'Université, et débattre avec elle des querelles souvent ensanglantées, et tellement envenimées, que l'intervention royale et les admonitions du Saint-Siége étaient impuissantes pour les calmer.

En 1401, un scandale bien plus grand encore arriva parmi les Cordeliers de Paris. Le provincial de ces religieux fit établir des écuries dans le couvent. Cette construction lui avait paru nécessaire, mais elle violait manifestement les statuts de l'ordre. Aussi cet acte, qui déplaisait beaucoup aux religieux étrangers demeurant dans la maison, fut-il blâmé par eux tout haut et sans ménagement. Forts du droit qui se

---

(1) Félibien, *Hist. de la ville de Paris*, t. I, p. 284 et suiv. — (2) Voy. p. 528.

trouvait de leur côté, ils s'assemblèrent tumultueusement le 17 août et se mirent en devoir d'abattre les écuries. Les frères de la province de France, qui n'étaient nullement du même avis, accoururent au bruit et se jetèrent à l'improviste sur les étrangers. Ceux-ci s'attendaient sans doute à cette violence ; ils accueillirent les assaillants par le cri : *A mort les Français!* Comme on pense, une rude mêlée s'ensuivit. Le guet accourut et l'affaire parut si grave que le roi dépêcha plusieurs de ses officiers pour réprimer le désordre. A l'arrivée de la force armée les Cordeliers combattaient encore, quoique la victoire semblât se décider en faveur des Français ; mais l'ennemi commun réunit les deux partis : étrangers et Français se tournèrent contre les archers qui déjà frappaient aux portes du couvent. On se garda bien de les ouvrir, et ils ne purent entrer qu'après les avoir enfoncées. Alors un nouveau combat commença plus sanglant que le premier ; la victoire qu'obtinrent les soldats ne fut pas des plus faciles, car de part et d'autre il y eut des blessures mortelles. Les religieux étrangers, qui avaient eu le dessous, doublement effrayés, essayèrent la plupart de s'enfuir par dessus les murs de la ville qui étaient derrière leur maison. On en prit quatorze dans les fossés ; vingt-six autres furent saisis dans l'intérieur du couvent, et tous furent conduits en prison. Le parlement prit connaissance de l'affaire qui fut renvoyée à la chambre du conseil où se trouvaient les évêques de Paris, de Noyon, de Bayeux, de Meaux, de Mâcon, du Puy et d'Ast, le 26 août de la même année, et de là devant les juges criminels (1).

« En 1502, dit Saint-Foix, Gilles Dauphin, général des Cordeliers, en considération des bienfaits que son ordre avait reçus de messieurs du parlement de Paris, envoya aux présidents, conseillers et greffiers, la permission de se faire enterrer en habit de Cordelier. En 1503, il gratifia d'un semblable brevet le prévôt des marchands, les échevins et les principaux officiers de la ville. Il ne faut pas regarder cette permission comme une simple politesse, s'il est vrai que saint François fait régulièrement chaque année une descente en purgatoire, pour en tirer les âmes de ceux qui sont morts dans l'habit de son ordre (2). »

L'Étoile rapporte dans ses Mémoires pour servir à l'histoire de France (année 1577), « qu'une fille fort belle, déguisée en homme, et qui se
» faisait appeler *Antoine*, fut découverte et prise dans le couvent des
» Cordeliers. Elle servait, entre autres, frère *Jacques Berson*, qu'on
» appelait l'Enfant de Paris et le cordelier aux belles mains. Ces révé-
» rends pères disaient tous qu'ils croyaient que c'était un vrai garçon :
» on s'en rapporta à leur conscience. Quant à cette fille-garçon, elle en-
» fut quitte pour le fouet, qui fut grand dommage à la chasteté de cette

(1) Félibien, t. II, p. 722. — (2) Saint-Foix, *Essais sur Paris*, t. I.

» honnête personne qui se disait mariée, et qui avait par dévotion servi
» dix ou douze ans ces bons religieux sans jamais avoir été intéressée
» en son honneur. » « Il paraît, ajoute Saint-Foix, que L'Etoile doute
que l'honneur d'une fille puisse être aussi miraculeusement préservé
parmi les révérends pères cordeliers, que le fut le prophète Daniel dans
la fosse aux lions (1). »

Lorsqu'on tint à Paris le chapitre général de l'ordre des Cordeliers,
au mois de mai 1579, il s'y trouva douze cents religieux étrangers.
Pour subvenir à leur subsistance pendant la session du chapitre, le roi
leur donna dix mille livres, et le duc d'Anjou quatre mille ; les chapitres et communautés de la ville, et, à leur exemple, la plupart des bourgeois leur firent de larges aumônes (2).

Le cardinal George d'Amboise, légat du pape, avait tenté, comme
nous l'avons vu (3), d'introduire la réforme, c'est-à-dire l'ordre et la
discipline dans les communautés religieuses. Il avait commencé, en
1502, par le couvent des Jacobins ; l'heureuse issue de sa première
tentative, malgré les difficultés dont elle avait été entourée, l'engagea
à poursuivre ses projets, et la même année il résolut de réformer les
Cordeliers. Le père Olivier Maillard, cordelier observantin, connu
pour le cynisme de ses prédications, était alors au couvent de Paris
avec cinquante autres religieux observantins ; les Observantins étaient
ceux qui étaient strictement attachés à l'observance des règles de
saint François. Ce fut lui que le cardinal d'Amboise commit pour ramener tous les Cordeliers de Paris à cette rigoureuse observance ; mais
son éloquence ne fut d'aucun effet. Le cardinal alors envoya les évêques
d'Autun et de Castellamare pour signifier aux Cordeliers ses ordres
précis. Les deux prélats vinrent pour les faire exécuter et trouvèrent
tous les religieux réunis dans l'église. Les Cordeliers avaient déposé le
saint sacrement sur le grand-autel : ils l'environnaient d'un air recueilli
et faisaient retentir le temple de psaumes, d'hymnes et de cantiques.
Les évêques n'osèrent pas d'abord les interrompre dans ce pieux exercice ; mais les chants se prolongeaient sans répit. Enfin, les évêques
purent s'apercevoir qu'ils étaient joués ; plusieurs fois ils essayèrent de
se faire entendre, d'invoquer le nom du légat du Saint-Siége et celui du
roi ; chaque fois qu'ils ouvraient la bouche, les rusés Cordeliers chantaient avec une nouvelle ardeur, si bien qu'au bout de quatre heures,
comme ils chantaient toujours, force fut aux deux envoyés du cardinal
d'Amboise de se retirer comme ils étaient venus, et d'aller conter au légat leur mésaventure. Le lendemain, ils se présentèrent de nouveau,
mais armés de meilleurs arguments ; ils étaient accompagnés par le

(1) Saint-Foix, *Essais sur Paris*, t. I. — (2) Félibien, *Hist. de Paris*, t. II, p. 1140.
— (3) Voy. l'article *Jacobins*.

prévôt de Paris Jacques d'Estouteville, le gouverneur de Paris, Guillaume de Poitiers, les sergents de la ville et cent archers de la garde du roi. Les Cordeliers essayèrent de jouer encore la scène de la veille; mais leur artifice ne pouvait pas avoir le même effet. Les soldats, du geste et de la voix leur imposèrent silence, et malgré leur concert sacré, il leur fallut bien entendre Guillaume de Poitiers qui leur cria qu'il allait les chasser de leur couvent comme on avait fait des Jacobins. Cette fois les chants cessèrent. L'évêque d'Autun eut enfin la liberté de lire à son aise les lettres et le mandement du pape qui enjoignait aux Cordeliers de recevoir la réforme des Observantins, et, suivant la règle de saint François, de se résoudre à ne toucher ni or, ni argent, et à n'avoir jamais rien en propriété, ni en particulier, ni en commun. Comme il s'agissait d'exécuter à la lettre ses préceptes, les Cordeliers résistèrent long-temps et de toutes manières; mais ils devaient céder, et après de longs débats, ils consentirent, du moins en apparence, à faire leur soumission.

Il paraît en effet qu'ils s'étaient soumis uniquement pour la forme, car on voit dans les historiens que, pendant tout le cours du xvi° siècle, les Cordeliers indisciplinables nécessitaient fort souvent par leurs désordres l'intervention de la force publique et la vindicte des tribunaux, et qu'on en était toujours, même jusqu'en 1622, à tenter leur réforme.

L'église des Cordeliers fut presque totalement détruite par un incendie arrivé le 19 novembre de l'an 1580, sur les neuf ou dix heures du soir, par l'imprudence d'un religieux qui, étant seul dans l'église, où il voulait achever de dire l'office, attacha une bougie allumée au lambris de la chapelle de Saint-Antoine de Padoue, où il y avait quantité d'*ex-voto* en cire; le religieux s'étant endormi, le feu prit à ces *ex-voto*, et se communiqua avec tant de rapidité et de violence, qu'en un moment toute l'église fut embrasée, sans qu'on pût y apporter le moindre secours. L'incendie dura trois jours entiers. Les cloches furent fondues; le chœur, la nef, les chapelles et une partie du cloître furent ravagés par le feu, qui détruisit la plupart des tombeaux qu'on y voyait auparavant, et dont Corrozet nous a conservé la mémoire. Ces tombeaux étaient de marbre noir, et les effigies de princes et princesses qui y avaient été inhumés étaient de marbre blanc ou d'albâtre. C'est là que se trouvaient les restes des reines *Marie de Brabant*, femme de Philippe-le-Hardi, morte en 1321; *Jeanne de Navarre*, femme de Philippe-le-Bel, morte en 1304; *Jeanne de Bourgogne*, femme de Philippe-le-Long, morte en 1329; *Jeanne d'Evreux*, troisième femme de Charles-le-Bel, morte en 1370. Près de leurs tombeaux on voyait ceux de *Blanche de France*, fille de Philippe-le-Long, morte religieuse à Longchamps, en 1358; *Mahaut*, fille du comte de Saint-Paul, femme de Charles, comte de Valois, fils de Philippe-le-

Hardi, morte en 1358; *Blanche de France*, fille de saint Louis; *Louis de Valois*, fils de Charles, comte de Valois, mort en 1329; *Louis*, fils aîné de Robert, comte de Flandre, mort en 1322; *Pierre de Bretagne*, fils de Jean, duc de Bretagne, et de Blanche de Navarre; *Charles, comte d'Etampes*, frère de Jeanne, reine de France, mort en 1336.

Le roi Henri III donna une somme considérable pour faire rebâtir le chœur, et les chevaliers de l'ordre du Saint-Esprit, qu'il venait d'instituer, y contribuèrent aussi. On commença donc à rebâtir le chœur en 1582, et le 19 novembre 1585 il fut bénit, et le grand autel dédié sous l'invocation de Sainte-Madeleine, de Saint-Roch et de Saint-Sébastien. La nef et les bas-côtés furent rebâtis, l'an 1606, par les soins et les libéralités de Christophe de Thou, premier président du parlement de Paris, et de Jacques Auguste de Thou, son fils.

Le couvent des Cordeliers prétendait aux privilèges des lieux d'asile. On lit dans les registres du parlement que le 2 août 1663, deux malfaiteurs conduits à Paris furent arrachés des mains de la justice par un attroupement formé sur le pont Saint-Michel : l'un d'eux se réfugia dans le couvent des Cordeliers ; un commissaire ayant été aussitôt envoyé pour le réclamer, les religieux refusèrent de se soumettre à son autorité, et soutinrent que leur couvent était un asile dont l'entrée était interdite aux officiers de justice.

Il y avait dans cette église deux confréries fameuses : celle du *tiers-ordre de Saint-François* et celle du *Saint-Sépulcre*, dont les Cordeliers avaient la garde à Jérusalem depuis l'an 1336. On appelait les membres de cette dernière confrérie *pèlerins de Jérusalem*, ou *palmiers*, ou *croisés*. Elle devait son origine à quelques bourgeois de Paris, qui avaient fait le voyage de Jérusalem. Saint Louis et les seigneurs de sa cour, et plusieurs autres qui avaient accompagné ce prince dans son premier voyage à la Terre-Sainte, demandèrent à y être agrégés.

Les statuts et les règlements de cette confrérie furent confirmés, en 1435, par le pape Eugène IV, qui accorda aux confrères plusieurs indulgences. Le roi et les princes étaient toujours de cette confrérie. Tous les dimanches et les fêtes solennelles, on disait dans la chapelle qui lui était affectée une grand'messe avec eau bénite, prône, pain bénit et offrande ; mais le dimanche de la Quasimodo était le jour le plus solennel : on y disait, et cela est très remarquable, la messe et le sermon *en grec*. Henri IV y rendit le pain bénit, l'an 1609, le dimanche de Quasimodo, et Marie de Médicis à pareil jour, l'an 1610.

Dans une des salles du couvent des Cordeliers se tenaient, en vertu d'une ordonnance de l'an 1728, les chapitres ou assemblées générales de l'ordre de Saint-Michel, en présence d'un chevalier commandeur des ordres du roi. Ces assemblées avaient lieu deux fois par an, le 8 mai, fête de l'apparition de Saint-Michel, et le premier lundi de l'Avent. A la fin de chaque assemblée, on distribuait à tous les chevaliers présents des médailles d'argent, dont l'empreinte avait rapport à quelque événement de la vie du roi régnant. Avant 1728, les chapitres de l'ordre de Saint-Michel se tenaient dans la Sainte Chapelle de Vincennes.

C'était aussi dans l'église des Cordeliers que l'Académie française faisait célébrer la messe des morts pour ses membres décédés. Cette cérémonie funèbre cessa d'avoir lieu depuis que M. de Beaumont, archevêque de Paris, se fût opposé à ce qu'on la célébrât pour Voltaire.

Outre les princes et princesses dont les tombeaux furent détruits par l'incendie de 1580, une foule de personnages illustres étaient inhumés aux Cordeliers.

Alexandre d'Ales ou *de Hales*, religieux de cet ordre, dit le *Docteur irréfragable* et la *Fontaine de vie*. Il était Anglais et avait pris le surnom de *Ales*, d'un monastère du comté de Chester où il avait été élevé. Il vint à Paris, et après y avoir pris le bonnet de docteur, il y professa la philosophie et la théologie, et s'acquit dans cet enseignement une grande réputation. Saint Thomas d'Aquin et saint Bonaventure furent du nombre de ses élèves. Il composa, par ordre du pape Innocent IV, un commentaire sur les quatre livres des sentences sous le titre de *Somme de théologie*. Il mourut le 1er septembre 1245. Son tombeau des Cordeliers fut érigé, au mois de mars 1622, par les soins de Benoît de Gênes, général de l'ordre des Franciscains.

Nicolas de Lyre, docteur en théologie, religieux cordelier, et l'un des plus savants hommes de son siècle. Il était né à Lyre, bourg de Normandie dont il a pris son nom, et où ses parents, qui étaient juifs, l'avaient abandonné. Il se fit baptiser, et prit l'habit de Saint-François chez les cordeliers de Verneuil au temps de leur fondation, sous le règne de Louis-le-Hutin, en 1291. Il vint ensuite à Paris où il acheva ses études, et devenu docteur, il enseigna pendant plusieurs années et composa un grand nombre d'ouvrages. Nicolas de Lyre n'était pas seulement théologien habile ; il possédait, science moins vulgaire de son temps, la langue hébraïque. Il était aussi doué d'une grande capacité pour l'administration. Philippe, comte d'Évreux, n'entreprenait rien sans le consulter, et la reine Jeanne de Bourgogne, femme du roi Philippe V, le nomma parmi ses exécuteurs testamentaires. Nicolas de Lyre mourut le 23 octobre 1340.

Louis de Luxembourg, comte de Saint-Pol, connétable de France, décapité en place de Grève. Il avait servi Charles VII avec succès dans les guerres de ce prince contre les Anglais. Charles VII étant mort, Louis de Luxembourg s'attacha au duc de Bourgogne, qui lui donna le commandement de l'avant-garde de son armée à la bataille de Montlhéry. Louis XI, pour l'attirer à son service, lui donna l'épée de connétable ; mais pour se maintenir indépendant dans la ville de Saint-Quentin dont il s'était emparé, le connétable trahit successivement le roi et le duc de Bourgogne. Ses perfidies furent découvertes. Redoutant la vengeance de Louis XI, il se réfugia auprès du duc qui le livra sans difficulté. On lui fit son procès à Paris, et il eut la tête tranchée le 19 décembre 1475.

Pierre Filhol, de Gannat en Bourbonnais, archevêque d'Aix, lieutenant-général du roi François I*er* au gouvernement de Paris et de l'Ile-de-France, mort le 22 janvier 1540, à l'âge de cent deux ans. Sur sa tombe placée derrière le chœur, à côté du grand autel, se trouvait couchée sa statue en pierre. Ce monument fut du petit nombre de ceux qui échappèrent à l'incendie de 1580.

Il en est de même de celui d'*Alberto Pio*, prince de Carpi, qui, dépouillé de ses domaines par le duc de Ferrare, se retira à Paris et passa ses derniers jours à la cour de François I*e*. C'est lui qui, ayant ordonné qu'on l'inhumât vêtu d'un habit de cordelier, fournit à Érasme le sujet de sa satire intitulée : *Exequiæ seraphicæ*.

> Témoin le comte de Carpi,
> Qui se fit moine après sa mort.

a dit Clément Marot dans sa seconde épître du *Coq-à-l'âne*.

Jean de la Haye, religieux de cet ordre, prédicateur ordinaire d'Anne d'Autriche. Il a publié quarante volumes in-folio, dont la plupart sont des éditions de textes sacrés accompagnés de commentaires; le tout fort peu remarquable. Il était né à Paris le 20 mars 1593, et il y mourut le 15 octobre 1661.

L'épitaphe suivante était gravée dans le chœur :

Cy gist haut et puissant seigneur messire *Bernard de Béon et du Massé*, seigneur de Boutteville, Cornefou, Esclusson, et chevalier de l'ordre du roi ; capitaine de cinquante hommes d'armes de ses ordonnances, son conseiller en ses conseils d'État et lieutenant pour Sa Majesté au pays de Xaintonge, Angoumois et Limousin, lequel décéda à Monceaux le huitième jour d'aoust 1607. Priez Dieu pour lui.

On voyait encore dans l'église des Cordeliers les tombeaux de :

André Thevet, *vénérable et scientifique personne*, dit son épitaphe, et *cosmographe de quatre rois*. Né à Angoulême au commencement du XVI*e* siècle, André Thevet jouit d'une grande réputation parmi ses contemporains pour ses voyages et ses connaissances géographiques. Destiné d'abord à l'Eglise, il prit l'habit de cordelier et se livra à l'étude de la théologie; mais son goût l'entraînant vers les sciences profanes, il s'adonna tout entier à la lecture, et doué d'une mémoire facile, il acquit en peu de temps un fond d'érudition sinon solide, au moins très vaste. Vivement désireux d'étendre ses connaissances par des voyages et par la fréquentation des savants, il parvint à obtenir de ses supérieurs la permission de quitter la France pour quelque temps. Il parcourut, pendant l'année 1549 et les suivantes, l'Italie, la Grèce, l'Asie-Mineure, la Palestine, et demeura long-temps à Alexandrie. Ensuite, en 1555, il alla à Rio-Janeiro avec le chevalier de Villegagnon, chargé de l'établissement d'une colonie calviniste au Brésil. De retour un an après il obtint sa sécularisation, et fut nommé successivement aumônier de la reine Catherine de Médicis, puis historiographe et cosmographe du roi. Il jouissait d'une grande faveur à la cour et en usait pour servir chaudement ses nombreux amis, tels que Jodelle, J. Dorat, Génébrard, Garnier, Baïf, qui aussi l'ont constamment comblé de louanges. On l'a taxé d'ignorance et de mensonge. Il n'était cependant que crédule, mais, il est vrai, d'une excessive crédulité. Il a publié entre autres ouvrages : la *Cosmographie du Levant*; les *Singularités de la France antarctique*; la *Cosmographie universelle*; enfin les *Vrais portraits et vies des hommes illustres*, celui de ses ouvrages auquel il a donné le plus de soin, et le seul qui ne soit pas entièrement tombé dans un juste oubli (1). André Thevet mourut à Paris, le 23 novembre 1590, à l'âge de quatre-vingt-huit ans.

François de Belleforest, historien, né dans le comté de Comminges, d'une famille noble, au mois de novembre 1530, mort à Paris, le 1er janvier 1583, âgé de cinquante-trois ans; venu à l'époque où le goût de l'histoire commençait à naître, où de Serres et du Haillan occupaient l'attention du public, Belleforest écrivit à leur imitation, et publia une *Histoire des neuf rois de France qui ont eu le nom de Charles*. Son ouvrage, si mauvais qu'il fût, lui valut la place d'historiographe de France. Dès lors il se livra à ce genre d'étude et publia un grand nombre de livres, dont le plus connu est l'*Histoire générale ou les Annales de France* (2 vol. in-fol.). Mais son incapacité littéraire lui attira le mépris de ses contemporains et lui fit même perdre sa place d'historiographe. Il mourut dans la pauvreté.

Gilles le Maistre et *Marie Sapin*, sa femme. Gilles le Maistre, premier président au parlement de Paris pendant les fureurs de la Ligue, s'illustra par son courage et sa fermeté constante à veiller, au péril de sa vie, au bien de l'Etat. Il naquit à Montlhéry, vers l'an 1499, d'une ancienne famille de magistrats, et se distingua dès son début au barreau. François Ier le nomma avocat-général au parlement en 1540; Henri II, pour le récompenser des services qu'il avait rendus dans cette charge, le fit, en 1550, président à mortier, et l'année suivante premier président. Il mourut le 5 décembre 1562. On a de lui quelques ouvrages de droit. Son tombeau aux Cordeliers était surmonté de sa statue.

Don Antoine, commandeur de Crato, roi titulaire de Portugal, mort

(1) Voy. l'art. de la *Biographie universelle*, par M. Weiss.

à Paris le 26 août 1595. La vie de cet homme célèbre est pleine d'intérêt. Fils naturel de l'infant don Louis, duc de Beja, et d'une Juive, Iolande de Gomez, que ce prince avait promis d'épouser, don Antoine suivit le roi don Sébastien à cette malheureuse expédition d'Afrique qui aboutit au sanglant désastre d'Alcazar-Quivir (1578). Tombé entre les mains des vainqueurs qui ne le reconnurent pas, il parvint à s'échapper de prison, grâce au dévouement d'un esclave, et revint à Lisbonne réclamer le trône dont s'était emparé son oncle, le cardinal Henri, connu dans l'histoire sous le nom du *Prêtre-Roi*. Don Antoine prétendit que son père, le duc de Beja, avait épousé sa mère en secret; déclaré bâtard et banni du royaume, il se cacha et attendit les événements. A la mort du *Prêtre-Roi*, Philippe II se disposait à faire valoir ses droits sur le trône de Portugal, lorsque le commandeur de Crato rallia ses partisans et se fit proclamer (19 juin 1580); mais don Antoine ne put lutter contre Philippe, et poursuivi de toute part, sans ressources, sans espérances, il s'embarqua secrètement à Viana sur un vaisseau marchand. Ses malheurs n'étaient point finis. Une tempête jeta le vaisseau sur la côte, et le prince fugitif n'échappa qu'avec peine aux Espagnols qui avaient mis sa tête à prix. Il réussit enfin à gagner la France, et implora les secours de Catherine de Médicis. Le sort des armes lui fut encore défavorable. Don Antoine, poursuivi par les vainqueurs, passa sur un navire flamand, erra en Hollande, en Angleterre, et revint finir à Paris une vie si fertile en événements. Il céda tous ses droits à Henri IV. Emmanuel, son fils naturel, épousa la sœur de Maurice d'Orange. Le corps seul de don Antoine est inhumé aux Cordeliers; son cœur fut porté à l'église des religieuses de l'*Ave Maria*.

Diego Bothelh, mort en 1607, fut le serviteur fidèle de ce malheureux prince. Issu de l'une des premières familles du Portugal, qui tirait son origine des rois de Bohême, il sacrifia à don Antoine sa fortune et son avenir, et ne demanda pour toute récompense que d'être enterré aux pieds de l'homme dont il avait partagé les malheurs.

Antoine de Longueil, évêque de Saint-Pol-de-Léon, qui mourut le 25 août 1500.

Jean-René de Longueil, marquis de Maisons et de Poissy, président à mortier au parlement de Paris, académicien honoraire de l'Académie des sciences, mort à Paris le 15 septembre 1731.

René-Prosper de Longueil, fils de Jean-René de Longueil et de Marie-Louise Bauyn d'Angervilliers, mourut tout jeune le 21 octobre 1732, et finit la famille de Longueil dont tous les membres, depuis trois cents ans, étaient inhumés dans l'église des Cordeliers.

Jean de Rouen, savant versé dans la connaissance des littératures anciennes, et fondateur d'une chaire de théologie à la Sorbonne, mort en 1615.

Claude-Françoise-Angélique de Pouilly-d'Esne, marquise d'Esne, baronne de Manouville, épouse de messire Alexandre, marquis de Redon, de Granzac, et souverain d'Argilliers. Françoise de Pouilly, supérieure de la confrérie du tiers-ordre de Saint-François, établie dans l'église des Cordeliers, mourut le 22 mars 1672.

Guillaume Frœlich, né à Zurich en 1492. Il était ouvrier charpentier, lorsqu'à l'âge de vingt-huit ans il embrassa le métier des armes où il se distingua tellement qu'il parvint rapidement aux premiers grades. Il partagea, en 1544, avec le baron de Hohensax, le commandement des Suisses, et il faisait les fonctions de colonel-général à la journée fameuse de Cérisoles où son régiment se couvrit de gloire. Il fut armé chevalier sur le champ de bataille, et François Ier lui expédia des lettres de noblesse avec le brevet de lieutenant dans la compagnie des Cent-Suisses de sa garde. Frœlich fit les campagnes de Piémont sous les ordres du duc de Brissac, se distingua aux siéges de Verceil et de Casal, et revint en France après la bataille de Saint-Quentin. Il était parvenu à suppléer à son défaut d'éducation par la lecture et par le commerce de personnes instruites; il était aussi remarquable par son intelligence que par sa valeur. Son désintéressement surtout était admirable; il maintenait une discipline rigoureuse parmi ses soldats, mais en même temps il veillait à leur bien-être et pourvoyait à leurs besoins de ses propres deniers. Ce brave capitaine mourut à Paris, le 4 décembre 1562, et fut enseveli par les soins d'un neveu dans l'église des Cordeliers. Sur son tombeau se trouvait son buste en marbre qui a été transporté au musée des Augustins.

Plusieurs familles illustres avaient encore leurs sépultures dans l'église des Cordeliers. Ainsi la famille des Besançon y possédait une chapelle où furent déposées les cendres de plusieurs magistrats de ce nom et de quelques membres de famille de Bullion et de Lamoignon, qui se rattachaient par alliance à celle de Besançon.

Charles de Lamoignon, seigneur de Basville, était né le 1er juin 1514 d'une famille du Nivernais qui remontait au temps de saint Louis, suivant un contrat de vente passé en 1288 par Agnès, veuve de Guillaume de Lamoignon, chevalier. Les Lamoignon avaient toujours suivi la profession des armes; Charles, cadet de sa famille, entra le premier dans la magistrature. Il étudia le droit à Ferrare sous le savant Alciat. Il parut avec éclat dans le barreau de Paris, et fut successivement conseiller à la table de marbre et au parlement, maître des requêtes et conseiller d'État. Il était désigné pour succéder au chancelier de L'Hôpital, lorsqu'il mourut lui-même à l'âge de cinquante-neuf ans, 1572. Il avait eu vingt enfants de sa femme Charlotte de Besançon.

Guillaume de Lamoignon, né en 1617, nommé premier président du parlement de Paris, le 2 octobre 1658, et mort le 10 décembre 1677.

Guillaume de Lamoignon fut l'un des plus beaux caractères de cette famille célèbre, et l'une des illustrations du règne de Louis XIV.

Madeleine de Lamoignon, sœur de Guillaume.

Chrétien de Lamoignon, marquis de Basville, président à mortier au parlement de Paris, mort le 28 octobre 1729, dans la cinquante-quatrième année de son âge.

La famille des Briçonnet avait aussi une chapelle sépulcrale aux Cordeliers. On y voyait quatre bustes en marbre blanc accompagnés d'inscriptions et représentant :

Thomas d'Elbène Briçonnet, secrétaire du roi, mort en 1593. Ce buste a été déposé au musée des Augustins.

François Briçonnet, conseiller en la cour des Aides, seigneur de Glatigny, mort le 27 septembre 1673, âgé de quatre-vingt-un ans.

Thomas Briçonnet, conseiller en la cour des Aides, mort le 4 décembre 1658, âgé de soixante ans. Ce buste a été déposé au musée des Augustins.

Charles Briçonnet, président à mortier au parlement de Metz, mort le 12 mai 1680, âgé de soixante-un ans. C'est lui qui vendit au roi, en 1675, la terre de Glatigny qui appartenait à sa famille depuis plus de deux cents ans.

Dans la chapelle des *Gougenot*, étaient inhumés plusieurs membres de cette famille, et entre autres l'*abbé Gougenot*, prieur de Maintenay, associé libre de l'Académie de peinture et sculpture, mort en 1767. Son buste, qui ornait ce tombeau, et un médaillon ovale représentant son père et sa mère, ont été transportés aux Augustins.

Enfin un grand nombre d'autres familles distinguées, celles des Aimeret, des Riantz-Villeray, des Hardi-la-Trousse, des La Palu-Bouligueux, des Vertamon, des Faucon-de-Ris, etc., avaient leurs sépultures dans cette église.

Outre tous ces noms, le couvent des Cordeliers a encore été illustré par la présence de personnages remarquables, tels que *Jean Duns Scot*, écossais, dit le *Docteur subtil*, fameux dialecticien du XIIIe siècle, qui donnait là ses leçons; et à une époque plus moderne, *Claude Frassen*. Ce savant cordelier, né en 1620 près de Péronne, devenu docteur en 1662, et l'un des dignitaires de son ordre, s'acquit une réputation de talent, de sagesse et de probité qui lui mérita la confiance de Louis XIV. Le grand roi le chargea de plusieurs missions difficiles que le père Frassen sut terminer à sa satisfaction; le parlement lui-même recourait quelquefois aux lumières du cordelier. Ces graves occupations ne détournaient nullement le père Frassen de l'étude ni des devoirs de son état. Il a laissé plusieurs ouvrages de philosophie et de théologie. Il est mort à Paris, le 26 février 1711, dans la quatre-vingtonzième année de son âge. Les Cordeliers ont encore fourni à l'église quelques papes et plusieurs cardinaux.

Les libéralités de saint Louis, comme nous l'avons vu, avaient pour beaucoup contribué à l'achèvement de l'église des Cordeliers. Les travaux de l'édifice furent terminés sous son règne, et en effet les historiens du dernier siècle qui nous parlent de sa structure, nous apprennent que cette église portait les caractères de l'architecture de la première partie du XIII° siècle. Le portail, assez remarquable, était précieux surtout par une statue de saint Louis dont il était orné, et qui passait parmi les antiquaires pour une copie fidèle des traits de ce prince.

Les largesses de plusieurs autres personnes activèrent les travaux, et, malgré les continuelles interruptions causées par les troubles politiques, l'église fut entièrement terminée en 1606.

Quoiqu'elle eût perdu une partie de ses ornements dans le désastre de 1580, elle possédait encore une foule de richesses. Plusieurs tombeaux avaient, comme je l'ai dit, résisté à l'action du feu ; la statue de Saint Louis et celle de plusieurs personnes de sa famille étaient intactes ; les vitraux avaient aussi été conservés, en partie du moins, puisque Sauval nous dit que « les vitres gauches de la principale nef sont assez bien peintes et très vivement coloriées. »

Sauval admirait encore aux Cordeliers la belle architecture du jubé, « orné de deux niches remplies des figures de Saint Pierre et de Saint Paul, faites par Boudin. Les deux figures sont des plus accomplies que ce sculpteur ait exécutées. La barbe de Saint Paul, entre autres, est vénérable et bien fouillée. L'une et l'autre de ces figures seraient excellentes, si elles n'étaient un peu courtes ; mais c'était la manière de ce sculpteur. »

« La porte du couvent, dit toujours Sauval, est remplie dans son fronton de quelques impériales gothiques de pierre, toutes percées à jour, recherchées plus délicatement et plus nettement que si c'était de la cire, et coupées de haut en bas avec un soin et une patience dont les sculpteurs du siècle ne sont point capables. » — « On voit, dans un tableau de bois attaché contre le pilier de la chapelle de Jérusalem, quelques grotesques de bronze travaillés avec une délicatesse et une propreté presque inimitables.

» Le maître-autel est d'une beauté considérable et soutenu de colonnes de marbre jaspé fort hautes et bien choisies. Le tableau de Lefranc qui s'y trouve est si bien fait que l'architecte s'est assujetti et accommodé à sa grandeur. Le surintendant Bullion a fourni les frais de l'autel, et Mercier en a donné le dessin. »

Ce tableau de Jérôme Lefranc représentait l'Adoration de l'enfant Jésus par les bergers, et l'artiste y avait fait le portrait de Christophe de Thou avec sa famille.

Le savant Claude Frassen sut habilement mettre à profit la faveur de de Louis XIV et de la reine Marie-Thérèse qui, vers la fin du XVIIe siècle, contribuèrent généreusement à la décoration de l'église des Cordeliers. Dans le lieu des réunions du chapitre, régnait tout autour de la salle une frise divisée en petits compartiments contenant des têtes de cardinaux, de patriarches, de généraux, de saints et de saintes de l'ordre de Saint-François.

Dans la chapelle des Gougenot, on remarquait une Annonciation, par Vien. Sur le devant de l'autel de cette chapelle se trouvait un bas-relief provenant de la démolition de l'ancien jubé de Saint-Germain-l'Auxerrois et représentant l'Ensevelissement de Jésus-Christ. Ce travail, qu'on a long-temps cru en bronze, parce qu'il était noirci par le temps, est une sculpture en pierre de liais, due au ciseau de Jean Goujon et l'un de ses chefs-d'œuvre. Il a été déposé aux Petits-Augustins où le directeur du musée des monuments français le fit soigneusement encastrer dans le soubassement du tombeau du cardinal de Bourbon.

La statue en bronze d'Alberto Pio, prince de Carpi, par Paul Ponce, passait encore pour un excellent ouvrage.

Les orgues des Cordeliers étaient fort estimées. Elles ont été jouées long-temps par l'un des plus célèbres organistes du dernier siècle, Louis Marchand, mort en 1732.

Le couvent des Cordeliers se composait d'un mélange de bâtiments anciens, groupés sans symétrie, et de bâtiments modernes et réguliers. Le cloître était le plus vaste et le plus beau qu'il y eût à Paris. Le réfectoire et les dortoirs méritaient d'être vus. La bibliothèque, composée d'environ vingt-quatre mille volumes, était répartie en deux grandes pièces et trois cabinets. On y conservait des manuscrits précieux donnés à cette maison par saint Louis, qui, comme on sait, légua ses livres, par égale portion, à ces pères et aux Jacobins de la rue Saint-Jacques. Ils possédaient aussi une collection de manuscrits grecs qui leur avait été donnée par Marie de Médicis.

Les dépendances de cette maison étaient extrêmement vastes, et il le fallait, car le nombre des religieux qui l'habitaient était extraordinaire. La communauté des Cordeliers était une des plus nombreuses de France. On comptait souvent dans le couvent de Paris jusqu'à sept cents religieux, outre les étudiants. Sauval donne d'une manière très piquante une idée de leur grand nombre : « Leur marmite, dit-il, n'est pas si grande que le peuple l'imagine ; mais le gril, dont on ne parle point, est monté sur quatre roues et capable de tenir une mannequinée de harengs. »

C'est sur une partie du jardin et du cimetière des Cordeliers que l'on ouvrit en 1672 les rues de l'Observance et de Touraine. Ce jardin aboutissait à une ruelle qui longeait les murs de la ville, près d'une porte appelée autrefois *porte des Frères-Mineurs* ou *des Cordèles*, et depuis *porte Saint-Germain*, laquelle fut abattue en 1673. La rue de l'Observance fut ainsi nommée, parce que là était placée la porte principale du couvent, au-dessus de laquelle on lisait cette inscription : *Le grand couvent de l'Observance de Saint-François*, 1673. Du côté de l'est, le terrain et les bâtiments des Cordeliers s'étendaient parallèlement à la rue des Cordeliers, aujourd'hui rue de l'École-de-Médecine, jusque vis-à-vis de la rue Hautefeuille. Cette rue se prolongeait autrefois jusqu'aux murs de la ville, et n'était, suivant toute apparence, qu'un chemin bordé de grands arbres qui faisait de ce côté la limite du terrain du couvent. Dans les premiers statuts faits pour les Cordeliers, on défend aux religieux de jouer à la paume *sous la haute feuillée*. De là probablement l'étymologie du nom de Hautefeuille donné à cette rue. On a prétendu que le couvent des Cordeliers avait été bâti au XIIIe siècle sur l'emplacement d'un château de Hautefeuille qui aurait appartenu à un petit-neveu de Charlemagne. Jaillot a démontré la fausseté de cette tradition (1).

« La construction des écoles de Chirurgie (l'École-de-Médecine) avait fait désirer aux amis des arts la démolition du couvent des Cordeliers, dont les vieilles murailles faisaient un contraste frappant avec le péristyle superbe qui décore le chef-d'œuvre de Gondouin. Le gouvernement sentit la nécessité de laisser une place convenable en face de cet édifice. Il ordonna en conséquence, en 1778, la translation des Cordeliers aux Célestins, dont l'ordre était supprimé. Mais l'exécution de ce projet fut ajournée, et les Cordeliers obtinrent bientôt après l'autorisation de rentrer dans leur couvent (2). »

« En 1786, dit Saint-Foix, le musée de Paris établit ses séances dans la même salle où le subtil Scot avait donné ses leçons (3). »

« Le 10 août 1790, une société d'ouvriers imprimeurs de la capitale se réunit dans une salle des Cordeliers, pour y célébrer une fête funèbre en l'honneur de Benjamin Franklin. Sur une colonne élevée au milieu, on voyait le buste de cet homme célèbre portant une couronne civique. Au-dessous étaient une casse, une presse, et tous les attributs d'un art qui s'honorera toujours d'avoir été cultivé par le législateur des Américains. Tandis qu'un imprimeur prononçait l'éloge de Franklin, des ouvriers étaient occupés à l'imprimer ; et des exemplaires furent distribués sur-le-champ à l'assemblée nombreuse qui assistait à cette cérémonie (4). »

---

(1) Voy. rue *Hautefeuille*, et Jaillot, quartier *Saint-André-des-Arcs*, t. V, p. 87. — (2) Saint-Foix, *Essais sur Paris*, suite, t. I, p. 318. — (3) Ibid. — (4) Saint-Foix, *Essais sur Paris*, suite, t. I, p. 320.

Après la suppression des maisons religieuses, en 1790, quelques uns des objets d'art que renfermait le couvent des Cordeliers furent transportés au musée des monuments français ; mais la meilleure partie en fut perdue.

La salle d'étude de théologie pour les novices fut occupée, dans les premières années de la révolution, par le fameux *district des Cordeliers*, lequel prit ensuite le nom de *section du Théâtre-Français*.

Bientôt après l'église fut démolie, et le terrain qu'elle occupait converti en une place depuis long-temps désirée, et qui laisse à découvert la façade de l'École de Médecine. On a utilisé les jardins en y élevant plusieurs pavillons de dissection.

Sur l'emplacement du cloître, on a établi un hôpital où se font des cours de clinique chirurgicale, de chimie, d'anatomie, etc. Cet hôpital a été réparé et agrandi en 1834.

Dans les bâtiments qui se trouvaient dans la cour qui fait face à la rue Hautefeuille, avait été établie, il y a plusieurs années, la manufacture royale de mosaïque.

Enfin le réfectoire des Cordeliers, situé aussi en face de la rue Hautefeuille, a été transformé récemment en un musée médical qui porte le nom de *Musée Dupuytren* (1).

Troisième enceinte de Paris. — Rigord, l'historien de Philippe-Auguste, nous apprend que ce prince, qui s'était toujours si activement occupé de l'embellissement de Paris, songea aussi, dès le commencement de son règne, à la sûreté de cette ville. En 1190, avant son départ pour la Terre-Sainte, « Philippe ordonna aux bourgeois de Paris, dit Rigord, de travailler sans délai à élever autour de leur ville une muraille garnie de tourelles et de portes ; ouvrage, ajoute le chroniqueur, que nous avons vu terminer en peu de temps (2). » En effet, quoique la construction des murs de la partie méridionale de la ville n'eût commencé qu'en 1208 (3), l'enceinte tout entière fut achevée vers 1210 (4). Du reste, les bourgeois de Paris furent obligés d'exécuter ces travaux à leurs propres dépens.

Voici la direction que suivait cette enceinte.

Sur le quai du Louvre, à l'endroit où se trouve aujourd'hui l'extrémité septentrionale du pont des Arts, était la première porte de la ville, la porte du Louvre, flanquée d'une grosse tour ronde qu'on nommait la Tour de Bois, ou encore la Tour qui fait le coin. Là commençait la

---

(1) Voy. *Cliniques de l'École de Médecine* et *Musée Dupuytren*. — (2) Rigord, *De gestis Philippi. Recueil des hist. de France*, t. XVII, p. 31. — (3) *Recueil des hist. de France*. Guillaume-le-Breton — *Chroniques de Saint-Denis*, t. XVII, p. 85 et 398. L'enceinte septentrionale, commencée vers 1190, avait été terminée long-temps avant 1210. — (4) *Idem.* — Guillaume de Nangis, *Chron.* — *Spicileg.*, t. III, p. 24.

ceinture de remparts qui environnait Paris au nord. Elle se dirigeait en suivant une ligne courbe à travers l'emplacement actuel de la cour du Louvre vers la rue Saint-Honoré, qui s'appelait alors rue de la Charonnerie. Elle venait aboutir entre la rue du Coq et la rue de l'Oratoire, laissant la rue du Coq hors de l'enceinte, ainsi que le château du Louvre. Là le mur était interrompu par une entrée munie de deux tours, et portant le nom de porte Saint-Honoré ; elle était appelée aussi porte aux Aveugles, à cause du voisinage de l'hôpital des Quinze-Vingts.

De là, l'enceinte, suivant une direction oblique entre les rues d'Orléans et de Grenelle-Saint-Honoré, arrivait à la porte au Coquillier, ouverte dans la rue Coquillière, au carrefour où se joignent les rues de Grenelle, Sartine et Jean-Jacques Rousseau. La porte au Coquillier tenait cette dénomination d'une maison voisine occupée par la famille Coquillier ; et quelquefois on l'appelait porte de Behaigne, à cause de l'hôtel de Behaigne ou de Bohême qui se trouvait auprès.

La muraille se prolongeait ensuite entre la rue du Jour et la rue Jean-Jacques Rousseau, parallèlement à ces deux rues, et aboutissait à l'endroit où s'élevait la porte Montmartre ou porte Saint-Eustache, à peu près entre les nos 15 et 32 de la rue Montmartre.

Ici, les murs de Paris changeant de direction formaient un angle, et, tendant vers l'est, longeaient le côté septentrional de la rue Mauconseil, traversaient la rue Française, autrefois rue de Bourgogne, et allaient déboucher dans la rue Saint-Denis en face de l'impasse des Peintres. Là se trouvait une des principales portes de la ville que l'on appelait la porte aux Peintres, et quelquefois la porte Saint-Denis. Entre cette porte et la porte Montmartre cependant il en existait une autre dans la rue Comtesse-d'Artois. Elle portait le nom tantôt de porte Nicolas-Arrode, et tantôt de porte au Comte-d'Artois.

L'enceinte, poursuivant sa direction orientale, allait joindre la rue Saint-Martin, en longeant au nord la rue aux Ours, qui restait ainsi dans l'intérieur de la ville. Au milieu de cette rue la muraille était percée par une fausse porte appelée poterne Bourg-l'Abbé. La porte Saint-Martin, nommée aussi porte Saint-Merry, était placée à l'angle méridional formé par la rue Saint-Martin et la rue Grenier-Saint-Lazare. Cette dernière rue se trouvait hors des murs qui la bordaient au midi.

Un peu au-dessous du point où les rues Grenier-Saint-Lazare et Michel-le-Comte débouchent dans la rue Beaubourg, se trouvait une fausse porte nommée la poterne Nicolas-Huidelon, ou la poterne Huideron.

La ligne des remparts de la ville traversait ensuite entre les rues Michel-le-Comte et Geoffroy-l'Angevin, et venait aboutir à la porte du Temple, ouverte dans la rue Sainte-Avoye, qu'on appelait alors rue du

Temple, à l'angle méridional formé par cette rue et par la rue de Braque.

De cet endroit, elle allait joindre la Vieille-rue-du-Temple, en embrassant l'église des Blancs-Manteaux et en suivant l'emplacement où s'est élevée depuis la rue de Paradis, la porte qui se trouvait dans la Vieille-rue-du-Temple au coin de la rue des Francs-Bourgeois, et qui se nommait la porte Barbette. Ce nom provenait de la famille Barbette, qui avait près de là une maison de campagne nommée la courtille Barbette, dont le souvenir se conserve encore aujourd'hui dans le nom d'une rue moderne, ouverte à peu près sur la place jadis occupée par cette maison.

De la porte Barbette, la muraille se dirigeant entre la Vieille-rue-du-Temple et la rue Culture-Sainte-Catherine, arrivait par une courbe assez sensible à la porte Saint-Antoine, située sur la place de Birague (1).

De la porte Saint-Antoine, la clôture prenait une direction perpendiculaire à la Seine, et allait se terminer au milieu du quai Saint-Paul, où se trouvait la dernière porte du quartier d'Outre-Grand-Pont, nommée porte Barbelle ou Barbéel-sur-l'Yeau, et flanquée d'une grosse tour qu'on appelait la tour de Billy. Entre la porte Saint-Antoine et la porte Barbelle, étaient deux fausses portes ou poternes : l'une dans la rue des Prêtres-Saint-Paul, appelée primitivement porte Saint-Pôl, et, plus tard, porte des Béguines et de l'Ave-Maria; l'autre dans la rue des Barrés, nommée poterne des Barrés.

L'enceinte de Philippe-Auguste recommençait sur la rive gauche de la Seine, entre le pont de la Tournelle et la rue des Fossés-Saint-Bernard. De ce point jusqu'à la tête du pont des Arts, à l'extrémité orientale du quai Malaquais, où se terminait la clôture, sa direction est facile à suivre, même sur un plan moderne, puisqu'elle s'est conservée jusqu'à la fin du XVIIe siècle, et que toutes les rues qui la bordaient à l'extérieur ont gardé, à l'exception d'une seule, le nom de *rue des Fossés*. Ce sont les rues des Fossés-Saint-Bernard, Saint-Victor, Saint-Jacques, Monsieur-le-Prince et Saint-Germain-des-Prés. La rue Mazarine, qui continuait la ligne des fossés jusqu'à la rivière, s'appelait aussi anciennement rue des Fossés.

Ces noms ne doivent cependant pas leur origine aux fortifications construites par Philippe-Auguste. Rigord, Guillaume-le-Breton, les

---

(1) C'est à tort que M. Dulaure place ici la porte Baudoyer, si célèbre au moyen âge. Cette dernière ne faisait point partie de l'enceinte de Philippe-Auguste; elle appartenait à la seconde enceinte, et se trouvait sur la place qui porte le même nom, entre les rues du Pourtour et de la Tixeranderie. Seulement il est probable, comme l'assure Sauval, que lorsque l'ancienne porte Baudoyer fut entièrement détruite, la porte Saint-Antoine qui l'avait remplacée reçut le même nom. Je me conforme en ce point à l'opinion de M. Géraud, que du reste on doit suivre en général dans son excellente topographie de Paris au XIIIe siècle. Voy. *Paris sous Philippe-le-Bel*, p. 349 et suiv.

chroniques de Saint Denis, Guillaume de Nangis, nous apprennent que ce monarque fit élever autour de Paris des murailles flanquées de tourelles, qu'il les fit percer de plusieurs portes; mais aucun ne dit qu'il ait creusé des fossés autour de ces murailles, soit sur la rive gauche, soit sur la rive droite de la Seine. Ce fut seulement sous le règne du roi Jean, en 1356, qu'on recula au nord les limites de l'enceinte de Paris, et qu'on la fortifia par un fossé et un arrière-fossé. Le circuit des murailles du côté du midi parut assez étendu pour qu'on n'eût pas besoin de l'agrandir davantage; mais l'on jugea indispensable de pratiquer des fossés tout autour. Lorsque les guerres désastreuses qui, pendant les XIVe et XVe siècles, ensanglantèrent le sol de la France, furent enfin terminées, et que la sécurité commença à se rétablir, on laissa peu à peu combler ces fossés; des maisons s'élevèrent sur leurs bords, et c'est ainsi que se formèrent les rues que j'ai nommées plus haut. Mais quoiqu'elles soient bien postérieures à la construction de l'enceinte de Philippe-Auguste, leur direction n'en est pas moins propre à nous faire reconnaître avec précision celle de cette enceinte elle-même, puisqu'elle subsistait encore en son entier lorsque ces rues ont été bâties (1).

« Essayons de reconnaître maintenant, parmi toutes les portes qui ont existé à diverses époques sur la rive gauche de la Seine, celles dont la construction remontait jusqu'au règne de Philippe-Auguste. Nous avons une évaluation des frais qu'avaient entraînés les travaux de l'enceinte exécutée par les ordres de ce monarque sur la rive gauche de la Seine, et dans cette évaluation il n'est fait mention que de six portes (2). »

Le manuscrit de la *Taille de Paris en* 1292 (publié par M. Géraud) indique également six portes dans la partie méridionale des murs de Paris. La porte Saint-Victor était dans la rue du même nom, entre la rue d'Arras et la rue des Fossés-Saint-Victor. La porte Saint-Marcel s'ouvrait à l'extrémité méridionale de la rue Descartes actuelle. La porte Sainte-Geneviève donnait entrée dans la rue de Savoie, qui alors se prolongeait, à travers le terrain occupé aujourd'hui par le Panthéon, jusqu'à la place de la Vieille-Estrapade. La porte Saint-Jacques se trouvait dans la rue du même nom, au coin de la rue Saint-Hyacinthe. La porte Gibert ou Gibart, qu'on a aussi appelée porte d'Enfer et porte Saint-Michel, était au coin de la rue de la Harpe et de la place Saint-Michel. Enfin la porte Saint-Germain était située dans la rue Saint-André-des-Arts, qu'on appelait primitivement la grande rue Saint-Germain. L'un des côtés de cette porte touchait au coin de la rue Contrescarpe, dont les murs de la ville occupaient l'emplacement.

---

(1) M. Géraud, p. 353. — (2) M. Géraud, *ibid.*

Il est certain cependant qu'outre ces six portes, il en existait quatre autres, sur lesquelles trois au moins remontaient à l'époque de la construction de l'enceinte. De ce fait, M. Géraud croit pouvoir conclure que les états des frais de construction cités plus haut contiennent seulement l'indication des portes principales, entre lesquelles on avait pratiqué quelques poternes ou fausses portes dont l'ouverture n'avait pas demandé un surcroît de dépenses, probablement parce qu'elles n'étaient pas, comme les grandes portes, défendues par des ouvrages de fortification.

Aux deux bouts de l'enceinte méridionale sur les bords de la Seine, il y avait deux tours, plus grosses que les autres tours, qui flanquaient les murs de distance en distance. L'une, si connue depuis sous le nom de tour de Nesle, porta, dès le moment de sa fondation, le nom de *tour Philippe-Hamelin*. Elle est ainsi désignée dans la sentence arbitrale de l'an 1210, par laquelle fut terminée la contestation qui s'était élevée, relativement aux droits curiaux, entre l'abbaye de Saint-Germain et le curé de Saint-Sulpice, d'une part; l'évêque de Paris, le chapitre de Notre-Dame et le curé de Saint-Séverin, de l'autre. Cette tour correspondait à la tour de Bois, élevée au côté méridional de la porte du Louvre.

L'autre tour, simplement nommée la Tournelle, se trouvait entre le pont qui a conservé ce nom, et l'endroit où débouche sur le quai la rue des Fossés-Saint-Bernard; elle correspondait à la tour de Billy, construite à côté de la porte Barbette, et à une autre tour intermédiaire élevée dans l'île Notre-Dame (aujourd'hui l'île Saint-Louis). Pour continuer, en quelque sorte, la clôture, que le cours de la rivière interrompait en deux endroits, on avait tendu de grosses chaînes qui joignaient, d'un côté, la tour de Bois à la tour Philippe-Hamelin; de l'autre, la tour de Billy à la Tournelle, en se rattachant aux fortifications intermédiaires élevées dans l'île Saint-Louis, sur le bord du grand fossé qui coupait cette île en deux parties. Ces chaînes étaient portées par des bateaux liés à de gros pieux, et cet ensemble formaient deux ponts qui traversaient la rivière, et complétaient de cette manière la ligne des fortifications de Paris.

Jaillot assure que la porte Saint-Bernard, à laquelle touchait la Tournelle, était une des portes de l'enceinte de Philippe-Auguste. Il est probable qu'il existait une autre porte correspondante à l'autre bout de l'enceinte méridionale, à côté de la tour Philippe-Hamelin. Celle-ci changea de nom plus tard, en même temps que la tour sur laquelle elle s'appuyait. On les appela la tour de Nesle et la porte de Nesle (1).

Selon Sauval, chacune des portes de l'enceinte de Philippe-Auguste

---

(1) M. Géraud, p. 356.

était flanquée de deux tours et ornée d'une statue de la Vierge. François Ier les fit abattre, et par une déclaration royale du mois d'avril 1533, ordonna que les images de la Vierge qui leur servaient d'ornement « fussent conservées et dressées auprès, dans les endroits les plus remarquables. » Corrozet assure avoir vu toutes ces statues en 1581. « Quant à moi, ajoute Sauval, je n'en ai pu trouver qu'une, qui est celle de la porte aux Peintres, élevée sur un piédestal contre une maison de la rue Saint-Denis, qui fait le coin d'un cul-de-sac appelé la porte aux Peintres (1). Le propriétaire en a eu tant de soin, qu'ayant rebâti sa maison, pour marquer plus de vénération il a posé cette figure sur un nouveau piédestal, l'a fait peindre et couronner d'un dais, avec cette inscription en lettres d'or au bas : *Cette image était sur l'ancienne porte qui fut abattue en* 1535, *et a été mise ici pour servir de mémoire.* Elle est de pierre, plus grande que nature, tient le petit Jésus entre ses bras et le regarde amoureusement ; et, après tout, elle ne passe pas pour mal faite, quoique ancienne de plus de quatre cent soixante ans (2). » Une autre statue de la Vierge, semblable pour le style à celle de la porte aux Peintres, s'il faut s'en rapporter à l'appréciation de Sauval, était placée de son temps au portail de l'église des Prêtres-de-l'Oratoire ; suivant l'opinion commune, c'était la même qui surmontait l'ancienne porte Saint-Honoré, détruite en 1532.

CHAPITRE DEUXIÈME.

LOUIS VIII.

1223-1226.

I. Faits généraux.

Entre les longs et glorieux règnes de son père Philippe-Auguste et de son fils saint Louis. Louis VIII passerait inaperçu sans la triste célébrité de la guerre des Albigeois, à laquelle il prit une part si active qu'elle fut cause de sa mort prématurée. Louis VIII ne régna que trois années, pendant lesquelles il n'arriva rien de très remarquable à Paris.

Le dimanche 6 août 1223, le nouveau roi, âgé de trente-six ans, fut sacré à Reims avec la reine Blanche, son épouse, fille du roi de Castille ; et par lui, disent les chroniques, le royaume retourna en la lignée de

---

(1) Aujourd'hui *l'impasse des Peintres*, rue Saint-Denis.
(2) *Antiquités de Paris*, t. I, p. 31.

l'empereur Charlemagne, dont il tirait son origine par sa mère. Il est à noter que, le premier des rois de France, il ne fut point associé au trône du vivant de son père : l'hérédité de la couronne était irrévocablement établie dans sa famille.

Louis VIII était rempli de talents militaires, homme de résolution, et d'un courage à toute épreuve. Sa mort fut un malheur, car son règne de trois ans était une suite de triomphes et promettait de grands résultats pour la France. Il fut surnommé *Cœur-de-Lion* à cause de sa vaillance, disent les historiens, et aussi le *Lion pacifique* à cause de son extrême bonté. Sous le règne de Philippe-Auguste, il avait été sollicité par la noblesse anglaise révoltée contre le roi Jean, de passer en Angleterre. Le pape s'y opposait vivement, les foudres du Saint-Siége à la main ; Philippe lui-même semblait désapprouver cette expédition : rien n'avait arrêté le jeune Louis. Il entra triomphant dans Londres dont les habitants l'avaient proclamé roi. Son activité avait promptement soumis ceux qui tenaient encore pour le prince détrôné ; mais le malheureux Jean-sans-Terre étant mort, tous les vœux s'étaient portés vers son fils ; et Louis, abandonné par ceux qui l'avaient appelé, puis assiégé dans Londres, n'avait obtenu la liberté qu'en promettant aux Anglais de leur rendre un jour tout ce que son père leur avait enlevé. Mais devenu roi, il ne regarda cette promesse arrachée par la violence que comme un prétexte de poursuivre contre les Anglais une guerre avantageuse.

Aussitôt après son sacre, Louis fit son entrée solennelle à Paris. Les Parisiens le reçurent avec cette naïveté de joie populaire qui saluait toujours l'aurore des nouveaux règnes ; les bourgeois lui offrirent de riches présents, et toute la ville fut en fêtes pendant plusieurs jours. Pour reconnaître ce bon accueil, le roi donna la liberté à plusieurs serfs, et gracia tous les prisonniers, hormis les félons détenus dans les geôles pour avoir pris les armes contre le feu roi Philippe ; en sorte que la clémence royale n'atteignit point les vaincus de Bouvines : Ferrand, comte de Flandre, ni Renaud, comte de Boulogne, ni leurs compagnons. Les seigneurs français eurent une large part aux munificences de cet avénement ; Louis leur accorda un don magnifique et néanmoins fort peu coûteux ; il promulgua une ordonnance portant abolition des intérêts de toute somme due aux juifs, et accordant trois termes fort éloignés pour le remboursement du capital. Tous les grands du royaume adhérèrent à cet édit, et surveillèrent son exécution dans leurs seigneuries.

Vers le même temps, un arrêt rendu par Louis VIII établit ou confirma aux grands officiers de la couronne, tels que le chancelier, le bouteiller, le chambellan, le connétable, le droit de siéger dans les procès intentés aux pairs du royaume. Il paraît que les priviléges des douze pairs de France n'étaient pas, à cette époque, très régulièrement établis. Parmi leurs attributions cependant, ils eurent toujours celle de solenniser par leur présence la cérémonie du sacre.

Au couronnement de Louis VIII, le comte Thibaud de Champagne fut le seul qui parut des six pairs laïques : la duché-pairie de Normandie était réunie à la couronne par Philippe-Auguste ; les quatre autres pairs étaient Hugues IV, duc de Bourgogne, enfant encore en bas âge ; Ferrand de Flandre, captif à la tour du Louvre ; Raimond de Toulouse, ennemi du roi de France ; et Henri III, roi d'Angleterre et duc d'Aquitaine, qui se préparait à lui déclarer la guerre.

Henri III, en effet, envoya des ambassadeurs sommer le nouveau roi d'exécuter ses engagements en restituant la Normandie et les autres provinces confisquées sur Jean-sans-Terre. Louis répondit que les Anglais avaient les premiers violé plusieurs clauses du traité, et surtout il objecta que les constitutions du royaume ne permettaient pas au roi d'en démembrer les provinces sans le consentement des seigneurs.

Louis VIII, en même temps, convoqua un concile national à Paris pour le 5 mai 1224. Le cardinal Conrad, légat du Saint-Siège, présida cette assemblée, et prononça, au nom du pape Honoré III, la révocation de l'indulgence publiée dans le concile de Latran en faveur de ceux qui prendraient la croix contre les albigeois. « Et dans ce parlement, disent les chroniques de Saint-Denis, fu dénoncié et prouvé que Raymont, conte de Thouloze, estoit bon crestien, et vivoit selon Dieu en la foy crestienne. »

Henri III, voyant le peu d'effet de ses sommations, se disposait à agir les armes à la main. Mais Louis n'avait pas perdu de temps ; il avait rassemblé une nombreuse armée. Le 25 juin (1224) il partit de Paris et envahit le Poitou, où il vainquit au premier choc Savary de Mauléon, l'un des plus habiles guerriers du temps. Puis il s'empara de Niort, de Saint-Jean-d'Angely, et vint mettre le siège devant La Rochelle.

Cependant le succès de la campagne était encore douteux ; il dépendait de la prise de cette dernière ville, et Savary de Mauléon venait de s'y jeter avec un renfort de chevaliers dévoués au parti des Anglais. Aussi les Parisiens, se souvenant de leur amour pour Philippe-Auguste, témoignèrent en cette occasion de leur vif intérêt pour la gloire de son fils. Ils demandèrent publiquement au ciel la prospérité de ses armes, en célébrant une procession générale de toutes les églises de la ville, à laquelle trois reines assistèrent : Isemberge, veuve de Philippe-Auguste ; Blanche de Castille, et sa nièce Bérengère, reine de Jérusalem. « La procession partit de Notre-Dame et fut à Saint-Antoine-des-Champs. Tout le monde était nuds-pieds et en chemise, même les trois reines (1). » (2 août 1224.)

(1) *Histoire manuscrite de Saint-Louis*, par Lenain de Tillemont, pag. 220. *MS. Bibl. roy.* Suppl. fr. n° 2013.

La Rochelle capitula ; Louis VIII soumit tout le pays jusqu'à la Garonne, et revint triomphalement à Paris. Le 21 juillet de l'année suivante il tint son parlement dans cette ville, et y reçut publiquement le serment de fidélité du vicomte de Thouars.

Le 28 janvier 1226, un nouveau concile national fut convoqué à Paris au sujet du comte de Toulouse. Mais cette fois ce fut pour excommunier Raymond ; le légat du pape prononça la sentence qui le condamnait comme fauteur de l'hérésie des Albigeois, délia ses vassaux de l'obéissance qu'ils lui devaient, et adjugea tous ses domaines au roi de France. Aussitôt Louis, qui depuis long-temps sollicitait cette sentence si favorable pour lui, se hâta de conclure une trêve avec Henri III, et tourna ses armes contre le Languedoc pour le plus grand honneur de l'Église, disait-il, et pour l'anéantissement de l'esprit immonde de l'hérésie.

En vain Raymond VII fit tous ses efforts pour maintenir la paix, en vain il se soumit à l'Église et à tous les ordres du pape, le roi de France se mit en marche et arriva à Lyon avec une armée de 50,000 cavaliers, dit-on, sans compter la foule innombrable des gens de pied. L'esprit mobile des populations méridionales fut glacé d'épouvante, et pendant que *le roi du nord* descendait le long du Rhône, il reçut les députations de la plupart des villes de la Provence et du Languedoc qui se rendirent à merci. Avignon seul résista, et pendant trois mois arrêta les Français. Louis ne parvint à s'en rendre maître qu'après des assauts réitérés, et lorsque le fer de l'ennemi, la disette et la contagion eurent détruit une grande partie de ses troupes. Enfin Avignon capitula, et dès lors tout le Languedoc fut soumis jusqu'à quatre lieues de Toulouse.

La saison était trop avancée pour que Louis VIII pût entreprendre le siége de cette ville où Raymond VII s'était retiré avec la plus grande partie de ses forces. Il confia le gouvernement du pays conquis à un guerrier renommé, Imbert de Beaujeu, et reprit le chemin de Paris. Mais des germes de mort étaient dans son sein : les fatigues du siége d'Avignon, la chaleur brûlante du ciel provençal, la fièvre, avaient miné sa frêle constitution. Arrivé à Montpensier en Auvergne, il ne put aller plus loin, et en quelques jours il fut réduit à la dernière extrémité. Il mourut le 8 novembre 1226.

Il eut onze enfants de Blanche de Castille, avec laquelle il avait été marié très jeune. A sa mort il ne lui restait qu'une fille, Élisabeth de France, qui se fit religieuse, et cinq fils, savoir : Louis IX qui lui succéda, Robert, Alphonse, Charles et Jean. Ce dernier ne vécut que quatorze ans ; des trois autres sortirent les maisons d'Artois, d'Anjou, du Maine, de Provence et de Naples.

LOUIS VIII.

II. Monuments. — Institutions.

Un seul monument, *le couvent des Filles-Dieu*, fut fondé à Paris sous le règne de Louis VIII. Ce monastère était situé, dans son origine, sur l'emplacement qu'occupent aujourd'hui le cul-de-sac des Filles-Dieu et la rue Basse-Porte-Saint-Denis, et depuis rue Saint-Denis, n° 331, sur l'emplacement où sont bâtis la rue et les passages du Caire.

A la fin du règne de Louis VIII, vers l'an 1225 ou 1226, le célèbre Guillaume d'Auvergne, évêque de Paris, ayant converti plusieurs filles publiques, les réunit dans une maison qu'il fit construire entre Paris et Saint-Lazare, et dont le terrain lui avait été concédé par un pieux bourgeois de Paris nommé Pierre Barbette. Ces *femmes nouvellement converties* prirent ensuite le nom de Filles-Dieu (1), nom singulier, que le satirique auteur des *Ordres de Paris* s'empressa de tourner en ridicule.

> Diex a non de fille avoir,
> Més je ne poi onques savoir
> Que Diex eust fame en sa vie,

dit Rutebœuf. Dubreuil et quelques autres historiens, trompés sans doute par un passage de Joinville, ont attribué à saint Louis la fondation de cette maison ; ils ont oublié que ce prince, encore enfant, ne monta sur le trône qu'à la fin de 1226 (2). Mais il fut le protecteur du monastère des Filles-Dieu dont il augmenta les bâtiments, qu'il enrichit et qu'il combla de priviléges ; il lui assigna même une rente de 400 livres parisis, et y réunit, dit Joinville, deux cents femmes, *qui, par pauvreté, estoient mises en pechié de luxure*. Il fit construire l'église du couvent, et les bâtiments qu'il y ajouta étaient si nombreux, dit Sauval, *que la tuile et la charpenterie seulement de ces édifices furent vendues, en 1359, 500 deniers d'or à l'écu du coin du roi Jean* (3). Il donna aux *pauvres femmes* deux muids de blé pour les carêmes ; il leur légua 100 francs par son testament ; il leur accorda enfin *la grosseur d'un gros tournois d'eau qu'il leur fit venir de la fontaine Saint-Lazare ; et de peur qu'à faute de réparer les tuyaux qui la conduisaient depuis sa source jusqu'en leur couvent, ces religieuses ne vinssent à en manquer, il voulut qu'elles pussent contraindre les moines de Saint-Lazare à entretenir les conduits qui portaient cette eau en leur monastère* (4). Ce

---

(1) On ignore l'époque à laquelle elles prirent ce nom. — (2) Voy. la *Lettre* de Sauval *à M. Duryer*, dans ses *Antiq. de Paris*, liv. V. — (3) Sauval, liv. IV, p. 474, avec son érudition ordinaire, a démontré que cette somme était énorme pour l'époque. Le contrat de vente fut passé, le jour de Noël 1359, avec un bourgeois de Paris nommé Pierre Bourguetelli. — (4) Sauval, *loco cit.* Cet auteur est celui qui nous fournit le plus de détails sur les Filles-Dieu.

fut sans doute saint Louis qui régla aussi la discipline intérieure des Filles-Dieu ; elles étaient de l'ordre de Saint-Augustin, ne gardaient point de clôture, et avaient un administrateur qui prenait le titre de maître, proviseur et gouverneur, et que l'évêque de Paris nommait son *bien-aimé en J.-C.* ; mais ce chef de la communauté ne pouvait faire par lui-même ni vente ni achat, et devait rendre compte de son administration à l'évêque.

Le couvent des Filles-Dieu avait été élevé dans un endroit désert et fort malsain ; aussi, en 1280, lorsque la peste se déclara à Paris, elle fit de grands ravages parmi les religieuses, et celles qui survécurent se trouvèrent par la cherté des vivres dans une profonde misère. Étienne Tempier, évêque de Paris, les réduisit au nombre de soixante ; mais leur détresse fut alors à son comble, car les trésoriers du roi, malgré leurs prières et leurs réclamations, ne leur donnèrent plus que la moitié de leur rente. Enfin le roi Jean fut touché de leurs plaintes, et, par lettres-patentes du mois de novembre 1350, il déclara qu'il rendait aux Filles-Dieu les 400 livres que saint Louis leur avait accordées, à condition qu'elles seraient au moins cent *hospitalières* (1). Après le désastre de Poitiers, les Parisiens, effrayés des progrès de l'armée anglaise, fortifièrent la capitale ; et comme les arrière-fossés devaient traverser l'enclos des Filles-Dieu, Étienne Marcel et les échevins ordonnèrent, en 1358, aux religieuses de sortir de leur hôpital de peur qu'elles n'y fussent pillées par les ennemis, et de le faire démolir afin qu'il ne pût servir de retraite aux Anglais. Cet ordre fut exécuté à la lettre sous l'inspection de Valeran du Bosc, gouverneur du couvent, qui en vendit les matériaux, comme je l'ai dit plus haut (2).

Sauval est parvenu, à force de recherches, à *restaurer* et à *rétablir ce grand monastère, qui n'existe plus que dans la tradition*. « J'apprends, dit-il dans sa *Lettre à Duryer*, d'une charte de Jean de Meulant, évêque de Paris, que l'église de ces hospitalières était dédiée à Dieu, à la Vierge, à sainte Marie-Magdeleine et à tous les saints du paradis ; et je découvre, dans deux autres titres de 1309 et de 1359, qu'elle était accompagnée de deux chapelles dédiées l'une à saint Abraham, l'autre à sainte Marie-Magdeleine ; que plusieurs personnes charitables avaient fondé la première de quantité de bonnes terres, et que Pierre Barrier, secrétaire de Philippe-le-Long, l'avait fait agrandir et avait légué pour cela une rente par son testament, qui fut amortie le 5 juin 1359. On ne sait point la grandeur ni la figure de cette église ni de ces chapelles ; nous ne saurions pas même en quel endroit on les avait bâties, sans un morceau de leurs piliers qu'on m'a montré dans l'écurie d'une grande

(1) Dubreuil, liv. III, donne le texte de cette ordonnance.
(2) M. Dulaure, t. II, p. 220, dit : « *La maison des Filles-Dieu fut ravagée, détruite par les Anglais sous le règne de Charles V.* » Cette assertion est sans fondement.

hôtellerie, qui a pour enseigne l'*Échiquier*, et qui est située le long de la grande rue du Faubourg-Saint-Denis, entre Saint-Lazare et la porte Saint-Denis. Mais nous ne doutons point du lieu où était placé le cimetière de ces hospitalières ; les jardiniers de ce quartier-là déterrent assez souvent dans leurs marais des tombes et des coffres de pierre où on avait enterré des Filles-Dieu et des personnes séculières avant qu'on eût ruiné ce monastère ; et nous lisons dans le papier-terrier de Jean Geoffroy, maître et gouverneur de ce couvent, qu'en 1380 on l'appelait le *Vieux cimetière*. Tout cela était renfermé dans un grand enclos entouré de haies en un endroit, de fossés en un autre, et de murailles en un autre, et occupait quatre-vingts arpents de terre ou environ, ou bien ce vaste territoire qu'environnent de toutes parts les anciens égouts de cette ville, la rue des Poissonniers, celle de Bourbon et une partie de la rue Montorgueil et de la grande rue du Faubourg-Saint-Denis, et que couvrent présentement les fossés et les remparts qui s'étendent depuis la porte Saint-Denis jusqu'à celle de Montmartre, et quantité de jardins, de maisons et de marais. Les Filles Dieu acquirent peu à peu tout ce grand espace de terres contiguës. Depuis, elles les firent amortir par les religieux de Saint-Lazare, par le chapitre de Notre-Dame et par les chanoines de Sainte-Opportune ; et avec le temps elles les remplirent d'édifices, de jardins et de terres qu'elles cultivaient. »

On ne sait ce que devinrent les Filles-Dieu de 1358 à 1360. Nous les retrouvons à cette époque rue Saint-Denis, dans un petit hôpital qu'on appelait l'*Hôpital d'Imbert de Lyhoms*. En 1316, un bourgeois de Paris, Imbert de Lyhoms (1), exécutant les dernières volontés de ses deux fils, avait acheté d'un nommé Nicolas Tabourel une petite maison, dont il fit un hôpital, destiné à recevoir, pendant une nuit, les femmes mendiantes qui passeraient à Paris. Le lendemain on les renvoyait, en leur donnant un pain et un denier. Mais ce pieux établissement était dans un si grand désordre, en 1360, que le neveu d'Imbert, pour le préserver d'une ruine totale, supplia l'évêque de Paris, Jean de Meulant, de le céder aux Filles-Dieu, qui faisaient vœu d'hospitalité et n'avaient plus de monastère. L'évêque y consentit ; mais il augmenta les bâtiments, fonda une chapelle sous l'invocation de sainte Madeleine (2), et régla les statuts de la communauté. « Il fonda, dit Sauval, une chapellenie perpétuelle en la chapelle qu'on avait bâtie, et voulut que le chapelain qui la déservirait y dît la messe tous les jours, et que

---

(1) Ce nom se trouve orthographié de cinq ou six manières différentes dans des chartes de la cour des comptes.

(2) Jaillot, *[...]* pelle, fondée par Imbert, était sous l'invocation de Saint-Quentin et non sous celle de Sainte-Madeleine, comme le dit M. Dulaure. Cet historien s'est également trompé en plaçant la date de la fondation de l'hôpital en 1216.

ces hospitalières y chantassent aussi tous les jours le service divin. Il institua l'hospitalité dans l'hôpital qui y tenait, et chargea les religieuses de l'exercer sur tous les pauvres passants, en l'honneur de Dieu, de la Vierge, de saint Jean-Baptiste, de sainte Marie-Madeleine et de tous les saints, et en mémoire d'Imbert de Lyhoms et de ses enfants; et les obligea d'y entretenir douze lits garnis de draps, de couvertures, de traversins et de lits de plumes ou de bourre; de donner à chaque pauvre du potage aux fèves, aux poix ou aux choux, et pour un denier de pain, et de les coucher seulement une nuit chacun, afin sans doute de faire plus souvent de nouvelles charités à de nouveaux pauvres. Enfin, pour maintenir cette réforme et cette discipline, il se réserva, et à ses successeurs évêques, la collation de cette chapelle, la juridiction entière en ce couvent, et sur toutes les actions de ces religieuses et de leur chapelain. Et pour empêcher qu'on n'usurpât à l'avenir ni les biens, ni les revenus de cet hôpital, il chargea le maître de cette maison de rendre compte tous les ans de son administration, à lui et à ses successeurs, en présence d'Imbert de Lyhoms, neveu du fondateur, pendant sa vie, et de quelqu'un de ses plus proches parents après sa mort. »

Les Filles-Dieu s'établirent donc rue Saint-Denis, et elles remplirent pendant long-temps avec exactitude les devoirs que leur imposaient les statuts de Jean de Meulant; mais le relâchement s'introduisit ensuite peu à peu dans la communauté. Les religieuses ne servirent plus elles-mêmes les pauvres et abandonnèrent ce soin à des sœurs converses; elles laissèrent tomber en ruine les bâtiments du couvent, ne chantèrent plus l'office, et reçurent parmi elles *force vieilles femmes de mauvaise vie que l'âge et la nécessité forçaient de quitter le vice.* Enfin, en 1483, il ne restait plus que deux ou trois religieuses et quatre ou cinq converses, qui ne songeaient pas même à faire les lits de l'hôpital. Plainte en fut portée à Charles VIII; qui, par ordonnance (1) datée d'Amboise, le 27 décembre 1483, accorda l'hôpital des Filles-Dieu aux religieuses de l'ordre de Fontevrault, dont Anne d'Orléans, sa cousine, était alors abbesse; mais cette ordonnance ne put être mise sur-le-champ à exécution: l'évêque de Paris se voyait ainsi dépouillé de tous ses droits sur la maison des Filles-Dieu, et il s'y opposa pendant onze ans. Enfin, le 13 avril 1494, Jean-Simon de Champigny, alors évêque, consentit au changement prescrit par l'ordonnance de Charles VIII, mais à condition que la nouvelle communauté ferait tous les ans un service pour

(1) Cette ordonnance est rapportée par Dubreuil. Le roi reproche particulièrement aux Filles-Dieu d'avoir *perverti* leur ordre *contre l'intention du fondateur,* en recevant des *pécheresses qui toute leur vie avoient abusé de leur corps, et à la fin estoient en mendicité.* M. Dulaure est donc loin de la vérité en annonçant que tel était le but de la fondation de ce couvent.

LOUIS VIII.

lui et pour le roi Charles, qu'elle célébrerait la fête de saint Louis, et que l'évêque de Paris conserverait le droit de surveiller l'administration du couvent. En conséquence, huit religieux et sept religieuses (1) de l'ordre de Fontevrault, sortis du monastère de la Madeleine, près d'Orléans, et de celui de Fontaine, près de Meaux, furent installés, le 15 juin 1495, dans l'hôpital de la Madeleine, sous le nom de Filles-Dieu, avec quatre sœurs converses de l'ancienne communauté, *Jacqueline de la Tour, Gillette Clisson, Louise Turgis* et *Jeanne Plionne*.

Dubreuil nous fournit sur la discipline de ce couvent quelques renseignements assez curieux : « Cette observance, dit-il, florit aujourd'hui autant que jamais; qui est cause que de douze religieuses qu'elles estoient au commencement de ladite réformation, le nombre est tellement augmenté, qu'en l'année 1606 elles estoient, tant sœurs de chœur (c'est-à-dire pour servir au chœur de l'église) que converses dédiées à la vie active, soixante; et si plusieurs qui se présentent ne sont admises, pour ce que leur temporel n'est suffisant pour les nourrir et entretenir d'autres choses nécessaires. *Les hommes, de quelque qualité qu'ils soient, n'y entrent point*. La mère prieure (2), qui n'est que triennale, est esleue par le couvent, le jour de saint Laurent, dixiesme d'aoust. Toutefois elle peust estre continuée jusques à six ans, pourveu que les trois quarts du couvent luy donnent leurs voix. Et la carthe de l'eslection est envoyée à madame de Fontevrault, comme suprême de l'ordre, pour la confirmer. Elle constitue aussi un de ses religieux qu'elle cognoist le plus capable, tant en science qu'en bonnes mœurs, auquel elle baille vicariat pour aller visiter, non seulement le prioré des Filles-Dieu, mais aussi les autres qui dépendent de Fontevrault. Au privilége du roy Charles huictiesme, cy-dessus mentionné, il estoit ordonné que les Filles-Dieu logeroient les pauvres femmes passantes pour une nuict seulement, et en partant le matin leur donneroient un petit pain et un denier parisis pour viatique; mais maintenant, au lieu du petit pain et d'un denier parisis, on leur baille honnestement à souper. Les sœurs converses aussi ne sortent plus pour aller faire les lits de l'hôpital; mais une bonne ancienne femme laïque y demeure, qui a charge de les faire. » Le 19 octobre 1543, le parlement de Paris rendit un arrêt pour *la réformation du monastère des Filles-Dieu, sur les plaintes qu'avait faites le procureur-général de quelques rebellions et désobéissances des religieuses* (3). Enquête fut faite, et la cour *défendit à celle qui a la surintendance du monastère de sévir en la personne des religieuses, et or-*

---

(1) On sait que dans l'ordre de Fontevrault fondé par Robert d'Arbrisselles, les religieuses sont en communauté avec les religieux, et qu'elles ont l'autorité sur eux.

(2) « La première prieure du monastère des Filles-Dieu à Paris, depuis l'union à Fontevrault, fut Jeanne Turquan, religieuse de Fontaine. » Félibien, liv. VI.

(3) Félibien, liv. XX.

donna qu'elle les traiterait humainement. Enfin, le 24 mars 1648, ce couvent fut le théâtre de scènes scandaleuses. Deux seigneurs, MM. de Charmoy et de Saint-Ange, masqués, armés et accompagnés d'une nombreuse suite, voulant enlever, dit-on, une demoiselle de Sainte-Croix, prirent le couvent d'assaut et y exercèrent plusieurs *voies de fait et violements*. Jaillot et Hurtaut, qui écrivaient vers le milieu du XVIII° siècle, disent : « Les Filles-Dieu exercèrent l'hospitalité jusqu'au commencement du siècle passé (1). »

Lorsque les religieuses de Fontevrault s'installèrent au couvent de la rue Saint-Denis, elles trouvèrent de nombreux bâtiments, mais qui, pour la plupart, tombaient en ruines. Elles y firent de grands travaux, et en 1496, le chapitre de Saint-Germain-l'Auxerrois leur permit de construire une nouvelle chapelle dans leur jardin, parce que l'ancienne étant située sur la rue, le service divin y était continuellement troublé (2). La même année, Charles VIII posa la première pierre de l'église, et permit aux religieuses de prendre dans la forêt de Crécy tout le bois de construction dont elles auraient besoin ; cet édifice fut achevé en 1508 et consacré par Étienne Poncher, évêque de Paris. Enfin, vers 1581 ou 1582, l'évêque Pierre de Gondi réunit au couvent la chapelle de Sainte-Madeleine qu'avait érigée Jean de Meulant, à la condition d'y célébrer le service divin aux jours indiqués par le fondateur.

L'église des Filles-Dieu n'avait rien de remarquable ; elle contenait le cœur de Catherine de Lorraine, femme de Louis de Bourbon, duc de Montpensier, morte en 1596 ; celui d'un enfant de Claude de

---

(1) « Plusieurs vieillards de ce quartier-là, dit Sauval, liv. V, m'ont assuré que non seulement, en 1620 ou environ, elles supprimèrent l'hospitalité qu'Imbert de Lyhoms avait fondée en cette maison et que Jean de Meulant y avait rétablie ; mais que pour éteindre absolument la mémoire de cette charité, elles démolirent alors l'hôpital et la chapelle de Jean et d'Imbert de Lyhoms, et élevèrent sur leurs ruines des maisons le long de la rue Saint-Denis qu'elles louent à des particuliers, et sur le derrière des appartements attachés à un jardin et occupés par des religieux de leur ordre, qui prennent soin du spirituel et du temporel de leur monastère. » Sauval nous fournit également quelques détails sur l'hôpital fondé par Lyhoms : « Quelques uns de ceux qui ont vu ce petit hôpital m'ont dit qu'il consistait en une petite chapelle couverte d'un plancher et en une salle de même manière pleine de lits, et que cette chapelle et cette salle étaient contiguës et au rez-de-chaussée de la rue Saint-Denis. On y entrait par cette rue et par une cour de derrière qui faisait partie du jardin qu'Imbert de Lyhoms y avait fait planter, et on y avait établi une confrérie de Saint-Roch et de Saint-Sébastien, qui a été transférée à Saint-Martin-des-Champs. Par une déclaration que Françoise de Contes, prieure de ce couvent, présenta, en 1557, aux juges commis pour réformer les hôpitaux de ce royaume, il paraît que ses devanciers avaient dépensé 1100 livres à rebâtir cet hôpital et cette chapelle. Par le rapport de ceux qui les ont vus sur pied, j'apprends qu'ils tombaient en ruines quand les Filles-Dieu les firent détruire. » — (2) Jaillot, t. II.

Lorraine, duc d'Aumale, et le tombeau de Cantien Hue, visiteur de l'ordre de Fontevrault, dont Sauval rapporte l'épitaphe. Le maître-autel était décoré de quatre colonnes corinthiennes en marbre, exécutées sur les dessins de F. Mansard. Contre l'un des piliers de la nef était une figure de *J.-C. attaché à la colonne,* qui attirait les curieux, et qui avait été, dit-on, envoyée d'Angleterre. Le Christ était assez mal dessiné; mais la corde qui l'attachait était sculptée avec tant d'art et de vérité que *des cordiers eux-mêmes*, disent les écrivains du temps, *y ont été souvent trompés.* Mais ce qui avait le plus de prix aux yeux de l'historien et de l'antiquaire, c'était un vieux crucifix de bois, placé sous un dais à l'extérieur du chevet de l'église. On conduisait devant ce crucifix, au moyen âge, les criminels qu'on allait exécuter à Montfaucon; ils le baisaient et recevaient de l'eau bénite. Les Filles Dieu leur apportaient ensuite trois morceaux de pain et un peu de vin : on appelait ce triste repas *le dernier morceau du patient* (1). « Jean de Semblançay, dit Sauval, fut conduit aux Filles-Dieu avant que d'être mené au lieu du supplice. »

Le couvent des Filles-Dieu a été détruit pendant la révolution; on a construit, en 1798, sur son emplacement, la rue et les passages du Caire.

(1) On ne connaît ni l'origine de cet usage bizarre, ni l'époque à laquelle il fut introduit. Quelques auteurs y voient une imitation de cette coutume des juifs, qui donnaient aux condamnés du vin de myrrhe et *quelques autres drogues*, sans doute pour ranimer leurs esprits aux approches du supplice.

FIN DU PREMIER VOLUME.

TABLE DES MATIÈRES

CONTENUES DANS CE VOLUME.

Introduction. Pag. 1

PREMIÈRE ÉPOQUE.

DOMINATION ROMAINE.

(53 ans av. J.-C. — 494 de J.-C.)

Chap. Ier. Faits généraux. 1	Autel à Bacchus. ib.
Chap. II. Topographie. Description et histoire particulière des monuments. 25	Édifice du quai de la Tournelle. ib.
	Statue de Julien. 51
	Cimetière et monuments de la rue Vivienne. ib.
Monument des Nautes parisiens. 27	Médailles trouvées à la Villette. 53
Antiquités de Saint-Landri. 29	Tête de Cybèle. ib.
Autel votif. 31	Antiquités de Montmartre. ib.
Palais des Thermes. 32	Cimetière antique de la porte septentrionale. 45
Camp romain. 41	
Champ des sépultures. 43	Aqueduc de Chaillot et bassin du Palais-Royal. 55
Fabrique de poterie. 46	
Aqueduc d'Arcueil. 47	
Arènes. 50	

DEUXIÈME ÉPOQUE.

PREMIÈRE RACE.

(494-752).

Chap. Ier. Faits généraux. 57	— Maîtrise. 151
§ I. Clovis. ib.	— Palais archiépiscopal. 153
§ II. Childebert Ier. 59	— Liste des évêques et archevêques. 157
§ III. Clotaire Ier. Caribert. 63	
§ IV. Chilpéric Ier. 65	§ II. Palais de la Cité. 159
§ V. Clotaire II. 72	§ III. Prisons. 167
§ VI. Dagobert Ier. 78	§ IV. Abbaye de Sainte-Geneviève. 168
§ VII. Clovis II. 81	
§ VIII. Clotaire III à Childéric II. 83	§ V. Saint-Germain-le-Vieux. 182
§ IX. Thierry à Clovis III. 85	§ VI. Abbaye de Saint-Germ.-des-Prés. 184
§ X. Childebert III à Childéric III. 87	
Chap. II. Topographie. Histoire et description des monuments. 90	§ VII. Saint-Marcel. 212
	§ VIII. Saint-Gervais. 216
§ I. Notre-Dame. 93	§ IX. Saint-Germain-l'Auxerrois. 222
— Chapitre métropolitain. 146	§ X. Saint-Julien-le-Pauvre. 246

§ XI. Saint-Laurent.	247	§ XIX. Saint-Denis-de-la-Chartre.	288
§ XII. Saint-Benoît.	253	§ XX. Saint-Symphorien-de-la-Chartre, ou chapelle Saint-Luc.	290
§ XIII. Saint-Martial, Saint-Éloi, les Barnabites.	258		
§ XIV. Saint-Paul.	271		
§ XV. Hôtel-Dieu.	275	Chapelle Saint-Symphorien.	291
§ XVI. Saint-Christophe.	282		
§ XVII. Saint-Denis-du-Pas.	283	§ XXI. St.-Martin-des-Champs.	ib.
§ XVIII. Saint-Jean-le-Rond.	287	§ XXII. Saint-Merry.	296
		§ XXIII. Saint-Séverin.	302

TROISIÈME ÉPOQUE.

DEUXIÈME RACE.

(752-987).

CHAP. Ier. Faits généraux.		comtes et vicomtes de Paris.	348
§ I. Pepin, Charlemagne, Louis-le-Débonnaire.	315	CHAP. II. Topographie. Histoire et description des monuments.	355
§ II. Charles-le-Chauve, Louis-le-Bègue, Louis III et Carloman.	321	§ I Saint-Landri.	358
		§ II. Saint-Barthélemy.	360
		§ III. Saint-Magloire.	362
§ III. Charles-le-Gros. — Coup d'œil sur les invasions normandes. — Siége de Paris. — Eudes.	325	§ IV. Saint-Étienne-des-Grés.	364
		§ V. Chapelle Saint-Leufroi.	367
		§ VI. Saint-Pierre-dès-Arcis.	368
		§ VII. Sainte-Opportune.	370
§ IV. Charles-le-Simple, Raoul, Louis-d'Outremer, Lothaire, Louis V. — Des		§ VIII. Notre-Dame-des-Champs.	372

QUATRIÈME ÉPOQUE.

PARIS DEPUIS HUGUES-CAPET JUSQU'A PHILIPPE-AUGUSTE.

(987-1180).

CHAP. Ier. *Hugues-Capet* (987-996).		II. Monuments. Institutions.	399
I. Faits généraux.	378	Abbaye de Saint-Victor. Son école.	ib.
II. Monuments. Institutions.	381		
CHAP. II. *Robert-le-Pieux* (996-1031).		Saint-Jacques-la-Boucherie.	406
I. Faits généraux.	381	Chapelle Saint-Agnan.	413
II. Monuments. Institutions.	383	Sainte-Geneviève-des-Ardents.	415
CHAP. III. *Henri Ier* (1031-1060).		Sainte-Croix-en-la-Cité.	416
I. Faits généraux.	384	Saint-Lazare.	417
II. Monuments. Institutions.	386	Saint-Nicolas-des-Champs.	426
Sainte-Marine.	ib.	Saint-Pierre-aux-Bœufs.	429
CHAP. IV. *Philippe Ier* (1060-1108).		Chapelle de Saint-Bont.	431
I. Faits généraux.	387	Saint-Martin près Saint-Marcel.	432
II. Monuments. Institutions.	388	Écoles de Paris.	ib.
Prévôté de Paris.	389	École épiscopale ou du parvis.	433
CHAP. V. *Louis-le Gros* (1108-1137).		Écoles des monastères.	ib.
I. Faits généraux.	391	École d'Abailard.	434

TABLE DES MATIÈRES. 631

Grand-Châtelet.	436
Petit-Châtelet.	441

Chap. VI. *Louis-le-Jeune* (1137-1180).
  I. Faits généraux. 443
  II. Monuments. Institutions. 451
    Hanse parisienne. 451
    Temple. 458
    Commanderie de Saint-Jean-de-Latran. 464

Saint-Médard.	466
Saint-Hippolyte.	470
Hôpital Saint-Gervais.	471
Collége de Dace.	472
Saint-Hilaire.	473
Les Saints-Innocents.	475
Topographie.	481
Clos, courtilles et cultures.	ib.
Pré-aux-Clercs.	490

CINQUIÈME ÉPOQUE.

PARIS DEPUIS PHILIPPE-AUGUSTE JUSQU'A PHILIPPE-LE-BEL.

(1180-1285).

Chap. Ier. *Philippe-Auguste* (1180-1223).
  I. Faits généraux. 494
  II. Monuments. Institutions. 512
    Saint-Étienne-du-Mont. ib.
    Couvent des Mathurins. 516
    Saint-André-des-Arcs. 519
    Abbaye Saint-Antoine. 524
    Couvent des Jacobins. 527
    Saint-Honoré. 531
    Saint-Jean-en-Grève. 533
    Saint-Thomas-du-Louvre. 534
    Saint-Nicolas-du-Louvre. 536
    Louvre. 537
    Halles. 555
    Pilori des halles. 562
    Boucheries. 564
    Collége des Bons-Enfants-St.-Honoré. 566
    Collége des Bons-Enfants, depuis séminaire de la Mission ou de Saint-Firmin. 567

Saint-Côme et Saint-Damien.	569
Hôpital de la Trinité.	571
Collége de Notre-Dame-des-Dix-Huit.	573
Collége de Constantinople ou collége Grec.	574
For-l'Évêque.	ib.
La Madeleine.	576
Hôpital Sainte-Catherine.	578
Saint-Père.	579
Saint-Sulpice.	580
Cimetière des Innocents.	587
Pavé de Paris.	593
Aqueducs et fontaines.	595
Couvent des Cordeliers.	596
Troisième enceinte de Paris.	

Chap. II. *Louis VIII* (1223-1226).
  I. Faits généraux. 617
  II. Monuments. Institutions. 621
    Les Filles-Dieu. ib.

FIN DE LA TABLE DU PREMIER VOLUME.

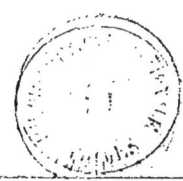

www.ingramcontent.com/pod-product-compliance
Lightning Source LLC
Chambersburg PA
CBHW061956300426
44117CB00010B/1365